한국세무사회 국가공인 자격시험

KcLep 프로그램 반영

www.daumbbook.net

마스터 전산세무

1급

2025년 완벽대비

> 업계 최대판매 / 최고의 적중률
> 한권으로 이론 + 실기 완벽대비!
> 최신 기출문제 2년 수록 (12회)
> 최신 개정세법 완벽 반영

머리말

현대의 사회에서 "회계와 세법"은 이제는 상식에 속하는 세상이 되었습니다. 그렇기 때문에 우리는 기본적으로 회계와 세법에 대해서는 어쩔 수 없이 공부를 해야만 한다. 특히 회계와 세무 관련 자격증을 취득해야 하는 수험생들은 회계와 세법을 필연적으로 열심히 공부를 해야 하는데, 그러나 처음 회계와 세법을 공부하기란 결코 만만치가 않은 과목에 속합니다.

본 저자는 "왜? 학생들은 회계와 세법이 어렵다고 생각할까?"하며 많은 물음을 한 적이 있습니다. 저자는 과거 회계보다는 부기라는 학문으로 회계를 배웠습니다. 이렇게 저자가 회계와 세법을 처음 접할 때를 생각해보고, 강단에서 30여 년 동안 강의를 하면서 학생들의 학습 방법을 분석하면서 그 해답은 다음과 같이 찾을 수 있었습니다.

학생들이 어렵게 공부하는 이유는

- 첫째, 학습자들이 이해하지 아니하고, 무조건 외워서 학문에 접근한다는 것입니다. 외우고 암기하는 것에는 한계가 있습니다.
- 둘째, 학습자들이 기본이 되는 이론이 부족한 상태에서 실습위주로 학습한다는 것입니다. 전문용어에 대한 생소함과 이해부족으로 아무리 실습을 하여도 항상 실력이 항상 답보된 상태라는 것입니다.
- 셋째, 어려운 내용일수록 기본적인 이론을 바탕으로 계속적인 반복학습이 필요한데도 학습자들이 집중력과 반복학습효과의 효율성과의 차이를 잘 모르고 있습니다.

저자는 수험생에게 필요한 부분을 잘 알기에 위와 같은 부분을 감안하여 교재집필에 심혈을 기울였습니다. 수험생들께서는 조금 어렵고 시간이 걸리더라도 회계원리의 기초부터 차근차근 접근하시는 것이 시간과 금전적인 부분을 절약하시는 것입니다.

본 도서는 이러한 이해중심적인 부분부터 해결하고자, 재무회계원리, 원가회계, 부가가치세 이론의 순으로 교재를 집필하였습니다. 수험생들께서는 앞에서 제시한 순서대로 학습하시길 기대합니다. 실무실습은 이론이 바탕이 된다면 자동으로 자격이 갖추어지는 부수적인 부분으로 이해하시면 조금 더 설명이 되겠죠!!

이런관계로 좀 더 쉽게 공부하면서 이해를 바탕으로 하는 반복적인 학습에 의한 수준 높은 공부가 되는 교재의 저술과 수험생들이 짧은 학습투여 시간에서도 목적하는 자격증을 무난히 취득할 수 있는 교재의 출간을 위해 부단히 노력하였습니다. 두말 할 필요 없이 자격증 대비 공부의 최종목표는 자격증을 취득하는 데 있으며, 특히 본 교재는 전산회계1급 자격증 시험에 합격할 수 있는 교재가 되도록 아래와 같은 내용에 중점을 두어 집필하였습니다.

 도서출판 다음 www.daumbook.net

본 교재의 특징은 다음과 같습니다.

첫째, 기본 개념을 이해하기 위하여 이론을 충분히 할 수 있도록 이론부분에 매우 많은 부분을 할애 하였습니다. 회계학과 세법은 기본내용의 이해와 체계적인 학습이 선행되어야만 다음 공부를 할 수가 있으며 응용력이 증대가 됩니다. 따라서 본 교재는 수험생들이 이해와 체계적인 학습을 할 수 있도록 노력을 기울여 집필하였습니다.

둘째, 중요한 내용은 반복 학습을 통해 학습효과를 극대화하였습니다. "공부를 했다는 것"은 해당 내용을 이해하고 있어야 한다는 뜻입니다. 특히 시험공부를 하는 수험생은 어렴풋이 기억하는 학습수준으로는 높은 점수를 기대 할 수도 없고, 또한 원하는 시험합격은 어려울 것입니다. 따라서 본 교재의 특징은 중요한 내용은 반복적인 내용과 많은 문제풀이를 통해 학습자의 학습에 대한 효율성을 증대되도록 노력하였습니다.

셋째, 고득점 합격에 심혈을 기울여 집필하였습니다. 자격증 취득을 위해 공부하는 수험생은 반드시 목표로 하는 자격증을 취득해야 합니다. 따라서 본 교재는 수험생목적에 충실하여 집필되었습니다. 최신기출문제의 성향은 출제하시는 출제위원들의 교체로 인하여 많은 부분이 계속적으로 변화하고 있기 때문에 최근에 출제된 기출문제를 많은 양으로 제공하였습니다.

넷째, 최신 개정세법 등 개정된 내용을 모두 반영하였습니다. 회계학과 세법은 사회과학분야이기 때문에 회계기준과 세법은 사회적 상황을 고려하여 자주 개정이 됩니다. 따라서 수험생은 개정된 내용으로 공부를 해야만 하는데, 그 이유는 당연히 시험문제는 개정된 회계기준과 세법이 반영되기 때문입니다. 본 교재는 가장 최근에 개정된 내용을 반영하여 집필을 했기 때문에 학습하는 데 어려움이 없을 것이며, 출간 후 개정된 내용은 출판사의 홈페이지를 통해 업데이트된 정보를 제공하고 있으므로 반드시 홈페이지를 방문하여 정보를 찾아보길 권합니다.

수험생입장에서는 결코 쉽지 않은 공부이기 때문에 시작을 하지 않거나 중도에 포기하는 수험생이 많으며, 이런 학생들을 볼 때마다 저자는 참 가슴이 아픕니다. 그러나 이 글을 본 수험생만큼은 절대 중도에 시험을 포기하지 말고 끝까지 공부할 것을 염원합니다. 그래서 원하는 자격증을 꼭 취득하기 바라고, 사람은 자신의 생각의 크기만큼 세상을 보는 혜안이 있기 때문에 계속 지식과 상식을 쌓기 바랍니다.

이 교재가 출간되기 전까지 많은 분들의 도움이 있었지만, 출간이 되기까지 가장 수고를 많이 한 도서출판 다음의 구교필 대표, 이대우 교수, 정종구 교수, 윤경옥 교수께 감사드리며, 끝으로 본 교재로 공부하는 모든 수험생들에게 합격의 영광이 함께하기를 기대합니다.

2025년 3월 공동저자 이대우, 정종구, 전희, 장성호

- 머리말 / 2

Part 1 이론편

Chapter 1 일반기업회계기준 • 11

1. 재무보고의 개념체계 ·· 14
2. 회계변경 및 오류정정(5장) ··· 26
3. 금융자산 및 금융부채(6장) ··· 30
4. 재고자산(일반회계기준 제7장) ··· 38
5. 유형자산(일반기업회계기준 10장) ··· 42
6. 무형자산(일반기업회계기준 11장) ··· 48
7. 충당부채(일반기업회계기준 14장) ··· 54
8. 자본(일반기업회계기준 15장) ··· 56
9. 수익의 인식(일반기업회계기준 16장) ······································· 58
10. 차입원가의 자본화(일반기업회계기준 18장) ························· 62
11. 종업원의 급여(일반기업회계기준 21장) ································· 65
12. 법인세 회계(일반기업회계기준 22장) ····································· 70
13. 중소기업특례(일반기업회계기준 31장) ··································· 73

Chapter 2 원가관리회계 • 75

1. 원가관리회계의 이해 ·· 76
2. 원가의 배분 ·· 83
3. 제조간접원가의 배부 ·· 85

4. 부문별 원가계산 88
5. 개별 원가계산 96
6. 종합원가계산 101
7. 결합 원가계산 112
8. 표준 원가계산 124

Chapter 3 부가가치세 • 139

1. 부가가치세 총설 140
2. 부가가치세의 과세거래 148
3. 공급시기와 공급장소 156
4. 영세율과 면세 159
5. 과세표준의 계산 167
6. 거래징수와 세금계산서 178
7. 매입세액의 계산 184
8. 겸영사업자의 세액계산 특례 194
9. 부가가치세 신고와 납부 200
10. 간이과세제도 209

Chapter 4 원천징수 • 217

1. 소득세법 총칙 218
2. 이자와 배당소득금액의 계산 225
3. 사업소득과 근로소득 금액의 계산 233
4. 연금소득과 기타소득금액의 계산 245
5. 소득금액 계산 및 세액계산의 특례 255
6. 종합소득 과세표준의 계산 257
7. 종합소득세액의 계산 268
8. 소득세의 신고 및 납부 283
9. 퇴직소득세의 산출과 납부 288

Chapter 5 법인세 • 293

1. 법인세 총칙 ·· 294
2. 법인세의 계산 구조 ··· 299
3. 익금회계 ·· 318
4. 손금회계 ·· 333
5. 손금의 항목별 세무조정 ································· 337
6. 익금과 손금의 귀속시기 ································· 373
7. 자산 및 부채의 평가손익 ······························· 380
8. 고정자산의 감가상각 ······································· 390
9. 충당금에 관한 세무조정 ································· 402
10. 부당행위계산의 부인 ····································· 415
11. 과세표준과 세액의 계산 ······························· 423
12. 법인세 신고와 납부 ······································· 435

Part 2 실무편

Chapter 1 부가가치세 실무 • 441

1. 부가가치세 신고 ·· 442
2. 부가가치세 부속명세서 ································· 448
3. 부가가치세법상 가산세 계산 ························· 485
4. 부가가치세 전자신고서 제작 ························· 493

Chapter 2   원천징수 실무 • 503

1. 근로소득 및 연말정산 관리 ··· 504
2. 근로소득의 연말정산 및 원천징수 영수증 ··················· 519
3. 중도퇴사자의 연말정산 및 퇴직소득자료 ····················· 540
4. 사업소득 및 기타소득자료의 관리 ······························ 547
5. 원천세 전자신고 제작 ·· 557

Chapter 3   법인세 실무 • 563

1. 기초정보관리 ··· 564
2. 표준재무제표의 이월 ··· 566
3. 수입금액조정 ··· 573
4. 감가상각비조정 ··· 593
5. 과목별 세무조정 ·· 603
6. 소득금액조정합계표 및 명세서 ··································· 661
7. 법인세 과세표준 및 세액조정계산서 ··························· 662
8. 법인의 세액감면 및 세액공제 ···································· 667
9. 법인세신고 및 부속서류 ·· 683

Chapter 4   최신 기출문제 연습 • 691

제106회 기출문제 ··· 692
제107회 기출문제 ··· 705
제108회 기출문제 ··· 718
제109회 기출문제 ··· 732
제110회 기출문제 ··· 745
제111회 기출문제 ··· 758
제112회 기출문제 ··· 772
제113회 기출문제 ··· 784

Contents

제114회 기출문제 ·· 798
제115회 기출문제 ·· 812
제116회 기출문제 ·· 825
제117회 기출문제 ·· 838

Chapter 5 최신 기출문제 해답 • 851

다음출판사 웹하드 자료실에 세무 1급 82회부터 105회까지
총24회 기출문제 한글파일을 올려놓았습니다.
추가 문제 풀이에 사용하시기 바랍니다. 화이팅!
www.webhard.co.kr   ID : daumbook   PassWord : 1111

[2025년 전산세무회계 자격시험(국가공인) 일정공고]

1. 시험일자

종목 및 등급	회차	원서접수	시험일자	합격자발표
전산회계 1, 2급 전산세무 1, 2급	제118회	01.02 ~ 01.08	02.09(일)	02.27(목)
	제119회	03.06 ~ 03.12	04.05(토)	04.24(목)
	제120회	05.02 ~ 05.08	06.07(토)	06.26(목)
	제121회	07.03 ~ 07.09	08.02(토)	08.21(목)
	제122회	08.28 ~ 09.03	09.28(일)	10.23(목)
	제123회	10.30 ~ 11.05	12.06(토)	12.24(수)

2. 시험시간(특별시험 진행시 시험시간 변경확인)

등급	전산세무1급	전산세무2급	전산회계1급	전산회계2급
시험시간	15:00~16:30	12:30~14:00	15:00~16:00	17:30~18:30
	90분	90분	60분	60분

3. 시험종목 및 평가범위

등급	시험방법	평가범위	평가비율
전산세무 1급	이론시험	・재무회계(10%), 원가회계(10%), 세무회계(10%)	30%
	실무시험	・재무회계 및 원가회계(15%), 부가가치세(15%), 원천제세(10%), 법인세무조정(30%)	70%

4. 시험방법 및 합격자 결정기준

(1) 시험방법 : 이론(30%)은 객관식 4지 선다형 필기시험으로, 실무(70%)는 PC에 설치된 전산세무회계 프로그램(케이렙 : KcLep)을 이용한 실기시험으로 함.

(2) 응시자격 : 제한 없음(신분증 미소지자는 응시할 수 없음)

(3) 합격자 결정기준 : 100점 만점에 70점 이상 득점.

5. 원서접수 및 합격자 발표

(1) 접수기간 : 각 회별 원서접수기간내 접수

(2) 접수방법 : 한국세무사회 자격시험사이트(http://license.kacpta.or.kr)로 접속하여 단체 및 개인별 접수(회원가입 및 사진등록)

(3) 접수수수료 납부방법 : 원서접수시 금융기관을 통한 온라인 계좌이체 및 신용카드결제

(4) 합격자발표 : 한국세무사회 홈페이지

PART 01

이 론 편

- 제1장 일반기업회계기준
- 제2장 원가관리회계
- 제3장 부가가치세
- 제4장 원천징수
- 제5장 법인세

제 1 장
일반기업회계기준

PART 1 이 론 편

제 1 절 재무보고의 개념체계

1 개념체계의 의의 및 목적

(1) 개념체계의 목적

본 개념체계는 기업실체의 재무보고 목적을 명확히 하고, 이를 달성하는 데 유용한 재무회계의 기초개념을 제공하는 것을 목적으로 한다. **재무회계는 내·외부정보이용자를 위하여 기업실체의 거래를 인식, 측정, 기록하고 재무제표를 작성하는 것을 목적으로 하는 재무정보의 산출 및 보고절차이다.** 본 개념체계에서 재무보고라 함은 다양한 외부정보이용자의 공통된 정보요구를 충족시키기 위한 일반목적 재무보고를 의미한다. 본 개념체계는 특히 재무보고의 핵심적 수단인 재무제표에 관한 기초개념에 중점을 두고 있다.(문단 1)

(2) 재무회계개념체계와 개별회계기준의 우선순위

본 개념체계는 회계기준이 아니므로 구체적 회계처리방법이나 공시에 관한 기준을 정하는 것을 목적으로 하지 않는다. 따라서 **개념체계의 내용이 특정 회계기준과 상충되는 경우에는 그 회계기준이 개념체계에 우선한다.**(문단 2)

(3) 내용 및 적용범위

1) 재무회계 개념체계의 적용범위

본 개념체계는 **일반목적 재무보고에 포괄적으로 적용되며 영리기업의 재무제표 작성과 공시에 한정되지 않는다.** 다만, 본 개념체계의 제정에 있어 비영리조직의 특수성은 고려되지 않았다. 사업설명서나 경영자가 내부관리 목적으로 작성하는 보고서 또는 세무보고목적을 위해 작성하는 보고서 등과 같은 특수목적의 보고서는 본 개념체계의 적용대상은 아니지만, **관련 규정이 허용하는 범위 내에서 본 개념체계는 특수목적 보고서의 작성에도 적용될 수 있다.**(문단 5)

2) 재무보고 및 보고수단

재무보고는 기업실체 외부의 다양한 이해관계자의 경제적 의사결정을 위해 경영자가 기업실체의 경제적 자원과 의무, 경영성과, 현금흐름, 자본변동 등에 관한 재무정보를 제공하는 것을 말한다. 재무보고는 다음과 같은 방법을 통하여 기업실체 외부의 이해관계자에게 정보를 제공한다.(문단 6, 7)

㈎ 재무제표 : 가장 핵심적인 재무보고 수단으로서 기업실체의 경제적 자원(자산)과 의무(부채), 그리고 자본과 이들의 변동에 관한 정보를 제공하며 주석을 포함한다. 중요한

회계방침이나 자원 및 의무에 대한 대체적 측정치에 대한 설명 등과 같은 주석은 재무제표가 제공하는 정보를 이해하는 데 필수적인 요소로서 회계기준에 따라 작성된 재무제표의 중요한 부분으로 인정된다.

㈏ 재무보고의 기타 수단 : 경영자 분석 및 전망, 그리고 경영자의 주주에 대한 서한과 같이 위에 제시된 방법을 제외한 수단에 의해서도 재무정보가 제공될 수 있다.

3) 재무보고의 핵심적 수단

재무제표는 기업실체가 외부의 정보이용자에게 재무정보를 전달하는 핵심적 수단으로서 일반적으로 재무상태(재무상태표), 손익계산서, 자본변동표, 현금흐름표로 구성되며 주석을 포함한다. 주석에는 법률적 요구에 의해 작성하는 이익잉여금처분계산서 등이 포함될 수 있다.

재무제표의 명칭은 전달하고자 하는 정보의 성격을 충실히 나타내야 하며 관련 법규와의 상충이 없는 경우에는 재무상태보고서, 경영성과보고서, 자본변동보고서(또는 소유주지분변동보고서), 현금흐름보고서 등 대체적인 명칭을 사용할 수 있다.(문단 8)

4) 재무보고의 기타수단

재무보고의 기타 수단으로 제공되는 재무정보에는 재무제표에 보고되기에 적절하지는 않지만 재무정보이용자의 의사결정에 적합한 정보가 모두 포함된다. **사업보고서는 재무제표와 더불어 기업실체의 재무정보를 제공하는 재무보고 수단의 예이며 일반적으로 비재무정보를 포함한다.** 또한, 주석 외의 공시사항, 경영자 예측, 기업실체의 사회·환경적 영향에 대한 설명 등은 재무제표에서 제공되지 않는 재무정보 또는 비재무정보의 예이다.(문단 9)

2 재무보고의 목적

(1) 재무보고의 목적

투자자와 채권자는 기업실체의 재무정보를 가장 많이 사용하는 대표적인 외부이용자로서 이들의 의사결정은 경제적 자원의 배분에 중대한 영향을 미친다. 그러므로 본 개념체계는 재무보고의 궁극적인 목적을 투자자와 채권자의 의사결정에 유용한 정보를 제공하는 것으로 제시하고 이를 구체적으로 기술하였다.(문단 19)

1) 투자 및 신용의사결정에 유용한 정보의 제공

재무보고의 주된 목적은 투자 및 신용의사결정에 유용한 정보를 제공하는 것이다. 투자 및 신용의사결정에 유용한 정보란 투자로부터의 미래 현금흐름을 예측하기 위해 기업실체의 미래 현금흐름을 예측하는 데 유용한 정보라고 할 수 있다. 기업실체의 미래 현금흐름을 예측하기 위해서는 기업실체의 경제적 자원과 그에 대한 청구권, 그리고 경영성과 측정치를 포함

PART 1 이 론 편

한 청구권의 변동에 관한 정보가 제공되어야 한다.(문단 20)

2) 미래 현금흐름 예측에 유용한 정보의 제공

현재 및 잠재의 투자자와 채권자가 합리적 의사결정을 하기 위해서는 투자 또는 자금대여 등에서 기대되는 미래 현금유입을 예측하여야 한다. 이러한 미래 현금유입은 미래의 배당 또는 이자와 미래의 주식매각가액 또는 채권의 만기가액 등이다. 그러므로 재무보고는 투자 또는 자금대여 등으로부터 받게 될 미래 현금의 크기, 시기 및 불확실성을 평가하는 데 유용한 정보를 제공하여야 한다.(문단 24)

3) 재무상태, 경영성과, 현금흐름 및 자본변동에 관한 정보의 제공

투자자와 채권자는 투자 또는 자금대여 등으로부터의 미래 현금유입이나 기업실체의 미래 순현금흐름을 예측하기 위해서 다양한 재무정보를 필요로 한다. 그러므로 재무보고는 기업실체가 보유하고 있는 경제적 자원과 그 자원에 대한 청구권, 그리고 경영성과 측정치를 포함하여 그러한 청구권의 변동에 관한 정보와 현금흐름 정보를 제공하여야 한다. 즉, 재무보고는 기업실체의 재무상태, 경영성과, 현금흐름 및 자본변동에 관한 정보를 제공하여야 한다.(문단 28)

4) 경영자의 수탁책임 평가에 유용한 정보의 제공

재무제표는 경영자의 수탁책임의 이행 등을 평가할 수 있는 정보를 제공한다. 경영자는 소유주로부터 위탁받은 기업실체의 자원을 적절히 유지하고 효율적으로 운용하여 수익을 창출하여야 하며, 물가변동이나 기술진보 및 사회적 변화에 따라 발생할 수 있는 불리한 경제 상황으로부터 최대한 이 자원을 보전할 책임이 있다. 이러한 책임의 이행 여부에 대해 경영자는 주기적으로 평가받게 된다.(문단 33)

(2) 회계정보의 질적 특성

재무보고의 목적이 달성되기 위해서는 재무제표에 의해 제공되는 정보(이하 "회계정보"라 한다)가 정보이용자들의 의사결정에 유용하여야 한다. 회계정보의 질적 특성이란 회계정보가 유용하기 위해 갖추어야 할 주요 속성을 말하며, 회계정보의 유용성의 판단기준이 된다.(문단 36)

1) 회계정보의 주요 질적 특성

회계정보가 갖추어야 할 가장 중요한 질적 특성은 목적적합성(또는 관련성, 이하 목적적합성은 관련성과 동일한 의미로 사용함)과 신뢰성이다. 특정 거래를 회계처리 할 때 대체적인 회계처리방법이 허용되는 경우, 목적적합성과 신뢰성이 더 높은 회계처리방법을 선택할 때에 회계정보의 유용성이 증대된다. 목적적합성의 정도가 유사하다면 신뢰성이 더 높은 회계처리방법이 선택되어야 하며 신뢰성의 정도가 유사하다면 목적적합성이 더 높은 회계처리방법이 선택되어야 한다. 목적적합성과 신뢰성 중 어느 하나가 완전히 상실된 경우 그 정보는 유용한 정보가 될 수 없다. 회계정보의 비교가능성은 목적적합성과 신뢰성만큼 중요한 질적 특성은 아니나, 목적적합성과 신뢰성을 갖춘 정보가 기업실체간에 비교가능하거나 또는 기간별 비교가 가능할 경우 회계정보의 유용성이 제고될 수 있다.(문단 38)

2) 회계정보의 제약요인

회계정보의 질적 특성은 비용과 효익, 그리고 중요성의 제약요인 하에서 고려되어야 한다. 회계기준제정기구가 회계기준을 제정 또는 개정할 때에는 회계 정보의 제공 및 이용에 소요될 비용이 그 효익보다 작아야 한다. 회계 항목의 성격과 크기의 중요성을 고려할 때 정보이용자의 의사결정에 차이를 초래하지 않을 것으로 판단되는 정보는 질적 특성의 평가가 불필요할 것이다.(문단 39)

3) 회계정보의 유용성 및 이해가능성

회계정보의 유용성은 궁극적으로 정보이용자에 의해서 판단되며, 이러한 판단은 당면한 의사결정의 성격, 의사결정의 방법, 제공되는 회계정보가 새로운 정보인지의 여부, 의사결정자의 정보처리능력 등 여러 요인에 의해 영향을 받는다.

따라서 모든 정보이용자에게 최대의 유용성을 갖는 회계정보는 존재할 수 없으며, 회계기준 제정 기구는 정보이용자의 정보이해능력과 재무제표 작성자의 부담을 동시에 고려하여 다양한 정보이용자에게 유용한 정보가 제공될 수 있도록 회계기준을 제정하여야 한다. 이 때 정보이용자는 기업실체의 경제활동 및 회계에 대한 지식을 가지고 있고 회계정보를 이해하기 위한 노력을 할 것이라는 가정이 전제된다.(문단 40)

(2-1) 근본적 질적 특성

1) 목적적합성

회계정보가 정보이용자의 의사결정에 유용하기 위해서는 그 정보가 의사결정 목적과 관련되어야 한다. 즉, 목적적합성 있는 정보는 정보이용자가 기업실체의 과거, 현재 또는 미래 사건의 결과에 대한 예측을 하는 데 도움이 되거나 또는 그 사건의 결과에 대한 정보이용자의 당초 기대치(예측치)를 **확인 또는 수정**할 수 있게(피드백) 함으로써 **의사결정에 차이를 가져올 수 있는 정보**를 말한다.(문단 41)

① **예측가치** : 예측가치란 정보이용자가 **기업실체의 미래 재무상태, 경영성과, 순현금흐름 등을 예측**하는 데에 그 정보가 활용될 수 있는 능력을 의미한다. 예를 들어, 반기 재무제표에 의해 발표되는 반기 이익은 올해의 연간 이익을 예측하는 데 활용될 수 있다.(문단 42)

② **피드백가치(확인)** : 피드백가치는 제공되는 회계정보가 **기업실체의 재무상태, 경영성과, 순현금흐름, 자본변동** 등에 대한 정보이용자의 당초 기대치(예측치)를 확인 또는 수정되게 함으로써 의사결정에 영향을 미칠 수 있는 능력을 말한다. 예를 들어, 어떤 기

업실체의 투자자가 특정 회계연도의 재무제표가 발표되기 전에 그 해와 그 다음해의 이익을 예측하였으나 재무제표가 발표된 결과 당해 연도의 이익이 자신의 이익 예측치에 미달하는 경우, 투자자는 그 다음해의 이익 예측치를 하향 수정하게 된다. 이 예에서 당해 연도의 보고이익은 피드백가치를 갖고 있는 정보이다.(문단 43)

③ **적시성** : 회계정보가 정보이용자에게 유용하기 위해서는 그 **정보가 의사결정에 반영될 수 있도록 적시에 제공되어야 한다.** 적시성 있는 정보라 하여 반드시 목적적합성을 갖는 것은 아니나, 적시에 제공되지 않은 정보는 주어진 의사결정에 이용할 수 없으므로 목적적합성을 상실하게 된다. 그러나 적시성 있는 정보를 제공하기 위해 신뢰성을 희생해야 하는 경우가 있으므로 경영자는 정보의 적시성과 신뢰성간의 균형을 고려해야 한다.(문단 45)

2) 신뢰성

회계정보가 정보이용자의 의사결정에 유용하기 위해서는 신뢰할 수 있는 정보이어야 한다. 회계정보의 신뢰성은 다음의 요소로 구성된다. **첫째 회계정보는 그 정보가 나타내고자 하는 대상을 충실히 표현하고 있어야 하고, 둘째 객관적으로 검증 가능하여야 하며, 셋째 중립적이어야 한다.**(문단 46)

① **표현의 충실성** : 회계정보가 신뢰성을 갖기 위해서는 그 정보가 나타내고자 하는 대상 즉, **기업실체의 경제적 자원과 의무, 그리고 이들의 변동을 초래하는 거래나 사건을 충실하게 표현하여야 한다.** 예를 들어, 사실상 회수불가능 한 매출채권이 회수가능 한 것처럼 재무상태표에 표시된다면 이 매출채권 측정치는 표현의 충실성을 상실한 정보가 된다.(문단 47)

㉠ 표현의 충실성을 확보하기 위해서는 회계처리대상이 되는 **거래나 사건의 형식보다는 그 경제적 실질에 따라 회계처리**하고 보고하여야 한다.

㉡ 특정 거래나 사건을 충실히 표현하기 위해 필요한 **중요한 정보는 누락되어서는 안 된다.**

② **검증가능성** : 회계정보가 신뢰성을 갖기 위해서는 객관적으로 검증가능 하여야 한다. **검증가능성이란 동일한 경제적 사건이나 거래에 대하여 동일한 측정방법을 적용할 경우 다수의 독립적인 측정자가 유사한 결론에 도달할 수 있어야 함을 의미한다.** 예를 들어, 독립된 당사자 간의 시장거래에서 현금으로 구입한 자산의 취득원가는 검증가능성이 높은 측정치이다. 그러나 검증가능성이 높다는 것이 표현의 충실성을 보장하는 것은 아니며, 또한 반드시 목적적합성이 높다는 것을 의미하지도 않는다.(문단 50)

③ **중립성** : 회계정보가 신뢰성을 갖기 위해서는 **편의 없이 중립적이어야 한다.** 의도된 결과를 유도할 목적으로 회계기준을 제정하거나 재무제표에 특정 정보를 표시함으로써 정보이용자의 의사결정이나 판단에 영향을 미친다면 그러한 회계정보는 중립적이라 할 수 없다. 회계기준을 제정하거나 회계처리방법을 적용함에 있어 정보의 목적적합성과 신뢰성을 우선적으로 고려하여야 하며 특정 이용자 또는 이용자 집단의 영향을 받아서

는 안 된다.(문단 51)

3) 질적 특성간의 상충관계

회계정보의 질적 특성은 서로 상충될 수 있다. 예를 들어, 유형자산을 역사적원가로 평가하면 일반적으로 검증가능성이 높으므로 측정의 신뢰성은 제고되나 목적적합성은 저하될 수 있으며, 시장성 없는 유가증권에 대해 역사적 원가를 적용하면 자산가액 측정치의 검증가능성은 높으나 유가증권의 실제 가치를 나타내지 못하여 표현의 충실성과 목적적합성이 저하될 수 있다. 또한, 정보를 적시에 제공하기 위해 거래나 사건의 모든 내용이 확정되기 전에 보고하는 경우, 목적적합성은 향상되나 신뢰성은 저하될 수 있다. 이와 같이 질적 특성 상충관계는 목적적합성과 신뢰성간에 발생할 수 있으며 주요 질적특성의 구성요소 간에도 발생할 수 있다.(문단 52)

(2-2) 보강적 질적 특성(비교가능성)

기업실체의 재무상태, 경영성과, 현금흐름 및 자본변동의 추세 분석과 기업실체간의 상대적 평가를 위하여 회계정보는 기간별 비교가 가능해야 하고 기업실체간의 비교가능성도 있어야 한다. 즉, 유사한 거래나 사건의 재무적 영향을 측정·보고함에 있어서 영업 및 재무활동의 특성이 훼손되지 않는 범위 내에서 기간별로 일관된 회계처리방법을 사용하여야 하며 기업실체 간에도 동일한 회계처리방법을 사용하는 것이 바람직하다.(문단 54)

③ 재무제표

재무제표는 기업실체의 외부 정보이용자에게 기업실체에 관한 재무정보를 전달하는 핵심적 재무보고 수단이다. 본 개념체계는 일반목적 재무보고에 적용하기 위한 것이므로 본 장에서 규정하는 재무제표는 투자자와 채권자를 포함한 다양한 정보이용자의 공통적 정보 요구를 위해 작성되는 일반목적 재무제표를 의미한다.(문단 60)

(1) 재무제표의 기본가정

재무제표는 일정한 가정 하에서 작성되며, 그러한 기본가정으로는 기업실체, 계속기업 및 기간별 보고를 들 수 있다.(문단 61)

1) 기업실체

기업실체의 가정이란 기업을 소유주와는 독립적으로 존재하는 회계단위로 간주하고 이 회계단위의 관점에서 그 경제활동에 대한 재무정보를 측정, 보고하는 것을 말한다.(문단 62)

2) 계속기업

계속기업의 가정이란 기업실체는 그 목적과 의무를 이행하기에 충분할 정도로 장기간 존속한다고 가정하는 것을 말한다. 즉, 기업실체는 그 경영활동을 청산하거나 중대하게 축소시킬 의도가 없을 뿐 아니라 청산이 요구되는 상황도 없다고 가정된다. 그러나 기업실체의 중요한 경영활동이 축소되거나 기업실체를 청산시킬 의도나 상황이 존재하여 계속기업을 가정하기 어려운 경우에는 계속기업을 가정한 회계처리방법과는 다른 방법이 적용되어야 하며, 이때 적용된 회계처리방법은 적절히 공시되어야 한다.(문단 64)

3) 기간별 보고

기간별 보고의 가정이란 기업실체의 존속기간을 일정한 기간 단위로 분할하여 각 기간별로 재무제표를 작성하는 것을 말한다. 기업실체의 이해관계자는 지속적으로 의사결정을 해야 하므로 적시성이 있는 정보가 필요하게 된다. 이러한 정보수요를 충족시키기 위하여 기간별 보고가 도입될 필요가 있다. 따라서 기업실체의 존속기간을 일정한 회계기간 단위로 구분하고 각 회계기간에 대한 재무제표를 작성하여 기간별로 재무상태, 경영성과, 현금흐름, 자본변동 등에 대한 정보를 제공하게 된다. 다만, 기업실체의 회계기간을 정함에 있어 회계기간의 장·단기에 따라 발생할 수 있는 정보의 목적적합성과 신뢰성간의 상충관계를 고려하여야 한다.(문단 65)

(2) 발생주의 회계

재무제표는 발생기준에 따라 작성된다. 발생주의 회계는 재무회계의 기본적 특징으로서 재무제표의 기본요소의 정의 및 인식, 측정과 관련이 있다. 다만, 현금흐름표는 발생기준에 따라 작성되지 않는다.(문단 66)

(3) 수익과 비용의 인식

발생주의 회계의 기본적인 논리는 발생기준에 따라 수익과 비용을 인식하는 것이다. **발생기준은 기업실체의 경제적 거래나 사건에 대해 관련된 수익과 비용을 그 현금유출입이 있는 기간이 아니라 당해 거래나 사건이 발생한 기간에 인식하는 것을 말한다.** 발생주의 회계는 현금거래 뿐 아니라, 신용거래, 재화 및 용역의 교환 또는 무상이전, 자산 및 부채의 가격변동 등과 같이 현금유·출입을 동시에 수반하지 않는 거래나 사건을 인식함으로써 기업실체의 자산과 부채, 그리고 이들의 변동에 관한 정보를 제공하게 된다.(문단 67)

① 발생 : 발생주의 회계는 발생과 이연의 개념을 포함한다. **발생이란 미수수익과 같이 미래에 수취할 금액에 대한 자산을 관련된 부채나 수익과 함께 인식하거나, 또는 미지급비용과 같이 미래에 지급할 금액에 대한 부채를 관련된 자산이나 비용과 함께 인식하는 회계과정을 의미한다.** 발생주의 회계에 의하면, 재화 및 용역을 신용으로 판매하거나 구매할 때 자산과 부채를 인식하게 되고, 현금이 지급되지 않은 이자 또는 급여 등에 대해 부채와 비용을 인식하게 된다.(문단 68)

② 이연 : 이연이란 선수수익과 같이 미래에 수익을 인식하기 위해 현재의 현금유입액을 부채로 인식하거나, 선급비용과 같이 미래에 비용을 인식하기 위해 현재의 현금유출액을 자산으로 인식하는 회계과정을 의미한다. 전자의 경우 수익의 인식은 관련 부채에 내재된 의무의 일부 또는 전부가 이행될 때까지 연기된다. 또한 후자의 경우 비용의 인식은 관련 자산에 내재된 미래 경제적 효익의 일부 또는 전부가 사용될 때까지 연기된다.(문단 69)

③ 기간별 배분 : 이연에는 수익과 비용의 기간별 배분이 수반된다. 기간별 배분은 상각이라고도 하며, 이는 매 기간에 일정한 방식에 따라 금액을 감소시켜가는 회계과정을 말한다. 상각의 전형적인 예로는 감가상각 또는 감모상각에 의한 비용을 인식하는 것과 선수수익을 수익으로 인식하는 것을 들 수 있다.(문단 70)

(4) 재무제표의 체계

1) 재무상태표

재무상태표는 일정 시점 현재 기업실체가 보유하고 있는 경제적 자원인 자산과 경제적 의무인 부채, 그리고 자본에 대한 정보를 제공하는 재무보고서이다.(문단 75)

재무상태표는 정보이용자들이 기업실체의 유동성, 재무적 탄력성, 수익성과 위험 등을 평가하는 데 유용한 정보를 제공하여야 한다. 예를 들어, 자산과 부채의 항목이 재무상태표에 그 유동성 정도에 따라 적절히 구분 표시되거나 영업활동과 재무활동의 구분을 고려하여 보고된다면 정보이용자의 의사결정에 보다 유용할 수 있다.(문단 78)

2) 손익계산서

손익계산서는 **일정 기간 동안 기업실체의 경영성과에 대한 정보를 제공하는 재무보고서이다.** 포괄주의 관점에서 작성한 손익계산서는 일정 기간 동안 소유주와의 자본거래를 제외한 모든 원천에서 순자산이 증가하거나 감소한 정도와 그 내역에 대한 정보를 제공한다. 즉, 일정 기간의 포괄이익과 그 구성요소인 수익과 비용 등에 대한 정보를 제공하여야 하며, 이러한 정보를 통해 투자자 및 채권자 등의 정보이용자는 일정 기간 동안의 기업실체의 경영성과를 파악할 수 있다. 그러나 손익계산서에 표시되는 경영성과의 측정치는 측정방법을 달리 정함에 따라 포괄이익과 달라질 수 있다.(문단 79)

3) 현금흐름표

현금흐름표는 일정 기간 동안 기업실체에 대한 현금유입과 현금유출에 대한 정보를 제공하는 재무보고서이다. 현금흐름표는 영업활동을 통한 현금창출에 관한 정보, 투자활동에 관한 정보 및 자본조달을 위한 재무활동에 대한 정보를 제공한다. 이러한 현금흐름 정보는 기업실체의 현금지급능력, 재무적 탄력성, 수익성 및 위험 등을 평가하는 데 유용하며, 여러 기업실체의 미래현금흐름의 현재가치를 비교하고 기업 가치를 평가하는 데 필요한 기초자료

를 제공한다.(문단 81)

발생기준에 따라 산출된 회계이익은 영업활동 순현금흐름과 일치하지 않으므로 현금흐름표는 회계이익과 현금흐름간의 차이 및 그 원인에 대한 정보를 제공한다.(문단 82)

4) 자본변동표

자본변동표는 **기업실체에 대한 자본의 크기와 그 변동에 관한 정보를 제공하는 재무보고서이다.** 자본변동표에는 소유주의 투자와 소유주에 대한 분배, 그리고 문단112에 따른 포괄이익(소유주와의 자본거래를 제외한 모든 원천에서 인식된 자본의 변동)에 대한 정보가 포함된다.(문단 83)

소유주의 투자는 현금, 재화 및 용역의 유입, 또는 부채의 전환에 의해 이루어지며, 그에 따라 기업실체의 자본이 증가하게 된다. 소유주에 대한 분배는 현금배당 또는 자기주식 취득의 방법으로 이루어질 수 있으며, 그에 따라 기업실체의 자본이 감소하게 된다. 이러한 거래들에 대한 정보는 다른 재무제표 정보와 더불어 당해 기업실체의 재무적 탄력성, 수익성 및 위험 등을 평가하는 데 유용하다.(문단 84)

④ 재무제표의 기본요소

(1) 기본요소의 의의

재무제표를 구성하는 기본요소는 자산, 부채, 자본, 소유주의 투자, 소유주에 대한 분배, 포괄이익, 수익, 비용, 영업활동 현금흐름, 투자활동 현금흐름, 재무활동 현금흐름이다. 재무제표를 구성하는 기본요소를 구분하여 표시하는 것은 정보이용자의 경제적 의사결정에 더욱 유용한 정보를 제공하기 위한 것이다.(문단 88)

(2) 재무상태표의 기본요소

일정 시점 현재 기업실체의 재무상태에 대한 정보를 제공하는 **재무상태표의 기본요소는 자산, 부채 및 자본이다.**(문단 89)

1) 자산

자산은 과거의 거래나 사건의 결과로서 현재 기업실체에 의해 지배되고 미래에 경제적 효익을 창출할 것으로 기대되는 자원이다.(문단 90) 자산에 내재된 미래의 경제적 효익이란 직접 또는 간접적으로 기업실체의 미래 현금흐름 창출에 기여하는 잠재력을 말한다.(문단 91)

유형자산을 포함한 많은 자산이 물리적 형태를 가지고 있지만 물리적 형태가 자산의 본질적인 특성은 아니다. 예를 들어, 물리적 형태가 없는 자원이라도 특정 실체에 의하여 지배되고 그 실체에게 미래의 경제적 효익을 창출할 것으로 기대되는 경우 당해 항목은 자산의 정의를 충족할 수 있다.(문단 93)

2) 부채

부채는 과거의 거래나 사건의 결과로 현재 기업실체가 부담하고 있고 미래에 자원의 유출 또는 사용이 예상되는 의무이다.(문단 97)

일반적으로 **기업실체가 자산을 이미 인수하였거나 자산을 취득하겠다는 취소불능계약을 체결한 경우 현재의 의무가 발생한다.** 그러나 미래의 일정 시점에서 자산을 취득한다는 결정이나 단순한 약정은 현재의 의무가 아니다. **취소불능계약이라 함은 의무불이행의 경우 상당한 위약금을 지급해야 하는 등 자원의 유출을 피할 수 없는 계약을 말한다.**(문단99)

3) 자본

자본은 기업실체의 자산 총액에서 부채 총액을 차감한 잔여액 또는 순자산으로서 기업실체의 자산에 대한 소유주의 잔여청구권이다. 주식회사의 경우 소유주는 주주이므로, 본 개념체계에서 주주지분은 자본과 동의어로 사용된다. 또한, 자본이라는 용어는 타인자본, 즉 부채를 포함하는 개념으로 쓰이기도 하나, 본 개념체계에서는 소유주지분인 자기자본을 의미한다.(문단 104)

(3) 손익계산서의 기본요소

기업실체의 경영성과에 대한 재무정보를 제공하는 손익계산서의 기본요소는 포괄이익, 수익 및 비용이다. (문단 111)

1) 포괄이익

포괄이익은 기업실체가 일정 기간 동안 소유주와의 자본거래를 제외한 모든 거래나 사건에서 인식한 자본의 변동을 말한다. 즉, 포괄이익에는 소유주의 투자 및 소유주에 대한 분배 등 자본거래를 제외한 모든 원천에서 인식된 자본의 변동이 포함된다.(문단 112)

2) 수익

수익이란 기업실체의 경영활동과 관련된 재화의 판매 또는 용역의 제공 등에 대한 대가로 발생하는 자산의 유입 또는 부채의 감소이다. 예를 들면, 재화 및 용역을 공급한 대가로서 현금이나 매출채권이 증가하게 된다. 또한 기업실체는 차입금을 상환하기 위하여 재화 및 용역을 채권자에게 공급할 수 있으며 그 결과로 부채가 감소된다.(문단 117)

수익은 기업실체의 경영활동의 결과로서 발생하였거나 발생할 현금유입액을 나타내며, 경영활동의 종류와 당해 수익이 인식되는 방법에 따라 매출액, 이자수익, 배당금수익 및 임대수익 등과 같이 다양하게 구분될 수 있다.(문단 118)

3) 비용

비용이란 기업실체의 경영활동과 관련된 재화의 판매 또는 용역의 제공 등에 따라 발생하는 자산의 유출이나 사용 또는 부채의 증가이다. 예를 들면, 재화의 생산 및 판매 과정에서의 비용 발생은 재고자산의 유출, 유형자산의 사용 또는 미지급비용과 같은 부채의 증가로 나타난다.(문단 120)

비용은 기업실체의 경영활동의 결과로서 발생하였거나 발생할 현금유출액을 나타내며, 경영활동의 종류와 당해 비용이 인식되는 방법에 따라 매출원가, 급여, 감가상각비, 이자비용, 임차비용 등과 같이 다양하게 구분될 수 있다.(문단 121)

5 재무제표 기본요소의 인식 및 측정

(1) 인식의 기준

인식이란 거래나 사건의 경제적 효과를 자산, 부채, 수익, 비용 등으로 재무제표에 표시하는 것을 말한다. 특정 항목은 인식기준이 충족되면 화폐단위 측정치가 적절한 계정과목으로 재무제표를 통해 보고된다. 인식은 거래와 사건의 경제적 효과를 최초로 기록하는 것뿐만 아니라 동일한 항목에 대한 후속적인 변화와 기록되었던 항목의 제거를 모두 포함한다.(문단 131)

1) 인식요건

어떠한 항목을 인식하기 위해서는 아래의 기준들이 모두 충족되어야 한다.(문단 132)
㈎ 당해 항목이 **재무제표 기본요소의 정의를 충족시켜야** 하며,
㈏ 당해 항목과 관련된 **미래 경제적 효익이 기업실체에 유입되거나 또는 유출될 가능성이 매우 높고**,
㈐ 당해 항목에 대한 측정 속성이 있으며, 이 **측정 속성이 신뢰성 있게 측정될 수 있어야** 한다.

2) 측정의 신뢰성

문단132㈐에 규정된 인식기준은 당해 항목이 화폐단위로 계량화될 수 있는 측정 속성을 갖고 있고 또한 그 측정속성이 신뢰성 있게 측정될 수 있어야 함을 나타내는 인식기준이다. 여기서 **측정 속성이란 취득원가(역사적 원가), 공정가치, 기업특유가치** 등을 의미한다.(문단 137)

① **자산의 인식 조건** : 자산은 당해 항목에 내재된 미래의 경제적 효익이 기업실체에 유입될 가능성이 매우 높고 또한 그 측정 속성에 대한 가액이 신뢰성 있게 측정될 수 있다면 재무상태표에 인식한다.(문단 140)

② **부채의 인식 조건** : 기업실체가 현재의 의무를 미래에 이행할 때 경제적 효익이 유출될

가능성이 매우 높고 그 금액을 신뢰성 있게 측정할 수 있다면 이러한 의무는 재무상태표에 부채로 인식한다. 그러나 일반적으로 미이행계약에 따른 의무는 부채로 인식하지 않는다. 다만, 계약이행이 법적으로 강제되어 있고 위약금과 같은 불이익의 조건이 있을 때에는, 그러한 의무가 부채의 인식기준을 충족하면 부채로 인식되어야 한다.(문단 142)

③ **수익의 인식 조건 : 수익은 경제적 효익이 유입됨으로써 자산이 증가하거나 부채가 감소하고 그 금액을 신뢰성 있게 측정할 수 있을 때 인식한다.** 이는 수익의 인식이 자산의 증가나 부채의 감소와 동시에 이루어짐을 의미한다.

④ **비용의 인식 조건 : 비용은 경제적 효익이 사용 또는 유출됨으로써 자산이 감소하거나 부채가 증가하고 그 금액을 신뢰성 있게 측정할 수 있을 때 인식한다.** 이는 비용의 인식이 자산의 감소나 부채의 증가와 동시에 이루어짐을 의미한다.

(2) 재무제표 기본요소의 측정

자산과 부채의 측정에 사용될 수 있는 측정 속성에는 다음과 같은 종류가 있다.(문단 149)

㉮ 취득원가(또는 역사적 원가)와 역사적 현금 수취액 : 자산의 취득원가는 자산을 취득하였을 때 그 대가로 지급한 현금, 현금등가액 또는 기타 지급수단의 공정가치를 말하며 역사적 원가와 동일한 의미이다. 부채의 역사적 현금수취액은 그 부채를 부담하는 대가로 수취한 현금 또는 현금등가액이다.

㉯ 공정가치 : 공정가치(또는 공정가액)는 독립된 당사자 간의 현행 거래에서 자산이 매각 또는 구입되거나 부채가 결제 또는 이전될 수 있는 교환가치이다. 자산의 구입에 관한 공정가치는 현행원가라고도 하며, 이는 당해 자산을 지금 취득한다고 할 때 지급해야 할 현금 또는 현금등가액으로 측정된다.

㉰ 기업특유가치 : 자산의 기업특유가치는 기업실체가 자산을 사용함에 따라 당해 기업실체의 입장에서 인식되는 현재의 가치를 말하며, 사용가치라고도 한다.

㉱ 상각후가액: 금융자산 취득 또는 금융부채 발생 시점의 그 유입가격과 당해 자산 또는 부채로부터 발생하는 미래 명목현금흐름의 현재가치가 일치되게 하는 할인율인 유효이자율을 측정하고, 이 유효이자율을 이용하여 당해 자산 또는 부채에 대한 현재의 가액으로 측정한 것을 상각후가액이라 한다. 상각후가액의 측정에 사용되는 이자율은 현재의 시장이자율이 아닌 역사적 이자율이다.

㉲ 순실현가능가치와 이행가액 : 자산의 순실현가능가치는 정상적 기업활동과정에서 미래에 당해 자산이 현금 또는 현금등가액으로 전환될 때 수취할 것으로 예상되는 금액에서 그러한 전환에 직접 소요될 비용을 차감한 가액으로 정의되며 유출가치의 개념이다. 부채의 이행가액은 미래에 그 의무의 이행으로 지급될 현금 또는 현금등가액에서 그러한 지급에 직접 소요될 비용을 가산한 가액을 말한다. 순실현가능가치와 이행가액은 현재 시점의 가치로 환산되지 않은 금액이다.

제 2 절 회계변경 및 오류정정(5장)

1 목적 및 적용범위

이 장의 목적은 회계정책의 선택과 적용 그리고 회계정책의 변경, 회계추정의 변경 및 전기오류수정에 대한 회계처리와 공시에 필요한 사항을 정하는 데 있다.(문단 5.1)

(1) 회계변경의 목적 및 사유

회계변경은 회계정보의 비교가능성을 훼손할 수 있으므로 **회계변경을 하는 기업은 반드시 회계변경의 정당성을 입증하여야 한다.**(결 5.1)

그러나 회계기준제정기구가 새로운 회계기준을 제정하거나 개정하는 경우에는 이익조정을 위한 자의적인 회계변경의 여지가 없으므로 회계변경의 정당성에 대한 입증을 필요로 하지 아니한다.(문단 5.7, 5.8).

다음의 경우에는 **정당한 사유에 의한 회계정책 및 회계추정 변경**으로 본다.

1) 기업 환경의 중대한 변화

합병, 사업부 신설, 대규모 투자, 사업의 양수도 등 기업 환경의 중대한 변화에 의하여 총자산이나 매출액, 제품의 구성 등이 현저히 변동됨으로써 종전의 회계정책을 적용할 경우 재무제표가 왜곡되는 경우

2) 업계의 합리적 관행의 수용

동종 산업에 속한 대부분의 기업이 채택한 회계정책 또는 추정방법으로 변경함에 있어서 새로운 회계정책 또는 추정방법이 종전보다 더 합리적이라고 판단되는 경우

3) 기업회계기준의 제·개정

일반기업회계기준의 제·개정 또는 기존의 기업회계기준에 대한 새로운 해석에 따라 회계변경을 하는 경우

(2) 정당하지 못한 회계변경의 사례

단순히 세법의 규정을 따르기 위한 회계변경은 정당한 회계변경으로 보지 아니한다. 그 이유는 세무보고의 목적과 재무보고의 목적이 서로 달라 세법에 따른 회계변경이 반드시 재무회계정보의 유용성을 향상시키는 것은 아니기 때문이다. 또한, **이익조정을 주된 목적으로 한 회계변경은 정당한 회계변경으로 보지 아니한다.**(실 5.2)

Chapter 1 일반기업회계기준

(3) 회계변경으로 보지 않는 사례

다음의 경우에는 회계변경으로 보지 아니한다.

- ㈎ 중요성의 판단에 따라 기업회계기준과 다르게 회계처리하던 항목들의 중요성이 커지게 되어 기업회계기준을 적용하는 경우. 예를 들면, 품질보증비용을 지출연도의 비용으로 처리하다가 중요성이 증대됨에 따라 충당금설정법을 적용하는 경우
- ㈏ 과거에는 발생한 경우가 없는 새로운 사건이나 거래에 대하여 회계정책을 선택하거나 회계추정을 하는 경우.

2 회계변경

회계변경은 회계정책의 변경과 회계추정의 변경을 말한다. 회계정책의 변경은 재무제표의 작성과 보고에 적용하던 회계정책을 다른 회계정책으로 **바꾸는 것**을 말한다. 회계정책은 기업이 재무보고의 목적으로 선택한 기업회계기준과 그 적용방법을 말한다. 한편, **회계추정의 변경**은 기업 환경의 변화, 새로운 정보의 획득 또는 경험의 축적에 따라 지금까지 사용해오던 **회계적 추정치의 근거와 방법 등을 바꾸는 것**을 말한다. 회계추정은 기업환경의 불확실성하에서 미래의 재무적 결과를 사전적으로 예측하는 것을 말한다.(문단 5.7)

매기 동일한 회계정책 또는 회계추정을 사용하면(일관성) 비교가능성이 증대되어 재무제표의 유용성이 향상된다. 따라서 재무제표를 작성할 때 일단 채택한 회계정책이나 회계추정은 유사한 종류의 사건이나 거래의 회계처리에 그대로 적용하여야 한다.(문단 5.8)

(1) 회계정책의 변경

기업은 다음 중 하나의 경우에 회계정책을 변경할 수 있다.(문단 5.9)

⑴ 일반기업회계기준에서 회계정책의 변경을 요구하는 경우
⑵ 회계정책의 변경을 반영한 재무제표가 거래, 기타 사건 또는 상황이 재무상태, 재무성과 또는 현금흐름에 미치는 영향에 대하여 신뢰성 있고 더 목적적합한 정보를 제공하는 경우

일반기업회계기준 제10장 '유형자산'에 따라 자산을 재평가하는 회계정책을 최초로 적용하는 경우의 회계정책 변경은 이 장을 적용하지 아니하고 각각 제10장에 따라 회계처리한다.(문단 5.10)

변경된 새로운 회계정책은 소급하여 적용한다. 전기 또는 그 이전의 재무제표를 비교목적으로 공시할 경우에는 소급적용에 따른 수정사항을 반영하여 재작성한다. 비교재무제표상의 최초 회계기간 전의 회계기간에 대한 수정사항은 비교재무제표상 최초회계기간의 자산, 부채 및 자본의 기초금액에 반영한다. 또한 전기 또는 그 이전기간과 관련된 기타재무정보도 재작성한다.(문단 5.11)

문단 5.11에서 규정한 회계정책의 변경에 따른 누적효과를 합리적으로 결정하기 어려운 경우에는 회계변경을 전진적으로 처리하여 그 효과가 당기와 당기이후의 기간에 반영되도록 한다. 회계정책 변경을 전진적으로 처리하는 경우에는 그 변경의 효과를 당해 회계연도 개시 일부터 적용한다.(문단 5.12)

(2) 회계추정의 변경

① 회계추정의 변경은 전진적으로 처리하여 그 효과를 당기와 당기이후의 기간에 반영한다.(문단 5.14)
② 회계정책의 변경과 회계추정의 변경이 동시에 이루어지는 경우에는 문단 5.11에 규정한 회계정책의 변경에 의한 누적효과를 먼저 계산하여 소급적용한 후, 회계추정의 변경효과를 전진적으로 적용한다. (문단 5.15)
③ 회계변경의 속성상 그 효과를 회계정책의 변경효과와 회계추정의 변경효과로 구분하기가 불가능한 경우에는 이를 회계추정의 변경으로 본다. 예를 들면, 비용으로 처리하던 특정지출의 미래 경제적 효익을 인정하여 자본화하는 경우에는 회계정책의 변경효과와 회계추정의 변경효과를 구분하는 것이 불가능한 것이 일반적이다.(문단 5. 16)
④ 회계추정 변경의 효과는 당해 회계연도 개시 일부터 적용한다.(문단 5. 17)

(3) 전진법과 소급법의 장단점

1) 소급법의 장점

① **기간간 비교가능성의 제고** : 비교목적으로 공시하는 전기재무제표를 재작성 하므로 재무제표의 기간간 비교가능성이 제고된다.
② **이익조작의 방지** : 회계변경을 하는 경우 변경의 효과를 과거로 소급하여 회계처리 하므로 손익을 조작하기 어렵다.

2) 소급법의 단점

① **재무제표의 신뢰성 손상** : 과거에 공표된 재무제표를 수정하므로 재무제표의 신뢰성이 매우 손상되는 효과가 발생한다.
② **많은 노력과 비용** : 전기재무제표를 소급하여 재작하는데 많은 노력과 비용이 소요된다.

3) 전진법의 장점

① **재무제표의 신뢰성 유지** : 과거에 공표된 재무제표를 수정하지 않으므로 재무보고의 신뢰성을 유지할 수 있다.
② **당기업적주의에 충실** : 회계변경의 누적효과를 계산하지 않으므로 당기순이익은 당기업적주의에 충실한 이익으로 보고된다.

③ **회계변경의 영향은 중요하지 않음** : 회계변경의 영향은 대부분 중요하지 않으므로 별도로 계산하지 않아도 의사결정자의 의사결정에는 영향을 미치지 않는다.
④ **경영환경의 변화** : 경영자는 경영환경의 변화에 따라 가장 적절한 회계처리방법을 선택한다.

4) 전진법의 단점

① **기간간 비교가능성의 상실** : 전기 재무제표를 재작성하지 않으므로 기간간 비교가능성이 상실된다.
② **회계변경의 영향 파악이 불가능** : 회계변경이 당기손익에 미친 효과를 알 수 없다.

3 오류수정

오류수정은 전기 또는 그 이전의 재무제표에 포함된 회계적 오류를 당기에 발견하여 이를 수정하는 것을 말한다. **중대한 오류는 재무제표의 신뢰성을 심각하게 손상할 수 있는 매우 중요한 오류를 말한다.**(문단 5.18)

당기에 발견한 전기 또는 그 이전기간의 오류는 당기 손익계산서에 영업외손익 중 전기오류수정손익으로 보고한다. 다만, **전기 이전기간에 발생한 중대한 오류의 수정은 자산, 부채 및 자본의 기초금액에 반영한다. 비교재무제표를 작성하는 경우 중대한 오류의 영향을 받는 회계기간의 재무제표항목은 재작성 한다.**(문단 5. 19)

전기 또는 그 이전기간에 발생한 중대한 오류의 수정을 위해 전기 또는 그 이전기간의 재무제표를 재작성하는 경우 각각의 회계기간에 발생한 중대한 오류의 수정금액을 해당기간의 재무제표에 반영한다. 비교재무제표에 보고된 최초회계기간 이전에 발생한 중대한 오류의 수정에 대하여는 당해 최초 회계기간의 자산, 부채 및 자본의 기초금액에 반영한다. 또한 전기 또는 그 이전기간과 관련된 기타재무정보도 재작성한다.(문단 5. 20)

제 3 절 금융자산 및 금융부채(6장)

1 목적 및 적용범위

　이장은 공통사항, 유가증권, 파생상품 및 채권·채무조정 등 4개 절로 구성되어 있으며, 다음을 제외한 모든 유형의 금융상품에 적용한다. 또한 파생상품의 정의를 충족하는 기타 계약에도 적용한다.(문단 6.2)

　⑴ 종속기업, 관계기업 및 조인트벤처 투자지분
　⑵ 리스에 따른 권리와 의무. 다만,
　　㈎ 리스제공자가 인식하는 리스채권의 제거와 손상,
　　㈏ 리스이용자가 인식하는 금융리스부채의 제거 및
　　㈐ 리스에 내재된 파생상품에 대하여는 이 장을 적용한다.
　⑶ 퇴직급여와 관련된 사용자의 권리와 의무
　⑷ 지분상품의 정의를 충족하는 금융상품(발행자의 경우에 한함)
　⑸ 보험계약. 다만, 보험계약에 내재된 파생상품에 대하여는 이 장을 적용한다.
　⑹ 미래에 피취득대상을 매입하거나 매도하기로 하는 취득자와 매각자 사이의 사업결합계약
　⑺ 대출약정
　⑻ 주식기준보상거래에 따른 금융상품, 계약 및 의무
　⑼ 정상 영업활동 과정에서 발생하는 자산(금융상품 또는 파생상품인 경우는 제외)의 매입 또는 매출계약
　⑽ 당기 또는 전기 이전에 인식한 충당부채의 결제에 필요한 지출과 관련하여 제3자로부터 보상받을 권리
　⑾ 금융보증계약

　이 장의 목적은 금융자산·금융부채에 대한 회계처리와 공시에 필요한 사항을 정하는 데 있다.

2 공통사항(1절)

　이 장의 적용범위에 해당하는 금융상품과 관련하여 제2절~제4절에서 정하지 않은 사항은 이 절에서 제시하는 원칙을 적용한다.(문단 6.3)

(1) 금융상품의 최초인식

　금융자산이나 금융부채는 **금융상품의 계약당사자가 되는 때에만 재무상태표에 인식한다.** 관련 시장의 규정이나 관행에 의하여 일반적으로 설정된 기간 내에 당해 금융상품을 인도하는 계약조건에 따라 금융자산을 매입하거나 매도하는 정형화된 거래의 경우 매매일에 해당 거래를 인식한다.(문단 6.4)

(2) 금융상품의 제거

금융자산(제2절 '유가증권'의 적용대상 금융자산은 제외)의 양도(자산 일부의 양도를 포함한다)의 경우에, **다음 요건을 모두 충족하는 경우에는 양도자가 금융자산에 대한 통제권을 이전한 것으로 보아 매각거래로, 이외의 경우에는 금융자산을 담보로 한 차입거래로 본다.**(문단 6.5)

(1) **양도인은 금융자산 양도 후 당해 양도자산에 대한 권리를 행사할 수 없어야 한다.** 즉, 양도인이 파산 또는 법정관리 등에 들어갈 지라도 양도인 및 양도인의 채권자는 양도한 금융자산에 대한 권리를 행사할 수 없어야 한다.
(2) **양수인은 양수한 금융자산을 처분(양도 및 담보제공 등)할 자유로운 권리를 갖고 있어야 한다.**
(3) **양도인은 금융자산 양도 후에 효율적인 통제권을 행사할 수 없어야 한다.**

금융자산의 이전거래가 **매각거래에 해당하면 처분손익을 인식하여야 하며,** 매각거래와 관련하여 신규로 취득(부담)하는 자산(부채)이 있는 경우에는 공정가치로 평가하여 장부에 계상하고 처분손익계산에 반영하여야 한다. 만약 신규로 취득(부담)하는 자산(부채)의 공정가치를 알 수 없는 경우에는 다음과 같이 평가한다.(문단 6.6)

(1) 자산을 취득하는 경우에는 '0'으로 보아 처분손익을 계상한다.
(2) 부채를 부담하는 경우에는 처분에 따른 이익을 인식하지 않는 범위 내에서 평가하여 계상한다.

(3) 금융자산과 금융부채의 최초 측정

금융자산이나 금융부채는 최초인식시 공정가치로 측정한다. 다만, 최초인식 이후 공정가치로 측정하고 공정가치의 변동을 당기손익으로 인식하는 금융자산이나 금융부채{예: 단기매매증권, 파생상품(현금흐름위험회피회계에서 위험회피수단으로 지정되는 경우는 제외)}가 아닌 경우 당해 금융자산(금융부채)의 취득(발행)과 직접 관련되는 거래 원가는 최초인식하는 공정가치에 가산(차감)한다.(문단 6.12)

최초인식 시 금융상품의 공정가치는 일반적으로 거래가격(제공하거나 수취한 대가의 공정가치)이다. 그러나 장기연불조건의 매매거래, 장기금전대차거래 또는 이와 유사한 거래에서 발생하는 채권·채무로서 명목금액과 현재가치의 차이가 유의적인 경우에는 이를 현재가치로 평가한다. 이러한 현재가치는 당해 채권·채무로 인하여 미래에 수취하거나 지급할 총금액을 적정한 이자율로 할인한 금액이다.(문단 6.13)

둘 이상의 금융상품을 일괄하여 매입(예: 분리형 신주인수권부사채의 매입)한 경우에는 공정가치를 보다 신뢰성 있게 측정할 수 있는 금융상품의 공정가치를 우선 인식한 후 매입가액의 잔여액으로 나머지 금융상품을 인식한다. 둘 이상의 금융상품 중 공정가치를 보다 신뢰성 있게 측정할 수 있는 금융상품을 식별할 수 없는 경우에는 각각의 공정가치를 기준으로 거래가격을 안분하여 인식한다.(문단 6.13의2)

(4) 금융자산과 금융부채의 후속 측정

금융자산이나 금융부채는 다음을 제외하고는 상각후원가로 측정한다.(문단 6.14)

⑴ 이 장의 제2절~제4절에서 규정하고 있는 유가증권, 파생상품 및 채권·채무조정. 이에 대하여는 각 절의 규정을 적용한다.

⑵ 당기손익인식지정항목. 이러한 금융자산 또는 금융부채는 이 장의 제2절 '유가증권' 문단 6.30~6.31의 단기매매증권의 후속측정방법을 준용하여 측정한다. 다음의 항목을 당기손익인식항목으로 지정할 수 있다.

　㈎ 공정가치로 평가하여 공정가치 변동을 당기손익에 반영하지 않는다면, 분리하여야 하는 파생상품을 포함하는 복합계약(이 장 제3절 '파생상품' 문단 6.46~6.47 참조)

　㈏ 벤처캐피탈, 뮤추얼펀드, 기타 이와 유사한 기업이 소유하는 유가증권(제8장 '지분법' 문단 8.2 참조)

⑶ 금융보증계약. 금융보증계약의 발행자는 그 채무를 다음 중 큰 금액으로 측정한다.

　㈎ 제14장 '충당부채와 우발부채·우발자산'을 준용하여 결정된 금액

　㈏ 최초인식금액(문단 6.12 참조)에서 제16장 '수익'에 따라 인식한 상각누계액을 차감한 금액

(5) 공정가치의 평가

공정가치의 최선의 추정치는 활성시장에서 공시되는 가격이다. 금융상품에 대한 활성시장이 없다면, 공정가치는 평가기법을 사용하여 결정한다. 평가기법을 사용하는 목적은 측정일 현재 독립된 당사자 사이의 정상적인 거래에서 발생할 수 있는 거래가격을 결정하는 데 있다. 평가기법은 다음의 방법에 의한다.(문단 6.15)

⑴ 합리적인 판단력과 거래의사가 있는 독립된 당사자 사이의 최근 거래를 사용하는 방법,

⑵ 실질적으로 동일한 다른 금융상품의 현행 공정가치를 이용할 수 있다면 이를 참조하는 방법,

⑶ 현금흐름할인방법과 옵션가격결정모형을 포함한다.

(6) 대손충당금

회수가 불확실한 금융자산(제2절 '유가증권' 적용대상 금융자산은 제외)은 합리적이고 객관적인 기준에 따라 산출한 대손추산액을 대손충당금으로 설정한다.(문단 6.17의 2)

⑴ 대손추산액에서 대손충당금잔액을 차감한 금액을 대손상각비로 계상한다. 이 경우 상거래에서 발생한 매출채권에 대한 대손상각비는 판매비와 관리비로 처리하고, 기타 채권에 대한 대손상각비는 영업외비용으로 처리한다.(차액보충법)

⑵ **회수가 불가능한 채권은 대손충당금과 상계하고 대손충당금이 부족한 경우에는 그 부족액을 대손상각비로 처리한다.**

3 유가증권(2절)

(1) 유가증권의 정의

'유가증권'은 재산권을 나타내는 증권을 말하며, 실물이 발행된 경우도 있고, 명부에 등록만 되어 있을 수도 있다. 유가증권은 적절한 액면금액단위로 분할되고 시장에서 거래되거나 투자의 대상이 된다. **유가증권에는 지분증권과 채무증권이 포함**된다.(문단 6.20)

(2) 유가증권의 분류

유가증권은 취득한 후에 만기보유증권, 단기매매증권, 그리고 매도가능증권 중의 하나로 분류한다.(문단 6.22)

1) 만기보유증권

만기가 확정된 채무증권으로서 상환금액이 확정되었거나 확정이 가능한 채무증권을 만기까지 보유할 적극적인 의도와 능력이 있는 경우에는 만기보유증권으로 분류한다.(문단 6.23)

다만, 다음의 경우에는 만기까지 채무증권을 보유할 적극적인 의도가 없는 것으로 본다.(문단 6.24)

⑴ 만기까지의 보유여부를 분명히 정하고 있지 아니한 경우
⑵ 시장이자율 또는 위험의 변동, 필요한 유동성 수준의 변화(예: 은행의 경우 예금인출 또는 대출수요의 증가에 따른 유동성 확보가 필요할 때), 다른 대체적인 자산의 투자가능성이나 수익률의 변동, 자금조달원천과 조건의 변화 또는 외화위험의 변화 등의 상황이 발생할 경우에는 매도할 의도가 있는 채무증권. 다만, 위와 같은 요인이 급격하게 변동하는 등 합리적으로 예상할 수 없는 비반복적인 상황 변동에 대응하여 매도하는 경우를 제외한다.
⑶ 채무증권의 발행자가 채무증권의 상각 후 취득원가보다 현저하게 낮은 금액으로 중도상환권을 행사할 수 있는 경우

당 회계연도와 직전 2개 회계연도 중에, 만기보유증권을 만기일 전에 매도하였거나 발행자에게 중도상환권을 행사한 사실이 있는 경우, 또는 만기보유증권의 분류를 매도가능증권으로 변경한 사실이 있다면(단 이러한 사실들에 해당하는 금액이 만기보유증권 총액과 비교하여 경미한 금액인 경우는 제외), **보유 중이거나 신규로 취득하는 모든 채무증권은 만기보유증권으로 분류할 수 없다.**(문단 6.25) 다만 다음 중 하나에 해당하는 경우에는 문단 6.25를 적용하지 아니한다.(문단 6.26)

⑴ 만기까지 잔여기간이 얼마 남지 않아서 시장이자율의 변동이 공정가치에 중요한 영향을 미치지 않을 시점(예: 3개월 이내)에 매도하거나, 또는 중도상환권 행사 일까지의 잔여기간이 얼마 남지 않은 시점(예: 3개월 이내)에 매도하는 경우
⑵ 채무증권의 액면금액 거의 대부분(예: 85% 이상)을 회수한 후에 그 채무증권을 매도하는 경우
⑶ 채무증권 발행자의 신용상태가 크게 하락하였다는 증거가 발견되는 경우

⑷ 법규 등의 변경에 의하여 불가피하게 매도하는 경우
⑸ 중요한 기업결합 또는 주요 사업부문의 매각이 있을 때 기존의 이자율 위험관리 또는 신용위험정책을 유지하기 위하여 채무증권을 매도하는 경우
⑹ 합리적으로 예상할 수 없는 비반복적인 상황 변동에 대응하여 그 채무증권을 매도하는 경우

2) 단기매매증권과 매도가능증권

지분증권과 및 만기보유증권으로 분류되지 아니하는 채무증권은 단기매매증권과 매도가능증권 중의 하나로 분류한다.(문단 6.27)

⑴ 단기매매증권은 주로 단기간 내의 매매차익을 목적으로 취득한 유가증권으로서 매수와 매도가 적극적이고 빈번하게 이루어지는 것을 말한다.
⑵ 단기매매증권이나 만기보유증권으로 분류되지 아니하는 유가증권은 매도가능증권으로 분류한다.

(3) 유가증권의 최초 측정과 후속 측정

유가증권의 최초 측정에 대해서는 문단 6.12를 적용한다.(문단 6.28)

1) 만기보유증권의 평가

만기보유증권은 상각후원가로 평가하여 재무상태표에 표시한다. 만기보유증권을 상각후원가로 측정할 때에는 장부금액과 만기액면금액의 차이를 상환기간에 걸쳐 유효이자율법에 의하여 상각하여 취득원가와 이자수익에 가감한다.(문단 6.29)

2) 단기매매증권과 매도가능증권의 평가

단기매매증권과 매도가능증권은 공정가치로 평가한다. 다만, 매도가능증권 중 시장성이 없는 지분증권의 공정가치를 신뢰성 있게 측정할 수 없는 경우에는 취득원가로 평가한다.(문단 6.30)

3) 공정가치의 변동

단기매매증권에 대한 미실현보유손익은 당기손익항목으로 처리한다. 매도가능증권에 대한 미실현보유손익은 기타포괄손익누계액으로 처리하고, 당해 유가증권에 대한 기타포괄손익누계액은 그 유가증권을 처분하거나 손상차손을 인식하는 시점에 일괄하여 당기손익에 반영한다.(문단 6.31)

4) 손상차손

유가증권으로부터 회수할 수 있을 것으로 추정되는 금액(이하 "회수가능액"이라 한다)이 채무증권

의 상각후원가 또는 지분증권의 취득원가보다 작은 경우에는, 손상차손을 인식할 것을 고려하여야 한다. 손상차손의 발생에 대한 객관적인 증거가 있는지는 보고기간종료일마다 평가하고 그러한 증거가 있는 경우에는 손상차손이 불필요하다는 명백한 반증이 없는 한, 회수가능액을 추정하여 손상차손을 인식하여야 한다. **손상차손금액은 당기손익에 반영한**다.(문단 6.32)

5) 손상차손의 회복

손상차손의 회복이 손상차손 인식 후에 발생한 사건과 객관적으로 관련된 경우에는 다음과 같이 회계처리한다.(문단 6.33)

(1) 만기보유증권 또는 원가로 평가하는 매도가능증권의 경우에는 회복된 금액을 당기이익으로 인식하되, 회복 후 장부금액이 당초에 손상차손을 인식하지 않았다면 회복일 현재의 상각후원가(매도가능증권의 경우, 취득원가)가 되었을 금액을 초과하지 않도록 한다.
(2) 공정가치로 평가하는 매도가능증권의 경우에는 이전에 인식하였던 손상차손 금액을 한도로 하여 회복된 금액을 당기이익으로 인식한다.

(4) 유가증권의 재분류

유가증권의 보유의도와 보유능력에 변화가 있어 재분류가 필요한 경우에는 다음과 같이 처리한다.(문단 6.34)

(1) 단기매매증권은 다른 범주로 재분류할 수 없으며, 다른 범주의 유가증권의 경우에도 단기매매증권으로 재분류할 수 없다. 다만, (일반적이지 않고 단기간 내에 재발할 가능성이 매우 낮은 단일한 사건에서 발생하는) 드문 상황에서 더 이상 단기간 내의 매매차익을 목적으로 보유하지 않는 단기매매증권은 매도가능증권이나 만기보유증권으로 분류할 수 있으며, 단기매매증권이 시장성을 상실한 경우에는 매도가능증권으로 분류하여야 한다.
(2) 매도가능증권은 만기보유증권으로 재분류할 수 있으며 만기보유증권은 매도가능증권으로 재분류할 수 있다.
(3) 유가증권과목의 분류를 변경할 때에는 재분류일 현재의 공정가치로 평가한 후 변경한다.

(5) 유가증권의 양도

유가증권의 양도로 유가증권 보유자가 유가증권의 통제를 상실한 때에는 그 유가증권을 재무상태표에서 제거한다. 유가증권의 통제를 상실한 경우란 유가증권의 경제적 효익을 획득할 수 있는 권리를 전부 실현한 때, 그 권리가 만료된 때, 또는 그 권리를 처분한 때를 말한다.(문단 6.34의 2)

4 채권·채무조정(제4절)

'채권·채무조정'은 채무자의 현재 또는 장래의 채무변제능력이 크게 저하된 경우에 채권자와 채무자간의 합의 또는 법원의 결정 등의 방법으로 채무자의 부담완화를 공식화하는 것을 말한다. (문단 6.84)

채권·채무조정이 실질적으로 완성되는 시점이 채권·채무조정시점이다. 채권·채무조정은 채무의 만기일 이전 또는 이후에 이루어질 수 있으며, 자산 또는 지분증권을 이전하거나 새로운 계약조건이 확정되는 시점에서 채권·채무조정이 완성된다. 일반적으로 합의에 의한 채권·채무조정의 경우에는 합의일, 법원의 인가에 의한 채권·채무조정의 경우에는 법원의 인가일이 채권·채무조정시점이 된다. 그러나 채권자와 채무자간에 약정한 조건이 충족되지 않아서 합의일 또는 법원의 인가일에 자산 또는 지분증권의 이전, 새로운 계약조건의 시행 등의 사건이 이루어지지 않는 경우에는 그 조건이 충족되어 실질적으로 채권·채무조정이 완성되는 시점이 채권·채무조정시점이다.(문단 6.85)

(1) 채무자의 회계

1) 자산이전에 의한 채무의 변제

채무자가 채무를 변제하기 위하여 제3자에 대한 채권, 부동산 또는 기타의 자산을 채권자에게 이전하는 경우에는 변제되는 채무의 장부금액과 이전되는 자산의 공정가치와의 차이를 채무조정이익으로 인식한다.(문단 6.86)

2) 지분증권의 발행 등에 의한 채무변제

채무자가 채무를 변제하기 위하여 채권자에게 지분증권을 발행하는 경우(이하'출자전환'이라 한다)에는 **지분증권의 공정가치와 채무의 장부금액과의 차이를 채무조정이익으로 인식한다.** 다만, 시장성이 없는 지분증권의 공정가치를 신뢰성 있게 측정할 수 없는 경우에는 발행되는 지분증권을 조정대상 채무의 장부금액으로 회계처리하고 채무조정이익을 인식하지 않는다.(문단 6.87)

3) 출자전환에 의한 채무의 변제

출자전환을 합의하였으나 출자전환이 즉시 이행되지 않는 경우에는 조정대상채무를 출자전환채무의 과목으로 하여 자본조정으로 대체한다. 출자전환채무는 전환으로 인하여 발행될 주식의 공정가치로 하고 조정대상채무의 장부금액과의 차이는 채무조정이익으로 인식한다. 다만, 시장성이 없는 지분증권의 공정가치를 신뢰성 있게 측정할 수 없는 경우에는 조정대상채무의 장부금액으로 출자전환채무를 회계처리하고 채무조정이익을 인식하지 않는다.(문단 6.87)

4) 조건의 변경

조건변경으로 채무가 조정되는 경우에는 채권·채무조정에 따른 약정상 정해진 미래 현금흐름을 채무 발생시점의 유효이자율로 할인하여 계산된 현재가치와 채무의 장부금액과의 차이를 **채무에 대한 현재가치할인차금과 채무조정이익으로 인식한다.** 조정대상채무에 대하여 **전환사채나 채무증권을 발행하는 형식으로 채권·채무조정이 이루어지는 경우**에는 이를 채무의 변제로 보지 않고 **채무의 조건변경으로 회계 처리**한다. 따라서 채권·채무조정으로 인하여 발행되는 전환사채에 대해 제15장 '자본'의 규정에 불구하고 전환권을 인식하지 않고 전환사채의 만기까지 발생할 미래 현금흐름을 채무 발생시점의 유효이자율로 할인하여 계산된 현재가치와 조정대상채무의 장부금액과의 차이를 채무조정이익으로 인식한다.(문단 6.90)

(2) 채권자의 회계

1) 자산의 양수를 통한 채권의 회수

채권·채무조정시점에서 채무자에 대한 채권의 전부 또는 일부에 대하여 제3자에 대한 채권, 부동산 또는 기타의 자산을 받거나 채무자의 지분증권 등을 받은 채권자는 동 자산을 공정가치로 회계 처리한다. **받은 자산의 공정가치가 채권의 대손충당금 차감 전 장부금액보다 작은 경우에는 채권의 대손충당금 차감 전 장부금액을 대손충당금과 우선 상계하고 부족한 경우에는 대손상각비로 인식한다.**(문단 6.95)

2) 채권의 출자전환

출자전환을 합의하여 출자전환으로 인하여 발행될 주식수가 결정된 경우에는 채권의 대손충당금 차감 전 장부금액을 출자전환채권으로 대체하고 출자전환이 이루어질 때까지 출자전환채권의 대손충당금 차감 전 장부금액과 전환으로 발행될 주식의 공정가치 중 낮은 금액으로 평가하며 이로 인한 평가손익은 출자전환채권에 대한 대손충당금과 대손상각비에 반영한다.(문단 6.96)

제 4 절 재고자산(일반회계기준 제7장)

1 목적 및 적용범위

이 장의 목적은 재고자산의 회계처리와 공시에 필요한 사항을 정하는 데 있다. 재고자산 회계에 있어서 가장 중요한 과제는 보고기간말 현재 재고자산의 장부금액을 적절하게 결정하는 것이다.(문단 7.1)

이 장은 다음을 제외한 모든 재고자산의 회계처리에 적용된다.(문단 7.2)

(1) 건설형 공사계약에서 발생하는 진행 중인 건설공사
(2) 금융상품
(3) 농림어업활동과 관련된 생물자산과 수확시점의 농림어업 수확물
(4) 온실가스 배출권

1) 재고자산의 정의

재고자산은 정상적인 영업과정에서 판매를 위하여 보유하거나 생산과정에 있는 자산 및 생산 또는 서비스 제공과정에 투입될 원재료나 소모품의 형태로 존재하는 자산을 말한다.(문단 7.3)

2) 재고자산의 장부금액 결정

재고자산은 취득원가를 장부금액으로 한다. 다만, **시가가 취득원가보다 낮은 경우에는 시가를 장부금액으로 한다**(이하 '저가법'이라 한다). (문단 7.4)

2 취득원가의 측정

재고자산의 취득원가는 매입원가 또는 제조원가를 말한다. 재고자산의 취득원가에는 취득에 직접적으로 관련되어 있으며, 정상적으로 발생되는 기타원가를 포함한다.(문단 7.5)

1) 매입원가

재고자산의 매입원가는 매입가액에 매입운임, 하역료 및 보험료 등 취득과정에서 정상적으로 발생한 부대비용을 가산한 금액이다. 매입과 관련된 할인, 에누리 및 기타 유사한 항목은 매입원가에서 차감한다. 성격이 상이한 재고자산을 일괄하여 구입한 경우에는 총매입원가를 각 재고자산의 공정가액 비율에 따라 배분하여 개별 재고자산의 매입원가를 결정한다. (문단 7.6)

2) 제조원가

제품, 반제품 및 재공품 등 재고자산의 제조원가는 보고기간까지 제조과정에서 발생한 직접재료비, 직접노무비, 제조와 관련된 변동 및 고정 제조간접비의 체계적인 배부액을 포함한다.(문단 7.7)

고정제조간접원가는 생산설비의 정상조업도에 기초하여 제품에 배부하며, 실제 생산수준이 정상조업도와 유사한 경우에는 실제조업도를 사용할 수 있다. 단위당 고정제조간접원가 배부액은 비정상적으로 낮은 조업도나 유휴설비로 인하여 증가하여서는 아니된다. 그러나, 실제조업도가 정상조업도보다 높은 경우에는 실제조업도에 기초하여 고정제조간접원가를 배부함으로써 재고자산이 실제원가를 반영하도록 한다. 변동제조간접원가는 생산설비의 실제 사용에 기초하여 각 생산단위에 배부한다.(문단 7.8)

단일 생산공정을 통하여 여러 가지 제품을 생산하거나 주산물과 부산물을 동시에 생산하는 경우에 발생한 공통원가는 각 제품을 분리하여 식별할 수 있는 시점이나 완성한 시점에서의 개별 제품의 상대적 판매가치를 기준으로 하여 배부한다. 다만, 경우에 따라 생산량기준 등을 적용하는 것이 더 합리적이라고 판단될 때에는 그 방법을 적용할 수 있다. 중요하지 않은 부산물은 순실현가능가치를 측정하여 동 금액을 주요 제품의 제조원가에서 차감하여 처리할 수 있다.(문단 7.9)

3) 취득원가가 아닌 비용성격의 지출

재고자산 원가에 포함할 수 없으며 발생기간의 비용으로 인식하여야 하는 원가의 예는 다음과 같다.(문단 7.10)

⑴ 재료원가, 노무원가 및 기타의 제조원가 중 비정상적으로 낭비된 부분
⑵ 추가 생산단계에 투입하기 전에 보관이 필요한 경우 외의 보관비용
⑶ 재고자산을 현재의 장소에 현재의 상태로 이르게 하는 데 기여하지 않은 관리간접원가
⑷ 판매원가

3 재고자산의 원가결정방법

통상적으로 상호 교환될 수 없는 재고항목이나 특정 프로젝트별로 생산되는 제품 또는 서비스의 원가는 개별법을 사용하여 결정한다. 개별법은 각 재고자산별로 매입원가 또는 제조원가를 결정하는 방법이다. 예를 들면, 특수기계를 주문 생산하는 경우와 같이 제품별로 원가를 식별할 수 있는 때에는 개별법을 사용하여 원가를 결정한다. 그러나 이 방법을 상호교환 가능한 대량의 동질적인 제품에 대해서 적용하는 것은 적절하지 아니하다. **원가를 결정할 수 없는 재고자산의 원가는 선입선출법·가중평균법 또는 후입선출법을 사용하여 결정한다.** 성격과 용도 면에서 유사한 재고자산에는 동일한 단위원가 결정방법을 적용하여야 하며, 성격이나 용도 면에서 차이가 있는 재고자산에는 서로 다른 단위원가 결정방법을 적용할 수 있다.(문단 7.12)

1) 표준원가와 소매재고법에 의한 취득원가 결정

표준원가법이나 소매재고법 등의 원가측정방법은 그러한 방법으로 평가한 결과가 실제 원가와 유사한 경우에 편의상 사용할 수 있다. 표준원가는 정상적인 재료원가, 소모품원가, 노무원가 및 효율성과 생산능력 활용도를 반영한다. 표준원가는 정기적으로 검토하여야 하며 필요한 경우 현재 상황에 맞게 조정하여야 한다.(문단 7.14)

2) 저가법의 적용

재고자산의 시가가 취득원가보다 하락한 경우에는 저가법을 사용하여 재고자산의 장부금액을 결정한다. 다음과 같은 사유가 발생하면 재고자산 시가가 원가이하로 하락할 수 있다. (문단 7.16)

(1) 손상을 입은 경우
(2) 보고기간말로부터 1년 또는 정상영업주기 내에 판매되지 않았거나 생산에 투입할 수 없어 장기 체화된 경우
(3) 진부화하여 정상적인 판매시장이 사라지거나 기술 및 시장 여건 등의 변화에 의해서 판매가치가 하락한 경우
(4) 완성하거나 판매하는 데 필요한 원가가 상승한 경우

재고자산을 저가법으로 평가하는 경우 제품, 상품 및 재공품의 시가는 순실현가능가액을 말하며, 생산과정에 투입될 원재료의 시가는 현행대체원가를 말한다. 다만, 원재료를 투입하여 완성할 제품의 시가가 원가보다 높을 때는 원재료에 대하여 저가법을 적용하지 아니한다.(문단 7.17)

3) 저가법의 적용방법

재고자산 평가를 위한 저가법은 항목별로 적용한다. 그러나 경우에 따라서는 서로 유사하거나 관련있는 항목들을 통합하여 적용하는 것이 적절할 수 있다. 이러한 경우는 재고항목이 유사한 목적 또는 용도를 갖는 동일한 제품군으로 분류되고, 동일한 지역에서 생산되어 판매되며, 그리고 그 제품군에 속하는 다른 항목과 구분하여 평가하는 것이 사실상 불가능한 경우를 말한다. 재고자산의 평가에 있어서 저가법을 서로 유사하거나 관련있는 항목들을 통합하여 적용하는 경우에는 계속성을 유지하여야 한다. **저가법은 총액기준으로 적용할 수 없다. 저가법을 적용하여 소매재고법을 사용하는 경우에는 원가율을 계산할 때 가격인하를 매출가격에 의한 판매가능액에서 차감하지 아니한다.**(문단 7.18)

4) 시가의 추정

시가는 매 회계기간말에 추정한다. 저가법의 적용에 따른 평가손실을 초래했던 상황이 해소되어 새로운 시가가 장부금액보다 상승한 경우에는 최초의 장부금액을 초과하지 않는 범위 내에서 **평가손실을 환입한다.** 재고자산평가손실의 환입은 매출원가에서 차감한다.(문단 7.19)

5) 비용의 인식

재고자산은 이를 판매하여 수익을 인식한 기간에 매출원가로 인식한다. **재고자산의 시가가 장부가액 이하로 하락하여 발생한 평가손실은 재고자산의 차감계정으로 표시하고 매출원가에 가산한다.** 재고자산의 장부상 수량과 실제 수량과의 차이에서 발생하는 감모손실의 경우 정상적으로 발생한 감모손실은 매출원가에 가산하고 비정상적으로 발생한 감모손실은 영업외비용으로 분류한다.(문단 7.20)

6) 분류와 공시

재고자산은 총액으로 보고하거나 상품, 제품, 재공품, 원재료 및 소모품 등으로 분류하여 재무상태표에 표시한다. 서비스업의 재고는 재공품으로 분류할 수 있다.(문단 7.21)

재고자산과 관련된 다음의 사항은 재무제표의 주석으로 기재한다.(문단 7.22)

⑴ 재고자산의 원가결정방법
⑵ 재고자산을 총액으로 보고한 경우 그 내용
⑶ 재고자산의 저가법 적용기준 및 평가 내용
⑷ 담보로 제공한 재고자산의 종류와 금액

후입선출법을 사용하여 재고자산의 원가를 결정한 경우에는 재무상태표가액과, 선입선출법 또는 평균법에 저가법을 적용하여 계산한 재고자산평가액과의 차이를 주석으로 기재한다.(문단 7.23)

후입선출법을 사용하여 재고자산의 원가를 결정할 때 기초재고의 전부 또는 일부가 판매된 경우(기초재고청산)에는 판매된 기초재고자산의 수량에 당 회계기간 중 평균취득단가를 곱한 금액과 판매된 기초재고자산의 장부상 원가와의 차액을 주석으로 기재한다.(문단 7.24)

제 5 절 유형자산(일반기업회계기준 10장)

① 유형자산의 인식

「**유형자산**」은 재화의 생산, 용역의 제공, 타인에 대한 임대 또는 자체적으로 사용할 목적으로 보유하는 물리적 형체가 있는 자산으로서, 1년을 초과하여 사용할 것이 예상되는 자산을 말한다.(문단 10.4)

(1) 유형자산의 인식

유형자산으로 인식되기 위해서는 다음의 인식조건을 모두 충족하여야 한다.(문단 10.5)

⑴ 자산으로부터 발생하는 **미래경제적효익**이 기업에 **유입될 가능성이 매우높다**.
⑵ 자산의 **원가를 신뢰성 있게 측정할 수 있다**.

특정 유형자산을 구성하고 있는 항목들을 분리하여 개별 유형자산으로 식별해야 할지 아니면 구성항목 전체를 단일의 유형자산으로 인식해야 할지는 기업의 상황과 업종의 특성을 고려하여 판단한다. 예를 들면, 예비부품과 수선용구의 경우 다음과 같은 점을 고려하여 판단한다.(문단 10.6)

⑴ 대부분의 경우 예비부품과 수선용구는 재고자산으로 계상하고 사용되는 시점에서 당기손익으로 처리한다.
⑵ **중요한 예비부품이나 대기성 장비로서 기업이 1년 이상 사용할 것으로 예상하는 경우에는 이를 유형자산으로 분류한다.**
⑶ 예비부품과 수선용구라도 내용연수가 1년 이상이고, 특정유형자산에 부속되어 사용되며, 사용빈도가 불규칙적인 것이라면 유형자산으로 분류하고 관련 자산의 내용연수를 초과하지 않는 범위 내에서 감가상각한다.

내용연수가 서로 다른 항공기 동체와 항공기 엔진과 같이, 특정 유형자산을 구성하는 개별 자산의 내용연수나 경제적효익의 제공형태가 다른 경우에는 상각률과 상각방법을 달리 적용할 필요가 있을 수 있다. 이 경우에는 유형자산의 구입과 관련된 총지출을 그 유형자산을 구성하고 있는 항목별로 배분하여 개별 유형자산으로 회계 처리한다.(문단 10.7)

(2) 유형자산의 취득원가

유형자산은 최초에는 취득원가로 측정하며, **현물출자, 증여, 기타 무상으로 취득한 자산은 공정가치를 취득원가로 한다**. 취득원가는 구입원가 또는 제작원가 및 경영진이 의도하는 방식으로 자산을 가동하는 데 필요한 장소와 상태에 이르게 하는 데 직접 관련되는 원가인 ⑴내지 ⑼와 관련된 지출 등으로 구성된다. 매입할인 등이 있는 경우에는 이를 차감하여 취득원가를 산출한다.(문단 10.8)

⑴ 설치장소 준비를 위한 지출
⑵ 외부 운송 및 취급비
⑶ 설치비
⑷ 설계와 관련하여 전문가에게 지급하는 수수료
⑸ **유형자산의 취득과 관련하여 국·공채 등을 불가피하게 매입하는 경우 당해 채권의 매입금액과 일반기업회계기준에 따라 평가한 현재가치와의 차액**
⑹ **자본화대상인 차입원가**
⑺ 취득세, 등록세 등 유형자산의 취득과 직접 관련된 제세공과금
⑻ 해당 유형자산의 경제적 사용이 종료된 후에 원상회복을 위하여 그 자산을 제거, 해체하거나 또는 부지를 복원하는 데 소요될 것으로 추정되는 원가가 충당부채의 인식요건을 충족하는 경우 그 지출의 현재가치(이하'복구원가'라 한다)
⑼ 유형자산이 정상적으로 작동되는지 여부를 시험하는 과정에서 발생하는 원가. 단, 시험과정에서 생산된 재화(예: 장비의 시험과정에서 생산된 시제품)의 순매각금액은 당해 원가에서 차감한다.

1) 유형자산의 원가가 아닌 경우

유형자산의 원가가 아닌 예는 다음과 같다.(문단 10.10)

⑴ 새로운 시설을 개설하는 데 소요되는 원가
⑵ 새로운 상품과 서비스를 소개하는 데 소요되는 원가(예: 광고 및 판촉활동과 관련된 원가)
⑶ 새로운 지역에서 또는 새로운 고객층을 대상으로 영업을 하는 데 소요되는 원가(예: 직원 교육훈련비)
⑷ 관리 및 기타 일반간접원가

유형자산이 경영진이 의도하는 방식으로 가동될 수 있는 장소와 상태에 이른 후에는 원가를 더 이상 인식하지 않는다. 따라서 유형자산을 사용하거나 이전하는 과정에서 발생하는 원가는 당해 유형자산의 장부금액에 포함하여 인식하지 아니한다. 예를 들어 다음과 같은 원가는 유형자산의 장부금액에 포함하지 아니한다. (문단 10.11)

⑴ 유형자산이 경영진이 의도하는 방식으로 가동될 수 있으나 아직 실제로 사용되지는 않고 있는 경우 또는 가동수준이 완전조업도 수준에 미치지 못하는 경우에 발생하는 원가
⑵ 유형자산과 관련된 산출물에 대한 수요가 형성되는 과정에서 발생하는 가동손실과 같은 초기 가동손실
⑶ 기업의 영업 전부 또는 일부를 재배치하거나 재편성하는 과정에서 발생하는 원가

자가건설에 따른 내부이익과 자가건설 과정에서 원재료, 인력 및 기타 자원의 낭비로 인한 비정상적인 원가는 취득원가에 포함하지 않는다. (문단 10.12)

2) 철거 및 신축과 관련한 원가의 측정

① 건물을 신축하기 위하여 사용 중인 기존 건물을 철거하는 경우 그 건물의 장부금액은 제거하여 처분손실로 반영하고, 철거비용은 전액 당기비용으로 처리한다.

② 다만 새 건물을 신축하기 위하여 기존 건물이 있는 토지를 취득하고 그 건물을 철거하는 경우 기존 건물의 철거 관련 비용에서 철거된 건물의 부산물을 판매하여 수취한 금액을 차감한 금액은 토지의 취득원가에 포함한다.(문단 10.13)

(3) 취득 후의 원가

유형자산의 취득 또는 완성 후의 지출이 문단 10.5의 인식기준을 충족하는 경우(예: 생산능력 증대, 내용연수 연장, 상당한 원가절감 또는 품질향상을 가져오는 경우)에는 자본적 지출로 처리하고, 그렇지 않은 경우(예: 수선유지를 위한 지출)에는 발생한 기간의 비용으로 인식한다. (문단 10.14)

일부 유형자산은 주요 부품이나 구성요소를 정기적으로 교체해야 한다. 예를 들면, 용광로는 일정시간 사용 후에 내화벽돌을 교체해야 하며 항공기의 경우에도 좌석 등의 내부설비를 항공기 동체의 내용연수 동안 여러 번 교체한다. 이와 같이 **유형자산을 구성하는 주요 부품이나 구성요소의 내용연수가 관련 유형자산의 내용연수와 상이한 경우에는 별도의 자산으로 처리한다. 부품이나 구성요소의 교체를 위한 지출이 유형자산 인식기준을 충족하는 경우에는 별도 자산의 취득으로 처리한다. 교체된 자산은 재무상태표에서 제거한다.** (문단 10.15)

유형자산의 사용가능기간 중 정기적으로 이루어지는 종합검사, 분해수리와 관련된 지출로서 다음의 요건을 모두 충족하는 경우에는 자본적 지출로 처리한다.(문단 10.16)

(1) 종합검사나 분해수리와 관련된 지출을 별개의 감가상각 대상자산으로 인식할 수 있다.
(2) 유형자산 인식조건을 충족한다.

(4) 원가의 측정

1) 장기후불조건의 취득시 원가의 측정

유형자산을 장기후불조건으로 구입하거나, 대금지급기간이 일반적인 신용기간보다 긴 경우 원가는 취득시점의 현금가격상당액으로 한다. 현금가격상당액과 실제 총지급액과의 차액은 일반기업회계기준 제18장 「차입원가자본화」에 따라 자본화하지 않는 한 신용기간에 걸쳐 이자로 인식한다. (문단 10.17)

2) 다른 종류의 자산과의 교환에 의한 취득시 원가의 측정

① 다른 종류의 자산과의 교환으로 취득한 유형자산의 취득원가는 교환을 위하여 제공한 자산의 공정가치로 측정한다.
② 다만, 교환을 위하여 제공한 자산의 공정가치가 불확실한 경우에는 교환으로 취득한 자산의 공정가치를 취득원가로 할 수 있다. 자산의 교환에 현금수수액이 있는 경우에는

현금수수액을 반영하여 취득원가를 결정한다. (문단 10.18)

유형자산의 공정가치는 시장가격으로 한다. 다만, 시장가격이 없는 경우에는 동일 또는 유사 자산의 현금거래로부터 추정할 수 있는 실현가능액이나 전문적 자격이 있는 평가인의 감정가액을 사용할 수 있다. (문단 10.19)

3) 동일한 업종 내에서 동종자산과의 교환에 의한 취득

동일한 업종 내에서 유사한 용도로 사용되고 공정가치가 비슷한 동종자산과의 교환으로 유형자산을 취득하거나, 동종자산에 대한 지분과의 교환으로 유형자산을 매각하는 경우에는 제공된 유형자산으로부터의 수익창출과정이 아직 완료되지 않았기 때문에 교환에 따른 거래손익을 인식하지 않아야 하며, 교환으로 받은 자산의 원가는 교환으로 제공한 자산의 장부금액으로 한다. 그러나 취득한 자산의 공정가치에 비추어 볼 때 제공한 자산에 손상차손이 발생하였음을 알 수 있는 경우에는 손상차손을 먼저 인식하고 손상차손 차감 후의 장부금액을 수취한 자산의 원가로 한다. 교환되는 동종자산의 공정가치가 유사하지 않은 경우에는 거래 조건의 일부로 현금과 같이 다른 종류의 자산이 포함될 수 있다. 이 경우 교환에 포함된 현금 등의 금액이 유의적이라면 동종자산의 교환으로 보지 않는다. (문단 10.20)

4) 정부보조금에 의한 유형자산의 취득

정부보조 등에 의해 유형자산을 무상 또는 공정가치보다 낮은 대가로 취득한 경우 그 유형자산의 취득원가는 취득일의 공정가치로 한다. 정부보조금 등은 유형자산의 취득원가에서 차감하는 형식으로 표시하고 그 자산의 내용연수에 걸쳐 감가상각액과 상계하며, 해당 유형자산을 처분하는 경우에는 그 잔액을 처분손익에 반영한다. (문단 10.21)

(5) 인식시점 이후의 측정

인식시점 이후에는 원가모형이나 재평가모형 중 하나를 회계정책으로 선택하여 유형자산 분류별로 동일하게 적용한다. (문단 10.22)

1) 원가모형

최초 인식 후에 유형자산은 원가에서 감가상각누계액과 손상차손누계액을 차감한 금액을 장부금액으로 한다. (문단 10.23)

2) 재평가모형

최초 인식 후에 공정가치를 신뢰성 있게 측정할 수 있는 유형자산은 재평가일의 공정가치에서 이후의 감가상각누계액과 손상차손누계액을 차감한 재평가금액을 장부금액으로 한다. 재평가는 보고기간말에 자산의 장부금액이 공정가치와 중요하게 차이가 나지 않도록 주기적으로 수행한다. (문단 10.23)

일반적으로 토지와 건물의 공정가치는 시장에 근거한 증거를 기초로 수행된 평가에 의해 결정된다. 이 경우, 평가는 보통 전문적 자격이 있는 평가인에 의해 이루어진다. **일반적으로 설비장치와 기계장치의 공정가치는 감정에 의한 시장가치이다.** (문단 10.25)

유형자산의 장부금액이 재평가로 인하여 증가된 경우에 그 증가액은 기타포괄손익으로 인식한다. 그러나 동일한 유형자산에 대하여 이전에 당기손익으로 인식한 재평가감소액이 있다면 그 금액을 한도로 재평가증가액만큼 당기손익으로 인식한다. (문단 10.30)

유형자산의 장부금액이 재평가로 인하여 감소된 경우에 그 감소액은 당기손익으로 인식한다. 그러나 그 유형자산의 재평가로 인해 인식한 기타포괄손익의 잔액이 있다면 그 금액을 한도로 재평가감소액을 기타포괄손익에서 차감한다. (문단 10.31)

2 유형자산의 감가상각

(1) 감가상각대상금액 및 감가상각기간

유형자산의 감가상각대상금액은 내용연수에 걸쳐 합리적이고 체계적인 방법으로 배분한다. 각 기간의 감가상각액은 다른 자산의 장부금액에 포함되는 경우가 아니라면 당기손익으로 인식한다. 예를 들면, 제조공정에서 사용된 유형자산의 감가상각액은 재고자산의 원가를 구성한다. (문단 10.32)

감가상각대상금액은 원가 또는 원가를 대체하는 다른 금액에서 잔존가치를 차감하여 결정하지만 실무상 잔존가치가 경미한 경우가 많다. 그러나 **유형자산의 잔존가치가 유의적인 경우 매 보고기간말에 재검토하여, 재검토 결과 새로운 추정치가 종전의 추정치와 다르다면 그 차이는 회계추정의 변경으로 회계처리 한다.**(문단 10.33)

유형자산의 감가상각은 자산이 사용가능한 때부터 시작한다. 즉, 경영진이 의도하는 방식으로 자산을 가동하는 데 필요한 장소와 상태에 이른 때부터 시작한다.(문단 10.34)

내용연수 도중 사용을 중단하고 처분예정인 유형자산은 사용을 중단한 시점의 장부금액으로 표시한다. 이러한 자산에 대해서는 투자자산으로 재분류하고 감가상각을 하지 않으며, 손상차손 발생여부를 매 보고기간 말에 검토한다. 내용연수 도중 사용을 중단하였으나, 장래사용을 재개할 예정인 유형자산에 대해서는 감가상각을 하되, 그 감가상각액은 영업외비용으로 처리한다.(문단 10.35)

유형자산의 내용연수는 자산으로부터 기대되는 효용에 따라 결정된다. 유형자산은 기업의 자산관리정책에 따라 일정기간이 경과되거나 경제적효익의 일정부분이 소멸되면 처분될 수 있다. 이 경우 내용연수는 일반적 상황에서의 경제적 내용연수보다 짧을 수 있으므로 유사한 자산에 대한 기업의 경험에 비추어 해당 유형자산의 내용연수를 추정하여야 한다. 자산에 내재된 미래경제적효익의 예상되는 소비형태에 유의적인 변동 등으로 인하여 내용연수에 대한 추정이 변경되는 경우 회계추정의 변경으로 보아 회계처리한다. (문단 10.36)

(2) 감가상각방법

유형자산의 감가상각방법은 자산의 경제적효익이 소멸되는 형태를 반영한 합리적인 방법이어야 한다.(문단 10.38)

새로 취득한 유형자산에 대한 감가상각방법도 동종의 기존 유형자산에 대한 감가상각방법과 일치시켜야 한다. 다만, 자산에 내재된 미래경제적효익의 예상되는 소비형태에 유의적인 변동이 있는 경우, 변동된 소비형태를 반영하기 위하여 감가상각방법을 변경하여야 하며 회계추정의 변경으로 회계처리한다. 한편, 신규사업의 착수나 다른 사업부문의 인수 등의 결과로 독립된 새로운 사업부문이 창설되어 기존의 감가상각방법으로는 그 자산에 내재된 미래경제적효익의 예상되는 소비형태를 반영할 수 없기 때문에 다른 방법을 사용하는 경우에는 회계변경으로 보지 아니한다.(문단 10.39)

③ 유형자산의 손상

유형자산의 손상징후가 있다고 판단되고, 당해 유형자산의 사용 및 처분으로부터 기대되는 **미래의 현금흐름총액의 추정액이 장부금액에 미달하는 경우에는 장부금액을 회수가능액으로 조정하고 그 차액을 손상차손으로 처리한다.** 다만, 차기 이후에 감액된 자산의 회수가능액이 장부금액을 초과하는 경우에는 그 자산이 감액되기 전의 장부금액의 감가상각 후 잔액을 한도로 하여 그 초과액을 손상차손환입으로 처리한다.(문단 10.42)

1) 손상에 대한 보상

손상, 소실 또는 포기된 유형자산에 대해 제3자로부터 보상금을 받는 경우가 있다. 이 경우 보상금은 수취할 권리가 발생하는 시점에 당기손익으로 반영한다.(문단 10.43)

2) 제거

유형자산의 장부금액은 다음과 같은 때에 제거한다.(문단 10.44)

(1) 처분하는 때
(2) 사용이나 처분으로 미래 경제적 효익이 예상되지 않을 때, 유형자산의 처분시점을 결정할 때에는 제16장 '수익'의 제1절 '수익인식'중 재화의 판매에 관한 수익인식기준을 적용한다.

유형자산의 제거 손익은 순매각금액과 장부금액의 차액으로 산정하며, 손익계산서에서 당기손익으로 인식한다. 유형자산의 재평가와 관련하여 인식한 기타포괄손익누계액의 잔액이 있다면, 그 유형자산을 제거할 때 당기손익으로 인식한다.(문단 10.45)

제 6 절 무형자산(일반기업회계기준 11장)

1 무형자산 인식

(1) 식별가능성

무형자산의 정의에서는 **영업권과 구별하기 위하여 무형자산이 식별가능 할 것을 요구한다.** 사업결합으로 인식하는 영업권은 사업결합에서 획득하였지만 개별적으로 식별하여 별도로 인식하는 것이 불가능한 그 밖의 자산에서 발생하는 미래경제적효익을 나타내는 자산이다. 그 미래경제적효익은 취득한 식별가능한 자산 사이의 시너지효과나 개별적으로 인식기준을 충족하지 않는 자산으로부터 발생할 수 있다.(문단 11.2)

자산은 다음 중 하나에 해당하는 경우에 식별가능하다.(문단 11.3)

(1) **자산이 분리가능하다.** 즉, 기업의 의도와는 무관하게 기업에서 분리하거나 분할할 수 있고, 개별적으로 또는 관련된 계약, 식별가능한 자산이나 부채와 함께 매각, 이전, 라이선스, 임대, 교환할 수 있다.

(2) **자산이 계약상 권리 또는 기타 법적 권리로부터 발생한다.** 이 경우 그러한 권리가 이전가능한지 여부 또는 기업이나 기타 권리와 의무에서 분리가능한지 여부는 고려하지 아니한다.

무형자산이 분리가능하지 않더라도 다른 방법으로 무형자산을 식별할 수 있는 경우가 있다. 예를 들면, 제조설비를 제조공정에 대한 특허권과 함께 일괄 취득한 경우에는 그 특허권은 분리가능하지는 않지만 식별가능하다. 또한, 어떤 자산이 다른 자산과 결합해야만 미래경제적효익을 창출하는 경우에도 **그 자산으로부터 유입되는 미래경제적효익을 확인할 수 있다면 그 자산은 식별가능한 것이다.**(문단 11.4)

(2) 통제

무형자산의 미래경제적효익을 확보할 수 있고 그 효익에 대한 제3자의 접근을 제한할 수 있다면 자산을 통제하고 있는 것이다. 무형자산의 미래경제적효익에 대한 통제는 일반적으로 법적 권리로부터 나오며, 법적 권리가 없는 경우에는 통제를 입증하기 어렵다. 그러나 권리의 법적 집행가능성이 통제의 필요조건은 아니다.(문단 11.5)

(3) 미래경제적효익

무형자산의 미래경제적효익은 재화의 매출이나 용역수익, 원가절감, 또는 자산의 사용에 따른 기타 효익의 형태로 발생한다.(문단 11.6)

2 무형자산의 인식과 최초측정

다음의 조건을 모두 충족하는 경우에만 무형자산을 인식한다.(문단 11.7)

(1) 자산에서 발생하는 미래경제적효익이 기업에 유입될 가능성이 매우 높다.
(2) 자산의 원가를 신뢰성 있게 측정할 수 있다.

미래경제적효익이 기업에 유입될 가능성은 무형자산의 내용연수 동안의 경제적 상황에 대한 경영자의 **최선의 추정치를 반영하는 합리적이고 객관적인 가정에 근거하여 평가**하여야 한다.(문단 11.8)

자산의 사용에서 발생하는 미래경제적효익의 유입에 대한 확실성 정도에 대한 평가는 무형자산을 최초로 인식하는 시점에서 이용 가능한 증거에 근거하며, 외부 증거에 비중을 더 크게 둔다.(문단 11.9) **무형자산을 최초로 인식할 때에는 원가로 측정한다.**(문단 11.10)

(1) 개별 취득

개별 취득하는 무형자산의 원가는 다음 항목으로 구성된다.(문단 11.11)

(1) 구입가격(매입할인과 리베이트를 차감하고 수입관세와 환급받을 수 없는 제세금을 포함한다)
(2) 자산을 의도한 목적에 사용할 수 있도록 준비하는 데 직접 관련되는 원가

(2) 사업결합으로 인한 취득

사업결합으로 취득한 무형자산의 원가는 일반기업회계기준의 제12장 '사업결합'에 따라 취득일의 공정가치로 한다.(문단 11.12)

(3) 정부보조 등에 의한 취득

정부보조 등에 의해 무형자산을 무상 또는 공정가치보다 낮은 대가로 취득한 경우에는 일반기업회계기준의 **제17장 '정부보조금의 회계처리'**에 따라 무형자산의 원가를 결정한다.(문단 11.13)

(4) 자산교환에 의한 취득

1) 다른 종류의 무형자산이나 다른 자산과의 교환

다른 종류의 무형자산이나 다른 자산과의 교환으로 무형자산을 취득하는 경우에는 무형자산의 원가를 교환으로 제공한 자산의 공정가치로 측정한다. 다만, 교환으로 제공한 자산의 공정가치가 불확실한 경우에는 교환으로 취득한 자산의 공정가치를 원가로 할 수 있다. 자산의 교환에 현금수수액이 있는 경우에는 현금수수액을 반영하여 원가를 결정한다.(문단 11.14)

2) 동종의 자산과 교환

동일한 업종 내에서 유사한 용도로 사용되고 공정가치가 비슷한 동종 자산과의 교환으로 무형자산을 취득하거나, 동종 자산에 대한 지분과의 교환으로 무형자산을 매각할 수 있다. 이러한 경우에는 수익창출과정이 완료되지 않았기 때문에 교환에 따른 거래 손익을 인식하지 않아야 하며, 교환으로 취득한 자산의 원가는 교환으로 제공한 자산의 장부금액으로 한다. 그러나 취득한 자산의 공정가치에 비추어 볼 때 제공한 자산에 손상차손이 발생하였음을 알 수 있는 경우에는 **손상차손을 먼저 인식하고 손상차손 차감 후의 장부금액을 취득한 자산의 원가**로 한다.(문단 11.15)

3 내부적으로 창출한 무형자산

(1) 내부적으로 창출한 영업권

미래경제적효익을 창출하기 위하여 발생한 지출이라도 이 장의 인식기준을 충족하지 못하면 무형자산으로 인식할 수 없다. 그러한 지출은 대부분 내부적으로 영업권을 창출하지만, **내부적으로 창출한 영업권은 원가를 신뢰성 있게 측정할 수 없을 뿐만 아니라 기업이 통제하고 있는 식별가능한 자원도 아니기 때문에 자산으로 인식하지 않는다.**(문단 11.16)

(2) 내부적으로 창출한 무형자산

내부적으로 창출한 무형자산이 인식기준에 부합하는지를 평가하기 위하여 **무형자산의 창출과정을 연구단계와 개발단계**로 구분한다. 무형자산을 창출하기 위한 내부 프로젝트를 연구단계와 개발단계로 구분할 수 없는 경우에는 그 프로젝트에서 발생한 지출은 모두 연구단계에서 발생한 것으로 본다.(문단 11.17)

1) 연구단계

프로젝트의 연구단계에서는 미래경제적효익을 창출할 무형자산이 존재한다는 것을 입증할 수 없기 때문에 연구단계에서 발생한 지출은 무형자산으로 인식할 수 없고 발생한 기간의 비용으로 인식한다.(문단 11.18)

2) 개발단계

개발단계에서 발생한 지출은 다음의 조건을 모두 충족하는 경우에만 무형자산으로 인식하고, 그 외의 경우에는 발생한 기간의 비용으로 인식한다.(문단 11.19)

⑴ 무형자산을 사용 또는 판매하기 위해 그 자산을 완성시킬 수 있는 기술적 실현가능성을 제시할 수 있다.
⑵ 무형자산을 완성해 그것을 사용하거나 판매하려는 기업의 의도가 있다.
⑶ 완성된 무형자산을 사용하거나 판매할 수 있는 기업의 능력을 제시할 수 있다.

⑷ 무형자산이 어떻게 미래경제적효익을 창출할 것인가를 보여줄 수 있다. 예를 들면, 무형자산의 산출물, 그 무형자산에 대한 시장의 존재 또는 무형자산이 내부적으로 사용될 것이라면 그 유용성을 제시하여야 한다.
⑸ 무형자산의 개발을 완료하고 그것을 판매 또는 사용하는 데 필요한 기술적, 금전적 자원을 충분히 확보하고 있다는 사실을 제시할 수 있다.
⑹ 개발단계에서 발생한 무형자산 관련 지출을 신뢰성 있게 구분하여 측정할 수 있다.

(3) 내부적으로 창출한 무형자산의 원가

내부적으로 창출한 무형자산의 원가는 문단 11.7에서 설명하고 있는 인식기준을 최초로 충족한 이후에 발생한 지출금액으로 한다.(문단 11.21)

내부적으로 창출한 무형자산의 원가는 그 자산의 창출, 제조, 사용준비에 직접 관련된 지출과 합리적이고 일관성 있게 배분된 간접 지출을 모두 포함한다.(문단 11.22)

(4) 비용의 인식

다음에 해당하지 않는 무형자산 관련 지출은 발생한 기간의 비용으로 인식한다.(문단 11.23)
⑴ 무형자산의 인식기준을 충족하여 원가의 일부가 되는 경우
⑵ 사업결합에서 영업권으로 인식하는 경우

무형자산에 대한 지출로서 과거 회계연도의 재무제표나 중간재무제표에서 비용으로 인식한 지출은 그 후의 기간에 무형자산의 원가로 인식할 수 없다.(문단 11.24)

4 취득 또는 완성 후의 지출

무형자산의 취득 또는 완성 후의 지출로서 다음의 요건을 모두 충족하는 경우에는 자본적 지출로 처리하고, 그렇지 않은 경우에는 발생한 기간의 비용으로 인식한다.(문단 11.25)
⑴ 관련 지출이 무형자산의 미래경제적효익을 실질적으로 증가시킬 가능성이 매우 높다.
⑵ 관련된 지출을 신뢰성 있게 측정할 수 있으며, 무형자산과 직접 관련된다.

5 무형자산의 상각

(1) 상각기간

무형자산의 상각대상금액은 그 자산의 추정내용연수 동안 체계적인 방법에 의하여 비용으로 배분한다. **무형자산의 상각기간은 독점적·배타적인 권리를 부여하고 있는 관계 법령이나 계약에 정해진 경우를 제외하고는 20년을 초과할 수 없다. 상각은 자산이 사용가능한 때부터 시작한다.**(문단 11.26)

무형자산의 미래경제적효익은 시간의 경과에 따라 소비되기 때문에 상각을 통하여 장부금액을 감소시킨다. **무형자산의 공정가치 또는 회수가능액이 증가하더라도 상각은 원가에 기초한다.** 무형자산의 추정내용연수를 결정하기 위해서 다음과 같은 요인을 종합적으로 고려한다.(문단 11.27)

⑴ 예상되는 자산의 사용방식과 자산의 효율적 관리여부
⑵ 해당 자산의 제품수명주기 및 유사한 자산의 추정내용연수에 관한 정보
⑶ 기술적, 공학적 상업적 또는 기타 유형의 진부화
⑷ 자산으로부터 산출되는 제품이나 용역의 시장수요 변화
⑸ 기존 또는 잠재적인 경쟁자의 예상 전략
⑹ 예상되는 미래경제적효익의 획득에 필요한 자산 유지비용의 수준과 그 수준의 비용을 부담할 수 있는 능력과 의도
⑺ 자산의 통제가능 기간 및 자산사용에 대한 법적 또는 유사한 제한
⑻ 자산의 내용연수가 다른 자산의 내용연수에 의해 결정되는지의 여부

(2) 예외적인 상각기간

예외적으로 무형자산의 내용연수가 법적 또는 계약상 20년을 초과한다는 명백한 증거가 있는 경우에는 다음과 같이 처리한다.(문단 11.28)

⑴ 자산은 최적 추정내용연수 동안 상각한다.
⑵ 자산의 내용연수가 법적 또는 계약상 20년을 초과한다는 명백한 증거와 내용연수를 결정하는 데 중요한 역할을 한 요인들을 공시한다.

일정기간 동안 보장된 법적 권리를 통해 무형자산의 미래경제적효익에 대한 통제가 획득된 경우에는 법적 권리가 갱신될 수 있고 **갱신이 실질적으로 거의 확실한 경우를 제외하고는 내용연수가 그 법적 권리의 기간을 초과할 수 없다.**(문단 11.29)

무형자산의 내용연수는 경제적 요인과 법적 요인의 영향을 받는다. 경제적 요인은 자산의 미래경제적효익이 획득되는 기간을 결정하고, **법적 요인은 기업이 그 효익에 대한 제3자의 접근을 통제할 수 있는 기간을 제한한다.** 내용연수는 이러한 요인에 의해 결정된 기간 중 짧은 기간으로 한다.(문단 11.30)

특히 다음의 조건을 모두 만족하는 경우는 법적 권리의 갱신이 실질적으로 확실한 것으로 본다.(문단 11.31)

⑴ 무형자산의 공정가치가 최초로 설정된 만기일이 되어도 감소하지 않거나, 감소한 금액이 갱신에 필요한 비용을 초과하지 않는다.
⑵ 갱신원가가 갱신으로 인하여 유입될 것으로 기대되는 미래경제적효익과 비교하여 유의적이지 않다.
⑶ 과거 경험 등에 비추어 법적 권리가 갱신될 것이라는 객관적인 증거가 있다.
⑷ 법적 권리 갱신을 위해 필요한 조건들이 충족될 것이라는 증거가 있다.

(3) 상각방법

무형자산의 상각방법은 자산의 경제적효익이 소비되는 행태를 반영한 합리적인 방법이어야 한다. 무형자산의 상각대상금액을 내용연수 동안 합리적으로 배분하기 위해 다양한 방법을 사용할 수 있다. 이러한 **상각방법에는 정액법, 체감잔액법(정률법 등), 연수합계법, 생산량비례법 등이 있다. 다만, 합리적인 상각방법을 정할 수 없는 경우에는 정액법을 사용한다.**(문단 11.32)

1) 잔존가치

무형자산의 잔존가치는 없는 것을 원칙으로 한다. 다만, 경제적 내용연수보다 짧은 상각기간을 정한 경우에 상각기간이 종료될 때 제3자가 자산을 구입하는 약정이 있거나, 그 자산에 대한 활성시장이 존재하여 상각기간이 종료되는 시점에 자산의 잔존가치가 활성시장에서 결정될 가능성이 매우 높다면 잔존가치를 인식할 수 있다.(문단 11.33)

무형자산의 잔존가치는 유사한 환경에서 사용하다가 매각된 동종 무형자산의 매각가격을 이용하여 추정할 수 있다.(문단 11.34)

2) 잔존가치, 상각기간과 상각방법의 변경

최근 보고기간 이후, 자산의 사용방법, 기술적 진보 그리고 시장가격의 변동과 같은 요소는 무형자산의 잔존가치 또는 내용연수가 달라졌다는 지표가 될 수 있다. 이러한 지표가 존재한다면 기업은 종전의 추정치를 재검토해야하며 최근의 기대와 달라진 경우 잔존가치, 상각방법 또는 상각기간을 변경한다. **잔존가치, 상각방법 또는 상각기간의 변경은 제5장 '회계정책, 회계추정의 변경 및 오류'에 따라 회계추정의 변경으로 회계 처리한다.**(문단 11.35)

무형자산을 사용하는 동안 내용연수에 대한 추정이 적절하지 않다는 것이 명백해지는 경우가 있다. 예를 들면, 취득 또는 완성 후의 지출로 인하여 자산의 성능이 향상되거나 손상차손을 인식하는 경우에는 상각기간의 변경이 필요할 수 있다.(문단 11.36)

3) 손상차손

무형자산의 손상 여부를 결정하기 위해서는 제20장 '자산손상'을 적용한다.(문단 11.37)

4) 무형자산의 제거

무형자산의 장부금액은 다음과 같은 때에 제거한다.(문단 11.38)
 ⑴ 처분하는 때
 ⑵ 사용이나 처분으로 미래 경제적 효익이 예상되지 않을 때

무형자산의 처분시점을 결정할 때에는 제16장 '수익'의 제1절 '수익인식'중 재화의 판매에 관한 수익인식기준을 적용한다. 무형자산의 제거 손익은 순매각금액(매각금액에서 매각부대원가를 뺀 금액)과 장부금액의 차액으로 산정하며, 손익계산서에서 당기손익으로 인식한다.(문단 11.38의 2)

제 7 절 충당부채(일반기업회계기준 14장)

1 인식

(1) 충당부채

충당부채는 과거사건이나 거래의 결과에 의한 **현재의무**로서, 지출의 시기 또는 금액이 불확실하지만 그 의무를 이행하기 위하여 자원이 **유출될 가능성이 매우높고**, 또한 당해 금액을 **신뢰성 있게 추정**할 수 있는 의무를 말한다.(문단 14.3)

(2) 충당부채의 인식

충당부채는 다음의 요건을 모두 충족하는 경우에 인식한다.(문단 14.4)
⑴ 과거사건이나 거래의 결과로 현재의무가 존재한다.
⑵ 해 의무를 이행하기 위하여 자원이 유출될 가능성이 매우 높다.
⑶ 그 의무의 이행에 소요되는 금액을 신뢰성 있게 추정할 수 있다.

(3) 우발부채

우발부채는 부채로 인식하지 아니한다. 의무를 이행하기 위하여 자원이 유출될 가능성이 아주 낮지 않는 한, 우발부채를 주석에 기재한다.(문단 14.5)

(4) 우발자산

우발자산은 자산으로 인식하지 아니하고 자원의 유입가능성이 매우 높은 경우에만 주석에 기재한다. 상황변화로 인하여 자원이 유입될 것이 확정된 경우에는 그러한 상황변화가 발생한 기간에 관련 자산과 이익을 인식한다.(문단 14.6)

2 측정

(1) 충당부채의 측정

① 충당부채로 인식하는 금액은 현재의무의 이행에 소요되는 지출에 대한 보고기간말 현재 최선의 추정치이어야 한다.(문단 14.7)
② 충당부채의 금액에 대한 최선의 추정치는 관련된 사건과 상황에 대한 불확실성이 고려되어야 한다.(문단 14.8)
③ 충당부채의 명목금액과 현재가치의 차이가 중요한 경우에는 의무를 이행하기 위하여 예상되는 지출액의 현재가치로 평가한다.(문단 14.9)
④ 현재가치 평가에 사용하는 할인율은 그 부채의 고유한 위험과 화폐의 시간가치에 대한

현행 시장의 평가를 반영한 세전 이율이다. 이 경우, 만기까지의 기간이 유사한 국공채 이자율에 기업의 신용위험을 반영한 조정 금리를 가산하여 산출한 이자율을 할인율로 사용할 수 있다. 이 할인율에 반영되는 위험에는 미래 현금흐름을 추정할 때 고려된 현금흐름 자체의 변동위험은 포함되지 아니한다.(문단 14.10)

⑤ 현재의무를 이행하기 위하여 소요되는 지출 금액에 영향을 미치는 미래사건이 발생할 것이라는 충분하고 객관적인 증거가 있는 경우에는 그러한 미래사건을 감안하여 충당부채 금액을 추정한다.(문단 14.11)

⑥ 충당부채를 발생시킨 사건과 밀접하게 관련된 자산의 처분차익이 예상되는 경우에 당해 처분차익은 충당부채 금액을 측정하면서 고려하지 아니한다.(문단 14.12)

(2) 충당부채의 변제

대부분의 경우 기업은 전체 의무 금액에 대하여 책임이 있으므로 제3자가 변제할 수 없게 되면 기업은 그 전체금액을 이행할 책임을 진다. 이 경우 기업은 의무금액을 부채로 인식하고, 제3자가 변제할 것이 확실한 경우에 한하여 그 금액을 자산으로 인식한다. 다만, 자산으로 인식하는 금액은 관련 충당부채 금액을 초과할 수 없다. (문단 14.13)

(3) 충당부채의 변동

충당부채는 보고기간말마다 그 잔액을 검토하고, 보고기간말 현재 최선의 추정치를 반영하여 증감 조정한다. 이 경우 당해 충당부채의 현재가치 평가에 사용한 할인율은 변동되지 않는 것으로 보고 당초에 사용한 할인율이나 매 보고기간말 현재 최선의 추정치를 반영한 할인율 중 한 가지를 선택하여 계속 적용하도록 한다. 충당부채를 현재가치로 평가하여 표시하는 경우에는 장부금액을 기간 경과에 따라 증가시키고 해당 증가 금액은 당기비용으로 인식한다. 상황변동으로 인하여 더 이상 충당부채의 인식요건을 충족하지 아니하게 되면, 관련 충당부채는 환입하여 당기손익에 반영한다.(문단 14.14)

(4) 충당부채의 사용

충당부채는 최초의 인식시점에서 의도한 목적과 용도에만 사용하여야 한다. 다른 목적으로 충당부채를 사용하면 상이한 목적을 가진 두 가지 지출의 영향이 적절하게 표시되지 못하기 때문이다.(문단 14.15)

자원유출가능성	금액추정 가능성	
	신뢰성 있게 추정가능	추정불가능
가능성이 매우 높음	충당부채로 인식	우발부채로 주석공시
가능성이 어느 정도 있음	우발부채로 주석공시	
가능성이 거의 없음	공시하지 않음	공시하지 않음

제 8 절 자본(일반기업회계기준 15장)

1 자본의 정의와 구성

자본은 기업의 자산에서 모든 부채를 차감한 후의 잔여지분을 나타내며, 주주로부터의 납입자본에 기업 활동을 통하여 획득하고 기업의 활동을 위해 유보된 금액을 가산하고, 기업 활동으로부터 손실 및 소유자에 대한 배당으로 인한 주주지분 감소액을 차감한 잔액이다.(문단 15.2)

(1) 주식의 발행

주주로부터 현금을 수령하고 주식을 발행하는 경우에 **주식(상환우선주 등 포함)의 발행금액이 액면금액보다 크다면 그 차액을 주식발행초과금으로 하여 자본잉여금으로 회계 처리한다. 발행금액이 액면금액보다 작다면 그 차액을 주식발행초과금의 범위 내에서 상계처리하고, 미상계된 잔액이 있는 경우에는 자본조정의 주식할인발행차금으로 회계 처리한다.** 이익잉여금(결손금)처분(처리)으로 상각되지 않은 주식할인발행차금은 향후 발생하는 주식발행초과금과 우선적으로 상계한다.(문단 15.3)

(2) 현물출자

기업이 **현물을 제공받고 주식을 발행한 경우에는 제공받은 현물의 공정가치를 주식의 발행금액**으로 한다. 주식의 발행금액과 액면금액의 차액은 문단 15.3에 따라 회계 처리하되, 법령 등에 따라 이익준비금 또는 기타 법정준비금을 승계 받는 경우 동 승계액을 주식발행초과금에서 차감하거나 주식할인발행차금에 가산한다.(문단 15.4)

(3) 증자관련 비용의 처리

지분상품을 발행하거나 취득하는 과정에서 등록비 및 기타 규제 관련 수수료, 법률 및 회계자문 수수료, 주권인쇄비 및 인지세와 같은 여러 가지 비용이 발생한다. 이러한 **자본거래 비용 중 자본거래가 없었다면 회피가능하고 자본거래에 직접 관련되어 발생한 추가비용에 대해서는 관련된 법인세효과를 차감한 금액을 주식발행초과금에서 차감하거나 주식할인발행차금에 가산한다.** 중도에 포기한 자본거래 비용은 당기손익으로 인식한다.(문단 15.5)

(4) 신주청약관련

청약기일이 경과된 신주청약증거금은 신주납입액으로 충당될 금액을 자본조정으로 회계처리하며, 주식을 발행하는 시점에서 자본금과 자본잉여금으로 회계 처리한다.(문단 15.6)

(5) 잉여금의 자본의 전입

자본잉여금 또는 이익잉여금을 자본금에 전입하여 기존의 주주에게 무상으로 신주를 발행하는 경우에는 주식의 액면금액을 주식의 발행금액으로 한다.(문단 15.7)

2 자기주식 매매 등의 거래

발행기업이 매입 등을 통하여 취득하는 자기주식은 취득원가를 자기주식의 과목으로 하여 자본조정으로 회계 처리한다.(문단 15.8)

자기주식을 처분하는 경우 처분금액이 장부금액보다 크다면 그 차액을 자기주식처분이익으로 하여 자본잉여금으로 회계 처리한다. 처분금액이 장부금액보다 작다면 그 차액을 자기주식처분이익의 범위 내에서 상계처리하고, 미상계된 잔액이 있는 경우에는 자본조정의 자기주식처분손실로 회계 처리한다. 이익잉여금(결손금) 처분(처리)으로 상각되지 않은 자기주식처분손실은 향후 발생하는 자기주식처분이익과 우선적으로 상계한다.(문단 15.9)

3 주식의 소각

(1) 실질적 감자 또는 유상감자

기업이 이미 발행한 주식을 유상으로 재취득하여 소각하는 경우에 주식의 취득원가가 액면금액보다 작다면 그 차액을 감자차익으로 하여 자본잉여금으로 회계 처리한다. 취득원가가 액면금액보다 크다면 그 차액을 감자차익의 범위 내에서 상계처리하고, 미상계된 잔액이 있는 경우에는 자본조정의 감자차손으로 회계 처리한다. 이익잉여금(결손금) 처분(처리)으로 상각되지 않은 감자차손은 향후 발생하는 감자차익과 우선적으로 상계한다.(문단 15.11)

주식을 이익으로 소각하는 경우에는 소각하는 주식의 취득원가에 해당하는 이익잉여금을 감소시킨다.(문단 15.12)

(2) 형식적 감자 또는 무상감자

기업이 주주에게 순자산을 반환하지 않고 주식의 액면금액을 감소시키거나 주식수를 감소시키는 경우에는 감소되는 액면금액 또는 감소되는 주식수에 해당하는 액면금액을 감자차익으로 하여 자본잉여금으로 회계처리한다.(문단 15.14)

(3) 배당

현금으로 배당하는 경우에는 배당액을 이익잉여금에서 차감한다.(문단 15.15) **주식으로 배당하는 경우에는 발행주식의 액면금액을 배당액**으로 하여 자본금의 증가와 이익잉여금의 감소로 회계 처리한다.(문단 15.16) 개업 전 일정한 기간 내에 이익잉여금 없이 주주에게 배당한 금액은 배당건설이자의 과목으로 하여 자본조정의 별도 계정과목으로 회계처리하고 향후 이익잉여금(결손금)을 처분(처리)하여 상각한다.

PART 1 이론편

제 9 절 수익의 인식(일반기업회계기준 16장)

기업회계기준에서 제시하는 수익의 목적은 재화의 판매나 용역의 제공으로 발생하는 수익과 이자·배당금·로열티와 같이 자산을 타인에게 사용하게 함으로써 발생하는 수익 등의 인식기준을 제시하는 데 목적이 있다.

1 수익의 적용범위 및 인식

이 절은 다음의 거래나 사건에서 발생하는 수익의 회계처리에 적용한다.(문단 16.2)

   (1) 재화의 판매
   (2) 용역의 제공
   (3) 이자수익, 로열티수익 및 배당수익을 창출하는 기업자산에 대한 타인의 사용

수익은 경제적효익의 유입 가능성이 매우 높고, 그 효익을 신뢰성 있게 측정할 수 있을 때 인식한다.

(1) 수익의 적용범위

이 기준서는 다른 기업회계기준에서 별도로 정하고 있거나 이 기준서의 적용이 적절하지 않은 다음의 거래와 회계사건에는 적용하지 아니한다.(문단 16.3)

   (1) 리스계약
   (2) 지분법으로 회계처리하는 투자자산으로부터의 배당금
   (3) 보험회사의 보험계약
   (4) 금융자산과 금융부채의 공정가치 변동 또는 처분
   (5) 건설형 공사계약
   (6) 농림어업활동과 관련된 생물자산의 최초인식 및 공정가치의 변동 그리고 수확물의 최초인식
   (7) 광물의 추출

자산을 타인에게 사용하게 함으로써 발생하는 수익의 유형은 다음과 같다.(문단 16.4)

   (1) 이자수익: 현금이나 현금성자산 또는 받을 채권의 사용대가
   (2) 배당금수익: 지분투자에 대하여 받는 이익의 분배금액
   (3) 로열티수익: 산업재산권이나 컴퓨터 소프트웨어 등과 같은 무형자산의 사용대가

2 수익의 측정

수익은 재화의 판매, 용역의 제공이나 자산의 사용에 대하여 받았거나 또는 받을 대가(이하 '판매대가'라 한다)의 공정가액으로 측정한다. 매출에누리와 할인 및 환입은 수익에서 차감한

58 도서출판 다음 www.daumbook.net

다. 단, 구매자에게 지급할 대가가 구매자에게서 받은 구별되는 재화나 용역에 대한 지급이라면 수익에서 차감하지 않는다.(문단 16.5)

(1) 현재가치의 인식

대부분의 경우 판매 대가는 현금 또는 현금성자산의 금액이다. 그러나 판매대가가 재화의 판매 또는 용역의 제공이후 장기간에 걸쳐 유입되는 경우에는 그 공정가액이 미래에 받을 금액의 합계액(이하'명목가액'이라 한다)보다 작을 수 있다. 예를 들면, 무이자로 신용판매하거나, 판매대가로 표면이자율이 시장이자율보다 낮은 어음을 받는 경우에는 판매대가의 공정가액이 명목가액보다 작아진다.

이때 **공정가액은 명목가액의 현재가치로 측정**하며, **공정가액과 명목가액과의 차액**은 현금회수기간에 걸쳐 **이자수익으로 인식한다**. 현재가치의 측정에 사용되는 할인율은 신용도가 비슷한 기업이 발행한 유사한 금융상품(예: 회사채)에 적용되는 시장이자율과 명목가액의 현재가치와 제공되는 재화나 용역의 현금판매가액을 일치시키는 유효이자율 중 보다 명확히 결정될 수 있는 것으로 한다.(문단 16.6)

(2) 수익의 교환

성격과 가치가 유사한 재화나 용역간의 교환은 수익을 발생시키는 거래로 보지 않는다. 이러한 예로는 정유산업 등에서 공급회사 간에 특정지역의 수요를 적시에 충족시키기 위해 재고자산을 교환하는 경우가 있다. 그러나 성격과 가치가 상이한 재화나 용역간의 교환은 수익을 발생시키는 거래로 본다. 이때 수익은 교환으로 취득한 재화나 용역의 공정가액으로 측정하되, 현금 또는 현금성자산의 이전이 수반되면 이를 반영하여 조정한다. 만일 취득한 재화나 용역의 공정가액을 신뢰성 있게 측정할 수 없으면 그 수익은 제공한 재화나 용역의 공정가액으로 측정하고, 현금 또는 현금성자산의 이전이 수반되면 이를 반영하여 조정한다.(문단 16.7)

③ 거래의 식별

기업회계기준서의 수익인식기준은 일반적으로 각 거래별로 적용한다. 그러나 거래의 경제적 실질을 반영하기 위하여 하나의 거래를 2개 이상의 부분으로 구분하여 각각 다른 수익인식기준을 적용할 필요가 있는 경우가 있다. 예를 들면, **제품판매가격에 제품 판매 후 제공할 용역에 대한 대가가 포함되어 있고 그 대가를 식별할 수 있는 경우에는 그 금액을 분리하여 용역수행기간에 걸쳐 수익으로 인식한다**. 그러나 둘 이상의 거래가 서로 연계되어 있어 그 경제적 효과가 일련의 거래 전체를 통해서만 파악되는 경우에는 그 거래 전체에 대하여 하나의 **수익인식기준을 적용한다**. 예를 들면, 재화를 판매하고 동시에 그 재화를 나중에 재구매하는 약정을 체결하는 경우는 두 거래의 실질적 효과가 상쇄되므로 판매에 대한 수익인식기준을 적용할 수 없으며 거래 전체를 하나로 보아 그에 적합한 회계처리를 한다.(문단 16.8)

(1) 재화의 판매

재화의 판매로 인한 수익은 다음 조건이 모두 충족될 때 인식한다.(문단 16.10)

⑴ 재화의 소유에 따른 유의적인 위험과 보상이 구매자에게 이전된다.
⑵ 판매자는 판매한 재화에 대하여 소유권이 있을 때 통상적으로 행사하는 정도의 관리나 효과적인 통제를 할 수 없다.
⑶ 수익금액을 신뢰성 있게 측정할 수 있다.
⑷ 경제적효익의 유입 가능성이 매우 높다.
⑸ 거래와 관련하여 발생했거나 발생할 원가를 신뢰성 있게 측정할 수 있다.

(2) 용역의 제공

용역의 제공으로 인한 수익은 용역제공거래의 성과를 신뢰성 있게 추정할 수 있을 때 진행기준에 따라 인식한다.

다음 조건이 모두 충족되는 경우에는 용역제공거래의 성과를 신뢰성 있게 추정할 수 있다고 본다.(문단 16.11)

㈎ 거래 전체의 수익금액을 신뢰성 있게 측정할 수 있다.
㈏ 경제적효익의 유입 가능성이 매우 높다.
㈐ 진행률을 신뢰성 있게 측정할 수 있다.
㈑ 이미 발생한 원가 및 거래의 완료를 위하여 투입하여야 할 원가를 신뢰성 있게 측정할 수 있다.

용역제공거래에서 이미 발생한 원가와 그 거래를 완료하기 위해 추가로 발생할 것으로 추정되는 원가의 합계액이 해당 용역거래의 총수익을 초과하는 경우에는 그 초과액과 이미 인식한 이익의 합계액을 전액 당기손실로 인식한다.(문단 16.12)

용역제공거래의 성과를 신뢰성 있게 추정할 수 없는 경우에는 발생한 비용의 범위 내에서 회수가능한 금액을 수익으로 인식한다.(문단 16.13)

용역제공거래의 성과를 신뢰성 있게 추정할 수 없고 발생한 원가의 회수가능성이 낮은 경우에는 수익을 인식하지 않고 발생한 원가를 비용으로 인식한다. 거래의 성과를 신뢰성 있게 추정하는 것을 어렵게 만들었던 불확실성이 해소된 경우에는 문단 16.11에 따라 수익을 인식한다.(문단 16.14)

(3) 이자·배당금·로열티

자산을 타인에게 사용하게 함으로써 발생하는 이자, 배당금, 로열티 등의 수익은 다음 조건을 모두 충족하는 경우에 문단 16.16에 따라 인식한다.(문단 16.15)

⑴ 수익금액을 신뢰성 있게 측정할 수 있다.
⑵ 경제적 효익의 유입 가능성이 매우 높다.

이자수익, 배당금수익, 로열티수익은 다음의 기준에 따라 인식한다.(문단 16.16)

  ⑴ 이자수익은 원칙적으로 유효이자율을 적용하여 발생기준에 따라 인식한다.
  ⑵ 배당금수익은 배당금을 받을 권리와 금액이 확정되는 시점에 인식한다.
  ⑶ 로열티수익은 관련된 계약의 경제적 실질을 반영하여 발생기준에 따라 인식한다.

(4) 기타의 수익인식

재화의 판매, 용역의 제공, 이자, 배당금, 로열티로 분류할 수 없는 기타의 수익은 다음 조건을 모두 충족할 때 발생기준에 따라 합리적인 방법으로 인식한다.(문단 16.17)

  ⑴ 수익가득과정이 완료되었거나 실질적으로 거의 완료되었다.
  ⑵ 수익금액을 신뢰성 있게 측정할 수 있다.
  ⑶ 경제적효익의 유입 가능성이 매우 높다.

제10절 차입원가의 자본화(일반기업회계기준 18장)

1 자본화대상 차입원가

(1) 자본화대상 차입원가의 항목

차입원가는 다음과 같은 항목을 포함한다.(문단 18.2)

㈎ 장·단기차입금과 사채에 대한 이자비용
㈏ 사채발행차금상각(환입)액
㈐ 채권·채무의 현재가치평가 및 채권·채무조정에 따른 현재가치할인차금상각액
㈑ 외화차입금과 관련된 환율변동손익 중 이자비용의 조정으로 볼 수 있는 부분
㈒ 리스이용자의 금융리스이자비용
㈓ 차입금 등에 이자율위험회피회계가 적용되는 경우 위험회피수단의 평가손익과 거래 손익
㈔ 차입과 직접 관련하여 발생한 수수료
㈕ 기타 이와 유사한 차입원가

(2) 자본화대상 환율변동손익의 정의

문단 18.2㈑에서 외환차이 중 차입원가의 조정으로 볼 수 있는 부분은 해당 외화차입금에 대한 이자비용에 외화차입금과 관련된 외환차이를 가감한 금액이 유사한 조건의 원화차입금에 대한 이자율 또는 원화차입금의 가중평균이자율을 적용하여 계산한 이자비용을 초과하지 않는 범위까지의 금액을 말한다.(문단 18.3)

(3) 자본화대상 차입원가의 인식방법

차입원가는 기간비용으로 처리함을 원칙으로 한다. 다만, 유형자산, 무형자산 및 투자부동산과 제조, 매입, 건설, 또는 개발(이하 취득이라 한다)이 개시된 날로부터 의도된 용도로 사용하거나 판매할 수 있는 상태가 될 때까지 1년 이상의 기간이 소요되는 재고자산(이하 "적격자산"이라 한다)의 취득을 위한 자금에 차입금이 포함된다면 이러한 차입금에 대한 차입원가는 적격자산의 취득에 소요되는 원가로 회계처리 할 수 있다.

적격자산의 취득과 관련된 차입원가는 그 자산을 취득하지 아니하였다면 부담하지 않을 수 있었던 원가이기 때문에 적격자산의 취득원가를 구성하며, 그 금액을 객관적으로 측정할 수 있는 경우에는 해당 자산의 취득원가에 산입할 수 있다.(문단 18.4) **차입원가의 회계처리방법은 모든 적격자산에 대하여 매기 계속하여 적용하고, 정당한 사유 없이 변경하지 아니한다.** (문단 18.5)

(4) 자본화할 수 있는 차입원가의 산정

자본화할 수 있는 차입원가는 자본화대상자산을 취득할 목적으로 직접 차입한 자금(이하 "특정차입금"이라 한다)에 대한 차입원가와 일반적인 목적으로 차입한 자금 중 적격자산의 취득에 소요되었다고 볼 수 있는 자금(이하 "일반차입금"이라 한다)에 대한 차입원가으로 나누어 산정한다.(문단 18.6)

1) 특정 차입금 관련 차입원가

특정차입금에 대한 차입원가 중 자본화할 수 있는 금액은 자본화기간 동안 특정차입금으로부터 발생한 차입원가에서 동 기간 동안 자금의 일시적 운용에서 생긴 수익을 차감한 금액으로 한다.(문단 18.7)

특정외화차입금에 대한 차입원가 중 자본화할 수 있는 차입원가는 문단 18.3에 의해 계산한 금액을 한도로 한다.(문단 18.8)

2) 일반차입금 관련 차입원가

일반차입금에 대한 차입원가 중 자본화할 수 있는 차입원가는 회계기간 동안의 적격자산에 대한 평균지출액 중 특정차입금을 사용한 평균지출액을 초과하는 부분에 대해 적절한 이자율(이하'자본화이자율'이라 한다)을 적용하는 방식으로 산정한다.(문단 18.9)

차입원가자본화 대상자산에 대한 지출액은 차입원가를 부담하는 부채를 발생시키거나, 현금지급, 다른 자산을 제공하는 등에 따른 지출액을 의미한다. 정부보조금, 공사부담금 등의 보조금과 건설 등의 진행에 따라 회수되는 금액은 자본화대상 자산에 대한 지출액에서 차감한다.(문단 18.10)

자본화이자율은 회계기간 동안 상환되었거나 미상환된 일반차입금에 대하여 발생된 차입원가를 가중 평균하여 산정한다. 다만, 회계 기간동안 일반차입금 구성 종목 및 차입금액의 변동이 유의적이지 않은 경우에 한하여 자본화이자율은 결산일 현재 미상환된 일반차입금에 대한 차입원가를 가중 평균하여 산정할 수 있다. 자본화이자율계산에 포함된 외화차입금에 대한 차입원가의 계산은 문단 18.3에 따른다.(문단 18.11)

일반차입금에 대하여 자본화할 차입원가는 자본화이자율 산정에 포함된 차입금으로부터 회계기간 동안 발생한 차입원가를 한도로 하여 자본화한다. 이 경우 자금의 일시적 운용에서 생긴 수익은 차감하지 아니한다.(문단 18.12)

2 자본화기간

(1) 자본화기간의 개시시점

자본화기간의 개시시점은(문단 18.13)

㈎ 적격자산에 대한 지출이 있었고
㈏ 차입원가가 발생하였으며
㈐ 적격자산을 의도된 용도로 사용하거나 판매하기 위한 취득활동이 진행 중이라는 조건이 모두 충족되는 시점으로 한다. 여기에는 물리적인 제작뿐만 아니라 그 이전단계에서 이루어진 행정, 기술상의 활동도 포함한다. 예를 들면, 설계활동, 각종 인허가를 얻기 위한 활동 등을 들 수 있다.

(2) 차입원가자본화의 종료시점

적격자산을 의도된 용도로 사용하거나 판매 가능한 상태에 이르게 하는 데 필요한 대부분의 활동이 완료된 시점에 차입원가의 자본화를 종료한다.(문단 18.14)

적격자산이 여러 부분으로 구성되어 건설 활동 등이 진행되는 경우 일부가 완성되어 해당 부분의 사용이 가능하다면 그 부분에 대해서는 자본화를 종료한다. 그러나 **자산 전체가 완성되어야만 사용이 가능한 경우에는 자산 전체가 사용 가능한 상태에 이를 때까지 자본화한다.** 예를 들면, 집단업무시설을 건설하는 경우 여러 동의 건물에 대한 공사가 진행 중이라도 각각의 건물별로 완공시점에 자본화를 종료한다. 그러나 제철소와 같이 일관생산체제를 갖추어야 하는 경우, 개별 공정이 완료되더라도 자본화를 종료하지 않고, 전체 공정이 완료되는 시점까지 자본화한다.(문단 18.15)

(3) 자본화 중단기간

적격자산을 의도된 용도로 사용하거나 판매하기 위한 취득활동이 중단된 경우 그 기간 동안에는 차입원가의 자본화를 중단하며 해당 차입원가는 기간비용으로 인식한다. 그러나 제조 등에 필요한 일시적 중단이나 자산취득과정상 본질적으로 불가피하게 일어난 중단의 경우에는 차입원가의 자본화를 중단하지 않는다. 기업이 의도적으로 취득활동을 지연하거나 중단한 경우에 발생한 차입원가는 자산취득과정에서 발생된 것으로 볼 수 없으므로 기간비용으로 인식한다.(문단 18.16)

기업이 의도적으로 취득활동을 지연하거나 중단한 경우에 발생한 차입원가는 자산취득과정에서 발생된 것으로 볼 수 없으므로 기간비용으로 인식한다.(문단 18.17)

제 11 절 종업원의 급여(일반기업회계기준 21장)

1 종업원급여

이 장이 적용되는 종업원급여에는 다음을 포함한다.(문단 21.3)

(1) 기업과 종업원(종업원단체 또는 그 대표자 포함)사이에 합의된 공식적인 제도나 그 밖의 공식적인 협약에 따라 제공하는 급여
(2) 기업이 공공제도, 산업별제도 등에 기여금을 납부하도록 강제하는 법률이나 산업별협약에 따라 제공되는 급여
(3) 의제의무를 발생시키는 비공식적 관행에 따라 제공하는 급여. 종업원에게 급여를 지급하는 방법 외에 다른 현실적인 대안이 없는 경우, 이러한 비공식적 관행은 의제의무를 발생시킨다. 기업이 비공식적 관행을 따르지 않는다면 종업원과의 관계에 심각한 손상을 가져오는 경우가 이러한 예에 해당한다.

종업원급여는 퇴직급여 외의 종업원급여와 퇴직급여로 구분한다. 퇴직급여 외의 종업원급여는 임금, 사회보장분담금(예: 국민연금), **이익분배금, 상여금, 현직종업원을 위한 비화폐성급여**(예: 의료, 주택, 자동차, 무상 또는 일부 보조로 제공되는 재화나 용역), **명예퇴직금**(조기퇴직의 대가로 지급하는 인센티브 등을 포함) **등을 말한다.**(문단 21.4)

2 퇴직급여 외의 종업원급여

종업원이 근무용역을 제공한 때 근무용역에 대한 대가로 경제적효익이 사용 또는 유출됨으로써 자산이 감소하거나 부채가 증가하고 그 금액을 신뢰성 있게 측정할 수 있다면, 종업원급여를 다음과 같이 인식한다.(문단 21.5)

(1) 이미 지급한 금액을 차감한 후 부채(미지급비용)로 인식한다. 이미 지급한 금액이 해당 급여의 금액보다 많은 경우에는 그 초과액 때문에 미래 지급액이 감소하거나 현금이 환급되는 만큼을 자산(선급비용)으로 인식한다.
(2) 다른 일반기업회계기준(예: 제7장 '재고자산' 제10장 '유형자산')에 따라 해당 급여를 자산의 원가에 포함하는 경우를 제외하고는 비용으로 인식한다.(여기서 다른 일반기업회계기준이란 일반기업회계기준 중 다른 절을 말하는 것임에 유의한다)

3 퇴직급여 : 확정기여제도

확정기여제도를 설정한 경우에는 당해 회계기간에 대하여 기업이 납부하여야 할 부담금(기여금)을 퇴직급여(비용)로 인식하고, 퇴직연금운용자산, 퇴직급여충당부채 및 퇴직연금미지급금은 인식하지 아니한다.(문단 21.6)

일정기간 종업원이 근무용역을 제공하였을 때 기업은 그 근무용역과 교환하여 확정기여제도에 납부해야 할 기여금을 다음과 같이 인식한다.(문단 21.7)

(1) 이미 납부한 기여금을 차감한 후 부채(미지급비용)로 인식한다. 이미 납부한 기여금이 보고기간말 이전에 제공된 근무용역에 대해 납부하여야 하는 기여금을 초과하는 경우에는 초과기여금 때문에 미래 지급액이 감소하거나 현금이 환급되는 만큼을 자산(선급비용)으로 인식한다.

(2) 다른 일반기업회계기준(예 : 제7장 "재고자산" 제10장 "유형자산")에 따라 해당 급여를 자산의 원가에 포함하는 경우를 제외하고는 비용으로 인식한다

4 퇴직급여: 확정급여제도

(1) 인식과 측정: 퇴직급여충당부채

퇴직급여충당부채는 보고기간말 현재 전종업원이 일시에 퇴직할 경우 지급하여야 할 퇴직금에 상당하는 금액으로 한다.(문단 21.8)

급여규정의 개정과 급여의 인상으로 퇴직금소요액이 증가되었을 경우에는 당기분과 전기이전분을 일괄하여 당기비용으로 인식한다.(문단 21.9)

확정급여형퇴직연금제도에서 지급하는 퇴직급여와 관련된 부채는 다음의 두 가지 경우로 나누어 각각 회계 처리하다.(문단 21.10)

① 종업원이 퇴직하기 전의 경우 : 보고기간말 현재 종업원이 퇴직할 경우 지급하여야 할 퇴직일시금에 상당하는 금액을 측정하여 퇴직급여충당부채로 인식한다. 종업원이 아직 퇴직하지는 않았으나 퇴직연금에 대한 수급요건 중 가입기간 요건을 갖춘 경우에도, 보고기간 종료일 현재 종업원이 퇴직하면서 퇴직일시금의 수령을 선택한다고 가정하고 이때 지급하여야 할 퇴직일시금에 상당하는 금액을 측정하여 퇴직급여충당부채로 인식한다.

② 종업원이 퇴직연금에 대한 수급요건 중 가입기간 요건을 갖추고 퇴사하였으며 퇴직연금의 수령을 선택한 경우 : 보고기간말 이후 퇴직 종업원에게 지급하여야 할 예상퇴직연금합계액의 현재가치를 측정하여 '퇴직연금미지급금'으로 인식한다. 예상퇴직연금합계액은 퇴직 후 사망률과 같은 보험 수리적 가정을 사용하여 추정하고, 그 현재가치를 계산할 때에는 보고기간말 현재 우량회사채의 시장수익률에 기초하여 할인한다.[1]

---

1) 퇴직급여의 모든 예상지급시기에 상응할 수 있을 정도로 충분히 긴 만기를 갖는 회사채 시장이 존재하지 않을 수

다만, 그러한 회사채에 대해 거래층이 두터운 시장이 없는 경우에는 보고기간 말 현재 국공채의 시장수익률을 사용한다. 사망률과 같은 보험수리적 가정이 바뀌거나 할인율이 바뀜에 따라 발생하는 퇴직연금미지급금 증감액과 시간의 경과에 따른 현재가치 증가액은 퇴직급여(비용)로 회계처리한다. 퇴직연금미지급금 중 보고기간말로부터 1년 이내의 기간에 지급되는 부분이 있더라도 유동성대체는 하지 아니한다. 다만, 보고기간 말로부터 1년 이내의 기간에 지급이 예상되는 퇴직연금합계액과 부담금을 주석으로 공시한다.

확정급여형퇴직연금제도가 설정되었음에도 불구하고 종업원이 퇴직한 이후에 기업이 연금지급의무를 부담하지 않는다면 위 (2)의 규정을 적용하지 아니한다. 예를 들어, 확정급여형퇴직연금제도의 규약에서 종업원이 연금수령을 선택할 때 기업이 퇴직일시금 상당액으로 일시납 연금상품을 구매하도록 정하는 경우가 이에 해당한다. 이 경우에는 기업이 퇴직일시금을 지급함으로써 연금지급에 대한 책임을 부담하지 않는다.

(2) 인식과 측정 : 퇴직연금운용자산 등

확정급여형퇴직연금제도에서 운용되는 자산은 기업이 직접 보유하고 있는 것으로 보아 회계 처리다. 재무상태표에는 운용되는 자산을 하나로 통합하여 '퇴직연금운용자산'으로 표시하고, 그 구성내역을 주석으로 공시한다. 이 경우 주석으로 공시하는 구성내역이라 함은 재무상태표에 하나로 통합하여 표시하지 않고 각각 구분하여 표시할 경우에 인식될 계정과목과 금액을 말한다.(문단 21.11)

확정급여형퇴직연금제도에서 퇴직급여와 관련된 자산과 부채를 재무상태표에 표시할 때에는 퇴직급여와 관련된 부채(퇴직급여충당부채와 퇴직연금미지급금)에서 퇴직급여와 관련된 자산(퇴직연금운용자산)을 차감하는 형식으로 표시한다. 퇴직연금운용자산이 퇴직급여충당부채와 퇴직연금미지급금의 합계액을 초과하는 경우에는 그 초과액을 투자자산의 과목으로 표시한다.(문단 21.12)

5 퇴직급여제도에 대한 회계처리

(1) 퇴직금 제도를 채택한 기업이 퇴직보험 등에 가입한 경우

퇴직금 제도를 채택한 기업이 단체퇴직보험·종업원퇴직보험 또는 퇴직보험에 가입한 경우의 회계처리는 다음과 같다.(문단 21.13)
　① 단체퇴직보험
　　㈎ 퇴직연금부담금으로 납입한 금액에서 보험회사가 사업비로 충당하는 금액을 차감한 잔액을 자산으로 처리한다.
　　㈏ 단체퇴직보험예치금은 투자자산의 과목으로 표시한다.

있다. 이러한 경우 상대적으로 지급시기가 늦은 퇴직급여액에 대해서는 수익률곡선상의 현행 회사채시장수익률을 예상지급시기까지 확장하여 합리적으로 추정한 할인율을 적용한다.

㈐ 이자수익과 특별배당금의 수령은 영업외수익으로 인식하며, 동 금액을 납입할 보험료로 대체할 경우 동 금액에 해당하는 금액을 단체퇴직보험예치금의 증가로 처리한다.

⑵ 종업원퇴직보험
  종업원퇴직보험에 가입한 경우에는 ⑴의 규정을 준용한다.

⑶ 퇴직보험
  ㈎ 기업이 종업원의 수급권을 보장하는 퇴직보험에 가입한 경우 퇴직보험예치금은 퇴직급여충당부채에서 차감하는 형식으로 표시한다. 다만, 퇴직보험예치금액이 퇴직급여충당부채를 초과하는 경우의 당해 초과액은 투자자산의 과목으로 표시한다.
  ㈏ 퇴직연금부담금의 납입, 이자수익과 특별배당금의 수령 및 동 금액을 납입할 보험료로 대체할 경우의 회계처리는 '퇴직보험예치금'의 명칭을 사용하여 ⑴의 규정을 준용하여 처리한다.

⑷ 기업이 이미 가입된 단체퇴직보험 등을 퇴직보험으로 전환한 경우에는 단체퇴직보험예치금을 퇴직보험예치금으로 대체한다.

(2) 퇴직금제도와 확정급여형퇴직연금제도가 병존하는 경우의 회계처리

퇴직금제도와 확정급여형퇴직연금제도가 병존하는 경우에는 다음과 같이 회계 처리하다. (문단 21.14)

⑴ 각 제도의 퇴직급여충당부채는 합산하여 재무상태표에 표시한다. 그러나 퇴직금제도에서 경과적으로 존재하는 퇴직보험예치금은 확정급여형퇴직연금제도의 퇴직연금운용자산과 구분하여 퇴직급여충당부채에서 차감하는 형식으로 표시하고 퇴직보험에 대한 주요 계약 내용을 주석으로 공시한다.

⑵ 어떤 제도에서 초과자산이 발생하는 경우 다음의 요건 중 하나 이상을 충족한다면 다른 제도의 부채와 상계한다.
  ㈎ 기업에는 어떤 제도의 초과자산을 다른 제도의 부채를 결제하는 데 사용할 수 있는 법적 권한이 있고 실제로 사용 할 의도도 있다.
  ㈏ 기업에는 어떤 제도의 초과자산을 다른 제도의 부채를 결제하는 데 사용하여야 하는 법적 의무가 있다.

6 퇴직급여제도의 변경

기존의 퇴직금제도에서 확정급여형퇴직연금제도 또는 확정기여형 퇴직연금제도로 변경하는 경우 기존 퇴직급여충당부채에 대한 회계처리는 다음과 같다.(문단 21.15)

⑴ 퇴직급여제도를 변경하면서 기존 퇴직급여충당부채를 정산하는 경우 기존 퇴직급여충당부채의 감소로 회계 처리하다.

⑵ 확정기여형 퇴직연금제도가 장래근무기간에 대하여 설정되어 과거근무기간에 대하여는

기존 퇴직금제도가 유지되는 경우 임금수준의 변동에 따른 퇴직급여충당부채의 증감은 퇴직급여(비용)로 인식한다.

(3) 기존의 퇴직금제도에서 과거근무기간을 포함하여 확정급여형 퇴직연금제도로 변경하는 경우, 기존 퇴직급여충당부채에 대해 부담금 납부의무가 발생하더라도 이는 사내적립액을 사외적립액으로 대체할 의무에 지나지 않으므로 별도의 추가적인 부채로 인식하지 아니하고 납부하는 시점에 퇴직연금운용자산으로 인식한다.

제 12 절 법인세 회계(일반기업회계기준 22장)

1 법인세회계 적용범위

일반기업회계기준에서 규정하는 법인세에는 국내 또는 국외에서 법인의 과세소득에 기초하여 부과되는 모든 세금이 포함된다.(문단 22.2)

2 자산·부채의 세무가액

① 자산의 세무가액은 해당 자산이 세무상 자산으로 인정되는 금액이다.(문단 22.3)
② 부채의 세무가액은 해당 부채가 세무상 부채로 인정되는 금액이다.(문단 22.4)
③ 일반기업회계기준에서는 자산·부채로 인식하지 않지만 세무회계상으로는 인식하는 경우가 있다. 이러한 경우에도 일시적차이가 발생한다. 예를 들어, 일반기업회계기준에서는 발생시점에 비용으로 처리하는 항목에 대하여 세법상 이를 이연하여 상각하도록 한 경우에는 자산의 장부금액은 영(0)이지만 그 자산의 세무기준액은 영(0)이 아니다. 일반기업회계기준에서는 부채로 인식하지 아니하는 준비금을 세무회계상 부채로 인식하는 경우에도 장부금액과 세무기준액의 차이가 발생한다.(문단 22.5)

3 당기법인세부채와 당기법인세자산의 인식

회사가 납부하여야 할 법인세부담액 중 아직 납부하지 않은 금액은 부채(당기법인세부채)로 인식하여야 한다. 그리고 납부하여야 할 금액을 초과해서 납부한 금액은 자산(당기법인세자산)으로 인식하여야 한다.(문단 22.7) 세무상결손금이 과거에 납부한 법인세액에 소급 적용되어 환급될 수 있다면 결손금이 발생한 기간에 자산(당기법인세자산)으로 인식하여야 한다.(문단 22.8)

4 이연법인세자산과 이연법인세부채의 인식

자산·부채의 장부금액과 세무기준액의 차이인 일시적차이에 대하여 원칙적으로 이연법인세를 인식하여야 한다.(문단 22.9)

(1) 가산할 일시적 차이

모든 가산할 일시적차이에 대하여 이연법인세부채를 인식하여야 한다. 다만 문단22.31에 해당하는 경우와 다음의 경우에는 이연법인세부채를 인식하지 아니한다.(문단 22.10)

⑴ 영업권의 상각이 과세소득을 계산할 때 손금으로 인정되지 않는 경우
⑵ 자산·부채가 최초로 인식되는 거래가 ㉠사업결합거래가 아니고 ㉡회계이익이나 과세소득에 영향을 주지 아니하는 경우

(2) 차감할 일시적차이

차감할 일시적차이에 대하여 인식하는 이연법인세자산은 향후 과세소득의 발생이 거의 확실하여 미래의 법인세 절감효과가 실현될 수 있을 것으로 기대되는 경우에 인식한다. 다만 다음의 경우에는 이연법인세자산을 인식하지 아니한다.(문단 22.16)

⑴ 염가매수차익이 과세소득을 계산할 때 익금으로 인정되지 않는 경우
⑵ 자산·부채가 최초로 인식되는 거래가 ㉠사업결합거래가 아니고 ㉡회계이익이나 과세소득에 영향을 주지 아니하는 경우

또한 종속회사, 지분법적용 피투자회사 및 조인트벤처의 지분에 대한 투자자산과 관련된 차감할 일시적차이에 대하여는 문단 22.36의 규정에 따라 이연법인세자산의 인식여부를 결정하여야 한다.

5 이연법인세자산의 실현가능성

(1) 차감할 일시적차이

차감할 일시적차이는 미래기간의 과세소득을 감소시킨다. 그러나 차감할 일시적차이를 활용할 수 있을 만큼 미래기간의 과세소득이 충분할 경우에만 차감할 일시적차이의 법인세효과는 실현될 수 있다. 따라서 차감할 일시적차이가 활용될 수 있는 가능성이 거의 확실한 경우에만 이연법인세자산을 인식하여야 한다.(문단 22.19)

(2) 이연법인세자산의 실현가능성이 있다고 판단되는 경우

다음의 회계기간에 소멸될 것으로 예상되는 가산할 일시적차이가 충분한 경우에는 차감할 일시적차이가 활용될 가능성이 거의 확실하므로, 이러한 경우에는 차감할 일시적차이에 대하여 이연법인세자산을 인식한다.(문단 22.20)

㉮ 차감할 일시적차이가 소멸될 것으로 예상되는 기간
㉯ 세무상결손금 등의 이월공제가 적용되는 기간

만약 가산할 일시적차이가 충분하지 않은 경우에도 다음의 경우에는 차감할 일시적차이에 대하여 이연법인세자산을 인식한다.(문단 22.21)

㉮ 차감할 일시적차이가 소멸될 기간(또는 세무상결손금 등의 이월공제가 적용되는 기간)에 과세소득이 충분할 것으로 예상되는 경우
㉯ 미래 적절한 기간에 과세소득이 나타날 수 있도록 세무정책이 가능한 경우

6 세무상 결손금과 세액공제

(1) 이연법인세자산의 실현가능성이 부분적으로 존재하는 경우

이월공제가 가능한 세무상결손금과 세액공제에 따라 인식하는 이연법인세자산은 결손금공제 등이 활용될 수 있는 미래의 과세소득이 예상되는 범위 안에서 인식하여야 한다.(문단 22.25)

세무상결손금과 세액공제에 대한 이연법인세자산의 인식기준은 차감할 일시적차이로 인한 이연법인세자산의 인식기준과 원칙적으로 동일하다. 그러나 미사용 세무상결손금이 존재한다는 것은 미래에 과세소득이 발생하지 않을 수 있는 가능성이 높다는 것을 의미한다. 따라서 기업이 최근에 회계손실을 기록한 경우에는 충분한 가산할 일시적차이가 있는 경우나 미래에 과세소득이 발생할 것이라는 확실한 증거가 있는 경우에만 그 범위 안에서 이연법인세자산을 인식하여야 한다. 그리고 이 경우에는 문단 22.61에서 요구하는 것처럼 인식한 이연법인세자산의 금액과 그 인식근거를 주석으로 기재하여야 한다.(문단 22.26)

세무상결손금과 세액공제가 활용될 수 있는 미래과세소득의 발생가능성을 평가함에 있어서 다음을 고려하여야 한다.(문단 22.27)
　⑴ 세무상결손금과 세액공제의 이월공제가능기간이 소멸되기 전까지 이를 활용할 수 있는 충분한 가산할 일시적차이가 있는지의 여부
　⑵ 세무상결손금과 세액공제의 이월공제가능기간이 소멸되기 전까지 활용 가능한 과세소득이 발생할 수 있을 것인지의 여부
　⑶ 세무상결손금이 비반복적이고 확인 가능한 원인으로 발생하였는지의 여부
　⑷ 세무상결손금과 세액공제의 이월공제가능기간 내에 과세소득을 창출할 수 있는 세무정책(문단 22.22 참조)이 활용 가능한지의 여부

법인세법상 최저한세가 적용되어 세액공제 또는 세액감면 등이 적용배제 되었으나 이월공제가 인정되는 경우에도 이월공제가 활용될 수 있는 미래기간에 발생할 가능성이 매우 높은 과세소득의 범위 안에서 이연법인세자산을 인식하여야 한다. 법인세법상 최저한세가 적용되는 기업이 이연법인세자산을 측정할 때에도 역시 문단 22.37 내지 문단 22.44의 규정을 적용하여야 한다.(문단 22.28)

(2) 인식되지 않은 이연법인세 자산의 재검토

매 보고기간마다 과거에 실현가능성이 낮아서 인식하지 아니한 이연법인세자산의 인식가능성에 대하여 재검토하여야 한다. 과거에는 인식하지 않았지만 재검토 시점에 활용 가능한 미래과세소득이 발생할 것이 거의 확실한 경우 그 범위 내에서 이연법인세자산을 인식하여야 한다.(문단 22.29)

제13절 중소기업특례(일반기업회계기준 31장)

1 중소기업 회계처리 특례의 적용범위

이 장은 주식회사의 외부감사에 관한 법률의 적용대상 기업 중 중소기업기본법에 의한 중소기업의 회계처리에 적용할 수 있다. 다만 다음의 기업은 이 장을 적용할 수 없다.(문단 31.2)

(1) 자본시장과 금융투자업에 관한 법률에 따른 다음의 기업
 (가) 상장법인
 (나) 증권신고서 제출법인
 (다) 사업보고서 제출대상법인
(2) 제3장'재무제표의 작성과 표시Ⅱ(금융업)'에서 정의하는 금융회사
(3) 제4장'연결재무제표'에서 정의하는 연결실체에 중소기업이 아닌 기업이 포함된 경우의 지배기업

이 장은 주식회사의 외부감사에 관한 법률의 적용대상이 아닌 중소기업의 회계처리에 준용할 수 있다.(문단 31.3)

2 회계처리와 재무제표 표시

1) 파생상품 회계처리에 대한 특례

정형화된 시장에서 거래되지 않아 시가가 없는 파생상품에 대하여는 계약시점 후 평가에 관한 회계처리를 아니할 수 있다.(문단 31.4)

2) 시장성 없는 지분증권의 평가에 대한 특례

시장성이 없는 지분증권은 취득원가로 평가할 수 있다. (문단 31.5)

3) 지분법에 대한 특례

관계기업 및 공동지배기업에 대하여는 지분법을 적용하지 아니할 수 있다.(문단 31.6)

4) 장기성 채권·채무 현재가치 평가특례

장기연불조건의 매매거래 및 장기금전대차거래 등에서 발생하는 채권·채무는 명목가액을 재무상태표(재무상태표)가액으로 할 수 있다.(문단 31.7)

5) 주식결제형 주식선택권에 대한 특례

주식결제형 주식기준보상거래(주식선택권)가 있는 경우에는 부여한 지분상품이 실제로 행사(예: 주식선택권이 부여된 경우)되거나 발행(예: 주식이 부여된 경우)되기까지는 별도의 회계처리를 아니할 수 있다.(문단 31.8)

6) 단기 용역매출 및 장기 할부판매에 대한 수익인식 특례

1년 내의 기간에 완료되는 용역매출 및 건설형 공사계약에 대하여는 용역제공을 완료하였거나 공사 등을 완성한 날에 수익으로 인식할 수 있으며, 1년 이상의 기간에 걸쳐 이루어지는 할부매출은 할부금회수기일이 도래한 날에 실현되는 것으로 할 수 있다.(문단 31.9)

7) 유형자산과 무형자산의 내용연수 및 잔존가액 특례

유형자산과 무형자산의 내용연수 및 잔존가액의 결정은 법인세법의 법령을 따를 수 있다.(문단 31.10)

8) 장기 할부판매에 대한 특례

토지 또는 건물 등을 장기할부조건으로 처분하는 경우에는 당해 자산의 처분이익을 할부금회수기일이 도래한 날에 실현되는 것으로 할 수 있다.(문단 31.11)

9) 법인세 회계의 특례

법인세비용은 법인세법 등의 법령에 의하여 납부하여야 할 금액으로 할 수 있다.(문단 31.12)

제 2 장
원가회계

제 1 절 원가회계의 이해

1 원가회계와 관리회계의 의의

(1) 원가회계와 관리회계

원가회계(cost accounting)란 제품을 생산하기 위하여 투입된 원가를 분류·집계·측정하고 이를 다시 배분 및 평가하여 제품원가를 계산하는 회계를 말한다. **관리회계**(managerial accounting)란 **경영자의 의사결정에 필요한 원가정보를 제공**하고 **계획수립·통제** 및 **성과평가**와 특수의사 결정에 유용한 정보를 제공 해주는 회계를 말한다. 그러나 현대에서는 원가회계와 관리회계의 영역구분이 애매모호하여 혼용해서 사용하는 경향이 많다.

■ 원가회계와 관리회계의 비교

원가회계	원가자료의 분류, 집계, 측정, 배분 및 평가 강조
관리회계	계획수립, 통제 및 특수의사결정에 필요한 원가정보의 제공을 강조

(2) 원가의 개념

원가(cost)란 재화나 용역을 획득하기 위하여 희생된 경제적 자원 중 미래에 경제적 효익을 제공해 줄 수 있는 것을 화폐로 측정한 것을 말한다. 그러므로 미래에 경제적 효익을 제공해 줄 수 없는 희생된 경제적 자원과 원가 중 소멸된 부분은 **비용**(expense)이나 **손실**(loss)로 처리한다.

■ 원가회계와 관리회계의 비교

원 가	제품의 제조를 목적으로 투입된 경제적 가치(재료원가, 노무원가, 제조간접원가 등)
비 용	수익의 창출을 목적으로 소비된 경제적 가치(매출원가, 판매비와 관리비 등)
손 실	목적없이 소비된 경제적 가치(영업외 비용 : 잡손실, 재해손실 등)

2 원가의 분류

(1) 제조활동과의 관련성에 따른 분류

제조업에서 이루어지는 활동은 크게 제조활동과 비제조활동으로 분류할 수 있는데, 여기에서 제조활동이란 외부에서 원재료를 매입한 후 여기에 노동력과 생산설비 및 기타 제조원가를 투입하여 제품을 제조하는 활동을 말하며, 비제조활동이란 제조활동 이외의 일반관리 및 판매활동을 일반적으로 의미한다. 그러므로 제조활동과의 관련성 여부에 따라 원가는 ①제조원가와 ②비제조원가로 구분한다.

1) 수익과의 대응관계에 따른 분류

원가는 수익과의 대응관계에 따라 **제품원가**(product costs)와 **기간원가**(period costs)로 분류되며, 어떤 원가가 제품원가 또는 기간원가로 분류되는지에 따라 기간손익이 크게 영향을 받기 때문에 특히 재무회계의 입장에서 중요한 의미를 갖는다.

① **제품원가** : 판매목적으로 구입하거나 제조한 제품에 부과할 수 있는 원가를 제품원가라고 한다. 한편 제품원가는 판매시점까지 비용이 이연되기 때문에 **재고가능원가**(inventorialble costs)라고도 한다.

② **기간원가** : 기간원가는 제품원가 이외의 원가로 발생한 기간의 비용으로 처리되어 수익에 대응된다. 비로 그 효과가 장기간에 걸쳐 발생할 것이 거의 확실 함에도 불구하고 그 효과의 측정이 주관적이라는 이유로 발생 즉시 비용 처리되는 광고비를 비롯한 판매비 및 일반관리비가 대표적인 기간원가의 예이다.

2) 발생형태에 따른 원가분류

원가는 발생하는 형태에 따라 「재료원가·노무원가·제조경비」로 분류할 수 있는데 이렇게 발생형태에 따라 분류된 원가를 「원가의 3요소」 또는 「요소별 원가」라 한다.

① **재료원가** : 재료원가는 제품의 제조과정에서 재료 또는 원료 등의 물리적 형태를 갖는 물품을 소비함에 따라 발생하는 원가를 말한다.

② **노무원가** : 노무원가는 제품의 제조과정에서 노동력을 소비함으로써 발생하는 인적용역의 대가를 말한다.

③ **제조경비** : 제조경비는 제품의 제조과정에서 발행하는 원가 중 재료원가와 노무원가를 제외한 나머지 원가를 말한다.

3) 추적가능성에 따른 원가분류(제품과의 관련성에 따른 원가분류)

원가가 발생한 경로를 최종 제품까지 추적하여 볼 때 해당 **제품별로의 집계가능성**에 따라 원가는 직접원가와 간접원가로 분류된다. 이때 **추적가능성**이란 효익이 비용보다 큰 범위 안에서의 경제적인 추적가능성을 의미한다.

① 제조직접원가(기초원가)

　　제조직접원가란 원가요소를 특정제품과의 관련성을 추적할 수 있는 원가로 특정제품에서만 발생된 원가이다. 이러한 제조직접원가는 직접재료원가와 직접노무원가, 그리고 직접제조경비가 있는데 제조경비는 직접원가로 발생되는 경우가 드물기 때문에 대부분 제조간접비로 분류하고 있다.

$$\text{직접제조원가} = \text{직접재료원가} + \text{직접노무원가} + \text{직접제조경비}$$

② 제조간접원가

　　제조간접원가란 원가요소가 소비되었음에도 불구하고 특정제품과의 관련성을 추적할 수 없는 원가이다. 제조간접원가는 제품과의 관련성을 추적할 수 없는 간접재료원가, 간접노무원가, 간접제조경비를 말한다.

$$\text{제조간접원가} = \text{간접재료원가} + \text{간접노무원가} + \text{간접제조경비}$$

위와 같이 요소별원가를 제품과의 추적가능성에 따라 분류를 할 수 있는데 제품에 직접 관여된 원가와 가공과정을 통하여 원가로 전환되는 원가로 다시 분류할 수 있는데 기본원가와 가공원가(가공비)로 구분된다. 기본원가(기초원가, 주원가, 직접원가)는 직접재료원가와 직접노무원가의 합을 말하며, 가공비는 직접노무원가와 제조간접원가의 합을 의미한다.

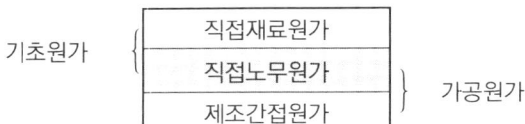

예제 1 기초원가와 가공비

다음의 자료에 의하여 요구사항에 답하시오.

직접재료원가		₩400,000
직접노무원가		₩300,000
제조간접원가	변동원가	₩80,000
	고정원가	₩150,000

1. 기본원가를 계산하시오.
2. 가공원가(전환원가)를 계산하시오.

Chapter 2 원가관리회계

예제해설

> 1. 기본원가(기초원가)의 계산
>   기본원가 = 직접재료원가 + 직접노무원가
>   = 400,000 + 300,000 = 700,000
> 2. 가공원가의 계산
>   가공원가(전환원가) = 직접노무원가 + 제조간접원가
>   = 300,000 + 80,000 + 150,000 = 530,000

(2) 경영통제목적을 위한 원가분류

1) 통제가능원가와 통제불능원가

원가는 특정 책임중심점의 경영자가 통제가능한가의 여부에 따라 통제가능원가와 통제불능원가로 구분된다.

① **통제가능원가** : 통제가능원가는 특정 책임중심점의 경영자의 통제범위 내에 있는 원가를 말한다.

② **통제불능원가** : 통제불능원가란 특정 책임중심점의 경영자의 통제범위 밖에 있는 원가를 말한다.

2) 조업도에 따른 원가의 분류(원가행태에 따른 분류)

원가행태란, 조업도의 변화에 따라 원가총발생액이 변화되는 모양을 말하는 것으로서 원가 통제목적에 유용한 정보를 제공하기 위한 분류이다. 여기서 모든 원가행태는 관련범위를 전제로 하고 있다.

① **고정원가**(fixed costs) : 고정원가란 순수고정원가로서 조업도의 증감과는 관계없이 일정한 범위의 조업도 내에서 그 총액이 항상 일정하게 발생하는 원가를 말한다. 고정원가의 종류에는 **임차료, 보험료, 재산세, 감가상각비** 등이 해당된다.

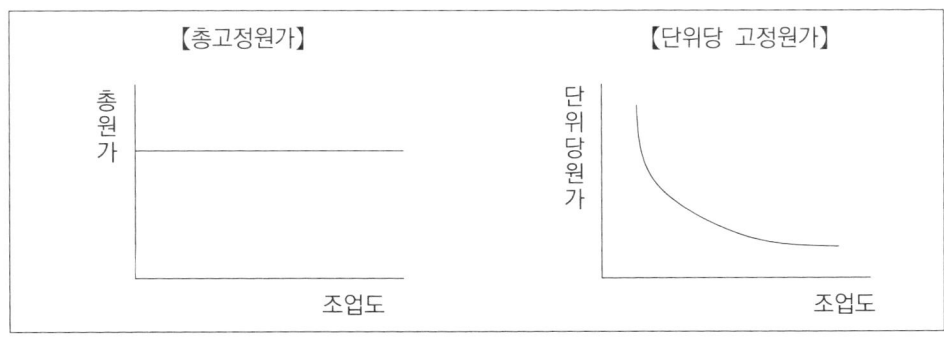

총 고 정 원 가	900,000원	900,000원	900,000원
조 업 도(생산량)	10,000개	20,000개	30,000개
단 위 당 고 정 원 가	@₩90	@₩45	@₩30

② **변동원가**(variable costs) : 변동원가란 순수변동원가로서 조업도의 증감에 따라 총원가도 비례적으로 증감하는 원가를 말한다. 변동원가의 종류에는 **직접재료원가, 직접노무원가** 등이 해당된다.

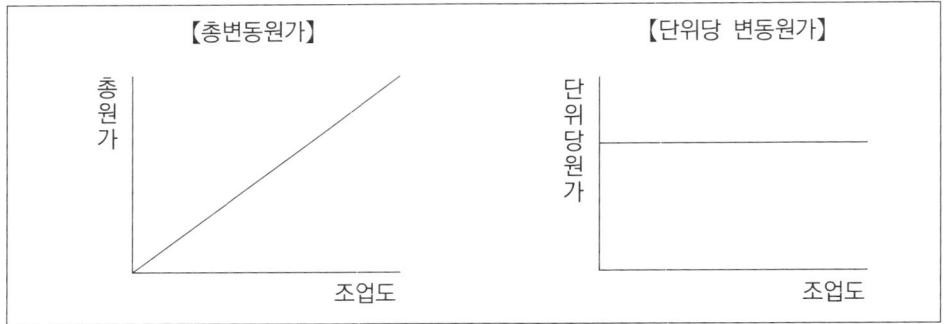

총변동원가	200,000원	400,000원	600,000원
조업도(생산량)	10,000개	20,000개	30,000개
단위당고정원가	@₩20	@₩20	@₩20

③ **준변동원가**(semi-variable costs) : 조업도의 증감과는 관계없이 발생하는 고정원가와 조업도의 증감에 따라 총원가가 증감하는 변동원가가 결합하여 발생하는 원가를 말한다. 준변동원가 또는 혼합원가라 한다.

④ **준고정원가**(semi-fixed costs) : 「관련범위(조업도)」내에서는 일정한 금액의 원가가 발생하지만, 관련범위를 벗어나면 또 일정한 다음 관련범위 내에서 일정액만큼 총액이 증가 또는 감소하는 원가를 말한다. 「**준고정원가**」는 계단모양의 형태라 하여 「**계단원가**」라 하기도 한다.

(3) 전략 및 전술수립목적을 위한 원가분류(의사결정과 관련성에 따른 분류)

전략 및 전술목적의 원가는 의사결정과 관련된 **원가분류**라고도 한다. 이러한 의사결정에는 여러 개의 대체안 중에서 한 가지를 선택하는 특별의사결정목적과 관련 있는 원가를 식별하기 위한 것이다.

1) 관련원가와 비관련원가

관련원가란 의사결정과 관련이 있는 원가로서 의사결정에 영향을 미칠 수 있는 미래원가를 말한다. 두 가지 이상의 대체안이 있는 경우 똑 같이 발생되는 부분은 의사결정에 아무런 영향을 미치지 않는다. 하지만 차이가 발생되는 부분은 의사결정사항이 되므로 관련원가라 한다.

① **관련원가** : 의사결정 대안 간에 차이가 나는 원가
② **비관련원가** : 대안 간에 차이가 발생하지 않는 원가

2) 차액원가

차액원가는 두 가지 대체안 간의 총원가의 차이를 말한다. 어떤 의사결정에 따라 원가가 증가되면 증분원가라 하고, 원가가 감소되면 감분원가라고 한다. 이러한 차액원가는 위에서 설명한 관련원가에서 발생하게 되는데, 두 가지 대체안의 총액으로 비교 분석하는 것을 총액접근법이라 하며, 총액에서 비관련원가를 제외한 나머지 관련원가에 의하여 차이를 분석하는 것을 증분접근법이라 한다.

3) 매몰원가

매몰원가는 이미 발생된 원가로서 현재나 미래에 어떠한 행동을 취하든 간에 변동될 수 없는 원가이다. 따라서 회피할 수 없는 **과거원가**(past cost)이다. 과거원가는 미래원가를 예측하기에 가장 좋은 이용 가능한 기준이나 미래원가는 아니므로 의사결정과는 관련이 없다. 따라서 미래의 대체안을 분석하는데 사용되어서는 안 된다.

4) 회피가능원가와 회피불능원가

① **회피가능원가** : 특정대안을 선택하지 않음으로써 절약되는 원가, 다시 말해 경영자의 의사결정에 따라 절약할 수 있는 원가를 말한다.
② **회피불능원가** : 특정대안을 선택하지 않아도 계속 발생되는 원가. 즉, 경영자의 의사결정에 의해서도 절약할 수 없는 원가를 말한다.

5) 기회원가

원가는 일반적으로 재화나 용역을 획득하기 위해 현재나 미래에 행해지는 지출로서 간주되나 미래의 효익이나 이익을 포기함으로 나타나는 희생도 원가에 포함된다. 경영자는 대체안 중의 하나를 선택할 때 최선의 안을 선택하는데, 최선의 안(案)을 선택하기 위하여 포기한 다른 대체 안의 가치를 기회원가라 한다.

예제 2 　매몰원가의 계산

명문산업은 100,000원의 제조원가로 재고자산에 기록되어 있는 구형이된 자전거 10,000개를 가지고 있다. 만약 이 자전거를 50,000원을 투입하여 재가공한다면 80,000원에 팔수 있다. 또한 그 자전거를 재가공하지 않고 중고시장에서 70,000원에 팔수 있다. 이 두 대체안을 분석하는데 있어서 매몰원가는 얼마인가?

예제해설

※ 매몰원가란 이미 과거에 발생한 원가로서 의사결정에 영향을 미치지 아니하는 원가를 말한다. 여기에서는 제조원가 100,000원이 이미 발생한 원가로서 매몰원가에 해당한다.

※ 의사결정 여부
　재가공시 증분이익 = 80,000 − 50,000 = 30,000
　중고시장 판매시 처분이익 = 70,000
　그러므로 재가공하지 않고 그냥 판매하는 것이 ₩40,000 더 유리하다.

예제 3 　매몰원가의 계산

㈜명문은 실제원가계산을 사용하고 있으며, 20×1년 원가자료는 다음과 같다. 20×1년 직접재료매입액은 21,000원이었고, 매출원가는 90,000원이었다. 가공원가의 40%가 직접노무원가라면 기초원가는 얼마인가?

	기초재고액	기말재고액
직접재료원가	3,000원	4,000원
재 공 품	50,000원	45,000원
제 　 품	70,000원	60,000원

예제해설

```
           재 공 품                              제 품
기초재고액  50,000  제   품     80,000    기초재고액  70,000  매 출 원 가  90,000
재 료 원 가 20,000  기말재고액  45,000    재 공 품   80,000  기말재고액  60,000
가 공 원 가 55,000
           125,000              125,000

           원 재 료
기초재고액   3,000  재 공 품    20,000
재 료 매 입 21,000  기말재고액   4,000
```

※ 가공비 = 직접노무원가 + 제조간접원가
　55,000원 × 40% = 22,000원
※ 기초원가 = 직접재료원가 + 직접노무원가

제 2 절 원가의 배분

1 원가의 배분 대상 및 용어

(1) 원가의 배분 대상

원가의 배분대상은 원가를 별도로 측정할 필요가 있는 ①부문 ②제품 ③기간 등을 말한다.

① **부문** : 부문이란 원가의 「**발생장소**」를 뜻한다. 이러한 부문에서는 제품의 생산에 직접 관련된 부문과 제품생산에는 직접 관여하지 않았으나 제품의 생산에 간접적으로 기여한 부분으로 분류할 수 있는데 전자를 「**제조부문**」이라 하며 후자를 「**보조부문**」이라 하며 이러한 부문도 원가의 "**배분대상**"이 되는 것이다.

② **제품** : 원가회계의 목적은 생산된 제품의 가격을 결정하는 것이다. 그런데 생산하고자 하는 제품이 다수인 경우, 각 제품별로 직접 발생된 원가 이외에도 공통적으로 발생된 원가를 제품별로 대응시키는 과정을 「**원가의 배분**」이라 한다.

③ **기간** : 기업은 제품의 생산을 위하여 기계장치 등의 유형자산을 이용하여 제품을 생산하게 된다. 유형자산은 여러기간에 걸쳐 사용되며 이 기간 동안의 비용을 계산하여 원가에 포함하여야 한다. 원가에 포함하기 위하여 유형자산의 가치를 기간에 대응하는 것을 원가의 「**기간배분**」이라 한다.

(2) 원가의 배분관련 용어의 정리

1) 원가집합

"**원가집합**"이란 원가대상에 추적할 수 없는 원가의 합계액을 말하며, 집계된 원가는 둘 이상의 원가대상에 배분되어야 할 공통원가이다. 이러한 공통원가를 「**제조간접원가**」라 한다.

2) 원가의 배분

"**원가의 배분**"이란 원가 집합에 집계된 제조간접원가를 일정한 배분기준에 따라 원가대상에 배부하기 위하여 분리하는 과정을 말한다.

3) 원가행태

「**원가행태**」란 조업도 수준의 변동에 따라 일정한 양상으로 변화하는 원가 발생액의 변동양상을 의미한다. 원가행태를 파악하면 원가를 예측하고 성과를 평가하는데 많은 도움이 되기 때문에 경영자의 의사결정에 있어 매우 중요하다.

5) 원가동인

「원가동인(Cost driver)」이란 원가대상의 총원가에 변화를 유발시키는 요인을 말한다. 예를 들어 제품의 **원가동인**은 생산량, 작업시간, 작업준비회수, 부품의 수 등이 해당하며, 구매부서의 동인은 구매주문서의 수, 공급자의 수 등이 해당된다.

6) 조업도

「조업도(Volume)」란 기업이 보유한 자원의 활용정도를 나타내는 수치로서 산출량인 생산량, 판매량 등으로 표시하거나 투입량인 직접노동시간, 기계작업시간 등으로 표시된다.

2 원가의 배분기준

원가배분에서 가장 중요한 문제는 **"원가배분기준"**의 설정이다. 경영자들은 먼저 원가배부의 주요목적을 파악하고, 그 다음에 그 목적에 적합한 원가배부기준을 선택하여야 한다. 원가배분목적을 자원의 배부에 관한 의사결정과 동기부여에 두는 경우 일반적으로 인과관계가 지배적인 기준으로 사용된다.

1) 인과관계기준

가장 이상적인 원가배부는 원가대상이 원가발생 원인이 되는 변수를 찾아서 배부하는 것이다. 즉, 원가배분대상에 제공된 서비스 또는 활동에 비례하여 공통원가를 배분하는 것이다. 인과관계란 특정 활동의 수행으로 인하여 특정원가가 발생할 때 그 활동과 원가간의 관계를 말한다. 예를 들어 수도요금을 배분한다고 가정하면, 각 부문의 수도사용량을 측정하여 수도요금을 배분할 수 있다.

2) 수혜기준

수혜기준은 제조간접비 효익의 수혜정도를 배부기준으로 채택하는 것으로 수익자 부담원칙에 충실한 기준이다. 예를 들면, 광고선전비의 경우 광고활동에 의한 원가부담은 광고활동으로 인하여 혜택을 많이 받는 부서에서 광고비부담을 많이 해야 하는 것 등으로 구분할 수 있을 것이다. 수혜기준은 인과관계기준과 비슷한 방법이지만 반드시 일치하지 않는다는 것에 유의하여야 한다.

3) 부담능력기준

부담능력기준은 제조간접비를 부담할 수 있는 능력을 배부기준으로 채택하는 것이다. 즉, 보다 많은 수익을 올리는 원가배분대상이 공통원가를 보다 더 부담할 능력을 지닌다는 가정 하에 원가를 배분하는 방법으로 대표적인 기준이 매출액을 기준으로 하는 것이다. 그러나 부담능력기준을 사용하면 원가대상 또는 부문이 매출액 증대에 노력을 기울이지 않게 되는 부작용이 발생할 수 있다.

제 3 절 제조간접원가의 배부

1 제조간접원가의 개념

「**제조간접원가**」란 제품의 전체 또는 다수의 제품을 개별적으로 생산하고 있는 경영활동에 있어서 제품을 제조하기 위하여 **공통적으로 발생**하는 원가이다. 즉, 원가의 발생과 동시에 특정 제품에 직접부과할 수 없는 원가요소를 말한다.

그러므로 이러한 원가요소, 즉 간접재료원가, 간접노무원가 및 경비를 일정한 원가계산기간에 집계하여 이것을 일정한 배부기준에 의하여 각종 특정의 제품에 배분하는 계산을 하게 되는데, 이를 "**제조간접원가의 배부(배분)**"이라고 한다.

2 제조간접원가의 배부방법

전통적 원가계산에서는 제조간접원가의 배부기준으로 공장 전체에 하나의 배부기준을 사용해 왔는데, 전통적으로 가장 많이 사용 된 배부기준은 「**직접노무원가**」 또는 「**직접노동시간**」이다. 제조간접원가의 배부 순서는 다음과 같은 순서에 의한다.

① 제조간접비 배부율의 계산 ⇨ ② 제조간접비 배부액의 계산

$$제조간접비\ 배부율(\%) = \frac{1개월간의\ 제조간접비\ 총액}{동기간의\ (배부기준)총액}$$

제조간접비 배부액 = 특정제품의 실제배부기준 × 제조간접비 배부율

(1) 가액법(원가법)

가액법(원가법)은 직접원가요소를 기준으로 제조간접원가를 배부하는 방법으로 다음과 같은 방법을 제시하고 있다.

① **직접재료원가법** : 직접재료원가법은 제품제조에 소비된 직접재료원가를 배부기준으로 하여 제조간접원가를 배부하는 방법이다.
② **직접노무원가법** : 직접노무원가법은 제품제조에 소비된 직접노무원가를 배부기준으로 하는 방법이다.
③ **직접원가법** : 직접원가배부법은 제품제조에 소비된 직접원가(직접재료원가+직접노무원가)총액을 배부기준으로 배부하는 방법이다.

(2) 시간법

시간법은 소규모 제조업보다는 기계작업이 많거나 수작업을 하더라도 작업시간이 많이 걸리는 제조기업에서 사용하기에 적합한 방법이다.

① **직접노동시간법** : 직접노동시간법(man hour method)은 제조 작업에 종사한 직접노동시간의 총계를 제조간접원가의 배부기준으로 삼는 것으로 제조 활동이 주로 인간의 노동력으로 이루어지는 수공업이나 중소규모의 제조업에 적합한 방법이다.

② **기계작업시간법** : 기계작업시간법(machine hour method)은 제품의 제작에 사용된 기계의 가동시간(운전시간)을 제조간접원가의 배부기준으로 사용하는 방법이다. 제품의 제조 활동이 주로 기계작업이 많은 제조 기업에서 주로 사용되는 방법이다.

예제 1 제조간접원가의 배부

명문㈜은 A, B, C 세 종류의 개별제품을 주문에 의하여 생산하는 중소기업이다. 다음의 원가자료에 의하여 제품 A, B, C에 배부될 제조간접원가 배부율과 제조간접원가 배부액을 가격법에 의하여 계산하시오.

(자료1) 직접원가 발생액

	제품 A	제품 B	제품 C
직접재료원가	₩550,000	₩450,000	₩200,000
직접노무원가	₩1,200,000	₩400,000	₩200,000

(자료2) 제조간접원가 발생액

 간접재료원가 ₩250,000   간접노무원가 ₩350,000
 기계보험료 ₩200,000   기계수선비 ₩100,000

예제해설

직접재료원가법	직접노무원가법	직접원가법
① 제조간접비 배부율 = 900,000/1,200,000=0.75 ② 제품 A 550,000×0.75=412,500 　제품 B 450,000×0.75=337,500 　제품 C 200,000×0.75=150,000	① 제조간접비 배부율 = 900,000/1,800,000=0.5 ② 제품 A 1,200,000×0.5=600,000 　제품 B 400,000×0.5=200,000 　제품 C 200,000×0.5=100,000	① 제조간접비 배부율 = 900,000/3,000,000=0.3 ② 제품 A 1,750,000×0.3=525,000 　제품 B 850,000×0.3=255,000 　제품 C 400,000×0.3=120,000

예제 2 제조간접원가의 배부(시간법)

명문산업의 다음 자료에 의하여 갑제품의 제조간접원가 배부율과 배부액을 직접노동시간법으로 계산하시오.

(1) 1개월간의 제조간접원가 총액 : 4,000,000원
(2) 동 기간의 직접노동시간 수 : 5,000시간
(3) 갑제품의 직접노동시간 수 : 2,500시간

예제해설

① 배부율 계산 : 4,000,000원/5,000시간 = @₩800

② 배부액 계산 : 2,500시간 × @₩800 = 2,000,000원

제 4 절 부문별 원가계산

1 부문별 원가계산

규모가 크고 여러 개의 제조공정을 가진 제조 기업에서는 제품을 직접 생산하는 제조부문과 제조부문에 여러 가지 용역을 제공하는 보조부문으로 나누어 분업과 협업에 의하여 생산이 이루어진다. 이런 제조 기업들은 제품원가를 정확하게 계산하기 위해서 제조간접원가를 처음부터 각 제품에 배부하지 않고 원가를 발생장소별로 집계 한 후 그 장소를 통과한 제품에 배부하는데 이렇게 원가의 발생장소별로 이루어지는 원가계산을 「부문별 원가계산」이라 한다.

(1) 부문별 원가계산의 목적

부문별 원가계산을 실시하는 목적은 크게 두 가지로 나누어 볼 수 있다.

① **정확한 원가계산으로 의사결정과 제품 가격결정에 기여** : 보조부문의 원가배분을 통해서 특정 제품에 소요된 실제원가를 최대한 정확하게 계산할 수 있기 때문에, 기업에서 경제적인 의사결정을 할 때나 제품의 가격을 결정할 때 합리적인 판단을 하는데 기여한다.

② **각 부문의 책임자나 종업원의 성과평가와 동기부여 제공** : 각 부서가 사용한 자원에 따라 비용을 배분하기 때문에, 부서별 성과를 판단하고 비교할 수 있다. 그러므로 성과에 맞는 인센티브를 책정할 수 있고, 결과적으로 종업원들의 업무 사기를 높이는데 기여한다.

③ **외부보고용 재무제표의 작성** : 부문별 원가계산은 원가의 합리적인 배분을 통해 재고자산과 매출원가가 결정되기 때문에 재무제표작성에도 반드시 필요한 과정이다. 그리고 재무제표에 정확한 수익과 비용을 산출한다면 법인세의 부담능력을 산출하는데에도 큰 영향을 줄 수 있다.

(2) 원가부문의 분류

원가부문은 원가의 최종 담당자에 대한 제품 제조 작업과 관련하여 제조부문과 보조부문으로 분류할 수 있다. 제품의 제조활동을 직접 담당하는 부문으로 제조활동의 주된 목적인 제품을 직접 제조하는가 혹은 부산물 등의 가공작업만을 행하는가에 따라 **"주경영부문"**과 **"부경영부문"**으로 구분된다. 일반적으로 주경영부문은 제조부문을 의미하며, 부경영부문은 보조부문을 의미한다고 보면 된다.

① **제조부문** : 제조부문은 제무을 실제로 생산하는 역할을 담당하는 작업부문을 말한다. 예를 들어, 자동차 제조회사라고 한다면 자동차의 설계, 조립, 도장, 검사 등의 공정을 수행하는 부문이다.

② 보조부문 : 보조부문은 제품의 생산에는 직접적으로 관여하지 않지만, 제조부문이 원활하게 운영될 수 있도록 지원하는 부문을 의미한다. 예를 들어 설비를 유지보수하거나, 수선해주는 부서라던가, 동력을 공급하는 전력공급부서, 경리, 인사 등을 담당하는 공장사무관리부서 등이 여기에 해당한다.

2 부문별 원가의 집계

부문별 원가계산도 일정한 계산절차를 거쳐 원가계산을 한다. 우선 원가를 요소별로 집계한 후 집계된 원가를 원가발생 장소별로 집계를 하여야 한다. 부문별 원가계산의 절차는 ⑴**부문별 원가의 집계** ⑵**보조부문원가의 배부** ⑶**제품별 원가계산**의 순으로 이루어진다.

(1) 부문별 원가의 집계

1) 부문개별원가와 부문공통원가

제조간접원가가 발생되는 개별원가계산 제도에서는 제조간접원가를 원가의 발생 장소별로 직접 발생되는 "**부문직접원가**(부문개별원가)"와 원가의 발생 장소에서 공통적으로 발생 집계되는 "**부문간접원가**(부문공통원가)"로 구분하여 계산하여야 한다.

또한, 부문간접원가는 다음의 배부기준에 따라 각 부문에 배부하여야 한다.

부문간접비	배 부 기 준
간 접 재 료 원 가	각 부문 추정량, 각 부문 직접재료원가
간 접 노 무 원 가	작업시간, 직접임금, 종업원수
건물임차료, 재산세	면적
화 재 보 험 료	가액, 면적
복 리 후 생 비	종업원수
전 력 비	마력수×운전시간, 측정소비량
감 가 상 각 비	기계가액, 건물면적
가 스 수 도 료	측정소비량
연 구 개 발 비	각 부문의 직접작업시간
복 리 비	각 부문의 종업원수

(부문간접비의 배부기준표)

2) 부문원가 배부표

「제조간접원가」의 배부기준과 배부방법이 결정되면 이에 속하는 원가요소들을 "**부문직접원가**"와 "**부문간접원가**"로 구분하여 이들을 발생시킨 각 원가부문에 집계해야 하는데, 이때 작성되는 특수분개장을 「**부문원가 배부표**」라 한다.

부문원가 배부표

원가요소	배부기준	제조부문		보조부문			합계
		절단부문	조립부문	동력부문	수선부문	공장사무	
부문직접원가							
간접재료원가		20,000	25,000	15,000	15,000	15,000	90,000
⋮		⋮	⋮	⋮	⋮	⋮	⋮
부문간접원가							
간접재료원가	kg	15,000	15,000	5,000	10,000	5,000	50,000
간접노무원가	인원수	10,000	15,000	20,000	20,000	5,000	70,000
건물감가상각비	면적	8,000	7,000	5,000	3,000	2,000	25,000
⋮		⋮	⋮	⋮	⋮	⋮	⋮
부문원가합계		100,000	150,000	70,000	80,000	50,000	450,000

① **부문직접원가** : "**부문직접원가**"는 특정부문에서 개별적으로 발생하는 원가를 말한다. 이 부문직접원가는 전체적인 "**제조간접원가**"나 개별제품별로 인과관계의 추적이 어렵기 때문에 우선 특정 부문에서 집계한 후, 특정 부문을 통과하는 제품에 배부하는 원가를 말한다. 예를 들어 특정부문의 기계장치 감가상각비는 특정제품에 즉시 배부하기 어렵다. 그러므로 감가상각비를 각 부문별로 집계하는 절차가 필요한 것이다.

② **부문간접원가** : "**부문간접원가**"는 개별제품뿐만 아니라 개별부문에서도 추적할 수 없는 제조간접원가를 말한다. 예를 들어 공장 전체의 감가상각비와 공장 전체를 책임지는 공장장의 급여 등이 여기에 해당된다.

(2) 보조부문의 배부

앞에서 설명한 부문별 원가 중 제품의 원가계산은 제조부문에서 발생한 제조간접원가만 적용 대상이 된다. 보조부문의 원가도 제품제조에 기여 하였음에도 원가계산에 반영되지 않는 문제가 발생된다. 그러므로 「**부문원가배부표**」에서 집계된 제조간접원가 중 보조부문에 해당하는 원가를 제품에 반영하기 위해서 다시 제조부문에 배부하는 절차가 필요한데 이때 작성되는 특수분개장이 「**보조부문원가배부표**」이다.

「**보조부문원가**」의 배부방법에는 보조부문간, 용역수수관계를 어느 정도 인식하여 배분할 것인가의 여부에 따라 배부하며 일반적으로는 부문간의 용역수수관계를 고려하는 방법이 가장 많이 사용되고 있다.

① **직접배부법(direct method)** : 직접배부법은 보조부문 상호 간의 용역수수 관계를 전혀 고려하지 않고 보조부문원가를 제조부문에만 배부하는 방법이다. 따라서 보조부문 상호 간에 용역의 수수가 비교적 크게 이루어지는 경우에는 정확한 원가가 집계될 수 없는 단점이 있으나 계산방법이 간편하다는 장점이 있다.

② **단계배부법(step distribution method)** : 단계배부법은 보조부문 상호 간 용역의 수수 정도를 부분적으로 고려하여 배부하는 방법이다. 보조부문 가운데 다른 보조부문에 용역을 가장 많이 제공하는 순서로 보조부문의 배부순위를 결정하고, 그 배부 순위에 따라 보조부문원가를 단계적으로 제조부문과 보조부문에 배부하는 방법이다.

③ **상호배부법(reciprocal distribution method)** : 상호배부법은 보조부문 상호 간의 용역수수관계를 고려하여 배부하는 방법으로 보조부문원가의 배부방법 중 가장 정확성이 높은 방법이다. 보조부문 간에 용역수수관계가 존재할 때 각 보조부문원가를 제조부문 뿐만 아니라 다른 보조부문에도 배분함으로써 보조부문간의 상호관련성을 완전히 인식하는 방법이다.

예제 1 부문원가배부표

㈜평화정공의 당월 중에 발생한 다음의 원가자료를 이용하여 부문원가배부표를 작성하시오.

(1) 부문직접비

비 목	제조 부문		보조 부문		
	절단부문	조립부문	동력부문	수선부문	공장사무부문
간접재료원가	100,000원	80,000원	50,000원	45,000원	55,000원
간접노무원가	50,000원	40,000원	30,000원	30,000원	50,000원
기계감가상각비	40,000원	50,000원	30,000원	30,000원	–

(2) 부문간접원가

　간접노무원가 300,000원　건물감가상각비 450,000원　기계보험료 500,000원

(3) 부문간접원가 배부기준

비 목	배부기준	절단부	조립부	동력부	수선부	공장사무부
간접노무원가	종업원수	12명	10명	12명	10명	6명
감가상각비	면 적	120㎡	120㎡	110㎡	80㎡	70㎡
기계보험료	가 격	₩7,000,000	₩7,000,000	₩4,000,000	₩2,000,000	–

부문원가 배부표

원가요소	배부기준	합계	제조부문		보조부문		
			절단부문	조립부문	동력부문	수선부문	공장사무
부문직접원가							
간접재료원가							
간접노무원가							
기계감가상각비							
부문간접원가							
간접노무원가	종업원수						
건물감가상각비	면 적						
기계보험료	가 액						
부문원가합계							
(자기부문비발생액)							

부문원가 배부표

원가요소	배부기준	합계	제조부문		보조부문		
			절단부문	조립부문	동력부문	수선부문	공장사무
부문직접원가							
간접재료원가		330,000	100,000	80,000	50,000	45,000	55,000
간접노무원가		200,000	50,000	40,000	30,000	30,000	50,000
기계감가상각비		150,000	40,000	50,000	30,000	30,000	-
부문간접원가							
간접노무원가	종업원수	300,000	72,000	60,000	72,000	60,000	36,000
건물감가상각비	면 적	450,000	108,000	108,000	99,000	72,000	63,000
기계보험료	가 액	500,000	175,000	175,000	100,000	50,000	-
부문원가합계		1,930,000	545,000	513,000	381,000	287,000	204,000

Chapter 2 원가관리회계

예제 2 보조부문원가배부표(직접배부법)

㈜건양산업의 다음의 자료는 당월 중에 각 부문에서 발생한 제조간접비를 배부한 부문원가 배부표의 일부이다. 당월 중에 보조부문에서 다른 부문에 제공한 용역의 양은 다음과 같은 경우 직접배부법에 의하여 보조부문원가 배부표를 작성하시오.

부문원가 배부표

원가요소	배부기준	금액	제조 부문		보조 부문	
			절단부문	조립부문	동력부문	수선부문
부문직접원가						
부문원가합계		1,220,000	420,000	500,000	100,000	200,000

적 요	제 조 부 문		보 조 부 문		합 계
	절단부문	조립부문	동력부문	수선부문	
동력부문(kW)	150kW	50kW	-	40kW	240kW
수선부문(시간)	200시간	300시간	100시간	-	600시간

보조부문원가 배부표

원가요소	배부기준	금액	제조 부문		보조 부문	
			절단부문	조립부문	동력부문	수선부문
부문원가합계 보조부문원가 동 력 부 문 수 선 부 문 배 부 액 합 계 제조부문합계						

예제해설

동력부문원가 배부액
$$100,000 \times \frac{150kw}{200kw} = 75,000$$
$$100,000 \times \frac{50kw}{200kw} = 25,000$$

수선부문원가 배부액
$$200,000 \times \frac{200시간}{500시간} = 80,000$$
$$200,000 \times \frac{300시간}{500시간} = 120,000$$

부문원가 배부표

원가요소	배부기준	금액	제조 부문		보조 부문	
			절단부문	조립부문	동력부문	수선부문
부문원가합계		1,220,000	420,000	500,000	100,000	200,000
보조부문원가						
동 력 부 문	kW	100,000	75,000	25,000		
수 선 부 문	시간	200,000	80,000	120,000		
배 부 액 합 계		300,000	155,000	145,000		
제조부문합계		1,220,000	575,000	645,000		

예제 3 보조부문원가배부표(단계배부법)

㈜건양산업의 다음의 자료는 당월 중에 각 부문에서 집계된 부문원가이다. 단계배부법에 의하여 보조부문비배부표를 작성하시오. 단, 보조부문에서 다른 부문에 제공한 용역은 수선부문을 제일먼저 배부하기로 한다.

비 목	제 조 부 문		보 조 부 문		금 액
	절단부문	조립부문	동력부문	수선부문	
자기부문발생액	420,000	500,000	350,000	250,000	1,520,000
제공한용역					
동력부문(kW/h)	150	150	-	100	400
수선부문(시간)	300	300	400		1,000

보조부문원가 배부표

원가요소	배부기준	금 액	제 조 부 문		보 조 부 문	
			절단부문	조립부문	동력부문	수선부문
부문원가합계 (자기부문발생액)						
보조부문원가						
수 선 부 문	시간					
동 력 부 문	kw/h					
배 부 액 합 계		-				
제조부문합계						

예제해설

수선부문원가 배부액
$$250,000 \times \frac{300시간}{1,000시간} = 75,000$$
$$250,000 \times \frac{300시간}{1,000시간} = 75,000$$
$$250,000 \times \frac{400시간}{1,000시간} = 100,000$$

동력부문원가 배부액
$$450,000 \times \frac{150kw}{300kw} = 225,000$$
$$450,000 \times \frac{150kw}{300kw} = 225,000$$

보조부문원가 배부표

원가요소	배부기준	금 액	제 조 부 문		보 조 부 문	
			절단부문	조립부문	동력부문	수선부문
자기부문발생액		1,520,000	420,000	500,000	350,000	250,000
보조부문원가						
수 선 부 문	시간	250,000	75,000	75,000	100,000	
동 력 부 문	kW/h	450,000	225,000	225,000		
배 부 액 합 계		-	300,000	300,000		
제조부문합계		1,520,000	720,000	800.000		

예제 4   보조부문원가배부표(상호배부법)

㈜건양산업의 다음의 자료는 당월 중에 각 부문에서 집계된 부문원가이다. 상호배부법(연립방정식법)에 의하여 보조부문비배부표를 작성하시오.

비 목	제 조 부 문		보 조 부 문		금 액
	절단부문	조립부문	동력부문	수선부문	
자기부문발생액	420,000	500,000	350,000	250,000	1,520,000
제공한용역					
동력부문(kW/h)	150	150	–	100	400
수선부문(시간)	300	300	400		1,000

보조부문원가 배부표

원가요소	배부기준	금 액	제 조 부 문		보 조 부 문	
			절단부문	조립부문	동력부문	수선부문
부문원가합계 (자기부문발생액)						
보조부문원가						
수 선 부 문	시간					
동 력 부 문	kw/h					
배 부 액 합 계		–				
제조부문합계						

예제해설

배부율의 계산

	절단부	조립부	동력부	수선부
동력부	37.5%	37.5%	–	25%
수선부	30%	30%	40%	–

연립방정식의 계산

동력부문(x) = 350,000 + 0.4y
수선부문(y) = 250,000 + 0.25x
x = 350,000 + 0.4(250,000 + 0.25x)
x = 350,000 + 100,000 + 0.1x
x − 0.1x = 450,000
x = 450,000 ÷ 0.9
x = 500,000

보조부문원가 배부표

원가요소	배부기준	금 액	제 조 부 문		보 조 부 문	
			절단부문	조립부문	동력부문	수선부문
자기부문발생액		1,520,000	420,000	500,000	350,000	250,000
보조부문원가						
동 력 부 문	kW/h	500,000	187,500	187,500	–	125,000
수 선 부 문	시간	375,000	112,500	112,500	150,000	
배 부 액 합 계		–	300,000	300,000	500,000	375,000
제조부문합계		1,520,000	720,000	500,000		

제 5 절 개별원가계산

1 개별원가계산의 의의

(1) 개별원가계산

「**개별원가계산**(job - order costing)」이란 특별주문이나 특수수요에 따라 제품의 종류나 규격을 달리하는 특정의 제품을 개별적으로 생산하는 기업에서 사용하는 **"원가계산제도"**를 말한다. 즉, **여러 종류의 제품을 개별적으로 생산**(다품종 소량생산)하는 경영형태에서 주로 사용되는 원가계산제도를 말하며, 여기에는 가구제조업, 건축업, 기계공업, 조선업 등이 있다.

이와 같은 기업에서는 개별제품별로 **품질, 규격, 형태** 등이 차이가 나므로 각각의 제품마다 제조지시서별로 원가계산서를 작성하여 모든 원가를 집계한 후 개별 제품별로 원가회계를 행한다.

(2) 개별원가계산의 특징

① 원가의 추적가능성 여부에 따라 원가를 **직접원가**(직접재료원가와 직접노무원가)와 **간접원가**(제조간접원가)로 구분한다.
② 직접재료원가와 직접노무원가는 실제로 발생한 원가를 각각의 개별제품마다 직접 대응시키고, 제조간접원가는 실제원가 또는 예정원가를 제조지시서별로 배분한다.
③ 결산일 현재까지 완성되지 아니한 제조지시서 상의 원가가 기말재공품재고액이 되므로 종합원가계산처럼 기말재공품의 평가문제는 발생하지 않는다.

2 개별원가계산의 종류

개별원가계산은 제조간접원가의 배부율을 어떤 기준으로 계산하는지에 따라 두 가지의 계산방법이 있는데, 제조간접원가의 배부율을 실제배부율을 사용하는 「**실제개별원가계산**」과 예정배부율을 사용하는 「**정상개별원가계산**」이 있다.

(1) 실제개별원가계산

각 개별 작업에 직접재료원가와 직접노무원가를 실제원가로 부과할 뿐만 아니라 회계기간 말에 집계된 제조간접원가도 실제배부율에 의하여 각 개별 작업에 배부하는 원가계산방법이다.

$$제조간접비\ 실제배부율(\%) = \frac{실제\ 제조간접비\ 총액}{실제조업도}$$

실제원가계산에서는 실제로 발생한 제조간접원가와 각 개별 작업에 배부된 제조간접원가는 동일하게 되어 제조간접원가계정의 차변금액과 대변금액도 항상 일치한다.

1) 개별원가계산의 장점

① 실제원가를 이용하여 제품원가를 계산하므로 적용이 용이하고, 재무제표에 쉽게 반영할 수 있다.
② 실제원가를 이용하여 제품원가를 계산하므로 제조간접원가 및 배부기준에 대해 예산을 추정할 필요가 없다.

2) 개별원가계산의 단점

① 원가 정보의 적시성이 떨어진다. 실제원가는 회사가 주기적으로 결산을 통해 얻을 수 있는 원가 정보이므로, 회사가 결산을 수행하기 전이라면 실제원가 정보를 알 수 없다. 따라서 원가 정보가 필요한 시점에 적시에 제공되지 않을 수 있다.
② 실제원가계산 하에서 원가정보의 적시성이 떨어지는 문제를 해결하기 위해 짧은 기간별로 원가계산을 수행하는 경우가 있다. 이러한 경우 각 기간의 원가 배부율이 크게 달라지는 문제가 발생한다.

예를 들어, 회사의 매월 감가상각비는 100,000원으로 일정하고, 1월에 생산한 제품이 1,000개, 2월에 생산한 제품이 500개를 생산한다고 가정하면, 1월의 감가상각비 배부율은 단위당 100원, 2월의 배부율은 200원이 될 것이다. 이렇게 월별 배부율이 달라지면 같은 제품에 대해서도 원가와 수익성이 매월 달라지는 문제가 발생한다. 그래서 실제배부율을 1년의 기간을 대상으로 계산할 수도 있는데, 이렇게 된다면 원가 정보의 적시성이 더욱 하락하는 문제가 발생한다.

결과적으로 실제원가계산 하에서는 원가계산 대상기간을 늘릴수록 원가 계산의 적시성이 낮아지고, 대상기간을 줄일수록 원가의 안정성이 낮아지게 된다.

예제 1 개별원가계산(실제원가계산)

명문산업은 제품 A와 제품 B의 실제원가내역과 실제조업도(기계시간)를 바탕으로 실제배부율을 계산하여 제조간접비를 배부하고 개별원가계산표를 완성하시오.(단, 제품 A와 제품 B의 기초 및 기말 재공품은 없다)

	제품 A	제품 B	합계
직접재료원가	400,000원	600,000원	1,000,000원
직접노무원가	300,000원	500,000원	800,000원
기계시간(실제)	200시간	400시간	600시간
제조간접원가(실제)			1,200,000원

PART 1 이 론 편

원 가 계 산 표

	제품 A	제품 B	합계
직접재료원가	400,000원	600,000원	1,000,000원
직접노무원가	300,000원	500,000원	800,000원
제조간접원가(실제)			1,200,000원

예제해설

(1) 제조간접원가 배부율 계산과 배부액의 계산

① 제조간접원가 실제배부율 계산
1,200,000원 ÷ 600시간 = @₩2,000원/기계시간
② 배부액 계산
제품 A 200시간 × @₩2,000 = 400,000원
제품 B 400시간 × @₩2,000 = 800,000원

(2) 개별원가계산표의 작성

원 가 계 산 표

	제품 A	제품 B	합계
직접재료원가	400,000원	600,000원	1,000,000원
직접노무원가	300,000원	500,000원	800,000원
제조간접원가 (배부 후 금액)	400,000원	800,000원	1,200,000원
	1,100,000원	1,900,000원	3,000,000원

(2) 정상개별원가계산

실제원가계산은 조업환경에 따른 한계와 원가계산이 제품생산 이후에 이루어져 원가계산이 지연되는 한계를 갖고 있다. 이러한 한계를 극복하기 위하여 제조간접원가를 예정배부액을 산출하여 원가계산을 하게 되는데 이러한 원가계산을 「**정상원가계산**」이라 한다.

제조간접원가 예정배부는 제조간접원가 **"예정배부율"**에 **"배부기준의 실제발생액"**을 곱하여 계산한다. 「**예정배부율**」은 **"일정기간의 제조간접원가 예산"**을 설정한 후 같은 기간의 **"예정배부기준"**을 정하여 나눈 값을 말하는데 예산을 편성하는 기간은 보통 1년 또는 1회계기간으로 한다. 정상원가계산은 회사 내부적으로 원가를 파악하고 관리를 편하게 하기 위하여 선택한 방법이기 때문에 외부보고용 재무제표에는 실제제조간접원가를 반영해야 한다.

$$\text{제조간접원가 예정배부율(\%)} = \frac{\text{1회계기간의 제조간접원가 총예산}}{\text{동기간의 예정조업도}}$$

$$\text{제조간접원가 예정배부액} = \text{제조간접원가 예정배부율} \times \text{실제배부기준}$$

예정배부율을 사용하여 제조간접원가를 배부할 경우 일반적으로 한 회계기간 동안에 배부된 총제조간접원가는 그 기간에 실제 발생한 제조간접원가와 차이가 발생하게 된다. 이러한 차이를 「**제조간접원가 배부차이**」라고 하며, 제조간접원가의 실제발생액이 예정배부액을 초과하는 경우를 「**과소배부**」라 하며, 그 반대의 경우를 「**과대배부**」라 한다.

제조간접원가배부차이는 ①**매출원가 가감법** ②**총원가비례배분법** ③**영업외손익법**으로 처리한다.

① **매출원가 가감법** : 제조간접원가 과대배부액은 매출원가의 감소로, 과소배부액은 매출원가의 증가로 반영하는 방법을 말한다. 조정방법이 간단하고 회계처리가 쉽다는 장점이 있지만, 배부차이가 매출원가에만 반영되고 재고자산 평가에는 영향을 주지 않기 때문에 배부차이 금액이 클 경우에는 손익이 왜곡될 가능성이 있다.

② **총원가비례배분법** : 제조간접원가 배부차이를 매출원가, 재고자산(기말재공품, 기말제품)에도 비례적으로 배분해서 조정하는 방법으로 가장 정확하게 조정할 수 있는 방법이다. 매출원가에도 반영되면서 재고자산 평가의 왜곡을 줄여주기 때문에 회계처리가 정확하다는 장점이 있으나, 계산과정이 복잡하기 때문에 실무에서 적용하기 어렵다는 단점이 있다.

③ **영업외손익법** : 제조간접원가의 과대배부 금액만큼 영업외수익으로, 과소배부액은 영업외비용으로 처리하는 방법이다. 배부차이가 영업이익에 영향을 미치지 않는다는 장점이 있어서 기업의 주된 영업활동에서 실제로 발생한 수익성을 보다 명확하게 판단할 수 있긴 하지만, 매출원가 조정법과 마찬가지로 재고자산의 평가에 영향을 주지 않아서 배부차이가 클 경우에는 손익이 왜곡될 수 있다는 단점이 있다.

예제 2 개별원가계산(정상원가계산)

다음의 자료는 제품 A와 제품 B에 대한 자료이다. 조업도를 기준으로 예정배부율을 계산하여 정상개별원가계산을 하는 경우 제조간접원가를 예정배부하고 개별원가계산표를 작성하고, 제조간접원가 배부차이를 계산하시오.(단, 제품 A와 제품 B의 기초 및 기말재공품은 없다)

	제품 A	제품 B	합계
직접재료원가	400,000원	600,000원	1,000,000원
직접노무원가	300,000원	500,000원	800,000원
기계시간(실제)	400시간	600시간	1,000시간
제조간접원가(실제)	–	–	2,800,000원

	제품 A	제품 B	합계
기계시간(예정)	300시간	500시간	800시간
제조간접원가(예산)	–	–	2,000,000원

원 가 계 산 표

	제품 A	제품 B	합계
직접재료원가	400,000원	600,000원	1,000,000원
직접노무원가	300,000원	500,000원	800,000원
제조간접원가(예정)			
합 계			

예제해설

(1) 제조간접원가 배부율 계산과 배부액의 계산

> ① 제조간접원가 예정배부율 계산
>   2,000,000원 ÷ 800시간 = @₩2,500원/기계시간
> ② 배부액 계산
>   제품 A 400시간 × @₩2,500 = 1,000,000원
>   제품 B 600시간 × @₩2,500 = 1,500,000원

(2) 개별원가계산표의 작성

원 가 계 산 표

	제품 A	제품 B	합계
직접재료원가	400,000원	600,000원	1,000,000원
직접노무원가	300,000원	500,000원	800,000원
제조간접원가 (배부 후 금액)	1,000,000원	1,500,000원	2,500,000원
	1,700,000원	2,600,000원	3,000,000원

(3) 제조간접원가 배부액 차이 검증

> ① 제조간접원가 예정배부액 : 2,500,000원
> ② 제조간접원가 실제배부액 : 2,800,000원
> ③ 예정배부액 2,500,000원 < 실제배부액 2,800,000원
> ④ 미리 결정한 예산보다 실제발생액이 더 많이 발생하였으므로 제조간접원가는 과소배부된 것이다.

제 6 절 종합원가계산

1 종합원가계산의 의의

「**종합원가계산**(process costing)」이란 표준화된 공정에서 같은 종류의 제품을 연속해서 대량으로 생산하는 산업에서 사용되는 원가계산방식을 말한다. 주로 **"시장생산형태"**의 원가계산방식으로 석유정제업·철강업·섬유업·식품가공업·화학공업·제분업·제화업 등에서 사용될 수 있다.

연속적으로 제품을 생산하는 기업에서는 생산이 종료되기 전에는 생산량을 파악하기가 어렵고 제품 1단위를 생산하는 데 소요되는 제조원가를 개별적으로 계산한다는 것은 경제적으로나 실질적으로 매우 어렵다. 그러므로 종합원가계산에서는 일정한 원가계산기간을 설정하여 생산량과 총제조원가를 파악하여 단위당 원가를 계산하는 것이다.

〈개별원가계산과 종합원가계산〉

구분	개별원가계산	종합원가계산
생산형태	다품종 소량생산, 주문생산 형태	동종제품 대량생산, 연속생산 형태
원가집계 단위	개별제품별, 개별작업별	공정(process)
원가계산자료	제조지시서, 작업원가표	제조원가보고서
직접비와 간접비	제조직접원가와 제조간접원가의 구분이 필요하다.	재료원가와 가공원가의 구분이 중요하다.
핵심과제	제조간접비의 배부	완성품환산량의 계산
사용업종	건설업, 조선업, 항공기 제조업 등	정유, 화학공업, 시멘트공업 등
상대적 장점	원가계산의 정확성이 높다.	원가 기록업무가 비교적 단순하다.
상대적 단점	원가 기록업무가 비교적 복잡하다.	원가계산의 정확성이 낮다.

(1) 원가계산 형태별 원가의 구분

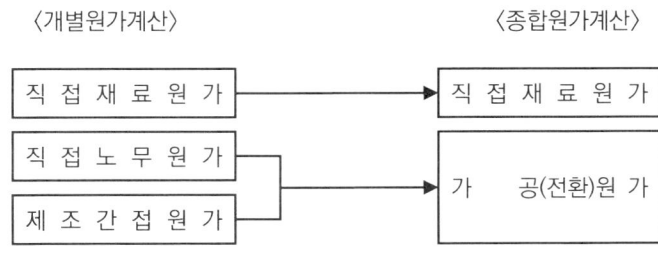

(원가계산 형태별 원가의 구분)

(2) 종합원가계산의 절차

종합원가계산은 다음과 같은 절차에 의하여 이루어진다.

```
1단계 : 물량의 흐름을 파악한다.
2단계 : 원가요소별로 완성품환산량을 계산한다.
3단계 : 총원가를 계산한다.
4단계 : 완성품 환산량 단위당 원가를 계산한다.
5단계 : 당기 완성품원가와 기말재공품원가에 총원가를 배분한다.
```

1) 물량의 흐름파악

종합원가계산의 1단계 과정으로 제조과정의 물량이 어디에서 들어와 어디로 갔는지를 파악하기 위해 제조과정의 물량흐름을 추적하는 단계를 말한다. 원가계산 기간 중 투입된 물량과 산출된 물량을 제조활동의 성격에 따라 파악하는 단계이다.

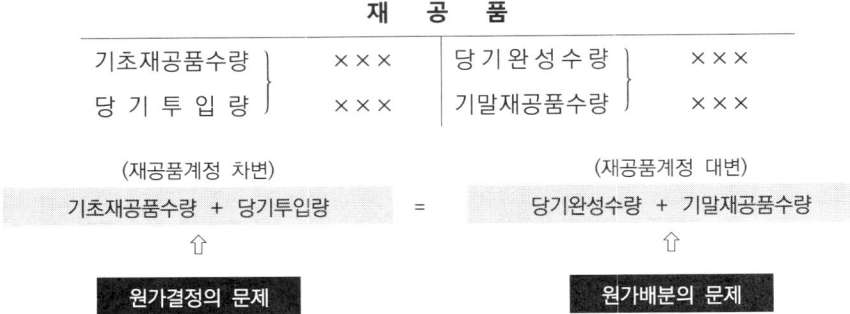

위와 같은 물량의 흐름에 의하여 당기 완성된 제품의 구성이 어떤 방법에 의하여 구성되었는가를 계산하여야 한다. 흐름의 방법에 따라 선입선출법과 평균법으로 구분할 수 있다.

2) 완성품환산량의 계산

완성품환산량은 재료원가와 가공원가로 구분하여 완성품에 대한 환산량과 기말재공품에 대한 환산량을 더하여 계산하는데, 재료원가와 가공원가로 구분하는 이유는 공정이 진행되는 과정 중 각 원가요소가 투입되는 양상이 다르기 때문이다.

> 완성품 환산량 = 완성품에 대한 환산량 + 기말재공품에 대한 환산량

① **완성품에 대한 환산량** : 제품은 공정이 100% 종료되는 시점에서 완성품이 되므로 재료원가와 가공원가도 100% 전액 투입이 된 상태이다. 즉, 완성품에 대한 완성도는 100%이므로 재료원가와 가공원가의 완성품에 대한 환산량은 다음과 같이 계산된다.

> 완성품에 대한 환산량 = 완성품수량 × 100%

② **기말재공품에 대한 환산량 계산** : 기말재공품은 공정의 100% 이전 시점에서 발생하고, 재료원가와 가공원가가 공정진행 중 투입되는 정도가 다르므로 다음과 같이 환산량을 계산한다.

- **재료원가** : 재료원가는 일반적으로 **공정이 시작되는 시점에서 전량 투입**되는 것으로 가정하므로 투입시점(0%)에서 100% 완성된다. 즉, 공정초기 이후 시점에서는 재료원가는 투입되지 않는 것으로 본다.
- **가공원가** : 가공원가는 **전체 공정을 통하여 균등하게 발생**한다고 가정하므로 기말재공품 수량에 완성도를 적용하여 완성품환산량을 계산한다.

> - 재료원가 ⇨ 기말재공품 완성품환산량 = 기말재공품수량 × 100%
> - 가공원가 ⇨ 기말재공품 완성품환산량 = 기말재공품수량 × 완성도(%)

※ 만약에 재료원가와 가공원가 모두 공정이 진행하는 정도에 따라 균등하게 발생되는 경우 재료원가와 가공원가를 구분하지 않고 완성품환산량을 계산한다.

③ **완성도(진척도)** : 완성도란 공정에 투입되어 현재 생산이 진행 중에 있는 제품이 어느 정도 완성되었는가를 나타내는 수치로서 30% 또는 70%와 같이 비율형태로 표현한다.

3) 총원가의 계산

"**총원가**"란 재공품계정의 기초재공품원가와 특정기간 중에 발생한 당기총제조원가의 합을 말한다.

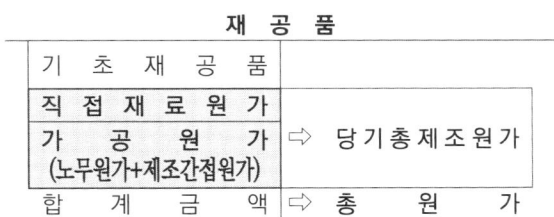

> ① 당기총제조원가 = 직접재료원가 + 가공원가
> ② 총원가 = 기초재공품 + 당기총제조원가

4) 완성품환산량 단위당 원가의 계산

당기 완성품원가와 기말재공품원가를 계산하기 이전에 완성품환산량 단위당 원가를 계산하여야 한다. 이 단계는 3단계에서 요약된 총원가를 2단계의 완성품환산량으로 나누어서 계산하는 과정이다.

$$환산량\ 단위당\ 원가 = \frac{배분대상원가}{총완성품환산량}$$

PART 1 이 론 편

이 부분에서 중요한 포인트는 완성품의 수량으로 나눈 것이 아니라, **"총완성품환산량"**으로 단위당 원가를 구하는 것이다. 즉, 재공품의 완성품환산량이 포함된 총 수량을 기준으로 계산하는 과정이다.

5) 완성품원가와 기말재공품원가의 원가배분

4단계에서 계산된 완성품환산량의 단위당 원가에 완성량과 기말재공품 환산량을 각각 대응시켜 완성품제조원가와 기말재공품원가를 계산한다.

> • 완성품원가 = 완성품 수량 × 환산량 단위당 원가
> • 기말재공품 원가 = 기말재공품의 완성품 환산량 × 환산량 단위당 원가

예제 1 완성품환산량의 계산

수성산업은 1월 초에 영업을 시작하였다. 1월 중에 200단위의 생산에 착수하여 150단위는 완성하고 50단위는 아직 1월 말 현재 작업 중에 있다. 원재료는 공정 초기에 전량 투입되고 가공원가는 공정 전체에 걸쳐 균등하게 발생한다. <u>기말재공품의 완성도는 50%이다</u>. 이상의 자료에 의하여 재료원가와 가공원가의 완성품환산량을 계산하면 각각 얼마인가?

예제해설

(1) 물량흐름의 파악

	재 공 품		
기초재공품	–	완성품수량	150단위
당기착수수량	200단위	기말재공품(50%)	50단위

(2) 완성품환산량의 계산(계산기 조작)
- 재료원가 = 150 + (50 × 100%) = 200단위
- 가공원가 = 150 + (50 × 50%) = 175단위

2 선입선출법에 의한 종합원가계산

앞의 단계에서는 기초재공품이 없다는 가정하에서 종합원가계산 순서와 방법을 학습하였다. 일반적으로 전기에서 이월된 기초재공품이 존재하기 때문에, 이 기초재공품을 어떻게 다뤄서 계산하느냐에 따라 「**선입선출법**」과 「**평균법**」 두 가지 방법으로 나눌 수 있다.

1) 선입선출법(first-in first-out method)

선입선출법은 기초재공품이 당기 중에 먼저 완성된 것으로 가정하여 기초재공품원가는 모두 당기완성품원가에 포함시키고 당기발생원가를 완성품원가와 기말재공품원가에 배분하는 방법을 말한다. 그러므로 기말재공품원가는 모두 당기에 발생된 원가로 구성된다.

2) 선입선출법의 특징

① 선입선출법은 기초재공품을 먼저 투입하여 완성품으로 만든 다음에 당기착수량을 가공한다고 가정한다.

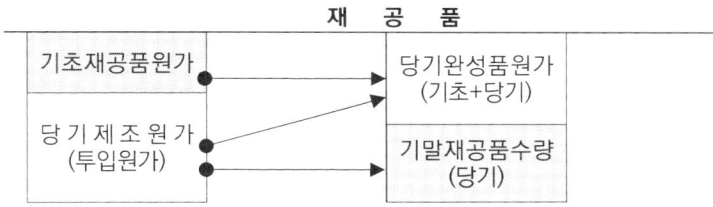

② 기초재공품이 제일 먼저 완성품이 되었다고 간주하므로 기초재공품원가는 모두 완성품원가에 배부된다.

③ 완성품은 기초재공품에서 완성된 것(기초재공품 완성분)과 당기 투입량에서 완성된 것(당기착수완성분)으로 구성된다.

④ 완성품환산량을 계산할 때에도 당기착수완성분은 원가요소별로 각각 100%의 완성도를 가지게 되나 **기초재공품 완성분은 기완성도를 고려하여 100% 완성품이 되기 위하여 당기 추가투입 및 가공된 것을 따로 계산하여야 한다.** 예를 들면, 기초재공품의 완성도가 40%라는 것은 이미 전기에 40%가 완성된 상태에서 당기로 이월되었으므로 당기에는 추가로 60% 가공하면 완성품이 된다라는 의미이다.

⑤ 기말재공품의 원가는 모두 당기에 발생한 원가로 구성된다.

3) 선입선출법에 의한 계산

① 공식법

$$기말재공품원가 = (기말재공품수량 \times 진척도(\%)) \times \frac{당기\ 총\ 제조원가}{완성품수량 - (기초재공품수량 \times 진척도(\%)) + (기말재공품수량 \times 진척도(\%))}$$

② 위 ①공식법에 대하여 반드시 분모의 속성과 분자의 속성을 이해하여야 한다.
  - 분모의 속성은 「**당기 완성품환산량**」에 대한 것이다.
  - 선입선출법에 의한 공식의 분자는 "**당기총제조원가**"를 의미한다. 분모 "**당기완성품환산량**"으로 나눈 값을 「**당기완성품환산량 단위원가**」라 한다.

③ 기말재공품원가 = 기말재공품환산량 × 당기 완성품환산량 단위원가

예제 2 선입선출법(1)

㈜한국은 종합원가계산을 적용하고 있다. 직접재료원가는 공정의 시작 시점에서 100% 투입되었으며, 가공원가는 공정 전반에 걸쳐 균등하게 발생한다. ㈜한국의 생산 관련 자료는 다음과 같다. 선입선출법에 의하여 각 원가별 ①당기완성품환산량 ②당기완성품환산량 단위원가 ③기말재공품원가 ④당기완성품원가를 계산하시오.

	물량흐름	직접재료원가	가공원가
기 초 재 공 품	2,000단위(40%)	₩ 24,000	₩ 9,990
당 기 착 수 수 량	8,000단위	136,000	108,000
당 기 완 성 품	9,600단위	-	-
기 말 재 공 품	400단위(50%)	-	-

예제해설

① 직접재료원가

공식법	(400개×100%) × $\frac{136,000}{9,600개 + (400개\times100\%) - (2,000개\times100\%)}$ = 6,800
완성품 환산량	9,600개 + (400개×100%) - (2,000개×100%) = 8,000개
완성품환산량 단위당원가	136,000원 ÷ 8,000개 = @₩17
기말재공품	(400개×100%) × @₩17 = 6,800원

② 가공원가

공식법	(400개×50%) × $\frac{108,000}{9,600개 + (400개\times50\%) - (2,000개\times40\%)}$ = 2,400
완성품 환산량	9,600개 + (400개×50%) - (2,000개×40%) = 9,000개
완성품환산량 단위당원가	108,000원 ÷ 9,000개 = @₩12
기말재공품	(400개×50%) × @₩12 = 2,400원

③ 기말재공품원가 및 당기완성품원가

기말재공품원가	6,800 + 2,400 = 9,200
당기완성품원가	(33,990 + 136,000 + 108,000) - 9,200 = 268,790원

재 공 품

기 초 재 공 품	33,990	완 성 품	268,790
재 료 원 가	136,000	기 말 재 공 품	9,200
가 공 원 가	108,000		
	277,990		277,990

예제 3 선입선출법(2)

설악㈜는 종합원가계산제도를 선택하고 있다. 직접재료원가와 가공원가 모두 제조진행 정도에 따라 균등하게 발생한다. 당월 중 생산 활동에 관한 자료는 다음과 같다. 설악㈜의 생산 관련 자료는 다음과 같다. 선입선출법에 의하여 각 원가별 ①당기완성품환산량 ②당기완성품환산량 단위원가 ③ 기말재공품원가 ④당기완성품원가를 계산하시오.

	물량흐름	직접재료원가	가공원가
기 초 재 공 품	2,000단위(40%)	₩ 24,000	₩ 9,990
당 기 착 수 수 량	8,000단위	153,000	108,000
당 기 완 성 품	9,600단위	-	-
기 말 재 공 품	400단위(50%)	-	-

예제해설

① 직접재료원가

공식법	(400개×50%) × $\dfrac{153,000}{9,600개 + (400개×50\%) - (2,000개×40\%)}$ = 3,400
완성품 환산량	9,600개 + (400개×50%) - (2,000개×40%) = 9,000개
완성품환산량 단위당원가	153,000원 ÷ 9,000개 = @₩17
기말재공품	(400개×50%) × @₩17 = 3,400원

② 가공원가

공식법	(400개×50%) × $\dfrac{108,000}{9,600개 + (400개×50\%) - (2,000개×40\%)}$ = 2,400
완성품 환산량	9,600개 + (400개×50%) - (2,000개×40%) = 9,000개
완성품환산량 단위당원가	108,000원 ÷ 9,000개 = @₩12
기말재공품	(400개×50%) × @₩12 = 2,400원

③ 기말재공품원가 및 당기완성품원가

기말재공품원가	3,400 + 2,400 = 5,800
당기완성품원가	(33,990 + 136,000 + 108,000) - 9,200 = 268,790원

재 공 품

기 초 재 공 품	33,990	완 성 품	289,290
재 료 원 가	153,000	기 말 재 공 품	5,800
가 공 원 가	108,000		
	294,990		294,990

3 평균법에 의한 종합원가계산

1) 평균법

 평균법은 가중평균법이라고도 하는데, 기초재공품원가와 당기에 발생된 원가를 합한 총원가를 평균하여 완성품과 기말재공품에 배분하는 방법을 말한다. 그러므로 평균법에 의할 경우에는 기초재공품원가와 당기발생원가를 구분하지 않고 동일하게 취급하여야 하며, 당기완성품원가와 기말재공품원가에는 기초재공품원가와 당기 발생원가가 평균적으로 골고루 배분된다고 가정한다.

2) 평균법의 특징

① 평균법은 기초재공품원가와 당기에 투입된 제조원가를 구분하지 않고 이를 평균하여 당기 완성품과 기말재공품원가에 배분하는 원가계산 방법이다. 즉, 당기완성품원가와 기말재공품원가는 기초재공품원가와 당기에 투입된 제조원가가 평균적으로 포함되어 있다고 가정한다.

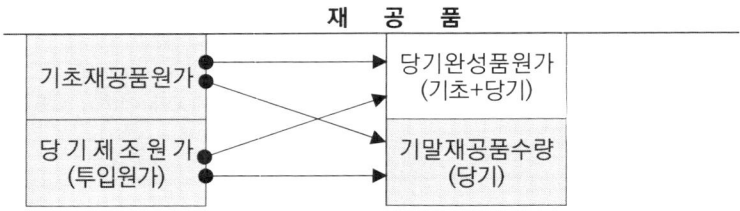

② 기초재공품도 당기에 착수한 것으로 간주하므로 **기초재공품의 기완성도는 완전히 무시된다**.
③ 그러므로 기초재공품원가는 모두 당기에 발생한 원가로 간주한다.
④ 완성품환산량을 계산할 때에도 기초재공품의 기완성도는 완전히 무시하므로 당기완성

품은 모두 원가요소별로 100%의 완성도를 가지게 되고 기말재공품은 당해 공정에서 원가계산 기말에 측정한 완성도에 의하여 완성도가 결정된다.

3) 평균법에 의한 계산

① 공식법

$$기말재공품원가 = (기말재공품수량 \times 진척도(\%)) \times \frac{기초재공품원가 + 당기\ 총\ 제조원가}{완성품수량 + (기말재공품수량 \times 진척도(\%))}$$

② 위 ①공식법에 대하여 반드시 분모의 속성과 분자의 속성을 이해하여야 한다.
  - 분모의 속성은 「**당기 완성품환산량**」에 대한 것이다.
  - 평균법에 의한 공식의 분자는 "**총원가**"를 의미한다. 분모의 "**당기완성품환산량**"으로 나눈 값을 「**당기완성품환산량 단위원가**」라 한다.

③ 기말재공품원가 = 기말재공품환산량 × 당기완성품환산량 단위원가

예제 4 평균법(1)

㈜한국은 종합원가계산을 적용하고 있다. 직접재료원가는 공정의 시작 시점에서 100% 투입되었으며, 가공원가는 공정 전반에 걸쳐 균등하게 발생한다. ㈜한국의 생산 관련 자료는 다음과 같다. ㈜한국의 생산 관련 자료는 다음과 같다. 평균법에 의하여 각 원가별 ①당기완성품환산량 ②당기완성품환산량 단위원가 ③기말재공품원가 ④당기완성품원가를 계산하시오.

월초재공품원가	직접재료원가	₩120,000	가공비	₩24,000
당월투입원가	직접재료원가	₩264,000	가공비	₩240,000
당월완성품	400개			
월말재공품	수량 80개(완성도 50%)			

예제해설

① 직접재료원가

공식법	(80개×100%) × $\frac{120,000 + 264,000}{400개 + (80개 \times 100\%)}$ = 64,000
완성품 환산량	400개 + (80개×100%) = 480개
완성품환산량 단위당원가	(120,000 + 264,000) ÷ 480개 = @₩800
기말재공품	(80개×100%) × @₩800 = 64,000원

② 가공원가

공식법	(80개×50%) × $\dfrac{24,000 + 240,000}{400개 + (80개×50\%)}$ = 24,000
완성품 환산량	400개 + (80개×50%) = 440개
완성품환산량 단위당원가	(24,000 + 240,000) ÷ 440개 = @₩600
기말재공품	(80개×50%) × @₩600 = 24,000원

③ 기말재공품원가 및 당기완성품원가

기말재공품원가	64,000 + 24,000 = 88,000
당기완성품원가	(144,000 + 264,000 + 240,000) − 88,000 = 560,000원

재 공 품

기 초 재 공 품		당기완성품원가	560,000
재 료 원 가	120,000	기 말 재 공 품	88,000
가 공 원 가	24,000		
당 기 제 조 원 가			
재 료 원 가	264,000		
가 공 원 가	240,000		
	648,000		648,000

예제 5 평균법(2)

설악㈜는 종합원가계산제도를 선택하고 있다. 직접재료원가와 가공원가 모두 제조진행 정도에 따라 균등하게 발생한다. 당월 중 생산 활동에 관한 자료는 다음과 같다. 설악㈜의 생산 관련 자료는 다음과 같다. 평균법에 의하여 각 원가별 ①당기완성품환산량 ②당기완성품환산량 단위원가 ③기말재공품원가 ④당기완성품원가를 계산하시오.

월초재공품원가	직 접 재 료 원 가	₩132,000	가 공 비	₩24,000
당 월 투 입 원 가	직 접 재 료 원 가	₩264,000	가 공 비	₩240,000
당 월 완 성 품	400개			
월 말 재 공 품	수량 80개(완성도 50%)			

예제해설

① 직접재료원가

공식법	(80개×50%) × $\dfrac{132,000 + 264,000}{400개 + (80개×50\%)}$ = 36,000
완성품 환산량	400개 + (80개×50%) = 440개
완성품환산량 단위당원가	396,000원 ÷ 440개 = @₩900
기말재공품	(80개×50%) × @₩900 = 36,000원

② 가공원가

공식법	(80개×50%) × $\dfrac{24{,}000 + 240{,}000}{400개 + (80개×50\%)}$ = 24,000
완성품 환산량	400개 + (80개×50%) = 440개
완성품환산량 단위당원가	264,000원 ÷ 440개 = @₩600
기말재공품	(80개×50%) × @₩600 = 24,000원

③ 기말재공품원가 및 당기완성품원가

기말재공품원가	36,000 + 24,000 = 60,000
당기완성품원가	(156,000 + 264,000 + 240,000) − 60,000 = 600,000

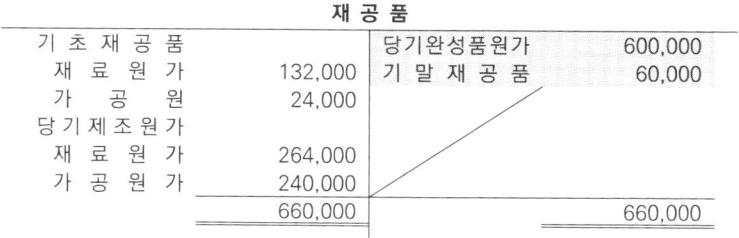

제 7 절　결합원가계산

1 결합원가계산(연산품 원가계산)

(1) 결합원가계산의 의의

「**결합원가계산**」은 동일한 공정에서 동일한 재료를 사용하여 동시에 두 종류 이상의 서로 다른 제품을 생산하는 제조 기업에서 사용되는 원가계산방법이다. 결합(연산품)원가는 주로 가공을 통하여 "**주산물**"과 "**부산물**"을 생산하는 소·돼지 등을 도축하여 고기를 분류하는 정육업 또는 철을 제련하여 금·은·동 및 각종 철을 생산하는 제련업 등에서 이용된다.

〈연산품 종합원가를 이용하는 산업의 예〉

	산업	원료	분리점 이후의 개별제품
①	낙농업	생우유	버터, 크림, 탈지유 등
②	정육업	돼지	돼지갈비, 삼겹살, 내장 등
③	제련업	구리광석	구리, 은, 납, 아연 등
④	화학공업	나프타	에칠렌, 휘발유, 메탄, 프로필렌 등
⑤	석유산업	원유	휘발유, 석유, 가스, LPG원료

결합원가계산에서 사용하고 있는 용어를 정리하면 다음과 같다.

연산품 (결합제품)	동일한 원재료를 동일한 공정에 투입하여 생산되는 서로 다른 두 종류 이상의 제품이 생산될 때 결합원가계산을 사용해야 하는데, 이 때 생산되는 서로다른 제품들을 결합제품 또는 연산품이라 한다.
분리점	결합제품이 제조단계에서 개별제품으로 구분할 수 있게 되는 시점을 말하며, 분리시점 이전단계까지는 개별제품을 인식할 수 없다.
결합원가	분리점에 도달하기까지 결합제품의 제조과정에서 발생한 원가. 결합원가는 일정한 배부기준에 따라 결합제품에 배부되어야 할 공통원가인 것이다.
추가가공원가	분리점 이후에 추가가공과 관련하여 발생하는 원가.
주산품	연산품 중에서 상대적으로 판매가치가 큰 제품.
부산물	주산품의 제조과정에서 부수적으로 생산되는 제품으로서 상대적으로 판매가치가 적은 제품.

(2) 결합원가계산방법

1) 물량기준법

각 개별제품의 수량, 무게, 부피, 면적 등과 같이 물리적 수치를 기준으로 전체 제조원가를 각각의 제품에 배부하는 방법이다. 이러한 물량기준법에 의하여 원가를 배분하기 위해서는 모든 연산품에 공통되는 물량적 속성을 이용하는 방법으로 중량, 수량, 면적 등이 이용된다. 즉, 물량의 상대적 비율에 의하여 원가가 배분되는 방법이다.

2) 판매가치법

각 개별 제품의 시장의 판매가치를 기준으로 전체 제조원가를 각각의 제품에 배부하는 방법으로 ①분리점에서의 판매가치비례법(상대적 판매가치법) ②순실현가치비례법 ③균등이익률법 등이 있다.

(가) 분리점에서의 판매가치비례법(상대적 판매가치법)

「상대적 판매가치법」은 분리점에서 분리된 각 개별제품들을 추가가공없이 시장에 판매한다면 얻을 수 있는 수익(=상대적 판매가치)을 기준으로 결합원가를 배분하는 방식을 말한다. 예를 들어 목장에서 흰우유를 구입하여 가공하는 회사가 있는데, 분리점에서 분유와 치즈를 분리시켜서 생산된다면, 이 생산품들을 판매한다고 가정했을 때의 수익을 고려해서 결합원가를 배분하는 방법을 말한다.

(나) 순실현가치법

「순실현가치법」은 추가가공을 모두 거친 제품의 최종 판매가치에서 추가가공에 투입된 원가와 판매비용을 차감한 순실현가능가액(순실현가능가치=판매가능가액-추가가공비)으로 배분하는 방법을 말한다.

> **예제 1** 결합원가계산(순실현가치법)

효성산업㈜은 블루베리를 가공하여 주스 원액 500ℓ와 화장품 원액 400ℓ를 생산하였고, 분리점까지의 발생원가는 900,000원이었다. 주스원액을 추가가공하여 주스 500개가 만들어지는 데 든 원가는 280,000원이고, 화장품 원액을 추가가공하여 화장품 400개가 만들어지는 데 든 비용은 720,000원이다. 각 제품별 판매가격이 다음과 같을 때, 상대적 판매가치법, 순실현가치법, 물량기준법에 의하여 결합원가를 배분하시오.

제품	생산량	판매단가	추가가공 제품	생산량	판매단가	추가가공비
주스 원액	500ℓ	@₩1,00	블루베리주스	500단위	@₩2,000	280,000원
화장품 원액	400ℓ	@₩1,250	블루베리화장품	400단위	@₩3,000	720,000원

결합원가계산표

(상대적 판매가치법)

제 품	생산량	판매가액	총판매가액	배부율	결합원가	단위원가
주스원액						
화장품원액						

결합원가계산표

(순실현가치법)

제품	총판매가액	추가가공비	순실현가치	배부율	결합원가	총제조원가	단위원가
블루베리 주스							
블루베리 화장품							

결합원가계산표

(물량기준법)

제 품	생산량	판매가액	총판매가액	배부율	결합원가	단위원가
주스원액						
화장품원액						

예제해설

결합원가계산표

(상대적 판매가치법)

제 품	생산량	판매가액	총판매가액	배부율	결합원가	단위원가
주스원액	500ℓ	1,000원	500,000원	500/1,000	450,000원	@₩900
화장품원액	400ℓ	1,250원	500,000원	500/1,000	450,000원	1,125
			1,000,000원		900,000원	

※ 상대적 판매가치법은 추가가공 전의 총판매가액을 기준으로 결합원가를 배부하는 방법을 말한다.
① 총판매가액은 생산량에 단위당 판매가격을 곱하여 계산한다.
② 총판매가액을 배부기준으로 설정하여 배부율을 계산한다.

총판매가액의 계산	배부율과 결합원가의 배부
① 500ℓ × 1,000원 = 500,000원 ② 400ℓ × 1,250원 = 500,000원	① 900,000원 × 500/1,000 = 450,000원 ② 900,000원 × 500/1,000 = 450,000원

Chapter 2 원가관리회계

결합원가계산표
(순실현가치법)

제품	총판매가액	추가가공비	순실현가치	배부율	결합원가	총제조원가	단위원가
블루베리 주스	1,000,000	280,000	720,000	720/1,200	540,000	820,000	@₩1,640
블루베리 화장품	1,200,000	720,000	480,000	480/1,200	360,000	1,080,000	2,700
			1,200,000		900,000	1,900,000	

※ 순실현가치법은 추가가공 된 제품이 최종판매가격에서 추가가공비를 차감한 순실현가액으로 계산하는 방법을 말한다.
 ① 총판매가액은 최종제품의 생산량에 단위당 판매가격을 곱하여 계산한다.
 ② 순실현가액은 총판매가액에서 추가가공비를 차감하여 계산한다.
 ③ 순실현가액을 기준으로 배부율을 계산한다.

총판매가액의 계산 및 순실현가치의 계산	배부율과 결합원가의 배부
① 500개 × 2,000원 = 1,000,000원 1,000,000원 − 280,000원 = 720,000원 ② 400개 × 3,000원 = 1,200,000원 1,200,000원 − 720,000원 = 480,000원	① 900,000원 × 720/1,200 = 540,000원 ② 900,000원 × 480/1,200 = 360,000원

결합원가계산표
(물량기준법)

제 품	생산량	판매가액	총판매가액	배부율	결합원가	단위원가
주스원액	500ℓ	1,000원	500,000원	500/900	500,000	@₩1,000
화장품원액	400ℓ	1,250원	500,000원	400/900	400,000	1,000
	900ℓ				900,000	

※ 물량기준법은 총생산량을 기준으로 결합원가를 배부하는 방법을 말한다.
 ① 제품의 추가가공 전의 결합원가 배부를 의미하므로 총생산량을 우선 계산한다.
 ② 총생산량을 배부기준으로 하여 결합원가를 배부한다.

총 생산량의 계산	배부율과 결합원가의 배부
① 500ℓ ② 400ℓ	① 900,000원 × 500/900 = 500,000원 ② 900,000원 × 400/900 = 400,000원

2 부산물

(1) 부산물

「**부산물**」이란 주산물의 제조과정에서 필연적으로 파생되는 부차적인 물품으로서 "**매각가치**" 또는 "**이용가치**"가 있는 것을 말한다. 동일한 원재료에서 두 가지 이상이 제품이 생산될 때, 그 중에서 중요도가 큰 제품을 **주산물**(main products)이라고 하고 중요도가 낮은 제품을 **부산물**(by-products)이라고 한다. 쉽게 정의한다면 상대적 판매가치가 높으면 주산물로 분류하고 상대적 판매가치가 낮으면 부산물로 분류한다.

(2) 부산물의 회계처리방법

부산물에 대한 회계에서 제기되는 중요한 문제는 크게 두 가지로 나누어 생각할 수 있다. 부산물로부터의 수익을 측정하는 문제와 측정된 수익을 회계처리하는 문제로서 다음과 같이 구분하여 생각하여야 한다.

⑺ 총계정원장에서 부산품을 처음으로 인식하는 시기
　① 판매시점
　② 생산시점

⑷ 손익계산서에서 부산물의 수익을 회계처리하는 방법
　① 잡이익으로 처리하는 방법
　② 주산물의 제조원가에서 차감하는 방법

1) 판매시점에서 인식하는 방법(잡이익법)

실제로 판매된 부산물에 대해서만 그에 따른 순이익을 잡이익으로 기록하고, 판매되지 않은 부산물에 대해서는 회계상 전혀 인식하지 않는 방법이다. 부산물이 판매될 때까지는 회계상 아무런 기록도 하지 않기 때문에 부산물이 원가계산에서 완전히 무시된다. 따라서 부산물은 재고자산으로 인식되지 않으며 결합원가를 모든 주산물에만 배분하게 된다.

2) 생산시점에서 인식하는 방법(순실현가치법)

비록 판매가 이루어지기 전이라 하더라도 생산사실을 보다 중시하여 분리점에서 부산물의 순실현가치를 재고자산으로 인식하는 방법이다. 부산물도 재고자산의 하나로 인식되며, 순실현가치 또는 추가가공이 있는 경우에는 추가가공원가를 합한 금액이 부산물의 원가가 된다.

3 공손품

「**공손품(spoilage)**」은 폐기되거나 또는 정규가격 이하로 판매되는 품질표준 미달의 불합격 생산물이다. 공손품은 품질검사에 불합격된 제품으로 부분적으로 완성되거나 또는 전부가 완성된 생산물이다. 「**공손품 원가**」란 공손품이 발견된 검사시점까지 공손품에 부담된 제조원가에서 공손품의 처분가치(순실현가치)를 차감한 순원가를 말한다.

공손품의 문제는 제품원가계산 측면에서도 중요하지만, 계획 설정과 통제의 측면에서 더욱 중요하다. 경영자들은 먼저 가장 경제적인 생산방법이나 생산 공정을 선택해야만 한다.

(1) 정상공손과 비정상적 공손

1) 정상공손

공손품의 회계처리에서 가장 중요한 것은 그 공손이 정상적으로 발생된 것인가 아니면 비정상적으로 발생된 것인가를 구분하는 것이다. "**정상공손**(normal spoilage)"이란 양질의 제품을 얻기 위하여 생산과정에서 불가피하게 발생하는 공손을 말한다. 즉 정상공손은 능률적인 작업조건하에서도 발생되는 공손을 말한다.

2) 비정상공손

"**비정상공손**(abnormal spoilage)"이란 능률적인 작업조건하에서는 발생되지 않는 공손을 말한다. 비정상공손은 기계고장 또는 작업자나 감독자의 부주의 등으로 인하여 발생되므로 제조활동을 효율적으로 수행하면 방지할 수 있는 공손을 말한다.

정상공손과 비정상공손은 구별하는 것이 매우 어렵다. 그러므로 대부분의 기업에서는 정상공손과 비정상공손을 구별하기 위하여 일반적으로 정상공손이라고 인정할 수 있는 공손의 허용한도를 사전에 설정한다. 정상공손의 허용한도는 품질검사를 기준으로 하여 품질검사에 합격한 합격품의 일정비율로 정하고 일정비율 내 발생분은 정상공손으로 일정비율을 초과한 부분은 비정상공손으로 간주한다.

(2) 공손수량의 계산

공손수량은 당기 중 품질검사에 합격한 수량의 일정비율로 판정하기 때문에 당기에 품질검사를 통과해서 합격한 수량을 파악하는 것이 중요하다. 한편 정상공손수량의 결정은 원가흐름의 가정(선입선출법과 평균법)과는 아무런 관계가 없다. 항상 이점을 숙지한다.

품질검사는 제품이 사전에 결정된 일정한 품질수준을 유지하고 있는지를 검사하는 것이므로 물량흐름의 관점에서 기초재공품을 먼저 완성하고 다음에 당기착수량을 완성한다고 보는 선입선출법의 개념을 적용한다. 그러므로 "**정상공손**"수량은 항상 "**선입선출법**"의 개념을 적용하여 당기에 검사시점을 통과한 물량이 얼마인지를 파악하여 결정하여야 한다.

1) 검사가능수량의 결정

공손품의 수량을 결정한다는 것은 **"품질검사"**를 실시하였다는 것이다. 그러므로 품질검사 실시수량을 먼저 결정해야 한다.

재 공 품

기초재공품수량	500개	당 기 완 성 량	1,700개
당 기 투 입 수 량	2,000개	공 손 량	300개
		기말재공품수량	500개
	2,500개		2,500개

위와 같은 재공품 정보가 있다고 가정하면, 품질검사를 수행하기 위해서는 품질검사를 언제 수행했는지에 따라 검사수량이 2,500개가 될 수도 있고, 2,000개가 될 수도 있다.

① 기초재공품의 진행률이 검사시점 보다 낮다면 불량품 검사를 받았다는 것으로 검사수량에 포함한다.

> 불량품 검사수량 = 기초재공품수량 + 당기투입수량

〈사례 1〉 다음의 자료와 조건에 의하여 공손품 총 검사수량을 계산하시오.

재 공 품

기초재공품수량	500개	당 기 완 성 량	1,700개
당 기 투 입 수 량	2,000개	공 손 량	300개
		기말재공품수량	500개
	2,500개		2,500개

① 품질검사 시점은 공정의 50% 시점에 수행한다.
② 기초재공품은 공정의 40% 시점에 투입된다.

〈풀이〉

	검사시점(50%)
기초재공품수량 (40%)	○········진척도(40%)·················▶
당기투입수량	

① 품질검사 시점을 먼저 파악하고 결정한다.
② 기초재공품의 진행률을 품질검사 시점과 비교한다. 기초재공품의 진행률이 검사시점보다 낮다면 검사를 수행한 것이므로 검사수량에 포함한다.
③ 본 사례에서 기초재공품의 진행률(40%)이 검사시점(50%)보다 낮으므로 검사수량에 포함하여 판단한다.
④ 검사가능수량 = 기초재공품수량 500개 + 당기투입수량 2,000개

② 기초재공품의 진행률이 검사시점 보다 높다면 불량검사 후에 투입이 된 것이므로 불량품 검사를 안 받았다는 것과 같다. 그러므로 기초재공품은 검사수량에 포함해서는 안되는 것이다.

불량품 검사수량 = 당기투입수량

〈사례 1〉 다음의 자료와 조건에 의하여 공손품 총 검사수량을 계산하시오.

재 공 품

기초재공품수량	500개	당 기 완 성 량	1,700개
당 기 투 입 수 량	2,000개	공 손 량	300개
		기말재공품수량	500개
	2,500개		2,500개

① 품질검사 시점은 공정의 50% 시점에 수행한다.
② 기초재공품은 공정의 60% 시점에 투입된다.

〈풀이〉

	검사시점(50%)	
기초재공품수량 (60%)		진척도(60%)
당기투입수량		

① 품질검사 시점을 먼저 파악하고 결정한다.
② 기초재공품의 진행률을 품질검사 시점과 비교한다. 기초재공품의 진행률이 검사시점보다 높다면 이미 전기에 검사가 끝나서 이월된 것이므로 검사수량에 포함하지 않는다.
③ 본 사례에서 기초재공품의 진행률(60%)이 검사시점(50%)보다 높으므로 검사수량에 포함하지 않는다.
④ 검사가능수량 = 당기투입수량 2,000개

2) 정상제품(양품)수량의 결정

불량품 검사를 통과한 검사합격제품을 「**정상품**」 또는 「**양품**」이라 한다. 정상품은 검사가능수량에서 기말재공품과 공손품의 수량을 차감한 부분을 말한다. 이 부분에서도 불량품 검사시 기말재공품도 불량검사를 실시했는가에 따라 정상제품의 수량도 결정된다.

재 공 품

기초재공품수량	–	당 기 완 성 량	1,500개
당 기 투 입 수 량	2,000개	공 손 량	300개
		기말재공품수량	200개
	2,000개		2,000개

앞의 자료와 같이 기초재공품이 없다고 가정하고 당기에 투입된 수량 2,000개가 검사가능 수량이 된다. 이 중 공손품 300개를 뺀 후 기말재공품 수량의 진행률에 정상제품의 수량이 달라질 수 있는데, 기말재공품의 진행률이 품질검사보다 낮으면 기말재공품은 불량검사를 받지 않았으므로 당기투입수량에서 차감한 후 계산하여야 하며, 반대로 검사시점보다 진행률이 높다면 불량검사를 받았으므로 당기투입수량은 영향을 받지 않는다.

① 기말재공품의 진행률이 검사시점 보다 낮다면 불량품 검사를 받지 않았다는 것으로 검사수량에서 차감하여 계산한다.

> 정상제품 수량 = 검사가능수량 - 공손품 - 기말재공품 수량

〈사례 1〉 다음의 자료와 조건에 의하여 검사조건을 통과한 양질의 제품수량을 계산하시오.

재 공 품

기초재공품수량	-	당 기 완 성 량	1,500개
당 기 투 입 수량	2,000개	공 손 량	300개
		기말재공품수량	200개
	2,000개		2,000개

① 품질검사 시점은 공정의 50% 시점에 수행한다.
② 기말재공품의 진행률은 공정 40%이다.

〈풀이〉

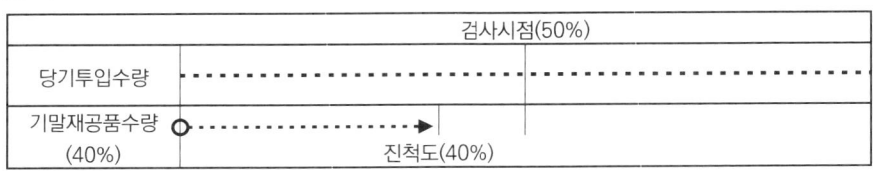

① 불량품 검사수량을 먼저 계산한다. 이 부분에서 불량품(공손품)을 차감한다.
② 기말재공품의 진행률을 품질검사 시점과 비교한다. 기말재공품의 진행률이 검사시점보다 낮다면 검사를 수행하지 않았으므로 당기투입량에서 차감한다.
③ 본 사례에서 기말재공품의 진행률(40%)이 검사시점(50%)보다 낮다. 당기투입량에 포함된 기말재공품의 진행률이 검사시점 보다 낮다는 것은 불량검사를 받지 않았다는 것으로 검사수량 총수량에서 차감한다.
④ 정상제품수량 : 1,500개
 = 당기투입수량(검사가능수량) 2,000개-공손품 300개-기말재공품수량 200개

② 기말재공품의 진행률이 검사시점 보다 높다면 당기투입량에 포함하여 불량품 검사를 받았다는 것으로 검사수량에서 차감하지 않고 당기투입량에 포함하여 계산한다.

> 정상제품 수량 = 검사가능수량 - 공손품

Chapter 2 원가관리회계

〈사례 2〉 다음의 자료와 조건에 의하여 검사조건을 통과한 양질의 제품수량을 계산하시오.

재 공 품

기초재공품수량	-	당 기 완 성 량	1,500개
당 기 투 입 수 량	2,000개	공 손 량	300개
		기말재공품수량	200개
	2,000개		2,000개

① 품질검사 시점은 공정의 50% 시점에 수행한다.
② 기말재공품의 진행률은 공정 60%이다.

〈풀이〉

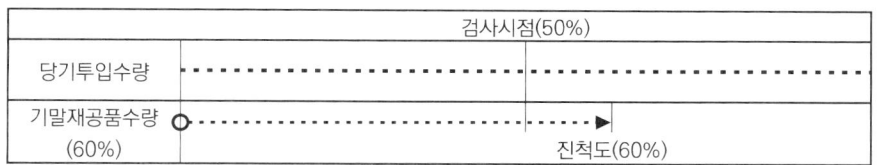

① 불량품 검사수량을 먼저 계산한다. 이 부분에서 불량품(공손품)을 차감한다.
② 기말재공품의 진행률을 품질검사 시점과 비교한다. 기말재공품의 진행률이 검사 시점보다 높다면 당기투입량에 포함하여 검사가 이루어진 것으로 차감하지 않는다.
③ 본 사례에서 기말재공품의 진행률(60%)이 검사시점(50%)보다 높다. 당기투입량에 포함된 기말재공품의 진행률이 검사시점보다 높다는 것은 불량검사를 받지 않았다는 것으로 검사수량 총수량에서 차감하지 않는다.
④ 정상제품수량 : 1,700개
= 당기투입수량(검사가능수량) 2,000개-공손품 300개

3) 공손품의 공손허용률

정상공손의 허용수준은 일반적으로 총생산량 중 품질검사에 합격된 양품에 대한 일정비율로 정한다. 정상공손율은 실제산출량이 아닌 품질검사에 합격된 양품의 총산출량을 기준으로 결정된다. 그 이유는 실제총산출량은 정상공손품뿐만 아니라 비정상공손품도 포함하기 때문이다. 실제로 공손은 생산공정의 전 과정을 통해서 발생되나 일반적으로 공손이 발견되는 시점은 품질검사 시점으로 간주한다.

예제 1 공손품의 계산

삼성상사㈜는 종합원가계산시스템을 적용하고 있으며, 정상공손의 허용한도는 검사시점을 통과한 정상제품의 5%이다. 공손의 검사는 완성도가 50%일 때 실시하고 있다. 20××년 4월 중의 생산할동에 관한 자료는 다음과 같다.

재 공 품

기초재공품수량	500개	당 기 완 성 량	1,700개
당 기 투 입 수 량	2,000개	공 손 량	300개
		기말재공품수량	500개
	2,500개		2,500개

〈물음〉 다음의 각 경우에 정상공손수량과 비정상공손수량을 계산하시오.
  (1) 기초재공품의 완성도가 40%이고, 기말재공품의 완성도가 60%인 경우
  (2) 기초재공품의 완성도가 40%이고, 기말재공품의 완성도가 40%인 경우
  (3) 기초재공품의 완성도가 60%이고, 기말재공품의 완성도가 60%인 경우
  (4) 기초재공품의 완성도가 60%이고, 기말재공품의 완성도가 40%인 경우

예제해설

(1) 기초재공품의 완성도가 40%이고, 기말재공품의 완성도가 60%인 경우

  ① 공손품 검사대상 수량의 계산(500개 + 2,000개 = 2,500개)
    기초재공품은 500개는 완성도가 40%이므로 검사시점 50% 보다 낮아 검사시점 이전에 투입된 것으로 본다. 그러므로 당기투입량 2,000개와 함께 불량품검사를 수행한 것으로 본다. 그러므로 공손품 검사대상 수량은 2,500개가 된다.

  ② 검사를 통과한 정상제품의 수량계산(2,500개 - 300개 = 2,200개)
    공손품 검사대상 수량은 2,500개이며, 이 중에는 기말재공품 수량 500개가 포함되어 있다. 기말재공품은 당기에 투입된 수량에 원칙적으로 포함된 것으로, 검사시점을 검토하여야 한다. 본 문제에서 기말재공품의 검사시점이 60%이므로 당기 투입수량에 포함되어 검사가 이루어진 것으로 총 검사수량 중 불량품(공손품) 300개를 차감한 수량 2,200개의 수량이 정상 제품으로 계산된다.

  ③ 정상공손수량의 계산()
    • 정상공손수량 : 정상제품의 5% = 2,200개 × 5% =110개
    • 비정상공손수량 : 공손량 - 정상공손량 = 300개 - 110개 = 190개

(2) 기초재공품의 완성도가 40%이고, 기말재공품의 완성도가 40%인 경우

  ① 공손품 검사대상 수량의 계산(500개 + 2,000개 = 2,500개)
    기초재공품은 500개는 완성도가 40%이므로 검사시점 50% 보다 낮아 검사시점 이전에 투입된 것으로 본다. 그러므로 당기투입량 2,000개와 함께 불량품검사를 수행한 것으로 본다. 그러므로 공손품 검사대상 수량은 2,500개가 된다.

  ② 검사를 통과한 정상제품의 수량계산(2,500개 - 500 - 300개 = 1,700개)
    공손품 검사대상 수량은 2,500개이며, 이 중에는 기말재공품 수량 500개가 포함되어 있다. 기말재공품은 당기에 투입된 수량에 원칙적으로 포함된 것으로, 검사시점을 검토하여야 한다. 본 문제에서 기말재공품의 검사시점이 40%이므로 검사시점을 통과하지 못하였다.

당기 투입수량에 포함되어 있으나 검사가 이루어지지 못하였으므로 총 검사량 2,500개에서 기말재공품 수량 500개를 차감하여 검사수량을 계산한다. 그러므로 검사를 수행한 수량은 2,000개이며 이 중에 공손품이 300개가 발생하였으므로 검사를 통과한 정상제품은 1,700개가 된다.

③ 정상공손수량의 계산()
- 정상공손수량 : 정상제품의 5% = 1,700개 × 5% =85개
- 비정상공손수량 : 공손량 - 정상공손량 = 300개 - 85개 = 215개

(3) 기초재공품의 완성도가 60%이고, 기말재공품의 완성도가 60%인 경우

① 공손품 검사대상 수량의 계산(2,000개 = 2,000개)

기초재공품은 500개는 완성도가 60%이므로 검사시점 50% 보다 높아 검사시점 이후에 투입된 것으로 본다. 기초재공품은 검사를 받지 않은 것으로 판단한다. 그러므로 당기투입량 2,000개만 불량품검사를 수행한 것으로 본다. 그러므로 공손품 검사대상 수량은 2,000개가 된다.

② 검사를 통과한 정상제품의 수량계산(2,000개 - 300개 = 1,700개)

공손품 검사대상 수량은 2,000개이며, 이 중에는 기말재공품 수량 500개가 포함되어 있다. 기말재공품은 당기에 투입된 수량에 원칙적으로 포함된 것으로, 검사시점을 검토하여야 한다. 본 문제에서 기말재공품의 검사시점이 60%이므로 당기투입수량에 포함하여 검사를 받았으므로 2,000개에서 이 중에 공손품이 300개를 차감한 정상제품은 1,700개가 된다.

③ 정상공손수량의 계산()
- 정상공손수량 : 정상제품의 5% = 1,700개 × 5% =85개
- 비정상공손수량 : 공손량 - 정상공손량 = 300개 - 85개 = 215개

(4) 기초재공품의 완성도가 60%이고, 기말재공품의 완성도가 40%인 경우

① 공손품 검사대상 수량의 계산(2,000개 = 2,000개)

기초재공품은 500개는 완성도가 60%이므로 검사시점 50% 보다 높아 검사시점 이후에 투입된 것으로 본다. 기초재공품은 검사를 받지 않은 것으로 판단한다. 그러므로 당기투입량 2,000개만 불량품검사를 수행한 것으로 본다. 그러므로 공손품 검사대상 수량은 2,000개가 된다.

② 검사를 통과한 정상제품의 수량계산(2,000개 - 500개 - 300개 = 1,200개)

공손품 검사대상 수량은 2,000개이며, 이 중에는 기말재공품 수량 500개가 포함되어 있다. 기말재공품은 당기에 투입된 수량에 원칙적으로 포함된 것으로, 검사시점을 검토하여야 한다. 본 문제에서 기말재공품의 검사시점이 40%이므로 당기투입수량에는 포함되어 있으나, 검사를 받지 않았으므로 기말재공품 500개를 차감한 수량만 검사를 수행한 수량이 된다. 이 중에 공손품이 300개를 차감한 정상제품은 1,200개가 된다.

③ 정상공손수량의 계산()
- 정상공손수량 : 정상제품의 5% = 1,200개 × 5% = 60개
- 비정상공손수량 : 공손량 - 정상공손량 = 300개 - 60개 = 240개

제 8 절 표준원가계산

1 표준원가계산의 의의

표준이란 기준이 되는 것을 말한다. 표준은 제조과정이 효율적으로 수행될 경우, 당연히 달성되어야 할 정확한 측정치라고 할 수 있다. 원가회계에서 많이 사용하는 표준원가란 이러한 표준을 사용해 사전에 결정된 원가를 말한다.

표준원가 계산은 전형적인 의사결정회계로 경영자는 원가통제를 위하여 두 가지의 의사결정을 하여야 하는데, **첫째는 투입물에 대하여 지급할 가격**이고, **둘째는 투입물을 최저가격으로 구입하여 최소량을 사용함으로써 회사의 목표를 달성**하려고 한다. 그러므로 표준은 최선의 성과수준을 나타내는 것이라 할 수 있다.

경영자들은 본인들이 설정해 놓은 관리 상한선 내에서 작업이 수행되었는가를 확인하기 위하여 투입물의 실제수량과 실제원가를 측정한다. 만일 **투입물의 수량과 가격이 경영자가 설정해 놓은 한계선을 벗어나면 그 차이에 대하여 경영자들은 주위를 환기**하여야 한다. 이와 같은 **예외적인 차이에 경영노력을 집중시킴으로써, 경영관리를 개선하는 것을 예외관리**(management by exception)라 한다.

(1) 표준원가계산의 목적

표준원가 회계제도의 목적은 다음과 같다.

① 원가를 효과적으로 관리, 통제한다.
② 재고자산평가와 매출원가 산정의 기초자료를 제공한다.
③ 예산편성에 필요한 자료를 제공한다.
④ 가격결정 및 기타 경영계획 수립에 필요한 자료를 제공한다.
⑤ 기장절차의 간소화 및 신속화를 도모할 수 있다.

(2) 표준원가의 종류

1) 이상적 표준

기존의 설비와 제조공정에서 정상적인 기계고장, 정상 감손 및 근로자의 휴식시간 등을 고려하지 않고 최선의 조건하에서만 달성할 수 있는 **이상적인 목표하의 최저목표원가**이다. 이러한 이상적 표준은 이를 달성하는 경우가 거의 없기 때문에 항상 불리한 차이가 발생된다.

2) 현실적으로 달성 가능한 표준

경영의 실제 활동에서 열심히 노력하면 달성될 것으로 기대되는 표준원가이다. 이는 정상적인 기계고장과 근로자의 휴식시간을 허용하며, 작업에 참여하는 평균적인 근로자들이 합리적이면서 매우 효율적으로 노력을 하면 달성될 수 있는 표준이다. 이러한 현실적 표준과 실제원가와의 차이는 정상에서 벗어난 비효율로서 차이발생에 대해 경영자의 주의를 환기시키는 신호가 된다는 점에서 경영자에게 매우 유용한 원가계산방법이다.

3) 기준표준원가(정상적 표준)

불변표준원가라고도 하며, **장기간에 걸쳐 수정하지 않고 사용하는 고정적인 표준원가**를 말한다. 기준표준원가는 장기에 걸쳐 설정된 표준원가로 당해 연도의 실제원가와 비교하기 위한 기준으로 이용되며, 제품의 종류나 생산방법 등이 변경되지 않는 한 변경되지 않는 불변표준원가이다. 이에 비해 단기간에 걸쳐서 사용되는 표준원가를 당좌표준원가라고 한다.

(3) 표준원가의 장단점

1) 표준원가계산의 장점

① 지속적인 원가통제
② 원가책임 단위의 성과평가의 기준으로 활용
③ 제품가격결정에 대한 기초자료로 활용
④ 실제원가를 파악하기 이전이라도 원가정보를 제공할 수 있고, 차이분석을 통한 피드백 정보제공을 통하여 사후 원가관리에 유용한 원가정보제공이 가능하다.
⑤ 제품원가계산의 단순화
⑥ 기장절차의 신속화 및 단순화
⑦ 경영의사결정에 유용한 정보의 제공

2) 표준원가계산의 단점

① 외부보고시 표준원가를 실제원가로 수정해야 하는 번거로움이 있다.
② 표준원가계산제도 내에서 사용하는 표준원가 자체가 여러 가지 한계를 지니고 있다.

3) 표준원가계산의 절차

① 각 원가요소별 표준원가의 설정
② 실제원가의 파악
③ 원가차이 분석

2 표준원가의 설정

표준원가계산을 하기 위해서 먼저 각 원가요소별로 표준원가를 설정해야 하는데, 여기에서 **표준원가**(standard cost)란 **특정 제품 1단위**를 생산하기 위하여 사전에 과학적인 방법으로 결정된 달성가능하고 달성되어야 할 목표원가를 말한다.

$$원가표준 = 물량표준 \times 가격표준$$

(1) 직접재료원가의 표준

제품단위당 표준 직접재료원가는 표준 직접재료수량과 재료단위당 표준가격을 통하여 결정된다.

제품단위당 표준직접재료원가 (표준원가)	=	제품단위당 표준직접재료수량 표준수량(SQ)	×	재료단위당 표준가격 표준가격(SP)

수량표준을 설정할 때에는 생산 공정의 현재 상태를 분석해야 하므로 표준설정 절차가 복잡한 데 비해, 가격표준은 외부시장이 존재하므로 표준설정절차가 그리 복잡하지 않다. 즉, 매입할인 등을 고려해 외부시장가격을 적절히 조정해 주면 된다. 수량은(quantity)은 제품을 설계한 산업공학기사나 생산담당자의 책임이 된다. 수량표준을 결정할 때에는 표준에서 허용하는 정상적인 공손이나 감손의 양을 고려해야 한다. 정상공손이나 정상 감손은 여러 가지 원인에 의해 발생하는데, 이것들은 종업원의 능력이나 작업의욕의 영향을 받을 수 있다. 숙련된 종업원이라 하더라도 어느 정도의 공손이나 감손은 불가피한데, 이것은 통제할 수 없는 것이므로 표준 설정시에 고려해야 한다.

(2) 노무원가의 표준

노무원가표준은 **임률과 노동시간**으로 나누어 설정될 수 있다. 임률은 **교육, 근속년수, 숙련도, 보유기술** 등에 의해 정해진다.

제품단위당 표준직접노무원가 (표준원가)	=	제품단위당 표준직접노동시간 표준수량(SQ)	×	시간당 표준임률 표준가격(SP)

노동시간은 작업측정기법이나 시간 및 동작연구 등을 측정해 설정하는 것이 이상적이다. 그러나 이렇게 측정할 경우, 근로자의 관점에서 보면 표준이 지나치게 엄격하게 설정되었다고 생각하기 때문에 종업원과 경영자 사이에 가끔 충돌이 있을 수 있다.

(3) 제조간접원가의 표준

제조간접원가는 그 구성항목들이 매우 다양하며, 구성항목들의 원가행태도 상이하다는 특징을 지니고 있다. 그러므로 정확한 표준을 설정하기 위해서는 제조간접원가를 변동원가와 고정원가로 분류하는 것이 필수적이다.

변동제조간접원가는 조업도의 변동에 따라 원가총액이 비례적으로 변동하는 제조간접원가를 의미하며, 고정제조간접원가는 조업도의 변동과 관계없이 원가총액이 고정되어 있는 제조간접원가를 의미한다. 여기에서 말하는 조업도란 원가발생을 야기하는 원가동인으로서 조업도를 선정할 때 다음과 같은 점에 주의해야 한다.

첫째, 기준조업도와 제조간접원가의 발생 간에 인과관계가 존재해야 한다.

둘째, 기준조업도는 될 수 있으며, 금액보다는 물량기준으로 설정해야 한다. 왜냐하면, 금액을 기준조업도로 사용할 경우에는 물가변동의 영향을 받기 때문이다.

셋째, 기준조업도는 단순하고 이해하기 쉬워야 한다.

1) 표준변동제조간접원가

제품단위당 표준변동제조간접원가는 제품단위당 표준조업도와 조업도단위당 표준배부율을 통하여 결정된다.

$$단위당\ 표준변동제조간접원가 = 단위당\ 표준조업도 \times 표준배부율$$

$$표준배부율 = \frac{변동\ 제조간접원가\ 예산}{기준조업도}$$

단위당 표준조업도는 제품 한 단위를 생산하기 위해 허용된 표준조업도이고, 표준배부율은 사전에 설정된 변동제조간접원가예산을 기준조업도로 나누어 계산한다.

2) 표준고정제조간접원가

고정제조간접원가란 노동시간이나 기계시간 등의 조업도와 관계없이 원가총액이 변동하지 않고 항상 일정하게 발생하는 제조간접원가로서 공장장급여, 공장건물의 감가상각비 등이 여기에 해당한다. 따라서 제품단위당 표준고정제조간접원가를 설정하기 위해서는 조업도단위당 표준배부율을 계산하여야 하는데, 이는 고정제조간접원가예산을 일정한 기준조업도로 나누어서 계산한다.

$$단위당\ 표준고정제조간접원가 = 단위당\ 표준조업도 \times 예정배부율$$

$$예정배부율 = \frac{고정\ 제조간접원가\ 예산}{기준조업도}$$

즉, 고정제조간접원가는 조업도가 변하더라도 원가총액이 변하지 않으므로 일정한 기준조업도를 선택하여 조업도 단위당 표준배부율을 계산해야 한다. 표준고정제조간접원가는 위와 같이 계산된 조업도 단위당 표준배부율에 제품단위당 표준조업도를 곱하여 계산된다.

③ 원가차이의 분석

원가차이는 실제원가와 표준원가의 차이이며, 표준원가계산에서 산출되는 개념이다. 원가차이는 제조원가의 요소별로 재료원가차이, 노무원가차이, 제조간접원가차이로 나뉘고 이 세 가지 차이는 다시 수량차이, 가격차이, 능률(시간)차이, 임률차이, 예산차이, 조업도차이 등으로 세분할 수 있다.

직접재료원가	가격차이, 수량(능률)차이
직접노무원가	임률(가격)차이, 능률(시간)차이
변동제조간접원가	소비(예산)차이, 능률차이
고정제조간접원가	예산(소비)차이, 조업도차이

〈원가차이의 분석표〉

원가차이는 **유리한 차이**(favorable variance : F)와 **불리한 차이**(unfavorable variance : U)로 나뉜다. 유리한 차이는 실제원가가 표준원가보다 적게 발생해 효율적으로 생산이 이루어진 경우이고, 불리한 차이는 반대로 실제원가가 표준원가보다 많이 발생해 비효율적으로 생산이 이루어진 경우이다.

(1) 재료원가 차이의 분석

직접재료원가차이는 실제 직접재료원가와 변동예산에서 허용된 표준 직접재료원가와의 차이를 말하며, 「**가격차이**」와 「**수량차이(능률차이)**」로 나누어진다.

1) 재료원가 가격차이

재료원가 가격차이(materials price variance)란 원재료의 **실제원가**와 **표준원가**의 차이이며, 가격의 차이로 생긴 **원가차이** 이다. 구체적으로 원료의 실제단가와 표준단가의 차이에 대해 실제수량을 곱해 산출한 금액이다.

재료의 가격차이 원재료를 **구입하는 시점**에서 분리할 수도 있고, 원재료의 **사용시점**에서 분리할 수도 있다. 재료원가의 가격차이는 구입하는 시점에서 분리하는 것이 관리목적상 더 좋다고 할 수 있다. 그 이유는 가격차이를 구입시점에서 분리하면 구매담당자가 이를 즉시 인식하여 가능한 조치를 취할 수 있기 때문이다.

① **구입시점에서 분리하는 경우** 가격차이를 구입시점에서 분리하는 경우에는 **구입수량에 대하여 직접재료원가 가격차이**를 계산한다.

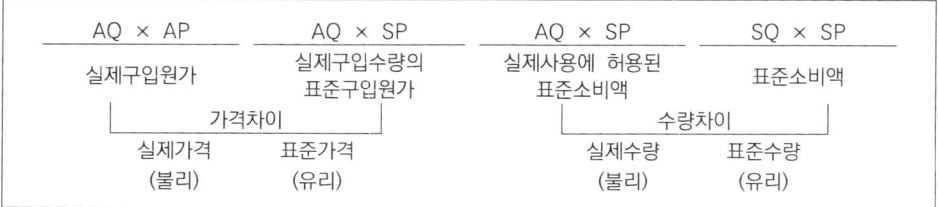

② **사용시점에서 분리하는 경우** : 가격차이를 사용시점에서 분리하는 경우에는 **생산에 실제 투입된 재료수량**에 대하여 **직접재료원가 가격차이**를 계산한다. 이렇게 가격차이를 사용시점에 분리하게 되면, 재료를 구입하는 시점에는 직접재료를 실제가격으로 기록하게 되므로 직접재료원가 계정이 표준원가가 아닌 실제원가로 관리된다는 단점이 있다. 또한, 직접재료원가의 가격차이가 구입시점이 사용시점에서 파악되므로 이에 대한 관리가 적시에 이루어질 수 없다는 단점이 있다.

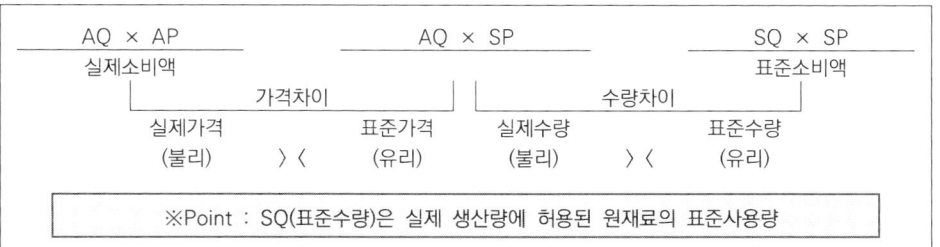

여기에서 유의하여야 할 점은 표준수량(SQ)개념이 사전에 미리 설정해 놓은 생산량(예산 생산량)에 대한 표준수량이 아니고, **실제 생산량에 허용된 표준수량**이라는 점이다.

Actual Quantity	AQ	실제사용량(투입량)
Actual Price	AP	단위당 실제원가
Standard Quantity	SQ	실제생산량에 허용된 원재료의 표준사용량
Standard Price	SP	단위당 표준원가

2) 재료원가 수량차이

재료원가 수량차이란 원재료의 실제사용량과 표준사용량의 차이에 표준단가를 곱해 산출된 금액이다. 수량차이는 제조과정에서 원재료의 투입 시점에서 보고한다. 여기서 재료원가 수량차이를 산출할 때 표준수량은 실제생산량에 허용된 원재료의 표준소비량이라는 점에 유의해야 한다. 허용된 표준수량은 다음과 같이 단위당 표준수량에 실제생산량을 곱하여 산출한다.

$$\text{허용된 표준수량} = \text{실제생산량} \times \text{제품 단위당 표준소비량}$$

예제 1 재료원가의 표준원가 계산

민영상사의 5월 중 원가내역은 다음과 같다. 아래 자료에 의하여 직접재료원가의 가격차이와 수량차이를 구입시점에서 분리하는 경우와 사용시점에서 분리하는 경우로 나누어 분석하시오.

5월 중 예산 생산량		1,500개
직접원재료 표준	@₩600	2kg
직접원재료 실제 사용량		3,000kg
직접원재료 실제 구입량		3,100kg
직접원재료 실제 구입가격	@₩650	
당기제품 실제 생산량		1,400개

예제해설

(1) 구입시점에서 분리하는 경우

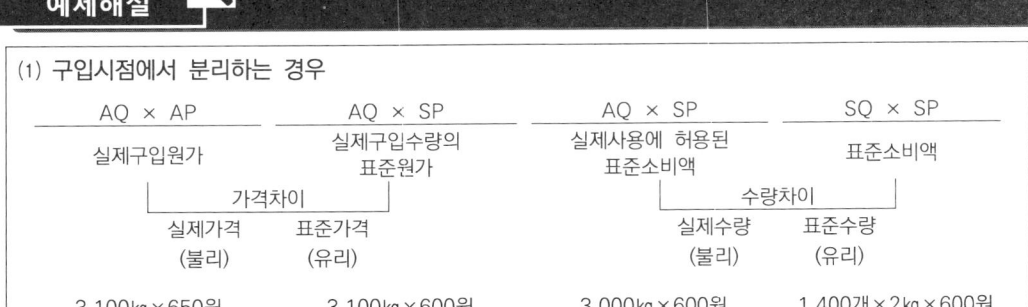

(2) 소비시점에서 분리하는 경우

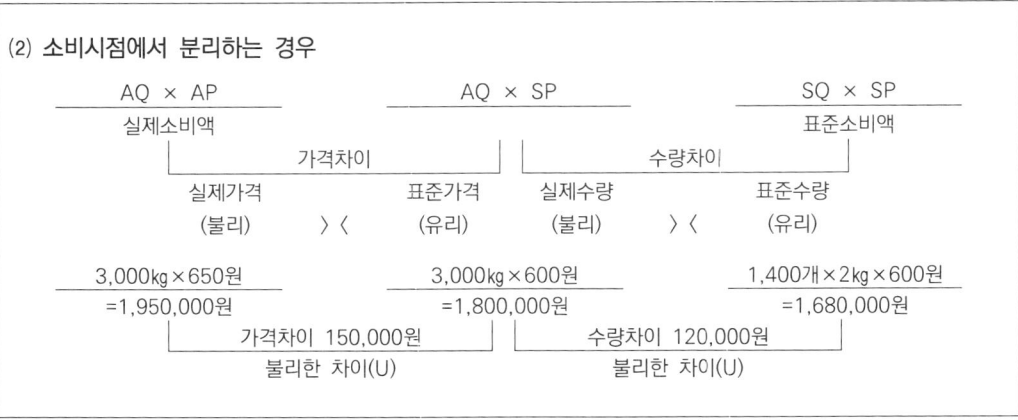

Chapter 2 원가관리회계

예제 2 재료원가의 표준원가 계산

㈜부평은 총 재료원가 50,000원인 원재료 25,000㎏으로 완제품 25,000개를 생산하는 표준예산을 수립하였다. 실제 생산량은 25,000개이고 원재료는 22,500㎏이 투입되었으며, 원재료의 실제단위원가는 2.1원이다. 직접재료원가의 가격차이와 수량차이는 얼마인가?

예제해설

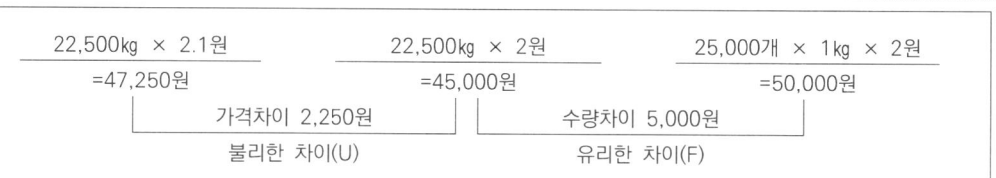

22,500㎏ × 2.1원	22,500㎏ × 2원	25,000개 × 1㎏ × 2원
=47,250원	=45,000원	=50,000원
가격차이 2,250원		수량차이 5,000원
불리한 차이(U)		유리한 차이(F)

예제 3 직접재료원가의 차이분석

다음은 20×1년도 ㈜한국이 제조판매하고 있는 제품A의 1단위(개) 생산에 필요한 직접재료에 관련된 자료이다. 직접재료원가의 능률(수량)차이와 재료 단위당 실제원가는 얼마인가?

- 제품 A의 1단위를 생산하는데 필요한 직접재료의 표준수량 : 3단위
- 직접재료의 단위 표준가격 : 1,000원
- 당기 중 제품생산수량 : 500단위
- 당기 중 실제 직접재료소비량 : 1,550단위
- 당기 중 실제 직접재료원가 : 1,581,000원

예제해설

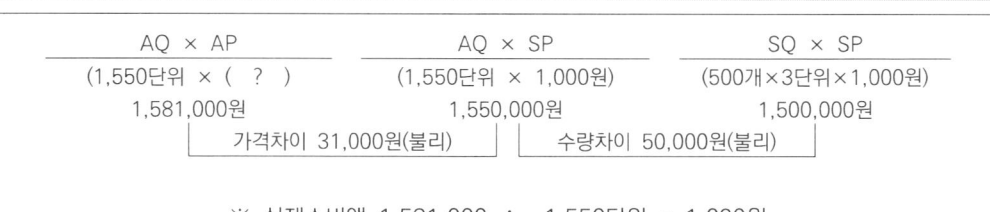

AQ × AP	AQ × SP	SQ × SP
(1,550단위 × (?))	(1,550단위 × 1,000원)	(500개×3단위×1,000원)
1,581,000원	1,550,000원	1,500,000원
가격차이 31,000원(불리)		수량차이 50,000원(불리)

※ 실제소비액 1,581,000 ÷ 1,550단위 = 1,020원

(2) 노무원가 차이의 분석

직접노무원가 차이는 **실제 직접노무원가**와 변동예산에서 허용된 **표준 직접노무원가**와의 차이를 말하며, 이것은 직접노무원가 「**임율차이**」와 「**능률(시간)차이**」로 나누어 계산한다.

1) 임률차이

직접노무원가 임률차이는 **단위당 실제임률(AP)**과 **단위당 표준임률(SP)**과의 차이를 말하며 순수한 임률차이를 계산하기 위해서는 이 차이를 **실제 발생한 직접노동시간(AQ)**에 적용하여야 한다.

2) 능률(시간)차이

직접노무원가 능률차이는 **실제 발생한 직접노동시간(AQ)**과 **실제 생산량에 허용된 표준직접노동시간(SQ)**과의 차이를 말하며, 순수한 능률차이를 계산하기 위해 이 차이를 **단위당 표준임률(SP)**에 적용하여야 한다.

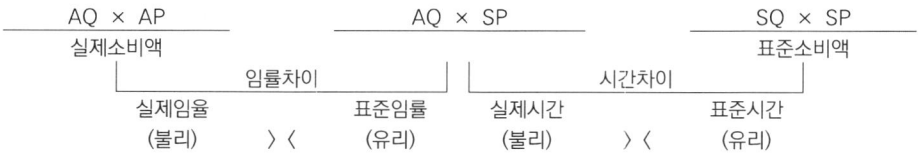

※ Point : SQ(표준수량, 표준노동시간)은 실제 생산량에 허용된 표준직접노동시간

여기에서 유의하여야 할 점은 **표준시간(SQ)**개념이 사전에 미리 설정해 놓은 생산량(예산 생산량)에 대한 표준직접노동시간이 아니고, **실제 생산량에 허용된 표준직접노동시간**이라는 점이다.

예제 3 — 직접노무원가의 표준원가 차이분석

㈜한샘의 제품단위당(1개) 표준직접노무원가는 다음과 같다

직접노무원가(@₩10, 5시간)   ₩50

7월의 실제 자료는 다음과 같다.

제품 생산량	800개
실제 직접노무원가(@₩12, 5,000시간)	₩60,000

위의 자료를 이용하여 노무원가표준액의 임률차이와 시간차이를 계산하시오.

예제해설

AQ × AP	AQ × SP	SQ × SP
5,000시간×@₩12=60,000	5,000시간×@₩10= 50,000	800개×5×@₩10= 40,000
임률차이 10,000 (불리)		시간차이 10,000 (불리)

예제 5 직접노무원가의 표준원가 차이분석

강민산업의 표준원가시스템을 사용하여 원가계산과 차이분석을 실시하고 있다. 당기 제품생산량은 4,000개이다. 제조관련 자료는 다음과 같다. 노무원가 임률차이와 능률차이를 분석하시오.

- 실제 직접노무원가 발생액   ₩5,400,000원
- 실제 직접노동시간   4,000시간
- 제품 한 단위당 허용된 표준 투입노동시간   0.8시간
- 제품 한 단위당 허용된 표준노무원가   ₩1,500

예제해설

AQ × AP	AQ × SP	SQ × SP
4,000시간×(@₩1,350) =5,400,000	4,000시간×@₩1,500 =6,000,000	4,000개×0.8×@₩1,500 =4,800,000
임률차이 600,000 (유리)		시간(능률)차이 1,200,000 (불리)

예제 6 직접노무원가의 표준원가 차이분석

㈜한강은 표준원가계산을 사용하고 있다. 20×1년 제품 8,600단위를 생산하는데 24,000 직접노무시간이 사용되어 직접노무원가 ₩456,000이 실제 발생되었다. 제품 단위당 표준직접노무시간은 2.75시간이고 표준임률이 직접노무시간당 ₩19,200이라면, 직접노무원가의 능률차이는 얼마인가?

예제해설

AQ × AP	AQ × SP	SQ × SP
456,000원	(24,000시간 × 19.20) =460,800원	(8,600단위×2.75시간×19.20) =454,080원
임률차이 4,800원 (유리)		시간차이 6,720원 (불리)

(3) 제조간접원가의 차이분석

제조간접원가는 단독으로 표시될 수 있지만, 관리회계에서는 보통 변동제조간접원가차이와 고정제조간접원가차이로 나누고 있다. 이것은 제조간접원가가 변동원가와 고정원가의 성격이 다른 두 원가로 혼합되어 있기 때문이다. 이들 원가차이는 더욱 세분되고 있다.

4분법	3분법	2분법	1분법
변동제조간접원가 소비차이	제조간접원가 소비(예산)차이	제조간접원가 예산차이	제조간접원가 총 차이
고정제조간접원가 소비차이			
변동제조간접원가 능률차이	제조간접원가 능률차이		
고정제조간접원가 조업도차이	제조간접원가 조업도차이	제조간접원가 조업도차이	

「**제조간접원가**」차이는 재료원가나 노무원가처럼 원가차이가 「**가격차이**」와 「**능률차이**」로 분명히 분리되지 않는다. 이것은 제조간접원가의 다수가 가격과 능률이 복합되어 원가차이도 복합적으로 나타나기 때문이다. 하지만 관리회계에서는 크게 두 가지로 분리하고 있다.

(1) 변동제조간접원가 차이

변동제조간접원가 차이는 변동제조간접원가의 실제원가와 표준원가의 차이로 나타나는데 이것은 다시 「**소비(예산)차이**」와 「**능률차이**」로 나누어진다.

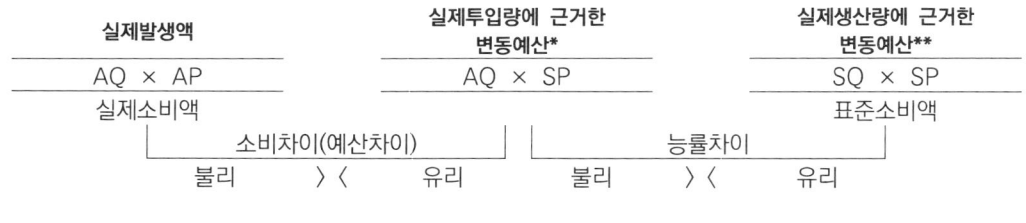

※Point : (*) AQ는 실제투입량에 근거한 실제조업도
(**) SQ은 실제산출(생산)량에 허용된 표준조업도

1) 변동제조간접원가 소비(예산)차이

「**소비(예산)**」차이란 **변동제조간접원가 실제발생액과 실제조업도에 허용된 표준 변동 제조간접원가 예산**과의 차이를 나타내며, 여기서 「**실제조업도**」란 생산요소의 **실제투입량**을 의미하는 것이기 때문에 투입된 요소를 능률적으로 사용하였는가의 여부는 고려하지 않는다. 따라서 실제조업도에 허용된 변동제조간접원가는 실제 투입량에 근거한 변동예산이라고도 말할 수 있다.

2) 변동제조간접원가 능률차이

「**능률차이**」란 「**실제조업도**(실제투입시간)」에 허용된 「**표준변동제조간접원가**」와 「**실제산출량**」에 허용된 「**표준 변동제조간접원가**」와의 차이를 나타내며, 여기서 표준조업도란 실제산출량의 생산에 허용된 조업도를 뜻하므로 표준조업도수준에 대한 예산변동제조가접비는 실제산출량에 근거한 변동예산이라고도 말할 수 있다. 따라서 능률차이는 실제투입량과 실제산출량을 비교하여 그 투입요소를 능률적으로 사용하였는지의 여부를 나타내 준다.

예제 7 변동제조간접원가의 차이분석

희망상사는 표준원가제도를 사용한다. A제품 1단위를 생산하는데 필요한 직접노무원가와 변동제조간접비의 표준원가는 다음과 같다.

직접노무원가 (2시간 @₩5,000)	₩10,000
변동제조간접원가 (직접노무원가의 150%)	₩15,000

회사는 당기에 5,000단위의 A제품을 생산하였는데 직접노무원가와 변동제조간접원가의 실제 발생액은 다음과 같다.

직접노무원가 (11,000시간 @₩5,200)	₩57,200,000
변동제조간접원가	₩82,000,000

이상의 자료로 변동제조간접비 소비차이와 능률차이를 각각 분석하시오.

예제해설

실제발생액	실제투입량에 근거한 변동예산*	실제생산량에 근거한 변동예산**
AQ × AP	AQ × SP	SQ × SP
82,000,000	57,200,00×150% =85,800,000	5,000×10,000×150% =75,000,000
	소비차이 3,800,000 유리	능률차이 10,800,000 불리

(2) 고정제조간접원가 차이

「고정제조간접원가차이」는 고정제조간접원가의 실제원가와 표준원가의 차이로 다음과 같다. 고정제조간접원가 차이는 변동제조간접원가 차이와는 달리 조업도의 변동에 따라 조정되지 않는다. 이것은 고정원가는 투입-산출관계가 존재하지 않기 때문이다. 즉, 고정제조간접원가는 변동예산 조업도 수준에 관한 함수가 아니기 때문에 실제조업도에서나 표준조업도에서 모두 동일하며, 그 결과 고정제조간접원가에 대해서는 능률차이가 인식되지 않는다.

1) 고정제조간접원가 예산차이

고정제조간접원가 예산차이는 실제 고정제조간접와 변동예산의 예산 고정제조간접원가의 차이로, 변동예산이 고려된 것은 표준이 예산으로 표현되기 때문이다.

2) 고정제조간접원가 조업도차이

「고정제조간접원가 조업도차이」는 고정제조간접원가의 예산과 배부원가의 차이이다. 이를 이해하기 위해서는 먼저 고정제조간접원가 예정배부율이라는 개념을 알아야 한다. 고정제조간접원가예정배부율은 다음과 같이 구한다.

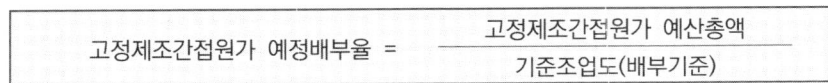

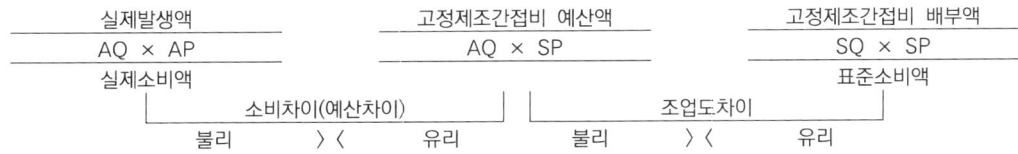

※ 기준조업도(=정상조업도) : 고정제조간접원가 예정배부율을 산정하기 위하여 미리 정해 놓은 조업도(배부기준)로서 직접노동시간, 기계시간, 원재료 사용량 등으로 표현한다.
    SP : 고정제조간접원가 예정배부율 = 고정제조간접원가 예산 ÷ 기준조업도
    SQ : 실제 산출(생산)량에 허용된 표준조업도

Chapter 2 원가관리회계

예제 8 고정제조간접원가 차이분석

다음의 자료를 이용하여 고정제조간접원가 소비차이와 조업도차이를 계산하시오.

고정제조간접원가 예산	₩1,600,000
고정제조간접원가 실제발생액	₩2,000,000
실제 산출량에 허용된 표준직접노동시간	14,000시간
기준조업도	16,000시간

예제해설

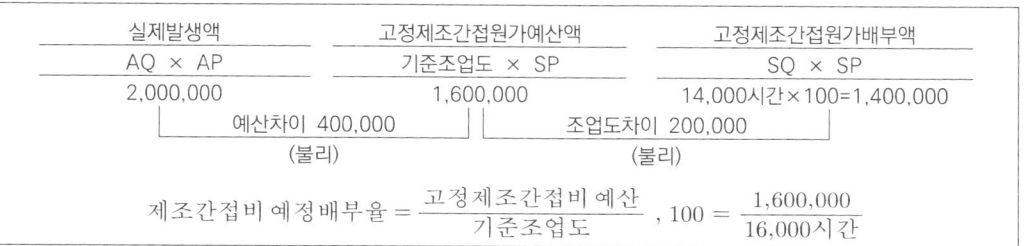

$$제조간접비\ 예정배부율 = \frac{고정제조간접비\ 예산}{기준조업도}, 100 = \frac{1,600,000}{16,000시간}$$

예제 7 제조간접원가 표준의 차이분석

월별 정상조업도 50,000단위(100,000 직접노무시간)를 기초로 하여 강진회사는 제조간접원가에 대해 다음의 표준원가를 설정하였다. <u>4분법에 의하여</u> 각 표준간접비 차이를 분석하시오.

변동제조간접원가	단위당 ₩3
고정제조간접원가	단위당 ₩8
한편 3월의 실제 자료는 다음과 같다.	
실제 생산단위	38,000단위
실제 직접노무시간	80,000시간
실제 변동제조간접원가	₩250,000
실제 고정제조간접원가	₩384,000

(물음1) 3월중 변동제조간접원가의 소비차이는 얼마인가?
(물음2) 3월중 고정제조간접원가의 조업도차이는 얼마인가?
(물음3) 3월중 변동제조간접원가의 능률차이는 얼마인가?
(물음4) 3월중 고정제조간접원가의 예산차이는 얼마인가?

예제해설

(1) 변동제조간접원가 차이분석

실제발생액 AQ × AP	실제투입량에 근거한 변동예산* AQ × SP	실제생산량에 근거한 변동예산** SQ × SP
250,000	(80,000×@₩3) =240,000	38,000×2시간×@₩3 =228,000

소비차이 10,000 (불리)   능률차이 12 (불리)

(2) 고정제조간접원가 차이분석

실제발생액 AQ × AP	고정제조간접원가예산액 기준조업도 × SP	고정제조간접원가배부액 SQ × SP
384,000	(50,000단위× @₩8) =₩400,000	(38,000× @₩8) =₩304,000

예산차이 16,000 (유리)   조업도차이 96,000 (불리)

* 단위당 표준 직접노동시간 = 100,000시간 ÷ 50,000단위 = 2시간
* 직접노동시간당 표준배부율(변동제조간접원가) = ₩6 ÷ 2시간 = @₩3

제 3 장
부가가치세

제 1 절 부가가치세 총칙

① 부가가치세 이론

「**부가가치세**(Value-Added Tax, V.A.T)」는 이론상 부가가치를 과세대상으로 하는 조세이다. 부가가치란 기업이 일정기간 동안 생산·유통 등의 사업 활동에서 창출한 가치이다.

(1) 부가가치세의 계산방법

1) 직접법 : 가산법과 전단계거래액공제법

① **가산법** : 일정한 기간 동안 사업자가 지급한 임금·지대·이자·이윤의 합계액에 감가상각비를 합산한 후 자본재구입액을 차감하여 부가가치를 계산하는 방법이다.

> 부가가치세 납부세액 = (임금+지대+이자+이윤)×세율

② **전단계거래공제법** : 전단계거래공제법이란 일정기간 동안 사업자가 공급한 상품 등의 가격(매출가격)에서 매입한 상품 등의 가격(매입가격)을 차감하여 부가가치를 계산하는 방법이다.

> 부가가치세 납부세액 = (매출액-매입액)×세율

2) 간접법 : 전단계세액공제법

매출액에 세율을 곱하여 매출세액을 계산한 다음 매입액에 세율을 곱하여 계산된 매입세액을 매출세액에서 차감하는 방법으로 부가가치세를 계산하는 것이다. 그래서 이것을 「**전단계세액공제법**」이라고 한다.

> 부가가치세 납부세액 = (매출액×세율)-(매입액×세율)
> = 매출세액 - 매입세액
> = 매출세액 - 매입처별 세금계산서합계표의 매입세액

본래 전단계세액공제법의 성립이 이루어지기 위해서는 「**거래징수**」라고 하는 절차를 거쳐야 하며, 반드시 거래사실을 증명하기 위하여 「**세금계산서**」를 발급하여야 하는데, 이것은 공급받는 자로부터 세금을 징수하였다는 사실을 증명하는 세금에 대한 영수증이며 공급받는 자는 매입세액을 공제받기 위한 수단이기 때문이다.

> 부가가치세 납부세액 = (매출액×세율)-세금계산서에 의해 확인된 매입세액

Chapter 3 부가가치세

(2) 국경세 조정

구 분	생산지국 과세원칙	소비지국 과세원칙
의 의	원산지국에서 과세하고 소비지국에서는 과세하지 않는 방식	원산지국에서는 과세하지 않고, 소비지국에서 과세하는 방식
가격경쟁력	수입품과 내국산 물품 간의 가격경쟁력 왜곡	수입품과 내국산 물품 간의 가격중립성 유지
세금부담	소비지국의 국민이 원산지국에서 부과한 세금을 부담하는 문제 발생	수입국의 국민이 자국에서 부과한 세금을 부담하므로 국내 과세문제와 충돌하지 않음

(3) 부가가치세의 특징

과 목	내 용
간 접 세	부가가치세는 납세의무자와 담세자가 다를 것으로 예정된 조세이므로 간접세이다. 사업자는 재화와 용역을 공급할 때 거래상대방으로부터 부가가치세를 징수하여 납부하므로 조세부담은 최종소비자에게 전가된다.
일반소비세	부가가치세는 일반소비세이므로 모든 재화와 용역을 과세하되, 면세로 열거된 것은 과세하지 않는다.
다단계거래세	부가가치세는 재화가 생산되어 최종소비자에게 도달하는 모든 거래단계에 과세하는 다단계거래세이다.
소비형부가가치세	소비지출에 해당하는 부가가치만을 과세대상으로 하고, 투자지출(자본재구입)에 해당하는 부가가치세 대해서는 과세하지 아니하는 소비형 부가가치세제를 채택하고 있다.
전단계세액공제법	우리나라의 부가가치세는 전단계세액공제법을 채택하고 있다. 이에 따라 재화와 용역의 공급가액을 과세표준으로 하여 매출세액을 계산한 다음, 매출세액에서 매입세액을 공제하여 납부세액을 계산한다.
소비지국과세원칙	우리나라는 국경세 조정제도를 소비지국 과세원칙을 채택하고 있다. 따라서 재화의 수출에는 영세율을 적용하여 부가가치세를 부담하지 않도록 하고, 재화의 수입에는 내국산 물품과 동일하게 부가가치세를 과세한다.

2 부가가치세 총칙

(1) 납세의무자

부가가치세의 납세의무자는 「**사업자**」이다.

1) 사업자의 개념

「사업자」란 다음의 요건을 모두 충족하여야 한다.

① **재화 또는 용역의 공급** : 부가가치세의 과세물건은 재화 또는 용역의 공급이므로 그러한 거래가 귀속된 자. 즉 재화 또는 용역을 공급하는 자가 납세의무를 진다.
② **계속·반복성** : 부가가치를 창출해 낼 수 있는 정도의 사업형태를 갖추고 계속·반복적인 의사로 재화 또는 용역을 공급하는 경우에만 사업성이 인정된다고 볼 수 있다.
③ **영리 목적성 유무** : 사업의 영리목적 여부는 불문한다. 그러므로 국가와 지방자치단체도 납세의무를 질 수 있다.
④ **사업적 독립성** : 재화 또는 용역의 공급이 사업상 독립적이어야 한다.
　㉠ **인적독립성** : 자기책임 및 자기계산 하에 재화 또는 용역을 공급하여야 한다. 따라서 고용관계에 따른 근로의 제공은 종속성을 띠므로 과세되지 아니한다.
　㉡ **물적독립성** : 독립된 사업이어야 한다. 따라서 둘 이상의 사업을 겸영하는 경우 한 사업이 다른사업의 단순한 연장에 불과하거나 다른 사업에 부수되는 정도에 그치는 경우 독립된 사업으로 보지 아니한다.

Tip. 독립성 판단 사례

구　분		독립성여부	부가가치세 과세
민박·음식물판매·특산물제조·전통차 제조 및 그 밖에 유사한 활동		○	○
고공품제조	소득세가 과세되는 농어가부업	○	○
	소득세가 비과세되는 농어가부업	×	×

2) 사업자의 분류

사 업 자	과세사업자	일반과세자	납세의무자
		간이과세자	
	면세사업자		납세의무 없는 자

① **일반과세사업자** : 간이과세자를 제외한 과세사업자
② **간이과세사업자** : 직전 1역년의 공급대가가 1억 400만원 미만인 개인사업자
③ **면세사업자** : 면세되는 재화와 용역을 공급하는 사업자

(2) 과세기간

1) 과세기간

구 분	과 세 기 간
(1) 일반사업자의 경우	(제1기) 1월 1일 ~ 6월 30일 (제2기) 7월 1일 ~ 12월 31일
(2) 간이과세자의 경우	1월 1일 ~ 12월 31일(사업규모가 작은 간이과세자의 경우에는 납세부담을 경감하고 납세편의를 제공하기 위함)
(3) 신규사업개시자의 경우	• 사업개시일 ~ 당해 과세기간의 종료일 • 사업개시 전에 사업자등록을 한 경우: 등록일~당해 과세기간 종료일(*1)
(4) 폐업하는 경우	당해 과세기간 개시일 ~ 폐업일 • 사업개시 전에 사업자등록을 한 후 사업을 개시하지 않게 되는 경우 : 당해과세기간 개시일~사실상 그 사업을 개시하지 않게 되는 날(*2)
(5) 간이과세를 포기하여 일반과세자로 되는 경우	다음의 기간을 각각 1 과세기간으로 한다. • 해당 과세기간 개시일~포기신고일이 속하는 달의 말일 ⇨ 간이과세자 • 포기신고일이 속하는 달의 다음달 1일~그 과세기간 종료일 ⇨ 일반과세자
(6) 과세유형 변경의 경우 그 변경되는 해에 간이과세자에 관한 규정이 적용되는 기간	• 일반과세자가 간이과세자로 변경되는 경우: 그 변경 이후 7.1.~12.31. • 간이과세자가 일반과세자로 변경되는 경우: 그 변경 이전 1.1.~6.30.

(*1) 사업시작 전 등록의 경우에는 사업자등록일로부터 과세기간 종료일까지를 최초 과세기간으로 한다.
(*2) 폐업일이란 사업장별로 그 사업을 실질적으로 폐업한 날을 말한다. 폐업일이 분명하지 않은 경우에는 폐업신고서 접수일을 폐업일로 본다.

2) 예정신고기간

부가가치세법은 각 과세기간마다 예정신고기간을 설정하여 사업자에게 그 예정신고기간에 대한 과세표준과 세액을 그 예정신고기간 종료일부터 25일 이내에 신고·납부하도록 하고 있는데, 이것을 「**예정신고납부**」라고 한다. 이러한 예정신고기간은 다음과 같다.

구분	과세기간	예정신고기간과 확정신고기간		신고납부기한
제1기	1월 1일~6월 30일	예정 신고기간	1. 1.~ 3. 31.	4. 25.
		확정 신고기간	4. 1.~ 6. 30.	7. 25.
제2기	7월 1일~12월 31일	예정 신고기간	7. 1.~ 9. 30.	10. 25.
		확정 신고기간	10. 1.~12. 31.	1. 25.

(3) 부가가치세 신고 및 납세지

「**납세지**」란 납세의무자가 납세의무 및 협력의무를 이행하고 과세권자가 부과·징수권을 행사하는 기준이 되는 장소이다.

① **원칙** : 부가가치세는 사업장마다 신고·납부하여야 한다.(사업장단위 신고·납부)
② **특례** : 납세의무자의 편의를 위하여 「**총괄납부제도**」와 「**사업자 단위 과세제도**」를 두고 있다.
③ **사업장** :「**사업장**」이란 사업자 또는 그 사용인이 상시 주재하여 거래의 전부 또는 일부를 행하는 장소를 말하는데, 그 구체적인 내용은 다음과 같다.

구 분	사 업 장
광 업	광업사무소의 소재지
제 조 업	최종제품을 완성하는 장소(따로 제품의 포장만을 하거나 용기에 충전만을 하는 장소는 제외)
건설업·운수업 부동산매매업	① 사업자가 법인인 경우 : 그 법인의 등기부상의 소재지(등기부상의 지점소재지 포함) ② 사업자가 개인인 경우 : 그 업무를 총괄하는 장소
부동산임대업	그 부동산의 등기부상의 소재지
비거주자 또는 외국법인의 경우	소득세법·법인세법상의 국내사업장

④ **직매장과 하치장**

	직매장	하치장
개 념	재화를 직접 판매하기 위하여 특별히 판매시설을 갖춘 장소	재화를 보관하고 관리할 수 있는 시설만 갖춘 장소
설치시의무	사업자등록	하치장 설치신고
판매와 출고	직매장에서 직접 판매	사업장으로부터 출고지시에 따라 재화 출고
세금계산서발급	직매장의 명의로 발급	출고 지시한 사업장의 명의로 발급
신고의무불이행시 가 산 세	미등록가산세, 매입세액 불공제	가산세 규정 없음

⑤ **임시사업장** : 임시사업장은 사업장으로 보지 않고, 기존 사업장에 포함되는 것으로 한다. 단, 설치기간이 10일 이상인 경우 사업 개시일부터 10일 이내에 임시사업장 설치신고를 하여야 하며, 폐쇄시에도 폐쇄일로부터 10일 이내에 폐쇄신고를 한다.

(4) 주사업장 총괄납부

부가가치세법상 사업자에게 둘 이상의 사업장이 있는 경우에 정부의 승인을 얻어 부가가치세의 납부를 각각의 사업장마다 납부하지 아니하고, 주된 사업장에서 다른 사업장의 납부세액까지를 일괄하여 납부 또는 환급할 수 있게 하는 제도를 「**주사업장총괄납부**」라 한다.

① **주된 사업장의 범위**

구 분	주 된 사 업 장
법 인	본점(주사무소 포함) 또는 지점(분사무소 포함)
개 인	주사무소(선택불가)

② **총괄납부의 신청** : 주된 사업장에서 총괄하여 납부하고자 하는 자는 그 총괄 납부를 하고자 하는 과세기간 시작일 20일 전에 주된 사업장의 관할세무서장에게 총괄납부신고를 하여야 한다.

③ **총괄납부의 승인** : 총괄납부의 승인은 필요치 않다.

④ **총괄납부의 변경** : 총괄납부사업자는 총괄납부 변경사유가 발생한 경우 총괄납부 변경신청서를 다음과 같이 제출하여야 한다.

사 유	변경신청서의 제출
① 종된 사업장을 신설하는 경우	그 신설하는 종된 사업장 관할세무서장
② 종된 사업장을 주된 사업장으로 변경하고자 하는 경우	주된 사업장으로 변경하고자 하는 사업장 관할세무서장
③ 사업자등록 정정사유가 발생하는 경우	그 정정사유가 발생한 사업장 관할세무서장(법인의 대표자를 변경하는 때에는 주된 사업장 관할세무서장)
④ 일부 종된 사업장을 총괄납부대상 사업장에서 제외하고자 하는 경우	주된 사업장 관할세무서장

(5) 사업자 단위 과세제도

부가가치세는 사업장 과세원칙에 따라 사업장별로 사업자등록·세금계산서의 발급과 수취·신고·납부하는 것을 원칙으로 한다. 그러나 최근 기업들은 「**전사적자원관리시스템(ERP)**」을 도입해서 인적·물적 자원을 본사에서 통합 관리함에 따라 사업장별 신고·납부는 업무의 중복과 비효율을 초래하게 되었다. 이에 따라 2 이상의 사업장을 가지고 있는 사업자는 사업장별 신고·납부를 대신하여 사업자단위로 과세하는 방식을 「**사업자단위과세제도**」라 한다.

① **사업자단위과세 적용사업장** : 사업자단위 신고·납부를 총괄하는 사업장은 「**법인의 본점**(주사무소 포함), **개인의 주사무소**」로 한다. 법인이 주사업장 총괄납부를 하는 경우에는 지점도 주된 사업장으로 할 수 있지만, 사업자단위 신고·납부를 총괄하는 사업장은 본점만이 된다는 점에서 유의하여야 한다.

② **사업자단위과세제도의 효과** : 사업자단위과세제도를 적용받는 사업자는 부가가치세법의 모든 업무를 「**사업자단위**」로 한다. 사업자단위과세사업자는 본점·주사무소의 관할세무서에 사업자등록을 하며, 본점·주사무소의 등록번호를 기재하여 세금계산서를 발급·수취한다. 본점·주사무소의 관할세무서에 신고·납부하며, 본점·주사무소의 관할세무서장이 결정·경정한다.

(6) 사업자등록

1) 사업자등록 신청 및 발급

신규로 사업을 시작하는 자는 사업장마다 사업시작일로부터 20일 이내에 사업장 관할세무서장에게 등록하여야 한다. 다만, 사업자등록 신청을 받은 사업장 관할 세무서장(사업자단위과세사업자로 등록하려는 경우나 등록유형 변경의 경우에는 본점 또는 주사무소 관할 세무서장)은 사업자등록을 하고 등록된 사업자에게 사업자등록증을 신청일로부터 2일이내에 발급하여야 한다.

2) 사업자등록의 사후관리

등록한 사업자에게 등록사항의 변동이 발생한 때에는 사업자등록증을 첨부하여 지체 없이 사업장 관할세무서장에게 등록정정신고를 하여야 하며, 신고를 받은 세무서장은 다음의 기한 내에 정정내용을 확인하고 사업자등록증의 정정하여 재발급하여야 한다.

등 록 정 정 사 유	재발급 기한
① 상호를 변경하는 때 ② 통신판매업자가 사이버몰의 명칭 또는 인터넷 도메인이름을 변경하는 때	신청일 당일 (단순 변경)
① 사업의 종류에 변경이 있는 때와 사업장을 이전하는 때 ② 공동사업자의 구성원 또는 출자지분의 변경이 있는 때 ③ 법인의 대표자를 변경하는 때 ④ 상속으로 인하여 사업자의 명의가 변경되는 때 ⑤ 임대인, 임대차 목적물·면적, 보증금, 차임 또는 임대차기간의 변경이 있거나 새로이 상가건물을 임차한 때 ⑥ 사업자단위과세사업자가 종된 사업장을 신설 또는 이전하는 때 ⑦ 사업자단위과세사업자가 종된 사업장의 사업을 휴업하거나 폐업하는 때 ⑧ 사업자단위과세사업자가 사업자단위과세적용사업장을 변경하는 때	신청일부터 2일 이내 (사업관련변경)

3) 미등록시의 제재

구 분	내 용
등록신청 전 매입세액 불공제	등록신청 전 매입세액은 매출세액에서 공제하지 아니한다. 단, 공급시기가 속하는 과세기간이 끝난 후 20일 이내에 등록신청한 경우 등록신청일부터 공급시기가 속하는 과세기간 기산일(일반과세자의 경우 제1기는 1월 1일, 제2기는 7월 1일을 말하며, 간이과세자의 경우 1월 1일을 말함)까지 역산한 기간 이내의 것은 매입세액 공제를 허용 함.
미등록가산세	사업개시일부터 20일 이내에 등록신청하지 않은 경우 미등록가산세 부과 ⇨ 미등록가산세 : 공급가액 × 1%

(7) 휴업·폐업 신고 및 갱신발급

1) 휴업·폐업신고

사업자등록을 한 사업자가 휴업 또는 폐업을 하거나 사업개시일 이전에 등록을 신청하여 사업자등록을 한 자가 사실상 사업을 시작하지 아니하게 될 때에는 지체 없이 휴업(폐업)신청서를 세무서장에게 제출하여야 한다.

2) 사업자등록증의 갱신발급

사업장 관할세무서장은 부가가치세 업무를 효율적으로 처리하기 위하여 필요하다고 인정되면 사업자등록증을 갱신하여 발급할 수 있다.

제 2 절 부가가치세 과세거래

1 재화의 공급

부가가치세법에서 「**재화의 공급**」이란 계약상 또는 법률상의 모든 원인에 의하여 재화를 인도 또는 양도하는 것이다.

(1) 재화의 개념

「**재화**」란 재산적 가치가 있는 모든 유체물과 무체물을 말한다.

구분	범 위
유체물	상품 · 제품 · 원료 · 기계 · 건물과 기타 모든 유형적 물건을 말한다.
무체물	동력 · 열, 기타 관리할 수 있는 자연력 및 권리 등으로써 재산적 가치가 있는 유체물 이외의 모든 것을 포함한다.(예 특허권 등의 산업재산권, 영업권)

※ 유체물에는 「토지」도 포함하지만, 「토지」는 부가가치 생산요소로 매매거래는 면세가 된다. 그리고 어음 · 수표 등 화폐대용증권과 상품권 · 주식 · 채권 등은 재화로 보지 않는다.
※ 권리 등의 양도는 재화의 공급에 해당하지만, 권리 등의 대여는 용역의 공급에 해당한다.
※ 화물상환증, 선화증권, 창고증권 등은 재화에 해당함에 유의해야 한다.

(2) 재화의 공급 실질공급

계약상 · 법률상 모든 원인에 의하여 대가의 수입여부와는 관계없이 재화를 인도 · 양도하는 것을 「**재화의 실질공급**」이라 말한다.

구 분	내 용
매 매 계 약	현금판매 · 외상판매 · 할부판매 · 장기할부판매 · 조건부 및 기한부 판매 · 위탁판매 기타 매매계약에 의하여 재화를 인도 또는 양도하는 것
가 공 계 약	자기가 주요자재의 전부 또는 일부를 부담하고 상대방으로부터 인도 받은 재화에 공작을 가해 새로운 재화를 만들어 인도하는 것
교 환 계 약	재화의 인도대가로서 다른 재화를 인도 받거나 용역을 제공받는 것
소비대차거래	사업자가 재화를 빌려주고 반환받는 것 : 빌려줄 때 과세, 반환할 때 과세
기 타 거 래	경매(사인(私人)간의 경매) · 수용 · 대물변제 · 현물출자와 그 밖의 계약상 또는 법률상의 원인에 따라 재화를 인도하거나 양도하는 것

(3) 재화 간주공급

1) 자가공급

사업자가 자기의 사업과 관련하여 생산하거나 취득한 재화를 자기의 사업을 위하여 직접 사용·소비하는 것을 말한다.

구 분	내 용
면세사업의 전용	사업자가 자기의 과세사업과 관련하여 생산하거나 취득한 재화로서 다음 중 어느 하나에 해당하는 재화(이하 '자기생산·취득재화'라 함)를 자기의 면세사업 및 부가가치세가 과세되지 아니하는 재화 또는 용역을 공급하는 사업(이하 "면세사업 등"이라 한다.)을 위하여 사용·소비하는 것 ① 매입세액이 공제된 재화 ② 사업의 포괄적 양도로 취득한 재화로서 사업양도자가 매입세액을 공제받은 재화 ③ 내국신용장 또는 구매확인서에 의하여 재화를 공급하는 것 등으로서 수출(수출에 포함되는 국내거래)에 해당하여 영 퍼센트의 세율을 적용받는 재화
비영업용 소형승용차 구입 및 유지의전용	다음 중 어느 하나에 해당하는 자기생산·취득재화의 사용 또는 소비 ① 사업자가 자기생산·취득재화를 매입세액이 매출세액에서 공제되지 아니하는 개별소비세 과세대상 자동차로 사용 또는 소비하거나 그 자동차의 유지를 위하여 사용 또는 소비하는 것 ② 운수업, 자동차 판매업, 자동차 임대업, 운전학원업 및 이와 유사한 업종을 경영하는 사업자가 자기생산·취득재화 중 개별소비세 과세대상 자동차와 그 자동차의 유지를 위한 재화를 해당 업종에 직접 영업으로 사용하지 아니하고 다른 용도로 사용하는 것
판매목적 타사업장 반출	사업장이 둘 이상인 사업자가 자기의 사업과 관련하여 생산 또는 취득한 재화를 판매할 목적으로 자기의 다른 사업장에 반출하는 것. 다만, 총괄납부사업자와 사업자단위과세사업자가 반출하는 것은 재화의 공급으로 보지 아니하되, 총괄납부사업자가 세금계산서를 발급하고 신고한 경우에는 재화의 공급으로 본다.

〈판매목적 타사업장 반출에 대한 취급표〉

구 분	판매목적 타사업장 반출
1) 일반적인 경우	공급의제 ○ ⇨ 세금계산서 발급 ○
2) 주사업장 총괄납부의 경우	세금계산서 발급 × ⇨ 공급의제 ×
	세금계산서 발급 ○ ⇨ 공급의제 ○

2) 개인적 공급

사업자가 자기의 사업과 관련하여 생산하거나 취득한 재화를 사업과 직접 관계없이 사용·소비하거나 그 사용인 또는 그 밖의 자가 사용·소비하는 것으로서 사업자가 그 대가를 받지 아니하거나 시가보다 낮은 대가를 받는 경우는 재화의 공급으로 본다.

사업자가 사용인에게 사용·소비하더라도 개인적공급으로 보지 않는 예외가 있는데, 실비변상적이거나 복리후생적 목적으로 제공하는 것으로 다음 어느 하나에 해당하는 경우에는 재화의 공급으로 보지 아니한다. (이 경우 시가보다 낮은 대가를 받고 제공하는 것은 시가와 받은 대가의 차액에 한정한다.)

① 사업을 위해 착용하는 작업복, 작업모 및 작업화를 제공하는 경우
② 직장 연예 및 직장 문화와 관련된 재화를 제공하는 경우 (회사 체육대회·야유회때 체육복을 무상제공하는 경우)
③ 다음 각 항의 어느 하나에 해당하는 재화를 제공하는 경우. 이 경우 **각 항별로 각각 사용인 1명당 연간 10만원을 한도**로 하며, 10만원을 초과하는 경우 해당 초과액에 대해서는 재화의 공급으로 본다.
  ㉠ 경조사(결혼, 장례 등)와 관련된 재화
  ㉡ 설날·추석(명절)과 관련된 재화 개정
  ㉢ 창립기념일 및 생일(기념일)등과 관련된 재화
④ 처음부터 매입세액이 공제되지 않은 것

예제 2-1 개인적공급 사례

다음은 개인적공급의 사례이다. 간주공급에 해당하는 공급가액을 계산하시오.

(1) 종업원A에게 2025년 1월에 설날 선물로 제품 8만원(시가 10만원)을 증정하고 같은 사업년도 9월에 추석선물로 제품 9만원(시가 11만원)을 증정하였으며, 2025년 10월에 생일선물로 제품 12만원(시가 14만원)을 증정한 경우 2025년 제2기 과세표준을 계산하시오.
(2) 종업원 결혼식에 TV(200만원)을 선물하는 경우
(3) 종업원 결혼식에 선물세트 10만원을 주고, 생일에 선물세트 9만원을 제공한 경우

예제해설

(1) ① 설날(10만원) + 추석(11만원) = 21만원 : 10만원(공급 ×) 11만원(공급 ○)
    ② 생일(12만원) : 10만원(공급 ×) 4만원(공급 ○)
(2) 경조사(결혼 및 장례) : 200만원 중 10만원을 초과하는 190만원만 간주공급
(3) ① 경조사 10만원 한도 ② 생일 등 기념일 10만원 한도(각각 판정)

3) 사업상 증여

사업자가 자기의 사업과 관련하여 생산하거나 취득한 재화를 자기의 고객이나 불특정 다수인에게 증여하는 것은 재화의 공급으로 본다. 다만, 사업자가 사업을 위하여 증여하는 것으로서 다음은 재화의 공급으로 보지 아니한다.

① 사업을 위하여 대가를 받지 아니하고 다른 사업자에게 인도하거나 양도하는 견본품
② 「재난 및 안전관리기본법」의 적용을 받아 특별재난지역에 공급하는 물품
③ 광고선전물 : 사업자가 자기의 사업과 관련하여 생산하거나 취득한 재화를 광고선전 목적으로 불특정다수인에게 무상으로 배포하는 경우(직매장·대리점을 통하여 배포하는 경우포함)
④ 부수재화인 증정품 : 사업자가 고객에게 물품 구입시 증정하는 기증품(할증품)은 부수재화이므로 과세거래로 보지 않는다.
⑤ 자기적립마일리지 등으로만 전부를 결제받고 공급하는 재화

4) 폐업 시의 잔존재화

사업자가 사업을 폐지하는 때에 잔존하는 재화는 자기에게 공급하는 것으로 본다. 사업개시 전에 사업자등록을 한 경우에 사실상 사업을 개시하지 않게 되는 때에도 또한 같다. 다만, 다음의 경우에는 폐업시의 잔존재화로서 과세하지 않는다.

① 사업자가 사업의 종류를 변경한 경우 변경 전 사업에 대한 잔존재화
② 동일 사업장 내에서 2 이상의 사업을 겸영하는 사업자가 그 중 일부 사업을 폐지하는 경우 당해 폐지한 사업과 관련된 재화
③ 개인사업자 2인이 공동사업을 영위할 목적으로 한 사업자의 사업장을 다른 사업자의 사업장에 통합하여 공동명의로 사업을 영위하는 경우에 통합으로 인하여 폐지된 사업장의 잔존재화
④ 폐업일 현재 수입신고(통관)되지 않은 미착재화
⑤ 사업자가 직매장을 폐지하고 자기의 다른 사업장으로 이전하는 경우 해당 직매장의 잔존재화

5) 신탁법상 위탁자 지위 이전

「**신탁법**」에 따라 위탁자의 지위가 이전되는 경우에는 기존 위탁자가 새로운 위탁자에게 신탁재산을 공급한 것으로 본다. 이 경우 기존 위탁자가 부가가치세를 납부할 의무가 있다. 단, 신탁재산에 대한 실질적인 소유권의 변동이 있다고 보기 어려운 경우로서 다음의 경우에는 신탁재산의 공급으로 보지 아니한다.

① 집합투자기구의 집합투자업자가 그 위탁자의 지위를 다른 집합투자업자에게 이전하는 경우
② 위에 준하는 경우로서 위탁자의 지위를 이전하였음에도 불구하고 신탁재산에 대한 실질적인 소유권의 변동이 없는 경우

(4) 재화의 공급으로 보지 않는 것

① **담보의 제공** : 질권·저당권 또는 양도담보의 목적으로 동산·부동산 및 부동산상의 권리를 제공하는 것은 재화의 공급으로 보지 않는다.
② **사업의 포괄적 양도** : 사업장별로 그 사업에 관한 모든 권리와 의무를 포괄적으로 승계시키는 것. 다만, 사업양수자의 대리납부 규정에 따라 사업을 양수받는 자가 그 대가를 받은 자로부터 부가가치세를 징수하여 납부하는 경우는 제외한다.(사업의 포괄양도에 대해서 부가가치세를 과세하지 않는 이유는 양도자가 납부한 세금을 양수자가 환급받게 되어 아무런 세금징수 효과가 없고, 사업자에게 불필요하게 자금부담을 지우는 것을 피하기 위해서이다.)
③ **조세의 물납** : 사업용 자산을 상속세 및 증여세법의 규정 또는 지방세법의 규정에 의하여 물납하는 것은 재화의 공급으로 보지 않는다.
④ **공매·강제경매에 의한 재화의 양도** : 국세징수법의 규정에 따른 공매 및 민사집행법의 규정에 따른 강제경매에 따라 재화를 인도 또는 양도하는 것은 재화의 공급으로 보지 않는다.

② 용역의 공급

(1) 용역의 개념

용역이란 재화 외의 재산적 가치가 있는 모든 역무 및 기타 행위를 말한다. 즉, 재화는 「**물건이나 권리 등**」인데 반하여 용역은 「**행위**」인 것이다. 즉, 용역은 성격상 그 범위가 추상적이므로 부가가치세법은 다음과 같이 열거 규정을 적용하고 있다.
① 건설업(단, 부동산매매업은 재화를 공급하는 사업에 포함한다)
② 숙박 및 음식점업
③ 운수 및 창고업
④ 정보통신업(출판업과 영상·오디오 기록물 제작 및 배급업은 제외한다)
⑤ 금융 및 보험업
⑥ 부동산업. 다만, 다음의 사업은 제외한다.
　㉮ 전·답·과수원·목장용지·임야 또는 염전 임대업
　㉯ 「공익사업을 위한 토지 등의 취득 및 보상에 관한 법률」에 따른 공익사업과 관련해 지역권·지상권(지하 또는 공중에 설정된 권리를 포함한다)을 설정하거나 대여하는 사업

(2) 용역공급의 범위

용역의 공급은 계약상 또는 법률상의 모든 원인에 의하여 역무를 제공하거나 재화·시설물 또는 권리를 사용하게 하는 것을 말한다. 용역은 유상공급(실질공급)만 과세하고 무상공급(간주공급)은 과세대상이 아니다. 아래의 다음 거래는 용역의 공급으로 본다.

① 건설업자가 건설자재의 전부를 부담하는 경우. 건설업은 도급계약방법에 관계없이 용역의 공급으로 본다.
② 상대방으로부터 인도받은 재화에 주요 자재를 전혀 부담하지 아니하고 단순히 가공만 해주는 것은 용역의 공급으로 본다.
③ Know-how 제공 : 산업상·상업상 또는 과학상의 지식·경험 또는 숙련에 관한 정보를 제공하는 경우에는 용역의 공급으로 본다.

(3) 용역의 공급으로 보지 않는 것

① 용역의 간주공급 : 대가를 받지 않고 타인에게 용역을 공급하는 것은 용역의 공급으로 보지 않는다. 따라서 무상의 용역제공은 과세거래가 될 수 없는 것이다. 다만, 특수관계자 간 사업용 부동산 무상임대용역에 대해서는 과세한다.(특수관계자의 범위는 6촌 이내 혈족, 4촌 이내 인척, 배우자 등)
② 근로의 제공 : 고용관계에 의한 근로의 제공은 독립된 사업자가 제공하는 용역의 공급이 아니며, 전단계세액공제법을 채택하고 있는 부가가치세제하에서 근로의 제공을 과세대상으로 보면 중복과세현상이 발생한다. 이에 따라 부가가치세법은 고용관계에 의한 근로의 제공을 과세거래로 보지 않는다.

③ 재화의 수입

(1) 재화의 수입으로 보는 경우

① 외국으로부터 우리나라에 도착된 물품(외국의 선박에 의하여 공해에서 체포된 수산물 포함)
② 수출신고가 수리된 물품

(2) 재화의 수입으로 보지 않는 경우

① 수출신고가 수리된 물품으로서 선적 또는 기적되지 아니한 것을 보세구역으로부터 인취하는 것
② 외국에서 보세구역(수출자유지역 포함)으로 재화를 반입하는 것

4 부수재화와 부수용역

「**부수재화와 부수용역**」이란 주된 재화·용역의 공급에 필수적으로 부수되는 재화·용역을 말한다. 부수재화·용역의 과세는 주된 재화·용역에 따라 판단하므로 주된 재화·용역이 과세대상이면 부수재화·용역도 과세대상이며, 주된 재화·용역이 면세대상이면 부수재화·용역도 면세대상이다.

- 주된 거래에 부수되는 공급

주된 재화·용역	부수 재화·용역	판정
과세대상	과세대상	과세
과세대상	면세대상	과세
면세대상	과세대상	면세
면세대상	면세대상	면세

- 주된 사업에 부수되는 공급

주된 사업	부수 재화·용역	판정
과세대상	과세대상	과세
과세대상	면세대상	면세
면세대상	과세대상	면세
면세대상	면세대상	면세

예제 2-2 부수재화 및 용역의 거래

다음은 부수재화와 용역에 대한 거래이다. 해당 거래 중 부수재화용역의 과세대상 여부를 판정하시오.

(1) 컴퓨터 책과 그에 부수되는 CD를 함께 판매한 경우
(2) 아이스크림을 공급하고 통상적으로 드라이아이스를 무상공급한 경우
(3) 의류공장에서 유형자산인 토지를 공급한 경우
(4) 의류공장에서 유형자산인 건물을 공급한 경우
(5) 은행에서 사용하던 차량을 우연히·일시적으로 공급한 경우
(6) 제분공장의 부산물인 밀기울을 공급하는 경우
(7) 미술학원에서 수강료를 받고 미술도구를 같이 공급하는 경우
(8) 은행이 사용하던 건물을 매각하는 경우
(9) 피아노를 판매하고 피아노의자를 같이 공급하는 경우
(10) 조경업에서 조경과는 별도로 잔디와 묘목을 판매하는 경우

Chapter 3 부가가치세

예제해설

(1) 컴퓨터 책과 그에 부수되는 CD를 함께 판매한 경우에는 대가관계에 해당하므로 주된 거래가 도서의 판매 즉, 면세이므로 부수되는 재화도 면세된다.

(2) 드라이아이스는 주된 아이스크림의 공급에 부수되는 재화이다. 드라이아이스의 대가를 별도로 받지 않아도 아이스크림 가격에 포함된 것으로 본다.

(3) 토지는 본래부터 재화로 보지 않는다. 그러므로 토지를 매매하는 경우에도 주된 사업과 관계없이 면세된다.

(4) 유형자산은 일시적으로 공급하는 재화이므로 주된 사업인 의류제조업에 따라 건물도 과세된다.

(5) 주된 사업인 은행업이 면세사업이므로 일시적으로 공급한 차량도 면세한다.

(6) 주산물인 밀가루가 면세대상이므로 부산물인 밀기울도 면세한다.

(7) 미술학원은 주업이 면세이므로 수강료를 받으면서 지급하는 미술도구도 같이 면세한다.

(8) 은행업은 본래부터 면세이므로 부수적으로 공급되는 거래도 모두 면세된다.

(9) 피아노를 판매하는 경우 피아노는 과세한다. 그러므로 피아노에 포함된 의자도 과세된다.

(10) 조경업은 과세대상 사업이지만 조경사업과는 별도로 잔디와 묘목을 판매하는 경우에는 잔디와 묘목은 면세한다.

제 3 절 공급시기와 공급장소

1 재화의 공급시기

(1) 일반적인 기준원칙

① 재화의 이동이 필요한 경우 : 재화가 인도되는 때
② 재화의 이동이 필요하지 않은 경우 : 재화가 이용 가능하게 되는 때
③ 위의 기준을 적용할 수 없는 경우 : 재화의 공급이 확정되는 때

(2) 구체적인 기준

구분	재화의 공급시기
① 현금·외상·할부판매의 경우	재화가 인도되거나 이용 가능하게 되는 때
② 장기 할부판매의 경우	대가의 각 부분을 받기로 한 때
③ 반환조건부·동의조건부 기타 조건부 및 기한부 판매의 경우	그 조건이 성취되거나 기한이 경과되어 판매가 확정되는 때
④ 완성도기준지급 또는 중간지급조건부로 재화를 공급하거나 전력 기타 공급단위를 구획할 수 없는 재화를 계속적으로 공급하는 경우	대가의 각 부분을 받기로 한 때
⑤ 재화의 공급으로 보는 가공의 경우	가공된 재화를 인도하는 때
⑥ 재화의 간주공급 / ㉠ 면세사업의 전용 ㉡ 비영업용 소형승용차 ㉢ 개인적공급	재화가 사용 또는 소비되는 때
⑥ 재화의 간주공급 / 판매목적의 타사업장 반출	재화를 반출하는 때
⑥ 재화의 간주공급 / 사업상 증여	재화를 증여하는 때
⑥ 재화의 간주공급 / 폐업시 잔존재화	폐업일
⑦ 무인판매기를 이용하여 재화를 공급하는 경우	해당 사업자가 무인판매기에서 현금을 인취하는 때
⑧ 기타의 경우	재화가 인도되거나 인도 가능한 때
⑨ 수출재화 / 내국물품을 외국으로 반출하거나 중계 무역방식의 수출 및 보세구역 내 수입신고 수리 전 물품의 외국반출	수출재화의 선(기)적일
⑨ 수출재화 / 원양어업 및 위탁판매수출	수출재화의 공급가액이 확정되는 때
⑨ 수출재화 / 위탁가공무역방식의 수출·외국인도수출·국외위탁가공원료의 반출	외국에서 재화가 인도되는 때
⑩ 폐업 전에 공급한 재화의 공급시기가 폐업일 이후에 도래하는 경우	폐업일

Chapter 3 부가가치세

2 용역의 공급시기

(1) 일반적인 기준

용역의 공급시기는 역무가 제공되거나 재화·시설물 또는 권리가 사용되는 때이다.

(2) 구체적인 기준

구 분		용역의 공급시기
일반적인 경우	① 통상적인 공급의 경우	역무의 제공이 완료되는 때
	② 완성도기준지급·중간지급·장기할부 또는 기타 조건부로 용역을 공급하거나 그 공급단위를 구획 할 수 없는 용역을 계속적으로 공급하는 경우	그 대가의 각 부분을 받기로 한 때
	③ 위의 기준을 적용할 수 없는 경우	역무의 제공이 완료되고 그 공급가액이 확정되는 때
특수한 경우	① 부동산임대용역을 공급하는 경우에 전세금 또는 임대보증금에 대한 간주임대료	예정신고기간 또는 과세기간의 종료일
	② 2과세기간 이상에 걸쳐 부동산임대용역을 공급하고 그 대가를 선불 또는 후불로 받는 경우에 월수에 따라 안분계산 한 임대료	예정신고기간 또는 과세기간의 종료일

(3) 공급시기의 특례

① 폐업 전에 공급한 재화 또는 용역의 공급시기가 폐업일 이후에 도래하는 경우 – 그 폐업일을 당해 재화 또는 용역의 공급시기로 본다.
② 사업자가 공급시기 도래 전에 세금계산서 또는 영수증을 발급하는 경우 – 세금계산서 또는 영수증을 발급한 때를 공급시기로 본다.

(4) 세금계산서의 선발급에 의한 공급시기

공급시기 전에 미리 발급된 세금계산서는 사실과 다른 세금계산서로 보므로 공급자에게는 가산세(공급가액의 1%)를 부과하고, 공급받는 자에게는 매입세액을 공제하지 아니한다. 다만, 다음의 경우에는 공급시기 전에 발급한 세금계산서를 적법한 것으로 보며, 세금계산서 발급시기를 공급시기로 한다.

1) 대가를 받고 발급하는 경우

사업자가 재화 또는 용역의 공급시기가 되기 전에 대가의 전부나 일부를 받고, 그 받은 대가에 대하여 세금계산서나 영수증을 발급하면 발급하는 때를 공급시기로 본다. 여기서 받은 대가란 공급가액과 세액을 합한 금액을 말하며, 현금 외에 수표, 어음, 현물 인도를 포함한다.

2) 세금계산서를 발급한 후 7일 이내 대가를 받는 경우

사업자가 재화 또는 용역의 공급시기가 되기 전에 세금계산서를 발급하고 그 세금계산서 발급일부터 7일 이내에 대가를 받으면 해당 세금계산서를 발급한 때를 재화 또는 용역의 공급시기로 본다.

3) 세금계산서를 발급한 후 7일이 지난 후 대가를 받는 경우

앞의 2)에도 불구하고 대가를 지급하는 사업자가 다음의 어느 하나에 해당하는 경우에는 재화 또는 용역을 공급하는 사업자가 그 재화 또는 용역의 공급시기가 되기 전에 세금계산서를 발급하고 그 세금계산서 발급일부터 7일이 지난 후 대가를 받더라도 해당 세금계산서를 발급한 때를 재화 또는 용역의 공급시기로 본다.

㉮ 거래 당사자 간의 계약서·약정서 등에 대금 청구시기(세금계산서 발급일을 말한다)와 지급시기를 따로 적고, 대금 청구시기와 지급시기 사이의 기간이 30일 이내인 경우

㉯ 세금계산서 발급일이 속하는 과세기간(공급받는 자가 조기환급을 받은 경우에는 세금계산서 발급일부터 30일 이내)에 재화 또는 용역의 공급시기가 도래하는 경우(동일한 과세기간 내에 대가를 수령했는지 여부와 무관 함)

4) 장기할부와 계속적 공급

다음 중 어느 하나에 해당하는 경우에는 공급시기가 되기 전에 세금계산서 또는 영수증을 발급하며 그 발급한 때를 공급시기로 한다.

㉮ 장기할부조건부 재화·용역의 공급
㉯ 공급단위를 구획할 수 없는 재화·용역의 계속적 공급

③ 재화 또는 용역의 공급장소

「**거래장소**」란 재화 또는 용역의 공급장소를 말한다. 이는 재화 또는 용역의 공급이 국내거래인가 혹은 국외거래인가를 결정하는 기준이 된다.

구 분	재화의 공급장소
재화의 공급	① 재화의 이동이 필요한 경우: 재화의 이동이 시작되는 장소 ② 재화의 이동이 필요하지 않은 경우 : 재화의 공급시기에 재화가 있는 장소
용역의 공급	① 역무가 제공되거나 시설물, 권리 등 재화가 사용되는 장소 ② 국내·국외에 걸쳐 용역이 제공되는 국제운송인 경우 : 사업자가 비거주자 또는 외국법인이면 여객이 탑승하거나 화물이 적재되는 장소

제 4 절 영세율과 면세

1 영세율

영세율이란 일정한 재화 또는 용역의 공급에 대하여 「0의 세율」을 적용함으로써 공급받는 자의 부가가치세 부담을 면제시켜주는 제도를 말한다. 영세율 적용 대상 재화·용역에 대한 중간재 구입 시의 전단계매입세액 전액을 환급함으로써 부가가치세의 부담이 완전히 제거되는 「완전면세제도」이다. 영세율은 「소비지국 과세원칙」을 구현하기 위하여 국제거래에 대하여 적용되나, 외화획득의 장려 등 정책적 목적에서 국내거래에 적용되기도 한다.

(1) 영세율 적용 대상자

구 분		영세율 적용여부
과세사업자	일반과세자	영세율 적용
	간이과세자	영세율 적용(단, 환급세액인 경우에도 환급받지 못함)
면세사업자		영세율 적용(단, 면세포기를 한 경우에는 영세율 적용)

(2) 영세율의 취지 및 영세율 적용 대상거래

1) 영세율 제도의 취지

영세율을 적용하는 취지는 다음과 같다.

① 국제적 이중과세 방지목적(국제적 이중과세 조정목적)
② 수출장려 및 외화획득 목적

2) 수출하는 재화

수출하는 재화란 다음의 한 가지에 해당되는 경우를 말한다.

① 직수출·중계무역방식의 수출·위탁판매수출·외국인도수출·위탁가공무역방식의 수출 및 보세구역 내 수입통관 전 물품의 외국 반출
② 대행위탁수출
③ 내국신용장(구매확인서)에 의한 수출

내국신용장 개설시기 또는 구매확인서 발급 시기	세율
공급시기 전에 개설·발급	영세율
공급시기가 속하는 과세기간이 끝난 후 25일 이내 개설·발급	영세율
공급시기가 속하는 과세기간이 끝난 후 25일이 지나서 개설·발급	10% 세율

④ 수탁가공무역에 사용할 재화를 공급하는 경우 : 사업자가 국외의 비거주자 및 외국법인과 직접계약에 의하여 비거주자 등이 지정하는 국내의 사업자에게 재화를 인도하고 재화를 인도받은 사업자가 비거주자 등과 계약에 의하여 인도받은 재화를 그대로 반출하거나 제조·가공 후 반출하는 것을 말한다.
⑤ 국외제공용역
⑥ 사업자가 한국국제협력단에 공급하는 재화(한국국제협력단이 해당 재화를 외국에 무상으로 반출하는 경우에는 한한다)

3) 기타 영세율 대상거래

① 외항 선박 등에 공급하는 재화 및 용역
② 외국인관광객에 대한 관광알선용역, 관광기념품, 호텔숙박용역과 음식용역.

4) 조세특례제한법상 영세율 적용대상

① 법 소정 장애인용 보장용구, 장애인용 특수정보통신기기 및 장애인의 정보통신기기 이용에 필요한 특수소프트웨어는 영세율을 적용한다.
② 방위산업체가 공급하는 방산물자와 비상대비자원관리법에 의하여 중점 관리대상으로 지정된 자가 생산 공급하는 시제품 및 자원 동원으로 공급하는 용역 등

(3) 영세율 첨부서류의 제출

영세율이 적용되는 재화 또는 용역을 공급하는 사업자는 부가가치세 예정신고 및 확정신고를 할 때 예정신고서 및 확정신고서에 「**수출실적명세서**」등 영세율 첨부서류를 첨부하여 제출하여야 한다.

영세율 첨부서류를 제출하지 않은 경우에도 해당 과세표준이 영세율 적용대상임이 확인되는 때에는 영의 세율을 적용하지만, 영세율 첨부서류를 첨부하지 않은 부분에 대하여는 예정신고 및 확정신고로 보지 않는다. 따라서 무신고가산세 또는 과소신고·초과환급신고 가산세를 적용한다.

2 면세

「**면세**」란 특정 재화·용역의 공급과 재화의 수입에 대하여 부가가치세를 면제하는 제도이다. 부가가치세법상 면세로 규정된 것은 당초부터 과세대상에서 제외된다.

면세대상 재화·용역의 공급은 부가가치세 과세대상에서 제외되므로 부가가치세 납부세액은 발생하지 아니하나 면세대상 재화·용역의 공급을 위한 중간재 구입시의 전단계매입세액은 환급되지 아니한 채 최종소비자에게 그 부담이 전가된다. 따라서 면세대상 재화·용역을 공급받는 자는 면세대상으로 규정된 거래단계에서 창출된 부가가치를 제외한 면세 전 단계에서 창출된 부가가치에 대해서는 부가가치세를 부담하게 된다. 이와 같은 이유로 면세를 「**부분면세**」 또는 「**불완전면세**」라고 한다.

(1) 면세제도의 취지

① **세 부담의 역진성 완화** : 부가가치세의 세율은 단일세율(10%)이므로 소득에 대하여 역진성이 있다. 이를 해소하기 하여 기초생활필수품, 국민후생용역, 문화관련 재화·용역을 면세한다.
② **부가가치 구성요소에 대한 이중과세의 방지** : 부가가치 구성요소의 대가에 대해 과세하는 경우 동일 금액의 부가가치세 대하여 두 번 과세하는 결과를 초래한다. 이를 방지하기 위하여 근로의 제공을 과세대상에서 제외하고 인적용역, 토지의 공급, 금융, 보험용역을 면세한다.
③ **공익목적(국민복지의 증진)** : 공익을 목적으로 정부·지방자치단체·정부업무대행단체·종교·자선·학술·구호단체 등이 공급하는 재화, 용역을 면세한다.

(2) 면세대상의 구체적 내용

1) 재화·용역의 공급에 대한 면세

구 분	면 세 대 상
기초생활 필수품	① 미가공식료품(국내산·외국산 불문) ② 국내 생산 비식용 미가공 농·축·수·임산물 ③ 수돗물 ④ 연탄과 무연탄 – 유연탄·갈탄·착화탄은 과세 ⑤ 여객운송용역(고속철도·항공기·우등고속버스·전세버스·택시 및 삭도, 유람선 등 관광 또는 유흥 목적의 운송수단에 의한 여객운송 용역 등 제외) – 일반 고속버스는 면세 ⑥ 주택과 이에 부수되는 토지의 임대용역 ⑦ 여성용 생리처리 위생용품, 영유아용 기저귀와 분유 ⑧ 주택법에 따른 공동주택 관리규약에 따라 관리주체 또는 입주자대표회의가 복리시설인 공동주택 어린이집의 임대용역

국민후생 및 문화관련 재화·용역	① 의료보건용역(수의사의 용역 포함)과 혈액(단, 미용목적의 성형수술비는 과세) ② 교육용역(무도학원 및 운전면허학원은 과세) ③ 도서(실내 도서열람 및 도서대여 용역포함)·신문(인터넷 신문 구독료 포함)·잡지·관보 및 뉴스통신·방송(다만, 광고는 제외 한다) ④ 예술창작품(골동품 제외)·예술행사·문화행사·비직업 운동경기 ⑤ 도서관·과학관·박물관·미술관·동물원 또는 식물원에의 입장
부가가치 구성요소	① 토 지 ② 금융·보험용역(보호예수는 과세) ③ 저술가·작곡가 기타 일정한 자가 직업상 제공하는 인적용역
기 타	① 우표(수집용 우표 제외)·인지·증지·복권과 공중전화 ② 다음의 제조담배 　㉠ 판매가격이 200원(20개비 1갑당)이하인 제조담배 　㉡ 담배사업법상 특수용 담배 중 영세율이 적용되지 않는 것 ③ 종교·자선·학술·구호 기타 공익을 목적으로 하는 단체가 공급하는 일정한 재화 또는 용역 ④ 국가·지방자치단체·지방자치단체조합이 공급하는 재화 또는 용역 ⑤ 국가·지방자치단체·지방자치단체조합 또는 공익단체에 무상으로 공급하는 재화 또는 용역 ⇨ 유상공급은 과세 ⑥ 국민주택의 공급과 국민주택건설용역의 공급, ⑦ 법에 열거된 재화의 수입

예제 4-1 　면세대상 거래의 구분

다음의 자료 중 부가가치세 면세대상을 고르시오.

① 제조시설을 갖추고 판매목적으로 독립된 거래단위로 병에 담아 판매하는 우유

② 바나나우유

③ 건오징어 1축

④ 고속도로 휴게소의 맥반석 오징어 구이

⑤ 러시아산 킹크랩

⑥ 규격단위로 팩에 담아 판매하는 쌀과 밀가루

⑦ 규격단위로 포장하지 않은 마늘장아찌

Chapter 3 부가가치세

구 분	면세여부	비 고
① 우유	면세	축산물로서 성질이 변화 않았으므로 면세
② 바나나우유	과세	가공우유이므로 과세
③ 건오징어 1축	면세	수산물로서 가공전이므로 면세
④ 맥반석오징어	과세	가공한 축산물은 과세
⑤ 러시아산 킹크랩	면세	외국산 불문하고 수산물은 면세
⑥ 밀가루	면세	쌀과 밀가루는 면세
⑦ 마늘장아찌	면세	단순가공식품이므로 규격단위포장으로 판다.

2) 주택 및 그 부수토지의 임대용역에 대한 면세

① **주택과 그 부수토지의 범위** : 주택 및 그 부수토지의 임대용역의 공급에 대하여는 부가가치세를 면제한다. 여기서「주택」이란 상시 주거용(사업을 위한 주거용의 경우를 제외한다)으로 사용하는 건물을 말한다. 그리고 그 부수토지는 그 면적이 건물이 정착된 면적의 5배(도시계획구역 밖에 있는 토지의 경우에는 10배)를 초과하지 않는 것을 말하며, 이를 초과하는 부분의 임대는 면세되지 않는다.

② **겸용주택의 경우** : 임대주택에 부가가치세가 과세되는 사업용 건물이 함께 설치되어 있는 경우에는 다음과 같이 그 면세 여부를 판정한다.

구 분	건 물	부 수 토 지
① 주택면적 〉 사업용 건물면적	전부를 주택으로 본다.	전부를 주택의 부수토지로 본다.
② 주택면적 ≤ 사업용 건물면적	주택부분 외의 사업용 건물부분은 주택으로 보지 않는다.	전체 부속토지를 건물면적비율로 안분하여 주택부수토지를 계산한다.

이렇게 주택의 부수토지 중 건물정착 면적의 5배(10배)를 초과하는 부분의 임대는 면세되지 않는다. 여기서 「**건물정착면적**」은 위 ①은 순수한 주택의 정착면적과 주택으로 간주되는 사업용건물의 정착면적을 합산한 면적을 말하며, 위 ②에서는 순수한 주택정착면적을 말한다.

PART 1 이론편

예제 4-2 주택의 부수토지의 과세 및 면세여부

다음은 겸용주택과 부수토지의 임대사례이다. 각 사례별로 과세와 면세를 판정하시오.(부수토지는 모두 도시지역 밖에 있다고 가정한다)

(단위 : ㎡)

	임대사례			판정결과	
	건물		부수토지	건물	부수토지
(1)	주택	20	800	면세	면세
	점포	30		과세	과세
(2)	주택	30	800	면세	면세
	점포	20		과세	과세
(3)	(3층)주택	30	800	면세	면세
	(2층)주택	30			
	(1층)점포	30		과세	과세
(4)	(3층)주택	30	900	면세	면세
	(2층)점포	30			
	(1층)점포	30		과세	과세

예제해설

(1) 부수토지 중 320㎡(800×20/50)이 주택부수토지로 취급되나, 주택정착면적(20㎡)의 10배인 200㎡까지만 면세
(2) 부수토지는 모두 주택의 부수토지로 취급되며, 주택정착면적의 10배인 500㎡까지만 면세
(3) 부수토지는 모두 주택부수토지로 취급되나, 주택의 정착면적(30㎡)의 10배인 300㎡까지만 면세
(4) 부수토지 중 300㎡(900×30/90)이 주택부수토지로 취급되나, 주택정착면적(30㎡×30/90=10㎡)의 10배인 100㎡만 면세

	임대사례			판정결과			
	건물		부수토지	건물		부수토지	
(1)	주택	20	800	면세	20	면세	200
	점포	30		과세	30	과세	600
(2)	주택	30	800	면세	50	면세	500
	점포	20		과세	–	과세	300
(3)	(3층)주택	30	800	면세	90	면세	300
	(2층)주택	30					
	(1층)점포	30		과세	–	과세	500
(4)	(3층)주택	30	900	면세	30	면세	100
	(2층)점포	30					
	(1층)점포	30		과세	60	과세	800

3) 부동산의 공급 및 부동산 임대용역의 공급

토지는 면세가 되는 재화이지만, 토지의 임대용역은 면세되는 용역이 아니다. 이를 정리하면 다음과 같다.

〈부동산의 공급과 부동산의 임대에 대한 면세 여부〉

부동산의 공급(재화의 공급)		부동산의 임대(용역의 공급)	
1) 토지의 공급	면세	1) 토지의 임대	과세
2) 건물 등의 공급	과세	2) 건물 등의 임대	과세
(예외) 국민주택의 공급	면세	(예외) 주택의 임대	면세

(3) 재화의 수입에 대한 면세

재화의 수입에 대한 면세도 국내의 면세되는 재화·용역기준에 준한다. 다만, 미가공식료품 중 커피두·코코아두 및 애완용 및 관상용 동물 등은 과세된다.

※ 커피 및 커피의 껍데기·껍질과 웨이스트, 코코아두(원래모형이나 부순 것으로서 볶은 것 포함), 코코아의 껍데기와 코코아 웨이스트의 수입에 대하여는 2022.06.28.부터 2025.12.31.까지 면세한다.

(4) 면세의 포기

일정한 면세대상 재화 또는 용역에 대하여는 사업자의 자유의사에 따라 면세를 포기할 수 있다. 그 취지는 주로 영세율 적용대상이 되는 거래에 대하여 면세가 아니라 영세율을 적용받을 수 있도록 하기 위한 것이다.

1) 면세포기대상

부가가치세법상 면세포기대상은 다음의 두 가지이다.
① 영세율이 적용되는 재화·용역
② 공익단체 중 학술연구단체 또는 기술연구단체가 공급하는 재화 및 용역

2) 면세포기절차

면세포기를 하고자 하는 사업자는 면세포기신고를 하고 지체 없이 사업자등록을 해야 한다. 면세포기는 포기신고만 하면 되며, 세무서장의 승인은 필요로 하지 않는다.
① 면세포기신고를 한 사업자는 신고한 날로부터 3년간은 부가가치세 면제를 받지 못한다.
② 면세포기신고를 한 사업자가 3년이 경과한 후 부가가치세의 면제를 받고자 하는 때에는 면세적용신고서와 함께 발급받은 사업자등록증을 반납하여야 한다. 만약 면세적용신고서를 제출하지 아니한 경우에는 계속하여 면세를 포기한 것으로 본다.

3) 면세의 포기 범위

① 면세되는 2이상의 사업 또는 종목을 영위하는 사업자는 면세포기대상이 되는 재화 또는 용역의 공급 중에서 면세 포기를 하고자 하는 재화·용역의 공급만을 구분하여 면세포기를 할 수 있다.

② 영세율 적용의 대상이 되는 것만을 면세 포기한 사업자가 면세되는 재화·용역을 국내에 공급하는 때에는 면세포기의 효력이 없다. 따라서 영세율대상을 면세 포기한 사업자가 일부 재화는 수출하고 일부 재화는 국내에 공급하는 경우 수출재화에만 면세포기의 효력이 있으므로 국내공급 분은 그대로 면세된다.

제 5 절 과세표준의 계산

1 과세표준

재화·용역의 공급에 대한 부가가치세의 과세표준은 「**공급가액**」으로 한다. 여기에서 「**공급가액**」이란 부가가치세를 포함하지 아니한 금액을 말한다.

구 분			금 액	세율	세 액
과세표준 및 매출세액	과 세	세금계산서 발급분 (1)		10/100	
		매입자발행세금계산서 (2)		10/100	
		신용카드·현금영수증발행분 (3)		10/100	
		기타(정규영수증 외 매출분) (4)		10/100	
	영세율	세금계산서 발급분 (5)		0/100	
		기 타 (6)		0/100	
	예정신고누락분 (7)				
	대손세액가감 (8)				
	합 계 (9)				

(1) 재화 또는 용역의 공급에 대한 과세표준

1) 일반적인 기준

재화 또는 용역의 공급에 대한 부가가치세의 과세표준은 「**공급가액**」으로 한다. 사업자는 여기에 10%의 세율을 적용하여 계산된 매출세액을 공급받는 자로부터 거래징수하여 정부에 납부하여야 한다. 여기서 「**공급가액**」이란 다음의 것을 말한다.

구 분	공 급 가 액
① 금전으로 대가를 받는 경우	그 대가(대금, 요금, 수수료 등 명칭불구 모두 포함)
② 금전 외의 대가를 받는 경우	자기가 공급한 재화·용역의 시가

이러한 공급가액은 부가가치세를 포함하지 않은 금액이다. 하지만 "**개별소비세·교통세 또는 주세**"가 과세되는 경우에 당해 "**개별소비세·교통세·주세·교육세 및 농어촌특별세**" 상당액은 과세표준에 포함된다. 다만, 부가가치세의 포함 여부에 따라 일반과세자의 과세표준과 간이과세자의 과세표준 간에는 차이가 있다. 일반과세자의 과세표준은 공급가액이지만, 간이과세자의 과세표준은 공급대가이다. 공급가액과 공급대가의 차이는 다음과 같다.

구 분	부가가치세 포함 여부	비 고
① 공급가액	부가가치세가 포함되지 않은 금액	일반과세자의 과세표준
② 공급대가	부가가치세가 포함된 금액	간이과세자의 과세표준

2) 특수관계자와 관계에 따른 기준(부당행위계산의 부인)

사업자가 그와 특수관계에 있는 자와의 거래에 있어서 재화와 용역의 공급가액에 대한 조세의 부담을 부당하게 감소시킬 것으로 인정되는 현저하게 낮은 대가를 받은 경우에는 다음의 금액을 공급가액으로 한다.

구 분	공 급 가 액
① 재화의 공급에 대하여 시가보다 낮은 대가를 받거나 대가를 받지 않은 경우	자기가 공급한 재화의 시가
② 용역의 공급에 대하여 시가보다 낮은 대가를 받은 경우	자기가 공급한 용역의 시가

3) 거래형태별 과세표준

부가가치세의 과세표준은 형태별에 따라 다음과 같이 정하고 있다.

구 분	과 세 표 준
① 외상판매 및 할부판매의 경우	공급한 재화의 총 가액
② 장기할부판매의 경우	계약에 따라 받기로 한 대가의 각 부분
③ 완성도기준지급 · 중간지급조건부로 재화 · 용역을 공급하거나 계속적으로 재화 · 용역을 공급하는 경우	계약에 따라 받기로 한 대가의 각 부분

또한 대가를 외화로 받는 경우의 과세표준은 다음과 같다.

구 분	외화 환산액
① 공급시기 도래 전에 원화로 환가한 경우	그 환가한 금액
② 공급시기 이후에 외국통화 기타 외국환 상태로 보유하거나 지급받는 경우	공급시기의 외국환 거래법에 의한 기준환율 또는 재정환율에 의하여 계산한 금액

(2) 과세표준에 포함되는 것과 포함되지 않는 것

부가가치세 과세표준에 포함되기 위해서는 반드시 대가관계가 있어야 하며, 대가에 포함되지 않는 경우에는 과세표준에 포함하지 않는다.

1) 과세표준에 포함되는 거래

① 대가에 포함되는 연불판매 또는 할부판매의 이자상당액
② 대가의 일부로 받는 운송보험료, 산재보험료, 운송비, 포장비, 하역비 등
③ 개별소비세, 주세, 교통세, 교육세 및 농어촌특별세 상당액
④ 자기적립 마일리지 외의 마일리지인 제3자 적립마일리지에 의한 결제

2) 과세표준에 포함되지 않는 거래

① 부가가치세
② 매출에누리와 환입액, 매출할인(외상판매에 공급대가의 미수금을 그 약정일 전에 영수하는 경우에 확인한 경우)
③ 공급받는 자에게 도달하기 전에 파손 및 멸실된 재화의 가액
④ 재화·용역의 공급과 직접 관련되지 아니하는 국고보조금·공공보조금 ⇨ 대가관계가 없음.
⑤ 계약 등에 의하여 확정된 공급대가의 지급 지연으로 인하여 지급받는 연체이자
⑥ 반환조건부 포장용기 및 반환 보조금
⑦ 용역대가와 봉사료를 구분하여 기재한 경우로써 봉사료를 해당 종업원에게 지급한 사실이 확인되는 경우(다만, 사업자의 수입금액으로 표시하는 경우에는 과세표준에 포함한다)
⑧ 공급받는 자가 부담하는 원재료
⑨ 부동산임대료와 구분하여 징수하는 보험료·수도료·공공요금 등
⑩ 자기적립 마일리지 등으로 결제 받은 금액

(3) 과세표준에서 공제하지 않는 것

재화 또는 용역을 공급한 후의 그 공급가액에서 다음의 것들은 공제하지 않는다.

① 대손금   ② 판매 장려금   ③ 하자보증금(예치금 성격)

(4) 재화의 수입에 대한 과세표준

재화의 수입에 대한 부가가치세의 과세표준은 「**관세의 과세가격**」과 **관세·개별소비세·교통세·주세·교육세** 및 **농어촌특별세**의 합계액으로 한다. 세관장은 여기에 세율을 곱하여 계산한 부가가치세를 수입자로부터 징수하여야 한다.

> 과세표준 = 관세의 과세가격 + 관세 + 개별소비세·교통세·주세·농특세 등

예제 5-1 과세표준의 계산

다음의 자료는 사업자 정줄래씨의 과세공급 자료이다. 제1기 과세기간(1.1.~6. 30.)의 부가가치세 과세표준을 계산하시오. 별도의 언급이 없는 한 제시된 금액은 부가가치세가 포함되지 않은 금액이다.

(1) 01월 05일 거래처 A에 제품을 165,000,000원(부가가치세 포함)에 외상으로 판매하였다.
(2) 01월 07일 거래처 B가 직전 과세기간에 발생한 매출채권 200,000,000원을 조기에 변제함에 따라 그 금액의 2%인 4,000,000원의 매출할인이 발생하였다.
(3) 01월 15일 직전 과세기간에 10,000,000원에 매출한 제품(원가 7,000,000원)이 환입되었다.
(4) 03월 10일 A거래처에 대한 매출채권의 회수기간을 2개월 연장하고 연체이자 3,000,000원을 추가로 받았다.
(5) 05월 20일 B거래처에 판매가격이 50,000,000원인 제품을 품질불량으로 8,000,000원을 에누리하여 42,000,000원에 외상 판매하였다.
(6) 06월 30일 A거래처에 그동안 거래실적에 따라 6,000,000원의 장려금과 시가 3,000,000원의 제품(원가 2,000,000원)을 장려품으로 지급하였다.

예제해설

거래일	과세표준	비고
1. 5.	150,000,000	165,000,000×100/110
1. 7.	(4,000,000)	매출할인이 발생한 과세기간의 과세표준에서 차감
1.15.	(10,000,000)	환입된 과세기간의 과세표준에서 차감
3.10.	-	연체이자는 과세표준에 불포함
5.20.	42,000,000	과세표준에 매출에누리 불포함
6.30.	3,000,000	판매장려금은 차감하지 않으며, 현물장려금은 사업상 증여임
계	181,000,000	

2 재화의 간주(의제)공급에 대한 과세표준

(1) 일반적인 경우

자가공급(판매목적 타사업장 반출의 경우는 제외)·개인적 공급·사업상 증여 및 폐업 시 잔존재화에 대한 과세표준은 당해 재화의 시가에 의한다. 하지만 주의 할 점은 자가공급 중 직매장반출은 취득가액을 과세표준으로 하되, 당해 취득가액에 일정액을 가산하여 공급하는 경우에는 당해 공급가액으로 한다. 한편, 당해 재화가 개별소비세·교통·에너지·환경세 또는 주세가 부과되는 재화인 경우과세표준은 당해 개별소비세 등을 가산한 금액으로 한다.

(2) 당해 재화가 감가상각자산인 경우

간주공급에 해당하는 건물 등의 경우에는 당해 재화의 공급가액을 임의로 측정하는 것은 불가능하다. 그리하여 부가가치세법에서는 당해 재화가 감가상각자산이 간주공급에 해당하는 경우에는 다음 산식에 의하여 계산한 금액을 당해 재화의 시가로 본다.

> 간주시가 = 당해 재화의 취득가액 × (1 − 체감률 × 경과된 과세기간의 수)

여기서 「**취득가액**」에는 현재가치할인차금을 포함하며, 취득세 등 기타부대비용은 제외한다. 「**체감률**」이란 다음의 비율을 말한다.

① 건물·구축물	5%
② 기타의 감가상각자산	25%

위의 계산식에서 「**경과된 과세기간의 수**」는 건물·구축물의 경우에는 20을, 기타의 감가상각자산의 경우에는 4를 한도로 한다. 그리고 「**경과된 과세기간의 수**」는 과세기간 단위로 계산하며, 과세기간 개시일 후에 감가상각자산을 취득하거나 당해 재화가 공급된 것으로 보게 되는 경우에는 그 과세기간의 개시일에 당해 재화를 취득하거나 당해 재화가 공급된 것으로 보고 경과된 과세기간의 수를 계산한다.

예제 5-2 재화의 간주공급에 대한 과세표준 계산

과세사업을 영위하던 ㈜우리는 2025.11.20. 갑작스런 자금부족으로 폐업하게 되었다. 폐업당시 ㈜우리는 소유하고 있던 재화는 다음과 같다. 다음 자료를 이용하여 부가가치세 과세표준을 계산하시오.

	취득일	취득가액	시가	장부가액
상품	2025. 7. 21	₩600,000	₩700,000	₩650,000
건물	2024. 6. 26	100,000,000	120,000,000	70,000,000
토지	2023. 8. 24	240,000,000	300,000,000	290,000,000
기계장치	2024. 9. 20	70,000,000	65,000,000	40,000,000

* 기계장치는 장기연불조건으로 취득한 것으로서, 취득 당시 현재가치평가액을 취득가액으로 기장한 것이다.(취득당시의 현재가치할인차금은 ₩10,000,000)이다.

예제해설

> 상 품 700,000(상품은 감가상각자산이 아님)
> 건 물 100,000,000×(1−5%×3)=85,000,000
> 기계장치 (70,000,000+10,000,000)×(1−25%×2)=40,000,000
> 과세표준 700,000+85,000,000+40,000,000=125,700,000(토지는 재화로 보지 아니하므로 공급이 아니다)

(3) 과세사업에 공한 감가상각자산을 면세사업에 일부 사용하는 경우

과세사업에 공한 감가상각자산을 면세사업에 일부 사용하는 경우에는 다음 산식에 의하여 계산한 금액을 과세표준으로 하되, **면세공급가액비율이 5% 미만인 경우에는 과세표준이 없는 것으로 본다.**

$$과세표준 = 간주시가 \times 면세사업에 일부 전용한 날이 속하는 과세기간의 \frac{면세공급가액}{총공급가액}$$

이것은 면세사업에의 완전한 전용이 아니라 부분적인 전용의 경우이다. 즉 과세사업과 관련하여 생산하거나 취득한 감가상각자산을 과세사업과 면세사업에 겸용하는 경우를 말하는 것이다. 이 경우에는 면세사업에 사용되는 부분만을 도출하여 과세표준을 계산하여야 하지만, 그 구분이 곤란하기 때문에 획일적으로 공급가액비율에 의해 안분하여 계산하는 것이다.

예제 5-3 면세사업에 일부 전용한 경우의 과세표준 계산

버스운송업을 영위하는 ㈜태화는 전세버스사업의 정비에 사용하기 위하여 2024년 6월 30일 정비기계를 취득하였다. 그러던 중 2025년 6월 7일 시외버스 정비에 사용하던 정비기계의 고장으로 전세버스사업에 사용하던 정비기계를 시외버스정비에 일부 사용하게 되었다. 다음 자료를 이용하여 전세버스 정비기계의 공통사용으로 인한 과세표준을 계산하시오.

⑴ 전세버스 정비기계의 취득가액 ₩45,000,000
⑵ 전세버스 정비기계는 장기연불조건으로 취득한 것으로서 취득당시 현재가치로 평가한 가액을 취득가액으로 기장한 것이다.(취득당시의 현재가치할인차금은 ₩5,000,000이다)
⑶ 공급가액 내역

과세기간	시외버스	전세버스
2023년 제2기	500,000,000	1,000,000,000
2024년 제1기	800,000,000	1,200,000,000

예제해설

(1) 간주시가
 (45,000,000+5,000,000)×(1-25%×2)=25,000,000
(2) 면세사업에 전용한 부분의 과세표준
 25,000,000 × 800,000,000 / 2,000,000,000 = 10,000,000

Chapter 3 부가가치세

③ 부동산의 공급

(1) 토지와 건물 등 각각의 공급가액이 구분되는 경우
건물 등의 실지 거래가액을 과세표준으로 한다.

(2) 토지와 건물 등 각각의 공급가액이 구분되지 않는 경우
실지거래가액 중 토지의 가액과 건물 등 가액의 구분이 불분명한 경우에는 다음의 방법으로 안분계산 한다.

구 분		안 분 계 산 방 법
① 감정평가액이 있는 경우		감정평가액에 비례하여 안분 계산한다.
② 감정평가액이 없는 경우	기준시가가 모두 있는 경우	공급계약일 현재의 기준시가에 따라 계산한 가액에 비례하여 안분 계산한다.
	어느 하나 또는 모두의 기준 시가가 없는 경우	장부가액(장부가액이 없는 경우에는 취득가액)에 비례하여 안분계산한 후 기준시가가 있는 자산에 대하여는 그 합계액을 다시 기준시가에 의하여 안분 계산한다.
③ 위의 방법을 적용할 수 없거나 적용하기 곤란한 경우		국세청장이 정하는 바에 따라 안분 계산한다.

예제 5-4 부동산의 일괄 공급시 과세표준 계산

제조업을 영위하는 부가가치세 과세사업자인 ㈜청송은 제조업에 사용하던 토지·건물 및 기계장치를 400,000,000원(부가가치세 제외)에 일괄양도하였는데, 그 가액의 구분은 불분명하다. 공급계약일 현재 이와 관련된 자료가 다음과 같을 때 그 부가가치세 과세표준에 포함되는 공급가액의 합계액은 얼마인가?

	토지	건물	기계장치
(1) 취득가액	150,000,000원	80,000,000원	20,000,000원
(2) 장부가액	150,000,000원	30,000,000원	20,000,000원
(3) 기준시가	200,000,000원	50,000,000원	–
(4) 감정평가액	–	–	–

예제해설

(1) 장부가액에 의한 1차 배부
- 토지의 공급가액 : 400,000,000원 × 150,000,000/200,000,000 = 300,000,000원
- 건물의 공급가액 : 400,000,000원 × 30,000,000/200,000,000 = 60,000,000원
- 기 계장치의 공급가액 : 400,000,000 × 20,000,000/200,000,000 = 40,000,000원

(2) 기준시가에 의한 2차 배부
- 토지의 공급가액 : 360,000,000원 × 200,000,000/250,000,000 = 288,000,000원
- 건물의 공급가액 : 360,000,000원 × 50,000,000/250,000,000 = 72,000,000원

4 임대용역의 공급

부동산 임대용역의 과세표준은 임대료·관리비 및 간주임대료의 합계액으로 한다.

$$\text{과세표준} = \text{임대료} + \text{간주임대료} + \text{관리비수입}$$

(1) 임대료

당해 과세기간에 수입할 금액을 과세표준으로 한다. 사업자가 2 이상의 과세기간에 걸쳐 부동산임대용역을 공급하고 그 대가를 선불 또는 후불로 받는 경우에는 당해 금액을 계약기간의 월수로 나눈 금액의 각 과세기간의 합계액을 과세표준으로 한다.

$$\text{과세표준} = \text{선불 또는 후불로 받은 임대료} \times \frac{\text{당해 과세기간 중의 임대월수}}{\text{총 임대기간의 월수}}$$

※ 이 경우 월수는 달력에 따라 계산하되, 개시일이 속하는 달이 1월 미만이면 1월로 하고 종료일이 속하는 달이 1월 미만이면 이를 산입하지 않는다.(초월산입, 말월불산입)

(2) 관리비

사업자가 부동산임대와 관련하여 받은 관리비는 과세표준에 포함된다. 다만, 임차인이 부담하여야 할 보험료·수도료·공공요금을 별도로 구분·징수하여 납입을 대행하는 경우에는 이를 과세표준에 포함하지 아니한다.

(3) 전세금 또는 임대보증금에 대한 간주임대료

사업자가 부동산임대용역을 공급하고 전세금 또는 임대보증금을 받는 경우에는 「**금전외의 대가**」를 받는 것으로 보아 다음과 같이 계산한 금액을 과세표준으로 한다.

Chapter 3 부가가치세

$$\text{간주임대료} = \text{당해 과세기간의 전·월세 보증금} \times \text{정기예금이자율} \times \frac{\text{과세대상 일수}}{365일(\text{또는 } 366일)}$$

여기서 「**정기예금이자율**」이란 해당 예정신고기간 또는 과세기간 종료일 현재 서울특별시에 본점을 둔 시중은행의 정기예금이자율(계약기간 1년)의 평균을 감안하여 국세청장이 매년 고시하는 이자율을 말한다. 한편 이러한 간주임대료는 임차인이 해당 부동산을 사용하거나 사용하기로 한 때를 기준으로 하여 계산한다.

예제 5-5 부동산의 임대보증금에 대한 간주임대료 계산

㈜태화는 2025년 7월 5일 사업용 건물을 개인사업자 김○○씨에게 다음과 같은 조건으로 임대하였다. 임대와 관련하여 과세표준을 계산하시오.

(1) 계약기간 2025.7.5.~2026.7.4.
(2) 보증금 50,000,000원, 임대료 12,000,000만원(1년분)을 선불로 수령함.
(3) 과세기간 제2기 7월 1일부터 9월 30일, 과세기간 말의 1년 만기 정기예금이자율은 1.8%로 가정하며, 당해연도 또한 365일로 가정한다.

예제해설

(1) 임대료를 선불로 수령하였으나, 임대 시작 월이 1개월 미만인 경우 이를 1개월로 본다. 그러므로 월세액 12,000,000 × 3/12=3,000,000원이 과세표준이 된다.
(2) 간주임대료의 과세표준 : 50,000,000 × 1.8% × 88일/365일 =216,986원
(3) 과세표준 : 3,000,000 + 216,986 = 3,216,986원

5 대손세액공제

대손세액공제란 사업자가 과세재화·용역을 공급한 후 공급받는 자의 파산 등의 사유로 인하여 부가가치세를 거래징수하지 못하는 경우에는 그 대손세액을 매출세액에서 차감할 수 있으며, 이 경우 공급받은 자는 그 세액을 매입세액에서 차감한다.

만일 이러한 제도가 없다면 외상매출금 등이 대손 처리되는 경우 공급자는 거래징수하지 못한 부가가치세를 납부하여야 하고 공급받는 자는 그 거래징수당하지 않은 부가가치세를 매입세액으로 공제받게 되는 결과가 초래된다. 이 제도는 이러한 불합리한 결과를 방지하기 위하여 도입된 것이다.

(1) 공급하는 사업자의 대손세액

1) 대손세액공제사유

공급받는 자에게 다음 중 어느 하나에 해당하는 사유가 발생하여 회수할 수 없는 경우에 한한다. 이 경우는 법인세법과 소득세법의 대손사유와 일치한다.
① 파산법에 의한 파산(강제화의를 포함한다)
② 민사소송법에 의한 강제집행
③ 사망·실종선고
④ 회사정리법에 의한 회사정리계획 인가의 결정
⑤ 상법상 소멸시효의 완성
⑥ 수표·어음의 부도발생일(금융기관이 해당 수표 또는 어음에 대하여 부도 확인을 한 날을 말한다)부터 6월이 된 경우. 다만, 해당 사업자가 채무자의 재산에 대하여 저당권을 설정하고 있는 경우는 제외한다.
⑦ 회수기일이 6월 이상 경과한 채권 중 30만원(채무자별 채권가액의 합계액을 기준으로 한다)이하의 채권
⑧ 중소기업의 외상매출금 및 미수금으로서 회수기일이 2년 이상 지난 외상매출금 등(다만, 특수관계인과의 거래는 제외)

2) 시기의 제한

대손세액공제는 사업자가 과세 재화·용역을 공급한 후 그 **공급일부터 10년이 경과된 날이 속하는 과세기간**에 대한 **확정·신고기한까지** 위의 사유로 인하여 확정되는 대손세액에 한하여 허용된다.

3) 회수불능의 입증

대손세액공제를 받고자 하는 사업자는 부가가치세 확정 신고서에 「**대손세액공제신고서**」와 대손사실을 증명하는 서류를 첨부하여 관할세무서장에게 제출하여야 하며, 대손세액공제는 이러한 서류를 제출하는 경우에 한하여 이를 적용한다.

4) 대손세액공제의 방법

대손세액은 그 대손이 확정된 날이 속하는 과세기간의 매출세액에서 차감 할 수 있으며, 그 금액은 다음과 같이 계산한다.

$$대손세액 = 대손금액 \times 10/110$$

5) 대손금을 회수한 경우

해당 사업자가 대손금액의 전부 또는 일부를 회수한 경우에는 회수한 날이 속하는 과세기

간의 매출세액에 가산한다.

(3) 공급받은 사업자의 경우

1) 대손이 확정된 경우

공급을 받은 사업자가 대손세액의 전부 또는 일부를 매입세액으로 공제 받은 경우로서 공급자의 대손이 해당 공급을 받은 사업자의 폐업 전에 확정되는 때에는 관련 대손세액 상당액을 대손이 확정된 날이 속하는 과세기간의 매입세액에서 차감한다.

2) 대손금을 변제한 경우

대손세액을 매입세액에서 차감(관할세무서장이 경정한 경우 포함)한 해당 사업자가 대손금액을 전부 또는 일부를 변제한 경우에는 변제한 대손금액에 관련된 대손세액을 변제한 날이 속하는 과세기간의 매입세액에 가산한다.

제 6 절 거래징수와 세금계산서

1 거래징수

부가가치세의 부담을 최종소비자에게 전가하기 위해서는 거래의 각 단계별로 납세의무자인 사업자가 재화 또는 용역을 공급하는 때에 과세표준에 부가가치세율 10%를 적용하여 계산한 부가가치세를 그 공급을 받는 자로부터 징수하여야 하는데, 이를 「**거래징수**」라고 한다.

거래징수에 있어서 거래징수 의무자는 납세의무자인 **과세사업자**이다. 그러므로 면세사업자는 거래징수 의무가 없으며 또한, 거래징수는 공급받는 자와는 관련이 없으므로 과세되는 재화·용역을 공급하는 사업자는 사업자와 최종소비자를 구분하지 않고 거래징수의무를 진다.

2 세금계산서

「**세금계산서**(Tax invoice)」란 과세사업자가 재화 또는 용역을 공급할 때 공급받는 자로부터 부가가치세를 거래징수하고 이를 증명하기 위하여 발급하는 세금 영수증을 말한다.

구 분			발급의무	비 고
사업자	과세사업자	일반과세자	세금계산서	최종소비자 대상 사업은 영수증 발급
		간이과세자	세금계산서	공급대가 4,800만원 이상 1억 400만원 미만 사업자
			영수증	공급대가 4,800만원 미만 사업자
	면세사업자		계산서	최종소비자 대상 사업은 영수증 발급
세관장(수입재화에 대하여 발급)			세금계산서 · 계산서	과세재화는 수입세금계산서 · 면세재화는 수입계산서 발급

(1) 세금계산서의 발급절차 및 효력

1) 세금계산서의 발급절차

세금계산서는 원칙적으로 공급하는 사업자가 공급자 보관용(매출세금계산서)와 공급받는 자 보관용(매입세금계산서)으로 각 2매를 발급하여 1매를 발급한다. 이렇게 발급하거나 발급받은 세금계산서는 5년간 보관하여야 한다.

2) 세금계산서의 효력

세금계산서 발급시 필요적 기재사항이 누락되었거나 사실과 다른 경우에는 세금계산서로서의 효력이 인정되지 않는다.

Chapter 3 부가가치세

전자세금계산서					승인번호			
공급자	등록번호		종사업장번호		공급받는자	등록번호		종사업장번호
	상호(법인명)		성명			상호(법인명)		성명
	사업장주소					사업장주소		
	업태		종목			업태		종목
	이메일					이메일		
작성일자	공급가액		세액		수정사유		비 고	
					해당 없음			
월	일	품목	규격	수량	단가	공급가액	세액	비고
합계금액		현금		수표		어음	외상미수금	위 금액을 ( ) 함

3) 세금계산서의 기재사항

구 분	내 용
필요적 기재사항	① 공급하는 사업자등록번호와 성명 및 상호 ② 공급받는 자의 등록번호　③ 공급가액과 부가가치세　④ 작성연월일
임의적 기재사항	① 공급하는 자의 주소　② 공급받는 자의 상호와 성명 및 주소 ③ 공급품목과 공급연월일　④ 단가와 수량 등

> **세금계산서의 기능**
>
> 부가가치세의 전가, 매입세액 공제, 거래의 상호대사, 송장·영수증·청구서 기능, 기장의무 이행 기능(영수증 발급 적용기간의 간이과세자가 발급받았거나 발급한 세금계산서 또는 영수증을 보관한 때에는 부가가치세법에 따른 기장의무를 이행한 것으로 봄) ⇨ 계약서 기능은 없음

(2) 세금계산서의 발급대상 및 종류

1) 세금계산서 발급대상

① 「납세의무자」로 등록한 사업자는 부가가치세 과세대상인 재화·용역을 공급하는 경우에는 세금계산서를 발급하여야 한다.
② 세율적용 대상은 부가가치세를 거래징수하지 않으나 세금계산서는 발급면제 규정이 없는 한 발급하여야 한다.
③ 면세사업자는 계산서를 작성·발급하며 세금계산서는 발급할 수 없다.

2) 세금계산서의 종류

① **종이세금계산서** : 세금계산서는 2매가 1조로 되어 있다. 사업자는 세금계산서 2매를 작성하여 1매를 공급받는 자에게 발급하고 1매를 보관한다.

② **전자세금계산서** : 법인사업자와 직전 연도의 사업장별 재화·용역의 공급가액(면세공급가액 포함)의 합계액이 8,000만원 이상인 개인사업자는 전자세금계산서를 발급하여야 한다.
  ㉠ 법인은 전자세금계산서 의무발급 대상이다.
  ㉡ 개인은 직전 연도의 사업장별 공급가액의 합계액이 8천만원 이상인 경우 당해 연도 제2기부터 그 다음 해 제1기까지 전자세금계산서 의무발급 대상이 된다.

③ **수입세금계산서** : 세관장은 수입되는 재화에 대하여 세금계산서규정을 준용하여 관세청장이 정하는 바에 따라 수입전자세금계산서를 수입자에게 발급하여야 한다.

3) 세금계산서의 발급 시기

세금계산서는 재화·용역의 공급시기에 발급해야 한다. 다만, **다음의 경우에는 공급일 속하는 달의 다음 달 10일까지 세금계산서를 발급할 수 있다.** 그리고 기한 말일이 토요일, 공휴일인 경우에는 그 다음 날까지 발급할 수 있다.

① **1역월 단위** : 거래처별로 월의 1일부터 말일까지의 공급가액을 합계하여 해당 월의 말일자를 작성일자로 하여 세금계산서를 발급하는 경우(종전 1역월)

② **1역월 이내에서 임의로 정한 기간단위** : 거래처별로 월의 1일부터 말일까지의 기간 이내에서 사업자가 임의로 정한 기간의 공급가액을 합계하여 그 기간의 종료일을 작성일자로 하여 세금계산서를 발급하는 경우(종전 1역월)

③ 관계증명서류 등에 의하여 실제거래사실이 확인되는 경우로써 해당 거래일자를 발행일자로 하여 세금계산서를 발급하는 경우

4) 세금계산서발급자료 제출

① **종이세금계산서** : 부가가치세 신고 시 「**매출처별세금계산서합계표**」를 제출해야 하며, 미제출시에는 가산세를 부과한다.

② **전자세금계산서** : 전자세금계산서를 발급하였을 때에는 **전자세금계산서 발급일의 다음 날까지** 전자세금계산서 발급명세를 국세청장에게 전송하여야 한다. 이처럼 전자세금계산서 발급명세를 전송(지연전송 포함)한 경우에는 예정신고 또는 확정신고 시 **매출·매입처별세금계산서합계표**를 제출하지 않을 수 있으며, 5년간 세금계산서 보존의무가 면제된다.

(3) 수정세금계산서

1) 작성일자가 소급되지 않는 경우

다음과 같은 사유로 수정세금계산서를 발급하는 경우에는 **수정사유가 발생한 날짜를 작성일자**로 기입하여 수정내용을 반영한다.

① 처음 공급한 재화가 **환입**된 경우
② **계약의 해제**로 재화 또는 용역이 공급되지 아니한 경우
③ **계약의 해지** 등에 따라 공급가액에 추가되거나 차감되는 금액이 발생한 경우

2) 작성일자가 소급되는 경우

다음과 같은 사유로 수정세금계산서를 발급하는 경우에는 **당초 세금계산서 발급일자**로 하여 수정세금계산서를 발급한다.

① 재화 또는 용역을 공급한 후 공급시기가 속하는 과세기간 종료 후 25일 이내에 내국신용장이 개설되었거나 구매확인서가 발급된 경우(구매확인서 사후 발급)
② 필요적 기재사항 등이 착오로 잘못 적힌 경우
③ 착오로 세금계산서가 이중으로 발급된 경우
④ 면세 등 세금계산서 발급거래가 아닌 경우 발급된 경우
⑤ 세율을 잘못 적용하여 발급된 경우

3) 과세유형 전환에 따른 수정세금계산서 발급

일반과세자에서 간이과세자로 또는 간이과세자에서 일반과세자로 과세유형이 변경되어 세금계산서를 수정하는 경우, **처음에 발급한 세금계산서 작성일을 수정세금계산서(또는 수정전자세금계산서)의 작성일로 적고**, 비고란에 사유 발생일을 덧붙여 적은 후 추가되는 금액은 검은색 글씨로 쓰고 차감되는 금액은 붉은색 글씨로 쓰거나 음의 표시를 하여 수정세금계산서(또는 수정전자세금계산서)를 발급할 수 있다.

(4) 세금계산서 발급특례

1) 위탁판매

위탁자(또는 본인)가 직접 재화를 공급한 것으로 보아 다음과 같이 세금계산서를 발급한다.

① **수탁자(또는 대리인)가 재화를 인도하는 경우** : 수탁자(또는 대리인)가 위탁자(또는 본인)의 명의로 세금계산서를 발급한다.
② **위탁자(또는 본인)가 직접 재화를 인도하는 경우** : 위탁자(또는 본인)가 세금계산서 발급할 수 있다.(수탁자 또는 대리인의 등록번호 부기)
  ※ 위탁자(또는 본인)를 알 수 없는 경우에는 위탁자는 수탁자에게, 수탁자는 거래상대방에게 공급한 것으로 보아 세금계산서를 발급한다.

2) 위탁매입

위탁매입(또는 대리인에 의한 매입)의 경우에는 공급자가 위탁자(또는 본인)를 공급받는 자로 하여 세금계산서를 발급한다. 이 경우에도 수탁자(또는 대리인)의 등록번호를 부기하여야 한다.

③ 영수증

「**영수증**」이란 공급받는 자의 등록번호와 부가가치세액을 따로 기재하지 않은 세금계산서를 말한다. 따라서 여기에는 부가가치세가 포함된 금액, 즉 「**공급대가**」가 기재된다.

1) 영수증의 종류

영수증은 주로 사업자가 아닌 최종소비자를 상대로 하는 소액의 거래에서 사용되는 서식이다. 영수증의 종류에는 다음과 같은 것들이 있다.

① 신용카드매출전표, 직불카드영수증, 기명식 선불카드영수증, 현금영수증
② 금전등록기영수증
③ 승차권, 항공권, 입장권, 관람권 등
④ 전기사업자가 발급하는 비산업용 전력사용료에 대한 영수증
⑤ 기타 ①~④와 유사한 영수증, 즉 영수증은 일정한 양식이 정하여진 것이 아니라 공급자의 등록번호, 상호 및 성명, 부가가치세를 포함한 공급대가, 공급연월일 기타 필요한 사항이 기재되어 있으면 영수증으로 보는 것이다.

2) 영수증의 발급방법

영수증은 다음의 방법으로 발급가능하다.

① 카드단말기ㆍ현금영수증발급장치 등을 통해 공급받는 자에게 출력하여 교부하는 방법
② 「전자문서 및 전자거래 기본법」 제2조에 따른 전자문서 형태로 공급받는 자에게 송신하는 방법

단, 전자적으로 생성ㆍ저장된 결제 내역을 공급받는 자가 확인가능한 경우에는 공급받는 자에게 송신한 것으로 간주한다.

3) 영수증 발급대상

다음 중 어느 하나에 해당하는 자가 재화 또는 용역을 공급(부가가치세가 면제되는 재화 또는 용역의 공급은 제외)하는 경우에는 재화 또는 용역의 공급시기에 그 공급을 받은자에게 세금계산서를 발급하는 대신 영수증을 발급하여야 한다.

① 주로 사업자가 아닌 자에게 재화 또는 용역을 공급하는 사업자로서 영수증 발급대상 사업을 하는 사업자
② 간이과세자 중 다음 중 어느 하나에 해당하는 자

㉠ 직전 연도의 공급대가의 합계액이 4,800만원 미만인 자
㉡ 신규로 사업을 시작하는 개인사업자로서 간이과세자로 하는 최초의 과세기간 중에 있는 자

4) 세금계산서 및 영수증 발급의무의 면제

① 택시운송·노점·행상·무인판매기를 이용하여 재화 또는 용역을 공급하는 자, 전력(또는 도시가스)을 실지로 소비하는 자(사업자가 아닌 자에 한한다)를 위하여 전기사업자(또는 도시가스사업자)로부터 전력(또는 도시가스)을 공급받은 명의자, 도로 및 관련시설 운용용역을 공급하는 자가 공급하는 재화 또는 용역
② 소매업 또는 목욕·이발·미용업을 영위하는 자가 공급하는 재화·용역(소매업의 경우에는 공급받는 자가 세금계산서의 발급을 요구하지 않는 경우에 한한다)
③ 자가공급(판매목적 타사업장 반출의 경우는 제외)·개인적공급·사업상 증여·폐업 시의 잔존재화로써 공급의제 되는 재화
④ 영세율 적용대상이 되는 일정한 재화·용역
⑤ 기타 국내사업장이 없는 비거주자 또는 외국법인에게 공급하는 재화 또는 용역
⑥ 부동산임대용역 중 간주임대료에 해당하는 부분

제 7 절 매입세액의 계산 및 납부세액 계산

1 매입세액공제

구분				금액	세율	세액
과세표준 및 매출세액	과세	세 금 계 산 서 발 급 분	(1)		10/100	
		매 입 자 발 행 세 금 계 산 서	(2)		10/100	
		신용카드 · 현금영수증발행분	(3)		10/100	
		기 타(정규영수증 외 매출분)	(4)		10/100	
	영세율	세 금 계 산 서 발 급 분	(5)		0/100	
		기 타	(6)		0/100	
	예 정 신 고 누 락 분		(7)			
	대 손 세 액 가 감		(8)			
	합 계		(9)		㉮	
매입세액	세금계산서 수 취 분	일 반 매 입	(10)			
		수출기업수입분납부유예	(10-1)			
		고 정 자 산 매 입	(11)			
	예 정 신 고 누 락 분		(12)			
	매 입 자 발 행 세 금 계 산 서		(13)			
	그 밖 의 공 제 매 입 세 액		(14)			
	합 계(10) - (1 0 - 1) + (11) + (12) + (13) + (14)		(15)			
	공 제 받 지 못 할 매 입 세 액		(16)			
	차 감 계 (15) - (16)		(17)		㉯	
납부(환급)세액(매출세액 ㉮ - 매입세액 ㉯)					㉰	

(1) 공제되는 매입세액

공제대상 매입세액은 **자기의 사업**(과세사업)을 위하여 **사용되었거나 사용될** 재화 · 용역의 공급 또는 재화의 수입에 대한 세액이다. 이것을 자세히 설명하면 다음과 같다.

1) 세금계산서 수취분 매입세액

사업자가 사업을 위하여 사용되었거나 사용될 재화 또는 용역을 공급받거나 재화를 수입할 때 세금계산서를 발급받은 매입세액은 매출세액에서 공제한다.
① 자기의 사업을 위하여 사용되었거나 사용될 재화 · 용역에 대한 매입세액일 것(재고자산으로 보유하고 있는 것도 매입세액공제 가능)
② 세금계산서를 발급받았으면 외상판매 · 현금판매 등 거래형태나 공급자 신고에 관계없이 매입세액공제를 받을 수 있다.

구 분	매입세액	가산세
① 예정신고기한까지 제출하여야 할 것을 확정시고시 제출하는 경우	매입세액 공제	-
② 수정신고·경정청구·기한 후 신고시 제출하는 경우	매입세액 공제	-
③ 경정시 경정기관의 확인을 거쳐 제출하는 경우	매입세액 공제	가산세(0.5%)

2) 매입자발행 세금계산서에 의한 매입세액

「매입자발행 세금계산서」란 공급자가 세금계산서를 발급하지 아니한 경우 매입자가 관할 세무서장의 확인을 받아 매입세액공제를 받는 제도를 말한다.

① **발급요건** : 세금계산서 발급의무가 있는 사업자(영수증 발급대상 사업자 중 거래상대방이 세금계산서의 발급을 요구할 경우 세금계산서 발급의무가 있는 사업자 포함)가 사업자에게 건당 공급대가가 5만원 이상인 거래에 대하여 세금계산서를 발급하지 않는 경우 ⇨ 발급목적은 매입세액 공제 또는 적격증명서류 구비
② **거래사실 확인 신청기한** : 세금계산서 공급시기가 속하는 과세기간 종료일부터 1년 이내
③ **매입세액 공제시기** : 공급시기가 속하는 과세기간의 매출세액에서 매입세액 공제

(2) 그 밖의 공제 매입세액

1) 신용카드매출전표 등 수령명세서 제출 분 매입세액

다음의 요건을 모두 갖춘 경우, 매입세액 공제

① 공급자가 세금계산서 발급이 가능한 일반과세자 또는 간이과세자(공급대가 1억 400만원이상)일 것
② 부가가치세가 별도로 구분 가능한 신용카드매출전표, 직불카드영수증, 기명식 선불카드영수증, 현금영수증·직불전자지급수단 영수증·선불전자지급수단 영수증(실제 명의가 확인되는 것으로 함)·전자지급결제대행에 관한 업무를 하는 금융회사 또는 전자금융업자를 통한 신용카드매출전표를 발급 받을 것.
③ 그 매입세액은 기업업무추진비, 개별소비세 과세대상 자동차 등 매입세액 불공제 대상이 아닐 것
④ 신용카드매출전표 등 수령명세서 합계표를 제출할 것
⑤ 신용카드매출전표 등을 거래일이 속하는 과세기간에 대한 확정신고 기한 후 5년간 보관할 것

2) 면세 농산물 등의 의제매입세액

사업자가 면세농산물 등을 원재료로 하여 제조·가공한 재화 또는 창출한 용역의 공급이 과세되는 경우에는 그 면세농산물 등의 가액에 소정의 율을 적용한 금액을 매입세액으로 의제하여 매출세액에서 공제하는데 이를 「**의제매입세액공제**」라고 한다.

① **의제매입세액공제의 요건**

  ㉠ **적용대상자** : 의제매입세액공제를 받을 수 있는 사업자등록을 한 과세사업자에 한 한다. 그러므로 사업자등록이 되어 있지 않은 경우(미등록)에는 의제매입세액공제가 허용되지 않는다.

  ㉡ **면세농산물 등을 과세재화·용역의 원재료로 사용** : 사업자가 공급받은 면세농산물 등을 원재료로 하여 제조·가공한 재화 또는 창출한 용역의 공급이 과세되어야 한 다. 그 제조·가공된 재화 또는 창출된 용역의 공급이 다시 면세되는 경우에는 「**환수효과**」와 「**누적효과**」가 발생하지 않기 때문에 의제매입세액공제도 불필요한 것이다.

② **증빙서류의 제출** : 의제매입세액공제는 사업자가 면세농산물 등을 공급받은 사실을 증명하는 서류를 사업장관할세무서장에게 제출하는 경우에 한하여 이를 적용한다. 그 증빙서류는 다음과 같다.

  ㉠ 매입처별계산서합계표, 신용카드매출전표수령금액합계표

  ㉡ **제조업을 영위하는 사업자**가 농·어민으로부터 면세농산물 등을 직접 공급받는 경우에는 의제매입세액공제신고서와 관계증빙서류. 이러한 증빙서류는 원칙적으로 예정신고 및 확정신고와 함께 제출하여야 하지만, 수정신고, 경정 등의 청구 또는 기한 후 신고와 함께 제출하거나 경정에 있어서 경정기관의 확인을 거쳐 제출하는 경우에도 의제매입세액공제를 적용한다.(음식점업은 제조업이 아니므로 농어민으로부터 면세농산물을 직접 공급받는 경우에도 의제매입세액공제대상이 아님에 유의하여야 한다)

③ **의제매입세액의 계산** : 이상과 같은 요건이 충족되면 다음 산식에 의해 계산된 금액을 매입세액으로 의제하여 매출세액에서 공제한다.

> 의제매입세액 : min(①, ②) × 공제율
> ① 면세농산물 등 공제대상 매입가액
> ② 한도 : 해당 과세기간의 과세표준 × 한도율

  ㉠ 매입가액 : 운임 및 보험료 등의 부대비용을 제외한 「**순수매입원가**」로 한다.
  ㉡ 수입되는 농산물 등의 매입가액은 관세의 과세가격으로 한다.

④ 의제매입세액 공제율

업 종		공 제 율
음식점업	개인사업자	8/108 (과세표준 4억원 이하인 경우 2026.12.31.까지 9/109)
	법인사업자	6/106
	과세유흥장소	2/102
제조업	개인	과자점업, 도정업, 제분업 및 떡류 제조업 중 떡방앗간을 경영하는 개인사업자 — 6/106
		그 외의 제조업을 경영하는 개인사업자 — 4/104
	법인	중소기업 — 4/104
		중소기업 외의 법인사업자 — 2/102
위 이외의 업종		2/102

⑤ **의제매입세액 공제한도** : min(㉠, ㉡)
  ㉠ 해당 과세기간의 농산물 순매입액 × 의제매입세액 공제율
  ㉡ 해당 과세기간의 과세표준 × 의제매입세액 공제율 × 공제한도

구분	과세표준	공제한도	
		2025.12.31.까지	2026.1.1.이후
개인사업자	1억원 이하	65%	50%
	1억원 초과 2억원 이하		
	2억원 초과	55%	40%
법인사업자	–		30%

※ 주의 :
  (적용 방법) 예정신고 시는 공제한도를 적용하지 않고, 확정신고 시 예정신고나 조기환급신고 시 공제받은 의제매입세액을 빼서 의제매입세액 공제한도를 계산하여야 한다.

※ 농수산물 매입시기가 집중되는 제조업에 대한 공제한도 계산
  (요건) 하나의 과세기간의 농수산물 매입액이 연간 농수산물 매입액의 75% 이상이거나 25% 미만일 것.
  (방법) 과세기간 1기분의 의제매입세액이 공제한도를 초과하거나 미달되는 경우, 2기에 2기분 의제매입세액과 '1역년(歷年)매출액×한도×공제율'을 공제한도로 공제 정산 가능(다음해로는 이월 불가)

⑥ **의제매입세액 공제시기** : 의제매입세액의 공제시기는 매입세액공제시기와 동일하다. 즉, 「**구입시점**」을 기준으로 공제하므로, 사용시점을 기준으로 해서는 안 된다.

⑦ **의제매입세액의 재계산** : 의제매입세액을 공제받은 후 다음 사유가 발생하면 의제매입 세액을 재계산하여 과다 공제한 세액을 납부세액에 더하거나 환급세액에서 뺀다.

  ㉠ 면세농산물 등을 그대로 양도하는 경우
  ㉡ 면세농산물 등을 면세사업에 사용하거나 소비하는 경우
  ㉢ 그 밖의 목적에 사용하거나 소비하는 경우 : 기타 목적에 사용하거나 소비하는 경우란 개인적공급이나 사업상 증여 등의 경우를 말한다.

예제 7-1 의제매입세액의 계산

다음의 자료를 이용하여 ㈜명문상사의 제1기 확정신고기간(4.1.~ 6.30.)의 의제매입세액을 계산하시오. ㈜명문상사는 과일주스를 제조하는 중소기업으로 가정한다.

구 분	01. 01. ~ 03. 31.	04. 01. ~ 06. 30.
① 면세농산물의 구입액	26,000,000원	41,600,000원
② 공급가액(과세표준)	95,000,000원	113,000,000원

예제해설

(1) 예정 신고시 의제매입세액 : 예정 신고시에는 한도액에 제한이 없다.
    26,000,000원 × 4/104 = 1,000,000
(2) 확정 신고시 의제매입세액 : (①, ②)중 Min × 4/104 = 2,400,000
    ① 26,000,000 + 41,600,000 = 67,600,000
    ② 208,000,000 × 30%(법인사업자) = 62,400,000
(3) 의제매입세액 : 2,400,000 - 1,000,000 = 1,400,000

3) 재활용폐자원 등에 대한 매입세액 공제

재활용폐자원과 중고자동차를 수집하는 사업자가 세금계산서를 발급할 수 없는 자로부터 재활용폐자원과 중고자동차를 구입한 경우에는 부가가치세를 경감하여 폐자원의 원활한 수집을 통한 자원절약과 환경오염을 방지하기 위하여 매입세액 공제 특례제도를 두고 있다.

① 재활용폐자원 및 중고자동차 수집 사업자의 범위(일반과세자)

- 폐기물관리법에 따라 폐기물 중간처리 업 허가를 받은 자 또는 폐기물재활용신고를 한 자
- 자동차관리법에 따라 자동차매매업등록을 한 자
- 한국환경공단법에 따른 한국환경공단
- 중고자동차를 수출하는 자
- 재생재료 수집 및 판매를 주된 사업으로 하는 자

② 재활용폐자원 및 중고자동차를 공급한 자

- 부가가치세 과세사업을 영위하지 아니하는 자(면세사업과 과세사업을 겸영하는 경우 포함)
- 간이과세자(세금계산서를 발급할 수 있는 간이과세자 제외)

③ 재활용폐자원과 중고자동차의 범위

- 재활용폐자원 : 고철 · 폐지 · 폐유리 · 폐합성수지 · 폐합성고무 등
- 중고자동차

④ 매입세액 공제액의 계산 : 이상과 같은 요건이 충족되면 다음 산식에 의해 계산된 금액을 매입세액으로 의제하여 매출세액에서 공제한다.

> 재활용폐자원 등의 매입세액 = 재활용폐자원 등의 취득가액 × 공제율

⑤ 재활용폐자원의 매입세액 공제율

업 종	공제율
재활용폐자원	3/103
중고자동차	10/110

⑥ 재활용폐자원의 매입액 한도 : 재활용폐자원을 수집하는 사업자가 재활용폐자원에 대한 매입세액 공제 특례를 적용받는 경우에는 부가가치세 확정신고를 할 때 해당 과세기간에 공급한 재활용폐자원과 관련한 부가가치세 과세표준에 80%를 곱하여 계산한 금액에서 세금계산서를 발급받고 매입한 재활용폐자원 매입가액(해당 사업자의 사업용 고정자산 매입가액 제외)을 뺀 금액을 한도로 하여 계산한 매입세액을 매출세액에서 공제할 수 있다. 이 경우 예정신고 및 조기환급 신고를 할 때 이미 재활용폐자원 매입세액 공제를 받은 경우에는 확정신고를 할 때 정산하여야 한다.

> 재활용폐자원 관련 과세표준 × 80% - 세금계산서 수취분 재활용폐자원 매입액

⑦ 절차규정 : 이 규정을 적용받으려는 자는 예정신고 또는 확정신고 시 재활용폐자원 등의 매입세액 공제신고서에 매입처별 계산서합계표 또는 영수증을 첨부하여 제출하여야 한다. 이 경우 재활용폐자원 등의 매입세액 공제신고서에 공급자의 등록번호(개인의 경우에는 주민등록번호)와 명칭 및 대표자의 성명(개인의 경우에는 그의 성명), 취득가액 등이 기재되어 있지 아니하거나 그 거래내용이 사실과 다른 경우에는 매입세액을 공제하지 아니한다.

㉠ 공급자의 등록번호(개인의 경우에는 주민등록번호)와 명칭 및 대표자의 성명(개인의 경우에는 그의 성명)
㉡ 취득가액

2 공제받지 못할 매입세액

부가가치세에서 일정한 매입세액은 실제로 거래징수당한 경우에도 매출세액에서 공제될 수 없는데, 그 내용은 다음과 같다.

(1) 사업과 관련없는 매입세액

사업과 직접 관련이 없는 지출에 대한 매입세액은 공제하지 아니한다. 사업과 직접 관련이 없는 지출의 범위는 다음과 같다.

① 법인세법 또는 소득세법의 업무무관비용
② 법인세법의 공동경비 과다부담액

(2) 사업자등록 전 매입세액

사업자등록을 신청하기 전의 거래에 대한 매입세액은 공제하지 아니한다. 다만, 공급시기가 속하는 과세기간이 끝난 후 20일 이내에 사업자등록을 신청한 경우, 등록신청 일부터 공급시기가 속하는 과세기간 기산일(1월 1일 또는 7월 1일)까지 역산한 기간 이내의 매입세액은 공제한다. 이 경우 사업자등록증 발급일 전의 거래에 대하여는 사업자 또는 대표자의 주민등록번호를 기재하여 세금계산서를 발급받아야 한다.

(3) 매입세금계산서의 미수취 · 부실기재 및 합계표의 미제출 · 부실기재

1) 세금계산서 미수취

세금계산서를 발급받지 아니한 경우에는 매입세액 공제를 받을 수 없다. 다만, 매입자가 관할 세무서장의 확인을 받아 매입자발행 세금계산서를 발행하는 경우에는 매입세액을 공제받을 수 있다.

2) 부실기재

발급받은 세금계산서에 필요적 기재사항의 전부 또는 일부가 기재되지 않았거나 사실과 다르게 기재된 경우의 매입세액은 공제되지 않는다(단, 공급가액이 사실과 다른 경우에는 실제가액과의 차액). 다만, 다음 중 어느 하나에 해당하는 경우에는 예외적으로 매입세액공제가 허용된다.

① 사업자등록을 신청한 사업자가 사업자등록증 발급일까지의 거래에 대하여 해당 사업자 또는 대표자의 주민등록번호를 기재하여 발급받은 경우
② 발급받은 세금계산서의 필요적 기재사항 중 일부가 착오로 기재되었으나 해당 세금계산서의 필요적 기재사항 또는 임의적 기재사항으로 보아 거래사실이 확인되는 경우
③ 공급시기 이후 세금계산서를 발급받았으나, 실제 공급시기가 속하는 과세기간의 확정신고기한 다음날부터 6개월 이내에 발급받은 것으로서 수정신고 · 경정청구하거나, 거래사실을 확인하여 결정 · 경정한 경우

④ 전자세금계산서 외의 세금계산서로서 재화나 용역의 공급시기가 속하는 과세기간 내에 발급받았고 그 거래사실이 확인되는 경우
⑤ 발급받은 전자세금계산서로써 국세청장에게 전송되지 아니하였으나 발급한 사실이 확인되는 경우
⑥ 실제로 재화나 용역을 공급하거나 공급받은 사업장이 아닌 사업장을 적은 세금계산서를 발급받았더라도 그 사업장이 총괄하여 납부하거나 사업자단위과세사업자에 해당하는 사업장인 경우로서 그 재화나 용역을 실제로 공급한 사업자가 예정신고 및 확정신고 규정에 따라 사업장 관할 세무서장에게 해당 과세기간에 대한 납부세액을 신고하고 납부한 경우
⑦ 공급시기 이전 세금계산서를 발급받았으나, 실제 공급시기가 30일 이내에 도래하고 거래사실을 확인하여 결정·경정한 경우

3) 매입처별 세금계산서합계표 미제출·부실기재 매입세액

① 매입처별 세금계산서합계표를 미제출하는 경우
② 매입처별 세금계산서 합계표의 필요적 기재사항이 부실 기재된 경우

3 그 밖의 불공제 매입세액

1) 비영업용 소형승용자동차의 구입과 유지에 관한 매입세액

「소형 승용자동차」란 주로 사람의 수송을 목적으로 제작된 승용자동차로써 개별소비세 과세대상이 되는 차량을 말한다. 여기서 일반형 승용자동차(정원 8인 이하인 자동차에 한한다)는 물론이고 지프형 자동차와 이륜자동차가 모두 포함된다. 배기량 1,000cc 이하의 경승용차와 총배기량 125cc 이하의 이륜자동차 등은 특별히 제외되고 있다.

2) 기업업무추진비 및 이와 유사한 비용의 지출에 관련된 매입세액

기업업무추진비 및 기타 이와 유사한 비용도 사업을 위해 사용될 수 있으나, 단순히 임직원의 개인적인 목적으로 사용되는 경우도 많고 또한 이를 구분하기가 사실상 매우 어렵다. 따라서 소형승용자동차와 마찬가지로 부가가치세법은 이를 일률적으로 사업과 직접 관련이 없는 지출로 보고 그에 대한 매입세액을 공제하지 않는 것이다.

3) 면세사업에 관련된 매입세액

부가가치세 면세사업에 관련된 매입세액은 공제하지 않는다. 여기에는 면세사업에의 투자에 관련된 매입세액도 포함된다.

4) 토지관련 매입세액

토지의 조성 등을 위한 자본적 지출에 관련된 매입세액으로서 해당 토지가 과세사업에 사용된 경우에도 일률적으로 이를 공제하지 않는다. 토지는 그 용도에 관계없이 항상 면세재화로 취급되므로 그 일부를 구성하는 자본적 지출 분도 항상 면세로 취급하여야 하기 때문이다.

④ 기타 경감공제세액

(1) 전자신고세액공제

납세자가 직접 전자신고방법에 의하여 부가가치세 확정신고를 하는 경우에는 해당 납부세액에서 1만원을 공제하거나 환급세액에 가산한다. 다만, 매출가액과 매입가액이 없는 일반과세자에 대해서는 전자신고세액공제를 적용하지 않는다.

(2) 전자세금계산서 발급 및 전송에 대한 세액공제

직전연도의 사업장별 재화·용역의 공급가액(면세공급가액 포함)의 합계액이 3억원 미만인 개인사업자와 해당 연도에 신규로 사업을 시작한 개인사업자가 전자세금계산서 발급명세를 발급일의 다음 날까지 전송하는 경우 세액공제액을 납부세액에서 공제할 수 있다.(적용기간 : 2027.12.31.까지) 개정

```
세액공제한도 : min(①, ②)
① 발급 건수 × 200원
② 한도 : 연간 100만원
```

(3) 신용카드매출전표 등 발행공제

1) 공제요건

영수증 발급대상 사업을 영위하는 개인사업자(직전연도 매출액 10억원 이하인 사업자에 한함)가 부가가치세가 과세되는 재화 또는 용역을 공급하고 세금계산서의 발급 시기에 신용카드 등에 의하여 대금을 결제 받는 경우에는 신용카드매출전표 등 발행공제를 받을 수 있다. 개인사업자만 공제대상이므로 법인은 신용카드매출전표 등 발행공제를 받을 수 없다.

2) 공제금액

① **공제대상** : 영수증 발급대상 개인사업자(직전연도 매출 10억원 이하인 사업자에 한함)
② **공제대상금액** : 신용카드매출전표, 현금영수증 등 발급 금액
③ **공제율** : 1.3%(2027년 이후 1%)
④ **공제한도** : 연간 1,000만원(2027년 이후 500만원)

5 예정신고 미환급세액과 예정고지세액

조기환급을 제외하고는 부가가치세법상 환급세액은 확정신고기한 경과 후 30일이내에 환급한다. 따라서 예정신고기간 중에 발생한 환급세액은 예정신고시 환급되지 않고, 확정신고시의 납부세액에서 공세세액으로 차감한다.

예정신고의무가 면제된 개인사업자와 영세법인사업자(직전 과세기간 공급가액의 합계액이 1억 5천만원 미만인 법인사업자를 말함)는 예정신고시 직전과세기간 납부세액의 1/2에 상당하는 금액을 세무서장이 결정하여 고지한 세액을 납부하도록 하고 있다.

제 8 절 겸영사업자의 세액계산 특례

1 과세표준의 안분계산

사업자가 과세사업과 면세사업을 겸영하여 공통으로 사용하던 재화를 공급하거나, 과세재화인 건물과 면세재화인 토지 등을 공급하는 경우, 이러한 과세표준은 실지거래가액에 의한다. 하지만 건물과 토지 등에 대하여 구분이 없는 경우에는 일정한 방법에 의하여 안분 계산한 금액을 과세표준으로 한다.

(1) 공통사용재화를 공급하는 경우

1) 일반적인 과세표준의 안분계산

과세사업과 면세사업에 공통으로 사용되는 재화를 공급하는 경우에 그 과세표준은 다음 산식에 의하여 계산한다.

$$과세표준 = 당해\ 재화의\ 공급가액 \times 직전과세기간의\ \frac{과세되는\ 공급가액}{총\ 공급가액}$$

다만, 휴업 등으로 인하여 직전 과세기간의 공급가액이 없는 경우에는 그 재화를 공급한 날에 가장 가까운 과세기간의 공급가액에 의하여 계산한다.

2) 공통매입세액을 사용면적비율로 안분계산한 재화를 공급한 경우

공통매입세액을 사용면적비율로 안분계산한 재화 또는 납부(환급)세액을 사용면적비율로 재계산한 재화를 공급한 경우 과세표준의 안분계산은 직전 과세기간의 사용면적에 의한다. 이는 매입세액의 안분계산과 과세표준의 안분계산을 같은 기준을 사용함으로써 매출세액과 매입세액을 대응시키기 위한 것이다.

3) 안분계산의 배제(안분계산 없이 공급가액 전체를 과세표준으로 한다)

① 재화를 공급하는 날이 속하는 과세기간의 직전 과세기간의 총공급가액 중 면세공급가액이 5% 미만인 경우. 다만, 당해 재화의 공급가액이 5천만원 이상인 경우는 제외한다.
② 재화의 공급가액이 50만원 미만인 경우
③ 재화를 공급하는 날이 속하는 과세기간에 신규로 사업을 개시하여 직전 과세기간이 없는 경우

Chapter 3 부가가치세

예제 8-1 공통사용재화의 과세표준 계산

다음은 전세버스와 시내버스의 운용사업을 겸영하고 있는 ㈜옥성운수의 과세자료이다.

[자료 1] 자산의 종류

구 분	취득일	취득가액	비고
기계 A	2024. 06. 30.	85,000,000원	전세버스 정비에 사용하다가 2025. 4. 1.부터 시내버스 정비에서도 공통사용
기계 B	2022. 11. 01.	90,000,000원	전세버스와 시내버스정비에 공통으로 사용하다 2025. 5. 1.에 60,000,000원(부가가치세 제외)에 매각

※ 기계 A는 장기할부조건으로 취득하였는데, 위의 기계 A의 취득가액 85,000,000원은 취득시 현재가치할인차금계상액 5,000,000원이 제외된 금액이다.

[자료 2] 과세기간별 공급가액

〈경우 1〉

구 분	2024. 7. 1. ~ 12. 31.	2025. 1. 1. ~ 6. 30.
전세버스 사업	360,000,000원	385,000,000원
시내버스 사업	240,000,000원	315,000,000원
계	600,000,000원	700,000,000원

〈경우 2〉

구 분	2024. 7. 1. ~ 12. 31.	2025. 1. 1. ~ 6. 30.
전세버스 사업	572,000,000원	668,500,000원
시내버스 사업	28,000,000원	31,500,000원
계	600,000,000원	700,000,000원

[자료 1]의 각 자산별로 [자료 2]의 각 경우를 반영하여 과세표준을 계산하시오.

예제해설

A기계 :
① 경우 1 : (85,000,000+5,000,000)×(1-25%×2)×315,000,000/700,000,000=20,250,000원
② 경우 2 : A기계 : 당기 총공급가액분의 면세공급가액의 비율이 5% 미만이므로 과세표준은 없다.

B기계 :
① 경우 1 : 60,000,000×360,000,000/600,000,000=36,000,000원
② 경우 2 : 60,000,000×572,000,000/600,000,000=57,200,000원

2 공통매입세액의 안분계산

(1) 안분계산방법

1) 원칙적인 안분계산의 방법

공통매입세액 중 면세사업 관련 매입세액은 다음 산식에 따라 계산한다.

$$\text{면세사업 관련 매입세액} = \text{공통매입세액} \times \text{당해과세기간의} \frac{\text{면세 공급가액}}{\text{총 공급가액}}$$

2) 안분계산의 적용시기

예정신고를 하는 때에는 예정신고기간에 있어서 총공급가액에 대한 면세 공급가액의 비율에 의하여 안분계산하고 확정신고를 하는 때에 정산한다.

3) 동일 과세기간에 매입한 재화를 동일한 과세기간에 공급하는 경우

과세사업과 면세사업에 공통으로 사용되는 재화를 공급받은 과세기간 중에 당해 재화를 공급하여 직전 과세기간의 공급가액 실적에 따라 과세표준을 안분계산 한 경우에는 그 재화에 대한 매입세액의 안분계산도 직전 과세기간의 공급 가액 실적을 기준으로 한다. 시간상으로는 매입이 공급보다 먼저 일어나지만, 공급에 대하여는 공급시기에 안분계산을 하며 매입에 대하여는 신고서 작성과정에서 안분계산을 하기 때문에 공급에 대한 안분계산 기준을 매입에 대하여도 적용하는 것이다.

4) 안분계산의 배제

다음의 경우에는 안분계산 없이 당해 재화의 매입세액을 전액 공제한다.

① 당해 과세기간의 총공급가액 중 면세공급가액이 5% 미만인 경우의 공통매입세액 다만, 공통매입세액이 5백만원 이상인 경우는 제외한다.
② 당해 과세기간 중의 공통매입세액이 5만원 미만인 경우의 매입세액. 이 경우 5만원은 과세기간의 공통매입세액의 합계액을 말한다.
③ 당해 과세기간에 신규로 사업을 개시한 사업자가 당해 과세기간에 공급한 공통사용재화에 대한 매입세액

(2) 예외적인 경우의 안분계산

1) 안분계산의 방법

당해 과세기간 중 과세사업과 면세사업의 공급가액이 없거나 그 어느 한 사업의 공급가액

이 없는 경우, 당해 과세기간에 있어서 안분계산은 다음의 순에 의한다.

① 총매입가액(공통매입가액 제외)에 대한 면세사업에 관련된 매입가액의 비율
② 총예정공급가액에 대한 면세사업에 관련된 예정공급가액의 비율
③ 총예정사용면적에 대한 면세사업에 관련된 예정사용면적의 비율

다만, 건물을 신축 또는 취득하여 과세사업과 면세사업에 제공할 예정면적을 구분할 수 있는 경우에는 ③의 방법을 ①, ②의 방법에 우선하여 적용한다.

2) 공통매입세액의 정산

이처럼 예외적인 방법으로 공통매입세액을 안분계산 한 경우에는 당해 재화의 취득으로 과세사업과 면세사업의 공급가액 또는 사용면적이 확정되는 과세기간에 대한 납부세액을 확정신고 하는 때에 다음 계산식에 의하여 정산한다.

$$\text{가산 또는 환급되는 세액} = \text{총공통매입세액} \times \left(1 - \frac{\text{확정되는 과세기간의 면세공급가액}}{\text{동기간의 총 공급가액}}\right) - \text{기공제세액}$$

예제 8-2 공통매입세액의 안분계산 및 정산

㈜한라는 관광버스 운송사업과 시외버스 운송사업에 공통으로 사용할 목적으로 수리설비를 2025년 3월 10일 ₩10,000,000(부가가치세 제외)에 매입하였으며, 5월 20일 ₩30,000,000(부가가치세 제외)을 추가로 매입하였다. ㈜한라운수의 공급가액 내역이 다음과 같을 때 제1기 예정신고 및 확정신고에 있어서 이 수리설비의 매입세액 중 불공제되는 금액을 계산하라.

구분	관광버스사업	시외버스사업	합계
2025. 1. 1~ 3. 31	4억원	6억원	10억원
2025. 4. 1~ 6. 30	2억원	8억원	10억원
	6억원	14억원	20억원

예제해설

1. 예정신고시 안분계산액 : 공통매입세액 1,000,000원×6억원/10억원=600,000원(납부세액에 가산)
2. 확정신고시 정산액 : 공통매입세액 (4,000,000원×14억원/20억원)-600,000원=2,200,000원(납부세액에 가산)

③ 납부세액 또는 환급세액의 재계산

(1) 재계산의 요건

1) 재계산의 대상이 되는 자산

재계산의 대상이 되는 자산은 감가상각자산에 한하며, 이는 과세사업과 면세사업에 공통으로 사용되고 있는 것이어야 한다.

2) 재계산의 대상이 되는 매입세액

당초 안분계산의 대상이 되었던 매입세액에 한한다.

3) 면세비율의 증가 또는 감소

당해 과세기간의 면세비율과 당해 감가상각자산의 취득일이 속하는 과세기간(그 후의 과세기간에 재계산한 때에는 그 재계산한 과세기간)의 **면세비율간의 차이가 5% 이상**이어야 한다. 여기서 「**면세비율**」이란 총공급가액에 대한 면세공급가액의 비율 또는 총사용면적에 대한 면세사용면적의 비율을 말한다.

(2) 재계산의 방법

다음 산식에 의해 계산된 금액을 납부세액에 가산(또는 공제)하거나 환급세액에 가산(또는 공제)한다.

> 재계산 매입세액 = 당해재화의 매입세액 × (1 - 체감율 × 경과된 과세기간의 수) × 증감된 면세비율

1) 증감된 면세비율

증감된 면세공급가액의 비율 또는 증감된 면세사용면적의 비율을 말하는데, 그 적용방법은 다음과 같다.

취득일이 속한 과세기간	재 계 산 방 법
① 면세공급가액비율로 안분계산한 경우	증감된 면세공급가액비율에 의하여 재계산
② 면세사용면적비율로 안분계산한 경우	증감된 면세사용면적비율에 의하여 재계산

2) 재계산된 세액의 신고납부

당해 사업자는 재계산된 세액을 당해 과세기간에 대한 확정신고와 함께 관할세무서장에게 이를 신고·납부하여야 한다. 여기서 주의할 것은 **예정신고 시에는 재계산을 하지 않는다.**

(3) 재계산의 배제

1) 재화의 공급의제에 해당하는 경우

과세사업에 공하던 감가상각자산의 자가공급·개인적공급·사업상증여·폐업 시의 잔존재화에 해당하게 되어 공급된 것으로 의제되는 경우에는 재계산을 배제한다.

2) 공통사용재화의 공급에 해당하는 경우

과세사업과 면세사업에 공통으로 사용되는 감가상각자산을 공급하는 경우에도 재계산을 배제한다.

예제 8-3 공통매입세액의 재계산

잡지사 월간 신세계는 2025. 4. 8. 사업용 건물을 500,000,000원(VAT제외)에 구입하였다. 각 과세기간의 수입금액이 다음과 같을 때 이 건물과 관련하여 2025년 제1기에 공제받지 못할 매입세액과 그 이후 각 과세기간의 납부세액에 가산(또는 차감)하거나, 환급세액에 가산(또는 차감)할 세액을 계산하시오. 단, 잡지부분과 광고부분의 건물 사용면적은 구분되지 않는다.

구분		잡지매출액	광고매출액	합계
2025년	1기	120,000,000	280,000,000	400,000,000
	2기	250,000,000	250,000,000	500,000,000
2026년	1기	240,000,000	360,000,000	600,000,000
	2기	301,000,000	399,000,000	700,000,000
2027년	1기	288,000,000	512,000,000	800,000,000
	2기	306,000,000	594,000,000	900,000,000

예제해설

	2025년		2026년		2027년	
	1기	2기	1기	2기	1기	2기
과세	70%	50%	60%	57%	64%	66%
면세	30%	50%	40%	43%	36%	34%

과세기간		공통매입세액×(1-5%×경과된 과세기간수)×증감된 면세비율	재계산액
2025년	1기	50,000,000×30%	15,000,000
	2기	50,000,000×(1-5%×1)×(50%-30%)	9,500,000
2026년	1기	50,000,000×(1-5%×2)×(40%-50%)	△4,500,000
	2기	50,000,000×(1-5%×3)×(43%-40%) ⇨ 5%미만으로 재계산 없음	-
2027년	1기	50,000,000×(1-5%×4)×(36%-40%) ⇨ 5%미만으로 재계산 없음	-
	2기	50,000,000×(1-5%×5)×(34%-40%)	△2,250,000

제 9 절 부가가치세 신고와 납부

1 부가가치세의 신고 및 납부절차

(1) 예정신고와 납부

1) 예정신고기간

　부가가치세는 6개월간을 과세기간으로 한다. 하지만, **조세수입 평균화, 조세부담의 분산** 등을 위하여 과세기간의 개시일부터 3개월간을 예정신고기간으로 하고 있다. 다만, 신규사업자에 대한 최초의 예정신고기간은 사업개시일(사업개시 전 등록의 경우에는 등록신청일)부터 그 날이 속하는 예정신고기간의 종료일까지로 한다.

2) 법인사업자

　사업자는 예정신고기간에 대한 과세표준과 납부세액(또는 환급세액)을 그 예정신고기간이 끝난 후 25일 이내에 각 사업장 관할세무서장에게 신고하고 해당 예정신고기간의 납부세액을 납부하여야 한다. 이 경우 예정신고납부세액은 신용카드매출전표 발급 등에 대한 세액공제액 및 전자세금계산서 발급·전송에 대한 세액공제액은 차감하고 계산하되, 가산세는 가산하지 않고 계산하며, 조기환급신고를 할 때 이미 신고한 내용은 예정신고의 대상에서 제외한다.

3) 개인사업자 및 영세법인사업자

① **고지납부(원칙)** : 관할세무서장은 개인사업자에 대하여 예정신고기간마다 직전 과세기간에 대한 납부세액의 50%(1천원 미만의 단수가 있을 때에는 그 단수금액은 버린다)를 결정하여 예정신고기간 종료 후 10일 이내에 고지서를 발부하여 예정신고기한 내에 징수한다. 다만, **징수하여야 할 금액이 50만원 미만이거나 간이과세자가 해당 과세기간 개시일 현재 일반과세자로 변경된 경우에는 이를 징수하지 아니한다.** 또한 예정신고기간에 대하여 고지·납부한 경우에는 확정 신고시 6개월분에 대하여 신고하며 납부시 예정고지에 의하여 납부한 세액은 공제한다. 영세법인사업자란 직전 과세기간 공급가액의 합계액이 1억 5천만원 미만인 법인사업자를 말한다.

② **신고·납부** : 개인사업자라고 할지라도 휴업 또는 사업부진으로 각 예정신고기간의 공급가액 또는 납부세액이 직전 과세기간의 공급가액 또는 납부세액의 1/3에 미달하는 자와 각 예정신고기간분에 대해 조기 환급을 받고자 하는 자는 예정신고·납부를 할 수 있다.

(2) 확정신고와 납부

1) 확정신고기간

사업자는 각 과세기간의 과세표준과 납부세액을 그 과세기간 종료 후 25일 이내에 관할세무서장에게 신고하여야 한다. 다만, 예정신고 및 조기환급신고 시 이미 신고한 내용은 확정신고대상에서 제외한다.

2) 확정신고와 납부

확정신고를 하는 경우 「**부가가치세 확정신고서**」와 「**매출처별세금계산서합계표**」「**매입처별세금계산서합계표**」「**수입금액명세서**(법 소정 사업자에 한함)」「**기타 첨부서류**」를 제출하여야 한다. 또한 사업자는 확정신고 시 그 과세기간에 대한 납부세액을 부가가치세 확정신고서와 함께 각 사업장 관할세무서장에게 납부하거나 국세징수법에 의한 납부서에 부가가치세 확정신고서를 첨부하여 한국은행 또는 체신관서에 납부하여야 한다. 예정신고 한 환급세액 중 조기환급 되지 아니한 세액이 있는 경우에는 확정신고 시 납부세액에서 이를 공제한다.

(3) 대리납부제도

국내사업장이 없는 비거주자 또는 외국법인으로부터 용역을 공급받는 경우에는 통관절차를 거치지 않으므로 거래사실의 포착이 어렵고, 용역을 공급하는 자가 국내사업장이 없는 비거주자나 외국법인이므로 이들의 납세의무를 기대하기 어렵다.

이에 따라 국내사업장이 없는 비거주자 또는 외국법인으로부터 용역을 공급받는 경우 비거주자나 외국법인을 대신하여 그 대가를 지급하는 자가 부가가치세를 징수하여 납부하는 제도를 「**대리납부제도**」라 한다.

② 경정

부가가치세는 신고납세제도 세목으로 납세의무자의 확정신고에 의하여 세액이 확정되며, 확정신고를 하지 아니한 경우에는 예외적으로 과세관청의 조사결정에 의하여 납세의무가 확정된다. 확정된 과세표준과 세액에 오류나 탈루가 있는 경우에 과세관청의 처분에 의하여 이를 변경하는 것을 「**경정**」이라 한다.

③ 부가가치세의 환급

부가가치세 신고 시 납부세액이 음수인 경우를 환급세액이라 한다. 환급세액을 환급하는 방법은 일반 환급·조기환급과 경정 시 환급으로 나누어진다.

(1) 일반 환급

일반 환급의 경우에는 각 과세기간 단위로 환급세액을 확정신고기한 경과 후 30일 내에 환급한다. 과세기간 단위로 환급하므로 예정신고기간의 환급세액은 환급하지 아니하고 확정 신고시 납부할 세액에서 차감한다.

(2) 조기환급

1) 조기환급대상

다음의 경우에는 조기환급대상이 된다.

① 영세율 적용대상인 때
② 사업설비(감가상각자산)를 신설·취득·확장 또는 증축하는 때

2) 조기환급방법

① **예정 또는 확정신고 기간별 조기환급** : 조기 환급을 받고자 하는 사업자가 예정신고서 또는 확정 신고서를 제출한 경우에는 환급에 관하여 신고한 것으로 본다. 이 경우 사업설비를 신설·취득 및 확장한 경우에는 「**사업설비투자실적명세서**」를 신고서에 첨부하여야 한다. 조기환급 대상인 경우 세무서장은 예정 또는 확정 신고기한으로부터 15일 이내에 환급하여야 한다.

② **조기환급기간에 대한 조기환급** : 예정신고기간 또는 과세기간 최종 3월 중 「**매월**」 또는 「**매 2월**」마다 그 기간을 조기환급 기간으로 할 수 있다. 매월 또는 매 2월마다 조기환급을 받고자 하는 사업자는 조기환급 기간 종료일로부터 25일 내에 영세율 등 조기환급신고를 하여야 한다. 조기환급 신고를 한 경우 세무서장은 조기환급 기간별로 해당 조기환급 신고기한 경과 후 15일 내에 환급한다.

4 가산세

(1) 국세기본법상 가산세

1) 무신고가산세

(1) 일반무신고 가산세	납부세액 × 20% × (1-감면율)
(2) 부당무신고 가산세	납부세액 × 40% × (1-감면율)

※ 일반무신고 가산세는 사업자가 법정신고기한내에 세법에 따른「과세표준 신고서」를 제출하지 아니한 경우에 계산한다.
※ 부당한 방법이란? 사업자가 과세표준 또는 세액 계산의 기초가 되는 사실의 전부 또는 일부를 은폐하거나 가장(假裝)하는 것에 기초하여 과세표준 또는 세액의 신고의무를 위반하는 것을 말한다.

2) 일반 과소신고 또는 초과환급신고 가산세

과소 신고 (초과환급) 가산세	사업자가 법정신고기한내에 과세표준신고서를 제출한 경우로서 신고한 과세표준이 세법에 따라 신고하여야 할 과세표준에 미달하거나 초과하는 경우
	과소신고 가산세 = 과소신고 납부세액×가산세율 × (1-감면율)

3) 납부지연 가산세

$$납부지연\ 가산세 = 미달납부(초과환급)세액 \times 미달납부기간 \times 2.2/10{,}000$$

4) 가산세 감면비율

① **기한 후 신고 시 감면**: 법정 신고기한 내에 신고를 하지 않은 경우 관할세무서장이 과세표준과 세액을 결정하여 통지하기 전까지 신고서를 제출하는 경우에는 감면을 받을 수 있다.

기한 경과 후	가산세 감면비율
1개월 이내	50%
3개월 이내	30%
6개월 이내	20%

② **수정 신고시 감면**: 법정신고 기한 내에 신고를 하고 관할 세무서장이 과세표준과 세액을 결정하여 통지하기 전까지 과세표준 수정신고서를 제출하고 이미 납부한 세액이 수정신고 금액에 미달하는 경우 그 부족액과 가산세를 납부하는 경우에 감면을 받을 수 있다.

법정신고 기한 경과 후	가산세 감면비율	법정신고 기한 경과 후	가산세 감면비율
1개월 이내	90%	6개월~1년 이내	30%
1~3개월 이내	75%	1년~1년 6개월 이내	20%
3~6개월 이내	50%	1년6개월~2년 이내	10%

(2) 부가가치세법상 가산세

1) 등록관련 가산세

구 분	부과 사유	가산세
등록 불성실 가산세	① 미등록가산세: 사업개시 일부터 20일 이내에 사업자등록을 신청하지 않은 경우 ② 타인명의등록가산세: 타인의 명의로 사업자등록을 하거나 그 타인명의의 사업자등록을 이용하여 사업을 하는 것으로 확인되는 경우	공급가액×1%

2) 세금계산서 불성실 가산세

미발급	① 세금계산서 발급시기가 지난 후 공급시기가 속하는 과세기간에 대한 확정 신고기한까지	
	㉠ 발급하는 경우(지연발급)	공급가액×1%
	㉡ 발급하지 않는 경우	공급가액×2%
	② 전자세금계산서 의무발급 사업자가 세금계산서의 발급 시기에 종이세금계산서를 발급한 경우	공급가액×1%
가공발급 (가공수취)	③ 재화 또는 용역을 공급하지 않고 세금계산서 또는 신용카드매출전표 등을 발급한 경우 ④ 재화 또는 용역을 공급받지 않고 세금계산서를 발급받은 경우	세금계산서 등에 적힌 공급가액 ×3%
과다발급 (과다수취)	⑤ 세금계산서의 공급가액을 과다하게 기재하여 발급하거나 과다하게 기재한 세금계산서를 발급받은 경우	(과다거래액-실제거래액)×2%
위장발급 (위장수취)	⑥ 재화 또는 용역을 공급하고 실제로 재화 또는 용역을 공급하는 자 외의 명의로 세금계산서 또는 신용카드매출전표 등을 발급한 경우 ⑦ 재화 또는 용역을 공급받고 실제로 재화 또는 용역을 공급하는 자 외의 자의 명의로 세금계산서를 발급받은 경우	공급가액×2%
부실기재 지연발급	⑧ 부실 기재한 경우(발급한 세금계산서의 필요적 기재사항의 전부 또는 일부가 기재되지 아니하거나 사실과 다른 때를 말한다) ⑨ 세금계산서를 지연발급하는 경우	공급가액×1%
지연수취	⑩ 세금계산서를 발급시기가 지난 후 공급시기가 속하는 과세기간에 대한 확정 신고기한에 발급받은 경우 ⑪ 재화 또는 용역의 공급시기가 속하는 과세기간에 대한 확정신고기한이 지난 후 세금계산서를 발급받았더라도 그 세금계산서의 발급일이 확정신고기한 다음 날부터 6개월 이내이고 다음의 어느 하나에 해당하는 경우 　■ 과세표준수정신고서와 경정 청구서를 세금계산서와 함께 제출하는 경우 　■ 해당 거래사실이 확인되어 납세지 관할 세무서장 등이 결정 또는 경정하는 경우 ⑫ 재화 또는 용역의 공급시기 전에 세금계산서를 발급받았더라도 재화 또는 용역의 공급시기가 그 세금계산서의 발급일부터 30일 이내에 도래하고 해당 거래사실이 확인되어 납세지 관할 세무서장 등이 결정 또는 경정하는 경우	공급가액×0.5%
신용카드 매출전표등 관련가산세	① 신용카드매출전표 등을 발급받아 예정신고·확정신고를 할 때 제출하여 공제받지 않고 경정시 경정기관의 확인을 거쳐 제출하여 매입세액을 공제 받는 경우	공급가액×0.5%
	② 매입세액을 공제받기 위하여 제출한 신용카드매출전표 등 수령명세서에 공급가액을 과다하게 적은 경우(신설)	과다하게 적은 공급가액×0.5%

3) 매출처별 세금계산서 합계표 불성실가산세

세금계산서 합계표 불성실 가산세는 일반적으로 종이세금계산서와 관련하여 계산된다. 전자세금계산서는 전자세금계산서발급명세서를 국세청에 전송하기 때문에 세금계산서합계표의 제출을 생략할 수 있기 때문이다.

미제출 가산세	매출처별세금계산서합계표를 제출하지 않은 경우	공급가액×0.5%
부실기재 가산세	제출한 매출처별세금계산서합계표의 기재사항 중 거래처별 등록번호 또는 공급가액의 전부 또는 일부가 적혀있지 않았거나 사실과 다르게 적혀있는 경우(*주1)	
지연제출 가산세	예정신고와 함께 제출하여야 할 매출처별세금계산서합계표를 확정신고와 함께 제출하는 경우(불명의 경우는 제외)(*주2)	공급가액×0.3%

(*주1) 매출처별세금계산서합계표의 기재사항이 착오로 적힌 경우(지연제출하는 경우는 제외)로서 발급한 세금계산서에 따라 거래사실이 확인되는 부분의 공급가액은 이를 '불명'으로 보지 않는다.

(*주2) 이에 반하여 매출처별세금계산서합계표를 수정신고와 함께 제출하거나 경정청구와 함께 제출하는 것은 '지연제출'이 아니라 '미제출'에 해당한다.

4) 매입처별 세금계산서 합계표 불성실 가산세

① 경정 시 매입세액공제를 받는 경우 ② 재화 또는 용역의 공급시기 이후에 발급받은 세금계산서로서 당해 공급시기가 속하는 과세기간 내에 발급받은 경우로서 매입세액공제를 받는 경우 ③ 매입처별세금계산서합계표의 기재사항 중 공급가액을 사실과 다르게 과다하게 기재하여 신고한 때	공급가액×0.5%

5) 전자세금계산서 발급명세 전송불성실 가산세

지연전송 가산세	전자세금계산서 의무발급대상자가 전자세금계산서를 발급하고 국세청장에게 전자세금계산서 발급명세를 발급일의 다음 날이 지난 후 공급시기가 속하는 과세기간의 확정신고 기한까지 전송한 경우(11일 전송한 경우 합계표 제출의무 면제)	공급가액×0.3%
미전송가산세	위 기한까지 전송하지 않은 경우	공급가액×0.5%

■ 가산세 중복적용 배제

우선 적용되는 가산세	적용배제 가산세
■ 세금계산서불성실가산세 중 • 미발급(2%) • 가공세금계산서 수수분(3%) • 위장세금계산서 수수분(2%) • 공급가액 과다기재 세금계산서 수수분	■ 등록불성실가산세(1%) ■ 매출처별세금계산서합계표불성실가산세(0.3%,0.5%) ■ 매입처별세금계산서합계표불성실가산세(0.5%)
■ 세금계산서불성실가산세 중 • 위장세금계산서 발급분(2%)	■ 세금계산서불성실 가산세 중 미발급분(2%)-개정
■ 등록불성실가산세(1%)	■ 세금계산서불성실가산세 중 • 지연발급분(1%) • 전자세금계산서발급명세지연전송분(0.5%) • 전자세금계산서발급명세미전송분(1%) • 부실기재분(1%) ■ 매출처별세금계산서합계표불성실가산세(0.3%,0.5%) ■ 신용카드매출전표등 불성실가산세(1%)
■ 세금계산서불성실가산세 중 • 지연발급분(1%) • 전자세금계산서발급명세 지연전송분 0.3%) • 전자세금계산서발급명세 미전송분(0.5%) • 부실기재분(1%) ■ 신용카드매출전표등불성실가산세(1%)	■ 매출처별세금계산서합계표불성실가산세(0.3%,0.5%)
■ 세금계산서불성실가산세 중 • 지연발급분(1%) 또는 미발급분(2%)	■ 세금계산서불성실가산세 중 • 지연발급분(1%) • 전자세금계산서발급명세 지연전송분(0.3%) • 전자세금계산서발급명세 미전송분(0.5%) • 부실기재분(1%)
■ 세금계산서불성실가산세 중 • 부실기재분(1%)	■ 세금계산서불성실가산세 중 • 전자세금계산서발급명세 지연전송분(0.3%) • 전자세금계산서발급명세 미전송분(0.5%)

6) 영세율과세표준 신고 불성실 가산세

① 영세율이 적용되는 과세표준을 예정신고 또는 확정 신고하지 아니하거나 신고한 과세표준이 신고하여야 할 과세표준에 미달하는 때 ② 예정신고 또는 확정 신고 영세율첨부서류를 제출하지 아니한 부분이 있을 때	무신고 · 미달신고 · 첨부서류 미제출분 과세표준 × 0.5%

Chapter 3 부가가치세

예제 9-1 부가가치세 가산세(1)

2025년 1기 예정 부가가치세 신고 시 다음의 내용이 누락되었다. 2025년 1기 확정 부가가치세 신고시 반영될 가산세액을 계산하시오.(부당과소신고가 아니며, 예정신고누락과 관련된 가산세 계산 시 미납일수는 91일로 반영하시오.)

〈매출자료〉

① 제품을 매출하고 구매확인서를 정상적으로 발급받아 영세율전자세금계산서 1건(공급가액 6,000,000원, 부가가치세 0원)을 정상적으로 발급하고 전송하였다.

② 제품운반용 트럭을 매각하고 전자세금계산서 1건(공급가액 10,000,000원, 부가가치세 1,000,000원)을 정상적으로 발급하고 전송하였다.

③ 당사의 제품 4,400,000원(부가가치세 포함)을 비사업자에게 신용카드매출전표를 발행하고 매출하였다.

〈매입자료〉

① 원재료를 공급받았으나 전자세금계산서 1건(공급가액 8,000,000원, 세액 800,000원)을 지연수취하였다.

예제해설

1. 영세율과세표준 신고불성실가산세 : 6,000,000원×0.5%×(1-75%)=7,500원
2. 전자세금계산서 지연수취가산세 : 8,000,000원×0.5%=40,000원
3. 일반과소 신고불성실가산세 : (1,000,000+400,000-800,000)×10%×(1-75%)=15,000원
4. 납부지연 가산세 : 600,000원×22/100,000×91일=12,012원

예제 9-2 부가가치세 가산세(2)

2025년 1기 확정 부가가치세를 법정신고기한인 2025년 7월 25일에 신고납부 하였으나, 2024년 8월 5일 다음과 같은 내용이 누락된 것을 발견하여 수정신고 및 납부를 하고자 한다. 수정신고와 관련된 가산세를 계산하시오.(가산세 적용 시 일반과소신고에 의한 가산세율을 적용하는 것으로 한다.)

[매출관련]

① 4월 20일 영진무역에 수출용 제품을 3,600,000원에 내국신용장에 의하여 매출하였으나, 영세율전자세금계산서는 5월 15일에 발급하였다.

② 5월 09일 비사업자인 전태풍에게 제품을 1,980,000원(공급대가)에 매출하고, 대금은 국민카드로 결제를 받았다.

[매입관련]

① 4월 23일 ㈜매봉건설로부터 공장 건설을 위하여 취득한 건설용지에 대한 정지비용 8,200,000원(부가가치세별도, 현금결제)에 대하여 전자세금계산서를 발급받았다.

② 6월 09일 명석자재㈜로부터 원재료 1,300,000원(부가가치세 별도)을 매입하고 전자세금계산서를 수취하였다.

예제해설

본 문제는 수정신고와 관련된 문제로 가산세 감면율은 일반과소(환급)신고 가산세율에 대한 감면율을 적용한다.

1. 영세율과세표준 신고불성실가산세 : 3,600,000원×0.5%×(1-90%)=1,800원
2. 세금계산서 지연발급가산세 : 3,600,000원×1%= 36,000원
3. 일반과소 신고불성실가산세 : (180,000-130,000)×10%×(1-90%)=500원
4. 납부지연 가산세 : 50,000원×22/100,000×11일=121원
   ① 신용카드에 의한 거래는 세금계산서 불성실가산세가 적용되지 않는다.
   ② 토지의 정지를 위한 부가가치세는 토지의 자본적 지출관련 매입세액으로 토지의 취득원가를 구성한다.

제 10 절 간이과세제도

1 간이과세의 개념

사업규모가 영세한 사업자에 대하여 세법 지식이나 기장능력이 부족한 점 등을 고려하여 납세의무 이행에 편의를 도모하고 세부담 등을 덜어주기 위하여 공급대가에 업종별 부가가치율 및 세율을 적용하여 간편하게 납부세액을 계산하는 제도를 간이과세제도라 한다.

(1) 간이과세 적용대상자

간이과세자는 **직전 연도의 공급대가**(공급가액+부가가치세)**가 1억 400만원 미만인 개인사업자**를 말한다. 따라서 법인과 공급대가가 1억 400만원 이상인 개인사업자는 간이과세자가 될 수 없다.

(2) 간이과세 배제대상

1) 간이과세가 적용되지 않는 다른 사업장을 보유한 사업자

개인사업자가 둘 이상의 사업장을 보유하는 경우에 일반과세를 적용받는 사업장이 있는 경우 다른 사업장은 간이과세에 해당되더라도 간이과세를 적용받을 수 없다.

2) 법 소정의 업종을 영위하는 사업자

다음의 사업을 영위하는 자는 직전 1역년의 공급대가와 무관하게 간이과세를 적용받을 수 없다.

① 광업
② 제조업. 단, 주로 최종소비자에게 직접 재화를 공급하는 사업으로써 제과점업, 도정업과 제분업, 양복점 및 양장점 등 재화의 50% 이상을 최종소비자에게 공급하는 사업으로 국세청장이 정하는 사업에 대하여는 간이과세를 적용할 수 있다.
③ 도매업
④ 부동산매매업, 상품중개업
⑤ 개별소비세법에 해당하는 특정한 과세유흥장소를 영위하는 사업
⑥ 전문, 과학 및 기술서비스업과 사업시설 관리, 사업지원 및 임대 서비스업(다만, 주로 최종소비자에게 직접 용역을 공급하는 사업으로서 기획재정부령으로 정하는 것은 제외)
⑦ 일정한 전문자격사업
⑧ 일반과세자로부터 포괄적으로 양수한 사업(다만, 사업을 양수한 이후 공급대가의 합계액이 4,800만원 미만인 경우는 제외)
⑨ 사업장의 소재지역, 사업의 종류, 규모 등을 감안하여 국세청장이 정하는 기준에 해당하는 것.

3) 부동산임대업 또는 과세유흥장소를 경영하는 사업자

부동산임대업 또는 과세유흥장소를 경영하는 사업자로서 해당 업종의 직전연도의 공급대가의 합계액이 4,800만원 이상인 사업자(부동산임대업·과세유흥장소 경영 사업자의 간이과세기준금액은 4,800만원임)

4) 둘 이상의 사업장이 있는 사업자의 공급대가 기준

둘 이상의 사업장이 있는 사업자로서 그 둘 이상의 사업장의 직전연도 공급대가의 합계액이 1억 400만원 이상인 사업자(간이과세 해당 여부는 사업장 기준이 아닌 사업자 기준의 매출액으로 판정하는 것임)

2 과세유형의 전환

(1) 과세유형 적용기간

구 분	과세유형의 적용기간
신규사업자	① 간이과세 적용신고를 한 개인사업자는 최초의 과세기간에는 간이과세자로 한다.(다만, 간이과세 배제대상인 경우는 제외) ② 신규로 사업을 개시한 사업자의 경우 간이과세자에 관한 규정이 적용되거나 적용되지 아니하게 되는 기간은 최초로 사업을 개시한 해의 다음 해의 7월 1일부터 그 다음 해의 6월 30일까지로 한다.
계속사업자	간이과세자에 관한 규정이 적용되거나 적용되지 아니하게 되는 기간은 1역년의 공급대가의 합계액이 1억 400만원에 미달하거나 그 이상이 되는 해의 다음 해의 7월 1일부터 그 다음 해의 6월 30일까지로 한다.
경정에 의한 공급대가가 기준금액 이상인 경우	간이과세자에 대한 결정 또는 경정한 공급대가의 합계액이 1억 400만원 이상인 개인사업자는 그 결정 또는 경정한 날이 속하는 과세기간까지 간이과세자로 본다.
간이과세 포기 신고를 하는 경우	간이과세자가 간이과세의 포기신고를 하는 경우에는 일반과세자에 관한 규정을 적용받으려는 달이 속하는 과세기간의 다음 과세기간부터 당해 사업장 외의 사업장에 간이과세자에 관한 규정을 적용하지 아니한다.
간이과세 배제업종을 겸영하게 된 경우	간이과세자가 간이과세 배제사업을 신규로 겸영하는 경우에는 해당 사업의 개시일이 속하는 과세기간의 다음 과세기간부터 간이과세를 적용하지 아니한다. 다만, 일반과세자로 전환된 사업자로서 해당연도 공급대가의 합계액이 1억 400만원 미만인 사업자가 간이과세배제업종의 사업을 폐지하는 경우에는 해당 사업의 폐지일이 속하는 연도의 다음 연도 7월 1일부터 간이과세자에 관한 규정을 적용한다.

※ 2025년 3월 12일 간이과세자로 사업자등록을 한 경우의 판정방법

구 분	2025. 3. 12.~2025. 12. 31.	2026년
공급대가	100,000,000원	98,000,000원

- 2025년 : 사업자등록에 따라 판정 간이과세자로 판정
- 2025년 : 공급대가
  $100,000,000 \times \frac{12}{10} = 120,000,000$ ⇨ 2026. 7. 1.부터 2027. 6. 30.까지 일반과세자
- 2026년 공급대가 : 98,000,000 ⇨ 2027. 7. 1.부터 2028. 6. 30.까지 간이과세자

(2) 과세유형의 변경통지

① **통지의무** : 세무서장은 과세기간 개시 20일전까지 그 사실을 통지할 의무 있음(사업자등록증을 정정하여 과세기간 개시 당일까지 발급)

② **통지여부에 따른 과세유형의 변경**
- 일반과세자 ⇨ 간이과세자 : 자동변경(부동산임대업은 통지를 받으면 다음 기부터 변경)
- 간이과세자 ⇨ 일반과세자 : 통지요건(전환통지를 받으면 다음 기부터 변경)

3 간이과세의 포기

구 분	내 용
(1) 제도의 취지	① 세금계산서 발급 불가로 인하여 소비자 이외의 사업자와 거래할 수 없었던 불이익의 해소 ② 간이과세의 적용으로 발생되는 누적효과의 제거
(2) 간이과세 포기 대상자	① 간이과세자 ② 간이과세자 적용 예정인 일반과세자 ③ 신규사업자 중 개인사업자
(3) 간이과세 포기절차	① 간이과세자 또는 일반과세자 : 포기하고자 하는 달의 전달 마지막 날까지 간이과세포기신고서 제출(승인절차 없음) ② 신규 사업자 : 사업자등록신청시 간이과세포기신고서 제출

(4) 간이과세로 재변경	① 다음의 날부터 3년이 되는 날이 속하는 과세기간까지 간이과세 적용불가
	  - 간이과세자 또는 일반과세자 : 일반과세 적용되는 달의 1일
	  - 신규 사업자 : 사업 개시일이 속하는 달의 1일
	② 3년 경과 후 간이과세 적용받고자 하는 경우 과세기간 개시 10일 전까지 간이과세적용신고서를 제출하여야 함

(5) 과세기간	다음의 기간을 각각 1과세기간으로 정함 ① 당해 과세기간 개시일 ~ 포기신고일이 속하는 달의 말일(간이과세자) ② 포기신고일이 속하는 달의 다음달 1일 ~ 당해과세기간 종료일(일반과세자)

4 간이과세자의 납부세액 계산구조

구 분	재화 또는 용역을 공급하거나 공급받은 분 또는 수입신고한 분
납부세액	■ 납부세액=과세표준×업종별부가가치율×세율(10%·9%) ■ 대손세액공제 규정 없음 ■ 납부의무면제자는 납부세액의 납부의무를 면제함
(+) 재고납부세액	
(−) 공제세액	• 매입세금계산서등 수취세액공제 • 전자신고세액공제 • 전자세금계산서 발급·전송에 관한 세액공제 • 신용카드매출전표 등 발행세액공제
(−) 예정고지세액	• 해당 과세기간 중 예정고지(신고)된 세액이 있는 경우
(+) 가산세	• 등록불성실가산세 • 세금계산서불성실가산세 • 세금계산서 미수취 가산세 • 결정·경정기관 확인 매입세액공제가산세 • 매출처별 세금계산서합계표 불성실 가산세 • 신고관련가산세 • 납부관련가산세
(=) 차감 납부할 세액	• 차감 납부세액의 79%는 부가가치세, 21%는 지방소비세로 함.

(1) 납부세액

납부세액 = 과세표준×업종별 부가가치율×10%

1) 과세표준

간이과세자는 부가가치세를 포함한 공급대가를 과세표준으로 한다.

2) 업종별 부가가치율

부가가치율이란 직전 3년간 신고된 업종별 평균 부가가치율을 감안하여 시행령에 정한 부가가치율을 말하며, 다음과 같다.

구 분	업종별 부가가치율
① 소매업·재생용 재료수집 및 판매업·음식점업	15%
② 제조업, 농업·임업 및 어업, 소화물 전문 운송업	20%
③ 숙박업	25%
④ 건설업, 그 밖의 운수업, 창고업, 정보통신업, 그 밖의 서비스업	30%
⑤ 금융 및 보험 관련 서비스업, 전문과학 및 기술 서비스업(인물사진 및 상업용 영상 촬영업 제외), 사업시설관리·사업지원 및 임대 서비스업, 부동산 관련 서비스업, 부동산임대업	40%

(2) 공제세액

1) 세금계산서 등 수취 세액공제

간이과세자가 발급받은 세금계산서 또는 신용카드매출전표 등에 대한 매입처별세금계산서 합계표 또는 신용카드매출전표 등 수취명세서를 사업장 관할세무서장에게 제출하는 경우에는 다음과 같이 매입세액공제를 받을 수 있다.

> 납부세액=해당 과세기간에 세금계산서 등을 발급받은 재화와 용역의 공급대가×0.5%

2) 신용카드 매출전표 등 발행공제

간이과세자에 대한 신용카드매출전표 등 발행공제는 일반과세자와 동일하다. 다만, 음식점업과 숙박업을 영위하는 간이과세자는 1.3%로 한다.

적용대상 사업자	간이과세자 중 다음 중 어느 하나에 해당하는 자 ① 직전 연도의 공급대가의 합계액이 4,800만원 미만인 자 ② 신규로 사업을 시작하는 개인사업자로서 간이과세자로 하는 최초의 과세기간 중에 있는 자
공제액	신용카드매출전표 등 발행공제금액 = Min(①, ②) ① 발급금액 또는 결제금액(부가가치세를 포함한 금액을 말함) × 공제율 ② 한도 : 연간 1,000만원
공제율	1.3%

3) 전자신고세액공제

간이과세자도 전자신고를 하는 경우 일반과세자와 동일하게 1만원의 전자신고세액공제를 받을 수 있다.

5 신고와 납부

(1) 예정부과와 납부

1) 원칙(부과징수)

사업장 관할세무서장은 간이과세자에 대하여 다음의 금액을 예정부과기간(1월1일~6월30일)의 납부세액으로 결정하여 예정부과기간이 끝난 후 25일 이내까지 징수한다.

> 예정부과기간의 납부세액 = 직전 과세기간에 대한 납부세액 × 1/2

이 경우 관할세무서장은 그 납부세액에 대하여 7월 1일부터 7월 10일까지 납세고지서를 발부하여야 한다. 다만, 다음의 경우에는 예정부과세액을 징수하지 않는다.
- 징수하여야 할 금액이 50만원 미만이거나
- 간이과세자가 일반과세자로 변경되어 변경 이전 1.1.~6.30.의 과세기간이 적용되는 간이과세자인 경우
- 「국세징수법」상 재난 등으로 인한 납부기한 등의 연장사유로 관할 세무서장이 징수하여야 할 금액을 간이과세자가 납부할 수 없다고 인정되는 경우(신설)

2) 전자고지세액공제

① 납세자가 국세기본법에 따른 전자송달의 방법으로 납부고지서의 송달을 신청한 경우 신청한 달의 다음다음 달 이후 송달하는 분부터 부가가치세 예정고지 세액에서 납부고지서 1건당 1,000원을 공제한다.

② 전자고지세액공제는 각 세법에 따라 부과하는 국세의 납부세액에서 국세기본법에 따른 고지 금액의 최저한도(1만원)를 차감한 금액을 한도로 한다.

3) 예외(신고납부)

① **선택적 예정신고** : 간이과세자인 경우에도 휴업 또는 사업부진 등으로 인하여 예정부과기간의 공급가액(또는 납부세액)이 직전 예정부과기간의 공급가액(또는 납부세액)의 1/3에 미달하는 자는 예정부과기간의 과세표준과 납부세액을 예정부과기한까지 사업장 관할세무서장에게 신고할 수 있다.

② **필수적 예정신고** : 예정부과기간에 세금계산서를 발급한 간이과세자는 예정부과 기간의 과세표준과 납부세액을 예정부과 기한까지 사업장 관할 세무서장에게 신고하여야 한다.

③ 예정부과기간 납부세액의 결정이 있는 경우 간이과세자가 예정신고를 한 경우에는 그 결정이 없었던 것으로 본다.

④ 예정신고 하는 간이과세자는 매출처별세금계산서합계표·매입처별세금계산서합계표를 예정신고를 할 때 제출하여야 한다. 다만, 매출처별세금계산서합계표·매입처별세금계

산서합계표를 예정신고를 할 때 제출하지 못하는 경우에는 과세기간의 과세표준과 납부세액을 신고할 때 이를 제출할 수 있다.

(2) 신고와 납부(납부의무 면제)

① 간이과세자는 과세기간의 과세표준과 납부세액을 그 과세기간이 끝난 후 25일(폐업하는 경우에는 폐업일이 속한 달의 다음 달 25일)이내에 사업장 관할세무서장에게 신고·납부하여야 한다. 이 경우 예정부과기간의 납부세액으로 징수·납부한 세액은 공제하고 납부한다.
② 과세기간의 부가가치세를 납부하는 경우 예정부과 및 예정신고에 따라 납부한 세액은 공제하고 납부한다.
③ 간이과세자는 매출처별세금계산서합계표·매입처별세금계산서합계표를 해당신고를 할 때 함께 제출하여야 한다.
④ 간이과세자의 해당 과세기간의 공급대가가 4,800만원 미만인 경우에는 세액의 납부의무를 면제하나, 재고납부세액은 그러하지 아니한다. 납부의무 면제대상인 경우 가산세도 면제한다.

제 4 장
원천징수

제 1 절 소득세법 총칙

1 소득세 이론

(1) 소득세의 의의
「소득세」는 자연인이 얻은 소득에 대하여 자연인에게 부과되는 조세이다.

1) 소득세의 특징
소득세는 자연인의 소득을 과세대상으로 하는 조세이다. 소득세는 국세로서 다음과 같은 특징을 갖는다.

소득세의 특징			국세, 직접세, 보통세, 신고납세제도
과세소득의 범위	원칙		소득원천설
	예외		순자산증가설 일부 채택
과세소득의 규정 방식	원칙		열거주의 과세방식
	예외		이자소득, 배당소득, 사업소득은 포괄주의
과세단위	원칙		개인단위 과세방식
	예외		조세회피 목적의 공동사업은 세대단위 등으로 합산과세
과세방법	원칙		종합과세
	예외	분류과세	퇴직소득 · 양도소득
		분리과세	일부 종합소득은 종합소득세 계산구조에 합산하지 않고 소득을 지급할 때 원천징수로 과세 종결

2) 소득세의 조건
① 소득을 원천별로 구분하여 제한적으로 열거하고, 원칙적으로 「**계속적 · 반복적**」으로 발생하는 것만을 과세대상으로 한다.
② 현행 소득세법은 기본적으로 「**소득원천설**」의 입장에서 취하고 있다.
③ 현행 소득세법은 사업소득의 경우에 그 소득의 범위를 원칙적으로 그 사업에서 「**계속적 · 경상적**」으로 발생하는 것에 국한하고 있다.
④ 현행 소득세법은 「**고정자산처분이익 · 유가증권처분이익**」 등 비경상적인 소득은 포함하지 않는다.(다만, **사업소득에 포함된** 고정자산처분이익은 사업소득에 포함하여 판단한다)
⑤ 예외적으로 「**기타소득 · 퇴직소득 · 양도소득**」과 같은 불규칙적 · 일시적인 소득도 현행 소득세법에는 과세소득으로 열거되어 있다. 소득세법은 신종 금융자산의 개발로 인하여 조세회피문제가 발생한 이자소득과 배당소득의 과세방법을 2002년부터 유형별 포괄주의로 전환하여 순자산증가설(포괄주의)의 입장도 일부 수용 함.

(2) 과세방법

소득세는 종합과세방법(소득의 종류에 관계없이 모든 소득을 일정한 기간을 하나의 단위로 합산하여 과세하는 방식)을 원칙으로 하되, 다음과 같이 종합과세방식 외에 분류과세방식과 분리과세방식 등 예외를 인정하고 있는데 이러한 과세방식을 불완전한 종합과세 방식이라 한다.

1) 종합과세

종합과세란 소득을 종류에 관계없이 일정한 기간을 하나의 단위로 합산하여 과세하는 방법이다. 현행 소득세법은 이러한 종합과세를 기본원칙으로 하고 있다.

2) 분류과세와 분리과세

① **분류과세** : 분류과세란 종합소득에 합산하지 않고 소득을 그 종류별로 구분하여 각각의 세원을 별도로 과세하는 방식을 말한다.

② **분리과세** : 분리과세란 종합과세되는 소득 중 기간별로 합산하지 않고 그 소득이 지급될 때 원천징수로 과세가 종결되는 다음의 소득을 말한다.

> ① 분리과세 이자소득
> ② 분리과세 배당소득
> ③ 분리과세 근로소득(일용직)
> ④ 분리과세 연금소득
> ⑤ 분리과세 기타소득

	소득의 종류	과세유형	분리/분류
①	이자소득	종합소득	분리과세
②	배당소득	종합소득	분리과세
③	사업소득	종합소득	–
④	근로소득	종합소득	분리과세(일용직)
⑤	연금소득	종합소득	분리과세
⑥	기타소득	종합소득	분리과세
⑦	퇴직소득	–	분류과세
⑧	양도소득		

3) 과세단위

과세단위란 소득세를 계산하기 위한 인적단위를 말하는데 크게 **개인단위주의**와 **소비단위주의**가 있으나 우리나라는 현재 「**개인단위 과세단위**」를 채택하고 있다.

4) 신고 · 납세주의

우리나라의 소득세는 신고납세제도를 채택하고 있다. 따라서 납세의무자가 과세기간의 다음연도 5월 1일부터 5월 31일까지 과세표준 확정 신고를 함으로써 소득세의 납세의무가 확정된다.

(3) 원천징수 제도

「원천징수(tax withholding)」란 소득을 지급하는 자가 소득을 지급받는 자의 조세를 징수하여 정부에 납부하는 제도를 말한다. 즉, 소득을 지급하는 자가 그 소득에 대한 원천징수세액을 차감한 잔액만을 지급하고 그 원천징수세액을 정부에 납부하는 것이다.

(3) 원천징수 제도

「**원천징수**(tax withholding)」란 소득을 지급하는 자가 소득을 지급받는 자의 조세를 징수하여 정부에 납부하는 제도를 말한다. 즉, 소득을 지급하는 자가 그 소득에 대한 원천징수세액을 차감한 잔액만을 지급하고 그 원천징수세액을 정부에 납부하는 것이다.

1) 원천징수제도의 유형

원천징수제도에는 다음과 같이 두 가지 유형이 있다.

① **예납적 원천징수** : 우선 원천징수를 하고, 나중에 납세의무를 확정할 때 이를 정산하는 방식을 예납적 원천징수라 한다.

② **완납적 원천징수** : 완납적 원천징수란 원천징수로서 과세를 종결하는 것으로 별도의 정산절차가 필요없는 방식을 말한다. 그러므로 익년 5월에 동 소득에 대한 확정 신고를 할 필요가 없다.

	여부	원천징수의 유형	과세방법
원천징수	○	완납적 원천징수	분리과세
	○	예납적 원천징수	종합과세
	×	–	

2) 현행 원천징수제도

국내에서 거주자나 비거주자에게 일정한 소득금액 또는 수입금액을 지급하는 자는 그 거주자나 비거주자에 대한 소득세를 원천징수하여 다음달 10일까지 정부에 납부하여야 한다. 이처럼 원천징수대상 소득금액 또는 수입금액을 지급하는 자는 원칙적으로 자연인·법인을 불문하고, 사업의 영위 여부와 관계없이 그리고 별도의 절차 없이 당연히 원천징수의무를 진다.

2 소득세 납세의무

(1) 납세의무자

원칙적으로 납세의무자라 함은 세법에 의하여 국세를 납부할 의무가 있는 자를 말한다. 국세를 징수하여 납부할 의무가 있는 자인 징수·납부의무자와 구별하여야 할 것이다. 「소득세법」의 납세의무자는 과세소득을 얻은 자연인으로 다음과 같이 거주자와 비거주자로 구분할 수 있다.

구 분	개 념	납세의무의 범위
거 주 자	국내에 주소를 두거나 183일 이상 거소를 둔 개인	국내·외 모든 소득(무제한 납세의무자)
비거주자	거주자가 아닌 자	국내원천소득(제한적 납세의무자)

1) 주소의 판정

주소는 국내에서 생계를 같이 하는 가족 및 국내에 소재하는 자산의 유무 등 생활관계의 객관적 사실에 따라 판정한다. 그 구체적인 판정기준은 다음과 같다.

구 분	국내에 주소를 가진 것으로 보는 경우	국내에 주소가 없는 것으로 보는 경우
직업관계	계속하여 183일 이상 국내에 거주 할 것을 통상 필요로 하는 직업을 가진 때	-
생활관계	국내에 생계를 같이 하는 가족이 있고, 그 직업 및 자산상태에 비추어 계속하여 183일 이상 국내에 거주할 것으로 인정되는 때	외국국적을 가졌거나 외국법령에 의하여 그 외국의 영주권을 얻은 자로서 국내에 생계를 같이 하는 가족이 없고 그 직업 및 자산상태에 비추어 다시 입국하여 주로 국내에 거주하리라고 인정되지 않는 때
외항선원 등	외국을 항행하는 선박·항공기의 승무원인 경우 그 승무원과 생계를 같이하는 가족이 거주하는 장소 또는 그 승무원이 근무기간 외의 기간 중 통상 체재하는 장소가 국내에 있는 때	외국을 항행하는 선박·항공기의 승무원인 경우 그 승무원과 생계를 같이하는 가족이 거주하는 장소 또는 그 승무원이 근무기간 외의 기간 중 통상 체재하는 장소가 국외에 있는 때

2) 해외 파견 임직원 등의 거주자 판정

① 국외에서 근무하는 공무원 : 거주자 의제
② 거주자나 내국법인의 국외사업장 또는 해외현지법인(내국법인이 발행주식총수 또는 출자지분의 100%를 직접 또는 간접 출자한 경우에 한정한다)등에 파견된 임직원 : 거주자 의제
③ 주한외교관과 그들의 가족 : 비거주자 의제(단, 대한민국 국민은 제외)
④ 주한미군·군무원 및 그들의 가족 : 비거주자 의제(다만, 미국의 소득세를 회피할 목적으로 국내에

주소가 있다고 신고한 경우에는 제외)

Tip. 거주자 또는 비거주자가 되는 시기

구분	비거주자가 거주자로 되는 시기	거주자가 비거주자로 되는 시기
주소	국내에 주소를 둔 날	거주자가 주소 또는 거소의 국외 이전을 위하여 출국하는 날의 다음 날
거소	국내에 거소를 둔 기간이 183일이 되는 날	
주소의제	국내에 주소가 있는 것으로 보는 사유가 발생한 날	국내에 주소가 없는 것으로 보는 사유가 발생한 날의 다음 날

3) 법인이 아닌 단체

법인 아닌 단체는 국세기본법에 따라 법인으로 의제되는 경우에는 법인세를, 그 밖에는 소득세를 과세한다. 법인 아닌 단체에 대한 소득세를 과세하는 경우에는 공동사업의제와 그 단체를 한 사람(1거주자 또는 1비거주자)으로 보는 경우로 나누어진다.

구 분	요 건	과세방법
공동사업의제	이익의 분배방법이나 분배비율이 정해져 있거나 사실상 이익이 분배되는 경우	공동사업의 소득을 분배하여 각 구성원에게 과세
1거주자 또는 1비거주자의제	위 이외의 경우	단체에게 과세(단체의 소득을 대표자나 관리인의 소득에 합산하지 않음)

※ 국내에 주사무소 또는 사업의 실질적 관리장소를 둔 경우에는 1거주자로 의제하고, 그 밖에는 1비거주자로 의제함.

4) 납세의무의 특례

구 분		납세의무
공동사업	원칙	공동사업에 관한 소득금액을 계산하는 경우에는 해당 공동사업자별로 납세의무를 진다.
	예외	공동사업합산과세에 따라 주된 공동사업자에게 합산과세되는 경우 그 합산과세되는 소득금액에 대해서는 주된 공동사업자의 특수관계인은 손익분배비율에 해당하는 그의 소득금액을 한도로 주된 공동사업자와 연대하여 납세의무를 진다.
상속		상속인은 국세기본법에 따라 상속받은 재산을 한도로 피상속인의 소득세에 대한 납세의무를 승계한다. ① 납세의무를 승계하는 경우에도 피상속인의 소득과 상속인의 소득을 구분하여 소득세를 각각 계산한다. ② 연금계좌의 가입자가 사망하였으나 그 배우자가 연금외수령 없이 해당 연금계좌를 상속으로 승계하는 경우에는 ①의 규정에도 불구하고 해당 연금계좌에 있는 피상속인의 소득금액은 상속인의 소득금액으로 보아 소득세를 계산한다.
분리과세소득		원천징수되는 소득으로서 종합소득에 합산되지 아니하는 소득이 있는 자는 원천징수되는 소득세에 대해서 납세의무를 진다.
공동소유 자산에 대한 양도소득		공동으로 소유한 자산에 대한 양도소득금액을 계산하는 경우에는 해당 자산을 공동으로 소유하는 각 거주자가 납세의무를 진다.

Chapter 4 원천징수

신탁재산	원칙	신탁재산에 귀속되는 소득은 그 신탁의 이익을 받을 수익자(수익자가 사망하는 경우에는 그 상속인)에게 귀속되는 것으로 본다.
	예외	위탁자가 신탁재산을 실질적으로 통제하는 등 법령으로 정하는 요건을 충족하는 신탁의 경우에는 그 신탁재산에 귀속되는 소득은 위탁자에게 귀속되는 것으로 본다. ① 위탁자가 신탁을 해지할 수 있는 권리, 수익자를 지정하거나 변경할 수 있는 권리, 신탁 종료 후 잔여재산을 귀속 받을 권리를 보유하는 등 신탁재산을 실질적으로 지배·통제할 것 ② 신탁재산 원본을 받을 권리에 대한 수익자는 위탁자로, 수익을 받을 권리에 대한 수익자는 그 배우자 또는 같은 주소 또는 거소에서 생계를 같이 하는 직계존비속(배우자의 직계존비속을 포함한다)으로 설정했을 것

(2) 과세기간

구 분		과 세 기 간
1) 원 칙		1월 1일 ~ 12월 31일
2) 예 외	① 거주자가 사망한 경우	1월 1일 ~ 사망한 날
	② 거주자가 출국으로 인하여 비거주자가 되는 경우	1월 1일 ~ 출국한 날

※ 개인은 과세기간을 선택할 수 없으며, 개인이 사업을 개시하거나 폐업한 경우에도 1월 1일부터 12월 31일까지를 과세기간으로 한다. 이는 개업 전이나 폐업 후에도 과세소득이 있을 수 있기 때문이다.

(3) 납세지

소득세법상 「**납세지**」란 소득세의 관할세무서를 정하는 기준이 되는 장소를 말하는데, 그 구체적인 내용은 다음과 같다.

1) 일반적인 소득세의 납세지

구 분	소득세의 납세지
거주자의 대한 소득세	주소지(주소지가 없는 경우에는 거소지)
비거주자에 대한 소득세	주된 국내사업장의 소재지 (국내사업장이 없는 경우에는 국내원천소득이 발생하는 장소)

2) 원천징수한 소득세 등의 납세지

구 분		원천징수의무자	소득세의 납세지
개 인	거주자		① 주된 사업장 소재지 ② 주된 사업장 외의 사업장에서 원천징수하는 경우 : 그 사업장 소재지 ③ 사업장이 없는 경우 : 그 거주자의 주소지 또는 거소지
	비거주자		① 주된 사업장 소재지 ② 주된 사업장 외의 국내사업장에서 원천징수하는 경우 : 그 국내사업장 소재지 ③ 사업장이 없는 경우 : 그 비거주자의 거류지·체류지
법 인	원칙		그 법인의 본점 또는 주사무소의 소재지
	독립채산제 사업장에서 원천징수한 소득세		① 그 사업장의 소재지(국외사업장 제외) ② 본점 일괄납부승인을 얻거나 부가가치세법에 따라 사업자단위과세사업자로 등록한 경우에는 본점 또는 주사무소 소재지
납세조합			납세조합이 징수하는 소득세는 납세조합의 소재지

③ 소득세의 계산구조

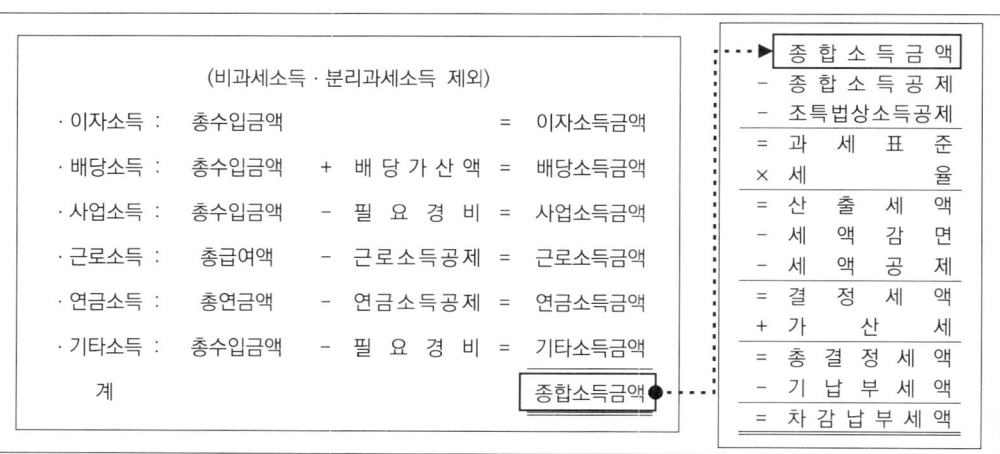

제 2 절 이자와 배당소득금액의 계산

1 이자소득

(1) 이자소득의 범위

구 분	이자소득의 범위
① 예금의 이자	국내 또는 국외에서 받은 각종 예금의 이자와 할인액(상호신용계 또는 신용부금으로 인한 이익 포함)
② 채권·증권의 이자와 할인액	국가·지방자치단체·내국법인·외국법인이나 외국법인의 국내지점 또는 국내영업소에서 발행한 각종 채권 또는 증권의 이자와 할인액
③ 환매조건부 채권·증권의 매매차익	환매조건부 채권·증권의 매매차익이란 금융회사 등이 시장가격에 의하지 않고 환매기간에 따른 사전약정이율에 의해 결정된 가격으로 환매수 또는 환매도하는 조건으로 매매하는 채권·증권의 매매차익을 말한다.
④ 저축성보험의 보험차익	다음을 제외한 저축성보험의 보험차익 ① 보험기간이 10년 이상인 저축성보험(일시납은 1명당 납입보험료 합계액 1억원 이하, 월적립식은 매월 납입보험료 합계액 150만원 이하) ② 종신형 보험
⑤ 직장공제회 초과 반환금	근로자가 퇴직하거나 탈퇴하여 그 규약에 따라 직장공제회로부터 받는 반환금에서 납입공제료를 뺀 금액(납입금 초과이익)과 반환금을 분할하여 지급하는 경우 그 지급하는 기간 동안 추가로 발생하는 이익(반환금 추가이익)
⑥ 비영업대금의 이익	금전의 대여행위가 사업적인 것이 아닌 경우의 금전대여로 인한 소득
⑦ 유형별 포괄주의에 해당하는 이익	위 ①~⑥까지의 소득과 유사한 소득으로서 금전의 사용에 따른 대가의 성격이 있는 것(예 : 채권대차거래 보상액)
⑧ 파생금융상품의 이자	이자소득을 발생시키는 거래와 결합한 파생상품에서 발생하는 이익

1) 저축성 보험의 보험차익

구 분	이자소득의 범위	보험차익
보장성보험	사업 관련	사업소득
	사업 무관	과세 제외
저축성보험	① 보험기간 10년 이상인 다음의 저축성보험 　㉠ 일시납 저축성보험 : 계약자 1명당 납입보험료의 합계액 (월적립식 저축성 보험과 종신형 연금형보험 제외)이 1억원 이하인 것 　㉡ 월적립식 저축성보험 : 계약자 1명당 매월 납입보험료의 합계액이 150만원 이하인 것 ② 종신형 연금보험	과세 제외
	위 이외의 보험	이자소득

2) 비영업대금의 이익

이것은 금전의 대여를 사업목적으로 하지 않는 자가 일시적·우발적으로 금전을 대여함에 따라 지급 받은 이자 또는 수수료 등을 말한다. 계속적·반복적으로 금전을 대여하는 경우에는 대금업에 해당하며, 그로 인해 받은 이익은 사업소득으로 분류된다. 이러한 비영업대금의 이익은 현실적으로 제대로 과세 되고 있지 못한 실정이다. 하지만 현행 소득세법에 따르면 모두 예외 없이 과세대상에 해당한다.

3) 이자소득으로 보지 않는 소득

구 분	내 용	과세여부
사업소득 관련금액	① 매입에누리·매입할인	매입가액에서 차감
	② 물품판매 후 대금결제방법에 따라 추가로 받는 금액	사업소득 (외상판매이자)
	③ 외상매출금의 지급기일 연장이자 단, 외상매출금이 소비대차로 (대여금 등으로 전환)된 경우 : 이자소득(비영업대금의 이익)	사업소득 (연체이자)
	④ 장기할부조건 판매시 현금거래보다 추가로 받는 금액 단, 대금 지급지연으로 소비대차로 전환되어 발생되는 이자 : 이자소득 (비영업대금의 이익)	사업소득 (연체이자)
손해배상금의 법정이자	① 계약의 위약·해약으로 인한 손해배상금과 그 법정이자(예 : 주택매매계약의 해약에 따른 위약금)	기타소득
	② 기타 손해배상금과 그 법정이자(예 : 명예훼손배상금·교통사고배상금)	과세제외

(3) 비과세 이자소득

다음의 이자소득에 대하여는 소득세를 과세하지 않는다.
- 공익신탁의 이익(학술, 종교, 자선 기타 공익을 목적으로 하는 신탁에 의한 이자소득)
- 비과세종합저축(65세 이상인 노인, 장애인복지법에 따라 등록한 장애인 등)
- 재형저축에서 발생하는 이자소득 등

(4) 이자소득금액의 계산

이자소득금액은 원칙적으로 필요경비가 인정되지 않는다. 따라서 이자소득은 총수입금액을 이자소득금액으로 한다.

> 이자소득금액 = 이자소득 - 비과세이자소득 - 분리과세소득

(5) 이자소득의 수입시기

이자소득 총수입금액의 수입시기(귀속시기)는 원칙은 약정일주의(권리확정주의)를 원칙으로 한다. 하지만 약정일이 정해지지 않은 경우에는 현금주의로 한다.

구 분	수입시기
① 예금의 이자 ② 무기명채권의이자와 할인액 ③ 저축성보험의 보험차익(기일 전 해지시 해지일)	실제 지급일(현금주의)
④ 기명채권의 이자와 할인액 ⑤ 직장공제회 초과반환금	약정에 따른 지급일
⑥ 환매조건부 채권·증권의 매매차익	약정에 의한 환매수일(또는 환매도일)과 실제 환매수일(또는 환매도일) 중 빠른날
⑦ 비영업대금의 이익	약정에 의한 지급일과 실제 지급일 중 빠른 날
⑧ 유형별 포괄주의 이자·파생금융상품의 이자	약정에 의한 상환일과 실제 상환일 중 빠른 날
⑨ 채권보유기간의 이자상당액	채권의 매도일 또는 이자지급일
⑩ 이자소득이 발생하는 재산의 상속·증여	상속개시일·증여일

※ 예금이자의 경우 원본전입특약이 있는 경우 원본전입일, 해약하는 경우 해약일, 계약을 연장하는 경우 계약 연장일

2 배당소득

(1) 배당소득의 범위

「**배당소득**」이란 해당 과세기간에 발생한 다음의 소득을 말한다.

구 분	배 당 소 득
(1) 실지배당(일반배당)	내국법인·외국법인·법인으로 보는 단체로부터 받는 이익이나 잉여금의 배당 또는 분배금
(2) 의제배당	• 잉여금의 자본전입으로 인한 의제배당 • 감자·퇴사·탈퇴·해산·합병·분할로 인한 의제배당
(3) 인정배당	법인세법에 의하여 배당으로 소득 처분된 금액
(4) 간주배당	「국제조세조정에 관한 법률」규정에 따라 특정 외국법인으로부터 배당받은 것으로 간주된 금액
(5) 출자공동사업자에 대한 배당소득	공동사업에서 발생한 소득 금액 중 경영에 참여하지 않고 출자만 하는 출자공동사업자가 받는 소득분배비율에 상당하는 금액
(6) 집합투자기구로 부터의 이익	자본시장과 금융투자업에 관한 법률에 따른 집합투자기구로부터의 이익
(7) 유사배당소득	위 (1)~(6)까지 열거된 소득과 유사한 소득으로써 이익분배의 성격이 있는 것
(8) 파생상품의 배당	위 (1)~(7)까지의 소득을 발생시키는 거래 또는 행위와 파생상품에 결합된 경우 해당 파생상품의 거래 또는 행위로부터의 이익

1) 출자공동사업자에 대한 배당소득

공동사업에서 발생한 소득금액 중 경영에 참여하지 않고 출자만 하는 공동사업자가 받는 손익분배비율에 상당하는 금액은 배당소득으로 과세한다. 단, 다음 중 어느 하나에 해당하는 자는 출자공동사업자로 보지 아니한다.

① 공동사업에 성명·상호를 사용하게 한 자
② 공동사업에서 발생한 채무에 대하여 무한책임을 부담하기로 약정한 자

2) 집합투자기구로부터의 이익

집합투자란 2인 이상에게 투자권유를 하여 모은 금전 등을 투자자로부터 일상적인 운용지시를 받지 않으면서 재산적 가치가 있는 투자대상자산을 취득·처분, 그 밖의 방법으로 운용하고 그 결과를 투자자에게 배분하여 귀속시키는 것을 말한다. 이러한 집합투자를 수행하는 기구에는 ①신탁형태의 투자신탁 ②회사형태의 투자회사·투자유한회사 및 투자 합자회사(사모투자전문회사) ③조합형태의 투자조합 및 투자익명조합이 있다.

Chapter 4 원천징수

구 분	내 용
신탁이익의 소득구분	· 집합투자기구(투자신탁, 투자회사, 투자조합 등)로부터의 이익 : 배당소득 · 법인과세 신탁재산으로부터의 이익 : 배당소득 · 일반신탁의 이익 : 실제 소득에 따라 구분
집합투자기구로부터의 이익계산	· 집합투자기구로부터의 이익은 보수·수수료를 뺀 금액 · 상장주식, 벤처기업주식 및 장내파생상품(상장주식에 대한 것)의 매매차익의 평가차익은 과세하지 않음

(2) 비과세 배당소득

소득세법상 「비과세 배당소득」은 없다.

(3) 배당소득금액의 계산

배당소득금액은 해당 과세기간의 총수입금액으로 한다. 배당소득에 대하여도 이자소득과 마찬가지로 필요경비가 인정되지 않는다. 또한 앞으로 설명하게 될 배당소득의 이중과세조정 여부에 따라 배당소득의 총수입액은 변하게 된다.

> 배당소득금액 = 배당소득 − 비과세배당소득 − 분리과세소득 + 배당가산액

(4) 배당소득금액의 수입시기

구 분		총수입금액의 수입시기
1) 실지배당	① 무기명주식의 이익·배당	그 지급을 받은 날(실제 지급일)
	② 잉여금처분에 의한 배당	해당 법인의 잉여금처분 결의일
	③ 건설이자의 배당	해당 법인의 건설이자 배당결의일
2) 의제배당	① 감자 등의 경우	감자결의일, 퇴사. 탈퇴일
	② 해산의 경우	잔여재산가액 확정일
	③ 합병의 경우	합병등기일
	④ 분할의 경우	분할등기일(또는 분할합병등기일)
	⑤ 잉여금 자본전입의 경우	자본전입 결의일
3) 법인세법에 의하여 처분된 배당		해당 법인의 해당 사업연도의 결산 확정일
4) 간주배당		외국법인의 해당 사업연도 종료일의 다음 날부터 60일이 되는 날
5) 집합투자기구로부터의 이익		이익을 받는 날, 특약에 의한 원본전입일
6) 출자공동사업자의 배당소득		과세기간 종료일
7) 유형별 포괄주의에 해당하는 배당		유형별 포괄주의에 따른 배당소득은 그 지급을 받은 날을 수입시기로 한다.
8) 파생금융상품의 배당		실제 지급일

③ 금융소득의 과세방법

(1) 무조건 분리과세(원천징수)

구 분		원천징수세율
이자소득	① 만기 10년 이상인 다음의 장기채권의 이자·할인액으로서 분리과세를 신청한 경우 ㉠ 2012.12.31.까지 발행된 장기채권의 이자·할인액 ㉡ 2013.1.1.부터 2017.12.31.까지 발행된 장기채권을 3년이상 계속하여 보유한 거주자가 그 장기채권을 매입한 날부터 3년이 지난 후에 발생하는 이자·할인액	30%
	※ 2018.1.1.이후 발행된 10년 이상 장기채권의 이자·할인액 : 분리과세를 신청할 수 없으므로 조건부과세	14%
	② 직장공제회 초과반환금	기본세율
	③ 비실명 이자소득	45% (금융실명제대상90%)
	④ 비영업대금이익	25%
	⑤ 일반적인 이자소득	14%
배당소득	① 비실명 배당소득	45% (금융실명제대상90%)
	② 출자공동사업자의 배당소득	25%
	③ 일반적인 배당소득	14%

(2) 종합과세와 분리과세

1) 종합과세 여부의 판정기준

「금융소득 종합과세」란 이자·배당소득을 종합소득에 합산하여 기본세율(6%~45%)로 과세하는 제도인데, 그 구체적인 과세방법은 다음과 같다.

구분	범위	원천징수세율
무조건 분리과세	국내에서 지급받은 다음의 이자·배당소득은 종합소득에 합산하지 않고 원천징수로 과세를 종결한다. ① 직장공제회 초과반환금 ② 비실명 이자·배당소득 ③ 법원보관금의 이자소득 ④ 1거주자로 보는 법인이 아닌 단체가 금융회사 등으로부터 받은 이자·배당 소득	기본세율 45%(90%) 14% 14%
조건부 분리과세	위 (1) 외의 이자·배당소득(귀속법인세와 출자공동사업자의 배당소득은 제외)의 합계액이 ① 2천만원을 초과하는 경우 ⇨ 종합과세 ② 2천만원 이하인 경우 ⇨ 분리과세	14% (비영업대금의 이익 25%)

무조건
종합과세
	다만, 2천만원 이하인 경우에도 다음의 이자 · 배당소득은 종합과세한다.
	① 원천징수되지 않은 이자 · 배당소득
	   ㉠ 국내에서 지급되는 이자 · 배당소득 중 원천징수 되지 않은 소득
	   ㉡ 원천징수대상이 아닌 국외에서 받은 이자 · 배당소득
	② 출자공동사업자의 배당소득
		14%(25%)
		—
		25%

2) 종합과세의 구체적인 방법

종합과세되는 금융소득이라고 하여 다른 모든 종합소득과 합산하여 기본세율을 적용하는 것이 아니다. 현행 소득세법은 종합과세되는 금융소득을 다음과 같이 구분하여 별도의 세율을 적용하도록 하고 있다.

구분	종합과세되는 금융소득		세율적용
판정대상금액 〉 2천만원	조건부 종합과세소득+원천징수되지 않은 금융소득	2천만원 초과분	다른 소득과 합산하여 기본세율 적용
		2천만원 이하분	14% 세율 적용
판정대상금액 〈 2천만원	원천징수되지 않은 금융소득		14%(비영업대금이익은 25%)

① 종합과세 여부 판정대상금액이 2천만원 이하인 경우, 조건부 종합과세소득은 분리과세한다.

② 종합과세 여부 판정대상금액이 2천만원을 초과하는 경우, 2천만원 초과분뿐만 아니라 2천만원까지도 종합과세한다. 이 경우 종합과세되는 금융소득 전액에 대해 기본세율(6%~45%)을 적용하면 2천만원을 분기점으로 하여 세부담이 급격히 증가하는 이른바 "문턱효과"가 발생하는 문제점이 있다. 따라서 분리과세되는 경우와 형평을 위해서는 종합과세되는 금융소득 중 2천만원까지는 14%의 세율을 적용하고 2천만원 초과분만을 다른 종합소득에 합산하여 기본세율을 적용하는 것이다.

③ 여기서 유의할 점은 종합과세 여부 판정대상금액이 2천만원 이하인 경우에도 원천징수되지 않은 금융소득만이 종합과세되며, 원천징수되었을 경우를 가정하여 14%(비영업대금이익은 25%)의 세율을 적용한다. 이는 원천징수가 되지 않거나 원천징수가 불가능하여 부득이하게 종합과세 할 뿐, 그 세부담은 원천징수된 금융소득과 달라야 할 이유가 없기 때문이다.

(3) 배당소득에 대한 이중과세 조정

1) 이중과세조정의 기본구조

배당소득에 대해서는 법인단계에서 법인세가 과세되고 다시 주주단계에서 소득세가 과세되는데, 이것을 "배당소득에 대한 이중과세"라고 한다. 현행 소득세법은 이런 이중과세를 조정하기 위하여 「**배당가산액**(Gross-Up)」제도를 채택하고 있다.

이것은 주주단계에서 소득세를 과세할 때 해당 배당소득에 대해 과세된 법인세 상당액을 배당소득 총수입액에 가산하여 소득세를 계산한 후 그 귀속법인세를 소득세 산출세액에서 공제(배당세액공제)하는 방식이다.

2) 조정대상 배당소득의 범위

조정대상 배당소득은 다음의 세 가지 요건을 모두 갖춘 것으로 한다.

① 내국법인으로부터 받은 배당소득일 것
② 법인세가 과세된 소득을 재원으로 하는 배당소득일 것
③ 종합과세되고 기본세율이 적용되는 배당소득일 것(2천만원 초과분에 해당할 것)

즉, 본래 Gross-Up 대상인 배당소득으로서 주주단계에서 종합과세되고 기본세율이 적용되는 배당소득인 경우에만 이중과세를 조정한다.

3) 구체적인 조정방법

① **배당소득금액의 계산** : 조정대상이 되는 배당소득에 대해서는 배당소득 총추입금액에 귀속법인세를 더한 금액을 배당소득금액으로 한다.
② **배당세액공제** : (㉠귀속법인세 ㉡한도액) 중 적은금액
  ㉠ 귀속법인세 = 조정대상 배당소득 총수입금액 × 10%
  ㉡ 배당세액공제 한도액 = 종합소득산출세액 − 비교산출세액

제 3 절 사업소득과 근로소득금액의 계산

① 사업소득

(1) 사업소득의 범위

사업소득이란 **독립적 지위**에서 수익(영리)을 얻을 목적으로 **계속적·반복적**으로 하는 사업활동에서 발생한 소득을 말한다.

1) 과세제외 사업

사업의 구분	과세 제외 대상
농업	작물재배업 중 곡물 및 기타 식량 작물 재배업
전문, 과학 및 기술서비스업	연구개발업, 다만, 계약 등에 따라 그 대가를 받고 연구 또는 개발용역을 제공하는 사업은 과세한다.
교육서비스업	① 「유아교육법」에 따른 유치원, 초·중등교육법 및 고등교육법에 따른 학교 ② 「근로자직업능력 개발법」에 따라 사업주가 소속 근로자의 직업능력의 개발·향상을 위하여 설치·운영하는 직업능력개발훈련시설 ③ 한국표준산업분류상의 달리 분류되지 않은 기타 교육기관 중 노인학교
보건및 사회복지사업	「사회복지사업법」에 따른 사회복지사업 및 「노인장기요양법」에 따른 노인장기요양 사업
협회 및 단체	한국표준사업분류의 중분류에 따른 협회 및 단체

2) 연예인 등의 전속계약금

① 연예인 및 직업운동선수 등이 사업활동과 관련하여 받는 전속계약금은 사업소득으로 본다.
② 수입시기 : 용역대가를 지급받기로 한 날과 용역제공완료일 중 빠른 날. 다만, 계약 기간이 1년을 초과하는 일신전속계약에 대한 대가를 일시에 받는 경우에는 계약기간에 따라 해당대가를 균등하게 안분한 금액을 각 과세기간종료일에 수입한 것으로 한다.

3) 부동산업 및 부동산임대업

부동산업 및 **부동산임대업**에서 발생하는 소득도 사업소득이다.(부동산 임대업을 다른 사업과 구분하는 이유는 주거용 건물임대업을 제외하고는 결손금공제방법이 다르기 때문이다.)

① 「**등기·미등기**」 불문하고 대여소득 과세
② 「**지역권·지상권**」은 부동산의 권리이므로 그 대여소득도 부동산임대업에 해당한다. **단, 공익사업과 관련된 지역권·지상권은 기타소득으로 분류함.**

부동산 임대업의 범위	비고
부동산과 부동산상의 권리의 대여	• 공익사업 관련 지상권과 지역권의 설정·대여소득 ⇨ 기타소득 • 위 외의 지상권과 지역권의 설정·대여소득 ⇨ 사업소득(부동산임대업)
공장재단과 광업재단의 대여	• 기계 등의 시설을 분리하여 대여 ⇨ 기타사업(시설임대업)
채굴권의 대여	• 광업권자 등이 자본적 지출이나 수익적 지출을 부담하는 조건으로 대여하고 받는 분철료 ⇨ 기타사업(광업)

복식부기의무자가 사업용 유형고정자산을 양도함으로써 발생하는 소득. 다만, 양도소득에 해당하는 토지 또는 건물(건물에 부속된 시설물과 구축물을 포함함)의 양도로 발생하는 소득은 제외한다.

구분	복식부기의무자	간편장부 대상자
양도소득세 과세대상에 해당하는 사업용 유형고정자산의 처분이익	양도소득으로 과세	양도소득으로 과세
양도소득세 과세대상에 해당하지 않는 사업용 유형고정자산의 처분이익	사업소득으로 과세	과세제외

(2) 비과세 사업소득

사업소득 중 다음의 농가부업소득과 전통주의 제조에서 발생하는 소득에 대하여는 소득세를 과세하지 않는다.

1) 논·밭의 임대소득

논·밭을 작물생산에 이용하게 함으로써 발생하는 소득은 비과세한다.

2) 주택의 임대소득

1개의 주택(주택 부수토지 포함)을 소유하는 자의 주택임대소득을 말한다. 다만, 고가주택 및 국외에 소재하는 주택의 임대소득은 과세한다.(고가주택이란 기준시가가 12억원을 초과하는 주택을 말함)

구 분		과세여부	과세방법
1주택 소유자	일반주택	비과세	비과세
	고가주택	과세	주거용건물임대업에서 발생한 수입금액(이하 "주택임대수입금액"이라 함)의 합계액 • 2천만원 초과인 자 : 종합과세 • 2천만원 이하인 자 : 종합과세와 분리과세 중 선택
2주택 소유자		과세	
3주택 이상 소유자		과세 (임대료·간주임대료)	

(가) 주택의 범위

「주택」이란 국내에 소재하는 상시주거용(사업을 위한 주거용 제외)으로 사용하는 건물을 말하며, 다음 중 넓은 면적 이내의 부수토지를 포함한다.

㉠ 건물의 연면적(지하층의 면적, 지상층의 주차용 면적 및 주민공동시설 제외)

ⓒ 건물이 정착된 면적에 5배(도시지역 밖의 토지는 10배)를 곱하여 산정한 면적

(나) 주택수의 계산

① 본인과 배우자가 각각 주택을 소유하는 경우에는 이를 합산한다. 동일주택이 부부 각각의 주택수에 가산된 경우 다음의 순서로 부부 중 1인의 소유주택으로 계산한다.
  ㉠ 부부 중 지분이 더 큰 자
  ㉡ 부부의 지분이 동일한 경우 : 부부사이의 합의에 따라 소유주택에 가산하기로 한 자

② 임차 또는 전세받은 주택을 전대하거나 전전세하는 경우에는 해당 임차 또는 전세받은 주택을 임차인 또는 전세받은 자의 주택으로 계산한다.

③ 다가구주택은 1개의 주택으로 보되, 구분등기 된 경우 각각을 1주택으로 계산한다.

④ 공동소유 주택은 지분이 가장 큰 자의 소유로 계산하되, 지분이 가장 큰 자가 2인 이상인 경우에는 각각의 소유로 계산한다. 다만, 지분이 가장 큰 자가 2인 이상인 경우로서 그들이 합의하여 그들 중 1인을 해당 주택의 임대수입의 귀속자로 정한 경우에는 그의 소유로 계산한다. 다음의 ㉠ 또는 ㉡에 해당하면 소수지분자도 주택수에 가산한다.
  ㉠ 해당 주택에서 발생하는 임대소득이 연간 600만 원 이상인 경우
  ㉡ 기준시가가 12억원을 초과하는 고가주택의 30%를 초과하는 공동소유지분을 소유한 경우

3) 농가부업소득

농가부업소득이란 농·어민이 부업으로 경영하는 **축산·고공품제조·민박·음식물판매·특산품판매·전통차제조** 및 그 밖에 이와 유사한 활동에서 발생하는 다음의 소득을 말한다. 이 중 다음의 소득을 비과세한다.

① 농가부업규모의 축산에서 발생하는 소득(소 50마리, 돼지 700마리, 닭·오리 15,000마리 등)
② ① 외의 소득으로써 연 3,000만 원 이하의 소득
③ ①·②는 중복혜택 가능(예를 들어 축산에서의 사육두수에서 발생된 소득이 초과하는 경우 초과소득과 기타 비과세 소득을 합산하여 3,000만 원까지 비과세, 초과분만 과세)

4) 전통주 제조소득

농어촌지역(수도권 외의 읍, 면지역)에서 제조함으로써 발생하는 소득으로 소득금액의 합계액이 연 1,200만 원 이하인 것을 말한다.(1,200만원 초과시 전액 과세 함)

5) 조림기간 5년 이상인 임목의 벌채·양도소득

조림기간 5년 이상인 임지의 임목의 벌채 또는 양도로 발생하는 소득으로 소득금액의 합계액이 연 600만 원 이하의 금액을 말한다.(조림하지 않은 자연림과 조림기간이 5년 미만인 임목의 벌채·양도로 발생하는 소득은 비과세될 수 없다.)

구 분	조림기간	소득의 종류
자연림	-	사업소득 또는 양도소득
조림한 임목	5년 미만	사업소득(전액 과세)
	5년 이상	사업소득(연 600만원 이하의 소득금액 비과세)

6) 법에 정한 작물재배업의 소득

작물재배업에서 발생하는 소득으로서 해당 과세기간의 수입금액의 합계액이 10억원 이하인 것에 대하여는 소득세를 과세하지 아니한다.

7) 어로어업소득

어로어업(연근해어업과 내수면어업) 또는 양식어업에서 발생하는 소득으로서 해당 과세기간의 소득금액의 합계액이 5천만원 이하인 소득은 비과세한다.(연 5천만원 초과시 5천만원까지 비과세)

(3) 사업소득에 대한 과세방법

사업소득금액은 모두 종합소득과세표준에 합산하여 누진세율로 과세하며, 분리과세되는 예외는 존재하지 않는다. 사업소득은 원칙적으로 원천징수하지 않는다. 다만, 원천징수 또는 납세조합 징수의 대상이 되는 경우가 있는데 다음과 같은 경우이다.

1) 원천징수 대상 사업소득

원천징수 대상	원천징수 요건	원천징수세율
의료보건용역과 인적용역	① 원천징수의무자 : 사업자, 법인세의 납세의무자, 국각·지방자치단체(조합포함), 민법 기타 법률에 의하여 설립된 법인, 법인으로보는 단체 ② 원천징수대상 : 부가가치세 면세대상인 의료보건용역과 인적용역의 수입금액. 단, 다음의 소득은 제외 (가) 약사가 제공하는 의약품의 조제용역 중 의약품 가격이 차지하는 비율에 상당하는 소득 (나) 접대부·댄서와 이와 유사한 용역에서 발생하는 소득	수입금액×3% (외국인 직업운동가가 계약기간이 3년 이하인 프로스포츠구단과의 계약에 따라 용역을 제공하고 받는 소득은 20%)
봉사료	과세유흥장소 등을 운영하는 사업자가 지급하는 봉사료로서 세금계산서 등에 공급가액 구분 기재된 봉사료가 공급가액의 20%를 초과하고, 사업자가 봉사료를 자기의 수입금액으로 계상하지 않은 경우 ※ 봉사료의 소득구분 : 사업활동이면 사업소득, 사업활동이 아니면 기타소득으로 본다.(원천징수세율은 동일함)	수입금액×5%
납세조합에 가입한 사업자	납세조합에 가입한 복식부기의무자가 아닌 농·축·수산물 판매업자, 노점상인	매월분 사업소득에 대한 소득세

2) 사업소득세액의 연말정산 및 확정신고

연말정산은 다음 연도 2월분의 사업소득을 지급할 때(2월분의 사업소득을 2월 말일까지 지급하지 아니하거나 2월분의 사업소득이 없는 경우에는 2월 말일로 함) 또는 해당 사업자와의 거래계약을 해지하는 달의 사업소득을 지급할 때에 한다.

구 분	내 용
연말정산	간편장부대상자인 보험모집인, 방문판매인 및 음료품배달원의 사업소득은 연말정산 대상이다. 다만, 방문판매인과 음료품배달원의 사업소득에 대한 연말정산은 원천징수의무자가 사업장 관할 세무서장에게 연말정산을 신청한 경우에 한하여 연말정산을 한다.
확정신고	사업소득은 종합소득이므로 확정신고대상이다. 다만, 연말정산대상 사업소득만 있는 자는 확정신고를 하지 않아도 된다.

2 근로소득

(1) 근로소득

1) 근로소득의 범위

근로소득은 고용계약 또는 이와 유사한 계약에 의하여 근로를 제공하고 받는 대가를 말한다. 소득세법상 근로소득의 범위에는 다음의 소득이 포함된다.

① 근로의 제공으로 인하여 받는 봉급·급료·보수·세비·임금·상여·수당과 이와 유사한 성질의 급여
② 법인의 주주총회·사원총회 또는 이에 준하는 의결기관의 결의에 의하여 상여로 받는 소득(잉여금 처분에 의한 상여)
③ 「법인세법」에 의하여 상여로 소득 처분된 금액(인정상여)
④ 퇴직으로 인하여 받는 소득으로써 퇴직소득에 속하지 않는 소득
⑤ 다음의 직무발명보상금(기타소득에 해당하는 경우 제외)
  - 발명진흥법에 따른 종업원 등이 사용자 등으로부터 받는 보상금
  - 대학의 교직원 또는 대학과 고용관계가 있는 학생이 소속 대학에 설치된 산학협력단으로부터 받는 보상금
⑥ 임원 등 할인액 : 사업자나 법인이 생산·공급하는 재화·용역을 그 사업자나 법인의 사업장에 종사하는 임원 또는 종업원('임원 등'이라 한다)에게 시가보다 낮은 가격으로 제공하거나 구입할 수 있도록 지원함으로써 해당 임원 등이 얻는 이익 개정신설

2) 근로소득으로 보는 것

① 기밀비, 교제비 등의 명목으로 받은 것으로 업무를 위하여 사용된 것이 분명하지 않은 급여
② 종업원이 받는 공로금·위로금·개업축하금·학자금·장학금(종업원의 수학중인 자녀가 받는 학자금·장학금 포함) 기타 이와 유사한 성질의 급여 및 각종수당
③ 주택을 제공받음으로써 얻는 이익(별도의 비과세요건 있음)

④ 주택자금대출로 인한 이익 : 종업원이 주택의 구입·임차에 소요되는 자금을 저리 또는 무상으로 대여 받음으로 얻는 이익.
⑤ 종업원을 위하여 사용자가 지출하는 보험료(보험료 대납액) : 종업원이 계약자이거나 종업원 또는 그 배우자 기타의 가족을 수익자로 하는 보험의 보험료를 사용자가 납부한 경우 그 보험료 대납액은 근로소득으로 본다.
⑥ 계약기간 만료 전 또는 만기에 종업원에게 귀속되는 단체 환급부보장성보험 환급금
⑦ 법인세법상 임원퇴직급여 한도초과액
⑧ 공무원 수당 등에 관한 규정 등에 따라 공무원에게 지급되는 직급보조비
⑨ 사내원고료와 강연료

3) 근로소득으로 보지 않는 것

① 경조금 중 사회통념상 타당하다고 인정되는 범위
② 퇴직급여로 지급되기 위하여 적립되는 급여

(2) 비과세 근로소득

1) 실비변상적인 성질의 급여(금액의 제한이 있는 급여)

내 용	비과세 금액
① 자가운전 보조금 : 종업원(임원 포함)이 자신(부부공동 명의 포함)의 차량 또는 자신의 명의로 임차한 차량을 직접 운전하여 사용자의 업무수행에 이용하고 실제 소요된 여비를 받지 않는 대신 규정에 따라 받는 자가운전보조금[※] ② 벽지수당 ③ 교사와 법 소정 연구원이 받는 연구보조비 또는 연구활동비 ④ 선원이 받는 승선수당 ⑤ 기자(논설위원과 만화가 포함)가 받는 취재수당	월 20만원 한도

※ 시외출장비를 받은 경우에도 그 시외출장비는 비과세하며, 자가운전보조금도 월 20만원까지 비과세한다.

2) 실비변상적인 성질의 급여(금액의 제한이 없는 급여)

내 용	비과세 금액
① 일직료와 숙직료로 실비변상적 성질의 급여 ② 직장에서만 입는 피복 ③ 천재지변 기타 재해로 받는 급여 ④ 수도권 외의 지역으로 이전하는 공공기관 소속 공무원 또는 직원에게 한시적으로 지급하는 이전지원금 ⑤ 종교활동비 : 종교 관련종사자가 소속 종교단체의 규약 또는 소속 종교단체의 의결기구의 의결·승인 등을 통하여 결정된 지급 기준에 따라 종교활동을 위하여 통상적으로 사용할 목적으로 지급받은 금액 및 물품	금액의 제한 없음

3) 근로자 본인의 학자금

구 분	세무상 처리
근로자 본인의 학자금	학교(외국 교육기관 포함)와 직업능력개발훈련시설의 교육비 중 다음의 요건을 모두 갖춘 학자금 ① 업무와 관련 있는 교육·훈련일 것 ② 정해진 지급기준에 따라 받는 것일 것 ③ 교육·훈련기간이 6월 이상인 경우 교육·훈련 후 해당 교육기간을 초과하여 근무하지 아니하는 때에는 지급받은 금액을 반납할 것을 조건으로 하여 받는 것일 것
근로자 자녀의 학자금	무조건 근로소득

4) 식사 또는 월20만원 이하의 식대

① 사내급식·인근식당 식사쿠폰 등으로 제공받는 경우 : 전액 비과세
② 식사대로 받는 경우 : 월 20만원 이내는 비과세(20만원 초과분은 과세)
③ ①과 ②를 모두 받는 경우 : ①의 식사는 비과세, ②의 식사대는 과세

5) 월 20만원 이하의 출산 및 보육비 개정

다음의 급여로서 월 20만원 이내의 금액은 비과세
① 근로자(사용자와 특수관계에 있는 자 제외) 또는 그 배우자의 출산과 관련하여 <u>자녀의 출생일 이후 2년 이내</u>에 사용자로부터 **최대 두 차례에 걸쳐 지급받는 급여** : 전액 비과세

  ※ 최대 두 차례에 걸쳐 지급받는 급여 : 사용자로부터 세 차례 이상 해당 급여를 지급받는 경우 출생일 이후 최초로 지급받는 급여와 그 다음 지급받는 급여를 말한다. 이 경우 지급횟수는 사용자별로 계산한다.

② 6세이하 자녀의 **보육과 관련하여** 받는 급여(해당 과세기간 개시일을 기준으로 판단) : 월 20만원 비과세

6) 배상금·보상금 또는 위자료

① 근로의 제공으로 인한 부상·질병 또는 사망과 관련하여 근로자나 그 유족이 지급받는 배상·보상 또는 위자료의 성질이 있는 급여
② 산업재해보상법·근로기준법·선원법·각종 연금법에 의하여 지급받는 요양·휴업·장해·유족급여 및 보상금과 장의비 등
③ 고용보험법에 의하여 받는 실업급여 및 국민연금법에 의하여 받는 반환일시금(사망으로 받는 것에 한함), 사망일시금 등

7) 국외 등(국외·북한지역) 근로소득

구 분	비과세 금액
① 국외 등의 지역에서 근무하는 공무원(재외공관 행정직원 포함), 대한무역투자진흥공사·한국관광공사·한국국제협력단의 종사자 등	국내 근무시보다 더 받는 급여 중 실비변상적 성질의 급여로서 외교부장관이 기획재정부장관과 협의하여 고시하는 금액
② 원양어선과 외항선박 또는 국외건설현장 등에서 근무(설계 및 감리업무 포함)	월 급여에서 500만원 비과세
③ 위 이외의 국외 근무자	월 급여에서 100만원 비과세

8) 생산직근로자의 연장근로수당 등

구 분	비과세 금액
대 상 자	① 월정액급여 210만원이하 ② 직전 과세기간의 총급여액이 3천만원 이하인 근로자 ③ 다음 중 어느 하나에 해당하는 사람(일용직 포함) ■ 공장·광산 근무 생산직 근로자 ■ 어업을 영위하는 자에게 고용되어 어선에 승선하는 자(선장 제외) ■ 운전 및 관련 종사자와 배달 및 수하물 운반 종사자일 것 ■ 돌봄·미용관련·숙박시설 서비스 종사자, 조리 및 음식 서비스직 종사자, 매장 판매 종사자, 통신 관련 판매직 종사자, 음식·판매·계기·자판기·주차관리 및 기타 서비스 관련 단순 노무직 종사자 중 기획재정부령으로 정하는 자
비과세 대상	연장근로·휴일근로·야간근로를 하여 받는 급여(선원은 승선수당)
비과세 한도	연간 240만원(광산근로자와 일용근로자는 전액 비과세)

※ 월정액급여 : 매월 직급별로 받는 봉급·급여·보수·임금·수당, 그 밖에 이와 유사한 성질의 급여 [해당 과세기간 중에 받는 상여 등 부정기적인 급여와 실비변상적 성질의 비과세급여는 제외 함]의 총액에서 다음의 금액은 제외 함.
※ 근로기준법에 따른 연장근로·야간근로 또는 휴일근로를 하여 통상임금에 더하여 받는 금액

9) 복리후생적 성질의 급여

① 종업원이 계약자이거나 종업원 또는 그 배우자 및 그 밖의 가족을 수익자로 하는 보험·신탁 또는 공제와 관련하여 사용자가 부담하는 다음의 보험료·신탁부금 또는 공제부금
  ㉠ 단체순수보장성보험과 단체환급부보장성보험의 보험료 중 연 70만원 이하의 금액
  ㉡ 근로자의 퇴직에 대비한 퇴직보험 또는 퇴직일시금신탁의 보험료 등
  ㉢ 임직원의 고의(중과실을 포함 함)외의 업무상 행위로 인한 손해의 배상청구를 보험금의 지급사유로 하고 임직원을 피보험자로 하는 보험의 보험료

② 사택제공이익 : 비출자임원(소액주주임원 포함)과 종업원(국가·지방자치단체·비영리법인 또는 개인으로부터 근로소득을 받는 자 포함)이 사택을 제공받음으로 얻는 이익은 근로소득으로 보지 아니한다.

③ 주택자금대출로 인한 이익 : 중소기업 종업원의 주택 구입·임차자금 대여이익은 근로소득으로 보지 아니한다.

구 분	출자임원(소액주주 제외)	기타의 임원 및 사용인
주택구입자금의 대여이익	근로소득	근로소득
사택제공이익	근로소득	–

※ 다음의 종업원은 제외한다.
  ㉠ 사용자가 개인사업자인 경우 : 해당 개인사업자 및 그와 친족관계에 있는 종업원
  ㉡ 사용자가 법인인 경우 : 해당법인의 「지배주주 등」에 해당하는 종업원

④ 공무원이 국가 또는 지방자치단체로부터 공무 수행과 관련하여 받는 상금과 부상 중 연 240만원이내의 금액
⑤ 「영유아보육법 시행령」에 따라 사업주가 부담하는 보육비용

10) 직무발명으로 받는 발명보상금

① 「발명진흥법」에 따른 종업원 등이 사용자 등으로부터 받는 직무발명보상금 중 연 700만원 이하의 금액

② 대학의 교직원 또는 대학과 고용관계가 있는 학생이 소속 대학에 설치된 산학협력단으로부터 받는 보상금 중 연 700만원 이하의 금액

※ 다음의 종업원은 제외한다.
  ㉠ 사용자가 개인사업자인 경우 : 해당 개인사업자 및 그와 친족관계에 있는 자
  ㉡ 사용자가 법인인 경우 : 해당법인의 「지배주주 등」 및 그와 특수관계에 있는 자

11) 임원 등 할인액 중 일정액

임원 등 할인액 중 비과세요건을 충족하는 소득으로서 비과세 범위 이하의 금액은 비과세한다.

구 분	비과세 금액
비과세요건	다음 요건을 모두 충족하는 소득을 말한다. ① 임원 또는 종업원("임원 등"이라 한다) 본인이 소비하는 것을 목적으로 제공받거나 지원을 받아 구입한 재화 또는 용역으로서 법령으로 정하는 기간 동난 재판매가 허용되지 아니할 것. ② 해당 재화 또는 용역의 제공과 관련하여 모든 임원 등에게 공통으로 적용되는 기준이 있을 것.
비과세 범위	다음 중 큰 금액을 말한다. ① 임원 등이 해당 과세기간 동안 시가보다 낮은 가격으로 구입한 재화 또는 용역의 시가를 합한 금액 × 20% ② 연간 240만원

(3) 근로소득금액의 계산

근로소득금액은 총급여액에서 근로소득공제를 한 금액으로 한다. 여기서 근로소득공제란 사업소득 등에서는 필요경비를 인정하는 것과 같이 근로소득을 얻기 위하여 필요경비가 사용되었다고 보고 공제를 하는 것을 말한다.

$$근로소득금액 = 총급여액 - 근로소득공제$$

1) 총급여액

「총급여액」이란 상여 등을 포함하고 비과세소득을 제외한 금액으로 한다.

2) 근로소득공제

① **일반근로자의 경우** : 해당연도에 받는 총급여액에서 다음의 금액을 공제한다. 다만, 총급여액이 공제액에 미달하는 경우에는 총급여액 전액을 근로소득공제액으로 한다. 근로소득공제액의 공제한도는 2,000만원을 한도로 한다.

총급여액	공제액
500만원 이하	총급여액의 70%
500만원 초과 1,500만원 이하	350만원 + (총급여액 - 500만원) × 40%
1,500만원 초과 4,500만원 이하	750만원 + (총급여액 - 1,500만원) × 15%
4,500만원 초과 1억원 이하	1,200만원 + (총급여액 - 4,500만원) × 5%
1억원 초과	1,475만원 + (총급여액 - 1억원) × 2%

② **일용근로자의 경우**
- 급여액에서 일 150,000원을 공제한다. 단, 해당 연도의 급여액의 합계액이 이러한 공제액에 미달하는 경우에는 그 급여액의 합계액을 근로소득공제액으로 한다.
- 일용근로자는 동일한 고용주에게 3개월 이상(건설공사종사자는 1년 이상, 하역작업 종사자는 근로기간 제한 없음)계속 고용되지 않은 자를 말한다.

(4) 근로소득의 수입시기

근로소득에 대한 총수입금액의 수입시기는 다음과 같다.

(1) 급여	근로를 제공한 날(발생주의)
(2) 잉여금처분에 의한 상여	해당 법인의 잉여금 처분 결의일
(3) 인정상여	해당 사업연도 중의 근로를 제공한 날
(4) 임원의 퇴직소득 한도초과액	지급받거나, 지급받기로 한 날

(5) 근로소득의 과세방법

근로소득을 지급하는 자는 원천징수하여야 한다.

구 분	급여 지급시	다음 연도 2월분 지급시
상용 근로자	원천징수(간이세액조견표)	연말정산
일용 근로자	원천징수(납세의무 종결)	–

※ 원천징수대상이 아닌 근로소득

① 외국기관·국제연합군(미국군 제외)으로부터 받은 급여
② 국외에 있는 비거주자 또는 외국법인(국내지점 또는 국내영업소 제외)으로부터 받은 급여(단, 국내사업장의 국내원천소득금액 계산시 필요경비나 손금으로 계상된 것은 제외)

원천징수대상이 아닌 근로소득이 있는 자가 납세조합에 가입하면 납세조합에서 원천징수와 연말정산을 한다. 납세조합에 가입을 장려하기 위하여 가입자에게는 산출세액의 10%를 세액공제한다.

 **예제 3-1   근로소득의 귀속시기**

다음의 자료를 이용하여 근로소득의 귀속시기를 판단하시오.

⑴ 2025년 3월 15일 개최된 2025년 사업분 정기주주총회에서 잉여금처분에 의하여 성과급 10,000,000원이 확정되었다.
⑵ 회사로부터 2023년에 무이자로 주택자금을 대여받았다. 2024년 4월에 실시된 법인세 세무조사에서 2023년도의 인정이자 5,000,000원이 익금산입되어 상여로 처분되었다.

예제해설

⑴ 잉여금처분에 의하여 상여로 처분된 경우 잉여금처분결의일이 속하는 사업년도에 귀속되는 것으로 한다. 그러므로 해당 성과급은 2025년의 근로소득으로 한다.(잉여금처분결의일)
⑵ 인정상여 5,000,000원은 세무조사대상 기간인 2023년의 근로소득으로 한다.(근로를 제공한 때)

예제 3-2 근로소득금액의 계산

㈜명문에서 근무중인 정줄래씨의 2025년 급여 내역은 다음과 같다. 아래 자료에 의하여 근로소득금액을 계산하시오.(정줄래씨는 과장으로 재직 중이며, 주주에 해당하지 않는다)

급 여	40,000,000원	
상 여 금	15,000,000원	
휴 일 근 로 수 당	2,400,000원	
식 사 대	3,000,000원	(월 25만원으로 별도 식사 제공 없음)
인 정 상 여	5,200,000원	
차 량 유 지 비	3,600,000원	(월 30만원)
계	69,200,000원	

※ 차량유지비는 정줄래씨가 자신의 차량을 직접 운전하여 업무수행에 이용하고 실제 소요된 여비 대신 해당 사업체의 지급기준에 따라 월 30만원씩 지급받은 것이다.

예제해설

(1) 총급여액 : 69,200,000 - (식사대 2,400,000 + 차량유지비 2,400,000) = 64,400,000
(2) 근로소득공제 : 12,000,000 + (64,400,000 - 45,000,000) × 5% = 12,970,000
(3) 근로소득금액 : 64,400,000 - 12,970,000 = 51,430,000

제 4 절 연금소득과 기타소득금액의 계산

1 연금소득

(1) 연금소득의 범위

연금소득이란 해당연도에 연금을 지급받음에 따라 발생하는 소득을 의미한다. 연금의 형태는 공적연금·퇴직연금·사적연금 등으로 구분한다.

1) 공적연금소득

구 분	내 용
공적연금소득	국민연금법, 공무원연금법, 군인연금법, 사립학교교직원연금법, 별정우체국법 또는 공적연금관련법에 따라 받는 각종 연금
과세대상	공적연금소득은 2002.1.1.이후에 납입된 연금기여금, 사용자부담금(국가 또는 지방자치단체의 부담금 포함), 근로제공을 기초로 하여 받는 것부터 과세한다.
과세제외기여금이 있는 경우	2002.1.1.이후에 연금기여금을 납부하였으나 소득공제를 받지 못한 금액(이하 "과세제외기여금"이라 한다.)이 있는 경우에는 다음의 금액을 공적연금소득으로 한다. 공적연금소득=과세기준금액-과세제외기여금 등※ ※과세제외기여금등이 해당 과세기간의 과세기준금액을 초과하는 경우 그 초과하는 금액은 그 다음 과세기간부터 수령하는 과세기준금액에서 뺀다.

2) 사적연금소득

구 분	내 용	연금외수령
사적연금소득	다음의 금액을 그 소득의 성격에도 불구하고 연금계좌(연금저축계좌 또는 퇴직연금계좌를 말한다)에서 연금수령하는 경우의 그 해당 연금	
	① 이연퇴직소득 : 퇴직소득 중 연금계좌에 입금하여 과세되지 아니한 소득	퇴직소득
	② 세액공제받은 납입액 : 거주자가 세액공제를 받은 연금계좌 납입액	기타소득
	③ 운용수익 : 연금계좌의 운용 실적에 따라 증가된 금액	
연금계좌의 인출 순서	연금계좌에서 일부 금액을 인출하는 경우에는 다음 순서에 따라 인출하는 것으로 보며, 인출된 금액이 연금수령한도를 초과하는 경우에는 연금수령분이 먼저 인출되고 그 다음으로 연금 외 수령분이 인출되는 것으로 본다. ①과세제외금액 ⇨ ② 이연퇴직소득 ⇨ ③ 세액공제를 받은 납입액과 운용수익	
원금손실이 발생한 연금계좌의 손실순서	연금계좌의 운용에 따라 연금계좌에 있는 금액이 원금에 미달하는 경우 연금계좌에 있는 금액은 원금이 인출 순서와 반대의 순서로 차감된 후의 금액으로 본다.	

> Tip. 연금저축계좌와 퇴직연금계좌
> ① 연금저축계좌 : 금융회사(신탁업자, 투자중개업자, 보험회사 등)와의 계약에 따라 "연금저축"이라는 명칭으로 설정하는 계좌(신탁계약, 집합투자증권 중개계약, 보험계약)
> ② 퇴직연금계좌 : 퇴직연금을 지급받기 위하여 가입하여 설정하는 확정기여형 퇴직연금계좌, 개인형 퇴직연금계좌와 과학기술인공제회법에 따른 퇴직연금계좌, 중소기업퇴직연금기금제도에 따라 설정하는 계좌

3) 연금소득의 이론적인 과세방식

```
                        2001.12.31
─────────────────────────┼─────────────────────────
    〈납입시〉   소득공제(×)  :  소득공제(○)
    〈수령시〉   과  세(×)  :  과  세(○)
```

4) 현행 소득세법상 연금에 대한 과세체계

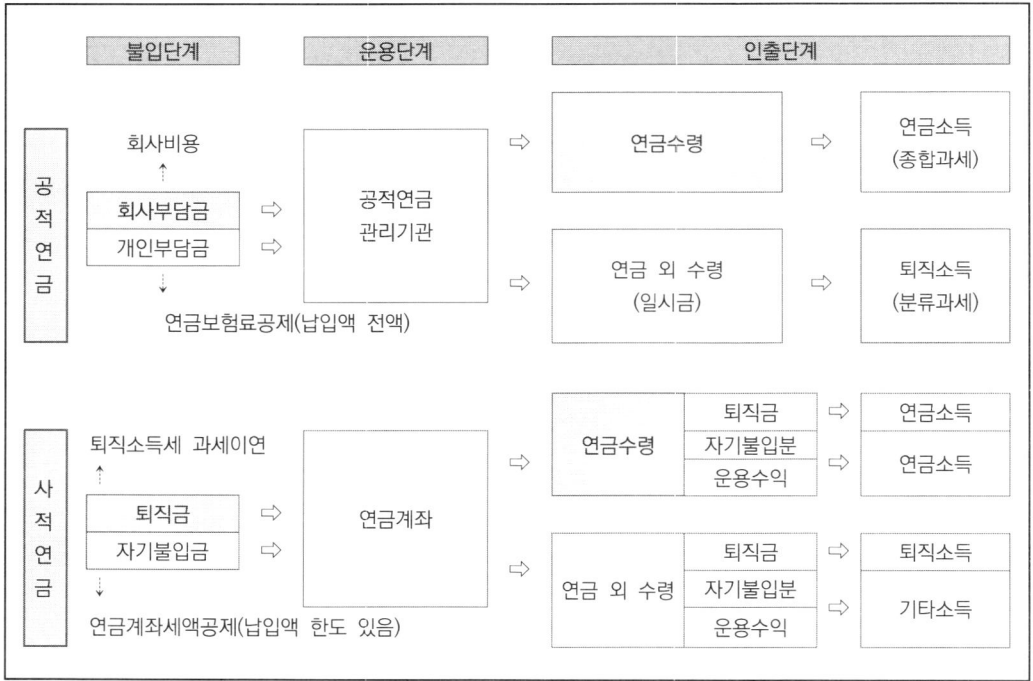

1) 공적연금 관련법이란 국민연금법, 군인연금법, 사립학교교직원연금법, 별정우체국법 또는 국민연금과 지역연금의 연계에 관한 법률을 말한다.
2) 공적연금소득을 지급하는 자가 일부 또는 전부를 지연하여 지급함에 따른 이자는 공적연금소득으로 본다.
3) 이연퇴직소득 : 퇴직소득세의 과세 이연규정에 따라 "원천징수"되지 아니한 퇴직소득

(2) 비과세 연금소득

다음의 연금소득은 소득세를 과세하지 않는다.

① 공적연금 관련법에 따라 지급받는 유족연금·장애연금·장해연금·상이연금·연계노령유족연금 또는 연계퇴직유족연금
② 산업재해보상보험법에 의하여 지급받는 각종연금
③ 국군포로의 송환 및 대우 등에 관한 법률에 따른 국군포로가 받는 연금

(3) 연금소득금액의 계산

연금소득금액은 해당 연도의 총연금액(연금합계액에서 분리과세와 비과세소득 제외)에서 연금소득공제를 한 금액으로 한다.

총 연 금 액	해당 과세기간의 연금소득 합계액(비과세, 분리과세 제외)
(−) 연 금 소 득 공 제	연 900만원 한도
(=) 연 금 소 득 금 액	사적연금액이 1,500만원 이하인 경우에 분리과세 선택가능

1) 연금소득공제

연금소득이 있는 거주자에 대하여는 해당연도에 받은 총연금액에서 다음의 금액을 공제한다. 다만, 공제액이 900만원을 초과하는 경우에는 900만원을 공제한다.

총 연금액	연금소득공제액
350만원 이하	총 연금액
350만원 초과 700만원 이하	350만원 + (총연금액 − 350만원) × 40%
700만원 초과 1,400만원 이하	490만원 + (총연금액 − 700만원) × 20%
1,400만원 초과	630만원 + (총연금액 − 1,400만원) × 10%

2) 연금소득에 대한 원천징수

① 공적연금 : 공적연금소득 지급 시 연금 간이세액표에 따라 원천징수하고, 다음 연도 1월분의 공적연금소득을 지급하는 때(해당 과세기간 중에 사망한 경우에는 사망일이 속하는 달의 다음다음 달 말일까지)에 연말정산한다.
② 사적연금 : 사적연금을 지급할 때 연금 지급액에 다음의 원천징수세율을 곱한 금액을 원천징수한다. 그리고 사적연금은 연말정산은 하지 아니한다.

구 분	연금수령일 나이와 종신형연금 여부		원천징수세율
사적연금 불입액과 운용수익	연금수령일 현재나이	55세 이상 70세 미만	5%
		70세 이상 80세 미만	4%
		80세 이상	3%
	종신형연금	사망할 때까지	4%
이연퇴직소득	연금 실제 수령연차[※]가 10년 이하인 경우		연금 외 수령 시 원천징수세율의 70%
	연금 실제 수령연차[※]가 10년을 초과하는 경우		연금 외 수령 시 원천징수세율의 60%

※ 연금 실제 수령연차란 최초로 연금을 수령한 날이 속하는 과세기간을 기산연차로 하여 그 다음 연금을 수령한 날이 속하는 과세기간을 누적 합산한 연차를 말한다. 다만, 다음 중 어느 하나에 해당하는 경우의 연금 실제 수령연차는 다음에 따른다.
① 둘 이상의 연금계좌가 있는 경우 : 각각의 연금계좌별로 계산
② 연금계좌를 다른 연금계좌로 이체되는 경우 : ①에 따라 계산한 연금계좌별 연금 실제 수령연차를 합산한 연수에서 중복하여 수령한 과세기간의 연수를 뺀 연수에 따라 계산

3) 확정신고

① **분리과세** : 분리과세대상 연금소득은 다음과 같다.

구 분	내 용
무조건 분리과세	① 이연퇴직소득을 연금으로 수령하는 연금소득 ② 의료목적, 천재지변이나 그 밖에 부득이한 사유로 인출하는 연금소득
선택적 분리과세	③ 위 외의 연금소득의 합계액이 1,500만원 이하인 경우의 연금소득(거주자가 분리과세와 종합과세 중 과세방법 선택) ④ 1,500만원 초과 시 초과금에 대해서도 종합과세와 15% 분리과세 중에서 선택

1) 종전에는 의료목적 인출의 경우에는 조건부 종합과세대상이었으나, 조세부담을 완화하기 위하여 2015.1.1. 이후 인출 분부터는 무조건 분리과세한다.
2) 종전에는 천재지변 기타 부득이 한 사유로 연금 외 인출하는 경우 분리과세 기타소득(12% 원천징수)로 보았으나, 2015.1.1. 이후 인출 분부터는 분리과세 연금소득(3~5% 원천징수)으로 본다.

② **종합과세** : 분리과세대상이 아닌 연금소득은 종합과세대상이므로 확정신고를 하여야 한다. 다만, 공적연금만 있는 자가 연말정산을 한 경우에는 확정신고를 하지 않아도 된다.

(5) 연금소득의 수입시기

구 분	연금소득의 수입시기
① 공적연금소득	연금을 지급받기로 한 날
② 사적연금소득	연금수령을 한 날
③ 그 밖의 연금소득	해당 연금을 지급받은 날

Chapter 4 원천징수

② 기타소득

(1) 기타소득의 판정기준

> 기타소득은 이자소득·배당소득·사업소득·근로소득·연금소득·퇴직소득 및 양도소득 이외의 소득으로 열거된 것을 말한다. 다만 기타소득의 판정 시 다음 두 가지에 유의해야 한다.
> ① 열거주의 과세방법 : 기타소득은 열거주의에 의하므로 기타소득으로 열거된 것만 기타소득으로 본다.
> ② 다른 소득 우선의 원칙 : 기타소득과 다른 소득이 중복되는 경우에는 다른 소득이 우선한다.

(2) 기타소득의 구체적 범위

1) 양도 또는 대여로 얻은 다음의 소득

① 저작자 또는 실연자·음반제작자·방송사업자 외의 자가 저작권 또는 저작인접권 또는 사용의 대가로 받는 금품
  ※ 저작자 자신에게 귀속되는 소득 ⇨ 사업소득
  ※ 저작자 외의 자에게 귀속되는 소득 ⇨ 기타소득
② 영화필름, 라디오·텔레비전 방송용 테이프·필름 기타 이와 유사한 자산 또는 권리의 양도·대여 또는 사용의 대가로 받는 금품
③ 광업권·어업권·산업재산권·산업정보·산업상 비밀, 영업권(점포임차권 포함), 토사석의 채취허가에 따른 권리, 지하수의 개발·이용권 기타 이와 유사한 자산이나 권리를 양도하거나 대여하고 그 대가로 받는 금품
④ 「전자상거래 등에서의 소비자보호에 관한 법률」에 따라 통신판매중개를 하는 자(공유마켓)를 통하여 물품 또는 장소를 일시적으로 대여하고 500만원 이하의 사용료로써 받는 금품
⑤ 개당·점당 또는 조당 양도가액이 6,000만원 이상인 법에 정한 개인소장가의 서화·골동품의 양도소득. 다만, 양도일 현재 생존해 있는 국내원작자의 작품은 제외한다.

2) 위약금·배상금

① 계약의 위약 또는 해약으로 인하여 받는 위약금과 배상금

구 분	소득구분
계약의 위약·해약으로 인하여 받는 위약금·배상금과 부당이득 반환시 지급받는 이자	기타소득
정신적·육체적·물질적 피해로 인한 손해배상금과 그 법정이자	비열거소득

② 공익사업을 위한 토지 등의 취득 및 보상에 관한법률에 따른 공익사업과 관련하여 지역권·지상권(지하 또는 공중에 설정된 권리포함)을 설정 또는 대여하고 받는 금품

3) 일시적인 인적용역

① 고용관계 없이 다수인에게 강연을 하고 강연료 등의 대가를 받는 용역
② 라디오·텔레비전 방송 등을 통하여 해설·계몽 또는 연기의 심사 등을 하고 보수 또는 이와 유사한 성질의 대가를 받는 용역
③ 변호사·공인회계사·세무사·건축사·측량사·변리사 기타 전문적 지식 또는 특별한 기능을 가진 자가 해당 지식 또는 기능을 활용하여 보수 또는 기타 대가를 받고 제공하는 용역
④ 위의 ①~③ 외의 용역으로써 고용관계 없이 수당 또는 이와 유사한 성질의 대가를 받고 제공하는 용역

4) 상금 또는 당첨금의 불로소득

① 상금·현상금·포상금·보로금 또는 이에 준하는 금품
② 복권·경품권 기타 추첨권에 의하여 받는 당첨금품
③ 사행행위 등 규제 및 처벌특례법에 규정하는 행위에 참가하여 얻는 재산상의 이익
④ 한국마사회법에 의한 승마투표권 및 경륜·경정법에 의한 승자투표권의 구매자가 받는 환급금
⑤ 슬러트머신(비디오게임 포함) 및 투전기 기타 이와 유사한 기구를 이용하는 행위에 참가하여 받는 당첨금품·배당금품 또는 이에 준하는 금품
⑥ 유실물의 습득 또는 매장물의 발견으로 인하여 보상금을 받거나 새로 소유권을 취득하는 경우 그 보상금 또는 자산
⑦ 무주물(無主物)의 점유로 소유권을 취득하는 자산

5) 일시적인 문예창작소득

문예창작소득, 이는 문예·학술·미술·음악 또는 사진에 속하는 창작품에 대한 원작자로서 받는 원고료, 저작권사용료인 인세·미술·음악 또는 사진에 속하는 창작품에 대하여 받는 대가를 말한다.

6) 기타의 일시소득

① 거주자·비거주자 또는 법인과 특수관계에 있는 자가 그 특수관계로 인하여 해당 거주자·비거주자 또는 법인으로부터 받는 경제적 이익으로써 급여·배당 또는 증여로 보지 않는 금품.
② 재산권에 관한 알선수수료
③ 사례금
④ 법소정 소기업·소상공인 공제부금의 해지일시금
⑤ 퇴직 전에 부여받은 주식선택권을 퇴직 후에 행사 하거나 또는 고용관계 없이 주식선택권을 부여받아 이를 행사함으로써 얻는 이익

⑥ 뇌물·알선수재 및 배임수재에 의하여 받는 금품
⑦ 법인세법에 의하여 처분된 기타소득
⑧ 종업원 또는 대학의 교직원이 퇴직한 후에 지급받거나 대학의 학생이 소속 대학에 설치된 산학협력단으로부터 받는 직무발명보상금
⑨ 종교인소득 : 종교 관련종사자가 종교의식을 집행하는 등 종교 관련종사자로서의 활동과 관련하여 종교단체로부터 받은 소득

(3) 비과세 기타소득

다음의 기타소득에 대하여는 소득세를 과세하지 않는다.
① 국가유공자예우 등에 관한 법률에 의하여 받는 보상금·학자금 및 귀순북한동포보호법에 의하여 받는 정착금·보로금 및 기타 금품
② 국가보안법에 의하여 받는 상금과 보로금
③ 상훈법에 의한 훈장과 관련하여 받는 부상 기타 일정한 상금과 부상
④ 종업원의 직무와 관련된 우수발명으로써 발명진흥법에 의한 직무발명에 대하여 사용자로부터 받는 보상금으로서 연 700만원 이하의 금액
⑤ 국군포로가 지급받는 정착금 그 밖의 금품
⑥ 국가지정문화재로 지정된 서화·골동품의 양도로 발생하는 소득
⑦ 서화·골동품을 박물관 또는 미술관에 양도함으로써 발생하는 소득

(4) 기타소득금액의 계산

1) 종합소득금액에 합산하는 기타소득금액

$$기타소득금액 = 총수입금액 - 필요경비$$

2) 필요경비 :

■ 최소한 일정비율을 필요경비로 인정하는 것

구 분	필요경비의 의제(또는 추정)
① 공익법인이 **주무관청**의 승인을 얻어 시상하는 상금, 부상 및 **다수**가 **순위** 경쟁하는 대회의 입상상금 등 ② 주택입주지체상금	Max(실제필요경비, 총수입액×80%) 〈주·공·순〉

③ 일시적인 문예창작소득(원작자의 원고료, 인세 등) ④ 일시적인 인적용역의 대가(강연료, 방송출연 등) ⑤ 공익사업과 관련하여 지역권·지상권의 설정·대여함으로써 발생하는 소득 ⑥ 무형자산의 양도 및 대여소득 ⑦ 통신판매중개를 하는 자를 통하여 물품 또는 장소를 대여하고 연간 수입금액이 500만원 이하의 사용료로서 받은 금액		Max(실제필요경비, 총수입액×60%) 〈일·일·공·무·통〉
⑧ 서화 및 골동품의 양도소득	① 양도가액 1억원 이하	Max(실제필요경비, 양도가액 × 90%)
	② 양도가액 1억원을 초과	Max[실제필요경비, 9천만원+1억원초과액 ×80%(보유기간 10년이상 90%)]

■ 실제 필요경비만 공제하는 경우
① 승마투표권(승자투표권 포함)의 환급금 : 구입한 해당 승마투표권 단위투표금액의 합계액
② 슬롯머신 등의 당첨금품 : 당첨 당시에 슬롯머신 등에 투입한 금액
③ 가상자산소득(2027.1.1.부터 적용) : 양도되는 가상자산의 실제 취득가액과 부대비용(단, 2027.1.1. 전에 이미 보유하고 있던 가상자산의 취득가액은 2027.12.31. 당시의 시가와 그 가상자산의 취득가액 중에서 큰 금액으로 함) 개정

(5) 기타소득에 대한 과세방법

1) 종합과세와 분리과세

기타소득은 원칙적으로 종합소득과세표준에 합산하여 과세한다. 따라서 그에 대한 원천징수는 예납적 원천징수에 불과하다. 다만, 예외적으로 분리과세 되는 기타소득도 있는데 그 내용은 다음과 같다.

구 분	대 상	원천징수세율
무조건 분리과세 (A)	① 세액공제받은 연금계좌 납입액과 운용수익을 연금 외 수령한 기타소득	15%
	② 서화·골동품 양도소득	20%
	③ 복권당첨금 ④ 승마투표권·승자투표권·소싸움 경기투표권·체육진흥투표권의 환급금 ⑤ 슬롯머신 등 당첨금품 ⑥ 위와 유사한 소득으로서 기획재정부령이 정하는 소득	20% (3억원 초과분은 30%)
	⑦ 가상자산 양도·대여소득(2027.1.1. 이후 양도·대여하는 분부터 적용)	원천징수대상이 아님

Chapter 4 원천징수

무조건 종합과세 (B)	뇌물·알선수재·배임수재에 의하여 받는 금품 ⇨ 무조건 종합과세 대상이지만 300만원 초과 여부 판단시에는 제외 함	원천징수대상이 아님
조건부 분리과세 (C)	① 계약의 위약 등으로 인한 위약금·배상금 중 계약금의 위약금 등 대체액	
	② 소기업·소상공인 공제부금 해지 일시금	15%
	③ 위 외의 소득	20%

※ 뇌물 등으로 받은 금품이 법원 판결에 따라 몰수 또는 추정된 경우에는 소득세를 과세하지 않는다.

2) 조건부과세대상의 종합과세 여부판단

① C의 합계액이 300만원을 초과하는 경우 : 종합과세
② C의 합계액이 300만원 이하이면서 원천징수된 소득(계약금이 위약금·배상금으로 대체된 경우의 위약금과 배상금은 원천징수되지 아니한 경우 포함) : 분리과세와 종합과세 중 선택

3) 원천징수

국내에서 거주자 또는 비거주자에게 기타소득금액을 지급하는 자는 다음의 세액을 원천징수하여 그 징수일이 속하는 달의 다음달 10일까지 정부에 납부하여야 한다.

$$\text{기타소득 원천징수세액} = \text{기타소득금액} \times 20\%$$

다만, 부가가치세가 면제되는 접대부·댄서와 이와 유사한 용역을 제공하는 자에게 지급하는 일정한 봉사료수입금액(이는 보통 사업소득이지만 일시적 인적용역의 제공으로 인한 것이라면 기타소득에 해당한다)에 대하여는 다음의 금액을 원천징수한다.

$$\text{봉사료에 대한 원천징수세액} = \text{봉사료수입금액} \times 5\%$$

(6) 기타소득의 귀속시기

구 분	수입시기
① 원칙	지급을 받은 날
②「법인세법」에 의하여 소득처분된 기타소득	해당 법인의 해당 사업연도 결산 확정일
③ 광업권 등 무체재산권을 양도하고 그 대가로 받는 금품	· 대금청산일·인도일·사용수익 일 중 빠른 날 · 단, 대금을 청산하기 전에 자산을 인도 또는 사용수익 하였으나 대금이 확정되지 않은 경우에는 그 대금지급일
④ 계약금이 위약금·배상금으로 대체되는 경우의 기타소득	계약의 위약·해약이 확정된 날
⑤ 연금계좌에서 수령한 소득 중 연금 외 수령소득	연금 외 수령한 날

(7) 과세 최저한

기타소득이 다음 중 어느 하나에 해당하면 소득세를 과세하지 않는다.

구 분	과세 최저한
① 일반적인 기타소득금액	· 건별로 5만원 이하인 경우(연금계좌에 납입 시 세액공제를 받은 금액과 운용수익을 연금외 수령함으로 인한 기타소득은 제외)
② 승마투표권 등의 구매자가 받는 환급금	· 건별로 승마투표권 등의 권면에 표시된 금액의 합계액이 10만원 이하이고 단위 투표금액당 환급금이 단위 투표금액의 100배 이하인 경우
③ 복권 당첨금 또는 슬롯머신 등을 이용하는 행위에 참가하여 받는 당첨금품 등	· 건별로 200만원 이하인 경우 ※ 복권당첨금을 복권 및 복권 기금법령에 따라 분할하여 지급받는 경우에는 분할하여 지급받는 금액의 합계액을 말한다.
④ 가상자산소득금액	해당 과세기간의 가상자산소득금액이 250만원 이하인 경우 개정 (2027.1.1.이후 양도·대여하는 분부터 적용)

제 5 절 소득금액계산 및 세액계산의 특례

1 부당행위계산의 부인

구 분	내 용
(1) 특수관계인과의 거래일 것	「국세기본법 시행령」에 따른 친족관계, 경제적 연관관계, 경영지배관계에 있는 특수관계인과의 거래일 것
(2) 조세부담을 부당하게 감소시킬 것	① 원칙 : 고가매입, 저가양도, 고이율차입, 저이율대부 등 「법인세법」 동일. 단, 불공정 자본거래로 특수관계인에게 분여한 이익에 대한 규정은 없음. ② 특례 : 직계존비속에게 주택을 무상임대하고 실제 거주하는 경우는 부당행위계산 부인대상이 아니며, 그 주택관련 경비는 필요경비 불산입한다.
(3) 대상소득에 해당 될 것	출자공동사업자의 배당소득 · 사업소득 · 기타소득 · 양도소득 일 것

2 결손금 및 이월결손금의 공제

구 분	내 용
개 요	종합소득금액 중 사업자가 비치·기록한 장부에 의하여 해당 과세기간의 사업소득금액을 계산할 때 발생한 결손금만 공제할 수 있으므로, 그 이외의 종합소득에서 발생한 결손금은 공제할 수 없다.
사업소득의 결손금	① 부동산임대업 이외의 사업(이하 "일반사업"이라 함) 및 주거용 건물 임대업의 결손금은 그 과세기간의 부동산임대업의 소득금액에서 먼저 공제하고, 미공제분은 그 과세기간의 근로소득금액 ⇨ 연금소득금액 ⇨ 기타소득금액 ⇨ 이자소득금액 ⇨ 배당소득금액의 순서로 공제한다. ② 부동산임대업(주거용 건물 임대업은 제외, 이하 동일함)에서 발생한 결손금은 다른 종합소득에서 공제하지 않는다.
사업소득의 이월결손금	기타사업에서 발생한 결손금 중 미공제 결손금은 15년(2009년.1.1.이후 2019.12.31. 이전에 개시한 과세기간에 발생한 결손금은 10년, 2008.12.31.이전에 개시한 과세기간에 발생한 결손금은 5년)간 이월하여 다음의 순서대로 공제한다. 다만, 국세기본법에 따른 국세부과의 제척기간이 지난 후에 그 제척기간 이전 과세기간의 이월결손금이 확인된 경우 그 이월결손금은 공제하지 아니한다. ① 기타사업의 이월결손금은 사업소득금액 ⇨ 근로소득금액 ⇨ 연금소득금액 ⇨ 기타소득금액 ⇨ 이자소득금액 ⇨ 배당소득금액의 순서대로 공제한다. ② 부동산임대업의 이월결손금은 부동산임대업의 소득금액에서 공제한다. ③ 부동산임대업(주거용 건물 임대업 제외)의 결손금은 15년(2009년.1.1.이후 2019.12.31.이전에 개시한 과세기간에 발생한 결손금은 10년, 2008.12.31.이전에 개시한 과세기간에 발생한 결손금은 5년)간 이월하여 부동산임대업(주거용 건물 임대업 제외)의 사업소득금액에서 공제한다.

이월결손금 공제배제	추계신고 또는 추계조사결정하는 경우에는 이월결손금을 공제하지 아니한다.(단, 결손금은 공제할 수 있음) 다만, 천재지변이나 그 밖의 불가항력으로 장부나 그 밖의 증명서류가 멸실되어 추계신고하는 경우에는 그러하지 아니한다.

③ 중소기업의 결손금 소급공제 및 환급

구 분	내 용
개 요	결손금 소급공제는 다음 요건을 모두 충족한 경우에 한하여 적용한다. ① 중소기업의 사업소득에서 발생한 결손금일 것 : 중소기업의 사업소득에서 발생한 결손금(부동산임대업에서 발생한 결손금 제외)은 소급공제 할 수 있다. ② 소득세를 신고하였을 것 : 결손금이 발생한 과세기간과 그 직전 과세기간의 소득세를 신고기한 내에 신고한 경우이어야 한다. ③ 환급신청을 할 것 : 결손금 소급공제는 신청을 요건으로 하므로 과세표준 확정신고기한 내에 소급공제환급신청을 해야 한다. 환급신청을 받은 관할 세무서장은 지체 없이 환급세액을 결정하여 국세기본법에 따라 세액을 환급한다.
결손금 처리순서	① 사업소득의 결손금을 해당 과세기간의 종합소득금액에서 공제한다. ② 위 ①에서 미공제된 사업소득의 결손금에 대해서 중소기업은 직전 과세기간(1년)으로 소급공제와 그 후 과세기간(15년)으로 이월공제를 선택할 수 있다. ③ 사업소득의 결손금을 해당 과세기간의 종합소득에서 공제하지 않고 먼저 소급공제 할 수 없다.
환급세액 계 산	사업장별로 환급세액을 다음과 같이 계산한다. 이 경우 사업장별 산출세액과 종합소득결정세액은 모두 직전 과세기간의 것을 말한다. ※ 환급세액 = Min[①, ②] ① 사업장별 산출세액 – 소급공제 후 사업장별 산출세액 ② 사업장별 종합소득 결정세액

제 6 절 종합소득 과세표준의 계산

1 종합소득 과세표준

(1) 기본구조

이자소득금액·배당소득금액·사업소득금액·근로소득금액·연금소득금액·기타소득금액이 계산되면 6가지 소득 모두를 합산하여 「**종합소득금액**」을 계산한 후 여기에서 종합소득공제를 하여 종합소득과세표준을 계산한다.

> 종합소득과세표준 = 종합소득금액 − 종합소득공제−조세특례제한법상 소득공제

(2) 종합소득공제의 기본구조

> 기본공제+추가공제+연금보험료공제+주택담보노후연금이자비용공제+특별소득공제

(3) 종합소득공제

구 분		내 용
인적공제	기본공제	대상자 1명당 150만원
	추가공제	장애인공제, 경로우대공제, 부녀자공제, 한부모공제
연금보험료공제		공적연금보험료 납부액 : 전액공제
주택담보노후연금 이자비용공제		Min[해당 과세기간에 발생한 주택담보노후연금 이자비용, 200만원]
특별소득공제		보험료공제, 주택자금공제

2 인적공제

(1) 기본공제

구분	기본공제 대상자	공제요건			
		나이요건	소득요건 (100만원 이하)	동거 요건	
				주민등록 동거	일시퇴거 허용
본인공제	본 인	×	×	×	
배우자공제	배 우 자	×	○	×	
부양가족공제	직 계 존 속	60세 이상	○	△ (주거 형편상 별거 허용)	
	직 계 비 속 동 거 입 양 자	20세 이하	○	×	
	장애인 직계비속의 장 애 인 배우자	×	○	×	
	형 제 자 매	60세 이상 20세 이하	○	○	○
	국민기초생활보장 법에 의한 수급자	×	○	○	○
	위 탁 아 동	18세 이하	○		

※ 종합소득이 있는 거주자(자연인에 한함)에 대하여는 기본공제 대상에 해당하는 가족수에 1인당 150만원을 곱하여 계산한 금액을 거주자의 해당연도의 종합소득금액에서 공제한다.

※ 위탁아동이란 해당 과세기간에 6개월 이상 직접 양육한 위탁아동(아동복지법에 따라 보호기간이 연장된 경우로서 20세 이하인 위탁아동을 포함한다)을 말한다. 다만, 직전 과세기간에 소득공제를 받지 못한 경우에는 해당 위탁아동에 대한 직전 과세기간의 위탁기간을 포함하여 계산한다.

1) 공제요건 적용순서

① **생계요건** : 기본공제대상자가 되려면 주민등록표상의 동거가족으로써 해당 거주자의 주소·거소에서 현실적으로 생계를 같이하는 자이어야 한다. **다만, 다음의 경우에는 동거여부와 무관하게 항상 생계를 같이하는 자로 본다.**

- 배우자와 직계비속
- 동거가족이 취학·질병의 요양·근무상 또는 사업상의 형편 등으로 본래의 주소·거소를 일시 퇴거한 경우에도 그 사실이 입증될 때에는 생계를 같이하는 자로 본다.
- 거주자(그 배우자를 포함)의 직계존속이 주거의 형편에 따라 별거하고 있는 경우

② **연령요건** : 기본공제대상자가 되려면 20세 이하(만 20세가 되는 날이 속하는 과세기간까지 기본공제대상자에 포함 개정) 또는 60세 이상이어야 한다. **다만, 배우자와 장애인은 연령의 제한을 받지 않으나 소득금액이 연간 100만원**(근로소득만 있는 경우 총급여액 500만원)을 **초과하는**

경우에는 기본공제 대상자가 되지 못한다.

③ **소득요건** : 소득은 총수입액 기준이 아닌 필요경비를 공제한 후의 소득금액을 기준으로 한다.
- 소득금액 100만원(근로소득만 있는 자는 총급여액 500만원 이하) 이하인자
- **장애인의 경우** 연령요건에는 제한이 없으나 소득금액이 연간 100만원을 초과하는 경우 소득의 제한은 적용된다.
- 연간 소득금액의 합계의 범위에 대하여 법령에는 명시적인 언급은 없으나 행정해석에 의하면 종합소득금액(비과세소득·분리과세소득은 제외한다)과 분류과세 되는 퇴직소득금액·양도소득금액의 합계액으로 해석되고 있다.

2) 공제대상 여부의 판정시기

구 분	판정 시기
일반적인 경우	과세기간 종료일(12월 31일)의 상황에 의함
과세기간 종료일(12.31.) 전에 사망 또는 장애가 치유된 경우	사망일 전일 또는 치유일 전일의 상황에 의함

3) 1인이 여러 사람의 공제대상 가족에 해당되는 경우

구 분	내 용
공제대상자 판정기준	거주자의 배우자나 부양가족이 다른 거주자의 부양가족에도 해당되는 경우 소득공제신고서에 기재된 바에 따라 그중 1인의 공제대상 가족으로 한다. 기본공제를 받은 거주자가 그 사람에 대한 추가공제도 적용받는다.
신고서에 중복기재하거나 기재하지 않은 경우	둘 이상의 거주자가 서로 공제대상 가족으로 하여 신고서에 적은 경우 또는 누구의 공제대상 가족인지 알 수 없는 경우에는 다음에 따른다 ① 배우자 공제와 부양가족공제에 동시에 해당하는 경우 : 배우자공제 적용 ② 거주자의 부양가족 공제대상인 경우 : 직전 연도에 부양가족공제를 받은 자가 공제받고, 직전 연도에 부양가족공제를 받지 않았으면 해당 과세기간의 종합소득금액이 많은 자가 공제를 받는다.

(2) 추가공제

기본공제대상자가 다음 중 어느 하나에 해당하는 경우, 거주자의 해당연도 종합소득금액에서 기본공제 외에 다음에 해당하는 인원수에 다음에 규정된 금액을 곱하여 계산한 금액을 추가로 공제한다. 다만, **한부모공제와 부녀자공제에 모두 해당되는 경우에는 한부모공제를 우선 적용한다.**

구 분	추가공제의 요건	추가공제액
(1) 경로우대자 공제	기본공제대상자가 70세 이상인 경우	1인당 100만원
(2) 장애인 공제	기본공제대상자가 장애인인 경우(*)	1인당 200만원
(3) 부녀자 공제	거주자 본인(해당 과세기간에 종합소득과세표준을 계산할 때 합산되는 종합소득금액이 3천만원 이하인 거주자로 한정함)이 다음 어느 하나에 해당하는 경우 ① 배우자가 없는 여성으로써 부양가족이 있는 세대주이거나 ② 배우자가 있는 여성인 경우	연 50만원
(4) 한부모 공제	해당 거주자가 배우자가 없는 자로서 기본공제대상자인 직계비속 또는 입양자가 있는 경우	연 100만원

※ 장애인의 범위(장애인 범위 명확화) 개정
① 「장애인복지법」에 따른 장애인 및 「장애아동 복지 지원법」에 따른 장애아동
② 「국가유공자법」에 따른 상이자 또는 이와 유사한 자
③ 중증질환, 희귀난치성 질환 또는 이와 유사한 질병·부상으로 인해 중단 없이 주기적인 치료를 요하는 자로서 의료기관의 장이 취업·취학 등 일상적인 생활에 지장이 있다고 인정 하는 자

※ 장애인에 대한 증빙 인정 서류(범위 확대)
① 장애인증명서
② 발달재활서비스 이용증명서 (「장애아동 복지지원법」 §21에 따른 발달 재활서비스를 지원받고 있는 6세 미만 장애아동에 한함)

예제 6-1 인적공제액의 계산

근로소득자 정줄래씨의 다음 자료로 2025년도의 인적공제 합계액을 계산하시오.

구분	연령	장애인 여부	비고
본 인	42세	-	총급여액 60,000,000원
배 우 자	38세	2025.4.5.장애 치유	총급여액 4,800,000원
자 녀	6개월	-	당해 과세기간 중 출생
입 양 자	4세	-	당해 과세기간 중 입양
위 탁 아 동	4세	농아	양육기간 : 2024.10. 1~2025. 5.31.
어 머 니	70세	-	주거형편상 별거. 은행이자 2천만원 있음
이 모	75세	-	소득 없음

(1) 기본공제 : 1,500,000원×6명=9,000,000원(①배우자는 항상 생계를 같이 하는 자로 보며 연령의 요건과 상관이 없으나 소득의 요건은 충족하여야 한다. 근로소득만 있는 경우에는 총급여액 500만원을 기준으로 기본공제대상에 포함한다. ②직계존속의 경우 주거형편상 별거를 하는 경우에는 항상 생계를 같이 하는 자로 본다. 이모의 경우에는 부모님의 형제자매로 기본공제대상이 될 수 없다.)

(2) 추가공제 : 5,000,000원
  ① 장애인 공제 : 2,000,000원×2명 = 4,000,000원(장애와 사망자는 전일의 상황에 의하므로 공제대상에 포함. 본 문제에 입양자는 농아이므로 장애인에 해당함.)
  ② 경로우대자 공제 : 1,000,000(어머니)

(3) 인적공제 합계 : 14,000,000

③ 물적공제

(1) 연금보험료공제

구 분	내 용
연금보험료공제	종합소득이 있는 거주자가 공적연금 관련법에 따른 기여금 또는 개인부담금을 납입한 경우 해당 과세기간의 종합소득금액에서 납입한 연금보험료를 전액 공제한다. 다만, 연금보험료공제의 합계액이 종합소득금액을 초과하는 경우 그 초과하는 공제액은 없는 것으로 한다.
연금보험료공제 순서	인적공제, 연금보험료공제, 주택담보노후연금 이자비용공제, 특별소득공제 및 조세특례제한법상 소득공제의 합계액이 종합소득금액을 초과하는 경우 그 초과하는 금액을 한도로 연금보험료공제를 받지 아니한 것으로 본다.

(2) 주택담보 노후연금 이자비용공제

구 분	내 용
공제요건	다음의 요건을 모두 갖춘 주택담보 노후연금이어야 한다. ① 주택담보 노후연금보증을 받아 지급받거나 금융기관의 주택담보 노후연금 일 것. ② 주택담보 노후연금 가입 당시 담보권의 설정대상이 되는 주택(연금소득이 있는 거주자의 배우자 명의의 주택 포함)의 기준시가가 12억원 이하인 주택을 담보로 하여 지급받은 주택담보노후연금 일 것
공제금액	주택담보노후연금 이자비용 공제액 : Min[①, ②, ③] ① 지급받는 주택담보 노후연금에 대하여 해당 과세기간에 발생한 이자비용상당액 ② 200만원 ③ 연금소득금액

4 특별소득공제

보험료공제와 **주택자금공제**를 「특별소득공제」라 하며, 특별소득공제액은 근로소득금액을 한도로 한다. 특별소득공제 및 특별세액공제를 신청하지 않은 근로소득자는 표준세액공제를 종합소득 산출세액에서 공제한다.

> 특별소득공제 = 보험료공제 + 주택자금공제

(1) 보험료공제(공적보험료)

국민건강보험법·고용보험법·노인장기요양보험법에 따라 근로자가 부담하는 **국민건강보험료, 고용보험료, 노인장기요양보험료**를 지급한 경우 그 금액을 전액 해당 과세기간의 근로소득금액에서 공제한다.

(2) 주택자금공제

1) 개요

무주택 세대의 세대주로서 근로소득이 있는 거주자(일용근로자 제외)가 주택을 마련하기 위하여 주택청약종합저축에 납입한 금액, 주택임차를 위해 차입한 전세보증금 차입금의 원리금 상환액 및 주택구입시 장기주택저당차입금의 이자상환액에 대하여는 다음과 같이 소득공제를 적용한다.

2) 공제대상

구분	공제대상자	공제대상 주택자금
주택청약종합저축 납입액소득공제	해당 과세기간의 총급여액이 7천만원 이하이며, 해당 과세기간 중 무주택세대의 세대주(배우자 포함) 개정	2025.12.31.까지 해당 과세기간에 청약저축 또는 주택청약종합저축에 납입한 금액(연 300만원을 납입한도로 함) 다만, 과세기간 중에 주택 당첨외의 사유로 중도해지 한 경우에는 해당 과세기간에 납입한 금액은 공제하지 아니한다.
주택임차차입금 원리금상환액 소득공제	과세기간 종료일 현재 무주택 세대의 세대주(세대주가 주택자금소득공제를 받지 않는 경우에는 세대의 구성원을 말하며, 일정한 외국인을 포함 함)	국민주택규모의 주택(주거에 사용하는 오피스텔과 주택 및 오피스텔에 딸린 토지를 포함 함)을 임차하기 위하여 지급하는 주택임차자금 차입금의 원리금 상환액

	취득당시 무주택 세대 또는 1주택을	취득 당시 주택의 기준시가가 6억원 이
장기주택저당차입금 이자상환액 소득공제	보유한 세대의 세대주(세대주가 주택자금 공제를 받지 않는 경우에는 세대의 구성원 중 근로소득이 있는 자를 말하며, 일정한 외국인을 포함 함)로서, 세대구성원이 보유한 주택을 포함하여 과세기간 종료일 현재 1주택을 보유한 경우	하인 주택을 취득하기 위하여 그 주택에 저당권을 설정하고 차입한 장기주택저당차입금의 이자를 지급하였을 때 해당 과세기간에 지급한 이자상환액 (종전 5억원)

3) 소득공제액

구분	개별한도		통합한도
주택청약 종합저축납입액	저축납입액(300만원한도) ×40% (Ⓐ)	Min(①,②) ① Ⓐ+Ⓑ ② 연400만원	Min(①, ②) ① Ⓐ+Ⓑ+Ⓒ ② 연 800만원(차입금의 상환기간이 15년 이상인 장기주택저당차입금에 대하여 적용함)
주택임차차입금 원리금상환액	원리금상환액×40% (Ⓑ)		
장기주택저당차입금이자상환액	이자상환액 (Ⓒ)		

※ 공제한도

장기주택저당차입금이 다음에 해당하는 경우에는 연 800만원 대신 다음의 금액을 한도로 한다.

구분	차입금 상환기간	이자지급방식	and/or	차입금 상환방법	공제한도
A	15년 이상	고정금리	and	비거치식 분할상환	연 2,000만원
B		고정금리	or	비거치식 분할상환	연 1,800만원
C	10년 이상	고정금리	or	비거치식 분할상환	연 600만원

(3) 종합소득공제 등의 배제

구 분	내 용
① 분리과세대상 소득만 있는 경우	분리과세이자소득, 분리과세배당소득, 분리과세연금소득과 분리과세기타소득만 있는 자에 대해서는 종합소득공제를 적용하지 아니한다.
② 소득공제 입증서류 미제출자의 경우	기본공제 중 본인분(150만원)과 표준세액공제(근로자 13만원, 성실사업자 12만원, 그 밖의 자 7만원)만 공제. 다만, 과세표준확정신고 여부와 관계없이 그 서류를 나중에 제출한 경우에는 소득공제를 적용한다.
③ 수시부과 결정의 경우	기본공제 중 거주자 본인분(150만원)만 공제하며, 표준세액공제는 적용하지 아니한다.

5 신용카드 사용금액에 대한 소득공제

(1) 공제대상자

① 근로소득이 있는 거주자(일용근로자는 제외)에게만 적용.
② 사업자(외국법인·비거주자의 국내사업장 포함)로부터 2025년 12월 31일까지 재화나 용역을 제공받고 신용카드 등을 사용한 경우 적용.
③ 근로자 본인 + 소득금액 100만원(근로소득만 있는 경우 총급여액 500만원 이하)이하의 기본공제대상자가 사용한 신용카드 등에 대하여 적용. ⇨ 20세 초과자인 자녀 및 60세 미만인 존속의 경우도 포함하지만, 형제자매는 제외함에 유의해야 한다.
④ 해당연도 1월 1일부터 해당연도 12월 31일까지의 사용금액
⑤ 가족카드는 대금 결재자 기준이 아닌 카드명의자 기준으로 사용금액을 판단

(2) 신용카드 공제요건

1) 신용카드 사용범위

① 신용카드 사용액
② 신용카드 이외 직불카드·현금영수증·기명식선불카드·직불전자지급수단·기명식선불전자지급수단·기명식전자화폐 사용액

2) 공제배제

신용카드 등 사용액이 다음 중 어느 하나에 해당하는 경우, 공제대상 신용카드 등 사용금액에 포함하지 않는다. 다만, 아래 ⑥의 경우로서 자동차관리법에 따른 자동차 중 중고자동차를 신용카드 등으로 구입한 경우에는 중고자동차 구입액 중 중고자동차 구입액의 10%를 신용카드 등 사용금액에 포함한다.

구 분	내 용
(1) 이중공제배제	① 개인사업자의 사업소득 또는 법인의 비용인 경우 ② 신용카드 등으로 결제하여 기부한 정치자금으로 세액공제받은 금액 ③ 세액공제를 적용받은 월세액
(2) 증빙과세 정착과 무관한 거래	④ 보험료 또는 공제료 ⑤ 공교육비(어린이집, 유치원, 초·중·고·대학교, 대학원 등) ⑥ 취득세 또는 등록면허세가 부과되는 재산(중고자동차는 제외)의 구입비용 ⑦ 제세공과금 : 국세·지방세·전기요금·수도료·가스료·전화요금·아파트관리비·TV시청료·도로 통행료 ⑧ 상품권 등 유가증권 구입비 ⑨ 국외에서의 신용카드 사용액 ⑩ 관세법에 따른 보세판매장, 제주도여행객 지정면세점, 선박 및 항공기에서 판매하는 면세물품의 구입비용
(3) 비정상적 사용액	⑪ 가공거래나 실제 매출금액을 초과하여 신용카드 등으로 거래를 하는 행위 ⑫ 위장카드가맹점에서 교부받은 매출전표

3) 신용카드 등 소득공제와 특별세액공제 중복적용 여부

구 분		특별공제 항목	신용카드공제
의료비		의료비세액공제 가능	신용카드공제 가능
보장성보험료		보험료세액공제 가능	신용카드공제 불가
학원비	취학전 아동	교육비세액공제 가능(*)	신용카드공제 가능
	그 외	교육비세액공제 불가	
교복구입비		교육비세액공제 가능	신용카드공제 가능
기부금		기부금세액공제 가능	신용카드공제 불가

(*) 취학 전 아동의 경우에는 주 1회 이상 월단위로 교습 받는 학원, 체육시설 등의 수강료에 대하여 교육비세액공제를 받을 수 있다.

(3) 소득공제액의 계산

신용카드 등 사용액 공제를 받기 위해서는 신용카드 등 사용액이 「**총급여액의 25%**」를 초과하여 사용한 신용카드 초과사용액에 한 하여, 일정한 공제비율을 적용하여 공제금액을 계산한다. 그러므로 신용카드 등 사용금액이 총 급여액의 25% 이하인 경우 공제금액은 없는 것으로 한다.

> 신용카드 등 초과 사용액 = 신용카드 등 총사용액 − (총급여액 × 25%)

1) 신용카드 등 공제비율

구 분	내 용	공제율
① 대중교통 이용액	노선버스, 도시철도, 철도 등을 이용한 대가	40%
② 전통시장 사용액	전통시장과 전통시장 구역 안의 법인 또는 사업자에게 사용한 것	40%
③ 도서 등 사용액 (2025.7.1.부터 문화체육 사용분 포함 개정)	• 해당 과세연도의 총급여액이 7천만원 이하인 경우에 간행물 구입, 신문구독, 문화예술 공연관람, 박물관, 미술관, 영화관 입장료 등 사용분 • 체육시설(수영장 및 체력단련장을 말한다.)을 이용하기 위하여 문화체육관광부장관이 지정하는 법인 또는 사업자에게 지급하는 금액을 말한다.	30%
④ 직불카드 등 사용액	직불카드, 기명식선불카드, 기명식선불전자지급수단, 현금영수증 등 사용분	30%
⑤ 신용카드 사용액	①~③ 사용분 제외 신용카드 사용분	15%
⑥ 소비증가액	2025년 신용카드 등 사용액 연간합계액 　　　 −(2024년 신용카드 등 사용액 연간 합계액 × 105%) (※소비증가액이 0보다 작은 경우에는 없는 것으로 봄)	10%

2) 신용카드 등 소득공제액의 계산

[해당 과세연도의 총급여액이 7천만원을 초과하는 경우]

	구분	사용금액	− 최저사용금액	= 초과사용액	× 공제율	= 공제액
1	전통시장사용분				40%	
2	대중교통이용분				40%	
3	직불카드사용분				30%	
4	신용카드사용분				15%	
	기본공제 합계		총급여액×25%			
5	소비증가액			소비증가액	10%	
	소득공제 합계					

[해당 과세연도의 총급여액이 7천만원 이하인 경우]

	구분	사용금액	− 최저사용금액	= 공제대상사용액	× 공제율	= 공제액
1	전통시장사용분				40%	
2	대중교통이용분				40%	
3	도서공연사용분				30%	
4	직불카드사용분				30%	
5	신용카드사용분				15%	
	기본공제 합계		총급여액×25%			
6	소비증가액			소비증가액	10%	
	소득공제 합계					

※ 초과사용금액은 "전통시장사용분 ⇨ 대중교통이용분 ⇨ 도서 등 사용액 ⇨ 신용카드 사용분" 순으로 사용한 것으로 본다.

3) 소득공제액 계산

총급여액	기본한도	추가한도 : Min ((가) , (나))
7천만원 이하	연간 300만원	(가) 기본한도 초과액 (나) Min[대중교통 이용액×40%+전통시장 사용액×40%+도서·신문등 사용액×30%, 연간 300만원]+소비증가액×10%(100만원 한도)
7천만원 초과	연간 250만원	(가) 기본한도 초과액 (나) Min[대중교통 이용액×40%+전통시장 사용액×40%, 연간 200만원]+소비증가액×10%(100만원 한도)

예제 1   신용카드사용액공제

2025년 총급여액이 6,500만원인 김○○씨는 대중교통 200만원, 전통시장 400만원, 도서·공연비 100만원, 신용카드 등 2,100만원, 직불카드 및 현금영수증 500만원을 사용하였다. 2025년도의 신용카드 사용액에 대한 소득공제액을 계산하시오.(2024년 대비 2025년 소비증가분은 없는 것으로 가정)

Chapter 4 원천징수

※ 총급여액이 7천만원 이하인 경우에 해당

	구 분	사용금액	최저사용금액	초과사용액	공제율	공제액
1	전통시장사용분	4,000,000원		4,000,000원	40%	1,600,000원
2	대중교통이용분	2,000,000원		2,000,000원	40%	800,000원
3	도서 등 사용분	1,000,000원		1,000,000원	30%	300,000원
4	직불카드사용분	5,000,000원		5,000,000원	30%	1,500,000원
5	신용카드사용분	21,000,000원		4,750,000원	15%	712,500원
	기본공제 합계	33,000,000원	16,250,000원	16,750,000원		4,912,500원

※ 최저사용금액 : 총급여액 × 25% = 65,000,000 × 25% = 16,250,000

- 소득공제액 계산 -

총급여액	기본한도	추가한도 : Min (㈎ , ㈏)
7천만원이하	연간 300만원	㈎ 기본한도 초과액 : 1,912,500원 ㈏ Min[2,700,000원, 연간 3,000,000원] [6,0000,000원×40%+1,000,000원×30%=2,700,000원]

공제액 합계액이 4,912,500원이므로
기본공제액 3,000,000원 적용 + 추가한도 1,912,500원 = 신용카드사용액 공제액 4,912,500원

제 7 절 종합소득세액의 계산

1 종합소득세액의 계산

(1) 종합소득세 산출구조

```
  종합소득과세표준
× 세           율    6~45%의 8단계 초과누진세율
= 산   출   세   액
- 세   액   감   면
- 세   액   공   제    소득세법상 세액공제 및 조세특례제한법상 세액공제
= 결   정   세   액
+ 가   산   세
= 총 결 정 세 액
- 기 납 부 세 액    중간예납세액, 원천납부세액, 예정신고납부세액, 수시부과세액
= 차 감 납 부 세 액
```

(2) 세율

종합소득산출세액은 종합소득과세표준에 다음의 세율을 적용하여 계산하며, 이 세율을 이른바 「**기본세율**」이라 한다.

종합소득과세표준	기 본 세 율	기본세율(속산표)
1,400만원 이하	과세표준의 6%	과세표준 × 6%
1,400만원 초과 5,000만원 이하	84만원 + 1,400만원을 초과액 × 15%	(과세표준×15%)-126만원
5,000만원 초과 8,800만원 이하	624만원 + 5,000만원을 초과액 × 24%	(과세표준×24%)-576만원
8,800만원 초과 1억5천만원 이하	1,536만원 + 8,800만원을 초과액 × 35%	(과세표준×35%)-1,544만원
1억5천만원 초과 3억원 이하	3,706만원 + 1억5천만원 초과액 × 38%	(과세표준×38%)-1,994만원
3억원 초과 5억원 이하	9,406만원 + 3억원 초과액 × 40%	(과세표준×40%)-2,594만원
5억원 초과 10원억 이하	1억 7,406만원 + 5억원 초과액 × 42%	(과세표준×42%)-3,594만원
10억원 초과	3억 8,406만원 + 10억원 초과액 × 45%	(과세표준×45%)-6,594만원

위의 내용처럼 과세표준이 증가됨에 따라 일정한 구간을 초과하는 금액에 대하여만 높은 비율을 적용하는 세율을 「**초과누진세율**」이라고 한다.

② 세액감면

세액감면은 특정소득에 대해 사후적으로 세금을 완전히 면제해 주거나 또는 일정한 비율만큼 세금을 경감해 주는 것을 뜻한다. 현행 우리나라의 소득세법과 조세특례제한법은 여러 가지 세액감면제도를 둔다.

(1) 소득세법상 세액감면

① 사업소득에 대한 세액감면 : 거주자 중 대한민국의 국적을 갖지 않은 자와 비거주자가 외국항행사업으로부터 얻는 소득(상호면세주의에 의함)
② 근로소득에 대한 세액감면 : 정부 간의 협약에 의하여 우리나라에 파견된 외국인이 그 쌍방 또는 일방 당사국의 정부로부터 받는 급여

(2) 조세특례제한법상 세액감면

조세특례제한법은 법인과 개인 모두에게 적용되므로 개인사업자도 동법에 의한 세액감면을 적용받을 수 있다.

③ 소득세법상 세액공제

소득세법상 세액공제란 산출세액에서 일정액을 공제하는 제도인데, 현행 소득세법과 조세특례제한법은 다음과 같이 세액공제를 인정하고 있다.

구분	세액공제	법인세법 유무	이월공제기간
「소득세법」상 세액공제	① 자녀세액공제	×	이월공제 안됨 (기부금세액공제 제외)
	② 연금계좌세액공제	×	
	③ 특별세액공제	×	
	④ 배당세액공제	×	
	⑤ 외국납부세액공제	○	10년간
	⑥ 재해손실세액공제	○	
	⑦ 기장세액공제	×	
	⑧ 전자계산서 발급 전송에 대한 세액공제	×	
	⑨ 근로소득세액공제	×	
「조세특례제한법」상 세액공제	① 혼인세액공제 개정 (신설)	×	이월공제 안됨
	② 고향사랑기부금세액공제	×	
	③ 정치자금세액공제	×	
	④ 우리사주조합기부금세액공제	×	
	⑤ 월세액공제	×	
	⑥ 성실사업자에 대한 세액공제	×	
	⑦ 성실신고확인비용에 대한 세액공제	○	10년간
	⑧ 지급명세서등에 대한 세액공제	○	
	⑨ 전자신고세액공제 등 그 밖의 세액공제	○	

(1) 근로소득 세액공제

근로소득이 있는 거주자에 대해서는 그 근로소득에 대한 종합소득산출세액에서 다음의 금액을 공제한다.

구 분	내 용
근로소득 세액공제액	모든 근로소득자에 대하여 세액공제 적용 1) 일반근로자 : Min[①, ②] ① 세액공제액 | 근로소득 산출세액	근로소득세액공제액 | |---|---| | 130만원 이하 | 산출세액의 55% | | 130만원 초과 | 71만 5천원+(130만원을 초과하는 금액의 30/100) | 근로소득에 대한 종합소득산출세액 = 종합소득 산출세액 × (근로소득금액 / 종합소득금액) ② 한도액 | 총 급여액	세액공제 한도액 | |---|---| | 3,300만원 이하 | 74만원 | | 3,300만원 초과 7,000만원 이하 | Max [74만원-[(총급여액-3,300만원)×8/1000], 66만원] | | 7,000만원 초과 1억2천만원 이하 | Max [66만원-[(총급여액-7,000만원)×1/2], 50만원] | | 1억2천만원 초과 | Max [50만원-[(총급여액-1억2천만원)×1/2], 20만원] | 2) 일용근로자 : 산출세액 × 55%

예제 7-1 근로소득세액공제액의 계산

다음 자료에 의하여 박태성씨의 2025년 확정신고시 공제받을 근로소득세액공제액을 계산하시오.

(1) 종합소득금액
    사업소득금액   48,050,000원
    근로소득금액(총급여액 32,000,000원 - 근로소득공제 10,050,000원)   21,950,000원
    계   70,000,000원
(2) 종합소득 과세표준   65,000,000원
(3) 종합소득 산출세액   10,380,000원

예제해설

(1) 근로소득에 대한 산출세액 : 10,380,000원×21,950,000원/70,000,000원=3,254,871원
(2) 근로소득 세액공제 : Min[①, ②] = 740,000원
  ① 세액공제액 : 715,000원+(3,254,871원-1,300,000원)×30/100=1,301,461원
  ② 한 도 액 : 740,000원

(2) 자녀세액공제

종합소득이 있는 거주자로서 기본공제대상자에 해당하는 자녀(입양자·위탁아동 포함) 및 손자 및 손녀가 있는 경우 개정

① 일반공제

자녀수	8세 이상의 자녀 및 손자·손녀가 있는 경우
1명인 경우	연 15만원 공제
2명인 경우	연 55만원 공제 개정
3명 이상인 경우	연 55만원 + 2명 초과 1명당 연 40만원

② 추가공제 : 해당 과세기간에 출생하거나 입양 신고한 공제대상자녀가 있는 경우 다음 구분에 따른 금액을 종합소득산출세액에서 공제한다.

출산하거나 입양 신고한 공제대상 자녀가	공제액
첫째인 경우	연 30만원
둘째인 경우	연 50만원
셋째 이상인 경우	연 70만원

예제 7-2 자녀세액공제액의 계산

다음 자료는 거주자 정민영씨의 2025년의 부양가족자료이다. 이 자료로 2025년의 자녀세액공제를 계산하시오.

(1) 정민영씨의 종합소득 산출세액 : 17,000,000원
(2) 정민영씨의 부양가족 현황(과세기간 종료일 현재)

구 분	나이	소득	비 고
배우자	47세	사업소득금액 230만원	
장남	23세		
차남	21세	총급여액 450만원	장애인
입양자	4세		직전 과세기간에 입양신고 함
장녀	8개월		당해 과세기간 중에 출생 함
위탁아동	8세		당해 과세기간의 부양기간 6개월

예제해설

① 자녀수에 따른 자녀세액공제 : 500,000원
  기본공제대상 자녀는 차남, 입양자, 장녀, 위탁아동이지만, 입양자와 장녀는 8세 미만이므로 자녀수에 따른 자녀세액공제대상이 아니다. 따라서 차남과 위탁아동만 공제대상이다. **장애인은 항상 어린이로 판정함에 유의하여야 한다.**

② 출산·입양 세액공제 : 700,000원
  출산한 장녀가 넷째 자녀(장남, 차남, 입양자, 장녀의 순)이므로 70만원을 공제한다. 위탁아동은 본인 및 배우자가 출산·입양한 것이 아니므로 출산·입양세액공제대상이 아니다.

③ 자녀세액공제 합계 : 1,200,000원

(3) 연금계좌세액공제

종합소득이 있는 거주자로서 연금계좌 납입액이 있는 경우. 납입한 금액의 12%(15%)에 해당하는 금액을 해당 과세기간의 종합소득산출세액에서 공제한다.

소득구분	총급여	납입한도	세액공제 대상금액		세액공제율
		연금저축 + IRP	연금저축	IRP	
근로소득	5,500만원 이하	1,800만원	600만원	900만원	15%
	5,500만원 초과	1,800만원	600만원	900만원	12%
종합소득	4,500만원 이하	1,800만원	600만원	900만원	15%
	4,500만원 초과	1,800만원	600만원	900만원	12%

구분	세액공제액
총급여액 5,500만원 초과 (종합소득금액 4,500만원 초과)	[Min(①, ②) + ③] × 12% ① min(연금저축계좌납입액, 연600만원)+퇴직연금계좌납입액 ② 연 900만원 ③ min(ISA 만기 전환금액 × 10%, 300만원)
총급여액 5,500만원 이하 (종합소득금액 4,500만원 이하)	[Min(①, ②) + ③] × 15% ① min(연금저축계좌납입액, 연600만원)+퇴직연금계좌납입액 ② 연 900만원 ③ min(ISA 만기 전환금액 × 10%, 300만원)

[사례] 연금계좌세액공제(총급여액 4,000만원의 근로소득만 있는 40세 거주자 가정)

	연금저축 납입액	퇴직연금 납입액	연금계좌세액공제액 : Min(①, ②)×15%	
1	500만원	200만원	① Min(500만원, 600만원)+200만원=700만원	②900만원
2	200만원	700만원	① Min(200만원, 600만원)+700만원=900만원	②900만원
3	700만원	0원	① Min(700만원, 600만원)+0원=600만원	②900만원
4	0원	1,000만원	① Min(0원, 600만원)+1,000만원=1,000만원	②900만원

(4) 특별세액공제

1) 표준세액공제

구 분		특별세액공제
근로소득이 있는 거주자	① 항목별 특별세액공제의 적용을 신청한 경우	• 항목별소득공제적용 (보험료·의료비·교육비) • 기부금세액공제
	② 항목별 특별세액공제·항목별 특별소득공제·월세세액공제의 신청을 하지 않은 경우	표준세액공제 : 연 13만원
근로소득이 없는 거주자	① 소득세법상 성실사업자	• 표준세액공제 연12만원+기부금세액공제
	② 조세특례제한법상 성실사업자 ■ 의료비·교육비 세액공제의 신청을 한 사업자(미숙아 등 20%, 난임시술비 30%) ■ 의료비·교육비 세액공제의 신청을 하지 않은 사업자	• 의료비·교육비 세액공제+기부금세액공제 • 표준세액공제(연12만원)+기부금세액공제
	③ 성실신고확인대상 사업자로서 성실신고확인서를 제출한 사업자(미숙아 등 20%, 난임시술비 30%)	• 표준세액공제(연 7만원) + 의료비·교육비·월세세액공제+기부금세액공제
	④ 위 외의 자	• 표준세액공제(연7만원)+기부금세액공제

2) 보험료 세액공제(보험기간과 관계없이 납부시점으로 공제)

구 분	내 용
(1) 공제대상	근로소득이 있는 거주자(일용근로자 제외)가 해당 과세기간에 보장성보험(만기에 환급되는 금액이 납입보험료를 초과하지 않는 보험)의 보험계약에 따라 공제대상 보험료를 지급한 경우
(2) 공제대상보험료 (근로기간 분만 공제)	① 장애인 전용보장성보험료 : 기본 공제대상자 중 장애인을 피보험자 또는 보험수익자로 하는 보험료 ② 일반 보장성보험료 : 기본 공제대상자를 피보험자로 하는 보장성보험료 (장애인전용보장성 보험료는 제외)
(3) 공제되지 않는 보험료	① 미지급보험료 ② 외국에 납부한 보험료 ③ 퇴직 후 지출한 보험료
(3) 보험료세액공제액	보험료세액공제 : ㉠ + ㉡ ㉠ 장애인 전용 보장성보험료 : Min[보험료, 연 100만원] × 15% ㉡ 일반 보장성보험료 : Min[보험료, 연 100만원] × 12%

예제 7-3 보험료세액공제액의 계산

거주자 정줄래(47세)씨는 근로소득자로 보험료 세액공제를 받고자 한다. 다음 자료에 의하여 보험료 세액공제액을 산출하시오.

보험료 부담분	금액	비고
① 국민건강보험료 본인 부담분	500,000원	
② 고용보험료 본인 부담분	150,000원	
③ 노인장기요양보험료 본인 부담분	200,000원	
④ 국민연금보험료 본인 부담분	800,000원	
⑤ 배우자에 대한 자동차보험료	420,000원	배우자는 사업자에 해당하면 사업소득금액 150만원이 있다.
⑥ 장남의 장애인전용보장성보험료	1,500,000원	장남은 장애인에 해당
⑦ 장남을 피보험자로 하는 자동차보험료	500,000원	
⑧ 본인을 피보험료자로 하는 생명보험료	200,000원	
⑨ 본인이 계약한 주택 임차보증금 반환 보증보험료	400,000원	

예제해설

1. 세액공제 대상 보험료

구 분	지 출 액	한 도 액	공 제 액
장애인전용 보장성보험료	1,500,000	1,000,000	1,000,000
일반 보장성보험료	500,000+200,000+400,000=1,100,000	1,000,000	1,000,000

2. 보험료세액공제 : 1,000,000 × 15% + 1,000,000 × 12%=270,000

3) 의료비 세액공제

구 분	내 용
(1) 공제대상	근로소득이 있는 거주자(일용근로자 제외)가 기본공제대상자(나이 및 소득의 제한을 받지 아니함)를 위하여 공제대상 의료비를 지급한 경우
(2) 공제대상의료비 (근로 기간분만 공제)	근로자가 직접 부담하는 다음 중 어느 하나에 해당하는 의료비(보험회사 등으로부터 지급받는 실손의료보험금은 제외 함) ① 진찰·진료·질병예방을 위하여 의료법 제3조의 의료기관에 지급하는 비용 및 의약품(한약 포함)을 구입하고 지급하는 비용 ② 장애인 보장구 및 의사·치과의사·한의사 등의 처방에 따라 의료용구를 직접 구입 또는 임차하기 위하여 지출한 비용

Chapter 4 원천징수

(2) 공제대상의료비 (근로 기간분만 공제)	③ 시력보정용 안경 또는 콘택트렌즈 구입을 위하여 지출한 비용으로써 기본공제대상자 1명당 연 50만원 이내의 금액 등 ④ 보험회사 등으로부터 지급받은 실손 의료보험금은 제외 ⑤ 「노인장기요양보험법」에 따른 장기요양급여에 대한 비용으로서 실제 지출한 본인일부부담금 ⑥ 모자보건법에 따른 산후조리원에 산후조리 및 요양의 대가로 지급하는 비용으로서 **출산 1회당 200만원 이내의 금액** ⑦ 라식, 라섹수술비, 치열교정비('저작기능장애'진단서 첨부) ⑧ 장애인활동지원급여 비용 중 실제 지출한 본인부담금
(3) 공제되지 않는 의료비	① 외국 소재 대학병원에 지급하는 비용 ② 미용·성형수술을 위한 비용 ③ 건강증진을 위한 의약품 구입비용
(3) 의료비세액공제액	의료비 세액공제액 : [㉠+㉡]×15%+㉢×20%+㉣×30% ㉠ 일반의료비 : Min[일반의료비-총급여액×3%, (한도)연 700만원] ㉡ 특정의료비 : 전액(일반의료가 총급여액의 3%에 미달하는 경우에는 그 미달액을 차감함) ㉢ 미숙아 및 선천성이상아를 위하여 지급한 의료비 ㉣ 난임시술비 ※ 특정의료비 : 해당 거주자, 장애인, 과세기간 개시일 현재 6세 이하인 사람, 중증질환자, 희귀난치성질환자, 결핵환자를 위하여 지급한 의료비

예제 7-4 의료비세액공제액의 계산

거주자 정줄래(37세)씨는 급여소득자로 의료비세액공제를 받고자 한다. 다음의 부양가족 및 의료비의 내역을 참고로 하여 의료비 세액공제액을 산출하시오.

(1) 부양가족 현황

관계	이름	나이	소득	비고
본인	정줄래	37세	총급여액 7,000만원	장애인
배우자	신은경	32세	사업소득금액 3,000만원	
부친	정삼부	68세		
모친	이순정	59세		뇌졸중 환자로 등록 됨
장남	정조준	3세		
차남	정조식	2개월		

(2) 의료비 지출 현황

① 부친의 외국소재 대학병원의 치료비	10,000,000원
② 부친의 보청기 구입비	3,000,000원
③ 모친의 보약구입비	500,000원
④ 모친의 병원의료비(모친의 의료비 중 실손의료보험료 500,000원 수령분 포함)	2,500,000원
⑤ 본인의 건강진단비	1,000,000원
⑥ 안경구입비(본인과 배우자 각각 550,000원)	1,100,000원
⑦ 장남과 차남의 질병예방비	600,000원
⑧ 난임시술비	15,000,000원
⑨ 아내의 병원에서 출산 관련 분만비용	300,000원
⑩ 아내의 산후조리원비용	3,000,000원

예제해설

구분	의료비 지출액	차감액 (총급여액의 3%)	의료비공제 대상금액	세액 공제율	의료비 세액공제액
일반의료비	500,000+600,000+300,000 +2,000,000=3,400,000	2,100,000	1,300,000	15%	195,000
특정의료비	3,000,000+(2,500,000-500,000) +1,000,000+500,000=6,500,000	-	6,500,000	15%	975,000
난임시술비	15,000,000	-	15,000,000	30%	4,500,000
계		2,100,000			5,670,000

① 보험회사로부터 지급받은 실손의료비는 공제대상 의료비에서 제외한다.
② 안경구입비는 1인당 50만원을 한도로 공제대상 의료비로 본다.
③ 산후조리원비용 중 200만원까지는 공제대상 의료비로 본다.
④ 외국 소재 대학병원 의료비와 보약구입비는 공제대상 의료비가 아니다.

4) 교육비 세액공제

근로소득자(일용근로자 제외)가 다음의 교육비를 지급한 경우 그 금액의 15%에 해당하는 금액을 해당 과세기간의 종합소득 산출세액에서 공제한다.

> 세액공제 = 일반교육비 세액공제 + 직업능력개발훈련비 세액공제 + 장애인 특수교육비세액공제

① 일반교육비 세액공제

구 분	내 용
공제대상	근로소득자(일용근로자 제외)가 기본공제대상자(나이의 제한을 받지 아니함)인 본인·배우자·직계비속·입양자·위탁아동·형제자매를 위하여 지급한 경우
세액공제액	일반교육비 세액공제액 : Min[①, ②]×15% ① 교육비 총액 - 학자금·장학금(소득세 및 증여세 비과세분) ② 교육비한도액
세액공제액	(아래 표 참조)

교육기관	본인	부양가족 (1인당 한도액)
대학원	전액	불공제
대학·전문대학·원격대학 등	전액	900만원
유치원·초등학교·중학교·고등학교	전액	300만원
초등학교 취학 전 아동의 어린이집, 학원과 체육시설	불공제	300만원

※ 국외교육기관 : 국외에 소재하는 교육기관으로서 우리나라의 유아교육법에 따른 유치원, 초·중등교육법 또는 고등교육법에 의한 학교에 해당하는 교육기관

② 교육비의 범위

구분	교육비의 범위	비고
(가) 수업료 등	수업료·입학금·보육비용·수강료·대학입학전형료·수능응시료 및 그 밖의 공납금	
(나) 학교급식비	학교급식법, 유아교육법, 영유아보육법 등에 따라 급식을 실시하는 학교, 유치원, 어린이집, 학원 및 체육시설(초등학교 취학 전 아동의 경우만 해당)에 지급한 급식비	
(다) 교과서대금	학교에서 구입한 교과서대금(초·중·고 학생만 해당)	초·중·고
(라) 교복구입비	교복 구입비용 (중·고등학교 학생만 해당하며, 학생 1인당 연 50만원 한도)	중·고
(마) 방과 후 학교 수업료와 방과 후 학교 도서구입비	초·중등교육법, 유아교육법, 영유아보육법에 따른 학교, 유치원, 어린이집, 학원 및 체육시설(초등학교 취학 전 아동의 경우만 해당)에서 실시하는 방과후 학교나 방과 후 과정 등의 수업료 및 특별활동비(학교, 유치원, 어린이집, 학원 및 체육시설에서 구입한 교재 구입비와 학교 외에서 구입한 초·중·고등학교의 방과 후 학교 수업용 도서의 구입비를 포함함)	

(바) 현장체험 학습비	학교가 교육과정으로 실시하는 현장체험학습에 지출한 비용(학생 1명당 연 30만원 한도)	초·중·고생만 해당
(사) 학자금 대출 원리금 상환액	거주자 본인의 학자금 대출의 원리금 상환에 지출한 교육비(대출금의 상환 연체로 인하여 추가로 지급하는 금액, 학자금 대출의 원리금 중 감면받거나 면제받은 금액, 지방자치단체 또는 공공기관 등으로부터 학자금을 지원받아 상환한 금액 제외)	대출받은 본인이 상환시 공제

③ **직업능력개발훈련비 세액공제** : 근로소득자가 자신을 위하여 직업능력개발훈련시설에서 실시하는 직업능력개발훈련을 위하여 지급한 수강료

> 직업능력개발훈련비 세액공제액=(직업능력개발훈련을 위한 수강료-수강지원금)×15%

④ **장애인특수교육비 세액공제**

구 분	내 용
공제대상	근로소득자(일용근로자 제외)가 기본공제대상자인 장애인(소득의 제한을 받지 아니하되, ③의 기관에 대해서는 과세기간 종료일 현재 18세 미만인 사람만 해당한다)을 위하여 다음의 기관에 지급하는 장애인특수교육비(장애인 특수교육비는 직계존속 포함) ① 사회복지시설, 보건복지부장관이 장애인 재활교육을 실시하는 기관으로 지정한 비영리법인 ② 위 ①의 시설 또는 법인과 유사한 것으로써 외국에 있는 시설 또는 법인 ③ 장애아동복지지원법에 따라 지방자치단체가 지정한 발달재활서비스 제공 기관
세액공제액	장애인 특수교육비 세액공제 = (장애인 특수교육비-지원금)×15%

예제 7-5 교육비세액공제액의 계산

거주자 정줄래(37세)씨는 근로소득자로 교육비 세액공제를 받고자 한다. 다음의 부양가족 및 교육비 지출액의 내역을 참고로 하여 교육비 세액공제액을 산출하시오.

1. 총급여액 : 80,000,000원
2. 본인 및 부양가족을 위한 교육비 지출내역 : 부양가족은 모두 소득이 없다.

구 분		내 역		금 액
본 인		대학원 수업료		12,000,000원
		직업능력개발훈련비		3,000,000원
장 남	대학생	대학교 수업료		7,000,000원
장 녀	대학생	대학교 수업료		9,500,000원
차 남	고등학생	고등학교 수업료		1,700,000원
		방과 후 학교 수업료		500,000원
		방과 후 학교의 악기구입비		800,000원
		방과 후 학교의 도서비		100,000원

구 분		내 역	금 액
차 남	고등학생	학교 급식비	400,000원
		체험학습비(수학여행관련)	500,000원
		학교에서 구입한 교과서대금	80,000원
		교복구입비	700,000원
입양자 (장애인)	초등학교 취학 전 아동	학원비	2,700,000원
		장애인 특수교육비	3,000,000원
부 친	대학생	대학교 수업료	600,000원

[참고사항]
(1) 본인의 대학원비는 회사의 비과세 교육비 지원 규정에 따라 전액 지원받았으며, 직업능력개발훈련비는 고용보험법에 따라 교육비 부담액의 20%를 부담하였다.
(2) 장남은 한국장학재단에서 "취업 후 상환 조건의 학자금대출"을 받아 지급하였다.
(3) 차남의 고등학교 수업료 중 2,000,000원은 회사 교육비 지원규정에 따라 지원받았다.
(4) 학원교육은 월단위로 실시하는 교습과정으로 주 3회 교습을 받는다.

예제해설

구 분		내 역		금 액
본 인		대학원 수업료	12,000,000−12,000,000=0	−
		직업능력개발훈련비	3,000,000−2,400,000=600,000	600,000
장 남		대학교학비	8,000,000−8,000,000=0	−
장 녀		대학교학비	9,500,000	9,000,000
차 남		고등학생비	1,700,000+500,000+100,000+400,000 +300,000+80,000+500,000=3,580,000	3,000,000
입양자 (장애인)		학원비	2,700,000	2,700,000
		장애인특수교육비	3,000,000	3,000,000
부 친		대학교학비	−	−
계				18,300,000

① 본인이 회사에서 받은 학자금지원액이 비과세되는 경우에는 총급여액에 포함하지 않고 교육비공제대상에서도 제외한다.
② 본인의 직업능력개발비에서 수강지원금을 뺀 금액을 교육비세액공제대상으로 한다.
③ 장남이 학자금대출을 받아 대학교 수업료를 지급하였으므로 교육비에서 제외하고, 장남이 학자금대출의 원리금을 상환하면 교육비세액공제를 받는다.
④ 자녀학자금지원액은 과세대상 근로소득이므로 총급여액에 더하고, 교육비공제를 한다.

학자금 지원액	총급여액	본인의 교육비 지출액
비과세되는 경우	불포함	불포함
과세되는 경우	포함	포함

근로자가 부담해야 할 보험료와 의료비를 회사가 부담한 경우에도 이와 동일하게 처리한다.
⑤ 방과후 학교 수업료와 도서비는 공제대상 교육비에 해당하나, 방과 후 학교의 교구구입비는 공제대상교육비에 해당하지 아니한다.
⑥ 체험학습비는 30만원, 교복비는 연 50만원을 한도로 교육비에 포함한다.

⑦ 직계존속은 일반교육비세액공제대상이 아니다.
※ 교육비세액공제액 : 18,300,000 × 15% = 2,745,000

5) 기부금 세액공제

종합소득이 있는 거주자는 「**기부금 세액공제**」를 받을 수 있다. 사업소득만 있는 자는 기부금을 필요경비에 산입하므로 기부금 세액공제대상이 아니나 연말정산 대상 사업자(보험모집인·방문판매인·음료배달원)는 기부금 세액공제대상이 된다.

기부금 : ① 거주자 본인이 지급한 기부금 + ② 요건 충족 가족이 지급하는 기부금

구 분		기부금 공제방법
사업소득만 있는 자	연말정산 대상 사업자	기부금세액공제 적용
	위 외의 사업자	기부금을 필요경비에 산입(세액공제 불가)
사업소득과 그 밖의 종합소득이 있는 자		사업소득의 필요경비에 산입할 수 있고, 필요경비에 산입한 기부금 외의 기부금은 사업소득 외의 산출세액에서 기부금세액공제 적용 가능
사업소득이 없는 자		기부금세액공제 적용

① **기부금 지출 명의** : 특례기부금과 일반기부금은 거주자 본인의 명의로 지출한 기부금뿐만 아니라 거주자의 기본공제대상자(나이의 제한을 받지 아니하며, 다른 거주자가 기본공제를 받은 사람 제외)가 지출한 기부금도 공제한다. 다만, **정치자금기부금과 우리사주조합기부금은 「본인 명의」**로 지출한 기부금만 공제한다.

② **기부금 세액공제액의 계산** : 특례기부금과 일반기부금은 다음 금액을 한도로 한다. 거주자가 사업소득의 필요경비에 산입한 기부금을 포함한 기부금 지출총액과 한도액을 비교하여 공제대상 기부금을 계산한다.

구 분	내 용
100%한도 기부금	① 정치자금기부금 : 기준금액×100% ② 고향사랑기부금 : 연간 500만원 한도 　고향사랑기부금=(기준금액-정치자금기부금 인정액)×100% ③ 특례기부금 : 　특례기부금=(기준금액-정치자금기부금인정액-고향사랑기부금인정액)×100%
우리사주조합 기 부 금	(기준소득금액-100%한도 기부금 인정액)×30%
(10%~30% 한도 기부금) 일 반 기 부 금	※ 종교단체기부금이 없는 경우 　　(기준금액-100%한도 기부금 인정액-30%한도기부금 인정액)×30% ※ 종교단체기부금이 있는 경우 : [①+Min(①×20%, ②)] 　① (기준금액-100%한도 기부금 인정액-30%한도기부금 인정액)×10% 　② 종교단체 외에 지급한 일반기부금

③ **세액공제 대상금액** : 사업소득이 있는 경우 기부금공제액 합계액에서 이중(二重)공제를 막기 위하여 필요경비산입 기부금을 뺀 금액이 세액공제 대상금액이다.

④ **기부금 세액공제액의 계산** : 기부금 세액공제 대상 금액의 합계액이 1천만원 이하인 경우에는 그 금액의 15%를, 1천만원을 초과하면 그 초과분은 30%를 곱한 금액을 종합소득 산출세액(필요경비에 산입한 기부금이 있으면 사업소득에 대한 산출세액 제외)에서 공제한다.

> 기부금 세액공제액 : Min[①, ②]
> ① 세액공제대상금액 × 15%(1천만원 초과분 30%)
> ② 한도액 = 산출세액 × $\dfrac{\text{종합소득금액} - \text{사업소득금액}}{\text{종합소득금액}}$

이 경우 특례기부금과 일반기부금이 함께 있으면 특례기부금을 먼저 공제하되, 2013.12.31. 이전에 지급한 기부금을 2014.1.1.이후에 개시하는 과세기간에 이월하여 공제하는 경우에는 해당 과세기간에 지급한 기부금보다 먼저 공제한다.

(5) 조세특례제한법상의 세액공제액 계산

1) 월세액 세액공제(근로소득자 기준)

무주택 세대의 세대주(단독세대주 및 일정요건의 세대원 포함)로서 근로소득이 있는 거주자(일용근로자 제외)가 국민주택규모의 주택(주거용 오피스텔 포함)을 임차하기 위하여 지급하는 월세액(750만원 한도)의 15%에 해당하는 금액을 해당 과세기간의 종합소득산출세액에서 공제한다.

구 분	내 용
공제대상	과세기간 종료일 현재 주택을 소유하지 아니한 세대의 세대주(세대주가 월세세액공제, 주택청약종합저축 등에 대한 소득공제, 주택임차자금소득공제·장기주택저당 차입금 이자비용공제를 받지 아니하는 경우에는 세대의 구성원을 말하며, 일정한 외국인을 포함함)로서 해당 과세기간의 총급여액이 8천만원 이하인 근로자(해당과세기간에 종합소득 과세표준을 계산할 때 합산하는 종합소득금액이 7천만원을 초과하는 사람 제외)가 국민주택규모의 주택 또는 기준시가 4억원 이하인 주택을 임차하기 위하여 법에 정한 월세액을 지급하는 경우
공제요건	국민주택규모의 주택(주거용 오피스텔 포함)을 임차하기 위하여 지급하는 월세액(사글세 포함)으로서 임대차계약증서의 주소지와 주민등록등본의 주소지가 같을 것.
세액공제액	Min(주택을 임차하기 위하여 지급한 월세액, 1,000만원)×15%
	Min(주택을 임차하기 위하여 지급한 월세액, 1,000만원)×17% 해당 과세기간의 총급여액이 5,500만원 이하인 근로소득이 있는 근로자(해당 과세기간에 종합소득과세표준을 계산할 때 합산하는 종합소득금액이 4천5백만원을 초과하는 사람은 제외함)의 경우에는 17%

근로자의 총급여	월세세액공제액
총급여 5,500만원 이하이면서 종합소득금액 4,500만원 이하인 자	Min(월세액, 1천만원) × 17%
총급여 5,500만원 초과 8,000만원 이하이면서 종합소득금액 4,500만원 이하인 자	Min(월세액, 1천만원) × 15%

2) 혼인세액공제 개정 (신설)

거주자가 2026. 12. 31. 이전에 혼인신고를 한 경우에는 1회(혼인신고 후 그 혼인이 무효가 되어 법령에 따라 신고한 경우는 제외한다)에 한정하여 혼인신고를 한 날이 속하는 과세기간의 종합소득 산출세액에서 50만원을 공제한다.

① 적용대상 : 혼인신고를 한 거주자
② 적용연도 : 혼인신고를 한 해(생애 1회)
③ 공제금액 : 50만원
④ 적용기간 : 24년~26년 혼인신고 분

3) 정치자금세액공제

구 분	내 용	
정치자금 기부금 세액공제액	거주자가 정치자금법에 따라 정당(같은 법에 따른 후원회 및 선거관리위원회 포함)에 기부한 정치자금에 대해서는 지출한 해당 과세연도에 다음의 금액을 종합소득 산출세액에서 공제한다	
	정치자금 기부금	정치자금기부금 세액공제액
	10만원 이하	기부금액×100/110
	10만원 초과	3천만원까지의 기부금액×15% +3천만원 초과분 기부금액×25%
	※ 사업자는 세액공제를 적용하지 아니하고 이월결손금을 뺀 후의 소득금액 범위 내에서 필요경비에 산입한다.	

4) 고향사랑기부금 세액공제

구 분	내 용	
고향사랑 기부금 세액공제액	거주자가 「고향사랑 기부금에 관한 법률」에 따라 고향사랑 기부금을 지방자치단체에 기부한 경우 ⇨ 이월공제규정 없음	
	고향사랑 기부금	고향사랑 기부금 세액공제액
	10만원 이하	기부금액×100/110
	10만원 초과 2천만원 이하분 개정	기부금액×15%
	※ 사업자의 경우 10만원 초과분은 세액공제를 적용하지 아니하고 이월결손금을 뺀 후의 소득금액 범위 내에서 필요경비에 산입한다.	

제 8 절 소득세의 신고 및 납부

1 소득세의 납세절차

(1) 중간예납

납세지 관할세무서장은 종합소득이 있는 거주자에 대하여 1월1일부터 6월30일까지의 기간에 대한 중간예납세액을 결정하여 11월 30일까지 징수하여야 하는데, 이것을 「**중간예납**」이라 한다.(고지납부원칙) 한편, 중간예납세액이 50만원 미만인 때에는 이를 징수하지 않는다.

1) 중간예납의무자

사업소득이 있는 거주자만이 중간예납의무를 진다. 다만, 다음의 경우에는 중간예납의무가 없다.

① 신규사업자
② 사업소득 중 수시부과하는 소득이 있는 경우
③ 납세조합이 중간예납기간 중 그 조합원의 소득세를 매월 징수하여 납부한 경우
④ 사업소득 중 속기·타자 등 사무지원 서비스업 등
⑤ 다음 중 어느 하나에 해당하는 사업
　㉮ 저술가, 화가, 배우, 가수, 영화감독, 연출가, 촬영사 등 자영 예술가
　㉯ 직업선수, 코치, 심판 등 ㉮ 외의 기타 스포츠 서비스업
⑥ 독립된 자격으로 보험가입자의 모집·증권매매의 권유·저축의 권장 또는 집금 등을 행하거나 이와 유사한 용역을 제공하고 그 실적에 따라 모집수당, 권장수당, 집금수당 등을 받는 업
⑦ 방문판매업자를 대신하여 방문판매업무를 수행하고 그 실적에 따라 판매수당 등을 받는 업
⑧ 소득세법이 적용되는 전환정비사업조합의 조합원이 영위하는 공동사업
⑨ 소득세법이 적용되는 주택조합의 조합원이 영위하는 공동사업

2) 중간예납세액의 계산

소득세의 중간예납세액의 계산방법은 직전 과세기간의 실적을 기준으로 한다. 다만, 다음의 경우에는 해당 중간예납기간의 실적에 의한다.

① 중간예납기간 종료일까지의 종합소득금액에 대한 소득세액(중간예납추계액)이 중간예납기준액의 30%에 미달하는 경우로서 사업자가 중간예납추계액을 신고한 경우 ⇨ 신고할 수 있으므로 직전 과세기간 실적기준과 중간예납추계액기준 중 선택
② 중간예납기준액이 없는 거주자 중 복식부기의무자가 해당 과세기간의 중간예납기간 중에 사업소득이 있는 경우 ⇨ 직전 과세기간의 실적으로 할 수 없으므로 반드시 신고한다.

3) 중간예납절차

① 원칙 : (고지납부) 관할 세무서장은 거주자에 대하여 중간예납 기준액의 2분의 1에 해당하는 금액을 납부하여야 할 세액으로 결정하여 11월 1일부터 11월 15일까지 고지서를 발부하여 중간예납세액을 11월 30일까지 징수하여야 한다. 고지서를 받은 거주자가 11월 30일까지 그 세액의 일부 또는 전부를 납부하지 않은 경우에는 납부하지 아니한 세액 중 분할납부세액은 납세고지가 없었던 것으로 보며, 관할 세무서장은 해당 과세기간의 다음 연도 1월 1일부터 1월 15일까지의 기간 내에 그 분할납부세액을 납부할 세액으로 하여 납세고지서를 발부하여야 한다.

② 예외 : 추계액 신고

추계액신고대상자는 11월 1일부터 11월 30일까지 중간예납추계액을 신고하고, 그 신고한 세액을 11월 30일까지 납부하여야 한다. 중간예납세액이 1천만원을 초과하는 경우 분할납부 규정에 따라 납부기한 경과 후 2개월 이내에 분할납부할 수 있다.

4) 중간예납세액의 소액부징수

중간예납세액이 50만원 미만인 때에는 해당 세액을 징수하지 아니한다.

(2) 원천징수

타인에게 소득을 지급하는 자가 소득 지급 시 세액을 징수하여 국가에 납부하는 제도를 원천징수라고 한다. 소득자가 개인이면 소득세법에 따라 법인이면 법인세법에 따라 원천징수한다.

1) 원천징수대상소득 및 원천징수세율

원천징수 대상소득	원 천 징 수 세 율
(1) 이자소득금액	① 일반적인 이자소득 : 14% ② 비영업대금이익 : 25% ③ 비실명이자소득 : 45%(금융실명제 대상 90%) ④ 직장공제회 초과반환금 : 기본세율
(2) 배당소득금액 (귀속법인세액은 제외)	① 일반적인 배당소득 : 14% ② 비실명 배당소득 : 45%(금융실명제 대상 90%) ③ 조세특례제한법상 분리과세배당소득 : 9%(또는 14%) ④ 출자공동사업자에 대한 배당소득 : 25%
(3) 사업소득금액	① 의료보건용역 및 인적용역 : 수입금액 × 3% ② 접대부 등의 봉사료 수입금액 : 수입금액 × 5% ③ 보험모집인·방문판매원의 사업소득 : 연말정산
(4) 근로소득금액	① 일반급여 : 기본세율(간이세액표를 적용한 후 연말정산) ② 일용근로자의 급여 : 6%
(5) 기타소득금액	소득금액의 20%(소득금액이 3억원을 초과하는 경우 3억원 초과분은 30%)

2) 원천징수의 배제

다음의 경우는 원천징수하지 않는다.

① 소득세가 과세되지 않거나(비과세 또는 과세최저한) 면제되는 소득을 지급할 경우
② 이미 발생된 원천징수대상소득이 지급되지 아니함으로써 소득세가 원천징수되지 않은 상태에서 이미 종합소득에 합산되어 종합소득세가 과세된 경우

3) 원천징수세액의 납부

① 원칙 : 원천징수의무자는 원천징수한 소득세를 그 징수일이 속하는 달의 다음 달 10일까지 관할세무서·한국은행 또는 체신관서에 납부하여야 한다.
② 소규모사업자에 대한 원천징수세액의 반기별 납부 : 직전 과세기간(신규로 사업을 개시한 사업자의 경우 신청일이 속하는 반기를 말한다)의 매월 말일 현재의 상시고용인원의 평균인원수가 20인 이하의 원천징수의무자(금융보험업자 제외)로서 관할 세무서장으로부터 반기별 납부의 승인을 얻거나 국세청장이 정하는 바에 따라 지정을 받은 자는 원천징수한 소득세를 그 징수일이 속하는 반기의 마지막 달의 다음달 10일까지 납부할 수 있다.

4) 소액부징수

① 원천징수세액이 1,000원 미만인 경우. 단, 이자소득금액과 원천징수대상 사업소득 중 계속적·반복적으로 행하는 활동을 통하여 얻는 인적용역 사업소득은 1,000원 미만이어도 징수
② 납세조합의 징수세액이 1,000원 미만인 경우

(3) 과세표준 확정신고

해당과세기간의 종합소득금액 또는 퇴직소득금액·양도소득금액이 있는 거주자는 그 과세표준을 그 과세기간의 다음연도 5월 1일부터 5월 31일까지 납세지 관할세무서장에게 신고하여야 한다. 이를 과세표준확정신고라 하며, 해당과세기간의 과세표준이 없거나 결손금액이 있는 경우에도 신고하여야 한다.

1) 확정신고의 면제

다음 중 어느 하나에 해당하는 거주자는 해당 소득에 대하여 과세표준 확정신고를 하지 않아도 된다.

① 근로소득만 있는 자
② 공적연금소득만 있는 자
③ 연말정산되는 사업소득(보험모집인 및 방문판매업자의 사업소득을 말한다)만 있는 자
④ 퇴직소득만 있는 자
⑤ 근로소득 및 퇴직소득만 있는 자

⑥ 퇴직소득 및 공적연금소득만 있는 자
⑦ 연말정산되는 사업소득 및 퇴직소득만 있는 자
⑧ 분리과세되는 이자소득, 배당소득, 연금소득 및 기타소득만 있는 자
⑨ 위 ① ~ ⑦에 해당하는 자로서 위 ⑧의 소득이 있는 자
⑩ 수시부과 후 추가로 발생한 소득이 없는 경우, 과세표준확정신고를 하지 않아도 된다.
⑪ 양도소득에 대한 과세표준 예정신고를 한 자

다만, 근로소득(일용근로소득은 제외)·연금소득·퇴직소득 또는 연말정산이 되는 사업소득이 있는 자의 경우에도 그 원천징수의무자가 연말정산에 따라 소득세를 납부하지 아니한 경우에는 확정신고 의무가 면제되지 아니한다.

2) 과세표준 확정신고 기한

과세표준의 확정신고기한은 다음 연도 5월 1일부터 5월 31일까지로 한다. 다만, 거주자가 사망하거나 국외로 주소·거소를 이전하는 경우의 확정신고기한은 다음과 같다.

① **거주자가 사망한 경우** : 상속인은 상속개시일로부터 6개월이 되는 날(이 기간 중에 상속인이 주소·거소의 국외이전을 위하여 출국하는 경우에는 출국일 전날)까지 사망일이 속하는 과세기간에 대한 그 거주자의 과세표준을 신고하여야 한다. 또한 거주자가 1월 1일부터 5월 31일 사이에 사망한 거주자가 사망일이 속하는 과세기간의 직전과세기간에 대한 과세표준 확정신고를 하지 아니한 경우에도 이를 준용한다.

② **거주자가 출국한 경우** : 과세표준 확정신고를 하여야 할 거주자가 주소 또는 거소의 국외이전을 위하여 출국하는 경우에는 출국일이 속하는 과세기간의 과세표준을 출국일 전날까지 신고하여야 한다. 또한 거주자가 1월 1일부터 5월 31일 사이에 주소 또는 거소의 국외이전을 위하여 출국하는 경우 출국일이 속하는 과세기간의 직전과세기간에 대한 과세표준 확정신고를 하지 아니한 때에도 이를 준용한다.

3) 확정신고납부

거주자는 해당 과세기간의 종합소득세·퇴직소득세액 또는 양도소득세액을 과세표준 확정신고기한까지 납세지 관할세무서·한국은행 또는 체신관서에 납부하여야 한다.

4) 확정신고 자진납부

구 분	내 용
납부기한	과세표준 확정신고 기한까지 납부하여야 함.
분납	① 분납대상세액 : 납부할 세액이 1천만원 초과하는 경우 ② 분납가능금액 : 　■ 납부할 세액이 2천만원 이하인 경우 : 1천만원 초과금액 　■ 납부할 세액이 2천만원 초과하는 경우 : 세액의 50% 이하금액 ③ 분납기한 : 납부기한이 지난 후 2개월 이내

Chapter 4 원천징수

② 사업장 현황신고 및 지급명세서 제출

(1) 사업장 현황신고

구 분	내 용
신고기한	• 사업자(해당 과세기간 중 폐업·휴업한 사업자 포함)는 사업장현황신고서에 의하여 사업자의 인적사항, 업종별 수입금액 명세가 포함된 사업장 현황을 해당 과세기간의 다음연도 2월 10일까지 사업장소재지 관할세무서장에게 신고하여야 한다. • 2 이상의 사업장이 있으면 각 사업장별로 신고하여야 한다.
현황신고를 한 것으로 보는 경우	① 사업자가 사망하거나 출국함에 따라 종합소득세 과세표준 확정신고의 특례규정을 적용하여 과세표준을 신고한 경우 ② 「부가가치세법」상 과세사업자(일반과세자·간이과세자)가 예정신고 또는 확정신고를 한 경우. 단, 사업자가 부가가치세법상 과세사업과 면세사업을 겸영하여 면세사업수입금액 등을 신고하는 경우에는 그 면세사업 등에 대하여 사업장 현황신고를 한 것으로 본다.

(2) 지급명세서 제출

구 분	내 용
제출의무자	개인에게 원천징수대상소득을 국내에서 지급하는 자(법인 포함)
제출기한	① 원칙 : 지급일이 속하는 과세기간의 다음 연도 2월 말일(원천징수대상 사업소득과 근로소득·퇴직소득·기타소득 중 종교인소득 및 봉사료수입의 경우는 다음 연도 3월 10일, 휴·폐업 또는 해산한 경우는 휴업일, 폐업일 또는 해산일이 속하는 달의 다음 다음 달 말일)까지 ② 일용근로자 근로소득 : 지급일이 속하는 달의 다음 달 말일(폐업일 또는 해산일이 속하는 달의 다음 다음 달 말일)까지

소득세 납세의무가 있는 개인에게 다음 중 어느 하나에 해당하는 소득을 국내에서 지급하는 자(법인포함)는 지급명세서를 그 지급일 속하는 과세기간의 다음 연도 2월 말일(원천징수대상 사업소득과 근로소득·퇴직소득·기타소득 중 종교인소득 및 봉사료의 경우에는 다음 연도 3월 10일, 휴·폐업한 경우에는 휴업일·폐업일이 속하는 달의 다음다음 달 말일)까지 원천징수 관할세무서장, 지방국세청장 또는 국세청장에게 제출해야 한다. 다만, 일용근로자의 근로소득의 경우에는 그 지급일이 속하는 달의 다음 달 말일까지 지급명세서를 제출해야 한다.

제 9 절 퇴직소득세의 산출과 납부

1 퇴직소득의 범위

(1) 퇴직소득의 범위

퇴직소득은 해당 과세기간에 발생한 다음의 소득으로 한다.
① 사용자 부담금을 기초로 하여 현실적인 퇴직을 원인으로 받는 소득
② 공적연금 관련법에 따라 받는 일시금
③ 공적연금 관련법에 따른 일시금을 지급하는 자가 퇴직소득의 일부 또는 전부를 지연하여 지급하면서 지연지급에 대한 이자를 함께 지급하는 경우 해당 이자
④ 과학기술인공제회법에 따라 지급받는 과학기술발전장려금
⑤ 「건설근로자의 고용개선 등에 관한 법률」에 따라 지급받는 퇴직공제금
⑥ 소기업·소상공인 공제부금에서 발생하는 소득 : 소기업·소상공인 공제에서 공제금을 지급받는 경우에는 다음과 같이 과세한다.

법정사유 유무	가입시기	소득구분
법정사유가 있는 경우	2016.12.31. 이전	환급금-납부액(소득공제 불문)-이자소득
	2017.01.01. 이후	환급금-납부액(소득공제 불문)-소득공제를 받지 못한 납입액의 누계액=퇴직소득
법정사유가 없는 경우	가입시기 불문	환급금-납부액(소득공제 불문)-소득공제를 받지 못한 납입액의 누계액=기타소득

(2) 퇴직판정의 특례

1) 퇴직으로 보지 않는 경우

다음 중 어느 하나에 해당하는 사유가 발생하였으나 퇴직급여를 실제로 받지 아니한 경우에는 퇴직으로 보지 아니할 수 있다.

① 종업원이 임원이 된 경우
② 합병·분할 등 조직변경, 사업양도, 직·간접으로 출자관계에 있는 법인으로의 전출 또는 동일한 고용주의 다른 사업장으로의 전출이 이루어진 경우
③ 법인의 상근임원이 비상근임원이 된 경우

2) 퇴직소득 중간지급

계속근로기간 중에 다음 중 어느 하나에 해당하는 사유로 퇴직급여를 미리 지급받은 경우(임원인 근로소득자를 포함하여, 이하 "퇴직소득중간지급"이라 함)에는 그 지급받은 날에 퇴직한 것으로 본다.

① 「근로자퇴직급여 보장법 시행령」에 따른 퇴직금의 중간정산 사유에 해당하는 경우
② 퇴직연금제도가 폐지되는 경우

(3) 비과세 퇴직소득

비과세 퇴직소득에 대해서는 비과세 근로소득에 대한 규정을 준용한다.

2 퇴직소득의 계산구조

(1) 퇴직소득 산출세액(개정규정)

구 분	비 고
퇴 직 소 득 금 액	… 퇴직급여액
환 산 급 여 액	… (퇴직소득금액 - 근속연수공제) ÷ 근속연수 × 12
(-) 환 산 급 여 공 제 액	
퇴 직 소 득 과 세 표 준	
퇴 직 소 득 산 출 세 액	… 퇴직소득 과세표준 × 기본세율 ÷ 12 × 근속연수

1) 근속연수 공제

「근속연수공제」는 장기근속을 유도하기 위하여 근속연수에 따라 다음과 같이 누진공제되는 구조로 되어 있다.

근 속 연 수	근속연수공제
5년 이하	100만원 × 근속연수
5년 초과 10년 이하	500만원 + 200만원 × (근속연수 - 5년)
10년 초과 20년 이하	1,500만원 + 250만원 × (근속연수 - 10년)
20년 초과	4,000만원 + 300만원 × (근속연수 - 20년)

2) 환산급여공제액

환산급여	환산급여공제액
8백만원 이하	환산급여의 100%
8백만원 초과 7천만원 이하	8백만원 + (8백만원 초과분의 60%)
7천만원 초과 1억원 이하	4천 520만원 + (7천만원 초과분의 55%)
1억원 초과 3억원 이하	6천 170만원 + (1억원 초과분의 45%)
3억원 초과	1억5천170만원 + (3억원 초과분의 35%)

(2) 퇴직소득 차감납부세액

구 분	비 고
퇴 직 소 득 산 출 세 액	
(−) 외 국 납 부 세 액 공 제	⋯거주자의 퇴직소득에 국외원천소득이 포함된 경우
퇴 직 소 득 결 정 세 액	
(−) 기 납 부 세 액	⋯ 원천납부세액
차 가 감 납 부 세 액	

③ 퇴직소득의 수입시기

구 분	수입시기
일반적인 경우	퇴직일
국민연금법에 따른 일시금과 건설근로자의 고용개선 등에 관한 법률에 따라 지급받는 퇴직공제금	지급받는 날(분할하여 지급받는 경우에는 최초로 지급 받는 날)
소기업·소상공인공제에서 발생하는 소득	실제 그 지급을 받는 날

④ 퇴직소득의 과세방법

(1) 원천징수

원천징수의무자가 퇴직소득을 지급할 때에는 퇴직소득 결정세액을 원천징수한다.

(2) 퇴직소득세의 정산

1) 정산대상

퇴직자가 퇴직소득을 지급받을 때 이미 지급받은 다음의 퇴직소득에 대한 원천징수영수증을 원천징수의무자에게 제출하는 경우 원천징수의무자는 퇴직자에게 이미 지급된 퇴직소득과 자기가 지급할 퇴직소득을 합계한 금액에 대하여 정산한 소득세를 원천징수하여야 한다.

① 해당 과세기간에 이미 지급받은 퇴직소득
② 근로제공을 위해 사용자와 체결하는 계약으로서 사용자가 같은 하나의 계약(종업원이 임원이 된 경우 등 퇴직으로 보지 아니하는 사유로 체결하는 계약 포함)에서 이미 지급받은 퇴직소득

2) 정산방법

정산하는 퇴직소득세는 이미 지급된 퇴직소득과 자기가 지급할 퇴직소득을 합계한 금액에 대하여 퇴직소득세액을 계산한 후 이미 지급된 퇴직소득에 대한 세액을 뺀 금액으로 한다.

퇴직소득세를 정산하는 경우의 근속연수는 이미 지급된 퇴직소득에 대한 근속연수와 지급할 퇴직소득의 근속연수를 합산한 월수에서 중복되는 기간의 월수를 뺀 월수에 따라 계산한다.

(3) 이연퇴직소득세

1) 제도의 취지

근로자가 회사를 퇴직하면서 받은 퇴직금을 생활자금으로 써 버리면 노후자금을 마련할 수 없다. 이에 따라 근로자가 퇴직금을 노후자금으로 적립·운용하다가 은퇴 후 노후자금으로 사용할 수 있도록 퇴직소득세 **과세이연제도**를 두고 있다.

2) 퇴직소득세의 과세이연

거주자가 퇴직하는 경우에 퇴직금을 퇴직일 현재 연금계좌가 있거나 연금계좌로 지급하는 경우에는 퇴직소득세를 원천징수하지 아니한다. 퇴직일 현재 연금계좌가 없거나 연금계좌로 지급하지 않은 거주자인 경우에는 퇴직금 지급시 퇴직소득세(지방소득세 포함)를 원천징수한다. 그 거주자가 퇴직금을 지급받은 날부터 60일 이내에 연금계좌에 입금하는 경우에는 원천징수된 퇴직소득세(지방소득세 포함)를 환급한다.

원천징수하지 아니하거나 환급하는 퇴직소득세(이하 "이연퇴직소득세"라 한다)는 다음의 계산식(환급하는 경우의 퇴직소득금액은 이미 원천징수한 세액을 뺀 금액으로 한다)에 따라 계산한다.

$$\text{퇴직소득 산출세액} \times \frac{\text{연금계좌로 지급 또는 입금된 금액}}{\text{퇴직소득금액}}$$

3) 이연퇴직소득을 연금외수령시 원천징수

이연퇴직소득을 연금외수령하는 경우 원천징수의무자는 다음의 계산식에 따라 계산한 이연퇴직소득세를 원천징수하여야 한다.

$$\text{연금 외 수령 당시 이연퇴직소득세} \times \frac{\text{연금외수령한 이연퇴직소득}}{\text{연금외수령 당시 이연퇴직소득}}$$

위 계산식에서 연금 외수령 당시 이연퇴직소득세란 해당 연금 외 수령 전까지의 이연퇴직소득세 누계액에서 인출한 이연퇴직소득의 누계액에 대한 세액을 뺀 금액을 말하며, 인출 퇴직소득누계액에 대한 세액은 다음의 계산식에 따라 계산한 금액으로 한다.

$$\text{이연퇴직소득세 누계액} \times \frac{\text{인출퇴직소득누계액}}{\text{이연퇴직소득누계액}}$$

(4) 확정신고

해당 과세기간에 퇴직소득금액이 있는 거주자는 그 퇴직소득 과세표준을 다음 연도 5월 1일부터 5월 31일까지 확정신고하여야 한다. 다만, 연말정산방법으로 퇴직소득에 대한 소득세를 납부한 자는 확정신고를 하지 않아도 된다.

제 5 장
법인세

제 1 절　법인세법 총칙

1 법인의 과세소득

법인세는 법인이 얻은 소득에 대하여 그 법인에게 과세되는 국세이다. 그러므로 법인세는 법인이 얻은 소득을 과세대상으로 하며 납세의무자는 법인이 된다. 법인세는 ①**각 사업연도의 소득** ②**청산소득** ③**토지 등 양도소득** ④**미환류소득** 등 총 4가지의 과세소득으로 구성된다.

	각 사업연도의 소득	청 산 소 득	토지 등 양도소득	미 환류소득
과세표준	익 금 총 액 - 손 금 총 액 = 각사업연도소득금액 - 이 월 결 손 금 - 비 과 세 소 득 - 소 득 공 제 = 과 세 표 준	잔 여 재 산 가 액 (합병·분할대가) - 자 기 자 본 총 액 = 청 산 소 득 금 액 = 과 세 표 준	양 도 금 액 - 장 부 가 액 = 토 지 등 양 도 소 득 - 비 과 세 소 득 = 과 세 표 준	- - 미 환 류 소 득 ※ = 과 세 표 준
세 율	과세표준 2억 원 이하 :　 9% 과세표준 2억 원 초과　200억 원 이하 : 19% 과세표준 200억 원 초과 3,000억 원 이하 : 21% 과세표준 3,000억 원 초과　　　　　　 : 24%		■ 주택·별장 : 20% 　(미등기자산 40%) ■ 비사업용 토지 : 10% 　(미등기자산 40%) ■ 조합원입주권 : 20%	과세표준의 20%

※ 미 환류소득 : 미환류소득에 대한 법인세는 기업의 소득을 투자·고용·상생협력에 더 많이 환류 하도록 하기 위한 목적으로 2025.12.31.까지 한시적으로 도입한 제도이다. 영리내국법인 중에서 상호출자 제한 기업집단에 속하는 법인은 미환류소득의 20%를 각 사업연도소득에 대한 법인세와 함께 신고·납부하여야 한다.

2 법인세 납세의무자

법인세의 납세의무자는 「**법인**」이다. 이에는 설립 등기된 법인뿐만 아니라 국세기본법에 의해 법인으로 보는 단체도 포함된다. 다만, 국가·지방자치단체·지방자치단체조합은 과세대상에서 제외한다.

(1) 영리법인과 비영리법인

상법에서 영리성이란 "회사가 상행위 기타 영리활동을 하여 이익을 얻을 뿐만 아니라 그 이익을 사원(구성원)에게 분배하여야 한다"라고 되어 있다.

영리법인	비영리법인
영리를 목적으로 하는 법인	영리의 목적이 없는 법인
이익금을 구성원에게 분배할 수 있는 법인	이익금을 구성원에게 분배할 수 없는 법인

(2) 내국법인과 외국법인(소재지와의 연관성)

내국법인	외국법인
국내에 본점 또는 주사무소가 있는 법인 및 사업의 실질적 관리장소를 둔 법인	국외에 본점 또는 주사무소가 있는 법인

(3) 법인의 종류별 납세의무의 범위

구 분		각 사업연도소득	청산소득	토지 등 양도소득	미환류소득
내국법인	영리법인	국내·외 모든 소득	○	○	○
	비영리법인	국내·외 수익사업 소득	×	○	×
외국법인	영리법인	국내원천 모든 소득	×	○	×
	비영리법인	국내원천 수익사업 소득	×	○	×

③ 사업연도(과세기간)

(1) 법령이나 법인의 정관 등에 회계연도에 관한 규정이 있는 경우

사업연도는 법령이나 법인의 정관 등에서 정한 회계연도로 하되, 그 기간은 1년을 초과하지 못한다. 법령이나 법인의 정관 등에서 정한 회계연도를 그대로 사업연도로 인정하는 것은 결산서에 기초하여 과세소득을 계산하기 위한 것이고, **사업연도를 1년을 초과할 수 없도록 한 것은 사업연도를 길게 설정하여 법인세의 납부지연을 방지하기 위해서이다.**

(2) 법령이나 법인의 정관 등에 회계연도에 관한 규정이 없는 경우

법령이나 법인의 정관 등에 회계연도에 관한 규정이 없는 내국법인과 국내사업장이 있는 외국법인은 따로 사업연도를 정하여 법인 설립신고(외국법인은 국내사업장 설치신고)나 사업자등록과 함께 관할 세무서장에게 사업연도를 신고하여야 한다.

국내사업장이 없는 외국법인은 사업연도 신고의무가 없으나, 부동산소득 또는 부동산 등의 양도소득이 있는 경우 관할 세무서장에게 신고하여야 한다. **사업연도 신고의무가 있는 법인이 사업연도를 신고하지 않은 경우, 매년 1월 1일부터 12월 31일까지를 사업연도로 한다.**

(3) 사업연도의 변경

1) 사업연도의 변경절차

사업연도를 변경하려는 법인은 변경하려는 사업연도의 직전 사업연도 종료일부터 3개월 이내에 관할세무서장에게 사업연도 변경신고를 하여야 한다. 법정기한 전에 변경신고를 미리한 경우에는 적법한 신고로 보므로 그 사업연도부터 사업연도가 변경된다. 반면에, 법정기한 후에 사업연도 변경신고를 한 경우 그 사업연도에는 사업연도가 변경되지 않는다.

2) 사업연도 변경시 잔여기간의 처리

1.1. ~ 12.31.까지 사업연도인 법인이 사업연도를 2025.7.1.부터 다음연도 6.30.까지로 변경한 경우 2025.1.1.부터 2025.6.30.까지의 기간이 남는데, 그 기간도 하나의 사업연도로 본다. 다만, **사업연도 변경시 남는 기간이 1개월 미만인 경우에는 납세편의를 위하여 변경된 사업연도에 포함한다.**

(4) 신설법인의 최초사업년도

신설법인은 설립등기일부터 사업연도 종료일까지를 최초사업연도로 한다. 법인설립일 전에 손익이 발생한 경우 그 손익은 발기인의 것으로 본다. 그러나 조세포탈의 우려가 없고 최초사업연도가 1년을 초과하지 아니하는 범위에서 법인설립 전에 발생한 손익을 법인에게 귀속시킬 수 있다. 이 경우 그 손익이 최초로 발생한 날을 최초사업연도 개시일로 한다.

(5) 사업연도 의제

1) 해산 또는 청산의 경우

내국법인이 사업연도 중에 해산한 경우 사업연도 개시일부터 해산등기일(파산으로 인한 해산의 경우에는 파산등기일을 말하며, 법인으로 보는 단체의 경우에는 해산일)까지의 기간과 해산등기일의 다음 날부터 사업연도 종료일까지의 기간을 각각 1사업연도로 본다. 그리고 청산중에 있는 내국법인의 잔여재산가액이 사업연도 중에 확정이 된 경우에는 사업연도 개시 일부터 잔여재산가액이 확정된 날까지의 기간을 1사업연도로 본다.

2) 청산중에 있는 법인이 사업을 계속하는 경우

청산 중에 있는 내국법인이 상법에 따라 사업을 계속하는 경우에는 그 사업연도 개시일부터 계속등기일까지의 기간과 계속등기일의 다음 날부터 사업연도 종료일까지의 기간을 각각 1사업연도로 본다.

Chapter 5 법 인 세

3) 합병·분할에 따라 법인이 해산한 경우

내국법인이 사업연도 중에 합병이나 분할(분할합병 포함)에 따라 해산한 경우에는 사업연도 개시일부터 합병등기일 또는 분할등기일까지의 기간을 그 해산한 법인의 1사업연도로 본다. 합병등기일과 사실상 합병일이 다른 경우에는 합병등기일을 기준으로 한다.

4 납세지

(1) 법인세법의 납세지

법인 종류별 법인세법의 납세지는 다음과 같다.

구 분		법인세의 납세지
내국법인	일반법인	• 법인 등기부에 따른 본점·주사무소(또는 사업의 실질적 관리장소)소재지
	법인으로 보는 단체	① 사업장이 있는 경우 : 단체의 사업장 소재지. 주된 소득이 부동산임대소득인 경우에는 그 부동산의 소재지(둘 이상의 사업장 또는 부동산을 가지고 있는 단체의 경우에는 주된 사업장 또는 주된 부동산의 소재지) ② 사업장이 없는 경우 : 단체의 정관 등에 기재된 주사무소의 소재지(정관 등에 주사무소에 관한 규정이 없는 경우는 그 대표자 또는 관리인의 주소지)
외국법인		① 국내사업장이 있는 경우 : 국내사업장 소재지로 하되, 둘 이상의 국내사업장이 있는 경우에는 주된 사업장 소재지 ② 국내사업장이 없는 경우 : 부동산소득 또는 부동산 등의 양도소득이 있는 경우에는 각각 그 자산의 소재지로 하되, 둘 이상의 자산이 있는 경우에는 국내원천소득이 발생하는 장소 중 그 외국법인이 납세지로 신고하는 장소로 한다.

(2) 납세지의 지정

구 분	내 용
납세지의 지정	납세지 관할 지방국세청장이나 국세청장은 위 (1)의 납세지가 적당하지 않다고 인정되는 경우에는 위 (1)에도 불구하고 그 납세지를 지정할 수 있다.(납세지는 세무서장이 지정하는 것이 아니다) • 이 경우 새로 지정될 납세지가 그 관할을 달리할 때에는 국세청장이 납세지를 지정할 수 있다.
지정통지	납세지를 지정한 경우에는 해당 법인의 해당 사업연도 종료일부터 45일 이내에 해당 법인에 통지해야 한다.(기한내에 통지를 하지 못한 경우에는 종전의 납세지를 법인의 납세지로 함)

(3) 납세지의 변경

구 분	내 용
변경신고	법인은 납세지가 변경된 경우 변경된 날부터 15일 이내에 변경 후의 납세지 관할 세무서장에게 납세지 변경신고를 하여야 한다.
기한경과 후신고	납세지 변경신고의 법정기일이 경과한 후라 하더라도 소정의 신고를 한 경우에는 신고한 날부터 변경된 등기부상의 본점·주사무소의 소재지를 해당 법인의 납세지로 한다.

(4) 원천징수한 법인세의 납세지

구 분	납 세 지
원천징수의무자가 개인인 경우	① 원천징수의무자가 거주자인 경우 : 그 거주자가 원천징수하는 사업장의 소재지(사업장이 없는 경우에는 주소지 또는 거소지) ② 원천징수의무자가 비거주자인 경우 : 그 비거주자가 원천징수하는 국내사업장의 소재지(국내사업장이 없는 경우에는 그 비거주자의 거류지 또는 체류지)
원천징수의무자가 법인인 경우	① 원 칙 : 당해 법인의 본점 등의 소재지(법인으로 보는 단체의 경우에는 그 단체의 법인세 납세지, 외국법인의 경우에는 당해 법인의 주된 국내사업장의 소재지) ② 예 외 : 법인의 지점·영업소 기타 사업장이 독립채산제에 의하여 독자적으로 회계 사무를 처리하는 경우에는 그 사업장의 소재지(그 사업장의 소재지가 국외에 있는 경우는 제외)

Chapter 5 법인세

제 2 절 │ 법인세의 계산구조

1 법인세의 계산구조

(결산서)당기순이익	
+ 가　　　　　산	⇦ 익금산입 및 손금불산입
− 차　　　　　감	⇦ 손금산입 및 익금불산입
= 각 사 업 연 도 소 득	
− 이 월 결 손 금	⇨ 당해 사업연도 개시일 전에 발생한 세무회계상 결손금
− 비 과 세 소 득	⇨ 공익신탁재산에서 생긴 소득
− 소 득 공 제	⇨ 유동화전문회사 등 소득공제
= 과 세 표 준	
× 세　　　　　율	
= 산 출 세 액	⇨ 토지 등 양도소득에 대한 법인세와 미환류소득에 대한 법인세가 있으면 가산
− 공 제 · 감 면 세 액	⇨ 최저한세 검토
+ 가산세 및 추가납부세액	
= 총 부 담 세 액	
− 기 납 부 세 액	⇨ 중간예납액, 원천징수액, 수시부과액
= 차 감 납 부 세 액	

※ 위의 과세표준과 세액의 계산은 「법인세 과세표준 및 세액조정계산서」의 작성에 의해 이루어지며, 이 서식의 각 항목들은 별도의 부속서류에 의해 뒷받침된다.

(1) 각사업연도소득금액의 계산방법

각 사업연도의 소득금액은 간접법에 의하여 계산한다.

법인기업의 결산	법인의 기업회계기준에 따른 제장부의 마감과 결산의 확정
⇩	
항목별세무조정	손익계산서상 수익·비용과 세무 상 익금·손금의 차이를 항목별로 추출
⇩	
소득금액조정합계표	항목별 세무조정 내용의 요약 및 집계
⇩	
법인세과세표준 및 세액조정계산서	손익계산서의 당기순이익에 세무조정합계표의 조정사항을 가감하여 소득금액 계산

(2) 세무조정 계산서

법인세법에 의하여 법인의 세액을 계산하다 보면 법인세법의 각사업연도 소득금액과 법인의 결산서상 당기순이익이 서로 상이한 결과가 나오게 된다. 이러한 차이를 조정하여 신고하는 경우 세무서에 제출하여야 하는 신고서류는 다음과 같다.

1) 법인세 과세표준 및 세액신고서
2) 법인세 과세표준 및 세액조정계산서
3) 부속서류

① 소득금액조정합계표, 자본금과적립금조정명세서(갑,을)
② 수입금액조정계산서, 조정 후 수입금액명세서
③ 준비금 조정명세서
④ 충당금 등 조정명세서외 다수의 서류

4) 부속서류 외 필수 제출(첨부)서류

① 재무상태표(대차대조표)
② 손익계산서
③ 이익잉여금처분계산서
④ 현금흐름표(외감법을 적용받는 법인에 한 함)

(3) 주요세무조정계산서

1) 수입금액조정명세서

기업의 주된 수입원이 매출수익을 정확하게 산정하는 조정계산서로 매출수익이 정확하게 계산되어야 기업업무추진비와 기부금을 산정할 수 있다.

사 업 연 도	. . ~ . .	수입금액조정명세서	법 인 명	
			사업자등록번호	

1. 수입금액 조정계산

계 정 과 목		③ 결산서상 수입금액	조　　　정		⑥ 조정 후 수입금액 (③+④-⑤)	비　고
① 항　목	② 과　목		④ 가　산	⑤ 차　감		
계						

2. 수입금액 조정명세

가. 작업진행률에 의한 수입금액

⑦ 공사명	⑧ 도급자	⑨ 도급금액	작업진행률계산			⑬ 누적익금 산입액 (⑨×⑫)	⑭ 전기말 누적수입 계상액	⑮ 당기 회사 수 입 계상액	⑯ 조정액 (⑬-⑭-⑮)
			⑩ 당해사업 연도말 총 공사비 누적액 (작업시간 등)	⑪ 총공사 예정비 (작업시간등)	⑫ 진행률 (⑩/⑪)				
계									

나. 중소기업 등 수입금액 인식기준 적용특례에 의한 수입금액

계 정 과 목		⑲ 세법상 당기 수입금액	⑳ 당기 회사수입 금액계상액	㉑ 조정액 (⑲-⑳)	㉒ 근거법령
⑰ 항　목	⑱ 과　목				

다. 기타 수입금액

⑰ 구 분	⑱ 근거법령	⑲ 수입 금액	⑳ 대응 원가	비　　고
계				

2) 소득금액조정합계표

소득금액조정합계표는 익금과 손금에 관한 개별 세무조정 사항을 요약하고 집계하는 서류이다. 소득금액조정합계표는 기부금 한도초과액과 기부금 손금추인액을 제외한 모든 세무조정 사항을 기재한다. **기부금의 세무조정액은 소득금액을 기준으로 그 금액이 계산되므로 계산의 편의를 위하여 소득금액조정합계표에는 기재하지 아니하고 법인세과세표준 및 세액조정계산서에 기재한다.**

[별지 제15호서식]

사업연도		소득금액조정합계표			법인명	
사업자등록번호			법인등록번호			

익금산입 및 손금불산입			손금산입 및 익금불산입				
①과목	②금액	③소득처분		④과목	⑤금액	⑥소득처분	
		처분	코드			처분	코드
합계				합계			

Chapter 5 법인세

3) 자본금과 적립금 조정명세서(을)

소득금액조정합계표의 조정대상 중 유보소득을 관리하기 위한 서식.

[별지 제50호 서식(을)]

사업연도	. . . ~ . . .	자본금과 적립금조정명세서(을)		법인명	

※관리번호 ☐-☐ 　사업자등록번호 ☐☐☐-☐☐-☐☐☐☐☐
※ 표시란은 기입하지 마십시오.

세무조정유보소득 계산

① 과목 또는 사항	② 기초잔액	당기 중 증감		⑤ 기말잔액 (익기초현재)	비 고
		③ 감 소	④ 증 가		
합계					

4) 법인세 과세표준 및 세액조정계산서

사업 연도	. . . ~ . . .	법인세 과세표준 및 세액조정계산서	법인명	
			사업자등록번호	

① 각 사 업 연 도 소 득 계 산		⑩결산서상 당기순손익	01	
	소득 조정 금액	⑩익 금 산 입	02	
		⑩손 금 산 입	03	
	⑩차 가 감 소 득 금 액 (⑩+⑩-⑩)		04	
	⑩기 부 금 한 도 초 과 액		05	
	⑩기부금한도초과이월액 손 금 산 입		54	
	⑩각 사 업 연 도 소 득 금 액 (⑩+⑩-⑩)		06	

② 과 세 표 준 계 산	⑩각 사 업 연 도 소 득 금 액 (⑩=⑩)	06	
	⑩이 월 결 손 금	07	
	⑩비 과 세 소 득	08	
	⑪소 득 공 제	09	
	⑪과 세 표 준 (⑩-⑩-⑩-⑪)	10	
	⑲선 박 표 준 이 익	55	

③ 산 출 세 액 계 산	⑪과 세 표 준 (⑪ + ⑲)	56	
	⑭세 율	11	
	⑮산 출 세 액	12	
	⑯지 점 유 보 소 득 「법인세법」 제96조	13	
	⑰세 율	14	
	⑱산 출 세 액	15	
	⑲합 계(⑮+⑱)	16	

④ 납 부 할 세 액 계 산		⑳산 출 세 액(⑳ = ⑲)		
		㉑최저한세적용대상 공 제 감 면 세 액	17	
		㉒차 감 세 액	18	
		㉓최저한세적용제외 공 제 감 면 세 액	19	
		㉔가 산 세 액	20	
		㉕가 감 계(㉒-㉓+㉔)	21	
	기한내납부세액	㉖중 간 예 납 세 액	22	
		㉗수 시 부 과 세 액	23	
		㉘원 천 납 부 세 액	24	
		㉙간접투자회사등의외국 납 부 세 액	25	
		㉚소 계 (㉖+㉗+㉘+㉙)	26	
		㉛신 고 납 부 전 가 산 세 액	27	
		㉜합 계 (㉚+㉛)	28	

		⑬감 면 분 추 가 납 부 세 액	29	
		⑭차 감 납 부 할 세 액 (⑮-⑫+⑬)	30	
⑤ 토 지 등 양 도 소 득 에 대 한 법 인 세 계 산	양도 차익	⑮등 기 자 산	31	
		⑯미 등 기 자 산	32	
	⑰비 과 세 소 득	33	
	⑱과 세 표 준 (⑮+⑯-⑰)	34	
	⑲세 율	35	
	⑳산 출 세 액	36	
	㉑감 면 세 액	37	
	㉒차 감 세 액 (⑳ - ㉑)	38	
	㉓공 제 세 액	39	
	⑭동업기업법인세배분액 (가산세 제외)	58	
	⑮가 산 세 액 (동업기업 배분액 포함)	40	
	⑯가 감 계 (㉒-㉓+⑭+⑮)	41	
	기납부세액	⑰수 시 부 과 세 액	42	
		⑱( ) 세 액	43	
		⑲계 (⑰+ ⑱)	44	
	⑳차 감 납 부 할 세 액 (⑯-⑲)	45	

⑥ 미 환 류 소 득 법 인 세	⑯과 세 대 상 미 환 류 소 득	59	
	⑯세 율	60	
	⑯산 출 세 액	61	
	⑭가 산 세 액	62	
	⑮이 자 상 당 액	63	
	⑯납 부 할 세 액 (⑯+⑭+⑮)	64	

⑦ 세 액 계 산		⑰차 감 납 부 할 세 액 계 (⑭+⑮+⑯)	46	
		⑱사실과 다른 회계처리 경 정 세 액 공 제	57	
		⑲분 납 세 액 계 산 범 위 액 (⑰-⑫-⑬-⑮-⑱+⑬)	47	
	분납할세액	⑭현 금 납 부	48	
		⑮물 납	49	
		⑯계 (⑭ + ⑮)	50	
	차감납부세액	⑰현 금 납 부	51	
		⑱물 납	52	
		⑲계 (⑰ + ⑱) (⑲ = ⑰-⑫-⑯)	53	

Chapter 5 법인세

5) 자본금과 적립금조정명세서(갑)

기업의 기초자본과 기말자본을 비교하여 변동된 자본을 관리하는 세무조정 서류이다.

[별지 제50호 서식(갑)]

사업연도	. . ~ . .	자본금과 적립금 조정명세서(갑)		법인명	
				사업자등록번호	

Ⅰ. 자본금과 적립금 계산서

①과목 또는 사항		코드	②기초잔액	당 기 중 증 감		⑤기말잔액	비 고
				③감 소	④증 가		
자본금 및 잉여금 등의 계산	1. 자 본 금	01					
	2. 자본잉여금	02					
	3. 자 본 조 정	15					
	4. 기타포괄손익누계액	16					
	5. 이 익 잉 여 금	14					
		17					
	6. 계	20					
7. 자본금과 적립금명세서(을) 계		21					
손익 미계상 법인세 등	7. 법 인 세	22					
	8. 지방소득세	23					
	9. 계 (7+8)	30					
10. 차 가 감 계(5+6-9)		31					

Ⅱ. 이월결손금 계산서

1. 이월결손금 발생 및 증감내역

⑥사업연도	이월결손금			감 소 내 역					잔 액		
	발 생 액			⑩소급공제	⑪차감계	⑫기공제액	⑬당기공제액	⑭보전	⑮계	⑯기한 내	⑰기한 경과	⑱계
	⑦계	⑧일반결손금	⑨배분한도 초과결손금 (⑨=㉕)									
계												

2. 법인세 신고 사업연도의 결손금에 동업기업으로부터 배분한도를 초과하여 배분받은 결손금(**배분한도 초과결손금**)이 포함되어 있는 경우 사업연도별 이월결손금 구분내역

⑲법인세 신고 사업연도	⑳동업기업 과세연도 종료일	㉑손금산입한 배분한도 초과결손금	㉒법인세 신고 사업연도 결손금	배분한도 초과결손금이 포함된 이월결손금 사업연도별 구분			㉖법인세 신고 사업연도 발생 이월결손금 해당액 (⑧일반결손금으로 계상) (㉑≥㉒의 경우는 「0」, ㉑<㉒의 경우는 ㉒-㉑)
				㉓합계 (㉓=㉒= ㉕+㉖)	배분한도 초과결손금 해당액		
					㉔이월결손금 발생 사업연도	㉕이월결손금 (㉕=⑨) ㉑과 ㉒ 중 작은 것에 상당하는 금액	

Ⅲ. 회계기준 변경에 따른 자본금과 적립금 기초잔액 수정

㉗과목 또는 사항	㉘코드	㉙전기말 잔액	기초잔액 수정		㉜수정 후 기초잔액 (㉙+㉚-㉛)	㉝비 고
			㉚증가	㉛감소		

앞에서 설명한 세무조정 및 소득처분과 관련하여 실무에서 작성하는 주요 세무조정계산서의 개념 및 상호관계를 설명하면 다음과 같다.

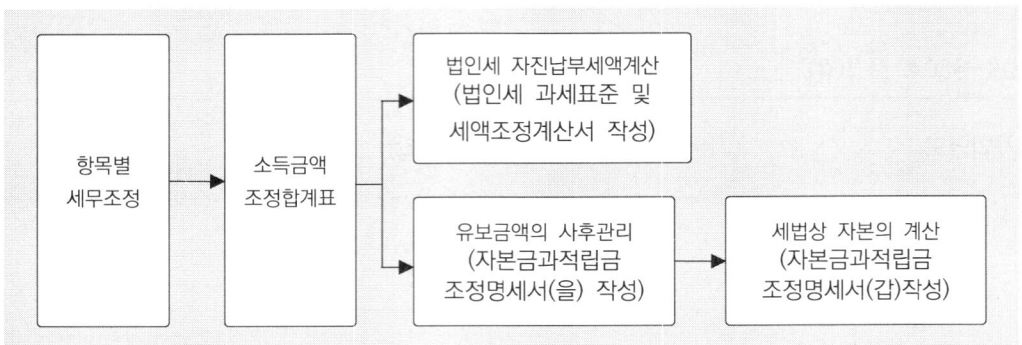

2 세무조정

기업이 일반적으로 공정·타당하다고 인정되는 기업회계기준에 의하여 작성한 재무제표상의 당기순손익을 기초로 하여 세법의 규정에 따라 익금과 손금을 조정함으로써 정확한 과세소득을 계산하기 위한 일련의 절차를 말한다.

기업의 손익계산
수 익 총 액
(-) 비 용 총 액
(=) 당 기 순 이 익

법인세법의 소득금액계산
익 금 총 액
(-) 손 금 총 액
(=) 각 사 업 연 도 소 득

세무조정의 결과는 해당 과세기간에 부담할 법인세에 영향을 줄 뿐만 아니라 소득처분에 따라 개인소득세에 영향을 주게 되고, 다음 연도 또는 그 이후의 세무상 소득금액계산에 계속 영향을 미치게 되므로 철저한 사후관리가 요구된다. 세무조정을 유발시키는 기업회계와 세무회계의 차이발생 원인은 다음과 같다.

① 기업회계의 회계이익(손익법)과 세무회계(순자산증가설)의 과세소득에 대한 개념에 따른 차이
② 기업회계의 수익·비용(발생주의)과 세무회계의 손익(권리의무확정주의)에 대한 인식기준에 따른 차이
③ 기업회계의 자산·부채(공정가치법)와 세무회계의 자산·부채(원가법)의 평가방법에 따른 차이
④ 조세정책 목적에 따른 차이

(1) 세무조정의 방법

결산서의 내용(I/S)	세무조정		법인세법의 내용
수 익	(+)익금산입 (−)익금불산입	=	익금총액
(−)			(−)
비 용	(+)손금산입 (−)손금불산입	=	손금총액
(=)			(=)
결산서상 당기순이익	(+)익금산입 · 손금불산입 (−)손금산입 · 익금불산입	=	각 사업연도의 소득금액

「**세무조정**」이란 기업회계기준에 의한 결산서(손익계산서)의 당기순손익을 기초로 하여 법인세법에 의한 각사업연도 소득금액과의 차이를 조정하는 절차를 말한다. 세무조정은 기업의 수준에서 미리 세금을 결정하는 「**결산조정**」과 기업이 신고한 자료를 법인세법의 규정에 맞게 조정하는 「**신고조정**」으로 구분할 수 있다. 여기서 중요한 것은 「**세무조정**」이란 이런 결산조정과 신고조정 모두를 포괄한다는 것이다.

(2) 결산조정과 신고조정

1) 결산조정

「**결산조정**」이란 기업이 손금 등을 장부에 계상하여 결산을 확정할 때 재무제표에 반영하는 것을 말한다. 즉, 법인이 결산하는 경우 장부상 비용으로 계상한 경우에만 세법에서 손금으로 인정하고, 신고조정으로 손금산입 할 수 없는 항목들을 「**결산조정사항**」이라 한다.

「**결산조정사항**」은 주로 외부와의 거래에서 발생되지 않고 손금계상 여부가 법인자신의 의사에 맡겨져 있는 사항들로서 「**감가상각비 · 대손상각비 · 퇴직급여충당부채**」등을 말한다. 이러한 항목들은 법인이 임의적으로 비용의 금액을 결정하는 사항들이다. 이러한 결산조정항목들을 결산서에 계상하지 않은 경우, 해당 항목을 손금으로 반영하지 않겠다는 의사표시를 한 것이므로 **신고조정으로는 손금산입 할 수 없다.**

> ① 결산조정항목들은 결산서에 반영하지 않으면 신고조정을 할 수 없다.
> ② 결산조정항목들을 과소계상하는 경우 신고조정에 의하여 조정할 수 없다.
> ③ 결산조정항목들은 과대계상되는 경우 반드시 신고조정에 의하여 조정된다.

2) 결산조정사항의 범위

구 분	결 산 조 정	비 고
충당금	① 대손충당금	
	② 퇴직급여충당금	퇴직연금충당금은 강제신고조정사항
	③ 구상채권상각충당금	구상채권상각충당금은 이익처분에 의한 임의 신고조정 가능(국제회계기준 적용 법인에 한함)
	④ 일시상각충당금(압축기장충당금)	일시상각충당금·압축기장충당금은 임의신고조정 가능
준비금	① 「법인세법」상 준비금 ② 「조세특례제한법」상 준비금	다음은 임의신고조정 가능 ① 「조세특례제한법」상 준비금 ② 회계감사대상 비영리법인의 고유목적사업준비금 ③ 비상위험준비금(한국채택국제회계기준 적용 보험사업을 하는 법인에 한함) ④ 보험회사의 해약환급준비금
감가상각비	감가상각비 (소액자산·소액수선비 등 포함)	■ 강제신고사항 ① 업무용승용차의 감가상각비 ② 세액감면을 받는 경의 감가상각의제액 ③ 특수관계인으로부터 양수한 자산에 대한 감가상각비 손금산입 특례 ■ 임의신고조정사항 ① 감가상각자산 중 유형자산과 법에 정한 무형자산에 대한 감가상각비(한국채택국제회계기준 적용법인에 한함) ② 2023년에 취득한 에너지절약시설의 감가상각비 손금산입 특례 ③ 「경과규정」「조세특례제한법」에 따라 2021.12.31.까지 취득한 설비투자자산의 감가상각비
자산의 평가차손 등(감액사유가 발생한 사업연도에 계상한 경우에 한함)	① 천재·지변, 화재, 법령에 의한 수용, 채굴예정량의 채진으로 인한 폐광으로 인한 고정자산의 평가차손 ② 파손·부패로 인한 재고자산의 평가차손 ③ 주식 등을 발행한 법인이 파산한 경우 등 법에서 정하는 일정한 주식의 평가차손(1,000원 제외)	
	시설개체·기술낙후로 인한 생산설비의 폐기손실(1,000원 제외)	
대손금	회수불가능한 매출채권의 대손금 (예 : 파산 등의 경우)	소멸시효완성 등 특정한 경우의 대손금은 강제신고조정사항

3) 신고조정

「신고조정」이란 기업회계의 수익 또는 비용에 해당하지 아니하는 사항과 세무회계의 익금 또는 손금에 해당하는 사항을 결산서의 당기순손익에 반영하지 아니하고, 세무조정계산서(소득금액조정합계표)에 익금 또는 손금으로 조정하는 것을 말한다. **결산조정항목**에 해당하지 않는 모든 항목이 신고조정항목이다. 성격에 따라 「**임의적 신고조정사항**」과 「**강제적 신고조정사항**」으로 구분한다.

① **단순(임의적) 신고조정사항** : 외부와의 거래가 없는 항목 중에서 **조세특례제한법상 준비금·일시상각충당금·압축기장충당금 등**은 일반기업회계기준에서 비용의 계상을 허용하지 않기 때문에 기업회계와 세무회계의 마찰을 조정하기 위하여 특별히 신고조정을 허용하는 경우를 말한다. 임의적 신고조정사항은 법인이 손금산입 여부를 선택할 수 있는 사항으로 손금산입의 의사표시를 하는 경우에만 손금이 인정된다. 따라서 법인이 법인세를 신고하는 때에 손금으로 계상하지 아니하면 정부가 과세표준과 세액을 경정하는 경우에도 손금으로 인정하지 아니한다.

대상법인	임의신고조정	이익처분 적립여부
일반 법인에게 적용	① 일시상각충당금(비상각자산은 압축기장충당금)	×
	② 2023년에 취득한 에너지절약시설의 감가상각비 손금산입 특례	
	③ 「경과규정 및 조세특례제한법」에 따라 2021.12.31.까지 취득한 설비투자자산의 감가상각비 손금산입 특례	
	④ 「조세특례제한법」상 준비금(손실보전준비금 등)	
	⑤ 보험회사의 해약환급금준비금	
회계감사대상 비영리법인에게만 적용	⑥ 고유목적사업준비금	○
한국채택국제회계기준 적용 법인에게만 적용	⑦ 보험사업을 하는 법인의 비상위험준비금 ⑧ 신용보증기금 등의 구상채권상각충당금	
	⑨ 감가상각자산 중 유형자산과 법에 정한 무형자산의 감가상각비 손금산입 특례	×

② **강제적 신고조정사항** : 매출액·인건비·광고선전비 등과 같이 외부와의 거래에 의하여 확정된 경우에는 반드시 결산서에 계상해야 하는 경우를 말한다. 결산서에 이를 계상하지 않은 경우, 결산서와 세법의 차이에 대하여 반드시 세무조정을 해야 한다. 이와 같이 강제적으로 신고조정사항은 결산서와 세법의 차이에 대하여 법인의 의사에 관계없이 강제로 세무조정을 해야 하는 것이다.

③ 소득처분

　기업의 당기순이익은 주주총회 또는 사원총회에서 이익잉여금처분계산서의 승인을 얻어 잉여금의 처분이 확정되므로 법인의 의사에 따라 그 귀속자와 소득의 종류가 결정되며, 그 유형은 「**사내유보**(이익준비금이나 임의적립금 등의 적립)」와 「**사외유출**(이익처분에 의한 배당 및 상여 등)」로 나누어진다.

　각 사업연도의 소득에 대해서도 그 **귀속자**와 **소득의 종류**를 결정해야 한다. 각 사업연도의 소득 중 기업회계에 따른 당기순이익에 대해서는 상법의 이익처분에 따라 그 귀속이 결정되므로 별도의 처분을 할 필요가 없으며, 각 사업연도의 소득과 당기순이익의 차이인 세무조정금액에 대하여 귀속을 추가적으로 확인하여야 한다. 따라서 소득처분이란 세무조정금액에 대한 귀속자와 그 소득의 종류를 확정하는 절차를 말한다. 이는 **소득금액조정합계표의** 「**처분**」란에 표시되며, 모든 세무조정사항에 대하여 동반된다.

(1) 소득처분의 시기와 주체

　법인세의 과세표준을 신고하는 경우에는 법인이 스스로 세무조정 절차를 이행하기 때문에 각 사업연도의 소득에 대한 법인세의 과세표준을 신고하는 시점에 납세의무자인 법인이 소득처분을 하고, 법인세의 과세표준의 신고가 없거나 신고내용에 오류·누락이 있어 정부가 이를 결정 또는 경정하는 경우에는 법인세의 과세표준을 결정·경정하는 시점에 과세권자인 정부가 소득처분을 하게 된다.

　이와 같은 소득처분은 각 사업연도소득에 대한 법인세의 납세의무가 있는 모든 법인에 대해 적용한다.

(2) 소득처분의 유형

　법인세법상 소득처분도 상법상의 이익처분과 유사하게 사외유출과 유보로 크게 나누어진다. 세무조정금액이 사외에 유출된 것이 분명한 경우에는 「**사외유출**」로 처분하고, 사외에 유출되지 않은 경우에는 「**유보(또는 △유보)**」로 처분한다.

구　분	기업 외부의 자에게 귀속된 경우	기업 내부에 남아있는 경우	
		결산서상의 자본이 왜곡되어 있는 경우	결산서상의 자본이 왜곡 되어 있지 않은 경우
익금산입(손금불산입)	사외유출	유　보	기타(또는　잉여금)
손금산입(익금불산입)	-	△유　보	기타(또는 △잉여금)

4 유형별 소득처분

(1) 사외유출

「사외유출」이란 익금산입·손금불산입된 금액이 기업 외부의 자에게 귀속된 것으로 인정하는 처분이다.(손금산입·익금불산입한 금액에 대하여는 「사외유출」처분이 있을 수 없다) 이 경우에는 그 귀속자에게 해당 법인의 이익이 분여 된 것이므로 그 귀속자에게 소득세 또는 법인세의 납세의무가 유발된다. 아래에서는 이러한 사외유출의 유형을 구체적으로 살펴본다.

1) 귀속자가 분명한 경우

그 귀속자에 따라 다음과 같이 처분한다.

귀 속 자	소득처분	귀속자에 대한 과세	당해 법인의 원천징수의무
(1) 주주 등(※)	배당	소득세법상 배당소득에 해당하므로 소득세 과세	○
(2) 임원 또는 사용인	상여	소득세법상 근로소득에 해당하므로 소득세 과세	○
(3) 법인 또는 사업자(※) (국가와 지방자치단체 포함)	기타사외유출	이미 각사업연도소득 또는 사업소득에 포함되어 있으므로 추가적인 과세는 없음	×
(4) 그 외의 자	기타소득	소득세법상 기타소득에 해당하므로 소득세 과세	○

※ 여기서 「주주 등」이란 주주·사원 또는 출자자를 말하며, 임원 또는 사용인인 주주 등은 제외한다.
※ 기타사외유출로 처분하는 것은 귀속자가 법인이거나 사업을 영위하는 개인인 경우로서, 그 분여된 이익이 내국법인(또는 외국법인의 국내사업장)의 각 사업연도소득이나 거주자(또는 비거주자의 국내사업장)의 사업소득을 구성하는 경우에 한한다.

2) 사외유출된 것은 분명하나 그 귀속자가 불분명한 경우

① 원칙 : 대표자에 대한 상여로 처분한다. 그 취지는 대표자에게 징벌적으로 소득세를 부과함으로써 그 귀속자를 밝히도록 강제하기 위한 데 있다.
② 특례 : 내국법인이 국세기본법상 수정신고기한 내에 매출누락, 가공경비 등 부당하게 사외유출 된 금액을 회수하고 세무조정으로 익금산입하여 신고하는 경우의 소득처분은 사내유보로 본다.[취지 : 수정신고를 통한 자진정정유도 목적] 다만, 세무조사의 통지를 받거나 세무조사에 착수한 것을 아는 등 경정이 있을 것을 미리 알고 사외유출 된 금액을 익금산입하는 경우에는 그러하지 아니한다.

3) 추계의 경우

추계에 의해 결정된 과세표준과 결산서상 법인세비용차감전순이익과의 차액도 **대표자에 대한 상여로 처분한다**. 다만, 천재·지변 기타 불가항력으로 장부 기타 증빙서류가 멸실되어 추계 결정하는 경우에는 **기타사외유출**로 처분한다. 이 경우 법인이 결손을 신고한 때에는 그 결손은 없는 것으로 본다. 한편 외국법인에 대한 과세표준을 추계결정·경정하는 경우에도 **기타사외유출**로 처분한다.

예제 1 — 소득처분의 연습(사외유출)

㈜비젼은 제5기 중에 건물에 대한 수선비 50만원을 지출하고 다음과 같이 회계처리 하였다.

(차)수선비 500,000   (대)현금 500,000

그러나 건물은 사실상 ㈜비젼이 아닌 제3자가 ㈜비젼의 업무와는 전혀 관련 없이 사용한 것임이 밝혀졌다. 따라서 동 건물에 대한 수선비는 손금으로 인정되지 않는다. 이 경우 그 제3자가 다음과 같다고 가정하여 그 세무조정과 소득처분을 하시오. (소득금액조정합계표에 반영하시오.)

(1) 위의 건물은 대주주 A의 건물이며, ㈜비젼이 수선비를 대신 지급한 것이다.
(2) 위의 건물은 대표이사 B의 건물이며, ㈜비젼이 수선비를 대신 지급한 것이다.
(3) 위의 건물은 대표이사 C의 건물이며, 대표이사는 ㈜비젼의 출자주주이다.
(4) 위의 건물은 거래처 A산업의 건물이며, ㈜비젼이 수선비를 대신 지급한 것이다.
(5) 위의 건물은 거래처 B산업의 건물이며, B산업은 ㈜비젼에 출자한 출자법인이다.
(6) 위의 건물은 ㈜비젼과는 관계가 없는 대표이사 친구의 건물로 확인하였다.

사업연도	소득금액조정합계표					법인명	
익금산입 및 손금불산입				손금산입 및 익금불산입			
①과목	②금액		③소득처분	④과목	⑤금액		⑥소득처분
		처분	코드			처분	코드

Chapter 5 법인세

예제해설

귀 속 자	세무조정	소득처분
(1) 임원(또는 사용인)이 아닌 개인주주인 경우	500,000원 · 손금불산입	배당
(2) 임원 또는 사용인 경우	500,000원 · 손금불산입	상여
(3) 출자주주이면서 임원인 경우	500,000원 · 손금불산입	상여
(4) 주주가 아닌 법인(사업자)인 경우	500,000원 · 손금불산입	기타사외유출
(5) 법인이면서 주주인 경우	500,000원 · 손금불산입	기타사외유출
(6) 그 밖의 자인 경우	500,000원 · 손금불산입	기타소득

사업연도	소득금액조정합계표			법인명		
익금산입 및 손금불산입				손금산입 및 익금불산입		
①과목	②금액	③소득처분		④과목	⑤금액	⑥소득처분
		처분	코드			처분 / 코드
① 건물수선비	500 000	배당				
② 건물수선비	500 000	상여				
③ 건물수선비	500 000	상여				
④ 건물수선비	500 000	기·사				
⑤ 건물수선비	500 000	기·사				
⑥ 건물수선비	500 000	기타소득				

4) 반드시 기타사외유출로 처분하여야 하는 경우(소득처분의 특례)

다음에 해당하는 항목은 귀속자를 묻지 않고 반드시 기타사외유출로 처분하여야 한다.

① 임대보증금 등의 간주익금
② 기업업무추진비 한도초과액 및 한 차례에 3만원(경조금은 20만원)초과 기업업무추진비로서 적격증명서류 미수령액의 손금불산입액
③ 특례기부금 및 일반기부금 중 손금산입 한도초과액
④ 손금불산입한 채권자 불분명 사채이자 및 비실명 채권·증권의 이자에 대한 원천징수세액 상당액
⑤ 업무무관자산 등에 대한 지급이자 손금불산입액(채권자불분명사채이자, 비실명채권·증권이자, 건설자금이자의 손금불산입액은 여기에 포함되지 않는다)
⑥ 익금에 산입한 금액이 귀속자가 불분명하여 대표자에게 귀속된 것으로 보아 상여로 처분한 경우 법인이 그 처분에 따른 소득세 등을 대납하고 손비로 처리하거나 그 대표자의 특수관계가 소멸될 때까지 회수하지 않음에 따라 익금산입한 금액

⑦ 불균등 자본거래(이에 준하는 행위·계산)로 인한 부당행위계산의 부인규정에 따라 익금에 산입한 금액으로 귀속자에게 증여세가 과세되는 금액
⑧ 외국법인 국내사업장의 각사업연도의 소득에 대한 법인세의 과세표준을 신고·결정·경정함에 있어서 익금에 산입한 금액이 동 외국법인 본점 등에 귀속되는 소득과 「국제조세조정에 관한 법률」상 정상가격·정상원가분담액 등에 따른 과세조정으로 익금에 산입한 금액이 국외특수관계인으로부터 반환되지 아니한 금액
⑨ 「업무용승용차별 임차료 중 감가상각비 상당액」중 800만원(400만원)초과에 따른 손금불산입액 및 '업무용승용차 처분손실' 중 800만원(400만원)초과에 따른 손금불산입액

(2) 유보

세무조정금액이 법인의 자본을 증가시키는 것(자산의 증가, 부채의 감소)으로 인정되는 경우에는 「유보」처분하고, 법인의 자본을 감소시키는 것(자산의 감소, 부채의 증가)으로 인정되는 경우에는 「△유보」처분한다.

재무상태표의 자산과 부채가 오류가 발생하면 효과는 모두 손익계산서의 수익과 비용에 영향을 미치게 된다. 그러한 과정에서 유보(△유보)처분은 차기 이후 반대의 세무조정을 동반하게 되어 △유보(유보)처분에 의해 상쇄된다. 이처럼 상쇄된 후에는 결국 기업회계와 세무회계의 차이가 해소된다. 따라서 유보(△유보)처분은 기업회계와 세무회계의 「일시적 차이」를 초래한 것이다.

유보(△유보)처분은 법인세법의 입장에서 결산서상 자산·부채의 왜곡을 수정함으로써 차기 이후의 세무조정을 적정하게 수행할 수 있도록 하는 역할을 한다고 볼 수 있다. 이러한 유보(△유보)는 체계적인 관리가 필요한데, 이때 관리를 위해서 작성되는 서식이 「자본금적립금조정명세서(을)」에서 이루어진다.

예제 2 소득처분의 연습(유보)

다음의 자료를 토대로 ㈜비전의 토지와 관련된 제5기와 제8기의 세무조정 및 소득처분을 표시하시오.

⑴ ㈜비전은 제5기에 토지를 10,000,000원에 취득하면서 토지의 취득세 500,000원을 지출하고 다음과 같이 회계처리하였다.

(차)	토　　　　　지	10,000,000	(대)	현　　　　　금	10,500,000
	세 금 과 공 과	500,000			

⑵ ㈜비전은 제8기에 위 토지를 12,000,000원에 처분하고 다음과 같이 회계처리하였다.

(차)	현　　　　　금	12,000,000	(대)	토　　　　　지	10,000,000
				유 형 자 산 처 분 이 익	2,000,000

Chapter 5 법인세

사업연도		소득금액조정합계표					법인명	
사업자등록번호					법인등록번호			
익금산입 및 손금불산입					손금산입 및 익금불산입			
①과목	②금액		③소득처분		④과목	⑤금액	⑥소득처분	
			처분	코드			처분	코드
(5기)								
					(8기)			

예제해설

(1) 제5기의 세무조정 및 소득처분 : 500,000(손금불산입·유보)
(2) 제8기의 세무조정 및 소득처분 : 500,000(익금불산입·△유보)

사업연도		소득금액조정합계표					법인명	
사업자등록번호					법인등록번호			
익금산입 및 손금불산입					손금산입 및 익금불산입			
①과목	②금액		③소득처분		④과목	⑤금액	⑥소득처분	
			처분	코드			처분	코드
(5기)								
토지취득세	500	000	유보					
					(8기)			
					유형자산처분이익	500 000	유보	

사업연도	. . . ~ . . .	자본금과 적립금조정명세서(을)			법인명	

※ 표시란은 기입하지 마십시오.

세무조정유보소득 계산

① 과목 또는 사항	② 기초잔액	당기 중 증감		⑤ 기말잔액 (익기초현재)	비 고
		③ 감 소	④ 증 가		
(5기)					
토지취득세	–	–	500,000	500,000	
(8기)					
토지취득세	500,000	500,000	–	–	

(3) 기타(또는 잉여금)

세무조정금액이 사외유출되지 않고 사내에 남아있으나, 기업회계와 세무회계의 자본(자산과 부채)의 차이를 유발시키지 않으면 기타(잉여금)로 처리한다. 이것은 가산조정 또는 차감조정 된 세무조정사항의 효과가 사내에 남아있으나, 그럼에도 불구하고 결산서상의 자산·부채가 변동이 없거나 적정하다고 인정하는 처분이다.

이 경우에는 사외유출이 일어나지 않았기 때문에 귀속자에 대한 납세의무도 유발되지 않는다. 그러므로 결산서상의 자산·부채가 왜곡되지 않았기 때문에 차기 이후에 반대의 세무조정도 유발되지 않는 것이다. 따라서 이 처분은 사실상 아무런 기능이 없는 예외적인 유형이라 할 수 있다.

세무조정	결산서상 자산·부채·자본	소득처분
익금산입·손금불산입	적 정	자본을 증가시키지 않음 ⇨ 기타(또는 잉여금)
손금산입·익금불산입	적 정	자본을 감소시키지 않음 ⇨ 기타(또는 잉여금)

예제 3 소득처분의 연습(기타 또는 잉여금)

다음의 자료를 토대로 ㈜비젼의 제5기(1/1~12/31)자기주식과 관련된 회계처리를 한 후 소득처분을 하시오.

(1) 종업원들의 스톡옵션 행사를 대비하여 자기주식 500주(액면 5,000원)를 1주당 6,000원에 매입하고 대금은 현금으로 지급하였다.

(2) 종업원이 스톡옵션 행사를 포기함에 따라 보유하고 있던 자기주식 전부를 1주당 7,000원에 처분하고 대금은 현금으로 수령하다.

사업연도		소득금액조정합계표		법인명	
사업자등록번호			법인등록번호		

익금산입 및 손금불산입			손금산입 및 익금불산입		
①과목	②금액	③소득처분	④과목	⑤금액	⑥소득처분
		처분 | 코드			처분 | 코드

Chapter 5 법인세

예제해설

자기주식처분이익 : 500,000(익금산입·기타)

익금산입 및 손금불산입				손금산입 및 익금불산입			
①과목	②금액	③소득처분		④과목	⑤금액	⑥소득처분	
		처분	코드			처분	코드
자기주식처분익	500 000	기타					

※ 자기주식처분이익은 기업회계기준에서는 자본잉여금에 해당되나, 세법에서는 익금항목으로 보므로 익금에 산입하고 기타로 처분하여야 한다.

예제 4 소득처분의 연습(기타 또는 잉여금)

다음의 자료를 토대로 ㈜비젼의 회계처리를 고려한 후 소득처분을 하시오.

(1) 전기 법인세 신고액 중 5,000,000원을 환급통보를 국세청으로부터 통보를 받았다.

(2) 국세 환급금에 대한 이자 100,000원을 이자수익으로 계상하였다.

사업연도		소득금액조정합계표			법인명		
사업자등록번호				법인등록번호			
익금산입 및 손금불산입				손금산입 및 익금불산입			
①과목	②금액	③소득처분		④과목	⑤금액	⑥소득처분	
		처분	코드			처분	코드

예제해설

① 법인세 환급액 5,000,000원(익금불산입·기타)
② 국세환급금 이자 100,000원(익금불산입·기타)

익금산입 및 손금불산입				손금산입 및 익금불산입			
①과목	②금액	③소득처분		④과목	⑤금액	⑥소득처분	
		처분	코드			처분	코드
				법인세환급금	5 000 000	기타	
				국세환급이자	100 000	기타	

제 3 절 익금회계

1 익금의 범위

「**익금**」이란 자본 또는 출자의 납입 및 법인세법에서 규정하는 익금불산입 항목은 제외하고 그 법인의 순자산을 증가시키는 거래로 인하여 발생하는 수익의 금액을 말한다. 다만, 자본 또는 출자의 납입 및 익금 불산입항목은 제외한다.

2 익금항목과 세무조정

(1) 주요 익금항목(본래의 익금항목)

1) 사업수입금액(매출액)

사업수입금액은 각종 사업에서 생기는 수입금액(도급금액·판매금액·보험회사의 보험판매금액을 포함하되, 기업회계기준에 의한 환입액 및 매출에누리금액 그리고 매출할인금액을 제외한다. 이하 같다)을 말한다. 이것은 전형적인 영업수익으로서 기업회계기준에 따른 매출액에 해당한다.

2) 자산(자기주식 포함)의 양도금액

자산의 양도금액은「**사업수입금액**」에 해당하지 않는 것으로서, 주로 재고자산 외의 자산의 양도금액을 말하는 것이다. 이처럼 자산의 양도금액이 익금에 해당하는 것과 대응하여 그 양도한 자산의 양도 당시의 장부가액은 손금으로 인정된다.

기업회계기준에서 재고자산 외의 자산을 양도한 경우에 그 양도가액에서 장부가액을 차감한 잔액을 처분손익으로 계상한다.(순액법) 이에 반하여 법인세법은 자산의 양도금액과 양도 당시의 장부가액을 각각 익금 및 손금으로 인정하는 입장을 취하고 있다.(총액법) 그러나 양자 사이에는 결과적으로 금액에 차이가 없다. 그러므로 이에 관하여는 보통 세무조정을 하지 않는다.

3) 자산의 임대료

일시적 또는 비영업적으로 자산을 임대하여 얻은 수입을 말한다. 자산의 임대가 **계속·반복적**이라면 그 임대료는 사업수입금액에 해당하기 때문이다.

4) 자산의 평가차익

자산의 평가차익이란 법인이 보유하고 있는 자산을 시가로 평가하고 그 시가평가액이 장부가액을 초과하는 경우 그 초과하는 가액을 말한다. 법인세법에서는 자산을 역사적원가에 따라 평가하므로 시가가 상승하였다고 해서 그 자산의 장부가액을 임의로 증액하는 것은 허용하지 아니한다. 다만, 세법과 다른 법률이 상충 되는 것을 막기 위하여 다음의 평가이익(평가증)은 익금으로 본다.

① 보험업이나 그 밖의 법률에 따른 고정자산의 평가이익
② 「자본시장과 금융투자업에 관한 법률」에 따른 투자회사 등이 보유한 유가증권 등의 평가이익
③ 화폐성외화자산·부채의 환율변동으로 인한 평가이익

5) 자산수증이익과 채무면제이익

기업회계기준에서는 자산수증이익과 채무면제이익을 영업외 수익으로 계상하도록 하고 있으며, 법인세법도 순자산증가설의 입장에서 이들을 익금으로 보고 있다. 하지만 **자산수증이익과 채무면제이익을 이월결손금의 보전에 충당한 경우에는 익금불산입한다.** 그 이유는 결손보전을 통한 자본충실화를 기하기 위함이다.

6) 손금에 산입한 금액 중 환입된 금액

손익계산서에 이미 손금으로 인정받은 금액이 환입되는 경우에 그 금액은 익금에 해당한다. 이에 반하여 지출 당시에 손금으로 인정받지 못한 금액이 환입되는 경우에 그 금액은 익금에 해당하지 않는다.

구 분	사 례	환 입 액
(1) 지출 당시 손금에 산입된 금액	세금과공과 등	익금에 해당함
(2) 지출 당시 손금에 산입되지 않은 금액	법인세 등	익금에 해당하지 않음

7) 이익처분에 의하지 않고 손금으로 계상된 적립금액

법인의 적립금은 주주총회의 이익처분 결의에 의하여 적립된다. 그러므로 적립금은 원칙적으로 손금으로 인정되지 않는다.

8) 정당한 사유 없이 회수하지 않은 가지급금 등

특수관계인의 자금거래에서 발생한 업무무관가지급금과 그 이자(이하 '가지급금 등'이라 칭함)를 법정기한까지 회수하지 아니한 금액은 익금에 해당한다. 법정기한이란 회수하지 아니한 가지급금의 경우에는 특수관계가 소멸하는 날, 회수하지 아니한 이자의 경우에는 가지급금의 이자발생일이 속하는 사업연도 종료일부터 1년이 되는 날 또는 특수관계가 소멸되는 날을 말한다.

이는 회수하지 아니한 가지급금 등은 외형상 채권으로 계상하고 있지만, 그 실질은 회수할 의사가 없거나 회수할 성질의 것이 아니기 때문이다. 다만, 가지급금 등을 회수하지 아니한 정당한 사유가 있거나 회수할 것임이 객관적으로 입증되는 경우에는 익금에 산입하지 아니한다.

9) 불공정자본거래에 따라 특수관계인으로부터 분여 받은 것으로 보는 이익

불공정한 합병·불공정 증자 및 불공정 감자 등 자본거래로 인하여 주주인 법인이 특수관계자로부터 분여 받은 이익은 이를 익금으로 본다.

(2) 특수한 익금항목(간주익금)

1) 자산의 저가양수(유가증권의 저가매입)

①법인이 ②특수관계가 있는 개인으로부터 ③유가증권을 시가보다 낮은 가액으로 매입하는 경우에는 시가와 그 매입가액의 차액을 매입일이 속하는 사업연도에 익금산입하여 법인세를 과세한다.

2) 외국자회사의 간접납부 외국법인세액

법인의 외국지점은 내국법인의 일부이므로 국외 원천소득에 대하여 국외에서 납부한 법인세는 국내에서 법인세를 납부할 때 일정한도 내에서 외국납부세액으로 공제받을 수 있으나 해외현지법인은 모회사와 독립된 법인이므로 자회사가 국외에서 납부한 법인세를 모회사가 공제받을 수 없다. 지점형태의 해외진출과 자회사형태의 해외진출의 조세부담의 차이를 해소하기 위하여 우리나라의 세법은 간접외국납부세액의 공제제도를 두고 있다.

3) 의제배당

현행 세법은 형식상 배당이 아니더라도 사실상 회사의 이익이 주주에게 귀속되는 경우에는 이를 배당으로 의제하여 주주에게 소득세 또는 법인세를 과세하고 있다. 의제배당은 별도로 설명하기로 한다.

4) 임대보증금 등에 대한 간주익금

부동산을 임대하고 받은 임대료는 익금에 해당되는 반면, 임대보증금은 부채항목이므로 익금에 해당되지 않는다. 이 경우 임대보증금을 운용하여 얻은 경제적 이익에 대하여 별도로 과세하지 않게 되면 임대료를 받는 경우 익금으로 과세하는 경우와 형평이 맞지 않게 되며, 또한 그 임대보증금으로 또 다른 부동산을 취득함으로써 부동산투기를 조장할 수 있다. 이를 방지하기 위하여 세법에서는 임대보증금의 수령에 따른 일정한 경제적 이익을 익금으로 간주하여 법인세를 과세하도록 하고 있다.

Chapter 5 법인세

③ 익금불산입

(1) 익금불산입의 의의

세무회계에서는 법인의 순자산을 증가시키는 거래로 인하여 발생하는 수익에 대하여 모두 익금 산입하지만 「**자본충실화 목적 · 이중과세 방지목적 · 조세의 정책적 목적**」 등의 이유로 익금산입하지 아니하는 것이 있는데 이를 「**익금불산입**」이라 한다. 익금불산입 항목은 법인세를 과세하지 않는다는 점에서 비과세소득과 유사하다. 그러나 익금불산입 항목은 처음부터 각 사업연도의 소득에 포함하지 아니하는 것이나 비과세소득은 각 사업연도의 소득에는 포함하였다가 이월결손금을 차감한 소득금액의 범위에서 공제한다는 점에서 차이가 있다.

다음의 항목들은 순자산증가액임에도 불구하고 이를 익금으로 보지 않는다.

구 분	익금불산입 항목
자본충실화 목적 (자본거래)	① 주식발행액면초과액(특정 주식발행 액면초과액 제외) ② 감자차익 ③ 주식의 포괄적 교환차익 ④ 주식의 포괄적 이전차익 ⑤ 합병차익 ⑥ 분할차익 ⑦ 자산수증이익 · 채무면제이익 중 이월결손금의 보전에 충당된 금액 ⑧ 출자 전환 시 채무면제이익 중 결손금 보전에 충당할 금액
이중과세 방지목적	⑨ 각사업년도의 소득으로 이미 과세된 소득(이월익금) ⑩ 법인세 또는 소득할 지방소득세의 환급액 ⑪ 내국법인의 수입배당금액 중 일정액(100%, 80%, 30%) ⑫ 외국법인의 수입배당금액 중 일정액(95%)
조세정책목적 등	⑬ 자산의 평가차익(일정한 평가차익은 제외) ⑭ 부가가치세 매출세액 ⑮ 국세 · 지방세 과오납금의 환급금에 대한 이자

(2) 익금불산입의 내용

1) 주식발행액면초과액

이것은 액면 이상의 주식을 발행한 경우 그 액면을 초과하는 금액을 말한다. 이러한 주식발행액면초과액은 비록 법정자본금은 아니지만 실질적인 출자의 일부이다. 주식발행초과액은 법인의 순자산을 증가시키는 거래이기는 하나 사실상 자본의 납입에 불과하고, 이를 익금으로 보면 자본금에 과세하는 결과가 되므로 「**자본충실화 원칙**」에 따라 익금산입하지 아니한다.

① 일반 주식발행초과액 : 주주가 출자과정에서 납입한 금액은 주주의 출자원금에 해당하므로 익금에 산입하지 않는다.
② 특정 주식발행초과액 : 채무의 출자전환으로 주식 등을 발행하는 경우 주식의 발행가액이 해당 주식 등의 시가를 초과하는 금액은 채무면제이익으로 나머지 주식의 액면가액을 초과하는 금액은 주식발행초과액으로 구분한다.

2) 감자차익

자본감소의 경우에 그 감소액이 주식소각, 주식대금의 반환에 소요된 금액과 결손보전에 충당된 금액을 초과하는 경우 그 초과금액을 말한다.

> 감자차익=자본금 감소액-주식소각 등에 소요된 금액-결손금 보전에 충당된 금액

이러한 감자차익은 자본감소 후에도 주주에게 반환되지 않고 납입자본으로 남아있는 부분이므로, 근본적으로 주주의 납입에 기인하는 것으로서 그 성격은 사실상 주식발행액면초과액과 같다. 따라서 기업회계에서는 이를 자본잉여금으로 계상하고 있으며, 법인세법도 이것을 익금으로 보지 않고 있다.

3) 주식의 포괄적 교환차익

주식의 포괄적 교환을 한 경우 상법상 자본증가의 한도액이 완전모회사의 증가한 자본액을 초과하는 금액을 말한다.

> 주식의 포괄적 교환차익 = 상법상 자본증가 한도액 - 완전모회사의 증가한 자본액

4) 주식의 포괄적 이전차익

주식의 포괄적 이전을 한 경우 상법상 자본증가의 한도액이 완전모회사의 증가한 자본액을 초과하는 금액을 말한다.

> 주식의 포괄적 이전차익 = 상법상 자본증가 한도액 - 완전모회사의 증가한 자본액

법인세법에서 주식의 포괄적 교환차익과 이전차익은 주주와의 자본거래로 인한 금액이므로 익금에 산입하지 않는다.

5) 합병차익

「**합병차익**」이란 합병의 경우에 합병법인이 피합병법인으로부터 승계한 순자산가액이 피합병법인의 주주 등에게 지급한 합병대가를 초과하는 경우 그 초과액을 말한다.

> 합병차익 = 승계한 순자산가액 - 합병대가

※ 합병대가=합병교부금+합병교부주식가액(액면가액)

6) 분할차익

분할차익이란 분할(분할합병을 포함하며, 물적 분할을 제외한다)의 경우에 분할신설법인(또는 분할합병의 상대방법인)이 분할법인(또는 소멸한 분할합병의 상대방법인)으로부터 승계한 순자산가액이 분할법인의 주주 등에게 지급한 분할대가를 초과하는 경우 그 초과액을 말한다.

> 분할차익=승계한 순자산가액-분할대가

※ 분할대가 = 분할교부금 + 분할교부주식가액(액면가액)

7) 자산수증이익과 채무면제이익 중 이월결손금의 보전에 충당된 금액

자산수증이익과 채무면제이익은 법인의 순자산증가액이므로 익금에 산입한다. 이 경우 자산의 가액은 시가로 평가한다. 자산수증이익과 채무면제이익 중 이월결손금의 보전에 충당된 금액은 익금으로 보지 않는다. 여기서 말하는 「**이월결손금**」이란 세무회계상(합병 시 승계 받은 결손금은 제외)으로서 그 후의 각 사업연도의 과세표준계산에 있어서 공제되지 않은 금액을 말하며, 그 발생시점에는 제한이 없다. 이처럼 [**자산수증이익·채무면제이익**]으로 충당된 이월결손금은 각 사업연도의 과세표준계산에 있어서 공제된 것으로 본다.

8) 이월익금

「**이월익금**」이란 당해 사업연도 이전에 법인의 소득금액 계산시 각 사업연도의 소득으로 이미 과세된 소득(법인세법 및 다른 법률에 의한 비과세소득 또는 면제소득 포함)을 다시 당해 사업연도의 익금에 산입한 금액(수익으로 계상한 금액을 포함한다)을 말한다. 이월익금은 주로 전기 이전에 세무조정에 따라 익금산입된 항목에 대해서 추후 기업회계가 이를 결산서에 반영하는 과정에서 발생하는데, 이는 이중과세 방지를 위하여 익금불산입하는 것이다.

예제 1 이월익금의 이해

다음은 ㈜비전의 제5기 손익계산서에 영업외 수익으로 계상된 자료의 일부이다. 이에 관한 세무조정을 하시오.

	항 목	금 액	비 고
(1)	수입배당금	₩30,000,000	잉여금처분결의가 전기에 이루어진 배당금을 당기에 수령한 것이다.
(2)	대손충당금환입	₩16,000,000	이 가운데 ₩6,000,000은 손금불산입된 금액이다.
(3)	잡이익	₩10,000,000	법인세 환급액 ₩4,000,000(당초에 손금불산입된 금액)과 재산세 환급액 ₩2,000,000(당초에 손금으로 인정된 금액)이다.

예제해설

항 목	과거의 세무조정	당기의 세무조정	비고
배당금수익	30,000,000 익금산입 · 유보	30,000,000 익금불산입 · △유보	이월익금
대손충당금환입	6,000,000 손금불산입 · 유보	6,000,000 익금불산입 · △유보	손금불산입된 금액의 환입액을 수익으로 계상한 것도 이월익금이다.
잡이익	4,000,000 손금불산입 · 기타사외유출	4,000,000 익금불산입 · 기타	손금 인정된 재산세환급액은 익금에 해당하므로 세무조정이 필요하지 않다.

9) 법인세 또는 소득할 지방소득세의 환급액

법인세 또는 소득할 지방소득세는 지출 당시에 손금으로 인정받지 못하므로 이를 환급받은 금액(또는 환급받을 금액을 다른 세액에 충당한 금액)은 익금불산입한다. 이것도 성격상 이월익금의 일종이라고 할 수 있다.

10) 자산의 평가차익

자산의 평가차익은 원칙적으로 익금으로 보지 않는다. 따라서 기업회계기준에 의해 계상되는 유가증권평가이익 등은 대부분 세법상 인정되지 않는다. 다만, 예외적으로 다음의 평가차익은 익금으로 본다.

① 보험업법 기타 법률에 의한 고정자산의 평가차익
② 「자본시장과 금융투자업에 관한 법률」에 따른 투자회사 등이 보유한 유가증권 등의 평가차익
③ 화폐성 외화자산 · 부채의 환율변동으로 인한 평가차익

이 가운데 고정자산의 평가차익에 대한 법인세법상의 취급을 요약하면 다음 도표와 같다.

(도표) 고정자산의 평가차익에 대한 취급

구 분	법 인 세
① 임의평가차익	익금불산입 항목
② 보험업법 기타 법률의 규정에 의한 고정자산의 평가차익	익금 항목

여기서 ①고정자산의 임의평가차익을 원칙적으로 익금불산입항목으로 규정한 것은 미실현이익에 대해서 법인세가 과세되는 것을 방지하려는 데 있으며 ②보험업법 기타 법률의 규정에 의한 고정자산의 평가차익을 익금항목으로 규정한 것은 업종별 회계처리를 수용하기 위한 것이다.

11) 부가가치세의 매출세액

사업자가 재화나 용역을 공급할 때 공급받는 자로부터 거래징수한 부가가치세 매출세액은 매입세액을 공제한 후 그 잔액은 정부에 납부할 예수금(부채)이므로 사업자에게 귀속되는 수입이 아니다. 따라서 부가가치세 매출세액은 익금으로 보지 않는다.

12) 국세 또는 지방세의 과오납금의 환급금에 대한 이자

국세 또는 지방세를 과오납부금의 환급금에 대한 이자란 국가나 지방자치단체가 과세의 오류에 따른 손실을 납세자에게 보상하는 의미에서 과오납부된 세액에 대하여 납부일로부터 환급일까지의 이자 상당액(국세환급가산금 또는 지방세 환부이자를 말한다)을 지급하게 된다. 보상금에 해당하는 이자를 다시 법인의 소득금액으로 익금산입하여 법인세를 부담하게 된다면 법인세 부담액 만큼 그 보상의 효과가 줄어들게 된다. 따라서 국세 등 환급금이자는 국세 또는 지방세의 환급금 자체가 익금에 해당하는지 여부에 관계없이 전액 익금산입하지 아니한다. 그러나 국세 또는 지방세의 환급금 자체는 발생 당시 손금산입 되었는지 여부에 따라 익금산입 또는 익금불산입하게 된다.

예제 2 익금 및 익금불산입(종합)

㈜비젼의 제10기의 다음 자료로 세부담의 최소화를 가정하여 소득금액조정합계표에 세무조정을 하고 소득처분을 표시하시오.

1. 손익계산서상 수익의 내역

구 분	금액	비고
① 손해배상금수입	10,000원	납품계약에 의한 지체상품
② 법인세환급금	30,000원	
③ 토지평가차익	40,000원	법률에 의한 평가증이 아님
④ 채무면제이익	50,000원	세무상 결손금 10,000원(5년 경과분)이 있음.
⑤ 보험차익	80,000원	상품소실 보험차익
⑥ 자기사채소각이익	70,000원	자기사채 매입소각으로 인한 이익
⑦ 전기오류수정이익	20,000원	재산세 환급액으로 환급금이자 3,000원 포함

2. 재무상태표의 자본 내역

구 분	금액	비고
① 주식발행초과금	50,000원	신주발행비 2,000원이 차감된 후의 금액
② 자기주식소각이익	30,000원	
③ 자기주식처분이익	40,000원	

※ 자기주식소각이익은 당기에 자본의 감자로 발생한 것이며, 자기주식처분이익은 장부가액 200,000

원의 자기주식을 240,000원에 처분하고 발생한 이익을 자본잉여금으로 처리한 것이다.

3. 특수관계인인 개인으로부터 유가증권을 20,000원, 토지를 50,000원에 매입하고 실제 매입가액을 취득가액으로 회계처리하였다. 유가증권과 토지의 시가는 각각 60,000원이다.

익금산입 및 손금불산입		③소득처분		손금산입 및 익금불산입		⑥소득처분	
①과목	②금액	처분	코드	④과목	⑤금액	처분	코드
합계				합계			

예제해설

익금산입 및 손금불산입		③소득처분		손금산입 및 익금불산입		⑥소득처분	
①과목	②금액	처분	코드	④과목	⑤금액	처분	코드
자기주식처분이익	40,000	기타		법인세환급금	30,000	기타	
유가증권저가매입	40,000	유보		토지평가차익	40,000	유보	
				채무면제이익	10,000	기타	
				재산세환부이자	3,000	기타	
합계	80,000			합계	83,000		

4 의제배당과 배당소득에 대한 이중과세조정

(1) 의제배당에 관한 세무조정

의제배당이란 상법상 배당은 아니지만 주주 등이 실질적으로 이익배당과 같은 경제적이익을 받게 될 때 세법상 「**배당금**」 또는 「**분배금**」으로 의제하는 것을 말한다. 이러한 의제배당소득도 일반적인 배당소득과 마찬가지로 주주의 과세소득을 구성하게 되므로 이에 대하여 주주가 개인인 경우에는 소득세가 주주가 법인인 경우는 법인세가 과세된다.

<u>의제 배당의 유형</u>

(1) 자본감소 · 해산 · 합병 · 분할로 인한 의제배당
(2) 잉여금의 자본전입으로 인한 의제배당

1) 자본감소·해산·합병·분할 등으로 인한 의제배당

다음의 금액은 법인으로부터 배당받은 금액으로 본다.

```
     자본감소·해산·합병·분할로
     인해 주주 등이 받는 재산가액
(-)  소멸하는 주식 등의 취득가액
     ─────────────────────
         의 제 배 당 금 액
```

자본감소·해산·합병 및 분할로 인해 주주 등이 받는 재산의 가액에서 소멸하는 주식 등의 취득가액을 공제한 후의 차액을 의제배당으로 보는 이유는 피투자회사가 그동안 얻은 이익을 배당하지 않고 사내에 유보함으로 인하여 피투자회사의 주가가 상승하였기 때문이다. 결국, 과거에 배당받지 않은 이익금이 「**감자·해산·합병·분할**」 등의 사건을 통해서 주주에게 귀속된 것이다. 즉, 과거의 미실현 투자수익이 실현된 것이다. 그런 점에서 이 금액은 일반적인 배당소득과 다를 것이 없기 때문에 배당으로 의제하는 것은 당연하다고 할 수 있을 것이다.

2) 잉여금의 자본전입으로 인한 의제배당

잉여금의 자본전입에 따른 의제배당은 배당의 재원으로 사용할 수 없는 자본잉여금 또는 이익잉여금의 전부·일부를 자본으로 전입하여 발행한 주식을 주주에게 무상으로 분배하는 것을 말하고, 주식배당이란 배당 가능한 이익 일부를 자본으로 전입하고 주식을 발행하여 주주에게 무상으로 분배하는 것을 말한다.

잉여금의 자본전입에 따른 의제배당과 주식배당에 대하여 우리나라의 기업회계는 「**주식분할설**」에 따라 회계 처리하고, 상법과 세법은 「**이익배당설**」에 따라 규정하고 있다. 법인세법에서는 이익배당에 대하여 법인세가 과세되는데 반하여 잉여금의 자본전입에 따른 의제배당에 대하여 과세하지 않는 경우, 과세형평에 어긋나므로 주식발행의 재원인 잉여금에 따라 배당으로 의제하여 법인세를 과세한다. 원칙적으로 잉여금의 발생 당시 법인세가 과세되는 잉여금(당기순이익)을 자본에 전입하는 경우에는 취득하는 주식의 액면가액 상당액을 배당으로 보아 그 주식을 취득하는 주주에게 과세한다. 이는 법인세법상 과세소득이 발생하는 경우와 잉여금의 자본전입에 따라 의제배당하는 경우의 과세 여부에 대하여 일관된 과세체계를 유지하기 위한 것이다.

자본전입의 재원	회계기준	세 법
(1) 자본잉여금	×	·과세되지 않은 잉여금(세법상 자본잉여금) → 의제배당 ×
		·과세된 잉여금(세법상 이익잉여금) → 의제배당 ○
(2) 이익잉여금	×	·과세된 잉여금(세법상 이익잉여금) → 의제배당 ○

이처럼 법인세가 과세되지 않은 잉여금의 자본전입으로 인하여 받은 무상주는 의제배당에 해당하지 않는 것이 원칙이지만, 여기에는 다음과 같은 2가지 예외가 있다.

① 자기주식소각이익은 과세되지 않은 잉여금임에도 불구하고 **소각 당시 시가가 취득가액을 초과하거나 소각일부터 2년 이내에 자본전입하는 경우** 그 자기주식소각이익의 자본전입으로 인하여 주주가 받은 주식가액은 의제배당에 해당한다.

② 본래 의제배당에 해당하지 않는 잉여금의 자본전입에 있어서 법인이 자기주식을 보유한 상태에서 자본전입을 함에 따라 당해 법인 외의 주주의 지분비율이 증가한 경우 그 증가한 지분비율에 상당하는 주식가액은 의제배당에 해당한다.

이러한 세법의 입장을 보다 구체적으로 정리하면 다음과 같다.

자본전입의 재원				의제배당
(1) 자본잉여금	① 주식발행액면초과금	일반적인 주식발행초과금		×
		채무의 출자 전환 시 채무면제이익		○
	② 감자차익	일반적인 감자차익		×
		자기주식소각익	원 칙	×
			예 외(2년 이내에 자본전입 된 경우)	○
	③ 합병차익	일반적인 합병차익·분할차익		×
	④ 주식의 포괄적 교환차익			×
	⑤ 주식의 포괄적 이전차익			×
	⑥ 재평가적립금	일반적인 재평가적립금		×
		익금에 산입된 토지의 재평가차액 상당액		○
	⑦ 기타자본잉여금			○
(2) 이익잉여금	① 법정적립금			○
	② 임의적립금			○
	③ 미처분이익잉여금			○

3) 의제배당의 귀속시기

의제배당은 다음의 날이 속하는 사업연도에 귀속한다.

구 분	귀 속 시 기
① 자본감소 등으로 인한 의제배당	주주총회(또는 사원총회·이사회)에서 주식소각·자본감소를 결의한 날 또는 사원이 퇴사·탈퇴한 날
② 잉여금의 자본전입으로 인한 의제배당	주주총회(사원총회·이사회)에서 잉여금의 자본전입을 결의한 날(이사회의 결의에 의하는 경우에는 상법의 규정에 의하여 정한 날)
③ 해산으로 인한 의제배당	잔여재산가액 확정일
④ 합병으로 인한 의제배당	합병등기일
⑤ 분할로 인한 의제배당	분할등기일

(2) 배당소득에 대한 이중과세의 조정

법인이 지급하는 배당금은 이미 법인세가 과세된 소득이므로 배당소득을 수취하는 자에게 다시 법인세 또는 소득세를 과세하게 되면 동일한 소득에 대하여 이중과세를 하는 결과가 된다. 이러한 **이중과세를 조정하기 위하여 개인은 배당세액공제로, 법인은 수입배당금 익금불산입제도를 규정**하고 있다.

1) 일반법인 수입배당금의 익금불산입

내국법인이 출자한 다른 내국법인으로부터 받은 수입배당금액 중 일정액은 이중과세를 조정하기 위하여 익금에 산입하지 아니한다. 이는 배당소득에 대한 이중과세 조정에 목적이 있고, 고유목적사업준비금을 손금산입하는 비영리내국법인은 수입배당금액의 익금불산입 규정을 적용할 수 없다.

2) 적용대상 수입배당금의 범위

내국법인이 다른 내국법인으로부터 받은 수입배당금액에 대하여 익금불산입규정을 적용한다. 이때 수입배당금액에는 이익의 배당금(분배금)이나 잉여금의 배당(분배금) 또는 **의제배당금을 포함**한다.(외국법인으로부터 받은 수입배당금은 익금불산입 배제대상 임)

3) 익금불산입의 배제

다음의 수입배당금액은 익금불산입규정을 적용하지 않는다.

① 배당기준일 전 3개월 이내에 취득한 주식 등을 보유함으로써 발생한 수입배당금(이 경우 동일 종목의 주식 등의 일부를 양도한 경우에는 먼저 취득한 주식 등을 먼저 양도한 것으로 본다.)
② 법인세법 및 조세특례제한법에 따라 지급배당에 대하여 소득공제 되거나 법인세가 비과세·면제·감면되는 법인으로부터 받는 수입배당금
③ 외국법인으로부터 받은 수입배당금

4) 익금불산입 대상금액

다른 내국법인으로부터 받은 수입배당금액에 익금불산입비율을 곱한 금액으로 한다.

> 익금불산입 대상액=수입배당금액×익금 불산입비율-차입금이자 차감액

① 수입배당금액 : 적용대상 수입배당금의 범위의 수입배당금액으로 한다.
② 익금불산입비율 : 익금불산입 비율은 일반법인이 출자한 회사에 대한 출자비율에 따라 다음과 같다. 이 경우 출자한 비율은 출자받은 내국법인의 배당기준일 현재 3개월 이상 계속 보유하고 있는 주식을 기준으로 한 지분율에 따라 다음의 비율을 곱하여 계산한다. 주식 보유기간 중 변동이 있는 경우에는 선입선출법에 따라 주식수를 계산한다. 주식의 적수 계산시 국가·지방자치단체로부터 현물출자 받은 주식은 제외함.

피출자법인에 대한 출자지분율 (상장·비상장 통합)	익금불산입비율
① 50% 이상	100%
② 20%이상 50%미만	80%
③ 20%미만	30%

5) 차입금이자 차감액(익금불산입 배제액)

내국법인이 차입금의 이자가 있는 경우에는 소정 금액을 익금불산입 대상 액에서 차감한다. 익금불산입 배제 액의 계산은 지주회사 수입배당금의 규정을 준용한다.

차입금이자(*)에 대한 익금불산입 배제액

$$지급이자차감액 = 지급이자 \times \frac{주식 장부가액의 적수}{자산총액의 적수} \times 익금불산입비율$$

(*) 여기서 「지급이자」란 다음의 이자를 제외한 이자를 말한다.
① 지급이자 손금불산입규정에 의하여 손금불산입된 지급이자(채권불분명사채이자, 비실명채권증권의이자, 건설자금이자, 업무무관자산등에 대한 이자)
② 현재가치할인차금상각비, 연지급수입이자[제외이유 : 세무처리에 선택권이 부여되어 있음]

5 임대보증금 간주익금조정

간주임대료란 임대료는 아니지만 임대료로 보아 과세하는 것을 말한다. 법인세 계산시 익금산입하는 간주임대료는 추계결정의 경우와 추계결정 외의 경우로 나누어진다.

(1) 임대보증금 간주익금계산 대상법인

1) 일반법인의 요건

다음의 요건을 모두 충족한 법인에 한하여 임대보증금 간주익금(이하 간주임대료)계산 대상으로 한다.

① 주업요건 : 부동산임대업을 주업으로 하는 법인일 것(*)
② 법인요건 : 영리내국법인일 것
③ 차입금요건 : 차입금이 자기자본의 2배를 초과할 것

(*) 여기서 「부동산임대업을 주업으로 하는 법인」이란 당해 법인의 사업연도 종료일 현재의 자산총액 중 임대사업에 사용된 자산의 가액이 50%이상인 법인을 말하며, 이 때 자산의 가액 계산은 소득세법에 의한 기준시가에 의한다.

2) 추계(推計)결정의 경우

간주임대료를 장부 기타 증빙의 미비 등으로 추계 결정하는 경우에는 **"모든 법인"**에 대하여 적용한다.

(2) 계산 대상 임대보증금

간주임대료는 "부동산 또는 부동산에 관한 권리"를 대여하고 받은 보증금·전세금을 대상으로 계산한다. 따라서 「주택 및 기계 또는 공장재단」등을 대여하고 받는 보증금에 대하여는 간주임대료를 계산하지 않는다.

(3) 간주임대료 계산방법

1) 일반적인 경우

$$\text{간주익금} = \left\{ \begin{matrix} \text{당해사업연도의} \\ \text{보증금등의적수} \end{matrix} - \begin{matrix} \text{임대용부동산의} \\ \text{건설비 상당액의} \\ \text{적수} \end{matrix} \right\} \times \frac{1}{365 \text{(윤년366)}} \times \text{정기예금이자율} - \begin{matrix} \text{임대사업부분의} \\ \text{금융수익} \end{matrix}$$

※ 간주익금 계상액이 (-)인 경우에는 이를 없는 것으로 본다.

① 보증금등의 적수 : 보증금 × 임대일수

　보증금 등이란 부동산 또는 부동산에 관한 권리 등을 대여하고 받은 보증금·전세금 또는 이와 유사한 성질의 금액을 말한다. 다만, 주택 및 그 부속토지(건물정착면적의 10배[도시계획구역안의 토지 5배]이내의 면적에 한한다)를 임대한 경우는 제외한다.

② 임대용 부동산의 건설비 상당액

　해당 건축물의 취득가액(자본적지출은 포함하고 재평가차액은 제외한다)을 말하며, 토지의 취득가액은 여기에 포함되지 않는다.

③ 적수의 계산

　적수는 매월 말 현재의 잔액에 경과일수를 곱하여 계산할 수 있다. 그리고 각 사업연도 중에 임대사업을 개시한 경우에는 임대사업을 개시한 날부터 적수를 계산한다.

④ 금융수익

　당해 사업연도에 임대사업 부분에서 발생한 **수입이자와 할인료·배당금·신주인수권처분이익 및 유가증권처분이익**(유가증권의 매각에서 매각손실을 차감한 금액)의 합계액을 말한다. 임대사업 부분에서 발생한 금융수익이므로 손익귀속시기로 인하여 기간경과 분 미수이자가 익금불산입된 경우에도 동 이자를 포함한다.(발생주의)

⑤ 정기예금이자율

　서울에 본점을 둔 은행의 계약기간 1년의 정기예금이자율의 평균을 감안하여 국세청장이 정하는 이자율로서 당해 사업년도 종료일 현재의 이자율로 한다.

2) 추계에 의해 소득금액을 계산하는 경우

　장부 기타 증빙서류가 없거나 미비하여 소득금액을 계산할 수 없는 경우에는 소득금액을 추정하여 계산하게 되는데, 이것을 「**추계**」라고 한다. 이 경우 부동산임대로 인하여 받은 전세금 또는 임대보증금에 대한 수입금액은 다음과 같이 계산한다.

$$\text{간주익금} = \text{당해 사업연도의 보증금등의 적수} \times \frac{1}{365(\text{윤년 } 366)} \times \text{정기예금이자율}$$

제 4 절 손금회계

「**손금**」이란 해당 법인의 순자산을 감소시키는 거래로 인하여 발생하는 손비의 금액을 말한다. 다만, 자본 또는 지분의 환급, 잉여금의 처분 및 손금불산입항목은 제외한다.

법인세법의 「손금」은 법인세법 및 다른 법률에 달리 정하고 있는 것을 제외하고는 ①**그 법인의 사업과 관련하여 발생하거나 지출된 손실 또는 비용**으로서 ②**일반적으로 용인되는 통상적인 것**이거나 **수익과 직접 관련된 것**으로 한다. 이러한 요건은 수익의 경우에 순자산증가액이면 아무런 추가적인 요건도 필요로 하지 않고 익금에 해당하는 것과 대조적이다.

1 손금항목

법인세법에서 예시한 손비의 범위는 다음과 같다.
① 판매한 상품 또는 제품에 대한 원료의 매입가액(기업회계기준에 의한 매입에누리 및 매입할인금액은 제외)과 그 부대비용.
② 양도한 자산의 양도 당시의 장부가액
③ 인건비
④ 유형자산의 수선비
⑤ 유형자산의 감가상각비
⑥ 자산의 임차료
⑦ 차입금 이자
⑧ 대손금
⑨ 자산의 평가차손(열거한 것에 한한다)
⑩ 제세공과금
⑪ 영업자가 조직한 단체로서 법인이거나 주무관청에 등록된 조합 또는 협회에 지급한 회비
⑫ 광산업의 탐광비(탐광을 위한 개발비 포함)
⑬ 보건복지부장관이 정하는 무료진료권 또는 새마을진료권에 의하여 행한 무료진료의 가액
⑭ 음・식료품의 제조업・도매업 또는 소매업을 영위하는 내국법인이 당해 사업에서 발생한 잉여식품을 국가 또는 지방자치단체에 잉여식품활용사업자로 등록한 자(또는 잉여식품활용사업자가 지정하는 자)에게 무상으로 기증하는 경우 그 기증한 잉여식품의 장부가액(기부금에 포함하지 아니한 경우에 한함). 이 경우 그 금액은 기부금에 포함하지 않는다.
⑮ 업무와 관련 있는 해외시찰・훈련비
⑯ 근로자복지기본법에 의한 우리사주조합에 출연하는 자사주의 장부가액 또는 금품
⑰ 장식・환경미화 등의 목적으로 사무실・복도 등 여러 사람이 볼 수 있는 공간에 항상 전시하는 미술품의 취득가액을 그 취득한 날이 속하는 사업연도에 손비로 계상한 경우의 그 취득가액(취득가액이 거래단위별로 1,000만원 이하인 것에 한정한다)
⑱ 기타의 손비로서 그 법인에 귀속되었거나 귀속될 금액

2 손금불산입항목

일정한 손비는 순자산감소액임에도 불구하고 손금으로 인정되지 않는데, 그 내용은 다음과 같다.

손금불산입 항목

(1) 제세공과금의 손금불산입
 ① 법인세 등 일정한 조세
 ② 일정한 공과금
 ③ 벌금·과료·과태료·가산금 및 체납처분비

(2) 자산의 평가차손의 손금불산입 : 자산의 평가차손은 원칙적으로 손금에 산입하지 않는다. 다만, 여기에는 다음과 같은 예외가 있다.
 ① 재고자산, 유가증권, 화폐성 외화자산을 법인세법 시행령의 방법에 의해 평가함으로써 발생하는 평가차손
 ② 특수한 경우에 인정되는 자산의 감액손실

(3) 감가상각비의 손금불산입 : 고정자산에 대한 감가상각비는 법인이 이를 손금으로 계상(결산을 확정함에 있어서 손비로 계상하는 것을 말한다. 이하 같다)한 경우에 한하여 상각범위액 안에서 이를 손금에 산입하고, 그 계상한 금액 중 상각범위액을 초과하는 금액은 이를 손금에 산입하지 않는다.

(4) 기부금의 손금불산입 : 법인이 지출한 기부금 중 특례기부금, 우리사주 조합기부금 및 일반기부금의 한도초과액과 비지정기부금은 손금에 산입하지 않는다.

(5) 기업업무추진비의 손금불산입 : 법인이 지출한 기업업무추진비 중 다음의 금액은 손금에 산입하지 않는다.
 ① 건당 3만원(경조사비는 20만원)초과 영수증 기업업무추진비
 ② 기업업무추진비(위 ①은 제외)중 한도초과액

(6) 과다경비 등의 손금불산입 : 다음의 손비 중 과다하거나 부당하다고 인정되는 금액은 손금에 산입하지 않는다.
 ① 인건비
 ② 복리후생비
 ③ 여비 및 교육·훈련비
 ④ 보험업법인의 사업비
 ⑤ 공동경비
 ⑥ 위 ①~⑤ 외에 법인의 업무와 직접 관련이 적다고 인정되는 경비로서 대통령령이 정하는 것(현재는 해당 규정이 없음)

(7) 지급이자의 손금불산입
 ① 채권 불분명 사채이자
 ② 비실명 채권·증권이자
 ③ 건설자금이자
 ④ 업무무관자산 등에 대한 지급이자

③ 지출액에 대한 증명서류의 수취

(1) 증명서류의 작성과 수취 및 보관

법인은 거래에 대한 **증명서류를 신고기한부터 5년간 보관해야 한다**. 다만, 해당 사업연도 개시일부터 소급하여 5년 전에 발생한 이월결손금을 공제받는 경우 그 결손금이 발생한 사업연도의 증명서류는 이월결손금을 공제받은 사업연도의 신고기한부터 1년이 되는 날까지 보관해야 한다.

증명서류가 없는 비용은 가공경비로 보므로 손금불산입하여 귀속자에게 배당·상여·기타소득으로 처분하고, 귀속자가 불분명한 경우에는 대표자 상여로 처분한다.

(2) 증명서류의 종류

증명서류는 적격증명서류와 그 이외의 증명서류로 나눌 수 있다. 적격증명서류는 거래가 노출되는 증명서류로서 그 범위는 다음과 같다.

① 세금계산서(매입자발행세금계산서 포함)·계산서
② 신용카드매출전표·직불카드영수증·기명식선불카드영수증·현금영수증
③ 원천징수영수증: 소득세법에 따른 사업자등록을 하지 아니한 자로부터 용역을 제공받고 소득세법에 따라 교부하는 원천징수영수증
④ 「전자금융거래법」상 직불전자지급수단, 기명식 선불전자지급수단 영수증

법인은 거래에 대한 증명서류로 적격증명서류 이외의 증명서류를 수취해도 되나, 다음에 해당하는 거래는 반드시 적격증명서류를 수취해야 한다.

구 분	적격증명서류 수취 기준금액
① 기업업무추진비를 지출하는 경우	건당 3만원(경조금 20만원) 초과분
② 적격증명서류의 발급이 가능한 법 소정 사업자로부터 사업과 관련하여 재화 또는 용역을 공급받고 그 대가를 지급하는 경우	건당 3만원 초과분

법인이 적격증명서류 수취대상에 대하여 적격증명서류 이외의 증명서류를 수취한 경우 기업업무추진비는 손금불산입하여 기타사외유출로 처분하고, 기업업무추진비 이외의 지출은 손금으로 인정하되 증빙불비가산세(거래금액의 2%)를 부과한다. 그러나 기준금액 이하의 지출은 적격증명서류 이외의 증명서류를 수취해도 적법한 것으로 본다.

(3) 적격증명서류 미수취시 제재

구분			대상	적격증명서류 이외의 증명서류 수취시 불이익(제재)	
				손금 여부	가산세
증명서류 미수취 (가공의 경비로 취급)			모든 거래	손금불산입 (배당·상여 등)	-
			건당 3만원이하 기업업무추진비	손금산입	-
증명서류 수취	기업업무추진비		건당 3만원(경조금 20만원)초과거래	손금불산입 (기타사외유출)	-
	기업업무추진비 이외의 지출	사업자로부터 재화·용역을 공급받는 경우	건당 3만원 초과거래	손금산입	가산세 부과 (거래금액의 2%)
		위 이외의 경우	제한 없음	손금산입	

제 5 절 손금의 항목별세무조정

1 세금과공과

(1) 세금

세금이란 국가 또는 지방자치단체가 그 경비에 충당하기 위하여 세법에 따라 국민으로부터 강제로 징수하는 금품의 가액을 말한다. 세금은 사업의 수행 또는 자산의 취득 및 보유와 관련하여 강제로 징수되므로 손금에 산입한다. 다만, 성질상 비용이 아니거나 조세정책적 이유에 의하여 손금산입하는 것이 바람직하지 않아서 손금불산입으로 열거한 것은 예외로 한다. 그리고 몇 가지 조세와 공과금은 손금으로 인정되지 않는데, 다음과 같다.

구분	손금으로 인정되는 제세공과금		손금으로 인정되지 않는 제세공과금
	지출 사업연도에 손금인정	원가에 가산 후 추후 손금인정	
조세	① 인지세 ② 재산세 ③ 자동차세 ④ 지방소득세	취득·등록세 등	① 법인세 및 법인세할 지방소득세 ② 부가가치세 매입세액 ③ 개별소비세, 주세, 교통세, 환경세 ④ 세법에 따른 의무불이행으로 인한 세액(가산세 포함)
공과금	① 상공회의소 회비 ② 대한적십자사회비 ③ 교통유발부담금 ④ 장애인고용부담금	개발부담금 등	① 법령에 의해 의무적으로 납부하는 것이 아닌 것 ② 법령에 의한 의무의 불이행 또는 금지·제한 등의 위반에 대한 제재로서 부과되는 것(예, 폐수배출부담금 등)

1) 법인세비용 등

법인세비용은 손금에 산입하지 아니한다. 이는 국가의 보호로 법인이 소득을 얻었으므로 그 소득의 일부를 국가에 분배하는 것을 법인세로 보는 이익처분설에 근거한 것이다. 법인세비용은 법인세, 법인지방소득세와 농어촌특별세를 말한다.

2) 개별소비세·주세·교통세

납부하였거나 납부할 개별소비세·주세 및 교통세는 손금으로 인정되지 않는다. 이들은 모두 거래상대방에게 전가되는 간접세로서 해당 법인에게 귀속되는 순자산의 감소액이 아니기 때문이다.

3) 부가가치세 매입세액의 처리

부가가치세 매입세액은 매입세액공제로 돌려받으므로 채권에 해당한다. 그러나 매입세액이 불공제되는 경우 사업자의 귀책사유 유무에 따라 다음과 같이 처리한다.

구 분		법인세법상의 취급
(1) 부가가치세법상 공제되는 매입세액	일반적인 매입세액	손금불산입
(2) 부가가치세법상 공제되지 않는 매입세액	① 본래부터 공제되지 않는 매입세액 • 영수증을 교부받은 거래분의 매입세액 • 부가가치세 면세사업 관련 매입세액 • 토지 관련 매입세액 • 비영업용 소형승용차의 구입·유지에 관한 매입세액 • 기업업무추진비 및 유사비용의 지출에 관련된 매입세액 • 간주임대료에 대한 부가가치세	손금 산입 자산의 취득원가나 자본적지출 해당분은 일단 자산으로 계상한 후 추후 손금인정
	② 의무불이행 또는 업무무관으로 인한 불공제 매입세액 • 세금계산서의 미수취·불명분 매입세액 • 매입처별 세금계산서합계표의 미제출·불명분 매입세액 • 사업자등록 전 매입세액 • 사업과 관련없는 매입세액	손금 불산입 자산으로 계상할 수 없음

4) 세법상 의무불이행으로 인한 세액(가산세 포함)·강제징수비

세법상 의무불이행으로 인한 세액 등은 법질서를 위한 벌칙 성격으로, 이를 손금으로 인정하면 법인세가 감소하여 벌금 일부를 국가가 대신 부담해 준 꼴이 되므로 손금으로 인정하지 않는다.

① 가산세 : 세법에 규정하는 의무의 설실한 이행을 확보하기 위하여 그 세법에 의하여 산출된 세액에 가산하여 징수하는 금액(예 : 과소신고가산세, 납부지연가산세 등)

② 강제 징수비 : 국세징수법 중 강제징수에 관한 규정에 따른 재산의 압류·보관·운반과 매각에 소요된 비용(매각을 대행시키는 경우 그 수수료 포함)

(2) 공과금

「**공과금**」이란 공법상의 단체에 의무적으로 부담하는 부담금을 말한다. 조세 이외의 강제적 부담금을 말하는 것으로 다음과 같은 공과금은 손금불산입 항목이다. 의무적으로 부담하는 공과금은 다음과 같은 것들이 있다.

① 교통유발부담금
② 폐기물처리부담금
③ 국민연금 사용자부담금
④ 개발부담금 등

1) 임의적 부담금

의무적으로 납부하는 것이 아닌 공과금(예 : 임의적 출연금)은 강제성이 없으므로 손금에 해당하지 아니한다.

2) 제재목적 공과금

의무 불이행이나 금지·제한 등의 위반에 대한 제재로서 부과하는 공과금(예 : 폐수배출부담금)은 벌금과 같은 성격이므로 손금으로 보지 아니한다.

(3) 영업자가 조직한 단체 등에 대한 회비

구 분		처리 방법
영업자가 조직한 공법상의 단체	일반회비	전액 손금(공과금)
	특별회비	전액 손금불산입
위 외의	일반회비	

(4) 벌금·과료·과태료·가산금 및 체납처분비

벌금, 과료(통고처분에 의한 벌금 또는 과료 상당액 포함), 과태료(과료와 과태금 포함), 가산금 및 체납처분비는 손금에 산입하지 않는다.

벌금 등이나 가산금을 손금으로 인정하지 않는 이유는 징벌의 효과를 감소시키지 않기 위한 데 있다. 그리고 체납처분비 등을 손금으로 인정하지 않는 이유는 만일 이것을 손금으로 인정하면 그에 대한 법인세 상당액만큼의 체납처분비를 국가가 대신 부담해 준 결과가 되기 때문이다.

손금산입	손금불산입
① 사계약상의 의무불이행으로 인하여 부과하는 지체상금(정부와 물품계약으로 인한 지체상금을 포함하며, 구상권 행사가 가능한 지체상금은 제외한다) ② 보세구역에 장치되어 있는 수출용 원자재가 관세법상의 장치기간 경과로 국고귀속이 확정된 자산의 가액 ③ 철도화차사용료의 연체이자, 산재보험료의 연체료, 국유지 사용료의 연체료, 전기요금의 연체가산금	① 법인의 임원 또는 사용인이 관세법을 위반하고 지급한 벌과금 ② 업무와 관련하여 발생한 교통사고벌과금 ③ 산재보험료의 가산금 ④ 금융기관의 최저예금지불준비금 부족에 대하여 금융기관이 납부하는 과태금 ⑤ 국민건강보험법의 보험료 연체금 ⑥ 외국의 법률에 의하여 국외에서 납부한 벌금

예제 1   세금과공과금 세무조정

㈜비전의 제10기의 손익계산서의 비용으로 계상한 세금과 공과금의 내역이다. 항목별로 세무조정을 하고 소득처분을 내역을 표시하시오.

구 분	금액(원)	비고
① 등록면허세	5,000,000	법인설립에 대한 등록면허세
② 가산세	2,000,000	세금계산서 미발급에 관한 가산세
③ 매입세액	1,500,000	토지 조성과 관련된 부가가치세 매입세액 1,000,000원과 영수증수취분 매입세액 500,000원
④ 지방소득세(균등분)	200,000	정기적으로 납부하는 회사균등분
⑤ 법인세분 지방소득세	700,000	
⑥ 취득세	1,200,000	공장용지의 취득세
⑦ 재산세	1,250,000	업무용 토지에 대한 재산세이며, 지연납부에 따른 가산금 50,000원 포함
⑧ 동업자협회회비	6,000,000	관련법에 의한 조합으로 대표이사의 조합회장 당선으로 인한 특별회비 4,000,000원 포함
⑨ 증권 등록세	300,000	증자 등기 관련 등록면허세
⑩ 개발부담금	700,000	보유 토지의 개발사업 관련
⑪ 지체상금	300,000	조달청의 납품지연에 따른 부담금
⑫ 산재보험료 가산금	250,000	
⑬ 산재보험료 연체료	120,000	

예제해설

구 분	금액(원)	비 고
① 등록면허세	5,000,000	손금항목
② 가산세	2,000,000	손금불산입·기타사외유출
③ 매입세액	1,500,000	토지관련 매입세액은 자본적 지출이므로 매입세액 1,000,000원은 손금불산입, 유보로 처분한다.
④ 지방소득세(균등분)	200,000	손금항목
⑤ 법인세할 지방소득세	700,000	손금불산입, 기타사외유출
⑥ 취득세	1,200,000	(토지의 자본적 지출) 손금불산입, 유보
⑦ 재산세	1,250,000	손금항목, 가산금 50,000(손금불산입, 기타사외유출)
⑧ 동업자협회회비	6,000,000	특별회비 4,000,000원(손금불산입·기타사외유출)
⑨ 증권등록세	300,000	자본관련 비용으로 손금불산입, 기타사외유출(또는 기타)
⑩ 개발부담금	700,000	(토지의 자본적 지출)손금불산입, 유보
⑪ 지체상금	300,000	연체이자 성격에 해당하여 손금항목
⑫ 산재보험료 가산금	250,000	손금불산입, 기타사외유출
⑬ 산재보험료 연체료	120,000	손금항목으로 세무조정 없음

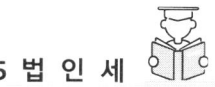

2 인건비의 조정

임원 또는 사용인이 근로를 제공하면 근로의 제공 대가로 지급되는 인건비로서, 임원과 사용인에게 지급되는 **급여·임금·제수당·상여금·퇴직금** 및 **복리후생비** 등을 모두 포함한다. 인건비는 법인의 순자산을 감소시키는 거래이다. 따라서 **법인의 이익처분에 의해 지급되는 상여를 제외한 인건비는 손금으로 인정되는 것이 원칙**이다.

구 분		사용인	임 원
(1) 일반 급여		○	○
(2) 상여금	① 일반적인 상여금	○	급여지급기준에 의한 금액의 한도 내에서 손금 인정
	② 이익처분에 의해 지급되는 상여금	×	×
(3) 퇴 직 금		○	일정한 한도 내에서 손금인정
(4) 복리후생비		열거된 것 및 그와 유사한 것에 한하여 손금인정	

※ (○)으로 표시한 것은 원칙적으로 손금으로 인정한다는 것이며, 손금불산입하는 예외도 있음에 유의할 것.

(1) 일반급여

급여·임금·급료·보수·수당 등 일반급여는 원칙적으로 모두 손금으로 인정된다. 다만, 여기에는 다음과 같은 예외가 있다.

① 법인이 지배주주인 임원 또는 사용인에게 정당한 사유 없이 동일 직위에 있는 지배주주 등 외의 임원 또는 사용인에게 지급하는 금액을 초과하여 보수를 지급한 경우 그 초과 금액은 손금에 산입하지 않는다.

② 비상근임원에게 지급하는 보수는 손금에 산입하는 것이 원칙이나, 부당행위계산에 해당하는 경우에는 손금에 산입하지 않는다.

(2) 상여금

1) 일반적인 상여금

일반적으로 법인이 지급하는 상여금은 모두 손금에 산입된다. 단, **임원에게 지급하는 상여금**은 **정관·주주총회·사원총회 또는 이사회의 결의에 의하여 결정된 급여지급기준**에 의한 금액만 인정하며 지급규정을 초과하여 지급하는 금액은 손금에 산입하지 않는다. 다만, **사용인에게 지급하는 상여금은 이러한 제한을 받지 않는다**.

구분	직원 상여금	임원 상여금
급여지급기준 범위 내 금액	손금 인정	손금 인정
급여지급기준 범위 초과금액	손금 인정	손금 불산입·상여

2) 이익처분에 의하여 지급하는 상여금

임원 또는 사용인에게 **이익처분에 의하여 지급하는 상여금은 손금에 산입하지 않는다.** 이 경우 합명회사 또는 합자회사의 노무출자 사원에게 지급하는 보수는 이익처분에 의한 상여로 본다.

(3) 퇴직급여

퇴직급여란 임원 또는 사용인이 일정기간 근속하고 퇴직하는 경우에 일시금으로 지급하는 인건비를 말한다. 임원 또는 사용인이 현실적으로 퇴직하는 경우 지급하는 것에 한하여 이를 손금에 산입한다. 다만, **임원에게 지급한 퇴직급여 중 일정 한도액을 초과하는 금액은 손금산입하지 않는다.**

1) 사용인에 대한 퇴직급여

사용인에게 지급하는 퇴직급여는 사용인이 현실적으로 퇴직하는 때에 실제로 지급한 경우에는 한도계산 없이 전액 손금산입한다. 퇴직급여지급규정이 있는 경우에는 퇴직급여지급규정에 따라 계산한 금액을, 퇴직급여지급규정이 없는 경우에는 근로자퇴직급여보장법에 따라 계산한 금액을 손금산입한다. 설령 사용인에게 지급된 퇴직급여가 퇴직급여지급규정 또는 근로자퇴직급여보장법에 따른 금액을 초과하는 경우에도 그 초과하는 금액도 제한 없이 손금산입한다.

2) 임원의 퇴직급여

사용인에게 지급하는 퇴직금은 금액의 제한 없이 손금에 산입하는 데 반하여, 임원에게 지급한 퇴직금 중 다음의 한도액을 초과하는 금액은 손금에 산입하지 않는다.

구 분	임원퇴직금 한도액
① 정관에 퇴직금(퇴직위로금 포함)으로 지급할 금액이 정해진 경우(정관에 임원퇴직금 계산기준이 기재된 경우 포함)	그 정관에 정해진 금액(정관에서 위임된 퇴직급여규정이 따로 있을 때에는 이에 규정된 금액)
② 그 외의 경우	퇴직 전 1년간 총급여액×10%×근속연수

- 총급여액 : 근로의 제공으로 인하여 봉급·급료·보수·임금·상여·수당 기타 이와 유사한 급여의 총액 및 법인의 주총·사원총회 또는 이에 준하는 의결기관의 결의에 따라 받는 소득. 단, 다음의 금액은 제외한다.

  ① 소득세법상 비과세소득
  ② 세무조정에 의한 손금불산입 되는 인건비
  ③ 인정상여(법인세법에 의하여 상여로 처분 된 금액)
  ④ 퇴직으로 인하여 받는 소득으로서 퇴직소득에 속하지 아니하는 소득(이 소득은 퇴직 직전에 받은 금액이 아니라 퇴직할 때 받은 금액이므로 제외 함)
  ⑤ 직무발명보상금

- 근속연수 : 역년에 의하여 계산하되, 1년 미만의 기간은 월수로 계산하고 1월 미만의 기간은 이를 산입하지 않는다. 사용인에서 임원으로 된 때에 퇴직급여를 지급하지 않은 경우, 현실적 퇴직에 해당하지 않기 때문에 사용인으로 근무한 기간을 근속연수에 합산할 수 있다.

3) 현실적 퇴직과 비현실적 퇴직의 구분

구분		직원 퇴직급여	임원 퇴직급여
현실적 퇴직	한도 내 금액	손금 인정	손금 인정
	한도 초과액	손금 인정	손금 불산입·상여
비현실적 퇴직		현실적 퇴직이 있을 때까지 업무무관가지급금으로 본다. ⇨ 비현실적 퇴직금 지급시 : 손금불산입·유보 ⇨ 추후 현실적 퇴직금 지급시 : 손금산입·△유보	

현실적인 퇴직으로 보는 경우	비현실적인 퇴직으로 보는 경우
① 사용인이 임원으로 취임한 때 ② 상근임원이 비상근임원으로 된 경우 ③ 임원·사용인이 그 법인의 상법상의 조직변경·합병·분할 또는 사업양도에 의하여 퇴직한 때 ④ 근로자퇴직급여보장법의 규정에 의하여 퇴직급여를 중간에 정산하여 지급한 때(중간정산시점부터 새로 근속연수를 기산하여 퇴직급여를 계산하는 경우에 한정 함) ⑤ 정관 또는 정관에서 위임된 퇴직급여지급규정에 따라 장기요양 등 기획재정부령으로 정하는 사유로 그 때까지의 퇴직급여를 중간정산하여 임원에게 지급한 때(중간정산시점부터 새로 근무연수를 기산하여 퇴직급여를 계산하는 경우에 한정)	① 임원이 연임된 경우 ② 법인의 대주주변동으로 인하여 계산의 편의, 기타 사유로 전사용인에게 퇴직금을 지급한 경우 ③ 외국법인의 국내지점 종업원이 본점(본국)으로 전출하는 경우 ④ 정부투자기관 등이 민영화됨에 따라 전종업원의 사표를 일단 수리한 후 다시 채용된 경우 ⑤ 「근로자퇴직급여 보장법」에 따라 퇴직금을 중간정산하기로 하였으나 이를 실제로 지급하지 아니한 경우

예제 2 인건비의 조정

다음은 ㈜비젼의(사업연도 1.1~12.31)의 인건비에 관한 15기 자료이다. 이에 관한 세무조정을 행하라.

■ 손익계산서에 계상된 인건비의 내역(단위 : 원)

직 위	지분율	일반급여	상여금	복리후생비	퇴직금
대 표 이 사	30%	150,000,000	75,000,000	8,000,000	-
전 무 이 사	-	6,000,000	-	200,000	100,000,000
경 리 부 장	1%	60,000,000	28,000,000	3,000,000	-
기타사용인	-	900,000,000	400,000,000	70,000,000	250,000,000
합 계		1,116,000,000	503,000,000	81,200,000	350,000,000

(1) 이사회 결의에 의한 보수규정에 따르면 임원 및 사용인의 상여금은 연간 급여액의 40%를 지급하기로 되어 있다.

(2) 위의 퇴직급여는 모두 현실적인 퇴직으로 인하여 지급된 것이다. 당사는 퇴직급여 지급규정을 두고 있지 않으며, 퇴직급여충당금도 설정하고 있지 않다.

(3) 당기 1월 5일에 퇴직한 전무이사의 근속연수는 5년 3개월이며, 그의 퇴직 전 1년간 급여액은 120,000,000원이다. 이와 별도로 퇴직 전 1년간 받은 상여금은 58,000,000원이며, 이 가운데 10,000,000원은 보수규정을 초과하여 받은 것이다.

예제해설

1. 임원(대표이사)의 상여금 한도초과액
   75,000,000-150,000,000×40%=15,000,000(손금불산입·상여)

2. 임원(전무이사) 퇴직급여 한도초과액
   100,000,000-88,200,000=11,800,000(손금불산입·상여)

   $(120{,}000{,}000 + 48{,}000{,}000) \times 10\% \times 5\frac{3}{12} = 88{,}200{,}000$

③ 기업업무추진비

「기업업무추진비」란 접대비 및 교제비·사례금·기타 명목 여하에 불구하고 이에 유사한 성질의 비용으로서 법인이 업무와 관련하여 지출한 금액을 말한다.

(1) 기업업무추진비의 범위

기업업무추진비에 해당하는지의 여부는 **거래명칭·계정과목** 등과 관계없이 그 **실질적 내용에 의하여 판정**한다. 그 중요한 판정기준은 다음과 같다.

1) 법인이 그 사용인(종업원)이 조직한 조합 또는 단체에 지출한 복리시설비

① 해당 조합이나 단체가 법인인 경우 : 기업업무추진비
② 해당 조합이나 단체가 법인이 아닌 경우 : 해당 법인의 경리의 일부로 처리(법인의 종업원으로 구성된 노동조합지부에 지출한 보조금 등이 여기에 해당한다.)

2) 약정에 의한 채권의 포기액

① 업무관련성이 있는 경우 : 기업업무추진비
② 업무관련성이 없는 경우 : 기부금
③ 특수관계자 외의 거래에서 발생한 채권으로서 정당한 사유가 있는 경우 : 대손금
④ 특수관계인에 대한 채권으로서 조세부담의 부당감소 목적인 경우 : 부당행위계산의 부인(손금불산입)

※ 채무자의 부도발생 등으로 장래에 회수가 불확실한 어음·수표상의 채권 등을 조기에 회수하기 위하여 해당 채권의 일부를 불가피하게 포기한 경우 동 채권의 일부를 포기하거나 면제한 행위에 객관적으로 정당한 사유가 있는 때에는 그 채권 포기액을 손금에 산입한다.

3) 사업상증여

사업상증여에 따른 부가가치세 매출세액 과 기업업무추진비 기타 유사비용의 지출에 관련된 부가가치세 매입세액은 그 성질에 따라 기부금 또는 기업업무추진비로 본다.

4) 회의비

① 통상회의비(정상적인 업무를 수행하기 위하여 지출하는 회의비로서 사내 또는 통상회의가 개최되는 장소에서 제공하는 다과 및 음식물 등의 가액 중 사회통념상 인정될 수 있는 범위 내) : 전액 손금
② 통상회의비 초과금액 및 유흥비 : 기업업무추진비

(2) 기업업무추진비에 해당하지 않는 것

1) 개인이 부담해야하는 기업업무추진비

주주·사원·출자자나 임원 또는 사용인이 부담하여야 할 성질의 기업업무추진비를 법인이 지출한 것은 기업업무추진비로 보지 않는다. ⇨ 전액 손금불산입(배당·상여)

2) 광고선전용 기증품

광고선전목적으로 기증한 물품(견본품·달력·수첩·부채·컵 등)의 비용으로서 다음의 경우에 따라 처분한다.
① 불특정다수인에게 지출한 비용 : 광고선전비 ⇨ 금액의 제한 없이 전액 손금
② 특정인에게 지출한 비용 : 개당 3만원 이하 물품 제공시에는 5만원의 한도를 적용하지 않음 ⇨ 전액 광고선전비
- 1인당 연간 5만원 이하인 경우 : 광고선전비(구매의욕을 자극하기 위하여 지출)
- 1인당 연간 5만원 초과인 경우 : 전액 기업업무추진비(친목을 위하여 지출한 것으로 봄)

3) 판매부대비용

판매한 상품 또는 제품의 보관료, 포장비, 운반비, 판매장려금, 판매수당 등 판매와 관련된 부대비용(판매장려금 및 판매수당의 경우 사전약정 없이 지급하는 경우를 포함하며, 기업회계기준에 따라 계상한 판매관련 부대비용을 말함) : 전액 판매비용(손금)

(3) 기업업무추진비와 관련한 적격증빙 여부

① 신용카드 등 : 해당 법인의 명의로 발급된 신용카드의 매출전표(직불카드영수증, 외국신용카드 매출전표, 기명식선불카드영수증, 현금영수증)
② 세금계산서, 매입자발행세금계산서 또는 계산서(법인세법·소득세법)와 원천징수영수증(소득세법에 따라 사업자등록을 하지 아니한 자로부터 용역을 제공받고 교부하는 원천징수영수증을 말함)
③ 위의 ①, ②에 해당하지 않는 것으로서 해당 법인의 명의로 발급받은 것이 아닌 신용카드(예 : 임직원 명의의 신용카드)등을 사용하고 교부받은 매출전표와 재화 또는 용역을 공급하는 신용카드 가맹점과 다른 가맹점의 명의로 작성된 매출전표는 신용카드 등의 범위에서 제외한다. 다만, 한 차례의 접대에 지출한 기업업무추진비 중 3만원이하의 기업업무추진비에 대해서는 개인의 명의로 발급받은 신용카드로 사용하는 경우와 사실과 다른 신용카드 매출전표를 발급받은 경우에도 기업업무추진비 해당액으로 보아 손금산입하고 기업업무추진비 한도액을 계산한다.

구 분	건당 3만원이하	건당 3만원초과
(1) 신용카드 사용분	기업업무추진비 한도액의 적용대상	기업업무추진비 한도액의 적용대상
(2) 계산서·세금계산서 수취		
(3) 영수증 수취분		손금불산입·기타사외유출
(4) 임직원 명의 신용카드		손금불산입·기타사외유출

(4) 증빙불비 기업업무추진비 등의 손금불산입

1) 증명서류 불비 기업업무추진비

법인이 기업업무추진비로 계상한 금액 중 지출증명서류가 없는 기업업무추진비는 손금불산입하고, 귀속자에 따라 배당·상여·기타사외유출·기타소득으로 처분하되, 귀속자가 불분명한 경우에는 대표자에 대한 상여로 처분한다.

2) 적격증명서류 미 수령 기업업무추진비

① 한 차례의 접대에 지출한 기업업무추진비가 3만원(경조금은 20만원)이하인 경우 : 적격증명서류 수령여부에 관계없이 전액 기업업무추진비로 인정(실무편의를 고려한 소액의 기업업무추진비에 대한 특례임)

② 한 차례의 접대에 지출한 기업업무추진비가 3만원(경조금은 20만원) 초과인 경우 : 전액 손금불산입(대표자 상여) ⇨ 초과분만 손금불산입하는 것이 아니라 전액을 손금불산입 함.

■ 다음은 적격증명서류 수취여부에 관계없이 기업업무추진비로 인정한다. 그 이유는 성격상 적격증빙을 수취할 수 없기 때문이다.
  ① 법인이 직접 생산한 제품 등으로 현물로 제공한 기업업무추진비(부가가치세 포함)
  ② 거래처에 대한 매출채권의 임의포기 금액 등 거래 실태 상 원칙적으로 증빙을 구비할 수 없는 기업업무추진비
  ③ 기업업무추진비가 지출된 장소(인근 지역 안의 유사한 장소 포함)에서 현금 외에 다른 지출수단이 없어 법정증빙서류를 구비하기 어려운 국외지역에서 지출한 기업업무추진비
  ④ 농·어민(법인 제외)으로부터 직접 공급받은 재화에 의한 기업업무추진비(그 대가를 금융기관 등을 통해서 지급한 경우만 해당)

(5) 기업업무추진비 한도초과액의 손금불산입

각 사업연도에 지출한 기업업무추진비(선순위로 손금불산입 되는 기업업무추진비는 제외)로서 다음의 한도액을 초과하는 금액은 손금에 산입하지 않는다.

① 기업업무추진비 한도액 계산방법

> ■ 기업업무추진비 한도액 = ① + ②
>
> ① 1,200만원(중소기업의 경우에는 3,600만원) × $\dfrac{\text{해당사업연도의 월수}}{12}$
>
> ② (일반수입금액 × 적용률) + (특정수입금액 × 적용률 × 10%)

※ 사업년도의 월수는 역에 따라 계산하되, 1월 미만의 일수는 1월로 한다.

② 수입금액 적용률

구 분		수입금액 적용률
수 입 금 액	100억원 이하분	30/10,000
	100억원 초과 500억원 이하분	20/10,000
	500억원 초과분	3/10,000

1) 수입금액

「수입금액」은 기업회계기준에 따라 계산한 매출액을 말한다.

① 특정수입금액 : 특수관계자와의 거래에서 발생한 수입금액으로 기준수입금액 총액에는 영향이 없다.
② 총매출액에서 매출에누리와 환입 및 매출할인을 차감한 금액이다.
③ 수입금액에 포함하는 것으로 부산물 및 작업폐물의 매출액 등 영업부수익
④ 수입금액에 포함하지 않는 것에는 기업회계기준상의 매출액이 아닌 영업외수익, 간주임대료, 부가가치세법상의 간주공급

2) 수입금액 적용순서

기준수입금액의 적용순서는 일반수입금액의 기업업무추진비 한도액을 먼저 산출한 후 기업업무추진비 총액에서 일반수입금액을 차감한 나머지 부분을 특정수입액으로 간주하여 계산한다.

3) 문화기업업무추진비

법소정의 문화비로 지출한 기업업무추진비가 있는 경우에는 다음의 금액을 기업업무추진비 한도액에 추가하여 손금으로 인정한다.(2025년까지 일몰연장)

기업업무추진비 한도액
 =일반기업업무추진비 한도액+문화기업업무추진비 한도액(Min) ┌① 문화기업업무추진비
                                                   └② 일반 기업업무추진비한도액×20%

※ 문화기업업무추진비의 범위
 ① 문화예술의 공연이나 전시회 또는 박물관의 입장권 구입
 ② 체육활동의 관람을 위한 입장권의 구입
 ③ 영화·비디오물 및 음반·음악영상물의 구입 및 도서 등 간행물의 구입
 ④ 관광공연장 입장권의 구입(식사·주류 가격을 제외한 공연물 관람가격에 한하던 것을 입장권 구입비용 전액으로 확대함)
 ⑤ 미술품 구입(취득가액이 거래단위별로 100만원 이하인 것으로 한정한다)

4) 자산으로 계상한 기업업무추진비 한도초과액

법인은 기업업무추진비 지출액을 그 성격에 따라 [**판매관리비·제조경비·건설중인 자산·고정자산**]의 취득가액 등에 계상한다. 이와 같이 법인이 기업업무추진비를 건설중인 자산 또는 고정자산에 계상하고 있는 경우에는 자산계정에 계상한 기업업무추진비를 포함하여 시

부인계산하고 한도초과액이 발생하는 경우에는 [비용계상 기업업무추진비 ⇨ 건설중인 자산에 계상된 기업업무추진비 ⇨ 고정자산에 계상된 기업업무추진비]의 순서로 손금불산입한다. 비용계상 기업업무추진비와 자산계상 기업업무추진비를 합하여 한도초과액을 계산하며, 기업업무추진비 한도초과액이 당기에 비용으로 계상한 기업업무추진비보다 많은 경우 세무조정의 순서는 다음과 같다.

① 먼저 기업업무추진비 한도초과액을 **손금불산입 · 기타사외유출**로 처분한다.
② 기업업무추진비 한도초과액 중 자산으로 계상된 기업업무추진비를 건설중인 자산과 고정자산에서 차례로 감액하여 **손금산입 · 유보**로 처분한다.
③ 기업회계의 취득가액을 기초로 하여 자산을 상각하는 경우 법인이 비용으로 계상한 감가상각비 중 자산 감액분에 상당하는 감가상각비를 손금불산입 · 유보로 처분함으로써 전기에 세무조정에 따른 자산감액분(△유보)을 추인하여 정리한다. 또한 자산을 처분하는 경우에는 처분당시의 △유보금액을 손금불산입 · 유보 처분한다.

5) 기업업무추진비의 평가(현물로 제공 된 기업업무추진비)

기업업무추진비를 금전이 아닌 현물 등으로 제공한 경우 해당 자산의 가액은 이를 제공한 때의 시가와 장부가액 중 큰 금액으로 평가한다.

6) 기업업무추진비의 세무조정시기

기업업무추진비 한도액에 대한 세무조정은 접대행위가 일어난 사업연도에 행한다(발생주의).

예제 3-1 기업업무추진비의 세무조정

㈜비젼의 다음 자료에 의하여 기업업무추진비 한도액을 계산하고 세무조정을 하시오.

1. 당해 사업연도의 기업업무추진비 지출총액은 89,000,000원이다. 이 중에는 지출증빙이 없는 금액 4,000,000원(건당 3만원 초과분)이 포함되어 있으며, 나머지는 모두 지출증빙을 갖춘 금액으로 다음과 같은 내역이다.

구 분	건당 3만원 이하	건당 3만원초과	합 계
신용카드등 사용분	₩6,000,000	₩69,000,000	₩75,000,000
영수증 수취분	₩3,000,000	₩7,000,000	₩10,000,000
	₩9,000,000	₩76,000,000	₩85,000,000

2. 당기의 매출액은 280억원이다. 이 가운데 50억원은 관계회사인 ㈜썬파워에 대한 매출액인데, ㈜비젼과 ㈜썬파워는 법인세법상 특수관계자에 해당한다.
3. 위 신용카드 등 사용분(건당 3만원 초과분) 가운데 300,000원은 전무이사 주선진이 해당 연도 3월 5일 1회의 접대에 사용한 것으로서 업무와는 상관없이 개인적으로 사용한 기업업무추진비를 회사의 법인카드로 결제한 것이다.
4. 당해법인은 일반법인이며, 사업년도는 1월 1일~6월 30일이다.

예제해설

1. 기업업무추진비 직부인액
   (1) 증빙누락 기업업무추진비 : ₩4,000,000(손금불산입 · 대표자 상여)
   (2) 신용카드 등 미사용(영수증 수취) 기업업무추진비 : ₩7,000,000(손금불산입 · 기타사외유출)
   (3) 개인사용 기업업무추진비 : ₩300,000(손금불산입 · 전무이사 상여)

2. 기업업무추진비 한도액
   (1) 기업업무추진비 해당액 :
       기업업무추진비 지출액 89,000,000 − 기업업무추진비 직부인액 11,300,000 = 77,700,000
   (2) 기업업무추진비 한도액(6,000,000 + 57,000,000 = 63,000,000)
       ① 12,000,000 × 6/12 = 6,000,000
       ② 10,000,000,000 × 30/10,000 = 30,000,000
       ③ 13,000,000,000 × 20/10,000 = 26,000,000
       ④ 5,000,000,000 × 20/10,000 × 10% = 1,000,000
       *수입금액 28,000,000,000 = 일반수입금액 23,000,000,000 + 특정수입금액 5,000,000,000
   (3) 기업업무추진비 한도초과액 : 기업업무추진비해당액 77,700,000 − 기업업무추진비한도액 63,000,000
       = 한도초과액 14,700,000
       기업업무추진비 한도초과액 14,700,000(손금불산입 · 기타사외유출)

예제 3-2 기업업무추진비의 세무조정(2)

㈜비젼의 다음 자료에 의하여 기업업무추진비 한도액을 계산하고 세무조정을 하시오.

1. 당해 사업연도의 기업업무추진비 지출총액은 29,000,000원이다. 이 중에는 지출증빙이 없는 금액 4,000,000원(건당 3만원 초과분)이 포함되어 있으며, 나머지는 모두 지출증빙을 갖춘 금액으로 다음과 같은 내역이다.

구 분	건당 3만원 이하	건당 3만원초과	합 계
신용카드등 사용분	₩6,000,000	₩9,000,000	₩15,000,000
영수증 수취분	₩3,000,000	₩7,000,000	₩10,000,000
	₩9,000,000	₩16,000,000	₩25,000,000

2. 당기의 매출액은 280억원이다. 이 가운데 50억원은 관계회사인 ㈜썬파워에 대한 매출액인데, ㈜비젼과 ㈜썬파워는 법인세법상 특수관계자에 해당한다.

3. 위 신용카드 등 사용분(건당 3만원 초과분) 가운데 300,000원은 전무이사 주선진이 해당 연도 3월 5일 1회의 접대에 사용한 것으로서 업무와는 상관없이 개인적으로 사용한 기업업무추진비를 회사의 법인카드로 결제한 것이다.

4. 당해법인의 건설중인자산 중에는 기업업무추진비 해당액 65,000,000원(전액 3만원 초과분)이 포함되어 있다.

5. 당해법인은 일반법인이며, 사업년도는 1월 1일~6월 30일이다.

예제해설

1. 기업업무추진비 직부인액
   (1) 증빙누락 기업업무추진비 : ₩4,000,000(손금불산입·대표자 상여)
   (2) 신용카드 등 미사용(영수증 수취) 기업업무추진비 : ₩7,000,000(손금불산입·기타사외유출)
   (3) 개인 기업업무추진비 : ₩300,000(손금불산입·전무이사 상여)

2. 기업업무추진비 한도액
   (1) 기업업무추진비 해당액 : 17,700,000+65,000,000=82,700,000
      · 기업업무추진비 지출액 29,000,000-기업업무추진비 직부인액 11,300,000=17,700,000
      · 건설중인자산의 기업업무추진비 : 65,000,000원
   (2) 기업업무추진비 한도(6,000,000+57,000,000=63,000,000)
      ① 12,000,000×6/12=6,000,000
      ② 10,000,000,000×30/10,000=30,000,000
      ③ 13,000,000,000×20/10,000=26,000,000
      ④ 5,000,000,000×20/10,000×10%=1,000,000

      *수입금액 28,000,000,000=일반수입금액 23,000,000,000+특정수입금액 5,000,000,000
   (3) 기업업무추진비 한도초과액 : 기업업무추진비해당액 82,700,000-기업업무추진비한도액 63,000,000
                            =한도초과액 19,700,000

      · 기업업무추진비 한도초과액 19,700,000(손금불산입·기타사외유출)
      · 건설중인자산(기업업무추진비) 2,000,000(손금산입·△유보)

4 기부금

(1) 기부금의 의의

「기부금」이란 ①특수 관계가 없는 자에게 ②사업과 직접 관계없이 ③무상으로 지출하는 재산적 증여의 가액을 말한다.

본래 법인세법의 손금이란 업무와 관련하여 지출된 손비를 말하고 있으나, 기부금의 경우는 업무와 직접 관련 없는 지출에 해당되어 손금이 될 수 없다. 하지만 기부금 중의 일부는 기업활동의 원활한 수행을 위해서 불가피하게 요구되거나 또는 공익성이 있는 것은 손금으로 인정할 필요가 있다. 그러므로 법인세법에서는 일정한 한도액 범위 안에서 공익목적이 강한 기부금을 손금인정하고 있다.

(2) 기업업무추진비 및 광고선전비와 구분

기부금과 기업업무추진비의 차이는 법인의 업무와 관련성에 있다. 그리고 광고선전비와의 관계에서는 업무와 관련성 외에 특정고객 및 불특정다수와 관계를 고려하게 되는데 아래와 같이 구분한다.

종 류	구 분 기 준	
(1) 기부금	업무와 관련없는 지출	특수관계 없는 상대에 지출
(2) 기업업무추진비	업무와 관련된 지출	특정 고객을 위하여 지출
(3) 광고선전비		불특정 다수인을 상대로 지출

(3) 의제기부금

기부금의 의제란 법인이 특수관계자 외의 자에게 정당한 사유 없이 자산을 정상가액보다 낮은 가액으로 양도하거나 정상가액보다 높은 가액으로 매입함으로써 그 차액 중 실질적으로 증여한 것으로 인정되는 금액은 이를 기부금으로 간주한 것을 말한다. 여기서 **「정상가액」**이란 시가에 시가의 30%를 가산하거나 30%를 차감한 범위 안의 가액을 말한다.

(4) 기부금의 구분

1) 특례기부금(소득금액의 50% 한도)

특례기부금이란 법인세법에 열거되어 있는 기부금을 말한다.
① 국가 또는 지방자치단체에 무상으로 기증하는 금품의 가액(기부금품모집 규제법의 적용을 받는 기부금품은 동법의 규정에 의하여 접수하는 것에 한한다)
② 국방헌금과 국군장병 위문금품의 가액(향토예비군 포함)
③ 천재·지변으로 생기는 이재민을 위한 구호금품의 가액(특별재난지역으로 선포된 경우 그 선포의 사유가 된 재난을 포함하며, 해외기부금도 포함 함)

④ 공공 교육기관 등에 시설비·교육비·장학금 또는 연구비로 지출하는 기부금

> ☞ 공공 교육기관의 범위
> 해당 법률에 따라 설립된 사립학교, 비영리교육재단, 기능대학, 평생교육시설, 외국교육기관, 산학협력단, 한국과학기술원, 광주과학기술원, 대구경북과학기술연구원, 울산과학기술대학교, 재외국민을 위한 한국학교를 말한다.(한국장학재단 포함)

⑤ 공공 의료기관 등에 시설비·교육비 또는 연구비로 지출하는 기부금

> ☞ 공공 의료기관의 범위
> 해당 법률에 따라 설립된 국립대학병원, 국립대학치과병원, 서울대학교병원, 서울대학교치과병원, 사립학교병원, 대한적십자사병원, 국립암센터, 지방의료원, 국립중앙의료원, 한국보훈복지의료공단병원, 한국원자력의학원, 국민건강보험공단병원, 산업재해보상보험법에 따른 의료기관을 말한다.(특례기부금 단체에 해당하는 공공의료기관이 설립한 의료기술협력단(신설 개정)

⑥ 전문모금기관 등에 지출하는 기부금(사회복지공동모금회, 재단법인 바보의 나눔)

2) 우리사주조합기부금(소득금액의 30%한도)

법인이 해당 법인의 우리사주조합에 출연하는 자사주의 장부가액 또는 금품은 전액손금인정되므로, 여기서 우리사주조합기부금은 협력업체 등 다른 법인의 우리사주조합에 대한 기부금을 말한다.

3) 일반기부금(10%한도(사회적기업은 20%))

일반기부금은 사회복지, 문화, 예술, 교육 등 공익성 있는 사업을 위하여 지출하는 것을 말한다. 일반기부금은 그 성격에 따라 다음과 같이 구분할 수 있다.

① 비영리법인·일반기부금단체의 고유목적사업비로 지출하는 기부금
② 사회복지, 문화, 예술, 학술, 교육, 종교, 자선 등 특정목적으로 지출하는 기부금
③ 법인으로 보는 단체 중 고유목적사업준비금의 손금산입이 허용되지 않는 단체가 수익사업에서 발생하는 소득을 고유목적사업비로 지출한 금액
④ 영유아보호법에 따른 어린이집 : 유치원 등과의 형평성을 맞추고자 일반기부금단체에 추가하였다.
⑤ 정부로부터 허가 또는 인가를 받은 학술단체·장학단체·기술진흥단체·문화예술단체·환경보호운동단체 : 종전에는 시행령에서 일반기부금단체로 당연지정을 하였으나 앞으로는 지정심사를 거쳐 기획재정부 고시로 지정하기로 하였다.

4) 비지정기부금

위에 열거된 것 외의 기부금은 모두 비지정기부금에 속한다. 예컨대 **[신용협동조합·새마을금고·동창회·향우회]** 등에 지출하는 기부금 등이 있다. 비지정기부금은 전액 손금불산입하고, 그 기부받은 자의 구분에 따라 다음과 같이 처분한다.

출자자(출자임원 제외)	직원(임원 포함)	위 외의 경우
배당	상여	기타사외 유출

(5) 기부금의 손금인정액 및 한도액계산

1) 기준소득금액

기준소득금액은 기부금 한도초과액의 손금불산입 및 기부금 이월공제액의 손금산입을 제외한 모든 세무조정이 완료된 후의 차가감소득금액(법인세 과세표준 및 세액조정계산서)에 법인이 손비로 계상한 **특례기부금·일반기부금**을 가산한 금액을 말한다.

```
   손익계산서상 당기순이익
 +   익금산입·손금불산입        특례기부금·일반기부금 한도초과액의
 -   손금산입·익금불산입        손금불산입을 제외한 일체의 세무조정
 = 차 가 감 소 득 금 액        (+) 특례·일반기부금 = 기준소득금액
 + 기 부 금 한 도 초 과 액
     ①특례기부금한도초과액
     ②일반기부금한도초과액
 - 기 부 금 이 월 공 제 액
 = 각 사 업 연 도 소 득 금 액
```

2) 이월결손금

이는 과세표준계산에 있어서 공제대상이 되는 이월결손금을 말한다. 즉, 사업연도 개시일 전 15년 이내에 개시한 사업연도에서 발생한 세무상 결손금으로서 그 후의 각 사업연도의 과세표준계산에 있어서 공제되지 않은 금액을 말하는 것이다.

결손금 발생 사업연도	공제기간
① 2009년 1월 1일 이후 2019년 12월 31일 이전	10년
② 2020년 1월 1일 이후	15년

3) 특례기부금 손금용인액

분류	특례기부금의 손금 인정액은 다음의 (①, ②)중 Min
①특례기부금 한도액	(기준소득금액-이월결손금)×50%
②특례기부금 손금 인정액	이월된 특례기부금의 선순위 분 + 당기 특례기부금의 손금인정액

4) 일반기부금 손금용인액

분류	일반기부금의 손금 인정액은 다음의 (①, ②)중 Min
①일반기부금 한도액	(기준소득금액-이월결손금-특례기부금 손금 인정액)×10%
②일반기부금 손금 인정액	이월된 일반기부금의 선순위 분 + 당기 일반기부금의 손금 인정액

5) 기부금의 손금인정액 및 한도초과이월액의 손금산입

기부금의 손금 인정액은 기부금의 한도액 내에서 결정된다. 이때 우선적으로 손금으로 인정되는 금액은 전기로부터 이월된 기부금 한도초과액을 우선 적용하며, 적용 후에도 한도 미달액이 발생하면 후순위로 당기에 지급된 기부금을 한도 미달액 범위 내에서 적용한다.

이때, 전기로부터 이월된 기부금 한도초과액 손금 인정액은 손금산입(기타)으로 처리하며, 당기 기부금 한도초과액은 손금불산입(기타사외유출)으로 처리한다. 여기서 유의할 점은 세무조정 된 손금인정액과 손금불산입액은 소득금액조정합계표에 반영하는 것이 아니라, 법인세과세표준 및 세액조정계산서 각사업년도소득금액계산에 반영한다.

6) 현물기부금의 평가

구 분		평가 방법
① 특례기부금		기부시점의 장부가액
② 일반기부금	특수관계 없는자에게 기부	
	특수관계 있는자에게 기부	장부가액과 시가 중 큰 금액
③ 비지정기부금		

(6) 기부금의 이월공제기간

구 분	이월손금 산입기간
① 특례기부금	10년(이 규정은 2013.1.1. 이후 개시한 사업연도에 지출한 기부금에 대해서도 적용한다.)
② 우리사주조합기부금	이월되지 않음(이월규정이 없음)
③ 일반기부금	10년(이 규정은 2013.1.1. 이후 개시한 사업연도에 지출한 기부금에 대해서도 적용한다.)

※ 기부금의 공제순서는 이월된 기부금을 우선 공제한 후 남은 기부금 공제한도 내에서 각 사업년도(과세기간)에 지출한 기부금을 공제한다.

(7) 기부금의 귀속시기

기부금은 그 지출한 날이 속하는 사업연도에 귀속한다(현금주의). 따라서 법인이 기부금을 가지급금 등으로 이연계상한 경우에는 이를 그 지출한 사업연도의 기부금으로 하고 그 후의 사업연도에는 이를 기부금으로 보지 않는다. 또한 법인이 기부금을 미지급금으로 계상한 경우에는 실제로 이를 지출할 때까지 기부금으로 보지 않는다.

한편 법인이 기부금의 지출을 위하여 어음을 발행(배서를 포함)한 경우에는 그 어음이 실제로 결제된 날에 지출한 것으로 보고, 수표를 발행한 경우에는 해당 수표를 교부한 날에 지출한 것으로 본다.

기부금 종류	실제 지출일	비고
현금	현금지출일	
현물	현물 증정일	현물을 외상으로 구입한 경우에도 결제일이 귀속시기가 아님
수표	교부일	선일자 수표는 약속어음과 같이 처리되므로 결제일 귀속
약속어음	결제일	

예제 4 기부금의 세무조정

다음 자료에 의하여 ㈜비젼(사업연도 1.1.~12.31)의 기부금한도액과 각사업연도소득금액을 계산하시오.

1. 비용으로 계상한 손익계산서의 기부금 내역

구 분	기부내역	계정상 금액	비고
사립학교 시설비	토지	50,000,000원	시가 90,000,000원
불우이웃돕기성금	제품	39,000,000원	시가 80,000,000원
대표이사 동창회비	제품	7,000,000원	시가 4,000,000원
유치원 기부금	당좌수표	1,000,000원	익년 1월 3일 결제
법정모금단체의 어음기부	약속어음	3,000,000원	익년 1월 20일 결제

현물기부금은 장부가액으로 회계 처리하였으며, 당사는 기부받은 자와 특수관계자는 아니다.

(1) 불우이웃돕기성금은 사회복지법인에 대한 것이며, 고유목적사업비로 지출한 것이다.
(2) 유치원기부금은 해당유치원의 고유목적사업비로 지출한 것이며, 2025년 12월 31일 발행하고, 2026년 1월 3일 결제하였다.(선일자 수표 아님)
(3) 법정모금단체 어음기부금은 법인세법에 의한 법인이며, 고유목적사업비에 해당한다.

2. 손익계산서의 당기순이익은 120,000,000원이며, 법인세비용은 10,000,000원이 계상되어 있다.
3. 전기에서 이월된 세무상 이월결손금 120,000,000원이 있다.
4. 과거 연도에 세무조정시 발생한 특례기부금 및 일반기부금 한도초과액은 다음과 같다.

	2020년	2021년	2022년	2023년	2024년
특례기부금	4,000,000원	-	4,800,000원	5,200,000원	-
일반기부금	-	-	1,500,000원	1,500,000원	-

예제해설

1. 기부금명세서 작성

	특례기부금	일반기부금	비지정기부금
사립학교 시설비	50,000,000원		
불우이웃돕기 성금		39,000,000원	
대표이사 동창회비			7,000,000원
유치원 기부금		1,000,000원	
협회특별회비			3,000,000원
기부금 합계	50,000,000원	40,000,000원	10,000,000원

2. 세무조정
(1) 법인세비용 10,000,000(손금불산입, 기타사외유출)
(2) 비지정기부금 7,000,000(손금불산입, 상여)
(3) 미지급기부금 3,000,000(손금불산입, 유보)

3. 기준소득금액의 계산

손익계산서 당기순이익	120,000,000	차가감소득금액	140,000,000
익금산입 · 손금불산입		법정기부금	50,000,000
법 인 세 비 용	10,000,000	일 반 기 부 금	40,000,000
대표이사 동창회비	7,000,000	기 준 소 득 금 액	230,000,000
어 음 기 부 금	3,000,000		
차 가 감 소 득 금 액	140,000,000		

4. 기부금 한도액 및 손금용인액 계산
(1) 특례기부금 손금용인액(①특례기부금 한도액 ②특례기부금 손금인정액)중 Min
  ① 특례기부금 한도액
    55,000,000원 = (230,000,000원-120,000,000원)×50%
  ② 특례기부금 손금인정액
    64,000,000원 = (4,000,000+4,800,000+5,200,000)+50,000,000
  ③ 특례기부금 한도초과액 : 9,000,000원
    9,000,000 = 64,000,000원 - 55,000,000원
(2) 일반기부금 손금용인액(①일반기부금 한도액 ②일반기부금 손금인정액)중 Min
  ① 일반기부금 한도액
    5,500,000원 = (230,000,000원-120,000,000원-55,000,000원)×10%
  ② 일반기부금 손금인정액
    43,000,000원 = (1,500,000+1,500,000)+40,000,000
  ③ 일반기부금 한도초과액 : 37,500,000원
    37,500,000 = 43,000,000원 - 5,500,000원

5. 각사업년도 소득금액

손익계산서 당기순이익	120,000,000
익금산입 · 손금불산입	
법 인 세 비 용	10,000,000
대표이사 동창회비	7,000,000
어 음 기 부 금	3,000,000
차 가 감 소 득 금 액	140,000,000
기 부 금 한 도 초 과 액	46,500,000
기 부 금 이 월 공 제 액	17,000,000
각사업년도소득금액	169,500,000

5 지급이자 손금불산입

차입금에 대한 지급이자는 순자산감소의 원인이 되는 손비의 금액이므로 손금으로 인정하는 것이 원칙이다. 다만, 법인세법은 여러 가지 이유로 일정한 지급이자를 손금 불산입하도록 규정하고 있는데, 그 종류와 부인순서는 다음과 같다.

취 지	구분(손금 불산입액 계산순서)	소득처분
변칙거래방지 및 실명제 정착	〈1순위〉 채권자불분명 사채이자	원천징수 상당액 : 기타사외유출 원천징수 제외분 : 대표자 상여
	〈2순위〉 비실명 채권·증권의 이자	
비용이 아닌 자산의 원가	〈3순위〉 건설자금이자	유보
비생산적 자산의 보유방지	〈4순위〉 업무무관자산에 대한 지급이자	기타사외유출

(1) 채권자 불분명 사채이자

채권자가 명확하지 않은 채권자 불분명 사채(私債)의 이자는 손금에 산입하지 않는다. 그 이유는 법인이 가공의 채무를 계상하여 소득금액을 감소시키는 행위를 방지하는 것을 목적으로 하며 지하자본시장 즉, 사채(私債)시장의 양성화를 목적으로 하기 때문이다.

1) 채권자 불분명사채이자의 범위

「채권자 불분명 사채이자」란 다음 중 어느 하나에 해당하는 차입금의 이자를 말한다.
① 채권자의 주소 및 성명을 확인할 수 없는 차입금
② 채권자의 능력 및 자산상태로 보아 금전을 대여한 것으로 인정할 수 없는 차입금
③ 채권자와의 금전거래사실 및 거래내용이 불분명한 차입금

다만, 거래일 현재 주민등록표에 의하여 그 거주사실 등이 확인된 채권자가 차입금을 변제받은 후 소재불명이 된 경우의 차입금에 대한 이자는 제외한다.

2) 채권자불분명 사채이자의 세무조정

채권자 불분명 사채이자는 원천징수상당액을 제외한 나머지금액을 손금불산입액으로 처리하며, 소득의 귀속자를 밝히고 있지 않으므로 대표자에게 책임을 물어 대표자의 상여로 소득 처분한다.

3) 원천징수상당액의 처리

「원천징수세액 상당액」이란 보통 45%의 소득세와 그 소득세에 대한 10%의 개인지방소득세의 합계액을 말한다.

(2) 비실명(수령자 불분명) 채권 등이자

금융회사 등이 이자를 지급하는 경우에는 금융실명제의 적용을 받으므로 지급을 받은 자의 실명이 확인되고, 금융회사 등은 지급명세서에 따라 그 이자소득의 귀속자·지급일 등을 과세관청에 보고한다. 금융회사 등이 아닌 법인이 채권을 발행하고 이자를 지급하는 경우에도 채권의 실명을 확인할 필요성이 있다.

채권·증권을 발행한 법인이 이자 또는 할인액을 직접 지급하는 경우로서 그 지급 사실이 객관적으로 인정되지 아니한 경우에는 그 이자·할인액·차익을 손금으로 인정하지 아니한다. 소득자 불분명 채권·증권이자 등을 손금불산입하는 규정의 입법취지 및 세무조정은 채권자 불분명 사채이자의 경우와 같다.

(3) 건설자금이자

1) 법인세법상 건설자금이자와 개념과 범위

「**건설자금이자**」란 자산의 취득을 위해 사용된 차입금에 대한 이자비용을 말한다. 이에 대해 자산의 취득원가에 가산해야 한다는 **자산설**(또는 취득원가설)과 발생한 기간에 비용으로 처리해야 한다는 **비용설**이 주된 견해이다.

이에 기업회계기준에서는 자산설에 따라 건설자금이자를 자산의 취득원가에 산입하도록 하고 있다. 그리고 법인세법에서는 건설자금이자를 특정차입금이자와 일반차입금이자로 구분하고, 특정차입금이자는 취득원가에 산입하여야 하지만 일반차입금이자는 취득원가 산입과 당기 손금 중 하나를 선택할 수 있도록 하고 있다.(본서는 특정차입금 중심으로 해설)

2) 건설자금이자 중 특정차입금이자

특정차입금이자란 어떠한 명목이든 관계없이 사업용 고정자산의 매입, 제작, 건설에 소요된 차입금(고정자산의 건설 등에 소요되었는지 여부가 분명하지 않은 차입금은 제외)에 대한 지급이자 또는 이와 유사한 성질의 지출금을 말한다. 이와 같은 특정차입금이자의 자본화는 강제사항이고, 일반차입금의 자본화는 선택사항이다.

① 건설에 소요된 차입금에 대한 보증료 : 자본화 대상
② 건설자금의 연체이자 : 자본화대상(단, 원본에 가산한 연체이자에 대한 지급이자는 자본화하지 않음)
③ 외화차입금의 환율변동손익 : 자본화대상이 아님

3) 건설자금이자의 계산기간

특정차입금의 계산기간은 사업용 고정자산의 매입, 제작, 건설의 개시일로부터 준공일까지의 기간을 말한다. 특정차입금의 계산기간은 다음에 해당하는 날로 한다.

① 토지를 매입하는 경우 : 계약금의 지급일로부터 대금 청산일 또는 토지를 사업에 사용하기 시작한 날
② 건축물을 신축하는 경우 : 착공일로부터 소득세법시행령에 따른 취득일과 사용개시일

중 빠른 날
③ 기계장치 등 사업용 고정자산을 건설·제작하는 경우 : 설치일로부터 사용개시일

4) 건설자금이자의 계산

① 특정차입금에 대한 건설자금이자의 계산

구 분	비 고
건설기간 중의 이자	차입금을 차입하는때 지급하는 지급보증료와 차입금의 연체이자를 포함한다.
(-) 운영자금 전용분 이자	차입한 건설자금의 일부를 운영자금에 전용한 경우 그 부분에 대한 지급이자는 이를 손금(기간비용)으로 한다.
(-) 일시예금분 수입이자	건설 등에 소요되는 차입금의 일시예금에서 생기는 수입이자는 원본에 가산하는 자본적 지출금에서 차감한다.
건설자금이자	취득원가에 산입한다.

② 일반차입금에 대한 건설자금이자의 계산

건설자금에 충당한 차입금의 이자에서 특정차입금에 따른 이자를 뺀 금액으로서 해당 사업연도 중 사업용 고정자산의 건설 등에 소요된 기간에 실제로 발생한 일반차입금의 지급이자는 내국법인의 각 사업연도의 소득금액을 계산할 때 이를 손금에 산입하지 아니할 수 있다.(선택)

5) 건설자금이자를 비용으로 계상한 경우의 세무조정

건설자금이자를 자산의 원가에 가산하지 않고 비용으로 계산한 경우에는 다음과 같이 처리한다.

구 분		세무 조정	
		당 기	차기 이후
비상각자산의 경우		손금불산입 (유보)	처분 시에 손금추인 (△유보)
감가상각 자산의 경우	당기말까지 건설이 완료되지 않은 경우	손금불산입 (유보)	상각·처분시 손금추인 (△유보)
	당기말까지 건설이 완료된 경우	감가상각비로 보아 시부인계산(즉시상각의제)	-

(4) 업무무관자산 등에 대한 지급이자

법인이 업무무관자산을 취득·보유하고 있거나 특수관계자에게 업무와 관련 없는 가지급금 등을 지급하고 있는 경우에 그에 상당하는 지급이자는 이를 손금에 산입하지 않는다. 업무무관 자산과 특수관계인에 대한 업무무관 가지급금에 상당하는 지급이자를 손금산입하지 않는 것은 법인의 부동산투기를 억제하고 자금을 비생산적으로 활용하는 것을 규제함으로써 재무구조를 개선하기 위한 것이다.

1) 지급이자의 요건

지급이자 범위에 포함되는 것	지급이자 범위에 포함되지 않는 것
① 금융어음(융통어음) 할인료 ② 사채할인발행차금상각액 ③ 사채(社債)이자, 사채(私債)이자 ④ 미지급이자계상액 ⑤ 금융리스료 중 이자상당액	① 상업어음 할인료 ② 현재가치할인차금상각액, 연지급수입이자 ③ 선급이자 ④ 기업구매자금대출이자 ⑤ 선순위에서 손금불산입된 이자 ⑥ 운용리스료

2) 업무무관자산의 종류

법인의 자산 중 업무와 관련이 없는 자산을 의미하는 것은 ①업무무관부동산과 ②업무부관 동산 ③업무무관가지급금으로 구분할 수 있다.

■ 업무무관 부동산과 업무무관 동산

구 분	범 위
업무무관부동산	① 법인의 업무에 직접 사용하지 아니하는 부동산, 다만, 기획재정부령이 정하는 유예기간이 경과하기 전까지의 기간 중에 있는 부동산을 제외한다. ② 유예기간 중에 해당 법인의 업무에 직접 사용하지 아니하고 양도하는 부동산(부동산매매업을 주업으로 영위하는 법인의 경우를 제외함)
업무무관동산	① 서화 및 골동품(단, 장식 및 환경미화 등을 위해 사무실 및 복도 등 여러 사람이 볼 수 있는 공간에 상시 비치하는 것은 제외함) ② 업무에 직접 사용되지 아니하는 자동차 및 선박·항공기(다만, 저당권의 실행 기타채권을 변제받기 위하여 취득한 것으로서 3년 이내의 것 등 재정경제부령이 정하는 부득이한 사유가 있는 것은 제외) ③ 기타 이와 유사한 자산으로서 해당 법인의 업무에 직접 사용하지 아니하는 자산

■ 업무무관 가지급금

업무무관 가지급금이란 그 명칭 여하에 불구하고 특수관계자에 대한 해당법인의 업무와 관련이 없는 자금의 대여액을 말하며, 금융기관의 경우에는 주된 수익사업으로 볼 수 없는 자금의 대여액을 포함한다.(이 조건에 해당하면, 이자수령 여부와 관계없이 가지급금으로 본다) 다만, 다음의 경우에는 업무무관 가지급금의 범위에서 제외한다.

① 미지급소득(지급한 것으로 의제되는 배당금과 상여금을 말한다)에 대한 소득세를 법인이 대납한 금액
② 정부의 허가를 받아 국외에 자본을 투자한 내국법인이 해당 국외투자법인에 종사하거나 종사할 자의 여비·급료·기타 비용을 대신하여 부담한 금액
③ 법인이 우리사주조합 또는 그 조합원에게 해당 법인의 주식취득에 소요되는 자금을 대여한 금액

④ 국민연금법에 의하여 근로자가 지급받은 것으로 보는 퇴직금전환금
⑤ 익금산입액의 귀속자가 불분명하여 대표자상여로 처분한 금액에 대한 소득세를 법인이 대납한 금액
⑥ 사용인에 대한 월정급여액의 범위 안에서의 일시적인 급료의 가불금
⑦ 사용인에 대한 경조사비의 대여액
⑧ 사용인(사용인의 자녀 포함)에 대한 학자금의 대여액
⑨ 한국자산관리공사가 출자총액의 전액을 출자하여 설립한 법인에 대여한 금액
⑩ 중소기업에 근무하는 직원에 대한 주택구입 또는 전세자금의 대여액

3) 손금불산입 지급이자의 계산

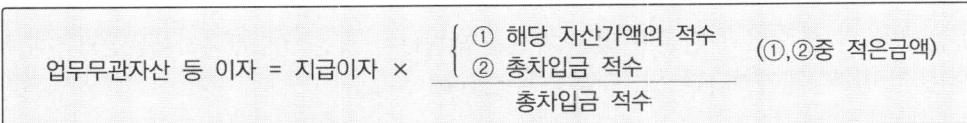

여기서 업무무관자산가액은 그 자산의 취득가액으로 하며, 지급이자 및 차입금 적수는 다음과 같이 선순위 손금불산입분을 제외하고 계산한다.

① 지급이자 : 업무무관자산 등의 이자계산은 지급이자 총액에서 다음의 순서를 부인한 후의 이자를 말한다.
    가. 채권자불분명사채이자
    나. 수령자 불분명 채권·증권이자
    다. 건설자금이자

② 차입금의 적수 : 차입금의 적수는 차입금 총액에서 다음의 순서를 배제한 후의 차입금을 말한다.
    가. 채권자불분명사채의 적수
    나. 수령자 불분명 채권·증권의 적수
    다. 건설소요자금의 차입금 적수

4) 가지급금과 가수금의 상계 여부

구 분	범 위
① 원 칙	가지급금적수를 계산함에 있어서 동일인에 대한 가지급금과 가수금이 함께 있는 경우에는 상계한 순액으로 계산한다.
② 예 외	각각 상환기간 및 이자율 등에 관한 약정이 있어 상계할 수 없는 경우에는 상계하지 아니한다.

Chapter 5 법인세

예제 5 지급이자 손금불산입

다음 자료에 의하여 제조업을 영위하는 ㈜비젼의 제5기(1.1~12.31)지급이자에 관한 세무조정과 소득처분을 행하라.(1년은 365일로 가정하기로 함.)

1. 손익계산서상 지급이자의 내역(원천징수세액은 고려하지 아니함)

이자율	지급이자	차입금적수	비 고
연25%	₩1,000,000	₩1,460,000,000	채권자의 주소·성명 미확인
연20%	10,000,000	18,250,000,000	
연15%	12,000,000	29,200,000,000	
연10%	3,000,000	10,950,000,000	전액 당기말 현재 미완공상태인 건물신축에 사용
합 계	₩26,000,000	₩59,860,000,000	

2. 가지급금 지급내역

지급대상자	지급일자	금 액	비 고
대표이사	제5기 4. 16	₩32,850,000	업무와 직접 관련없는 대여금
경리과장	제5기 5. 24	2,000,000	자녀학자금 대여액
합 계		₩34,850,000	

예제해설

1. 지급이자 손금불산입
   (1) 채권자불분명 사채이자 : 1,000,000(손금불산입·상여)
   (2) 비실명채권증권이자 : 없음
   (3) 건설자금이자 : 3,000,000원(미완공건물에 해당되어 손금불산입·유보)
   (4) 업무무관자산 등의 이자 : 3,960,000원(손금불산입·기타사외유출)
      ① 선순위 이자 차감 후 지급이자 총액 : 26,000,000-(1,000,000+3,000,000)=22,000,000원
      ② 선순위 차입금 차감 후 차입금 총액 : 59,860,000,000-(1,460,000,000+10,950,000)
         또는 18,250,000,000+29,200,000,000=47,450,000,000원
      ③ 업무무관자산의 적수계산 :
         대표이사의 대여금은 업무무관가지급금에 해당 : 32,850,000×260일=8,541,000,000원
      ④ 업무무관자산등의 이자계산 : $22,000,000 \times \dfrac{\substack{① \ 8,541,000,000 \\ ② 47,450,000,000 중(min)}}{47,450,000,000} = 3,960,000$원

6 업무용승용차 관련비용의 손금불산입

종전에 고가의 승용차를 회사 명의로 구입하거나 임차하여 사적인 용도로 사용하면서 승용차의 감가상각비와 임차료는 물론 유지비와 관리비를 비용으로 처리하여 세금을 탈루하는 일이 많았다. 이러한 승용차의 사적인 용도로 사용하였는지 여부를 적발하기가 어려워서 승용차와 관련된 세금 탈루를 방치하는 실정이었다. 이에 정부에서는 승용차 관련 비용에 대한 탈세를 방지하기 위하여 업무용승용차 관련비용의 손금불산입 특례규정을 신설하여 2016.1.1. 이후 개시하는 사업연도(감가상각의제규정은 2016.1.1. 이후 개시하는 사업연도에 취득하는 분)부터 적용한다.

(1) 업무용승용차의 범위와 감가상각 의무화

구 분	내 용
업무용승용차의 범위	업무용승용차란 개별소비세 과세대상인 승용자동차를 말한다. 다만, 다음 중 어느 하나에 해당하는 승용자동차는 제외한다. ① 부가가치세법상 매입세액 공제대상인 업종(운수업, 자동차 판매업, 자동차 임대업, 운전학원업, 기계정비업)과 여신전문금융업법에 따른 시설대여업에서 사업상 수익을 얻기 위하여 직접 사용하는 승용자동차 ② 장례식장 및 장의 관련 서비스업을 영위하는 법인이 소유하거나 임차한 운구용 승용차 ③ 연구개발 목적으로 사용하는 승용자동차로서 대통령령이 정하는 것
감가상각 의무화	2016. 1. 1. 이후 개시하는 사업연도에 취득하는 업무용승용차의 감가상각비는 정액법을 상각방법으로 하고, 내용연수 5년으로 하여 계산한 금액을 손금에 산입하여야 한다. 업무용승용차의 감가상각비는 강제상각제도에 의하고 있으므로 반드시 **내용연수 5년**의 **정액법으로 감가상각**을 해야 하고, 결산상 감가상각비가 상각범위액에 미달하는 경우 반드시 손금산입으로 세무조정하여야 한다.

※ 업무용승용차의 감가상각비를 강제상각제도로 하고 있는 것은 업무용승용차에 대한 감가상각비를 임의상각제도로 할 경우 감가상각비 계상액을 조절하여 운행일지 작성의무를 회피할 수 있는 문제가 발생할 수 있기 때문이다.

(2) 업무용승용차의 업무미사용금액의 손금불산입

구 분	내 용
법 규정	업무용승용차를 취득하거나 임차하여 손금에 산입하거나 지출한 업무용승용차관련 비용 중 업무사용금액에 해당하지 아니하는 금액은 손금불산입한다.
업무용승용차 관련비용의 범위	업무용승용차에 대한 감가상각비, 임차료, 유류비, 보험료, 수선비, 자동차세, 통행료, 금융리스부채에 대한 이자비용 등 업무용승용차의 취득·유지를 위하여 지출한 비용을 말한다.
업무사용금액의 계산조건	① 국토부장관이 정하는 바에^(※) 따라 **법인업무용 자동차등록번호판을 부착하여야 한다**. 해당 자동차가 자동차등록번호판을 부착하지 않은 경우 전액 업무용승용차 관련비용은 손금불산입한다. ※ 2024.1.1.이후 신규등록(변경등록)하는 법인 명의의 승용차(리스 및 1년이상 장기렌트 차량은 임차인이 법인인 경우)의 **차량가액이 8,000만원 이상인 업무용 승용차**를 말한다.

	② 업무전용자동차보험에 가입해야 하며, 업무전용자동차보험에 가입하지 않은 경우에는 업무용승용차 관련비용 전액은 **손금불산입**한다.
업무사용금액의 계산방법	업무사용금액 = 업무용승용차 관련비용 × 업무사용비율
소득처분	손금불산입액은 소득처분의 일반원칙에 따라 소득처분한다. 즉, 귀속자에 따라 배당, 상여, 기타소득 등으로 처분한다.

1) 업무전용자동차보험

해당 사업연도 전체 기간(임차한 승용차의 경우 해당 사업연도 중에 임차한 기간)동안 해당 법인의 임원·직원, 계약에 따라 해당 법인의 업무를 위하여 운전하는 사람, 해당 법인의 업무를 위하여 필요하다고 인정되는 경우로서 기획재정부령으로 정하는 사람이 운전하는 경우만 보상하는 자동차보험을 말한다.

① 해당 법인의 임원 또는 사용인
② 계약에 따라 해당 법인의 업무를 위하여 운전하는 사람
③ 해당 법인의 업무를 위하여 필요하다고 인정되는 경우로서 기획재정부령으로 정하는 사람

2) 업무사용비율

구 분		업무사용비율
① 운행기록 등을 작성·비치한 경우[*1]		$\dfrac{\text{업무용 사용거리}^{(*2)}}{\text{총 주행거리}}$
② 운행기록 등을 작성·비치하지 않은 경우	업무용승용차 관련비용이 1,500만원[*3] 이하인 경우	100%
	업무용승용차 관련비용이 1,500만원[*3]을 초과하는 경우	$\dfrac{1,500\text{만원}}{\text{업무용승용차 관련비용}^{(*4)}}$

*1) 운행기록 등에 의한 업무사용비율을 적용하려는 내국법인은 업무용승용차별로 운행기록 등을 작성하여 비치하여야 하며, 납세지 관할 세무서장이 요구할 경우 이를 즉시 제출하여야 한다.(입증책임)

*2) 업무용 사용거리란 제조·판매시설 등 해당 법인의 사업장 방문, 거래처·대리점 방문, 회의 참석, 판촉활동, 출·퇴근 등 업무수행에 따라 주행한 거리를 말한다.

*3) 해당 사업연도가 1년 미만인 경우에는 1,500만원에 해당 사업연도의 월수를 곱하고 이를 12로 나누어 산출한 금액을 말하고 사업연도 중 일부 기간 동안 보유하거나 임차한 경우에는 1,500만원에 해당 보유기간 또는 임차기간 월수를 곱하고 이를 사업연도 월수로 나누어 산출한 금액을 말한다.

*4) "1,500만원÷업무용승용차 관련비용"은 업무용승용차 관련비용 중 1,500만원 초과분을 전액 손금불산입하는 비율이다.

※ 부동산임대업을 주된 사업으로 하는 등 일정한 내국법인(특정법인)의 업무용승용차 관련비용

> 특정법인은 다음의 요건을 모두 갖춘 내국법인을 말한다. 특정법인의 경우에는 업무사용비율, 업무사용금액 중 감가상각비(상당액)한도초과액, 업무용승용차 처분손실 한도초과액을 적용할 때 "<u>1천5백만원</u>"은 각각 "<u>500만원</u>"으로, "<u>800만원</u>"은 각각 "<u>400만원</u>"으로 한다.
> ① 해당 사업연도 종료일 현재 내국법인의 지배주주등이 보유한 주식 등의 합계가 해당 내국법인의 발행주식 총수 또는 출자총액의 50%를 초과할 것
> ② 해당 사업연도에 부동산 임대업을 주된 사업으로 하거나 다음의 금액 합계가 기업회계기준에 따라 계산한 매출액[㈎ 내지 ㈐의 금액이 포함되지 않은 경우에는 포함하여 계산함]의 50% 이상일 것
>   ㈎ 부동산 또는 부동산상의 권리의 대여로 인하여 발생하는 수입금액(부동산임대업이 주업이고 차입금과다 내국법인의 경우 간주임대료 포함)
>   ㈏ 소득세법상 이자소득의 금액
>   ㈐ 소득세법상 배당소득의 금액
> ③ 해당 사업연도의 상시근로자 수가 5명 미만일 것

(3) 업무용승용차의 감가상각비 한도초과액의 손금불산입

1) 업무용승용차의 감가상각비 한도초과액

업무사용 감가상각비와 임차료 중 감가상각비 상당액이 해당 사업연도에 각각 800만원을 초과하는 경우 그 초과하는 금액(이하 감가상각비 한도초과액)은 해당 사업연도에 손금불산입하여 유보(감가상각비 상당액은 기타사외유출)로 소득처분한다.

> ① 업무용승용차별 감가상각비 × 업무사용비율 - 800만원※
> ② 업무용승용차별 임차료 중 감가상각비상당액 × 업무사용비율 - 800만원

※ 해당 사업연도가 1년 미만인 경우 800만원에 해당 사업연도의 월수를 곱하고 이를 12로 나누어 산출한 금액을 말하고, 사업연도 중 일부 기간동안 보유하거나 임차한 경우에는 800만원에 해당 보유기간 또는 임차기간 월수를 곱하고 이를 사업연도 월수로 나누어 산출한 금액을 말한다. 이 경우 월수는 역에 따라 계산하되, 1개월 미만의 일수는 1개월로 한다.

임차료 중 「**감가상각비상당액**」이란 다음 중 어느 하나에 해당하는 금액을 말한다.
① **여신전문금융업법**에 따라 등록한 시설대여업자로부터 임차한 승용차(리스) :
  ㉠ 순수한 임차료(리스료)를 말함.
  ㉡ 임차료에 보험료, 자동차세, 수선비가 포함되어 있는 경우 해당 임차료에 포함되어 있는 보험료, 자동차세, 수선유지비를 차감한 금액. 다만, 수선유지비를 별도로 구분하기 어려운 경우 임차료(보험료와 자동차세를 차감한 금액을 말한다)의 7%를 수선유지비로 계산한다.
② 「**여객자동차 운수사업법**」에 따라 등록한 자동차 대여사업자로부터 임차한 승용차(렌탈) : 임차료의 70%에 해당하는 금액

구분	임차료 중 감가상각비상당액
① **여신전문금융업법**에 따라 등록한 시설대여업자로부터 임차한 승용차(리스)	임차료 − 임차료에 포함된 **보험료·자동차세·수선유지비** ㉠ 수선유지비 = {총임차료−(보험료+자동차세)}×7% ㉡ 임차료− 임차료에 포함된 보험료·자동차세·수선유지비
② 「**여객자동차 운수사업법**」에 따라 등록한 자동차 대여사업자로부터 임차한 승용차(렌탈)	임차료 × 70%

2) 업무용승용차의 감가상각비 한도초과액의 이월공제

업무용승용차의 감가상각비 한도초과액과 임차료 중 감가상각비 상당액의 한도초과액은 다음과 같이 이월하여 손금에 산입한다.

① 감가상각비 이월액

해당 사업연도의 다음 사업연도부터 해당 업무용승용차의 업무사용금액 중 감가상각비가 800만원에 미달하는 경우 그 미달하는 금액을 한도로 하여 손금에 산입한다.

② 임차료 중 감가상각비 상당액 이월액

해당 사업연도의 다음 사업연도부터 해당 업무용승용차의 업무사용금액 중 감가상각비 상당액이 800만원에 미달하는 경우 그 미달하는 금액을 한도로 손금에 산입한다.

※ 해당 사업연도가 1년 미만인 경우 800만원에 해당 사업연도의 월수를 곱하고 이를 12로 나누어 산출한 금액을 말하고, 사업연도 중 일부 기간 동안 보유하거나 임차한 경우에는 800만원에 해당 보유기간 또는 임차기간 월수를 곱하고 이를 사업연도 월수로 나누어 산출한 금액을 말한다. 이 경우 월수는 역에 따라 계산하되, 1월 미만의 일수는 1월로 한다.

(4) 업무용승용차의 처분손실의 이월공제

업무용승용차를 처분하여 발생하는 손실로서 업무용승용차별로 800만원을 초과하는 금액은 손금불산입하여 기타사외유출로 처분한다. 이월된 처분손실은 다음 사업연도부터 800만원을 균등하게 손금에 산입하되, 남은 금액이 800만원 미만인 사업연도에는 남은 금액을 모두 손금에 산입한다.

〈사례〉	감가상각비 한도초과액과 처분손실의 처리방법
1기 감가상각	업무용승용차 감가상각비 한도초과액 12,000,000원(손금불산입, 유보)
2기초 처분시	〈1단계〉 · 유보잔액 전액 손금추인 : 전기 감가상각비 한도초과액 12,000,000원(손금산입,△유보) 〈2단계〉 세법상 처분손실의 계산(회사계상 처분손실 10,000,000원 가정) · 세법상 처분손실 △22,000,000=△10,000,000 + △12,000,000원(유보추인액) 〈3단계〉 처분손실의 한도초과액 계산 · 22,000,000 − 8,000,000 × (사업연도월수/12)=14,000,000원 · 유형자산처분손실 14,000,000원(손금불산입, 기타사외유출)
3기	· 처분손실 이월액 14,000,000원 중 8,000,000원(손금산입, 기타)
4기	· 처분손실 이월액 6,000,000원(손금산입, 기타)

① 해당 사업연도가 1년 미만인 경우 800만원에 해당 사업연도의 월수를 곱하고 이를 12로 나누어 산출한 금액을 말하며, 이 경우 월수는 역에 따라 계산하되, 1월 미만의 일수는 1월로 한다.

② 업무용승용차의 처분손실은 해당 사업연도가 1년 미만인 경우에만 월할계산하는 것이며, 업무용승용차를 사업연도 중 일부 기간 동안 보유한 경우에는 월할계산하지 않음에 주의 할 것.

(5) 업무용승용차 관련비용 등에 관한 명세서의 제출

업무용승용차 관련비용 또는 처분손실을 손금에 산입한 법인은 법인세 과세표준을 신고할 때 업무용승용차 관련비용 명세서를 납세지 관할 세무서장에게 제출하여야 한다.

(6) 해산하는 경우 손금산입

내국법인이 해산(합병·분할 또는 분할합병에 따른 해산을 포함한다)한 경우에는 업무용승용차별 임차료 중 감가상각비상당액 이월액 및 업무용승용차 처분손실로서 800만원 초과 이월액 중 남은 금액을 해산등기일(합병·분할 또는 분할합병에 따라 해산한 경우에는 합병등기일 또는 분할등기일을 말한다)이 속하는 사업연도에 모두 손금에 산입한다.

■ 업무용승용차 관련 세무조정 접근방법

	자가용 승용차	리스차량	렌탈차량
(1) 업무용승용차 감가상각비 의제액계산	○	-	-
(2) 업무관련 미사용액의 계산	○	○	○
(3) 감가상각비 상당액의 계산	○	○	○

예제 6-1 　업무용승용차 관련비용의 세무조정(법인명의 차량)

㈜비젼은 제조업을 영위하는 법인(사업연도 : 1/1~12/31)이다. 각 사업연도의 자료가 다음과 같을 경우 2025년부터 2027년까지의 각 사업연도의 세무조정을 하시오.

(1) 2025년 사업연도
- 대표이사 전용 업무용승용차 취득(취득일 2025년 1월 1일)
- 취득가액 100,000,000원(법인업무용 자동차번호판 부착)
- 손익계산서상 감가상각비 15,000,000만원, 기타 유지비 10,000,000만원
- 업무전용자동차보험에 가입, 운행기록 작성·비치(총 주행거리 10,000㎞, 업무사용거리 8,000㎞)

Chapter 5 법 인 세

(2) 2026년 사업연도
- 손익계산서상 감가상각비 15,000,000만원, 기타 유지비 30,000,000만원
- 업무전용자동차보험에 가입, 운행기록 작성·비치(총 주행거리 10,000㎞, 업무사용거리 3,000㎞)

(3) 2027년 사업연도
- 손익계산서상 감가상각비 15,000,000만원, 기타 유지비 10,000,000만원
- 업무전용자동차보험에 가입, 운행기록 작성·비치(총 주행거리 10,000㎞, 업무사용거리 9,000㎞)
- 업무용 승용차 처분(처분일 2027 6월 30일 처분가액 40,000,000원, 손익계산서 처분손실 15,000,000원)

예제해설

1. 2025년 사업연도
   ① 업무용승용차 감가상각비 시부인
   - 회사상각비 : 15,000,000원
   - 상각범위액 : 100,000,000원 × 0.2= 20,000,000원(정액법 내용연수 5년 의제)
   - 상각부인액 : 20,000,000원 − 15,000,000원 = △5,000,000원(손금산입, △유보)

   ② 업무용승용차 관련비용 중 업무미사용금액
   - 업무승용차관련 비용 : 20,000,000원(감가상각비) + 10,000,000원(유지비)=30,000,000원
   - 업무사용비율 = 8,000㎞/10,000㎞ = 80%
   - 업무미사용금액 : 30,000,000원×(1−80%)=6,000,000원(손금불산입·상여)

   ③ 업무사용금액 중 감가상각비 한도초과액
   - 업무사용금액 중 감가상각비 : 20,000,000원 × 80% = 16,000,000원
   - 감가상각비 한도초과액 = 16,000,000원 − 8,000,000원 = 8,000,000원(손금불산입·유보)

2. 2026년 사업연도
   ① 업무용승용차 감가상각비 시부인
   - 회사상각비 : 15,000,000원
   - 상각범위액 : 100,000,000원 × 0.2= 20,000,000원(정액법 내용연수 5년 의제)
   - 상각부인액 : 20,000,000원 − 15,000,000원 = △5,000,000원(손금산입, △유보)

   ② 업무용승용차 관련비용 중 업무미사용금액
   - 업무승용차관련 비용 : 20,000,000원(감가상각비) + 30,000,000원(유지비)=50,000,000원
   - 업무사용비율 = 3,000㎞/10,000㎞ = 30%
   - 업무미사용금액 : 50,000,000원×(1−30%)=35,000,000원(손금불산입·상여)

   ③ 업무사용 금액 중 감가상각비 한도초과액
   - 업무사용금액 중 감가상각비 : 20,000,000원 × 30% = 6,000,000원
   - 감가상각비 한도초과액 = 6,000,000원 − 8,000,000원 = △2,000,000원(손금산입·△유보)

3. 2027년 사업연도
   ① 업무용 승용차 감가상각비 시부인
      - 회사상각비 : 15,000,000원
      - 상각범위액 : 100,000,000원 × 0.2 × 6/12 = 10,000,000원(정액법 내용연수 5년 의제)
      - 상각부인액 : 10,000,000원 - 15,000,000원 = 5,000,000원(손금불산입·유보)
   ② 업무용 승용차 관련비용 중 업무미사용금액
      - 업무승용차관련 비용 : 10,000,000원(감가상각비) + 10,000,000원(유지비)=20,000,000원
      - 업무사용비율 = 9,000km/10,000km = 90%
      - 업무미사용금액 : 20,000,000원×(1-90%)=2,000,000원(손금불산입·상여)
   ③ 업무사용 금액 중 감가상각비 한도초과액
      - 업무사용금액 중 감가상각비 : 10,000,000원 × 90% = 9,000,000원
      - 감가상각비 한도초과액 = 9,000,000원 - 8,000,000원 × 6/12 = 5,000,000원(손금불산입·유보)
   ④ 업무용승용차 처분시 유보추인액
      - 상각부인액 : △5,000,000원+△5,000,000+5,000,000=△5,000,000원(손금불산입 · 유보)
      - 감가상각비 한도초과액 :
        8,000,000원-2,000,000원+5,000,000원(상각비 손금추인액)=11,000,000원(손금산입 · △유보)
   ⑤ 업무용승용차 처분손실 한도초과액
      - 세법상 처분손실 : 15,000,000원(I/S상 처분손실)-5,000,000원(상각부인액 추인액)+11,000,000원(감가상각비 한도초과액 추인액)=21,000,000원(손금불산입 · 유보)

   ※ 검증 : 세법상 처분손익
      = 처분가액 - 세법상 장부가액
      = 40,000,000 - (100,000,000 - 50,000,000 + 11,000,000) = △21,000,000
   - 처분손실 한도초과액 : 21,000,000 - 8,000,000 = 13,000,000(손금불산입 · 기타사외유출)

   ☞ 사업연도 중도에 자산을 처분한 경우 일반적인 감가상각자산은 상각 시부인을 행할 필요가 없지만, 업무용 승용차의 경우 업부용승용차 관련비용 중 업부미사용금액을 손금불산입하여야 하므로 상각시부인을 행하는 것이 타당하다. 이렇게 되면 업무용승용차를 처분 한 사업연도에는 감가상각비를 최대 800만원까지, 처분손실을 최대 800만원까지 손금으로 인정받으므로 감가상각비와 처분손실은 총 1,600만원까지 손금으로 인정받게 된다.

4. 2028년 사업연도 사업연도 처분손실 한도초과액 이월손금산입 8,000,000원(손금산입 · 기타)
5. 2029년 사업연도 사업연도 처분손실 한도초과액 이월손금산입 8,000,000원(손금산입 · 기타)

예제 6-2 업무용승용차 관련비용의 세무조정(리스차량)

㈜비젼은 제조업을 영위하는 법인(사업연도:1/1~12/31)이다. 임원의 명의로 임차한 차량에 대한 업무용 승용차에 대하여 세무조정을 행하시오.

- 임원 정줄래씨의 임원전용 업무용승용차 내역
  - 시설대여 사업자인 ㈜현대캐피탈에서 운용리스로 임차한 승용차
  - 손익계산서상 관련 비용(업무용자동차 법인차량 등록번호판 부착대상 차량)

- 리스료 : 20,000,000원(업무전용자동차보험료 1,000,000원, 자동차세 1,000,000원, 수선유지비가 포함되어 있다. 단, 수선유지비는 금액이 구분되지 않음)
- 기타 유지비 : 5,000,000원
• 운행기록 작성·비치(총주행거리 10,000㎞, 업무사용거리 8,000㎞)

예제해설

1. 임원 정줄래의 임원전용 업무용 승용차

   ① 업무용승용차 관련비용 중 업무미사용금액
   • 업무용승용차 관련비용 : 20,000,000(리스료) + 5,000,000(기타 유지비) = 25,000,000원
   • 업무사용비율 : 8,000㎞/10,000㎞ = 80%
   • 업무미사용금액 : 25,000,000 ×(1-80%)=5,000,000원(손금불산입, 상여)

   ② 업무사용금액 중 감가상각비 상당액 한도초과액
   • 업무사용금액 중 감가상각비 상당액 : 16,740,000$^{(※)}$ × 80% = 13,392,000원

   ※ 수선유지비 계산(수선유지비가 구분되지 않은 경우)
   · {20,000,000원-(1,000,000원+1,000,000원)}×7%=1,260,000원
   · 20,000,000원-(1,000,000원+1,000,000원+1,260,000원)=16,740,000원

   • 감가상각비 상당액 한도초과액 : 13,392,000원-8,000,000원=5,392,000원(손금불산입·기타사외유출)

예제 6-2 업무용승용차 관련비용의 세무조정(렌탈차량)

㈜비젼은 제조업을 영위하는 법인(사업연도:1/1~12/31)이다. 임원의 명의로 임차한 차량에 대한 업무용 승용차에 대하여 세무조정을 행하시오.

■ 임원 최선기의 임원전용 업무용 승용차 내역
• 자동차대여 사업자인 ㈜SK렌터카에서 장기렌트로 임차한 승용차
• 손익계산서상 관련비용(자동차번호판 의무부착 차량이 아님)
  - 임차료 : 20,000,000원(업무전용자동차보험료, 자동차세, 차량검사비, 일반 정비서비스비, 소모품 교환비 등이 포함되어 있음)
  - 기타 유지비 : 5,000,000원
• 운행기록 자성·비치(총주행거리 10,000㎞, 업무사용거리 8,000㎞)

예제해설

2. 임원 최선기의 임원전용 업무용 승용차

① 업무용승용차 관련비용 중 업무미사용금액
  - 업무용승용차 관련비용 : 20,000,000(리스료) + 5,000,000(기타 유지비) = 25,000,000원
  - 업무사용비율 : 8,000km/10,000km = 80%
  - 업무미사용금액 : 25,000,000 × (1-80%)=5,000,000원(손금불산입, 상여)

② 업무사용금액 중 감가상각비 상당액 한도초과액
  - 업무사용금액 중 감가상각비 상당액 : (20,000,000원×70%)×80%=11,200,000원
  - 감가상각비 상당액 한도초과액 : 11,200,000원-8,000,000원=3,200,000원(손금불산입·기타사외유출)

Chapter 5 법 인 세

제 6 절 익금과 손금의 귀속시기

1 손익의 귀속사업연도

(1) 권리의무확정주의

익금과 손금의 귀속사업연도는 그 익금과 손금이 확정된 날이 속하는 사업연도로 한다. 법인세법은 수익의 귀속시기를 법인이 정관에 정하여 신고한 기간을 1과세기간으로 한다. 기업회계에서는 발생주의 원칙에 의하여 수익과 비용의 귀속을 결정하게 되는데, 법인세법에서는 익금과 손금의 귀속시기를 정함에 있어 「**권리의무 확정주의**」를 채택하고 있다.

(2) 자산의 판매손익 등의 귀속사업연도

1) 원칙 : 인도(기준)주의

상품(부동산을 제외함), 제품, 기타의 생산품의 판매에 따른 익금과 손금은 그 상품 등을 다음의 인도한 날이 속하는 사업연도에 귀속되는 것으로 한다.

구 분	법인세법	기업회계
① 상품 등의 판매	그 상품 등을 인도한 날	일반적으로 재화가 인도되는 시점
② 상품 등의 시용판매	상대방이 그 상품 등에 대한 구입의 의사를 표시한 날 ※ 일정기간 내에 반송하거나 거절의 의사를 표시하지 않으면 특약 등에 따라 그 판매가 확정되는 경우 : 그 기간의 만료일	일반적으로 구매자가 재화의 인수를 공식적으로 수락한 시점 또는 재화가 인도된 후 반품기간이 종료된 시점
③ 자산의 위탁판매	수탁자가 그 위탁자산을 매매한 날	수탁자가 해당 재화를 제3자에게 판매한 시점
④ 상품 등 외의 자산의 양도	그 대금을 청산한 날 ※ 대금청산 전에 소유권 등의 경우 그 이전등기·등록일, 인도일, 사용수익일 중 빠른날	법적 소유권이 구매자에게 이전되는 시점. 다만, 그 전에 소유에 따른 위험과 효익이 구매자에게 실질적으로 이전되는 경우에는 그 시점

2) 매출할인

매출할인금액은 상대방과의 약정에 의한 지급기일(지급기일이 정하여 있지 아니한 경우에는 실제 지급한 날)이 속하는 사업연도의 매출액에서 차감한다. 특히 주의할 것은 무조건 매출일이 속하는 사업연도의 매출액에서 차감하지 않는다는 점이다.

예제 1   자산의 판매손익의 귀속시기 조정

다음은 ㈜비젼의 제5기 (1.1~12.31)자료이다. 이에 관한 세무조정을 행하라.

1. 갑상품(원가 @₩200,000, 판매가격 @₩250,000)의 당기 말 장부상 재고수량은 10,000개이며, ㈜비젼은 이를 기초로 매출원가를 계상하였다. 그러나 확인 결과 실제의 재고수량은 9,400개로 밝혀졌는데, 그 차이 600개의 내역은 다음과 같다.

구 분	내 역
350개	12월 15일에 거래처에 인도한 수량으로서, ㈜비젼은 차기 1월 15일에 대금을 수령하고 그 시점에 매출로 계상하였다.
200개	12월 17일 수탁회사인 ㈜판교에 적송한 수량으로서, 수탁회사 ㈜판교는 동 상품을 12월 25일 개당 250,000원에 실수요자에게 판매하였다. 그러나 ㈜비젼은 판매보고를 받은 차기 1월 10일에 그 금액을 매출로 계상하고, 위탁판매수수료(판매가액의 3%)를 판매비와 관리비로 계상하였다.
50개	나머지 상품은 판매액이 입금된 사실이 없으며, 그 원인을 알 수 없다.(부가가치세는 고려하지 않는다.)

2. 제5기말 현재 을상품의 장부상 수량은 1,000개인데, 실지재고수량은 400개이다. 그 차이의 원인은 시용판매를 위하여 2025년 12월 10일에 인도한 600개가 장부상 수량에 포함됨에 따른 것이다.

   ① 600개 중 100개에 대한 고객의 구입의사표시는 2025년 12월 30일에 이루어졌으며 나머지 500개는 2026년 1월 5일에 구입의사표시를 받았다.
   ② 회사는 을상품의 기말재고수량을 1,000개로 하여 손익을 계산하였으며, 을상품의 개당 판매가격은 10,000원(원가 8,000원)이다.

예제해설

1. 갑상품 부족수량에 대한 세무조정
   · 장부재고수량 10,000개 − 실지재고수량 9,400개 = 부족수량 600개

   (1) 부족수량 600개 중 350개의 세무조정
      · 매출액 350개 × @₩250,000 = 87,500,000(익금산입, 유보)
      · 매출원가 350개 × @₩200,000 = 70,000,000(손금산입, △유보)

   (2) 부족수량 600개 중 200개의 세무조정
      · 매출액 200개 × @₩250,000 = 50,000,000(익금산입, 유보)
      · 매출원가 200개 × @₩200,000 = 40,000,000(손금산입, △유보)
      · 위탁수수료 50,000,000 × 3% = 1,500,000(손금산입, △유보)

(3) 부족수량 50개의 세무조정
- 매출누락 50개 × @₩250,000 = 12,500,000(익금산입, 대표자상여)
- 매출원가 50개 × @₩200,000 = 10,000,000(손금산입, △유보)

2. 을상품 시용판매분
 시용판매의 경우 상대방이 구입의사표시를 한 날에 수익이 귀속된다. 그러므로 당기에 구입의사를 표시한 100개에 대하여는 매출손익을 인식하여야 한다. 따라서 다음과 같이 세무조정한다.
- 을상품 시용품 매출누락 1,000,000(익금산입, 유보)
- 을상품 시용품 매출원가 800,000(손금산입, △유보)

(3) 장기할부조건의 손익귀속시기

장기할부조건에 의하여 자산을 판매하거나 양도한 경우에는 특례기준에 의해 손익을 인식할 수 있다. 여기서 「**장기할부조건**」이란 자산의 판매 또는 양도(국외거래에 있어서는 소유권이전조건부 약정에 의한 자산의 임대포함)로서 다음의 요건을 모두 갖춘 것을 말한다.

① 판매금액·수입금액을 월부·연부 기타의 지불방법에 따라 2회 이상으로 분할하여 수입하는 것.

② 해당 목적물의 인도일(상품 등 외의 자산은 소유권이전 등기·등록일·인도일, 사용수익일 중 빠른날)의 다음날부터 최종의 할부금의 지급기일까지의 기간이 1년 이상일 것.

구 분	법인세법
(1) 단기할부판매	인도기준
(2) 장기할부판매	① 원칙 : 인도기준(※ 이자상당액도 모두 인도시점에 인식) ② 특례 • 결산서에 이자상당액을 기간경과에 따라 이자수익으로 계상한 경우 이를 인정 • 결산서에 회수하였거나 회수할 금액으로 계상한 경우 이를 인정

예제 2 장기할부판매의 귀속시기 특례

㈜비젼은 모든 할부판매에 대하여 실제 회수한 금액을 매기 수익으로 계상하고 있다. 다음은 ㈜비젼이 제5기에 인도한 할부판매상품에 관한 자료인데, 이를 기초로 제5기, 제6기, 제7기의 세무조정을 하시오. (사업연도 : 매기 1.1~12.31)

구분	A제품		B제품	
(1) 할 부 조 건	인도일부터 10개월 균등분할 할부		인도일부터 20개월 균등분할 할부	
(2) 원가율	70%		80%	
(3) 대금회수내역	실제회수액	회수약정금액	실제회수액	회수약정금액
5기	6,000,000원	6,000,000원	8,000,000원	10,000,000원
6기	4,000,000원	4,000,000원	21,000,000원	24,000,000원
7기	–	–	11,000,000원	6,000,000원
합 계	10,000,000원	10,000,000원	40,000,000원	40,000,000원

예제해설

1. A제품
   (1) A제품은 단기할부매출액에 해당하므로 무조건 인도기준으로 처리해야 한다. 문제에서 단기할부매출을 회수기준으로 처리한 것은 법인세법상 인정되지 않는다.
   (2) 할부매출에 대한 세무조정

구 분	회사계상액	세무상 금액	세무조정
제5기	6,000,000	10,000,000	4,000,000원(익금산입, 유보)
제6기	4,000,000	–	4,000,000원(익금불산입, △유보)
합계	10,000,000	10,000,000	

   (3) 할부매출원가에 대한 세무조정

구 분	회사계상액	세무상 금액	세무조정
제5기	4,200,000	7,000,000	2,800,000원(손금산입, △유보)
제6기	2,800,000	–	2,800,000원(손금불산입, 유보)
합계	7,000,000	7,000,000	

2. B제품
   (1) B제품은 장기할부매출액에 해당하므로 회수기일도래일 기준도 법인세법상 인정하고 있다.
   (2) 할부매출에 대한 세무조정

구 분	회사계상액	세무상 금액	세무조정
제5기	8,000,000	10,000,000	2,000,000(익금산입, 유보)
제6기	21,000,000	24,000,000	3,000,000(익금산입, 유보)
제7기	11,000,000	6,000,000	5,000,000(익금불산입, △유보)
합계	40,000,000	40,000,000	

   (3) 할부매출원가에 대한 세무조정

구 분	회사계상액	세무상 금액	세무조정
제5기	6,400,000	8,000,000	1,600,000(손금산입, △유보)
제6기	16,800,000	19,200,000	2,400,000(손금산입, △유보)
제7기	8,800,000	4,800,000	4,000,000(손금불산입, 유보)
합계	32,000,000	32,000,000	

2 용역제공 등에 의한 손익의 귀속사업연도

(1) 장기건설 등의 경우

건설·제조 기타 용역(도급공사 및 예약매출을 포함한다)의 계약기간(그 목적물의 건설 등의 착수일부터 인도일까지의 기간을 말한다)이 1년 이상인 건설 등을 말한다.

1) 원칙

장기도급공사 등의 경우에는 기업회계기준과 법인세법의 기준 모두가 그 목적물의 건설 등을 완료한 정도(작업진행률)를 기준으로 하여 계산한 수익과 비용을 각각 해당사업연도의 익금과 손금에 산입한다. 그러므로 장기건설 등의 경우는 원칙적으로 진행기준에 의하여 손익을 인식하는 것이다.

> ① 익금 : 계약금액 × 작업진행률 - 직전 사업연도 말까지 익금에 산입한 금액
> ② 손금 : 해당 사업연도에 발생된 총비용

$$작업진행률 = \frac{총공사비누적액}{총공사예정비}$$

2) 총공사 예정비

「**총공사예정비**」란 건설업회계처리준칙을 적용하여 계약 당시 추정한 공사원가에 해당 사업연도 말까지의 변동 상황을 반영하여 합리적으로 추정한 공사원가를 말한다.

(2) 단기건설 등의 경우 : 진행기준(완성기준도 수용)

1) 원칙

진행기준에 따라 작업진행률을 기준으로 계산한 수익과 비용을 익금과 손금에 산입한다.

2) 특례

중소기업은 기업회계기준에 따라 그 목적물의 인도일이 속하는 사업연도의 수익과 비용으로 계상한 경우에는 그 목적물의 인도일이 속하는 사업연도의 익금과 손금에 산입할 수 있다.

예제 3   용역제공에 대한 손익의 귀속시기 조정

㈜비젼(사업연도 1.1.~12.31.)은 정부로부터 한강의 다리건설공사를 발주 받아 공사에 착수하였다. 다음의 자료에 의하여 제5기, 제6기 및 제7기의 세무조정을 행하라.

1. 공사기간 : 제5기 7. 1.~ 제7기 6. 30
2. 도급금액 : 100억원
3. 당 회사는 완성기준에 따라 이 공사가 완성된 제7기에 총공사수익과 총 공사원가를 손익계산서에 계상하였다.
4. 이 공사의 공사비 누적액과 총원가 추정액은 다음과 같다.

	제 5기	제 6기	제 7기
당기의 공사비	27억원	41억원	20억원
공사비 누적액	27억원	68억원	88억원
총원가 추정액	90억원	85억원	-

예제해설

1. 공사수익에 대한 세무조정

	제5기	제6기	제7기
도 급 금 액	100억원	100억원	100억원
작 업 진 행 율	30%	80%	100%
공 사 수 익 누 적 액	30억원	80억원	100억원
전기공사수익누적액	-	(30억원)	(80억원)
세무상 당기공사수익	30억원	50억원	20억원
회사계상공사수익	-	-	100억원
세무조정	30억원 (익금산입,유보)	50억원 (익금산입,유보)	(80억원) (익금불산입,△유보)

2. 공사원가의 세무조정

	제5기	제6기	제7기
당기발생공사대금	27억원	41억원	20억원
회사계상공사대금	-	-	(88억원)
세무조정	27억원 (손금산입,△유보)	41억원 (손금산입,△유보)	68억원 (손금불산입,유보)

3 이자소득 등의 귀속사업연도

(1) 이자수익

법인이 수입하는 이자 등(이자와 할인액을 말한다)은 소득세법상 이자소득의 수입시기(실제로 받은 날 또는 받기로 한 날을 말한다)가 속하는 사업연도의 익금으로 한다.(현금주의 또는 권리확정주의) 다만, 금융보험업을 영위하는 법인의 경우에는 실제로 수입된 날이 속하는 사업연도의 익금으로 하되(현금주의), 선수입이자 등을 제외한다.

결산을 확정함에 있어서 이미 경과한 기간에 대응하는 이자 등(법인세가 원천징수되는 이자 등은 제외)을 해당 사업연도의 수익으로 계상한 경우에는 위의 규정에 불구하고 그 계상한 사업연도의 익금으로 한다.(발생주의의 수용)

(2) 이자비용

법인이 지급하는 이자 등은 소득세법상 이자소득의 수입시기가 속하는 사업연도의 손금으로 한다.(현금주의 또는 의무확정주의) 다만, 결산을 확정함에 있어서 이미 경과한 기간에 대응하는 이자 등을 해당 사업연도의 손금으로 계상한 경우에는 그 계상한 사업연도의 손금으로 한다.(발생주의의 수용) 따라서 이자비용의 경우에는 이자수익의 경우와는 달리 발생주의에 의한 회계처리가 제한 없이 허용된다.

〈이자수익과 이자비용의 귀속시기〉

구 분		법 인 세 법
(1) 이자수익	일반법인	① 원칙 : 실제로 받은 날(또는 받기로 한 날) ② 특례 : 기간경과분을 수익으로 계상한 경우에는 이를 인정 ※ 법인세가 원천징수 되지 않는 이자수익(거의 없음)에 한하여 적용
	금융보험업을 영위하는 법인	① 원칙 : 실제로 받은 날(선수수익은 제외) ② 특례 : 기간경과분을 수익으로 계상한 경우에는 이를 인정 ※ 법인세가 원천징수 되지 않는 이자수익(거의 대부분임)에 한하여 적용
(2) 이자비용		① 원칙 : 실제로 지급한 날(또는 지급하기로 한 날) ② 특례 : 기간경과 분을 비용으로 계상한 경우에는 이를 인정

(3) 배당금수익

법인이 수입하는 배당소득의 귀속사업연도는 소득세법상 배당소득의 수입시기(잉여금처분결의일, 실제로 받은 날 등을 말한다)가 속하는 사업연도로 한다.(권리확정주의 또는 현금주의)

제 7 절 자산 및 부채의 평가손익

1 자산의 취득가액

(1) 자산의 취득가액

법인이 매입·제작·교환 및 증여 등에 의하여 취득한 자산의 취득가액은 다음의 금액으로 한다.

1) 외부매입(구입)

매입한 자산은 매입가액에 취득세·등록세 그 밖의 부대비용을 더한 금액(기업회계기준에 따라 단기매매항목으로 분류된 금융자산 및 파생상품은 매입가액)을 취득가액으로 한다. 토지와 건물 등을 함께 취득하여 토지 가액과 건물 등의 가액이 구분이 불분명한 경우 시가(부당행위계산의 부인규정의 시가)에 비례하여 안분계산한다.

2) 자기가 제조·생산·건설 기타 이에 준하는 방법에 의하여 취득한 자산

법인이 자기가 제조·건설한 자산은 제조원가 또는 건설원가에 부대비용을 더한 금액을 취득가액으로 한다.

3) 현물출자·합병 또는 분할에 의하여 취득한 자산

장부에 계상한 출자가액 또는 승계가액(시가 초과액은 제외)

4) 교환이나 취득한 자산과 증여받은 자산

교환으로 취득한 자산과 증여받은 자산은 취득 당시 시가를 취득가액으로 한다. 부대비용이 있으면 취득가액에 가산한다. 기업회계기준에서는 교환거래에 상업적 실질이 있는 경우 제공한 자산의 공정가치로 측정하되, 취득한 자산의 공정가치가 제공한 자산의 공정가치보다 더 명백한 경우에는 취득한 자산의 공정가치를 취득가액으로 한다. 그러나 상업적 실질이 결여된 경우에는 수익 창출과정이 완료되지 않았기 때문에 교환에 따른 거래손익을 인식하지 않아야 하므로 제공한 자산의 장부가액을 교환으로 취득한 새로운 자산의 취득가액으로 대체한다. 반면에, 법인세법은 상업적 실질 여부에 관계없이 교환으로 취득한 자산은 취득 당시 시가를 취득가액으로 한다.

5) 자산의 취득과 관련된 이자비용

재고자산 등의 매입을 위해 조달한 차입금에 대한 이자비용은 취득가액에 포함되지 않고 발생시점에서 손금으로 인정된다. 이와 마찬가지로 건설자금이자도 취득가액에 포함되지 않는다. 다만, 예외적으로 사업용 고정자산(유형자산과 무형자산)의 건설자금이자는 취득가액에 포함된다.

이에 반하여 재고자산을 외상으로 매입하는 경우 그 가격에 포함된 이자상당액(또는 할부매입가액에 포함된 이자상당액 등)은 취득가액에 포함된다. 같은 논리에 의해 연지급수입에 따른 이자도 당해 수입의 취득가액에 포함한다. 다만 연지급수입에 따른 이자를 취득가액과 구분하여 결산서에 지급이자로 비용 계상한 금액은 취득가액에 포함하지 않는다.

6) 현재가치에 의한 평가의 수용

현행 기업회계기준은 자산을 장기할부조건으로 구입하거나, 대금지급기간이 일반적인 신용기간보다 긴 경우 원가는 취득시점의 현금가격상당액으로 한다. 따라서 현금가격상당액과 실제 총지급액과의 차액은 차입원가 자본화에 따라 자본화하지 않는 한 신용기간에 걸쳐 이자비용으로 인식한다. 그리고 장기금전대차거래에서 발생하는 채권·채무로서 명목금액과 현재가치의 차이가 유의적인 경우에는 현재가치로 평가한다.

(2) 자산·부채의 평가기준

법인이 보유하는 자산 및 부채를 평가(장부가액을 증액 또는 감액하는 것을 말하며, 감가상각을 제외한다)한 경우에는 해당자산 및 부채의 장부가액은 그 평가하기 전의 가액(취득원가주의)으로 한다. 즉 원칙적으로 평가증과 평가감을 모두 부인하는 것이다. 다만, 다음 중 어느 하나에 해당하는 경우에는 평가후의 가액을 해당 자산 및 부채의 장부가액으로 한다.

① 보험업법 기타 법률에 의한 고정자산의 평가(증여액에 한함)
② 재고자산, 유가증권(투자유가증권 포함)의 법인세법 규정에 따른 평가
③ 화폐성 외화자산·부채(한국은행이 보유하는 화폐성 외화자산·부채를 제외하며, 유동화전문회사의 통화스왑계약을 포함한다)의 평가 : 이러한 자산·부채는 해당 자산 및 부채별로 법인세법 시행령이 정하는 방법에 의하여 이를 평가하여야 한다.

		평가증	평가감
(1) 원 칙		×	×
(2) 예 외	고정자산	보험업법, 그 밖의 법류에 따른 평가이익 인정(익금항목)	-
	재고자산	-	저가법 적용으로 인한 평가손실인정
	유가증권	-	-
	화폐성 외화자산·부채 등	■ 거래일 환율 평가 : 평가이익 × ■ 마감환율 평가 : 평가이익 ○	■ 거래일 환율 평가 : 평가손실 × ■ 마감환율 평가 : 평가손실 ○

2 재고자산의 평가

기말재고액은 재고자산의 수량에 단가를 곱하여 계산된다. 수량의 결정은 기업이 알아서 결정하지만, 단가를 확정하는 방법으로서 법인세법은 다음과 같은 방법을 인정하고 있는데, 재고자산의 평가는 이 가운데 법인이 납세지 관할세무서장에게 신고한 방법에 의한다.

구 분	개 념
(1) 원가법	개별법·선입선출법·후입선출법·이동평균법·총평균법 및 매출가격환원법 중 한가지 방법에 의하여 산출한 취득가액을 그 자산의 평가액으로 하는 방법
(2) 저가법	원가법으로 평가한 가액(취득가액)과 기업회계기준에 따라 시가로 평가한 가액(순실현가능액)중 낮은 가액을 평가액으로 하는 방법

(1) 평가대상 재고자산의 범위와 평가방법의 선택

평가대상 재고자산의 범위는 다음과 같다.

> 〈제1호〉 제품 및 상품(부동산매매업자가 매매를 목적으로 소유하는 부동산을 포함)
> 〈제2호〉 반제품 및 재공품
> 〈제3호〉 원재료
> 〈제4호〉 저장품

법인은 재고자산을 위의 호별로 구분하여 종류별·영업장별로 각각 다른 방법에 의하여 평가할 수 있다. 이 경우 수익과 비용을 영업의 종목별 또는 영업장별로 각각 구분하여 기장하고, 종목별, 영업장별로 제조원가보고서와 손익계산서를 작성하여야 한다.

(2) 평가방법의 신고

1) 최초신고

법인은 재고자산 및 유가증권의 평가방법은 당해 **법인의 설립일** 또는 **수익사업개시일**이 속하는 사업연도의 **과세표준 신고기한 내**에 납세지 관할세무서장에게 신고하여야 한다. 이 경우 저가법을 신고하는 때에는 시가와 비교되는 원가법을 함께 신고하여야 한다. **재고자산 평가방법을 최초 신고기한까지 신고하지 않은 경우, 선입선출법을 적용한다.**

2) 변경신고

위의 신고를 한 법인이 평가방법을 변경하고자 하는 때에는 변경하고자 하는 **사업연도의 종료일 이전 3월이 되는 날까지** 납세지 관할세무서장에게 신고하여야 한다. 재고자산 평가방법의 변경은 신고 이외에 다른 요건이 없으며, 세무서장의 승인도 받지 않는다.

3) 기한경과 후 신고

재고자산 평가방법의 변경신고기한이 지난 후에 신고한 경우에는 그 신고일이 속하는 사업연도까지는 종전의 평가방법에 의하고 그다음 사업연도에 변경 신고한 것으로 본다. 재고자산 평가방법을 임의로 변경한 경우에는 선입선출법에 의한 평가액과 신고한 방법에 의한 평가액 중 큰 금액을 재고자산의 평가액으로 한다.

(3) 평가방법의 무신고 또는 임의변경시의 평가방법

법인이 각사업연도 소득계산시 세법상 재고자산 평가액은 법인이 평가방법 신고의무를 이행 했는지 또는 신고방법대로 평가했는지 여부에 따라 달라진다.

구 분	세법상 재고자산의 평가
(1) 신고시	신고한 평가방법으로 재고자산 평가
(2) 무신고시	선입선출법(부동산은 개별법)으로 재고자산 평가
(3) 평가방법의 임의변경시	① 선입선출법 ② 당초 신고한 평가방법 (①, ②중 MAX)

(4) 재고자산 평가차액의 세무조정

1) 당해연도

회사장부상 재고자산금액보다 세무상 재고자산금액이 더 큰 경우에는 그 차액을 「**재고자산평가감**」으로 손금불산입(유보)로 처리한다. 반대로 회사장부상 재고자산금액보다 세무상 재고자산금액이 더 작은 경우에는 그 차액을 「**재고자산평가증**」으로 손금산입(△유보)한다.

2) 다음연도(유보의 사후관리)

당기말 재고자산은 다음연도에는 판매되는 것이 일반적인데, 판매된 재고자산에 대한 유보액은 회사장부상 매출원가와 세무상 매출원가에 차이를 초래한다. 따라서 재고자산평가감(유보)은 다음연도에는 손금산입(△유보)으로 재고자산평가증(△유보)는 다음연도에 손금불산입(유보)으로 사후 관리하여야 한다.

예제 1 재고자산의 평가

다음 자료에 의하여 ㈜비젼의 제5기(1.1~12.31) 세법상 재고자산평가액을 계산하라.

1. ㈜비젼은 제5기 9월 10일에 제품의 평가방법을 총평균법에서 후입선출법으로 변경 신고 하였으나, 실제로 장부에는 총평균법에 의한 평가액을 기록하였다.
2. ㈜비젼이 신고한 재공품과 원재료의 평가방법은 각각 총평균법과 후입선출법이다.
3. 저장품은 신고한 평가방법인 총평균법으로 평가하였으나, 계산실수로 500,000원을 과소 계상하였다.
4. 제5기 재고자산에 대한 ㈜비젼의 장부상 평가액과 총평균법, 후입선출법, 선입선출법에 의한 평가액은 다음과 같다.

구 분	장부상 평가액	총평균법	후입선출법	선입선출법
제 품	₩25,000,000	₩25,000,000	₩18,000,000	₩20,000,000
재 공 품	13,000,000	13,000,000	10,000,000	15,000,000
원 재 료	7,500,000	7,500,000	6,000,000	7,700,000
저 장 품	6,500,000	7,000,000	5,500,000	7,800,000

예제해설

구분	회사평가액	세법상 신고액 (당초신고액)	무신고 (선입선출법)	세무조정 및 계산근거
제 품	25,000,000	18,000,000	20,000,000	재고자산평가증 5,000,000(익금불산입, △유보)
재 공 품	13,000,000	13,000,000	–	–
원 재 료	7,500,000	6,000,000	7,700,000	재고자산평가감 200,000(손금불산입, 유보)
저 장 품	6,500,000	7,000,000	–	재고자산평가감 500,000(손금불산입, 유보)

※ 제품과 원재료는 당초신고방법을 위반 한 임의 평가에 해당하므로 무신고시 평가방법인 선입선출법과 당초신고방법 중 큰 금액을 평가액으로 하여 회사가 장부에 계상한 금액과 비교하여 재고자산평가감(증)을 계상하여 세무조정한다.
※ 저장품은 당초신고한 방법으로 평가하였으나, 계산상의 실수이므로 이는 임의평가에 해당하지 아니한다.

3 유가증권의 평가

법인세법에서 「유가증권」이라 함은 주식·출자지분(이하「주식 등」이라 한다) 및 채권을 말하며, 여기에는 기업회계기준에 규정된 단기매매증권과 매도가능증권 그리고 만기보유증권이 모두 포함된다. 즉, **법인세법은 유가증권을 보유목적에 따라 분류하지 않는다.**

(1) 유가증권의 평가방법

	평 가 방 법
주 식	원가법인 총평균법과 이동평균법 중 선택
채 권	원가법인 총평균법과 이동평균법 그리고 개별법 중 선택

유가증권은 원가법으로 평가하므로 시가가 변동되는 경우에도 평가손익을 인식하지 않고, 유가증권에서 발생하는 배당금과 이자를 수익으로 처리한다. 따라서 공정가치법, 상각 후 원가법, 지분법으로 회계 처리한 경우에는 원가법과의 차이에 대해 세무조정을 해야 한다.

(2) 평가방법의 신고와 변경

재고자산의 경우와 동일한 기한 내에 유가증권 평가방법의 신고 및 변경신고를 하여야 한다.

1) 무신고 또는 임의 변경 시 평가방법

유가증권 평가방법을 신고하지 않은 경우에는 총평균법으로, 임의로 변경한 경우에는 당초 신고한 방법에 의한 평가액과 총평균법에 의한 평가액 중 큰 금액으로 평가한다.

2) 유가증권의 평가손익

① **유가증권평가이익은 익금불산입한다.**
② **유가증권평가손실은 손금불산입을 원칙으로 한다.** 하지만 다음의 2가지의 경우에는 결산조정을 전제로 해당 사유가 발생한 사업연도의 손금에 산입한다.
  Ⓐ 다음 조건에 모두 해당하는 주식을 사업연도 종료일 현재 시가(주식발행법인별로 보유주식의 시가 합계액이 1천원 이하인 경우에는 1천원을 시가로 한다)로 평가함에 따른 평가손실
    ㉠ 주권상장·코스닥상장법인이 발행한 주식 또는 중소기업창업투자회사·신기술사업금융업자가 보유하는 창업자·신기술사업자가 발행한 주식일 것.
    ㉡ 발행법인이 부도가 발생한 경우·회생계획인가의 결정을 받은 경우·부실징후기업이 된 경우에 해당할 것.
  Ⓑ 주식 등을 발행한 법인이 파산한 경우 해당 주식 등을 파산선고일이 속하는 사업연도종료일 현재 시가(시가로 평가한 가액이 1천원 이하인 경우에는 1천원으로 한다)로 평가함에 따른 평가손실

예제 2   유가증권의 평가

다음 자료에 의하여 ㈜비젼의 제5기(1.1~12.31) 유가증권평가손익에 대해 세무조정을 하시오.

1. 전기에 파산한 신진상사의 주식(취득가액 ₩5,000,000)에 대하여 당기에 다음과 같이 회계처리 하였다.

   (차)단기매매증권평가손실   5,000,000   (대)단 기 매 매 증 권   5,000,000

2. 당기말 현재 보유하고 있는 시장성있는 매도가능증권인 강서상사의 취득원가 ₩15,000,000의 주식을 ₩12,000,000에 평가하고 다음과 같이 회계처리 하였다.

   (차)매도가능증권평가손실   3,000,000   (대)매 도 가 능 증 권   3,000,000

3. 투자목적으로 상장법인 한양상사의 주식을 보유하고 있던 중 한양상사의 부도가 발생함에 따라 그 주식의 취득가액 ₩10,000,000에 대하여 다음과 같이 회계처리 하였다.

   (차)매도가능증권손상차손   10,000,000   (대)매 도 가 능 증 권   10,000,000

예제해설

(1) 투자법인에 부도, 파산, 회생계획인가, 부실징후가 발생한 경우에는 해당 사유가 발생한 사업년도에 결산조정으로 손금에 산입해야 한다. 본 사례는 전기말에 파산한 유가증권에 해당하여 결산조정을 인정하지 아니한다.

단기매매증권평가손실 5,000,000원(손금불산입 · 유보)

(2) 유가증권의 평가는 원가법에 의한다. 그러므로 매도가능증권평가손실은 미실현손익에 해당하여 손금불산입 후 유보하여야 하며 매도가능증권평가손익은 기타포괄손익누계액으로 처리되어 있으므로 손금산입 후 기타로 처리한다.

매도가능증권평가손실 3,000,000원(손금불산입 · 유보)
매도가능증권평가손실 3,000,000원(손금산입 · 기타)

(3) 주식을 발행한 법인이 상장법인인 경우로서 부도가 발생한 경우에는 유가증권을 시가로 평가하여 감액할 수 있으나(발행법인이 비상장법인인 경우에는 불가), 비망계정으로 ₩1,000은 남겨둔다. 그러므로 회사가 전액 손금처리하였으므로 ₩1,000을 손금불산입하고 유보로 처분한다.

매도가능증권손상차손 1,000원(손금불산입 · 유보)

4 외화자산 및 부채의 평가

(1) 외화채권·채무의 상환손익

현재 기업회계기준에서는 외화자산·부채의 상환에서 발생하는 상환손익을 상환되는 회계기간의 영업외손익으로 처리하도록 하고 있다. 따라서 법인세법상으로도 법인이 상환받거나 상환하는 외화채권·채무의 원화금액과 원화 기장액의 차익 또는 차손은 당해 사업연도의 익금 또는 손금에 산입한다.

(2) 평가방법

구 분	평가대상	평가방법
은행 등 (금융회사)	화폐성 외화자산·부채	당해 사업연도 말 매매기준율 또는 재정된 매매기준율(이하'매매기준율 등'이라고 함)로 평가한다.
	통화선도 등	다음 중 관할 세무서장에게 신고한 방법으로 평가한다. 다만, 최초로 ②의 방법을 신고하여 적용하기 이전 사업연도에는 ①의 방법을 적용하여야 한다. ① 평가손익을 인식하지 않고 실제 거래시 손익을 일시에 인식하는 방법 : 계약의 내용 중 외화자산과 부채를 계약체결일의 매매기준율 등으로 평가하는 방법 ② 평가손익을 인식하는 방법 : 계약의 내용 중 외화자산과 부채를 당해 사업연도 말 매매기준율 등으로 평가하는 방법
일반법인	화폐성 외화자산·부채 및 환위험 회피목적 통화선도 등	다음 중 관할 세무서장에게 신고한 방법으로 평가한다. 다만, 최초로 ②의 방법을 신고하여 적용하기 이전 사업연도에는 ①의 방법을 적용하여야 한다. ① 평가손익을 않고 실제 거래시 손익을 일시에 인식하는 방법 : 취득일 또는 발생일(통화선도 등은 계약체결일)의 매매기준율 등으로 평가하는 방법 ② 평가손익을 인식하는 방법 : 당해 사업연도 말 매매기준율 등으로 평가하는 방법

(3) 평가방법의 신고 및 변경신고

1) 최초신고

외화평가손익을 인식하는 방법을 적용하려는 법인은 최초로 평가손익을 인식하는 방법을 적용하려는 사업연도의 법인세 신고와 함께 「화폐성 외화자산 등 평가방법신고서」를 관할 세무서장에게 제출하여야 한다. 신고한 평가방법은 그 후의 사업연도에도 계속 적용하여야 하나, **일반법인은 5년이 지난 후에는 평가방법 변경이 가능하다.**

2) 일반법인의 평가방법 변경신고

일반법인이 신고한 평가방법을 적용한 사업연도를 포함하여 5개 사업연도가 지난 후에 다른 방법으로 신고를 하여 변경된 평가방법을 적용할 수 있다. 변경된 평가방법을 적용하려는 사업연도의 법인세 신고와 함께 「화폐성 외화자산 등 평가방법신고서」를 관할 세무서장에게 제출하여야 한다.

(4) 외화평가손익

금융회사 외의 법인(일반법인)이 보유하는 화폐성 외화자산·부채와 환위험회피용통화선도·통화스왑은 다음 중 어느 하나에 해당하는 방법 중 관할세무서장에게 신고한 방법에 따라 평가하여야 한다. 이에 대한 평가손익 인정여부는 다음과 같다.

평가방법	평가손익 인정여부
① 거래일 환율 평가방법	×
② 마감환율 평가방법	○

이처럼 「**법인세법**」은 마감환율 평가방법으로 신고한 경우에만 평가손익이 익금 또는 손금으로 인정된다. 평가손익은 다음과 같이 계산한다.

> 평가손익 = 외화금액 × 사업연도 종료일 현재의 매매기준율 등 − 평가전 금액

다만, 최초로 위 평가방법 중 ②의 마감환율 평가방법을 신고하여 적용하기 이전 사업연도의 경우에는 위 평가방법 ①의 거래일 환율 평가방법을 적용하여야 한다. 또한 법인이 위 ① 또는 ②의 평가방법 중 신고한 평가방법은 그 후의 사업연도에도 계속 적용하여야 한다.

(5) 외환차손익

법인이 상환받거나 상환하는 외화채권·채무의 원화금액과 원화기장액의 차익 또는 차손(외환차손익)은 당해 사업연도의 익금 또는 손금에 산입한다.

(6) 평가대상 외화자산·부채

평가대상 자산이란 기업회계기준에 따른 화폐성 외화자산·부채를 말한다.

평가대상이 되는 화폐성 항목	평가대상이 아닌 비화폐성 항목
① 외화채권·채무, 외화현금·예금, 외화보증금 등	① 재화와 용역에 대한 선급금·선수금
② 현금으로 상환하는 충당부채, 부채로 인식하는 현금배당 등	② 외화표시 주식·출자지분·영업권·무형자산, 재고자산, 유형자산, 비화폐성 자산의 인도에 의해 상환하는 충당부채 등

Chapter 5 법인세

예제 3 화폐성 외화자산 및 부채의 평가

다음 자료에 의하여 ㈜비젼의 제9기(1.1~12.31) 외화자산 및 부채의 평가손익에 대해 세무조정을 하시오.

계정과목	발생일자	외화종류	외화금액	발생시 적용환율	기말 매매기준율
외상매출금	2025. 1. 5	달러	$10,000	$당 1,200원	$당 1,150원
장기차입금	2025. 6. 10	달러	$10,000	$당 1,250원	$당 1,150원

① 당기 화폐성 외화자산과 외화부채는 위의 자료뿐이다.
② 발생시 적용환율은 일반기업회계기준과 법인세법상 환율이다.
③ ㈜비젼은 외화자산과 외화부채에 대한 평가손익을 인식하고 있으며, 이에 대한 신고를 하기 위하여 외화자산 등 평가차손익조정(갑, 을)을 작성하여 법인세 신고시 제출하고자 한다.
④ ㈜비젼은 당기 결산시 임의적으로 $당 1,180원으로 평가하여 외화환산손익을 인식하였다.
⑤ 법인세신고시 적용되는 환율은 기말매매기준율로 신고하기로 한다

예제해설

	법인세법상 평가액	회사 임의 평가액
외상매출금(자산)	$10,000×1,200=12,000,000 $10,000×1,150=11,500,000 △500,000	$10,000×1,200=12,000,000 $10,000×1,180=11,800,000 △200,000
장기차입금(부채)	$10,000×1,250=12,500,000 $10,000×1,150=11,500,000 1,000,000	$10,000×1,250=12,500,000 $10,000×1,180=11,800,000 700,000

※ 외화환산손실(외상매출금) 300,000(손금산입 · △유보)
※ 외화환산이익(장기차입금) 300,000(익금산입 · 유보)

제 8 절 고정자산의 감가상각

1 고정자산의 감가상각

「감가상각」이란 가치의 감소(減少)를 말한다. 감가상각을 하는 이유는 고정자산의 취득가액에서 잔존가액을 차감한 금액을 그 자산의 내용연수에 걸쳐 합리적·체계적 방법에 의해 비용으로 배분하기 위해서이다. 기업회계기준은 이러한 감가상각의 방법에 있어서 폭넓은 선택을 허용하고, 내용연수와 잔존가치에 대한 추정을 용인하고 있으나 법인세법은 기업회계기준과는 약간의 차이가 있어 이 부분을 조정해 주어야 한다.

(1) 감가상각대상 자산

1) 감가상각자산의 범위

감가상각대상은 토지를 제외한 유형고정자산과 무형고정자산을 범위로 한다.

구 분	구체적인 범위
(1) 유형고정자산	① 건축물 : 건물(부속설비 포함) 및 구축물을 말한다. ② 차량 및 운반구·공구·기구 및 비품 ③ 선박 및 항공기 ④ 기계 및 장치 ⑤ 동물 및 식물 ⑥ 기타 ①~⑤와 유사한 유형고정자산
(2) 무형고정자산	① 영업권·의장권·실용신안권·상표권 ② 특허권·어업권·해저광물자원개발법에 의한 채취권·유료도로관리권·수리권·전기가스공급시설이용권·공업용수도시설이용권·수도시설이용권·열공급시설이용권 ③ 광업권·전신전화전용시설이용권·전용측선이용권·하수종말처리장시설관리권·수도시설관리권 ④ 댐사용권·개발비·사용수익기부자산가액·주파수이용권

2) 감가상각자산에 포함하는 것과 포함하지 않는 것.

① 사업에 사용하지 않는 것(유휴설비는 제외)
② 건설중인 자산.(건설중인 자산 중 일부가 완성되어 사업에 사용되는 경우 그 부분은 감가상각자산이 됨)
③ 시간의 경과에 따라 그 가치가 감소되지 않는 것.(서화·골동품·토지 등)

3) 리스자산의 경우

리스자산 중 금융리스자산은 리스이용자의 감가상각자산으로 하며, 금융리스 외의 리스자산은 리스회사 등의 감가상각자산으로 한다.

① 금융리스자산 ⇨ 리스이용자의 감가상각자산
② 운용리스자산 ⇨ 리스회사의 감가상각자산

(2) 감가상각의 특성

감가상각비는 영업활동을 위하여 장기간에 걸쳐 사용되는 고정자산 취득가액의 기간별 비용배분액이며 법인세법상 손금이다. 법인세법상 감가상각비는 다음과 같은 특성을 가지고 있다.

1) 결산조정항목

감가상각비는 법인이 **「결산서에 손비로 계상한 경우에만 손금으로 인정 된다」**라고 법인세법에 규정하고 있어 법인세법의 감가상각제도는 **「결산조정사항」**임을 명시하고 있다.

2) 임의상각제도

법인세법에서는 고정자산의 감가상각비에 대해 손금에 산입할 수 있는 상각범위액을 정하고 그 상각범위액 내에서 각 사업연도의 소득금액을 계산할 때 이를 손금산입 할 수 있도록 하는 **「임의상각제도」**를 채택하고 있다.

법인세법은 상각범위액을 초과하지 않는 범위 내에서 감가상각비를 계상하여도 되고 계상하지 않아도 되는 것이며, 잔존가액이 남아있는 한 내용연수가 경과되어도 감가상각 할 수 있는 것이다.

3) 감가상각요소 및 감가상각방법의 법정화

법인세법에서는 감가상각의 계산요소가 되는 **「취득가액·내용연수·잔존가액」**과 자산별 감가상각방법에 대하여 구체적으로 규정하고 있다. 이는 기업의 자의적 적용을 배제하고 세법에 규정된 방법만을 적용하도록 규정하고 있다.

(3) 감가상각 시부인계산의 원리

고정자산에 대한 감가상각비는 법인이 각 사업연도에 이를 손금으로 계상한 경우에 한하여 상각범위액 안에서 손금에 산입하고, 그 계상한 금액 중 상각범위액을 초과하는 금액은 이를 손금에 산입하지 않는다. 이것을 「**감가상각 시부인계산**」이라고 하는데, 그 구체적인 처리방법은 다음과 같다.

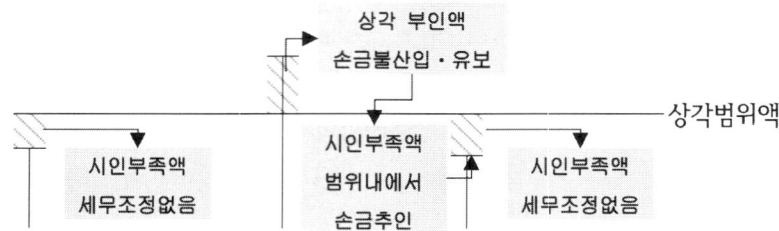

(4) 세무조정

감가상각 시부인계산은 「**개별 자산**」별로 수행한다. 따라서 한 자산의 상각부인액과 다른 자산의 시인부족액은 이를 상계할 수 없으며, 각각 별도로 세무 조정하여야 한다.

구 분	세 무 조 정
상각부인액	상각부인액은 손금불산입 하고 「유보」처분한다. 이 유보는 차기 이후의 시인부족액의 범위 내에서 손금으로 추인한다.
시인부족액	시인부족액은 소멸계산하며 손금산입 할 수 없다. 다만, 전기에서 이월된 상각부인액이 있는 경우에는 시인부족액 범위 내에서 전기 상각부인액을 손금 추인한다.

예제 1 　 감가상각비 시부인의 계산 원리

㈜비젼(사업연도 1.1~12.31)은 제5기 1월1일에 취득한 기계장치 A를 보유하고 있는데, 그 취득가액은 120,000원이고 법인세법상 내용연수는 5년이며, 정액법으로 상각한다. ㈜비젼이 이 기계장치에 대한 감가상각비를 다음과 같은 조건으로 손익계산서에 비용으로 계상하는 경우 상각이 완료될 때까지의 감가상각비 시부인 계산의 내역을 표시해 보시오.

[조건 1] 제5기부터 매기 40,000원씩 상각하는 경우

[조건 2] 제5기부터 매기 20,000원씩 상각하는 경우

Chapter 5 법인세

예제해설

① 법인세법의 내용연수란 감가상각비의 상각범위액을 측정하기 위한 기본적인 요소이다. 즉, 기업회계기준에서의 사용기간과는 차이가 있다.

내용연수	상각범위액	회사계상액	시부인에 대한 세무조정	
5기	24,000	40,000	16,000 손금불산입	유보
6기	24,000	40,000	16,000 손금불산입	유보
7기	24,000	40,000	16,000 손금불산입	유보
8기	24,000	-	24,000 손금산입	△유보
9기	24,000	-	24,000 손금산입	△유보
합 계	120,000	120,000		

② 법인세법의 내용연수는 상각범위액의 측정기간에 해당되므로 상각 범위액 내에서 상각 시에는 기간의 제한이 없다.

내용연수	상각범위액	회사계상액	시부인에 대한 세무조정	
5기	24,000	20,000	△4,000 시인부족액발생	세무조정없음
6기	24,000	20,000	△4,000 시인부족액발생	
7기	24,000	20,000	△4,000 시인부족액발생	
8기	24,000	20,000	△4,000 시인부족액발생	
9기	24,000	20,000	△4,000 시인부족액발생	
10기	-	20,000	△4,000 시인부족액발생	
합계	120,000	120,000		

2 상각범위액의 계산방법

(1) 감가상각방법의 선택과 신고

상각범위액은 개별자산별로 다음의 구분에 의한 상각방법 중 법인이 납세지 관할세무서장에게 신고한 방법에 의하여 계산한다.

구 분		선택가능 한 상각방법	무신고의 경우
유형 고정자산	① 일반	정률법 또는 정액법	정률법
	② 건축물	정액법	정액법
	③ 광업용 유형고정자산	생산량비례법, 정률법 또는 정액법	생산량비례법
	④ 업무용승용차	정액법(내용연수 5년)	정액법(내용연수 5년)
무형 고정자산	① 일반	정액법	정액법
	② 개발비	20년의 범위에서 선택한 내용연수에 따른 정액법	5년간 정액법
	② 광업권	생산량비례법 또는 정액법	생산량비례법

기업회계기준에서는 감가상각방법으로서 정액법·정률법·생산량비례법 외에도 기타 합리적인 방법(예컨대 이중체감법, 연수합계법 등)을 인정하고 있으나, 이들은 법인세법상으로는 인정되지 않는다.

이러한 감가상각방법을 신고하고자 하는 법인은 위의 구분에 의한 자산별로 하나의 방법을 선택하여「**감가상각방법신고서**」를 다음에 정하는 날이 속하는 사업연도의 법인세 과세표준의 신고기한까지 납세지 관할세무서장에게 제출하여야 한다.

① 신설법인과 새로 수익사업을 개시한 비영리법인 : 그 영업 개시일
② ① 외의 법인이 위의 구분을 달리하는 고정자산을 새로 취득한 경우 : 그 취득일

(2) 상각범위액의 계산방법

감가상각비의 계산방법에는「**정액법, 정률법, 생산량비례법**」등이 있으며, 상각범위액은 다음과 같이 계산한다.

1) 정액법

> 감가상각비 범위액 = 세무상 취득가액 × 상각률

※ 세무상 취득가액 = B/S상 취득가액+전기말까지의 즉시상각의제액+당기즉시상각의제액

2) 정률법

> 감가상각비 범위액 = (취득가액 − 기상각액) × 상각률

※ 미상각잔액=(B/S 취득가액+자본적지출(즉시상각의제액)−B/S 감가상각누계액)+전기 상각부인액

3) 생산량비례법

> 감가상각비 범위액 = (취득가액 + 자본적지출) × (당해 사업연도 채굴량 / 총채굴예정량)

※ 기상각액 = B/S감가누계액 + 당기감가상각비 + 자본적지출액(당기분) + 상각부인액

(3) 특수한 경우의 상각범위액 계산방법

1) 사업연도가 1년 미만인 경우

① 본래의 사업연도가 1년 미만인 경우 : 다음과 같이 환산한 내용연수와 그에 따른 상각률을 적용한다. 이 경우 월수는 역에 따라 계산하되, 1월 미만의 일수는 1월로 한다.

> 환산내용연수 = 내용연수 × 12 / 사업연도의 월수

② 일시적으로 사업연도가 1년 미만이 된 경우(사업연도 변경 또는 의제의 경우) : 내용연수(또는 신고내용연수·기준내용연수)와 그에 따른 상각률을 그대로 적용하되, 다음과 같이 상각 범위액을 계산한다. 이 경우 월수는 역에 따라 계산하되, 1월 미만의 일수는 1월로 한다.

$$\text{사업연도가 1년인 경우의 상각범위액} \times \text{당해 사업연도의 월수}/12$$

2) 기중 신규취득의 경우

신규취득자산의 상각범위액은 사업에 사용한 날부터 사업연도 종료일까지의 월수에 따라 계산한다. 이 경우 월수는 사용한 날을 포함하여 역에 따라 계산하되, 1월미만의 일수는 1월로 한다.

3) 자본적 지출한 경우

기존 고정자산에 대한 자본적 지출액은 신규취득의 경우와는 달리 자본적 지출이 발생한 후의 월수를 고려하지 않고 그 감가상각자산의 기초가액에 합산하여 그 자산의 내용연수를 그대로 적용하여 상각범위액을 계산한다.

(4) 감가상각방법의 변경

법인이 신고한 감가상각방법(무신고시는 세법이 정한 감가상각방법)은 그 후 사업연도에도 계속적용해야 한다. 법인이 감가상각방법을 임의로 변경한 경우에는 변경 전의 감가상각방법으로 상각범위액을 계산한다.

1) 변경의 사유

다음 중 어느 하나에 해당하는 경우에는 계속성의 원칙에 불구하고 납세지 관할세무서장의 승인을 얻어 그 상각방법을 변경할 수 있다.
① 상각방법이 서로 다른 법인이 합병한 경우
② 상각방법이 서로 다른 사업자의 사업을 인수 또는 승계한 경우
③ 외국인투자촉진법에 의하여 외국투자자가 내국법인의 주식 등을 20%이상 인수 또는 보유하게 된 경우와 해외시장의 경기변동 또는 경제적 여건의 변동으로 인하여 종전의 상각방법을 변경할 필요가 있는 경우
④ 회계정책의 변경에 따라 결산상각방법이 변경된 경우(변경한 결산상각방법과 같은 방법으로 변경하는 경우만 해당한다)

2) 상각방법을 변경한 경우의 상각범위액 계산방법

상각방법을 변경하는 경우에 상각범위액의 계산은 다음의 산식에 의한다.

$$\text{변경 당시의 미상각잔액(*)} \times \text{변경후 상각방법에 의한 상각률}$$

* B/S취득가액 − B/S감가상각누계액 + 상각부인액

3) 변경신고기한 및 변경승인

감가상각방법의 **변경승인을 얻고자 하는 법인**은 그 **변경할 상각방법을 적용하고자 하는 최초 사업연도의 종료일**까지 「감가상각방법변경신청서」를 납세지 관할세무서장에게 제출하여야 한다. 또한, 감가상각변경신청서를 접수한 납세지 관할세무서장은 신청서의 접수일이 속하는 사업연도 종료일부터 1개월 이내에 그 승인 여부를 결정하여 알려야 한다.

③ 상각범위액의 결정요소

상각 범위액은 일정한 감가상각방법이 주어지면 당해 자산의 **취득가액, 잔존가액 및 내용연수**에 의하여 결정된다. 이에 관한 법인세법의 내용을 살펴보면 다음과 같다.

(1) 취득가액

감가상각의 기초가액이 되는 취득가액은 법인세법에 따라 계산하는 취득가액에 관한 규정을 적용한다.

감가상각대상에 포함되는 항목	감가상각대상에 포함되지 않는 항목
① 자본적 지출 ② 법률에 의한 평가차익 ③ 건설자금이자(취득가액에 산입한 일반차입금이자 포함) ④ 유형고정자산의 취득가액으로 계상한 국·공채의 매입가액과 현재가치와의 차액	① 부당행위계산에 의한 시가초과액 ② 기부금으로 의제된 정상가액초과액 ③ 법률에 의하지 않은 평가차익 ④ 결산상 계상한 현재가치할인차금 ⑤ 자산으로 계상한 복구비용의 추정액

1) 자본적 지출과 수익적 지출

자본적 지출	수익적 지출
① 본래의 용도를 변경하기 위한 개조 ② 엘리베이터 또는 냉난방장치의 설치 ③ 빌딩에 있어서 피난시설 등의 설치 ④ 재해 등으로 인하여 멸실 또는 훼손되어 해당 자산의 본래의 용도에 이용할 가치가 없는 건축물·기계·설비 등의 복구 ⑤ 그 밖에 개량·확장·증설 등 위와 유사한 성질의 것	① 건물 또는 벽의 도장 ② 각종 소모품의 대체 : 파손된 유리나 기와의 대체, 기계의 소모된 부분품 또는 벨트의 대체, 자동차 타이어의 교체 등 ③ 재해를 입은 자산에 대한 외장의 복구·도장 및 유리의 삽입 ④ 그 밖에 조업가능한 상태의 유지 등 위와 유사한 성질의 것

2) 즉시상각의 의제(매우 중요)

감가상각자산의 취득가액이나 자본적 지출을 비용으로 처리한 경우 그 금액을 자산으로 계상한 후 즉시 감가상각한 것으로 보는데, 이를 「**즉시상각의제**」라고 한다. 즉, 본래는 자본적지출에 해당하는 비용을 취득시점에 손금으로 처리한 것은 감가상각을 미리 한 것과 같다는 개념이다.

① 즉시상각의제액으로 판정된 경우 세무조정은 하지 않는다.
② 즉시상각의제액을 기존의 자산가액에 합산하여 감가상각범위액을 계산한다.
③ 장부상의 감가상각비 회사 계상액과 즉시상각의제액을 합산하여 「**감가상각범위액**」과 비교하여 **감가상각시부인을 수행한다**.

3) 즉시상각의제 특례

다음의 경우에는 중요성이 없으므로 비용으로 회계 처리하면 이를 손금으로 인정하여 세무조정을 하지 아니한다.

① 즉시상각의제 특례 규정이 적용되면 전액 손금으로 인정하고, 세무조정은 하지 않는다.
② 즉시상각의제 특례는 감가상각범위액을 계산을 하지 않고 즉시 손금으로 처리한다.

구분		즉시상각대상 자산
취득단계 (소액자산 의 취득)	(1) 소액자산	거래단위별 자산의 취득가액이 100만원 이하인 감가상각자산. 다만, 다음의 자산은 그러하지 아니하다. ① 고유업무의 성질상 대량으로 보유하는 자산 ② 사업의 개시 또는 확장을 위하여 취득한 자산
	(2) 대여사업용 비디오테이프 등	대여사업용 비디오테이프와 음악용 콤펙트디스크로서 개별자산의 취득가액이 30만원 미만인 자산
	(3) 단기사용자산 등	영화필름·공구·가구·전기기구·가스기기·가정용 기구 및 비품·시계·시험기기·측정기기 및 간판·어업에 사용되는 어구(어선용구 포함)·전화기(휴대용전화기 포함) 및 개인용 컴퓨터(그 주변기기 포함)
보유단계 (소액수선 비의 지출)		① 개별 자산별로 수선비로 지출한 금액이 600만원 미만인 경우 ② 개별자산별로 수선비로 지출한 금액이 직전 사업연도 종료일 현재 재무상태표 장부가액(취득가액-감가상각누계액)의 5%에 미달하는 경우 ③ 3년 미만의 기간마다 주기적인 수선을 위하여 지출하는 경우
폐기단계		다음 중 어느 하나에 해당하는 경우에는 장부가액에서 1,000만원을 뺀 금액을 폐기일이 속하는 사업연도의 손금에 산입할 수 있다. ① 시설의 개체·기술의 낙후로 인하여 생산설비의 일부를 폐기한 경우 ② 사업의 폐지 또는 사업장의 이전으로 임대차계약에 따라 임차한 사업장의 원상회복을 위하여 시설물을 철거하는 경우

예제 2 — 즉시상각의제액 및 특례액 계산

다음은 ㈜비젼의 당기의 제조원가명세서상 수선비 계정의 내역이다. ㈜비젼은 당기에 감가상각비를 전혀 계상하지 않고 있으며, 감가상각방법도 신고 된 바 없고, 전기말 상각부인액도 전혀 없다. 이에 관한 세무조정을 행하라

일 자	금 액	자산 구분	내 역	전기말 미상각잔액	상각률
2. 5.	14,000,000원	건물 A	냉난방장치 설치	320,000,000원	0.073
5.10.	10,000,000원	건물 B	파손된 유리 대체	120,000,000원	0.073
8.20.	25,000,000원	기계장치C	자본적 지출액	100,000,000원	0.140
11.15.	5,800,000원	기계장치D	자본적 지출액	40,000,000원	0.140
합 계	54,800,000원	-	-	560,000,000원	-

예제해설

1. 수선비로 인정되는지의 여부

일자	금액	내역	세무처리 방법
02.05.	14,000,000	자본적지출	전기말 미상각잔액의 5%미만으로 즉시상각의제 특례
05.10.	10,000,000	수익적지출	수선비로 인정
08.20.	25,000,000	자본적지출	즉시상각의제(기계장치)로 판정
11.15.	5,800,000	자본적지출	6,000,000미만이므로 수선비로 인정(특례)

2. 세무처리(08월 20일)
   (1) 회사계상 감가상각비(기계장치 C의 즉시상각의제금액) : ₩25,000,000
   (2) 상각범위액 : (전기말 미상각잔액 + 자본적지출액) × 상각률
        = (₩100,000,000+₩25,000,000)×0.14=₩17,500,000
   (3) 시부인액 : (1) - (2) = ₩7,500,000 ⇨ 감가상각비 부인액 ₩7,500,000(손금불산입, 유보)

(2) 잔존가액

1) 기본원칙

「잔존가액」이란 자산을 처분할 때 회수할 금액에서 그 자산의 제거·판매비용을 차감한 금액이다. 기업회계기준은 이러한 잔존가액에 대한 추정을 허용하고 있으나, 법인세법은 감가상각계산의 자의성을 방지하고 투하자본의 조기회수를 통한 기업의 경쟁력 제고를 위해 잔존가액을 영(0)으로 규정하고 있다.

2) 정률법에 의해 상각하는 경우

정률법 상각률은 잔존가액이 없으면 계산될 수 없다. 따라서 정률법에 의하여 상각범위액을 계산하는 경우에는 취득가액의 5%에 상당하는 금액을 잔존가액으로 하되, 그 금액은 당해 감가상각자산에 대한 미상각잔액이 최초로 취득가액의 5% 이하가 되는 사업연도의 상각범위액에 가산한다.

3) 상각완료자산의 비망계정

감가상각이 종료되는 감가상각자산에 대하여는 위의 규정에 불구하고 취득가액의 5%와 1,000원 중 적은 금액을 당해 감가상각자산의 장부가액으로 하고, 동 금액에 대하여는 이를 손금에 산입하지 않는다. 이것은 상각이 완료된 자산에 대한 비망가액으로서, 그 자산이 처분될 때 비로소 손금에 산입된다.

(3) 내용연수

세법에서의 내용연수는 상각범위액 계산시 적용하는 상각율을 결정하는 역할을 한다. 기업회계에서는 내용연수를 합리적으로 추정하여 적용할 수 있도록 하고 있으나, 세법에서는 임의적인 과세소득의 조작을 방지하기 위하여 내용연수의 추정을 인정하지 않고 자산별, 업종별, 구조별로 별도로 정하고 있다.

1) 내용연수의 종류

① 기준내용연수 : 자산별로 법인세법 시행규칙 별표에 법정된 기준이 되는 내용연수를 말한다.
② 내용연수범위 : 기준내용연수의 25%를 가감하여 법인세법 시행규칙 별표에 정한 내용연수의 범위(건축물과 업종별 자산에 규정)
③ 신고내용연수 : 내용연수범위 내에서 선택하여 신고한 내용연수
④ 특례내용연수 : 기준내용연수의 50%를 가감한 범위 안에서 승인을 얻은 내용연수

2) 내용연수의 신고기한

① 신설법인 : 영업개시일이 속하는 사업연도의 과세표준 신고기한.
② 기존법인 자산별·업종별 기준내용연수가 다른 고정자산을 새로 취득하거나 새로운 업종의 사업을 개시한 경우 : 그 취득일 또는 개시일 속하는 사업연도의 과세표준 신고기한.

3) 특례내용연수의 승인과 내용연수 변경 승인

특례내용연수를 적용하고자 하는 법인은 영업개시일·취득일·사업개시일부터 3월이 되는 날 또는 변경할 내용연수를 적용하고자 하는 최초 사업연도의 종료일까지 특례내용연수 승인신청서를 납세지 관할세무서장을 거쳐 납세지 관할지방국세청장에게 제출하여야 한다.

특례내용연수승인신청서를 통보받은 납세지 관할국세청장은 신청서의 접수일이 속하는 사업연도 종료일로부터 1개월 이내에 승인 여부를 결정하여 통지하여야 한다.

4) 수정내용연수

법인이 기준내용연수의 50% 이상이 경과된 자산을 다른 법인 또는 개인사업자로부터 취득한 경우에는 그 자산의 기준내용연수의 50%에 상당하는 연수와 기준내용연수의 범위에서 선택하여 납세지 관할세무서장에게 신고한 연수를 내용연수로 할 수 있다.

① 다른 법인 또는 개인사업자로부터 취득한 중고자산(당해 내국법인에게 적용되는 기준내용연수의 50%이상이 경과된 자산을 말한다)

② 합병·분할에 의하여 승계한 자산

> ※ 수정내용연수의 범위 = [기준내용연수 × 50% ~ 기준내용연수]

수정내용연수를 계산할 때 1년 미만은 없는 것으로 한다. 예컨대 기준내용연수가 5년인 경우 수정내용연수의 하한선은 5년×50%=2.5년→2년이 된다. 따라서 회사는 2년(수정내용연수의 하한선)에서 5년(기준내용연수)의 범위 안에서 선택하여 수정내용연수를 신고할 수 있는 것이다. 이러한 수정내용연수의 신고가 없는 경우에는 종전의 신고내용연수를 적용한다.

예제 3 감가상각방법에 따른 감가상각비의 시부인

다음은 ㈜비젼(사업연도:1.1~12.31)의 시설장치에 대한 감가상각자료이다. ㈜비젼이 감가상각방법을 ①정률법으로 신고한 경우와 ②정액법으로 신고한 경우를 가정하여 각각 감가상각 시부인계산을 행하라.

1. 시설장치의 감가상각 현황은 다음과 같다.

구 분	금 액
전기말 재무상태표상 취득원가	₩600,000,000
전기말 감가상각누계액	△100,000,000
전기말 감가상각비 부인액	30,000,000
당기 손익계산서상 감가상각비	70,000,000

2. 위 시설장치에 대한 수선비가 10월 14일 50,000,000원이 지출되었다. 이는 자본적 지출에 해당하지만, 회사는 이를 손익계산서에 수선비로 계상하였다.

3. ㈜비젼은 내용연수를 8년으로 신고하였으며, 그 정률법 상각률은 0.300이고 정액법 상각률은 0.125라고 가정한다.

구 분	정률법	정액법
취 득 원 가	600,000,000	600,000,000
감 가 상 각 누 계 액	△100,000,000	-
자 본 적 지 출	50,000,000	50,000,000
전 기 상 각 부 인 액	30,000,000	-
상 각 기 초 가 액	580,000,000	650,000,000
상 각 율	0.3	0.125
상 각 범 위 액	174,000,000	81,250,000
회 사 계 상 액	120,000,000	120,000,000
당 기 시 부 인 액	△54,000,000	38,750,000
전 기 상 각 부 인 액	30,000,000	30,000,000
당 기 손 금 추 인 액	△30,000,000	-
이 월 상 각 부 인 액	-	68,750,000
세무조정	감가상각손금추인액 30,000,000 손금산입 · △유보	당기감가상각부인액 38,750,000 손금불산입 · 유보

(4) 상각부인액의 사후관리

시인부족액은 별도의 사후관리를 필요로 하지 않으나, 상각부인액은 사후관리를 필요로 한다. 차기이후에 시인부족액이 발생한 경우 그 시인부족액을 한도로 하여 상각부인액을 손금으로 추인하는데, 이것도 상각부인액의 사후관리의 일종이다.

1) 감가상각자산을 평가증한 경우

① 상각부인액의 처리방법 : 법인이 감가상각자산을 평가증(보험업법 기타 법률에 의하여 감가상각자산의 장부가액을 증액한 것을 말한다)한 경우 당해 감가상각자산의 상각부인액은 평가증의 한도까지 익금에 산입된 것으로 보아 이를 손금으로 추인하고, 평가증의 한도를 초과하는 금액은 이를 그 후의 사업연도에 이월할 상각부인액으로 한다. 이 경우 시인부족액은 소멸하는 것으로 한다.

② 감가상각과 평가증의 적용순위 : 법인이 감가상각자산에 대하여 감가상각과 평가증을 병행한 경우에는 먼저 감가상각을 한 후 평가증을 한 것으로 보아 상각범위액을 계산한다. 감가상각과 평가증은 서로 영향을 미치는 관계에 있기 때문에 한 사업연도에 감가상각과 임의 평가증이 모두 있는 경우에는 양자의 계산순서가 문제된다. 이 경우 평가증을 하기 전의 가액을 바탕으로 상각범위액을 계산하여 감가상각 시부인계산을 하고, 그 결과를 토대로 평가증에 대한 세무조정을 한다.

2) 감가상각자산을 양도한 경우

감가상각자산을 양도한 경우 당해 자산의 상각부인액은 양도일이 속하는 사업연도의 손금액에 이를 산입한다. 상각부인액이 있는 자산을 양도한 경우에는 장부상 처분이익이 과대계상되기 때문이다.

(5) 감가상각의 의제

1) 감가상각 의제

세무상 감가상각은 「**임의상각제도**」이므로 시인부족액이 발생해도 규제하지 않는다. 그러나 감면법인에게도 이를 인정하게 되면, 감면기간에 감가상각을 하지 않고 감면기간 이후에 감가상각을 함으로써 조세를 회피할 수 있다.

임의상각제도를 이용하여 조세를 회피하는 것을 막기 위하여 감면법인은 상각범위액까지 감가상각비를 손금으로 계상해야 하며, 감가상각비를 과소계상한 경우 그 과소계상액을 신고조정으로 손금에 산입해야 한다(강제조정). 손금으로 계상하거나 손금에 산입하지 아니한 감가상각비는 상각한 것으로 보아 그 후 상각범위액을 계산하는데, 이를 감가상각의제라고 한다.

2) 적용요건

감가상각의제를 적용하기 위해서는 다음의 요건을 모두 충족하여야 한다.

① 당해 법인이 각 사업연도 소득에 대하여 법인세가 면제되거나 감면되는 사업을 영위할 것.
② 실제로 법인세를 면제받았거나 감면받았을 것. 따라서 법인세가 면제·감면되는 사업을 영위하는 법인이라도 결손 또는 면제요건의 불비 및 면제기간의 종료 등으로 법인세를 면제 또는 감면받지 아니한 경우에는 감가상각의제규정을 적용하지 않는다.

Chapter 5 법인세

제 9 절 충당금에 관한 세무조정

1 퇴직급여제도

(1) 퇴직금제도

퇴직금제도는 기업이 보유하고 있는 내부자금 등으로 퇴직급여를 지급하는 제도를 말한다. 퇴직금제도를 설정하는 경우 사용자는 퇴직하는 근로자에게 계속근로기간 1년에 대하여 30일분 이상의 평균임금을 퇴직금으로 지급하여야 한다.

(2) 퇴직연금제도

퇴직연금제도는 퇴직급여의 지급에 소요되는 재원을 사용자가 퇴직연금사업자가 에게 미리 불입하고, 근로자의 퇴직시 퇴직급여는 퇴직연금사업자가 지급하는 제도를 말한다. 퇴직연금제도를 설정하는 경우 퇴직급여 소요재원의 사외예치는 강제사항이다.

1) 확정급여형(DB형 Defined Benefit) 퇴직연금제도
① 근로자가 지급받을 퇴직급여액이 확정되어 있는 퇴직연금제도이다.
② 연금불입금의 운용책임 및 성과는 사용자에게 귀속되며, 운용성과에 따라 사용자의 부담액이 변동되는 퇴직연금제도이다.

2) 확정기여형(DC형 Defined Contribution) 퇴직연금제도
① 사용자가 부담하여야 할 부담금액이 확정되어 있는 퇴직연금제도이다.
② 연금불입금의 운용책임 및 성과는 근로자에게 귀속되며, 운용성과에 따라 근로자의 퇴직급여 수령액이 변동되는 퇴직연금제도이다.

		확정급여형퇴직연금	확정기여형퇴직연금
사용자부담금의 수준		근로자의 퇴직일을 기준으로 산정한 일시금의 금액이 계속 근로기간 1년에 대하여 30일분의 평균임금액 이상이어야 한다.	근로자의 연간 임금총액의 1/12에 해당하는 금액 이상을 현금으로 불입하여야 한다.
근로자부담금의 수준		불입할 수 없음	선택에 따라 불입가능
퇴직연금 수령방법	연금식	55세 이상으로서 가입기간 10년이상인 경우	55세 이상으로서 가입기간 10년이상인 경우
	일시금	연금수급요건에 해당하지 아니하거나 일시금 수급을 원하는 경우	연금수급요건에 해당하지 아니하거나 일시금 수급을 원하는 경우
중도인출		불가능	법정사유에 해당하는 경우 중도인출가능(*)

※ 무주택자인 가입자가 주택을 구입하는 경우, 가입자 또는 그 부양가족이 6월 이상 요양을 원하는 경우, 천재 및 사변 등 노동부령이 정하는 사유와 요건을 갖춘 경우를 말한다.
※ 개인퇴직계좌(IRP계정) : 퇴직급여제도의 일시금을 수령한 자가 그 수령액을 적립·운용하기 위하여 퇴직연금 사업자에게 설정한 저축계좌를 말한다. 개인퇴직계좌로부터 연금 또는 일시금의 수령은 가입자가 55세 이상인 경우 가능하며, 중도 인출은 (확정기여형)퇴직연금에서의 중도 인출사유에 해당하는 경우에 가능하다.

2 퇴직급여충당금 - 사내적립제도

근로자퇴직급여보장법에 의한 퇴직금제도에 따라 임원 또는 사용인의 퇴직금 지급에 충당하기 위하여 계상한 금액을 퇴직급여충당금(기업회계기준서에서는 퇴직급여충당부채라 함)이라 한다. 법인이 각 사업연도에 임원 또는 사용인의 퇴직급여에 충당하기 위하여 퇴직급여충당금을 손금으로 계상한 경우에는 일정한 금액의 범위 안에서 이를 손금에 산입하였으나 2016년부터는 그 한도를 「0%」로 규정하여 설정을 허용하지 않는다. 이처럼 퇴직급여충당금의 손금산입을 허용하였던 취지는 ①익금과 손금을 대응시킴과 동시에 ②배당가능이익을 감소시켜 퇴직금 재원을 사내에 유보시키기 위한 데 있다.

(1) 손금산입한도액

퇴직급여충당금의 손금산입한도액은 다음과 같다.

```
퇴직급여충당금 손금산입한도액 = MIN(①,②)
 ① 1년간 계속하여 근로한 임직원에게 당해 사업연도에 지급한 총급여액 × 5%
 ② (퇴직금추계액 × 0% + 퇴직금전환금 계상액) - 당기말 세무상 충당금 잔액(※)
   ※ 전기말 B/S상 퇴직급여충당금 - 당기 장부상 충당금 감소액 - 충당금 부인 누계액
```

① **총급여액** : 근로의 제공으로 인하여 받는 봉급·급료·보수·세비·임금·상여·수당과 이와 유사한 성질의 급여의 총액과 잉여금처분에 의한 상여를 말하나(인정상여, 근로소득으로 보는 퇴직위로금 등은 포함하지 않는다), 손금불산입되는 금액은 제외한다. 법인의 퇴직급여규정에 계속근로기간이 1년 미만인 임원 또는 사용인에 대해서도 퇴직급여를 지급하기로 정해진 경우 그 임원 또는 사용인에 지급한 총급여액은 여기에 포함된다. 그러나 확정기여형 퇴직연금 등(개인퇴직계좌를 포함하며, 이하같다)이 설정된 임원 또는 사용인에 대해서는 퇴직급여충당금을 설정할 수 없으므로 그 임원 또는 사용인에 대한 총급여액은 제외한다.

② **퇴직금추계액** : 당해 사업연도 종료일 현재 재직하는 임원 또는 사용인(확정기여형 퇴직연금이 설정된 자를 제외한다)의 전원이 퇴직할 경우에 퇴직급여로 지급되어야 할 금액을 퇴직급여추계액이라 한다. 여기에는 손금불산입되는 퇴직금은 포함하지 않는다.

```
퇴직급여추계액 = Max(①, ②)
 ① 일시퇴직기준 퇴직금추계액[*1]
 ② 보험수리적기준 퇴직금 추계액[*2]+ 확정급여형 퇴직연금제도 미가입자 등의 일시퇴직기준
```

(*1) 당기말 현재 재직하고 있는 임원·사용인이 모두 퇴직할 경우 지급할 퇴직급여 총액
(*2) 근로자 퇴직급여보장법에 따라 사업연도 말일 현재 급여에 소요되는 비용예상액의 현재가치와 부담금 수입예상액의 현재가치를 추정하여 산정된 금액

③ **퇴직금전환금계상액** : 종전에는 법인이 퇴직급여에 충당할 금액 중 일부를 국민연금관리공단에 납부하였는데, 이를 「**퇴직금전환금**」 또는 「**국민연금전환금**」이라고 한다. 임직원이 퇴직하면 국민연금관리공단에서 퇴직금전환금을 수령하므로 회사는 퇴직급여에서 퇴직금전환금을 차감한 잔액을 지급한다. 국민연금법의 개정에 따라 1999.4.1.부터는 퇴직금전환금이 폐지되었으나, 종전에 납부한 퇴직금전환금은 임직원의 퇴직시까지 재무상태표상에 퇴직급여충당금의 차감계정으로 계상되어 있는데, 이를 퇴직급여충당금 한도액 계산시 가산하는 것이다.

(2) 퇴직금 지급시의 처리

퇴직급여충당금을 손금산입한 법인이 임원 또는 사용인에게 퇴직금을 지급하는 경우에는 당해 퇴직급여충당금에서 먼저 지급하여야 한다. 이 경우 퇴직급여충당금 계상액 중 세무상 부인액이 있는 법인이 퇴직금을 지급할 때 세무상 퇴직급여충당금을 초과하여 상계하는 금액은 손금에 산입한다.

예제 1 　퇴직급여충당금의 세무조정

㈜비젼의 제5기 사업연도 (1.1~12.31)의 다음 자료에 의하여 퇴직급여충당금에 대한 세무조정을 행하라.

1. 퇴직급여충당금 전기이월액 200,000,000원(전기자본금 적립금 조정명세서의 한도초과로 부인된 금액 150,000,000원 포함)
2. 퇴직급여 지급액 30,000,000원은 현실적으로 퇴직한 사용인에게 지급된 것이다.
3. 퇴직급여충당금 차기이월액은 230,000,000원이다.
4. 인건비의 지급내용은 다음과 같다.
    ① 임원에 대한 급여는 200,000,000원이고, 상여금은 50,000,000원이다. 임원의 상여금에는 급여지급규정을 초과한 상여금 10,000,000원이 포함되어 있다.
    ② 사용인의 급여는 2,060,000,000원이고 상여금은 790,000,000원이다.
5. 법인의 퇴직금 추계액은 390,000,000원, 보험수리액은 350,000,000원이다.
6. 퇴직금전환금의 기말잔액은 24,000,000원이다.

PART 1 이론편

예제해설

1. 퇴직급여충당금계정 조회

   퇴직급여충당부채

당기지급	30,000,000	전기이월	200,000,000
차기이월	230,000,000	당기설정	60,000,000
	260,000,000		260,000,000

2. 전기 세무상 충당금이월액 : 200,000,000-150,000,000=50,000,000
3. 총급여액의 산출 : 규정초과 임원상여금 부인액 10,000,000(손금불산입·상여)
   (1) 사용인 분 : 2,060,000,000+790,000,000= 2,850,000,000
   (2) 임원 분 : 200,000,000+(50,000,000-10,000,000)=240,000,000
4. 한도액 (Min ①, ②)
   (1) 총급여액 기준 : (2,850,000,000+240,000,000)×5%=154,500,000
   (2) 퇴직급여추계액 기준(퇴직금추계액, 보험수리액추계액)중 Max
   390,000,000×0%+24,000,000-(200,000,000-150,000,000-30,000,000)=4,000,000
3. 한도초과액
   회사설정액 60,000,000-퇴직급여충당금한도액 4,000,000=56,000,000(손금불산입·유보)

예제 2 — 퇴직급여충당금의 세무조정

㈜비젼의 제5기 사업연도 (1.1~12.31)의 다음 자료에 의하여 퇴직급여충당금에 대한 세무조정을 행하라.

1. 당기말 현재 근속 중인 임원과 사용인에 대한 인건비와 퇴직금추계액의 내역은 다음과 같다.

구 분		급료와 임금	상여금	퇴직금추계액
임원(모두 1년이상 근속)		₩20,000,000	₩8,000,000	₩ 6,000,000
사용인	1년이상근속	52,000,000	20,000,000	22,000,000
	1년미만근속	8,000,000	2,000,000	2,000,000
합 계		₩80,000,000	₩30,000,000	₩30,000,000

   ※ ㈜비젼의 퇴직급여지급규정에 따르면 각 사업연도 종료일 현재 1년 미만 근속자에 대해서도 퇴직급여를 지급하도록 되어 있다.
   (1) 상여금은 모두 급여지급기준에 의하여 지급된 것이다.
   (2) 퇴직금추계액 가운데 임원퇴직금 한도초과액에 해당하는 부분은 없다.
   (3) 금융기관에 의뢰한 보험수리액은 45,000,000원으로 통보받다.

2. 기업회계기준에 의한 퇴직급여충당부채 계정내역은 다음과 같다.

Chapter 5 법인세

퇴직급여충당부채			
당기지급	2,000,000	전기이월	7,000,000
차기이월	8,500,000	당기설정	3,500,000
	10,500,000		10,500,000

※ 전기이월액 중에는 한도초과로 인해 부인된 금액 ₩1,500,000이 포함되어 있다.

3. 퇴직금전환금 계상액 4,500,000원이 잔액으로 남아 있다.

예제해설

1. 회사설정액 : ₩3,500,000
2. 한도액 (Min ①, ②)
   (1) 총급여액 기준
       (80,000,000+30,000,000)×5%=5,500,000
   (2) 퇴직급여추계액 기준(퇴직금추계액, 보험수리액추계액)중 Max
       45,000,000×0%+4,500,000-(7,000,000-1,500,000-2,000,000)=1,000,000
3. 한도초과액
   회사설정액 3,500,000-퇴직급여충당금한도액 1,000,000=2,500,000(손금불산입・유보)

③ 퇴직연금부담금(퇴직연금충당금) - 사외적립제도

법인이 임원이나 사용인의 퇴직급여를 지급하기 위하여 납부하는 퇴직연금의 부담금은 각 사업연도 소득금액을 계산할 때 손금에 산입한다.

(1) 퇴직연금의 손금산입방법

확정급여형 퇴직연금 부담금의 손금산입은 신고조정사항이다. 따라서 퇴직연금부담금을 납부한 법인이 그 부담금을 결산서에 비용으로 계상한 경우에는 이를 세법에 따른 손금산입범위액을 한도로 하여 인정하게 되며, 법인이 이를 결산서에 비용으로 계상하지 않은 경우에도 세법에 따른 손금범위액은 신고조정으로 손급산입하는 것이다.

1) 세무조정의 방법과 손금산입범위액

① 세무조정방법 : 퇴직연금부담금 및 퇴직연금충당금에 대한 세무조정방법은 다음과 같다.

비용으로 계상한 퇴직연금부담금 - 손금산입 범위액 = (+) ⇨ 손금불산입・유보
                                                        (-) ⇨ 손금산입・△유보

② 손금산입범위액

> 퇴직연금부담금의 손금산입 범위액 = MIN(①,②)-이미 손금산입한 퇴직연금부담금
> ① 퇴직금추계액기준 : 기말 퇴직금추계액$^{(*)}$- 세무상 퇴직급여충당금 기말잔액
> ② 퇴직연금예치금기준 : 기초 퇴직연금운용자산-기중 감소액+기중 납입액

(*) 기말 퇴직금추계액 : Max(①, ②)
① 일시퇴직기준 퇴직급여추계액
② 보험수리적기준 퇴직급여추계액

여기서 「**세무 상 퇴직급여충당금 기말잔액**」이란 당기의 퇴직급여충당금에 대한 세무조정이 완료된 후의 금액을 말한다. 따라서 퇴직연금부담금에 대한 세무조정을 하기 전에 반드시 퇴직급여충당금에 대한 세무조정이 먼저 이루어져야 한다.

2) 퇴직금 지급시의 처리

퇴직보험료 등을 손금산입한 법인의 임원 또는 사용인이 퇴직하는 경우 그 퇴직금 상당액은 다음 순위에 따라 처리한다.

① 퇴직으로 인하여 보험회사 등으로부터 지급되는 퇴직보험금(또는 퇴직신탁금)에 상당하는 퇴직보험충당금과의 상계. 다만, 신고조정에 의하여 퇴직보험료 등을 손금산입한 경우에는 당해 퇴직보험금 상당액을 퇴직금으로 계상한 후 그 금액을 손금불산입한다.
② 퇴직급여충당금과의 상계
③ 퇴직금으로 손금산입

예제 3   퇴직연금부담금의 세무조정

다음은 ㈜비젼의 제5기 사업연도(1.1~12.31)자료이다. 다음 자료를 이용하여 요구사항에 답하라.

1. 재무상태표상 전기이월 퇴직급여충당금은 3,000,000원(부인액은 없음)이며, 전기이월 퇴직연금운용자산은 190,000,000원이다.
2. 기중에 종업원에게 퇴직금 5,000,000원을 지급하였으며, 이 밖에 종업원의 퇴직으로 인하여 퇴직연금운용자산 중 10,000,000원이 보험회사로부터 종업원에게 지급되었다.
3. 기중에 퇴직연금부담금 37,000,000원을 납입하였다.
4. 기말에 추정한 퇴직금추계액은 245,000,000원이며, 금융기관으로부터 통보받은 보험수리액 추계액은 220,000,000원을 통보받았으며, 기말 퇴직급여충당금 잔액은 100,000,000원(부인액 40,000,000원 포함)이다.
5. ㈜비젼은 「근로자퇴직급여 보장법」에 따라 퇴직금제도를 설정하고 있다.
6. 퇴직연금부담금을 신고조정에 의해 손금산입하는 경우로 가정하며, 전기말까지 신고조정으로 손금에 산입된 퇴직연금부담금은 190,000,000원이라고 가정한다.

Chapter 5 법인세

예제해설

1. ㈜비젼의 회계처리

   (1) 퇴직급여 지급시

차변	금액	대변	금액
퇴직급여충당부채	3,000,000	퇴직연금운용자산	10,000,000
퇴 직 급 여	7,000,000		
퇴 직 급 여	5,000,000	현 금	5,000,000

   (2) 퇴직연금부담금 납입시

차변	금액	대변	금액
퇴직연금운용자산	37,000,000	현 금	37,000,000

2. 퇴직급여 지급에 대한 세무조정 : 퇴직연금손금불산입 10,000,000(손금불산입, 유보)

3. 퇴직연금부담금에 대한 세무조정

   (1) 결산서상 퇴직연금부담금 : ₩0
   (2) 손금산입범위액 Min(①,②) - ③
   ① 퇴직급여충당금 미설정액 : 245,000,000-(100,000,000-40,000,000)=185,000,000
   ② 기말 퇴직보험예치금 : 190,000,000-10,000,000+37,000,000=217,000,000
   ③ 이미 손금산입한 보험료 : 전기말까지 신고조정으로 손금산입된 보험료-기중 보험금 수령액
   190,000,000-10,000,000=180,000,000,
   (3) 세무조정금액 (1) - (2) = △5,000,000(손금산입, △유보)

4 대손금과 대손충당금

(1) 대손금

대손이란 채권의 회수불능을 의미한다. 또한 대손금이란 회수할 수 없는 채권금액을 말하는 것으로 이것은 순자산 감소의 원인이 되므로 원칙적인 손금이다. 이러한 대손금은 대손충당금의 설정에 관한 세법의 규정은 기업회계기준과 다음과 같은 차이가 있다.

구분	기업회계기준	법인세법
① 대손금	회수불가능한 채권은 대손처리 가능	세법에서 정하는 대손요건에 충족된 경우에만 손금인정
	[세무조정] 회사가 대손처리한 금액이 대손요건을 충족하지 않은 경우에는 그 금액을 손금불산입(유보)하여야 한다.	
② 대손충당금	합리적이고 객관적인 기준에 따라 산출한 대손추산액을 대손충당금으로 설정	세법상 한도액의 범위 내에서만 대손충당금을 설정
	[세무조정] 회사가 당기에 설정한 대손충당금이 한도액을 초과하는 경우에는 그 금액을 손금불산입(유보)하여야 한다.	

1) 대손금의 범위

대손금을 손금산입할 수 있는 대손사유는 다음과 같다.

① **신고조정사항(강제사항)에 해당하는 대손금** : 다음 중 어느 하나에 해당하는 채권의 금액은 반드시 「해당사유가 발생한 날이 속하는 사업연도의 손금에 산입하여야 한다」이러한 대손금은 당해 사유가 발생한 사업연도에 회사가 이를 비용으로 계상하지 않으면 세무조정으로 손금산입하여야 한다. 따라서 당기에 손금에 산입하지 않은 금액을 차기 이후의 손금에 산입할 수 없다. 그 취지는 법률상의 권리의 소멸로 인한 회수불능 등은 법인의 의사와는 무관하게 확정되는 것이므로 강제신고조정사항으로 규정한 것이다.

구 분	구체적인 범위
법에 따라 소멸시효가 완성된 채권	① 상법에 의한 소멸시효(3년)가 완성된 외상매출금 및 미수금 ② 어음법에 의한 소멸시효(3년)가 완성된 어음 ③ 수표법에 의한 소멸시효(6월)가 완성된 수표 ④ 민법에 의한 소멸시효(10년)가 완성된 대여금 및 선급금
법에 따라 소멸되는 기타의 채권	① 「채무자 회생 및 파산에 관한 법률」에 의한 회생계획인가의 결정 또는 법원의 면책결정에 따라 회수불능으로 확정된 채권 ② 민사집행법 규정에 의하여 채무자의 재산에 대한 경매가 취소된 압류채권 ③ 「서민의 금융생활 지원에 관한 법률」에 따른 채무조정을 받아 신용회복지원협약에 따라 면책으로 확정된 채권

② **결산조정사항(임의사항)에 해당하는 대손금** : 다음 중 어느 하나에 해당하는 채권의 금액은 「해당 사유가 발생하여 손금으로 계상한 날이 속하는 사업연도의 손금으로 한다」 이러한 대손금은 회사가 이를 결산서에 비용으로 계상하지 않은 경우, 신고조정에 의해 손금산입 할 수 없다. 그 취지는 법률상의 권리가 소멸되지 않고 채무자의 지급능력 등에 비추어 회수불능이라고 판단되는 경우에는 채권자인 법인의 의사선택을 존중하여 결산조정사항으로 규정하고 있기 때문이다.

구 분	구체적인 범위
부도 발생일부터 6개월 이상 경과한 일정한 채권	① 부도발생일부터 6개월 이상 경과한 수표 또는 어음상의 채권 및 외상매출금(중소기업이 보유한 외상매출금으로서 부도발생일 이전의 것에 한한다) 다만, 당해 법인이 채무자의 재산에 대하여 저당권을 설정하고 있는 경우는 제외한다. ※ 대손금으로 손금계상할 수 있는 금액 : 사업연도 종료일 현재 회수되지 않은 해당 채권의 금액에서 1,000원을 공제한 금액으로 한다. ② 회수기일을 6개월 이상 경과한 채권 중 30만원 이하(채무자별 채권가액의 합계액을 기준으로 한다)인 채권
기타의 채권	① 채무자의 파산·강제집행·형의 집행·사업의 폐지·사망·실종·행방불명으로 인하여 회수할 수 없는 채권 ② 금융회사 등의 채권으로서 감독기관장이 대손을 인정한 채권 ③ 재판상 화해 등 확정판결과 같은 효력을 가지는 것으로서 「민사소송법」에 따른 화해 또는 화해권고결정, 「민사조정법」에 따른 강제조정결정에 따라 회수불능으로 확정된 채권 ④ 중소기업의 외상매출금·미수금으로서 회수기일이 2년 이상 경과한 외상매출금·미수금

2) 대손금의 손금산입 대상채권의 범위

① **대손처리 대상채권 범위** : 법인세법은 앞의 내용과 같이 대손금의 범위를 제한하고 있다. 하지만, 대손처리 할 수 있는 채권의 범위에 대해서는 사실상 별다른 제한을 가하고 있지 않다. 그러므로 일반적인 매출채권과 기타 여러 가지 채권들도 위의 요건에 해당하는 경우에는 대손처리를 할 수 있다.

② **대손처리 제외채권의 범위** : 법인세법에서는 대손처리 할 수 있는 채권의 범위를 제한하고 있지 않지만, 다음의 채권은 이를 대손금으로 손금산입 할 수 없으며 대손충당금의 설정대상에서도 제외 한다.

- 채무보증(대통령령으로 정하는 특정채무보증은 제외)으로 인하여 발생한 구상채권
- 특수관계자에게 당해 법인이 업무와 관련 없이 지급한 가지급금 등
- 부가가치세법에 의하여 대손세액공제를 받은 부가가치세 매출세액 미수금

3) 대손금 회수액의 처리

손금산입한 대손금 중 회수한 금액은 그 회수일이 속하는 사업연도의 소득금액을 계산할 때 익금에 산입한다.

4) 대손금에 대한 세무조정

대손사유를 충족한 대손금이 발생하는 경우에는 대손충당금을 먼저 상계하며, 부족액은 대손금으로 처리한다. 대손사유를 충족하지 못한 대손금이 발생하는 경우에는 손금불산입으로 세무조정하고 유보로 소득처분한다.

(2) 대손충당금

대손충당금이란 법인이 각 사업연도에 발생한 외상채권 및 어음채권, 그리고 기타채권 등들이 추후 회수 불능 될 것을 결산에 예상하여 설정하는 평가계정을 말한다. 이러한 대손충당금의 손금산입은 결산조정사항이다.

1) 설정대상 채권의 범위

대손충당금의 설정대상이 되는 채권은 다음과 같다.

① 외상매출금 : 상품 및 제품의 판매가액의 미수액과 가공료·용역 등의 제공에 의한 사업수입금액의 미수액을 외상매출금이라 한다.
② 대여금 : 금전소비대차계약 등에 의하여 타인에게 대여한 금액
③ 기타 이에 준하는 채권 : 어음상의 채권, 미수금, 기타 기업회계기준에 의한 대손충당금 설정대상채권

2) 설정제외 채권의 범위

① 할인어음, 배서양도한 어음
② 채무보증으로 인하여 발생한 구상채권
③ 부당행위계산에 해당하는 고가매입(또는 고가현물출자)의 경우에 그 시가초과액에 상당하는 채권
④ 특수관계자에게 당해 법인의 업무와 관련 없이 지급한 가지급금 등
⑤ 동일인에 대하여 「채권·채무」가 동시에 있고 상계지급 약정이 있는 경우의 상계대상 금액

이러한 설정대상채권의 장부가액은 세무상의 금액으로 한다. 따라서 세무조정에 의해 익금산입한 채권 누락분도 대손충당금의 설정대상에 포함하며, 대손금 부인액도 대손요건을 충족하지 못하였으므로, 세무상 채권으로서 존속하는 것으로 간주하여 대손충당금 설정대상에 포함한다.

Chapter 5 법 인 세

> 설정대상채권의 장부가액 합계액
> = B/S상 장부가액 합계액 ± 채권관련 유보잔액 − 설정대상에서 제외되는 채권가액

3) 대손충당금의 손금산입한도

대손충당금의 손금산입한도액은 다음 같다.

> 대손충당금 한도액 = 당해사업연도 설정대상채권의 장부가액 합계액 × 대손율

① 대손율 : 대손충당금의 설정률 1% vs 대손실적률 중 큰 비율
② 대손실적률

$$\text{대손실적률} = \frac{\text{당해 사업연도의 세무상 대손금}}{\text{직전사업연도 종료일 현재의 채권잔액}}$$

4) 상계와 환입

대손충당금을 손금 계상한 법인은 대손금이 발생한 경우 그 대손금을 이미 계상되어 있는 대손충당금과 먼저 상계하여야 한다. 손금산입한 사업연도의 다음 사업연도에 이렇게 상계하고 남은 대손충당금 잔액을 익금에 산입한다.

예제 4-1 대손충당금 및 대손금의 세무조정

도매업을 영위하는 ㈜비젼상사의 제8기 사업연도(1.1~6.30)의 다음 자료에 의하여 대손충당금에 대한 세무조정을 행하시오.

1. 대손충당금계정의 내역은 다음과 같다.

대손충당금			
당기상계	3,000,000	전기이월	10,000,000
차기이월	12,000,000	당기설정	5,000,000
	15,000,000		15,000,000

① 전기이월액 중에는 전기에 한도초과로 부인된 금액 ₩1,000,000이 포함되어 있다.
② 당기 상계액은 법인세법상 대손요건을 충족한 매출채권과 상계된 것이며, 이것 외에는 당기에 대손요건을 충족한 채권이 없다.

2. 대손충당금 설정대상이 되는 채권잔액은 다음과 같다.

① 전기말 현재 : ₩120,000,000   ② 당기말 현재 : ₩300,000,000

예제해설

1. 대손금 부인액 : 당기 상계액은 모두 대손요건 충족액으로 세무조정 없음.
2. 기말현재 채권금액의 결정 : 300,000,000원 + 대손금부인액 0 − 대손제외채권 0 = 300,000,000원
3. 대손실적율과 대손설정율의 비교 : 대손실적율 $\frac{3,000,000}{120,000,000} = 2.5\%$ > 대손설정율 1%
4. 대손충당금 한도액의 계산 : 300,000,000 × 2.5% = 7,500,000원
5. 세무조정 :
   대손충당금 한도초과액 4,500,000원(손금불산입 · 유보)
   대손충당금 과다 환입액 1,000,000원(익금불산입 · △유보)

예제 4-2 대손충당금 및 대손금의 세무조정

도매업을 영위하는 ㈜비젼상사의 제8기 사업연도(1.1~6.30)의 다음 자료에 의하여 대손충당금에 대한 세무조정을 행하시오.

1. 대손충당금계정의 내역은 다음과 같다.

대손충당금

당기상계	3,000,000	전기이월	10,000,000
차기이월	12,000,000	당기설정	5,000,000
	15,000,000		15,000,000

① 전기이월액 중에는 전기에 한도초과로 부인된 금액 ₩1,000,000이 포함되어 있다.
② 당기 상계액 중 2,400,000원은 법인세법상 대손요건을 충족하지 못하였다.

2. 대손충당금 설정대상이 되는 채권잔액은 다음과 같다.
   ① 전기말 현재 : ₩120,000,000   ② 당기말 현재 : ₩300,000,000

예제해설

1. 대손금 부인액 : 2,400,000원(손금불산입 · 유보)
2. 기말현재 채권금액의 결정 :
   300,000,000원 + 대손금부인액 2,400,000원 − 대손제외채권 0원 = 302,400,000원
3. 대손실적율과 대손설정율의 비교 : 대손실적율 $\frac{600,000}{120,000,000} = 0.5\%$ < 대손설정율 1%
4. 대손충당금 한도액의 계산 : 302,400,000원 × 1% = 3,024,000원
5. 세무조정 : 대손충당금 한도초과액 8,976,000원(손금불산입 · 유보)
   대손충당금 과다환입액 1,000,000원(익금불산입 · △유보)

제 10 절 부당행위계산의 부인

1 부당행위계산의 부인

납세지 관할세무서장은 법인의 행위 또는 소득금액의 계산이 특수관계자와의 거래로 인하여 그 법인의 소득에 대한 조세의 부담을 부당히 감소시킨 것으로 인정되는 경우에는 그 법인의 행위 또는 소득금액의 계산(이하 "부당행위계산"이라 한다)에 관계없이 그 법인의 각 사업연도의 소득금액을 계산할 수 있다. 이것을 「**부당행위계산의 부인**」이라고 한다.

(1) 부당행위계산 부인의 적용요건

부당행위계산의 부인을 위하여는 ①**특수관계자간의 거래**로서 ②**당해 법인의 부당한 행위·계산**으로 인해 **조세부담이 감소되었다고 인정**되어야 한다. 이 경우 당사자의 조세회피의사는 필요하지 않다.

1) 특수관계 있는 자와의 거래일 것

「**특수관계자**」란 당해 법인과 다음 중 어느 하나의 관계에 있는 자를 말한다. 이 경우 당해 법인도 그 특수관계인의 특수관계로 본다.(쌍방관계를 기준으로 판단)

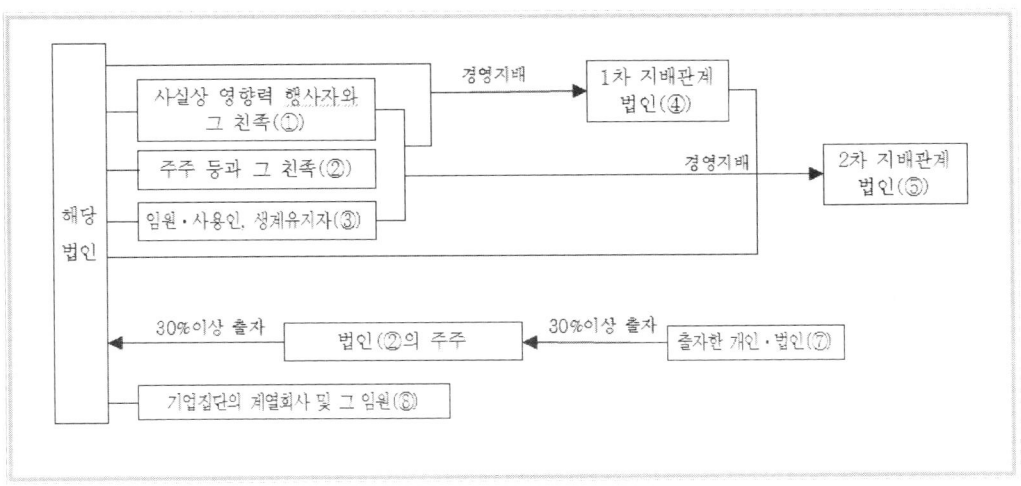

① 임원의 임면권의 행사, 사업방침의 결정 등 당해 법인의 경영에 대하여 사실상 영향력을 행사하고 있다고 인정되는 자(상법상 이사로 보는 업무집행지시자 등을 포함한다)와 그 친족
② 주주 등(주주·사원 또는 출자자를 말하며, 소액주주는 제외한다)과 그 친족
③ 법인의 임원·사용인 또는 주주 등의 사용인이나 사용인 외의 자로서 법인 또는 주주 등의 금전 기타자산에 의하여 생계를 유지하는 자와 이들과 생계를 함께 하는 친족

④ 당해 법인이 직접 또는 그와 ①~③까지의 관계에 있는 자를 통하여 어느 법인의 경영에 대하여 지배적인 영향력을 행사하고 있는 경우 그 법인
⑤ 당해 법인이 직접 또는 그와 ①~④까지의 관계에 있는 자를 통하여 어느 법인의 경영에 대하여 지배적인 영향력을 행사하고 있는 경우 그 법인
⑥ 당해 법인에 30% 이상을 출자하고 있는 법인에 30%이상을 출자하고 있는 법인이나 개인
⑦ 당해 법인이 기업집단(독점규제 및 공정거래에 관한법률)에 속하는 법인인 경우 그 기업집단에 소속된 다른 계열회사 및 그 계열회사의 임원

2) 조세의 부담을 부당히 감소시킨 것으로 인정되는 경우

「**조세의 부담을 부당히 감소시킨 것으로 인정되는 경우**」란 다음 중 어느 하나에 해당하는 경우를 말한다.

① 자산을 시가보다 높은 가액으로 매입 또는 현물출자 받았거나 그 자산을 과대상각한 경우
② 무수익자산을 매입하였거나 현물출자 받은 경우 또는 그 자산에 대한 비용을 부담한 경우
③ 자산을 무상 또는 시가보다 낮은 가액으로 양도 또는 현물출자한 경우
④ 불량자산을 차환하거나 불량채권을 양수한 경우
⑤ 출연금을 대신 부담한 경우
⑥ 금전 기타자산 또는 용역을 무상 또는 시가보다 낮은 이율·요율이나 임대료로 대부하거나 제공한 경우. 다만, 주주 등이나 출연자가 아닌 임원(소액주주인 임원 포함) 및 사용인에게 사택을 제공하는 경우는 제외한다. 이 가운데 「**출자자 등에게 금전을 무상 또는 낮은 이율로 대부한 때**」는 그 미달한 이자상당액을 익금산입하게 되는데, 이것을 실무상 「**가지급금 인정이자**」라고 한다.
⑦ 금전 기타 자산 또는 용역을 시가보다 높은 이율·요율이나 임차료로 차용하거나 제공받은 경우
⑧ 불균등자본거래로 인하여 주주 등인 법인이 특수관계자인 다른 주주 등에게 이익을 분여한 경우
⑨ 기타 ①~⑧에 준하는 행위 또는 계산 및 그 외에 법인의 이익을 분여하였다고 인정하는 경우

(2) 부당행위계산 부인의 기준

부당행위계산의 부인규정의 적용여부는 건전한 사회통념 및 상관행과 특수관계자가 아닌 자간의 정상적인 거래(시가)에서 적용되거나 적용될 것으로 판단되는 가격·요율·이자율·임대료 및 교환비율 기타 이에 준하는 것을 말한다.

1) 일반적인 시가의 산정방법

시가를 산정할 때 당해 거래와 유사한 상황에서 당해 법인이 ①**특수관계자 외의 불특정 다수인과 계속적으로 거래한 가격** 또는 ②**특수관계자가 아닌 제3자간에 일반적으로 거래된 가격**(주권상장법인이 발행한 주식을 한국거래소에서 거래한 경우에는 당해 주식의 시가는 그 거래일의 한국거래소 최종시세가액)에 따른다. 다만 시가가 불분명한 경우에는 다음의 규정을 차례로 적용하여 계산한 금액에 따른다.

① 감정평가법인이 감정한 가액이 있는 경우 그 가액. 다만, 증권거래소에 상장되지 않은 주식 또는 출자지분은 제외한다.(감정가액이 2 이상인 경우에는 그 감정한 가액의 평균액을 시가로 본다)
② 상속세 및 증여세법상의 보충적 평가방법을 준용하여 평가한 가액. 이 경우 최대주주 보유주식의 할증평가 규정을 준용하되, 중소기업 최대주주의 보유주식은 할증평가를 배제한다.

2) 자산(금전 제외)또는 용역제공의 경우

자산(금전을 제외한다)또는 용역의 제공에 있어서 본래의 시가 또는 준용시가를 적용할 수 없는 경우에는 다음의 금액을 시가(특례시가)로 한다.

구 분	시가의 범위
(1) 유형 또는 무형의 자산을 제공하거나 제공받는 경우	(당해 자산의 시가×50%-전세금 또는 보증금) ×임대일수×정기예금이자율×1/365
(2) 건설 기타 용역을 제공하거나 제공받는 경우	소요원가 × (1- 수익률) ※ 수익률 : 당해 사업연도 중 특수관계 없는 자에게 제공한 유사한 용역제공 거래의 수익률로서 "(매출액-원가)÷원가"의 산식으로 계산한 수익율

예제 1-1 자산의 저가제공에 대한 부당행위계산의 부인

㈜비전의 제15기(1.1~12.31)의 다음 자료를 토대로 사택의 제공에 관한 세무조정을 행하라.

1. 사택 제공 현황(사택 제공 기간 : 7.1~12.31)

구 분	제공대상	사택의 시가	임대보증금	월임대료수령액
사택 A	출자 임원(*)	₩600,000,000	₩154,000,000	₩800,000
사택 B	비출자임원	300,000,000	75,000,000	-
사택 C	사 용 인	200,000,000	-	-
합 계	-	₩1,100,000,000	₩220,000,000	₩800,000

※ 출자임원은 소액주주에 해당하지 않는다.

2. 사택의 적정임대료는 확인되지 않는다.
3. 국세청장이 고시한 1년 만기 정기예금이자율은 9%라고 가정한다.(365일로 가정)

예제해설

1. 부인대상 : 소액주주인 임원, 비출자임원 및 사용인에게 사택을 제공한 경우에는 부당행위계산으로 보지 않는다. 따라서 출자임원에게 제공한 사택 A만이 부인대상이다.

2. 사택 A의 적정임대료
   ① (당해 자산의 시가×50%-전세금 또는 보증금)×임대일수×정기예금이자율×1/365
   ② (600,000,000×50%-₩154,000,000×184일)×1/365×9%=6,624,000

3. 수령한 임대료 : ₩800,000×6월=4,800,000

4. 미달수령한 임대료 : 6,624,000,000-4,800,000=1,824,000(익금산입, 상여)

3) 금전의 대여 또는 차용에 있어서의 시가

금전의 대여 또는 차용의 경우에는 본래적 시가 또는 준용시가에 불구하고 다음과 같이 시가(특례시가)를 적용한다.

① 「**가중평균차입이자율**」을 시가로 한다.
② 가중평균차입이자율의 적용이 불가능한 경우(차입금이 없거나, 차입금 전액을 특수관계자로부터 차입한 경우)에는 국세청장이 정하는 「**당좌대출이자율**」을 시가로 한다.

(3) 부인의 효과

1) 부인금액의 익금산입과 소득처분

부당행위계산에 해당하는 경우에는 시가와의 차액 등을 익금에 산입한다. 이 경우 그 부인금액은 그 특수관계자에게 이익을 분여한 것으로 취급된다.(이러한 점 때문에 부당행위계산을 이른바 「**숨은 이익처분**」이라고도 부른다) 따라서 그 금액은 귀속자의 구분에 따라 배당·상여·기타사외유출 또는 기타소득으로 처분되며, 그 귀속자는 이에 따라 소득세 등의 납세의무를 지게 된다.

2) 사법상의 효과

납세자의 행위계산은 비록 조세부담을 부당히 감소시키는 것이라 하더라도 적어도 사법상 적법·유효한 것으로서, 이는 세법상의 부인에도 불구하고 여전히 사법상 그 효력을 유지한다. 따라서 부당행위계산의 부인은 어디까지나 세법적용상의 문제에 한정되는 것이다.

2 가지급금 인정이자

법인이 특수관계인에게 무상 또는 낮은 이자율로 금전을 대부한 경우에 적정한 이자율에 의한 이자와 약정이자와의 차액을 익금에 산입하는데, 이를 「**인정이자**」라고 한다. 인정이자는 자금대여에 대한 부당행위계산의 한 유형이다.

구 분	익 금 산 입 액
(1) 무상으로 대부한 경우	가지급금 인정이자
(2) 낮은 이자율로 대부한 경우	가지급금 인정이자-받았거나 받을 이자수익

(1) 가지급금의 개념 및 범위

「**가지급금**」이란 명칭 여하에 불구하고 당해 법인의 업무와 관련이 없는 자금의 대여액(금융기관 등의 경우 주된 수익사업으로 볼 수 없는 자금의 대여액을 포함한다)을 말하며, 이러한 가지급금에 해당하는지의 여부는 회계처리 여하에 불구하고, 그 실질적 내용에 따라서 판단되어야 한다. 그리고 일정한 자금대여액은 가지급금의범위에서 제외하는데, 지급이자 손금불산입 중 가지급금의 제외대상과 다음의 조건을 만족하는 것에 한한다.

① 미지급소득(지급한 것으로 의제되는 배당금과 상여금을 말한다)에 대한 소득세를 법인이 대납한 금액
② 정부의 허가를 받아 국외에 자본을 투자한 내국법인이 해당 국외투자법인에 종사하거나 종사할 자의 여비·급료·기타 비용을 대신하여 부담한 금액
③ 법인이 우리사주조합 또는 그 조합원에게 해당 법인의 주식취득에 소요되는 자금을 대여한 금액
④ 국민연금법에 의하여 근로자가 지급받은 것으로 보는 퇴직금전환금
⑤ 익금산입액의 귀속자가 불분명하여 대표자상여로 처분한 금액에 대한 소득세를 법인이 대납한 금액
⑥ 사용인에 대한 월정급여액의 범위 안에서의 일시적인 급료의 가불금
⑦ 사용인에 대한 경조사비의 대여액
⑧ 사용인(사용인의 자녀 포함)에 대한 학자금의 대여액
⑨ 한국자산관리공사가 출자총액의 전액을 출자하여 설립한 법인에 대여한 금액
⑩ 중소기업에 근무하는 직원에 대한 주택구입 또는 전세자금의 대여액
⑪ 우리사주조합원에 대한 당해 법인의 주식 취득자금 대여액 등 제외대상 가지급금인 경우
⑫ 시가(인정이자)와 거래가액(수입이자액)의 차액이 「**시가의 5% 이상이거나 3억원 이상**」이어야 하는 요건을 충족하지 아니하는 대여금인 경우

현행 세법상 규제대상이 되는 가지급금은 특수관계자에 대한 것에 국한되며, 가지급금이라 하더라도 적정이자를 수령하는 경우에는 인정이자의 계산대상이 되지 않는다.

(2) 가지급금 인정이자의 계산

$$가지급금\ 인정이자 = 가지급금\ 등의\ 적수 \times 인정이자율 \times \frac{1}{365일}$$

1) 가지급금 등의 적수

가지급금의 「**적수**」란 매일의 잔액을 일정기간 단위로 합산한 금액을 말한다. **적수 계산시 일수는 초일은 산입하고 말일은 불산입한다.** 가지급금이 사업연도 중에 일정한 금액으로 고정되어 있다면 이것을 적수로 계산할 필요가 없으나, 그것이 수시로 변동할 수 있기 때문에 이를 반영하기 위해 적수로 계산하는 것이다. 이 경우 월말 현재액에 경과일수를 곱하여 계산하는 간편법은 적용될 수 없다.

2) 가수금 상계

동일인에 대한 가지급금과 가수금은 상계함을 원칙으로 한다. 다만, 가지급금 및 가수금의 발생시에 상환기간, 이자율 등에 대한 약정이 있어 이를 서로 상계할 수 없는 경우에는 상계하지 아니한다.

3) 인정이자율(금전의 대여에 있어서의 시가)

인정이자율은 「**가중평균차입이자율**」의 적용을 원칙으로 한다. 다만, 가중평균차입이자율 적용이 불가능한 경우 등 기획재정부령으로 정하는 경우는 당해 사업연도에 한하여 당좌대출이자율의 적용을 허용한다. **법인이 예외적으로 당좌대출이자율을 선택할 수 있으나 일단 선택하면 3년간은 의무적으로 적용하여야 한다.**

- 당좌대출이자율(2018년 3월 7일 이후부터 4.6%로 변경)
- 다음의 가중평균이자율

$$가중평균차입이자율 = \frac{\Sigma(자금대여시점의\ 각차입금잔액 \times 차입당시의\ 각\ 차입금\ 이자율)}{자금대여시점의\ 차입금잔액의\ 총액}$$

※ 차입금 잔액은 자금대여시점별로 계산하되, 다음의 차입금 잔액은 제외한다.
  ① 특수관계자로부터의 차입금
  ② 채권자 불분명 사채, 비실명채권 등의 발행으로 조달된 차입금 〈주의 : 건설차입금은 포함함〉
  ③ 가중평균차입이자율의 적용이 불가능하여 당해 사업연도에 한정하여 당좌대출이자율을 적용하여야 하는 경우는 다음과 같다.
   ·특수관계자가 아닌 자로부터 차입한 금액이 없는 경우
   ·차입금 전액이 채권자 불분명 사채이거나 비실명채권·증권의 발행으로 조달된 경우

Chapter 5 법인세

- 대여한 법인의 가중평균차입이자율과 대여금리가 당해 대여시점 현재 자금을 차입한 법인의 가중평균차입이자율보다 높아 가중평균차입이자율이 없는 것으로 보는 경우.
- 대여한 날(계약을 갱신한 경우에는 그 갱신일을 말한다)부터 당해 사업연도 종료일까지의 기간이 5년을 초과하는 대여금이 있는 경우
- 당해 법인이 과세표준신고를 할 때 당좌대출이자율을 시가로 선택하는 경우 : 당좌대출이자율을 시가로 하여 선택한 사업연도와 이후 2개 사업연도는 당좌대출이자율을 시가로 한다.

예제 1-2 가지급금 인정이자의 계산

㈜비젼의 제5기 사업연도(1.1.~12.31)의 다음 자료에 따라 가지급금 인정이자를 계산하고 이에 관한 세무조정을 하시오.

1. 지급이자 자료

   (1) 손익계산서상 지급이자 내역은 다음과 같고, 차입금 잔액은 연중 동일한 금액이다.

이자율	지급이자	차입금 잔액	차입금 적수	비고
15%	750,000	5,000,000	1,825,000,000	자료(2) 참조
10%	1,200,000	12,000,000	4,380,000,000	자료(3) 참조
9%	4,050,000	45,000,000	16,425,000,000	
	6,000,000	62,000,000	22,630,000,000	

   (2) 15% 이자율의 지급이자는 전액 건설자금이자이다.
   (3) 10% 이자율의 지급이자는 특수관계자로부터의 차입금에 대한 이자이다.

2. 가지급금 자료

성명	직위	가지급금 적수	비고
안정한	대표이사	₩8,300,000,000	자료(2) 참조
세계상사	관계회사	1,022,000,000	자료(3) 참조
이동진	사 용 인	1,200,000,000	자료(4) 참조
		10,522,000,000	

   (1) 가지급금 적수내역은 앞의 내용과 같고, 당좌대출이자율은 4.6%이다.
   (2) 대표이사 안정한에 대한 가지급금(발생기간 7월~12월)은 <u>무상으로 대여한 것이며</u>, 대표이사 안정한에 대해서는 가수금 적수 ₩1,000,000,000(발생기간 1월~6월)이 있다.
   (3) 관계회사인 세계상사에게 대여한 가지급금은 업무와 관련 없는 자금의 대여액이나, <u>사전약정에 따라 ₩260,000의 이자를 수령하였다</u>.
   (4) 사용인 이동진에 대한 대여금은 우리사주조합원에 대한 당해 법인의 주식취득자금 대여액으로서, 무상으로 대여한 것이다.
   (5) 회사는 인정이자 계산시 적용이자율은 가중평균이자율로 신고하였다.

예제해설

1. 지급이자 손금불산입액의 계산

   (1) 건설자금이자 ₩750,000(손금불산입, 유보)
   (2) 업무무관자산등의 이자 ₩2,100,000(손금불산입, 기·사)

   $$(6,000,000 - 750,000) \times \frac{8,322,000,000}{22,630,000,000 - 1,825,000,000} = 2,100,000$$

   ※ 선순위로 손금불산입되는 건설자금이자는 지급이자와 차입금적수에 포함하지 않는다.
   ※ 업무와 관련 없는 가지급금으로서 적정이자를 수령한 경우 인정이자 계산대상은 아니나 지급이자 손금불산입은 그 대상이 된다. 한편, 동일인에 대한 일반가수금은 상계하며, 우리사주조합 주식취득자금은 지급이자 손금불산입규정의 적용대상에서 제외한다.

   $$(8,300,000,000 - 1,000,000,000) + 1,022,000,000 = 8,322,000,000$$

2. 가지급금 인정이자의 계산

   (1) 인정이자 계상대상 가지급금 : 우리사주조합 주식취득자금인 사용인 이동진에 대한 대여금은 인정이자 계산대상이 아니다.
   (2) 가중평균차입이자율 : 특수관계자로부터의 차입금에 대한 이자율은 대상에서 제외한다.

   $$\frac{15\% \times 5,000,000 + 9\% \times 45,000,000}{5,000,000 + 45,000,000} = 9.6\%$$

   (3) 가지급금 인정이자
   · 대표이사 안정한 : $(8,300,000,000 - 1,000,000,000) \times 9.6\% \times 1/365 = 1,920,000$
   · 관계회사 세계상사 : $1,022,000,000 \times 9.6\% \times 1/365 = 268,800$

   (4) 저가 제공액

	대표이사 안정한	관계회사 세계상사
인정이자	1,920,000	268,800
회사계상액	0	260,000
	1,920,000	8,800

   관계회사 세계상사는 거래차액이 시가의 5%이상에 당해하지 아니하므로 부당행위계산 부인규정의 대상이 아니다. 대표이사 안정한의 인정이자 1,920,000(익금산입,상여)

제 11 절 과세표준과 세액의 계산

1 과세표준의 계산

과세표준은 각 사업연도의 소득금액의 범위 안에서 이월결손금·비과세소득 및 소득공제액을 순차적으로 공제하여 계산한다.

	각사업연도소득금액	
(-)	이 월 결 손 금	Min(공제한도 이월결손금, 공제한도)
(-)	비 과 세 소 득	공인신탁재산의 이익
(-)	소 득 공 제	법인세법 및 조세특례제한법상 소득공제
(=)	법 인 세 과 세 표 준	

내국법인의 각 사업연도의 소득에 대한 법인세의 과세표준은 각 사업연도의 소득의 80%(중소기업과 회생계획을 이행 중인 기업 등은 100%)범위에서 이월결손금 공제액·비과세소득 및 소득공제액을 차례로 공제한 금액으로 한다. 이 경우 이월결손금 중 그 공제한도를 초과하는 금액은 차기로 이월하여 공제받을 수 있다. 그러나 과세표준을 계산할 때 공제받지 못한 비과세소득 및 소득공제액(최저한세의 적용으로 인하여 공제되지 못한 소득공제액 포함)은 다음 사업연도에 이월하여 공제할 수 없다.

(1) 이월결손금의 이월공제

결손금이란 각사업연도의 소득금액을 계산할 때 손금총액이 익금총액을 초과하는 금액을 말하며 이것을 세무상 결손금이라 한다. 여기서 세무상 결손금은 기업회계상의 결손금과는 다른 개념이다. 이러한 결손금이 차기로 이월된 경우 그것을 「**이월결손금**」이라고 하는데, 이것 역시 기업회계상의 이월결손금과는 다른 세무상의 개념으로 이해하여야 한다.

1) 이월공제(모든 법인 대상)

이월공제란 당기에 발생하거나 과거년도에 발생한 결손금을 다음의 사업년도 소득에서 공제받는 방법을 말한다.

① 소득금액 계산시 공제하거나(자산수증이익 등 보전에 충당하는 것 등)
② 과세표준 계산시 공제(2009.1.1.이후 2019.12.31.이전에 개시하는 사업연도에 발생하는 결손금은 10년이내 종료하는 사업연도에 한하며, 2020.1.1.이후 사업연도에 발생하는 결손금은 15년)

2) 이월결손금 공제의 구체적 내용

① **이월결손금의 공제순서** : 각 사업연도의 개시일 전 15년 이내(2020.1.1. 이전 사업에서 발생한 결손금은 10년)에 개시한 사업연도에서 발생한 결손금으로서 그 후의 각사업연도의 과세표준계산에 있어서 공제되지 않은 금액은 각 사업연도소득금액의 범위 안에서 이를 공제한다.

구 분	결손금의 성격	공제기한	공제시 소멸여부
① 과세표준 계산상 공제하는 이월결손금	세무상 결손금	15년 이내 발생분(5년·10년)	소멸
② 기부금 한도액 계산상 공제하는 이월결손금			미소멸
③ 자산수증이익 등의 보전대상 이월결손금		발생연도의 제한이 없음	소멸
④ 청산소득금액 계산시 공제하는 이월결손금			소멸

② **미소멸 세무상 이월결손금** : 세무상 결손금은 과세표준계산상 공제됨으로써 소멸한다. 따라서 공제대상 이월결손금은 세무상 결손금으로서 그 후의 사업연도의 과세표준계산상 공제되지 않은 금액에 한하는 것이다. 이러한 이월결손금에는 합병시의「승계결손금의 범위액」을 포함한다. 이 경우 자산수증이익·채무면제이익으로 충당된 이월결손금은 각 사업연도의 과세표준계산에 있어서 공제된 것으로 본다. 따라서 소멸된 것으로 처리되는 것이다.

③ **공제시한** : 각 사업연도 개시일 전 15년 이내(2020.1.1. 이전 사업에서 발생한 결손금은 10년)에 개시한 사업연도에서 발생한 결손금에 한하여 공제된다. 이러한 공제시한이 경과하면 비록 소멸되지 않은 이월결손금이라 하더라도 더 이상 과세표준 계산상 공제될 수 없다. 이 경우 이월결손금은 먼저 발생한 사업연도의 결손금부터 순차로 공제한다.

④ **공제한도** : 공제대상 이월결손금은 각 사업연도 소득의 80%(중소기업과 회생계획을 이행 중인 기업 등은 100%)범위에서 공제한다.

3) 이월결손금 공제의 배제

① **추계결정·경정의 경우** : 법인세 과세표준을 추계결정·경정하는 경우에는 이월결손금 공제규정을 적용하지 않는다. 다만, 천재·지변 등으로 장부 기타 증빙서류가 멸실되어 추계하는 경우에 는 그러하지 않다. 이처럼 과세표준을 추계함으로 인하여 공제되지 못한 이월결손금도 공제시한이 경과되지 않은 경우에는 그 후의 사업연도에서 공제할 수 있다.

② **조세 부당감소 목적의 합병의 경우** : 조세 부당감소를 목적으로 역합병을 하는 경우에도 이월결손금의 공제가 배제된다.

(2) 소급공제(중소기업에 한함)

소급공제란 당해 과세사업년도에 발생된 결손금을 그 직전사업연도의 소득에서 소급하여 공제받는 방법을 말한다.

1) 소급공제요건
① 중소기업에 해당할 것
② 직전 사업연도의 법인세액이 있을 것
③ 결손금이 발생한 사업연도와 직전 사업연도의 소득에 대한 과세표준 및 세액을 법인세 신고기한 내에 각각 신고했을 것.
④ 법인세 신고기한 내에 결손금 소급공제에 의한 법인세 환급신청을 할 것.

2) 환급세액의 계산

결손금 소급공제에 의한 환급세액은 다음과 같이 계산한다.

```
환급세액 = Min(①,②)
 ① (소급공제로 인한 산출세액의 감소액)
   직전 사업연도의 산출세액-(직전사업연도 과세표준-소급공제 결손금)×직전사업연도 세율
 ② (환급한도) = 직전 사업연도 산출세액-직전사업연도 공제 및 감면세액
```

3) 결손금 감소시 세액의 추징

① 결손금 감소시 세액의 추징사유 : 결손금 소급공제 후 경정 등으로 인하여 결손금이 감소된 경우에는 감소된 결손금에 대한 기환급세액과 이자상당액을 추징한다.

② 감소된 결손금에 대한 기환급세액 : 당초 환급세액을 다음 산식으로 안분하여 감소된 결손금에 대한 기환급세액을 계산한다.

$$\text{감소된 결손금에 대한 기환급세액} = \text{당초 환급세액} \times \frac{\text{소급공제 받은 결손금 중 감소된 결손금}}{\text{소급공제 받은 결손금}}$$

③ 이자상당 가산액 : 결손금이 감소 됨으로써 추징하는 환급세액에 대하여 1일에 2.2/10,000을 적용하여 계산한 금액으로 한다. 일수는 당초 환급세액 통지일의 다음 날부터 추징세액의 고지일까지로 계산한다.

2 비과세소득

「비과세소득」이란 정책적인 목적 등을 위해 국가가 과세권을 포기한 소득이다. 비과세 소득에는 법인세법의 비과세 소득과 조세특례제한법상의 비과세소득으로 구분할 수 있다.

1) 법인세법의 비과세 소득

공익신탁의 신탁재산에서 생기는 소득

2) 조세특례제한법의 비과세소득

① 중소기업창업투자회사가 직접 또는 중소기업창업투자조합을 통하여 창업자 또는 벤처기업에 출자함으로써 취득한 주식을 양도함으로써 발생하는 양도차익
② 기관투자자가 중소기업창업투자조합 등을 통하여 창업자 등에게 출자함으로써 취득한 주식의 양도차익

3 소득공제

「소득공제」란 이중과세의 조정 및 조세정책적 목적으로 비과세소득과 함께 과세표준 계산상 공제되는 것을 말한다. 이러한 소득공제는 법인세법 규정에 의한 소득공제와 조세특례제한법상의 소득공제로 규정되어 있다.

(1) 법인세법에 의한 소득공제

법인세법에 의한 소득공제는 내국법인이 배당가능이익의 90%이상을 배당한 경우에 동 금액을 당해사업연도의 소득금액계산에 있어서 이를 공제하는 제도이다.

> 배당가능이익=당기순이익(투자회사가 아닌 법인의 경우 유가증권평가손익을 제외한다)
> +이월이익잉여금 - 이월결손금 - 이익준비금적립액

(2) 법인세법상의 소득공제 대상법인

① 유동화전문회사
② 투자회사(Mutual Fund), 사모투자전문회사, 투자목적회사
③ 기업구조조정투자회사, 기업구조조정부동산투자회사
④ 위탁관리부동산투자회사, 임대주택법에 따른 임대사업법인
⑤ 선박투자회사
⑥ 문화산업전문회사
⑦ 해외자원개발투자회사, 해외자원개발투자 전문회사

(3) 조세특례제한법상 소득공제

① 기업구조조정 증권투자회사 배당소득금액
② 자기관리부동산투자회사의 국민주택임대 소득공제
③ 인적회사에 대한 소득공제

4 산출세액의 계산

과 세 표 준	
× 세 율	
= 산 출 세 액	토지 등 양도소득에 대한 법인세가 있는 경우 가산한다.
- 세 액 감 면	
- 세 액 공 제	
+ 가 산 세	
+ 감면분추가납부세액	
= 총 부 담 세 액	
- 기 납 부 세 액	중간예납세액, 원천징수세액, 수시부과세액
= 차 감 납 부 할 세 액	

(1) 법인세의 세율

내국법인의 각 사업연도의 소득에 대한 법인세 산출세액은 과세표준에 다음의 세율을 적용하여 계산한 금액으로 한다.

과세표준금액	세 율
2억원 이하	9%
2억원 초과 200억원 이하	1,800만원 + 2천만원 초과액 × 19%
200억원 초과 3,000억원 이하	37억 8천만원 + 200억원 초과액 × 21%
3,000억원 초과	591억 7천8백만원 + 3,000억원 초과액 × 24%

(2) 사업연도가 1년 미만인 경우

사업연도가 1년 미만인 경우에는 다음과 같이 산출세액을 계산한다.

$$산출세액 = \left\{ \left(과세표준 \times \frac{12}{사업연도월수} \right) \times 세율 \right\} \times \frac{사업연도월수}{12}$$

여기서 월수는 역에 따라 계산하되, 1월 미만의 일수는 1월로 한다.

5 세액감면

(1) 세액감면의 의의

「**세액감면**」이란 조세정책적 목적으로 특정한 소득에 대해 사후적으로 세금을 완전히 면제해 주거나(세액면제) 또는 일정한 비율만큼 경감해 주는 것(세액경감)을 말한다. 이 경우 그 감면세액(또는 면제세액)은 별도의 규정이 있는 경우를 제외하고는 다음과 같이 계산한다.

$$\text{세액감면} = \text{법인세산출세액} \times \frac{\text{감면받고자 하는 소득}}{\text{과세표준}} \times \text{감면비율}$$

이월결손금·비과세소득·소득공제액이 있는 경우에는 해당공제액 등을 차감한 금액을 감면소득으로 한다. 이 경우 공제액 등이 면제 사업에서 발생하였는지 여부가 불분명한 때에는 공제액 등을 소득금액 비율로 안분 계산한 금액을 차감한다.

1) 세액감면의 방법

현행 법인세법에는 세액감면이 없으나 조세특례제한법은 여러 가지 세액감면을 규정하고 있는데, 이것은 다음과 같이 분류된다.

구 분	내 용
(1) 일반감면	감면대상소득이 발생하면 시기의 제한이 없이 감면한다.
(2) 기간감면	감면대상사업에서 최초로 소득이 발생한 과세연도와 그 다음 과세연도의 개시 일부터 4년 이내에 종료하는 과세연도에 법인세의 50%를 감면한다.

2) 기간제한 없이 적용되는 세액감면(일반감면)

① 중소기업에 대한 특별세액감면
② 기술이전소득 등에 대한 세액감면
③ 공공차관도입에 대한 세액감면
④ 국제금융거래에 따른 이자소득 등에 대한 면제
⑤ 영농조합법인에 대한 법인세 면제
⑥ 영어조합법인에 대한 법인세 면제
⑦ 산림개발사업에 대한 세액감면

3) 기간제한이 있는 세액감면

① 창업중소기업에 대한 세액감면(조특법6)
② 연구개발특구에 입주하는 첨단기술기업 등에 대한 세액감면
③ 사업전환중소기업과 무역조정지원기업에 대한 세액감면

④ 수도권과밀억제권역 외 지역이전 중소기업에 대한 세액감면
⑤ 공장·본사를 수도권 밖으로 이전한 경우 법인세 감면 등

6 세액공제

「세액공제」란 일정한 요건을 충족한 법인에 대하여 조세정책적 목적상 산출세액에서 일정액을 공제하는 것을 말한다. 현행 법인세법 및 조세특례제한법상 세액공제는 다음과 같이 분류된다.

구 분	세액공제의 종류	최저한세	이월공제기간
법인세법	① 외국납부세액공제 ② 재해손실세액공제 ③ 분식회계경정세액공제	적용대상이 아님	10년간 이월공제 이월공제없음 기간제한 없이 공제
조세특례제한법	① 연구·인력개발비에 대한 세액공제 ② 각종 투자세액공제 ③ 기타의 세액공제 ④ 전자신고세액공제	적용대상임	10년간 이월공제

(1) 법인세법상 세액공제

1) 외국납부세액공제

내국법인의 해외사업장에서 생긴 소득에 대하여는 외국에서 외국의 법인세를 납부하고, 또한 국내소득에 합산되어 우리나라의 법인세를 납부하게 되어 국제적인 이중과세문제가 발생하게 된다. 이러한 국제적 이중과세의 문제를 해결하기 위하여 법인세법은 내국법인의 외국납부세액을 국내 법인세액에서 공제해 주는 「**외국납부세액공제**」제도를 두고 있으며, 외국납부세액공제의 적용 여부는 내국법인이 선택할 수 있다. **외국납부세액공제의 적용을 선택하지 않은 경우, 외국납부세액은 국외에서 발생한 비용이므로 각 사업연도 소득금액 계산시 손금으로 인정된다.**

2) 외국납부세액의 범위

① 직접외국납부세액   ② 간접외국납부세액   ③ 의제외국납부세액

3) 외국납부세액 공제액의 계산

$$\text{Min} \begin{cases} ① \text{ 외국납부세액=직접외국납부세액+간접외국납부세액+의제외국납부세액} \\ ② \text{ 법인세산출세액} \times \dfrac{\text{국외원천소득(과세표준)}}{\text{과세표준}} \end{cases}$$

4) 외국납부세액의 이월공제

외국납부세액이 공제한도액을 초과하는 경우에는 그 초과액은 당해 사업연도의 다음 사업연도부터 10년 이내에 종료하는 각 사업연도에 이월하여 사업연도의 공제한도 범위 내에서 공제할 수 있다.

(2) 조세특례제한법상의 세액공제

1) 연구 및 인력개발비 세액공제

내국인이 각 과세연도에 연구·인력개발비가 있는 경우에는 다음의 금액을 당해 과세연도의 법인세(또는 사업소득에 대한 소득세)에서 공제한다.

2) 세액공제액

※ 세액공제액 = ⑴ + ⑵
　　단, ⑴과 ⑵를 동시에 적용받을 수 있는 경우에는 그 중 하나만 적용

⑴ 신성장·원천기술 연구개발비 당기발생액 × 공제율

※ 공제율

구분	공제율
① 중소기업	$\min(30\% + \dfrac{\text{당기 신성장·원천기술 연구개발비}}{\text{당기 수입금액}} \times 3,\ 10\%)$
② 코스닥상장 중견기업	$\min(25\% + \dfrac{\text{당기 신성장·원천기술 연구개발비}}{\text{당기 수입금액}} \times 3,\ 15\%)$
③ 위 외의 비중소기업	$\min(20\% + \dfrac{\text{당기 신성장·원천기술 연구개발비}}{\text{당기 수입금액}} \times 3,\ 10\%)$

⑵ 일반연구·인력개발비 : max(①, ②)

① (당해 과세연도에 발생한 일반연구·인력개발비 − 직전 과세연도에 발생한 일반연구·인력개발비) × 40%(중소기업은 50%)

② 당해 과세연도에 발생한 일반연구·인력개발비 × 다음의 구분에 따른 공제율

구 분	공제율
⑴ 중소기업	25%
⑵ 중소기업 유예기간 종료 후 5년 이내기업	① 최초로 중소기업에 해당하지 않게 된 과세연도의 개시일부터 3년 이내에 끝나는 과세연도까지 : 20% ② 위 ①의 기간 이후부터 2년 이내에 끝나는 과세연도까지 : 15%
⑶ 중견기업이 위⑵에 해당하지 않는 경우	8%
⑷ 위 ⑴~⑶에 해당하지 않는 기업	Min (①, ②) ① (당해 과세연도의 $\dfrac{\text{일반연구·인력개발비}}{\text{수입금액}} \times 50\%$) ② 2%

(3) 기타 투자세액공제

조세특례제한법상 투자세액공제의 적용대상과 세액공제액은 다음과 같다.

① 중소기업투자세액공제 ⇨ 투자액×3%
② 연구 및 인력개발을 위한 설비투자세액공제 ⇨ 투자액×10%
③ 생산성향상시설 투자에 대한 투자세액공제 ⇨ 투자액 또는 이용비용×3%
④ 안전설비에 대한 투자세액공제 ⇨ 투자액×3%
⑤ 에너지절약시설 투자세액공제 ⇨ 투자액×1%(중소기업은 6%)
⑥ 근로자복지 증진을 위한 시설투자세액공제 ⇨ 취득액×7%

7 세액공제·감면의 적용순서 및 중복적용배제

1) 세액공제·감면의 적용순서

세액공제와 세액감면이 동시에 적용되는 때에는 다음의 순서에 의한다. "㉮와 ㉯"를 합한 금액이 법인이 납부할 법인세액(토지 등 양도소득에 대한 법인세 및 가산세 제외)을 초과하는 경우 그 금액은 없는 것으로 한다.

> ㉮ 세액감면
> ㉯ 이월공제가 인정되지 않는 세액공제
> ㉰ 이월공제가 인정되는 세액공제
> ㉱ 사실과 다른 회계처리에 기인한 경정에 따른 세액공제

2) 세액공제의 이월공제

해당 과세연도에 납부할 세액이 없거나 최저한세의 적용으로 인하여 공제받지 못한 금액은 해당 과세연도의 다음 과세연도 개시일부터 10년 이내에 종료하는 사업연도의 법인세에서 이를 공제한다. 각 사업연도에 발생한 세액공제 금액과 이월된 미공제세액이 중복되는 경우에는 이월된 미공제세액을 먼저 공제하고, 이월된 미공제세액이 중복되는 경우에는 먼저 발생한 것부터 순차로 공제한다.

3) 중복적용의 배제

① **투자세액공제 상호간의 중복적용 배제** : <u>투자한 자산에 대하여 여러 가지 투자세액공제 규정이 동시에 적용되는 경우에는 그 중 하나만을 선택하여 적용을 받을 수 있다.</u> 동일한 과세연도에 고용창출투자세액공제와 청년고용을 증대시킨 기업에 대한 세액공제가 동시에 적용되거나, 고용창출투자세액공제와 중소기업 고용증가인원에 대한 사회보험료 세액공제가 동시에 적용되는 경우에는 그중 하나만 선택하여 적용받을 수 있다.

② **세액감면과 투자세액공제의 중복적용 배제** : 동일한 과세연도에 감면기간이 있는 세액감면(외국인 투자에 대한 세액감면 제외)과 중소기업에 대한 특별세액감면이 각종 투자세액공제와 동시에 적용받을 수 있는 경우에는 그 중 하나만을 선택하여 적용받을 수 있다. 동일한 사업장에 대하여 동일한 과세연도에 감면기간이 있는 세액감면과 중소기업에 대한 특별세액감면 중 둘 이상이 적용되는 경우 그 중 하나만을 선택하여 적용받을 수 있다.

8 최저한세

(1) 최저한세

최저한세란 다양한 형태로 적용되는 조세특례제한법상의 조세감면의 혜택에 대한 종합한도액을 정하기 위한 제도를 말한다.「**최저한세제도**」란 기업이 조세감면을 적용받음으로 인하여 최저한세액에 미달하는 세부담이 초래되는 경우 그 미달하는 세액에 상당하는 부분에 대하여 「**조세감면을 배제**」하는 제도를 말하는 것이다. 그 취지는 여러 가지 세제상의 혜택을 일괄하여 과다한 조세감면을 배제함으로써 최소한 일정수준 이상의 조세를 부담시키기 위한 것이다.

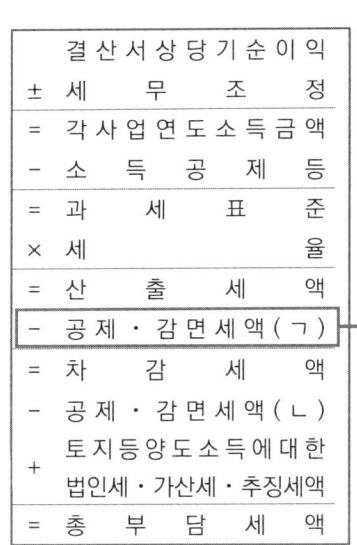

1) 적용대상 법인세

최저한세는 다음의 법인세의 대해 적용된다.
① 내국법인(조합법인 등은 제외)의 각 사업연도의 소득에 대한 법인세
② 외국법인의 국내원천소득에 대한 법인세(종합과세되는 경우에 한함)

2) 최저한세의 적용방법

법인세를 계산함에 있어서 최저한세 적용대상 조세감면 등을 적용받은 후의 세액(이하「감면 후세액」이라 한다)이 다음 산식에 의하여 계산된 최저한세액에 미달하는 경우 그 미달하는 세액에 상당하는 부분에 대하여는 감면 등을 하지 않는다.

$$\text{최저한세액} = \text{감면 전 과세표준} \times 10\%(\text{중소기업은 } 7\%)$$

※ 이러한 과세표준에는 조세특례제한법상 준비금을 관계규정에 의해 익금산입한 금액을 포함한다.

구 분		최저한세율
중소기업		7%
비중소기업 (일반기업)	(조세감면 전 과세표준)100억원 이하	10%
	100억원 초과 1,000억원 이하	12%
	1,000억원 초과	17%

여기서 「**감면 후 세액**」은 다음과 같이 계산된 것이다.

① 토지 등 양도소득에 대한 법인세, 가산세 및 추징세액을 가산하지 않고 계산한다. 이러한 세액은 최저한세 조정이 완료된 후에 가산하는 것이다.
② 최저한세 적용대상이 아닌 법인세법상 세액공제액을 차감하지 않고 계산한다. 이는 최저한세의 조정이 완료된 후에 차감하는데, 이것은 앞의 도표에 「**최저한세대상이 아닌 세액공제감면**」으로 표현되어 있다. 특히 법인세법에 따른 세액공제와 중소기업의 연구·인력개발비 세액공제액은 최저한세 적용대상이 아닌 세액공제로서 최저한세의 조정이 완료된 후에 차감하는 것이다.

3) 최저한세의 적용대상이 되는 조세감면 등의 범위

최저한세의 적용대상	최저한세의 적용대상에서 제외되는 것
(1) 조세특례제한법상의 익금불산입	
(2) 조세특례제한법상의 준비금	
(3) 조세특례제한법상의 비과세	
(4) 조세특례제한법상의 소득공제	기업구조조정증권투자회사 배당소득공제
(5) 조세특례제한법상의 세액감면	• 공공차관도입에 대한 과세특례 • 해외자원개발투자 배당소득에 대한 법인세 면제 • 공장·본사의 수도권생활지역 외의 지역으로의 이전에 대한 임시특별세액감면 • 영농조합법인에 대한 세액면제 • 영어조합법인에 대한 세액면제 • 외국인투자기업에 대한 세액감면 등

(6) 조세특례제한법상의 세액공제	연구 및 인력개발비 세액공제 중 다음의 것 • 중소기업이 적용받는 연구 인력개발비 세액공제 • 비중소기업이 적용받는 석박사 인건비 부분의 연구 및 인력개발비 세액공제

4) 조세감면의 배제순위

감면 후 세액이 최저한세액에 미달하는 경우에는 감면후세액이 최저한세액 이상이 되도록 최저한세 적용대상 조세감면 중 일부를 배제하여야 한다. 이 경우 납세의무자가 신고 또는 수정신고하는 경우에는 납세의무자의 임의 선택에 따라 배제하지만, 경정하는 경우에는 일정한 순서가 필요하다.

① **납세의무자의 신고시** : 납세의무자가 신고 또는 수정신고하는 경우에는 납세의무자의 임의 선택에 따라 배제한다.
② **정부의 경정시** : 정부의 경정 시에는 다음의 순서에 의하여 적용 배제하는 조세감면을 결정한다.

- 조세특례제한법에 따른 준비금의 손금산입
- 손금산입 및 익금불산입
- 세액공제. 이 경우 동일 조문에 따른 감면세액 중 이월된 공제세액이 있는 경우에는 나중에 발생한 것부터 적용배제한다.
- 세액감면
- 소득공제 및 비과세

제 12 절 법인세신고와 납부

1 신고와 납부

(1) 법인세 신고

1) 신고기한

법인세의 납세의무가 있는 내국법인은 사업연도 종료일이 속하는 달의 말일부터 3개월이내에 법인세 과세표준과 세액을 신고하여야 한다. 납세의무가 있는 내국법인은 해당 사업연도와 소득금액이 없거나 결손금이 발생한 경우에도 신고하여야 한다.

2) 외감대상 법인의 신고기한 연장

외부회계감사대상 내국법인이 감사가 종결되지 아니하여 결산이 확정되지 아니하였다는 사유로 신고기한의 연장을 신청한 경우에는 1개월의 범위에서 신고기한을 연장할 수 있다. 신고기한 연장을 적용받으려는 내국법인은 신고기한의 종료일 3일 전까지 신고기한 연장신청서를 납세지 관할 세무서장에게 제출하여야 한다. 신고기한이 연장된 내국법인이 세액을 납부할 때에는 연장기간에 대한 이자상당 가산금액을 법인세에 더하여 납부하여야 한다.

3) 신고시 제출서류

법인은 신고시 신고서에 ①재무상태표 ②손익계산서 ③이익잉여금처분계산서(또는 결손금처리계산서) ④법인세 과세표준 및 세액조정계산서 ⑤기타부속서류를 첨부해야 한다. 필수적 첨부서류인 ①~④를 첨부하지 않으면 무신고로 보나, ⑤의 기타 부속서류는 첨부하지 않아도 무신고로 보지 않는다.

구 분	첨부서류	미첨부시 처리
필수 첨부서류	① 재무상태표(또는 대차대조표) ② 손익계산서 ③ 이익잉여금처분계산서 ④ 법인세 과세표준 및 세액조정계산서	무 신 고
임의적 첨부서류	⑤ 기타 부속서류	무신고가 아님

(2) 납부기한

법인세를 신고한 법인은 법인세 신고기한 내에 법인세를 납부하여야 한다. 납부세액이 거액인 경우에는 일시에 납부하기 곤란하므로 법인세를 2회로 분할하여 납부하는 제도를 두고 있는데 이를 '**분납**'이라고 한다.

분납은 납부세액이 1천만원을 초과하는 경우에 허용된다. 납부세액이 2천만원 이하인 경우에는 1천만원 초과액을, 납부세액이 2천만원을 초과하는 경우에는 납부세액의 50% 이하를 납부기한 경과 후 1개월(중소기업 2개월) 이내에 분납할 수 있다.

구 분	분 납 세 액
① 납부세액이 2천만원 이하인 경우	1천만원을 초과하는 금액
② 납부세액이 2천만원을 초과하는 경우	납부세액의 50% 이하의 금액

가산세 및 감면분 추가납부세액은 분납대상에 포함하지 아니한다.

2 내국법인에 대한 외부세무조정제도

(1) 내국법인에 대한 외부세무조정

사업규모가 큰 법인이나 조세특례를 적용받는 법인 등은 기업회계와 세무회계의 차이가 많이 발생하고 세액계산이 복잡해서 정확한 법인세를 자체적으로 산출하기가 쉽지 않다. 정확하고 성실한 납세의무 이행을 위하여 외부의 세무대리인이 세무조정을 하도록 하고 있는데, 이를 **"외부세무조정"**이라 한다. 법령에 정하는 내국법인의 세무조정계산서는 다음 중 어느 하나에 해당하는 자로서 조정반에 소속된 자가 작성하여야 한다.

① 세무사법에 따른 세무사등록부에 등록한 세무사
② 세무사법에 따른 세무사등록부 또는 세무대리업무등록부에 등록한 공인회계사
③ 세무사법에 따른 세무사등록부에 등록한 변호사

(2) 외부세무조정 대상법인

외부세무조정 대상법인은 다음 중 어느 하나에 해당하는 법인을 말한다. 다만, 조세특례제한법 제72조에 따른 당기순이익과세를 적용받는 법인은 제외한다.

1) 외부세무조정계산서를 반드시 첨부해야 하는 법인

① 직전 사업연도의 수입금액이 70억원 이상인 법인 및 "주식회사의 외부감사에 관한 법률"에 따라 외부의 감사인에 의한 회계감사를 받아야 하는 법인
② 직전 사업연도의 수입금액이 3억원 이상인 법인으로서 「고유목적사업준비금·책임준비금·합병시 이월결손금공제 제한 또는 조세특례제한법에 따른 조세특례」를 적용받는 법인
③ 직전 사업연도의 수입금액이 3억원 이상인 법인으로서 해당 사업연도 종료일 현재 법인세법 및 조세특례제한법에 따른 준비금 잔액이 3억원 이상인 법인
④ 해당 사업연도 종료일부터 2년 이내에 설립된 법인으로서 해당 사업연도 수입금액이

3억원 이상인 법인
⑤ 직전 사업연도의 법인세 과세표준과 세액에 대하여 추계결정·경정받은 법인
⑥ 해당 사업연도 종료일부터 소급하여 3년 이내에 합병 또는 분할한 합병법인, 분할법인, 분할신설법인 및 분할합병의 상대방법인
⑦ 국외에 사업장을 가지고 있거나 간접외국납부세액 계산대상인 외국자회사를 가지고 있는 법인

2) 외부세무조정계산서를 첨부하지 않아도 되는 법인

외부세무조정계산서를 반드시 첨부하도록 열거된 법인 외의 법인은 외부조정계산서를 첨부해야할 의무는 없다. 그러나 법인이 정확한 세무조정을 위하여 세무대리인이 작성한 세무조정계산서를 첨부하는 것은 가능하다.

3) 외부조정대상법인이 외부조정계산서를 첨부하지 않은 경우의 제재

외부조정 신고대상 법인이 이를 이행하지 아니하는 경우 신고를 하지 않은 것으로 보므로 무신고가산세가 부과된다.

③ 중간예납

중간예납이란 사업연도의 전반기(6개월)에 대한 법인세액을 미리 신고·납부하는 것을 말한다. 중간예납은 조세수입의 확보, 조세수입의 평균화, 조세부담의 분산을 목적으로 한다.

(1) 중간예납대상 법인

사업연도가 6개월을 초과하는 법인만 중간예납의무가 있다. 다만, 다음의 법인은 중간예납 의무가 없다.

① 고등교육법에 따른 사립학교를 경영하는 법인, 산학협력단, 국립대학법인 서울대학교와 국립대학법인 인천대학교
② 신설법인의 최초사업연도(다만, 합병·분할에 의하여 신설된 법인은 최초사업연도에도 중간예납을 하여야 한다)
③ 청산법인(청산기간에 사업수입금액이 발생한 경우 제외)
④ 세무서장이 중간예납기간 중 사업수입금액이 없는 것을 확인한 휴업법인
⑤ 국내사업장이 없는 외국법인

(2) 중간예납세액의 구조

중간예납세액 계산방법은 다음 ①과 ②중 선택할 수 있다.

① 직전 사업연도의 실적기준

$$(산출세액 - 감면공제세액 - 원천납부세액 \cdot 수시부과세액) \times \frac{6}{직전 \ 사업연도 \ 월수}$$

② 중간예납기간의 실적기준

$$(과세표준 \times 12/6 \times 세율 \times 6/12) - 감면공제세액 - 원천납부세액 \cdot 수시부과세액$$

(3) 중간예납세액의 신고·납부

중간예납세액은 중간예납기간이 지난날부터 2개월 이내에 신고·납부하여야 한다. 납부 할 세액이 1천만원을 초과하는 경우에는 세액을 분납할 수 있다.

PART 02

실 무 편

제1장 부가가치세 실무

제2장 원천징수 실무

제3장 법인세 실무

제4장 최신 기출문제 연습

제5장 최신 기출문제 해답

제 1 장
부가가치세 실무

PART 2 실 무 편

제 1 절 부가가치세 신고

**본 단원은 회사코드 <8700. ㈜디지털상사>를
조회하여 실습하시기 바랍니다.**

「부가가치세신고서」는 부가가치세 신고 시 반드시 작성하여 제출하는 서식으로 부가가치세 신고서에는 매입매출전표에 입력된 자료가 자동으로 반영된다. 그러므로 부가가치세신고서에는 매출 및 매입의 유형별로 입력한 자료를 **[신고기간별]**로 합계금액을 검토할 수 있다. 부가가치세신고서 메뉴에는 (1)**사업장명세**와 (2)**신고내용**으로 구성되어 있다.

1. 사업장명세

[사업장현황명세서]란 말 그대로 사업장 운영에 대한 현황을 상세하게 작성한문서입니다. 사업을 운영하기 위해서는 먼저 회사 경영에 따른 목표와 구체적인 목적을 정하고 계획을 세워 경영을 계속 유지할 수 있도록 하는 것이 중요하다. 사업계획은 사업운영을 개시하기 전 사전에 향후 사업의 추진방향을 나타내는 것이고, 사업현황은 사업운영에 따른 현재 진행 중인 사업계획에 대한 성과나 결실을 제시하는 것을 말한다. 사업장 내 실정을 파악하고 상세한 내용을 작성하여 사업자 현황을 분명하게 파악하기 위한 문서를 사업장현황명세서라 한다.

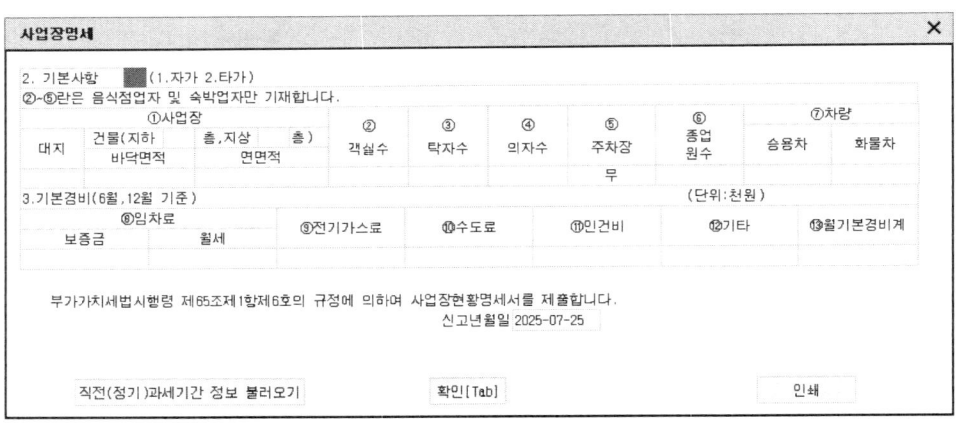

2. 일반과세자의 부가가치세

부가가치세 신고서의 내용을 의미한다. 부가가치세 조회 시 「**조회기간**」과 「**1.정기신고**」를 클릭하면 부가가치세 신고서 조회된다.

1 과세표준 및 매출세액

구 분			금 액	세율	세 액
과세표준 및 매출세액	과세	세금계산서 발급분 (1)		10/100	
		매입자발행세금계산서 (2)		10/100	
		신용카드·현금영수증발행분 (3)		10/100	
		기 타(정규영수증 외 매출분) (4)		10/100	
	영세율	세금계산서 발급분 (5)		0/100	
		기 타 (6)		0/100	
	예 정 신 고 누 락 분 (7)				
	대 손 세 액 가 감 (8)				
	합계 (9)				

(1) 과세

부가가치세가 과세는 거래로 매출전표에서 **[매출유형]**을 선택하면 유형에 따라 자동으로 입력되는 서식이다.

1) 1.세금계산서 발급분

매출전표에서 「11.과세」 매출거래를 선택하면 자동으로 반영된다.

2) 2.매입자발행세금계산서

과세사업자가 과세되는 재화를 공급하고 매출세금계산서를 발급하지 않은 경우, 매입자(공급 받는자)가 직접 국세청의 확인을 받아 「**매입자발행세금계산서**」를 발급할 수 있다. 이 경우 매출자(공급자)는 해당거래를 수기로 직접입력하여 신고하여야 한다. (공급자는 해당 거래에 대하여 세금계산서 미발급 가산세 계산 대상이 된다)

3) 3.신용카드·현금영수증발행분

재화 및 용역을 공급하고 신용카드매출전표를 발급하거나 현금영수증을 발급한 경우 매출 전표에서 17.카과(카드과세)와 22.현과(현금과세)를 선택하면 자동으로 집계되어 입력된다. 이 부분에 입력되게 되면 「**신용카드매출전표 발행금액 집계표**」에 집계된다.

4) 4.기타(정규영수증 외 매출분)

기타는「세금계산서」가 발급되지 않는 과세거래를 입력하는 곳으로 ⑴간이영수증 ⑵간주공급 및 간주임대료의 과세표준이 이 부분에 기록되며, 과세거래 중 세금계산서를 발급 제외 거래 및 발급 대상이지만 발급하지 않은 거래도 입력하여야 한다. 과세거래 중 세금계산서 미발급거래는「세금계산서 미발급가산세」의 대상이 되는 점에 유의하여야 한다.

(2) 영세율

부가가치세 0%인 수출 관련 거래가 입력되는 곳으로,「영세율세금계산서」의 발급여부에 따라 다음과 같이 기록한다.

1) 5.세금계산서 발급분

「내국신용장(Local L/C)」또는「구매확인서」에 의해 공급된 간접 수출거래로「영세율세금계산서」가 발급되는 <12.영세>매출을 선택하면 자동으로 반영된다. 이 거래는「영세율 첨부서류」제출 대상이 된다.

2) 6.기타

「신용장(L/C)」또는「외화매입증명서·수출실적명세서」등에 의한 직수출 거래를 입력하며 <16.수출>매출을 선택하면 자동으로 반영된다. 이 거래는「수출실적명세서」제출대상이 되며,「영세율매출명세서」도 함께 작성한다.

영세율 적용 대상거래는 반드시 영세율관련 부속서류를 부가가치세 신고기간에 제출하여야 한다. 만약 제출이 누락 된 경우에는「영세율과세표준 신고불성실 가산세」가 적용된다.

3) 7.예정신고 누락분

확정 신고 시 예정신고에서 누락 된 매출거래를 직접 입력하는 곳이다. 프로그램에서 예정신고 누락분이 발견된 경우, 해당일자에서 전표를 작성하고 화면 상단의 메뉴에서「예정신고 누락분」을 선택하면 자동으로 신고서의 예정신고 누락분에 반영되지만 수기로 직접 반영할 수도 있다.

4) 8.대손세액가감

「대손세액가감」은 사업자가 공급한 재화 또는 용역에 대한 매출채권이 대손 되었거나, 대손된 채권을 회수한 경우,「대손세액공제신청서」에 작성하면 자동으로 반영되는 메뉴이며, 해당 부속서류는 부가가치세 확정신고시에 작성하여 부가가치세 신고서에 반영하여야 한다.

Chapter 1 부가가치세 실무

2 매입세액

구분			금액	세율	세액
매입세액	세금계산서 수취분	일 반 매 입 (10)			
		수출기업수입분납부유예 (10-1)			
		고 정 자 산 매 입 (11)			
	예 정 신 고 누 락 분 (12)				
	매 입 자 발 행 세 금 계 산 서 (13)				
	그 밖 의 공 제 매 입 세 액 (14)				
	합 계 (10)-(10-1)+(11)+(12)+(13)+(14) (15)				
	공 제 받 지 못 할 매 입 세 액 (16)				
	차 감 계 (15) - (16) (17)				㉤
납부(환급)세액(매출세액 ㉠ - 매입세액 ㉤)					㉰

(1) 세금계산서 수취분

부가가치세가 과세되는 사업을 영위하는 과세사업자가 부가가치세 매입세금계산서를 수취한 경우 매입세액을 공제받을 수 있다. 사업자는 회사 명의로 된 매입세금계산서를 발급받으면 공제 대상이건 불공제 대상이건 모든 내역을 신고해야 한다. 세금계산서 수취분에 입력된 합계액은 「**매입처별 세금계산서 합계표**」의 합계액과 일치한다.

1) 10.일반매입

매입전표에서 매입세금계산서를 발급받은 매입거래 유형의 「**51.과세**」와 「**54.불공**」을 선택하면 선택된 금액이 자동으로 입력된다. 이 중 불공제 거래는 아래 「**16.공제받지 못할 매입세액**」에도 입력된다.

2) 11.고정자산매입

「**매입세금계산서**」를 발급받은 매입거래 중 〈**계정과목**〉을 비유동자산을 선택한 경우, 자동으로 고정자산 매입에 집계된다. 사업용 고정자산의 경우 〈**조기환급**〉대상이 되기 때문에 과목의 선택에 유의해야 한다. 또한, 「**건물 등 감가상각명세**」를 작성해 관리해야 한다.

(2) 12. 예정신고누락분

확정 신고 시 예정신고 때 누락 된 매입거래를 직접 입력한다. 예정신고 기간 중의 거래가 누락되어 확정신고서에 반영하고자 할 때에는 **해당거래 일자**에서 전표를 작성하고 화면 상단의 메뉴에서 「**예정신고 누락분**」을 선택하면 자동으로 신고서의 예정신고 누락분에 반영되지만 수기로 직접 반영 할 수도 있다.

PART 2 실 무 편

(3) 13.매입자발행세금계산서

과세대상 재화 및 용역을 매입하고 「**매입세금계산서**」를 발급받지 못한 경우 매입자가 국세청에 매입 자료를 제시하고 매입세금계산서를 직접 발행하여 공제받을 수 있다. 해당거래에 대하여 국세청에서 매입세액공제 수락이 있을 때 입력하는 곳이다.

(4) 14.기타공제매입세액

기타공제매입세액은 매입세금계산서 없이 공제받을 수 있는 매입세액을 입력하는 곳으로 매입전표의 「**57.카과**」, 「**61.현과**」를 선택하는 경우 자동으로 반영되며, 부가가치세법에 의한 「**의제매입세액 · 폐자원재활용매입세액 · 재고매입세액 · 변제대손세액**」등 부속명세서를 작성하여 공제받는 경우 자동적으로 반영된다.

(5) 16.공제받지 못할 매입세액

매입세금계산서를 수취하였으나 공제받을 수 없는 **면세사업관련 매입세액, 비영업용승용차 관련 매입세액, 기업업무추진비 관련 매입세액, 토지의 자본적 지출관련 매입세액, 영수증 수취분 매입세액, 간주임대료 관련매입세액, 사업과 관련이 없는 매입세액, 세금계산서 미수취 또는 세금계산서 합계표 미제출분 매입세액** 등이 반영되는 메뉴이다.

실무예제 부가가치세 신고서의 작성실무

㈜디지털상사의 2025년 제2기 확정신고기간(10월~12월)의 부가가치세신고서를 작성하시오. (기존 자료는 무시하여 새로 작성한다. 단, 세부담 최소화를 가정하고 부가가치세신고서 이외의 과세표준명세 등 기타 부속서류의 작성과 전자신고세액공제는 생략한다.)

구분	거래내용		공급가액	부가가치세	비고
매출자료	세금계산서 발급 과세 매출액		500,000,000원	50,000,000원	간주공급분 제외
	현금영수증 과세 매출액		100,000,000원	10,000,000원	
	간주공급에 해당하는 판매목적 타사업장 반출금액		7,000,000원	700,000원	시가: 10,000,000원 원가: 7,000,000원(원가로 전자세금계산서 정상발급)
	수출분 매출액	직접 수출분	30,000,000원	0원	원화환산액임
		세금계산서 발행분	10,000,000원	0원	영세율세금계산서 정상발급
매입자료	2,000cc(5인승) 소형승용자동차 구입액 (영업사용 목적)		30,000,000원	3,000,000원	세금계산서 정상수취
	원재료를 구입		490,000,000원	49,000,000원	세금계산서 정상수취
	영업사원의 영업활동에 지원을 위해 국내항공료를 법인카드로 결제한 금액		5,000,000원	500,000원	

Chapter 1 부가가치세 실무

1 부가가치세 신고서 작성

■ 조회기간 : 2025년 10월~2025년 12월을 선택하면 자동으로 기간이 표시된다.

■ 과세표준 및 매출세액의 입력 내용
 ① 세금계산서 발급분 : 세금계산서 발급분 + 간주공급 세금계산서 발급분(판매목적 타사업장 반출액은 간주공급에 해당하며, 세금계산서를 발급한 경우 원가를 공급가액의 과세표준으로 한다)
 ② 신용카드·현금영수증 발행분 : 공급가액 100,000,000원을 입력하면 자동으로 세액이 계산된다.
 ③ 기타(정규 영수증 외 매출분) : 기타에는 세금계산서가 없는 과세매출액을 기록한다. 즉, 영수증 발급분, 간주임대료, 간주공급 등이 입력된다.
 ④ 영세매출 : 내국신용장 또는 구매확인서에 의한 공급의 경우에는 영세율세금계산서가 발급된다. 직접수출의 경우에는 세금계산서 발급의무가 없으므로 기타 란에 입력한다.

■ 매입세액의 입력 내용
 ① 세금계산서 수취분 : 일반매입의 공급가액에는 사업자 명의로 된 세금계산서의 공급가액 합계액을 기록한다. 즉, 공제대상 거래와 불공제대상 거래의 합계액으로 기록한다. 불공제대상 거래는 16.공제받지 못할 매입세액에 한 번 더 입력한다.
 ② 고정자산매입 : 사업용 고정자산을 매입한 경우 공제대상 및 불공제대상 거래금액을 모두 입력한다. 불공제대상 거래가 있는 경우에는 16.공제받지 못할 매입세액에 한 번 더 입력한다.
 ③ 본 사례의 항공료의 경우 입장권, 관람권, 승차권 등을 발급하는 사업자는 과세사업자 임에도 불구하고 세금계산서를 발급할 수 없는 사업자이다. 그러므로 신용카드 결제액도 공제대상이 되지 아니한다.

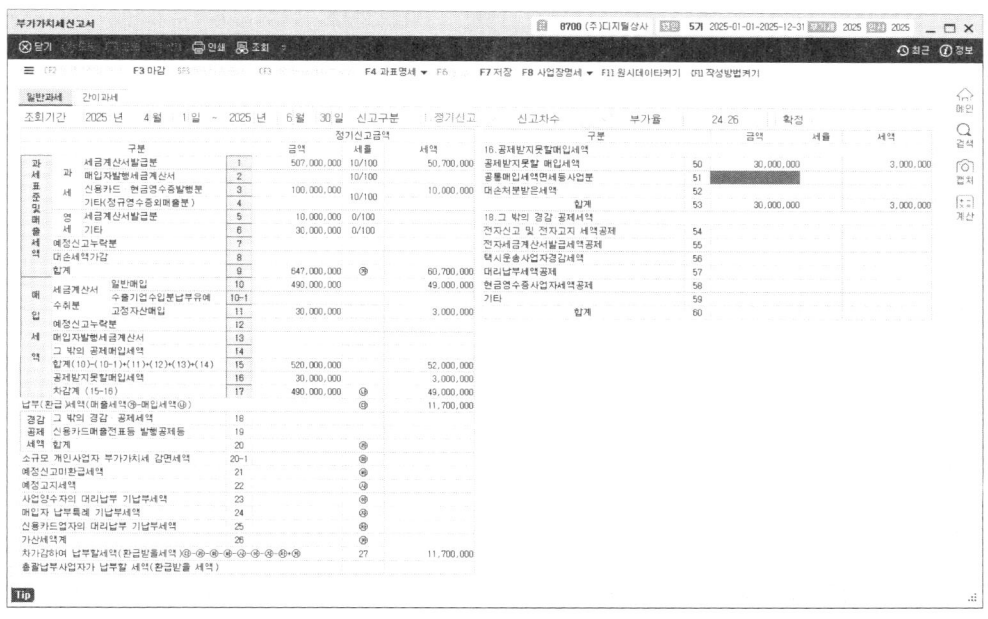

제 2 절 부가가치세 부속명세서

1. 부동산 임대공급가액 명세서

부동산 임대용역을 제공하는 사업자는 부동산 임대용역에 대한 공급내역을 자세하게 기록한 「**부동산임대공급가액명세서**」를 부가가치세 신고 시, 부가가치세신고서 부속서류로 제출해야 한다. 이는 부가가치세 성실신고여부와 보증금에 대한 간주임대료 계산의 적정성 여부 등을 판단하는 자료로 활용되며, 부동산 임대용역을 공급하는 경우의 과세표준은 다음과 같이 계산한다.

$$\text{과세표준} = \text{임대료} + \text{간주임대료} + \text{관리비 수입}$$

1) 임대료

당해 과세기간의 임대료를 세금계산서를 발급하고 수령한 경우에는 「**11.과세**」 **매출전표**에 의하여 부가가치세 신고서에 반영되어 있다. 이러한 임대료에는 관리비를 포함하여 처리하며 〈**전기료 및 수도료**〉가 관리비 영수증에 포함되어 있다면 모두 **과세표준**에 포함된다. 다만, 관리비와 별도로 구분 징수하여 납입을 대행하는 경우 당해 금액은 과세하지 아니한다.

2) 간주임대료 :

사업자가 부동산임대용역을 공급하고 전세금이나 임대보증금을 받는 경우에는 금전 이외에 대가를 받는 것으로 보아 다음 산식에 의하여 계산한 금액을 과세표준으로 한다.

$$\text{간주임대료} = \text{당해 과세기간의 전·월세 보증금} \times \text{정기예금이자율} \times \frac{\text{과세대상 일수}}{365\text{일(또는 366일)}}$$

※ 이러한 간주임대료는 대가(임대료)의 수령여부와 무관하게 임차인이 당해 부동산을 「사용하거나 사용하기로 한 때」를 기준으로 하여 계산한다.
※ 정기예금이자율이란 서울에 본점을 둔 시중은행의 1년 만기 정기예금 이자율의 평균을 감안하여 국세청장이 매년 공시는 이자율(%)을 말한다.

Chapter 1 부가가치세 실무

실무예제 부동산임대공급가액명세서의 작성

다음 자료를 이용하여 ㈜디지털상사의 2025년 제2기 예정신고기간(7월~9월)의 부동산임대공급가액명세서를 작성하고 부가가치세신고서에 반영하시오.

※임차인 및 관련내용(정기예금 이자율은 프로그램의 이자율을 적용하기로 한다)

상 호	사업자등록번호	임대기간	보증금 및 월세		기타사항
㈜평화산업	114-81-61227	2023.8.1.~2025.7.31. 2025.8.1.~2027.7.31.	보증금 월세	50,000,000원 1,000,000원	사무실, A동 2층 201호 면적 99㎡
김밥나라	114-02-12584	2024.7.1.~2026.6.30.	보증금 월세	20,000,000원 500,000원	음식점, A동 1층 101호 면적 30㎡

예제해설

1 부동산임대공급가액 명세서 작성

① 조회기간 : 2025년 7월 ~ 2025년 9월을 선택하면 자동으로 기간이 표시된다.
② 코드 : F2(조회)버튼을 이용하여 등록된 거래처를 조회할 수 있으며, 등록된 거래처는 사업자등록번호 등이 자동으로 입력된다. 등록되어 있지 않은 경우 거래처코드임의 코드번호를 부여한 후 거래처를 신규로 입력한다.
③ 면적단위 : 2.평방미터(㎡)만 선택할 수 있다.
④ 용도 : 임대건물의 임대 용도를 입력한다.
⑤ 임대기간에 따른 계약 내용 : 임대기간 및 계약내용·보증금·월세·관리비 등의 자료를 입력한다.
⑥ 적용이자율 : 적용이자율은 프로그램에 등록된 이자율이 자동으로 표시되며, 이자율이 상이한 경우에는 이자율을 클릭하여 변동된 이자율을 수정할 수 있다.

[재계약전 임차인 : ㈜평화산업]

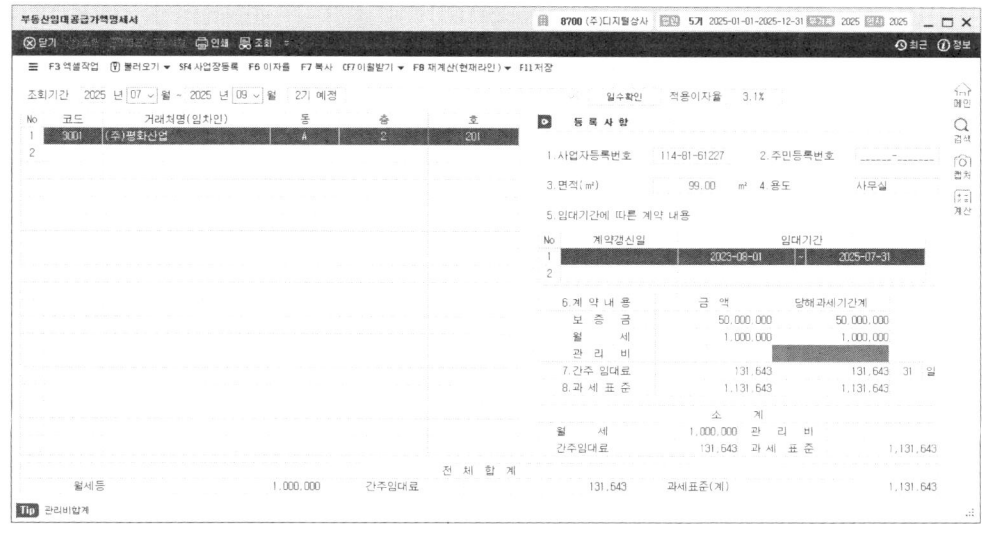

PART 2 실 무 편

[재계약 후 임차인 : ㈜평화산업]

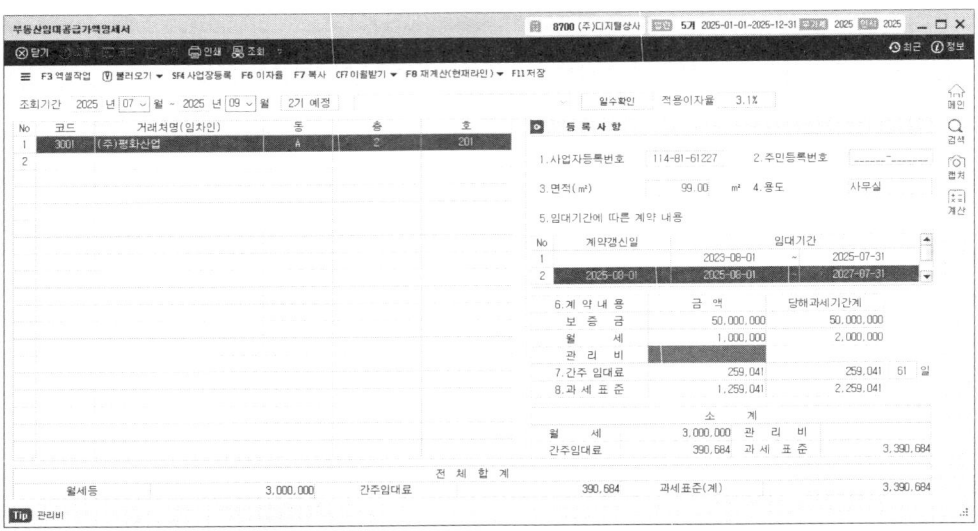

[임차인 : 김밥나라]

계산된 간주임대료의 부가가치세 신고서 반영 방법에는 2가지 방법이 있다. 우선 「**부동산임대공급가액명세서**」를 작성하고 부가가치세 신고서에 직접 반영하는 방법이다.

Chapter 1 부가가치세 실무

2 부가가치세신고서의 반영방법(1)

부가가치세 신고서에 해당 과세기간을 입력한 후 과세표준의 기타(정규 영수증외 매출분)에 직접 반영하는 방법으로 해당 간주임대료의 과세표준을 입력한 후 입력이 완료되면 간주임대료의 부가가치세를 〈일반전표〉에 분개하는 방법으로 다음의 순서에 의하여 입력한다.(이 방법은 별도로 간주임대료 549,547원을 별도로 기록하여 둔다.)

① 〈부가가치세 신고서〉에 [부동산임대공급가액명세서]에서 계산된 간주임대료 과세표준을 직접 입력한다.
② 본 문제에서 프로그램의 간주임대료 계상액은 정기예금 이자율 3.1%를 적용하여 549,547원이 계상되어 있다.

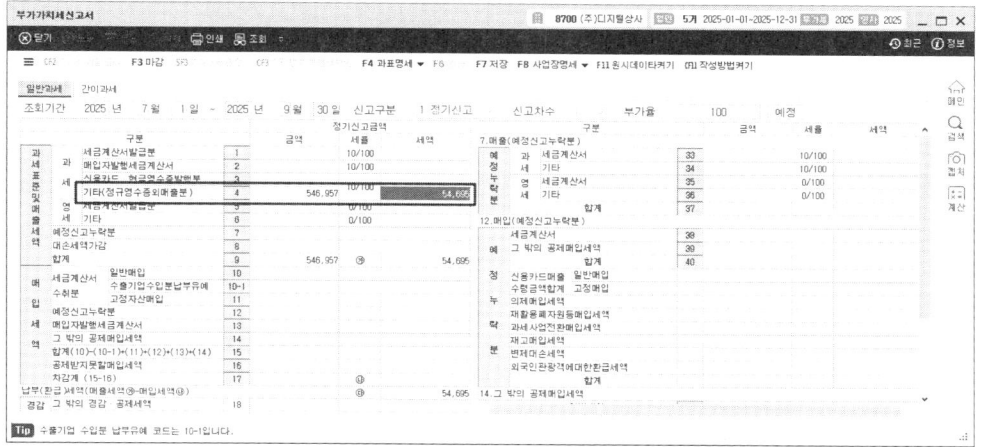

③ 부가가치세를 일반전표에 반영하는 경우 입력날짜는 해당과세기간의 마지막 날짜로 입력하며 간주임대료가 아닌 부가가치세로 회계처리가 되어야 한다. 해당 부가가치세는 부담하는 자의 「세금과공과(판)」로 처리한다.

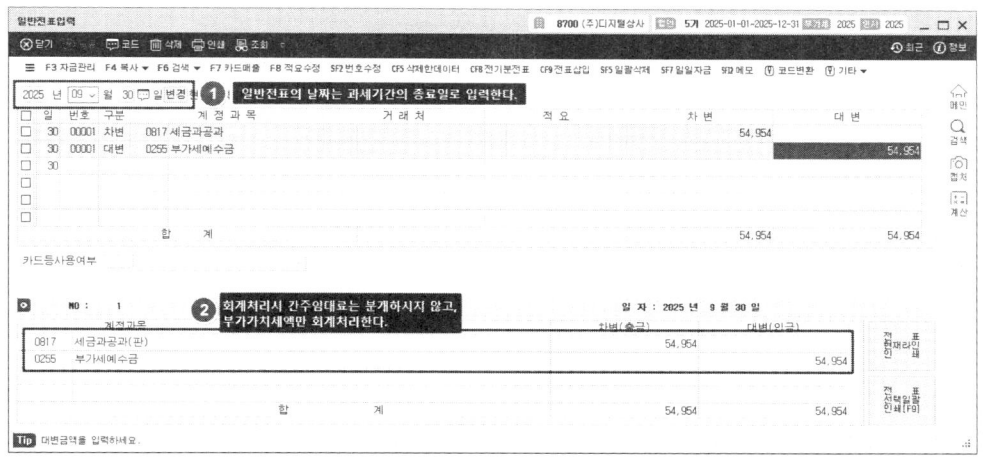

간주임대료는 간주임대료를 부담하는 자의 「세금과공과」로 처리하며 일반적으로 건물 임대인이 부담한다. 위와 같이 부가가치세신고서에 직접 입력하는 경우에는 일반전표에 과세종료일을 공급일자로 분개를 입력해야 한다.

2 부가가치세신고서의 반영방법(2)

간주임대료를 「매입매출」전표 메뉴에 입력하여 부가가치세 신고서에 자동으로 반영하는 방법으로 다음의 순서에 의한다.

① 〈부동산 임대공급가액명세서〉를 작성한 후 화면 하단의 간주임대료를 확인하여 〈매입매출전표〉에 입력한다. 〈제2기 예정신고〉기간이므로 9월 30일자로 〈매입매출전표〉에 입력한다.
② 9월 30일을 선택하고 유형에서 〈14.건별〉을 선택한다.(간주공급은 세금계산서 발급거래가 아님)
③ 공급가액에 「604,501원(공급대가)」을 입력하면 자동으로 공급가액 549,547원과 부가가치세 54,954원이 자동으로 구분되어 계산된다.
④ 거래처와 세금계산서가 없으므로 생략하고 분개 란에서 [혼합]을 선택하고 대변의 제품매출을 차변 817.세금과공과로 수정한 후 금액을 세액 54,954원으로 수정하여 입력을 완료한다.

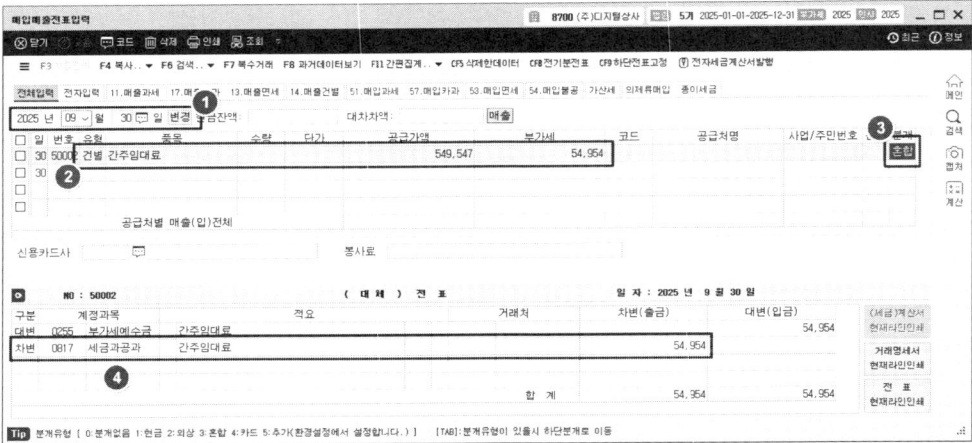

⑤ 매입매출전표에 입력한 후 [부가가치세신고서]를 조회하면 부가가치세신고서의 과세표준의 기타에 자동으로 반영된다. 또한, 과세표준명세서로 조회하며, 수입금액제외에 자동으로 반영된다.

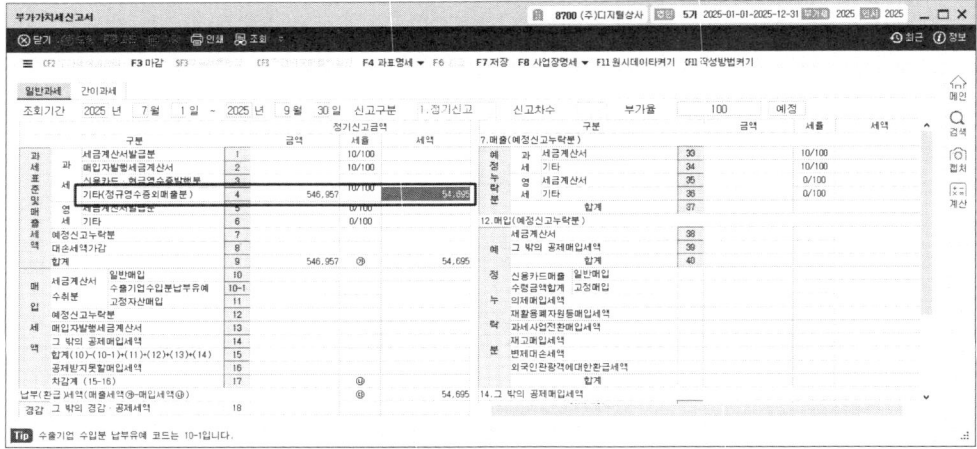

Chapter 1 부가가치세 실무

2. 영세율첨부서류 제출명세서 및 수출실적명세서

(1) 영세율첨부서류 제출명세서

「영세율첨부서류 제출명세서」는 내국 간접수출의 경우 「**내국신용장**(Local L/C)」 또는 「**구매확인서**」에 의한 공급시 영세율세금계산서를 발급해야 하며, 내국신용장 사본 또는 내국신용장·구매확인서 전자발급명세서(전자무역기반시설을 통하여 개설되거나 발급된 경우)를 국세청장제출하여 영세율을 입증하는 서류이다.

실무예제 — 영세율첨부서류 제출명세서, 수출실적명세서

㈜디지털상사의 2025년 제2기 예정신고기간(7월~9월)의 수출관련 신고서는 다음과 같다. 매입매출전표(분개 생략)에 입력하여 영세율첨부서류 제출명세서를 작성하시오. (전자세금계산서는 정상적으로 발급되었으며, 거래처와 서류번호는 생략한다.)

발급일자 /선적일자	영세율 관련서류	통화 코드	환율	수출금액	원화금액
2025.07.07	내국신용장 (외환은행발행)	USD	1$=₩1,100	$10,000	₩11,000,000
2025.08.12	내국신용장 (외환은행발행)	JPY	¥100=₩720	¥2,000,000	₩14,400,000
2025.09.30	구매확인서 (국민은행 발행)	KRW			₩25,000,000

※ 거래입력시 과세유형은 [12.영세]를 선택하고, 영세율 구분은 [3.내국신용장·구매확인서에 의하여 공급하는 재화]를 선택할 것.

예제해설

1 매입매출전표의 입력

① 07월 07일 매입매출전표 입력화면

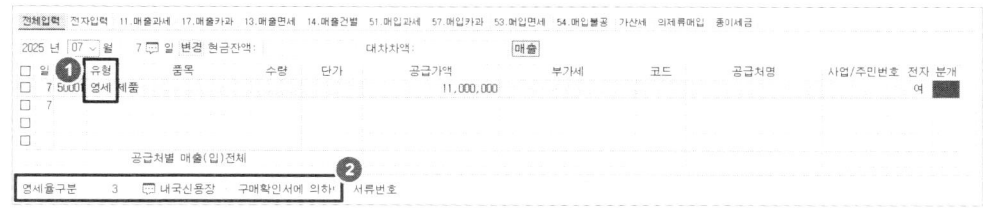

PART 2 실무편

② 08월 12일 매입매출전표 입력화면

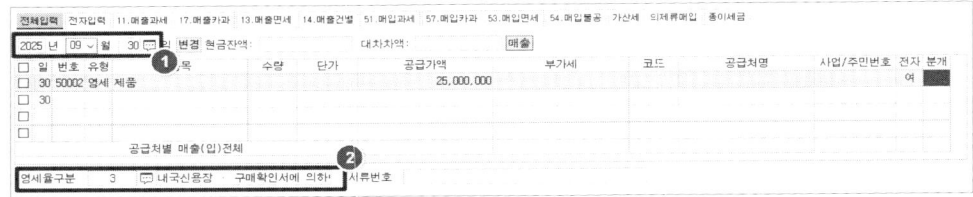

③ 09월 30일 매입매출전표 입력화면

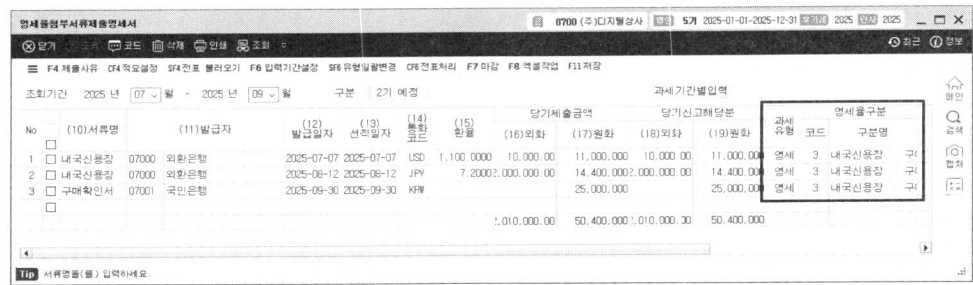

④ 서류명 : 관련기관에서 발급받은 서류의 명세를 입력한다.

2 영세율첨부서류제출명세서 작성

① [부가가치][부가가치세Ⅱ] ⇨ [영세율첨부서류제출명세서]를 순서대로 클릭한다.
② 구분 : 2기, 기간 : 7월~9월을 선택한다.
③ (Ctrl+F4 전표불러오기) 클릭 : 불러오기 후 관련기관에서 발급받은 서류의 명세를 입력한다. 불러오기를 하는 경우 발급일자 또는 선적일자를 선택하면 다음과 같은 화면이 조회되며, 선적일자를 선택하면 발급일자를 직접 입력하여야 한다. 본 화면은 발급일자를 입력한다.
④ (11)발급자에는 내국신용장 또는 구매확인서를 발급한 거래은행을 F12(조회)를 클릭하여 반영한다.
⑤ 환율과 외화금액을 입력하면 자동으로 원화가 계산된다.

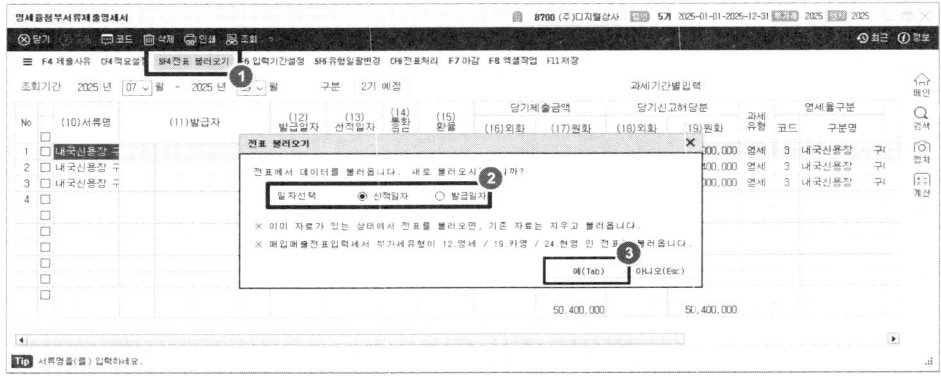

Chapter 1 부가가치세 실무

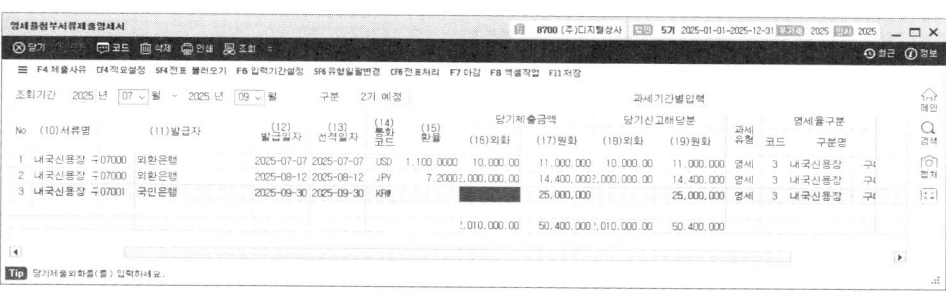

(2) 수출실적명세서

수출실적명세서는 내국물품을 국외로 반출하는 수출거래에 영세율을 적용받기 위하여 수출신고필증의 내용을 기재하여 부가가치세신고서와 함께 제출하는 영세율 첨부서류이다.

실무예제 — 수출실적명세서

㈜디지털상사의 2025년 제2기 예정신고기간(7월~9월)의 수출관련 신고서는 다음과 같다. 부가가치세신고서 부속서류(수출실적명세서)를 작성하시오.

(1) ㈜디지털상사는 미국의 K&B사에 제품을 직수출하였다. 직수출과 관련된 수출신고서의 내용 중 일부이다. 다음 자료를 이용하여 매입매출전표에 입력한 후 수출실적명세서에 반영하시오. <u>분개는 생략한다.</u>
(2) ㈜유투실업은 수출대금으로 미화 $50,500을 받기로 계약하였다.
(3) 기준환율은 7월 15일 $1=900, 7월 16일 $1=910
(4) 수출신고서필증은 다음과 같다.(선적일자는 2025.7.16로 가정)

수출신고서필증

신고자	제출번호	수출자상호	통관고유번호	구매자상호	신고번호	신고일자	목적국
강남관세사	20426-02-6032785	㈜디지털상사	한세5022027	미국 K&B	071-10-09-0055857	2025.07.15	USA

운송형태	적재항	L/C번호	제품번호	신고가격	포장개수	총신고가격	결제금액
10-IN	INC	3722-A1522-08-2523	SI020603	FOB $50,000 ₩45,000,000	25CT	FOB $50,000 ₩45,000,000	CFR $50,500 ₩45,500,000

PART 2 실무편

예제해설

① 수출실적명세서는 매입매출전표의 유형선택에서 「16.수출」로 입력된 경우 작성할 수 있다.
② 선적일자 7월 16일로 매입매출전표를 다음과 같이 입력한다.

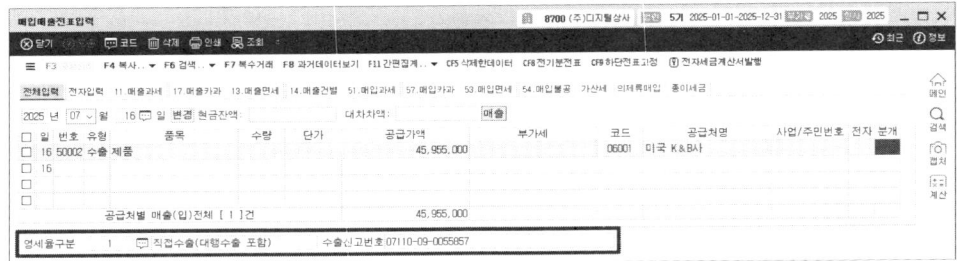

영세율구분 1.직접수출 선택 후 수출신고번호 : 071-10-09-0055857 입력

③ [부가가치][부가가치세Ⅱ] ⇨ [수출실적명세서]를 순서대로 클릭한다.
④ 구분 : 2기, 기간 : 입력기간은 월별기간 단위와 과세기간별 단위를 화면상단에서 선택한 후 [전표 불러오기]를 선택한다.(매입매출전표에서 수출신고번호를 입력한 경우 선택할 수 있음)

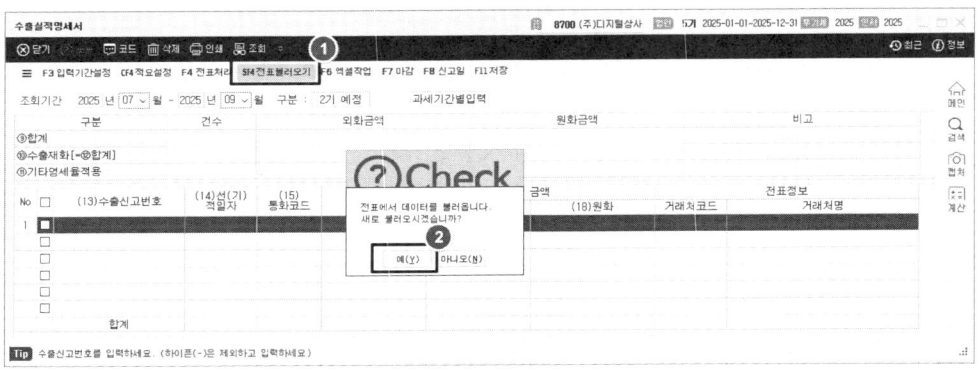

⑤ 수출신고번호, 선적일자, 통화코드, 환율, 외화를 순서대로 입력하면 수출실적명세서가 다음과 같이 완성된다.

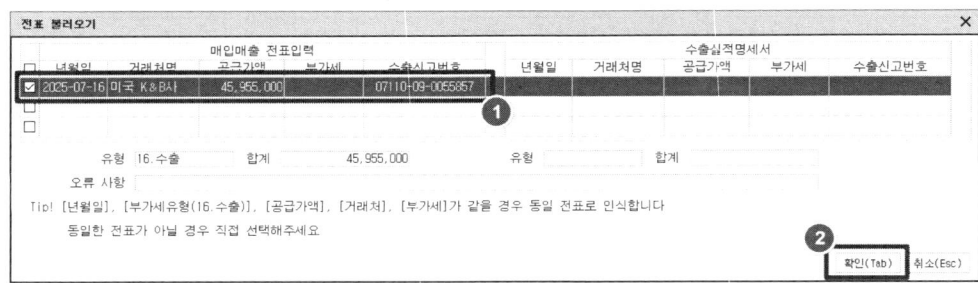

Chapter 1 부가가치세 실무

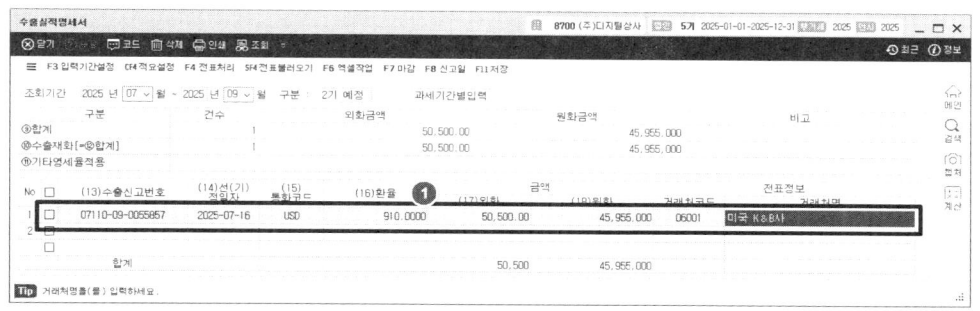

⑥ 통화코드는 F2(조회)버튼을 이용하여 검색란에 미국이라고 입력하면 자동으로 USD를 찾아 준다.
⑦ 수출실적명세서 작성시 공급가액은 본래 선적일의 환율(선적일 전에 환가한 경우에는 환가일의 환율)로 계산하여야 한다. 하지만 수출신고필증에 의하여 공급가액을 계산하는 경우 ①신고가액 ②총신고가액 ③결제금액이 있는 경우에는 [결제금액]이 우선 적용의 조건이 된다. 즉, 결제금액으로 회계처리하여야 한다.

■ 수출입시의 비용지불 방법(INCOTERMS 2020)

조건	EXW	FCA	FAS	FOB	CFR	CIF	CPT	CIP	DAT	DAP (DDU)	DDP
full name	Ex Works	Free Carrier	Free Alongside Ship	Free On Board	Cost & Freight	Cost Insurance & Freight	Carriage Paid To	Carriage Insurance Paid to	Delivered at Terminal	Delivered at Place	Delivered Duty Paid
포장	수입자 or 수출자	수출자	수출자	수출자	수출자	수출자	수출자	수출자	수출자	수출자	수출자
상차료	수입자	수출자	수출자	수출자	수출자	수출자	수출자	수출자	수출자	수출자	수출자
출발지 내륙운송료	수입자	수출자	수출자	수출자	수출자	수출자	수출자	수출자	수출자	수출자	수출자
수출통관료외	수입자	수출자	수출자	수출자	수출자	수출자	수출자	수출자	수출자	수출자	수출자
출발지 터미널비용	수입자	수입자	수출자	수출자	수출자	수출자	수출자	수출자	수출자	수출자	수출자
선적료	수입자	수입자	수입자	수출자	수출자	수출자	수출자	수출자	수출자	수출자	수출자
항공료/선박료	수입자	수입자	수입자	수입자	수출자	수출자	수출자	수출자	수출자	수출자	수출자
보험료						수출자		수출자			
도착지 터미널비용	수입자	수입자	수입자	수입자	수입자	수입자	수출자	수출자	수출자	수출자	수출자
도착지 내륙운송료	수입자	수입자	수입자	수입자	수입자	수입자	수입자	수입자	수입자	수출자	수출자
관세,세금,수입통관료	수입자	수입자	수입자	수입자	수입자	수입자	수입자	수입자	수입자	수입자	수출자

■ INCOTERMS 2020

Incoterms란 무역 거래시 수출자와 수입자가 비용의 부담을 누가 어디까지 할 것인가를 규정한 국제적인 약속이다. 위의 표에서 왼쪽부터 E,F,C,D조건으로 크게 나뉘고 왼쪽으로 올수록 수입자가 지불하는 비용이 많고 오른쪽으로 갈수록 수출자가 지불하는 비용이 많다. 이 말은 어느 조건이 유리하고 어느 조건이 불리하다는 의미가 아니라 견적 시 부담하는 비용을 포함해서 견적을 산출한다는 의미이다.

E,F조건의 경우는 수입자가 forwarder를 선정하고 주도적으로 물류를 담당한다. C,D조건의 경우는 수출자가 forwarder를 선정하고 주도적으로 물류를 담당한다. 따라서 수출자는 E,F 조건으로 계약을 체결할 경우에는 물품이 준비되면 수입자가 지정한 포워더와 협력하면서 물류업무를 진행한다. FOB조건을 기준점으로 해서 물품이 선적 전까지의 비용은 수출자가 부담하고 선적 후부터 발생하는 비용은 수입자가 부담한다. 견적조건에서 I가 들어가는 조건만 보험료가 발생한다. I는 영어로 보험(insurance)의 약자이다.

수입자가 무역에 대한 경험이 없는 경우 전체적인 비용을 가름할 수 있는 DDP조건으로 견적을 요청하는 경우가 많다. 그러나 이 경우 수입 국가에서의 변수가 많기 때문에 대부분 FOB나 CFR 또는 CIF로 계약을 많이 체결한다.

1. FOB가격은 화물을 선적항에서 매수자에게 인도할 때의 가격으로 본선적재가격이나 수출항 본선인도가격 이라고 한다. (운임은 매수자가 별도로 부담하는 방법)
2. CIF가격이란 수출입 상품의 운임·보험료를 포함한 가격을 말하며, 도착항까지의 인도가격을 말한다.
3. CFR가격 무역거래에서 가격조건의 하나로 매도인이 화물이 목적지(회사)에 인도될 때까지 운임을 지급하는 조건이다.

PART 2 실 무 편

실무예제 — 영세율첨부서류 제출명세서와 수출실적명세서

㈜디지털상사의 2025년 제2기 확정신고시 영세율첨부서류제출명세서와 수출실적명세서를 작성하시오.(매입매출전표와 거래처코드 입력은 생략한다)

[자료 1] 다음은 기타 영세율에 해당한다.(과세유형은 16.수출을 영세율구분은 1.직접수출을 선택한다)

서류명	발급자	발급일자	선적일자	통화코드	외화
외화입금증명서	외환은행	12/14	12/04	USD	$20,000
외화입금증명서	외환은행	12/25	12/10	JPY	¥1,000,000

[자료 2] 수출실고내용

수출신고번호	선적일	수출신고일	대금결제일	통화코드	외화	거래처
120-10-44-3332189	12/10	12/07	12/25	USD	$20,000	지멘스

[자료 3] 기준환율

	12/04	12/07	12/10	12/14	12/25
달러(1$)	1,050원	1,070원	1,050원	1,110원	1,200원
엔화(100¥)	1,100원	1,000원	1,150원	1,200원	1,180원

예제해설

① 영세율첨부서류제출명세서(10월~12월) 작성

· 해당란에 직접 입력하고, 환율은 선적일 환율로 입력한다.

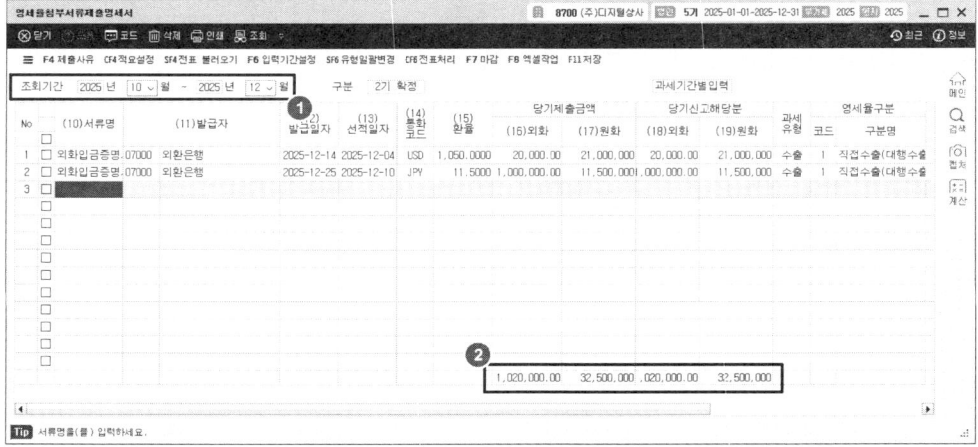

Chapter 1 부가가치세 실무

2 수출실적명세서(10월~12월) 작성

① 해당란에 직접 입력하고, 환율은 선적일 환율을 입력한다.
② 영세율첨부서류제출명세서가 같은 기간에 작성되었으므로, 영세율첨부서류제출명세서의 당기신고 해당분 외화금액과 원화금액을 수출실적명세서의 ⑪기타영세율적용에 직접입력하여야 한다.

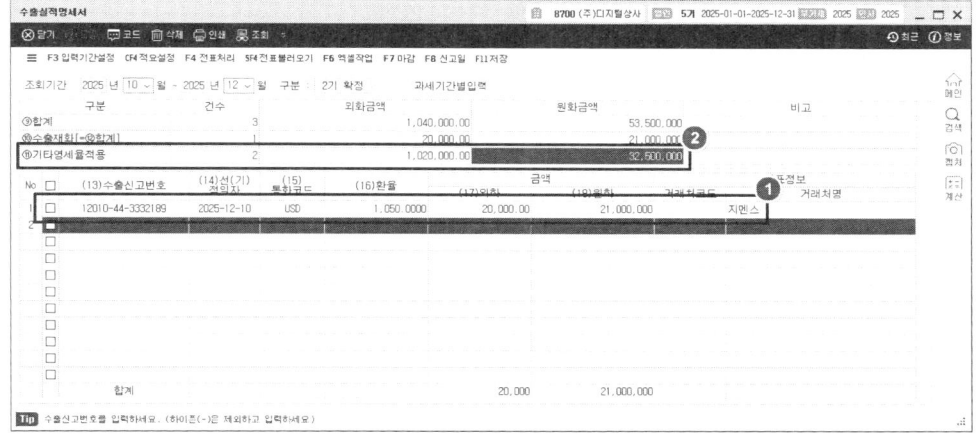

3. 구매확인서전자발급명세서와 영세율매출명세서

(1) 내국신용장·구매확인서 전자발급명세서

수출업자 또는 수출업자에게 납품하는 사업자에게 수출용 재화를 공급하는 경우 내국신용장 또는 구매확인서에 의하여 공급하는 경우에 한하여 영세율이 적용되며 내국신용장 등을 전자무역기반시설을 통하여 개설되거나 발급된 경우에는 「**내국신용장·구매확인서 전자발급명세서**」를 제출하여야 한다.

(2) 영세율매출명세서

사업자는 영세율이 적용되는 경우 「**영세율매출명세서**」를 작성하여 제출하여야 한다. 영세율매출명세서는 필수 영세율첨부서류가 아닌 서류이므로 제출하지 아니할 경우, 영세율 과세표준 신고를 무신고로 보지 않고 별도의 가산세도 적용하지 않는다.

PART 2 실 무 편

실무예제 　　구매확인서 전자발급명세서와 영세율 매출명세서

당사는 ㈜유지알에게 수출용 원재료를 외상으로 공급하고 다음의 구매확인서를 받았다. 1기 확정신고의 〈내국신용장·구매확인서 전자발급명세서〉와 〈영세율매출명세서〉를 작성하시오.

외화획득용원료·기재구매확인서

※ 구매확인서번호 : PKT202507719428

(1) 구매자　(상호)　　　　　　　㈜유리알
　　　　　　(주소)　　　　　　　서울시 서초구 양재천로 13길 8
　　　　　　(성명)　　　　　　　전 승 택
　　　　　　(사업자등록번호)　　130-86-55417

(2) 공급자　(상호)　　　　　　　㈜유투실업
　　　　　　(주소)　　　　　　　인천광역시 부평구 대정로 66
　　　　　　(성명)　　　　　　　이 진 학
　　　　　　(사업자등록번호)　　121-82-81081

1. 구매원료의 내용

(3) HS부호	(4) 품명 및 규격	(5) 단위수량	(6) 구매일	(7) 단가	(8) 금액	(9) 비고
6115950000	At	120 DPR	2025-06-30	USD 3,300	475,200,000원	
TOTAL		120 DPR			475,200,000원	

2. 세금계산서(외화획득용 원료·기재를 구매한 자가 신청하는 경우에만 기재)

(10) 세금계산서번호	(11) 작성일자	(12) 공급가액	(13) 세액	(14) 품목	(15) 규격	(16) 수량

(17) 구매원료·기재의 용도명세 : 원자재

위의 사항을 대외무역법 제18조에 따라 확인합니다.

　　　　　　　　　　확인일자　　2025년 07월 08일
　　　　　　　　　　확인기관　　한국무역정보통신
　　　　　　　　　　전자서명　　1208102922

제출자 : ㈜유지알　(인)

Chapter 1 부가가치세 실무

예제해설

1 내국신용장·구매확인서 전자발급명세서

① 구매확인서의 내용에 의하여 해당란에 직접 입력한다.
② 거래처는 거래처등록에 등록된 거래처를 불러온다.

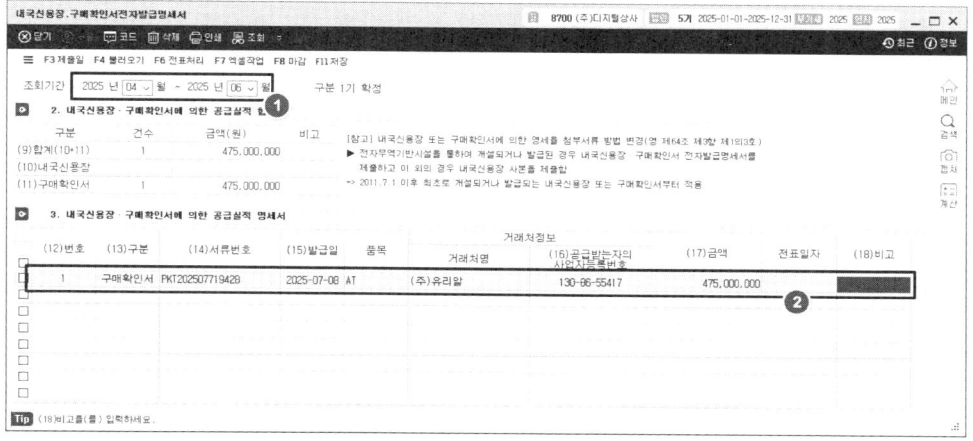

2 영세율매출명세서

① 내국신용장·구매확인서 전자발급명세서의 내용에 있는 금액을 확인한다.
② 영세율관련 첨부서류가 작성되어 저장 된 경우 불러오기를 통하여 불러올 수 있다.
③ 자격시험에서는 해당 영세율 금액을 확인하여 해당란에 금액을 입력한다.

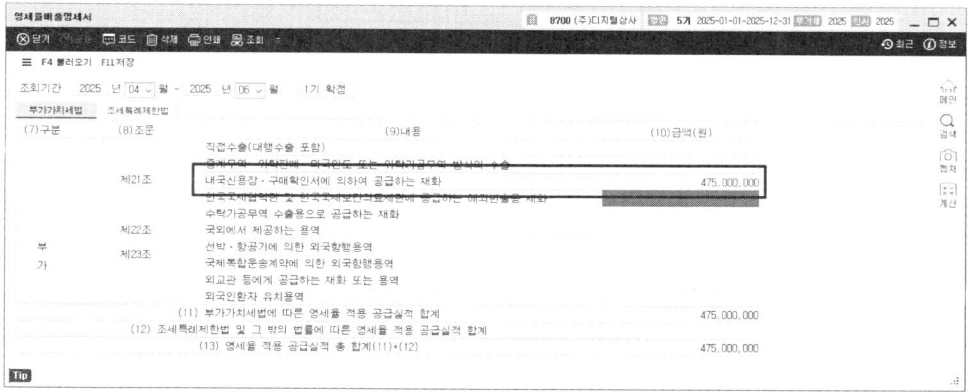

4. 대손세액공제신고서

사업자가 부가가치세가 과세되는 재화 또는 용역을 공급하는 경우 공급을 받는 자의 파산·강제집행 등의 사유로 인하여 해당 재화 또는 용역의 공급에 대한 외상매출금 기타 매출채권(VAT포함)의 전부 또는 일부를 회수할 수 없는 경우에 부가가치세법에 따라 대손세액을 공제받기 위하여 신고하는 부속서류를 「**대손세액공제신고서**」라 한다.

대손세액공제를 받고자 하는 사업자는 「**확정신고**」와 함께 부가가치세 확정 신고서에 대손세액공제신고서와 대손 사실을 증명하는 서류를 첨부하여 관할세무서장에게 제출하여야 한다. 그러므로 확정신고 시에 대손세액공제를 받는 것이므로 **예정신고 시에는 절차상 대손세액공제를 받을 수 없다**.

실무예제 — 대손세액공제신고서

㈜디지털상사의 다음 자료를 이용하여 2025년 제2기 확정분 대손세액공제신고서를 작성하고, 부가가치세신고서에 반영하시오.(회계처리에 대한 전표입력은 생략한다)

대 손 내 역

공급일자	대손확정일	공급받은자	대손금액	대손사유
2024.10.15.	2025.08.10.	한화유통㈜	1,320,000	파산법에 의한 파산
2024.12.10.	2025.09.15.	한라산업	6,600,000	부도(부도발생일 2025.03.14.)
2025.02.05.	2025.10.05.	대성산업㈜	2,200,000	부도(당일부도)

코드	상호	대표자	사업자등록번호	사업자 주소
4002	한화유통㈜	김덕규	313-81-12454	충남 보령시 대고로 6-25
4003	한라산업	이수철	304-82-12345	충북 제천시 고암로 82
4004	대성산업㈜	김진수	107-82-55006	서울 영등포구 가마산로 406

예제해설

① 조회기간 : 대손세액공제는 확정신고 기간에만 공제신청을 할 수 있다. 그러므로 기간은 2025년 10월~2025년 12월을 선택한다.

② 대손확정일을 입력하고 대손금액(VAT포함)을 입력한다. 그리고 공제율을 선택하면 자동으로 대손세액이 산출된다. 어음의 부도시에는 부도확정을 받은 날짜로 입력해 주어야 한다.

③ 거래처등록을 확인하여 거래상대방 상호와 자세한 인적사항을 입력한다.

④ 대성산업㈜ 부도거래는 부도발생일로부터 6개월이 지나지 않아 대손요건을 충족하지 않았으므로 입력하지 않는다. 입력이 완료되면 상단의 [저장]버튼을 눌러 저장을 완료한다.

Chapter 1 부가가치세 실무

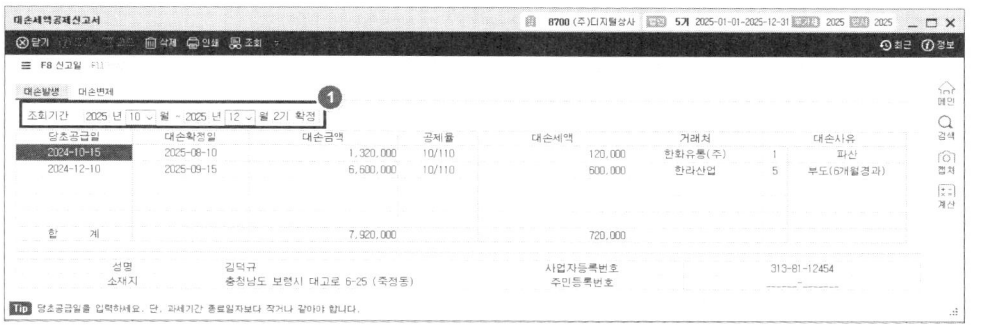

⑤ 대손세액공제 신고서 작성 후 부가가치세신고서에서 조회기간 2025년 10월 1일부터 2025년 12월 31일을 입력하고 F12[조회]를 클릭하면 자동으로 대손세액 란에 「-720,000원」이 조회된다.

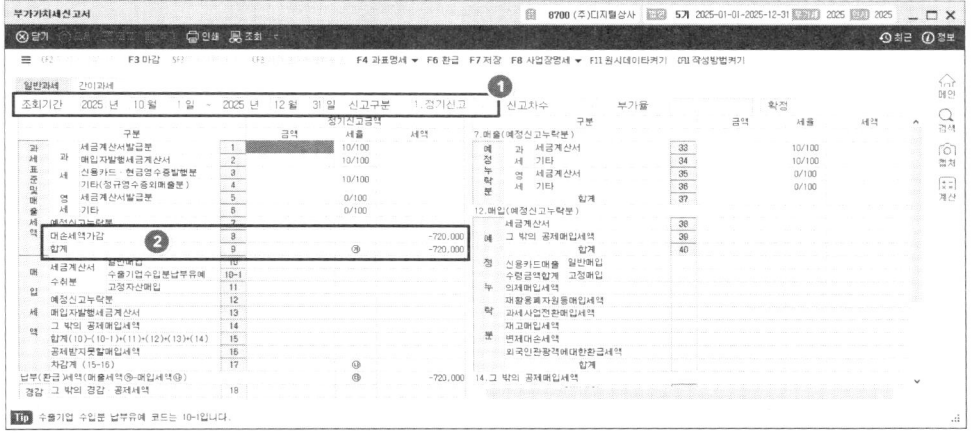

⑦ 대손세액공제일이 속하는 확정 과세기간의 종료일로 하여 거래별로 다음과 같이 **일반전표**에 반영한다.

> (차) 부가세예수금 720,000 (대) 외상매출금 등 720,000

5. 신용카드매출전표 등 발행금액 집계표

「재화·용역」을 매출하고 대금을 신용카드 등으로 결제받은 경우, 신용카드매출전표 영수증을 발행하게 된다. 신용카드매출전표의 발행 시에는 세금계산서 발급의무가 면제 되므로 매출처별세금계산서합계표 대신하여 「신용카드매출전표 등 발행금액 집계표」를 작성하여 부가가치세 신고서와 함께 제출하여야 한다.

신용카드매출전표는 전표 입력시 [17.카드과세·18.카드면세·22.현금과세·23.현금면세]로 입력된 자료가 자동 반영된다. 신고대상기간을 입력하고 [불러오기]를 클릭하면 카드매출거래로 입력된 자료가 자동으로 출력되며 누락된 자료는 직접 입력할 수 있다.

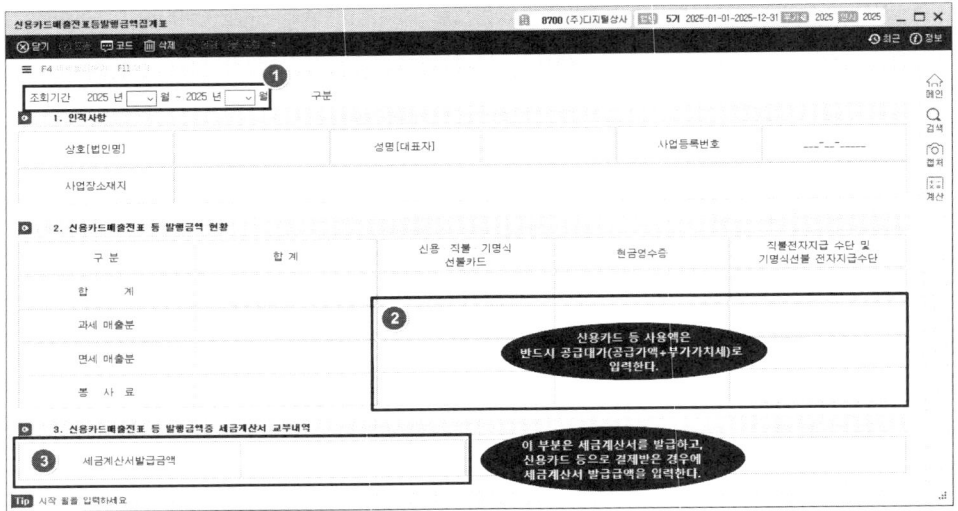

실무예제 신용카드발행금액집계표의 작성

㈜디지털상사의 신용카드매출과 관련된 자료는 다음과 같다. 2025년 제2기 예정신고기간(7월~9월) 중에 발급된 「신용카드매출전표 등 발행금액 집계표」를 작성하시오.

(1) 07월 10일 비사업자인 윤완식(620421-1004001)에게 제품 공급대가 2,750,000원을 공급하고 당사가 가맹되어있는 신한카드(매출)에 의해 결제를 받고 신용카드매출전표를 발급하였다.

(2) 08월 15일 매출처 미선화장품에 제품 4,000,000원(부가세 별도)을 매출하고 전자세금계산서를 발급하였다. 대금은 전액 당사가 가맹된 신한카드(매출)로 결제를 받았다.

(3) 08월 17일 거래처 영등포상점에 과일(사과 50상자)을 2,700,000원에 공급하고 대금은 전액 신용카드(신한카드)로 결제를 받고 신용카드매출전표를 발급하였다.

Chapter 1 부가가치세 실무

예제해설

■ 신용카드매출전표 등 발행금액 집계표의 조회

① [부가가치] ⇨ [부가가치세] ⇨ [신용카드매출전표 등 발행금액 집계표]를 순서대로 클릭한다.
② 조회기간 : 기간은 07월~09월을 선택한다.
③ 상단의 [불러오기]를 선택하면 매입매출전표에 입력된 자료가 자동으로 출력된다.
④ 직접 작성 시에는 공급가액에 부가가치세를 포함한 「공급대가」로 입력한다.
⑤ 세금계산서와 신용카드매출전표가 같이 발급된 경우에는 [신용·직불·기명식 선불카드]란에 세금계산서와 같이 발급된 금액을 합산하여 입력한 뒤, 하단의 세금계산서교부 금액 란에 한 번 더 입력한다.

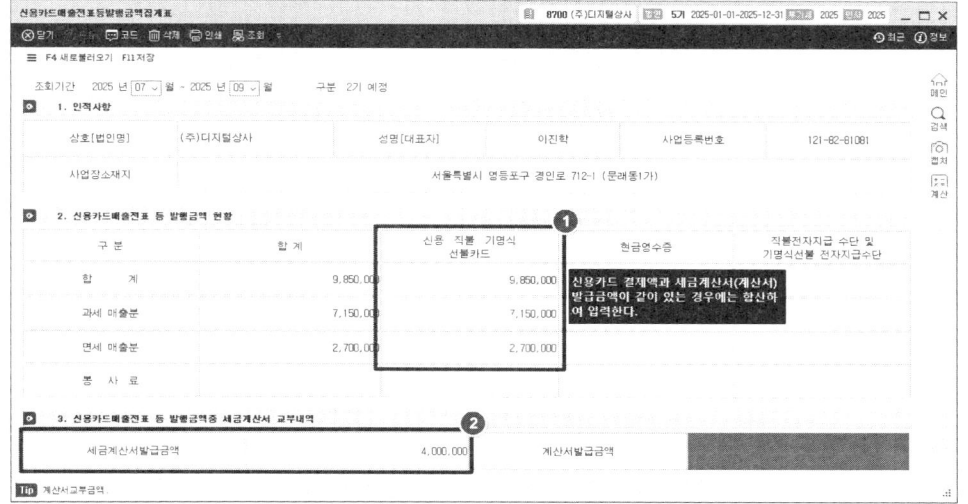

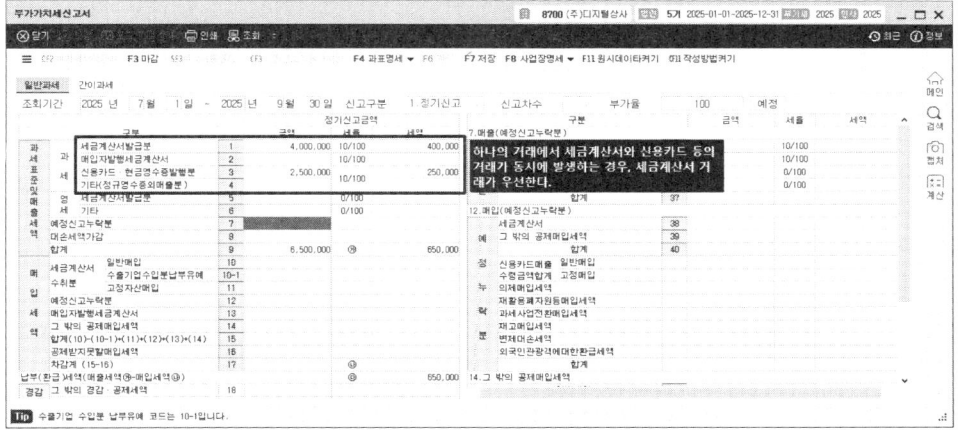

PART 2 실 무 편

6. 신용카드매출전표 등 수령명세서

(1) 공제대상 신용카드

신용카드매출전표의 매입세액을 공제받기 위해서는 세금계산서 발급의무가 있는 과세사업자로부터 재화·용역을 제공받고 발급받은 신용카드매출전표에 한한다.

(2) 공제받지 못 할 신용카드

본래부터 영수증을 발급하는 사업자 또는 세금계산서 및 영수증 발급의무의 면제대상이 되는 사업자의 신용카드매출전표는 매입세액공제를 허용하지 아니한다.

① 승차권(전세버스 사업자 제외)·항공권·입장권·관람권을 발행하는 사업자의 신용카드매출전표
② 세금계산서를 발급할 수 없는 간이과세자(공급대가 4,800만원 미만) 또는 면세사업자로부터 발급받은 신용카드매출전표
③ 숙박업·목욕·이발 또는 미용업 등을 영위하는 사업자로부터 발급받은 신용카드매출전표
④ 매입세액불공제 대상 거래의 신용카드매출전표

실무예제   신용카드매출전표 등 수령명세서

㈜디지털상사의 신용카드매출전표 수령내역은 다음과 같다. 2025년 제2기 예정신고기간(7월~9월) 중에 발급받은「신용카드매출전표 등 수령명세서」를 작성하시오.

① 거래처를 확인하여 매입세액공제가 가능한 사항만 반영하며, 간이과세자는 없다.
② 전표입력은 생략하고 법인카드번호는 1234-5678-8000-1239(국민카드)이다.

거래일자	거래내용	거래처명 (사업자등록번호)	대표자성명	공급대가 (VAT 포함)	거래처 업종	증빙자료
7월 3일	출장목적 KTX승차권	철도공사 (123-81-45672)	주호용	264,000원	여객운송 등	사업용 신용카드
7월15일	사무용품 구입	우리문구 (456-06-45672)	이선정	825,000원	소매/문구	사업용 신용카드
8월 9일	거래처 출장 택시요금	OK택시		16,000원	택시운송	사업용 신용카드
8월20일	거래처사장님	차이나타운 (111-22-33332)	왕서방	550,000원	음식업	사업용 신용카드
9월10일	종업원 추석선물	마장동 정육점 (123-90-43210)	홍성빈	2,200,000원	정육도매	사업용 신용카드
9월20일	업무용 복사기구입	신도리코 (222-81-44441)	이 철	6,600,000원	도소매/컴퓨터 등	사업용 신용카드

Chapter 1 부가가치세 실무

예제해설

■ 공제대상이 아닌 카드목록을 체크한다.

① 입장권, 승차권, 탑승권 등의 발급사업자는 본래 세금계산서 발급대상이 아니므로 신용카드거래분 또한 부가가치세 매입세액 공제대상이 아니다.(전세버스 제외)
② 공급대가 4,800만원 미만 간이과세자는 세금계산서 발급사업자가 아니므로 신용카드 거래분에 대해서 매입세액공제를 받을 수 없다.
③ 매입세액 불공제 거래(기업업무추진비, 사업과 관련이 없는 거래 등)는 신용카드 거래분에 대해서 매입세액공제를 받을 수 없다.
④ 본래부터 세금계산서를 발급할 수 없는 사업자(목욕·이발·미용·택시운송)로부터 받은 신용카드사용액은 매입세액공제를 받을 수 없다.

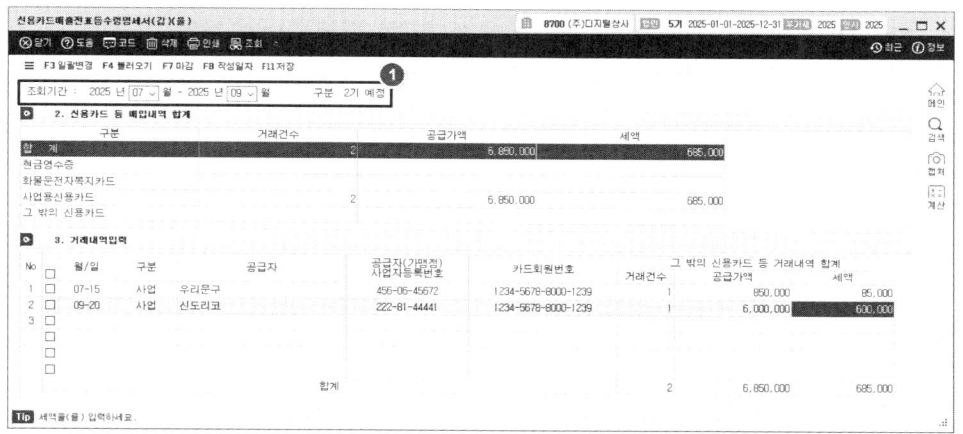

■ 부가가치세 신고서에 반영

① 매입매출전표에 입력하는 경우에는 자동으로 부가가치세신고서에 반영된다. 하지만 신용카드매출전표수령명세서에 직접작성하는 경우 부가가치세 신고서에 직접 반영하여야 한다.

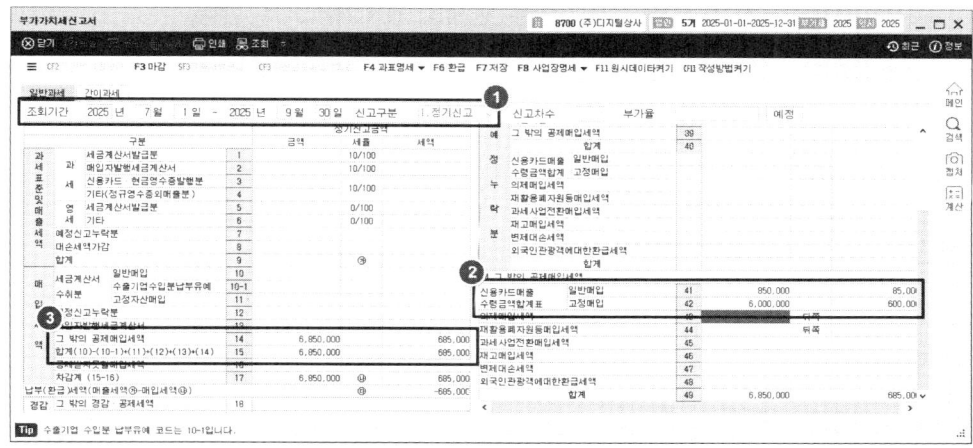

7. 의제매입세액 공제신고서

면세되는 농산물 등을 매입하여 제조·가공하는 과세사업자가 매입세액을 공제받기 위해서는 「의제매입세액공제신고서」를 제출하여야 공제받을 수 있다.

(1) 의제매입세액의 계산

① **의제매입세액공제의 요건**
   ㉠ **적용대상자** : 의제매입세액공제를 받을 수 있는 사업자등록을 한 과세사업자에 한 한다.
   ㉡ **면세농산물 등을 과세재화·용역의 원재료로 사용** : 사업자가 공급받은 면세농산물 등을 원재료로 하여 제조·가공한 재화 또는 창출한 용역의 공급이 과세되어야 한다.

② **증빙서류의 제출** : 의제매입세액공제는 사업자가 면세농산물 등을 공급받은 사실을 증명하는 서류를 사업장관할세무서장에게 제출하는 경우에 한하여 이를 적용한다. 그 증빙서류는 다음과 같다.
   ㉠ 매입처별계산서합계표, 신용카드매출전표수령금액합계표
   ㉡ **제조업을 영위하는 사업자**가 농·어민으로부터 면세농산물 등을 직접 공급받는 경우에는 의제매입세액공제신고서와 관계증빙서류. (음식점업은 제조업이 아니므로 농어민으로부터 면세농산물을 직접 공급받는 경우에도 의제매입세액공제대상이 아님에 유의하여야 한다)

③ **의제매입세액의 계산** : 이상과 같은 요건이 충족되면 다음 산식에 의해 계산된 금액을 매입세액으로 의제하여 매출세액에서 공제한다.

> 의제매입세액 : min(①, ②) × 공제율
> ① 면세농산물 등 공제대상 매입가액
> ② 한도 : 해당 과세기간의 과세표준 × 한도율

   ㉠ 매입가액 : 운임 및 보험료 등의 부대비용을 제외한 「**순수매입원가**」로 한다.
   ㉡ 수입되는 농산물 등의 매입가액은 관세의 과세가격으로 한다.

④ **의제매입세액 공제율**

업 종		공 제 율	
음식점업	개인사업자	8/108 (과세표준 4억원 이하인 경우 2026.12.31.까지 9/109)	
	법인사업자	6/106	
	과세유흥장소	2/102	
제조업	개인	과자점업, 도정업, 제분업 및 떡류 제조업 중 떡방앗간을 경영하는 개인사업자	6/106
		그 외의 제조업을 경영하는 개인사업자	4/104
	법인	중소기업	4/104
		중소기업 외의 법인사업자	2/102
위 이외의 업종		2/102	

Chapter 1 부가가치세 실무

⑤ 의제매입세액 공제한도 : min(㉠, ㉡)
 ㉠ 해당 과세기간의 농산물 순매입액 × 의제매입세액 공제율
 ㉡ 해당 과세기간의 과세표준 × 의제매입세액 공제율 × 공제한도

구분	과세표준	공제한도
개인사업자	1억원 이하	50%
	1억원 초과 2억원 이하	
	2억원 초과	40%
법인사업자	-	30%

(2) 의제매입세액공제신청서 작성방법

의제매입세액 공제신청서의 작성방법은 두 가지방법이 있다. 첫 번째 방법은 「매입·매출」 **전표**를 이용하여 의제매입세액 공제신청서에 자동적으로 반영하는 방법이며, 두 번째 방법은 매입매출전표에 의하지 않고 직접 해당 부속명세서를 작성하는 방법이다. 원칙적으로 전표에 입력하여 자동적으로 반영되게끔 하여야 한다.

실무예제 — 의제매입세액공제신고서의 작성(예정신고분)

㈜디지털상사의 다음 자료를 매입매출전표의 의제류매입 탭(분개 포함)에 입력하여 2025년 제2기 예정신고분 의제매입세액공제신고서를 작성하고 부가가치세 신고서에 반영하시오.

(1) 2기 예정신고 기간 중 면세되는 농산물 등의 매입내역은 다음과 같으며 모두 <u>외상거래</u>로 가정한다. 일반전표 입력사항은 입력을 생략한다.

공급일자	매입처	품명	취득가액	비 고
08.10.	부안농협	배추 50,000kg	19,000,000원	전자계산서를 발급받았고, 1,000kg는 기간 말 현재 미사용 되었다. 매입운임 800,000원이 포함된 가액임
09.05.	관악농협	고춧가루 500kg	15,600,000원	신용카드(국민카드)사용
09.20.	인천농협	사과 100kg	5,200,000원	간이영수증 수취

(2) 공급자의 인적사항

코드	상호	대표자	사업자등록번호	사업자 주소
5001	인천농협	신윤석	141-92-15153	경기 파주시 교하로 1355
5002	부안농협	이수철	304-92-12344	충북 제천시 국사봉로 1144
5003	관악농협	김진수	107-92-55005	서울 금천구 가산로 70
5004	정태영	정태영	850814-1073299	

(3) 당사는 중소기업이며, 제조업을 영위하는 사업자로 가정한다.

PART 2 실 무 편

1 매입매출전표의 의제류 매입탭 입력방법

① 매입매출전표를 클릭하고 화면 상단의 〈의제류매입탭〉을 선택한다.
② 해당 거래일자를 입력하고, 유형에서 60.면건을 선택한다. (비사업자와의 면세거래는 적격증빙을 수취하지 못하므로 면세 건별을 선택하는 것이다.
③ 품목과 수량을 입력한다.
④ 공급가액에 순매입액을 입력한다. (의제매입세액은 순매입액으로 입력한다. 매입운임은 운송업자로부터 매입세액공제를 받을 수 있으므로 포함하지 않는다.)
⑤ 의제구분은 1.의제매입을 선택하고, 세율은 중소기업이면서 제조업에 해당하는 경우 4/104의 공제율을 적용한다. 세율에 4를 입력하면 자동으로 4/104로 입력된다.
⑥ 공급처를 입력한다. 제조업의 경우 비사업자로부터 면세농산물을 매입한 경우에도 의제매입세액공제를 받을 수 있다.

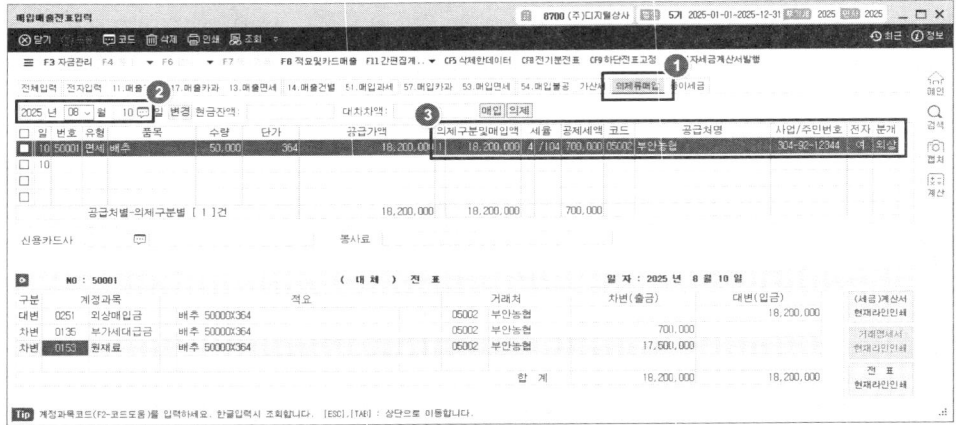

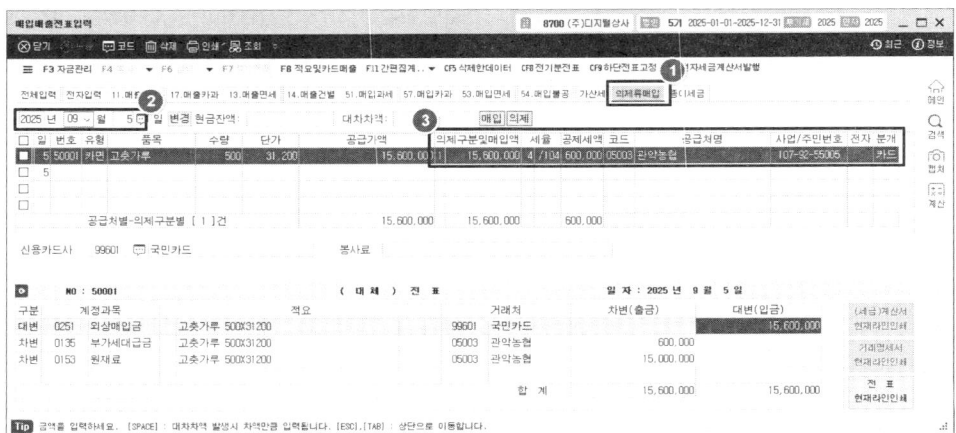

Chapter 1 부가가치세 실무

2 예정 신고 시 입력절차

① [부가가치][부가가치세Ⅱ] ⇨ [의제매입세액공제신고서]를 순서대로 클릭한다.
② 조회기간 : 2025.07.~2025.09.을 입력한다. 의제매입세액공제는 예정신고시에 한도 없이 공제받은 후 확정 신고 시 정산하는 절차를 거쳐야 한다.
③ 매입매출전표에 의제류 매입에 입력된 내용이 자동으로 반영되며, 조회(F12)버튼을 클릭하여 자료를 조회한다.

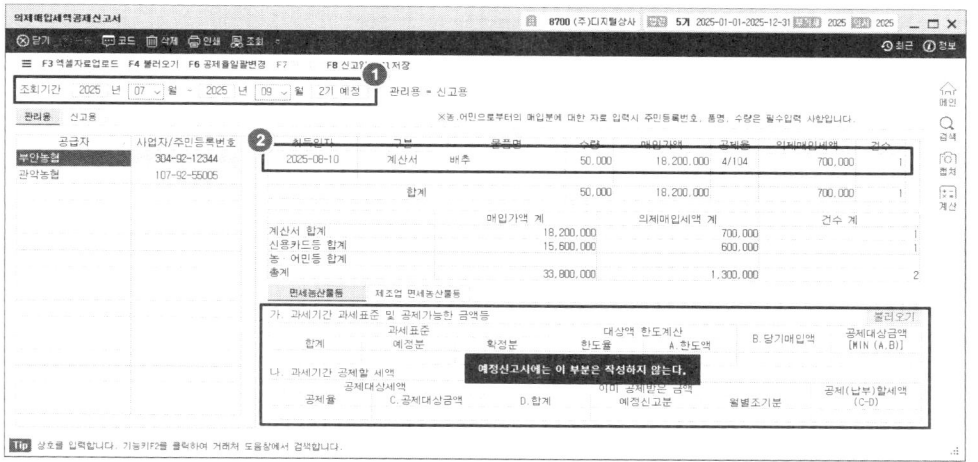

실무예제 — 의제매입세액공제신고서의 작성(확정신고분)

㈜디지털상사의 다음 자료를 매입매출전표의 의제류매입 탭(분개 포함)에 입력하여 2025년 제2기 확정분 의제매입세액공제신고서를 작성하고 부가가치세 신고서에 반영하시오.

(1) ㈜디지털상사의 과세표준은 다음과 같다.

① 예정 신고분 과세표준 80,000,000원

② 확정 신고분 과세표준 100,000,000원

(2) 2기 예정신고 기간 중 면세되는 농산물 등의 매입가액은 33,800,000원이며, 예정신고시 의제매입세액 1,300,000원을 공제받았다.

(3) 2기 확정신고 기간 중 면세되는 농산물 등의 매입내역은 다음과 같으며 모두 외상거래로 가정한다. 일반전표 입력사항은 입력을 생략한다.

공급일자	매입처	품명	취득가액	비고
10.19.	정태영	일반미 800kg	4,000,000원	정태영은 농어민으로 직접 구입하였으며, 매입운임 100,000원이 포함된 가격 임.
11.07.	관악농협	양파 600kg	7,800,000원	관악농협으로부터 전자계산서를 발급받았음.
11.14.	인천농협	양파 500kg	4,200,000원	인천농협으로부터 간이영수증을 발급 받았음.

PART 2 실 무 편

(3) 공급자의 인적사항

코드	상호	대표자	사업자등록번호	사업자 주소
5001	인천농협	신윤석	141-92-15153	경기 파주시 교하로 1355
5002	부안농협	이수철	304-92-12344	충북 제천시 국사봉로 1144
5003	관악농협	김진수	107-92-55005	서울 금천구 가산로 70
5004	정태영	정태영	850814-1073299	

(4) 당사는 면세농산물을 매입하여 모두 과세사업에 사용하며 면세농산물을 그대로 판매하는 경우는 없다.

(5) 당사는 중소기업에 해당하며, 제조업을 영위하고 있다.

1 매입매출전표의 의제류 매입탭 입력방법

① 매입매출전표를 클릭하고 화면 상단의 〈의제류매입탭〉을 선택한다.
② 해당 거래일자를 입력하고, 유형에서 60.면건을 선택한다. (의제매입세액을 공제받을 목적으로 비사업자로부터 매입한 면세재화의 거래는 적격증빙을 수취하지 못하므로 면건을 선택하는 것이다.)
③ 품목과 수량을 입력한다.
④ 공급가액에 순매입액을 입력한다. (의제매입세액은 순매입액으로 입력한다. 매입운임은 운송업자로부터 매입세액공제를 받을 수 있으므로 포함하지 않고 별도로 입력한다.)
⑤ 의제구분은 〈1.의제매입〉을 선택하고, 세율은 중소기업이면서 제조업에 해당하는 경우 4/104의 공제율을 적용한다. 세율에 4를 입력하면 자동으로 4/104로 입력된다.
⑥ 공급처를 입력한다. 제조업의 경우 비사업자로부터 면세 농산물을 매입한 경우에도 의제매입세액공제를 받을 수 있다.

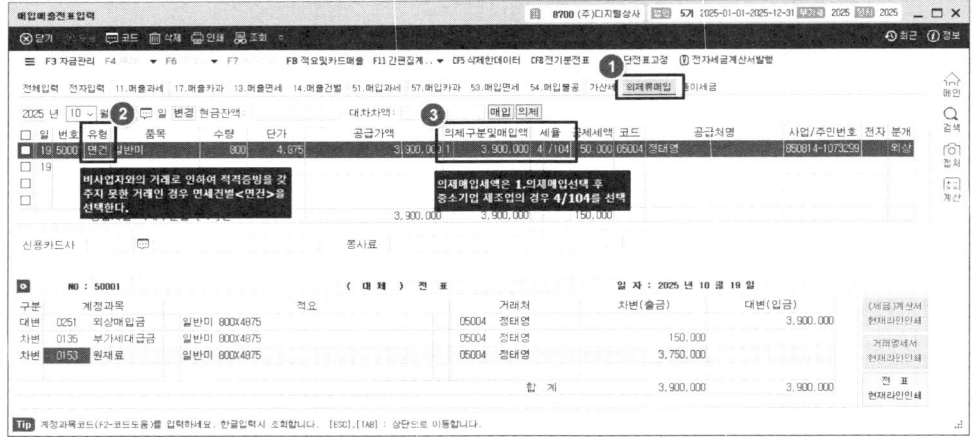

Chapter 1 부가가치세 실무

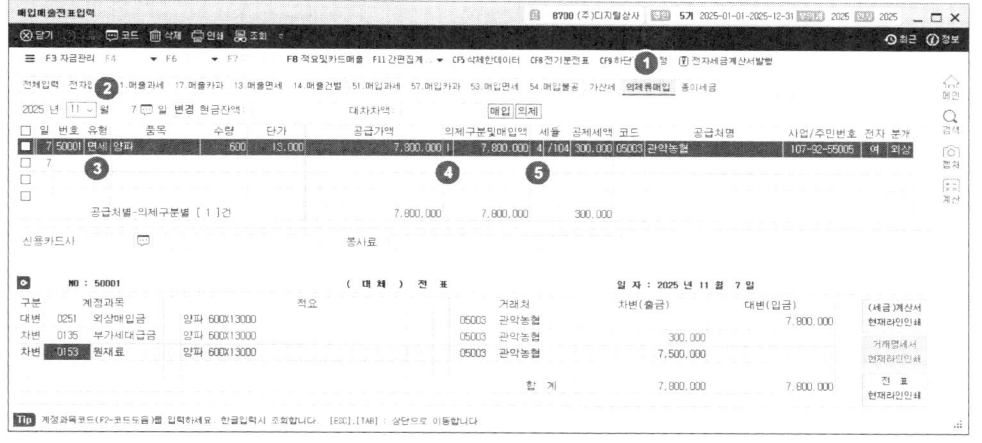

② 확정 신고 시 의제매입세액 공제신고서 입력절차

① [부가가치][부가가치세Ⅱ] ⇨ [의제매입세액공제신청서]를 순서대로 클릭한다.
② 조회기간 : 2025.10.~2025.12. 선택한다. 전표에 입력된 경우 자동으로 조회되며, 조회되지 않는 경우 된다.
③ 의제매입세액공제는 예정신고시에 한도 없이 공제받은 후 확정 신고 시 정산하는 절차를 거쳐야 한다.
④ 과세표준 계산에 정산을 위해 예정신고기간분의 공급가액 80,000,000원과 확정신고기간의 공급가액 100,000,000원을 입력한다.(과세분 매출액과 면세분 매출액의 합계액으로 한다)
⑤ 대상액 한도계산에서 법인의 한도율을 확인하거나, 수정한다.
⑥ B.당기매입액에 예정신고시 매입한 33,800,000원과 확정신고시 매입액 11,700,000원을 합산하여 45,500,000원을 입력한다.
⑦ 확정신고기간의 의제매입세액은 예정분을 반영하여 정산해야 하므로 예정신고시 공제받은 의제매입세액 1,300,000원을 입력한다.

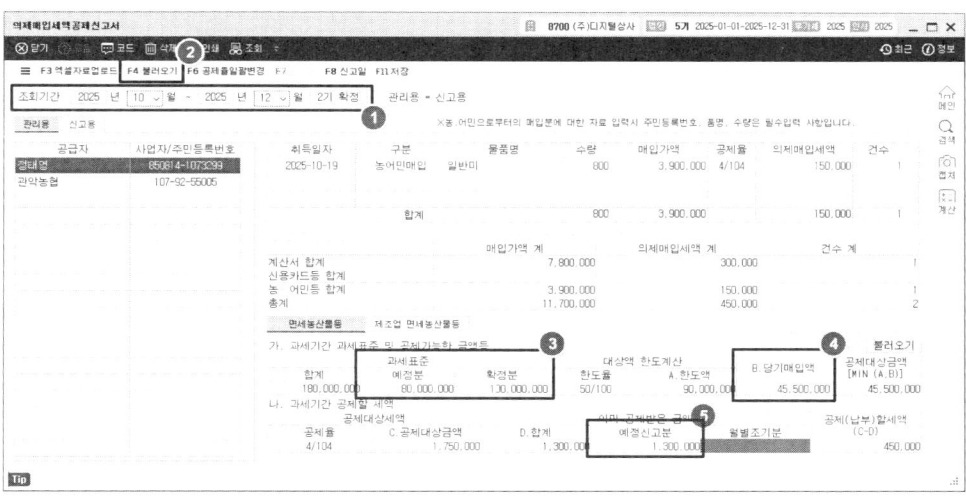

■ 부가가치세 신고서에 반영

① 면세매입액은 매입매출전표에 입력하여도 본래 부가가치세 신고서에는 적용되지 않는다. 하지만 의제매입에색을 공제받은 경우에는 의제매입세액공제신고서에 의하여 다음과 같이 반영된다.

PART 2 실 무 편

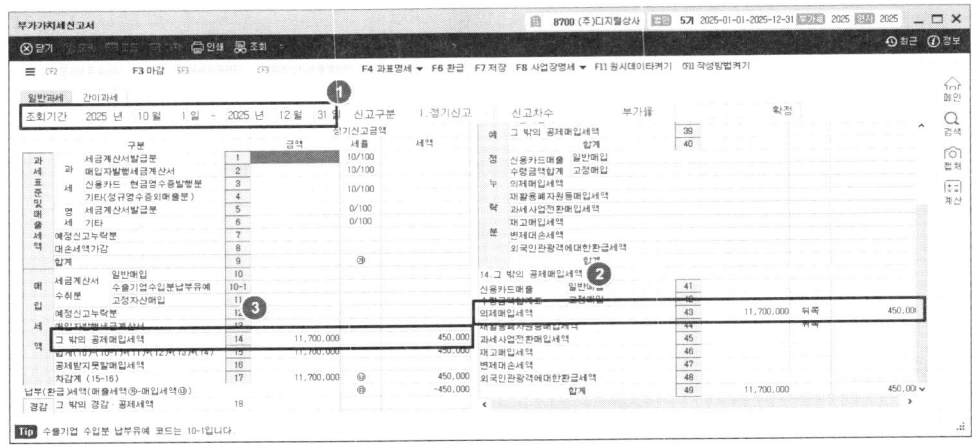

8. 재활용폐자원세액공제신고서

재활용폐자원 등을 수집하는 사업자에 대한 부가가치세를 경감하여 폐자원의 원활한 수집을 통한 자원절약과 환경오염을 방지하기 위하여 매입세액 공제 특례제도를 두고 있다.

1) 재활용폐자원 및 중고자동차를 공급한 자

① 부가가치세 과세사업을 영위하지 아니하는 자 - 면세사업자, 비사업자
② 직전년도 공급대가 4,800만원 미만인 간이과세자

2) 재활용폐자원과 중고자동차의 범위

① 재활용폐자원 : 고철·폐지·폐유리·폐합성수지·폐합성고무 등
② 중고자동차

3) 매입세액 공제액의 계산

> 재활용폐자원 등의 매입세액 = 재활용폐자원 등의 취득가액 × 공제율

4) 재활용폐자원의 매입세액 공제율

업 종	기타재활용자원	중고자동차
공제율	3/103	10/110

5) 재활용폐자원의 매입액 한도

> 재활용폐자원 관련 과세표준 × 80% - 세금계산서 수취분 재활용폐자원 매입액

Chapter 1 부가가치세 실무

실무예제 — 재활용・폐자원매입세액공제신고서

㈜디지털상사의 다음 자료를 이용하여 2025년 제2기 확정 분(10월~12월) 재활용폐자원세액공제신고서를 작성하고, 부가가치세신고서에 반영하시오.

(1) 2기 예정 신고 시 과세표준 20,000,000원, 확정 신고 과세표준 30,000,000원(예정신고시 공제세액은 없다고 가정하며, 비사업자 거래는 영수증을 수취한 것으로 가정다.)

매입일자	공급자	품 명	수 량	취득가액	비 고
10.09	차상원	고 철	2,000kg	3,090,000	현금지급
10.13	이하숙	고 철	100kg	309,000	현금지급
11.27	차상원	고 철	700kg	1,030,000	현금지급
11.28	강진원	고 철	900kg	1,236,000	현금지급

(2) 공급자 인적사항

공급자	코드	주민등록번호	주 소
차상원	4651	580706-1070522	서울시 관악구 관천로 8
이하숙	4652	550806-2215541	서울시 관악구 관천로 49
강진원	4653	600821-1262438	서울시 관악구 난곡로 232

예제해설

① [부가가치][부가가치세Ⅱ] ⇨ [재활용폐자원공제신고서]를 순서대로 클릭한다.
② 조회기간 : 2025.10.~2025.12.을 입력한다.
③ 확정 신고 시 재활용폐자원매입세액공제는 과세기간 총 공급가액 대비 일정 한도까지만 공제해주기 때문에 확정 신고 시 반드시 정산절차를 거쳐야 한다.
④ 공급자에서 [F2거래처조회]를 이용하여 거래처를 입력하고 해당 거래내역을 입력한다.

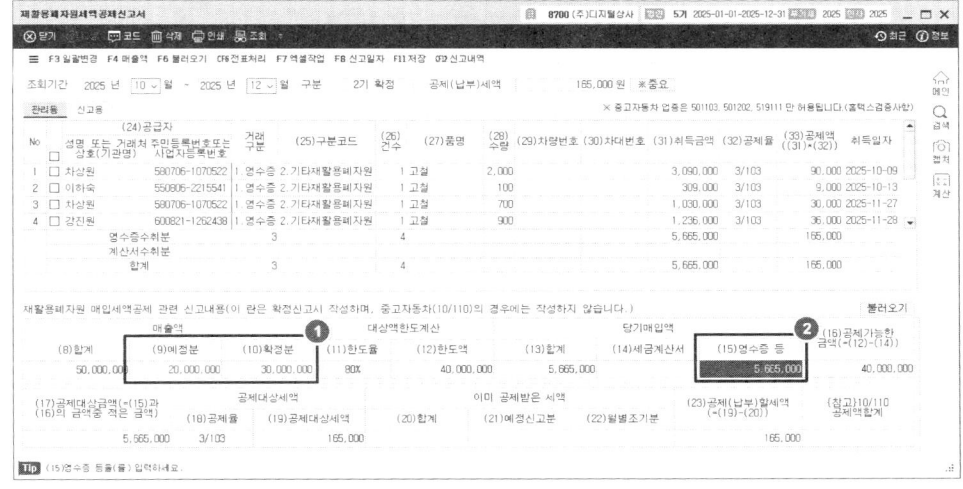

9. 건물 등 감가상각자산 취득명세서

건물 등 감가상각취득명세서는 사업설비를 신설·취득·확장 또는 증축하는 경우 그 감가상각 의제기간을 관리하기 위한 목적과 시설자금의 조기 환급 신청 시 첨부하는 서식이다.

① [부가가치][부가가치세신고서Ⅰ]⇨[건물등 감가상각자산 취득명세서]를 순서대로 클릭
② 10월~12월 조회
③ F4(새로 불러오기)를 누르면 자동으로 다음과 같은 거래처별 감가상각자산 취득명세가 조회된다.
④ 이 자료는 부가가치세신고서에는 반영되지 않은 나중 면세와 관련하여 공급되는 경우 안분자료의 기초가 된다.

실무예제 — 건물등 감가상각자산취득명세서

㈜디지털상사의 다음 자료를 이용하여 2025년 제1기 확정 신고기간(04월~06월)에 대한 [건물 등 감가상각자산취득명세서]를 작성하시오.

일자	내역	공급가액	부가가치세	상호	사업자등록번호
05/07	생산부용 비품구입 (신용카드매출전표 수취)	15,000,000원	1,500,000원	㈜영월상사	109-81-61278
05/25	공장용 기계장치구입 (전자세금계산서 수취)	30,000,000원	3,000,000원	㈜마산산업	139-81-40783
6/25	업무용승용차(경차구입) (전자세금계산서 수취)	40,000,000원	4,000,000원	㈜신진자동차	206-82-00400

예제해설

세금계산서 및 신용카드 등 증빙을 수취하여 취득한 감가상각자산은 취득명세를 작성한다. 상호란에서 코드도움을 사용하여 거래처를 선택할 수도 있고 직접 입력도 가능하다.

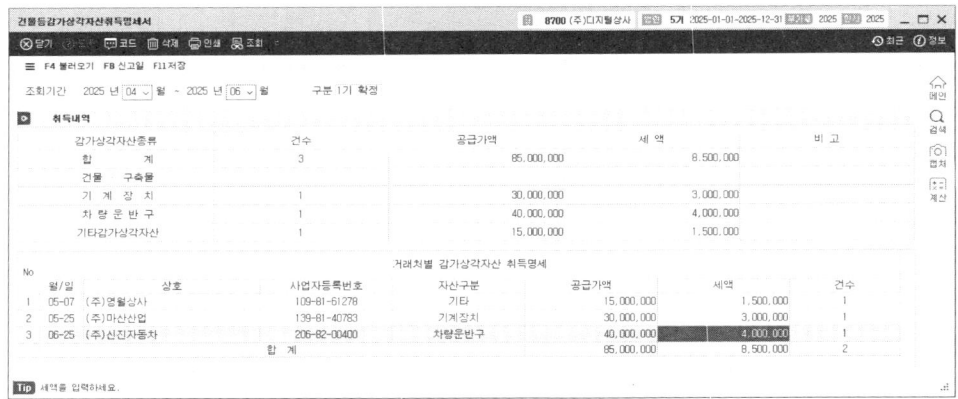

10. 공제받지 못할 매입세액명세서(1)

공제받지 못할 매입세액명세서는 부가가치세신고 시 매입세액 불공제대상 세금계산서의 내역을 작성하는 서식이다.

(1) 공제받지 못할 매입세액

다음의 경우에는 사업자가 재화·용역을 공급받으면서 부가가치세를 부담하였더라도 그 매입세액을 매출세액에서 공제할 수 없다.

① 매입처별세금계산서합계표의 미제출 또는 부실기재 분
② 세금계산서의 미수취 또는 부실기재 분
③ 사업과 직접 관련 없는 매입세액
④ 비영업용 소형승용차의 구입 및 유지관련 매입세액
⑤ 기업업무추진비관련 매입세액
⑥ 면세사업관련 매입세액
⑦ 토지의 자본적지출 관련 매입세액
⑧ 등록 전 매입세액
⑨ 공통매입세액 중 면세사업분

위의 내용들은 세금계산서를 발급받았으나 매입세액을 공제받지 못하는 세액들이다. 하지만 부가가치세신고서의 매입세액, 세금계산서 수취분에는 모두 포함되어 있으며 매입매출전표에서 「**54.불공**」을 선택하면 공제받지 못할 세액 칸에 자동으로 집계된다. 이 집계된 내용을 집계하는 부속명세서가 「**공제받지 못할 매입세액명세서**」이다.

(2) 공통매입세액의 안분계산

※ 본 단원은 부가가치세 이론 편 「**겸영사업자의 세액계산특례**」를 반드시 학습하기를 바랍니다.

공통매입세액 안분계산을 하는 이유는 공통매입세액에 대하여 면세분과 과세분을 구분하여 「**면세**」분은 불공제하고 「**과세**」분은 공제받기 위한 것이다. 과세사업과 면세사업에 공통으로 사용될 재화 또는 용역의 매입세액이 안분계산대상이나, **기업업무추진비·소형승용자동차 관련 매입세액**과 같이 본래 「**매입세액불공제**」대상인 것은 안분계산하지 않고 직접 불공제한다.

1) 원칙적인 안분계산의 방법

공통매입세액 중 면세사업 관련 매입세액은 다음 산식에 따라 계산한다.

$$\text{면세사업 관련 매입세액} = \text{공통매입세액} \times \text{당해과세기간의} \frac{\text{면세 공급가액}}{\text{총 공급가액}}$$

2) 안분계산의 적용시기

「예정신고」를 하는 때에는 예정신고기간에 있어서 총공급가액에 대한 면세 공급가액의 비율에 따라 안분계산하고 **확정신고를 하는 때에 정산**한다.

3) 동일 과세기간에 매입한 재화를 동일한 과세기간에 공급하는 경우

과세사업과 면세사업에 공통으로 사용되는 재화를 공급받은 과세기간 중에 당해 재화를 공급하여 직전 과세기간의 공급가액 실적에 따라 과세표준을 안분계산한 경우에는 그 재화에 대한 매입세액의 안분계산도 직전 과세기간의 공급가액 실적을 기준으로 한다.

4) 안분계산의 배제

다음의 경우에는 안분계산 없이 당해 재화의 매입세액을 전액 공제한다.
① 당해 과세기간의 총공급가액 중 면세공급가액이 5% 미만인 경우의 공통매입세액 다만, 공통매입세액이 5백만원 이상인 경우는 제외한다.
② 당해 과세기간 중의 공통매입세액이 5만원 미만인 경우의 매입세액. 이 경우 5만원은 과세기간의 공통매입세액의 합계액을 말한다.
③ 당해 과세기간에 신규로 사업을 개시한 사업자가 당해 과세기간에 공급한 공통사용재화에 대한 매입세액

5) 공통매입세액의 정산

이처럼 공통매입세액을 안분계산한 경우에는 당해 재화의 취득으로 과세사업과 면세사업의 공급가액 또는 사용면적이 확정되는 과세기간에 대한 납부세액을 확정신고하는 때에 다음 계산식에 의하여 정산한다.

$$\text{가산 또는 환급되는 세액} = \text{총공통매입세액} \times \left(1 - \frac{\text{확정되는 과세기간의 면세공급가액}}{\text{동기간의 총 공급가액}}\right) - \text{기공제세액}$$

실무예제 공통매입세액의 안분계산(예정신고시 안분 계산)

㈜디지털상사의 다음과 같은 매입자료를 이용하여 2025년 제1기 예정(01.01.~03.31.)신고기간의 공제받지 못할 매입세액명세서를 작성하고, 부가가치세신고서에 반영하시오.

(1) 공통매입세액(안분계산을 위한 자료이며 전표입력과 관계없음)

■ 공급가액

구분	과세사업	면세사업	합 계
2025. 1. 1~3. 31.	5억원	5억원	10억원

(2) 2025. 2. 10. 과세사업과 면세사업에 공통으로 사용할 재화를 50,000,000원(부가가치세 별도)에 구입하였다.

Chapter 1 부가가치세 실무

예제해설

1 예정신고 기간 분 매입세액불공제신고서 작성방법

[부가가치][부가가치세Ⅱ][공제받지 못할 매입세액명세서]를 순서대로 클릭한다.

① 조회기간 : 01월 ~ 03월 입력선택 ⇨ 「공통매입세액 안분계산내역」탭 선택
② 예정 분 매입세액 불 공제 내역은 화면의 「두 번째」탭의 「공통매입세액 안분계산 내역」을 클릭하여 작성한다.

  · 산식 : 1.당해과세기간의 공급가액 기준 선택
  · ⑩공급가액 : 과세와 면세사업에 공통사용 될 재화의 총 매입액을 입력하면 자동으로 ⑪세액에 매입세액이 반영됨
  · ⑫총공급가액 등 : 당해 예정신고기간 동안 공급된 과세 및 면세사업의 공급가액 총액 입력
  · ⑬면세공급가액 등 : 당해 예정신고기간 동안 공급된 면세사업의 공급가액 총액 입력
  · F11(저장)을 누르고 부가가치세 신고서 반영을 확인한다.

③ 확정신고시 정산을 위하여 예정신고 분 불공제매입세액 2,500,000원을 별도로 기록해 관리한다.

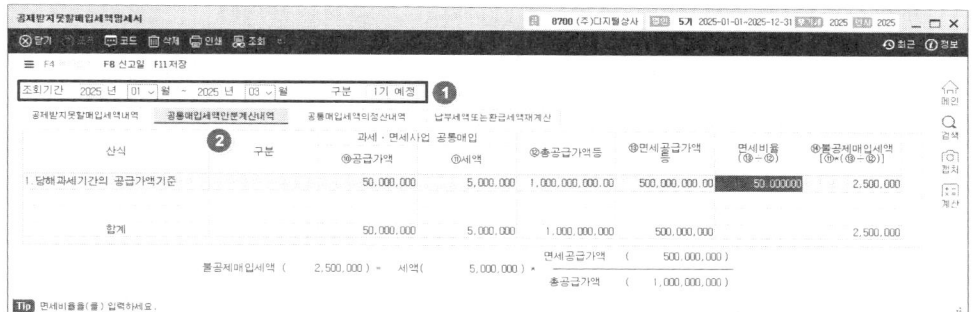

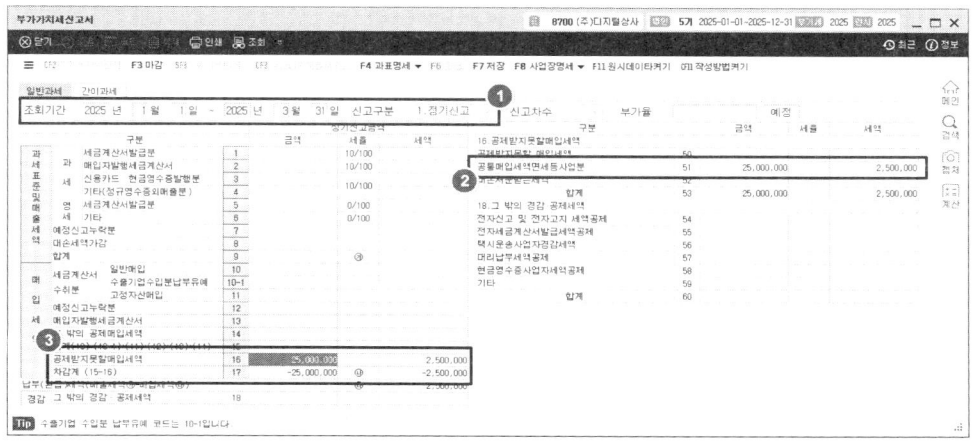

PART 2 실 무 편

실무예제 — 공통매입세액의 정산

㈜디지털상사의 다음과 매입자료를 이용하여 2025년 제1기 확정(2025.4.1.~2025.6.30.)신고 기간의 매입세액불공제명세서를 작성하고 부가가치세신고서에 반영하시오.

(1) 공통매입세액(안분계산을 위한 자료이며 전표입력과 관계없음)

■ 공급가액

구분	과세사업	면세사업	합 계
2025. 1. 1~3. 31.	5억원	5억원	10억원
2025. 4. 1~6. 30.	4억원	6억원	10억원
	9억원	11억원	20억원

(2) 2025. 2. 10. 과세사업과 면세사업에 공통으로 사용할 재화를 50,000,000원(부가가치세 별도)에 구입하였다.

(3) 2025. 4. 20. 과세사업과 면세사업에 공통으로 사용할 재화를 30,000,000원(부가가치세 별도)에 추가로 구입하였다.

(4) 제1기 예정신고기간에 매입세액 2,500,000원을 기 공제를 받았다.

예제해설

① 확정신고 기간 분 매입세액불공제신고서 작성방법(공통매입세액의 정산)

[부가가치][부가가치세Ⅱ][공제받지 못할 매입세액명세서]를 순서대로 클릭한다.

① 조회기간 : 04월 ~ 06월 입력선택 ➡ 「공통매입세액의 정산」탭 선택
② 확정신고기간의 매입세액 불 공제 내역은 화면의 「세 번째」탭의 「공통매입세액의 정산」을 클릭하여 작성한다.

· 산식 : 1.당해과세기간의 공급가액 기준 선택
· (15)총공통매입세액 : 예정신고기간의 공통매입세액(5,000,000원) + 확정신고기간의 공통매입세액(3,000,000원)=총 공통매입세액 8,000,000원 입력
· (16)총공급가액 : 당해 예정신고기간 총공급가액 10억원 및 확정신고기간의 총공급가액 10억원의 합계액 20억원을 입력한 후 면세공급가액의 합계액 11억원을 입력하면, 면세비율 55%가 출력된다.
· (17)불공제 매입세액총액 : 4,400,000원이 계상된다.
· (18)기불공제 매입세액 : 2,500,000원을 입력한다.
· (19)가산 또는 공제되는 매입세액 : 1,900,000원의 추가 불공제세액이 계상된다.

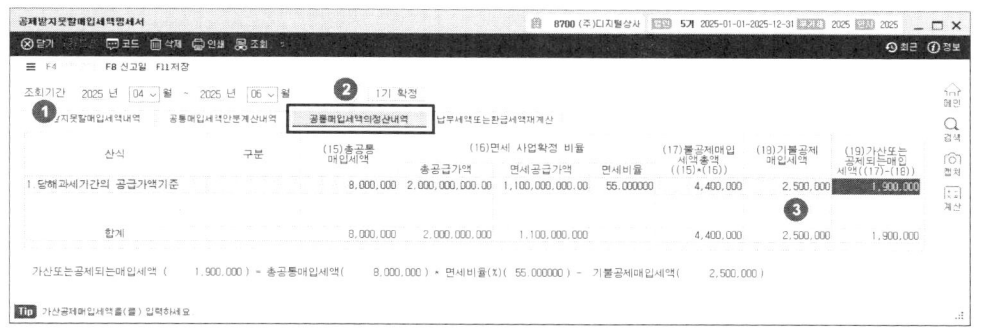

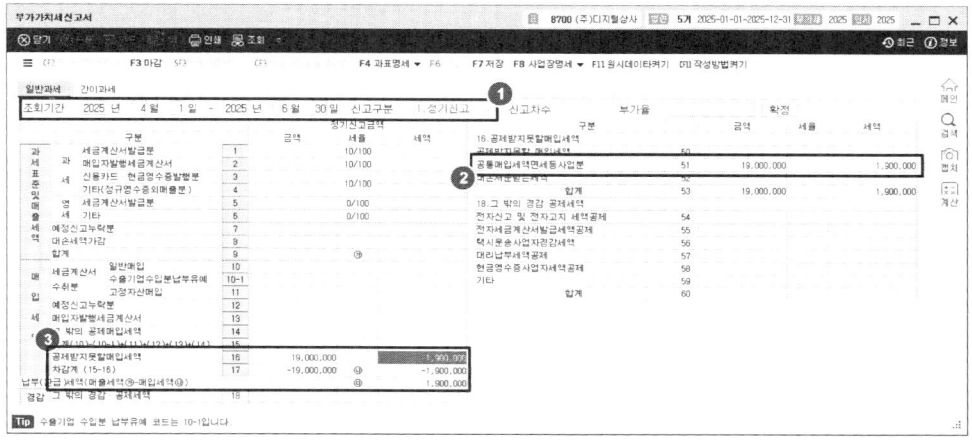

11. 공제받지 못할 매입세액명세서(2)

(1) 공통매입세액의 재계산

1) 재계산의 요건

① 재계산의 대상이 되는 자산 : 재계산의 대상이 되는 자산은 감가상각자산에 한하며, 이는 과세사업과 면세사업에 공통으로 사용되고 있는 것이어야 한다.
② 재계산의 대상이 되는 매입세액 : 당초 안분계산의 대상이 되었던 매입세액에 한한다.
③ 면세비율의 증가 또는 감소 : 당해 과세기간의 면세비율과 당해 감가상각자산의 취득일이 속하는 과세기간(그 후의 과세기간에 재계산한 때에는 그 재계산한 과세기간)의 면세비율간의 차이가 5% 이상이어야 한다.

2) 재계산의 방법

다음 산식에 의해 계산된 금액을 납부세액에 가산(또는 공제)하거나 환급세액에 가산(또는 공제)한다.

> 가산 또는 공제되는 매입세액
> = 당해재화의 매입세액×(1−체감율×경과된 과세기간의 수)× 증감된 면세비율

① 증감된 면세비율 : 증감된 면세공급가액의 비율 또는 증감된 면세사용면적의 비율을 말하는데, 그 적용방법은 다음과 같다.

취득일이 속한 과세기간	재 계 산 방 법
① 면세공급가액비율로 안분계산한 경우	증감된 면세공급가액비율에 의하여 재계산
② 면세사용면적비율로 안분계산한 경우	증감된 면세사용면적비율에 의하여 재계산

② 재계산된 세액의 신고납부 : 당해 사업자는 재계산된 세액을 당해 과세기간에 대한 확정 신고와 함께 관할세무서장에게 이를 신고·납부하여야 한다. 여기서 주의할 것은 예정신고시에는 재계산을 하지 않는다.

3) 재계산의 배제

① 재화의 공급의제에 해당하는 경우 : 과세사업에 공하던 감가상각자산의 자가공급·개인적공급·사업상증여·폐업시의 잔존재화에 해당하게 되어 공급된 것으로 의제되는 경우에는 재계산을 배제한다.
② 공통사용재화의 공급에 해당하는 경우 : 과세사업과 면세사업에 공통으로 사용되는 감가상각자산을 공급하는 경우에도 재계산을 배제한다.

실무예제   공통매입세액의 재계산

㈜디지털상사의 다음 자료를 이용하여 매입세액불공제 메뉴를 통하여 공통매입세액에 대한 납부세액 재계산을 하고 2025년 2기 확정 신고 관련된 공제받지 못할 매입세액명세서를 작성하시오.

(1) 2024년 및 2025년 1기 공통매입재화의 자료는 다음과 같다.

계정과목	취득연월일	공급가액(원)	부가가치세(원)
기계장치	2025.03.20	150,000,000	15,000,000
원 재 료	2024.09.10	90,000,000	9,000,000
건 물	2024.07.02	300,000,000	30,000,000
비 품	2024.06.05	100,000,000	10,000,000

(2) 2024년 및 2025년의 과세기간별 면세공급가액은 다음과 같다고 가정한다.

2024년			
1기		2기	
과세	면세	과세	면세
90,000,000원	10,000,000원	112,800,000원	7,200,000원

Chapter 1 부가가치세 실무

2025년			
1기		2기	
과세	면세	과세	면세
129,000,000원	21,000,000원	150,000,000원	50,000,000원

(3) (1)의 공통사용재화에 대한 각 과세기간별 공통매입세액 안분계산은 적정하게 이루어졌다.

예제해설

1 납부세액 또는 환급세액의 재계산

[부가가치][부가가치세Ⅱ][공제받지 못할 매입세액명세서]를 순서대로 클릭한다.

① 조회기간 : 10월~12월 입력선택 ➪ 「납부세액 또는 환급세액재계산」탭 선택
② 납부세액 또는 환급세액의 재계산은 당초 공통매입세액의 안분계산 되었던 매입세액에 대하여 재계산을 하여야 한다. 그러므로 당초에 안분계산하지 않았던 매입세액은 재계산대상이 되지 않는 점에 유의하여야 한다.
③ 재계산 대상이 되는 자산에 대하여 매입시점부터 각 과세기간에 대한 과세비율과 면세비율을 미리 계산해 본다.

	2024년		2025년	
	1기	2기	1기	2기
과세비율	90%	94%	86%	75%
면세비율	10%	6%	14%	25%

계정과목	해당재화의 매입세액	체감율	경과된 과세기간수	증가(감소)된 면세공급가액비율
기계장치	10,000,000원	25%	1	11%
건 물	30,000,000원	5%	2	11%
비 품	9,000,000원	25%	3	15%

2 자산별 입력방법

■ 기계장치와 원재료
① 기계장치의 경우 취득년월이 2025년 제1기 과세기간에 취득하였으며, 당초 면세공급가액 비율이 14%이다. 2025년 제2기 과세기간의 면세공급가액 비율이 25%로 면세비율이 11% 증가하여 재계산 대상이 된다.
② 원재료는 감가상각자산이 아니므로 재계산 대상이 아니다.

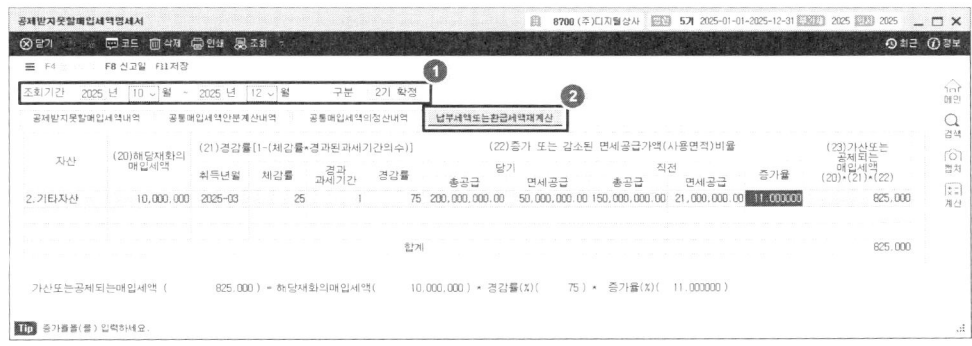

PART 2 실 무 편

■ 건물

① 건물의 취득일은 2024년 제2기에 취득하였으며, 당초 면세공급가액 비율이 6%이며, 2025년 제1기 과세기간의 면세공급가액 비율이 14%로 면세비율이 8% 증가하여 재계산을 수행하였다. 그러므로 당기의 재계산은 재계산을 수행한 2025년 제1기의 면세비율과 당기의 면세비율을 비교하여 재계산을 하여야 한다.

② 2025년 제1기 면세공급가액 비율 14%와 제2기 면세공급가액 비율 25%로 면세비율이 11% 증가하여 재계산 대상이 된다.

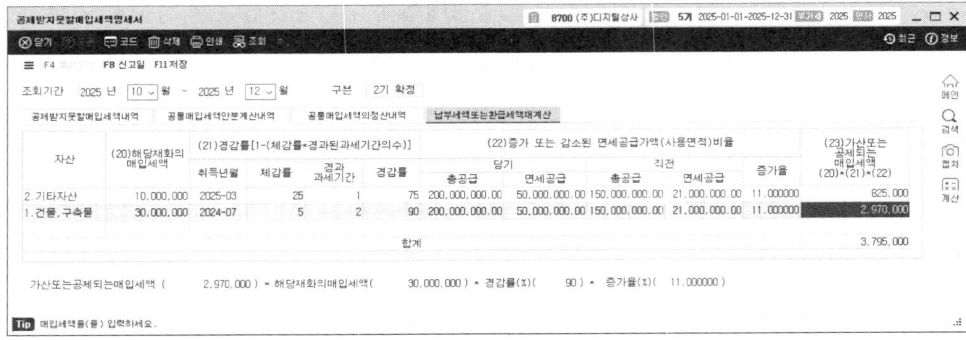

■ 비품

① 비품의 취득일은 2024년 제1기에 취득하였으며, 당초 면세공급가액 비율이 10%이다. 또한, 2024년 제2기 면세공급가액 비율이 6%로 면세공급가액 비율이다. 당초 면세비율과 차이가 5%미만으로 재계산을 수행하지 않았다.

② 당초 재계산 대상기간은 매입세액 안분계산이 수행되었던 시점과 비교해야 하므로, 2025년 제1기 과세기간의 면세공급가액 비율이 14%이며, 2025년 제1기 면세비율이 10%와 비교하여도 면세비율의 차이가 5%미만이다. 그러므로 2025년 제1기에도 재계산이 배제되었다.

② 2025년 제2기 면세공급가액 비율은 25%이며, 2024년 제1기 면세공급가액 비율은 10%이다. 그러므로 면세비율이 15% 증가하여 재계산 대상이 된다.

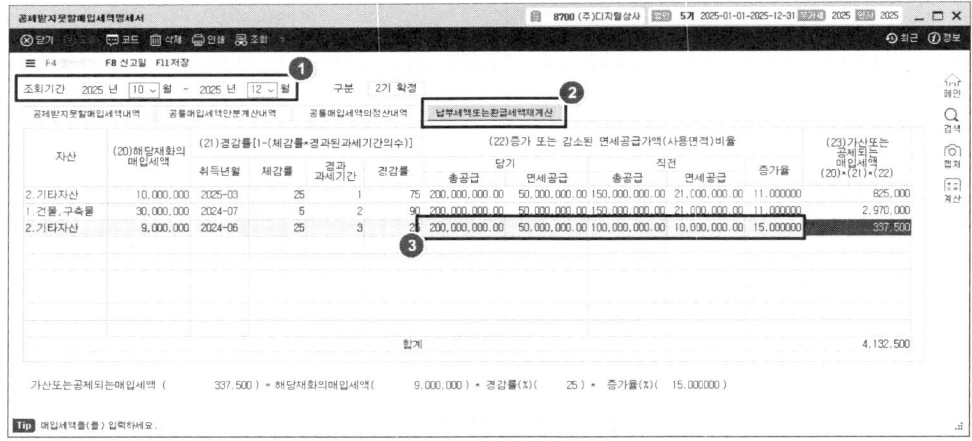

제 3 절 부가가치세의 가산세 계산

1. 국세기본법상 가산세

1) 무신고가산세

(1) 일반무신고 가산세	납부세액 × 20% × (1-감면율)
(2) 부당무신고 가산세	납부세액 × 40% × (1-감면율)

※ 일반무신고 가산세는 사업자가 법정신고기한내에 세법에 따른「과세표준 신고서」를 제출하지 아니한 경우에 계산한다.
※ 부당한 방법이란? 사업자가 과세표준 또는 세액 계산의 기초가 되는 사실의 전부 또는 일부를 은폐하거나 가장(假裝)하는 것에 기초하여 과세표준 또는 세액의 신고의무를 위반하는 것을 말한다.

2) 일반 과소신고 또는 초과환급신고 가산세

과소 신고 (초과환급) 가산세	사업자가 법정신고기한내에 과세표준신고서를 제출한 경우로서 신고한 과세표준이 세법에 따라 신고하여야 할 과세표준에 미달하거나 초과하는 경우
	과소신고 가산세 = 과소신고 납부세액×가산세율 × (1-감면율)

3) 납부지연 가산세

납부지연 가산세 = 미달납부(초과환급)세액 × 미달납부기간 × 2.2/10,000

4) 가산세 감면비율

① **기한 후 신고 시 감면** : 법정 신고기한 내에 신고하지 않은 경우, 관할세무서장이 과세표준과 세액을 결정하여 통지하기 전까지 신고서를 제출하는 경우에는 감면을 받을 수 있다.

기한 경과 후	가산세 감면비율
1개월 이내	50%
3개월 이내	30%
6개월 이내	20%

② **수정 신고시 감면** : 법정신고 기한 내에 신고하고 관할세무서장이 과세표준과 세액을 결정하여 통지하기 전까지 과세표준 수정신고서를 제출하고 이미 납부한 세액이 수정신고 금액에 미달하는 경우 그 부족액과 가산세를 납부하는 경우에 감면을 받을 수 있다.

법정신고 기한 경과 후	가산세 감면비율	법정신고 기한 경과 후	가산세 감면비율
1개월 이내	90%	6개월~1년 이내	30%
1~3개월 이내	75%	1년~1년 6개월 이내	20%
3~6개월 이내	50%	1년6개월~2년 이내	10%

2. 부가가치세법상 가산세

1) 등록관련 가산세

구 분	부과 사유	가산세
등록 불성실 가산세	① 미등록가산세 : 사업개시 일부터 20일 이내에 사업자등록을 신청하지 않은 경우 ② 타인명의등록가산세 : 타인의 명의로 사업자등록을 하거나 그 타인 명의의 사업자등록을 이용하여 사업을 하는 것으로 확인되는 경우	공급가액×1%

2) 세금계산서 불성실 가산세

	부과 사유	가산세
미발급	① 세금계산서 발급시기가 지난 후 공급시기가 속하는 과세기간에 대한 확정 신고기한까지	
	㉠ 발급하는 경우(지연발급)	공급가액×1%
	㉡ 발급하지 않는 경우	공급가액×2%
	② 전자세금계산서 의무발급 사업자가 세금계산서의 발급 시기에 종이 세금계산서를 발급한 경우	공급가액×1%
가공발급 (가공수취)	③ 재화 또는 용역을 공급하지 않고 세금계산서 또는 신용카드매출전표 등을 발급한 경우 ④ 재화 또는 용역을 공급받지 않고 세금계산서를 발급받은 경우	세금계산서 등에 적힌 공급가액 ×3%
과다발급 (과다수취)	⑤ 세금계산서의 공급가액을 과다하게 기재하여 발급하거나 과다하게 기재한 세금계산서를 발급받은 경우	(과다거래액−실제거래액)×2%
위장발급 (위장수취)	⑥ 재화 또는 용역을 공급하고 실제로 재화 또는 용역을 공급하는 자 외의 명의로 세금계산서 또는 신용카드매출전표 등을 발급한 경우 ⑦ 재화 또는 용역을 공급받고 실제로 재화 또는 용역을 공급하는 자 외의 자의 명의로 세금계산서를 발급받은 경우	공급가액×2%
부실기재 지연발급	⑧ 부실 기재한 경우(발급한 세금계산서의 필요적 기재사항의 전부 또는 일부가 기재되지 아니하거나 사실과 다른 때를 말한다) ⑨ 세금계산서를 지연발급하는 경우	공급가액×1%
지연수취	⑩ 세금계산서를 발급시기가 지난 후 공급시기가 속하는 과세기간에 대한 확정 신고기한에 발급받은 경우	공급가액×0.5%

Chapter 1 부가가치세 실무

지연수취	⑪ 재화 또는 용역의 공급시기가 속하는 과세기간에 대한 확정신고기한이 지난 후 세금계산서를 발급받았더라도 그 세금계산서의 발급일이 확정신고기한 다음 날부터 6개월 이내이고 다음의 어느 하나에 해당하는 경우 　■ 과세표준수정신고서와 경정 청구서를 세금계산서와 함께 제출하는 경우 　■ 해당 거래사실이 확인되어 납세지 관할 세무서장 등이 결정 또는 경정하는 경우 ⑫ 재화 또는 용역의 공급시기 전에 세금계산서를 발급받았더라도 재화 또는 용역의 공급시기가 그 세금계산서의 발급일부터 30일 이내에 도래하고 해당 거래사실이 확인되어 납세지 관할 세무서장 등이 결정 또는 경정하는 경우	공급가액×0.5%
신용카드 매출전표등 관련가산세	① 신용카드매출전표 등을 발급받아 예정신고·확정신고를 할 때 제출하여 공제받지 않고 경정시 경정기관의 확인을 거쳐 제출하여 매입세액을 공제 받는 경우	공급가액×0.5%
	② 매입세액을 공제받기 위하여 제출한 신용카드매출전표 등 수령명세서에 공급가액을 과다하게 적은 경우(신설)	과다하게 적은 공급가액×0.5%

3) 매출처별 세금계산서 합계표 불성실가산세

세금계산서 합계표 불성실 가산세는 일반적으로 종이세금계산서와 관련하여 계산된다. 전자세금계산서는 전자세금계산서발급명세서를 국세청에 전송하기 때문에 세금계산서합계표의 제출을 생략할 수 있기 때문이다.

미제출 가산세	매출처별세금계산서합계표를 제출하지 않은 경우	공급가액×0.5%
부실기재 가산세	제출한 매출처별세금계산서합계표의 기재사항 중 거래처별 등록번호 또는 공급가액의 전부 또는 일부가 적혀있지 않았거나 사실과 다르게 적혀있는 경우(*주1)	
지연제출 가산세	예정신고와 함께 제출하여야 할 매출처별세금계산서합계표를 확정신고와 함께 제출하는 경우(불명의 경우는 제외)(*주2)	공급가액×0.3%

(*주1) 매출처별세금계산서합계표의 기재사항이 착오로 적힌 경우(지연제출하는 경우는 제외)로서 발급한 세금계산서에 따라 거래사실이 확인되는 부분의 공급가액은 이를 '불명'으로 보지 않는다.

(*주2) 이에 반하여 매출처별세금계산서합계표를 수정신고와 함께 제출하거나 경정청구와 함께 제출하는 것은 '지연제출'이 아니라 '미제출'에 해당한다.

4) 매입처별 세금계산서 합계표 불성실 가산세

① 경정 시 매입세액공제를 받는 경우 ② 재화 또는 용역의 공급시기 이후에 발급받은 세금계산서로서 당해 공급시기가 속하는 과세기간 내에 발급받은 경우로서 매입세액공제를 받는 경우 ③ 매입처별세금계산서합계표의 기재사항 중 공급가액을 사실과 다르게 과다하게 기재하여 신고한 때	공급가액×0.5%

5) 전자세금계산서 발급명세 전송불성실 가산세

지연전송 가산세	전자세금계산서 의무발급대상자가 전자세금계산서를 발급하고 국세청장에게 전자세금계산서 발급명세를 발급일의 다음 날이 지난 후 공급시기가 속하는 과세기간의 확정신고 기한까지 전송한 경우(11일 전송한 경우 합계표 제출의무 면제)	공급가액×0.3%
미전송가산세	위 기한까지 전송하지 않은 경우	공급가액×0.5%

■ 가산세 중복적용 배제

우선 적용되는 가산세	적용배제 가산세
■ 세금계산서불성실가산세 중 • 미발급(2%) • 가공세금계산서 수수분(3%) • 위장세금계산서 수수분(2%) • 공급가액 과다기재 세금계산서 수수분	■ 등록불성실가산세(1%) ■ 매출처별세금계산서합계표불성실가산세(0.3%, 0.5%) ■ 매입처별세금계산서합계표불성실가산세(0.5%)
■ 세금계산서불성실가산세 중 • 위장세금계산서 발급분(2%)	■ 세금계산서불성실 가산세 중 미발급분(2%)-개정
■ 등록불성실가산세(1%)	■ 세금계산서불성실가산세 중 • 지연발급분(1%) • 전자세금계산서발급명세지연전송분(0.5%) • 전자세금계산서발급명세미전송분(1%) • 부실기재분(1%) ■ 매출처별세금계산서합계표불성실가산세(0.3%, 0.5%) ■ 신용카드매출전표등 불성실가산세(1%)
■ 세금계산서불성실가산세 중 • 지연발급분(1%) • 전자세금계산서발급명세지연전송분0.5%) • 전자세금계산서발급명세미전송분(1%) • 부실기재분(1%) ■ 신용카드매출전표등불성실가산세(1%)	■ 매출처별세금계산서합계표불성실가산세(0.3%, 0.5%)
■ 세금계산서불성실가산세 중 • 지연발급분(1%) 또는 미발급분(2%)	■ 세금계산서불성실가산세 중 • 지연발급분(1%) • 전자세금계산서발급명세지연전송분(0.5%) • 전자세금계산서발급명세미전송분(1%) • 부실기재분(1%)
■ 세금계산서불성실가산세 중 • 부실기재분(1%)	■ 세금계산서불성실가산세 중 • 전자세금계산서발급명세지연전송분(0.5%) • 전자세금계산서발급명세미전송분(1%)

6) 영세율과세표준 신고 불성실 가산세

① 영세율이 적용되는 과세표준을 예정신고 또는 확정 신고하지 아니하거나 신고한 과세표준이 신고하여야 할 과세표준에 미달하는 때 ② 예정신고 또는 확정 신고 영세율첨부서류를 제출하지 아니한 부분이 있을 때	무신고・미달신고・첨부서류 미제출분 과세표준 × 0.5%

Chapter 1 부가가치세 실무

실무예제 — 미등록 가산세

㈜디지털상사는 2025년 4월 1일 사업을 개시하고 사업자등록은 같은 해 5월 30일에 신청하였다. 사업자 미등록가산세를 계산하시오.

구분	4.1~5.9	5.10~5.29	5.30~6.30	합계
공급가액	42,000,000	30,000,000	43,000,000	115,000,000

예제해설

사업개시일부터 사업자등록신청 전일까지의 총공급가액에 1%

☞ 미등록가산세 : (42,000,000+30,000,000)×1%=720,000

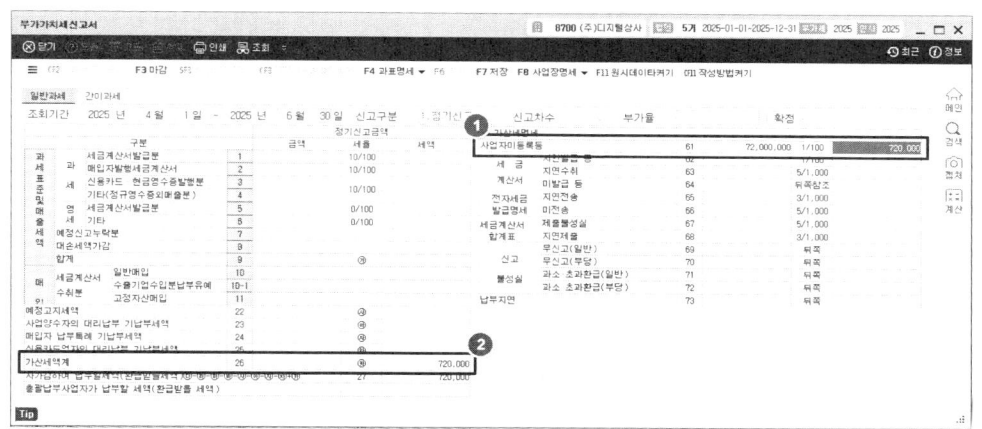

PART 2 실 무 편

실무예제 　가산세(1)

㈜디지털상사의 제1기 예정신고시 누락 된 자료이다. 제1기 확정 부가가치세신고서에 반영하고 가산세를 계산하시오.(회계처리 내용에 대하여 전표입력은 생략하며, 신고납부일은 7월 25일이다. 미납일수는 91일로 가정한다.)

(1) 3월 15일 ㈜태평양상사에 제품 7,000,000원(부가가치세 700,000원)을 공급하고 전자세금계산서는 4월 20일에 발급하였다.

(2) 미선화장품에 제품 3,000,000원(부가가치세 300,000원)을 판매하고 세금계산서는 발급하지 못하였다.

(3) 미스&미즈에서 원재료를 4,000,000원(부가가치세 400,000원)을 매입하고 발급받은 세금계산서에 대하여 매입처별세금계산서합계표는 제출하였으나 부가가치세 신고서에는 누락이 되어 공제받지 못하였다.

예제해설

1 부가가치세 신고서의 작성

① [전체메뉴][부가가치세Ⅰ][부가가치세신고서]를 순서대로 클릭한다.
② [부가가치세신고서] 확정 신고기간 4월 1일~6월 30일 입력
③ 과세표준매출세액 [7.예정신고누락]을 클릭하고 오른쪽 예정누락분에 다음과 같이 입력한다.
　• 세금계산서 지연발급은 29.세금계산서에 공급가액 7,000,000원 부가가치세 700,000원을 입력한다.
　• 세금계산서 미발급은 세금계산서가 발급되지 않았으므로 34.기타의 공급가액 3,000,000원 부가가치세 300,000을 입력한다.
④ 매입세액 [11.예정신고누락]에서 TAB으로 [예정신고누락분명세서]를 연 후 다음과 같이 입력한다.
　• 매입세금계산서합계표 미제출분은 38.공급가액 4,000,000 세액 400,000을 입력한다.

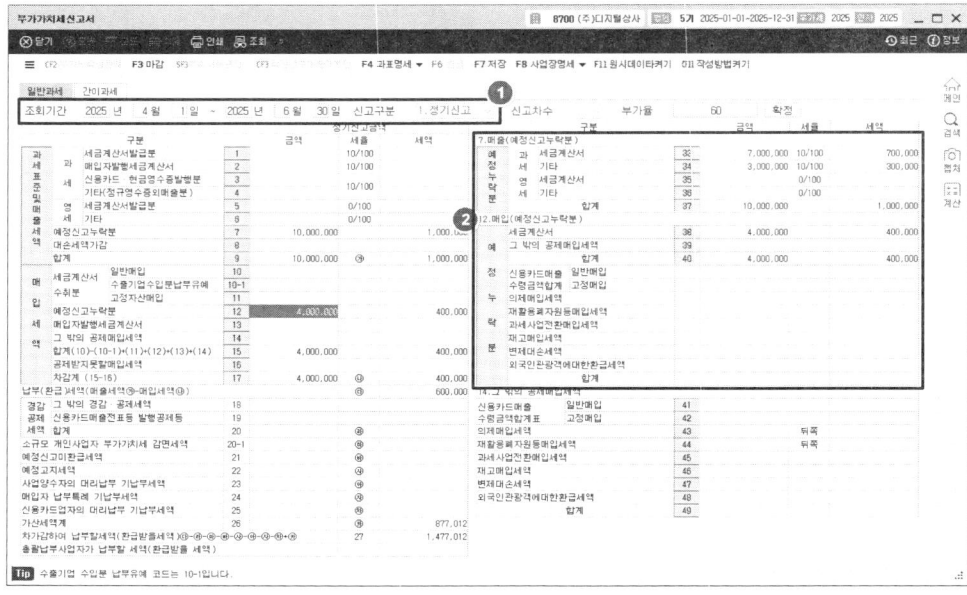

Chapter 1 부가가치세 실무

2 가산세의 계산

① 세금계산서 지연발급가산세 : 7,000,000 × 1% = 70,000
② 세금계산서 미발급가산세 : 3,000,000 × 2% = 60,000
③ 신고불성실 가산세(과소신고분) : (700,000+300,000-400,000) × 10% × (1-75%) = 15,000
　　　　　※ 일반과소 신고불성실 가산세는 1~3개월 이내 자진 신고 시 75% 경감
④ 납부지연 가산세 : (700,000+300,000-400,000) × 91일 × 2.2/10,000 = 12,012

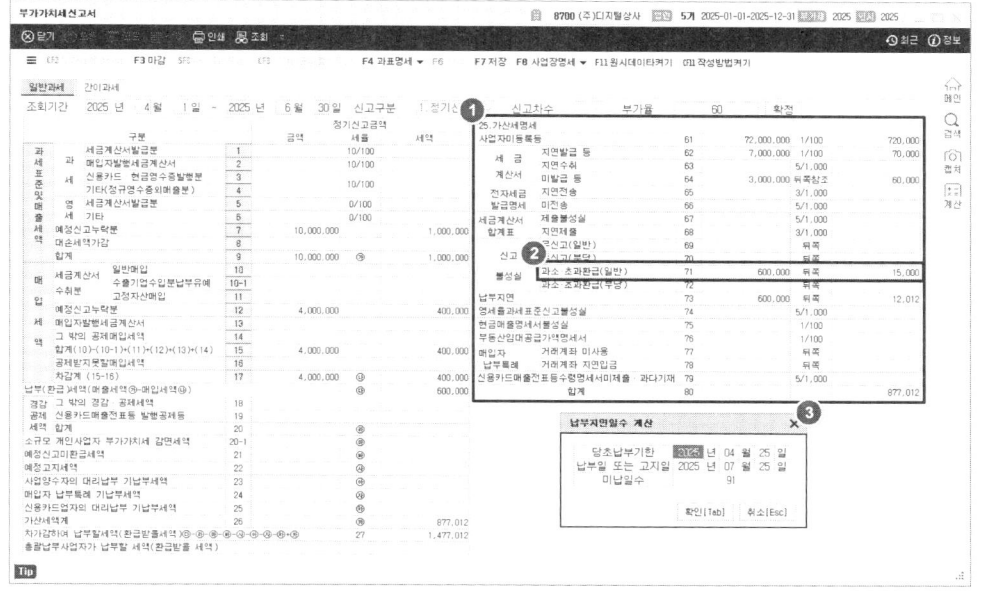

 가산세(2)

㈜디지털상사의 제2기 예정신고시 누락된 자료이다. 제2기 확정분 부가가치세신고서에 반영하고 가산세를 계산하시오.(회계처리 내용에 대하여 전표입력은 생략하며, 신고납부일은 익년 1월 25일로 미납일수는 92일로 가정한다.)

(1) 8월 15일 ㈜태평양상사에 제품 7,000,000(부가가치세별도)원을 공급하고 전자세금계산서를 발급하였으나 국세청에 전자세금계산서발급명세의 전송은 익년 1월 20일에 이루어졌다.

(2) 미스&미즈에서 원재료를 4,000,000원(부가가치세 별도)을 매입하고 발급받은 세금계산서에 대하여 매입처별세금계산서 합계표는 제출하였으나 부가가치세 신고서는 누락되어 공제받지 못하였다.

PART 2 실 무 편

예제해설

1 부가가치세 신고서의 작성

① [전체메뉴][부가가치세Ⅰ][부가가치세신고서]를 순서대로 클릭한다.
② [부가가치세신고서] 확정 신고기간 10월 1일~12월 31일 입력
③ 과세표준매출세액 [7.예정신고누락]을 클릭하고 오른쪽 예정누락분 서식에 다음과 같이 입력한다.
- 세금계산서는 정상발급 되었으나, 국세청에 전송되지 않은 경우도 신고불성실 대상이 되므로 33.세금계산서에 공급가액 7,000,000원 부가가치세 700,000원을 입력한다.

④ 매입세액 [12.예정신고누락]을 클릭하고 오른쪽 예정누락분 서식에 다음과 같이 입력한다.
- 매입세금계산서합계표 미제출분은 38.공급가액 4,000,000 세액 400,000을 입력한다.

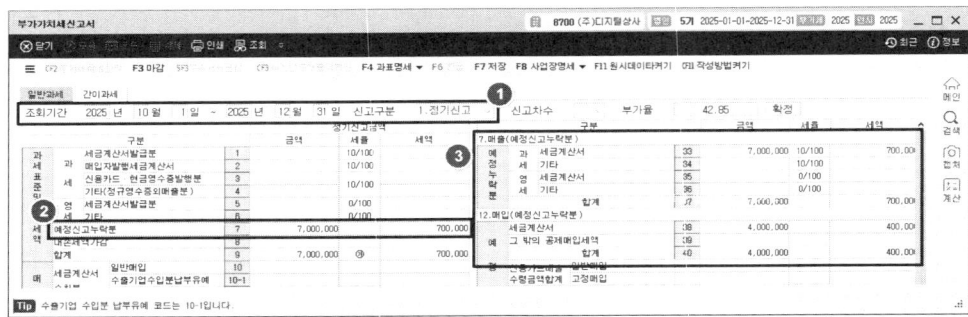

2 가산세의 계산

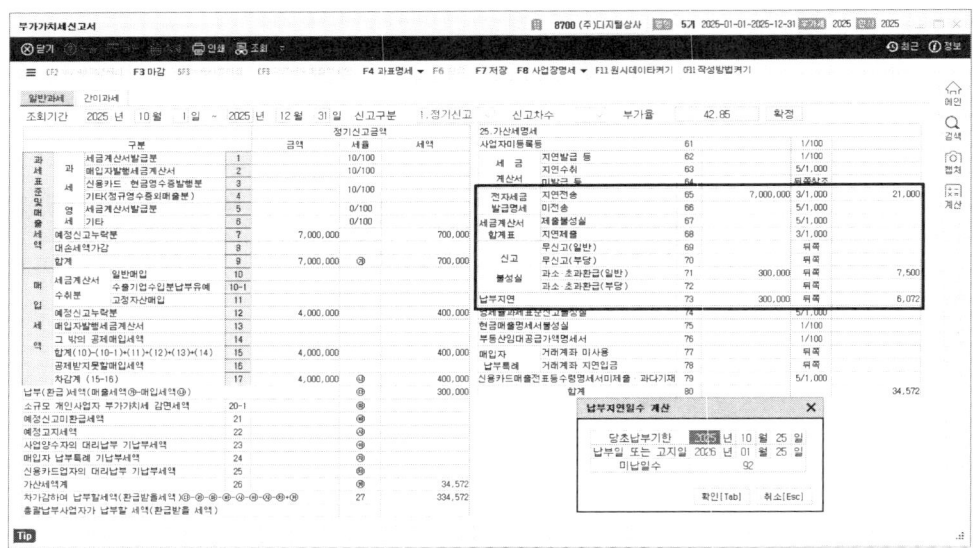

① 세금계산서 지연전송가산세 : 7,000,000×0.3%=21,000
② 신고불성실 가산세(과소신고분) : (700,000-400,000)×10%×(1-75%)=7,500
   ※ 일반과소 신고불성실 가산세는 1~3개월 이내 자진 신고 시 75% 경감
④ 납부지연 가산세 : (700,000-400,000)×92일×2.2/10,000=6,072

Chapter 1 부가가치세 실무

제 4 절 부가가치세 전자신고

일반적으로 부가가치세 전자신고를 하는 경우 기업이 가지고 있는 각종 회계프로그램에서 전자신고 파일을 제작하고 국세청 홈택스에서 신고용 전자파일로 변환하여 신고하여야 한다. 잠재적 실무담당자를 양성하는 교육기관 등에서 홈택스 전자신고를 쉽게 접근해 보도록 실무용 프로그램을 이용하여 교육하고 있으나 자격시험에서는 프로그램에 신고실습 메뉴를 제공하지 않았다. 2023년 4월 검정시험부터는 전자신고 메뉴를 추가하여 전자신고실습 문제를 출제하고 있다.

[부가가치세 전자신고서 작성순서]

부가가치세 부속서류작성 ⇨ 부가가치세신고서 마감 및 각종 부속서류의 마감 ⇨ 전자신고파일제작 ⇨ 국세청 홈택스 전자신고

실무예제 부가가치세 전자신고

〈8800.유경실업〉의 다음 자료를 이용하여 2025년 제1기 부가가치세 예정신고기간(1월 1일~3월 31일)의 [부가가치세신고서] 및 관련 부속서류를 전자신고하시오. (2점)

1. 부가가치세신고서와 관련 부속서류는 마감되어 있다.
2. [전자신고] → [국세청 홈택스 전자신고변환(교육용)] 순으로 진행한다.
3. [전자신고]의 [전자신고제작] 탭에서 신고인구분은 2.납세자 자진신고를 선택하고, 비밀번호는 "12345678"로 입력한다.
4. [국세청 홈택스 전자신고변환(교육용)] → 전자파일변환(변환대상파일선택) → 찾아보기 에서 전자신고용 전자파일을 선택한다.
5. 전자신고용 전자파일 저장경로는 로컬디스크(C:)이며, 파일명은 "enc작성연월일.101.v사업자등록번호"이다.
6. 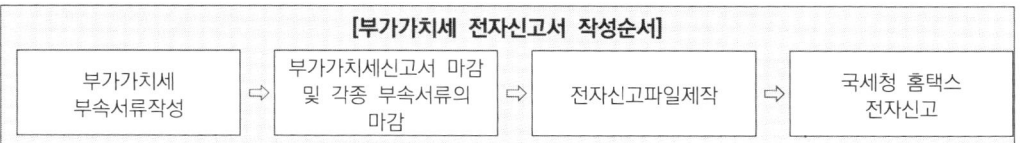 을 순서대로 클릭한다.
7. 최종적으로 전자파일 제출하기 를 완료한다.

PART 2 실 무 편

(1) 부가가치세 신고서 및 부속서류의 마감

① 부가가치세신고서를 마감하기 전에 반드시 「**부가가치세 첨부서류**」들도 마감이 먼저 되어 있어야 한다.

② 「**부가가치세 첨부서류**」의 마감이 완료되면, 다음 순서로 「**부가가치세신고서**」를 마감한다. (부가가치세 첨부서류 : 매출처별세금계산서합계표, 매입처별세금계산서합계표, 계산서합계표 등)

③ 부가가치세신고서를 조회하여 제1기 과세기간을 입력하고, 신고내역을 확인한다.

④ 화면상단의 F3(마감)을 실행한다.

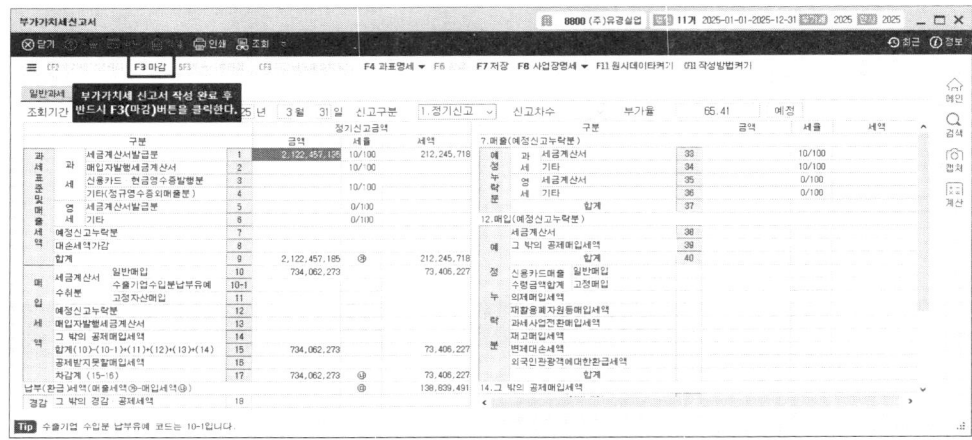

⑤ 부가가치세 마감내역서 조회 후 부속서류를 확인한 후 마감(F3)을 실행하면, 부가가치세 마감내역이 같이 출력된다.

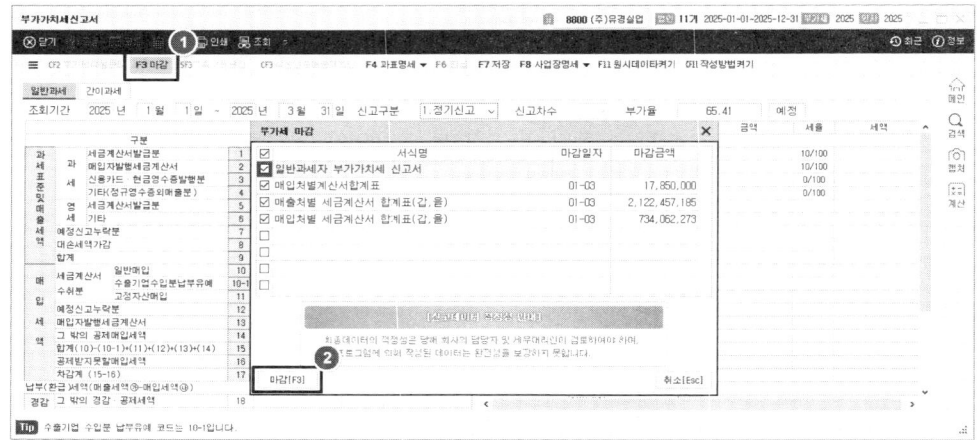

⑥ 부가가치세 마감내역을 확인하여 「**부가세 마감**」에 출력된 서식의 내용을 확인하여 부가가치세 신고부속서류들도 마감되었는지 확인한다. 만약 마감 작업이 안 된 부속서류가 있다면 해당 메뉴에서 마감작업을 우선 수행해야 한다. 검정시험에서는 모든 부속서

Chapter 1 부가가치세 실무

류가 정상적으로 마감된 것으로 가정하여 자료를 제공하고 있다.

⑦ 모든 부속서류의 마감확인이 완료되면, 부가세 마감메뉴를 마감한다. 마감이 완료되면 부가가치세신고서에 다음과 같이 마감표시가 된다.

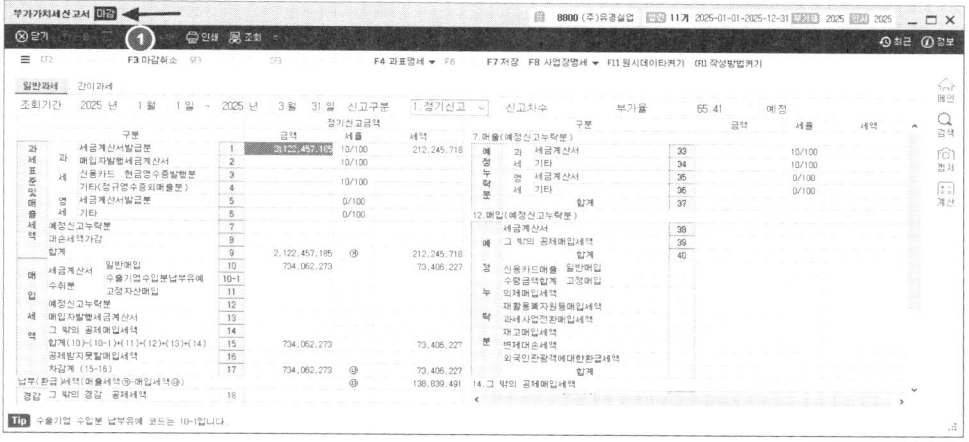

(2) 부가가치세 전자신고

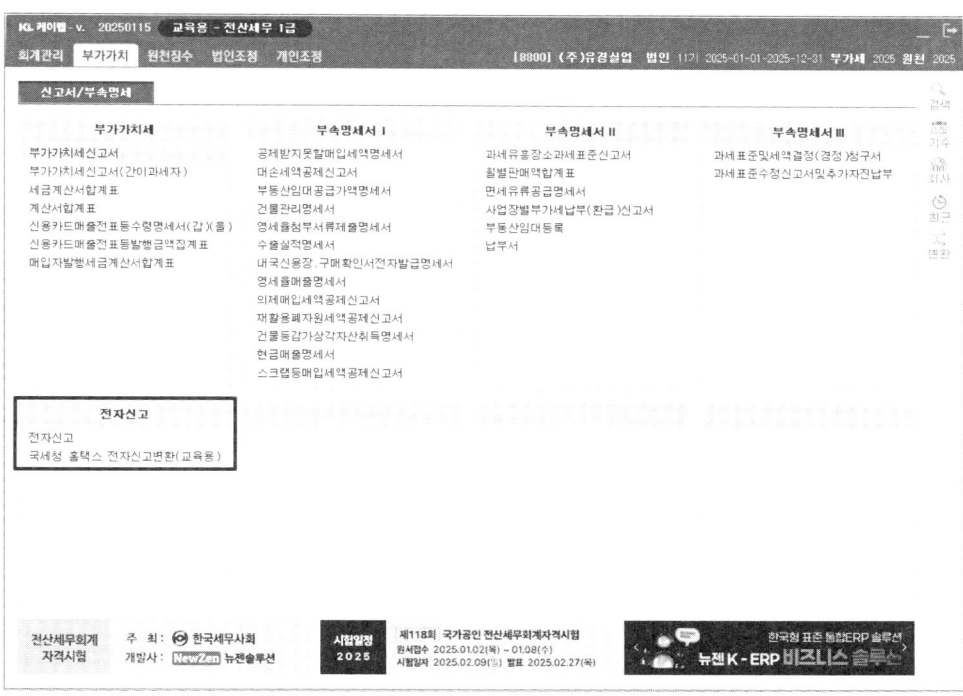

1) 부가가치세 전자신고서 제작

① 신고년월 : 과세대상 기간 2025년 1월~2025년 3월 입력한다.(정기신고 선택)
② 신고인구분 : 1.세무대리인신고 2.납세자 자진신고 중 선택(검정시험에서는 "납세자 자진신고 선택)
③ 담당자 : 신고 담당자가 있는 경우 선택하며, 검정시험에서는 생략한다.
④ 회사코드와 해당기업이 선택되면 자동으로 다음과 같은 화면이 출력된다. 마감상태와 마감일자를 반드시 확인한다.

⑤ 마감이 확인되면, 화면상단의 F4(제작)을 클릭하여 비밀번호 8자리를 입력한다.(비밀번호는 필수 입력사항 임)

⑥ 부가가치세 전자신고서 파일제작 및 제출 : 전자신고파일 제작이 완료되면, 컴퓨터 C드라이브에 파일이 생성되며 「전자신고」메뉴에서 F6(홈택스바로가기)를 클릭한다.(부가세 전자신고 파일명은 「enc년월일.101.v사업자등록번호」로 만들어진다)

Chapter 1 부가가치세 실무

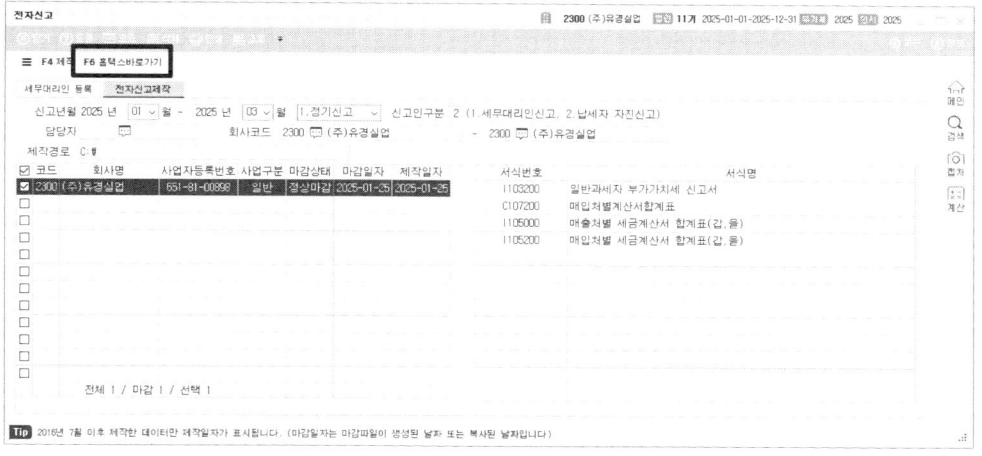

2) 전자파일변환

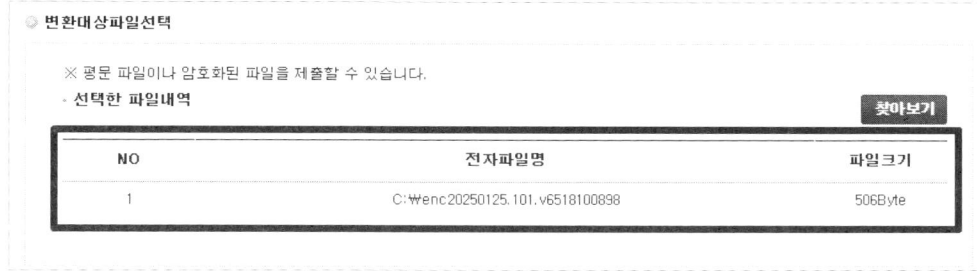

① 찾아보기를 클릭하여 변환대상파일을 선택한다.
② 찾아보기순선 : 찾아보기 클릭 ⇨ C:/드라이브 내에서 enc1218~파일을 선택한다.

③ 변환대상 파일이 선택되면 형식검증을 실행한다.

3) 형식검증하기

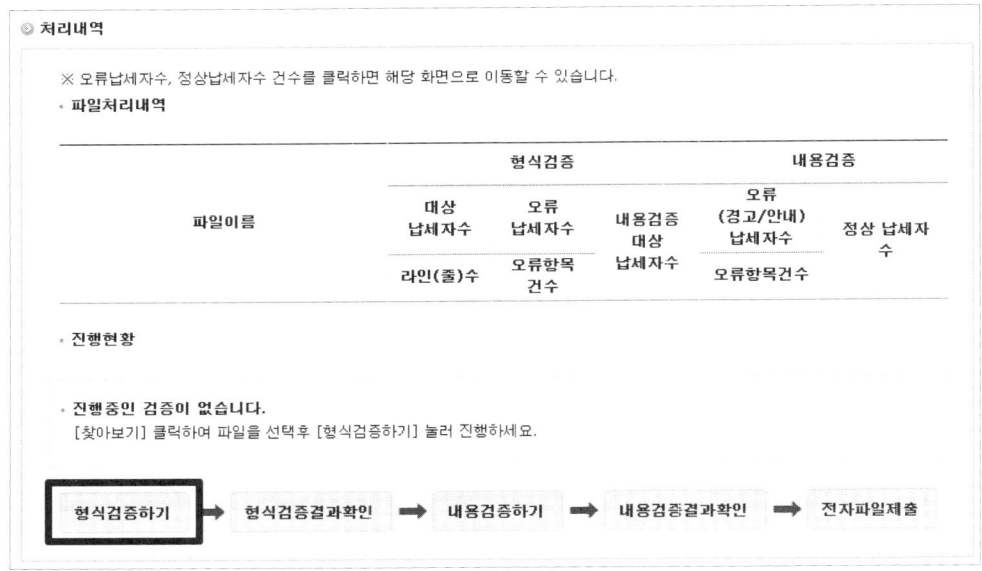

① 파일을 검색한 후 화면 하단의 「**형식검증하기**」를 클릭한다.
② 「**형식검증하기**」에서 비밀번호는 파일 생성시에 입력한 「**비밀번호**」를 입력한다.

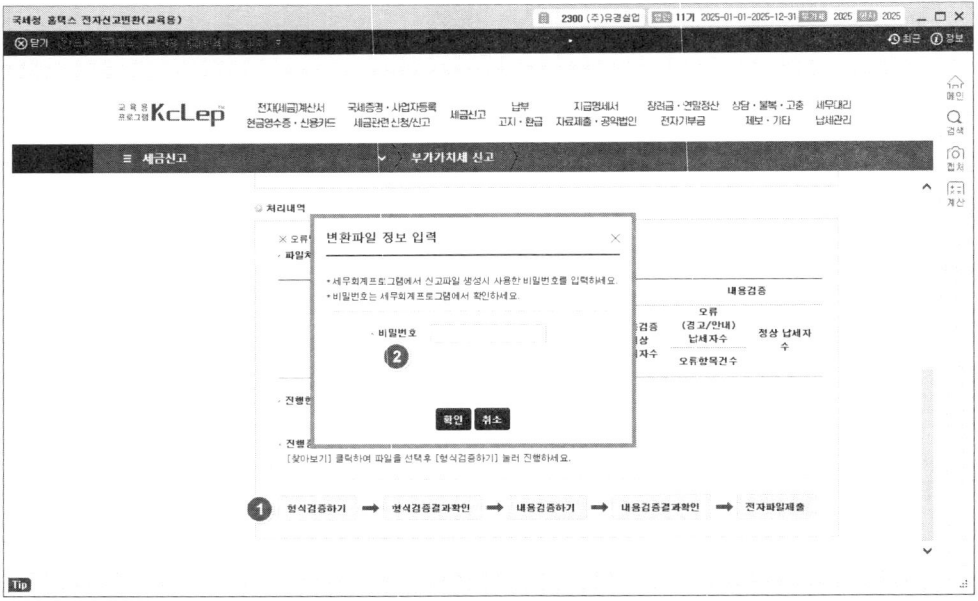

Chapter 1 부가가치세 실무

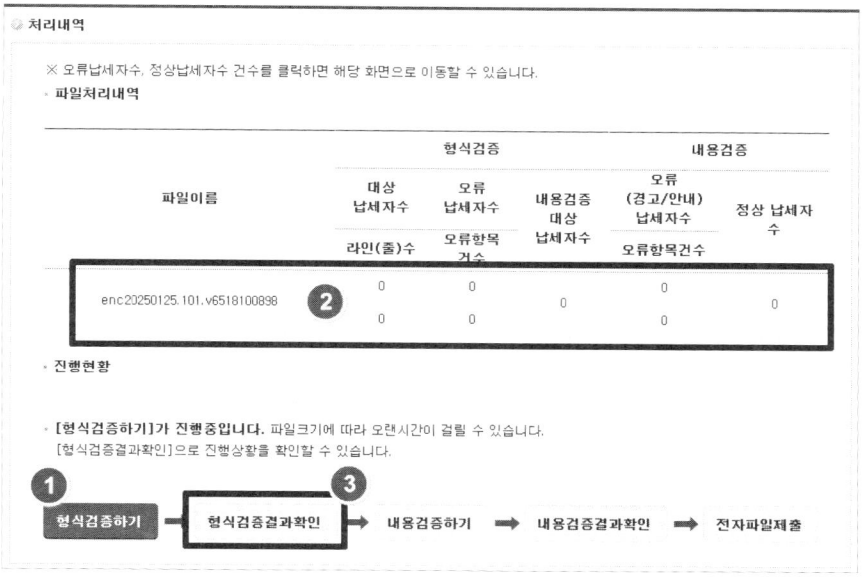

4) 형식검증결과 확인

형식검증결과확인을 클릭하여 형식점증을 진행한다.

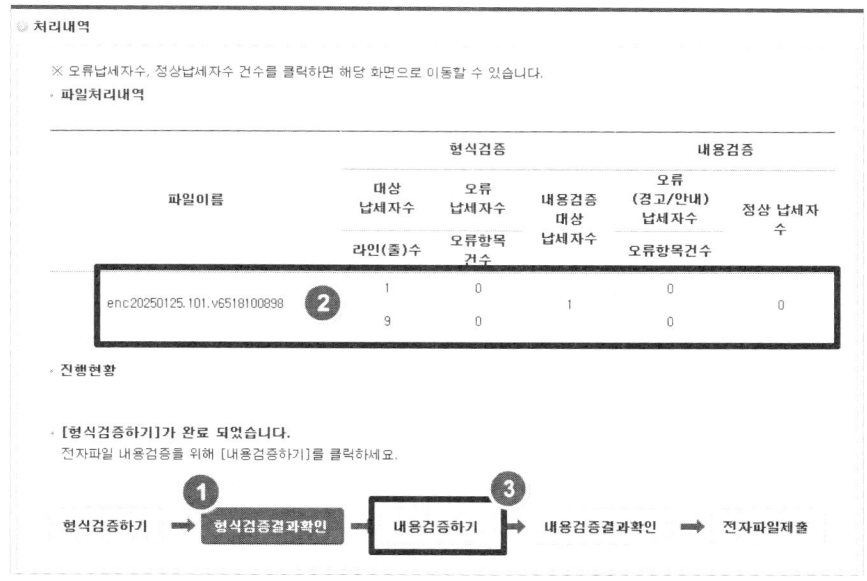

5) 내용검증하기

내용검증하기를 클릭하여 내용검증을 진행한다.

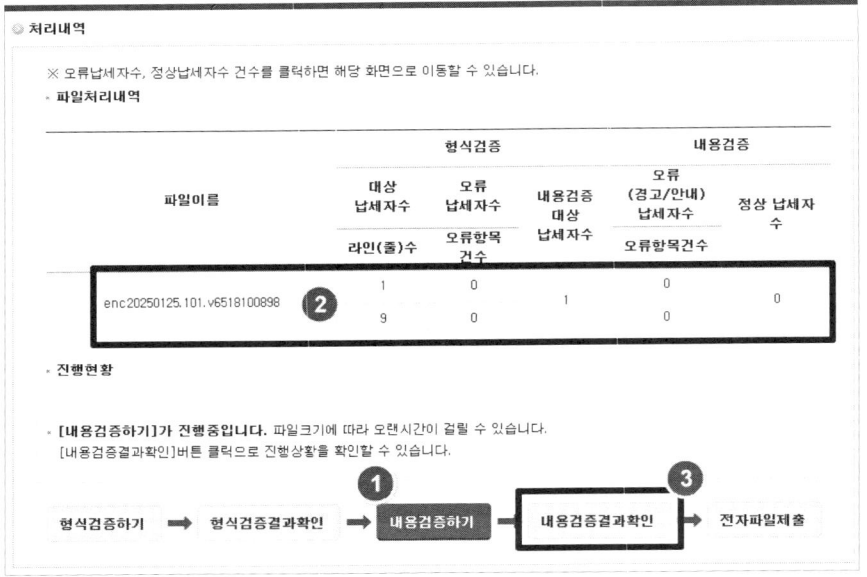

6) 내용검증결과 확인하기

① 내용검증결과확인을 클릭하여 검증결과를 확인한다.
② 파일이 정상일 경우 : 내용검증에 오류 항목건수가 표시되지 않는다.

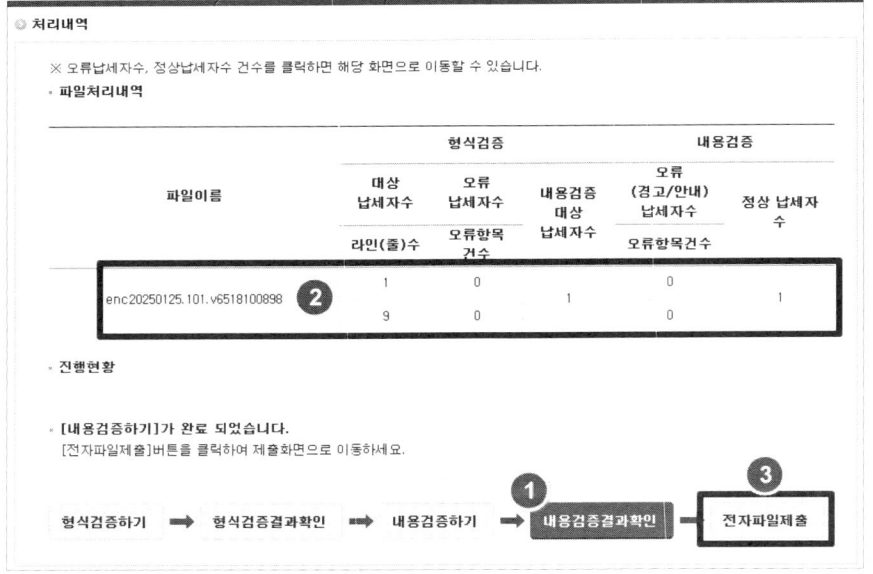

Chapter 1 부가가치세 실무

③ 파일이 오류일 경우 : 내용검증에 오류 항목 건수가 표시가 되며, 건수 클릭시 결과를 조회할 수 있다.
④ 결과조회에서 사업자등록번호를 클릭하면 오류내역 조회가 표시된다.(오류파일의 경우 전자파일 제출이 불가능하다.)

7) 전자파일 제출하기

① 전자파일 제작이 완료되면 전자파일제출을 클릭한다.
② 전자파일제출을 클릭하면 정상적으로 변환된 제출 가능한 신고서 목록이 조회되며, 전자파일제출하기를 클릭하여 제출한다.

제 2 장
원천징수 실무

PART 2 실 무 편

제 1 절 근로소득 및 연말정산 관리

본 단원은 회사코드 <8700. ㈜디지털상사>를 조회하여 실습하시기 바랍니다.

1. 사원등록

「**사원등록**」메뉴에는 각 사원에 대한 주요 인적사항 및 소득공제 또는 세액공제가 되는 「**인적공제**」사항과 현 근무처에 대한 근무내용과 근무조건을 입력하는 메뉴이다. 여기에는 급여 관련업무, 근로소득 원천징수 및 연말정산, 퇴직소득 원천징수와 관련된 가장 기본적인 등록사항을 입력한다.

(1) 근로자 신상명세

구 분	내 용
사 번	숫자 또는 문자를 이용하여 10자 이내의 사원코드를 부여한다.(단, 한글은 5자 이내, 숫자와 문자 혼합사용이 가능하다)
성 명	사원명을 10자 이내로 입력한다.
주민(외국인)번호	내국인의 경우 소득자 본인의 주민등록번호를 입력한다. 외국인의 경우 「내·외국인」에서 숫자 「2」를 입력 후 「외국인등록번호」에 외국인등록번호를 입력한다. 이 경우 외국인등록번호를 부여받은 자는 「여권번호」를 기재해서는 안 된다.
나 이	주민등록번호를 입력하면 자동으로 계산되며, 현재 시스템의 일자를 기준으로 표시된다. 부양가족명세의 나이와 상이하게 표시될 수 있다.

(2) 기본사항

구 분	내 용
입 사 년 월 일	해당사원의 입사일자를 입력한다. 단, 퇴직금을 중간 정산한 경우에는 퇴직금 중간 정산일의 다음 날짜로 입사일자를 수정하여 입력한다.
내 / 외 국 인	내국인이면 「1」을 외국인이면 「2」를 입력한다.
외 국 인 국 적	F2(조회)버튼을 클릭하여 해당 국적을 조회하여 입력한다.
주 민 구 분	1.주민등록번호 2.외국인등록번호 3.여권번호 중에서 선택하면 자동으로 우측에 해당번호가 출력된다.
거 주 구 분 / 거 주 지 국 코 드	거주자인 경우 「1」이 자동으로 선택되며, 외국인인 경우 「거주지국」코드를 F2(조회)버튼을 이용하여 입력

Chapter 2 원천징수 실무

국외근로제공	당해연도에 「국외근로」제공이 있는 경우 선택하며, 이 메뉴에 의하여 국외 근로소득에 대한 비과세 여부가 결정된다.
단일세율적용	외국인 근로자가 국내에서 근무하면서 지급받은 급여에 대해 내국인 근로자와 동일하게 연말정산을 한다. 하지만, 외국인 근로자가 단일세율 신청을 한 경우에는 과세특례를 적용하고, 지급받은 근로소득에 「15%」를 곱한 금액을 세액으로 납부한다. 또한 당해 근로소득은 종합소득세 계산에 있어 합산하지 않는다.
생산직여부 / 연장근로비과세/ 전년도 총급여	생산직에 종사하는 근로자의 연장근로수당 등에 비과세(연간 240만원 한도)를 적용하기 위한 구분란이다. ① 생산직사원에 해당되면 「1.여」를 선택한다. 생산직에 해당하지 않으면 연장근로수당에 대한 비과세가 적용되지 않는다. ② 야간근로 등 연장근로수당에 대한 비과세를 적용받기 위해서는 매월 고정적으로 수령하는 급여 즉, 월정액급여 210만원이하인 경우를 의미한다. ③ 전년도 총급여액이 3천만원 이하인 생산직에 해당하기 때문에 전년도총급액을 입력한다.
주소/우편번호	주소검색 F2(검색)키를 누르면 주소 검색창이 표시된다. 여기에서 도로명 또는 지번을 선택한 후 주소를 입력하여 해당 주소지를 찾아 입력한다.
국민연금 보수월액	월보수액을 입력하면 [기초등록]에 등록된 국민연금 요율에 따라 자동으로 계산된다.
건강보험 보수월액	건강보험료 또한 건강관리공단에 신고된 보수월액(월평균보수)을 기준으로 보험료를 산정하므로 자동으로 산출된 금액 대신 사원에 대한 건강보험공단에 신고된 보수월액을 입력하면 급여계산 메뉴에 자동으로 표시된다.
장기요양보험	장기요양보험료 계산은 다음과 같이 이루어진다.(장기요양보험료=건강보험월보수액×6.09%×12.81%)
고용보험 산재보험	사원의 고용·산재보험 해당 여부를 선택하면 급여 입력 시 「1.여」로 선택된 사원만 고용·산재보험료를 산출한다. 사용인 등 종속관계에 있지 아니하는 대표자나 임원은 「1.부」로 체크한다.
퇴사년월일	사원이 퇴사한 경우, 해당 퇴사연월일을 입력한다. 퇴사일은 「중도퇴사자의 중도연말정산과 퇴직소득」에 반영됨으로 반드시 입력하여야 한다. 퇴사 후 재입사한 사원은 입사일자를 수정하지 말고 새로운 사원코드를 사용하여 입력한다.

(3) 부양가족명세

구 분	내 용			
연말정산관계	0.소득자 본인	1.소득자의 직계존속	2.배우자의 직계존속	3.배우자
	4.직계비속(자녀+입양자)		5.직계비속(4.제외)	6.형제자매
	7.수급자(1~6제외)	8.위탁아동		
성 명	생계요건에 해당하면 해당 가족의 성명을 입력한다. 그 이유는 의료비세액공제는 생계요건만 충족하면 세액공제를 적용받을 수 있기 때문이다.			

내 / 외 국 인	내국인이며 「1」선택, 외국인이면 「2」선택한다.
주 민 등 록 번 호	내국인의 경우 주민등록번호를 입력한다. 입력된 자료에 의하여 자동으로 「**경로우대 · 자녀세액공제 · 출산 · 입양공제**」의 계산을 위해 해당 정보란에 표시된다.
나 이 (연 령)	주민등록번호에 의하여 만 나이가 자동으로 계산되며, 20세 이하인 비속 및 60세 이상인 존속이 해당 나이에 의하여 자동으로 계산된다. 해당연령이 공제대상에 해당하더라도 소득요건을 충족하지 못하면 기본공제에 「부」로 입력한다.
기 본 공 제	기본공제 대상의 요건 중 「나이요건」 또는 「소득요건」에 충족하지 못하는 경우 「부」를 선택해야 한다. 공제요건을 충족하지 않더라도 특별공제 및 세액공제 중 「**의료비세액공제**」와 「**교육비세액공제**」를 받을 수 있기 때문에 가족여부를 확인하는 것이다.
부 녀 자 공 제	소득자 본인이 다음의 조건에 해당되는 경우 선택한다. ① 당해연도 종합소득금액이 3,000만원 이하일 것. ② 배우자가 있는 여성일 것 ③ 배우자가 없는 경우, 본인이 세대주이면서 기본공제 대상 부양가족이 있을 것
한 부 모 공 제	한부모가정을 지원하기 위하여 거주자가 배우자가 없고, 기본공제대상자인 직계비속 또는 입양자가 있는 경우 연100만원을 종합소득금액에서 공제하되, **해당 거주자가 한부모공제와 부녀자공제 모두에 해당하는 경우에는 중복적용을 배제하고 「한부모공제」를 우선 적용한다.**
경 로 우 대 공 제	주민등록번호의 입력정보에 따라 자동으로 계산 표시된다. 주민등록번호가 없는 경우에는 직접 계산하여 표시할 수 있다.
장 애 인 공 제	해당 공제대상이 장애인인 경우 「기본공제」에서 해당사항을 선택하면 자동으로 반영된다. 반드시 장애인증명서를 첨부하여야 한다.
자 녀 세 액 공 제	8세이상 20세 이하의 자녀가 있는 경우 주민등록번호의 입력사항에 의하여 자동으로 반영된다. 20세 이상인 자녀 중 장애인이 있는 경우에도 자녀세액공제 대상이 됨에 유의하여야 한다.(장애인은 항상 보홈가 필요한 어린이로 판정한다)
출 산 입 양 공 제	당해연도에 출산하거나 입양한 자녀가 있는 경우 선택하며, 기본공제대상의 자녀수에서 몇 번째에 해당하는 가를 따져 입력한다.

Chapter 2 원천징수 실무

실무예제 — 근로소득자 사원등록(1)

㈜디지털상사(8700)의 다음 자료를 이용하여 연말정산에 필요한 사원등록을 하시오.

사 원 코 드	1001	국 민 연 금	제외대상
성 명	이 진 학	건 강 보 험 료	5,300,000원 신고
입 사 년 월 일	2021. 3. 5.	고 용 보 험 료	적용대상이 아님
근 무 부 서	대표이사(임원)	산 재 보 험 료	적용대상이 아님
주 민 등 록 번 호	651101-1034360		
주 소	서울시 송파구 가락로 237(방이동)		
기 타	내국인, 거주자		

관계	성 명	주민등록번호	비고
배우자	김 미 화	741212-2773482	전업주부 문예창작소득 600만원이 있음
자	이 석 민	060511-3204079	미국 유학 중

예제해설

① 기본사항

① 사원코드와 사원의 성명을 입력하고 1.주민등록번호를 선택한 후 해당 번호를 입력한다.

② 1.입사년월일 : 입사년월일을 입력부터 나머지 기본정보를 입력한다.

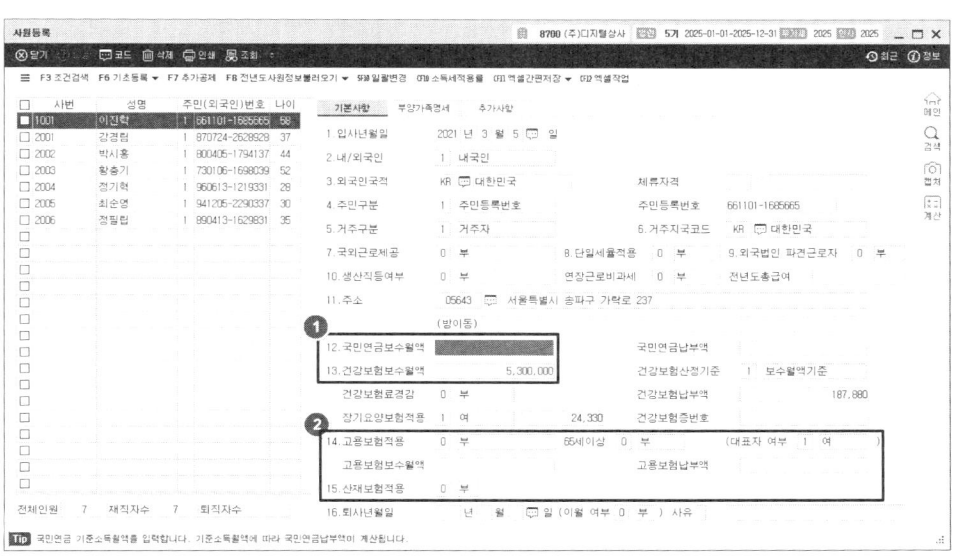

③ 11.국민연금보수월액과 12.건강보험보수월액에는 각 보험료에 적용될 기준금액을 입력한다. 여기에 입력된 금액에 의하여 급여자료입력 시 자동으로 보험료가 입력되며, 입력을 하지 않는 경우에는 [급여입력]자료에 반영되지 않는다.

PART 2 실 무 편

④ 13.고용보험/14.산재보험적용 :「이진학」은 대표이사이므로 고용보험과 산재보험이 적용되지 않는다.

2 부양가족명세

① 본인 : 본인은 항상 기본공제대상이다.

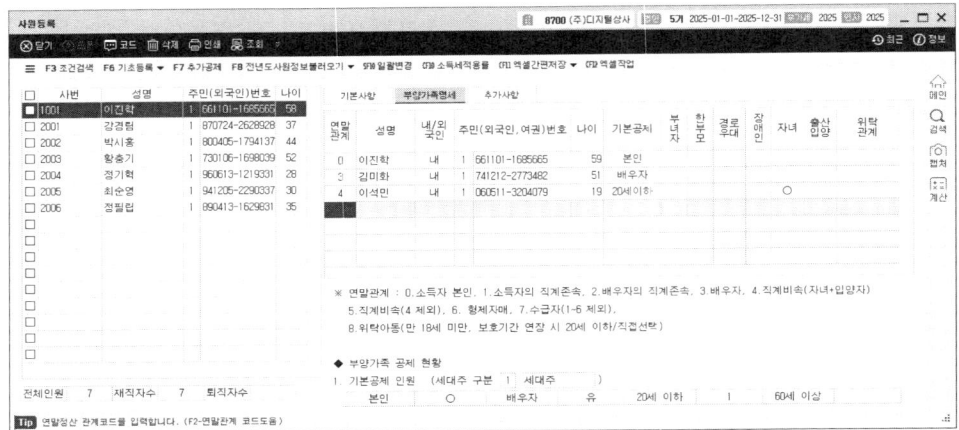

② 배우자 : 배우자 공제는 12월 31일 현재 주민등록등본(연령에 제한이 없음)에 의해 배우자 여부를 판단하며 자산소득을 포함하여 연간소득금액이 100만원(근로소득만 있는 경우 총급여액 500만원)이하인 경우에 공제 대상이다. 본 사례에서는 일시적인 문예창작소득 600만원이 있으므로 기타소득이 발생하였으나 필요경비 60%를 반영한 후의 소득금액을 가지고 배우자 공제여부를 판단하여야 한다.

- 본 사례의 배우자는 기타소득 600만원-필요경비(60%) 360만원=기타소득금액 240만원에 해당한다. 기타소득금액은 300만원을 기준으로 분리과세를 선택할 수 있으므로 본 사례에서 배우자는 기본공제대상에 포함된다.

③ 부양가족공제는 만 20세 이하와 만 60세 이상인 경우에 퇴직소득 및 양도소득을 포함하여 연 소득금액이 100만원(근로소득만 있는 경우 총급여액 500만원)이하인 경우에 공제가 가능하다.

④ 기본공제대상에서 제외되는 경우에도 자료입력을 해야 한다. 그 이유는 의료비 세액공제 시 적용대상에 포함시켜야 하기 때문이다.

⑤ 본 사례의 자녀 이석민은 외국에 유학 중이지만 배우자와 직계비속은 항상 생계를 같이하는 자로 보기 때문에 연령요건이 충족되면 기본공제대상에 포함한다.

Chapter 2 원천징수 실무

실무예제 — 근로소득자 사원등록 (2)

㈜디지털상사의 관리직사원 강경림(사번 2001, 입사일 2023.06.01. 세대원)의 부양가족 내역이다. 부양가족명세를 입력하시오. 본인 포함 부양가족 전원을 반영하되, 기본공제 대상자가 아닌 경우에는 기본공제 항목에 "부"로 입력한다. 또한, 사원등록메뉴에 연말정산시 세부담 최소화를 할 수 있도록 부양가족명세를 입력하시오.

성 명	관 계	주민등록번호	연령	동거여부	비 고
강경림	본인	870724-2628928	38세	-	연간 총급여액 4,200만원
정줄래	배우자	820219-1609110	43세	근무형편상 별거	연간 총급여액 430만원 및 사업소득금액 80만원
강대만	부	480331-1259419	77세	주거형편상 별거	복권당첨소득 500만원
최수지	모	490605-2259031	76세	주거형편상 별거	소득 없음
정주리	딸	140215-4790189	11세	취학상 별거	장애인(복지카드 소지자)
정민석	아들	160505-3606378	9세	동거	소득 없음

※ 본인 및 부양가족의 소득은 위의 소득이 전부이며, 위의 주민등록번호는 정확한 것으로 가정한다.

총급여액	공제액
500만원 이하	총 급여액의 70%
500만원 초과 1,500만원 이하	350만원 + (총급여액 - 500만원)×40%
1,500만원 초과 4,500만원 이하	750만원 + (총급여액 - 1,500만원)×15%
4,500만원 초과 1억원 이하	1,200원 + (총급여액 - 4,500만원)×5%
1억원 초과	1,475만원 + (총급여액-1억원)×2%

예제해설

① 기본사항

① 사원코드와 사원의 성명을 입력하고 1.주민등록번호를 선택한 후 해당 번호를 입력한다.
② 1.입사년월일 : 입사년월일을 입력부터 나머지 기본정보를 입력한다.

② 부양가족명세

① 본인 : 본인은 항상 기본공제대상이다.
② 강경림은 배우자 정줄래의 세대원에 해당한다.
③ 강경림은 배우자가 있는 여성근로자이므로 부녀자공제를 적용받을 수 있으나 부녀자공제를 받기 위해서는 종합소득금액이 3천만원 이하인 경우에 한 하여 공제대상이 된다. 본 사례에서 강경림은 총급여액이 4,200만원이 있으나, 근로소득공제(1,155만원)를 반영한 후의 근로소득금액은 3,045만원이다. 그러므로 종합소득금액 3,000만원을 초과하므로 부녀자 공제를 적용받을 수 없다.

PART 2 실 무 편

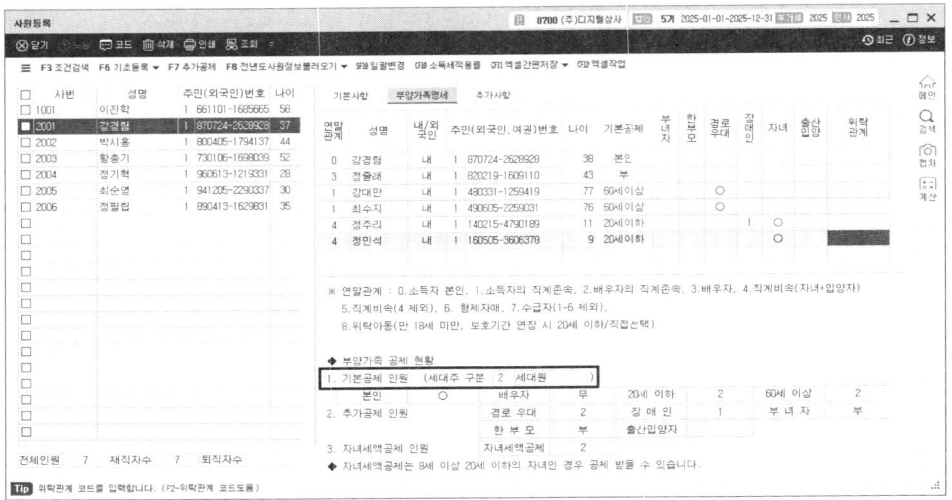

② 배우자 : 배우자 공제는 12월 31일 현재 주민등록등본(연령에 제한이 없음)에 의해 배우자 여부를 판단하며 자산소득을 포함하여 연간소득금액이 100만원 이하(근로소득만 있는 경우 총급여액 500만원)인 경우에 공제대상된다. 본 사례에서는 배우자 정줄래는 근로소득과는 별도의 사업소득이 있으므로 배우자공제를 적용받을 수 없다.

③ 직계존속 : 강대만은 복권당첨소득은 분리과세소득이므로 소득이 없는 것으로 간주된다.

④ 직계비속 : 직계비속은 항상 생계를 같이 하는 것으로 본다.

실무예제 — 근로소득자 사원등록 (3)

생산직사원 박시홍(사번 2002, 입사일 2024.03.03.)의 부양가족 내역이다. 사원등록메뉴에서 연말정산시 세부담의 최소화를 할 수 있도록 부양가족명세를 입력하시오. 공제대상에 해당하지 않는 경우 "부"로 입력할 것.

성 명	관 계	주민등록번호	연령	비 고
박시홍	본인	800405-1794137	45	세대주, 전년도 총급여액 2,800만원
이미경	배우자	820717-2668071	43	이자소득 1,600만원(분리과세)
박상민	자녀	061117-3724781	19	고등학생
박정현	자녀	080108-4698049	17	중학생
박정은	자녀	170311-4293046	8	당해연도 입양
이미자	동생	850412-2249958	40	배우자의 동생, 시각장애인, 소득 없음

※ 본인 및 부양가족의 소득은 위의 소득이 전부이며, 위의 주민등록번호는 정확한 것으로 가정한다. 또한, 배우자의 동생 이미자는 시각장애인으로 장애인복지카드를 소지하고 있다.

Chapter 2 원천징수 실무

예제해설

1 기본사항

① 사원코드와 사원의 성명을 입력하고 1.주민등록번호를 선택한 후 해당 번호를 입력한다.

② 1.입사년월일 : 입사년월일을 입력부터 나머지 기본정보를 입력한다.

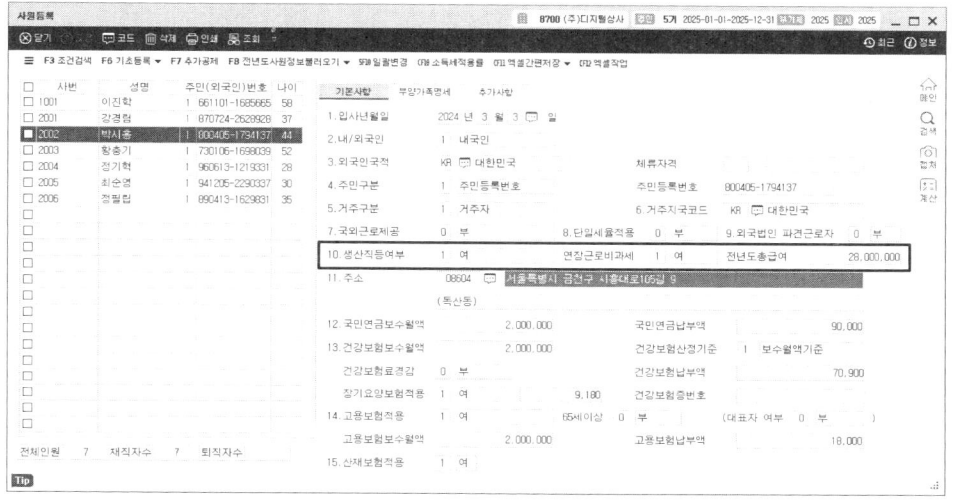

③ 10.생산직등 여부 : 박시홍은 생산직사원이므로 생산직여부에 「1.여」로 표시한 후 연장근로비과세에도 「1.여」로 표시한다. 또한 생산직 연장근로수당을 비과세하기 위하여 직전년도 총급여액이 3,000만원 이하인 경우에 비과세되므로 직전년도 총급액이 있는 경우에 해당금액을 입력한다.

2 부양가족명세

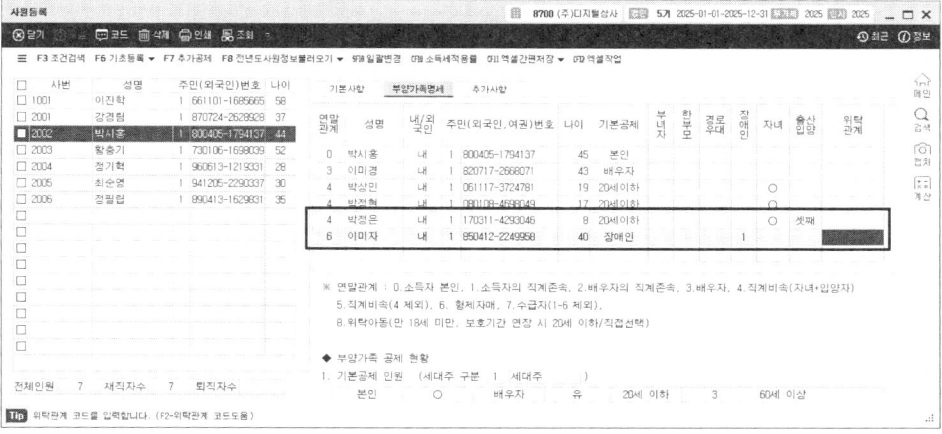

① 본인 : 본인은 항상 기본공제대상이다.

② 배우자 : 배우자 공제는 12월 31일 현재 주민등록등본(연령에 제한이 없음)에 의해 배우자 여부를 판단하며 자산소득을 포함하여 연간소득금액이 100만원 이하(근로소득만 있는 경우 총급여액 500만원)인 경우에 공제 대상된다.

PART 2 실 무 편

③ 직계비속 : 직계비속은 항상 생계를 같이 하는 것으로 본다.
④ [박정은]은 당해년도에 입양하였으므로, 직계비속으로 보며 출산입양공제를 적용받을 수 있다. 여기서 유의할 점은 현재 몇 번째 자녀인지를 정확하게 표시해야 한다.
⑤ 이미자는 배우자의 형제자매에 해당하는데 기본공제는 배우자의 직계존비속 및 형제자매도 공제대상으로 판정한다.

실무예제 근로소득자 사원등록 (4)

생산직사원 김용호(사번 2007 입사일 2025.04.01.주소생략)의 부양가족 내역이다. 사원등록메뉴에서 연말정산시 세부담최소화를 할 수 있도록 부양가족명세를 입력하시오.

성 명	관 계	주민등록번호	연령	비 고
김용호	본인	951025-1235823	30	전년도 총급여 24,000,000원
서미래	배우자	990510-2748976	26	소득금액 없음
김가영	자녀	230510-4207443	2	

① 중소기업취업자 소득세 감면을 최대한 적용받고자 신청하였으며, 중소기업취업자 감면은 매월 급여 수령 시 적용하기로 한다.
② 회계처리 시 인건비는 임금계정(504)를 사용한다.
③ 당사는 중소기업이며, 전자부품을 생산하는 제조업체로 근로소득 중 급여대장 작성 시 비과세 및 감면을 적용받을 수 있도록 사원등록에 등록한다.

예제해설

① 기본사항

① 사원코드와 사원의 성명을 입력하고 1.주민등록번호를 선택한 후 해당 번호를 입력한다.
② 1.입사년월일 : 입사년월일을 입력부터 나머지 기본정보를 입력한다.
③ 10.생산직등 여부 : 김용호는 생산직사원이므로 생산직여부에 「1.여」로 표시한 후 연장근로비과세에도 「1.여」로 표시한다. 또한 생산직 연장근로수당을 비과세하기 위하여 직전년도 총급여액이 3,000만원 이하인 경우에 비과세되므로 직전년도 총급여액도 같이 표기한다.

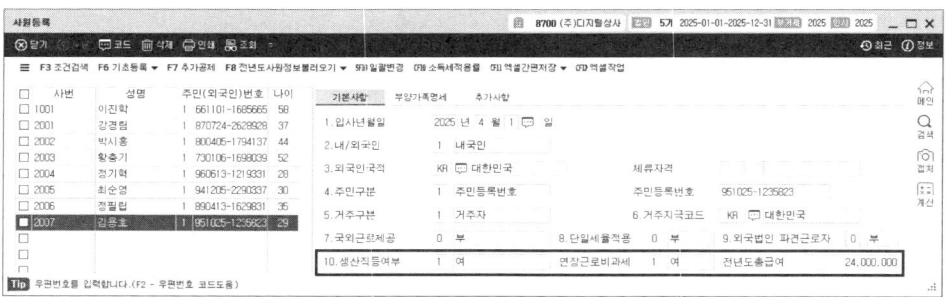

Chapter 2 원천징수 실무

2 부양가족명세

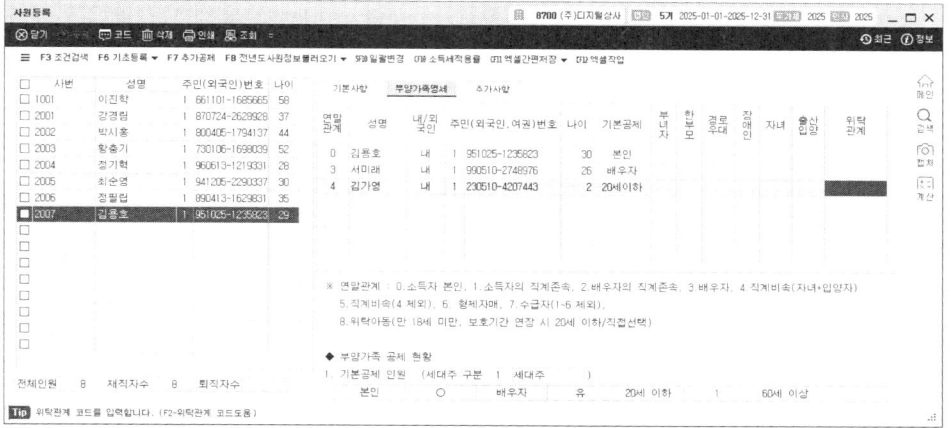

3 추가사항

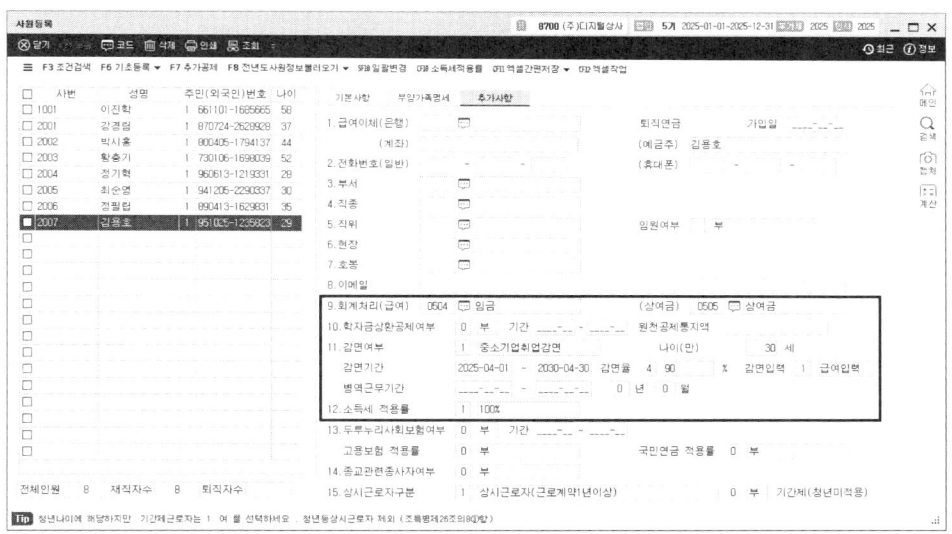

▣ 중소기업 취업자 소득세 감면제도

청년(15~34세)·60세 이상의 고령자·장애인·경력단절여성이 일정 요건을 갖춘 중소기업체에 취업하는 경우 3년(청년은 5년)간 소득세의 70%(청년은 90%)를 감면하는 제도를 말한다. 이는 2012년 1월 1일 이후 중소기업에 취업(재취업 포함)한 경우부터 적용하기 때문에, 2011년 12월 31일 이전부터 중소기업에 취업하여 계속 근무 중인 경우에는 감면을 적용받을 수 없다.

청년의 경우 입사한 지 5년(2012년 이후 입사자 기준)이 지나지 않은 15~34세의 청년으로, 군대에 다녀온 청년은 복무기간만큼 기준 연령(최대 6년)이 늘어난다. 경력단절여성의 경우 해당 중소기업에서 1년 이상 근무하다가 임신·출산·육아의 사유로 퇴직하고 3년 이상 10년 미만의 기간이 경과한 뒤 중소기업에 재취업하는 사람이 대상에 해당된다. 또 근로계약 체결 시 60세 이상인 고령자와 장애인도 소득세를 감면받을 수 있다.

감면 대상 중소기업은 중소기업기본법 제2조에 따른 중소기업이며, 감면 대상 업종을 주된 사업으로 영위하는 조건을 충족시켜야 한다. 중소기업일지라도 보건업, 금융·보험업, 전문서비스업, 공공기관 및 지방공기업 등은 감면대상 업종이 아니며, 임원(고용보험 가입과 관계없이)·최대주주·최대출자자와 그 배우자 및 직계존비속도 감면 대상에 해당하지 않는다. 또 일용근로자와 건강보험료(직장가입자) 납부이력이 없는 자도 감면 대상에서 제외된다.

구 분	감면기간	요 건
청년	5년	근로계약 체결일 현재 15~34세 이하인자 (군복무기간은 나이를 빼고 계산 함)
고령자	3년	근로계약 체결일 현재 60세 이상인 자
장애인 등	3년	• 장애인복지법의 적용을 받는 장애인 • 국가유공자 등 예우 및 지원에 관한 법률에 따른 상이자
경력단절여성	3년	① 해당 중소기업에서 1년 이상 근무하다 ② 임신·출산·육아 사유로 해당 기업에서 퇴직하고 ③ 퇴직한날부터 3년 이상 10년 미만 기간 이내 재취업 ④ 해당 중소기업의 최대주주(최대출자자, 대표자)나 그와 특수관계인이 아닐 것

2. 급여자료입력

[급여자료입력]은 매월의 급여자료를 입력하여 급여대장과 각 사원별 급여명세서를 작성하며 「간이세액조견표」에 의한 매월의 근로소득세를 원천징수하는 메뉴이다.

근로소득자료를 입력하기 위해서 가장먼저 해당 회사에서 사용하고 있는 각종 「**수당항목 및 공제항목**」을 등록해야 하며, 매월 급여자료를 입력하면 이 등록사항에 의하여 「**과세·비과세**」가 자동으로 집계되며 간이세액조견표에 의한 「**근로소득세**」가 자동으로 계산되어 월별 [**원천징수이행상황신고서**] 및 [**소득자별 근로소득 원천징수부**]에도 자동으로 반영되게 된다.

■ 주요항목별 입력순서

① [원천징수][근로소득관리] ⇨ [급여자료입력]을 선택한다.
② 화면상단의 F4[수당공제]를 선택하여 다음의 방법대로 내용을 입력한다.
- 코드 : 이미 기본 코드가 등록되어 있으며 새로 등록하는 경우 코드 제일 마지막에 등록한다.
- 과세구분 : 1.과세와 2.비과세를 정확하게 구분하여 선택한다.
- 수당명 : 한글 10자, 영문 20자내에서 입력한다.(기본급 및 상여항목은 자동으로 표시된다)
- 근로소득유형 : 과세구분을 [비과세]로 선택할 경우 비과세유형을 입력한다. [비과세설정]의 비과세항목을 도움코드로 표시되면 해당항목을 선택한다.
- 월정액액 여부 : 월정액급 포함여부를 선택하는 항목으로 과세구분이 비과세인 경우 월정액 계산시 포함여부 [0.부 1.여]를 선택한다. 예를 들어 실비변상적성질의 자가운전보조금은 월정액급여에서 제외되나 식대는 포함하여야 한다.
- 사용여부 등 : 해당 수당이 급여, 상여 지급시 지급되는 수당항목인지를 [0.부, 1.여]에서 선택한다.
③ 공제등록 : 수당등록과 같은 방법에 의하여 등록한다.
④ 지급일자 : 정기적으로 발생하는 급여나 상여금액이 동일한 경우 복사(F6)을 이용하여 손쉽게 작업하거나 입력실수 등으로 인하여 지급일자 등을 변경하고자 하는 경우에도 변경(F3) 및 이동(F6)을 이용하여 작업하는 메뉴이다. 또한 지급일자를 실수로 다르게 입력하거나 복사하여 불필요한 급여대장이 생성 된 경우 삭제(F5)도 할 수 있다.
⑤ 급여 데이터 입력
- 귀속년월 : 지급하는 급여가 몇 월분 급여인지를 입력한다. 일반적으로 1달 급여란 해당월 초일부터 말일까지의 급여가 아니라 회사에서 정해진 1달 급여 기산일로부터 최종일(기산만료일)까지의 급여를 말하는 것이다.
- 지급연월일 : 지급하는 급여의 지급연월일을 입력한다.
- 지급연월일을 입력하면 해당사원들의 사원코드와 사원명이 출력되며, 여기에 해당 자료를 입력한다. 공제항목에서 국민연금, 건강보험료 등 4대 사회보장보험료는 사원등록 시 입력된 급여기준금액에 의하여 표시되지만, 사원등록 시 입력하지 않았다면 직접 입력할 수 있다.

3. 원천징수이행상황신고서

원천징수는 소득을 지급하는 경우 실시되는 것으로 원천징수 의무자는 매달 원천징수를 이행한 상황을 해당 관할 세무서에 알릴 의무가 있으며 납부 세액에 상관없이 무조건 제출하도록 규정되어 있다. 원천징수 이행에 따른 상세 내역을 기록하여 현황을 보고하기 위한 문서를 원천징수이행상황 신고서라고 한다.

실무예제 급여자료 입력연습 및 원천징수 이행상황신고서

사원 강경림(사번 2001)의 2025년 6월분의 급여내용은 다음과 같다. 수당등록 및 공제항목을 추가하여 6월분 급여자료입력을 하고 원천징수이행상황신고서를 작성하시오.

(1) 당사의 급여지급일은 매월 25일이다.

(2) 6월에 지급할 내역은 다음과 같으며 모두 월정액이다. 비과세로 인정받을 수 있는 항목은 최대한 반영하기로 한다. 또한, 사용하지 않는 항목은 모두 "부"로 표시할 것.

기 본 금	2,500,000원	식 대	200,000원
자 가 운 전 보 조 금	200,000원	야 간 근 로 수 당	100,000원
출 근 수 당	50,000원	자 격 증 수 당	50,000원

㉠ 식대와는 별도로 중식을 제공하고 있다.
㉡ 출근수당은 원거리 출·퇴근을 하고 있는자에게 지급하고 있다. 또한, 업무와 관련이 있는 자격증을 보유하고 있는 경우 자격증수당을 보조하고 있다.
㉢ 자가운전보조금은 본인 명의의 소형승용차를 업무에 사용하면서 받았다. 별도의 시내교통비는 지급하지 아니하였다.

(3) 6월 공제할 항목은 다음과 같다.

- 국민연금·건강보험료·고용보험료 등과 소득세 및 지방소득세는 산출되는 데이터를 자동으로 반영한다.
- 우리사주조합비 : 20,000원(공제소득유형 : 기부금)

(4) 6월분 급여자료를 이용하여, 원천징수이행상황신고서를 작성하시오. 또한, 전월 미환급세액 34,000원이 있다.

Chapter 2 원천징수 실무

1 수당 및 공제 등록

① 식대는 중식을 별도로 제공하고 있으므로, 과세로 새로 입력한다. 기존 식대는 비과세이므로 사용여부에서 "부"를 선택하거나, 선택을 보류한다. 가급적 식대(과세)로 표현하는 것이 기존의 비과세 식대와 구분되므로 과세여부를 표시하는 것이 유리하다.

No	코드	과세구분	수당명	유형	근로소득유형 코드	한도	월정액	통상임금	사용여부
1	1001	과세	기본급	급여			정기	여	여
2	1002	과세	상여	상여			부정기	부	여
3	1003	과세	직책수당	급여			정기	부	여
4	1004	과세	월차수당	급여			정기	부	여
5	1005	비과세	식대	식대	P01	(월)200,000	정기	부	여
6	1006	비과세	자가운전보조금	자가운전보조금	H03	(월)200,000	부정기	부	여
7	1007	비과세	야간근로수당	야간근로수당	O01	(년)2,400,000	부정기	부	여
8	2001	과세	식대(과세)	급여			정기	부	여
9	2002	과세	출근수당	급여			정기	부	여
10	2003	과세	자격증수당	급여			정기	부	여

② 우리사주조합비는 기부금에 해당하며, 공제소득유형은 (F2)기부금을 선택하고 사용여부를 "여"를 선택한다.

No	코드	공제항목명	공제소득유형	사용여부
1	5001	국민연금	고정항목	여
2	5002	건강보험	고정항목	여
3	5003	장기요양보험	고정항목	여
4	5004	고용보험	고정항목	여
5	5005	학자금상환	고정항목	부
6	6001	우리사주조합비	기부금	여

2 급여자료 입력

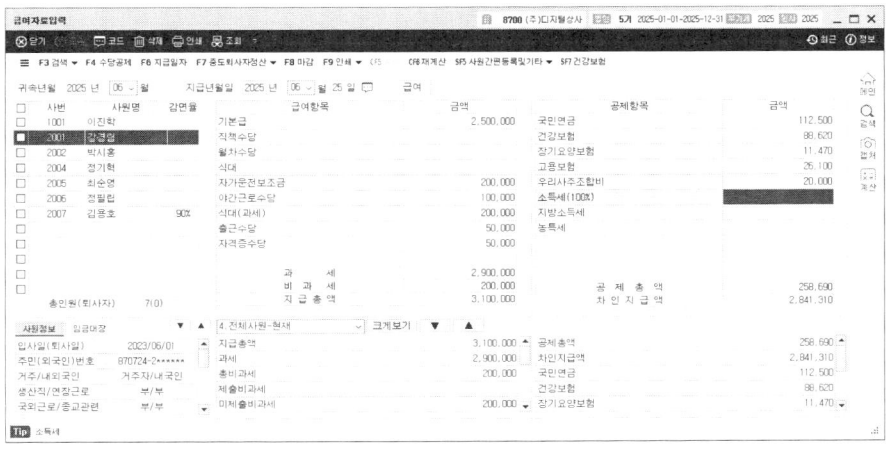

PART 2 실 무 편

③ 원천징수이행상황신고서

① 귀속기간 : 해당 기간의 귀속월을 입력한다.
② 지급기간 : 당월에 지급한 경우에는 귀속기간과 같은 기간을 입력하며, 귀속기간의 다음달 지급하는 경우 다음 달의 기간을 입력한다.
③ 신고구분 : 1. 정기신고를 선택하며, 수정 신고시에는 수정차수도 같이 입력한다.

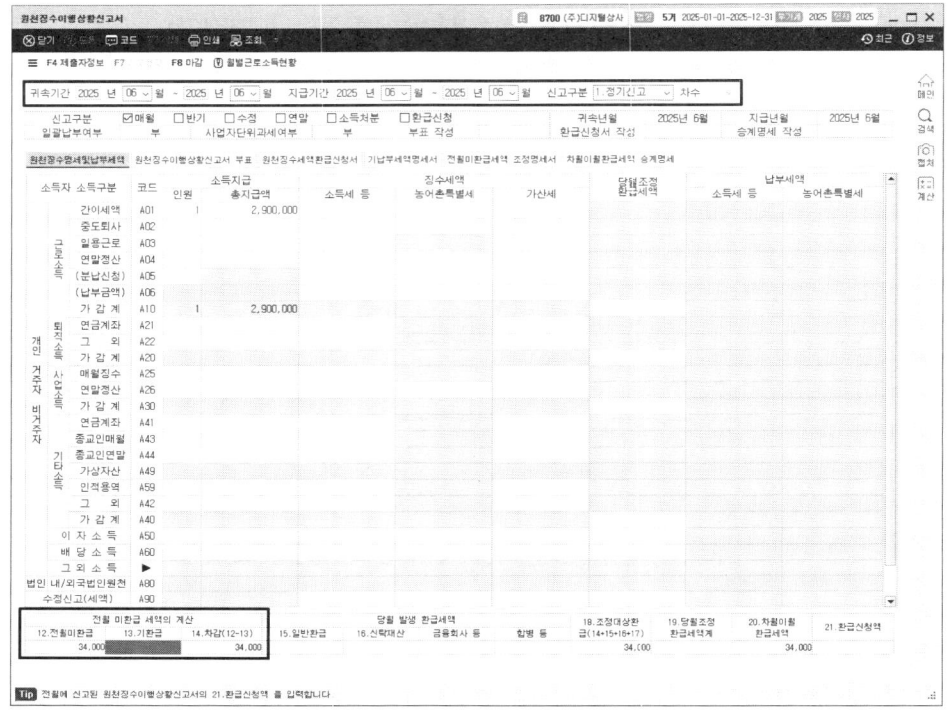

Chapter 2 원천징수 실무

제 2 절 근로소득의 연말정산 및 원천징수영수증

1. 연말정산 자료입력

연말정산자료 입력이란 사원 등록 시 인적공제사항 외에 「**특별공제**」사항 및 「**종(전)근무지**」자료 등을 추가로 입력하는 메뉴이다. 이 메뉴에서는 소득세법에 의한 항목별세액공제 외에도 조세특례제한법상의 세액공제도 입력할 수 있다.

연말정산 추가자료 입력은 중도퇴사자 또는 12월 현재 계속근무자의 연말정산작업 메뉴로 **[급여자료입력]**의 데이터에 의하여 작성되며 이는 「**근로소득원천징수영수증·원천징수이행상황신고서**」에 반영된다.

2. 연말정산 작업순서

(1) 사원불러오기

① 계속 탭 : 계속근로자의 연말정산 작업을 하기 위한 탭이다.
② 중도 탭 : 중도퇴사자 데이터를 반영하는 탭이다.
③ 총괄 탭 : 중도퇴사자와 계속근로자의 데이터를 종합적으로 입력하기 위한 탭이다.

(2) 소득명세 탭

현재 주(현)근무지의 소득이 사원별로 조회되며, **종(전)근무지의 근로소득**이 있는 경우 추가로 입력하여 근로소득세과 수당 및 공제자료를 추가로 입력할 수 있으며 소득세를 정산할 수 있다.

(3) 부양가족 소득공제입력 탭

해당사원의 소득공제자료를 공제대상 가족의 자료별로 입력하는 곳으로 이 부분에서 공제대상자를 추가할 수 있으며, 수정도 할 수 있다. 또한, 연말정산 간소화서비스에서 발급받은 소득 및 세액공제자료는 이 부분에서 입력하거나 수정하여야 한다.

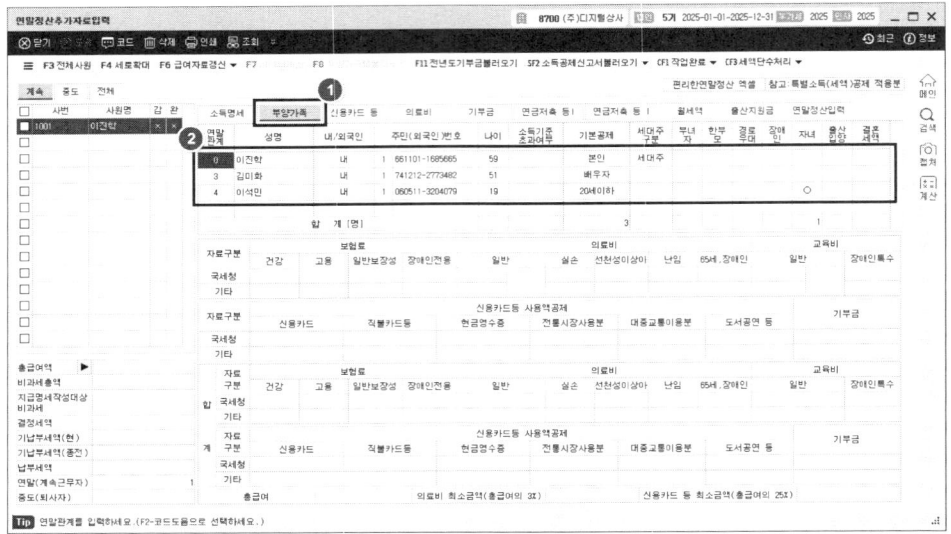

(4) 신용카드 등 탭

신용카드 사용액을 입력하기 위해서는 신용카드 등 탭을 클릭한 후 신용카드 사용자 중 공제 대상자의 성명을 클릭한 후 해당 자료를 입력한다. 입력란은 위/아래 두 줄로 되어 있으며, 국세청 자료는 윗줄에 기타자료는 아랫줄에 입력한다.

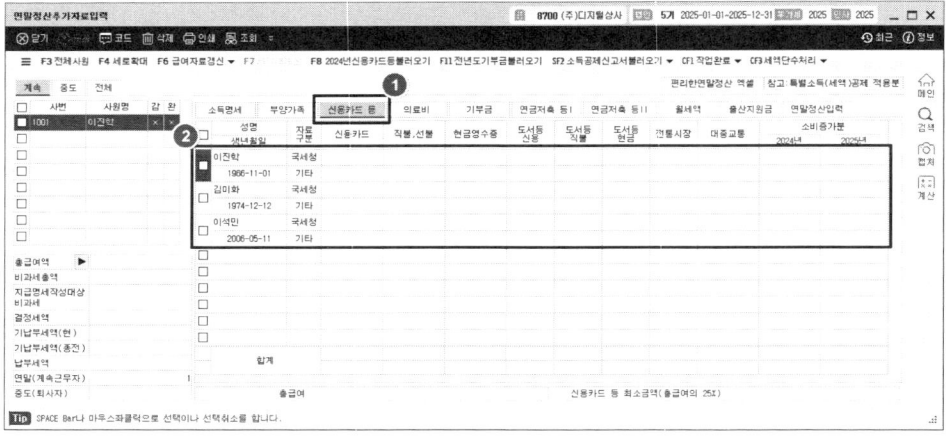

(5) 의료비 탭

의료비 사용액을 입력하기 위해서는 의료비 탭을 클릭한 후 F2(부양가족코드 도움) 보조창을 조회하여 공제대상자의 의료비를 입력한다. 실손보험료가 있는 경우에는 의료비세액공제에서 배제되기 때문에 반드시 해당 자료를 같이 입력한다.

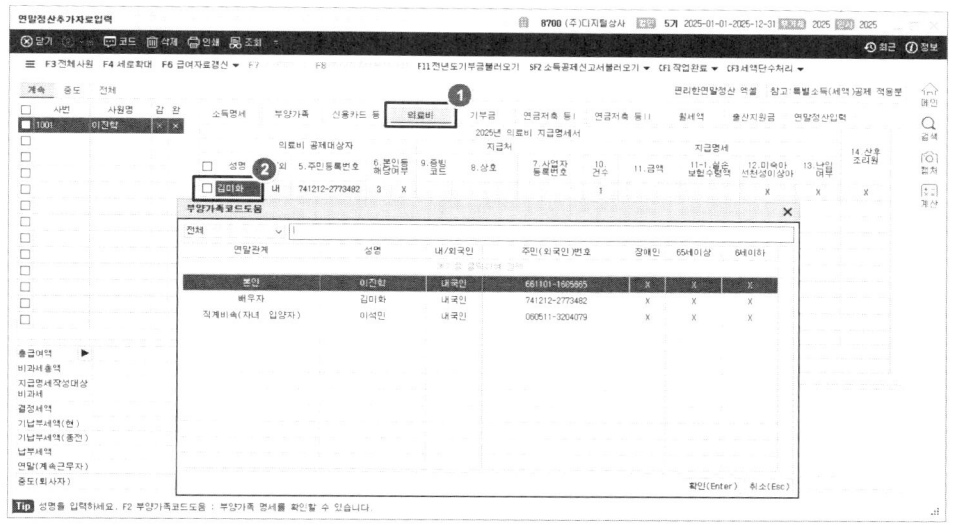

(6) 기부금 탭

① 기부금의 자료를 입력하기 위해서는 기부금 탭을 클릭한 후 「기부금 입력 탭」이 열리며 이 부분에서 F2(부양가족코드 도움) 보조창을 조회한 후 기부금 공제대상을 선택한다.

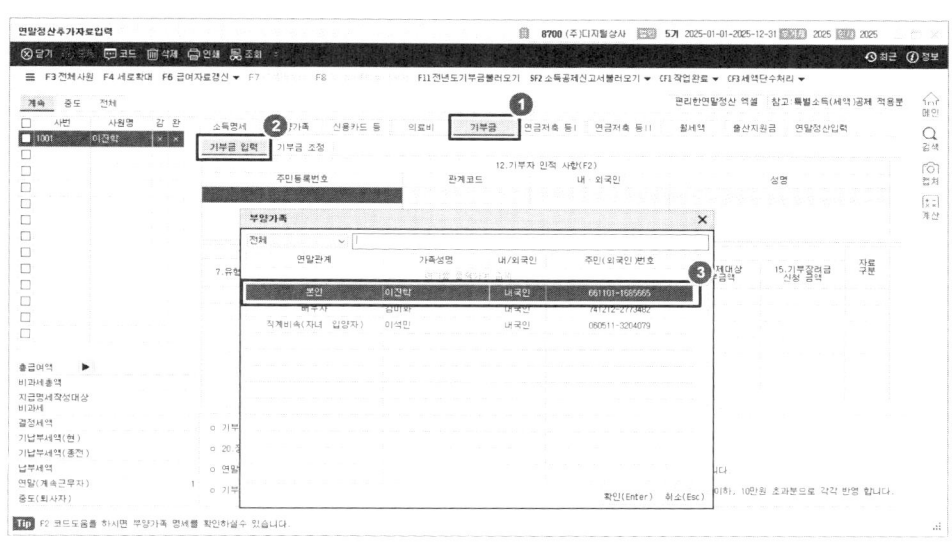

② 하단의 구분에서 F2(기부유형)을 선택한 후 해당 기부금 유형을 선택하고, 기부금의 자료를 입력한다.

③ 정치자금의 경우 정치자금 전액을 입력하면「기부금 조정 탭」에 자동으로 세액공제 대상과 특례기부금이 조정되어 입력된다.

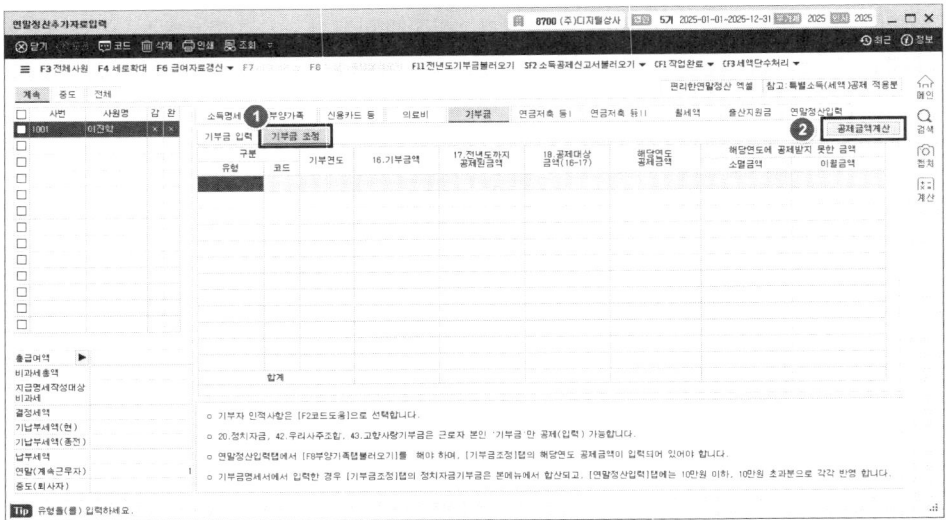

④ 기부금자료의 입력이 완료되면, 우측의 공제금액계산을 클릭하여, 연말정산입력에 반영된다.

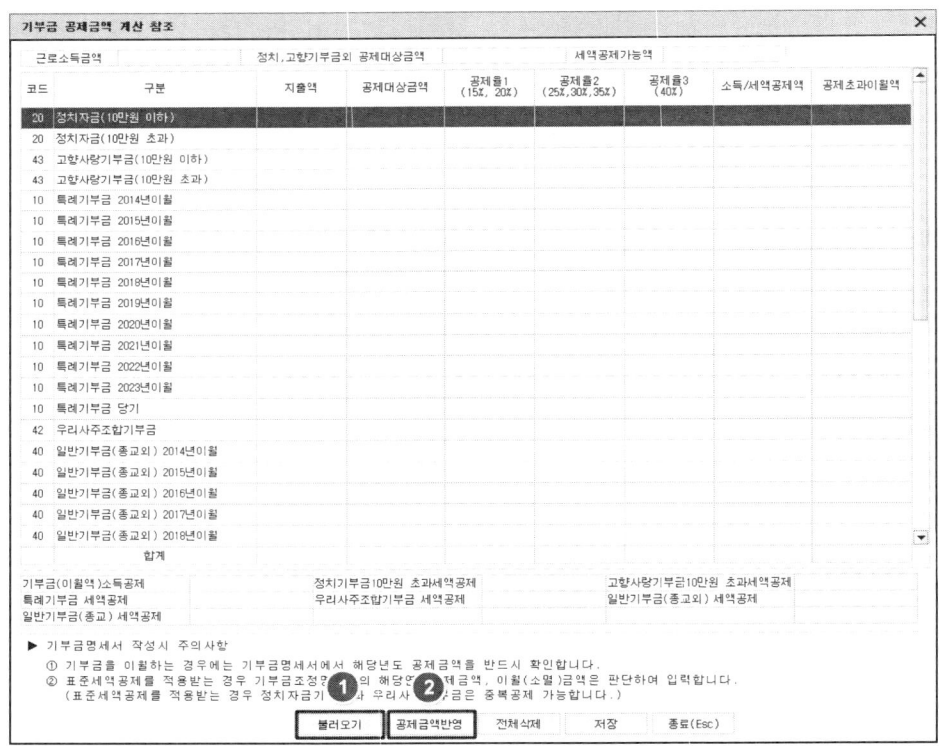

Chapter 2 원천징수 실무

(7) 연금저축 등(Ⅰ) 탭

연금/저축 등의 탭은 ① 퇴직연금계좌 ② 연금저축계좌 ③ ISA(종합금융)연금계좌 ④ 주택마련저축공제 탭으로 구성되며 ④ 주택마련저축공제와 같이 메뉴 우측에 있는 [크게 보기]를 클릭하여 입력할 수 있다.

(8) 월세액 탭

무주택 근로자가 월세액의 지출액이 있는 경우 총급여 수준에 따라 자동으로 공제액을 반영해주는 서식이다.

(9) 보장성 보험료와 교육비 자료의 입력방법

1) 보장성 보험료 입력방법

공제 대상 보장성 보험료가 있는 경우에는 부양가족 탭을 클릭한 후 공제대상자에 커서를 맞춘 후 중간부분의 노랑색 보험료를 더블클릭하면, 보험료 입력창이 다음과 같이 조회된다. 이 부분에 공제대상 보장성 보험료를 합산하여 입력한다.

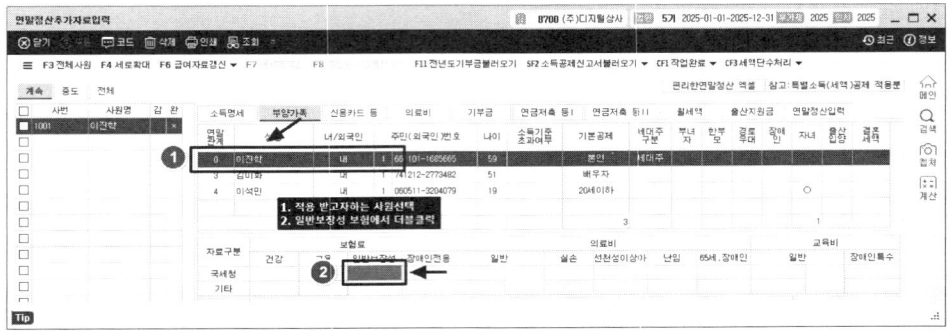

2) 교육비 공제액 입력방법

공제 대상 교육비 공제액이 있는 경우에는 부양가족 탭을 클릭한 후 공제대상자에 커서를 맞춘 후 중간부분의 교육비 입력란에 공제대상 금액을 입력하고, 본인 공제액은 자동으로 선택되지만 부양가족은 하단의 〈Tip〉을 확인하여 [1.취학전 아동 2.초중고 3.대학생 4.본인, 5.공제대상 아님] 중에서 선택한다.

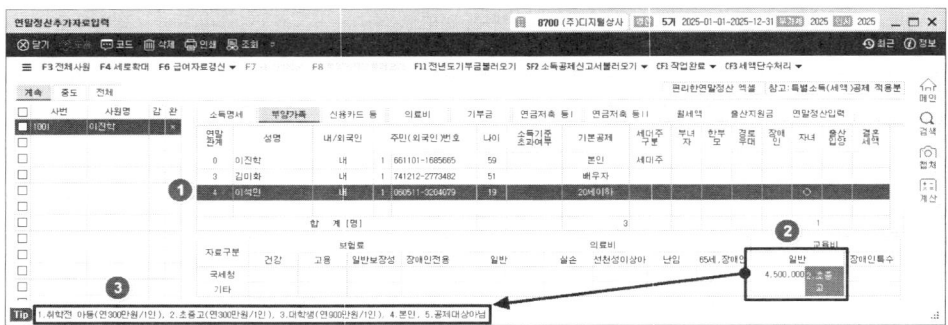

(10) 연말정산입력 탭에 반영방법

공제대상 자료의 입력이 완료되면 F8(부양가족탭 불러오기)를 해야만 해당자료가 연말정산입력탭에 반영된다. 부양가족소득공제 불러오기를 하지 않으면, 공제대상 입력에 빨간색으로 해당공제액이 표시된다. [부양가족소득공제 불러오기]가 완료되면 정상적인 자료가 입력된다.

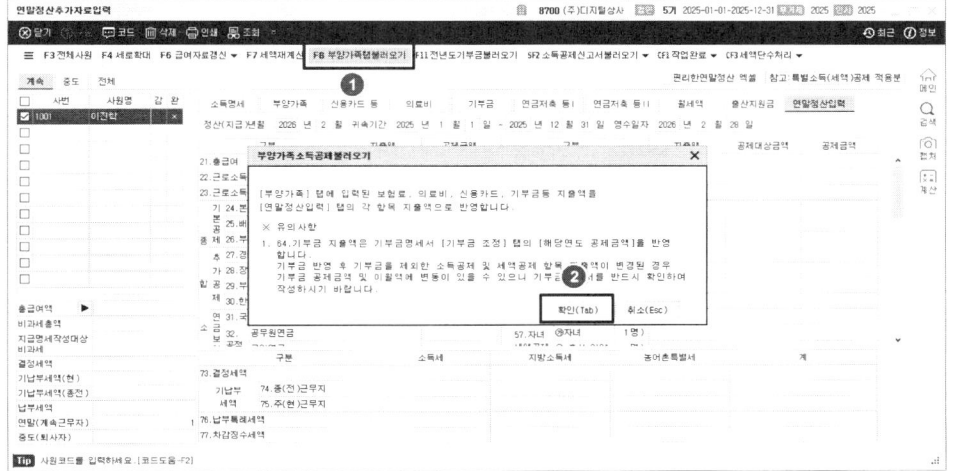

PART 2 실 무 편

실무예제 — 연말정산추가자료 입력연습

사원 황충기(사번 2003)의 2025년 소득에 대한 연말정산자료이다. 다음의 자료를 이용하여 연말정산자료 입력메뉴에 입력하여 근로소득 연말정산을 하시오.

1 전근무지 자료

(전)근무지 근로소득 원천징수영수증 자료

구 분			주(현)	종(전)	⑯-1납세조합	합 계
I 근무처별소득명세	⑨ 근무처명		㈜하나상사			
	⑩ 사업자등록번호		120-81-11116			
	⑪ 근무기간		2025.1.1.~2025.9.30.	~	~	~
	⑫ 감면기간		~	~	~	~
	⑬ 급 여		35,000,000원			
	⑭ 상 여		7,000,000원			
	⑮ 인정상여					
	~					
	⑯ 계		42,000,000원			
II 비과세	⑱ 국외근로	M0X				
	⑱-1 야간근로수당	O0X				
	~					
	⑳-1 감면소득 계					
	구 분		⑱ 소 득 세	⑲ 지방소득세	⑳ 농어촌특별세	
III 세액명세	⑫ 결 정 세 액		950,000원	95,000원		
	기납부세액	⑬종(전)근무지 (결정세액란의 세액기재)	사업자등록번호			
		⑭ 주(현)근무지	1,200,000원	120,000원		
	⑮ 납부특례세액					
	⑯ 차 감 징 수 세 액(⑫-⑬-⑭-⑮)		△250,000원	△25,000원		

(국민연금 1,035,000원 건강보험 763,600원 장기요양보험 61,088원 고용보험 149,500원)
위의 원천징수액(근로소득)을 정히 영수(지급)합니다.

Chapter 2 원천징수 실무

② 현 근무지 자료
급여자료는 기 입력된 자료를 사용할 것

③ 연말정산 자료
(1) 특별한 언급이 없는 한 국세청 자료로 가정한다.
(2) 신용카드 사용액의 사용증가액은 없는 것으로 한다.

본인(황충기) (730106-1698039)	• 대학원 등록금 : 12,000,000원(한국장학회 등록금 대출액 5,000,000원) • 보장성 보험료 납입액 : 600,000원(자동차보험료) • 저축성 보험료 납입액 : 1,200,000원 • 본인의 신용카드사용액 : 21,000,000원[이 중에는 대중교통요금 3,000,000원, 전통시장사용액 7,000,000원, 도서공연 사용액(문체부장관이 지정한 사업자) 1,000,000원 포함됨, 직불/선불카드·현금영수증 사용액 없음.] • 연금저축납입액 : 1,200,000원[(주)우리은행 / 1002-484-652358] • 정치자금(정당에 신용카드로 지출) : 300,000원
어머니(김미녀) (541206-2681082)	• 질병치료비 : 3,000,000원(실손보험 수령금 1,000,000원을 수령하였으며, 본인이 실제 어머니 치료비를 부담) • 종교단체 기부금 : 1,500,000원
배우자(김소미) (750511-2231128)	• 연간총급여 : 6,000,000원(이 중에는 일용근로소득자로서 받은 총급여 3,000,000원이 포함되어 있음.) • 시력보정용 안경구입비 : 900,000원(서울 안경원 사업자등록번호 생략) • 질병치료비 : 3,000,000원(이 중 실손보험금 수령액 1,700,000원) • 건강기능식품 구입비 2,000,000원 • 배우자 명의의 신용카드사용액 : 5,000,000원(이 중에는 대중교통요금 2,000,000원, 전통시장사용액 1,000,000원 포함, 직불/선불카드·현금영수증 사용액 없음.)
자녀(황선영) (060410-4662721)	• 미국 현지 소재 고등학교(우리나라 교육법에 따른 학교에 해당하는 교육기관임) 수업료 : 6,000,000원 • 보장성 보험료 납입액 : 300,000원(의료비 실손보험료)
자녀(황수민) (080412-3735025)	• 중학교 등록금 900,000원, 교복 구입비 400,000원(신용카드 사용분) • 영어학원 학원비 1,200,000원(현금영수증 수령) • 사시교정비 800,000원(치료목적)

예제해설

① 연말정산 대상 소득 및 세액공제 분석

① 본인(황충기) : 본인은 항상 기본공제대상에 해당되므로 모든 소득공제와 세액공제 대상이 된다.

② 모친(김미녀) : 소득이 없는 기본공제대상으로 보험료, 의료비, 기부금 및 신용카드 공제대상이 된다.

③ 배우자(김소미) : 배우자의 근로소득 중 일용근로소득은 분리과세대상이므로 소득에 포함하지 않는다. 또한, 총급여액이 500만원 이하이므로 기본공제대상에 해당하며, 보험료, 의료비, 교육비, 기부금 및 신용카드 공제대상에 해당이 된다.

PART 2 실 무 편

④ 자녀(황선영) : 소득이 없는 자녀는 20세이하인 경우 생계여부와 관계없이 기본공제대상이 되며, 외국에 유학 중인 경우 교육비도 세액공제 대상에 포함한다.

⑤ 자녀(황수민) : 교복구입비는 교육비 세액공제 대상에 해당하지만, 학원비는 세액공제 대상이 아니다.

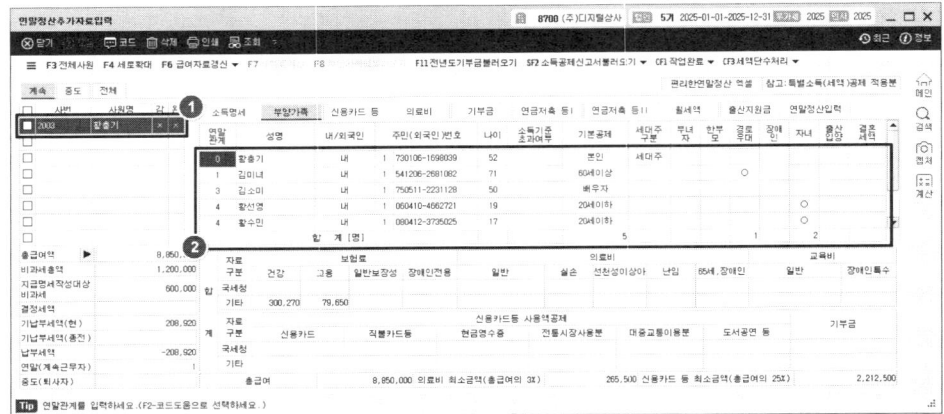

② 전근무지 소득자료의 입력

① F2(사원코드도움)을 클릭한 후 [2003.황충기]사원을 선택한다.
② 연말정산입력 탭에 21.총급여액이 조회되었는지 확인한다.(금액이 조회되지 않은 경우에는 연말정산이 되지 아니한다.)
③ 소득명세 탭은 (현)근무지와 (전)근무지의 소득금액 및 공제내역을 입력하는 곳으로 (전)근무지 소득금액이 있는 경우 (전)근무지에서 발급받은 원천징수영수증의 자료를 이곳에 입력하며, 기납부세액은 반드시 [결정세액]으로 입력하여야 한다.

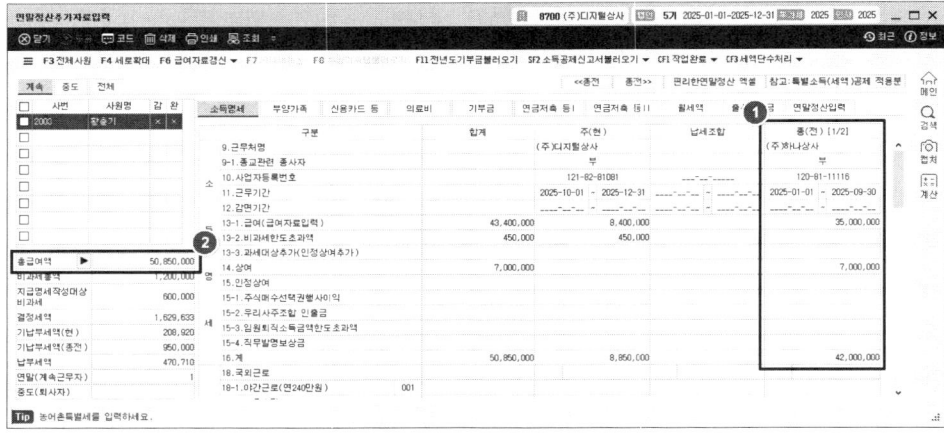

Chapter 2 원천징수 실무

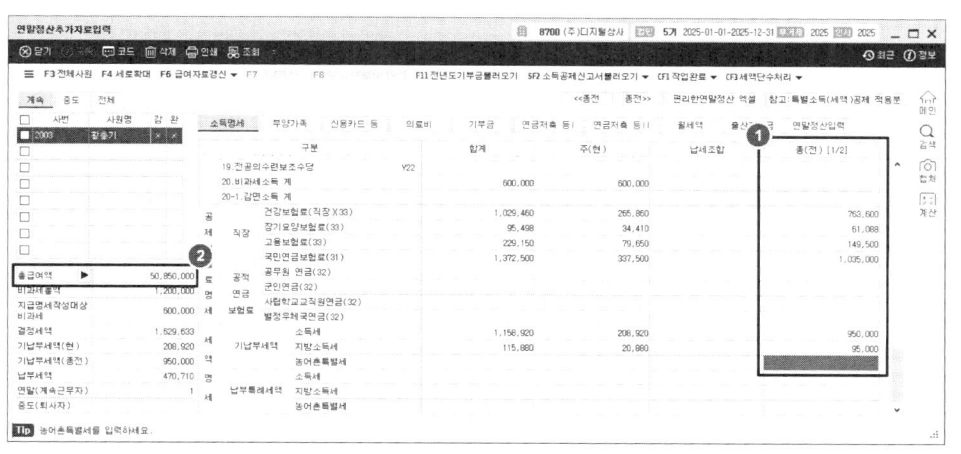

④ 연말정산입력 탭에서 21.총급여에 (전)근무지 소득금액이 반영되었는지 확인한다.

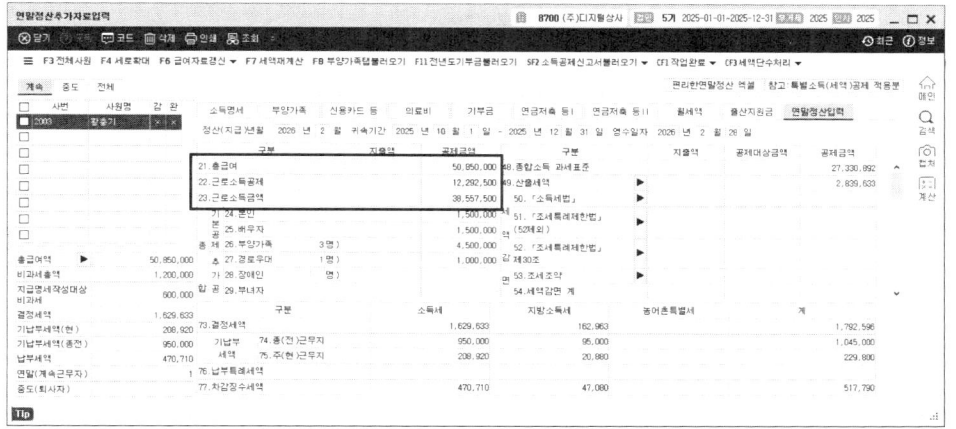

③ 부양가족 입력 탭의 작업내용 및 입력방법

① 부양가족 입력 탭에 기본공제 대상이 정확하게 입력되었는지 확인하며, 오류가 있는 경우 즉시 수정한다.
② 보험료 세액공제와 교육비 세액공제를 받고자 하는 경우 해당 입력 탭을 선택하여 입력한다.

1) 보험료세액공제

① 보험료 세액공제대상 가족의 이름에 커서를 위치한 후 중간부의 보험료 공제에서 노랑색 부분을 더블클릭하고 공제대상 보험료를 입력한다. (보험료 공제대상은 보장성 보험에 한한다.)
② 보험료 세액공제는 총 공제 한도액이 100만원이므로 가족의 총 공제대상 보험료를 합계하여 입력하여도 상관이 없다.

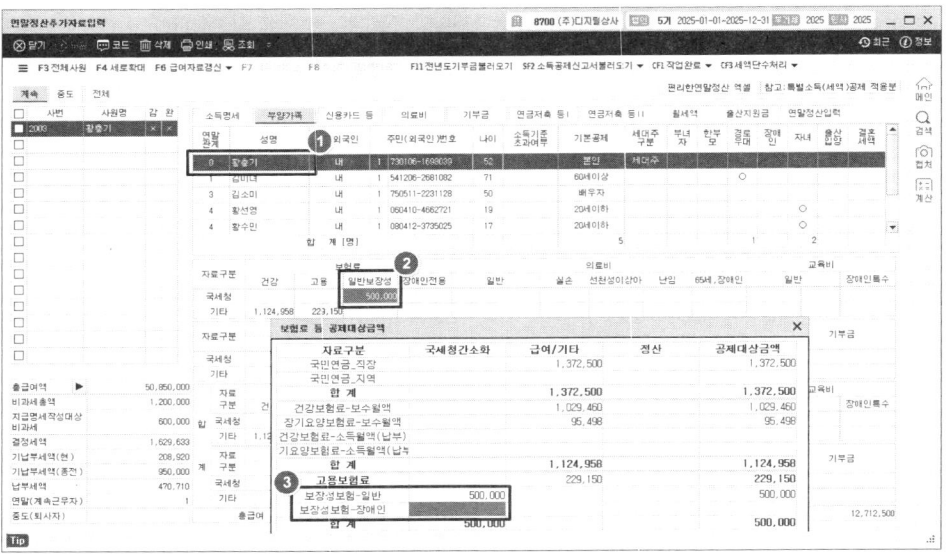

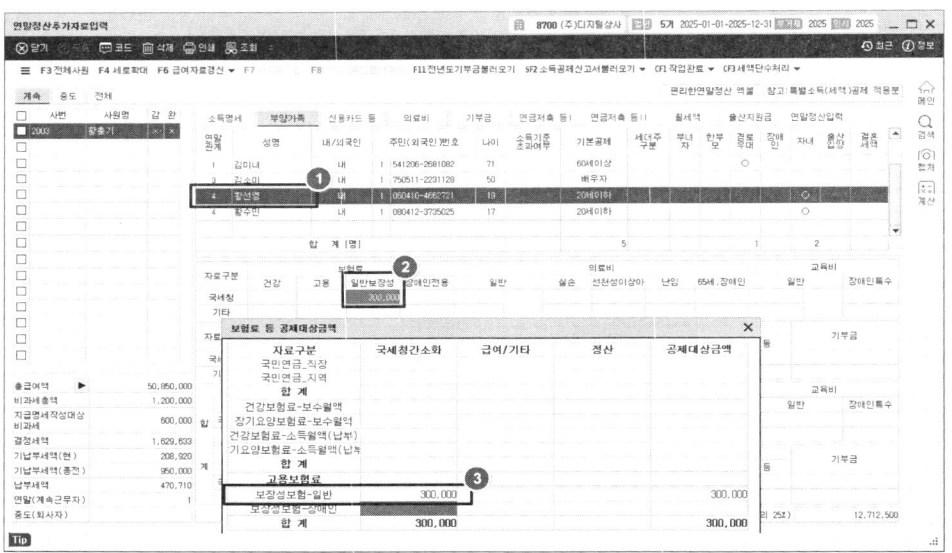

2) 교육비세액공제

① 황충기(본인) : 본인은 대학원까지 전액 공제된다. 학자금 대출액이 있는 경우에는 대출액은 공제대상이 될 수 없으며 추후 상환 시에 공제받을 수 있다.

② 황선영(자녀) : 외국에 유학 중인 자녀의 교육비가 우리나라 교육법상 학교에 해당되는 경우, 교육비세액공제를 받을 수 있다. 외국의 학교에 지급한 내역은 국세청 자료가 아니므로 기타란에 입력하여야 한다.

③ 황수철(자녀) : 중학교 등록금과 교복구입비(1인당 50만원 한도)는 교육비 공제대상에 포함하지만, 학교에 다니는 학생의 학원비는 공제대상에서 제외한다.

Chapter 2 원천징수 실무

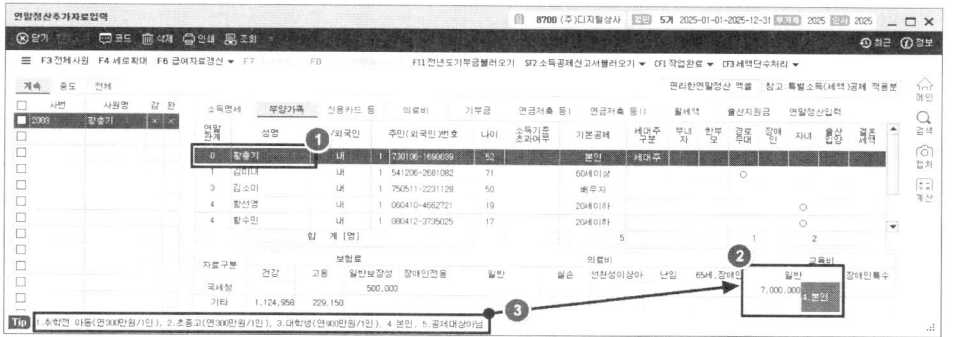

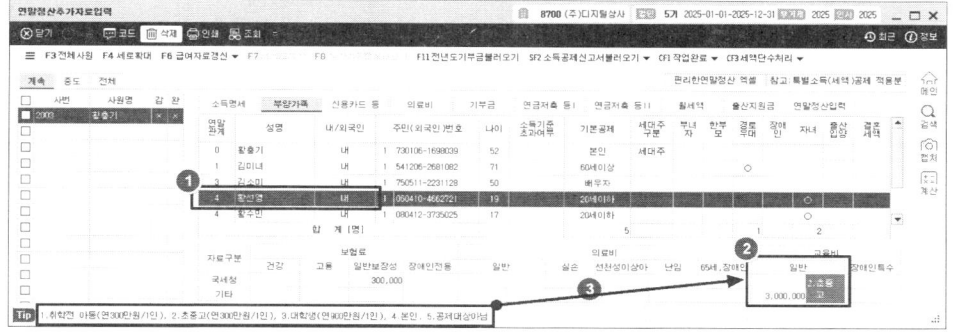

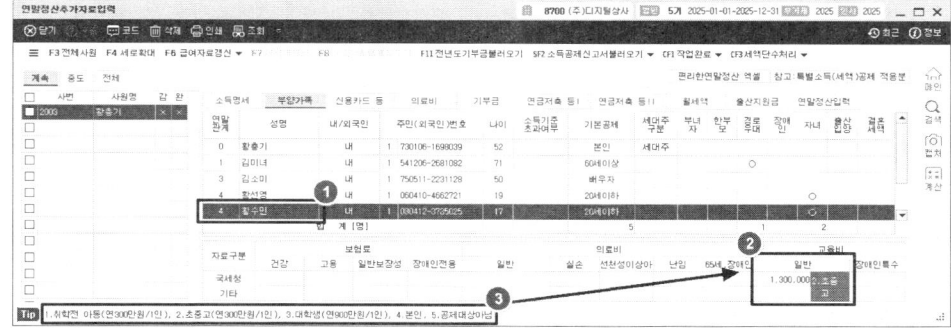

4 신용카드 등 사용액 공제 탭

① 신용카드 등 탭을 클릭한 후 신용카드사용내역을 신용카드 공제대상에 내용을 확인하여 입력한다. 국세청에서 확인한 내용은 윗줄에 입력하며, 기타자료는 아랫줄에 입력한다.

② 도서 등 문화사용액은 총급여액 기준 7,000만원 이하인 경우에 한하여 입력하는 것에 유의하여야 한다.

③ 직전년도 소비증가분이 없는 경우에는 당기 소비증가분에 입력된 당기 사용액은 스페이스바를 이용하여 삭제하여야 한다.

PART 2 실무편

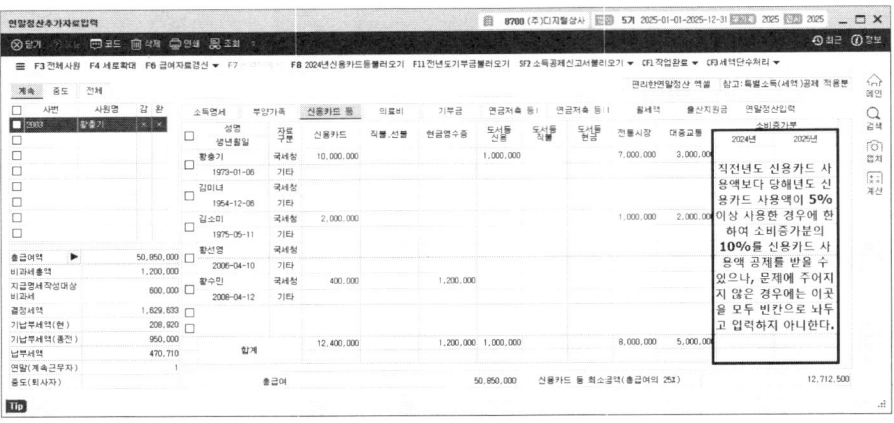

5 의료비세액공제 입력(탭)

① 가족 중 한 사람의 이름에 커서를 위치한 후 중간부의 의료비 공제에서 노랑색 부분을 더블클릭하거나, 의료비 공제탭을 직접클릭한 후 의료비 지출대상별로 다음과 같이 입력한다. 의료비 중 실손보험료 수령액이 있는 경우 의료비공제액에서 차감하여야 한다.

② 의료비 공제대상자의 조회 : F2(부양가족코드도움)에서 의료비 지출자를 선택한다.

③ 의료비 지급처를 자세하게 입력한다.(1.국세청자료 등)

④ 실손 의료비 수령액이 있는 경우 입력한다. 안경구입비가 있는 경우 1인당 50만원 한도 내에서 적용한다.

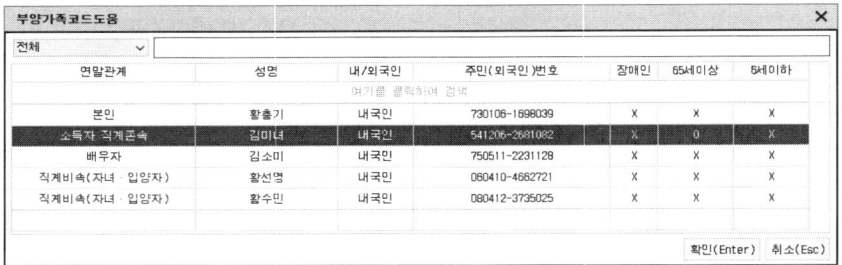

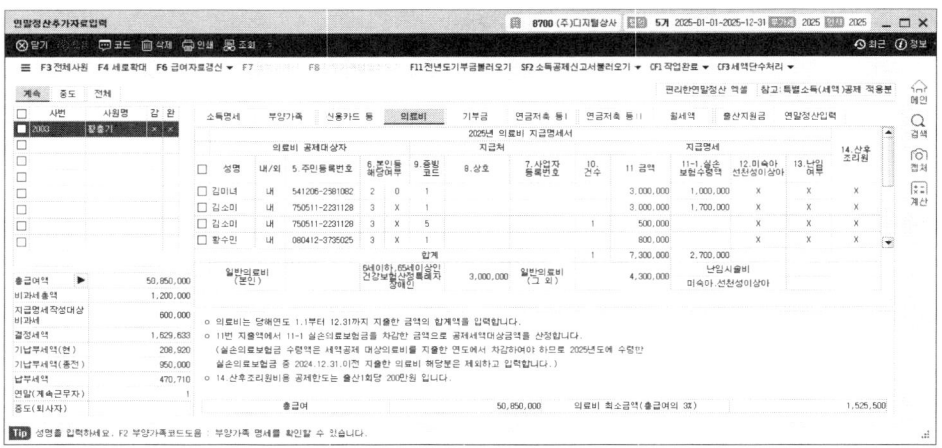

Chapter 2 원천징수 실무

6 기부금세액 공제입력(탭)

① 기부금 세액공제는 기부금 탭을 클릭하여 공제대상자를 F2(부양가족명세)에서 조회하여 작성한다. 기부금은 연령요건에 제한이 없으며, 기본공제대상자라면 형제자매의 기부금도 공제대상이 된다.

② 기부금 입력 : F2(부양가족코드도움)에서 기부금 공제대상 가족을 선택한다.

④ 구분의 7.유형에서 F2(기부유형)을 선택한다.(10.특례기부금, 20.정치자금기부금, 40.일반기부금(종교단체 외 기부금), 41.일반기부금(종교단체 기부금 등), 42.우리사주조합 기부금, 43.고향사랑기부금)

⑤ 정치자금 기부금과 고향사랑기부금은 본인만 해당 기부금의 공제대상이 되며, 기부금 입력 탭에 기부액 전액을 입력한다.

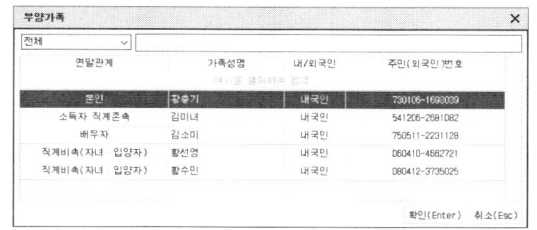

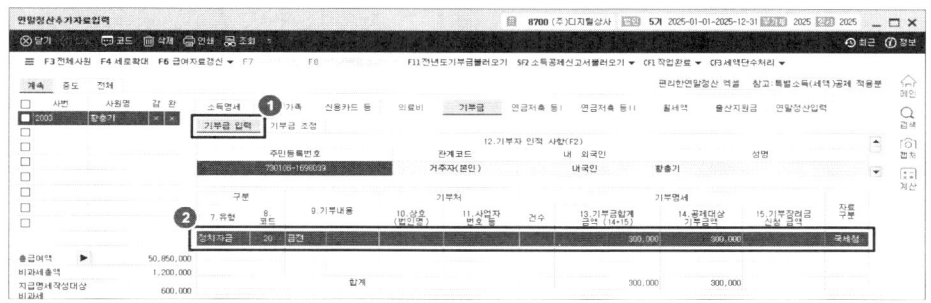

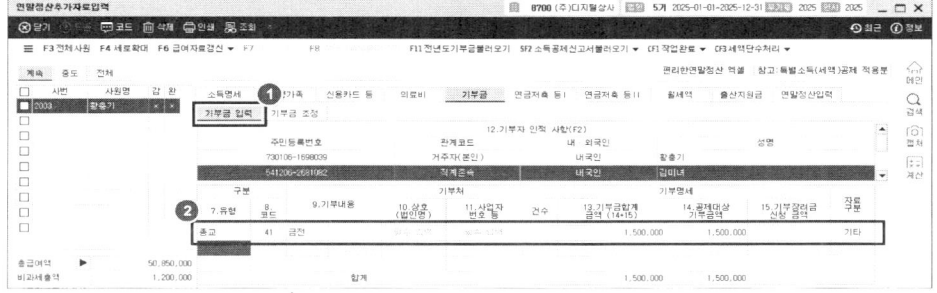

⑥ 기부금 조정(탭)

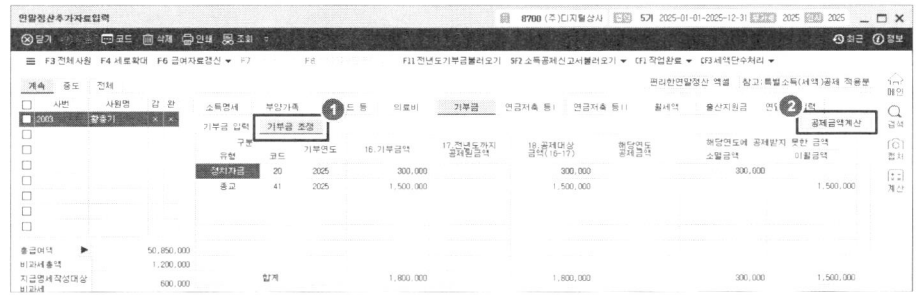

PART 2 실 무 편

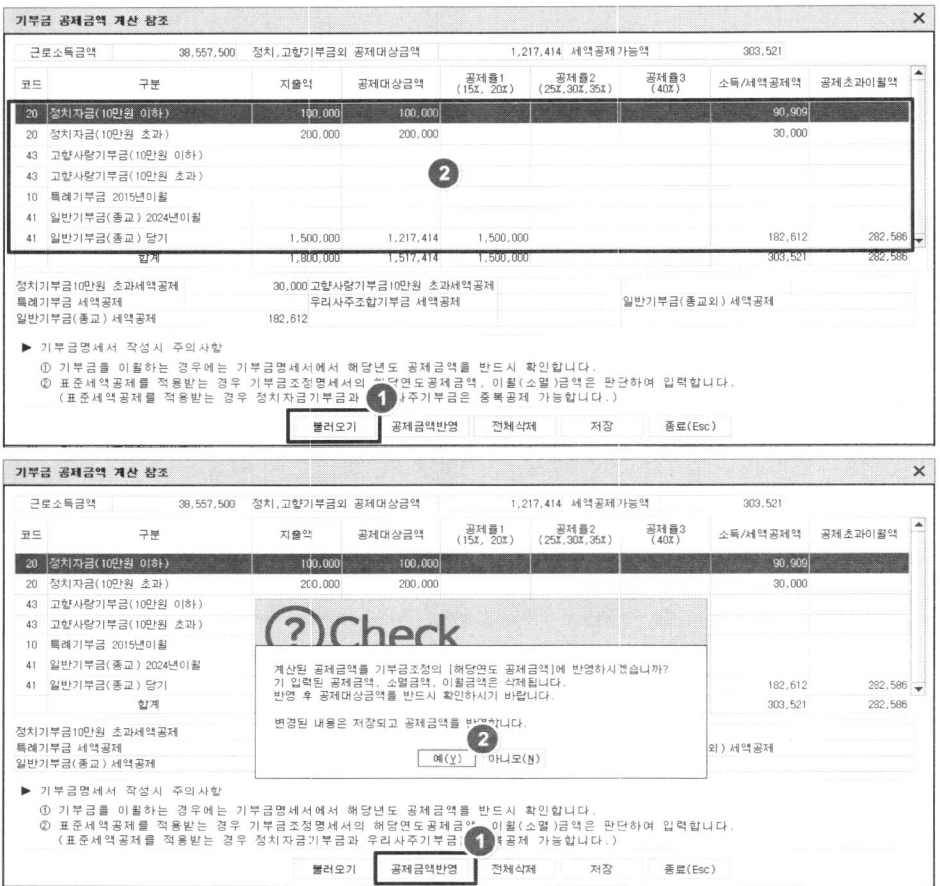

7 연금저축 등 세액 공제입력(탭)

① 연금저축과 퇴직연금은 본인 부담분만 공제대상이 된다.
② 1연금계좌세액공제 : 퇴직연금계좌에 대한 내역을 입력한다.
③ 2연금계좌세액공제 : 개인연금저축 또는 연금저축에 대한 내역을 입력한다.

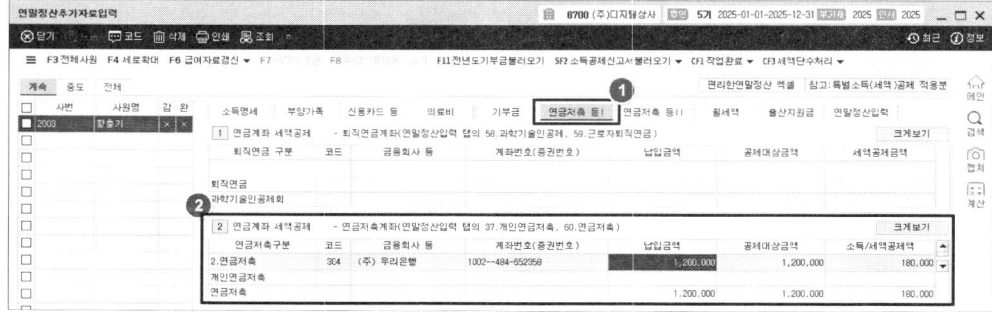

Chapter 2 원천징수 실무

8 연말정산입력(탭)의 완성

① 모든 연말정산 자료의 입력이 완료되면, F8(부양가족탭 불러오기)를 클릭하여 자료를 불러온다. 해당 자료는 다음과 같이 조회된다.

[부양가족탭 불러오기 전]

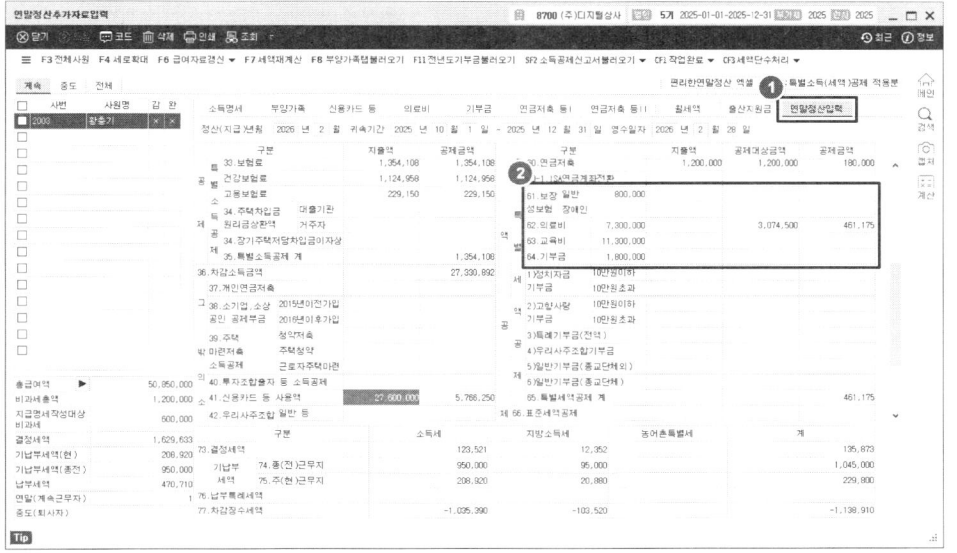

[부양가족탭 불러오기 후]

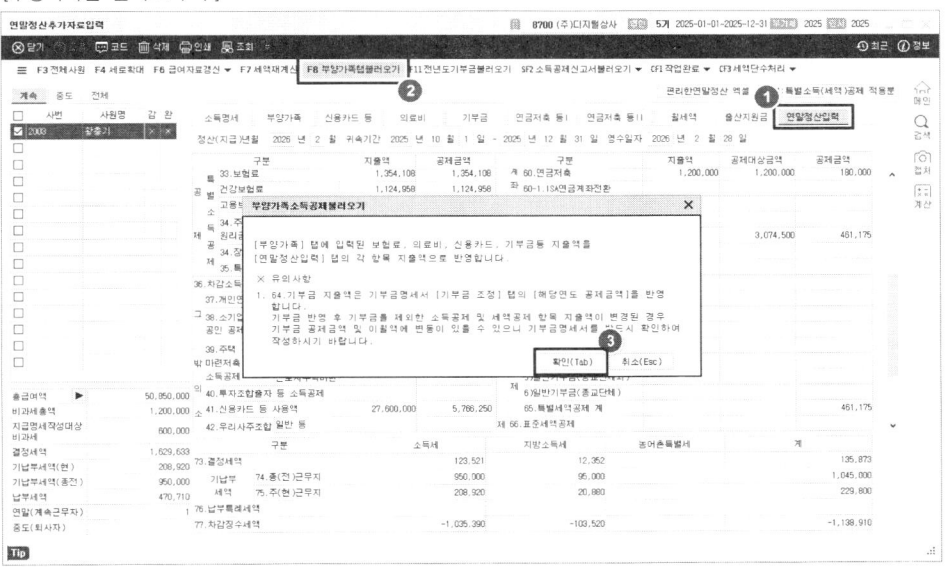

PART 2 실 무 편

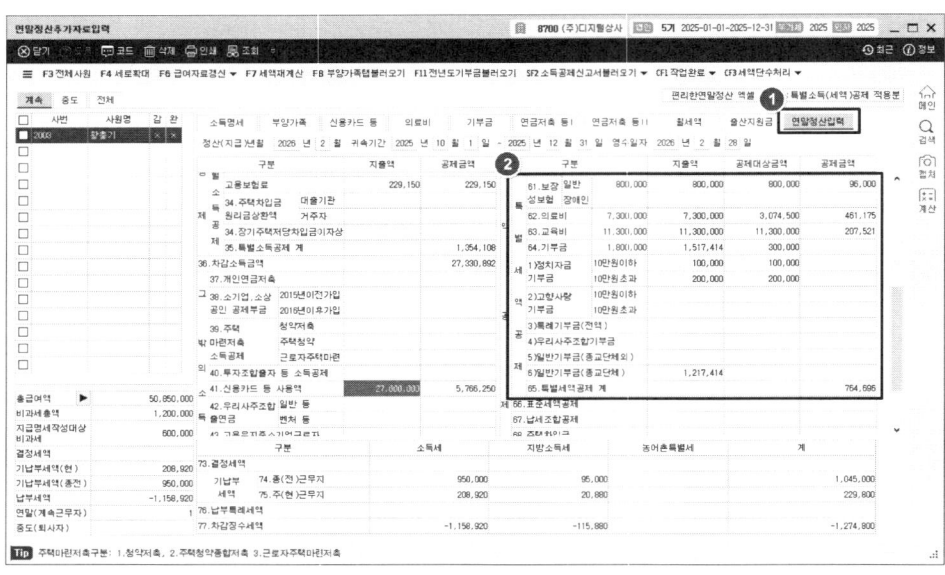

실무예제 — 연말정산의 신고 및 원천징수영수증의 작성

영업부과장 정필립(사원코드 : 2006, 주민등록번호 : 890413-1629831, 입사일 : 2021.05.06.)의 2024년 말 연말정산결과와 2025년 2월 급여자료이다. 자료를 바탕으로 2월분 급여대장과 원천징수이행상황신고서를 작성하시오. 필요할 경우 수당 및 공제사항을 반드시 등록하시오.(7점)

(1) 정필립의 2024년 총급여는 60,000,000원이며 연말정산결과는 다음과 같다.

구분	소득세	지방소득세
결 정 세 액	4,139,406원	413,940원
기 납 부 세 액	2,639,400원	263,940원
차 감 징 수 세 액	1,500,000원	150,000원

Chapter 2 원천징수 실무

(2) 2025년 2월 급여명세는 다음과 같다.(급여지급일은 매월 25일이다.)

구 분	금 액	비 고
기 본 급	3,000,000원	
직 책 수 당	500,000원	
야 간 근 로 수 당	400,000원	
월 차 수 당	120,000원	
식 대	200,000원	별도의 식사 제공 없음.
자가운전보조금	300,000원	본인 차량을 업무에 사용하고, 별도 여비를 지급하지 아니하였음.
국 민 연 금	200,000원	
건 강 보 험 료	300,000원	국민연금, 건강보험료, 장기요양보험료, 고용보험료, 소득세, 지방소득세는 요율표를 무시하고 주어진 자료를 이용한다.
장기요양보험료	22,140원	
고 용 보 험 료	27,430원	
소 득 세	212,150원	
지 방 소 득 세	21,210원	

(3) 2024년 연말정산으로 인한 추가납부세액(차감징수세액)중 1,500,000원은 분납하여 납부하는 것으로 신고하였다.

예제해설

1 정필립의 2월분 급여자료 입력

① 수당공제에서 식대 비과세를 확인한 후 다음과 같이 입력한다.

② F7중도퇴사자정산(▽)을 클릭하여 [S]+F6연말정산]을 선택한다. 다음과 같이 연말정산 보조창이 표시되면 해당 사원에 ☑선택을 한 후 소득세 1,500,000원을 입력하면 지방소득세는 자동으로 반영된다.(본래 연말정산추가 자료를 입력하여 산출된 세액이 불러오기를 하여 반영해야 한다.)

PART 2 실 무 편

③ 위의 그림처럼 입력이 완료되면 연말정산데이타 적용버튼을 클릭하여 소득세를 반영한다.

④ F7중도퇴사자정산)을 클릭하여 F11(분납적용)을 선택한다. 해당사원에 ☑표시를 한 후 소득세와 지방소득세를 입력한다. 입력 후 분납(환급)계산을 클릭한다.

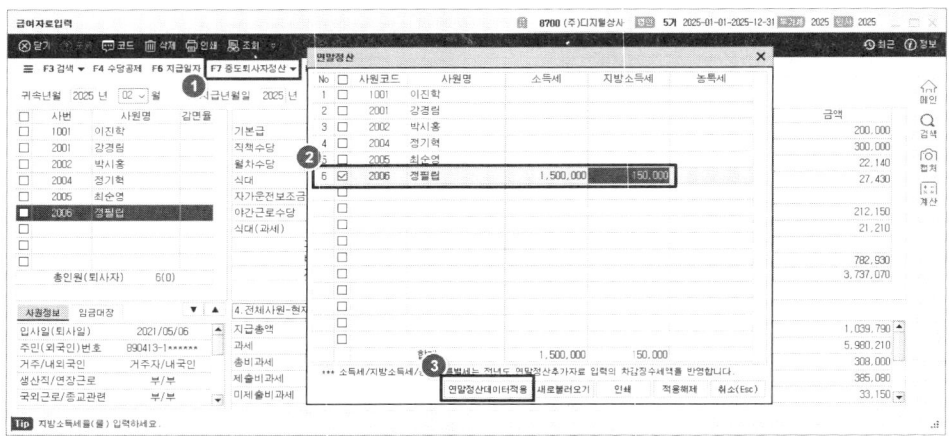

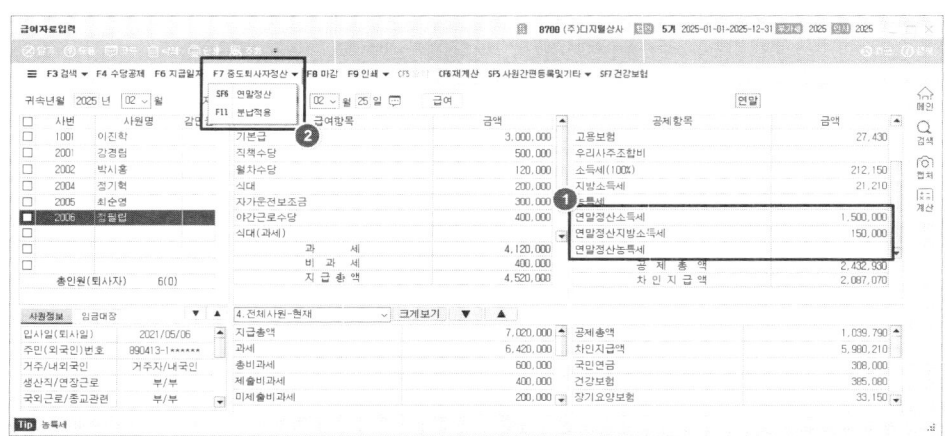

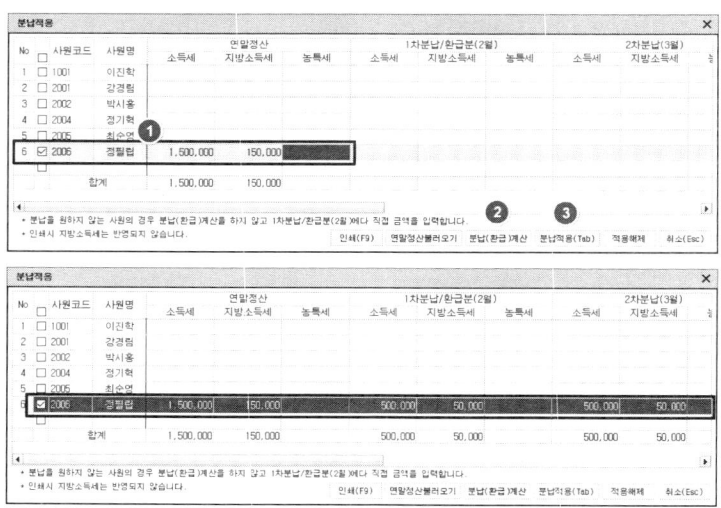

Chapter 2 원천징수 실무

④ 분납(환급)계산을 클릭한 후 분납적용을 클릭하면 급여자료 입력에 다음과 같이 출력된다.

2 연말정산에 대한 원천징수이행상황신고서

① 원천징수이행상황신고서를 클릭하여 귀속기간과 지급기간을 2월로 선택한 후 근로소득의 연말정산(A04)에 총급여액 60,000,000원과 차감징수세액 1,500,000원을 입력한다.(연말정산은 2월분 급여를 지급할 때 정산을 하기 때문에 원천징수이행상황신고서에 2월분으로 입력하는 것이다)

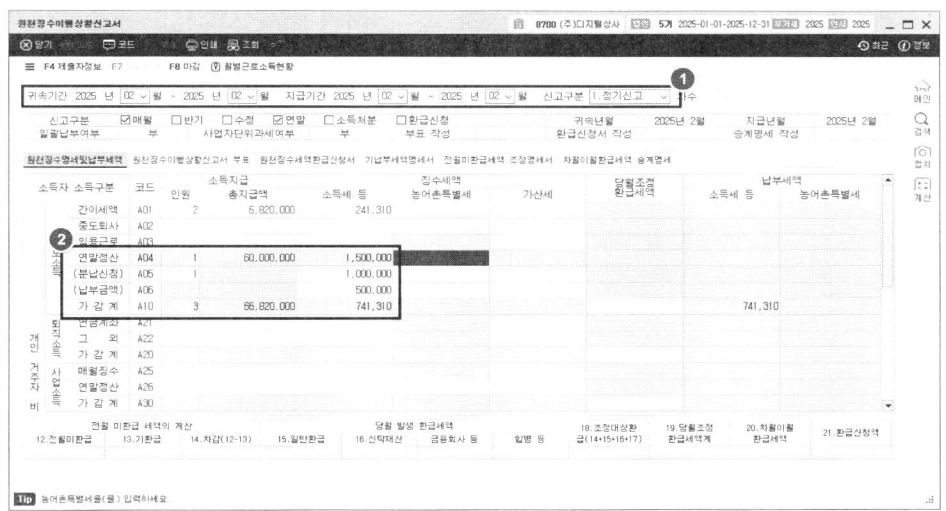

제 3 절   중도퇴사자의 연말정산 및 퇴직소득자료

1. 중도퇴사자의 연말정산

(1) 연말정산 시기

근로자가 중도에 퇴사하는 경우 원천징수하는 회사에서는 퇴사하는 직원에 대한 퇴직금을 결정하고 퇴직소득세를 계산해야 하며, 건강보험 등 4대 보험업무 뿐아니라 중도퇴사 전까지 총급여액에 대해서 연말정산을 실시하여야 한다. 즉, 1월 1일 또는 중도입사일부터 퇴직하는 날까지의 총급여액에 대해 퇴직한 달의 근로소득을 지급하는 때에 연말정산을 하고 「**근로소득원천징수영수증**」을 교부해야 하는 것이다.

(2) 근로소득자 소득·세액 공제신고서 제출

근로자가 과세기간 중 퇴직하는 경우에는 퇴직하는 달의 급여를 지급받을 때에 「**근로소득자 소득·세액 공제신고서**」에 근무기간동안 지출한 소득·세액 공제 영수증 등 각종 증빙서식을 첨부하는 경우에는 퇴직하는 시점에서 연말정산을 할 수 있다. 이때 연말정산을 할 때에 원천징수의무자는 근로자가 제출한 「**근로소득자 소득·세액 공제신고서**」를 제출하지 아니한 경우에는 근로자 본인에 대한 기본공제와 표준세액공제만을 적용하여 연말정산 하여야 한다.

원천징수의무자는 원천징수세액과 각종 공제세액의 합계액이 종합소득산출세액을 초과하는 경우에는 그 초과분을 근로소득자에게 환급해야 한다.

(3) 근로소득원천징수영수증 교부

원천징수의무자는 근로자가 연도 중에 퇴사하는 경우에는 퇴직한 달의 근로소득의 지급일이 속하는 달의 다음 달 말일까지 근로자에게 근로소득원천징수영수증을 교부하여야 한다. 중도퇴사자의 연말정산 결과 환급액이 발생하면 원천징수의무자는 퇴직한 달의 급여를 지급하는 때에 환급하여야 하며, 중도퇴사자는 근로소득원천징수영수증의 결정세액과 기납부세액을 비교하여 환급세액이 발생한 경우 그 환급세액이 퇴직한 달의 급여에 포함되었는지를 반드시 확인하여야 한다.

(4) 퇴직 후 다른 근무지에 입사한 경우

연도 중 퇴직하여 다른 근무지에 입사한 경우 퇴직한 직장의 원천징수영수증을 첨부 하여 새로운 직장에서 종(전)근무지 소득을 합산하여 연말정산을 해야 한다. 퇴직시 연말정산에서 공제받지 못한 금액이 있는 경우 다음해 5월에 종합소득세 확정신고를 통해 추가로 공제받을 수 있다. 또한, 연말정산을 한 후 퇴직한 직원에게 상여금을 추가로 지급하는 때에는 연말정산을 다시 해야 한다.

(5) 중도퇴사자의 연말정산자료 입력순서

1) 사원등록

이 메뉴에 퇴사일자를 항상 먼저 입력한 후 작업을 실행 한 후 급여입력을 실행해야 퇴사사원의 연말정산이 정상적으로 실행된다.
① 사원등록 메뉴에서 중도퇴사 사원을 조회한다.
② [기본사항]메뉴 : 15.퇴사년월일에 퇴사일자를 입력한다.

2) 급여자료 입력

① 중도퇴사사원을 선택하고, 급여자료를 입력한다.
② 중도퇴사자의 급여자료를 급여항목, 공제항목에 입력한 후 소득세로 이동하면, 자동으로 중도퇴사사원연말정산 화면으로 이동한다. 입력이 완료되었으나 중도퇴사사원 연말정산 화면이 표시되지 않는 경우 급여자료입력의 [F7]중도퇴사자정산]을 클릭하면 화면을 직접 출력할 수 있다.
③ 화면에 출력되면 **[급여반영(Tab)]** 버튼을 클릭하여 **[급여자료입력]** 화면으로 이동한다.

실무예제 — 중도퇴사자의 연말정산자료 입력

사원 정기혁(사번 2004)이 4월 20일자로 중도 퇴사하였다. 사원 정주혁은 2025년의 4월 귀속분에 대한 급여를 다음과 같이 지급하였다. 급여지급내역은 다음과 같을 때 사원 정지혁에게 지급한 급여자료 내역을 입력하고 중도퇴사자에 대한 연말정산을 하시오.

■ 사원 정지혁이 퇴사시점에 제출한 연말정산서류는 없는 것으로 가정하며, 당사는 매월 25일에 급여를 지급하고 있다.

급여 항목		공제 항목
기 본 금	2,000,000원	국민연금 및 건강보험료 등과 소득세 등은 자동으로 출력되는 자료에 의한다.
직 책 수 당	150,000원	
식 대(비과세)	200,000원	
연 장 근 로 수 당	150,000원	

PART 2 실 무 편

예제해설

① 사원등록메뉴에 사원 정주혁의 퇴사일 2025년 4월 20일을 입력한다.

② 급여자료 입력메뉴에 4월분 급여자료 및 공제내역을 입력을 입력하고 소득세에 커서를 위치시키면 자동으로 퇴직자 연말정산추가자료 입력으로 화면이 이동된다. 만약 자동으로 이동되지 않는 경우에는 소득세에 커서를 맞춘 후 F7(중도퇴사자정산)을 클릭하면 이동하게 된다.

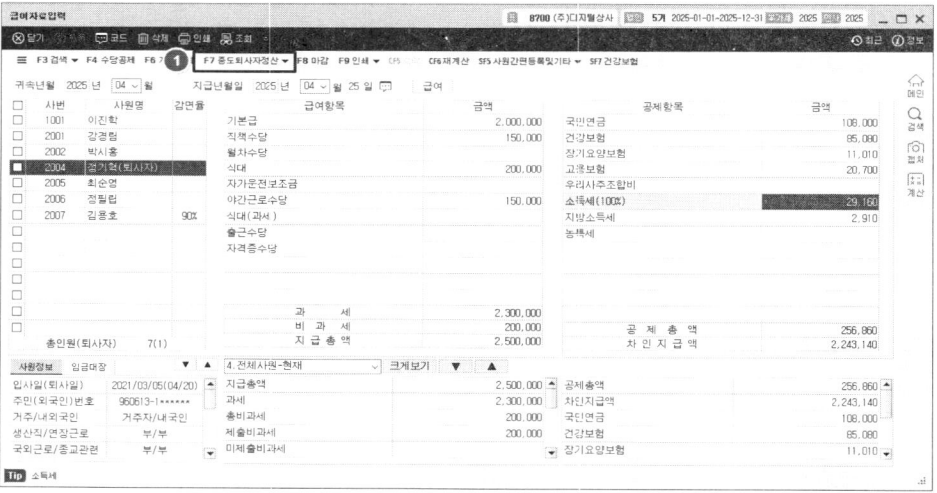

Chapter 2 원천징수 실무

③ [연말정산추가자료] 입력 전 급여자료 입력화면(급여반영이란 이번 달분 급여를 반영하는 것임)

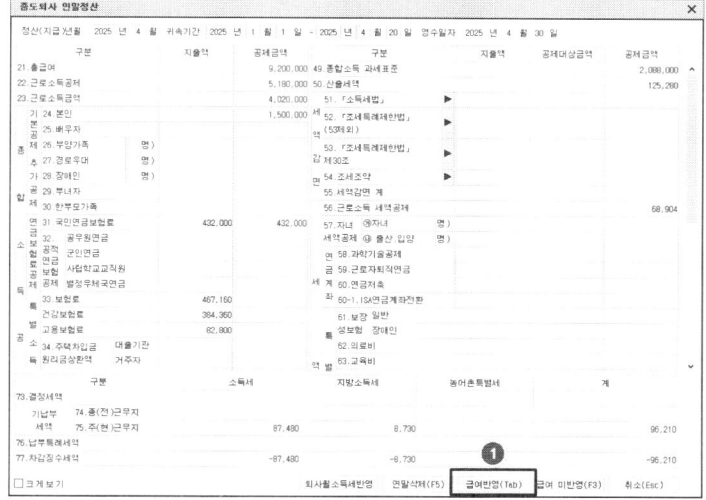

④ [중도퇴사 연말정산]반영 후 급여자료 입력화면

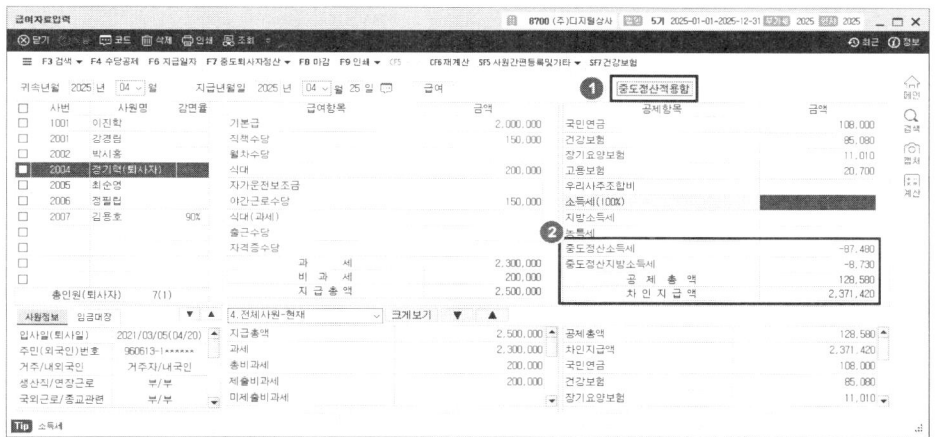

⑤ [중도퇴사자 연말정산]반영 후 원천징수영수증 조회화면

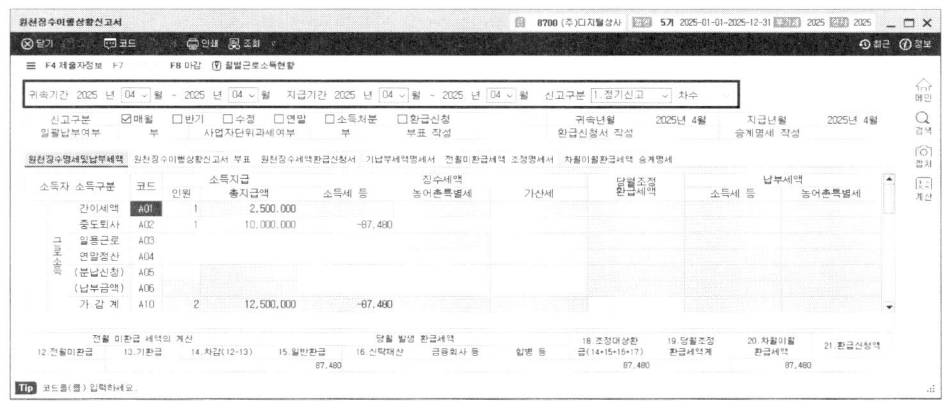

2. 퇴직소득의 원천징수

「퇴직소득」이란 법인 또는 개인사업자를 위하여 근로를 제공한 임원이나 사용인이 퇴직을 할 때 지급받는 소득과 공적연금 관련법에 따라 받는 일시금을 의미한다. 이러한 퇴직소득은 사용인의 요청에 의하여 중간에 퇴직금을 정산하는 것도 퇴직소득으로 본다.

(1) 퇴직소득의 범위

「퇴직소득」이란 해당 과세기간에 발생한 다음의 소득을 말한다.

① 공적연금 관련법에 따라 받는 일시금
② 사용자 부담금을 기초로 하여 현실적인 퇴직을 원인으로 지급받는 소득
③ 위 ①의 일시금을 지급하는 자가 퇴직소득의 일부 또는 전부를 지연하여 지급하면서 지연지급에 대한 이자를 함께 지급하는 경우 해당 이자
④ 과학기술인공제회법에 따라 과학기술인공제회로부터 지급받는 과학기술발전장려금
⑤ **「건설근로자의 고용개선 등에 관한 법률」**에 따라 건설근로자공제회로부터 지급받는 퇴직공제금
⑥ 종교관련 종사자가 현실적인 퇴직을 원인으로 종교단체로부터 지급받는 소득

(2) 퇴직판정의 특례

일반적인 퇴직소득은 사용자의 부담금을 기초로 현실적인 퇴직을 원인으로 근로자가 지급받는 소득이다. 여기서 **"현실적인 퇴직"**이란 근로관계가 종료됨으로써 퇴직하는 것을 말한다. 그러나 여기에는 다음과 같은 퇴직 판정의 특례가 있다.

① 비현실적 퇴직으로 보는 경우 : 일정한 사유가 발생하였으나 퇴직급여를 실제로 받지 않은 경우에는 퇴직으로 보지 않을 수 있다.
② 현실적 퇴직으로 보는 경우 : 계속근로기간 중에 일정한 사유로 퇴직급여를 미리 지급받은 경우(임원인 근로소득자를 포함하며, 이하 '퇴직소득중간지급' 이라 함)에는 그 지급받은 날에 퇴직한 것으로 본다.

Chapter 2 원천징수 실무

실무예제   자발적 퇴사자의 원천징수

최순영(사번 2105)의 퇴직소득자료가 다음과 같다. 퇴직소득관리를 이용하여 퇴직소득세를 산출하고 퇴직소득원천징수영수증을 작성하시오. (사원등록에 최순영 사원에 대한 정보는 입력되어 있다)

[자료 1] 퇴사자관련 정보

사원코드	2105	사원명	최순영
퇴직일자	2025년 5월 31일	회사규정상 퇴직급여	50,000,000원
퇴직사유	자발적 퇴직	영수일자	2025년 5월 31일
근속기간	2021년 1월 1일부터 2025년 5월 31일		

[자료 2] 퇴직금 지급 관련정보

> 회사는 확정급여형 퇴직연금에 가입되어 있으며 퇴직금추계액 80%를 퇴직연금에 불입하였다. 퇴사 시 퇴직금에 대하여 전액 개인형퇴직연금(IRP)계좌로 입금하였다.
> - 연금계좌취급자 : 국민은행
> - 계좌번호 : 154-01-5-24248
> - 확정급여형 퇴직연금제도가입일 : 2021년 4월 20일
> - 사업자등록번호 : 121-85-32424
> - 입금일 : 2025년 5월 31일

예제해설

1 주요항목별 입력순서

① 사원등록 메뉴에서 중도퇴사 사원을 조회한다.
② [기본사항]메뉴 : 16.퇴사년월일에 퇴사일자를 입력한다.
③ 사원등록메뉴에 사원 최순영의 퇴사일 2025년 5월 31일을 입력한다.

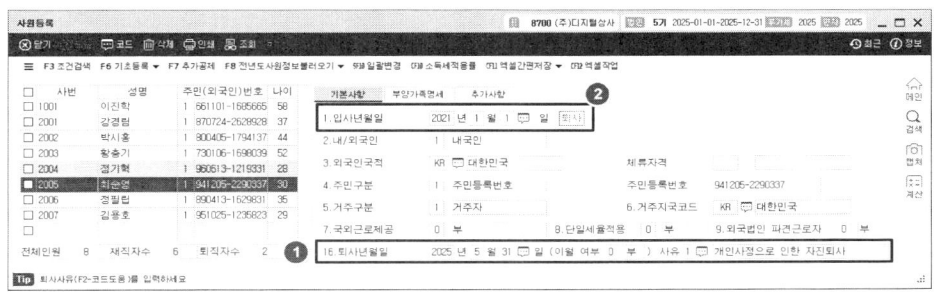

2 퇴직소득자료 입력

① 초기화면 ⇨ [퇴직소득][퇴직소득자료입력]선택
② 지급년월 ⇨ 해당 월 입력

③ F2(조회) ⇨ 사번 및 퇴사사원 선택
④ 귀속년월 및 영수일자 선택(귀속연월과 반드시 영수일자를 정확하게 입력할 것)
⑤ 퇴직사유의 선택 ⇨ 퇴직사유에 따라 퇴직금의 정산방식 및 퇴직금 지급액에 차이가 발생할 수 있고, 실업수당의 신청에 차이를 주기 때문에 선택에 유의해야 한다.
⑥ 기산일/입사일 ⇨ 퇴직금 계산의 기초일자 이므로 회사 입사일을 입력하며, 중간에 퇴직금 정산을 한 경우에는 퇴직금 정산일의 다음날을 입사일로 입력해야 한다.
⑦ 퇴사일/지급일 ⇨ 퇴사일과 퇴직금지급일이 다를 수 있기 때문에 입력에 유의한다. 퇴사일을 기준으로 근속월수가 계산된다.
⑧ 과세퇴직급여 : 현실적인 퇴직으로 인하여 지급되는 퇴직금액을 입력한다.

③ 과세이연계좌 명세

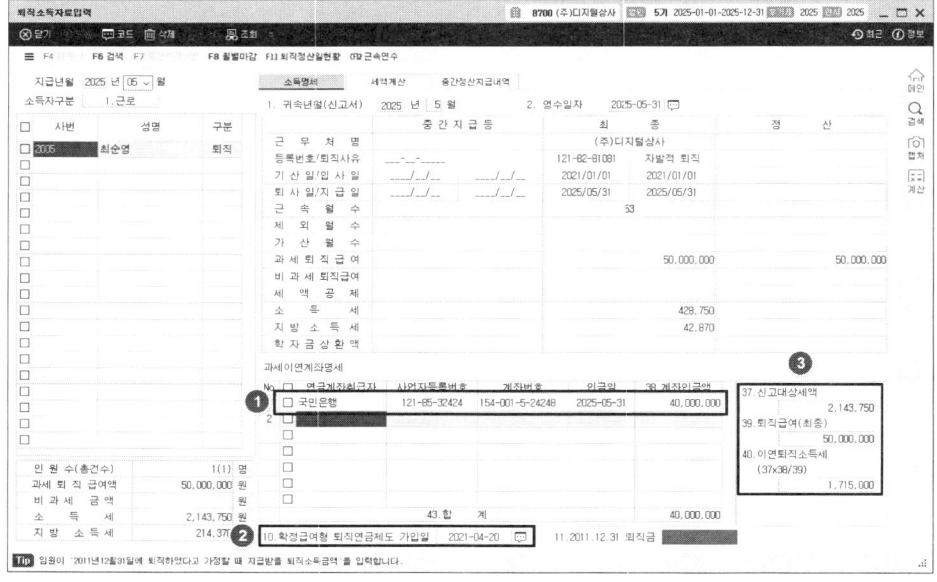

Chapter 2 원천징수 실무

제 4 절 사업소득 및 기타소득자료의 관리

1. 사업소득의 원천징수

사업자에 대한 사업소득은 원천징수를 하지 않는 것이 원칙이다. 하지만 면세사업을 영위하는 사업자의 경우 원천징수를 하지 않으면 소득을 추정하기가 매우 어렵다. 그러므로 면세사업자에게 소득을 지급하는 사업자에게 면세사업자의 소득을 대신 신고하게 함으로서 면세사업자의 소득을 양성화 할 수 있다. 또한, 보험모집인 등이 지급받는 소득은 사업소득으로서 원칙적으로 다음해 5월 중에 종합소득세 확정신고를 하여야 하나, 간편장부대상자로서 보험모집수당 등을 받는 사업소득자에 대하여는 이들 사업소득을 지급하는 원천징수의무자가 '연말정산사업소득의 소득률'을 적용하여 연말정산을 함으로써 납세의무를 종결시킬 수 있다.

1 사업소득자 등록

① 초기화면 ⇨[사업소득],[사업소득자등록]선택
② [사업소득자]코드 및 인적사항 등록

2 사업소득자료 입력

① 초기화면 ⇨[사업소득],[사업소득 자료입력]선택
② 지급년월일 : 사업소득금액의 지급일을 입력한다.
② F2(사원조회)를 클릭하여 사업소득자 조회 후 귀속년월 및 지급(영수)일자와 지급내역 입력.

실무예제 사업소득에 대한 원천징수

이상해(사번 5102)의 사업소득 자료는 다음과 같다. 다음 자료를 이용하여 사업소득자 등록 및 사업소득을 입력하여 원천징수세액을 산출하고 원천징수이행상황신고서를 조회하시오.

1. 지급일자(영수일자) : 2025. 06. 20.
2. 강연료 지급액 : 1시간당 @₩100,000 8시간 교육(1일 기준)
3. 출강 강사의 인적사항(거주자)
   (1) 소속 : 한양인재개발교육원 (사업자등록 번호 106-82-10103)
   (2) 사업장주소 : 서울 용산구 소월로 182(용산동2가)
   (3) 이상해의 주민등록번호 : 700211-1085038

PART 2 실 무 편

예제해설

1 사업소득자 등록

① 초기화면 ⇨[사업소득],[사업소득자등록]선택
② [사업소득자]코드 및 인적사항 등록

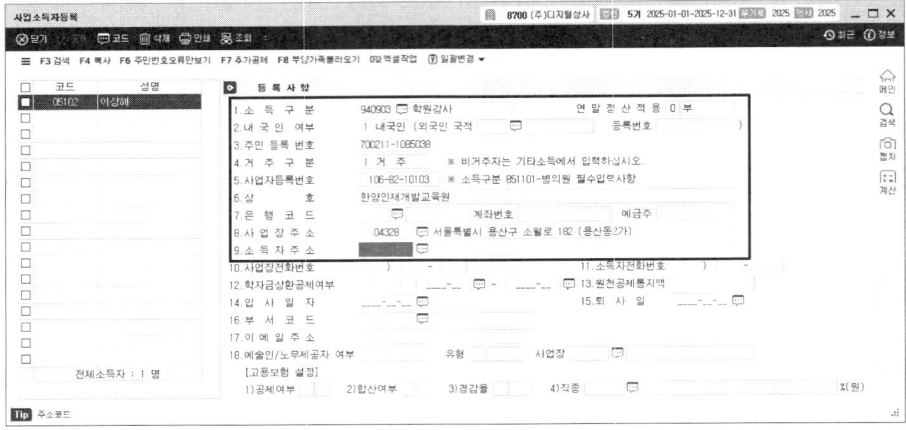

2 사업소득자료 입력

① 초기화면 ⇨[사업소득],[사업소득 자료입력]선택
② 지급년월일 : 사업소득금액의 지급일을 입력한다.
② F2(사원조회)를 클릭하여 사업소득자 조회 후 귀속년월 및 지급(영수)일자와 지급내역 입력.

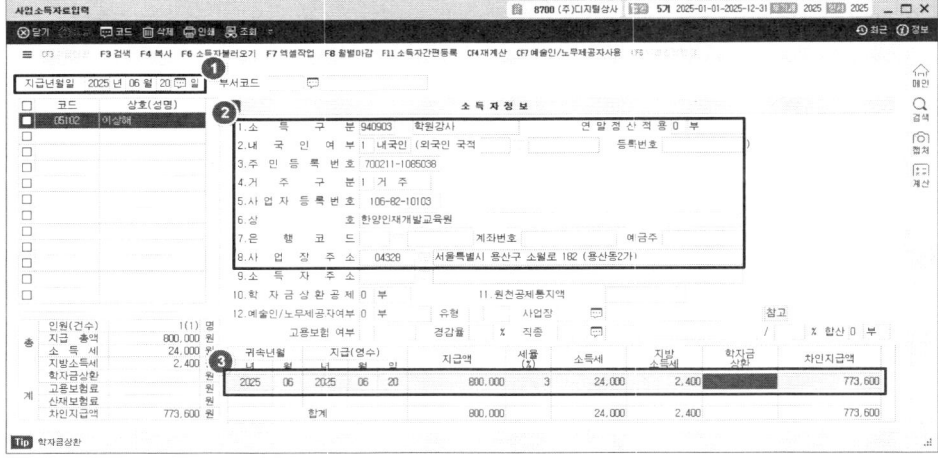

Chapter 2 원천징수 실무

2. 기타소득의 원천징수

기타소득이란 종합과세 되는 이자·배당·사업·근로·연금소득을 제외한 나머지 소득으로 소득이 발생하게 되면 종합과세 되는 소득이다. 하지만 기타소득은 소득을 지급하는 자가 원천징수를 하지 않으면 소득자의 과세소득을 파악할 수 없으므로 반드시 소득을 지급하는 자는 소득을 지급받는 자로부터 소득에 대한 원천징수의무를 짓는 것이다.

1 기타소득자등록

① 초기화면 ▷ [기타소득],[기타소득자 등록]선택
② [기타소득자]코드 및 인적사항 등록

2 기타소득자료 입력

① 초기화면 ▷[기타소득],[기타소득자료 입력]선택
② 지급년월일 : 기타소득금액의 지급일을 입력한다.
③ F2(조회)를 클릭하여 기타소득자 조회 후 귀속년월 및 지급(영수)일자와 지급내역 입력한다.

실무예제 — 기타소득에 대한 원천징수

다음은 기타소득자료이다. 기타소득자등록 및 자료를 입력하고 원천징수이행상황신고서를 조회하시오. 기타소득의 지급일은 2025년 7월 5일이다.

코드	성명	주민등록번호	주소	지급내역	지급금액
4001	전수연	800311-2730087	생략	원고료	1,800,000
4002	한석민	800415-1669815		강연료	2,500,000
4003	박은주	871211-2793919		사례금	800,000

(1) 위의 세 사람은 모두 거주자이며, 특정회사에 고용되어 있지 않다.
(2) 소득의 귀속월은 2025년 7월이다.
(3) 기타소득의 지급 연월일과 영수일자는 동일하다.

예제해설

1 기타소득자등록

① 초기화면 ▷ [기타소득],[기타소득자 등록]선택
② [기타소득자]코드 및 인적사항 등록

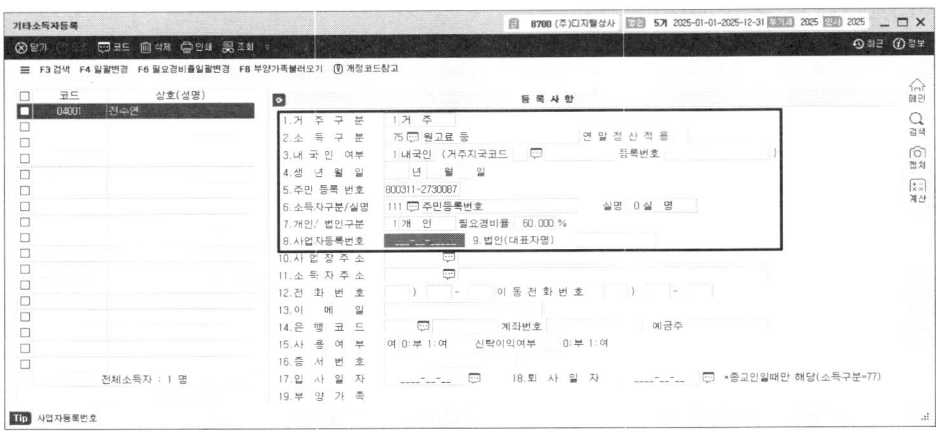

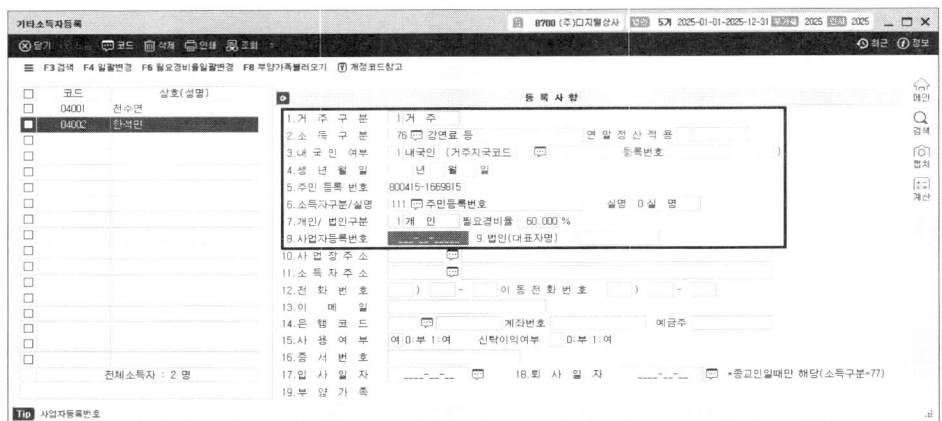

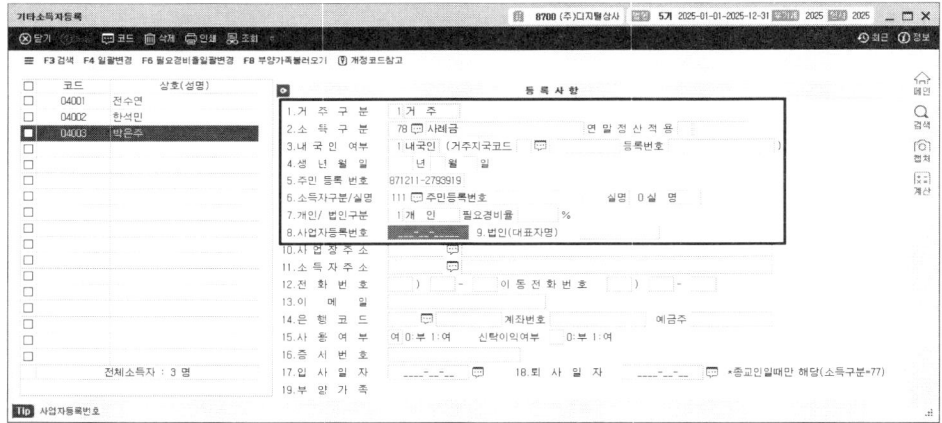

2 기타소득자료 입력

① 초기화면 ⇨ [기타소득], [기타소득자료 입력] 선택
② 지급년월일 : 기타소득금액의 지급일을 입력한다.
③ F2(조회)를 클릭하여 기타소득자 조회 후 귀속년월 및 지급(영수)일자와 지급내역 입력한다.

Chapter 2 원천징수 실무

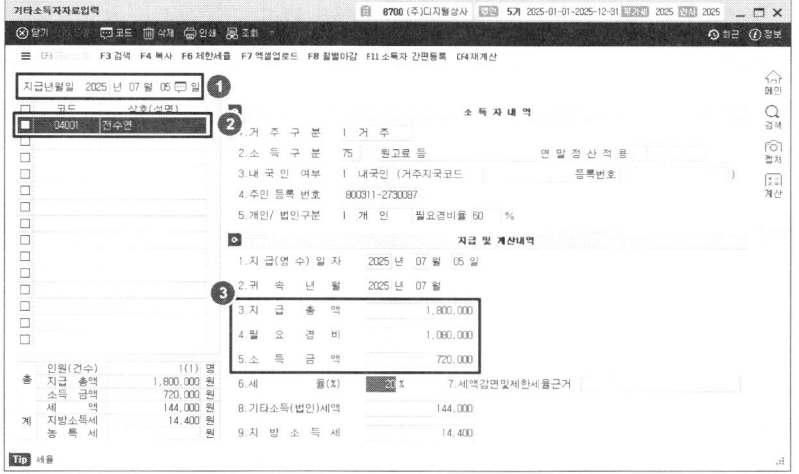

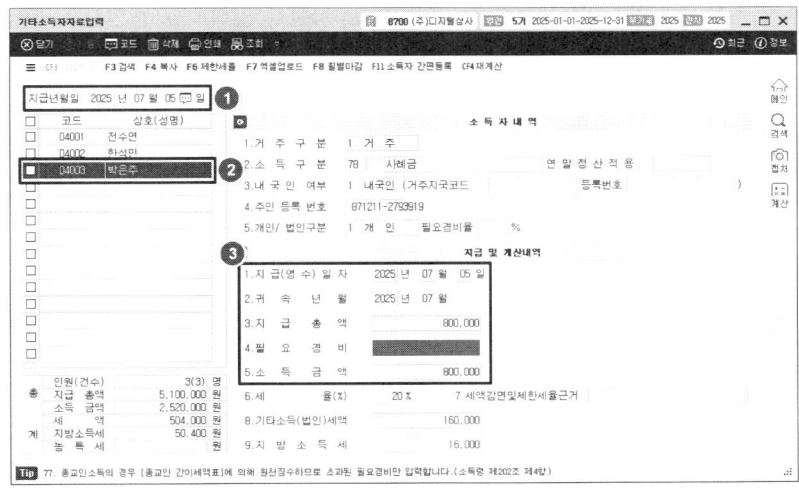

3. 이자소득 및 배당소득의 원천징수

 이자 및 배당소득은 금융소득으로 금융소득을 지급하는 자는 소득을 지급하는 시점에 원천징수를 하여 지급일이 속하는 달의 다음 달 10일까지 원천징수이행상황신고서를 관할세무서에 제출하여야 한다.

1 금융소득자 등록

(1) 초기화면 ⇨ [기타소득],[기타소득자 등록]선택
(2) [기타소득자]코드 및 인적사항 등록

2 금융소득자료 입력

(1) 초기화면 ⇨[기타소득],[기타소득자료 입력]선택
(2) 지급년월일 : 금융소득금액의 지급일을 입력한다.
(3) F2(조회)를 클릭하여 금융소득자 조회를 하면 소득자 등록 시 입력된 금융소득이 표시된다.
(4) 지급일자를 입력한다.
(5) 귀속년월을 입력한다.
(6) 금융상품명 : F2(조회)를 클릭하여 금융상품의 종류를 선택한다.
(7) 과세구분 : 금융소득에 대한 세율을 선택한다.
(8) 변동자료 구분 : 제출되는 자료에 대한 선택을 한다.
(9) 지급 및 계산내역

실무예제   금융소득에 대한 원천징수

다음은 이자배당소득자료이다. 이자배당소득자 등록 및 자료를 입력하고 원천징수이행상황신고서를 조회하시오.

[자료 1] 이자소득자 관련 정보

소득자코드	5001	사원명	박 성 민
주민등록번호	740812-1066695	소득의 종류	112.내국법인 회사채이자
이자지급일	2025. 8. 31.	지급이자	3,000,000원

[자료 2] 이자지급 관련정보

1. 당사는 기명 회사채를 발행하고 이자를 지급하고 있다.
2. 2025년 8월 31일에 지급한 이자의 지급대상 기간은 2025년 1월 1일부터 2025년 6월 30일까지의 이자이다.
3. 원천징수세율은 14%를 적용한다.
4. 채권이자 구분코드는 66.채권 등의 이자 등을 지급받는 경우 이자 등 지급총액을 선택한다.

Chapter 2 원천징수 실무

예제해설

1 금융소득자 등록

(1) 초기화면 ⇨ [기타소득], [기타소득자 등록] 선택
(2) [기타소득자] 코드 및 인적사항 등록

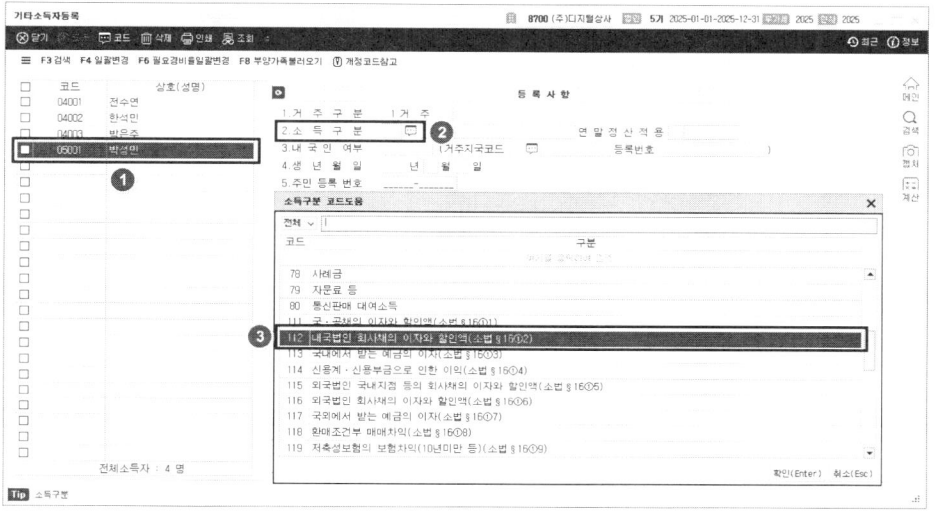

2 금융소득자료 입력

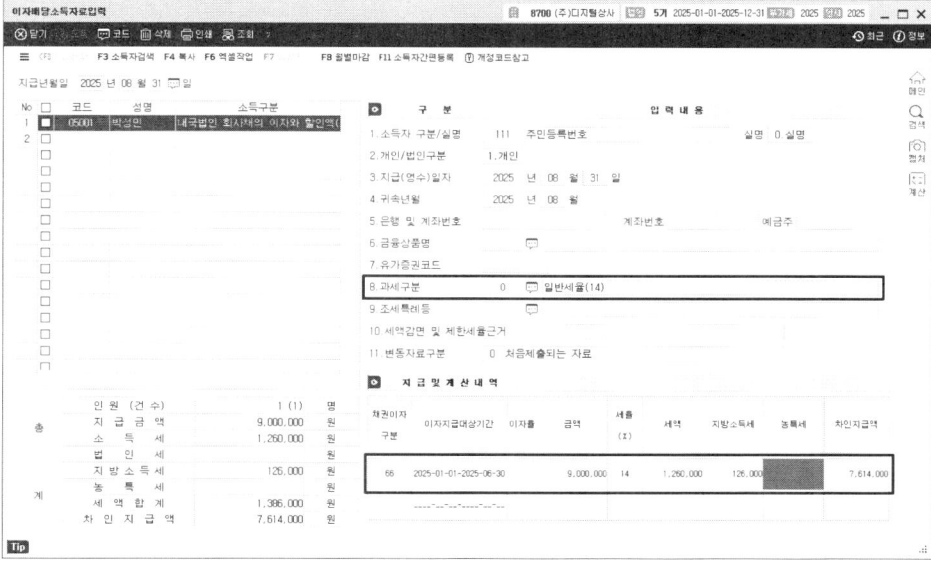

(1) 초기화면 ⇨ [기타소득], [기타소득자료 입력] 선택
(2) 지급년월일 : 금융소득금액의 지급일을 입력한다.

PART 2 실 무 편

(3) F2(조회)를 클릭하여 금융소득자 조회를 하면 소득자 등록 시 입력된 금융소득이 표시된다.
(4) 지급일자를 입력한다.
(5) 귀속년월을 입력한다.
(6) 금융상품명 : F2(조회)를 클릭하여 금융상품의 종류를 선택한다.
(7) 과세구분 : 금융소득에 대한 세율을 선택한다.
(8) 변동자료 구분 : 제출되는 자료에 대한 선택을 한다.
(9) 지급 및 계산내역

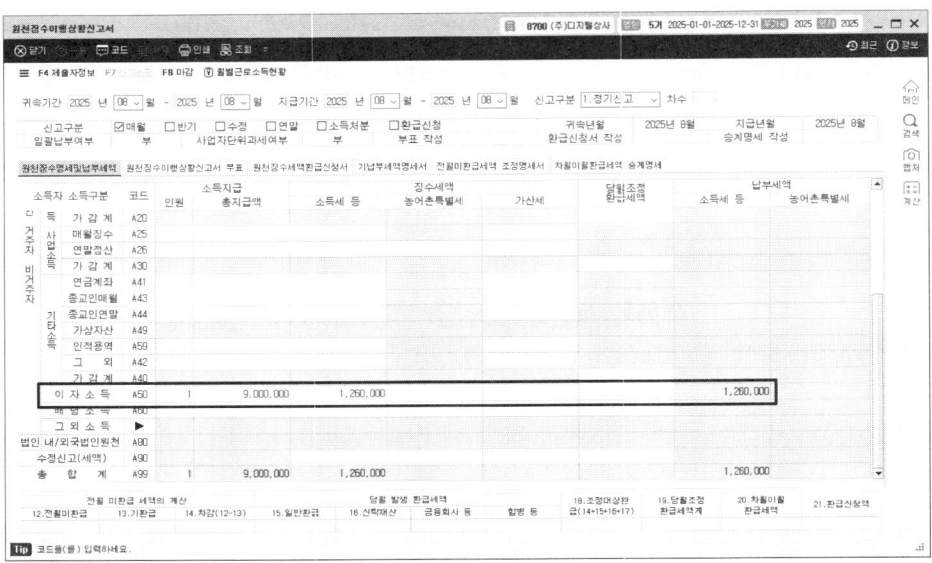

4. 일용직 근로소득관리

사업주는 근로복지공단에 일용근로자 고용 등 사유발생일의 다음달 15일까지 일용근로자 **「근로내용확인신고서」**를 제출하여야하고, 매월말에 월별 **「일용급여지급명세서」**를 세무서에 제출하여야 한다.

(1) 일용직사원등록

(1) 사원번호 및 성명 입력한다.
(2) 입사년월일을 입력한다.
(3) 내국인구분을 선택 한 후 국적 및 주민등록번호 또는 외국인등록번호 입력.
(4) 주소 : 근로소득자의 주소지를 입력한다.
(5) 임금지급사항의 선택-11.임금지급방법을 [매일지급][일정기간단위지급] 방법에서 선택한다.
(6) 임금지급방법을 일급으로 선택한 경우 임금액을 같이 입력한다.

(2) 일용직 급여자료 입력

⑴ 귀속년월을 선택한다.
⑵ 지급년월을 선택한다.
⑶ 지급방법 : 0.전체, 1.매일, 2.일정기간단위지급 중 선택한다.
⑷ F2조회를 선택하여 해당사원을 조회하고, 화면상단의 2.일별입력자료만 보기를 선택하여 해당일자의 근무에서 마우스로 클릭하면 지급액에 자동으로 입력된 급여액이 반영되며, 고용보험료 등은 일용직사원등록 메뉴의 선택에 의하여 반영여부가 결정된다.

실무예제 일용직 근로소득에 대한 원천징수

일용직사원 권민영(사번 5101)의 급여자료이다. 다음의 자료를 일용직사원 등록을 하고 일용직급여자료입력 메뉴에 입력을 하고 원천징수세액을 계산하시오.

1. 사원 : 5101
2. 이름 : 권민영(2025. 4. 1.입사)
3. 주민등록번호 : 800215-1677481
4. 주소 : 서울 마포구 마포대로 108
5. 일급(1일 ₩200,000)제로 말일 날짜로 하여 일괄지급 하며, 계정과목은 잡급(제조)을 사용 함.
6. 권민영은 단기 비정규직으로 고용보험과 산재보험은 적용하지 않는다.
6. 4월 근무일자 : 4/1, 2, 3, 4, 7, 8, 9, 10, 11, 14, 15, 16, 17, 18, 21, 22, 23, 24, 25, 28, 29, 30.(주 5일로 하여 4월 총 22일 근무)

예제해설

① 일용직사원등록

⑴ 사원번호 및 성명 입력한다.
⑵ 입사년월일을 입력한다.
⑶ 내국인구분을 선택 한 후 국적 및 주민등록번호 또는 외국인등록번호 입력.
⑷ 주소 : 근로소득자의 주소지를 입력한다.
⑸ 임금지급사항의 선택-11.임금지급방법을 [매일지급]·[일정기간단위지급] 방법에서 선택한다.
⑹ 임금지급방법을 일급으로 선택한 경우 임금액을 같이 입력한다.

PART 2 실 무 편

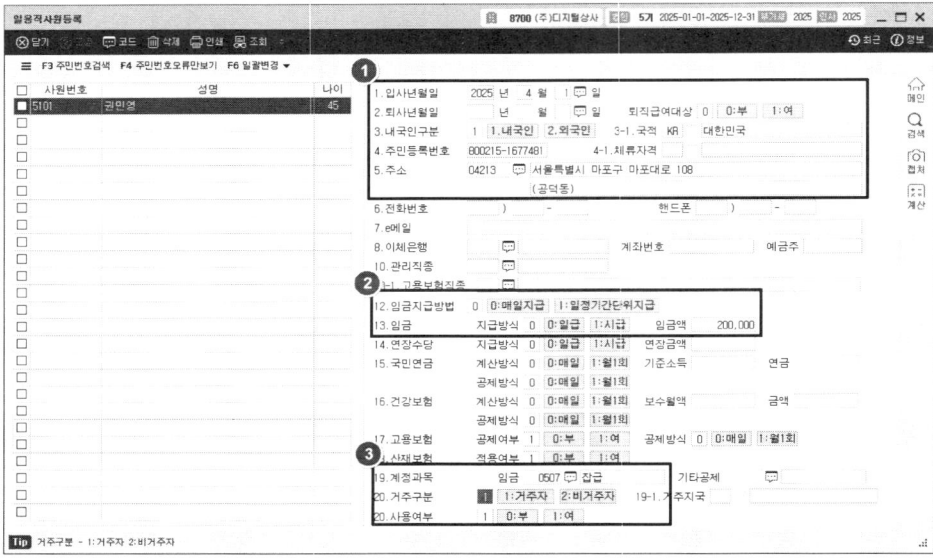

2 일용직 급여자료 입력

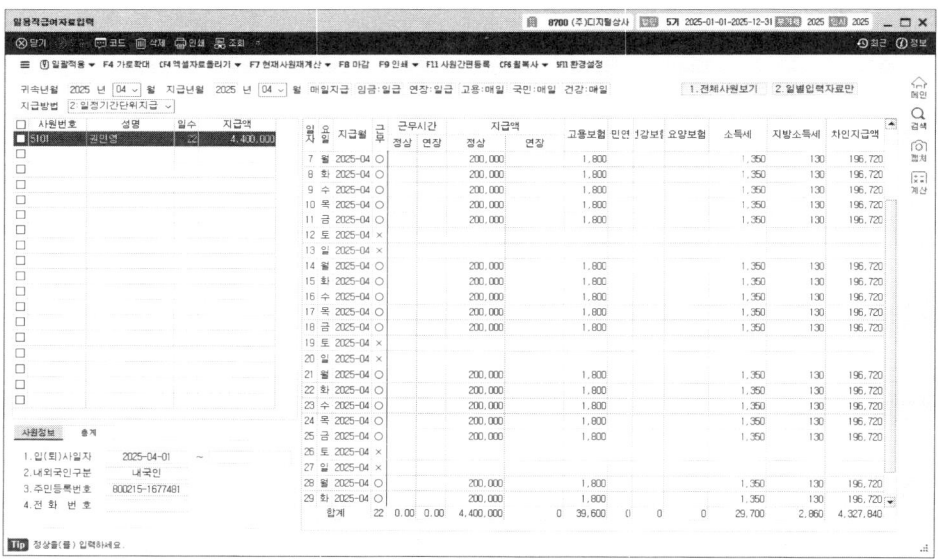

Chapter 2 원천징수 실무

제 5 절 원천세 전자신고 제작

1 원천징수이행상황신고서 마감

① 원천징수이행상황신고서를 작성한 후 F8(마감)을 실행한다.
② 연말정산을 하는 경우에는 연말정산추가자료 입력메뉴를 완성한 후 총 급여액과 차감 납부세액을 확인하여 별도로 표기해 둔다.

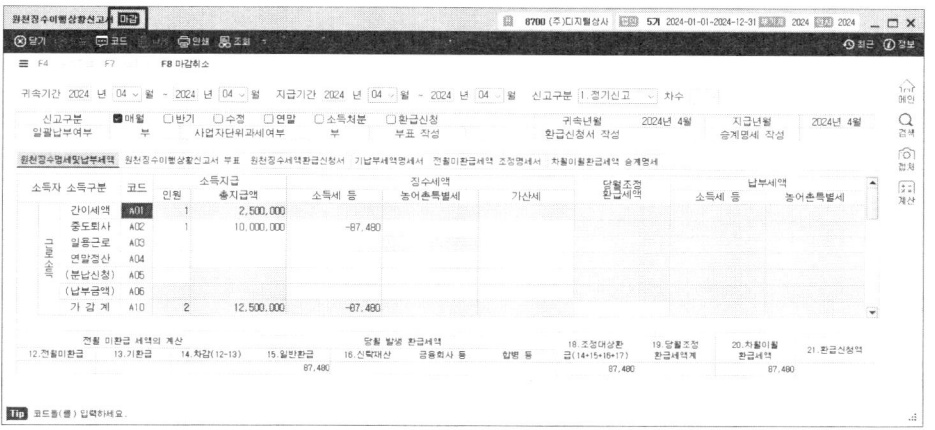

2 원천징수이행상황 제작

① 전자신고 메뉴 ⇨ [전자신고] 클릭
② 신고인 구분 : 본인이 직접신고하는 경우 2.납세자자진신고 클릭
③ 지급기간 : 원천징수를 실행한 지급기간 입력(연말정산의 경우에는 익년 2월을 지급기간으로 하여 입력)하면 다음과 같이 출력된다.

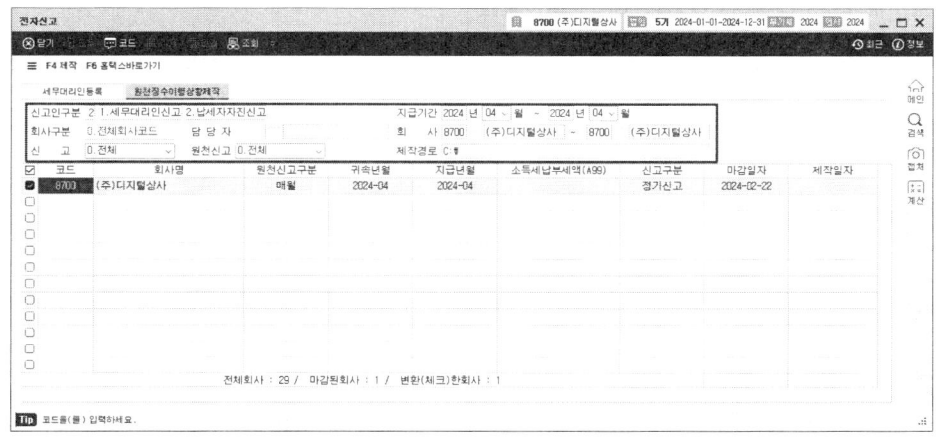

④ [불러오기]실행 후 F4(제작)을 클릭하면 다음과 같이 파일이 생성된다.

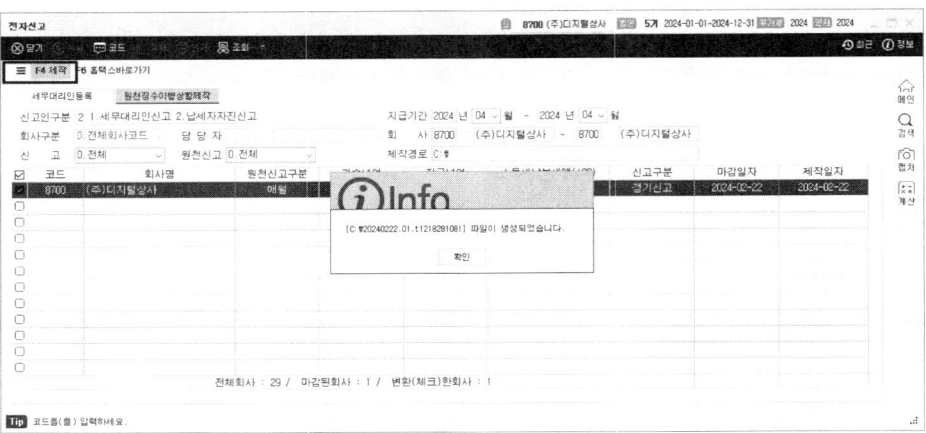

⑤ 비밀번호 입력 : 비밀번호는 8자리 이상 20자리 이하를 입력한다.

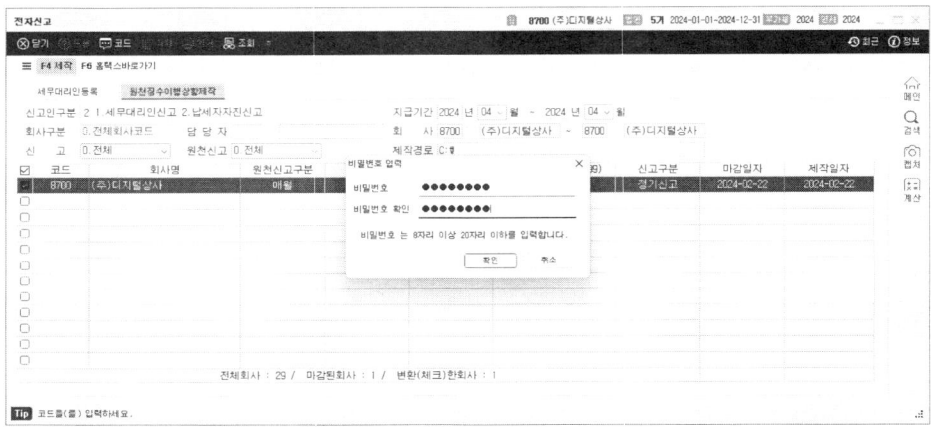

⑥ 비밀번호 입력 후 F6(홈택스 바로가기)를 클릭한다.

③ 원천세 전자신고서 파일제작 및 제출

전자신고파일 제작이 완료되면, 컴퓨터 C드라이브에 파일이 생성되며 전자신고 메뉴에서 F6(홈택스바로가기)를 클릭한다.(원천세 전자신고 파일명 : 년월일.01.t사업자등록번호로 만들어진다)

1) 전자파일변환

① 찾아보기를 클릭하여 변환대상파일을 선택한다.
② 찾아보기순선 : 찾아보기 클릭 ⇨ C:/드라이브 내에서 20250309.01.t1218~파일을 선택한다.

Chapter 2 원천징수 실무

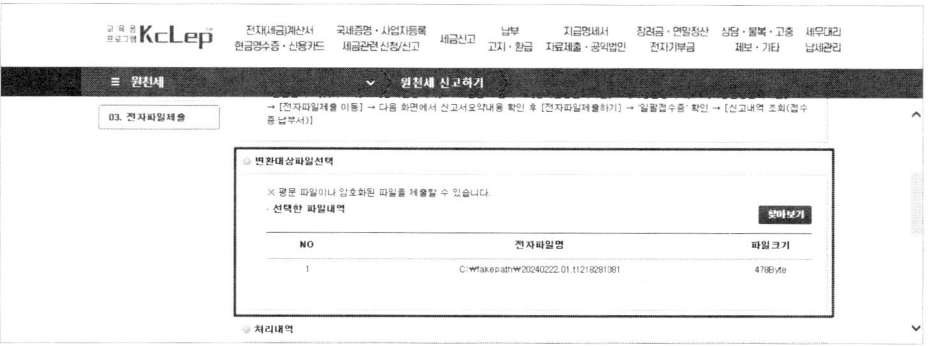

2) 형식검증하기

① 파일을 검색한 후 화면 하단의 형식검증하기를 클릭한다.
② 형식검증하기에서 비밀번호는 파일 생성시에 입력한 비밀번호를 입력한다.

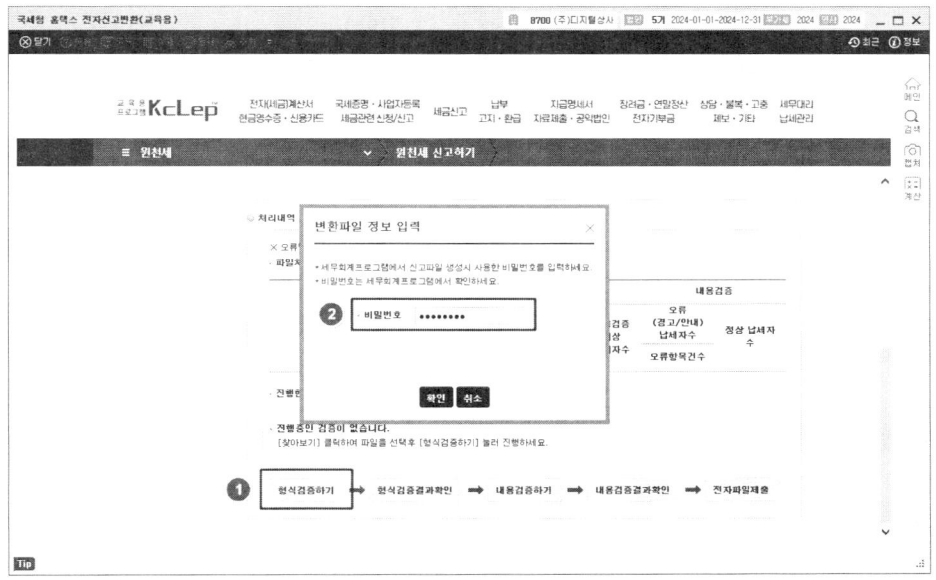

3) 형식검증결과 확인

형식검증결과확인을 클릭하여 형식점증을 진행한다.

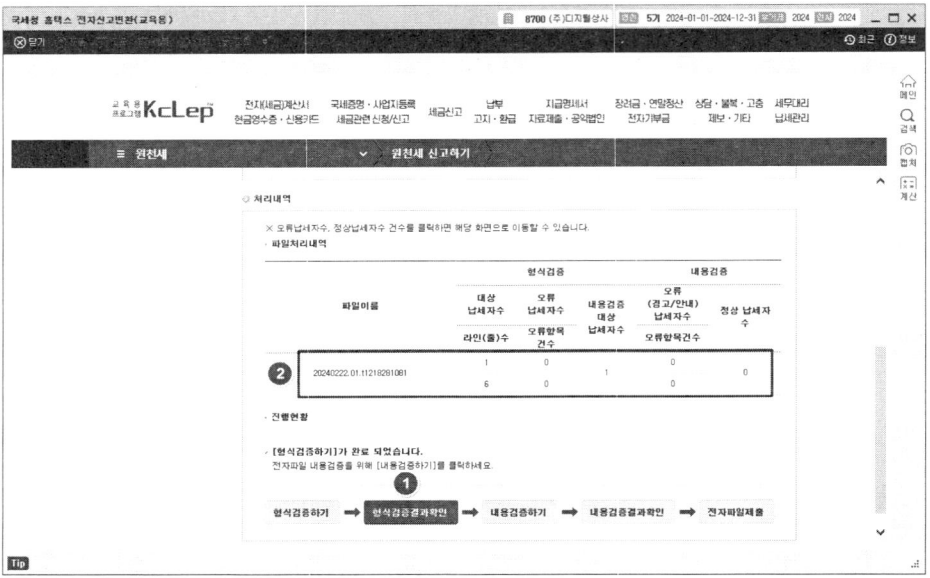

4) 내용검증하기

내용검증하기를 클릭하여 내용검증을 진행한다.

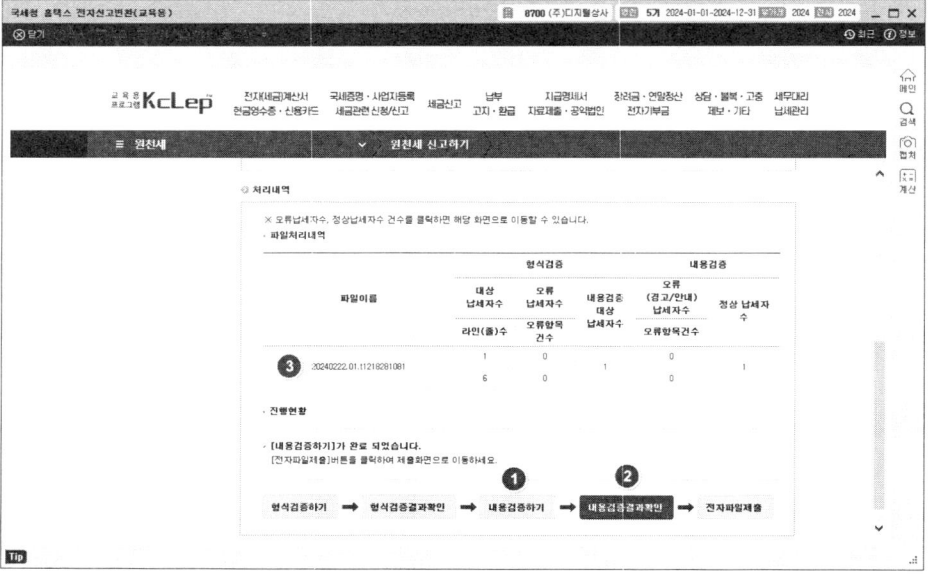

Chapter 2 원천징수 실무

5) 내용검증결과 확인하기

① 내용검증결과확인을 클릭하여 검증결과를 확인한다.
② 파일이 정상일 경우 : 내용검증에 오류 항목건수가 표시되지 않는다.
③ 파일이 오류일 경우 : 내용검증에 오류 항목건수가 표시가 되며, 건수를 클릭시 결과를 조회할 수 있다.
④ 결과조회에서 사업자등록번호를 클릭하면 오류내역 조회가 표시된다.(오류파일의 경우 전자파일 제출이 불가능하다.)
⑤ 내용검증결과확인을 클릭하여 검증결과를 확인한다.
⑥ 부가가치세마감시 경고오류만 있을 경우 : 내용검증에 오류항목건수가 표시가 되며, 건수를 클릭하면 결과를 조회할 수 있다.(경고오류만 있는 경우 전자파일 제출가능)

6) 전자파일 제출하기

① 전자파일 제작이 완료되면 전자파일제출을 클릭한다.
② 전자파일제출을 클릭하면 정상적으로 변환된 제출 가능한 신고서 목록이 조회되며, 전자파일제출하기를 클릭하여 제출한다.

제 3 장
법인세 실무

PART 2 실무편

> 본 단원부터는 회사코드 <8100. ㈜장원산업>을
> 조회하여 실습하시기 바랍니다.

제 1 절 | 기초정보관리

1 기초정보관리

「기초정보관리」메뉴는 [회계관리]모듈의 「기초정보관리」와 「법인조정」모듈에 있는 「기초정보관리」의 내용은 동일 함으로 법인조정 시에는 검토만 하면 된다.

(1) 회사기본사항 등록

「회사등록」메뉴는 각종 출력물의 표시 및 세무조정 시 각 계산에 영향을 미치게 되므로 반드시 전체 항목을 정확하게 입력돼 있어야 하며, [회계관리]모듈에 입력 된 회사의 저장정보가 자동으로 반영된다.

1) 기본사항

프로그램 등록 시 [회계관리]모듈에 관련된 기본적인 회사의 사항이 입력되어 있어 수정될 사항만 추가한다.

2) 신고관련 추가사항

① 13.법인구분과 14.법인의 종류 : 신고서에 표시되는 항목이며 전산매체, 전자신고와 관련된 주요 항목이므로 정확히 선택되어야 한다.
② 15.중소기업여부 : 세무조정 시 중소기업여부를 판단하는 자료로 산출세액의 계산과 「기업업무추진비조정·준비금계상·최저한세조정」 등에 반영된다.

(2) 계정과목 및 적요등록

계정과목 및 적요등록은 101~999번까지 자동으로 등록이 되어 있다. 이 계정과목은 세무조정 시 계정과목 조회버튼 F2에 의하여 조회할 수 있으며, 조회화면에서 계정과목을 선택하면 자동으로 입력된다. 빨강색 표시과목은 가급적, 수정하지 않아야 하는 과목이지만 사정에 의하여 수정하여야 하는 경우에는 (Ctrl+F2)을 동시에 누르고 수정할 수 있다.

Chapter 3 법인세 실무

 **기초정보관리(회사등록)**

회사코드 [8100] ㈜장원산업 회사등록사항의 추가항목을 등록하시오.

(1) 기본사항 : 법인등록번호 : 110111-2541111
(2) 추가사항 :
   ① ㈜장원산업은 서울시에 소재하는 내국법인으로 중소기업에 해당하는 영리법인이며, 주권상장법인이 아니다. 법인종류별 구분선택에 유의 할 것.
   ② 주업종코드 [300202.제조업/사무용기계 등]을 추가로 등록하시오.

예제해설

(1) 「기초정보관리」「회사등록」을 차례로 클릭.

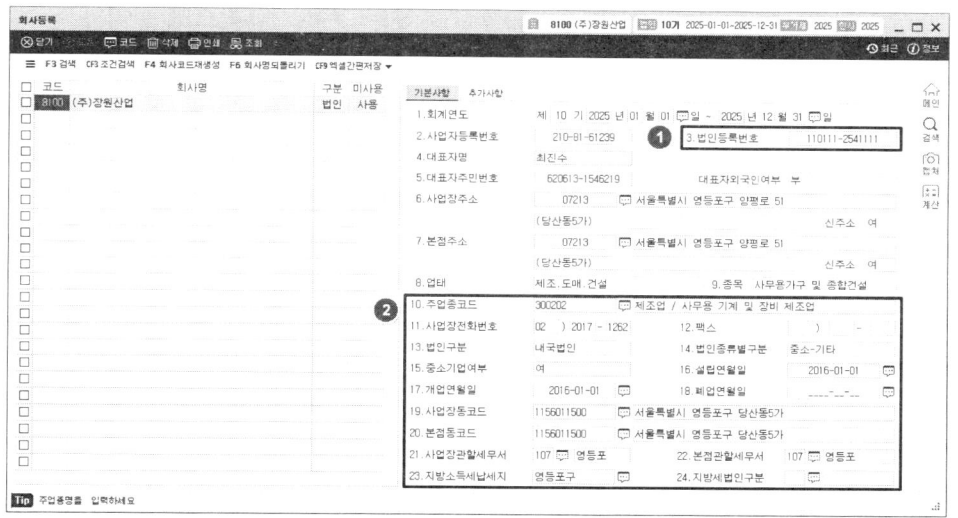

(2) 「8100」 ㈜장원산업 선택

- 기본사항 : 3.법인등록번호 110111-2541111 입력
- 추가사항 :
    10. 주업종코드 : 300202입력
    13. 법인구분 ⇨ 1번 선택 : 내국법인
    14. 법인종류별구분 ⇨ 5번 선택 : 중소기업
    15. 중소기업여부 ⇨ 1.여 선택

제 2 절 표준재무제표의 이월

법인세를 신고하는 법인은 법인세신고 부속서류로 재무제표를 의무적으로 제출하여야 한다. 제출되는 재무제표는 **재무상태표**(일반기업회계기준 적용시 대차대조표)·**손익계산서·잉여금처분계산서**(결손금처리계산서)와 외부감사에 관한 법률을 적용받는 법인의 경우 현금흐름표를 첨부해야 하는데, 법인세법은 전자신고 시 반드시 표준재무제표를 작성하여 제출하도록 의무화 하고 있다.

1 표준재무제표 이월

표준재무제표의 이월 작업은 기업이 결산자료의 입력이 완료되고, 각종의 재무제표가 완성되면, 재무제표를 작성하여 국세청에 제출하여야 한다. 본래 결산자료입력이 완료되면, 자동으로 표준재무제표가 완성되어 법인세 모듈로 자동 이월된다. 하지만 기업이 검증을 위하여 [결산/재무제표]메뉴에서 한 번 더 재무제표를 조회하는 것이 사후적으로 관리가 용이하다.

[표준재무제표의 이월 작업 순서]

회계관리 모듈 ➡ 재무회계 모듈 :
결산/재무제표 ➡ 재무상태표 · 손익계산서 · 제조원가명세서

---

(1) 표준재무상태표의 이월

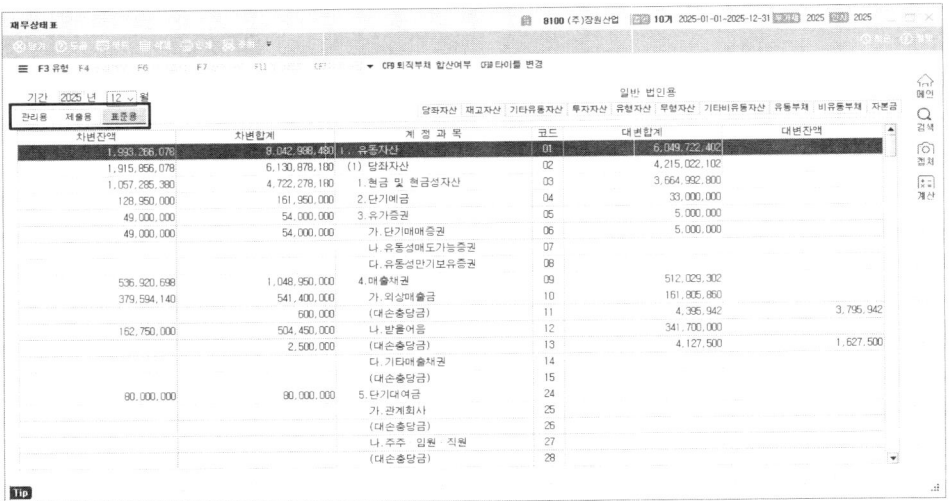

Chapter 3 법인세 실무

법인세신고 시 해당 법인은 반드시 표준재무제표를 부속서류로 첨부하여 「**전자신고**」하도록 의무화하고 있으므로, 「**회계관리**」모듈에서 작성된 일반 재무상태표를 표준재무상태표로 변환하여 불러와야 한다. 그 이유는 세무조정에 의하여 「**유보 및 기타**」로 소득 처분된 내역이 재무상태표에 영향을 주기 때문이며, 세무 조정 시 필요한 재산의 변동사항을 조회하기 위함이다.

표준 재무상태표를 이월시키는 방법은 「**회계관리**」모듈에서 「**결산/재무제표**」를 선택한 후 「**재무상태표**」를 12월로 [불러오기]를 한 후 [표준재무상태표]를 선택한 후 저장하게 되면 「**법인조정**」모듈에 자동으로 이월된다.

(2) 표준손익계산서의 이월

「**표준손익계산서**」의 조회는 법인세조정 가운데 핵심적으로 먼저 실행되어야 하는 과정이다. 그 이유는 손익계산서에 계상된 법인세는 기업이 임의로 계산한 세액이므로 법인세법에서 가장 먼저 부인해야 할 사항이며, 또한 손익계산서의 비용과 수익은 기업회계의 발생주의에 따라 인식된 사항으로 법인세법과 차이가 발생되기 때문에 당기순이익의 계산이 다르기 때문이다. 그러므로 반드시 표준손익계산서를 조회하여 법인세를 부인하는 절차가 필요한 것이다.

표준 손익계산서를 이월시키는 방법은 「**회계관리**」모듈의 재무회계부분에서 「**결산 및 재무제표**」를 선택한 후 「**손익계산서**」를 12월의 결산자료를 [불러오기]를 한 후 표준손익계산서를 선택하게 되면 자동으로 저장되어 「**법인조정**」모듈로 이월된다.

(3) 표준 제조원가명세서의 이월

제조원가명세서는 기업이 생산한 재화의 원가를 산출하여 손익계산서에 반영하는 손익계산서 부속명세서이다. 제품 등을 제조하는 기업에서는 손익계산서를 작성하기 위해 반드시 제조원가명세서부터 작성한다. 그러므로 제조업을 영위하는 법인이라면 제조원가명세서도 함께 작성하여 법인세신고 시 손익계산서와 함께 제출해야 한다.

① **표준원가명세서 조회 방법** : 생산되는 제품의 종류가 2개 이상인 경우에는 제조원가명세서도 각각 작성되어 야 하므로 2개 이상의 제품을 제조하는 경우 화면 상단의 「**원가설정**」을 클릭하여 해당 원가명세서가 선택돼 있어야 한다. 원가명세서의 「**원가설정**」은 「**결산자료입력**」시 상단의 다음과 같은 「**원가설정**」버튼을 눌러 해당 원가선택이 선행되어야 한다.

② 위의 화면에서 해당 매출원가에 커서를 위치한 후 「**사용여부**」에서 해당 원가명세를 사용하는 경우 「**1.여**」를 선택한다. 표준원가명세서의 조회절차는 「**회계관리**」모듈 초기화면에서 「**결산 및 재무제표**」를 선택한 후 「**제조원가명세서**」를 클릭하고 해당 사업년도와 12월 결산 월을 입력하면 관리용 제조원가명세서를 조회할 수 있다. 또한, 화면에서 보면 화면 「**탭**」의 구성이 [**관리용 · 제출용 · 표준용**]으로 구분되는데 여기서 표준용 「**탭**」을 선택하면 「**표준 원가명세서**」를 조회할 수 있으며, 화면 오른쪽 상단의 500번대, 600번대 버튼을 클릭하면 해당 원가명세가 각각 출력된다.

(4) 이익잉여금 처분계산서의 조회

결산시 이익잉여금계산서에 포함된 모든 잉여금 처분 사항의 금액이 중간배당액 등에 반영되나, 누락사항이 발견되면 해당계정에 맞게 수정입력하며, 반드시 「**처분일**」을 클릭하여 「**처분(처리)확정일**」을 입력해 주어야 한다. 처분일자가 확정되지 않은 경우에는 12월 결산법인의 경우 3월 31일자로 입력한다. (잉여금 처분 의제)

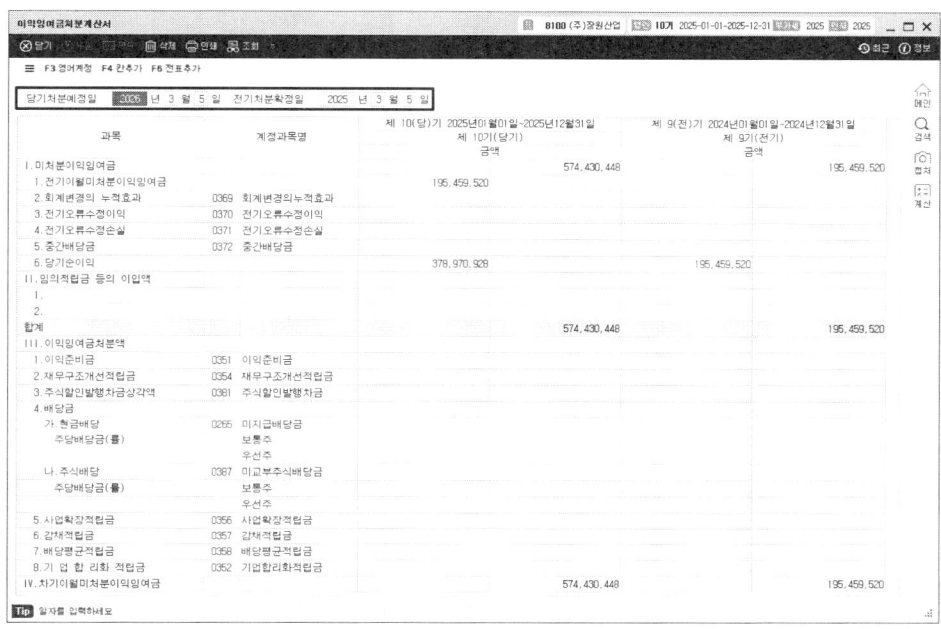

② 요약재무제표의 조회

앞에서 「**회계관리**」모듈의 재무제표 조회 및 이월작업이 모두 완료되면 프로그램의 「**법인조정**」모듈로 패스된다. 「**법인조정**」모듈에서 가장 먼저 선행되어야 할 순서로 「**표준 재무제표**」를 순서대로 클릭하여 조회하는 것이다. 이 작업은 표준재무제표의 결산 내용이 법인세 조정메뉴에 반영되기 위한 작업인 것이며 특히, 표준손익계산서를 조회한 후 「**법인세비용**」을 부인하는 절차가 가장 중요한 과정이다.

(1) 표준재무상태표(대차대조표)의 조회

「**법인조정**」모듈의 표준재무제표는 반드시 「**회계관리**」모듈의 「**결산/재무제표**」에서 각각의 재무제표에 대하여 표준재무제표가 완성된 경우 「**법인조정**」모듈에서 불러올 수 있다. 또한 수작업을 통해 직접 입력할 수 있는데 화면의 F8(**편집**)버튼을 이용하여 수정 입력할 수 있다. 조회 완료 후에는 상단의 F11(**저장**)버튼을 눌러 저장하고 화면을 빠져나오면 「**표준재무상태표**」가 작성된다.

(2) 표준손익계산서의 조회

「표준재무제표」에서 「표준손익계산서」를 클릭하여 불러오기를 선택한다. 불러오기를 실행하면 「일반법인용」이 선택되어 출력된다.

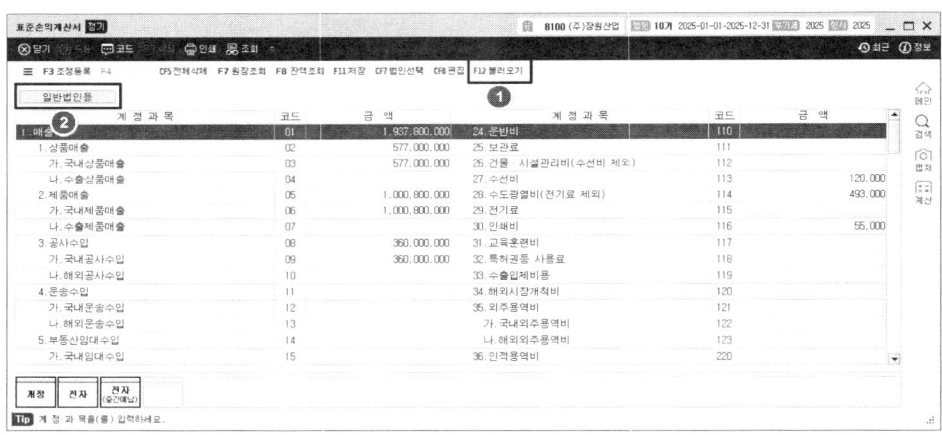

「표준손익계산서」조회를 한 경우에는 화면상단의 「조정등록(F3)」버튼을 눌러 반드시 **법인세를 부인하고 세무조정 및 소득처분을 해주어야 한다**. 앞의 표준손익계산서가 조회되면 법인세 등 「48,000,000원」을 화면 상단의 「조정등록(F3)」을 클릭하여 다음과 같은 [소득금액조정합계표]에서 「법인세비용」을 부인하는 세무조정을 해야 한다.

Chapter 3 법인세 실무

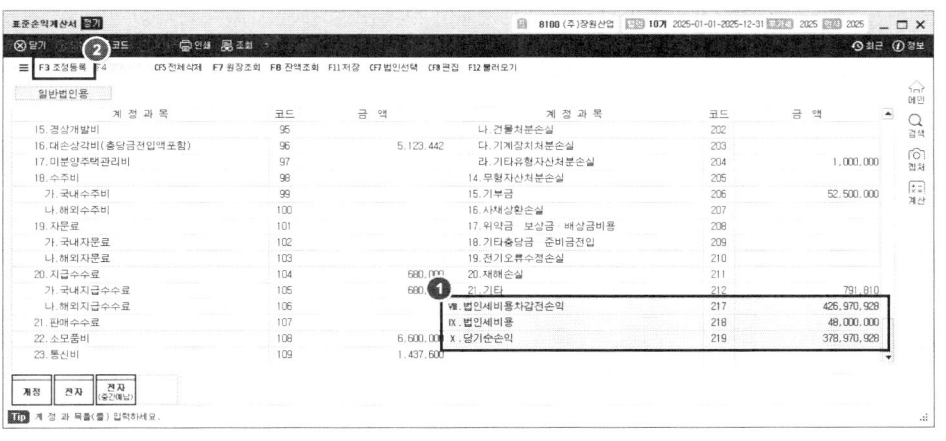

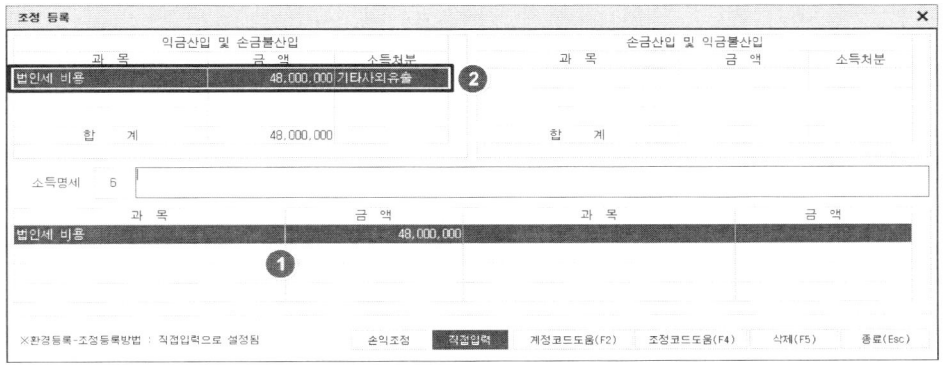

(4) 표준원가명세서 조회

표준원가명세서는 기업의 종류에 따라 「**제조원가명세서·공사원가명세서·임대원가명세서·분양원가명세서·운송원가명세서·기타원가명세서**」로 세분화된다. 원가명세서의 유형을 선택해서 확인 버튼을 클릭하면 결산의 표준원가명세서가 자동으로 불려와 반영된다.

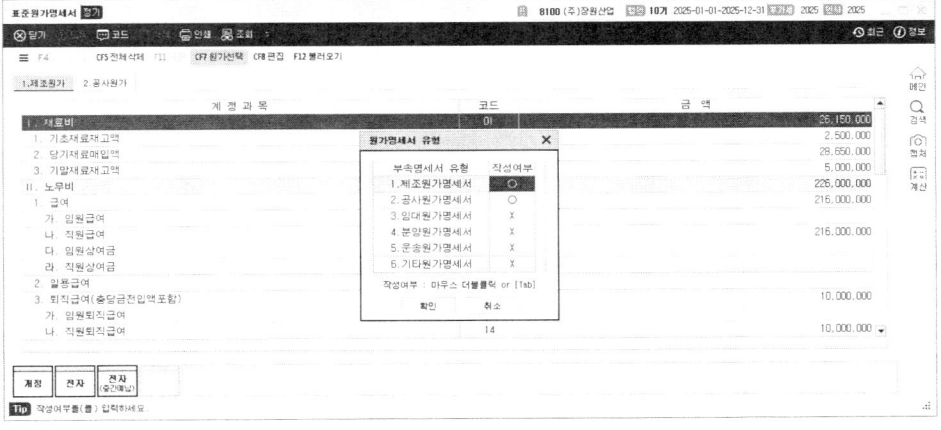

571

위의 화면에서 제조원가명세서의 작성여부에 [O표]가 된 상태에서 [확인]버튼을 클릭하면 표준제조원가명세서를 조회 할 수 있다

(4) 이익잉여금처분계산서

법인조정의 「**이익잉여금처분계산서**」에서 불러오기(F12)를 하면 결산시 이익잉여금계산서에 포함된 모든 잉여금 처분 사항의 금액이 중간배당액 등에 반영되나, 누락사항이 발견되면 편집(F3)버튼을 눌러 계정에 맞게 수정 입력하며, 반드시 처분일(F4)을 클릭하여 「**처분(처리)확정일**」을 입력해 주어야 한다. 처분일자가 확정되지 않은 경우에는 12월 결산법인의 경우「상법」에서 정한 바에 따라 보고기간 종료일로부터 3월이 되는 마지막일자(3월 31일)로 입력한다.

이익잉여금처분계산서를 조회하는 이유는 잉여금 처분결의일이 배당소득에 대한 소득의 귀속일자 이므로 배당소득이 발생하는 귀속자의 소득 귀속일자를 확인하기 위해서이다.

Chapter 3 법인세 실무

제 3 절 수입금액조정

[수입금액조정]은 법인세무조정에서 수입금액의 확정을 위하여 가장 먼저 수행해야 할 사항으로 [수입금액조정명세서], [조정후수입금액명세서], [수입배당금명세서], [임대보증금등의 간주익금조정명세서]로 구성되어 있다.

1 수입금액조정명세서

수입금액조정명세서는 기업회계기준에 의하여 확정된 수입금액(매출액)을 세법에서 규정하고 있는 수익의 인식기준에 따라 조정하는 수입금액조정계산서이다. 법인세법의 수익(익금)의 인식 기준은 권리확정주의를 채택하고 있으므로 현금의 수입과 관계없이 권리가 확정되는 시점에 수익(익금)을 인식하여야 한다. 세무조정 후 수입금액은 법인세 과세표준 및 세액신고서, 기업업무추진비조정명세서 등에 반영되기 때문에 가장 중요한 세무조정계산서이다.

수입금액조정명세서의 작성순서 및 방법

법인조정계산서를 화면을 보면 공통적으로 **1** · **2** · **3**과 같이 적색으로 표시된 메뉴가 보이는데 작업순서는 법인세의 신고서에 표시된 법인조정순서를 표시한 것이다. 법인조정을 가장 쉽게 하는 방법은 이 조정순서대로 작업을 진행하면 쉽게 이해할 수 있다.

■ 수입금액조정계산

1) 계정과목에 매출조회를 통해 각 과목별로 금액을 기록한다.

(1) ①항목에서 「1.매출과목」「2.영업외수익」 중 해당과목을 선택한다.
(2) ②과목에서 매출항목의 해당하는 과목을 조회한 후 입력하는데, 과목은 F4(매출조회)버튼을 클릭하면 매출조회 보조창이 나타나며, 금액이 큰 순서대로 해당과목을 선택하면 「③결산서상 수입금액」이 자동으로 반영된다. 선택된 매출액은 「⑥조정 후 수입금액」란에 같은 값이 조회된다.

2) 잡이익으로 처리 된 매출과 관련 거래를 추적하여 해당금액을 추가로 입력한다.

(1) ①항목에서 「2.영업외수익」을 선택한다.
(2) 영업외수익이 선택되면 ②계정과목에 매출해당 항목이 있는지 확인한다. 대표적인 항목으로 잡이익 계정 내에 부산물매출액 또는 공손품매출액 등은 법인세법상 매출액으로 처리되어야 하는 항목으로 F7(원장조회)에서 해당 계정을 조회하여 매출액에 해당하는 금액을 직접 수정하여 입력한다.

2 작업 진행률에 의한 수입금액

[수입금액조정명세서]모듈에서 마우스를 이용하여 작업 진행률에 의한 수입금액 탭으로 이동한다. 건설업 또는 예약매출 같은 용역거래를 하는 경우 진행률기준에 따라 수익을 인식하므로 「**진행률기준**」을 적용한 근거를 [수입금액명세서]에 반드시 첨부하여야 한다.

3 중소기업 등 수입금액 인식기준 수입금액

중소기업의 경우 특례적용 대상 예를 들어 단기건설용역이 있는 경우 원칙상 작업진행률을 적용하여야 하지만 완성기준으로 적용된 경우 입력하는 서식이다. 또한, 할부판매의 경우에도 원칙적으로 인도기준에 의한 매출을 인식해야 하지만 장기할부판매의 경우에는 예외적으로 **[회수기일 도래일]**기준 특례를 적용하기도 한다.

4 기타수입금액

작업진행률에 의한 수입금액조정이 마우스로 기타수입금액조정 탭으로 이동한다. 기타수입금액은 귀속시기를 조정하거나 누락된 매출액이 있는 경우 입력하는 메뉴이다. 일반적으로 수입시기의 조정에 해당하는 「**위탁판매 · 시용품판매 · 조건부판매**」등이 입력되며 반드시 해당 매출액에 대한 대응원가가 있는 경우 기말재고자산의 정리차원에서 대응원가를 같이 입력하여야 한다.

Chapter 3 법인세 실무

실무예제 수입금액조정명세서

다음의 자료를 이용하여 ㈜장원산업(8100)의 수입금액조정명세서를 작성하고, 소득금액조정합계표를 작성하시오.

(1) 결산서상 수입금액 내역

제품매출	1,000,800,000원	상품매출	577,000,000원
공사수입금	360,000,000원		

(2) 영업외수익 항목 중 잡이익계정에는 부산물매각대금이 포함되어 있으며, 부산물매각대금은 제조업에서 발생한 것으로 법인세법상 수입금액에 해당한다. 또한, 부가가치세는 적정하게 처리되어 있다.(해당 자료를 직접 조회하여 처리할 것)

(3) 공사현장별 공사현황(금액 : 원)

공사명	철도역사신축	명성빌딩신축	초원빌딩신축
도급자	철도공사	명성산업	태림상사
공 사 기 간	2024.04.01 ~2025.09.31	2024.06.01 ~2026.05.30	2025.02.01 ~2026.04.30
도 급 금 액	700,000,000	750,000,000	400,000,000
예 정 총 원 가	500,000,000	500,000,000	300,000,000
전 기 공 사 원 가	350,000,000	200,000,000	-
당 기 공 사 원 가	150,000,000	100,000,000	240,000,000
전 기 말 수 익 계 상	400,000,000	260,000,000	-
결산서상수익계상	300,000,000	235,000,000	265,000,000

(4) 적송품누락(매출누락)

회사는 제품의 판매를 위하여 거래처 선인물산에 제품일부를 위탁판매하고 있다. 거래처 선인물산은 2025년 12월 27일 제품을 판매하였으며 이 사실을 2026년 1월 5일에 당사에 알려왔다. 위탁품의 판매가격은 15,000,000원이며, 원가는 12,000,000원이다.

(5) 매출할인의 누락

회사의 제품 매출에 대한 매출할인 1,000,000원이 있었으나 이를 영업외비용으로 처리된 사실을 확인하였다.(매출할인은 당기에 발생된 거래로 부가가치세 신고서에 반영되어있다.)

PART 2 실 무 편

예제해설

1 수입금액조정계산

(1) ①항목에서 1.매출과목을 선택한다.

(2) ②계정과목은 F4(매출조회) 클릭한 후 보조창에서 영업상 수입금액을 선택하여 결산서상 수입금액에 반영한다.

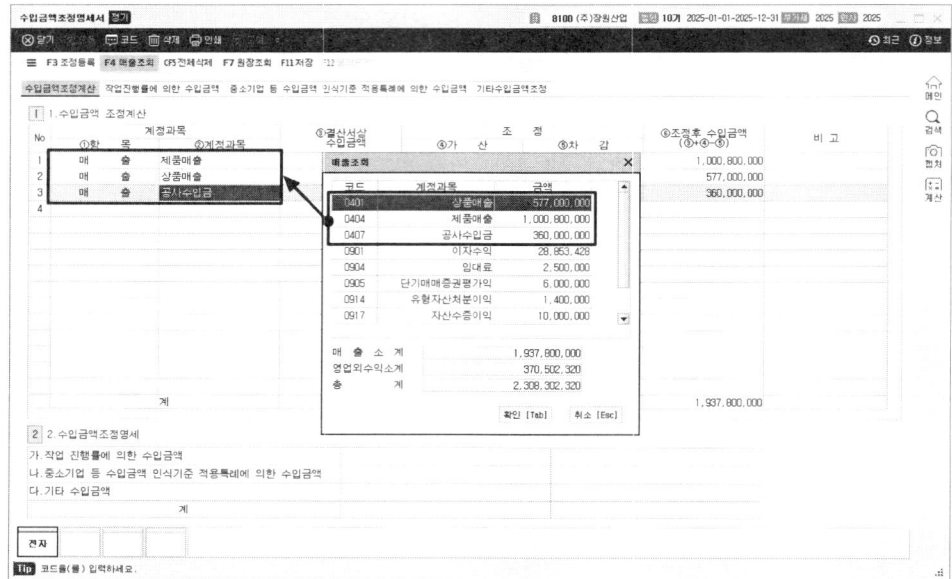

(3) 영업외수익 항목 중에서 세법상 매출과 관련된 금액을 추가로 조회한다.

①항목에서 2.영업외수익을 선택한다. 영업외수익을 선택한 후 F4(매출조회)를 클릭한 후 「잡이익」을 선택한다. 잡이익 계정에 표시된 금액 중 [부산물매각] 또는 [공손품매출]등은 법인세법에서 매출액으로 판정하기 때문에 반드시 F7(원장조회)를 클릭하여 해당과목의 여부를 확인해야 한다.

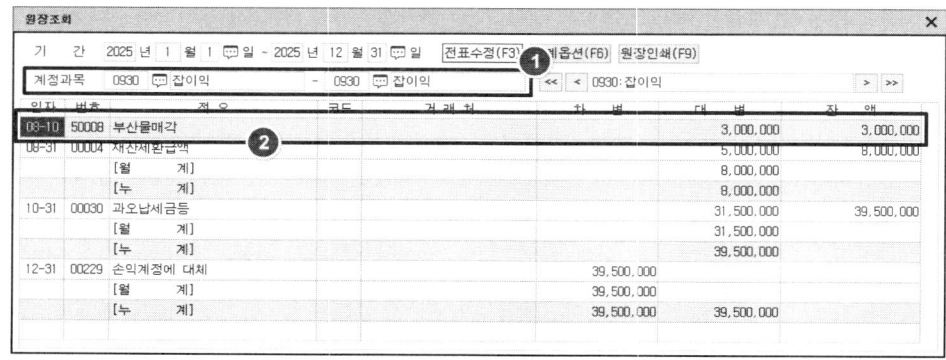

조회 후 확인 된 잡이익 중 부산물매각대금 3,000,000원을 확인하고 앞의 화면의 잡이익을 3,000,000원으로 해당금액을 수정하여 입력한다.

Chapter 3 법인세 실무

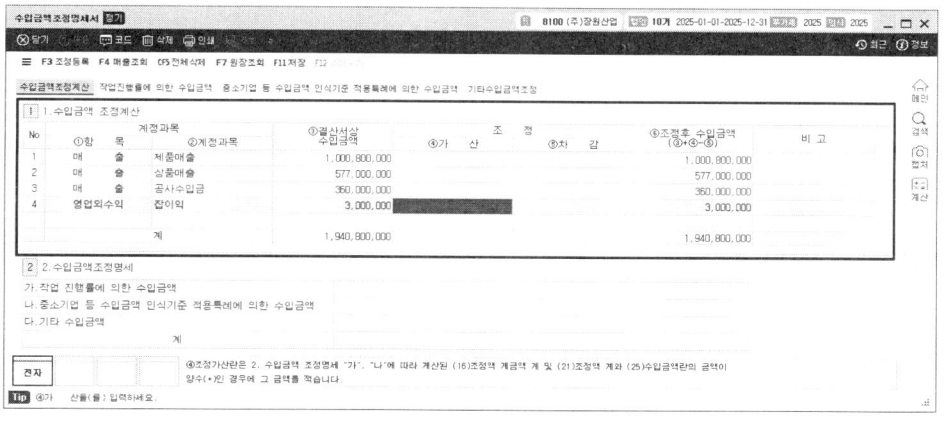

2 수입금액조정명세 : 가. 작업 진행률에 의한 수입금액의 조정

건설 용역과 같은 장기 도급계약을 체결한 경우와 [예약매출]이 있는 경우에는 반드시 [진행률기준]에 의하여 수익을 인식한다. 그러므로 다음과 같은 요건을 모두 충족하는 경우에는 작업진행률에 의한 수입금액조정명세서를 첨부하여야 한다.

① 사업연도 종료일 현재 건설 또는 제조가 진행 중일 것

② 건설 또는 제조에 관한 계약기간(예약기간)이 1년 이상인 장기 도급계약일 것.

　㉠ 철도역사신축공사 : 철도역사 신축공사는 당해 연도 모두 완성되어 작업진행률이 100%이다. 그러므로 도급 금액 중 전년도 익금산입액을 제외한 나머지 금액은 모두 당해 연도에 익금으로 처리되어야 한다.

　㉡ 명성빌딩 신축 : 명성빌딩 신축공사는 당해 연도까지 진행된 작업진행률은 60%이다. 계상된 누적 익금해당 액은 450,000,000원이다. 하지만 당해법인이 계상한 익금총액은 전년도 익금과 당기 회사 수입계상액을 합 하여 495,000,000원이므로 45,000,000원의 익금이 과대 계상되었다. 그러므로 익금과대 계상액 45,000,000원은 익금불산입으로 세무조정하여 △유보로 소득 처분한다.

　㉢ 초원빌딩신축 : 초원빌딩 신축공사는 당해 연도 현재까지 진행된 작업진행률은 80%이다. 그러므로 도급금액 중 익금해당액은 320,000,000원이며 당기 손익계산서에 265,000,000원을 수익을 계상하여 55,000,000 원이 익금이 누락되었다. 익금누락액은 당기 익금산입하고 유보 처분한다.

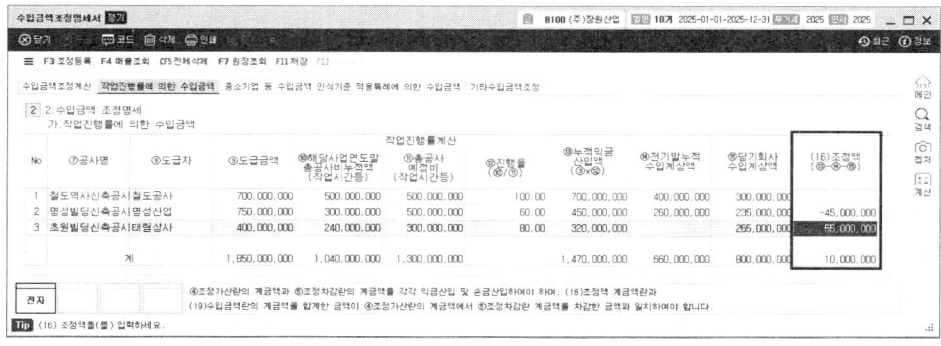

PART 2 실 무 편

3 수입금액조정명세 : 다. 기타의 수입금액

기타의 수입금액이란 기업이 인식한 익금의 귀속시기가 잘못된 경우 귀속시기를 조정하기 위한 메뉴이다. 재고자산의 경우 법인세법과 기업회계기준 모두 재화를 인도하는 시점에 수익을 인식하는 인도기준법을 원칙으로 하고 있다. 세법에서 인식되지 않는 다른 방법으로 수익을 인식하였다면 반드시 작성되는 세무조정서류이다. ①**적송품매출** ②시용품매출 ③상품권매출 ④기타조건부 매출액은 모두 이 메뉴에서 조정해야 한다. 또한, 매출액과 대응되는 매출원가가 있는 경우에도 반드시 대응해서 세무조정한다.

■ 적송품(위탁품)매출누락

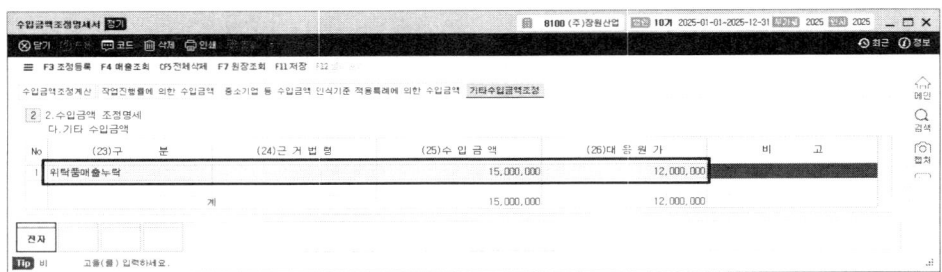

4 작업진행률차이 및 기타수입금액조정액의 처리

[작업진행률차이] 및 [기타수익금액]의 조정액을 세무조정 한 후 수입금액조정계산에 이기하여야 한다.

5 매출할인 및 판매 장려금 등의 처리

본 문제에서는 매출할인을 영업외 비용으로 처리하였다고 하는데 이를 정리하면 다음과 같다.「매출에누리와 환입액과 매출할인」은 기업회계기준은 매출액에서 직접 차감하여 순매출액을 손익계산서에 반영하도록 하고 있다. 그러나 당해법인은 영업외 비용으로 처리하고 있으므로 회계처리에서 방법상의 오류가 발생한 것이다. 이러한 회계오류는 실제 당기순이익에 영향을 주지 않기 때문에 세무조정 없이 수입금액의 차이만 조정하는 것이다.

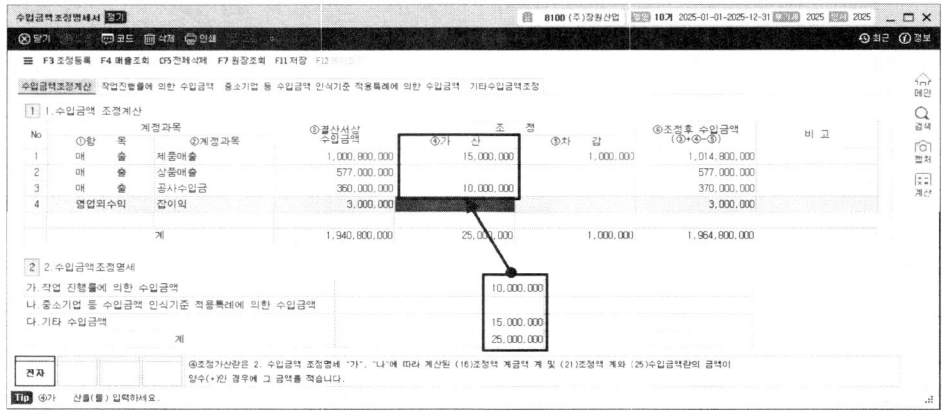

Chapter 3 법인세 실무

■ 조정(합계)등록(F3)

수입금액조정이 끝나면 조정된 내용을 [소득금액조정합계표]에 입력하여야 하는데 조정등록(F3)을 클릭하면 소득금액조정합계표가 출력되는데 여기에 다음과 같이 입력한다.

조정과목	금 액	세무조정	소득처분
작업진행률차이	10,000,000	익금산입	유보발생
위탁품매출누락	15,000,000	익금산입	유보발생
위탁품매출원가누락	12,000,000	손금산입	유보발생

매출할인은 전체손익에 영향이 없고 매출액의 조정만 하므로 별도의 세무조정은 하지 않는다.

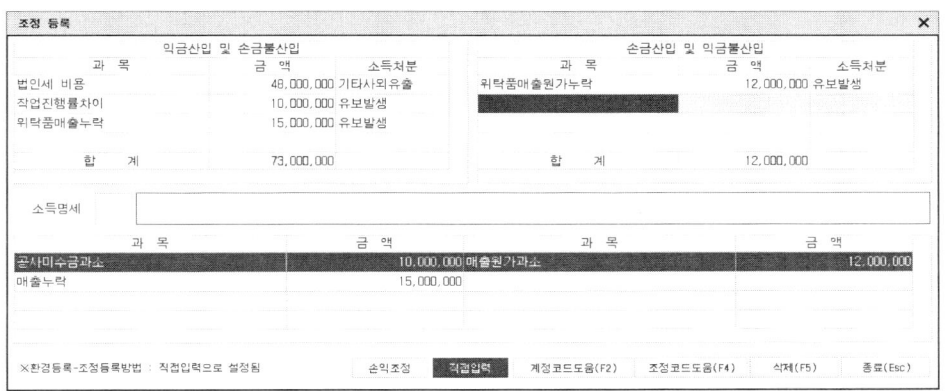

2 조정 후 수입금액명세서

기업회계기준의 매출액(수입금액)과 부가가치세법상 매출액(공급가액)은 차이가 발생할 수 있다. 그 이유는 부가가치세법에서는 공급(매출액)에 해당되어 과세표준에는 포함되지만, 기업회계와 법인세의 매출액에 포함되지 않는 항목들이 존재하기 때문이다.

예를 들어 건물을 처분하는 경우 기업회계에서는 유형자산처분이익으로 하여 영업외수익으로 처리되지만 부가가치세법에서는 공급가액 전체금액을 과세표준으로 계상 한 후「**수입금액제외**」로 처리되기 때문이다. 이러한 차이는 법인세법의 수입금액명세서에서도 나타나는데 그 원인을 소명하기 위하여 작성되는 세무서식을 「**조정 후 수입금액명세서**」라 한다.

코드	내 용	해 설	효과(*)
21	자가공급	재화의 간주공급에 해당	+
22	사업상증여	재화의 간주공급에 해당	+
23	개인적공급	재화의 간주공급에 해당	+
24	간주임대료	계산방식의 차이	±
25	고정자산매각	과세범위의 차이	+
26	그 밖의 자산매각	과세범위의 차이	+
27	잔존재고재화	재화의 간주공급에 해당	+
28	작업진행률차이	계산방식의 차이	±
29	거래시기차이가산	수입금액에서 초과부분조정을 부가세에 반영	+
30	거래시기차이감액	수입금액에서 누락부분조정을 부가세에 반영	−
31	주세, 개별소비세	계산방식의 차이	+
32	매출누락	수입금액에서 누락부분을 부가세에도 반영	−

+ : 부가가치세법상 공급가액 〉 법인세법상 수입금액
− : 부가가치세법상 공급가액 〈 법인세법상 수입금액
± : 상황에 맞춰 고려

> 조정 후 수입금액조정명세서의 작성 전 반드시 선행되어야 하는 순서 및 방법

1) 부가가치세신고서의 조회 및 저장

① 부가가치세 신고서를 과세단위기간별(예정 및 확정)로 조회
② 과세단위별 [과세표준명세] 조회 후 [수입금액제외 금액] 확인 후 별도로 표시한다.
③ 부가가치세 신고서 저장(반드시 필요)후 다음 「**과세단위기간별**」로 조회를 반복한다.

과세표준명세의 업종별 금액은 손익계산서의 매출액에 포함되는 금액을 의미하며, [수입금액제외 금액]은 부가가치세법성 과세거래에는 해당하지만, 기업회계 또는 법인세법에서는 매출액(사업수입금액)에 포함되지 않는 금액을 의미한다.

그러므로 법인세법상의 사업수입금액과 부가가치세법상의 공급가액에는 차이가 발생할 수 있는데 그 차이를 조정하는 것을 「**조정 후 수입금액명세서**」에서 하는 것이다.

Chapter 3 법인세 실무

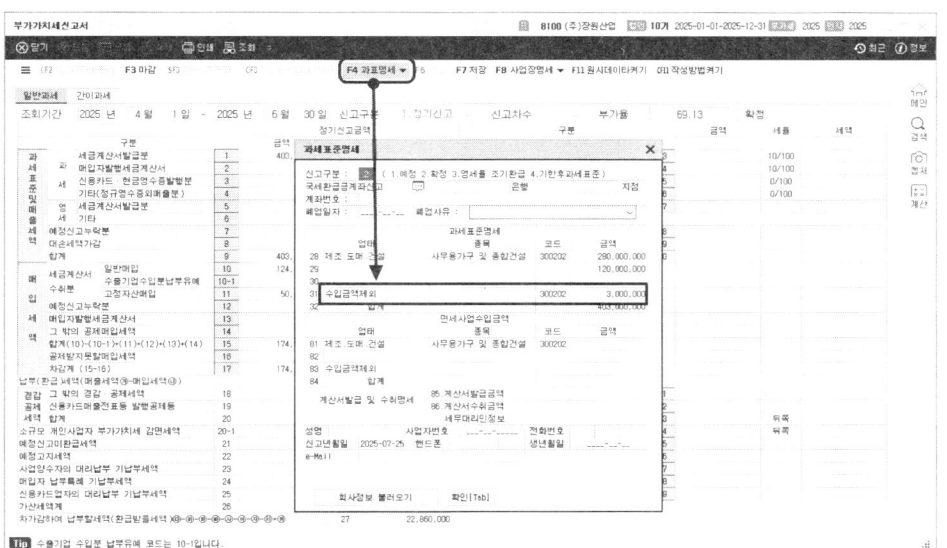

2) 매입매출장의 조회

① 부가가치세신고서를 조회한 후 반드시 「저장」버튼을 클릭하여 저장한다.
② [회계관리]모듈 ⇨ 「매입매출장」을 다음과 같이 조회
   ⇨ 조회기간 : 01월 01일부터 12월 31일
   ⇨ 구분 : 2.매출
   ⇨ 유형 : 00.전체 선택
   ⇨ 하단의 과세유형에서 [건별 및 과세매출액 중 고정자산매각 등]을 확인하여, 손익계산서의 매출액 계상 대상이 아닌 부분을 조회한다.

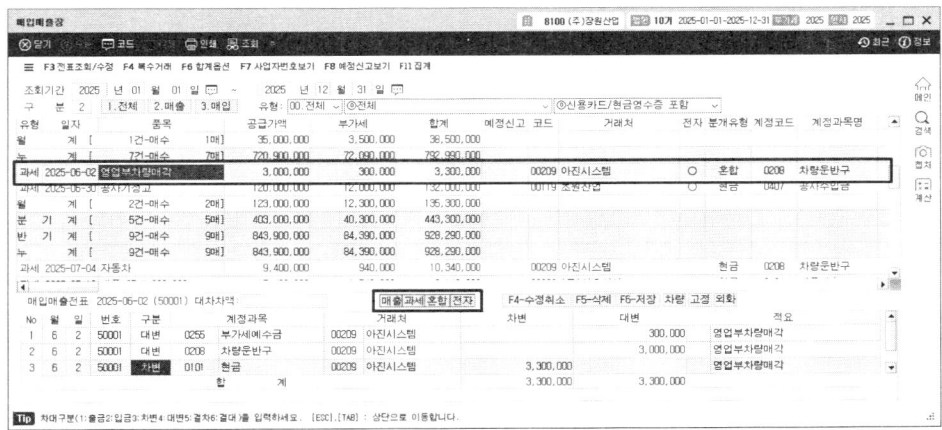

유형자산의 처분은 부가가치세법상 과세거래에 해당하지만, 법인세법상 사업수입금액의 대상이 될 수 없다. 그러므로 수입금액의 차이가 발생하므로 그 차이에 대한 소명을 위하여 해당 거래를 조회하는 것이다.

조정 후 수입금액조정명세서의 작성순서 및 방법(1)

(1) ① 1.업종별 수입금액 명세서

① 업태 및 종목은 회사등록의 기초정보에 의하여 자동적으로 반영된다. 다만, 겸영사업자인 경우에는 각 사업별로 구분하여 입력하며, 업종은 수입금액이 가장 큰 순서로 배열한다. 종료 시 금액 순으로 자동정렬 되어 저장된다.

② 기준경비율 코드는 F2(코드조회)를 눌러 조회할 수 있다. 기준경비율 코드를 아는 경우에는 직접 입력하면 해당 업태와 종목이 조회된다.(과거에는 표준소득율을 사용하여 왔으나 개정세법에 의하여 기준경비율을 선택한다)

③ 수입금액의 입력은 F8(수입조회)를 클릭하면 수입금액조정명세서의 내용이 조회되므로 해당금액을 클릭하면 자동으로 반영된다. 제조업의 경우 잡이익에 부산물매출액 또는 공손품 매출액이 있는 경우 해당금액을 제품매출액에 포함하여 입력한다.

④ 수입금액계정 금액을 입력한 후 수출금액을 차감하여 입력하면, 내수판매액에 국내생산품과 수입상품금액이 자동으로 분리되어 표시되는데 수입상품의 금액은 스페이스바를 이용하면 자동으로 수출금액에 반영된다.

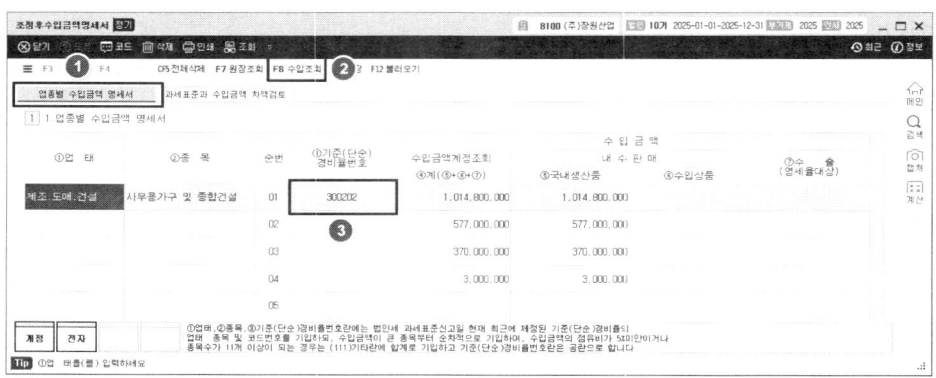

조정 후 수입금액조정명세서의 작성순서 및 방법(2)

(2) ② 2.부가가치세 과세표준과 수입금액 차액검토

부가가치세법에 의하여 신고 된 과세표준의 전체내역이 반영된다. 만약 불러오기가 되지 않는 경우에는 부가가치세모듈의 부가가치세신고서를 해당과세기간별로 조회 한 후 저장을 하면 해당 자료는 자동으로 불러오기가 된다.

(3) 수입금액과의 차액내역

법인세법상의 수입금액이 부가가치세법상의 공급가액보다 큰 경우에는 차액을 음수(-)로 표시하고 반대로 법인세법상의 수입금액이 부가가치세법상의 공급가액보다 작은 경우에는 양수(+)로 표시한다.

Chapter 3 법인세 실무

실무예제   조정후수입금액조정명세서

다음 자료를 이용하여 ㈜장원산업(8100)의 조정 후 수입금액조정명세서를 작성하시오.

(1) 조정 후 수입금액명세서는 수입금액조정명세서의 정리된 자료를 이용하여 작성한다.

(2) 수입금액은 국내에서 생산·판매된 것이며, 영세율 적용 분과 면세관련 매출액은 없다.

(3) 당해 연도에 신고한 부가가치세 과세표준은 1,961,700,000원이며, 그중에는 생산부의 고정자산 매각대금 18,400,000원과 거래처에 무상으로 증여한 제품 2,500,000원이 포함되어 있다.

(4) 부산물매각 수입과 매출할인은 제조업과 관련된 것으로 세금계산서가 발행된 것이다.

(5) 업종별 기준경비율 코드는 다음과 같다.

업 태	종 목	표준소득률 코드
제 조	사무용가구	300202
건 설	종합건설	451104
도 매	사무용가구 및 부품	515051

PART 2 실무편

예제해설

1 1.업종별 수입금액명세서

(1) ①업태와 종목을 입력하고 ③기준경비율코드를 입력한다.

(2) ④수입금액계정조회 F8(수입조회)버튼을 마우스로 클릭하여 금액이 큰 순서대로 해당과목을 선택하여 반영한다. 제조업의 경우 잡이익(부산물매출)은 제품매출액에 합산하여 입력한다.

(3) ⑦수출(영세율)의 금액은 ⑤국내생산품의 금액에서 차감하면 ⑥수입상품에 차감된 금액이 입력되지만 스페이스바를 이용하면 금액이 삭제되며 ⑦수출(영세율대상)에 자동으로 반영된다.

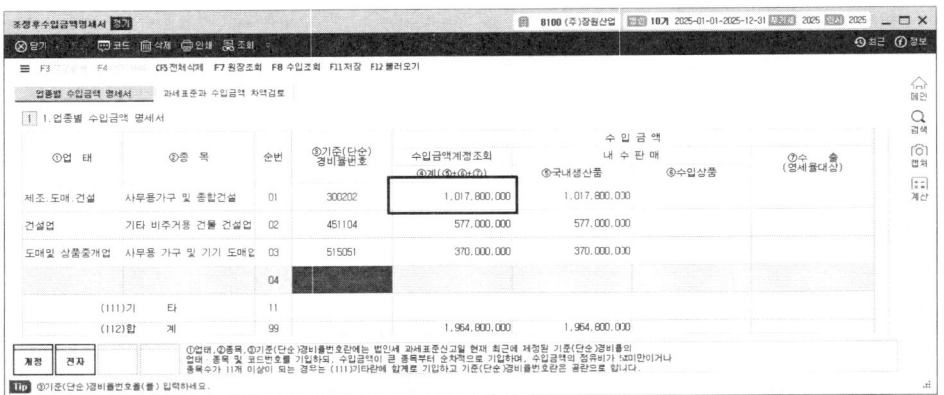

2 2.부가가치세 과세표준과 수입금액 차액검토

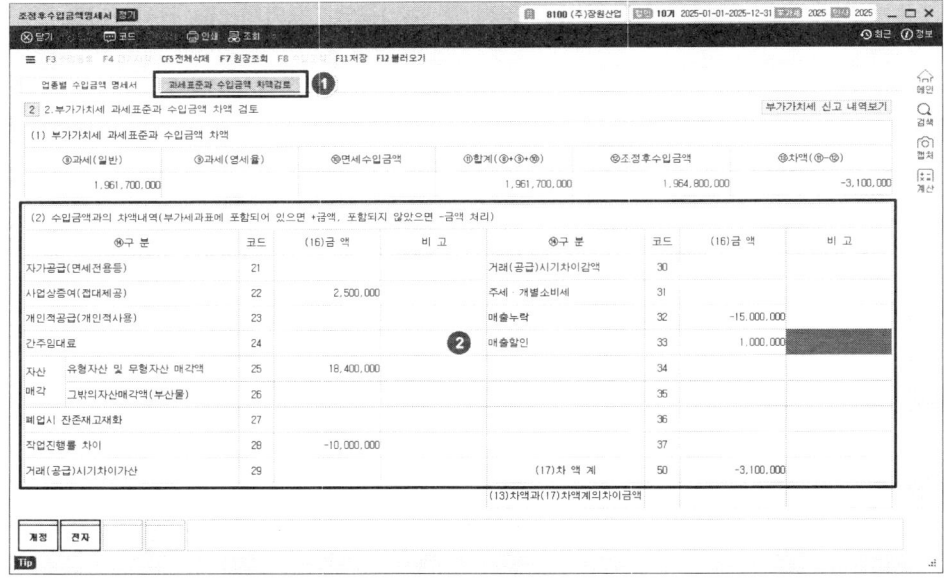

① 간주공급과 고정자산매각은 부가가치세법상 공급에 해당하지만 법인세법의 수입금액제외에 해당되어 차이가 발생된다.

② 작업진행률에 의한 차이는 법인세법에 의한 계상액과 부가가치세법에 의하여 계상된 금액의 차이가 발생된다.

③ 매출액은 거래형태별로 귀속시기의 차이로 인하여 부가가치세법과 차이가 발생한다.

Chapter 3 법인세 실무

③ 수입배당금명세서

「**수입배당금명세서**」는 수입배당금에 대한 법인세의 이중과세를 조정하기 위하여 작성하는 서식이다. 내국법인이 다른 내국법인으로부터 배당금(이익분배금)을 수령한 경우 법인세가 이중과세가 되는 현상이 발생하는데 이러한 이중과세 된 법인세를 익금불산입하여 이중과세를 조정해 주어야 하는데 이때 이중과세 조정내용을 반영하는 서식을 **[수입배당금명세서]**라 한다.

수입배당금명세서의 작성방법

(1) **1** 1.출자법인 현황
- 자동으로 출자법인 현황이 표시된다.

(2) **2** 2.배당금 지급법인 현황
- 배당기준일 전 3월이내 취득한 주식과 외국법인의 배당금은 입력대상이 아님.
- 조특법상의 세액감면 대상의 법인으로부터 받은 배당금도 입력대상이 아님.

(3) **3** 3.수입배당금 및 익금불산입 금액 명세
- 2.배당금 지급법인 현황에 있는 배당금 지급 법인의 내역을 입력한다.
- 해당법인의 배당금을 입력하면 〈16.익금불산입비율〉이 표시되는데 이곳에서 상장법인 또는 비상장법인의 지분율을 선택하면 자동으로 익금불산입대상 금액이 계상된다.
- 지급이자가 있는 경우 해당 지급이자의 비율만큼 수입배당금 익금불산입액에서 배제를 받으므로 정확하게 입력한다.
- 출자법인의 주식의 장부가액과 지주회사의 자산총액을 입력하면 자동으로 익금불산입 배제 대상금액을 계산한다.

585

실무예제 — 수입배당금명세서

㈜장원산업의 2025년 수입배당금명세서를 작성하고 소득금액조정합계표에 반영하시오. 수입배당금 관련 자료는 다음과 같다.

(1) ㈜장원산업의 관련 정보는 다음과 같다.(일반회사 수입배당금 익금불산입 적용대상)

법인명	등록번호	소재지	대표자	업태,종목
㈜장원산업	210-81-61239	서울 영등포구 양평로 51	최진수	제조·도매·건설

(2) 회사가 보유한 주식의 취득내역은 다음과 같다.

법인명	등록번호	소재지	대표자	업태,종목	취득일자	배당금액(원)
㈜진원상사	220-86-45740	서울 양천 목동	김영배	도매·의류	2024.10.31	5,200,000
㈜진원상사		상 동			2025.11.20	2,300,000
㈜미원	126-81-24939	인천 계양 작전	윤정수	제조·도서	2025. 4.30	12,000,000

① 진원상사는 비상장법인이며 ㈜미원은 상장법인이다.
② 2025년 11월 중에 취득한 것은 배당기준일(12월 31일)전 3월 이내에 취득한 것임.

(3) 진원상사의 발행주식 총수는 300,000주인데, ㈜장원산업은 2024년도 중에 15%, 2025년 중에 5%를 추가 취득하였다. 그리고, ㈜미원의 발행주식 총수는 500,000주인데, ㈜장원산업은 ㈜미원의 발행주식 중에서 35%를 취득하였다.

(4) ㈜장원산업의 제10기 차입금에 대한 이자비용은 다음과 같다고 가정하며, 출자법인의 주식의 장부가액과 장원산업의 자산총액은 다음의 자료를 이용하기로 한다.

이자비용	출자법인의 주식의 장부가액		㈜장원상사의 자산총액
	진원상사	㈜미원	
68,000,000원	100,000,000원	450,000,000원	2,600,000,000원

Chapter 3 법인세 실무

예제해설

(1) 1.출자법인현황 :

수입배당금명세서를 선택하면 기초정보관리에 입력된 해당 법인의 기본정보가 자동으로 조회된다.

(2) 2.자회사 또는 배당금 지급법인 현황

① 당해 법인이 투자한 기업의 현황을 입력한다. 익금불산입 배제대상은 입력하지 않으며, 중복 투자된 경우에는 합산하여 한 개의 데이터로 입력한다.

② 본 사례에서 ㈜진원상사는 2025년 11월 20일에 추가로 투자한 지분이 있으나, 배당기준일 전 3개월이내 투자분에 해당하여 익금불산입대상에서 제외된다.

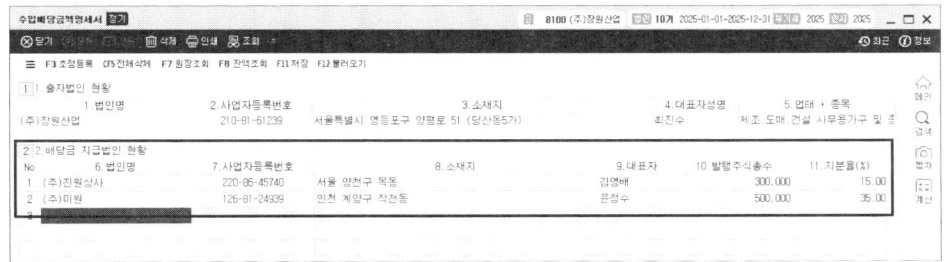

(3) 3.수입배당금 및 익금불산입 금액명세

① 세법의 익금불산입율은 다음과 같다.

피출자법인에 대한 출자지분율 (상장·비상장 통합)	익금불산입비율
① 50% 이상	100%
② 20%이상 50%미만	80%
③ 20%미만	30%

② 익금불산입비율을 선택한 후 지급이자가 있는 경우 지급이자 손금불산입비율의 적용을 위하여 보유하고 있는 주식의 장부가액과 자산의 적수를 입력하면, 자동으로 익금불산입금액이 계산된다.

PART 2 실 무 편

■ 조정(합계)등록(F3)

수입금액조정이 끝나면 조정된 내용을 소득금액조정합계표에 입력하여야 하는데 조정등록(F3)을 클릭하면 소득금액조정합계표가 출력되는데 여기에 다음과 같이 입력한다.

조정과목	금 액	세무조정	소득처분
수입배당금 익금불산입	960,001원	익금불산입	기타

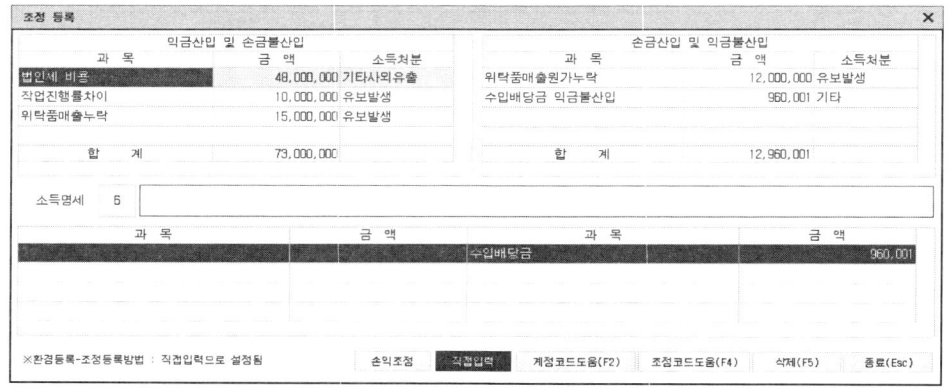

4 임대보증금등의 간주익금조정명세서

부동산임대업이 주업인 내국영리법인이 차입금이 자기자본의 2배 이상을 보유하는 경우 부동산 또는 부동산에 관한 권리를 대여하고 받은 보증금에 정기예금이자율을 곱한 금액에서 임대사업부문에서 발생한 수입이자 및 배당금 등의 합계액을 차감한 금액을 익금에 산입한다. 이때 익금에 산입할 간주임대료를 계산하는 서식을 임대보증금 간주익금조정명세서라 한다.

임대보증금 등의 간주익금조정명세서 작성방법

(1) 임대보증금등의 간주익금 조정 탭
  ① 1.임대보증금등의 간주익금조정 : 임대보증금 등의 적수계산 및 건설비상당액의 적수를 계산하면 자동으로 반영된다.
  ② 2.임대보증금등의 적수계산 : 임대보증금에 대한 계정별 원장을 이용하여 날짜별로 입금된 금액과 반환된 금액을 기록한다. 적수는 자동으로 계산되며「294.임대보증금」계정으로 기장한 경우 F12(불러오기)를 클릭하여 자동으로 반영할 수 있다. 전기로부터 이월된 임대보증금이 있는 경우 적용코드 0.입금을 선택하면 전기이월을 선택되며, 해당년도에 임대보증금이 입금 된 경우에는 0.보증금입금을 선택한다. 임차인이 퇴거한 경우에는 보증금 반환을 선택하면 된다.

(2) 건설비 상당액 적수계산 탭
  ① 3.건설비 상당액 적수계산 : (17)건설비 총액적수 (21)건물임대면적 적수 (25)건물연면적 적수 등의 자료에 의하여 자동으로 반영된다.
  ② 나. 임대면적 등 적수계산 : (17)건설비 총액적수 ⇨ 토지를 제외한 건축물을 취득하거나 건설하는 데 소요된 금액과 관련 날짜를 기록한다.
  ③ 나. 임대면적 등 적수계산 : (21)건물임대면적적수 ⇨ 해당 임대보증금을 받은 날짜와 임대목적물의 임대면적을 기록한다.
  ④ 나. 임대면적 등 적수계산 : (25)건물연면적 적수 ⇨ 건물 전체의 연면적을 기록한다. 연면적이란 건물 등에서 각 층수(지하층 포함)의 면적을 모두 합한 면적을 의미한다.

(3) 임대보증금등의 간주익금 조정 탭
  ① 4.임대보증금 등의 운용수입금액명세서 : 임대보증금 운용수입란에는 당해 임대보증금 등으로 취득한 것이 확인되는 금융자산으로 발생한 이자 및 할인료와 배당금을 구분하여 입력한다.
  ② (29)과목 : 코드도움(F2)을 클릭하여 이자수익계정을 선택한다.
  ③ (30)계정금액 : 원장조회(F7)를 클릭하여 이자수익계정 등 금융수익 관련계정을 순서대로 조회하여 금액을 입력한다.
  ④ (31)보증금운용수입금액 : 금융수익 중 임대보증금을 운용하여 얻은 수익을 입력하면 상단의 1.임대보증금등의 간주익금 조정에 익금산입금액이 자동으로 계산된다.

PART 2 실 무 편

실무예제  임대보증금 등의 간주익금조정명세서

㈜장원산업(8100)에 대한「임대보증금 등의 간주익금조정명세서」를 작성하고 소득금액조정합계표에 반영하시오.

(1) 임대사업과 관련된 임대보증금 등의 내역은 다음과 같다.

■ 겸용주택의 임대현황

구 분	면 적	임대보증금	계약기간
(1층) 사무실	300㎡	₩ 500,000,000	2024.5.1~2026.4.30
(2층) 주 택	200㎡	80,000,000	2024.5.1~2026.4.30

(2) 주택임대보증금 전액과 사무실 임대보증금 중 2억원은 차입금 상환에 사용되었으며 임대보증금의 운용수입액은 1,500,000원이다. 단, 이자수익 계정의 손익계정 대체액은 28,853,428원이며 운용수입액은 전액 이자수익계정에서 처리된 것으로 가정한다.
(3) 임대부동산은 제8기에 6억원(토지의 취득원가 4억원 포함)에 취득한 것이다.
(4) 사업연도 종료일 현재 재정경제부령이 정하는 정기예금이자율은 프로그램의 적용 이자율로 적용한다.

예제해설

1. **1.임대보증금 등의 간주익금조정 탭**

① 2.임대보증금의 적수계산 : 임대보증금계정(294)을 [F12불러오기]를 클릭하여 자료를 불러온다.
② 기존의 자료가 없는 경우에는 해당일자를 직접입력 한 후「0.입금」을 선택한 후 사업용 부동산의 사무실 임대보증금 500,000,000원을 입력한다.

Chapter 3 법인세 실무

2 2.건설비 상당액의 적수계산 탭

임대보증금등의 적수계산 자료 반영 후 마우스를 이용하여 건설비 상당액 적수계산 탭으로 이동한다.

① 나. 임대면적 등 적수계산 : (17)건설비 총액적수에 1월 1일을 입력한 후 건설비 총액을 입력한다. 주의 할 것은 토지의 원가는 포함되지 않으며, 건물의 순수한 구입대금을 입력해야 한다.
② 나. 임대면적 등 적수계산 : (21)건물임대면적 적수(공유면적 포함)에 구입일자를 입력하며, 실제로 임대한 입실면적을 입력한다.
③ 나. 임대면적 등 적수계산 : (25)건물연면적 적수(지하층 포함)에 구입일자와 건물의 전체 연면적(지하층 포함)을 입력한다.

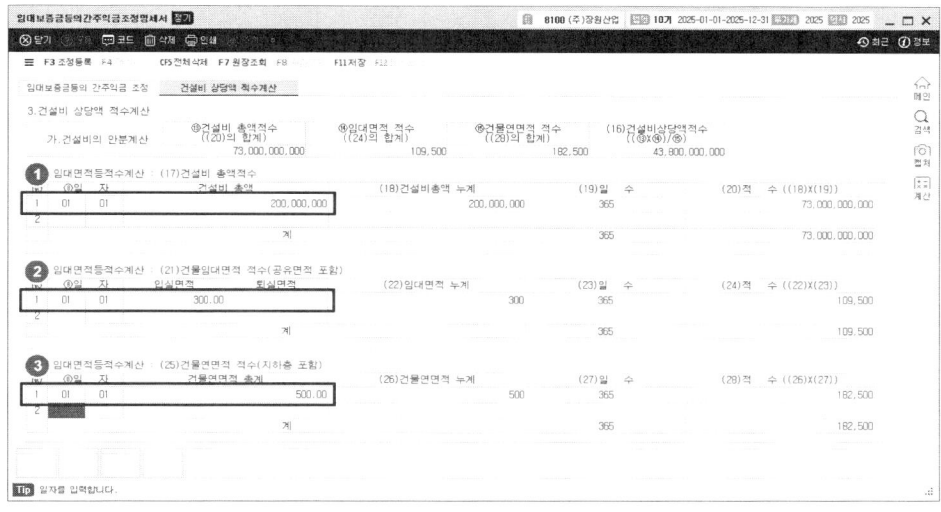

3 1.임대보증금 등의 간주익금조정 탭

① 임대보증금 등의 운용수입금액 명세서 : (29)과목에서 F2(코드도움)을 클릭하여 금융수익계정을 순서대로 조회하여 입력한다.
② F7(원장조회)를 하여 이자수익계정 조회

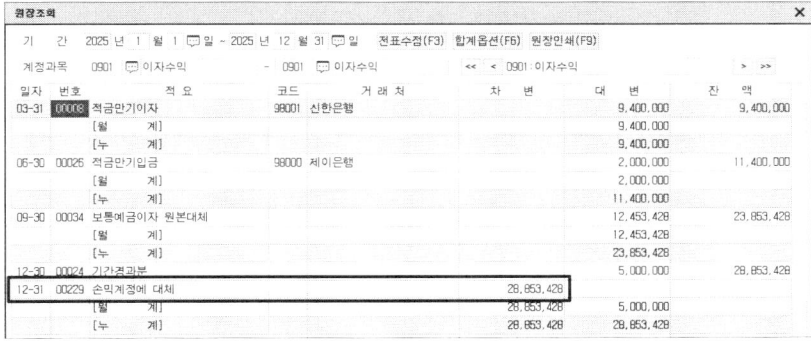

PART 2 실 무 편

④ 4.임대보증금 등의 운용수입금액 명세서

① (29)과목에 임대보증금의 운용수입금액 내역을 계정과목별로 불러오기를 한다.
② 본 문제에서는 이자수익계정(901)을 입력하여 계정과목을 조회한다.
③ 이자수익계정에서 손익계정에 대체되는 금액을 입력하고, 보증금 운용수입금액을 입력하면 기타수입금액을 제외한 해당 금액이 반영된다.

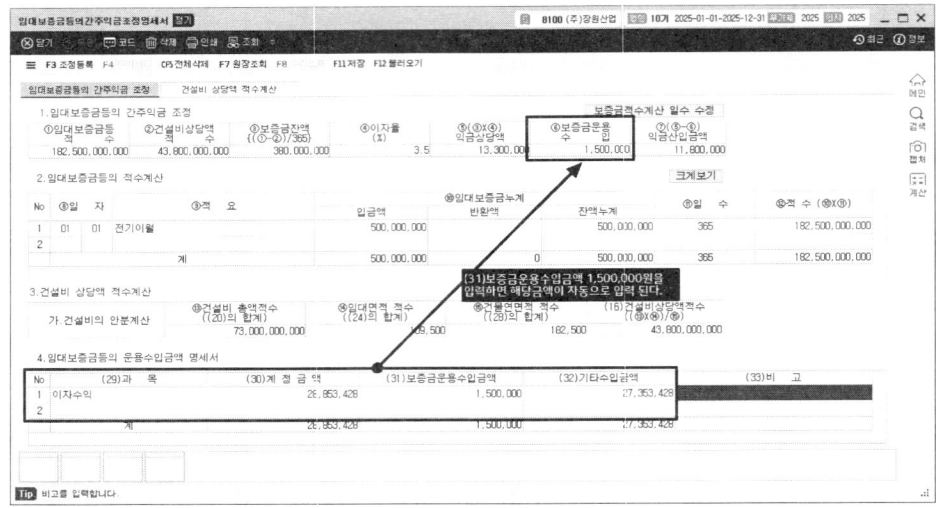

▣ 조정(합계)등록(F3)

수입금액조정이 끝나면 조정된 내용을 소득금액조정합계표에 입력하여야 하는데 조정등록(F3)을 클릭하면 소득금액조정합계표가 출력되는데 여기에 다음과 같이 입력한다.

조정과목	금 액	세무조정	소득처분
임대보증금 간주익금	11,800,000원	익금산입	기타사외유출

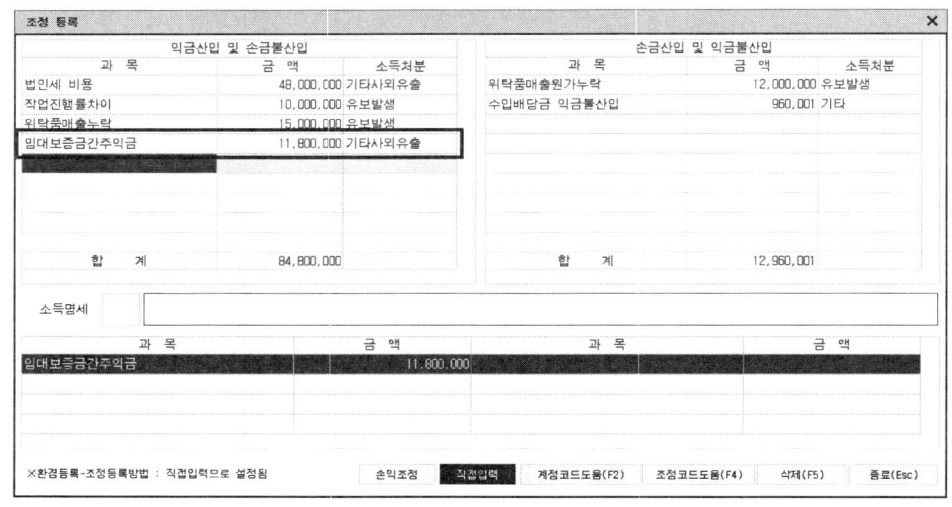

Chapter 3 법인세 실무

제 4 절 감가상각비 조정

1 고정자산 등록

감가상각자산의 등록

(1) 고정자산 계정과목 : 고정자산 계정과목별 코드로 입력을 하며, F2(코드도움) 또는 말풍선을 마우스로 클릭하여 해당 계정과목을 선택한다.

(2) 자산코드 및 자산명 : 각 개별자산의 코드를 정하여 관리할 수 있으며, 자산명에는 고정자산의 구체적인 품목을 입력한다.(자산의 내용 예: 공장컴퓨터, 공장용 화물차, 선반, 밀링기계 등)

(3) 취득일 및 상각방법 : 취득일자와 개별자산의 상각방법을 입력한다. 개별자산의 상각방법을 선택하지 않는 경우에는 세법에서 무신고 상황을 고려하여 자동으로 반영된다.

감가상각자산의 기본정보입력

(1) 1단계 : 기본등록사항

① 1.기초가액 : 기존에 취득한 자산의 취득원가를 입력한다. 당기에 새롭게 취득한 자산의 경우에는 [4.당기 중 취득 및 당기증가]에 입력함에 유의 해야 한다.

② 2.전기말상각누계액 : 전기말 재무상태표의 감가상각누계액을 입력한다.

③ 3.전기말장부가액 : 기초가액-전기말상각누계액에 의하여 자동으로 산출된다.

④ 4.당기 중 취득 및 당기증가 : 당기에 새로 취득한 자산이 있거나 당기 중에 발생한 자본적 지출액을 입력한다.

⑤ 5.당기감소 : 당기 중에 보유자산 중의 일부를 처분하거나 소각하는 경우에 입력한다.

593

(2) 2단계 : 감가상각비 시부인 자료입력

① 6.전기말자본적출액누계 : 정액법의 경우에만 입력하며 여기에 입력된 금액에 의하여 매년 같은 금액의 감가상각비가 적용된다.
② 7.당기자본적지출액 : 본래 자본적지출에 해당하지만 수익적지출로 처리된 경우에 입력한다. 즉시상각특례규정이 적용되는 경우에는 입력을 생략해야 한다.
③ 8.전기말부인누계액 : 정률법의 경우 상각부인액이 기초가액에 포함되어 상각범위액에 반영되기 때문에 입력시 항상 유의하여야 한다.
④ 9.전기말의제상각누계액 : 법인세를 감면받은 법인이 감가상각비를 계상하지 아니한 경우 신고조정에 의하여 감가상각비를 계상하여야 한다. 이때 신고조정에 의하여 손금산입한 감가상각비를 입력해야 한다.
⑤ 10.상각대상금액 : 상각기초가액이 위의 자료에 의하여 자동으로 계상된다.
⑥ 11.내용연수 : 신고내용연수를 입력하면 자동으로 상각률이 계산된다.
⑦ 12.상각범위액 : 법인세법에 의한 상각범위액이 표시된다.
⑧ 13.회사계상액 : 법인이 결산시 직접산출하여 손익계산서에 반영한 상각비를 입력하는 곳으로 사용자수정을 클릭하여 직접 수정할 수 있으며, 전기오류수정손실을 계상하여 전기미상각비가 계상되었다면 해당금액을 가산하여 입력하여야 한다.
⑨ 14.경비구분 : 제조부 또는 영업부 감가상각비 여부를 표시하는 곳으로 이곳에 입력된 자료에 의하여 결산에 제조원가명세서와 손익계산서에 자동으로 반영된다.
⑩ 18.양도일자 : 고정자산을 매각한 경우 이곳에 매각된 일자를 입력한다.
⑪ 20.업종코드 : 업종코드에 의하여 고정자산대장에 반영된다.

2 미상각자산 감가상각조정명세서

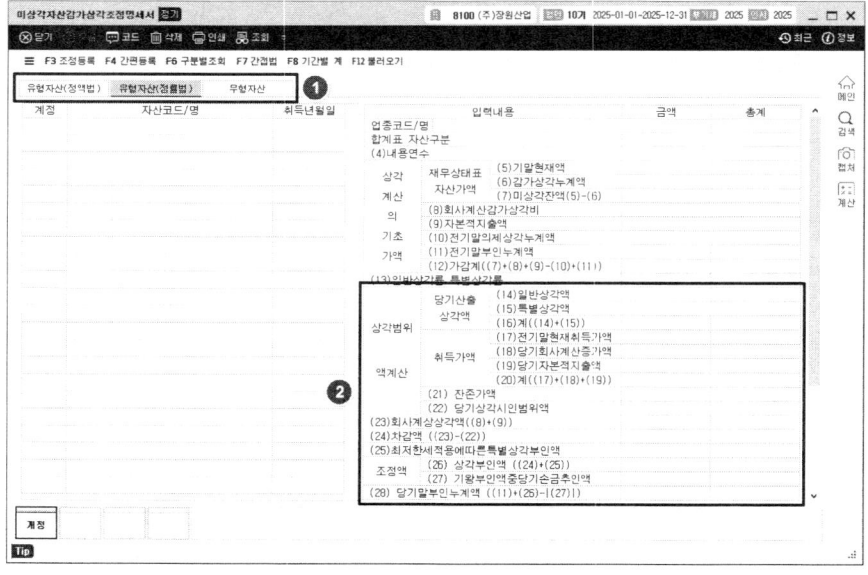

Chapter 3 법인세 실무

고정자산등록 메뉴에 입력되어 있는 데이터를 불러오기를 하여 작성한다. 감가상각비 데이터의 F12(불러오기)를 실행하여 자본적 지출액 등을 추가 사항을 직접 추가입력 할 수 있다.

③ 감가상각비조정명세서 합계표

고정자산을 등록하고 감가상각비를 계상 한 후 미상각자산감가상각조정명세서까지 작성하였다면, 마지막으로 **감가상각비조정명세서합계표**까지 완성하여야 모든 감가상각비의 세무조정이 완료되는 것이다.

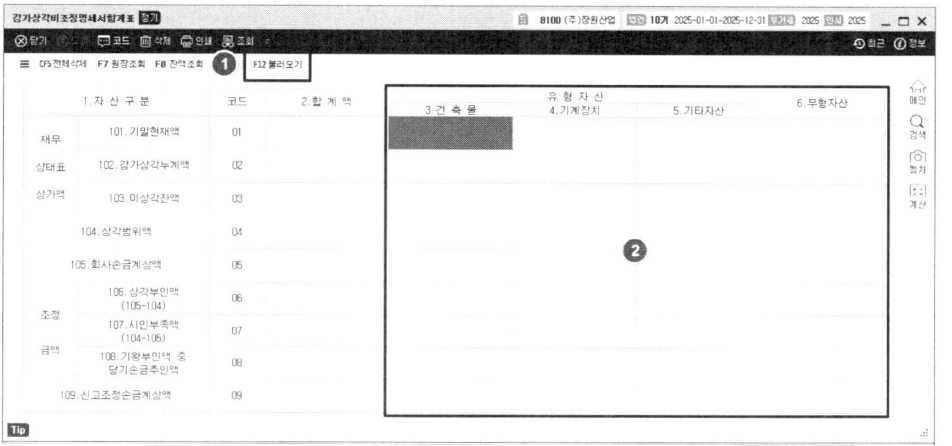

Tip

PART 2 실 무 편

실무예제 — 고정자산의 등록 및 감가상각비 조정

㈜장원산업(8100)의 고정자산에 대한 자료를 고정자산등록메뉴에 입력하고 감가상각비조정명세서와 감가상각비조정합계표에 반영 한 후 소득금액조정합계표를 작성하시오.(제시된 자산 외에는 감가상각을 하지 않는다고 가정한다.)

계정과목	자산명	취득일	취득가액	감가상각누계액	회사 계상 감가상각비
건물 (업종코드:02)	본사건물	2023.02.10	250,000,000	57,500,000	10,000,000
기계장치 (업종코드:13)	제어기	2023.05.15	30,000,000	21,915,000	7,500,000
	계측기	2024.06.20	20,000,000	13,971,980	0
	선반	2024.01.09	50,000,000	-	12,379,950

(참고자료)

(1) 건물에 대한 전년도 상각부인액 7,500,000원이 자본금과 적립금조정명세서(을)에 잔액으로 남아 있다.
(2) 제어기에 대한 부품교체비 6,500,000원이 지출되었으며, 해당 부품교체비는 자본적 지출에 해당하며, 정상적으로 처리되었다.
(3) 계측기는 당해년도 10월 1일 매각(처분)되었다.
(4) 선반에 대한 전년도 의제상각액이 22,550,000원이 있다.
(5) 감가상각방법은 별도로 신고하지 않았으며, 기준내용년수는 건물 20년, 기계장치 5년으로 가정하며, 세법상 기준내용년수를 적용한다.

예제해설

1 고정자산의 등록

(1) 본사건물의 등록

① 자산코드를 임의 입력한 후 자산명을 입력한다.(문제에 제시된 경우는 문제의 코드사용)
② 취득일을 입력하면 계정과목의 선택에 의하여 자동으로 무신고 규정에 따라 상각방법이 입력된다. 만약 상각방법이 다른 경우에는 하단의 (Tip)을 확인하여 해당번호를 선택하여 수정한다.
③ 1.기초가액 250,000,000원과 2.전기말상각누계액 57,500,000원을 입력한다.
④ 당기에 신규로 자산을 취득하였거나 자본적지출액이 있는 경우 4.당기 중 취득 및 당기증가에 입력한다.(자본적 지출시 정상처리 부분만 입력함에 유의)
⑤ (8.전기말부인누계액)은 법인세법에 의한 전기 말 상각부인액이 있는 경우 입력하며 자동으로 미상각자산 감가상각비조정명세 메뉴에 반영된다.

Chapter 3 법인세 실무

⑥ 「10.내용연수」내용연수를 입력하면 기본적으로 세법상의 무신고 규정에 따라 정액법 및 정률법에 의한 상각율이 자동으로 반영된다.

⑦ 「13.회사계상액」회사가 손익계산서에 반영한 상각금액을 직접 입력하는 란으로 회사계상액과 프로그램상의 금액이 일치하면 그냥 반영한다. 하지만 프로그램상의 금액과 다른 경우에는 금액란 옆의 「사용자수정」버튼을 클릭한 후 직접 입력한다.

⑧ 「14.경비구분」은 사업별 감가상각비명세서를 출력하기 위한 것으로 반드시 「제조경비 1.500번대」와 「일반경비 6.800번대」를 확인하여 선택하여야 한다.

⑨ 「20.업종」은 「14.경비구분」과 마찬가지로 업종별 감가상각비명세서를 출력하기 위한 것으로 반드시 입력하여야 한다. 말풍선을 마우스로 클릭하거나 F2(조회)버튼을 눌러 해당 업종을 조회할 수 있다.

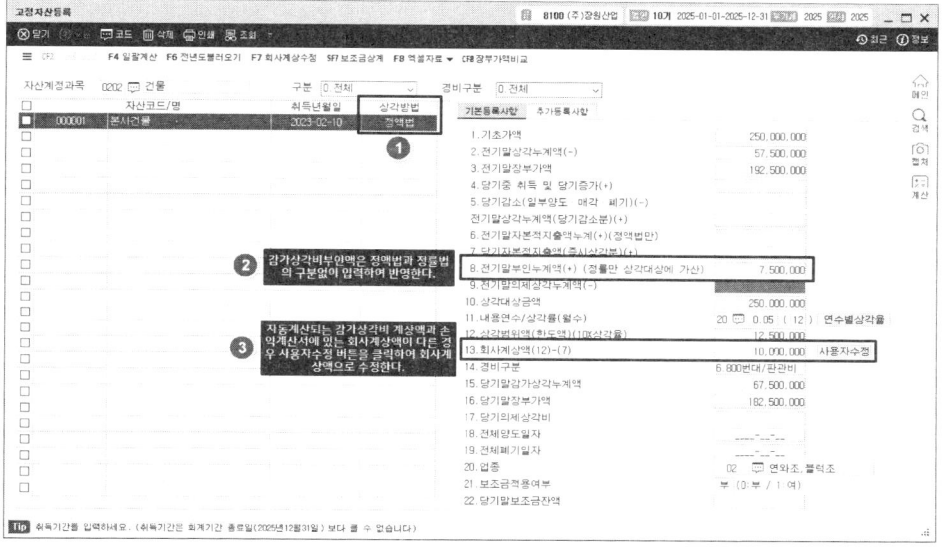

(2) 제어기의 등록

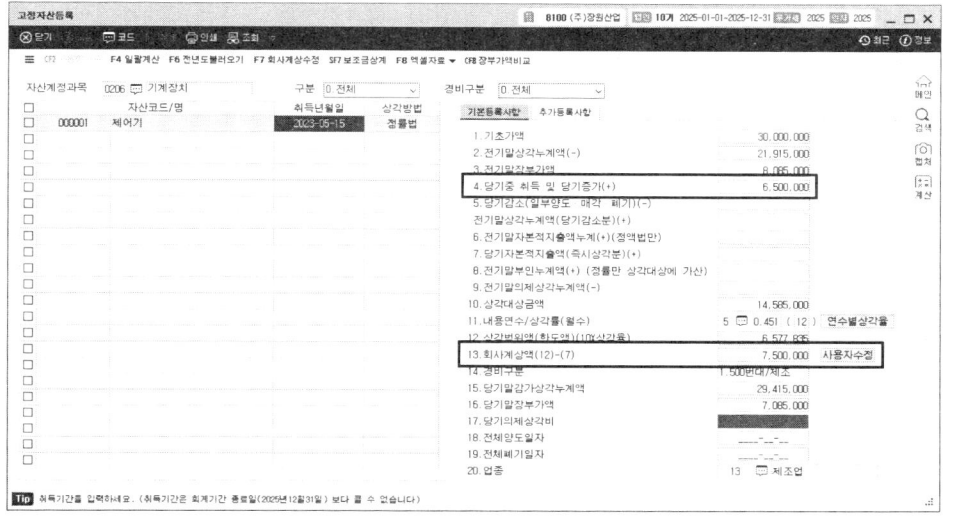

① 자산코드를 임의 입력한 후 자산명을 입력한다.
② 취득일을 입력하면 계정과목의 선택에 의하여 자동으로 상각방법이 입력된다. 만약 상각방법이 다른 경우에는 하단의 Tip에 있는 번호를 선택하여 수정한다.(1.정액법, 2.정률법 단, 건물은 수정되지 않음)
③ 「1.기초가액」 30,000,000원과 「2.전기말상각누계액」 21,915,000원을 입력한다.
④ 당기에 신규로 자산을 취득하였거나 자본적지출이 있는 경우 「4.당기 중 취득 및 당기증가」에 입력한다.(자본적지출시 정상처리 분만 입력함에 유의)
⑤ 본 문제에서는 자본적지출을 정상적으로 처리하였으므로 [당기 중 취득 및 당기증가]란에 입력한다.
⑥ 13.회사계상액분 감가상각비를 사용자수정을 클릭하여 수정 입력한다.

(3) 계측기의 등록

① 자산코드를 임의 입력한 후 자산명을 입력한다.
② 취득일을 입력하면 계정과목의 선택에 의하여 자동으로 상각방법이 입력된다. 만약 상각방법이 다른 경우에는 하단의 Tip에 있는 번호를 선택하여 수정한다.
③ 「1.기초가액」 20,000,000원과 「2.전기말상각누계액」 13,971,980원을 입력한다.
④ 양도한 자산에 대해 감가상각비를 계상한 경우 입력한다. 하지만 본 문제에서 양도한 자산에 대한 감가상각비가 계상되지 않았으므로 사용자수정을 클릭한 후 입력된 금액을 [스페이스바]를 이용하여 삭제한다.

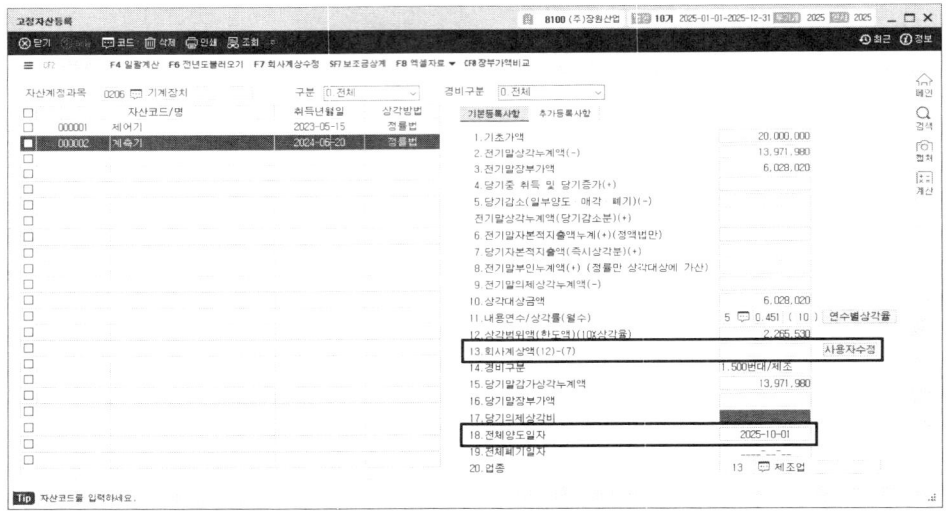

(4) 선반 등록

① 자산코드를 임의 입력한 후 자산명을 입력한다.
② 취득일을 입력하면 계정과목의 선택에 의하여 자동으로 상각방법이 입력된다. 만약 상각방법이 다른 경우에는 하단의 Tip에 있는 번호를 선택하여 수정한다.(1.정액법, 2.정률법 단, 건물은 수정되지 않음)
③ 「1.기초가액」 50,000,000원을 입력하며 「2.전기말상각누계액」은 전년도에 감가상각이 되지 않았으므로 입력을 생략한다.
④ 전기의제상각액이 있으므로 22,500,000원을 입력하면 당기상각범위액과 회사계상액이 일치한다.

Chapter 3 법인세 실무

> **Tip** 입력 중 반드시 확인할 사항
> ① 「6.전기말자본지출계」전기에 발생한 자본적지출액 중 즉시상각의제액으로 처리 된 금액을 입력한다.
> ② 「7.당기자본지출액(즉시상각)」당기에 발생된 수선비 중 자본적지출분을 수익적지출로 처리한 금액을 입력한다.
> ③ 「9.전기말의제상각누계액」전기말에 감가상각이 발생하였으나 세액감면 등에 의하여 계상하지 아니한 의제상각금액을 입력한다.
> ④ 「14.경비구분」경비구분은 사업별 감가상각비명세서를 출력하기 위한 것으로 반드시 「제조경비 1.500번대」와 「일반경비 6.800번대」를 확인하여 선택하여야 한다.
> ⑤ 「20.업종」은 「14.경비구분」과 마찬가지로 업종별 감가상각비명세서를 출력하기 위한 것으로 반드시 입력하여야 한다. 말풍선을 마우스로 클릭하거나 F2(조회)버튼을 눌러 해당 업종을 조회할 수 있다.
> ⑥ 「18.전체양도일자」당기 중에 자산을 양도하는 경우에 양도일 자를 입력하면 양도자산 감가상각명세 메뉴에 자동으로 반영된다.

2 「미상각자산 감가상각조정명세서」 및 세무조정

고정자산등록메뉴에 등록되고 입력된 고정자산의 주요등록사항과 추가등록사항을 불러와 법인세법에서 정하는 상각범위액에 부합하는지 검토하여 세무조정하는 명세서이다. 명세서의 조회와 작성은 다음과 같다.

① 「감가상각조정」 ⇨ 「미상각분 감가상각조정명세」를 순서대로 클릭한다.
② 「불러오기」를 클릭한다.
③ 유형고정자산(정액법)탭 또는 유형고정자산(정률법)탭을 순서대로 선택한다.

PART 2 실무편

(1) 본사건물

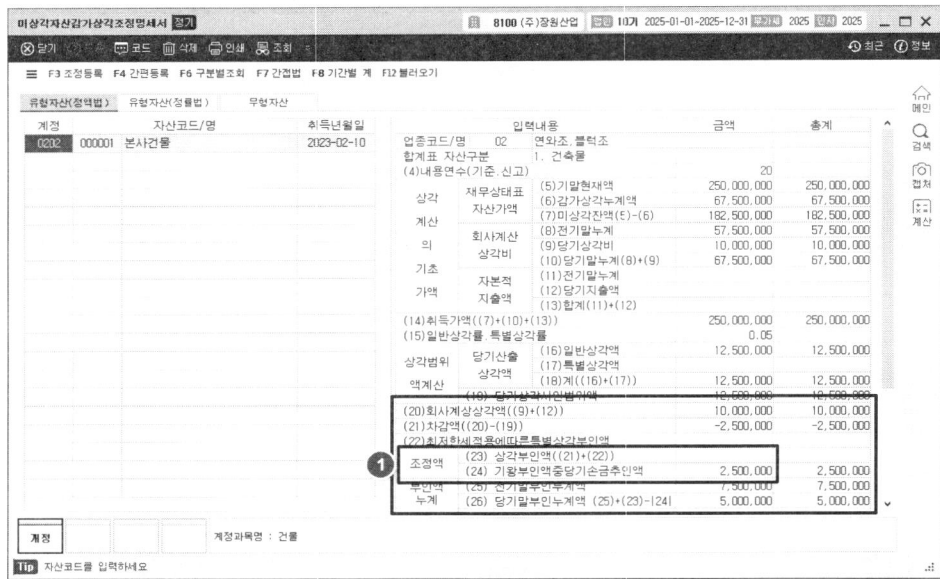

조정과목	금 액	세무조정	소득처분
감가상각비손금추인(건물)	2,500,000원	손금산입	유보감소

(2) 제어기

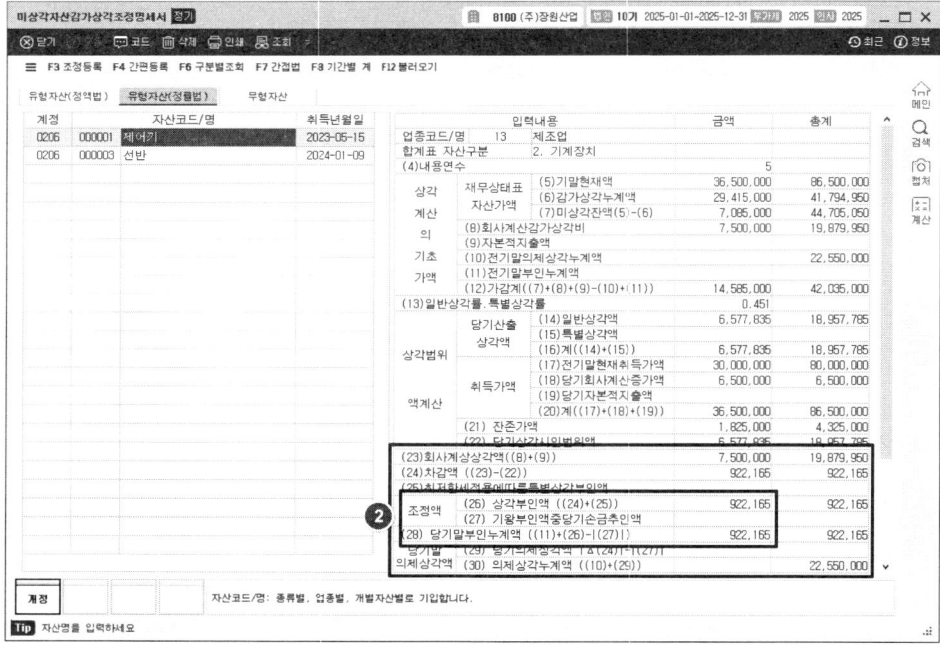

Chapter 3 법인세 실무

조정과목	금 액	세무조정	소득처분
감가상각비한도초과액(제어기)	922,165원	손금불산입	유보발생

(3) 선반

선반에 대한 미상각자산 감가상각비조정명세서를 조회 하였으나 당기상각범위액과 회사의 계상금액이 서로 일치하므로 세무조정이 발생하지 않는다.

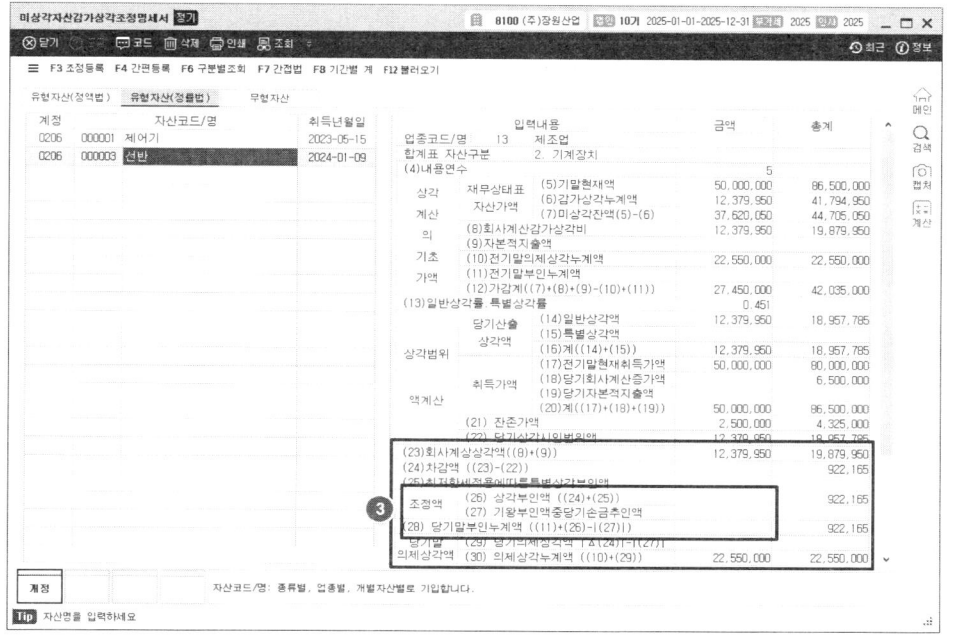

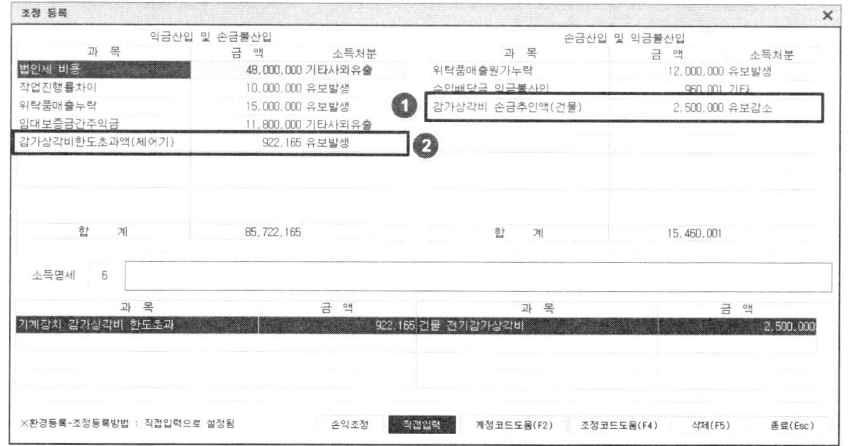

PART 2 실 무 편

③ 「양도자산 감가상각조정명세서」및 세무조정

① 「감가상각조정」 ➪ 「양도 감가상각조정명세」를 순서대로 클릭.
② F12 「불러오기」를 클릭한다.

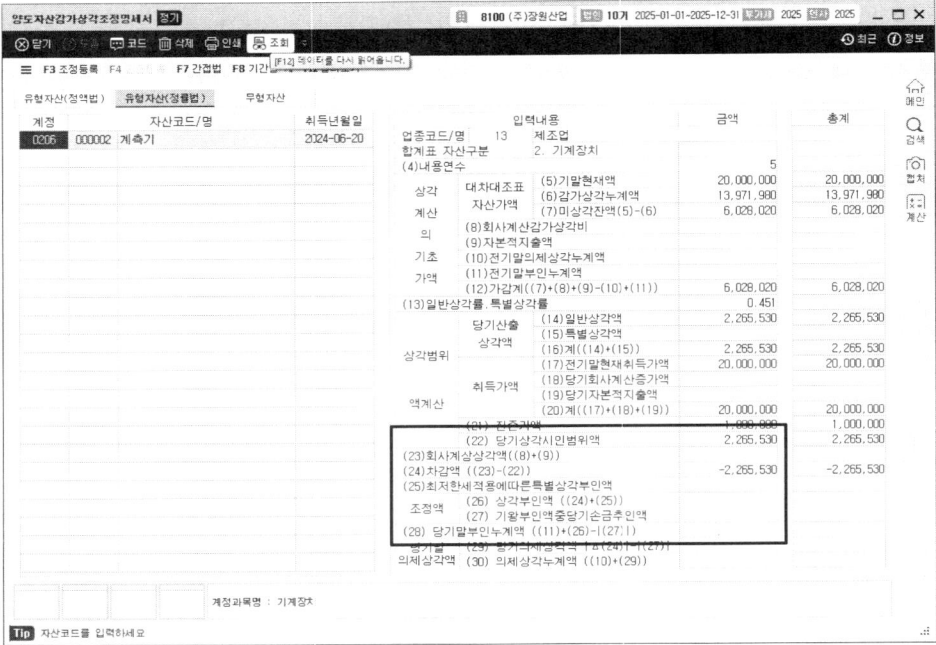

④ 감가상각비조정명세서합계표의 조회 및 마감

Chapter 3 법인세 실무

제 5 절 과목별 세무조정

1 퇴직급여충당금조정명세서

법인(기업)은 기업회계기준에 따라 퇴직급여충당부채를 퇴직금추계액의 범위 내에서 설정할 수 있으나 법인세법은 2016년 귀속분부터 퇴직급여충당부채의 설정을 인정하지 않는다. 하지만 퇴직금전환금(국민연금 전환금)등의 잔액이 있는 경우 퇴직금전환금의 범위를 제외한 나머지는 세무조정을 위하여 **「퇴직급여충당금조정명세서」**를 작성하며 퇴직급여충당금 한도액을 계상하여야 한다.

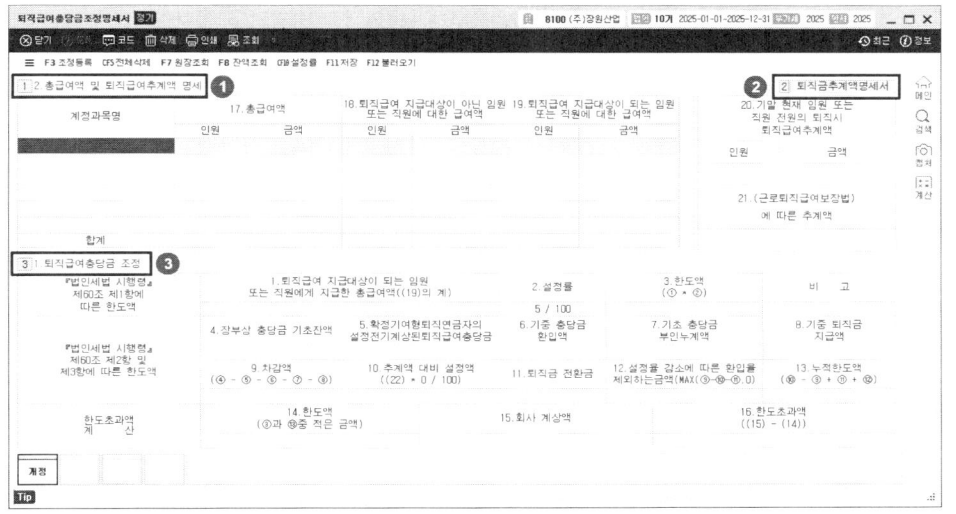

(1) ❶총급여액 및 퇴직금추계액 명세

① 계정과목에서 F12(불러오기)를 하면 〈504.임금계정〉과 〈801.급여계정〉의 잔액이 출력된다.

② 17.총급여액에 임원 및 사용인의 총 인원을 입력하고 504.임금과 801.급여의 금액을 수정하여 입력한다. 상여금을 별도로 입력하는 경우 상여금부분의 인원수는 입력하지 않는다.(임금과 급여 총액에 상여금을 합산하여 입력하여도 상관없음)

③ 18.퇴직급여 지급대상이 아닌 임원 또는 사용인에 대한 급여가 있는 경우 해당인원수와 해당 급여총액을 입력하면, 19.퇴직급여 지급대상 임원 또는 사용인의 급여에 자동으로 반영된다.

④ 17.총급여액에는 규정초과 임원상여금과 이익처분에 의한 상여금을 포함하지 아니한다. 또한, 별도의 세무조정이 반드시 이루어져야 한다.

(2) 퇴직금추계액명세서

① 20.기말현재 임원 또는 사용인 전원의 퇴직시 퇴직급여추계액을 인원수와 해당금액을 입력한다.(실무에서는 원천징수 모듈의 사원등록 및 급여자료에 의하여 총급여자료가 반영되므로 퇴직금추계액명세서를 조회하여 작성해야 한다.)

② 21.(근로퇴직급여보장법)에 따른 추계액(퇴직금추계액 보험수리액)이 있는 경우 입력한다.

③ ①과 ② 중 큰 금액이 퇴직급여충당금 한도액 계산의 기초금액이 되며, 또한 이 금액이 퇴직연금부담금 조정 시 퇴직금추계액에 반영된다.

(3) 퇴직급여충당금 조정

잔액조회(F8)를 클릭하여 「295.퇴직급여충당부채」계정을 조회 한 후 퇴직급여충당부채계정의 전기이월액 및 당기 증·감액 그리 차기이월액을 다음과 같이 반영한다.

① 4.장부상 충당금 기초 잔액에는 퇴직급여충당부채계정의 전기이월액을 입력한다.

② 5.확정기여형 퇴직연금자의 퇴직급여충당부채가 있는 경우 퇴직급여충당부채 설정대상이 아니므로 이 금액은 차감해야 한다. 해당금액이 있는 경우 입력한다.

③ 7.충당금 부인누계에는 퇴직급여충당부채 전기이월 잔액 중 부인액을 입력한다.

④ 8.기중 퇴직금 지급액에는 퇴직급여충당금계정의 당기 감소액을 입력한다.

⑤ 15.회사계상액란에는 퇴직급여충당금계정의 당기 증가액을 입력한다.

⑥ 11.퇴직금(국민연금)전환금 : 원장조회(F8)를 통해「188.국민연금전환금」을 조회 한 후 조회된 퇴직금(국민연금)전환금을 직접 입력한다.

실무예제 — 퇴직급여충당금조정명세서

다음의 자료에 의해서 ㈜장원산업의 퇴직급여충당금조정명세서를 작성하고 세무조정 내용을 소득금액조정합계표에 반영하시오.

(자료1) 당기말 현재 근속중인 임·직원의 인건비의 내용은 다음과 같다.

구 분	인 원	급여와 임금	상여금
임원급여	2명	20,000,000	20,000,000
직원급여	13명	300,000,000	30,000,000
공장근로자	10명	216,000,000	20,000,000
합계	25명	536,000,000	70,000,000

① 공장근로자 중 1명은 근속기간이 1년 미만이나, 당사는 1년 미만의 근속자에 대해서도 퇴직금을 지급하기로 근로자와 서면으로 약정하였다.

Chapter 3 법인세 실무

② 임원 상여금 중 5,000,000원은 규정을 초과하여 지급된 것이다.
③ 사무직근로자 중에는 확정기여형 퇴직연금가입자(3인)분 40,000,000원이 포함되어 있다.

(자료2) 당해 사업연도 종료일 현재 퇴직금의 지급대상이 되는 임원 및 사용인의 퇴직금추계액은 300,000,000원이며, 퇴직금 추계액에 대한 보험수리액은 350,000,000원이라는 통보를 금융회사로부터 받았다.

(자료3) 퇴직급여충당부채의 계정내역은 다음과 같다.(퇴직급여충당부채계정에는 확정기여형 퇴직연금 가입자분은 포함되지 않았다)
① 퇴직급여충당부채 기초잔액 100,000,000원(전기 한도초과액 60,000,000원 포함)
② 당기 퇴직급여충당부채 감소액 49,000,000원
③ 당기말 퇴직급여충당부채 설정액 25,000,000원

(자료4) 당사는 금융기관에 가입한 퇴직금전환금(국민연금전환금) 15,000,000원이 아직 남아있다.

예제해설

1 2.총급여액 및 퇴직급여추계액 명세

① F12(불러오기)를 클릭하면 [801.급여계정]과 [504.임금계정]의 잔액이 출력되며, 해당 인원수를 입력한다. 입력 시 총급여액에 상여금을 합산하여 입력해도 되며, 별도로 상여금계정을 조회하여 입력하여도 총급여액은 변함이 없다. 다만, 상여금에는 인원수를 입력하지 않아야 한다.

② 임직원의 퇴직금 규정 중 1년 미만 근속자에 대한 퇴직금지급 규정을 두고 있는 경우에는 총급여액에 포함하여 입력한다.

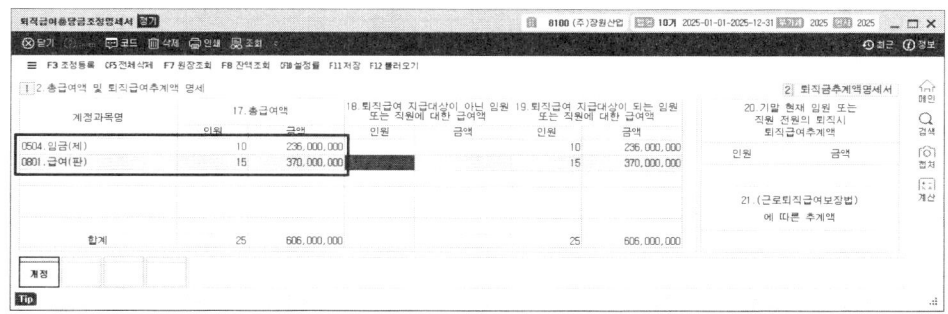

③ 확정기여형 퇴직연금 가입자의 총급여액은 「18.퇴직급여 지급대상이 아닌 임원 또는 사용인에 대한 급여액」란에 인원수와 함께 입력한다. 이미 「17.총급여액」에서 차감 된 경우에는 생략한다.

④ 임원의 상여금 중 규정을 초과하여 지급한 상여금은 총급여액에서 차감한 후 입력하며, 즉시 세무조정을 해주어야 한다.

PART 2 실 무 편

2 2 퇴직급여 추계액 계산

① 「20.기말현재 임원 또는 사용인 전원의 퇴직시 퇴직급여추계액」은 실무에서는 [퇴직급여추계액 명세서]를 조회하면 자동으로 반영된다. 하지만 수험용 버전에서는 지원되지 않으므로 「퇴직금추계액」은 직접 입력해야 한다.

② 「21.근로자퇴직급여보장법」에 따른 추계액에는 금융기관 등으로부터 통보받은 금액을 입력한다.

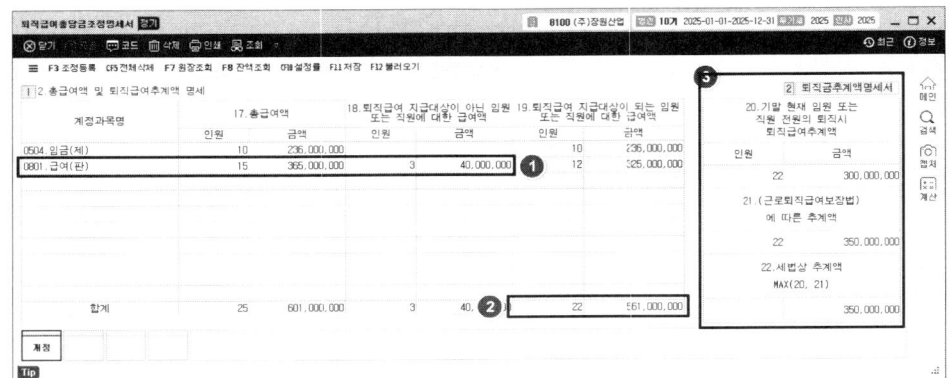

조정과목	금 액	세무조정	소득처분
규정초과 임원상여금	5,000,000원	손금불산입	상여

3 3 1.퇴직급여충당금 조정

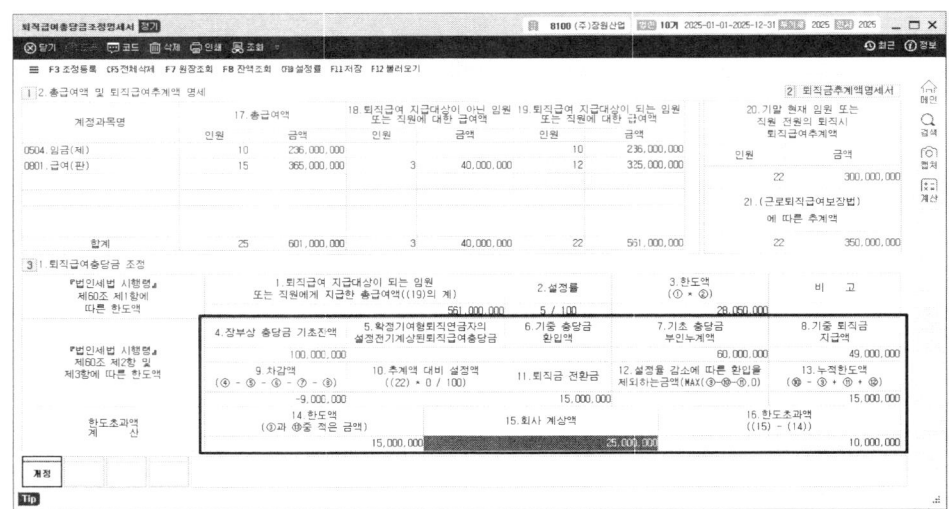

F8(잔액조회)버튼을 눌러 「295.퇴직급여충당부채」계정을 조회하여 퇴직급여충당금계정을 별도로 표시하여 둔다.

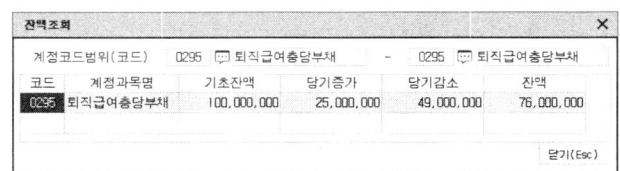

Chapter 3 법인세 실무

```
                        퇴직급여충당부채
        당 기 감 소    49,000,000 │ 전 기 이 월    100,000,000
                                 │ (전기부인액  60,000,000)
        차 기 이 월    76,000,000 │ 추 가 설 정    25,000,000
```

- 세무상 퇴직급여충당금 잔액 = (회계상 전기이월 - 세무상 전기부인액) - 당기감소액

■ 조정(합계)등록(F3)

퇴직급여충당금조정이 완료되면 조정된 내용을 소득금액조정합계표에 입력하여야 한다. 조정등록(F3)을 클릭하면 소득금액조정합계표가 출력되는데 여기에 다음과 같이 입력한다.

조정과목	금 액	세무조정	소득처분
규정초과 임원상여금	5,000,000원	손금불산입	상여
퇴직급여충당금한도초과액	10,000,000원	손금불산입	유보발생
퇴직급여충당금손금추인액	9,000,000원	손금산입	유보감소

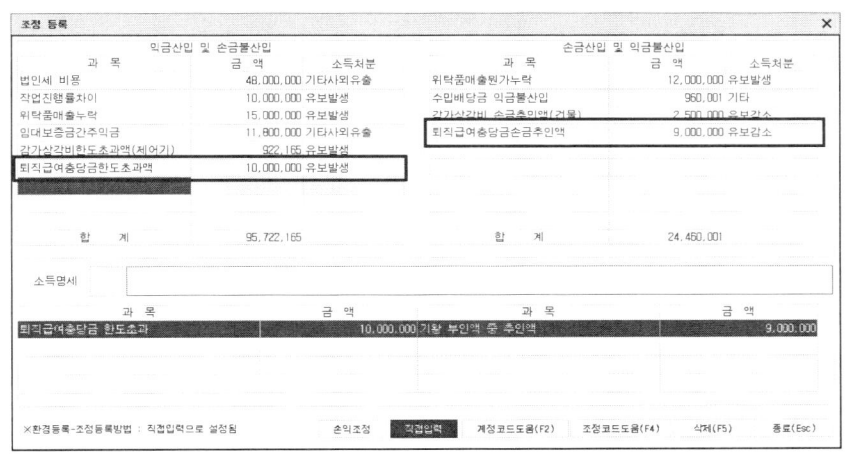

2 퇴직연금부담금(퇴직연금충당금) 조정명세서

「**퇴직연금부담금조정명세서**」는 확정급여형 퇴직연금제도를 채택하고 있는 법인에게 일정한 금액 범위내에서 손금으로 인정 해주기 위하여 한도액을 측정하는 법인세법의 세무조정서식을 말한다. 법인세법상 「**퇴직연금부담금**」은 신고조정항목이다.

(1) 1. 퇴직연금 등의 부담금 조정

① 「1.퇴직금추계액」은 퇴직급여충당금조정명세서에 입력되어 있는 퇴직금추계액과 퇴직금추계액 보험수리액 중 큰 금액을 F12(불러오기)를 통하여 자료를 불러올 수 있다. 자격검정시험에서는 직접입력을 하여 반영한다.

② 「2.장부상 기말잔액」은 [295.퇴직급여충당부채]계정을 조회하여 차기이월액을 입력한다.

③ 「3.확정기여형 퇴직연금자 ~」은 확정기여형 퇴직연금자의 퇴직급여충당금 잔액이 설정된 경우 해당금액을 입력한다.

④ 「4.당기말부인 누계액」은 퇴직급여충당부채의 전기부인액과 당기부인액의 합계액을 입력한다. 전기부인액 중 당기 손금추인액이 있는 경우에는 해당금액을 차감한 잔액을 당기부인액에 포함하여 입력한다.

⑤ 모든 입력이 완료되면 「10.손금산입범위액」이 표시되는데 이 금액의 범위액 내에서 회사가 납부한 금액을 손금에 산입한다.

Chapter 3 법인세 실무

(2) ■ 나. 기말퇴직연금 예치금 등의 계산

① F8(잔액조회)를 이용하여「186.퇴직연금운용자산」계정을 조회한다.
② 「186.퇴직연금운용자산」계정의 전기이월액은 「19.기초퇴직연금예치금」등에 입력하고 당기증가액은 「21.당기퇴직연금예치금 등의 납입액」란에 입력한다.
③ 당기감소액은 「20.기중퇴직연금예치금 등 수령 및 해약액」란에 입력하며 반드시 ②의 「16.기중퇴직보험예치금등 수령 및 해약액」란에 동시에 입력하여야 한다.(유의 : 20과 16의 기중퇴직연금부담금 등 수령 및 해약액에는 확정기여형 퇴직연금 등으로 전환된 금액을 포함하여 기입하여야 한다.)

(3) ■ 가. 손금산입대상 부담금 등 계산

① 「14.기초퇴직연금충당금등 및 전기말 신고조정에 의한 손금산입액」에 전기에 신고조정에 의하여 손금산입된 금액이 있는 경우 반드시 입력하여야 한다. 「19.기초퇴직연금예치금 등」의 금액이 전기에 신고조정 된 금액이라면 이 금액을 그대로 옮겨 기입한다.
② 15.퇴직연금충당금 등 손금부인누계액란은 결산조정에 의하여 손금부인 된 경우에 입력하는 곳으로 일반적으로 퇴직연금부담금은 신고조정에 의하여 세무조정을 하고 있으므로 거의 표시되지 않고 있다.
③ 「16.기중퇴직연금 등 수령 및 해약액」은 「20.기중퇴직연금 등 수령 및 해약액」의 금액을 같이 입력한다.

실무예제  **퇴직연금부담금조정명세서**

다음의 자료에 의해서 ㈜장원산업(8100)의 퇴직연금부담금조정명세서를 작성하고 세무조정 내용을 소득금액조정합계표에 반영하시오.

(1) 퇴직급여충당금과 관련된 자료는 앞의 퇴직급여충당금조정계산서를 이용하여 조정 자료를 반영하도록 한다.
(2) ㈜장원산업은 기중에 확정급여형 퇴직연금 15,000,000원을 납입하였다.(퇴직연금운용자산 기초잔액은 20,000,000원이 이월되었다.)
(3) 퇴사사원에 대한 퇴직금 중 일부는 퇴직연금운용자산계정에서 5,000,000원이 인출되었다.
(4) 전 임직원 퇴직하는 경우 전 임직원에게 지급해야 할 퇴직금 추계액은 300,000,000원 퇴직금 보험수리액은 350,000,000원이다.
(5) 회사는 당기에 퇴직급여충당금으로 25,000,000원을 설정하였으며, 이 중 10,000,000원은 모두 당기 세무조정 시 부인되었다.(전기자본금과 적립금조정명세서(을)에 퇴직급여충당한도초과로 인한 부인액 60,000,000원이 있으며 이 중 9,000,000원은 당기에 손금추인 되었다)
(6) 당사는 퇴직연금부담금에 대하여 전액 퇴직연금운용자산계정으로 처리하고 있으며 신고조정에 의하여 전액 세무조정한다. 퇴직연금운용자산의 전기이월액은 전액 신고조정으로 손금에 산입된 금액이다.

PART 2 실무편

예제해설

1. 퇴직연금 등의 부담금 조정

① 불러오기(F12)를 하여 「퇴직급여충당금조정명세서」에서 반영되었던 퇴직금추계액과 근로자퇴직급여보장법에 의한 퇴직금보험수리액 중 큰 금액 350,000,000원을 불러온다.
② 검정시험에서는 문제에 주어진 퇴직금추계액을 직접입력한다.
③ F8(잔액조회)를 이용하여 「295.퇴직급여충당부채」계정을 조회하고 다음과 같이 별도로 표시하여 둔다.

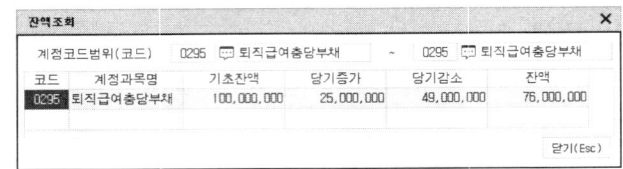

퇴직급여충당부채			
당 기 감 소	49,000,000	전 기 이 월	100,000,000
	(당기손금 추인액 9,000,000)		(전기 부인액 60,000,000)
차 기 이 월	76,000,000	추 가 설 정	25,000,000
	(당기말 부인액 61,000,000)		(당기 부인액 10,000,000)

③ 퇴직급여충당금조정명세서 작성 후 세무조정 당기 퇴직급여충당금한도초과액 10,000,000원과 퇴직급여충당금 손금추인액 9,000,000원을 확인한다.
④ 전기분 퇴직급여충당금부인액 60,000,000원에 위의 퇴직급여충당금 한도초과액과 손금추인액을 가감하여 「3. 부인누계액」란에 61,000,000원을 입력한다.

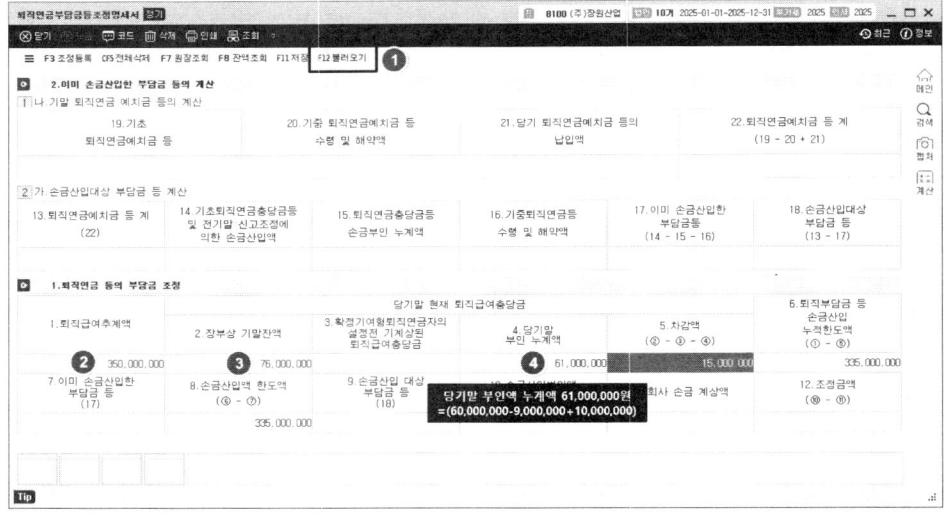

Chapter 3 법인세 실무

2 1 나. 기말퇴직연금 예치금등의 계산

① 잔액조회(F7)를 이용하여 「186.퇴직연금운용자산」계정을 조회한다.

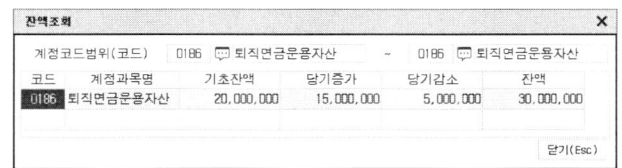

```
                퇴직연금운용자산
전 기 이 월    20,000,000    당 기 감 소    5,000,000
(전기손금산입 20,000,000)              (당기손금불산입 5,000,000)
당 기 증 가    15,000,000
```

② 「186.퇴직연금운용자산」계정의 전기이월액은 「19.기초퇴직연금예치금」등에 입력하고 당기증가액은 「21.당기 퇴직연금예치금 등의 납입액」란에 입력한다.

③ 당기감소액은 「20.기중퇴직연금예치금 등 수령 및 해약액」란에 입력하며 반드시 2의 「16.기중퇴직보험예치금 등 수령 및 해약액」란에 동시에 입력하여야 한다.(유의 : 20과 16의 기중퇴직연금부담금 등 수령 및 해약액에는 확정기여형 퇴직연금 등으로 전환된 금액을 포함하여 기입하여야 한다.)

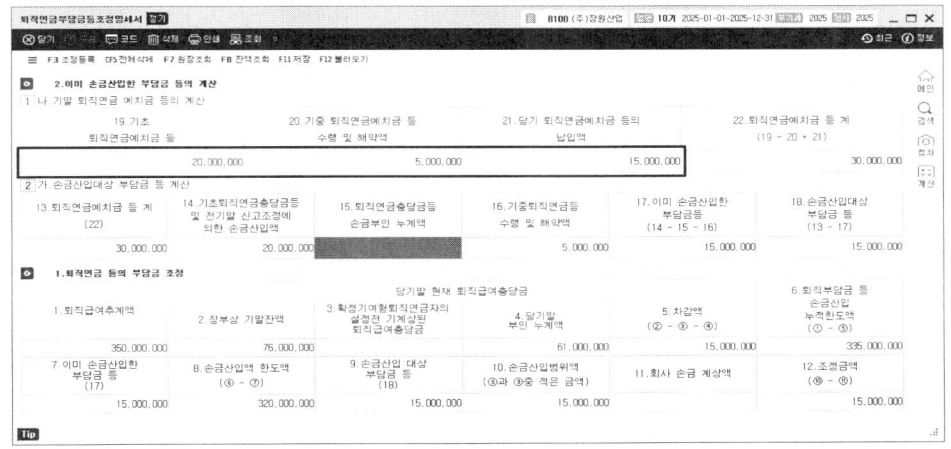

3 2 가. 손금산입대상 부담금 등 계산

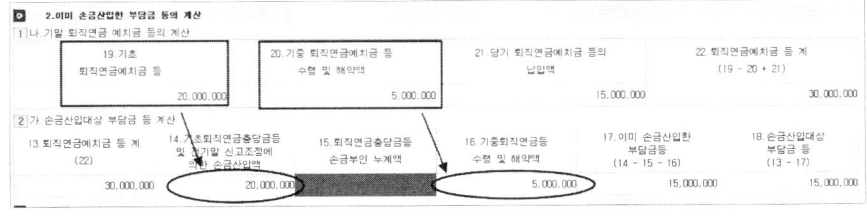

① 「14.기초퇴직연금충당금등 및 전기말 신고조정에 의한 손금산입액」에 퇴직연금운용자산의 전기이월액을 20,000,000원을 입력한다. 전기이월액은 전기에 신고조정에 의하여 이미 손금에 산입된 금액이기 때문이다.

② 「11.회사손금계상액」에는 기입하지 않는다. 퇴직연금운용자산은 기업회계기준상 투자자산에 해당하며 손금항목이 아니기 때문이다. 그러므로 빈칸으로 비워두고 조정등록(F3)버튼을 이용하여 15,000,000원은 (손금산입ㆍ

PART 2 실 무 편

△유보)처분한다.

③ 기중 퇴직연금수령액은 전기에 이미 손금에 산입된 금액으로 이것을 그대로 놔두게 된다면 이중으로 손금 처리되는 것과 같다. 그러므로 기중 수령액은 손금불산입으로 세무조정해 주어야 한다.

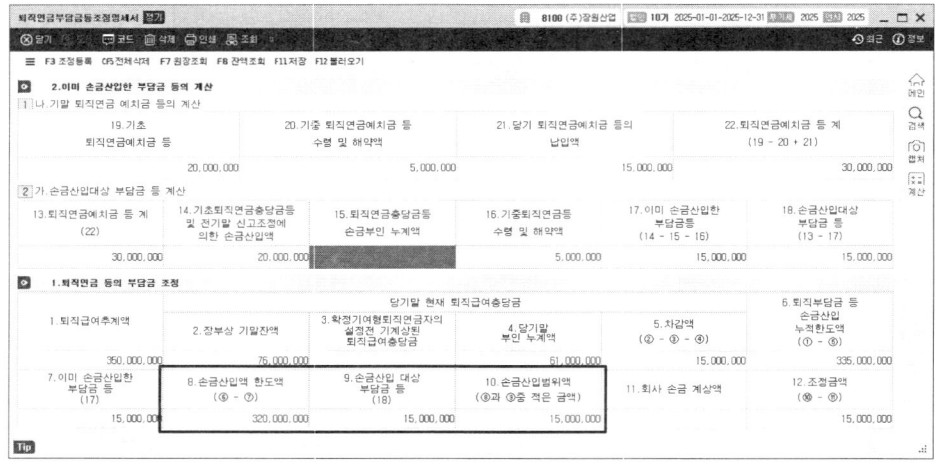

■ 조정(합계)등록(F3)

조정과목	금 액	세무조정	소득처분
퇴직연금손금산입액	15,000,000원	손금산입	유보발생
퇴직연금손금불산입	5,000,000원	손금불산입	유보감소

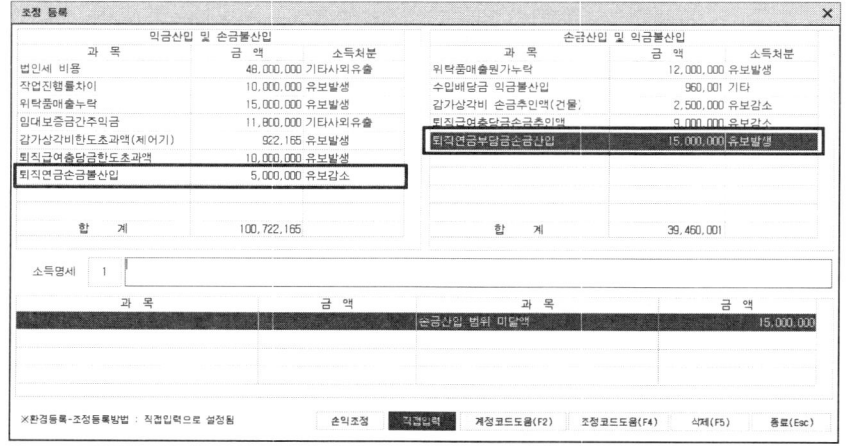

Chapter 3 법인세 실무

③ 대손충당금 및 대손금조정명세서

(1) 1 대손금조정

① 대손에 대한 대손처리 날짜와 계정과목을 입력한다. 「24.채권내역」과 「25.대손사유」는 화면 하단의 Tip에 표시된 번호를 선택한 후 금액을 기록한다.

② F8(잔액조회)를 클릭하여 108번~111번을 조회하여 채권 및 대손충당금의 잔액을 조회한다.

③ 대손충당금 상계액은 대손금을 대손충당금과 상계한 경우에 반영하며, 법인세법상 대손금으로 시인한 경우에는 시인액란에 기입하며, 부인된 경우에는 부인액란에 금액을 입력한다.

④ 당기 손금계상액란은 대손금을 대손상각비로 처리한 경우에 반영한다. 법인세법상 대손금으로 시인한 경우에는 시인액란에 기입하며, 부인된 경우에는 부인액란에 입력한다.

(2) 2 채권잔액

① F12(불러오기)를 하면 「16.계정과목」과 「17.채권의 장부가액」이 반영되며, 또한, 1대손금조정에서 부인된 채권의 부인액도 「18.기말현재 대손금부인 누계액」란에 자동으로 반영된다.

② [18.기말현재 대손금부인 누계액]에는 전기에서 이월된 자본금적립금조정명세서(을)지의 유보처분 된 대손금은 자동반영이 안 됨으로 해당내용을 직접 입력한다.

③ 신고조정에 해당하는 대손금이 회계처리를 하지 않은 경우에는 [18.기말현재 대손금부인 누계액]에 (-)금액으로 입력하고 F3(조정등록)에 세무조정을 해주어야 한다.

④ 「20.충당금설정제외 채권」은 특수관계자에 대한 채권 등과 같이 대손충당금 설정제외 채권이 있는 경우에 입력한다.

(3) 대손충당금조정

① 「8.장부상 충당금 기초 잔액」은 대손충당금계정의 전기이월 된 대손충당금의 합계액을 입력한다.
② 「9.기중 충당금 환입액」은 당기에 대손처리를 되었으나 당기 중에 다시 회수된 채권이 있는 경우 입력한다.
③ 「10.충당금 부인누계액」에는 자본금적립금조정명세서(을)에 유보 처분된 대손충당금 전기부인액을 입력한다.
④ 「12.충당금 보충액」에는 전기에서 이월된 대손충당금 잔액에서 당기에 상계 처리된 대손충당금을 차감한 차액을 입력한다. 또한, 이곳에 입력된 금액은 「5.보충액」란에 같은 금액이 자동으로 반영된다.
⑤ 「4.당기계상액」란에는 조회된 대손충당금계정의 당기설정액을 입력한다.
⑥ 「15.회사 환입액」은 ①~⑤의 순서에 의하여 입력하면 자동적으로 계산된다.

실무예제 — 대손충당금 및 대손금조정명세서

다음의 자료에 의해서 ㈜장원산업(8100)의 대손충당금 및 대손금조정명세서를 작성하고 세무조정 내용을 소득금액조정합계표에 반영하시오.

(1) ㈜장원산업의 제품매출에 대한 외상매출금과 받을어음의 대손내역은 다음과 같다.
  ① 09/28 ㈜우영상사의 부도로 인하여 받을어음 2,500,000원이 대손처리 되었다. 대손당시 대손충당금과 상계하였다.(2025년 3월 27일 부도가 발생되어 9월 28일에 대손처리 한 것이다)
  ② 11/30 ㈜삼우상사의 부도로 외상매출금 2,200,000원이 회수불능된 것으로 600,000원은 대손충당금과 상계하고 잔액은 비용처리 하였다.
(2) ㈜장원산업은 외상매출금과 받을어음 등 매출채권에 대해서만 대손충당금을 설정하며 해당계정을 조회하여 세무조정한다. 또한, 기말 외상매출금 잔액 중 10,000,000원은 특수관계자에 대한 제품매출로 발생한 것이다.
(3) 외상매출금 기초잔액은 228,900,000원이며 기말잔액은 379,594,140원이다. 또한 받을어음의 기초잔액은 415,000,000원이며 기말잔액은 162,750,000원이다.
(4) 대손충당금계정의 기초잔액은 5,000,000원이며 기말결산시 대손충당금은 총 3,523,442원을 추가로 설정하였다. 또한, 자본금과적립금조정명세서(을)의 대손충당금 전기부인액 750,000원이 있다.
(5) 당기 대손실적율과 대손율을 비교하여 유리한 적용을 하기로 한다.

Chapter 3 법인세 실무

예제해설

1 2.대손금 조정

① 09/28 ㈜우영상사의 부도로 인하여 대손 처리된 받을어음 2,500,000원은 부도발생일로부터 6월이 경과된 채권으로 1,000원의 비망금액을 제외한 나머지는 전액 손금으로 인정된다. 그러므로 1,000원은 부인하여 「손금불산입·유보」 처분하고, 잔액은 전액 손금으로 인정된다.

② 11/30 ㈜삼우상사의 부도로 인하여 외상매출금 2,200,000원이 대손 된 채권은 ㈜장원산업은 중소기업에 해당하므로 부도발생일로부터 6개월이 경과된 이후에 대손처리가 가능하다. 본 사례에서는 부도발생일로부터 6개월이 경과되는 날짜는 차기에 이루어지므로 전액 부인하여 [손금불산입·유보]처분 한다.

조정과목	금 액	세무조정	소득처분
대손금 부인액	2,201,000원	손금불산입	유보발생

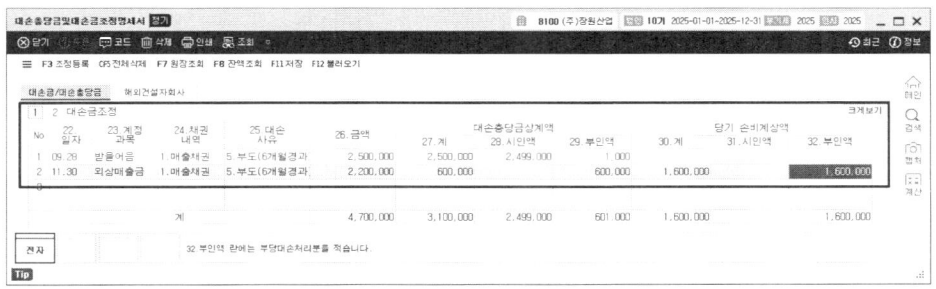

2 2채권잔액(채권잔액의 결정)

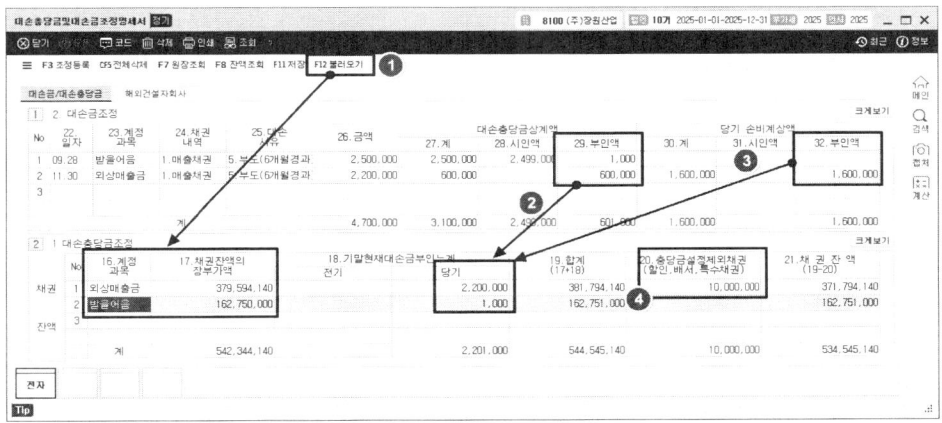

① 「16.계정과목」에 커서를 위치하고 F12(불러오기)를 클릭하면 대손충당금 설정대상 채권들이 자동으로 반영된다. 여기서 대손충당금 설정하지 않을 채권은 상단의 F5(삭제)버튼을 클릭하여 해당 채권을 삭제한다.

② [2.대손금 조정]에서 부인된 외상매출금 2,200,000원과 받을어음 중 1,000원을 「18.기말현재 대손금 부인누계액」에 자동 반영된다. 자본금적립금조정명세서(을)에 유보잔액이 있는 경우 포함하여 입력한다.

③ 특수관계자 외상매출금은 대손충당금 설정대상이 되지 않으므로 「20.충당금설정제외 채권」란에 10,000,000원을 입력한다.

PART 2 실 무 편

③ ③대손충당금 조정(손금 및 익금산입액 조정)

① 잔액조회(F8)를 이용하여 관련계정금액을 조회하여 입력한다.

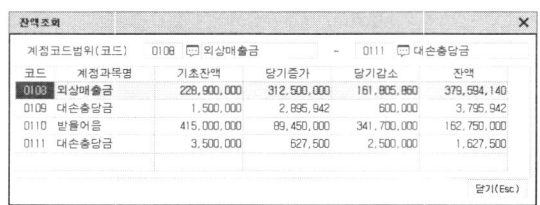

대손충당금			
당기상계액	3,100,000	전기이월	5,000,000
차기이월액	5,423,442	당기설정액	3,523,442

전기이월액 5,000,000 - 당기상계액 3,100,000 = 보충액 1,900,000

② 「8.장부상충당금 기초잔액」 5,000,000원 입력

③ 「10.충당금부인누계액」 전기부인액 750,000원 입력

④ 「12.당기설정충당금 보충액」이란 전기로부터 이월된 대손충당금 잔액에서 당기에 상계한 대손충당금을 차감한 잔액이 대손충당금 보충액이 된다. 12.당기설정충당금 보충액에 입력하면 5.보충액에 자동으로 반영된다.

⑤ 「4.당기계상액」은 회사가 당기에 추가로 설정한 대손충당금을 입력한다. 즉, 4.당기계상액과 5.보충액의 합계액은 차기로 이월될 대손충당금 기말잔액과 일치하여야 한다.

⑥ 대손실적율의 계산 : 대손 실적율이 대손설정율 보다 적으므로 자동으로 설정율이 선택되며 한도초과액은 세무조정 한다.

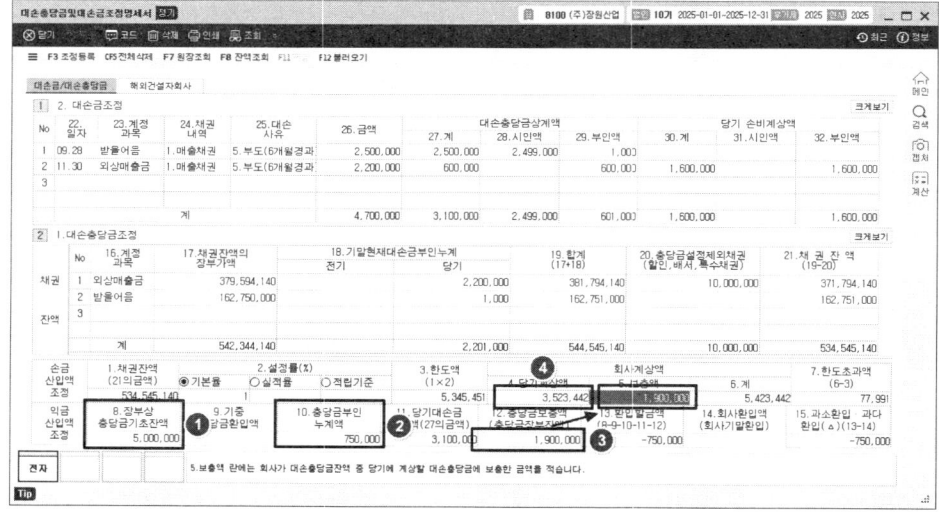

조정과목	금 액	세무조정	소득처분
대손금 부인액	2,201,000원	손금불산입	유보발생
대손충당금 한도초과액	77,991원	손금불산입	유보발생
대손충당금 과다환입액	750,000원	익금불산입	유보감소

Chapter 3 법인세 실무

4 기업업무추진비조정명세서(갑,을)

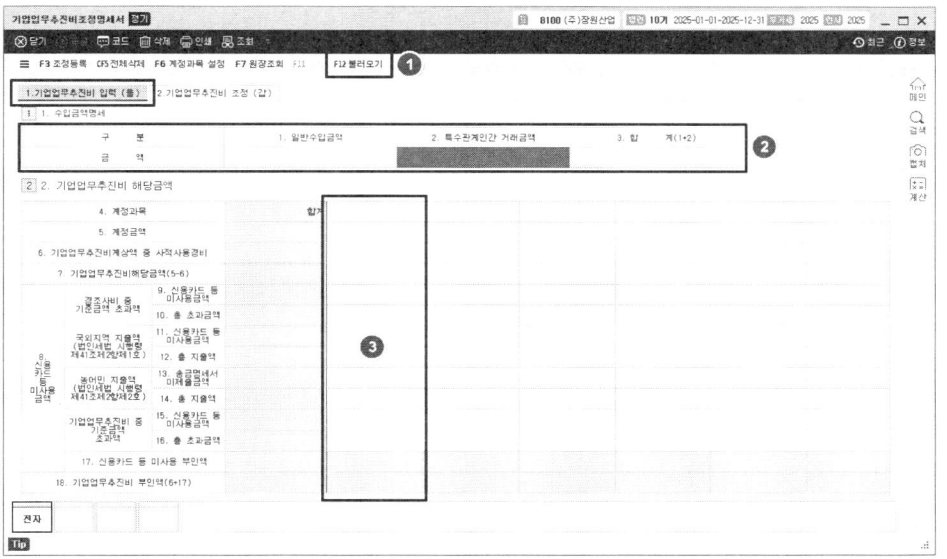

(1) 기업업무추진비 입력(을)

1 1.수입금액명세

수입금액조정명세서를 작성한 경우 F12(불러오기)를 하면 아래의 수입금액명세 합계액에 손익계산서의 매출액이 반영된다.

① 「1.수입금액명세」의 「③합계」에는 [수입금액조정명세서]의 조정 후 수입금액을 조회하여 입력한다. 본래 수입금액이란 기업회계기준의 손익계산서의 매출액이 반영되는 것이 원칙이지만 기업회계기준의 수입금액과 법인세법의 수입금액의 귀속시기는 대부분 일치하기 때문에 수입금액조정명세서의 금액이 반영되도록 수정하는 것이다.

② 특수 관계인간 거래(수입금액)금액이 있는 경우 「②특수관계인간 거래금액」란에 금액을 입력하면 「①일반 수입금액」이 자동으로 수정된다.

(2) 2 2.기업업무추진비 해당금액(1)

기업업무추진비 해당금액은 F12(불러오기)를 클릭하면 회계모듈에서 일반전표와 매입매출전표에 입력되어 있는 기업업무추진비 해당금액들이 반영된다.

① 「④계정과목과 ⑤의 계정금액」은 F12(불러오기)에 의해 자동으로 반영된다.

② 「⑥기업업무추진비계상액 중 사적사용 경비」에는 3만원 초과액 중 법정증빙이 없는 기업업무추진비 지출액과 개인적으로 지출한 기업업무추진비의 합계액을 입력한다.

③ 「⑦기업업무추진비 해당금액」은 위의 ⑤에서 ⑥의 금액이 차감된 잔액이 반영되며 기업업무추진비의 총액이 반영된다.(경조사비 기준금액 20만원)

PART 2 실 무 편

(3) 2 2.기업업무추진비 해당금액(2)

8. 신용카드 등 미사용금액의 입력방법은 다음의 화면과 같다.

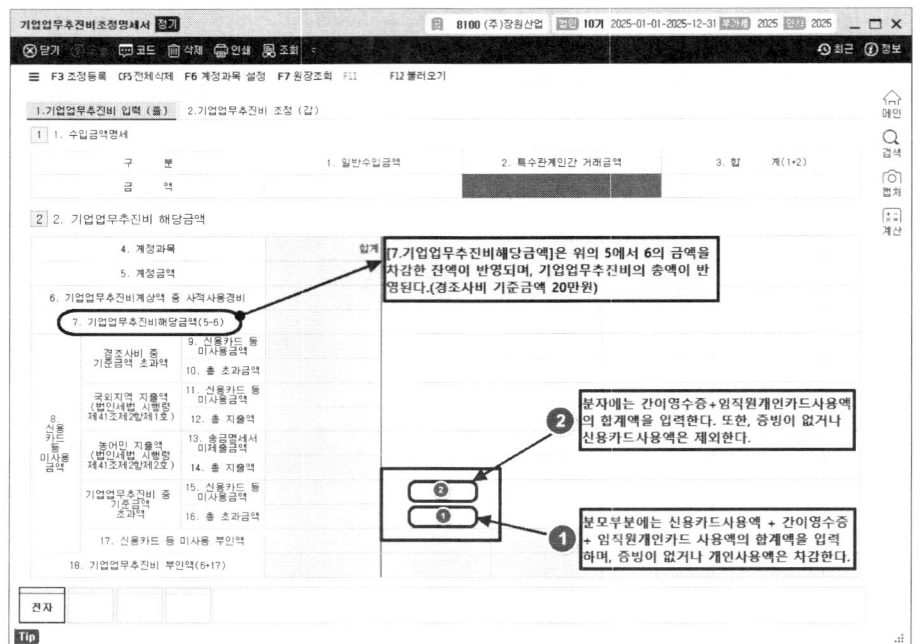

① 분모 부분은 3만원(경조사비 20만원)초과 [신용카드사용액+간이영수증+임직원 개인카드 사용액]의 합계액을 입력한다.

② 분자 부분은 3만원을 초과하는 [간이영수증+임직원 개인카드 사용액]의 합계액을 입력한다. 3만원 초과액 중 증빙이 없거나 사적으로 사용한 기업업무추진비는 차감한 후 입력한다.

(4) 3.기업업무추진비 한도초과액 조정

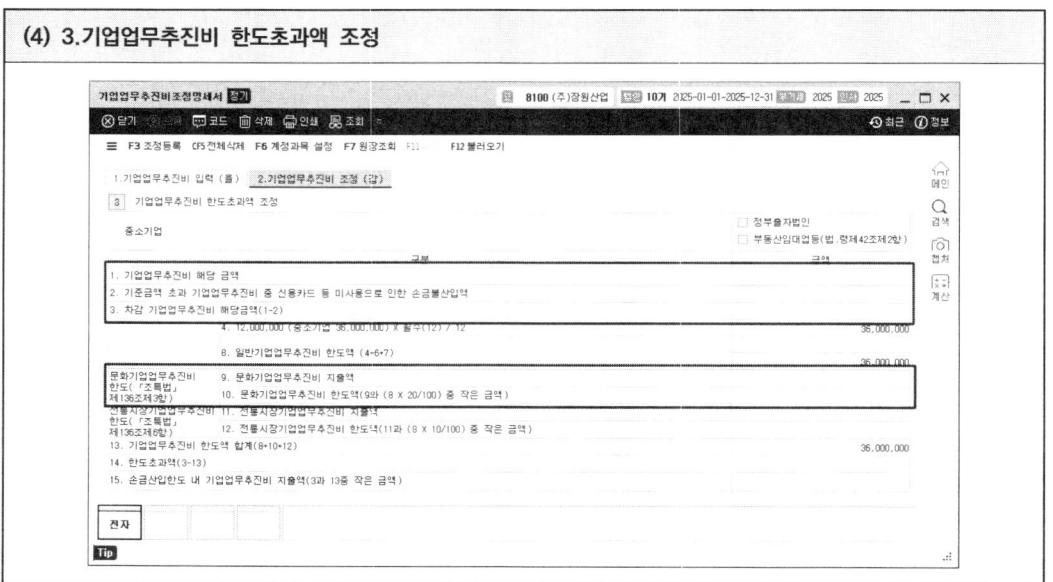

618 도서출판 다음 www.daumbook.net

Chapter 3 법인세 실무

실무예제 기업업무추진비 조정명세서

다음의 자료에 의해서 ㈜장원산업(8100)의 기업업무추진비조정명세서를 작성하고 세무조정 내용을 소득금액조정합계표에 반영하시오.

(1) 수입금액조정명세서의 조정 후 수입금액 내용을 요약하면 다음과 같다.
  ① 제품매출액(부산물매출액 포함) 1,017,800,000원(부산물매출액이 포함된 금액이며, 매출액 중에는 특수관계기업의 매출액 150,000,000원이 포함되어 있다.)
  ② 공사수입금 370,000,000원
  ③ 상품매출액 577,000,000원

(2) 재무제표에 반영된 기업업무추진비 계정내역 및 사용내역은 다음과 같다.

계 정 과 목	금 액
기업업무추진비(제)	20,250,000원
기업업무추진비(판)	51,914,000원
해외기업업무추진비(판)	5,000,000원
계	77,164,000원

(3) 기업업무추진비 중 다음의 내용을 제외한 나머지는 전액 법인카드로 결제되었다.

계정과목	구 분	금 액
기업업무추진비(제)	건당 3만원 초과분	3,750,000원
기업업무추진비(판)	건당 20만원 이하 경조사비^{주)}	1,600,000원
	건당 3만원초과 영수증 수취분	95,000원

^{주)} 기업업무추진비(판)인 건당 20만원 이하 경조사비는 일반전표입력메뉴에서 모두 출금전표로 입력하면서 현금적요번호 6번으로 모두 입력되어 있다.

(4) 해외기업업무추진비 중에서 2,000,000원은 신용카드를 사용할 수 있는 외국에서 현금으로 사용한 것으로서, 출금전표로 입력하면서 〈현금적요 1번〉으로 입력되어 있다. 나머지 해외기업업무추진비는 현금 외에는 결제수단이 없는 외국에서 사용한 것이다.

(5) 기업업무추진비(판)중에는 대표이사가 개인적으로 사용한 기업업무추진비 1,000,000원(신용카드 사용분으로 1회의 접대에 사용)이 포함되어 있다.

(6) 경조사비 중 200,000원 초과사용액은 총 550,000만원이며, 이중 간이영수증 수취분 250,000원이 포함되어 있다.

(7) 기업업무추진비(제)중에는 지출증빙을 수취하지 못한 420,000원이 포함되어 있다.(1회 지출금액 초과분)

PART 2 실 무 편

예제해설

기업업무추진비 조정명세서(을)

1 1.수입금액명세

① 기업업무추진비조정명세서에서 F12(불러오기)를 하여 1.수입금액명세의 매출액을 반영하며, 문제에 별도의 금액이 주어진 경우 문제의 금액으로 합계액에 입력한다.(수입금액조정명세서를 작성한 경우 조정 후 수입금액으로 입력한다)

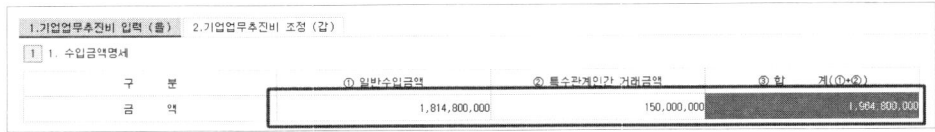

② 특수관계자에 대한 매출액이 있는 경우 직접 입력한다. 본 사례에서는 150,000,000원이 제시되어 있으므로 2.특수관계자간의 거래금액을 입력하면 일반수입금액은 자동으로 수정된다.

2 2.기업업무추진비 해당금액

(판매관리비의 기업업무추진비 조정내역)

① 기업업무추진비(판)의 대표이사 개인기업업무추진비 1,000,000원은 「⑥기업업무추진비계상액 중 사적사용경비」에 입력하고 「⑯총 초과금액」의 합계액에서 차감한다.

② 경조사비중 기준금액 초과액 : 경조사비 중 건당 20만원 초과 기업업무추진비는 550,000원으로 제시되어 있으므로 분모에는 550,000원을 입력한다. 그리고 이 중 적격증빙을 수취하지 못한 250,000원은 분자에 입력하여 부인한다.

③ 기업업무추진비 중 기준금액초과액 : 기준금액초과액의 분모금액에서 「⑯총 초과금액」의 분모금액은 대표이사 개인사용분 1,000,000원을 차감 한 후 48,690,000원으로 수정한다. 분자금액은 3만원초과분 중 [간이영수증 사용액+임직원 개인카드사용액]의 합계가 자동으로 반영된다.

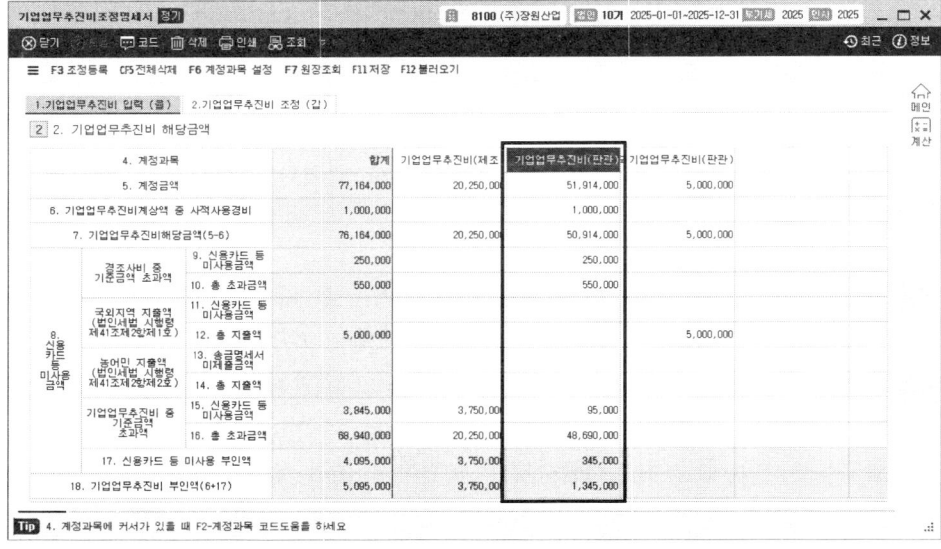

Chapter 3 법인세 실무

(제조부의 기업업무추진비 조정내역)

① 기업업무추진비(제)의 지출증빙을 미 수취 분 420,000원을 「⑥기업업무추진비계상액 중 사적사용경비」에 입력하고 「⑯총 초과금액」의 합계액에서 차감하여 19,830,000원과 분자 ⑮신용카드 등 미사용금액」에서도 차감한 후 3,330,000원을 입력한다.

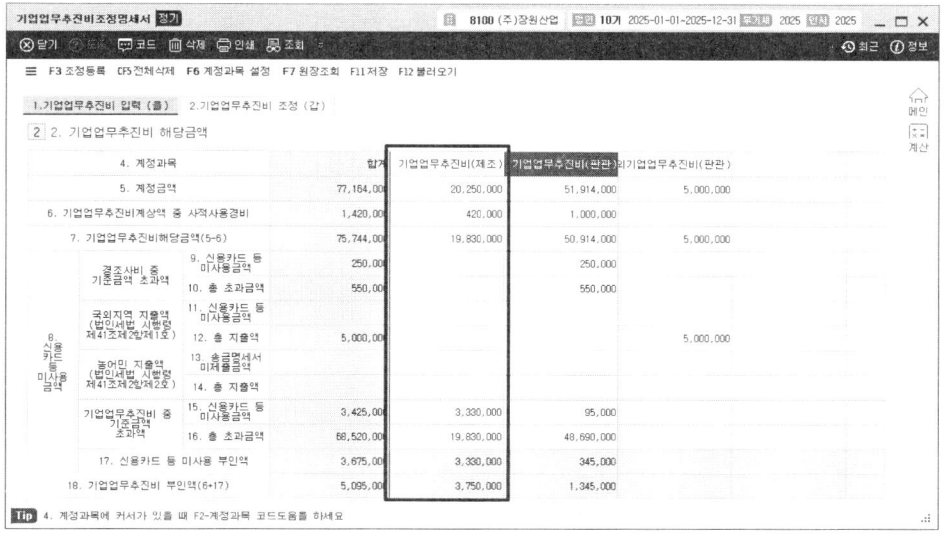

(해외기업업무추진비(판))

① 해외기업업무추진비는 계정과목을 「843.해외기업업무추진비」로 입력된 자료가 자동으로 반영된다.
② 분자의 금액은 국외에서 신용카드를 사용할 수 있는 지역에서 현금으로 사용된 금액을 입력한다.

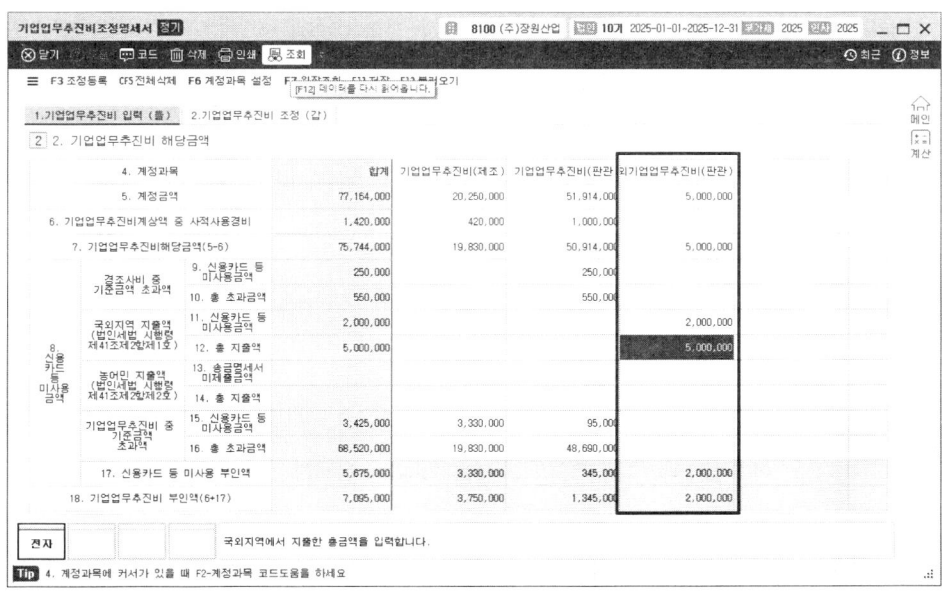

PART 2 실 무 편

기업업무추진비 조정명세서(갑)

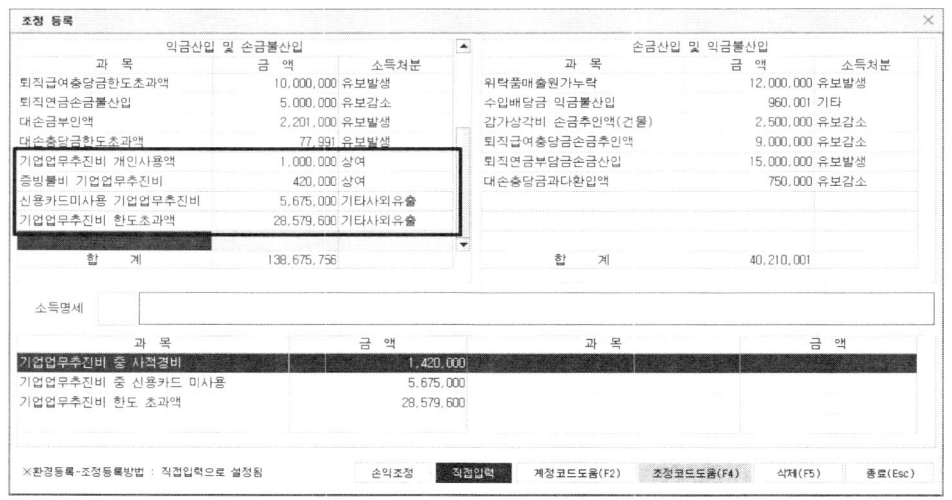

조정과목	금 액	세무조정	소득처분
기업업무추진비 개인사용액	1,000,000원	손금불산입	상여
증빙불비 기업업무추진비	420,000원	손금불산입	상여
신용카드미사용 기업업무추진비	5,675,000원	손금불산입	기타사외유출
기업업무추진비 한도초과액	28,579,600원	손금불산입	기타사외유출

Chapter 3 법인세 실무

5 재고자산평가조정명세서

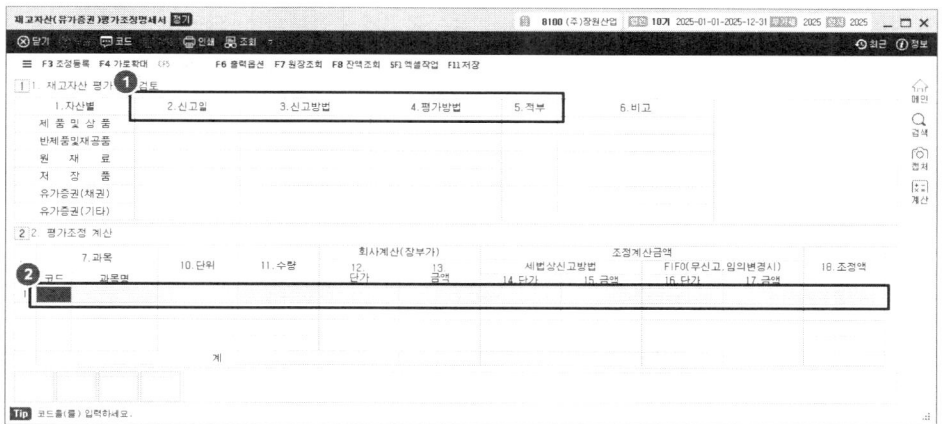

(1) 1 재고자산 평가방법 검토

재고자산이 당초에 신고된 방법과 기말결산에서 평가된 방법의 적절성을 검토하는 메뉴이다.

① 「2.신고일」 법인이 법인조정일 현재 관할세무서에 신고 된 날짜를 입력한다. 당초 신고 된 날짜의 평가방법과 현재 평가일 현재의 평가방법이 다른 경우 임의평가로 본다. 이 경우 신고날짜는 당초에 신고한 날짜로 입력해야 한다.

② 「3.신고방법」 법인조정일 현재 신고 된 방법을 선택한다.

③ 「4.평가방법」 법인이 결산서에 반영한 평가방법을 선택한다.

④ 「적·부」 당초신고방법과 평가방법이 서로 다른 경우에 따라 적부를 선택한다.(임의평가 포함)

⑤ 「6.비고」 신고일자가 다르거나 평가방법에 변경이 있는 경우 요약하여 입력한다.

(2) 2 2.평가조정 계산

① 회사계산(장부가)액에는 위의 평가방법에서 선택한 방법의 금액을 입력한다.

② 세법상신고방법에는 위의 3.신고방법에 선택한 금액을 입력한다.

③ 13번과 15번의 금액이 서로 다른 경우 무신고시 선택되는 선입선출법에 의한 평가액을 입력한다.

- 조정액란에 양수(+)가 표시되면 회사계상액이 신고액보다 작으므로 [재고자산평가감]으로 하여 손금불산입(유보)처분한다.

- 조정액란에 음수(-)가 표시되면 회사계상액이 신고액보다 크므로 [재고자산평가증]으로 하여 익금불산입(△유보)처분한다.

실무예제 재고자산평가조정명세서

다음의 자료에 의해서 ㈜장원산업(8100)의 재고자산평가조정명세서를 작성하고 세무조정 내용을 소득금액조정합계표에 반영하시오.(세무조정은 과목별로 조정한다)

(1) 사업년도 : 2025.01.01.~2025.12.31.
(2) 평가방법 신고상황 및 실제평가방법

자산별	신고연월일	신고방법	평가방법
제품 및 상품	2023.03.31.	총평균법	총평균법
반제품 및 재공품	2023.03.31.	총평균법	이동평균법
원재료	2025.10.17.	이동평균법	이동평균법
저장품	2023.03.31.	총평균법	총평균법

※ ㈜장원산업은 2023년 3월 31일 원재료의 당초 신고한 총평균법을 2025년 10월 17일 이동평균법으로 변경신고 하였다.

(3) 평가방법별 재고자산평가액

구분	수량	총평균법		이동평균법		선입선출법	
		단가	금액	단가	금액	단가	금액
제품	1,000개	1,000	1,000,000	1,100	1,100,000	1,200	1,200,000
재공품	500개	800	400,000	900	450,000	1,000	500,000
원재료	1,000kg	500	500,000	600	600,000	700	700,000
저장품	800개	200	160,000	250	200,000	280	224,000

예제해설

(1) 1.재고자산 평가방법 검토

① 제품은 사업연도 종료일까지 신고방법을 변경하지 않았으며, 평가방법도 적절하게 이루어 졌으므로 평가가 적합하다.
② 재공품의 경우에는 사업연도 종료일까지 신고방법을 신고하지 않고 평가방법을 임의로 변경하였으므로 임의평가에 해당한다.
③ 원재료의 경우에는 평가방법을 결산일 이전 3개월 전에 이루어지지 않았으므로 임의평가로 보아야 한다. 당초신고일자를 입력한다.
④ 저장품은 사업연도 종료일까지 신고방법을 변경하지 않았으며, 평가방법도 적절하게 이루어 졌으므로 평가가 적합하다.

Chapter 3 법인세 실무

(2) 2.평가조정계산

① 제품의 평가는 적절하게 이루어 졌으므로 세무조정이 필요치 않다.
② 재공품의 경우에는 본래 총평균법으로 신고하였으나 이동평균법으로 평가하였으므로 임의평가에 해당한다. 그러므로 당초 신고방법과 선입선출법 중 큰 금액으로 평가하여야 한다.
③ 원재료의 경우에는 본래 총평균법으로 신고하였으나 2025년 10월 17일 이동평균법으로 신고하였으나 신고기한 경과로 신고가 없었던 것으로 인정되어 임의평가로 인식하여야 한다.
④ 저장품의 경우에는 신고방법과 평가방법에 하자가 없으므로 평가는 정상적으로 이루어 진 것으로 보아 세무조정이 발생하지 않는다.

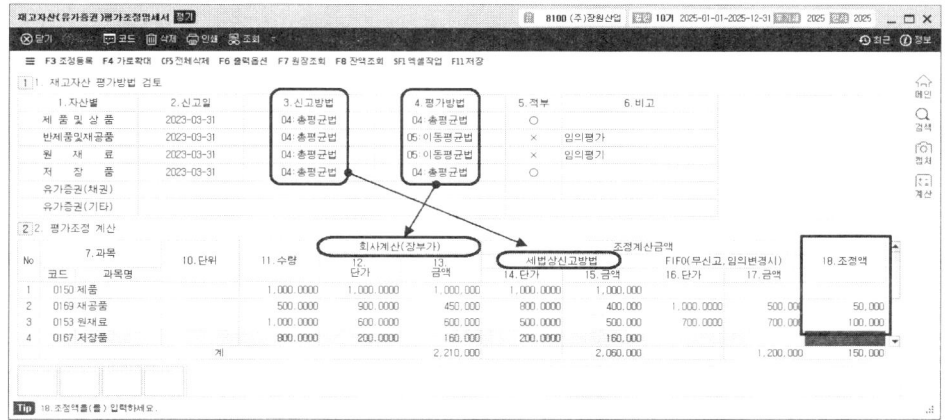

조정과목	금 액	세무조정	소득처분
재고자산평가감(재공품)	50,000원	손금불산입	유보발생
재고자산평가감(원재료)	100,000원	손금불산입	유보발생

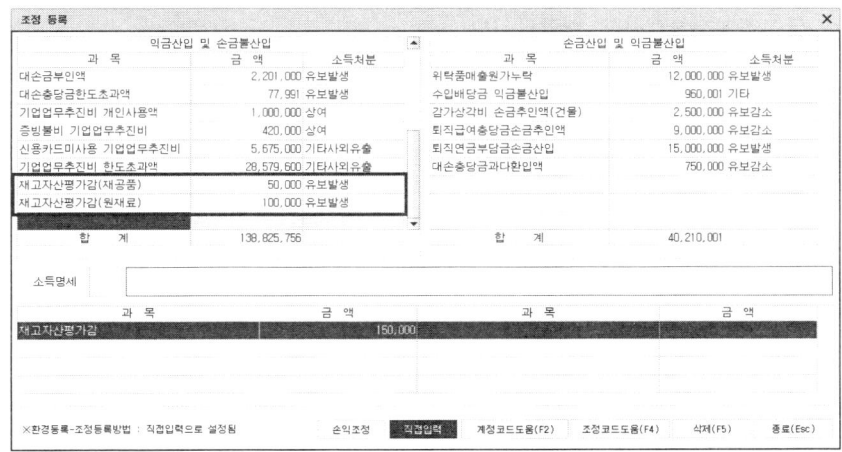

PART 2 실 무 편

6 외화자산 등 평가차손익조정명세서

(1) 외화자산, 부채의 평가(을지)

① 법인이 취득한 외화금액과 장부가액을 입력한다. 장부가액 입력시 적용환율은 발생시의 적용환율이다. 직전년도에 평가액이 있는 경우 해당 평가금액을 적용한다.

② 평가금액에는 기말 결산일 현재의 매매기준 적용환율을 입력한다.(기준환율)

실무예제 | 외화자산 등 평가차손익조정명세서

다음의 자료에 의해서 ㈜장원산업(8100)의 외화자산 등 평가차손익 조정명세서를 작성하고 세무조정 내용을 소득금액조정합계표에 반영하시오.

계정과목	발생일자	외화종류	외화금액	발생시 적용환율	기말 매매기준율
외상매출금	2025.01.05.	USD	$10,000	$당 1,110원	$당 1,100원
선급금	2025.02.10.	USD	$5,000	$당 1,300원	$당 1,100원
장기차입금	2025.06.10.	USD	$ 8,000	$당 1,250원	$당 1,100원

(1) 당기 화폐성 외화자산과 외화부채는 위의 자료뿐이다.
(2) 발생시 적용환율은 일반기업회계기준과 법인세법상 환율이다.
(3) ㈜장원산업은 2025년도부터 외화자산과 외화부채에 대한 평가손익을 인식하기로 하였으며 이에 대한 신고를 하기 위하여 외화자산 등 평가차손익조정(갑,을)을 작성하여 법인세 신고 시 제출하고자 한다.
(4) ㈜장원산업은 2025년 결산 회계처리 시 임의적으로 $당 1,200원을 적용하여 외화환산손익으로 회계처리하였다.
(5) 법인세신고시 적용되는 환율은 기말매매기준율로 신고하기로 한다.
(6) 각각 자산 및 부채별로 조정할 것.

Chapter 3 법인세 실무

예제해설

(1) 외화자산·부채의 평가(을)-상단

① ②외화종류(자산) : F2(도움)버튼을 눌러 해당 국가의 통화코드를 선택한다.
② ③외화금액 $10,000을 입력하고 ⑤적용환율에는 발생당시의 환율을 입력한다. 또한 ⑧적용환율에는 매매기준일 현재의 적용환율을 입력한다.
③ ⑩평가손익에는 자동으로 평가손익이 계상되어 표시됨.(법인세법상 평가손익 임에 유의)
④ 평가금액에는 기말매매기준율 적용환율을 입력한다.

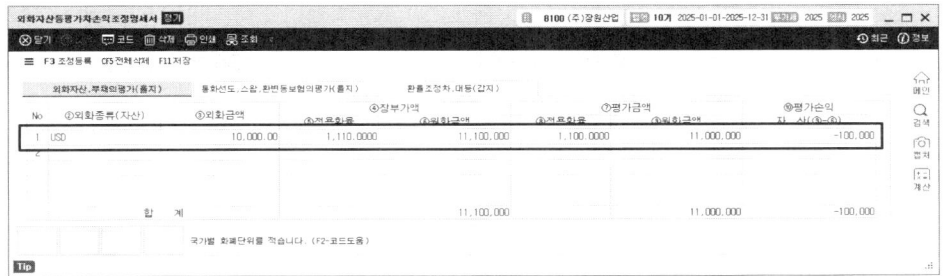

(2) 외화자산·부채의 평가(을)-하단

① ②외화종류(부채) : F2(도움)버튼을 눌러 해당 국가의 통화코드를 선택한다.
② ③외화금액 $8,000을 입력하고 ⑤적용환율에는 발생 당시의 환율을 입력한다. 또한 ⑧적용환율에는 매매기준일 현재의 적용환율을 입력한다.
③ ⑩평가손익에는 자동으로 평가손익이 계상되어 표시됨.(법인세법상 평가손익임에 유의)
④ 평가금액에는 기말 매매율 기준 적용환율을 입력한다.

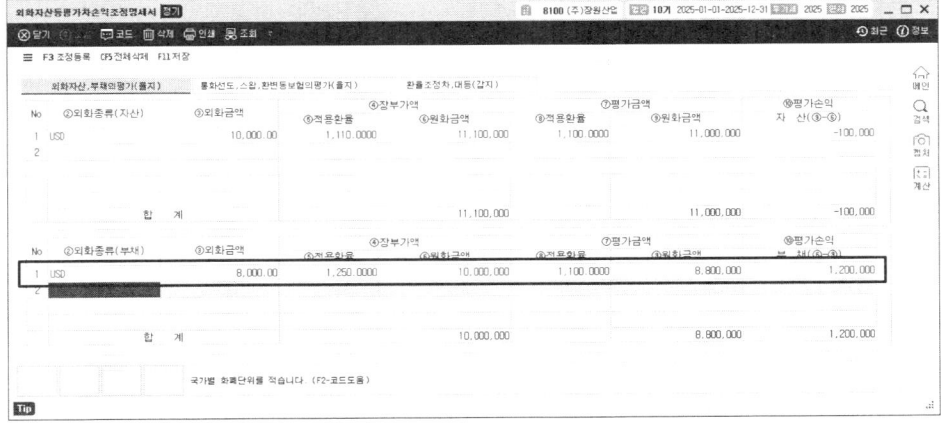

(3) 환율조정차·대 등(갑)

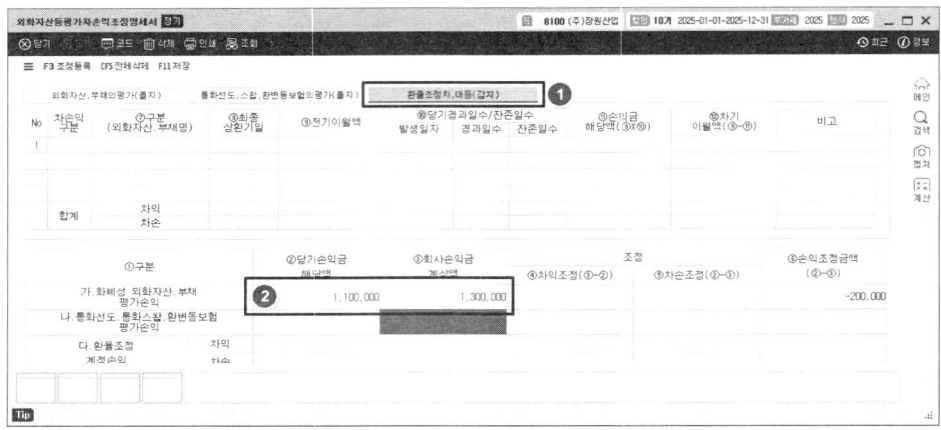

① ②당기손익금해당액에는 외화자산등 평가차손익조정(을)의 손익금액이 자동으로 반영된다.
② ③회사손익금계상액란에 회사가 임의적으로 계산한 평가차손익을 입력한다.

외상매출금			
세법상 평가액		회계상 평가액	
$10,000 × 1,110 =	11,100,000	$10,000 × 1,110 =	11,100,000
$10,000 × 1,100 =	11,000,000	$10,000 × 1,200 =	12,000,000
평가차손	100,000	평가차익	900,000
장기차입금			
$8,000 × 1,250 =	10,000,000	$8,000 × 1,250 =	10,000,000
$8,000 × 1,100 =	8,800,000	$8,000 × 1,200 =	9,600,000
평가차익	1,200,000	평가차익	400,000

③ 선급금은 화폐성 외화자산에 해당하지 않으므로 입력하지 않는다.

조정과목	금 액	세무조정	소득처분
외화환산손실(외상매출금)	1,000,000원	손금산입	유보발생
외화환산이익(장기차입금)	800,000원	익금산입	유보발생

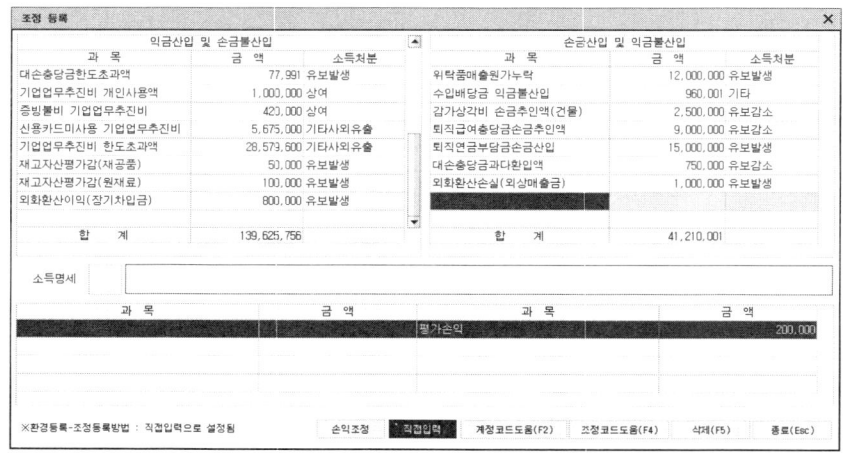

Chapter 3 법인세 실무

7 세금과공과금 명세서

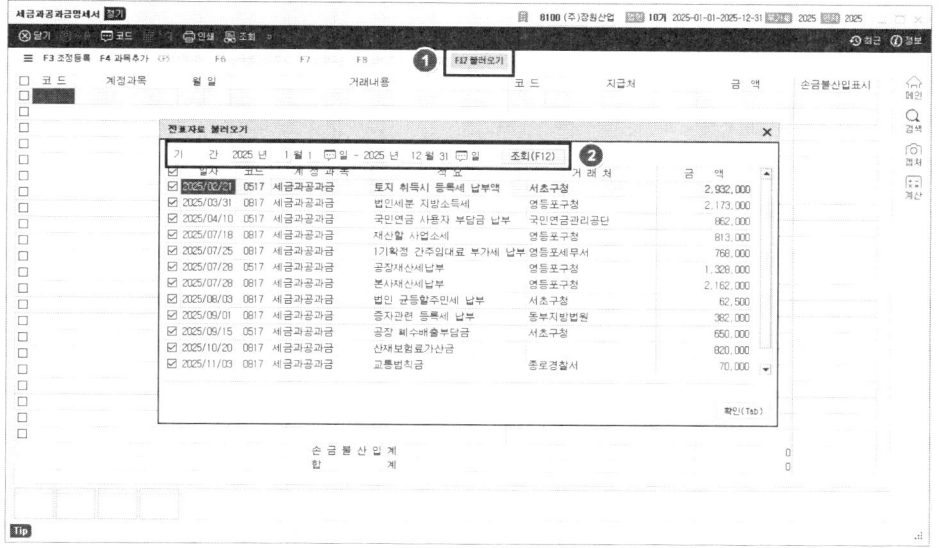

(1) F12(계정데이터) 불러오기

F12(불러오기)를 누르면 전표에 입력되어 있는 「세금과공과금」불러오기 보조창이 열리며, 여기에 1월 1일~12월 31일을 입력하고 F12(조회)버튼을 클릭하면 자동으로 세금공과금의 내역이 출력된다.

(2) F6(손금불산입)만 표시하기

커서를 비고란에 두고 「불산입만표기 (F6)」를 클릭하면 커서가 비고란에서 상하로 움직인다. 여기에서 손금에 해당되면 「0」 또는 Enter(엔터)를 한다. 손금불산입에 해당되면 숫자 「1」을 입력하면 「손금불산입」으로 조정되며 만약 취소를 해야 하는 경우에는 숫자 「0」을 입력하면 선택되었던 세무조정사항이 취소된다.

PART 2 실무편

실무예제 — 세금과공과금조정명세서

㈜장원산업(8100)의 세금과공과금 조정명세서를 작성하고 세무조정 내용을 소득금액조정합계표에 반영하시오.(각 건별로 조정할 것)

월 일	적 요	금 액
02월 21일	토지 취득세 납부액	2,932,000원
03월 31일	법인세분 지방소득세	2,173,000원
04월 10일	국민연금 사용자 부담금 납부	862,000원
07월 18일	재산할 사업소세	813,000원
07월 25일	1기 확정분 간주임대료	768,000원
07월 28일	공장 건물 재산세 납부	1,328,000원
07월 28일	본사 건물 재산세 납부	2,162,000원
08월 03일	법인 사업소분 균등할 지방소득세 납부	62,500원
09월 01일	증자관련 등록세 납부	382,000원
09월 15일	공장 폐수배출부담금	650,000원
10월 20일	산재보험료 가산금	820,000원
11월 03일	교통범칙금	70,000원
12월 03일	회사의 면허세 납부	92,000원

예제해설

(1) 불러오기(F12)를 클릭하여 다음과 같은 전표자료를 불러온다.

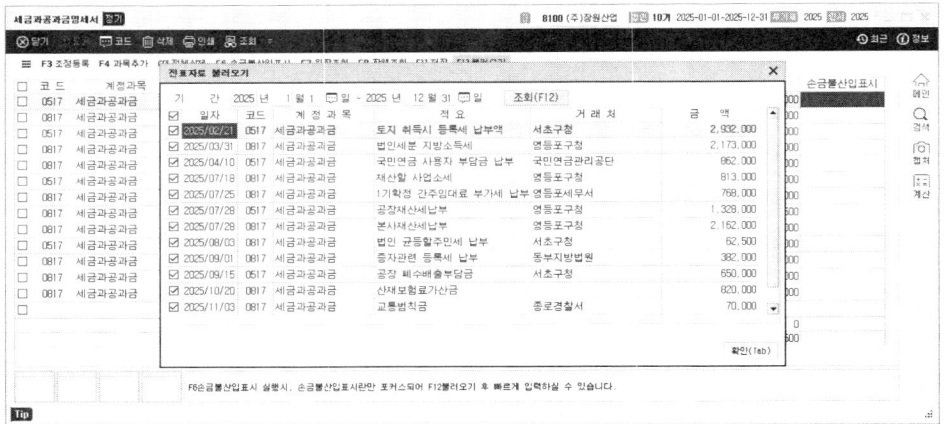

Chapter 3 법인세 실무

(2) 「손금불산입만 별도 표기(F6)」클릭

① 토지 취득세는 자본적 지출에 해당되어 손금불산입하고 유보처분한다.(건물의 취득세는 즉시상각의제로 판정하므로 세무조정은 생략한다. 다만, 감가상각비 시부인액 계산시 감가상각범위액에 합산하여 판단하여야 한다.)

② 법인세(소득세)할 지방소득세는 법인세에 대해 부가된 세금으로 법인세 자체가 부인대상이므로 지방소득세도 같이 부인대상이 된다. 손금불산입 후 기타사외유출로 처분한다.

③ 증자와 관련된 등록세는 자본의 증자와 관련된 신주발행비에 해당되어 주식발행초과금 또는 할인발행차금에 차가감 처리하도록 하고 있으므로 손금불산입 후 기타로 소득처분한다.

④ 폐수배출부담금은 폐수정화시설을 설치해야 하는 의무사항으로 설치되지 않은 경우에 부담하는 벌과금의 성격이다. 그러므로 손금불산입 후 기타사외유출로 처분한다.

⑤ 산재보험료 연체료는 연체이자의 성격으로 손금에 포함된다.

⑥ 교통범칙금을 손금으로 인정하는 경우 그 손금을 국가가 부담하는 것과 같은 효과가 발생하므로 손금불산입·기타사외유출로 처분한다.

조정과목	금 액	세무조정	소득처분
토지 취득세	2,932,000원	손금불산입	유보발생
법인세분 지방소득세	2,173,000원	손금불산입	기타사외유출
증자관련 등록세	382,000원	손금불산입	기타사외유출(기타)
폐수배출부담금	650,000원	손금불산입	기타사외유출
산재보험료 가산금	820,000원	손금불산입	기타사외유출
교통범칙금	70,000원	손금불산입	기타사외유출

8 선급비용명세서

법인세법과 기업회계기준은 비용과 수익의 인식조건을 발생주의 회계에 따라 인식하고 있다. 그러므로 비용에 대해서는 반드시 발생주의 회계기준을 적용하여야 하며, 기간 미경과분 비용을 일할계산하여 선급비용을 인식하여야 한다.

(1) F12(불러오기)

F12(불러오기)를 클릭하면 기간비용의 선택 보조창이 출력된다.

(2) 계정구분

① 계정구분에서「1.미경과 이자」「2.선급보험료」「3.선급임차료」중 해당 계정을 선택한다. 계정구분에 처리하려는 선급비용계정이 없는 경우 F4(계정구분등록)을 클릭하여 필요한 계정을 등록할 수 있다.
② 거래내용을 입력한 후 거래처를 입력한다.
③ 대상기간에 시작일과 종료일을 입력하며, **선급보험료**와 **선급임차료**의 경우 [양편산입]을 선택하고 나머지는 [한편산입]을 선택한다.
④ 지급액을 입력하면 선급비용이「일할」계상되며 법인이 계상한 선급비용이 있는 경우 해당액을 입력한다.

실무예제 선급비용명세서

다음의 자료에 의해서 ㈜장원산업(8100)의 선급비용명세서를 작성하고 세무조정 내용을 소득금액조정합계표에 반영하시오.

(1) 당기말 현재의 보험료·임차료·수수료에 관한 자료는 다음과 같다.(다음에 제시된 자료만 있다고 가정한다.)
(2) 선급보험료와 선급임차료는 반드시 양편산입을 선택할 것.

날짜	구분	지출액	거래처	계약기간	비 고
03.05	건물 보험료	2,400,000	동부화재㈜	2025.03.05.~2026.03.04.	회사계상액 400,000원
05.10	사무실임차료	1,200,000	미림건설㈜	2025.05.10.~2026.05.09.	회사계상액 424,109원
07.09	자동차보험료	2,000,000	삼성화재㈜	2025.07.09.~2026.07.08.	회사 계상액 1,100,000원
09.20	연구용역수수료	900,000	산업연구소	2025.09.20.~2026.02.19.	회사 미계상액

(3) 미등록된 자료는 직접 등록하여 입력하며, 과목별로 각각 조정한다.

Chapter 3 법인세 실무

예제해설

(1) 계정구분

계정구분에 커서를 위치하면 [1.미경과이자][2.선급보험료][3.선급임차료]가 표시되며, 해당번호를 선택한다. 새로운 과목을 추가하고자 하는 경우 [F4계정구분등록]을 이용하여 추가 할 수 있다.

① 거래내용 및 거래처 : 해당 내용을 입력하고, 거래처를 입력한다.
② 대상기간 : 계약에 의하여 계산될 날짜를 입력한다.
③ 지급액 : 계약에 의하여 지급된 금액을 입력하면 자동으로 선급비용이 계상된다.
④ 회사계상액 : 기업이 계상한 금액을 입력하면 조정대상금액이 자동으로 출력된다.(일할 계산원칙)

(2) 계정구분등록(F4)

연구용역수수료는 등록된 계정이 없으므로 F4(계정구분등록)을 이용하여 등록하고 해당내용을 입력한다.

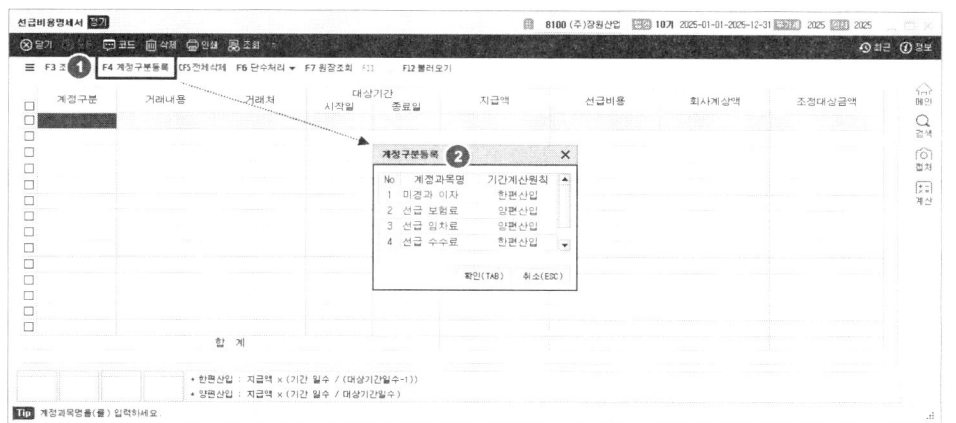

조정과목	금 액	세무조정	소득처분
선급비용(건물보험료)	14,246원	손금불산입	유보발생
선급비용(자동차 보험료)	64,384원	손금산입	유보발생
선급비용(연구용역수수료)	296,052원	손금불산입	유보발생

PART 2 실 무 편

9 가지급금 인정이자조정명세서

가지급금인정이자 조정명세서 작성을 위해서는 가지급금인정이자율의 선택방법에 따라 작성순서가 달라진다. 가지급금 인정이자조정은 다음과 같은 순서로 작업한다.

1 당좌대출이자율을 선택한 경우
① 1.가지급금, 가수금 입력 탭 ⇨ 4.인정이자조정 : (갑)지의 순서로 작성한다.
② 당좌대출이자율 선택시 ⇨ 이자율선택 : [1] 당좌대출이자율로 계산을 선택한다.

2 가중평균차입이자율을 선택한 경우
① 1.가지급금, 가수금 입력 탭 ⇨ 2.차입금 입력 탭 ⇨ 3.인정이자계산 : (을)지 ⇨ 4.인정이자조정 : (갑)지
② 가중평균차입이자율 선택시 ⇨ 이자율선택 : [2]가중평균차입이자율로 계산을 선택한다.

(1) 1.가지급금, 가수금 입력(탭)

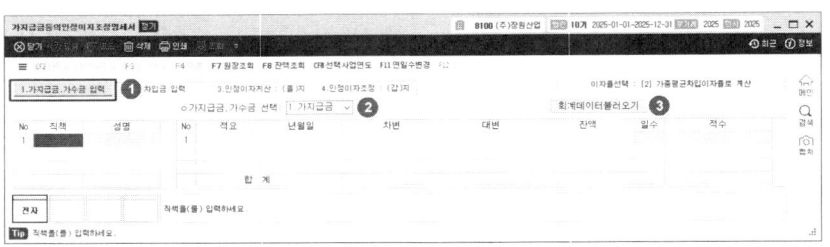

① 가지급금 데이터 불러오기
  ① 1.가지급금을 선택한 후
  ② 오른쪽 상단의 「회계데이타 불러오기」를 클릭한다.

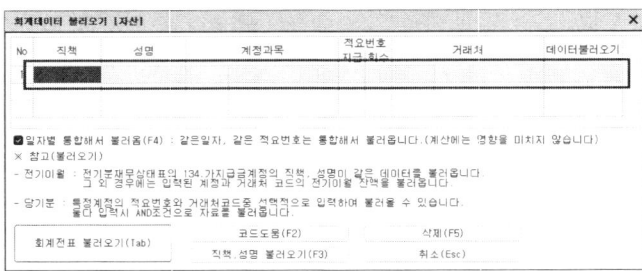

  ③ 직책과 성명을 입력하고 계정과목에서 134.가지급금을 선택한다.
  ④ [적요번호]에서 가지급금인정이자 대상이 대표이사인 경우에는 [적요번호 : 1번과 4번]을 입력하며 대표이사를 제외한 기타 특수관계자의 경우에는 [적용번호 : 2번과 5번]을 선택한 후 「회계전표 불러오기」를 클릭한다.
② 가수금 데이터 불러오기 : 가지급금 데이터 [불러오기]와 같은 방법으로 데이터를 불러온다.

Chapter 3 법인세 실무

(2) 2.차입금 입력(탭)

가중평균차입이자율을 선택한 경우 이자율 계산과정을 표시하기 위한 차입금과 이자율을 입력하는 메뉴이다.

① 계정과목설정

기업이 설정하고 있는 차입금 관련계정을 설정한다. 여기에 추가 및 삭제를 할 수 있다.

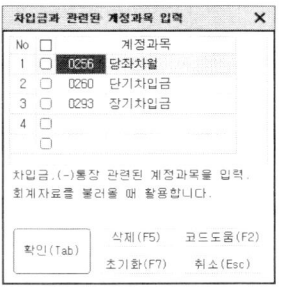

② 새로불러오기(전체거래처) : 이자율적용

전체거래처의 계정과목 설정에 등록된 차입금이 모두 불러오며, 여기에 거래처별 이자율을 입력한다. 특수 관계자와의 차입금거래가 있거나 지급이자 손금불산입 대상 차입금 거래처는 F5(삭제)버튼을 클릭하여 해당거래처를 삭제한다.

(3) 3.인정이자계산 : (을)지

가중평균차입이자율을 가지급금인정이자 계상 대상이 되는 특수관계자에게 적용하는 메뉴이다. 해당 거래에 자동으로 반영되지만 누락된 경우에는 F2(조회)버튼을 클릭하여 조회할 수 있다.

① 적용이자율선택 탭

  ① 「1.당좌대출이자율과 2.가중평균차입이자율」중에서 선택한다.
  ② 앞의 자료에 의하여 해당 자료는 모두 출력된다.

② 가중평균차입이자율 및 당좌대출이자율의 적용

  ① 가중평균차입이자율을 선택한 경우 이자율은 자동으로 반영된다. 만약 반영되지 않는 경우에는 이자율에 커서를 맞춘 후 F2(조회)버튼을 클릭하여 가중평균차입이자율을 조회할 수 있다.
  ② 당좌대출이자율을 선택하는 경우에는 법인세법에 의한 당좌대출이자율이 반영된다.

(4) 4.인정이자조정 : (갑)지

가지급금인정이자 계산 탭으로 법인세법의 인정이자와 회사계상 이자수익을 비교하여 부당행위를 검색하는 과정이다.

① F7(원장조회)를 클릭하여 이자수익계정을 조회한다.
② 이자수익계정에서 가지급금인정이자 대상사원의 이자수령액을 확인한 후 6.회사계상액에 입력한다.
③ 시가인정범위에서 차액이 3억원 이상이거나 시가와 대가의 차이가 5% 이상인 경우에는 가지급금인정이자를 세무조정에 반영한다.

실무예제 — 가지급금 인정이자조정명세서

다음의 자료에 의해서 ㈜장원산업(8100)의 가지급금 인정이자조정명세서를 작성하고 세무조정 내용을 소득금액조정합계표에 반영하시오.

1 가지급금 및 가수금의 자료

(1) 가지급금의 내역은 다음과 같다.

성 명	직 위	가지급금	비고
최 진 수	대표이사	20,000,000원	자료(2) 참조
호동상사	관계회사	12,000,000원	자료(3) 참조
이 승 기	사 용 인	5,000,000원	자료(4) 참조
		37,000,000원	

(2) 대표이사(최진수)에 대한 가지급금은 5월 4일에 5,000,000원을 12월 20일에 15,000,000원을 무상으로 대여한 것으로 대표이사 최진수로부터 8월 5일 가수금 5,000,000원이 입금되었다.

(3) 관계회사인 호동상사에게 대여한 가지급금은 7월 4일 업무와 관련 없는 자금의 대여액이나, 사전약정에 따라 650,000원의 이자를 수령하였다.

(4) 사용인 이승기에 대한 대여금은 우리사주조합원에 대한 당해 법인의 주식 취득자금을 3월 5일 대여한 금액으로서, 무상으로 대여한 것이다.

(5) 가지급금 인정이자율은 세법에 의한 규정(가중평균차입이자율)을 따르기로 한다.

2 이자비용 내역

손익계산서상 이자비용의 내역은 다음과 같고, 차입금 잔액은 조회를 통하여 확인한다.

이자율	지급이자	차입금 잔액	비고
5%	500,000원	20,000,000원	대표이사 최진수
8%	1,600,000원	20,000,000원	알파기기
10%	29,000,000원	290,000,000원	신한은행
12%	36,000,000원	300,000,000원	제이은행
16%	3,200,000원	20,000,000원	채권자 성명과 주소 불명
	70,300,000원	650,000,000원	

Chapter 3 법인세 실무

① 가지급금 및 가수금 불러오기

(1) 가지급금 데이터 불러오기

① 1.가지급금을 선택한 후
② 오른쪽 상단의 「회계데이타 불러오기」를 클릭한다.
③ 직책과 성명을 입력하고 계정과목에서 134.가지급금을 선택한다.
④ 적요번호에서 가지급금인정이자 대상이 대표이사인 경우에는 적요번호 [1번과 4번]을 입력하며 특수관계자의 경우에는 [2번과 5번]을 입력한 후 「회계전표 불러오기」를 클릭한다.

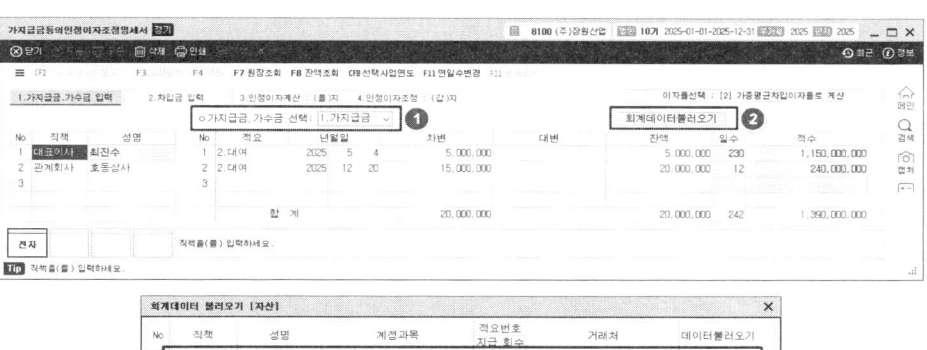

(2) 가수금 데이터 불러오기

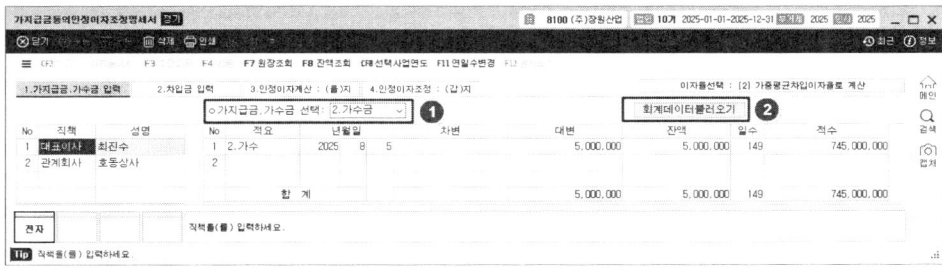

PART 2 실 무 편

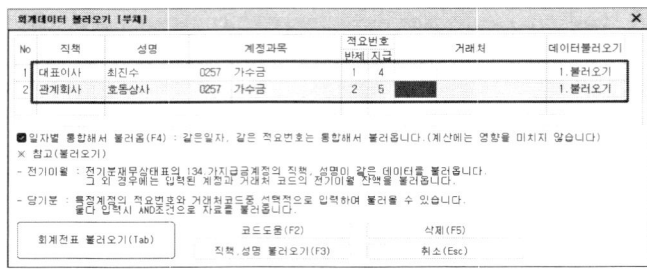

2 차입금의 입력 및 이자비용의 입력

(1) 거래처 새로 불러오기

① 새로불러오기(현재 거래처) : 현재거래처를 클릭한 경우 거래처명에서 [F2조회]클릭하여 개별 거래처별로 불러올 수 있다.

② 새로불러오기(전체 거래처) : 전체거래처를 클릭한 경우 거래처명에 차입금이 있는 거래처가 모두 표시된다. 표시된 거래처 중에 지급이자 손금불산입대상 거래처와 특수관계자가 있는 경우 해당 거래처들은 모두 삭제한다.

(2) 출력된 거래처별 이자율을 입력한다.

대표이사 최진수는 특수관계인에 해당되어 가중평균차입이자율 계산에서 배제된다. 그러므로 최진수의 자료는 삭제버튼을 클릭하여 삭제한다.

① 알파기기

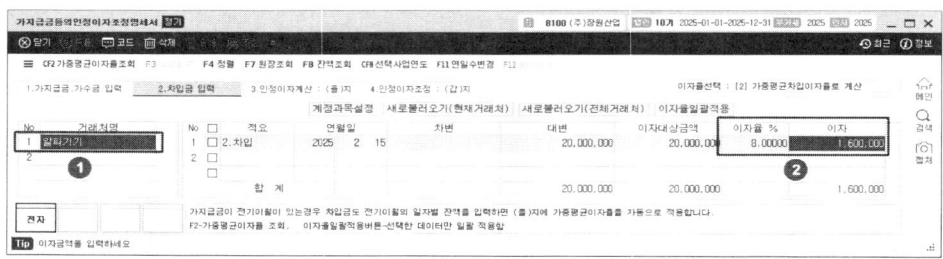

② 신한은행

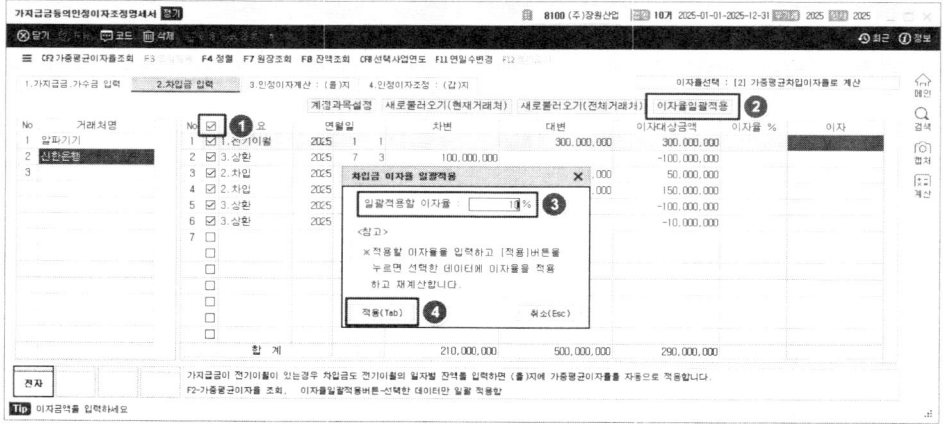

③ 제이은행

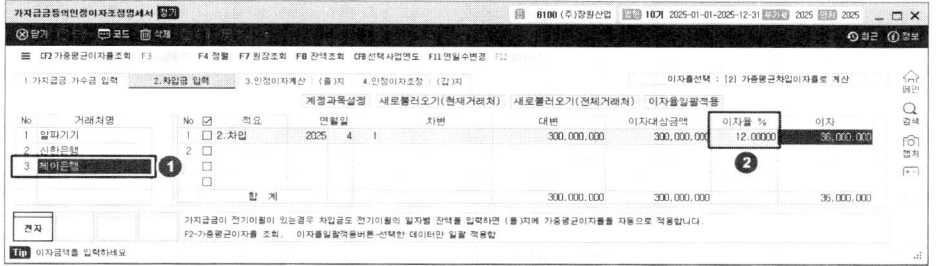

③ 가지급금인정이자율의 계산

(1) 적용이자율선택 메뉴

① [1]당좌대출이자율과 [2]가중평균차입이자율 중에서 선택한다. 법인세법에서 가중평균차입이자율의 적용을 우선하기 때문에 [2]가중평균차입이자율을 선택한다.
② 앞의 자료에 의하여 해당 자료가 모두 출력된다.

(2) 가중평균차입이자율의 적용

① 가중평균차입이자율을 선택한 경우 이자율(%)에서 F2를 눌러 가중평균차입이자율을 조회할 수 있다.
② 대표이사의 가지급금은 가수금 5,000,000원과 일부 상계되어 반영된다.

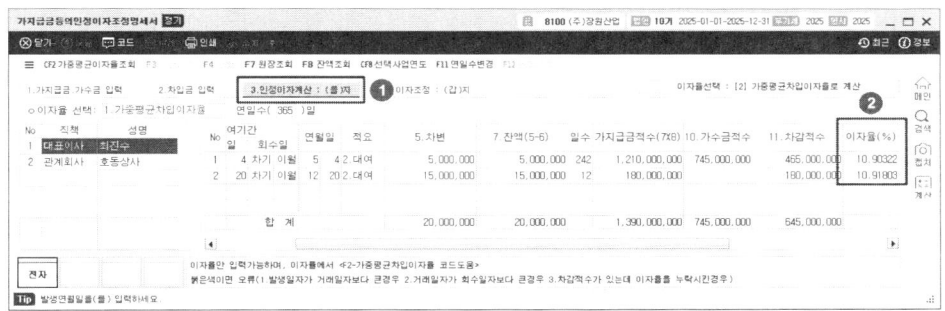

④ 가지급금인정이자의 계산

(1) 가중평균차입이자율에 따른 가지급금 등의 인정이자 조정

① 앞의 자료에 의하여 해당 자료가 출력된다.
② 가지급금에 대한 인정이자를 수령한 경우 회사계상액에 입력한다. 이자수령액은 F7(원장조회)를 조회한 후 이자수익계정의 이자수령액 또는 미수이자 계상액을 확인하여 반영한다.

(2) 부당행위계산의 부인규정

① 시가와 대가의 차이가 3억원 이상인 경우
② 시가와 대가의 차이가 3억원 미만이지만 시가의 5% 이상인 경우

PART 2 실무편

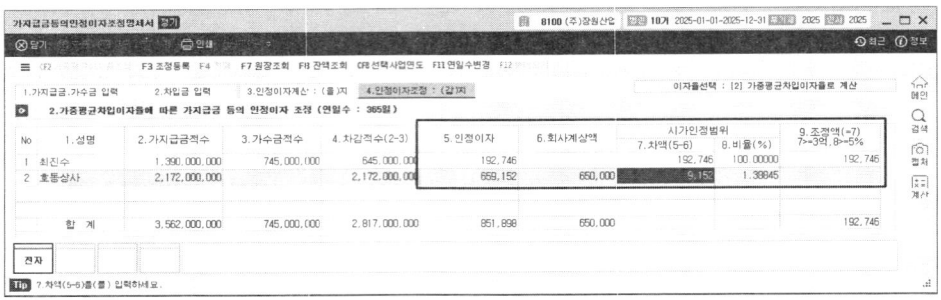

조정과목	금 액	세무조정	소득처분
가지급금인정이자(대표이사)	192,746	익금산입	상여

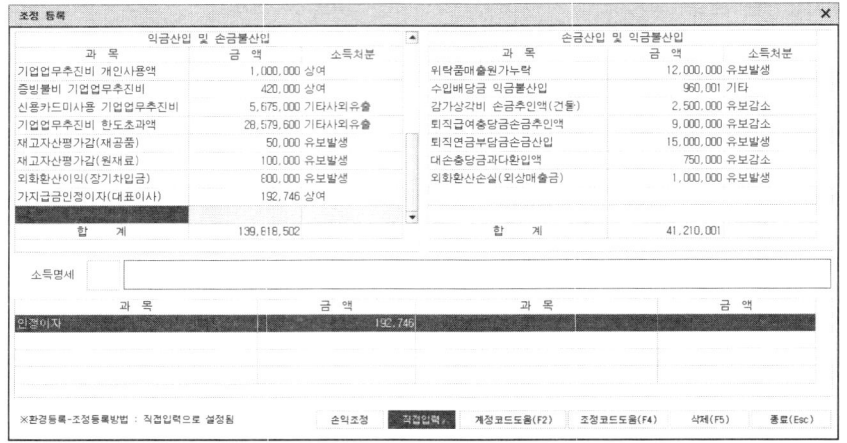

Chapter 3 법인세 실무

10 업무무관부동산등에 관련한 차입금이자조정명세서

(1) 1.적수입력(을)지 (탭)

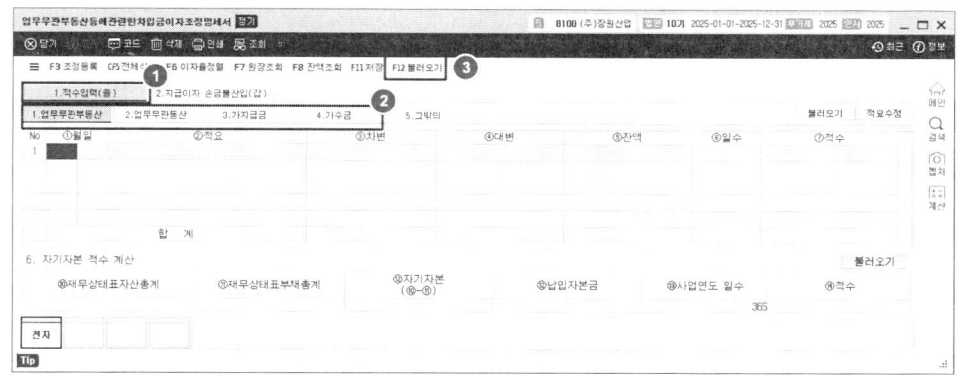

① 업무무관자산의 적수 입력

① 업무무관부동산의 적수

업무무관부동산이란 투자목적 또는 주된 사업과 관련 없는 임대목적의 토지와 건물이 있는 경우 당해 자료를 F12(불러오기)를 하여 입력하며, 당기 발생분은 직접 입력한다.

② 업무무관 동산의 적수

업무무관동산이란 업무와 관련 없는 그림, 골동품, 서예품 등을 말하며, 기업의 환경미화에 사용된 경우에는 제외한다.

③ 가지급금 등의 적수와 가수금의 적수

가지급금 인정이자조정명세서를 작성한 경우에는 F12(불러오기)를 클릭하면, 자동으로 인정이자조정명세서에 반영된다. 당기에 새로 발생된 경우 직접 입력할 수 있다.

위의 적수들을 선택하여 「불러오기」를 클릭하여 해당 자료를 불러온다. 하지만 「불러오기」를 하였으나 자료가 없는 경우에는 직접 입력하여 업무무관자산 등의 적수계산을 하여야 한다.

(2) 2.지급이자 손금불산입(갑)지 (탭)

■ 2.지급이자 및 차입금적수 계산

① 이자율을 크기가 큰 순서대로 입력하고 해당 지급이자를 입력하면 자동으로 차입금의 적수가 계산된다. 이때 유의할 점은 가지급금인정이자와는 달리 특수관계자의 차입금이자도 지출내역을 확인할 수 있기 때문에 적수계산에 포함된다는 점이다. 다만, 지급이자의 계산은 발생주의에 따라 당기분만 적용하여야 한다.

② 지급이자 손금불산입은 ①채권자불분명 사채이자 ②비실명채권증권의 이자 ③건설자금이자의 순으로 손금불산입을 적용한 후 마지막으로 업무무관자산 등의 지급이자를 부인하여야 한다. 이자율과 지급이자를 크기에 따라 입력한 후 순위별로 지급이자에 해당이자를 입력한다.

PART 2 실 무 편

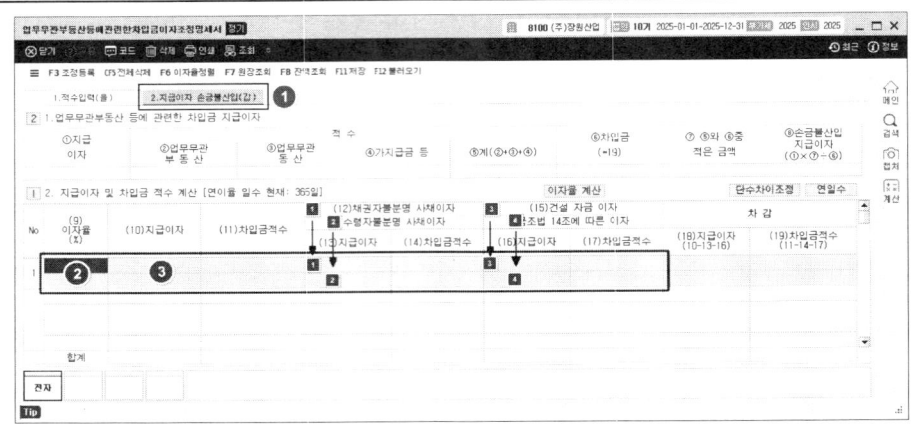

1) 채권자불분명 사채이자의 세무조정
   ① 채권자불분명 사채이자(원천징수분) : 손금불산입, 기타사외유출
   ② 채권자불분명 사채이자(원천제외분) : 손금불산입, 상여

2) 비실명채권증권의 이자 세무조정
   ① 비실명채권증권의 이자(원천징수 분) : 손금불산입, 기타사외유출
   ② 비실명채권증권의 이자(원천제외 분) : 손금불산입, 상여

3) 건설자금이자 세무조정
   ① 당기완성분 건설자금이자 : 즉시상각 의제액으로 판정 후 세무조정 생략
   ② 당기미완성 건설자금이자 : 손금불산입, 유보발생

(3) 2.지급이자 손금불산입(갑)지 (탭)

② 1.업무무관부동산 등에 관련한 차입금 지급이자
업무무관자산 등의 적수를 입력하면, 관련 이자는 자동으로 계산되어 반영된다.
1) 채권자불분명 사채이자의 세무조정
2) 비실명채권증권의 이자 세무조정
3) 건설자금이자 세무조정
4) 업무무관자산 등의 지급이자 : 손금불산입, 기타사외유출

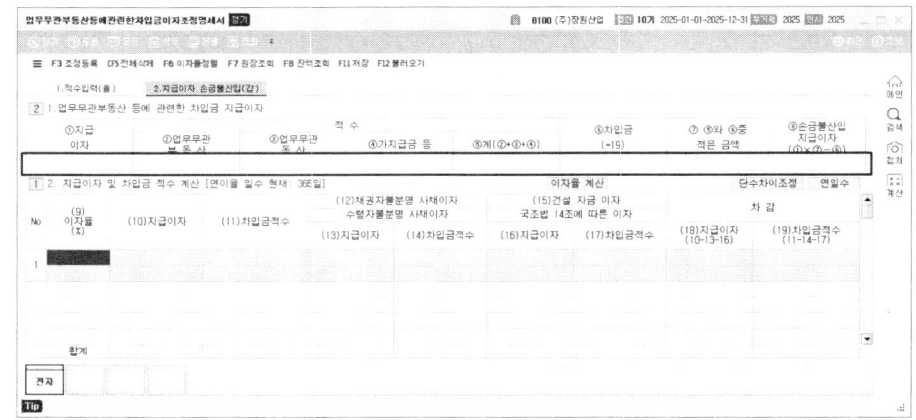

Chapter 3 법인세 실무

실무예제 　**업무무관부동산등에 관련한 차입금이자조정명세서**

다음의 자료에 의해서 ㈜장원산업(8100)의 업무무관자산 등에 대한 지급이자조정명세서를 작성하고 세무조정 내용을 소득금액조정합계표에 반영하시오.

(1) 지급이자 자료(원천징수는 고려하지 말 것)

① 손익계산서상 지급이자 내역은 다음과 같고, 차입금 잔액은 조회를 통하여 확인한다.

이자율	지급이자	차입금 잔액	비고
5%	500,000원	20,000,000원	②자료 참고
8%	1,600,000원	20,000,000원	③자료 참고
10%	29,000,000원	290,000,000원	④자료 참고
12%	42,000,000원	50,000,000원	⑤자료 참고
		300,000,000원	
16%	3,200,000원	20,000,000원	⑥자료 참고
합계	76,300,000원	680,000,000원	

② 5% 이자율의 지급이자는 전액 대표이사 최진수로부터 차입한 자금이다.

③ 8%의 이자는 모두 알파기기에서 차입한 것이다.

④ 10%의 이자는 모두 신한은행으로부터 차입한 이자이다.

⑤ 12% 이자율의 지급이자 중 차입금 300,000,000원은 제이은행에서 차입한 것으로 건설자금이자 12,000,000원이 포함되어 있다. 그리고 차입금 50,000,000원의 이자 6,000,000원은 비실명채권증권의 발행으로 인하여 발생한 이자이다.

⑥ 16% 채권자의 성명과 주소를 밝히지 않은 이자이다.

(2) 가지급금 및 가수금의 자료

① 대표이사 최진수의 가지급금은 5월 4일에 5,000,000원, 12월 20일에 15,000,000원을 무상으로 대여한 것이며, 대표이사로부터 8월 5일 가수금 5,000,000원이 입금되었다.

② 관계회사인 호동상사에게 대여한 가지급금 12,000,000원은 7월 4일 업무와 관련 없는 자금의 대여액이며 사전약정에 따라 600,000원의 이자를 수령하였다.

PART 2 실 무 편

예제해설

(1) 업무무관자산의 적수 계산

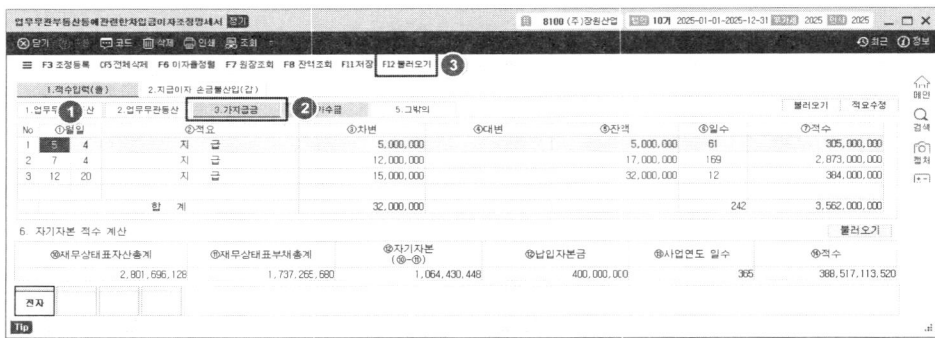

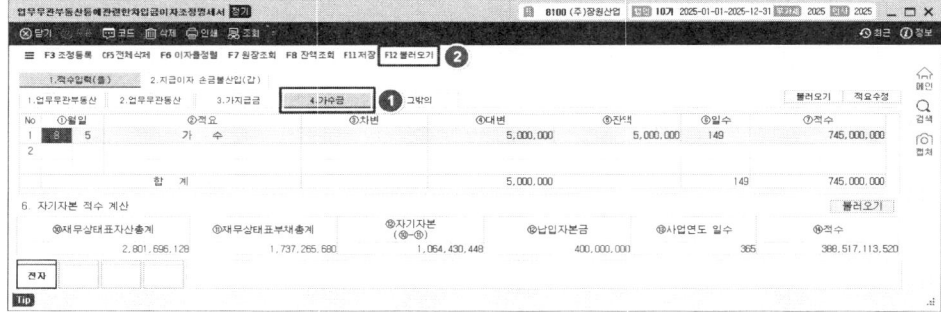

① 1.업무무관자산의 적수입력(을)

(1) 가지급금 적수 입력
① 가지급금 인정이자 계산을 한 경우, 해당 자료를 불러오기를 하여 반영한다.
② 업무무관자산의 자료가 별도로 있는 경우에는 해당 자료를 직접입력한다.

(2) 가수금 적수 입력
① 가지급금 인정이자 계산을 한 경우, 해당 자료를 불러오기를 하여 반영한다.
② 별도의 자료가 주어진 경우 해당 가수금의 자료를 직접입력한다.

② 1.지급이자 손금불산입(갑)

① 2. 지급이자 및 차입금 적수계산 : 지급이자율의 크기가 큰 순서부터 이자율을 입력하고, 지급이자를 입력하면, 자동으로 차입금적수가 계산된다.
② 지급이자 손금불산입 대상이자를 해당 란에 입력한다.
③ 업무무관부동산 등에 관련한 차입금 지급이자 : 2.지급이자 및 차입금 적수계산의 자료를 반영하면 업무무관자산 등의 지급이자가 자동으로 반영된다.

(2) 2.지급이자 및 차입금 적수 계산

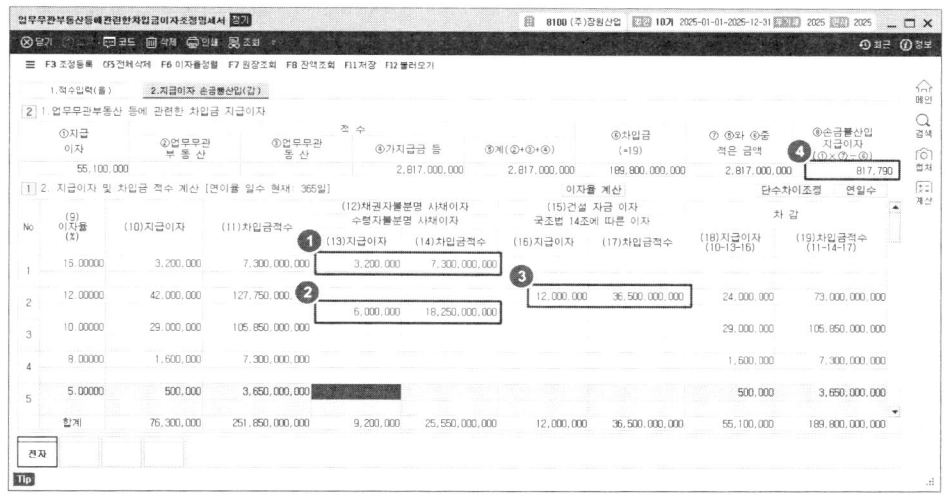

조정과목	금 액	세무조정	소득처분
채권자불분명사채이자	3,200,000원	손금불산입	상여
비실명채권증권의 이자	6,000,000원	손금불산입	상여
건설자금의 이자	12,000,000원	손금불산입	유보발생
업무무관자산 등의 이자	817,790원	손금불산입	기타사외유출

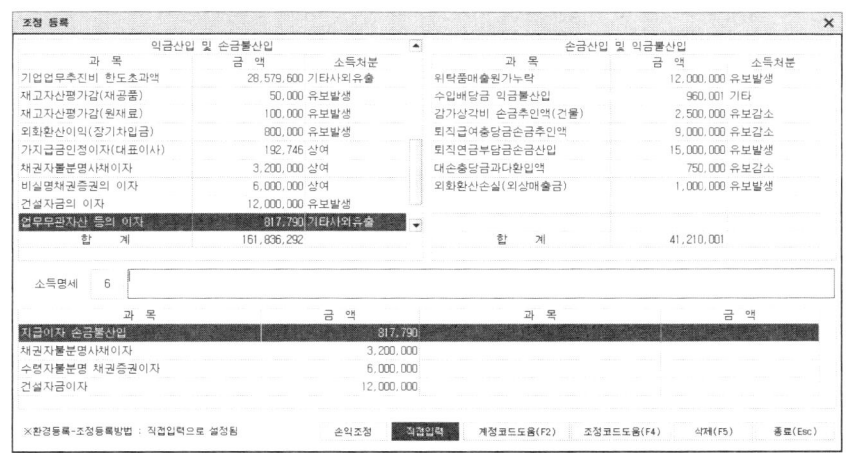

11 건설자금이자 조정명세서

건설자금이자 조정명세는 지급이자 손금불산입 대상 이자 중 건설자금이자의 계상액을 산출하는 명세서이다. 건설자금으로 자금을 차입하였더라도 실제 건설기간 해당 이자만 이자비용으로 인식해야 하기 때문에 작성되는 서식이다.

PART 2 실 무 편

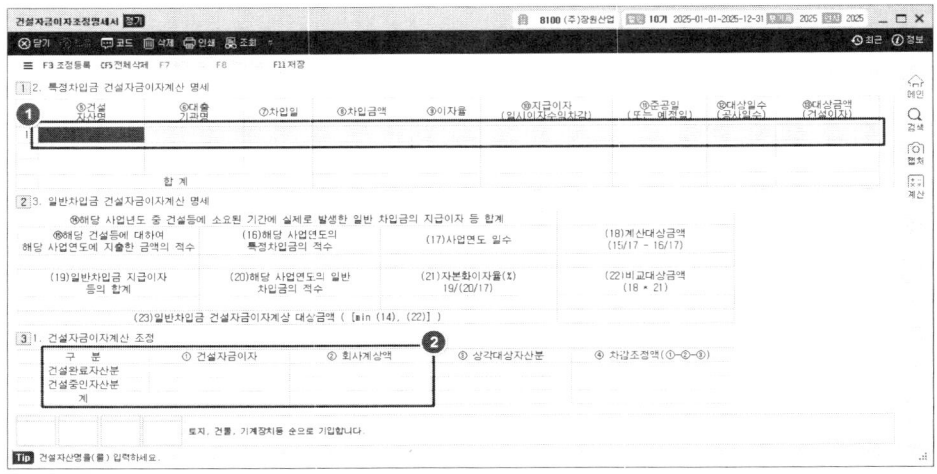

(1) 2.특정차입금 건설자금이자계산 명세

① 건설자금으로 사용된 것이 분명한 「차입금이자 및 이에 유사한 성질의 지출금」에 한함 (건설자금으로 사용하지 여부가 불분명한 경우에는 건설자금이자계산 대상에서 제외)
② 차입과 관련된 지급보증료 및 할인료, 건설기간 중의 사채할인발행차금상각액 및 전환사채에 대한 지급이자도 포함.
③ 차입한 건설자금의 일부를 운영자금으로 전용한 경우 그에 상당하는 지급이자는 손금에 산입하며, 차입한 건설자금의 연체로 인하여 생긴 이자를 원본에 가산한 경우에 그 가산한 금액은 당해사업연도의 자본적지출로 하고 원본에 가산한 금액에 대한 지급이자는 손금에 산입함.
④ 건설에 소요된 차입금의 일시 예금에서 생긴 수입이자는 원본에 가산하는 자본적지출 금액에서 차감.

(2) 1.건설자금이자를 비용처리한 경우의 세무조정

건설자금이자를 자산의 원가에 가산하지 않고 비용으로 계산한 경우에는 다음과 같이 처리한다.

구 분		세무 조정	
		당 기	차기 이후
비상각자산의 경우		손금불산입 (유보)	처분 시에 손금추인 (△유보)
상각자산의 경우	당기말까지 건설이 완료되지 않은 경우	손금불산입 (유보)	상각·처분시 손금추인 (△유보)
	당기말까지 건설이 완료된 경우	감가상각비로 보아 시부인계산(즉시상각의제)	-

Chapter 3 법인세 실무

실무예제 — 건설자금이자조정명세서

다음의 자료에 의해서 ㈜장원산업(8100)의 건설자금이자조정명세서를 작성하고 세무조정 내용을 소득금액조정합계표에 반영하시오.

> 1. ㈜장원산업 사옥 신축공사
>   (1) 착공일 2025. 9. 1
>   (2) 준공예정일 2026. 4. 30
>   (3) 총공사대금 300,000,000원
>   (4) 공사대금 차입현황
>   ① 대출기관 : 제이은행
>   ② 차입일자 : 2025. 4. 1
>   ③ 차입금액 : 300,000,000원
>   ④ 차입이자율 : 연 12%
>   ⑤ 당기이자지출액 : 27,000,000원이며 이중 건설공사에 관련한 이자는 12,000,000원(건설자금이자의 계산 대상일수는 112일이며, 당기 말 현재 건물의 공사는 진행 중이다)이다.
> 2. 당해 법인은 건설자금이자에 대한 회계처리를 이자비용으로 처리하고 결산을 종료하였다. 차입금에서 일시적인 투자로 인한 이익은 없다.

예제해설

(1) 「법인조정」모듈 「과목별세무조정」의 「건설자금이자조정명세서」 클릭

① 「 2.특정차입금 건설자금이자계산명세」란에 사례에 주어진 자료를 순서대로 입력한다.
② 「 1.건설자금이자 조정」의 ①건설자금이자(건설중인 자산분)에 해당이자를 입력한다.

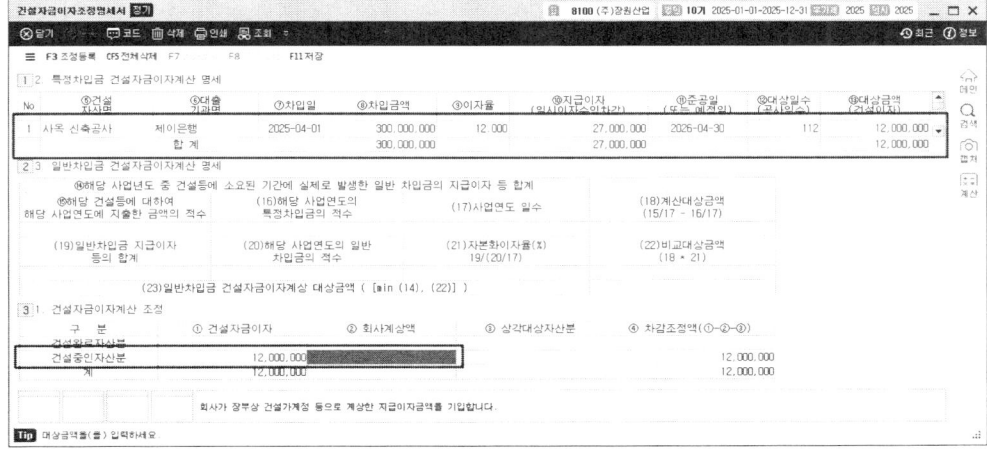

12 업무용승용차관련비용명세서

(1) 업무용승용차 등록

해당 업무용승용차의 차량관련 내역을 미리 등록하는 메뉴로 차량번호 및 차종 등을 자세하게 등록한다. 이 정보를 바탕으로 업무용승용차관련 비용명세서가 작성된다.

① 차량 상세등록 내용에는 반드시 취득일자와 보험가입여부가 표시되어야 한다. 업무전용자동차보험에 가입된 경우에 한해서 손금을 인정받을 수 있기 때문이다.

② 운행기록부사용여부에도 반드시 표시가 되어야 한다. 운행기록부를 바탕으로 업무관련비용을 산출하기 때문이다.

항목 및 코드		입력내용 및 방법
코드/차량번호/차종/사용		① 코드 : 회사가 관리하는 코드를 설정한다. ② 차량번호 : 차량의 등록번호를 입력한다. ③ 차종 : 승용차 여부를 확인하기 위하여 차종을 입력한다.
차량상세 등록내용	고정자산계정과목	자기차량을 보유한 경우 [208.차량운반구]계정을 선택한다. 자기차량이 아닌 경우에는 선택하지 않는다.
	고정자산코드/명	고정자산 관리대상에 관리하는 경우 등록하는 메뉴이다.
	취 득 일 자	차량의 취득일자를 입력하며, 리스 또는 렌트의 경우 리스시작일을 입력한다.
	경 비 구 분	1.500번(제조) ~ 6.800번(판관비) 중 부서에 따라 선택한다.
	사 용 자 부 서	관리부, 생산부, 임원실 등의 부서를 등록하여 선택한다.
	사 용 자 직 책	업무용승용차의 사용인의 직책을 등록한다.
	사 용 자 성 명	업무용승용차 사용인의 성명을 등록한다. 사용자에 따라 법인세법에서는 상여처분을 해야한다.
	임 차 여 부	자가용, 렌트, 운용리스, 금융리스 중 선택한다.
	임 차 기 간	렌트 또는 운용리스의 경우 임차기간을 입력한다.
	보 험 가 입 여 부	업무전용보험에 가입하였지 여부를 입력한다. 업무전용보험에 가입하지 않은 경우에는 관련비용 모두를 손금불산입한다.
	보 험 기 간	자동차 보험에 가입한 경우 해당 보험기간을 입력한다.
	운행기록부사용여부	운행기록부사용여부에 따라 업무관련비용을 측정하는 방법이 달라지므로 사용여부를 선택한다.
	전용번호판부착여부	시가 8,000만원 이상의 차량에 해당하는 경우 전용번호판을 부착해야 하며, 부착하지 않은 경우 관련비용 전액을 손금불산입한다.
	출 퇴 근 사 용 여 부	출퇴근 거리는 업무관련 거리에 해당하므로 출퇴근 여부를 선택한다.
	자 택	업무용 승용차의 사용자 자택주소지를 입력한다.
	근 무 지	근무지 주소지를 입력한다.

Chapter 3 법인세 실무

(2) 업무용승용차관련비용명세서의 작성방법

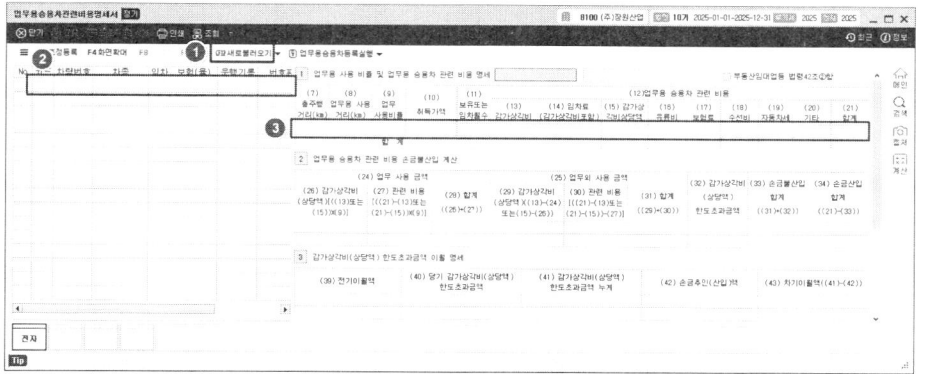

① F12 (불러오기)를 하면 업무용승용차등록메뉴에 입력된 해당 업무승용차의 정보가 출력된다.

② 1 업무용 사용 비율 및 업무용 승용차관련비용명세
  · 총주행거리는 출퇴근 거리를 포함하여 입력한다.
  · 업무사용거리에도 출퇴근거리를 합산 거리를 입력한다.(출퇴근 거리도 업무사용비율에 포함)
  · (11)감가상각비 : 취득가액÷5년=감가상각비 의제액을 입력한다.(회사가 계상한 감가상각비가 부족한 경우에는 감가상각비 의제액과의 차이를 손금산입 · △유보 처분을 한다.)
  · (13)감가상각비상당액 : 리스차량 또는 렌트 차량인 경우 감가상각비상당액을 측정하여 입력한다. 렌트차량의 경우 임차료를 입력하면 자동으로 계산된다.

③ 2 업무용승용차 관련 비용 손금불산입 계산

④ 3 김가상각비(상당액) 한도초과금액 이월명세

⑤ 4 업무용 승용차 처분 손실 및 한도초과금액 손금불산입 계산

⑥ 5 업무용승용차 처분 손실 한도초과금액 이월명세

PART 2 실무편

실무예제 — 업무용승용차 관련 비용명세서(자기차량의 경우)

다음의 자료에 의해서 ㈜장원산업(8100)의 업무용승용차의 자료를 입력하고, 업무용승용차관련비용명세서를 작성하여 세무조정 내용을 소득금액조정합계표에 반영하시오.

당해 법인은 2025년 사업연도에 다음과 같은 대표이사(최진수)전용 승용차를 구입하였다.

구 분	금 액	비 고
취득가액	100,000,000원	취득일 2025. 1월 1일(취득관련 비용 포함)
유류비 및 기타비용	10,000,000원	유류대 및 보험료, 수선비등을 포함한 금액 임.
손익계산서상 감가상각비	15,000,000원	차종 및 고정자산코드 그랜져 승용차(621고 3642), 코드 208
주행거리	1. 전기이월누적거리 0 km 2. 출퇴근거리 3,000km 3. 출퇴근 외 업무거리 5,000km 4. 당기 총주행거리 10,000km	
운행기록부 및 업무전용번호판	1. 운행기록부 작성 비치 2. 업무전용번호판 부착	
기타	코드 0001, 판매 관리부의 차량으로 등록할 것 업무전용보험 가입(보험기간 2025.1.1.~2025.12.31.)	

예제해설

(1) 「업무용승용차등록」

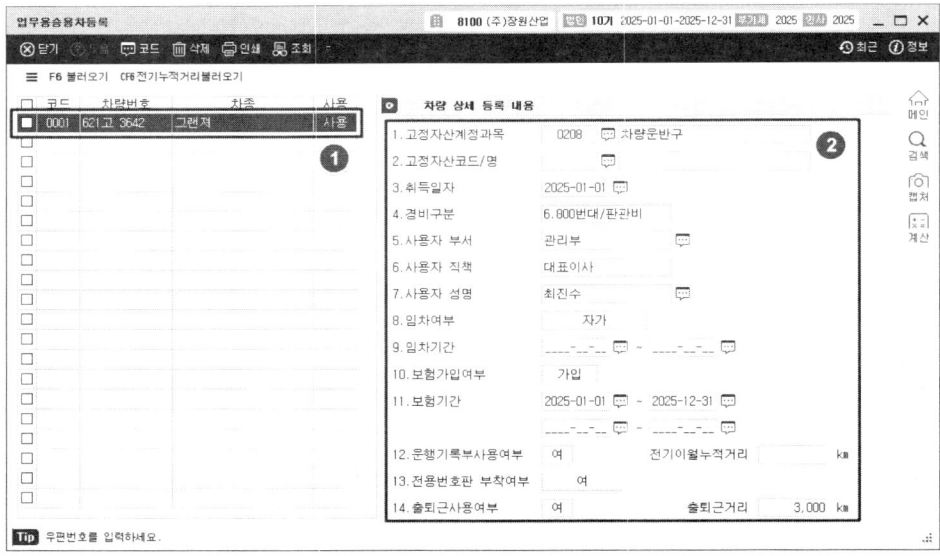

Chapter 3 법인세 실무

① 차량 상세등록 내용에는 반드시 취득일자와 보험가입여부가 표시되어야 한다. 업무전용자동차보험에 가입된 경우에 한해서 손금을 인정받을 수 있기 때문이다.

② 차량가격 8,000만원이상인 경우에는 반드시 업무용차량번호판을 부착해야 하며, 부착하지 않은 경우에는 관련비용 전액 손금불산입한다.

② 운행기록부사용여부에도 반드시 표시가 되어야 한다. 운행기록부를 바탕으로 업무관련비용을 산출하기 때문이다.

(2) 「업무용승용차관련비용명세서」

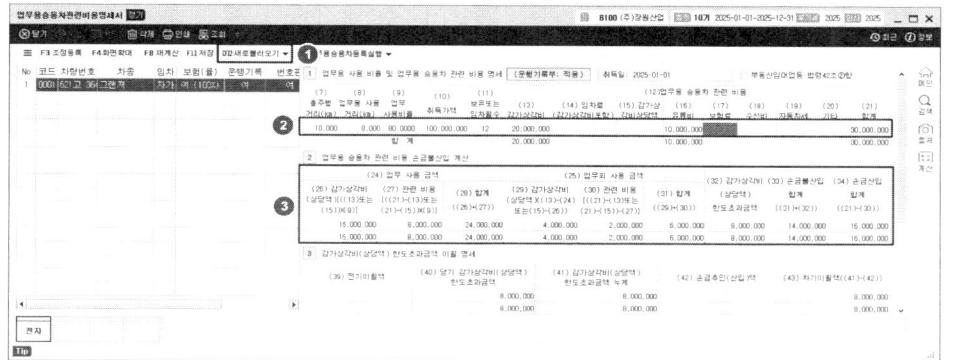

① F12(불러오기)를 클릭하여 업무용차량내역 출력

② ⑸총주행거리 10,000Km입력 ⑹업무용사용거리 8,000km(출퇴근거리 및 업무관련 출장거리 합산)

③ 취득가액 100,000,000원 입력

④ ⑾감가상각비 : 자차의 경우 법인세법상 내용연수 5년분으로 계상한 감가상각비 20,000,000원을 입력한다.(회사계상한 감가상각비가 15,000,000 이므로 5,000,000원은 감가상각비를 추인하는 세무조정을 한다)

⑤ 업무용 승용차 관련비용 총액 10,000,000원 입력

⑥ 업무관련 미사용금액의 계산 : 30,000,000원-24,000,000원=6,000,000원

　(세법상 감가상각비 20,000,000원+유류비 등 10,000,000원)×80%=24,000,000원

⑦ 감가상각비 한도초과액의 계산 : 16,000,000원-한도액 8,000,000원=8,000,000원

　(세법상 감가상각비 20,000,000원×80%=16,000,000원)

조정과목	금 액	세무조정	소득처분
감가상각비의제액 손금산입	5,000,000원	손금산입	유보발생
업무관련비용 미사용액	6,000,000원	손금불산입	상여
감가상각비상당액 손금불산입	8,000,000원	손금불산입	유보발생

업무용승용차는 5년간 의무적으로 정액법에 의하여 상각하며, 상각범위액에 미달하는 경우 미달액은 손금추인하여 세무조정하여야 한다.

PART 2 실 무 편

실무예제 — 업무용승용차 관련 비용명세서(운용리스의 경우)

다음의 자료에 의해서 ㈜장원산업(8100)의 업무용승용차의 자료를 입력하고, 업무용승용차관련비용명세서를 작성하여 세무조정 내용을 소득금액조정합계표에 반영하시오.

2024년에 다음과 같은 관리부용 업무용승용차를 리스(운용리스)로 구입하였다.

구 분	금 액	비 고
월 리스료	600,000원	보험료, 자동차세, 수선유지비 미포함
유류비	9,000,000원	
보험료	800,000원	
자동차세	450,000원	
수선유지비	200,000원	
운용리스	차종 소나타(차량번호 181고 7618)	
	리스기간 2024.05.01.~2026.04.30.	
거리	1. 전기이월누적거리 1,500 km 2. 당기 출퇴근거리 3,000km 3. 당기 출퇴근 외 업무거리 5,000km 4. 당기 총주행거리 10,000km	
운행기록부 /자동차번호판	1. 작성하고 비치함 2. 차량가격 8,000만원 미만으로 부착대상이 아님.	
기타	코드 002, 판매 관리부의 차량으로 등록할 것 업무전용보험 가입(보험기간 2024.05.01.~2026.04.30.)	

예제해설

(1) 「업무용승용차등록」

① 차량 상세등록 내용에는 반드시 취득일자와 보험가입여부가 표시되어야 한다. 업무전용자동차보험에 가입된 경우에 한해서 손금을 인정받을 수 있기 때문이다.

② 운행기록부사용여부에도 반드시 표시가 되어야 한다. 운행기록부를 바탕으로 업무관련비용을 산출하기 때문이다.

③ 업무용승용차는 [자차][리스][렌트]차량별 세무조정사항이 다르게 발생하므로 차량의 선택이 매우 중요하다.

④ 업무미사용금액은 업무용승용차 사용자에 따라 소득처분이 달라지므로 사용자 선택도 신중해야 한다.

Chapter 3 법인세 실무

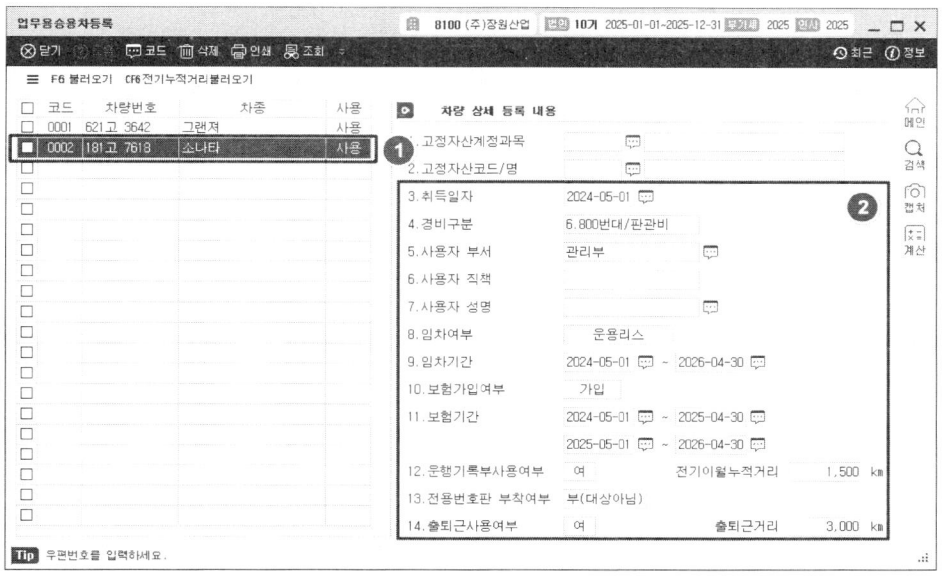

(2) 「업무용승용차관련비용명세서」

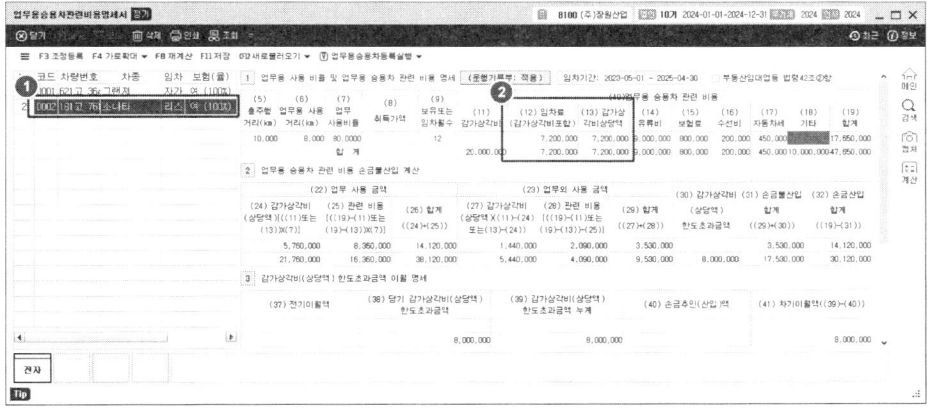

① F12(불러오기)를 클릭하여 업무용차량내역 출력
② (5)총주행거리 10,000Km입력 (6)업무용사용거리 8,000km(출퇴근거리 및 업무관련 출장거리 합산)
③ (12)임차료 : 7,200,000원 입력
④ (13)감가상각비 상당액 : 리스 임차료 7,200,000원(본 문제는 임차료와 각종 제비용이 별도로 구분되어 있으므로 리스료(임차료) 총액을 감가상각비 상당액으로 판정한다)
※ 리스료에 각종 제비용이 포함된 경우에는 자동차세, 보험료, 수선유지비를 뺀 금액을 감가상각비 상당액으로 보아야 하며, 수선유지비가 구분되어 있지 않은 경우에는 리스료(보험료와 자동차세를 차감한금액)의 7%를 수선유지비로 계산한 후 다시 리스료 총액에서 보험료, 자동차세, 수선유지비를 차감한 금액을 감가상각비 상당액으로 한다.
⑤ 업무용 승용차 관련비용 총액 17,650,000원 입력

⑥ 업무관련 미사용금액의 계산 : 17,650,000원-14,120,000원=3,530,000원

(리스료 7,200,000원+유류비 등 10,450,000원)×80%=14,120,000원

⑦ 감가상각비 한도초과액의 계산 : 5,760,000원-한도액 8,000,000원=△2,240,000원

(세법상 감가상각비 7,200,000원×80%=5,760,000원)

조정과목	금 액	세무조정	소득처분
감가상각비의제액 손금산입	자기차량이 아니므로 감가상각비 의제액은 계산하지 않는다.		
업무관련비용 미사용액	3,530,000원	손금불산입	상여
감가상각비상당액 손금불산입	감가상각비 상당액이 감가상각비 한도액 800만원보다 적으므로 세무조정이 발생하지 않는다.		

Chapter 3 법인세 실무

13 기부금 조정명세서

(1) 1. 기부금 명세서

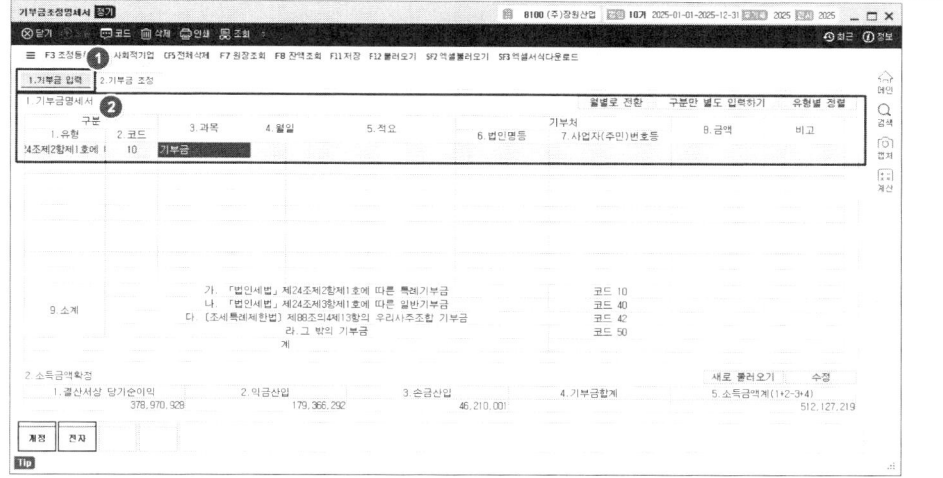

① F12(불러오기)를 클릭하여 원장의 데이터를 불러온다.
② 1.유형에 각 기부금의 유형별로 해당코드를 선택한다.
    (특례기부금-1, 일반기부금-2, 우리사주조합 기부금-3, 그 밖의 기부금-4)
③ 기부금의 손금액은 현금주의에 의하여 인식하므로 어음기부금 또는 미지급기부금은 기부금지출액과 구분하여 입력하고 세무조정한다.
④ 대표이사 등 개인적으로 지출한 기부금은 상황에 따라 배당 또는 상여로 처분한다.
⑤ F3(조정등록)버튼을 클릭하여 세무조정을 한 후 2.소득금액확정으로 이동한다.
⑥ 기부금의 조정을 위해서는 모든 세무조정이 완료되어야 한다. 그 이유는 소득금액이 확정되어야 기부금 한도를 계산할 수 있기 때문이다.

(2) 2. 소득금액확정

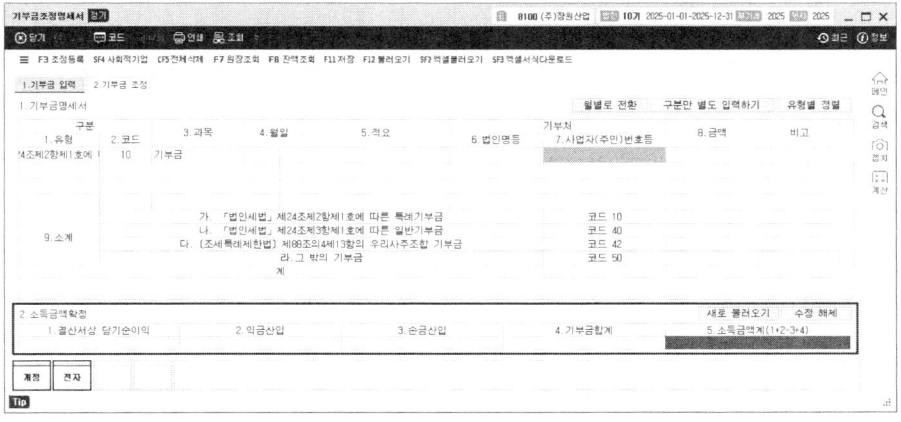

① 세무조정이 완료되면 기준 소득금액을 확정하기 위하여 [새로 불러오기]버튼을 클릭하여 결산서의 당기순이익과 소득금액합계표의 세무조정 금액을 불러온다.
② 별도의 자료를 수정해야 하는 경우에는 [수정]버튼을 클릭하여 직접 수정할 수 있다.

(3) 2. 기부금조정

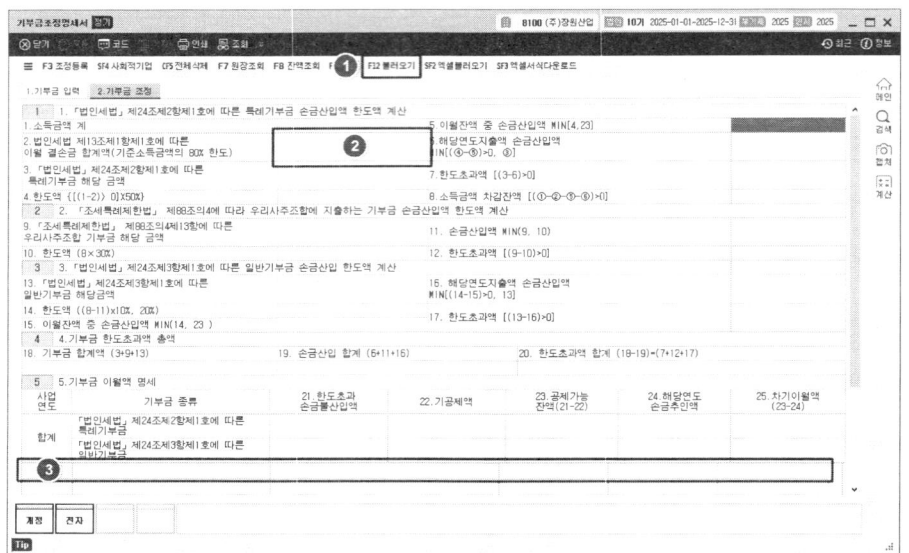

① 기부금 명세서가 완료되면 불러오기(F12)를 클릭하여 소득금액을 불러온다.(기부금명세서가 완료되고 세무조정이 끝나면 자동으로 소득금액이 모두 계산된 상태 임)
② 이월결손금을 입력한다.(2008년 12월 31일 이전 발생 분 5년간 이월공제, 2009년 1월 1일 이후 발생 분부터 10년간 이월공제, 2021년 1월 1일분부터 15년간 이월공제)
③ 이월결손금을 입력하면 특례기부금과 일반기부금 한도액이 계산된다. 여기부터 유의하여 입력한다.
④ 특례기부금 및 일반기부금의 한도초과 이월액이 있는지 확인하고, 해당 이월액을 [5.기부금 이월액 명세]에 입력한다.
⑤ 「5.기부금 이월액 명세」에 기부금의 종류를 선택하며, 해당 기부금 이월액을 발생년도와 함께 「23.한도초과손금불산입액」에 입력한다. 전기에 기공제 받은 기부금은 「24.기공제액」에 입력하며, 특례기부금한도액과 일반기부금한도액의 범위를 확인하여 한도액보다 큰 경우 한도 범위액 만큼 「26.해당연도손금추인액」에 입력하면, 자동으로 손금 추인된다.
⑥ 기부금 이월공제액이 한도액에 미달하는 경우에는 「6.해당연도지출액 손금산입액」「16.해당연도지출액 손금산입액」에 미달액의 한도범위 내에서 당기에 지출한 기부금이 해당 양식에 자동으로 손금추인액으로 반영된다.

Chapter 3 법인세 실무

> 본 단원은 회사코드 <8200. ㈜차석산업>을 조회하여
> 실습하시기 바랍니다.

실무예제 — 기부금조정명세서

다음의 자료에 의해서 ㈜차석산업(8200)의 기부금조정명세서를 작성하시오. 기부금에 관련된 자료 외의 기존자료는 무시하고 다음의 자료만을 이용하여 기부금조정명세서 및 기부금명세서를 작성하도록 한다.(사업자등록번호는 생략하는 것으로 한다)

(자료 1) 기부금에 대한 자료는 다음과 같다.
(1) 953.기부금 계정내역을 조회하여 조정한다.
(2) 6월 2일자 사회복지공동모금회의 이재민 구호금품제공액 중 2,000,000원은 2026년 1월 9일 만기의 약속어음을 발행하여 지급한 것이다.
(3) 전기에서 이월된 결손금 잔액 10,000,000원이 있다.
(4) 과거 연도에 세무조정시 발생한 특례기부금 및 일반기부금 한도초과액은 다음과 같다.

	2022년	2023년	2024년
특례기부금	12,000,000원	3,000,000원	(5,000,000)원
일반기부금	-	-	8,000,000원

특례기부금 한도초과액 중 2024년에 5,000,000원은 이월(기)공제되었다.

(자료 2) 당기 추가 소득처분내역
(1) 법인세 15,000,000원이 계상되어 있다.
(2) 당사는 매도가능증권평가이익 200,000원을 계상하였다.
(3) 전기에 선급비용 300,000원을 손금불산입하여 세무조정을 한 유보잔액이 전기자본금과 적립금 조정명세서(을)에 이월되어있다.

(자료 3) 결산서상의 당기순이익과 기부금에 대한 세무조정 전 내용은 다음과 같다.
(1) 결산서상 당기순이익은 250,000,000원으로 가정한다.
(2) 기부금에 대한 세무조정 전 익금산입 및 손금불산입 금액은 30,000,000원이다.
(3) 기부금에 대한 세무조정 전 손금산입 및 익금불산입 금액은 10,000,000원이다.

예제해설

(1) 1.기부금명세서를 선택하여 기부금의 종류를 분류한다.

① 04.10 불우이웃돕기성금(성애양로원〈무료시설〉)-2.일반
② 06.02 이재민 구호금품의 가액(사회복지공동모금회) 10,000,000원-1.특례
③ 06.02 이재민 구호금품의 가액(사회복지공동모금회) 2,000,000원-3.기타
④ 08.06 대학교 시설비(한강대학교)-1.특례
⑤ 09.17 새마을금고 발전기금(시흥동 새마을금고)-3.기타
⑥ 10.15 대표이사 총동창회(국제고등학교)-3.기타
⑦ 12.04 서울시청광장 시설물(서울시청)-1.특례

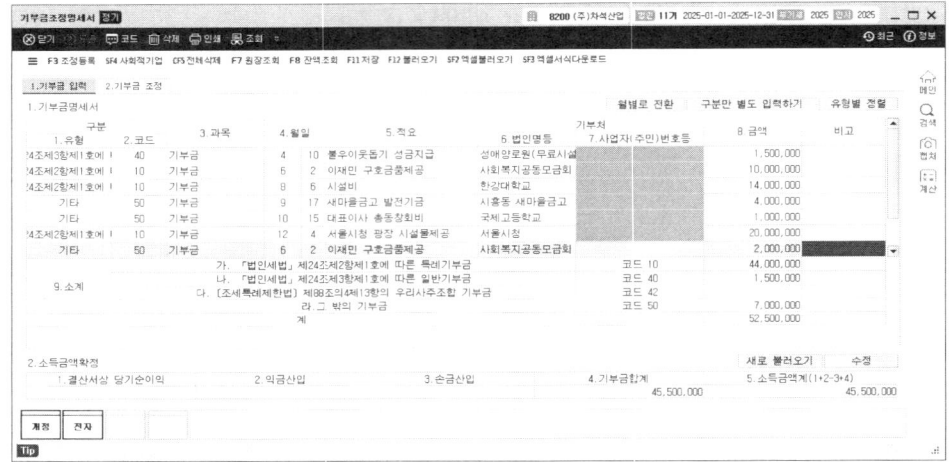

조정과목	금 액	세무조정	소득처분
어음기부금(미지급기부금)	2,000,000원	손금불산입	유보발생
기타기부금	4,000,000원	손금불산입	기타사외유출
동창회비(대표이사)	1,000,000원	손금불산입	상여

(2) 조정등록(F3)에 추가적인 세무조정액 반영.

기부금 명세서 작성이 끝나면 F3(조정등록)을 클릭하여 소득금액조정합계표에 다음과 같이 세무조정을 한다.

조정과목	금 액	세무조정	소득처분
매도가능증권평가이익	200,000원	익금불산입	유보발생
매도가능증권평가이익	200,000원	익금산입	기타
전기선급비용	300,000원	익금불산입	유보감소
법인세비용	15,000,000원	손금불산입	기타사외유출

Chapter 3 법인세 실무

(3) 소득금액의 확정

기부금명세서를 작성한 후 소득금액조정합계표에 반영한 후 2.소득금액확정에서 [새로불러오기]를 하여 결산서의 당기순이익과 익금산입액 및 손금산입액을 새로 반영해야 한다. 본 문제는 기존자료를 무시하고 새로 작성하라고 하였으므로, 2.소득금액확정 메뉴의 [수정]버튼을 클릭하고 다음과 같이 금액을 수정하기로 한다.

① 결산서상 당기순이익 250,000,000원 입력

② 익금산입 30,000,000+2,000,000+5,000,000+200,000+15,000,000=52,200,000

③ 손금산입 10,000,000+200,000+300,000=10,500,000

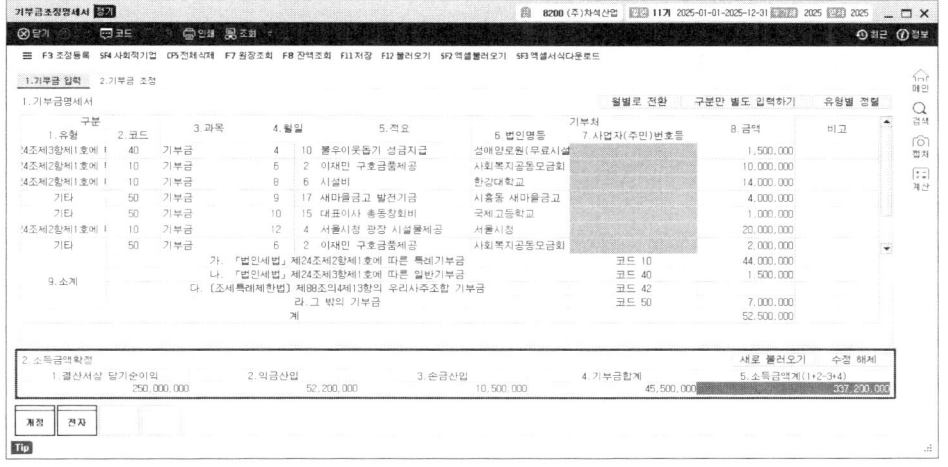

(4) 기부금조정

① 기부금 조정명세서 및 기부금 명세서에서「불러오기」를 하면, 1.소득금액이 세액조정계산서에서 자동으로 불러진다.

② 2.이월결손금란에 이월결손금을 입력한다. 이월결손금은 15년간(2020.12.31이전 발생분 10년) 이월공제된다.

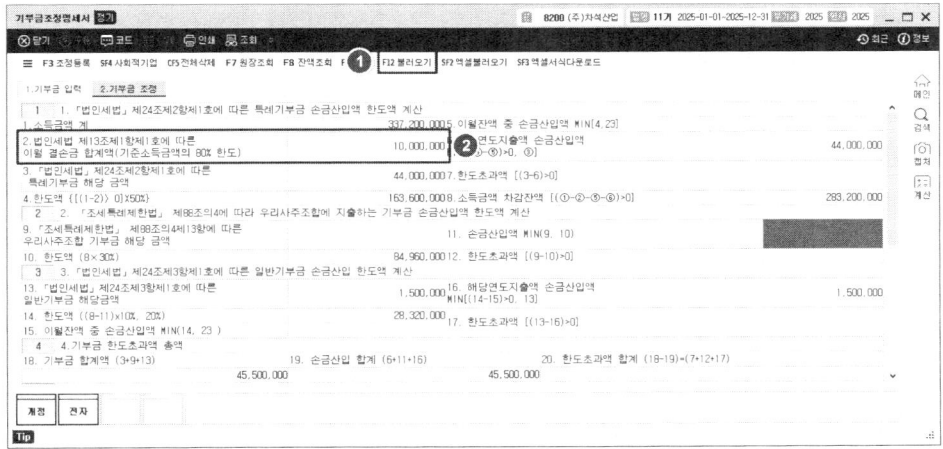

PART 2 실무편

(5) 5.기부금 이월액 명세

특례기부금과 일반기부금 중 이월액이 있는 경우 작성하며, 2022년부터는 특례기부금 및 일반기부금의 한도액 범위 내에서 먼저 발생한 사업연도의 기부금부터 먼저공제한 후, 한도가 남는 경우에는 당해연도의 기부금을 순차적으로 공제한다.

① 앞의 사례문제에서 특례기부금은 2022년과 2023년에 한도초과액이 발생하였으나, 2024년에 5,000,000원이 기공제 되었다. 기공제액은 먼저 발생된 결손금에서 순차적으로 공제된다. 당기 특례기부금 한도액은 163,600,000원이므로, 한도액의 범위내에서 10,000,000원을 먼저 공제한 후 나머지 범위 내에서 당해연도 발생 특례기부금이 공제 된다.

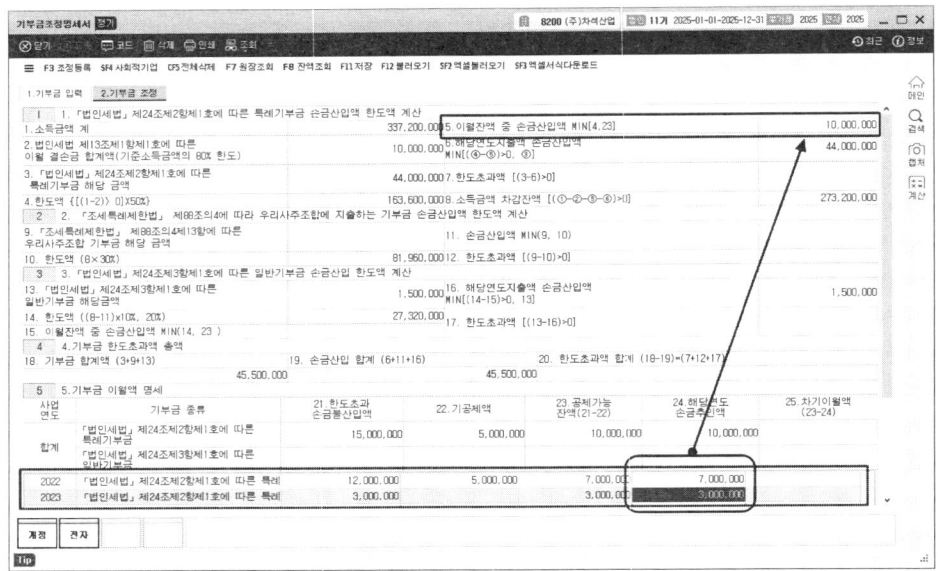

② 일반기부금은 2024년에 한도초과로 이월된 금액이 있다. 이 한도초과액은 당기 일반기부금 한도액 27,320,000원의 범위에서 우선 공제처리한다.

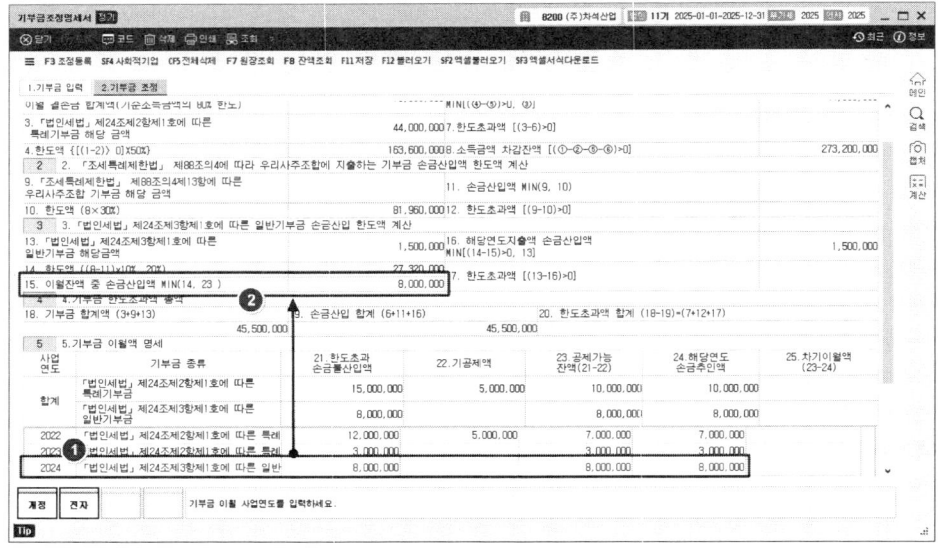

제 6 절 소득금액조정합계표 및 명세서

「소득금액조정합계표」는 세무조정사항을 집계한 서식으로 내용별 세무조정 시 조정(합계)등록(F3)된 사항이 그대로 반영된다. 세무조정서식에서 작업하지 않은 사항이 있거나 전기의 이월사항 중 당기에 반영하여야 할 사항은 직접 입력하여야 한다.

이러한 소득금액조정합계표는 조정계산결과 익금 및 손금 조정사항과 기타 익금 및 손금조정사항을 기입하여 집계하고 필요에 따라 기타 조정사항의 명세 또는 계산근거를 첨부한다. 다만, 기부금 한도초과액 조정 분은 본 서식에서 제외하고 당기순이익과 법인세차감전순손익과의 차액인 법인세 등을 포함하여 작성한다.

(1) 전기 자본금과 적립금조정명세서(을)지의 확인

소득금액조정합계표, 명세서를 완성하기 전에 반드시 확인해 보아야 하는 것이 바로 「자본금과 적립금조정명세서(을)」이다. 이는 전기에 「유보」관리되고 있는 세무조정사항의 사후관리를 위해서인데 이렇게 「유보」관리되는 항목 중에서 자동으로 상계되거나 당기에 세무조정에 의하여 반대의 세무조정이 발생한 경우 반드시 소득금액조정합계표에 반영되어야 하기 때문이다.

(2) 전기에 이월된 자동 유보관리항목의 정리

다음의 항목들은 별도의 세무조정계산서를 작성하지 아니하고 무조건 반대의 세무조정을 해야 하는 사후관리 항목들이다.

① **대손충당금** : 전기 대손충당금 부인액은 대손충당금 및 대손금조정명세서에서 자동으로 조정되지만 만약 당기 대손충당금 한도액 초과가 발생하지 않는 경우에는 실수를 많이 발생시키는 항목이다. 그러므로 반드시 검토해 보아야 한다.

② **재고자산평가감 및 평가증** : 재고자산은 당기에 재고로 남아 있어도 다음 회계기간에는 모두 소진되는 것으로 보아 사후관리를 반드시 해야 하는 항목이다.

③ **선급비용 및 미수수익** : 선급비용은 발생주의 측면에서 미수수익은 실현주의 측면에서 계상되어 시·부인된 항목으로 다음 사업연도의 손익에 포함되기 때문에 반드시 직전년도 시부인된 선급비용과 미수수익은 반드시 반대의 세무조정을 해야 한다.

제 7 절 법인세 과세표준 및 세액조정계산서

본 단원은 회사코드 <8300. ㈜명문산업>을 조회하여 실습하시기 바랍니다.

1 법인세과세표준 및 세액신고서

법인세 과세표준 및 세액신고서를 실행하면 다음과 같이 입력화면이 출력된다. 이 서식은 법인세 세무조정이 완료되면, 모든 세무서식의 내용을 총괄하여 검토하는 명세서 역할을 한다.

Chapter 3 법인세 실무

2 법인세과세표준 및 세액조정계산서

법인세과세표준 및 세액조정계산서를 실행하면 다음과 같은 입력화면이 생성된다. 입력화면의 대부분의 데이터는 각 세무조정서식에서 산출된 자료들이 자동으로 반영되지만 일부 항목은 수동으로 입력하여야 한다.

3 법인세법 적용 가산세의 계산

(1) 법인세법상 가산세

무기장 가산세	장부를 비치·기장하기 아니한 경우	산출세액의 20%와 수입금액의 0.07% 중 큰금액
원천징수 불성실가산세	납부기한 내에 납부하지 아니하거나, 부족하게 납부하는 경우	다음 중 큰 금액 · (미납세액×3%)+(미납세액×2.2/10,000×미납일수) · 미납세액의 10%
지출증명서류 미수취 가산세	재화 또는 용역을 공급받고 세금계산서, 계산서 또는 신용카드매출전표, 현금영수증 등 정규영수증을 수취하지 아니한 경우	수취하지 아니한 금액의 2%에 상당하는 금액 (산출세액이 없는 경우에도 적용)
주식등변동상황 명세서제출 불성실가산세	제출하지 아니하거나 변동상황을 누락 또는 불분명하게 제출한 경우	· 미제출·누락·불분명한 주식등의 액면금액 또는 출자가액의 1% ※제출기한 경과 후 1월 이내 제출시 50%감면
지급명세서 제출불성실 가산세	소정기한 내 제출하지 아니하거나 제출된 지급명세서가 불분명한 경우	하단 참조
계산서 불성실가산세	계산서 미발급 또는 적어야 할 사항을 적지 아니하거나 사실과 다르게 적은 경우	· 미발급, 가공(위장)수수금액의 2% · 그 외의 경우 공급가액의 1%
계산서합계표 제출불성실 가산세	매입·매출처별 계산서합계표 미제출 또는 적어야 할 사항을 적지 아니하거나 사실과 다르게 적은 경우	· 공급가액의 0.5% ※ 제출기한 경과 후 1개월 이내 제출시 50% 경감
현금영수증 허위수취	재화 또는 용역을 공급받지 아니하고 현금영수증 등을 수취한 경우	수취액의 2%

■ 지급명세서 제출불성실 가산세

구 분		지급명세서 제출 불성실가산세
명세서를 기한까지 제출하지 않은 경우	지급명세서의 경우	미제출분 지급액 ×1%
	근로소득간이지급명세서의 경우	미제출분 지급액× 0.25%
제출된 명세서가 불분명한 경우에 해당하거나 제출된 명세서에 기재된 지급금액이 사실과 다른 경우	지급명세서의 경우	불명분·사실과 다른 분 지급액 ×1%
	근로소득간이지급명세서의 경우	불명분·사실과 다른 분 지급액×0.125%

※ 제출기한이 지난 후 3개월 이내에 제출하는 경우 50%감면

실무예제  법인세 과세표준 및 세액조정계산서

㈜명문산업(8300)의 법인세 조정자료는 다음과 같다. 기 입력된 자료는 무시하고 아래의 자료를 참고하여 법인세 과세표준 및 세액조정계산서를 완성하시오.

(1) 손익계산서의 일부분이다.

손익계산서
2025.01.01.~ 2025.12.31.까지

과목	금액
- 중 간 생 략 -	
Ⅷ. 법인세차감전순이익	250,000,000
Ⅸ. 법 인 세 등	33,000,000
Ⅹ. 당 기 순 이 익	217,000,000

(2) 위의 자료를 제외한 세무조정 자료는 다음과 같다.
 ① 기업업무추진비 한도초과액 : 18,000,000원
 ② 대손충당금 한도초과액 : 4,000,000원
 ③ 재고자산평가증 : 5,000,000원
 ④ 세금과공과금 : 1,000,000원(산재보험료 연체료 300,000원, 산재보험료 가산금 700,000원)

(3) 기부금 관련 내역은 다음과 같다.
 ·기부금한도초과 이월액 손금산입액 : 1,400,000원

(4) 이월결손금의 내역은 다음과 같다.

발생연도	2020년	2022년	2023년
금액	8,000,000원	12,000,000원	5,000,000원

(5) 기납부세액내역은 다음과 같다.
 ·중간예납세액 : 4,000,000원
 ·원천징수세액 : 500,000원

(6) 납부세액은 최대한 분납하는 방법에 의한다.

PART 2 실 무 편

예제해설

※ 본래 본 문제는「불러오기」를 한 후 이월결손금부터 순차적으로 입력하고, 수정하여야 한다. 하지만 본 문제는 별도로 주어진 자료가 있으므로 해당 자료를 가지고 신고서 작성방법을 학습하도록 한다.

① 결산서 당기순손익 : 217,000,000원 입력

② 익금산입 : 55,700,000=법인세+기업업무추진비한도초과액+대손충당금한도초과액+산재보험료가산금(산재보험료 연체료는 손금항목)

③ 손금산입 : 5,000,000(재고자산평가증)

④ 기부금한도초과 이월액 손금산입 : 1,400,000원

⑤ 이월결손금 : 2009년 1월 이후 발생 분부터 10년간 이월공제 25,000,000원

⑥ 중간예납세액 : 4,000,000원

⑦ 원천납부세액 : 500,000원

⑧ 분납세액 : 11,880,000원, 차감납부세액 : 11,880,000원

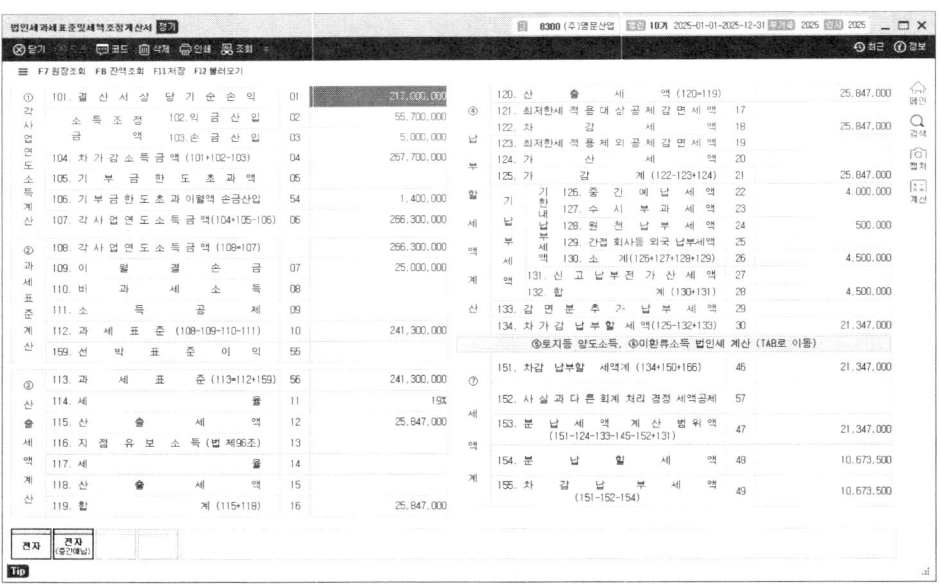

Chapter 3 법인세 실무

제 8 절 | 법인의 세액감면 및 세액공제

본 단원은 회사코드 <8400. ㈜운정상사>를 조회하여 실습하시기 바랍니다.

1 공제감면세액계산서(1)

공공차관 도입관련 외국법인의 기술·용역대가 수령에 따른 감면세액과 법인세법상 재해손실세액공제를 계산하는 서식이다.

PART 2 실무편

2 공제감면세액계산서(2)

「공제감면세액계산서(2)」의 양식은 조세특례제한법상 각종 면제·감면세액의 계산을 위해서 작성되는 서식을 말한다.

(1) 법인세과세표준 및 세액조정계산서 및 각종 부속서류의 조회

① 공제감면세액계산서(2)를 작성하기 전에 반드시「법인세과세표준 및 세액조정계산서」를 조회하여 누락사항 등을 확인하고 누락사항, 예를 들어 이월결손금 및 비과세소득 등을 입력하고「법인세 과세표준과 산출세액」을 확인한다.

② 「소득구분계산서」를 작성한 경우「소득구분계산서」를 조회하여「감면대상소득금액」과 「기타소득」금액을 확인한다.

③ 공제감면세액계산서(2)에서 감면대상을 구분조회(F2)를 클릭하여 해당 감면대상을 조회한 후 F12(불러오기)를 하면「법인세과세표준 및 세액조정계산서」에 계산된 산출세액과 과세표준이 표시된다.

④ 소득구분계산서에서 산출한 감면대상 과세표준을 입력하고 감면율(%)을 입력한 후 확인버튼을 클릭하면 ⑤감면세액이 표시된다. 반드시「저장」버튼을 눌러 저장한 후「공제감면세액 및 추가납부세액합계표」를 조회하여「불러오기」를 한다.

(2) 공제감면세액 및 추가납부세액합계표의 조회

① 불러오기(F12)에 의하여 조회 된 자료에서 공제대상 세액이 정확한 자료인지 확인 후 「저장」버튼을 눌러 저장한다.

② 「법인세과세표준 및 세액조정계산서」에서 새로 불러오기(F12)를 하면「121.최저한세 적용대상 공제감면세액」란에 반영된다.

Chapter 3 법인세 실무

 **공제감면세액계산서(2)**

다음의 자료에 의해서 ㈜운정상사(8400)의 공제감면세액계산서(2)를 작성하고 법인세과세표준 및 세액조정계산서에 반영하시오.

> (1) 당해 법인은 중소기업에 대한 특별세액감면대상으로 100분의 10을 감면받고자 세액감면신청서를 제출하였다.
> (2) 감면대상소득은 제조업에서 발생한 소득이며 소득구분계산서에 계상되어 있다.(소득구분계산서의 제조업소득은 200,000,000원으로 가정하며, 직전 과세연도 대비 상시근로자 감소 인원수는 없다고 가정한다.)
> (3) 당해연도에 이월되는 세액공제금액은 없는 것으로 가정한다. 적용사유발생일은 2025년 7월 5일로 가정하여 입력할 것.
> (4) 해당 자료는 앞의 법인세과표 및 세액조정계산서의 자료를 이용하시오.

(1) 「공제감면세액계산서(2)」를 작성하기 전에 「법인세과세표준 및 세액조정계산서」를 조회하고 과세표준과 산출세액을 확인한다.

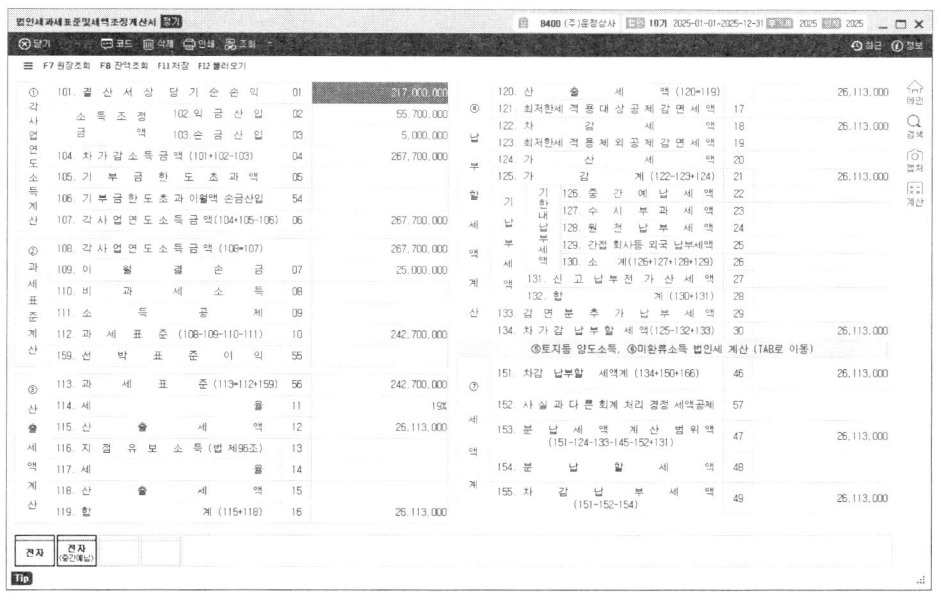

이때 유의 할 점은 이월결손금 및 비과세소득 등 과세표준 계산을 위한 기초자료가 모두 반영되어 있는지 반드시 확인하여야 한다. 누락사항이 발견되면 추가로 입력한 후 저장버튼을 클릭한다.

(2) 「공제감면 세액계산서(2)」에서 구분조회(F2)를 눌러 조회 창을 연 후 「중소기업에 대한 특별세액감면」을 선택하고 불러오기(F2)를 선택한다.

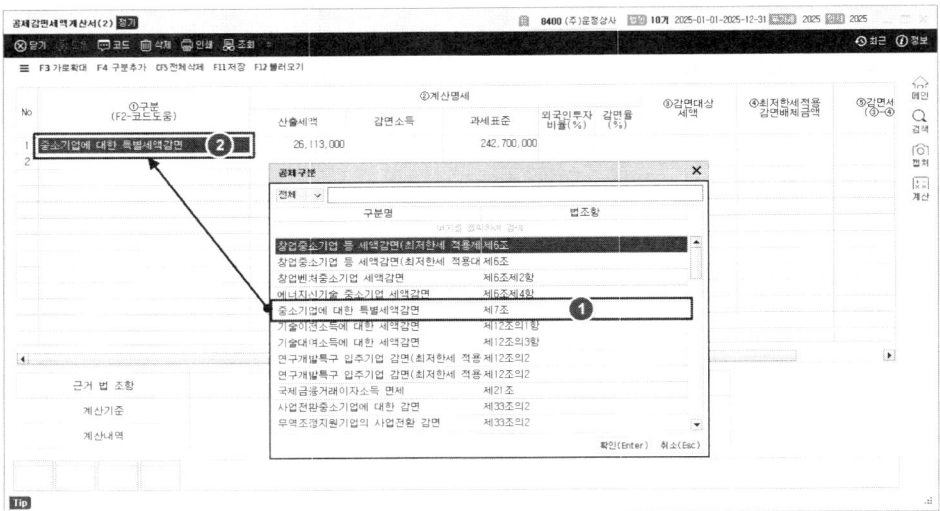

(3) 「감면대상세액」에 소득구분계산서에서 계산된 제조업 소득 등 감면대상 소득금액을 입력하고 감면율을 선택한다.

(4) 감면대상세액을 확인 하고 반드시「저장」을 하고 종료한다.

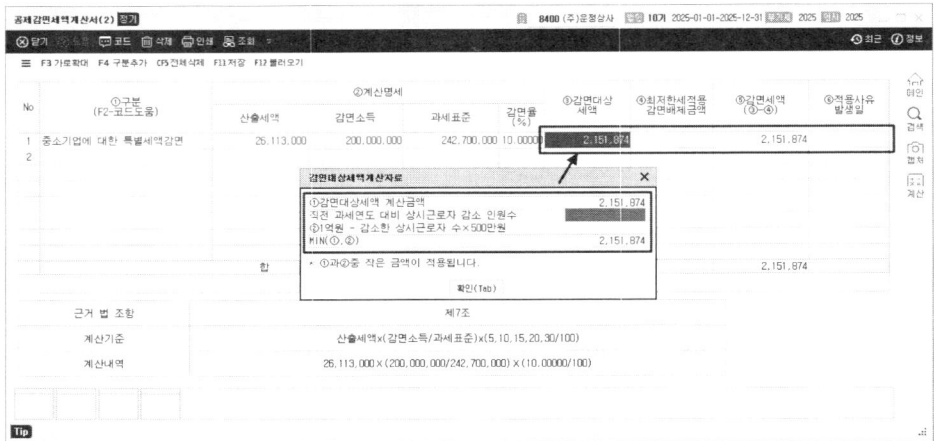

(5) 공제감면세액계산서(2)가 완성되었다면 「공제감면세액 및 추가납부세액합계표」을 반드시 작성하여야 한다.

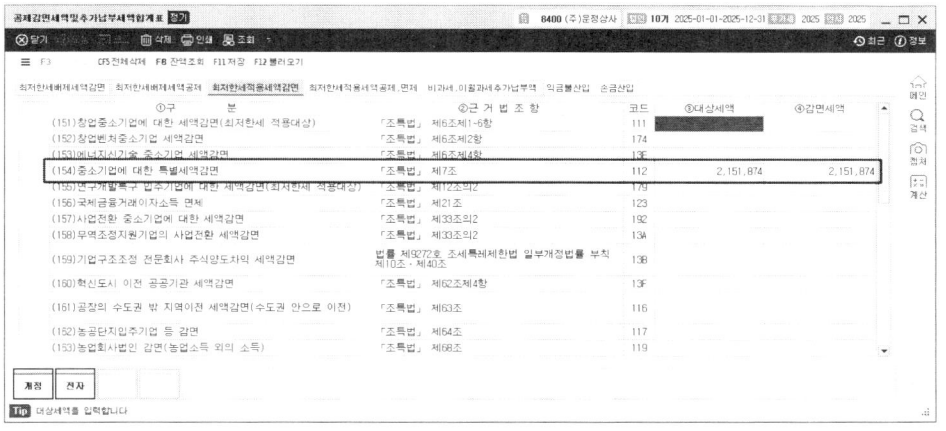

③ 세액공제조정명세서(3)

세액공제조정명세서(3)의 양식은 조세특례제한법상 각종 세액공제액을 계산을 위해서 작성되는 서식이다.

(1) 「1.세액공제」탭에 해당 세액공제대상을 선택하여 투자금액을 입력하면 해당금액에 대하여 공제대상세액이 자동 계산된다.

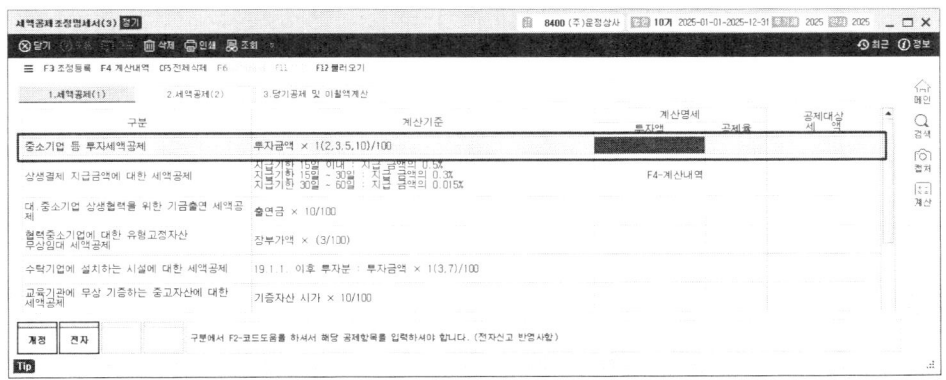

(2) 「3.당기공제 및 이월액계산」탭에 (105)구분란에서 F2조회를 선택한 후 해당세액공제를 입력하고 사업연도와 요공제액 중 당기분란에 입력한다.

(3) 「저장」버튼을 눌러 저장한 후 「공제감면세액 및 추가납부세액합계표」를 조회하여 「불러오기」를 하면 해당 세액공제액이 반영된다.

PART 2 실 무 편

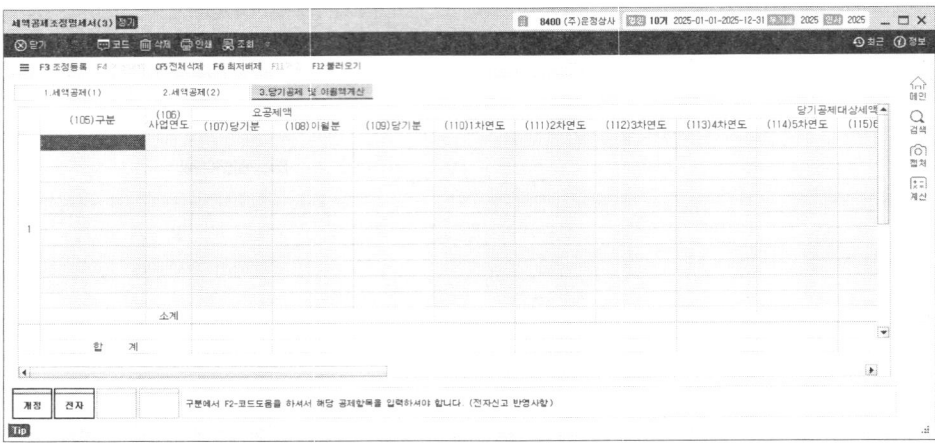

실무예제 — 세액공제조정명세서(3)

㈜운정상사(8400)의 다음 자료에 의하여 세액공제조정명세서(3)을 작성하시오.

> (1) 당해 법인은 중소기업에 대한 투자세액공제를 받을 수 있는 중소기업으로 법인세과세표준신고와 함께 투자세액공제신청서를 제출한다고 가정한다.(공제율:투자금액의 3%)
> (2) 사업용 기계장치를 취득하였으며 투자된 금액은 500,000,000원이다. 이 투자액은 전액 당해 사업년도에 투자가 완료된 것이다. .
> (3) 위의 기계장치는 중고자산이 아니며, 세법상 계산 기준에 의해 산출된 공제대상세액은 전액 당해 사업연도에 공제받는 것으로 하며 최저한세적용에 따른 전기 미 공제세액은 없다.

예제해설

(1) 「1.세액공제(1)」탭에서 「중소기업투자세액공제」에서 투자금액 500,000,000원을 입력하면 공제대상세액이 자동으로 15,000,000원이 계산된다.

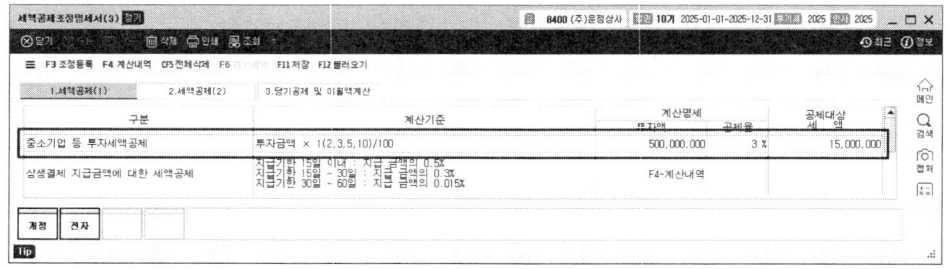

Chapter 3 법인세 실무

(2) 공제대상세액 15,000,000원을 「3.당기공제 및 이월액계산」탭을 열어 (105)구분에서 조회를 선택하거나, F12(불러오기)를 하면 자동으로 반영된다.

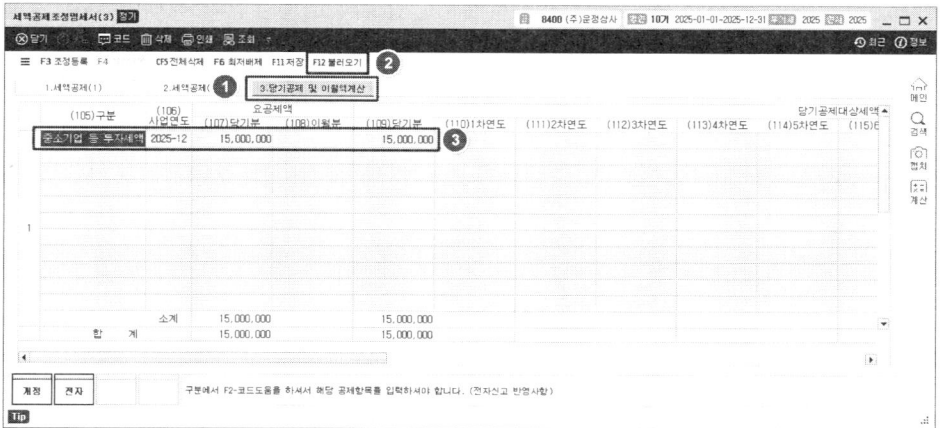

(3) 세액공제조정명세서(3)가 완성되었다면「공제감면세액 및 추가납부세액합계표」을 반드시 작성하여야 한다.

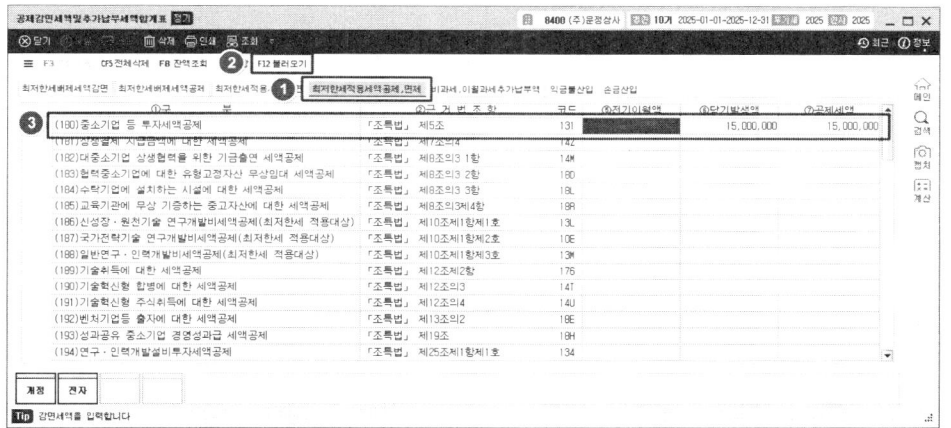

PART 2 실 무 편

4 최저한세 조정계산서(세액감면 및 세액공제 후 작성)

최저한세란 다양한 형태로 적용되는 조세특례제한법상의 조세감면의 혜택에 대한 종합한도액을 정하기 위한 제도를 말한다. 「**최저한세제도**」란 기업이 조세감면을 적용받음으로 인하여 최저한세액에 미달하는 세부담이 초래되는 경우 그 미달하는 세액에 상당하는 부분에 대하여 조세감면을 배제하는 제도를 말하는 것이다. 그 취지는 여러 가지 세제상의 혜택을 일괄하여 과다한 조세감면을 배제함으로써 최소한 일정수준 이상의 조세를 부담시키기 위한 것이다.

(1) 적용대상 법인세

최저한세는 다음의 법인세의 대해 적용된다.
① 내국법인(다만, 당기순이익 과세대상인 조합법인)의 각 사업연도의 소득에 대한 법인세
② 국내사업장 귀속소득 또는 부동산소득이 있는 외국법인

(2) 최저한세의 적용방법

법인세를 계산함에 있어서 최저한세 적용대상 조세감면 등을 적용받은 후의 세액(이하 「감면후세액」이라 한다)이 다음 산식에 의하여 계산된 최저한세액에 미달하는 경우 그 미달하는 세액에 상당하는 부분에 대하여는 감면 등을 하지 않는다.

$$\text{최저한세액} = \text{감면 전 과세표준} \times 10\%(\text{중소기업은 } 7\%)$$

※ 이러한 과세표준에는 조세특례제한법상 준비금을 관계규정에 의해 익금산입한 금액을 포함한다.

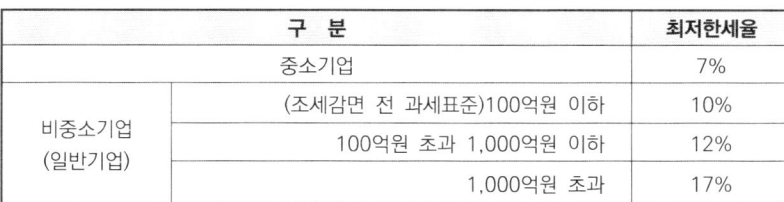

구 분		최저한세율
중소기업		7%
비중소기업 (일반기업)	(조세감면 전 과세표준)100억원 이하	10%
	100억원 초과 1,000억원 이하	12%
	1,000억원 초과	17%

여기서 「감면 후 세액」은 다음과 같이 계산된 것이다.
① 토지 등 양도소득에 대한 법인세, 가산세 및 추징세액을 가산하지 않고 계산한다. 이러한 세액은 최저한세 조정이 완료된 후에 가산하는 것이다.
② 최저한세 적용대상이 아닌 법인세법상 세액공제액을 차감하지 않고 계산한다. 이는 최저한세의 조정이 완료된 후에 차감하는데, 이것은 앞의 도표에 「최저한세대상이 아닌 세액공제감면」으로 표현되어 있다. 특히 법인세법에 따른 세액공제와 중소기업의 연구·인력개발비 세액공제액은 최저한세 적용대상이 아닌 세액공제로서 최저한세의 조정이 완료된 후에 차감하는 것이다.

3) 최저한세의 적용대상이 되는 조세감면 등의 범위

최저한세의 적용대상	최저한세의 적용대상에서 제외되는 것
(1) 조세특례제한법상의 익금불산입	
(2) 조세특례제한법상의 준비금	
(3) 조세특례제한법상의 비과세	
(4) 조세특례제한법상의 소득공제	기업구조조정증권투자회사 배당소득공제
(5) 조세특례제한법상의 세액감면	• 공공차관도입에 대한 과세특례 • 해외자원개발투자 배당소득에 대한 법인세 면제 • 공장·본사의 수도권생활지역 외의 지역으로의 이전에 대한 임시특별세액감면 • 영농조합법인에 대한 세액면제 • 영어조합법인에 대한 세액면제 • 외국인투자기업에 대한 세액감면 등
(6) 조세특례제한법상의 세액공제	연구 및 인력개발비 세액공제 중 다음의 것 • 중소기업이 적용받는 연구 인력개발비 세액공제 • 비중소기업이 적용받는 석박사 인건비 부분의 연구 및 인력개발비 세액공제

PART 2 실무편

실무예제 최저한세조정명세서

㈜운정상사(8400)의 앞의 세액감면 및 세액공제자료를 이용하여 최저한세조정명세서를 작성하시오.

(1) 당사는 중소기업으로 최저한세율 7%를 적용한다.
(2) 최저한세 적용대상 공제감면세액을 확인하여 공제감면세액계산서에 반영하여 법인세과세표준 및 세액조정계산서에 반영하기로 한다.

예제해설

(1) 공제감면세액 및 추가납부세액합계표

① 세액감면과 세액공제명세서를 작성한 후 반드시 「공제감면세액 및 추가납부세액합계표」를 완성하여야 한다.
② 「공제감면세액 및 추가납부세액합계표」에서 F12(불러오기)를 하여 최저한세적용 세액감면과 세액공제액을 확인한 후 F11(저장)버튼을 클릭한다.

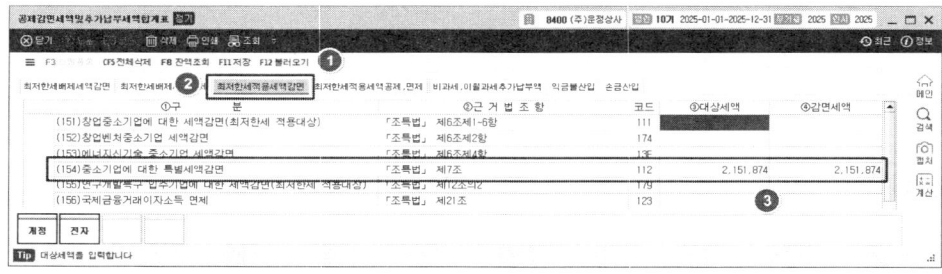

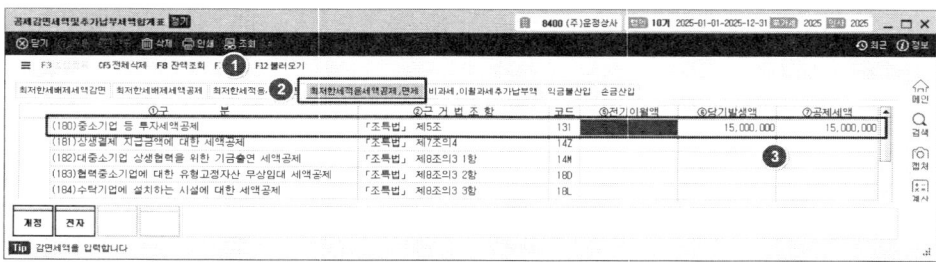

(2) 법인세과세표준 및 세액조정계산서

① 「공제감면세액 및 추가납부세액합계표」완성 후 「법인세과세표준 및 세액조정계산서」를 조회한다.
② 「법인세과세표준 및 세액조정계산서」조회를 하여 121.최저한세 적용대상 공제감면세액에 17,142,312원을 확인한 후 F11(저장)버튼을 클릭한다.

Chapter 3 법인세 실무

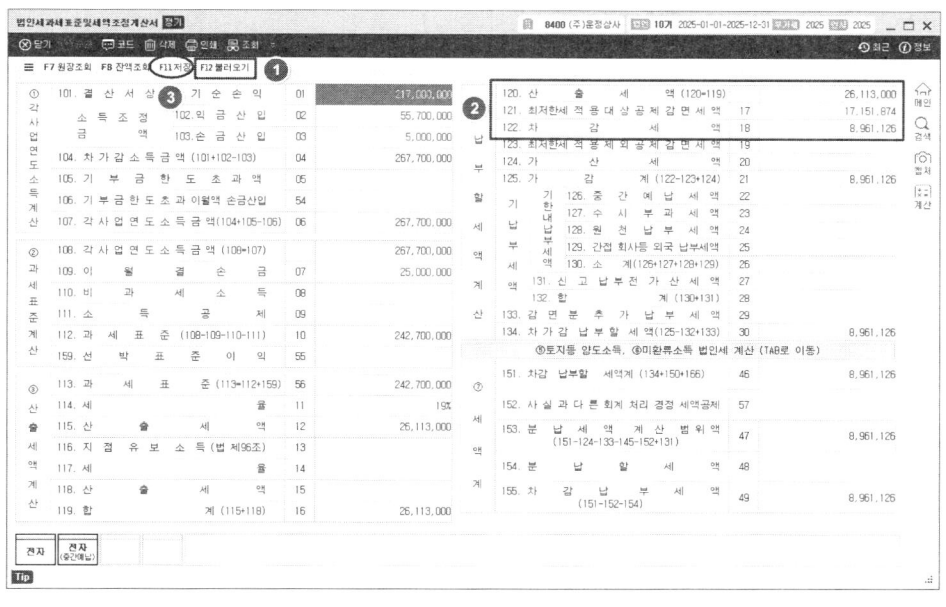

(3) 최저한세 조정계산서

① 「최저한세 조정계산서」를 조회한 후 F12(불러오기)를 클릭한다.

② 「④조정감」의 세액공제액 8,027,874원을 조회한 후 F11(저장)버튼을 클릭한다.
③ (⑤조정 후 세액)의 감면세액과 세액공제액의 합계액을 계산하여 별도로 기록한다.(9,124,000원)
④ 최저한세의 우선적용 순서는 이월공제를 받을 수 있는 세액공제액부터 적용한다.

PART 2 실 무 편

(4) 법인세과세표준 및 세액조정계산서

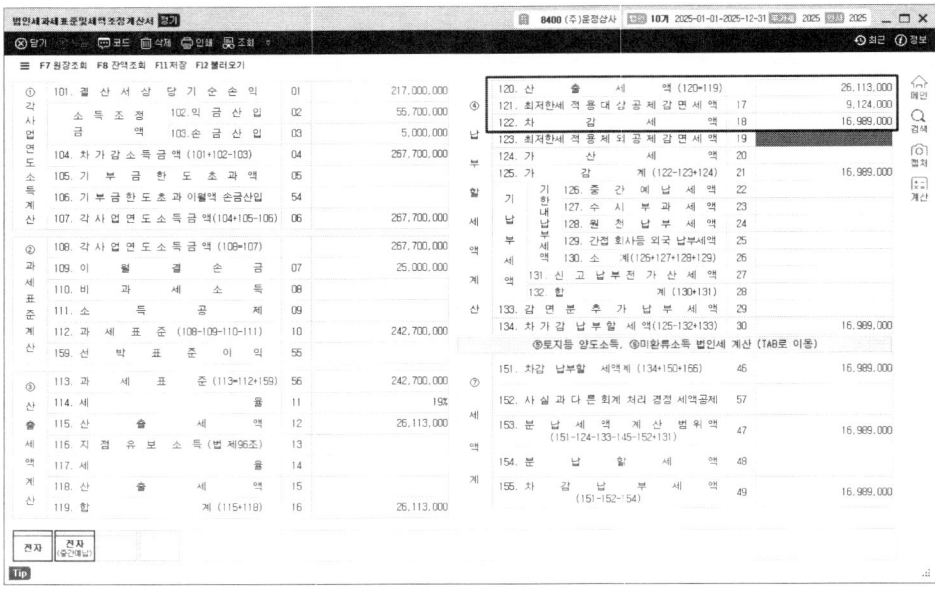

5 연구 및 인력개발비 발생명세와 세액공제조정명세(3)

연구 및 인력개발비 발생명세서는 연구 및 인력개발비에 대한 세액공제를 받고자 할 때 그 계산내역을 기재하여 세액공제 신청을 하는 서식이다.

Chapter 3 법인세 실무

(1) 「1.발생명세 및 증가발생액계산」탭
   ① 「■해당연도의 연구 및 인력개발비 발생명세」에 계정과목을 조회한 후 해당 연구비와 개발비를 입력한다.
   ② 「■연구 및 인력배발비의 증가발생액의 계산」에 해당년도의 연구 개발비 발생액을 입력한다.

(2) 「2.공제세액」탭 :
   ① 「■공제세액」을 확인한 후 저장 버튼을 누른 후 종료를 한다.
   ② 「세액공제 조정명세서(3)」에서 불러오기(F12)를 선택하면 「1.세액공제(1)」탭에 연구인력개발비세액공제액이 조회된다.
   ③ 조회액을 「3.당기공제 세액 및 이월액 계산」탭의 당기요공제에 입력한 후 반드시 「저장」버튼을 눌러 저장한다.
   ④ 「공제감면세액 및 추가납부세액합계표」을 조회하여 불러오기(F12)를 하여 연구인력개발비세액공제액을 확인하고 반드시 「저장」버튼을 눌러 종료한다.

실무예제 : 연구 및 인력개발비 세액공제 및 세액공제조정명세서(3)

㈜운정상사(8400)의 다음 자료에 의하여 연구 및 인력개발비발생명세서를 작성하고 세액공제조정명세서(3)을 작성한 후 법인세과세표준 및 세액공제조정명세서에도 반영하시오.

(1) 당해사업연도의 연구 및 인력개발비 중 ①**인건비(3명)는 개발비**계정과목으로 ②**연구용재료비(구매건수 5건)는 경상연구개발비(판)**계정과목으로 기장되어 있다.

(2) 연구 및 인력개발비는 모두 당사의 연구소에서 지출된 것이며, 연구개발전담부서의 연구요원의 인건비와 연구전담부서에서 연구용으로 사용하는 재료비 등이며, 사업연도별 지출명세는 다음과 같다.

연구 및 인력개발비 지출내역

	인건비	연구용 재료비	합계
2021.1.1~2021.12.31	15,000,000원	25,000,000원	40,000,000원
2022.1.1~2022.12.31	22,000,000원	27,000,000원	49,000,000원
2023.1.1~2023.12.31	24,000,000원	46,000,000원	70,000,000원
2024.1.1~2024.12.31	35,000,000원	53,000,000원	88,000,000원
2025.1.1~2025.12.31	40,000,000원	64,000,000원	104,000,000원

PART 2 실 무 편

예제해설

(1) 「1.발생명세 및 증가발생액계산」탭

① 「■해당연도의 연구 및 인력개발비 발생명세」에 계정과목을 조회한 후 해당 연구비와 개발비를 입력한다.

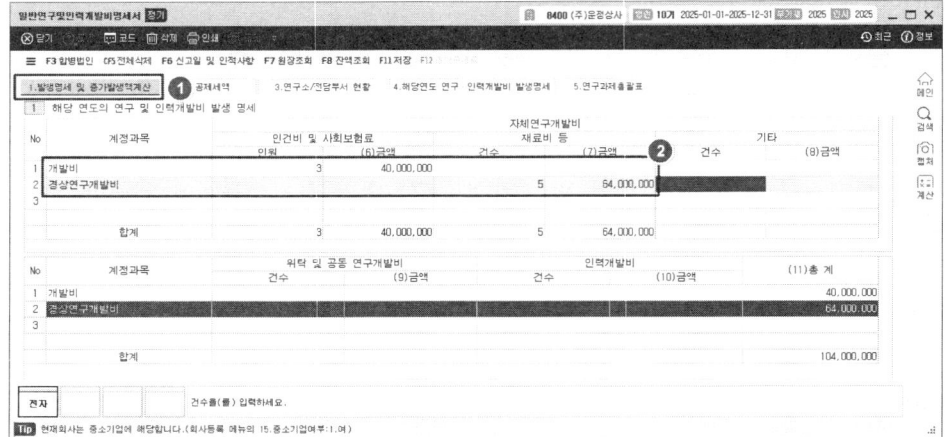

② 「■연구 및 인력개발비의 증가발생액의 계산」에 해당년도의 연구 개발비 발생액을 입력한다.

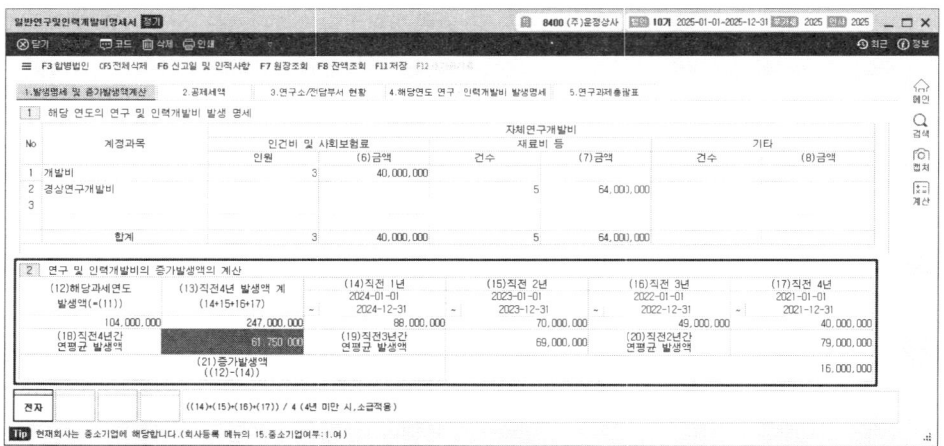

③ 「■공제세액」탭을 클릭하면 다음과 같이 공제대상 세액이 표시되며, 중소기업의 경우 연구 및 인력개발비세액 공액은 최저한세 적용대상이 아니므로 [최저한세 설정]에서 ◉제외를 선택하고 저장버튼을 클릭하여 저장한다.

Chapter 3 법인세 실무

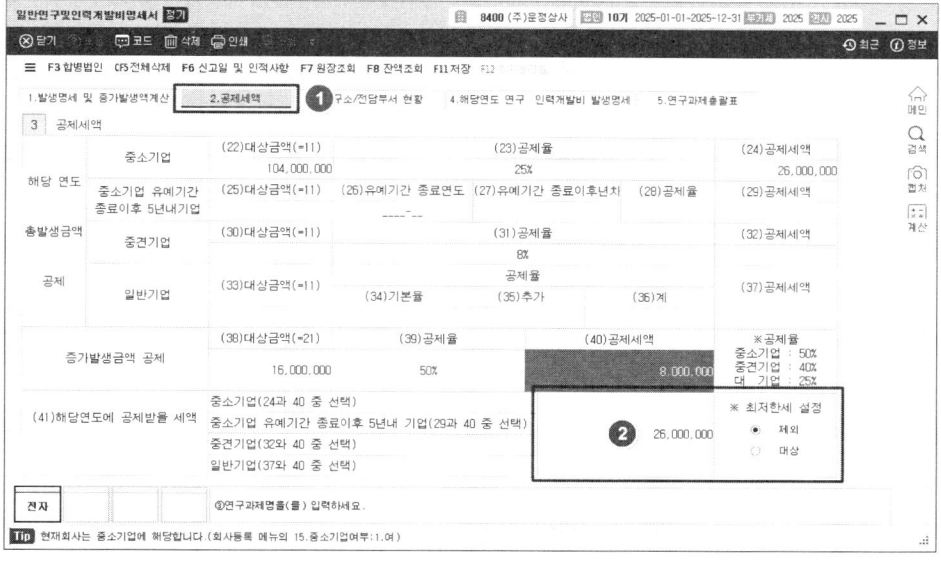

④ [세액공제조정명세서(3)]을 클릭하여 [F12조회]를 클릭하면 1.세액공제(1)에 다음과 같이 연구·인력개발비세액 공제(최저한세 적용제외)에 26,000,000원이 조회된다.

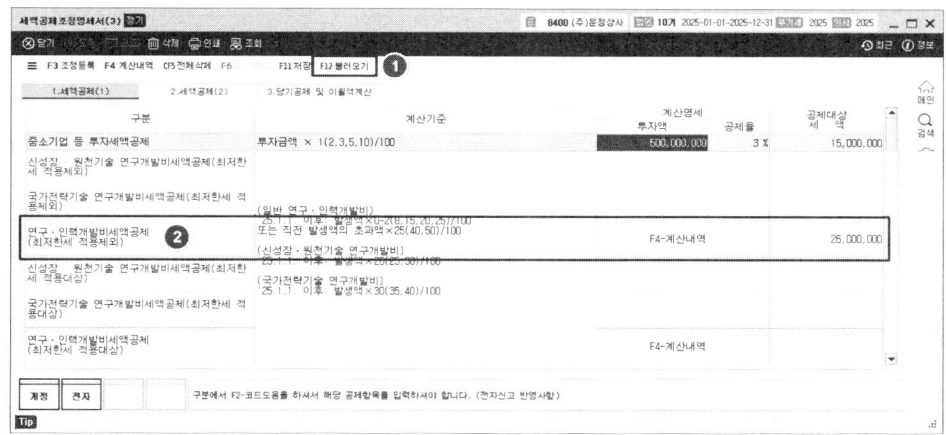

⑤ 공제세액을 확인한 후 해당금액을 3.당기공제 및 이월액계산을 클릭하여 다음과 같이 입력한다. 입력 후에는 반드시 [저장]버튼을 클릭하여 저장하여야 한다.

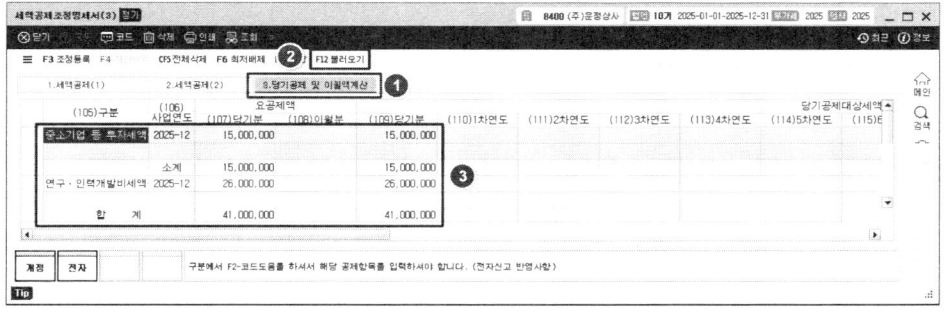

PART 2 실 무 편

⑥ 「공제감면세액 및 추가납부세액합계표」을 조회하여 「최저한배제세액공제」탭에서 확인하고 반드시 「저장」버튼을 눌러 종료한다.

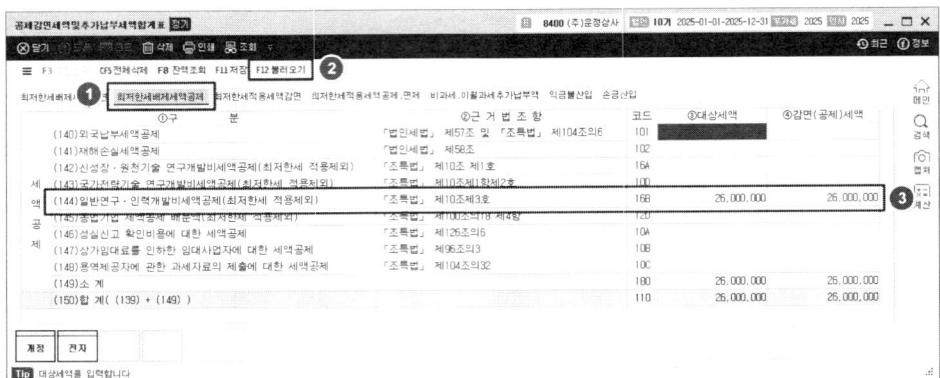

⑦ 「법인세과세표준 및 세액조정계산서」에서 F12(불러오기)를 하면 다음과 같이 출력된다.

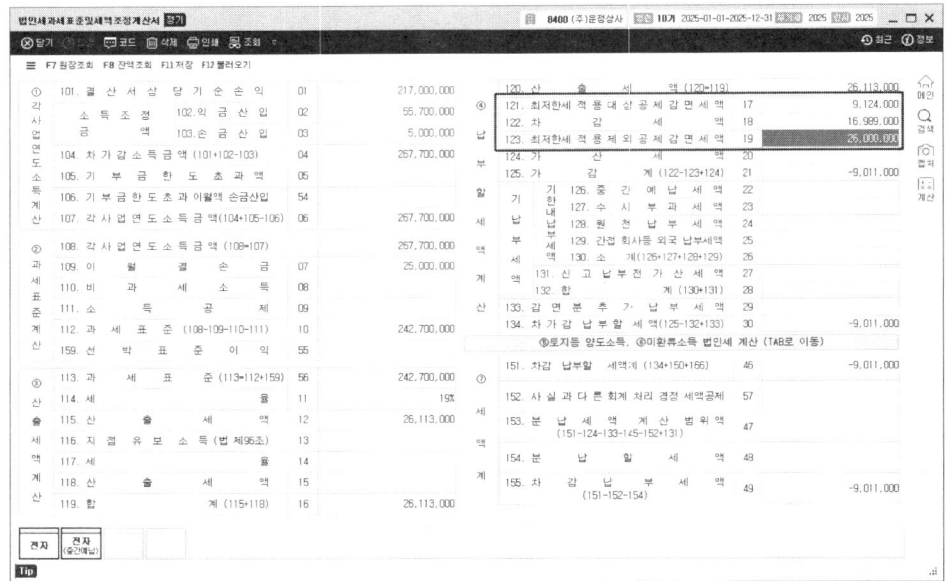

Chapter 3 법인세 실무

제 9 절 법인세신고 및 부속서류

1 자본금과 적립금조정명세서

(1) 자본금과 적립금 조정명세서(을)

「자본금 적립금조정명세서(을)」은 법인세무조정시 소득금액조정합계표의 유보 처분된 조정항목을 관리하는 세무서식이다.

(2) 자본금과 적립금 조정명세서(갑)

자본금과 적립금조정명세서(갑)는 기업회계상의 순자산으로부터 세무회계상의 순자산을 조정하여 산출하고 세무계산상 공제가능한 이월결손금을 산출하여 기록하는 조정명세서이다.

PART 2 실무편

실무예제 — 자본금과 적립금조정명세서(갑,을)

㈜운정상사(8400)의 기 입력된 자료는 무시하고, 다음 자료에 의하여 자본금과 적립금 조정명세서(을)과 자본금과 적립금조정명세서(갑)을 작성하시오.

(1) 전기분 자본금과 적립금조정명세서(을)의 유보 잔액은 다음과 같다.

과목 또는 사항	기초잔액	당기중 증감		기말현재
		감소	증가	
대손충당금한도초과			750,000	750,000
정기예금미수이자			-300,000	-300,000
재고자산평가감			900,000	900,000
퇴직연금부담금			-20,000,000	-20,000,000

(2) 당기 세무조정 내역은 다음과 같다.
  ① 법인세비용 손금불산입 12,000,000원(기타사외유출)
  ② 전기 정기예금미수이자 익금산입 300,000원(유보감소)
  ③ 전기 재고자산평가감 손금산입 900,000원(유보감소)
  ④ 전기 대손충당금 한도초과액 750,000원(유보감소)
  ⑤ 당기 대손충당금 한도초과액 손금불산입 1,300,000원(유보발생)
  ⑥ 당기 퇴직연금부담금 손금산입액 15,000,000(유보발생)

(3) 전기말 재무상태표상 자본내역 :
  ■ 자본금 250,000,000원 ■ 자본잉여금 12,000,000원 ■ 이익잉여금 42,000,000원

(4) 당기말 재무상태표상 자본내역 :
  ■ 자본금 300,000,000원 ■ 자본잉여금 15,000,000원 ■ 이익잉여금 50,000,000원

(5) 법인세조정 후 증가된 법인세는 23,000,000원이며, 지방소득세 2,300,000원이다.

예제해설

(1) 자본금과 적립금조정명세서(을)

① (F12불러오기)를 클릭하면 당기에 세무조정 된 내역 중 유보 처분된 내역이 반영된다.
② 전기분 자본금과 적립금조정명세(을)의 기말잔액은 당기 자본금과적립금(을)의 기초잔액이 된다.
③ 조정 내용 중 계정과목이 같은 것들 끼리 같은 줄에 입력한다.
④ 「-」부수가 표시된 항목은 그대로 「-」부수표시를 포함하여 입력한다.
⑤ 자본금적립금조정명세서는 유보잔액을 조정하는 명세서로 사외유출로 처분된 소득내용은 입력하지 않는 것이다.
⑥ 퇴직급여충당금과 퇴직연금부담금은 본래부터 누적되는 세무조정사항이므로 유보잔액을 항상 표시하여야 한다.

Chapter 3 법인세 실무

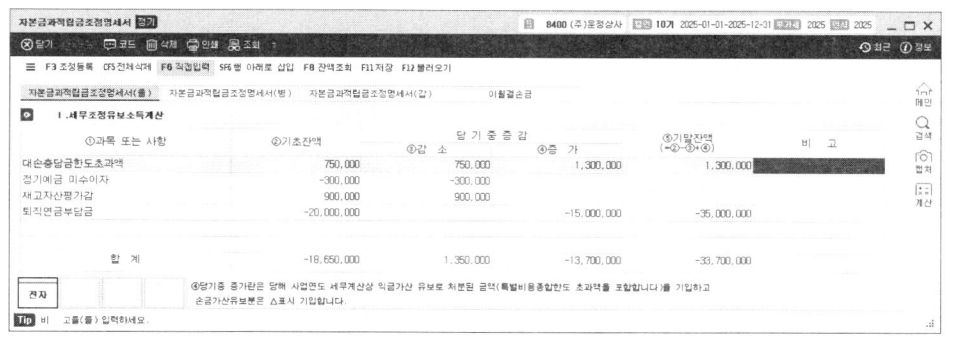

(2) 자본금과적립금조정명세서(갑)

① 자본금과 적립금 조정명세서(을)표를 작성하고 저장한 후 (갑)표를 클릭한다.

② 자본금과 적립금 조정명세서(갑)표에서「불러오기」버튼을 클릭하면, (을)표의 유보 총액과 재무회계의 기말 자본 총액이 자동으로 조회된다.

③ 본 문제에서는 자료가 주어져 있으므로, 해당 자료를 다음과 같이 입력한다.

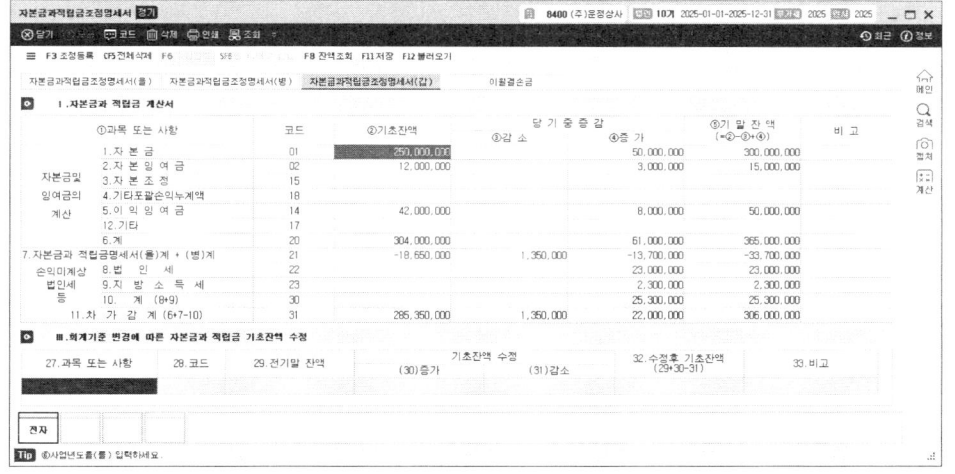

2 주식 등 변동 상황명세서

(1) 제출대상 법인

① 사업연도 중에 주식 등의 변동사항이 있는 법인(대통령령으로 정하는 조합법인 등은 제외)은 제60조에 따른 신고기한까지 대통령령으로 정하는 바에 따라 주식등 변동상황명세서를 납세지 관할 세무서장에게 제출하여야 한다.

② 새롭게 설립한 신설법인은 설립일이 속하는 사업연도 중에 주식의 변동이 없더라도 제출대상에 해당한다. 그러나, 법인 설립신고 당시 주주 명세서를 제출한 법인으로 최초 사업연도에 주식 등의 변동내용이 없어서 주식 등 변동상황명세서를 제출하지 아니한 경우에는 미제출 가산세 규정을 적용하지 아니한다.

(2) 미제출시의 제제

주식 등 변동상황명세서를 작성하여 제출하지 않거나, 변동상황을 누락하는 경우에는 미제출한 금액에 대하여 가산세를 부과한다.

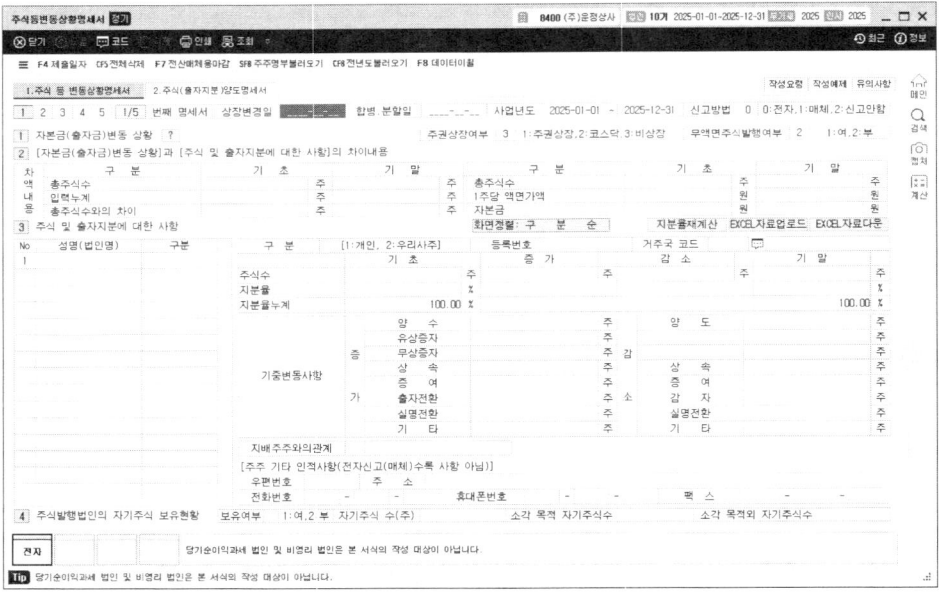

Chapter 3 법인세 실무

실무예제 주식등 변동상황명세서

㈜운정상사(8400)의 기 입력된 자료는 무시하고, 다음 자료에 의하여 [주식 등 변동상황명세서]를 작성하시오.

1. 등기사항전부증명서 일부

| 1주의 금액 금 5,000원 | . . |

| 발행할 주식의 총수 1,000,000주 | . . |

발행주식의 총수와 그 종류 및 각각의 수	자본금의 액	변경 연월일 / 등기 연월일
발행주식의 총수 10,000주 보통주식 10,000주	금 50,000,000원	
발행주식의 총수 20,000주 보통주식 20,000주	금 100,000,000원	2025.04.18. 변경 2025.04.18. 등기

2. 주주내역

(1) 2024년 말 주주내역

성명	주민등록번호	지배주주관계	주식수
장효창	680813-1031001	본인	5,000주
이광수	710327-1015482	없음	5,000주

(2) 2025년 말 주주내역

성명	주민등록번호	지배주주관계	주식수
장효창	680813-1031001	본인	10,000주
이광수	710327-1015482	없음	8,000주
기성호	721115-1057225	없음	2,000주

- 장효창과 이광수는 2025.4.18. 유상증자에 참여하였다. 유상증자는 액면가액으로 진행되었다.
- 이광수는 2025.11.15. 본인의 주식 2,000주를 기성호에게 액면가액으로 양도하였다.

PART 2 실 무 편

예제해설

1. **1자본금(출자금)변동 상황**

   ① 1자본금(출자금)변동 상황을 클릭하여 다음과 같이 정보를 입력한다.

   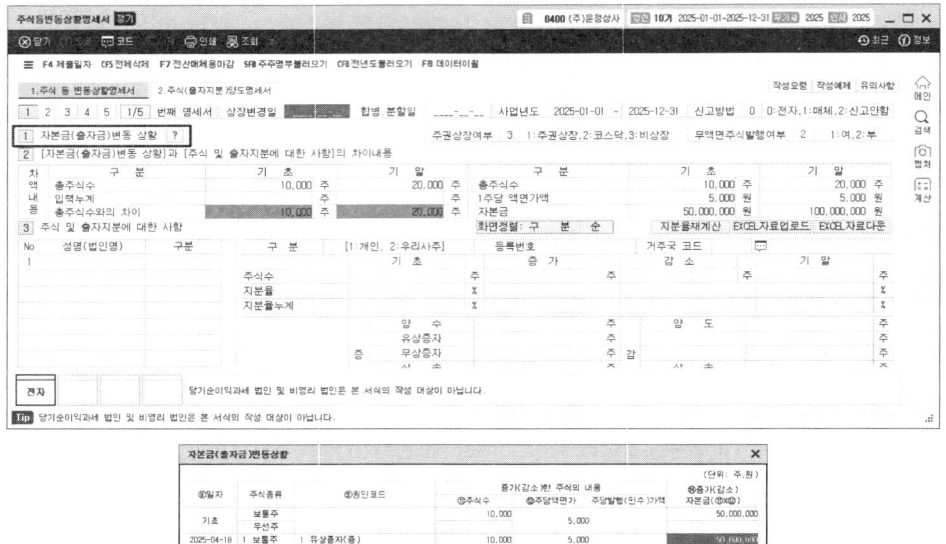

2. **3주식 및 출자지분에 대한 사항.**

   주주에 관한 사항을 입력한다.

   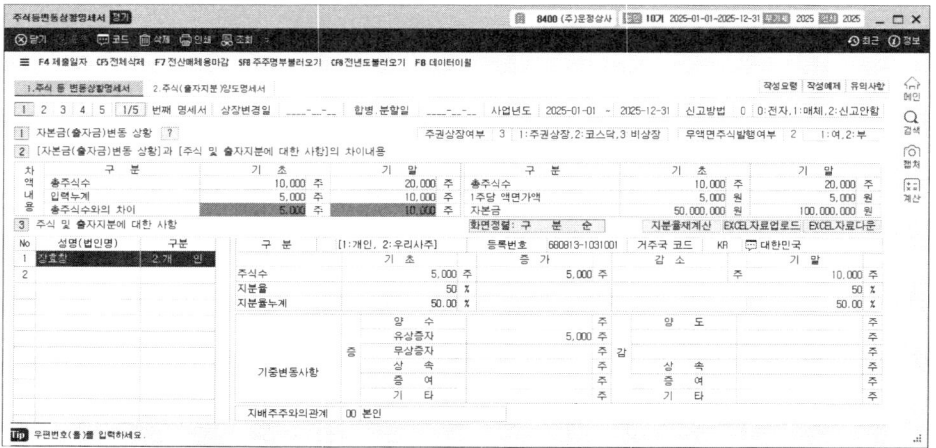

Chapter 3 법인세 실무

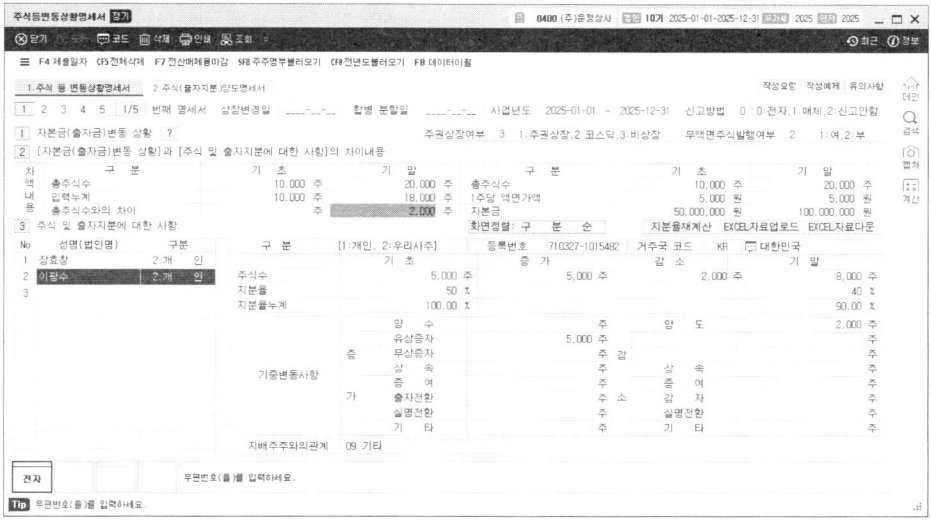

제 4 장
최신 기출문제 연습

다음출판사 웹하드 자료실에 세무 1급 76회부터 105회까지
총30회 기출문제 한글파일을 올려놓았습니다.
기출문제 및 백업데이터는 2025년 버전으로 업데이트 된 것입니다.
추가 문제 풀이에 사용하시기 바랍니다. 화이팅!

www.webhard.co.kr   ID : daumbook   PassWord : 1111

PART 2 실 무 편

제106회 전산세무회계자격시험 — 2023년 2월 12일 시행 — **A형**

종목 및 등급 : **전산세무 1급** - 제한시간 : 90분 -

이론 시험

다음 문제를 보고 알맞은 것을 골라 **이론문제 답안작성** 메뉴에 입력하시오.(객관식 문항당 2점)

> **기본 전제**
> 문제에서 한국채택국제회계기준을 적용하도록 하는 전제조건이 없는 경우, 일반기업회계기준을 적용한다.

01 다음 중 재무정보의 질적특성에 대한 설명으로 옳지 않은 것은?

① 재무정보가 유용하기 위해 갖추어야 할 주요 속성을 말한다.
② 적시성 있는 정보 제공을 위해 신뢰성을 희생시켜도 된다.
③ 유형자산을 역사적원가로 평가하면 목적적합성은 저하되나 신뢰성은 제고된다.
④ 재무정보가 갖추어야 할 가장 중요한 질적특성은 목적적합성과 신뢰성이다.

02 다음 중 수익의 인식에 대한 설명으로 가장 틀린 것은?

① 재화의 판매 이후에도 판매자가 관련 재화의 소유에 따른 위험의 대부분을 부담하는 경우에는 수익을 인식해서는 안된다.
② 수강료수익의 인식은 용역제공의 완료 시점인 강의종료일에 인식하여야 한다.
③ 배당금수익은 배당금을 받을 권리와 금액이 확정되는 시점에 인식한다.
④ 로열티수익은 관련된 계약의 경제적 실질을 반영하여 발생기준에 따라 인식한다.

03 다음은 당기 중 취득한 유가증권 관련 자료이다. 해당 유가증권을 단기매매증권으로 분류하는 경우와 매도가능증권으로 분류하는 경우 기말 손익계산서상에 계상되는 당기손익에 미치는 영향은 각각 얼마인가?

- 취득 주식 수 : 2,000주
- 1주당 취득가액 : 10,000원
- 취득 시 발생한 증권거래수수료 : 30,000원
- 1주당 기말 평가액 : 12,000원

① 단기매매증권 : 3,970,000원, 매도가능증권 : 4,000,000원
② 단기매매증권 : 4,000,000원, 매도가능증권 : 3,970,000원
③ 단기매매증권 : 4,000,000원, 매도가능증권 : 0원
④ 단기매매증권 : 3,970,000원, 매도가능증권 : 0원

Chapter 4 최신 기출문제 연습

04 다음 중 일반기업회계기준상 유형자산의 취득원가에 대한 설명으로 바르지 못한 것은?

① 자산의 취득, 건설, 개발에 따른 복구원가에 대한 충당부채는 유형자산을 취득하는 시점에서 해당 유형자산의 취득원가에 반영한다.
② 증여로 취득한 자산은 공정가치를 취득원가로 한다.
③ 건물과 토지를 일괄취득 후 건물을 신축하기 위하여 기존 건물을 철거하는 경우 그 건물의 철거비용은 전액 당기비용으로 처리한다.
④ 다른 종류의 자산과의 교환으로 취득한 유형자산의 취득원가는 교환을 위하여 제공한 자산의 공정가치로 측정한다.

05 유형자산의 감가상각방법 중 정액법, 정률법 및 연수합계법 각각에 의한 2차연도 감가상각비가 큰 금액부터 나열한 것은?

• 기계장치 취득원가 : 15,000,000원(1월 1일 취득)	• 내용연수 : 5년
• 잔존가치 : 취득원가의 5%	• 정률법 상각률 : 0.3

① 정률법＞정액법＝연수합계법
② 정률법＞연수합계법＞정액법
③ 연수합계법＞정률법＞정액법
④ 연수합계법＝정액법＞정률법

06 다음 중 제조원가명세서에 관한 설명으로 옳지 않은 것은?

① 제조원가명세서의 당기제품제조원가는 손익계산서의 제품 매출원가 계산 시 반영된다.
② 제조원가명세서는 당기총제조원가를 구하는 과정을 나타내는 보고서이다.
③ 당기총제조원가는 직접재료원가, 직접노무원가, 제조간접원가의 총액을 나타낸다.
④ 제조원가명세서 항목 중 기말원재료와 기말재공품은 재무상태표에 영향을 미치는 항목이다.

07 다음 중 정상개별원가계산에 대한 설명으로 옳지 않은 것은?

① 기본원가는 실제 발생한 원가를 사용하고, 제조간접원가는 예정배부액을 사용하여 원가를 계산하는 방법이다.
② 실제개별원가계산에 비해 신속한 원가계산을 할 수 있다.
③ 기초에 미리 예측한 제조간접원가 예산액을 실제조업도로 나누어 예정배부율을 계산한다.
④ 제조간접원가 실제발생액과 예정배부액의 차이를 조정하는 배부차이 조정이 필요하다.

693

08 다음 자료를 이용하여 당기원재료매입액을 구하시오.

Ⅰ. 재료원가	
기초원재료재고액	25,000,000원
기말원재료재고액	17,000,000원
Ⅱ. 노무원가	25,000,000원
Ⅲ. 제조간접원가	30,000,000원
Ⅳ. 당기총제조원가	가공원가의 20%

① 47,000,000원　② 48,000,000원　③ 49,000,000원　④ 50,000,000원

09 다음 중 종합원가계산에 대한 설명으로 틀린 것은?

① 기초재공품이 없는 경우 종합원가계산에 의한 원가 배부 시 평균법과 선입선출법의 결과가 동일하다.
② 평균법에 비해 선입선출법은 당기의 성과를 이전의 기간과 독립적으로 평가할 수 있다.
③ 선입선출법은 전기에 이미 착수한 기초재공품의 기완성도를 무시하고 기초재공품이 당기에 착수한 것으로 가정하여 원가계산을 한다.
④ 선입선출법은 공손품을 모두 당기에 착수한 물량에서 발생한 것으로 보고 원가계산을 한다.

10 다음 중 표준원가계산의 유용성과 한계에 대한 설명으로 틀린 것은?

① 표준원가의 설정에 시간과 비용이 많이 소요되지 않는다.
② 사전에 설정해 놓은 표준원가를 이용하여 제품원가계산을 하므로 신속한 제품원가계산이 가능하다.
③ 표준원가는 재무적 측정치(원가통제)만을 강조하고 비재무적 측정치(품질 등)를 무시한다.
④ 실제원가와 표준원가와의 차이를 분석함으로써 성과평가에 유용하다.

11 다음 중 부가가치세법상 간이과세자에 대한 설명으로 가장 옳지 않은 것은?

① 간이과세자의 적용 범위는 직전 연도의 공급대가의 합계액이 8천만원 미달하는 개인사업자이다.
② 간이과세자가 음식업을 영위할 때 직전 연도 공급대가 합계액이 4천800만원 이상인 경우 공급받는 자가 사업자등록증을 제시하고 세금계산서 발급을 요구하면 교부해야 한다.
③ 간이과세자의 해당 과세기간에 대한 공급대가의 합계액이 4천800만원 미만이면 납부의무를 면제한다.
④ 간이과세자가 부가가치세 과세기간에 대한 신고를 직접 전자신고하는 경우 납부세액에서 1만원을 공제하거나 환급세액에 가산한다.

Chapter 4 최신 기출문제 연습

12 다음 중 부가가치세법상 사업자등록에 대한 설명으로 옳지 않은 것은?

① 상속으로 사업자의 명의가 변경되는 경우 기존사업자는 폐업 신고를 하고 상속인의 명의로 새로이 사업자등록을 하여야 한다.
② 사업장마다 사업 개시일부터 20일 이내에 사업자등록을 신청하여야 한다.
③ 사업자등록을 한 사업자는 휴업 또는 폐업을 하는 경우 지체 없이 신고하여야 한다.
④ 사업자등록신청을 하였으나 사실상 사업을 시작하지 아니하게 되는 경우 사업장 관할 세무서장은 지체 없이 사업자등록을 말소하여야 한다.

13 다음 중 소득세법에 관한 설명으로 옳은 것은?

① 거주자란 국내에 주소를 두거나 183일 이상의 거소(居所)를 둔 개인을 말한다.
② 외국을 항행하는 선박 또는 항공기 승무원의 경우 생계를 같이하는 가족이 거주하는 장소 또는 승무원이 근무기간 외의 기간 중 통상 체재하는 장소가 국내에 있다 하더라도 당해 승무원의 주소는 국내에 있는 것으로 보지 아니한다.
③ 캐나다의 시민권자나 영주권자의 경우 무조건 비거주자로 본다.
④ 국내에 거소를 둔 기간은 입국하는 날부터 출국하는 날까지로 한다.

14 다음 중 법인세법상 업무용승용차 관련비용의 손금불산입 등 특례에 관한 설명으로 틀린 것은?

① 법인이 사용하는 모든 차량에 대하여 적용하지는 않는다.
② 임직원전용자동차보험에 가입하고 운행기록부상 확인되는 업무사용비율을 곱한 금액만 손금에 산입하는 것이 원칙이다.
③ 법인이 이용하는 업무용승용차가 임차한 렌트차량인 경우 임차료의 70%를 감가상각비 상당액으로 인정한다.
④ 업무용승용차로서 임직원전용자동차보험에 가입하였으나 운행기록 등을 작성하지 않은 경우 업무사용비율이 없는 것으로 보아 해당 업무용승용차의 관련비용은 전액 손금불산입한다.

15 다음 중 법인의 구분에 따른 납세의무에 대한 설명으로 틀린 것은?

① 영리내국법인은 국내·외 원천소득에 대하여 각 사업연도 소득에 대한 법인세 납세의무가 있다.
② 비영리내국법인의 경우 청산소득에 대한 법인세 납세의무가 없다.
③ 영리 및 비영리외국법인의 경우 청산소득에 대한 법인세 납세의무가 없다.
④ 외국의 정부는 비과세법인이므로 대한민국에 과세권이 없다.

PART 2 실무 편

실무 시험

㈜정원산업(회사코드:1060)은 제조 및 도·소매업을 영위하는 중소기업으로, 당기(제11기) 회계기간은 2025.1.1.~2025.12.31.이다. 전산세무회계 수험용 프로그램을 이용하여 다음 물음에 답하시오.

기본 전제
- 문제에서 한국채택국제회계기준을 적용하도록 하는 전제조건이 없는 경우, 일반기업회계기준을 적용한다.
- 문제의 풀이와 답안작성은 제시된 문제의 순서대로 진행한다.

입력시 유의사항
- 일반적인 적요의 입력은 생략하지만, 타계정 대체거래는 적요번호를 선택하여 입력한다.
- 세금계산서·계산서 수수 거래 및 채권·채무 관련 거래는 별도의 요구가 없는 한 반드시 기등록된 거래처코드를 선택하는 방법으로 거래처명을 입력한다.
- 제조경비는 500번대 계정코드를, 판매비와관리비는 800번대 계정코드를 사용한다.
- 회계처리시 계정과목은 별도제시가 없는 한 등록되어 있는 계정과목 중 가장 적절한 과목으로 한다.
- 매입매출전표를 입력하는 경우 입력화면 하단의 분개까지 처리하고, 세금계산서 및 계산서는 전자 여부를 입력하여 반영한다.

문제 1 다음 거래에 대하여 적절한 회계처리를 하시오. (12점)

(1) 02월 20일 당사가 보유 중인 매도가능증권의 50%를 25,500,000원에 처분하고 처분대금은 보통예금 계좌에 입금되었다. 해당 매도가능증권의 원시 취득가액은 56,000,000원이며, 2024년 기말 공정가치는 57,000,000원이다. (3점)

(2) 04월 14일 공장 이전을 위하여 4월 1일 매입한 토지(공장용지)의 지반 평탄화 작업을 위하여 ㈜성토에게 공사용역을 의뢰하고 공급가액 7,000,000원의 전자세금계산서를 수령하였다. 이에 대한 공사대금은 7월 20일에 지급하기로 하였다. (3점)

전자세금계산서					승인번호	20250414 - 15454645 - 58811886		
공급자	등록번호	105-81-23608	종사업장번호		공급받는자	등록번호	126-87-10121	종사업장번호	
	상호(법인명)	㈜성토	성명	김관우		상호(법인명)	㈜정원산업	성명	강호진
	사업장주소	서울특별시 동작구 여의대방로 21				사업장주소	서울시 서초구 강남대로 48-3		
	업태	건설업	종목	지반조성		업태	제조 외	종목	자동차부품 외
	이메일	sungto@land119.com				이메일	hojinkang@jungwonmotors.co.kr		
작성일자	공급가액		세액		수정사유			
2025-04-14	7,000,000원		700,000원		해당 없음			
비 고								

월	일	품목	규격	수량	단가	공급가액	세액	비고
04	14	지반 평탄화 공사				7,000,000원	700,000원	

합계금액	현금	수표	어음	외상미수금	위 금액을 (**청구**) 함
7,700,000원				7,700,000원	

(3) 06월 03일 개인소비자 김달자 씨에게 제품을 5,500,000원(부가가치세 포함)에 판매하고, 김달자 씨의 신용카드(현대카드)로 결제하였다(단, 외상매출금으로 회계처리할 것). (3점)

```
           카드매출전표
거 래 일 시 : 2025/06/03  10 : 31
카 드 번 호 : 1111-****-****-4444
승 인 번 호 : 21458542 / 일시불
카 드 종 류 : 현대카드
판 매 금 액 :            5,000,000원
부 가 세   :              500,000원
합 계 금 액 :            5,500,000원
단 말 기 NO :             123456789
가 맹 점 NO :           126-87-10121
가 맹 점 명 :            ㈜정원산업
대 표 자 명 :                 강호진
```

(4) 07월 10일 당사는 유상증자를 통해 보통주 15,000주를 1주당 발행가액 3,500원에 신규로 발행하고 신주납입대금 52,500,000원은 보통예금 계좌로 입금되었다. 증자일 현재 주식발행초과금은 15,000,000원이 있다(1주당 액면가액은 5,000원이며, 하나의 거래로 처리할 것). (3점)

문제 2 다음 주어진 요구사항에 따라 부가가치세신고서 및 부속서류를 작성하시오. (10점)

(1) 다음 자료를 이용하여 2025년 제1기 부가가치세 예정신고기간에 대한 [공제받지못할매입세액명세서]를 작성하시오. (3점)

- 공장용지의 등기를 위하여 법무사에게 등기 수수료(330,000원, 부가가치세액 포함)를 지급하고 종이 세금계산서를 수령하였다.
- 면세사업에 사용하기 위하여 소모품(550,000원, 부가가치세액 포함)을 구입하고 대금은 법인카드(신한카드)로 결제하여 신용카드매출전표를 수령하였다.
- 거래처에 선물하기 위하여 안마의자(3,300,000원, 부가가치세액 포함)를 구입하고 전자세금계산서를 수령하였다.
- 거래처에 제공할 선물세트(1,100,000원, 부가가치세액 포함)를 구입하고 현금영수증을 수령하였다.
- 대표이사의 가족이 개인적으로 사용할 목적으로 노트북(1,650,000원, 부가가치세액 별도)을 구입하고 전자세금계산서를 수령하였다.
- 제1기 예정신고기간에 대한 공통매입세액은 5,000,000원이며, 공급가액의 합계액은 아래와 같다.
    (1) 과세공급가액 : 115,200,000원
    (2) 면세공급가액 :   4,800,000원

(2) 다음의 자료를 이용하여 ㈜정원산업(중소기업)의 2025년 제2기 확정신고기간의 [부가가치세신고서]를 작성하시오(단, 아래의 거래는 모두 2025년 10월부터 2025년 12월까지 발생한 거래이며, 전표입력 및 과세표준명세의 작성은 생략할 것). (5점)

> · 제품을 판매하고 전자세금계산서(공급가액 55,000,000원, 세액 5,500,000원)를 발급하였다. 해당 거래의 판매대금 중 3,300,000원은 국민카드로 결제받았다.
> · 비사업자인 개인소비자에게 제품을 판매하고 현금영수증(공급대가 8,800,000원)을 발급하였다.
> · 원재료를 매입하고 전자세금계산서(공급가액 20,000,000원, 세액 2,000,000원)를 발급받았다.
> · 간이과세자(단, 직전 연도 1월~12월 부가가치세 과세표준이 48,000,000원을 초과함)에게 지급한 법인카드 결제액 3,300,000원(공급대가)은 복리후생 목적으로 지출한 비용이다.
> · 중소기업인 ㈜사랑에 2023년 9월 1일 제품을 판매하고 발생한 외상매출금 16,500,000원에 대하여 대손 처리하고 장부에 반영하였다(단, ㈜사랑은 ㈜정원산업의 대표이사가 대주주인 법인이다).
> · 전자신고를 할 예정으로, 전자신고세액공제를 반영한다.

(3) 2025년 제2기 부가가치세 예정신고기간의 [부가가치세신고서]를 마감하여 전자신고를 수행하시오(단, 저장된 데이터를 불러와서 사용할 것). (2점)

> 1. 부가가치세신고서와 관련 부속서류는 마감되어 있다.
> 2. [전자신고] → [국세청 홈택스 전자신고변환(교육용)] 순으로 진행한다.
> 3. 전자신고용 전자파일 제작 시 신고인 구분은 2.납세자 자진신고로 선택하고, 비밀번호는 "12341234"로 입력한다.
> 4. 전자신고용 전자파일 저장경로는 로컬디스크(C:)이며, 파일명은 "enc작성연월일.101.v사업자등록번호"이다.
> 5. 최종적으로 전자파일 제출하기 를 완료한다.

문제 3 다음의 결산정리사항을 입력하여 결산을 완료하시오. (8점)

(1) 2025년 10월 1일 공장 화재 보험료를 지급하고, 전액 선급비용으로 처리하였다. 공장 화재 보험료는 4,320,000원이며, 보험기간은 2025년 10월 1일부터 2026년 9월 30일까지이다(단, 보험료는 월할계산할 것). (2점)

(2) 당기분 법인세(지방소득세 포함)가 33,000,000원으로 산출되었다. 단, 회사는 법인세 중간예납세액과 이자소득 원천징수세액 6,700,000원을 선납세금으로 계상하였다. (2점)

(3) 실지재고조사법에 따른 기말재고자산 내역은 다음과 같다. (2점)

구분	금액	비고
제품	6,300,000원	시용판매하였으나 결산일 현재까지 구매의사표시가 없는 시송품의 제품원가 200,000원은 포함되어 있지 않다.
재공품	4,500,000원	-
원재료	5,000,000원	결산일 현재 운송 중에 있는 선적지 인도조건으로 매입한 원재료 2,000,000원은 포함되어 있지 않다.

(4) 다음 자료에 의하여 당기의 이익잉여금처분계산서를 작성하시오. (2점)

- 당기처분예정일 : 2026년 3월 15일
- 전기처분확정일 : 2025년 2월 25일
- 주식할인발행차금상각액 : 3,000,000원
- 현금배당 : 10,000,000원
- 주식배당 : 20,000,000원
- * 이익준비금은 현금배당액의 10%를 설정한다.

문제 4 원천징수와 관련된 다음의 물음에 답하시오. (10점)

(1) 다음은 영업부 사원 김승현(사번 : 104)의 연말정산 관련 자료이다. [사원등록] 메뉴의 [부양가족] 탭을 작성하고, [연말정산추가자료입력] 메뉴의 [월세,주택임차] 탭 및 [연말정산입력] 탭을 입력하시오(단, 부양가족은 기본공제대상자 여부를 불문하고 모두 등록할 것). (7점)

1. 부양가족

관계	성명	주민등록번호	비고
본인	김승현	670717-1602103	무주택 세대의 세대주
배우자	배나영	770128-2749264	사업소득에서 결손금 (-)2,000만원 발생함
아들	김민성	070506-3681050	고등학교 재학 중
딸	김민아	130330-4243676	장애인복지법에 따른 장애인
아버지	김철민	551230-1684834	농지 양도에 따른 양도소득세 납부세액 0원 (양도소득금액 250만원 발생함)

※ 아버지(김철민)는 주거형편상 별거 중이며, 다른 가족들은 생계를 같이 함

2. 연말정산자료간소화자료

2025년 귀속 소득(세액)공제증명서류 : 기본(지출처별)내역 [보장성 보험, 장애인전용보장성보험]

■ 계약자 인적사항

성명	김승현	주민등록번호	670717-1602103

■ 보장성보험(장애인전용보장성보험)납입내역   (단위 : 원)

종류	상호 / 사업자번호 / 종피보험자1	보험종류 / 증권번호 / 종피보험자2	주피보험자 / 종피보험자3		납입금액 계
보장성	**생명 ***-**-*****		770128-2749264	배나영	800,000
보장성	**생명 ***-**-*****		551230-1684834	김철민	500,000
장애인전용 보장성	**생명 ***-**-*****		130330-4243676	김민아	1,500,000
인별합계금액					2,800,000

2025년 귀속 소득(세액)공제증명서류 : 기본(지출처별)내역 [교육비]

■ 학생 인적사항

성명	김민성	주민등록번호	070506-3681050

■ 교육비 지출내역   (단위 : 원)

교육비 종류	학교명	사업자번호	납입금액 계
고등학교	**고등학교	***-**-*****	1,300,000
인별합계금액			1,300,000

2025년 귀속 소득(세액)공제증명서류 : 기본(지출처별)내역 [기부금]

■ 학생 인적사항

성명	배나영	주민등록번호	770128-2749264

■ 기부금 지출내역   (단위 : 원)

사업자번호	단체명	기부유형	기부금액 합계	공제대상 기부금액	기부장려금 신청금액
-**-**	***	정치자금기부금	100,000	100,000	0
인별합계금액				100,000	

3. 월세자료

부동산 월세 계약서

본 부동산에 대하여 임대인과 임차인 쌍방은 다음과 같이 합의하여 임대차계약을 체결한다.

1. 부동산의 표시

소 재 지	서울시 마포구 합정동 472					
건 물	구조	철근콘크리트	용도	아파트(주거용)	면적	84 ㎡
임 대 부 분	상동 소재지 전부					

2. 계약내용

제 1 조 위 부동산의 임대차계약에 있어 임차인은 보증금 및 차임을 아래와 같이 지불하기로 한다.

보 증 금	일금	일억팔천만 원정 (₩ 180,000,000)
차 임	일금	육십만 원정 (₩ 600,000)은 매월 말일에 지불한다.

제 2 조 임대인은 위 부동산을 임대차 목적대로 사용·수익할 수 있는 상태로 하여 2024년 07월 01일까지 임차인에게 인도하며, 임대차기간은 인도일로부터 2026년 06월 30일까지 24개월로 한다.

...중략...

(갑) 임대인 : 한미진 (581005-2791391) (인)
(을) 임차인 : 김승현 (670717-1602103) (인)

(2) 다음 자료를 이용하여 회계부 과장 최미영(사번 : 105, 주민등록번호 : 850303-2789681, 입사일 : 2015.01.01.)**의 [퇴직소득자료입력] 및 [원천징수이행상황신고서]를 작성하시오. (3점)**

1. 근로자 본인 명의의 주택을 구입하면서 부족한 자금 마련을 위하여 퇴직금 중간정산을 신청하였다.
2. 중간정산일은 2025년 10월 31일이다.
3. 중간정산일 현재 퇴직금은 60,000,000원이다.
4. 퇴직금 지급일은 2025년 11월 5일이며, 현금으로 지급하였다.
5. 「근로자퇴직급여보장법」상의 중간정산 사유에 해당하며, 관련 증빙 서류를 제출받았다.

문제 5 세림산업㈜(회사코드:1061)은 제조·도매업 및 건설업을 영위하는 중소기업이며, 당해 사업연도(제12기)는 2025.1.1.~2025.12.31.이다. [법인조정] 메뉴를 이용하여 기장되어 있는 재무회계 장부 자료와 제시된 보충자료에 의하여 해당 사업연도의 세무조정을 하시오. (30점) ※ 회사 선택 시 유의하시오.

> **작성대상서식**
> 1. 세금과공과금명세서
> 2. 가지급금등 인정이자 조정명세서
> 3. 원천납부세액명세서
> 4. 법인세과표 및 세액조정계산서, 최저한세조정명세서
> 5. 자본금과 적립금조정명세서(갑)(을)

(1) 세금과공과금 계정에 입력된 아래의 자료를 조회하여 [세금과공과금명세서]를 작성하고 필요한 세무조정을 작성하시오(단, 세무조정 유형과 소득처분이 같은 세무조정일지라도 건별로 각각 세무조정을 하고, 세금과공과금명세서 외의 세무조정은 고려하지 말 것). (6점)

일자	적요	금액
03월 31일	법인세분 지방소득세	1,050,000원
05월 04일	초과폐수배출부담금	700,000원
06월 09일	전기요금납부지연 연체이자	30,000원
07월 15일	건강보험료 가산금	425,000원
08월 31일	사업소분주민세	62,500원
09월 03일	공장건물취득세	5,200,000원

(2) 다음 자료를 이용하여 [가지급금등의인정이자조정명세서]를 작성하고, [소득금액합계표 및명세서]에 필요한 세무조정을 반영하시오. (6점)

> 1. 손익계산서상 지급이자 내역
>
> | 금융기관 | 최고은행 | 일류은행 | 합계 |
> |---|---|---|---|
> | 연이자율 | 2.5% | 4.0% | |
> | 지급이자 | 6,000,000원 | 17,500,000원 | 23,500,000원 |
> | 차입금 | 240,000,000원 | 437,500,000원 | |
> | 비고 | 차입금 발생일 : 2023.08.01. | 차입금 발생일 : 2024.11.11. | |
>
> 2. 최대주주인 대표이사 김이삭에 대하여 업무와 직접 관련 없는 대여금을 9월 7일에 80,000,000원, 10월 4일에 45,000,000원을 지급하였으며, 이자 지급에 대하여 약정을 하였다.
> 3. 회사는 대표이사 김이삭의 대여금에 대한 이자수익을 별도로 회계처리하지 않았다.
> 4. 회사는 인정이자 계산시 가중평균차입이자율을 적용하기로 한다.

Chapter 4 최신 기출문제 연습

(3) 다음의 자료는 2025년 1월 1일부터 12월 31일까지의 원천징수와 관련한 자료이다. 주어진 자료를 이용하여 [원천납부세액명세서(갑)]를 작성하시오(단, 지방세 납세지는 기재하지 말 것). (4점)

적요	원천징수 대상금액	원천징수일	원천징수세율	원천징수의무자	사업자등록번호
정기예금 이자	2,000,000원	08.31.	14%	㈜신한은행	113-81-01231
정기적금 이자	6,000,000원	12.31.	14%	㈜국민은행	125-81-01234

(4) 다음의 자료만을 이용하여 [법인세과세표준및세액조정계산서] 및 [최저한세조정명세서]를 작성하시오. (7점)

> 1. 손익계산서상 당기순이익 : 324,785,000원
> 2. 익금산입 총액 : 20,000,000원
> 3. 손금산입 총액 : 2,500,000원
> 4. 기부금한도초과액 : 1,300,000원
> 5. 기부금한도초과이월액 손금산입액 : 500,000원
> 6. 공제 가능한 이월결손금 : 11,000,000원
> 7. 세액공제 및 세액감면(다음의 순서로 감면 및 공제하고 농어촌특별세는 고려하지 않는다.)
>   (1) 중소기업특별세액감면 : 8,700,000원(최저한세 대상 세액감면)
>   (2) 고용증대세액공제 : 22,000,000원(최저한세 대상 세액공제)
> 8. 지급명세서불성실가산세 : 270,000원
> 9. 법인세중간예납세액은 2,000,000원이며 원천납부세액은 1,120,000원이다.
> 10. 세림산업㈜는 중소기업이며 현재 운영자금이 넉넉하지 않아 분납(최대한도)을 신청하고자 한다.

(5) 다음의 자료만을 이용하여 [자본금과적립금조정명세서(갑)(을)]를 작성하시오(단, 전산상에 입력된 기존 자료는 무시할 것). (7점)

[자료 1] 전기 자본금과적립금조정명세서(을)표상의 자료는 다음과 같다.

과목	기초잔액(원)	당기중증감(원)		기말잔액(원)
		감소	증가	
재고자산평가감			6,000,000	6,000,000
선급비용	3,500,000	3,500,000	-1,800,000	-1,800,000
대손충당금한도초과			4,500,000	4,500,000
건물감가상각비한도초과			7,000,000	7,000,000

[자료 2] 당기의 소득금액조정합계표 중에서 위의 내용과 관련된 내역은 다음과 같다.

익금산입및손금불산입		
과목	금액(원)	조정이유
전기선급비용	1,800,000	전기선급비용 과다계상액의 당기비용해당액

손금산입및익금불산입		
과목	금액(원)	조정이유
건물상각부인액손금추인액	2,700,000	당기감가상각시인부족액
전기재고자산평가감	6,000,000	전기 재고자산평가감
전기대손충당금	4,500,000	전기 대손충당금한도초과액

[자료 3] 당기말 재무상태표의 자본 내역은 다음과 같다.

과 목	제12기 당기 2025년1월1일 ~2025년 12월31일 금액(원)	제11기 전기 2024년1월1일 ~2024년 12월31일 금액(원)
Ⅰ. 자본금	300,000,000	200,000,000
Ⅱ. 자본잉여금	50,000,000	25,000,000
Ⅲ. 자본조정	20,000,000	20,000,000
Ⅳ. 기타포괄손익누계액	30,000,000	30,000,000
Ⅴ. 이익잉여금	100,000,000	32,000,000
(당기순이익)		
당기 :	68,000,000	15,000,000
전기 :	15,000,000	5,000,000
자본총계	500,000,000	307,000,000

· 법인세과세표준및세액신고서의 법인세 총부담세액이 손익계산서에 계상된 법인세비용보다 1,578,000원, 지방소득세는 157,800원 각각 더 많이 산출되었다(전기분은 고려하지 않음).
· 이월결손금과 당기결손금은 발생하지 않았다.

Chapter 4 최신 기출문제 연습

2023년 4월 9일 시행
제107회 전산세무회계자격시험 **A형**

종목 및 등급 : **전산세무 1급** - 제한시간 : 90분 -

이론 시험

다음 문제를 보고 알맞은 것을 골라 **이론문제 답안작성** 메뉴에 입력하시오.(객관식 문항당 2점)

> **기본 전제**
> 문제에서 한국채택국제회계기준을 적용하도록 하는 전제조건이 없는 경우, 일반기업회계기준을 적용한다.

01 다음 중 재무상태표에 대한 설명으로 올바른 것끼리 짝지어진 것은?

> 가. 재무상태표 항목은 자산, 부채, 자본으로 구분하고, 이해하기 쉽게 표시하며, 성격이나 금액이 중요하지 아니한 항목은 성격이 다른 항목에 통합하여 표시할 수 있다.
> 나. 재무상태표의 자산과 부채는 유동성이 큰 항목부터 배열한다.
> 다. 회사가 채권과 채무를 상계할 수 있는 법적 권리를 가지고 있고, 채권과 채무를 차액으로 결제하거나 동시에 결제 의도가 있어도 총액으로 표시하여야 한다.
> 라. 재무상태표는 일정 시점 현재 기업이 보유하고 있는 경제적 자원인 자산과 경제적 의무인 부채, 그리고 자본에 대한 정보를 제공하는 재무보고서이다.

① 가, 나 ② 나, 다 ③ 다, 라 ④ 나, 라

02 다음 중 무형자산에 대한 회계처리와 보고방법에 대한 설명으로 옳지 않은 것은?

① 무형자산은 당해 자산의 법률적 취득 시점부터 합리적인 기간 동안에 정액법, 연수합계법, 체감잔액법, 생산량비례법 등 기타 합리적인 방법을 적용하여 상각한다.
② 자산에서 발생하는 미래경제적효익이 기업에 유입될 가능성이 매우 높고, 자산의 원가를 신뢰성 있게 측정할 수 있는 경우만 무형자산으로 인식한다.
③ 무형자산의 상각기간은 독점적·배타적인 권리를 부여하고 있는 관계 법령이나 계약에 정해진 경우를 제외하고는 20년을 초과할 수 없다.
④ 무형자산의 장부금액은 무형자산의 취득원가에서 상각누계액과 손상차손누계액을 차감한 금액으로 기록한다.

PART 2 실 무 편

03 다음 중 일반기업회계기준상 자본에 대한 설명으로 틀린 것은?

① 자본금은 법정자본금으로 발행주식수에 액면가액을 곱하여 계산하며, 액면가액을 초과하여 주식을 발행하는 경우 그 액면을 초과하는 금액은 주식발행초과금으로 하여 자본잉여금으로 계상한다.
② 자본잉여금은 증자나 감자 등 주주와의 거래에서 발생하여 자본을 증가시키는 잉여금이다.
③ 주식배당은 미처분이익잉여금을 재원으로 한다.
④ 이익잉여금처분계산서에 표시된 배당은 재무상태표에 부채로 인식한다.

04 다음은 ㈜우리의 2025년 재고자산 관련 자료이다. 매출액이 200,000원인 경우, 2025년 매출총이익은 얼마인가?

- 기초상품재고액 30,000원
- 기말상품재고액 50,000원(정상감모손실 10,000원을 차감한 후의 금액이다.)
- 당기매입액 100,000원

① 100,000원　　② 110,000원　　③ 120,000원　　④ 130,000원

05 다음 중 일반기업회계기준상 회계정책의 변경에 해당하는 것은?

① 재고자산 원가흐름의 가정을 선입선출법에서 후입선출법으로 변경한 경우
② 재고자산의 진부화 여부에 대한 판단과 평가를 변경한 경우
③ 감가상각자산에 내재된 미래경제적효익의 기대소비 형태를 변경한 경우
④ 수익인식 방법을 현금주의에서 발생주의로 변경한 경우

06 다음 중 종합원가계산에 대한 설명으로 가장 적절하지 않은 것은?

① 동일한 종류의 제품을 대량생산하는 연속생산형태의 기업에 적용된다.
② 직접원가와 제조간접원가의 구분이 중요하다.
③ 제품 원가를 제조공정별로 집계한 다음 이를 완성품과 기말재공품에 배분하는 절차가 필요하다.
④ 제품 원가를 제조공정별로 집계한 다음 이를 그 공정의 생산량으로 나누어서 단위당 원가를 계산한다.

07 다음 중 부문별원가계산에 대한 설명으로 잘못된 것은?

① 보조부문의 원가를 제조부문에 배분하는 방법 중 단일배분율법과 이중배분율법은 원가행태에 따른 원가배분방법으로 이중배분율법과 직접배분율법은 서로 혼용하여 사용할 수 있다.
② 보조부문 원가를 제조부문에 배분하는 방법 중 상호배분법은 보조부문 상호간의 용역수수관계를 고려하여 배분하는 방법이다.
③ 보조부문간의 용역수수관계가 중요한 경우 직접배분법을 적용하여 부문별 원가를 배분하게 되면 원가배분의 왜곡을 초래할 수 있다.
④ 부문관리자의 성과평가를 위해서는 단일배분율법이 이중배분율법에 비해 보다 합리적이라고 할 수 있다.

08 다음의 자료를 바탕으로 당기제품제조원가를 계산하면 얼마인가?

- 기초원재료재고는 50,000원이며, 당기에 원재료 200,000원을 매입하였다.
- 기말원재료재고는 기초에 비해서 20,000원이 감소하였다.
- 원재료는 모두 직접재료원가에 해당한다.
- 직접노무원가는 직접재료원가의 200%이다.
- 제조간접원가는 직접노무원가의 150%이다.
- 기초재공품재고는 100,000원이다.
- 기말재공품재고는 기초재공품재고의 200%이다.

① 1,200,000원　　② 1,220,000원　　③ 1,250,000원　　④ 1,300,000원

09 다음 중 원가의 분류와 관련된 설명으로 가장 잘못된 것은?

① 준고정원가는 일정한 조업도 범위 내에서는 고정원가와 같이 일정한 원가이나 조업도가 일정 수준 이상 증가하면 원가 총액이 증가한다.
② 준변동원가는 관련범위 내에서 조업도와 관계없이 총원가가 일정한 부분과 조업도의 증감에 비례하여 총원가가 변동되는 부분이 혼합되어 있다.
③ 변동원가는 조업도가 증가하면 총변동원가는 비례하여 증가하며 단위당 변동원가도 증가한다.
④ 고정원가는 조업도가 증가하는 경우 관련범위 내에서 총고정원가는 일정하나 단위당 고정원가는 감소한다.

10 다음은 표준원가계산을 채택하고 있는 ㈜아람의 직접노무원가 관련 자료이다. 직접노무원가의 임률차이는 얼마인가?

- 실제직접노동시간 : 5,000시간
- 실제직접노무원가 발생액 : 2,000,000원
- 직접노무원가 능률차이(불리) : 76,000원
- 표준직접노동시간 : 4,800시간
- 표준임률 : 380원/시간

① 176,000원(유리) ② 176,000원(불리) ③ 100,000원(유리) ④ 100,000원(불리)

11 다음 중 법인세법상 대손금으로 손금산입할 수 있는 채권으로 옳은 것은?

① 회수기일이 6개월 이상 지난 채권 중 채권가액이 30만원 이하(채무자별 채권가액의 합계액 기준)인 채권
② 부도발생일부터 6개월 이상 지난 수표 또는 어음상의 채권 및 외상매출금(중소기업의 외상매출금으로서 부도발생일 이전의 것에 한정)으로 해당 법인이 채무자의 재산에 대하여 저당권을 설정하고 있는 채권
③ 채무자가 파산한 채권의 채무보증(법령에서 허용하는 채무보증이 아닌 채무보증)으로 인하여 발생한 구상채권
④ 재판상의 확정판결로 회수불능으로 확정된 채권 중 특수관계인에게 해당 법인의 업무와 관련없이 지급한 가지급금 채권

12 다음 중 법인세법상 업무용승용차와 관련된 설명으로 틀린 것은?

① 업무용승용차 관련비용이란 감가상각비, 임차료, 유류비 등 업무용승용차의 취득 및 유지를 위하여 지출한 비용을 말한다.
② 업무전용자동차보험에 가입하지 않은 경우 업무용승용차 관련비용은 전액 손금불산입한다.
③ 업무용승용차는 정액법과 정률법 중 신고한 상각방법으로 감가상각할 수 있고, 내용연수는 5년으로 한다.
④ 업무용승용차 관련비용 중 업무외 사용금액을 손금불산입하고 귀속자에 따라 소득처분하되, 귀속자가 불분명한 경우에는 대표자에 대한 상여로 소득처분한다.

13 다음 중 소득세법상 중간예납과 관련된 설명으로 틀린 것은?

① 당해연도에 신규로 사업을 개시한 자는 중간예납의무가 없다.
② 퇴직소득 및 양도소득에 대한 중간예납세액은 납세지 관할 세무서장이 결정하여 징수한다.
③ 중간예납세액이 50만원 미만인 경우에는 해당 소득세를 징수하지 않는다.
④ 중간예납추계액이 중간예납기준액의 30%에 미달하는 경우에는 당해연도의 실적을 기준으로 신고할 수 있다.

14 다음 중 소득세법상 사업소득과 관련된 설명으로 틀린 것은?

① 사업용 유형자산인 토지를 양도함으로써 발생한 차익은 사업소득금액 계산 시 총수입금액에 산입하지 않는다.

② 사업소득금액 계산 시 대표자 본인에 대한 급여는 필요경비로 인정되지 않는다.

③ 사업용 고정자산과 재고자산 등의 평가차손은 필요경비로 인정된다.

④ 사업과 관련하여 해당 사업용 자산의 멸실 또는 파손으로 인하여 취득하는 보험차익은 사업소득금액 계산 시 총수입금액에 산입한다.

15 다음 중 부가가치세법상 수정세금계산서 또는 수정전자세금계산서에 대한 설명으로 틀린 것은?

① 필요적 기재사항이 착오 외의 사유로 잘못 적힌 경우, 해당 수정세금계산서의 발급기한은 해당 재화나 용역의 공급일이 속하는 과세기간의 확정신고기한 다음 날부터 1년 이내이다.

② 계약의 해제로 재화 또는 용역이 공급되지 아니한 경우에는 해당 거래의 당초 계약일을 수정세금계산서의 작성일로 하여 발급한다.

③ 착오로 전자세금계산서를 이중으로 발급한 경우에는 처음에 발급한 세금계산서의 내용대로 음(陰)의 표시를 하여 발급한다.

④ 공급시기가 속하는 과세기간 종료 후 25일 이내에 내국신용장이 개설된 경우에는 수정세금계산서의 작성일을 처음 세금계산서 작성일로 적는다.

PART 2 실 무 편

실무 시험

㈜희서전자(회사코드:1070)는 제조·도소매업을 영위하는 중소기업이며, 당기(제19기) 회계기간은 2025.1.1.~2025.12.31.이다. 전산세무회계 수험용 프로그램을 이용하여 다음 물음에 답하시오.

기본 전제
- 문제에서 한국채택국제회계기준을 적용하도록 하는 전제조건이 없는 경우, 일반기업회계기준을 적용한다.
- 문제의 풀이와 답안작성은 제시된 문제의 순서대로 진행한다.

입력시 유의사항
- 일반적인 적요의 입력은 생략하지만, 타계정 대체거래는 적요번호를 선택하여 입력한다.
- 세금계산서·계산서 수수 거래 및 채권·채무 관련 거래는 별도의 요구가 없는 한 반드시 기등록된 거래처코드를 선택하는 방법으로 거래처명을 입력한다.
- 제조경비는 500번대 계정코드를, 판매비와관리비는 800번대 계정코드를 사용한다.
- 회계처리시 계정과목은 별도제시가 없는 한 등록되어 있는 계정과목 중 가장 적절한 과목으로 한다.
- 매입매출전표를 입력하는 경우 입력화면 하단의 분개까지 처리하고, 세금계산서 및 계산서는 전자 여부를 입력하여 반영한다.

문제 1 다음 거래에 대하여 적절한 회계처리를 하시오. (12점)

(1) 04월 20일 자기주식 300주를 총 2,700,000원에 처분하고 대금은 보통예금 계좌로 입금받았다. 다음은 ㈜희서전자의 2024년 12월 31일 자본구성을 표시한 것이다. (3점)

부 분 재 무 상 태 표
2024년 12월 31일

자본잉여금		70,800,000원
주식발행초과금	70,000,000원	
자기주식처분이익	800,000원	
자본조정		(12,000,000원)
자기주식(1,000주, @₩12,000원)		

(2) 07월 11일 당사의 마케팅연구팀에 근무하는 관리직 직원들이 야근하면서 아래와 같이 저녁식사를 하고 법인카드(농협카드)로 결제하였다. (3점)

```
         카드매출전표
카 드 종 류 : 농협카드
회 원 번 호 : 5554-5512-1122-1230
거 래 유 형 : 신용승인
결 제 방 법 : 일시불
승 인 번 호 : 202507110012

매   출   액 :        320,000원
부   가   세 :         32,000원
합 계 금 액 :        352,000원

단 말 기 NO : 123456789
가 맹 점 NO : 121-81-41118
가 맹 점 명 : ㈜생전주비빔밥
           -이하생략-
```

(3) 07월 26일 ㈜성동기업과 아래와 같은 조건으로 제품 할부판매계약을 체결하고 즉시 제품을 인도하였다. 1회차 할부금 및 부가가치세는 제품 인도와 동시에 보통예금 계좌로 입금되었으며, 전자세금계산서를 부가가치세법에 따라 발급하고, 매출수익은 판매대금 전액을 명목가액으로 인식하였다. (3점)

구분	계약서상 지급일	계약서상 지급액 (부가가치세 포함)
제1차 할부금	2025년 07월 26일	11,000,000원
제2차 할부금	2025년 08월 26일	33,000,000원
제3차 할부금	2025년 12월 26일	66,000,000원
총계		110,000,000원

(4) 08월 21일 ㈜대수무역으로부터 구매확인서에 의하여 상품 6,000,000원을 매입하고 영세율전자세금계산서를 발급받았다. 대금은 보통예금 계좌에서 이체하여 지급하였다. (3점)

문제 2 다음 주어진 요구사항에 따라 부가가치세신고서 및 부속서류를 작성하시오. (10점)

(1) ㈜희서전자는 제1기 부가가치세 예정신고기한(2025년 4월 25일) 내에 신고하지 못하여 5월 4일에 기한 후 신고를 하고자 한다. 단, 입력된 자료는 무시하고 아래의 자료에 의하여 부가가치세 기한 후 신고서(단, 회계처리는 생략하고, 과세표준명세는 신고구분만 입력할 것)를 작성하시오. (5점)

구분	자료
매출자료	· 전자세금계산서 발급분 과세 매출액 : 공급가액 300,000,000원, 세액 30,000,000원 · 신용카드 발급분 과세 매출액 : 공급가액 5,000,000원, 세액 500,000원 · 현금영수증 발급분 과세 매출액 : 공급가액 2,000,000원, 세액 200,000원 · 해외 직수출에 따른 매출액 : 공급가액 100,000,000원, 세액 0원

매입자료	・전자세금계산서 발급받은 매입내역		
	구분	공급가액	세액
	일반 매입	200,000,000원	20,000,000원
	사업과 관련 없는 매입 (고정자산 아님)	3,000,000원	300,000원
	기계장치 매입	50,000,000원	5,000,000원
	합계	253,000,000원	25,300,000원

・신용카드 사용분 매입내역

구분	공급가액	세액
일반 매입	10,000,000원	1,000,000원
접대를 위한 매입	1,000,000원	100,000원
합계	11,000,000원	1,100,000원

기타	・전자세금계산서의 발급 및 국세청 전송은 정상적으로 이루어졌다. ・가산세 적용 시 일반(부당 아님) 무신고와 미납일수 9일을 가정한다. ・영세율첨부서류는 기한 후 신고 시 함께 제출할 예정이다.

(2) 다음의 매입 자료를 기초로 2025년 제1기 부가가치세 확정신고기간의 [의제매입세액공제신고서]를 작성하시오. 당사는 제조업을 영위하는 중소법인이며, 아래의 원재료 매입분은 모두 과세 대상 제품생산에 사용된다고 가정한다(단, 관련 자료의 매입매출전표 입력은 생략한다). (3점)

공급자	사업자번호 (주민번호)	매입일자	품명	수량(kg)	매입가격(원)	증빙	건수
인천농원	123-91-41544	2025.04.06.	복숭아	180	16,000,000	계산서	1
푸른과일	123-91-10167	2025.05.13.	방울토마토	90	7,000,000	신용카드	1
우영우(농민)	830630-2054517	2025.06.08.	사과	40	1,400,000	현금	1
김포쌀상사	215-91-67810	2025.06.19.	쌀	10	300,000	간이영수증	1

・우영우(농민)은 작물재배업에 종사하는 개인으로서 당사에 사과를 직접 공급하고 있다.
・2025년 제1기 과세기간에 매입한 면세농산물과 관련된 제품매출액은 90,000,000원(부가가치세 제외)이고, 모두 4월 이후 공급분이다.
・2025년 제1기 예정 부가가치세 신고 시 의제매입세액 공제액은 없는 것으로 가정한다.

(3) ㈜희서전자의 2025년 제2기 확정신고기간의 [부가가치세신고서]를 작성하여 마감하고, 부가가치세 전자신고를 수행하시오. (2점)

> 1. 매출 전자세금계산서발급분 : 공급가액 300,000,000원, 세액 30,000,000원
> 2. 매입 전자세금계산서수취분 : 공급가액 150,000,000원, 세액 15,000,000원
> 3. 유의사항
>   - [전자신고] → [국세청 홈택스 전자신고변환(교육용)] 순으로 진행한다.
>   - 전자신고용 전자파일 제작 시 신고인 구분은 2.납세자 자진신고로 선택하고, 비밀번호는 "12341234"로 입력한다.
>   - 전자신고용 전자파일 저장경로는 로컬디스크(C:)이며, 파일명은 "enc작성연월일.101.v사업자등록번호"이다.
>   - 최종적으로 전자파일 제출하기 를 완료한다.

문제 3 다음의 결산정리사항을 입력하여 결산을 완료하시오. (8점)

(1) 결산일 현재 재무상태표상 장기차입금(대구은행) 300,000,000원에 대한 만기가 2026년 2월 29일에 도래하여 만기일에 전액을 상환할 예정이다(단, 거래처를 입력할 것). (2점)

(2) 임원에게 일시적으로 자금을 대여하고 있으며, 당해 대여금에 대한 이자를 결산에 반영하려고 한다. 다음은 '가지급금 등의 인정이자 조정명세서(갑)'의 일부이다. 이를 참조하여 회계처리 하시오(단, 이자는 수취하지 않았다). (2점)

3. 당좌대출이자율에 따른 가지급금 등의 인정이자 조정								시가인정범위		⑳조정액(=⑱)
⑩성명	⑪적용이자율 선택방법	⑫가지급금 적수	⑬가수금 적수	⑭차감적수 (⑫-⑬)	⑮이자율	⑯인정이자 (⑮×⑭)	⑰회사 계상액	⑱차액 (⑯-⑰)	⑲비율(%) (⑱/⑯)×100	⑱≥3억이거나 ⑲≥5%인 경우
김수영	㉓	108,000,000,000		108,000,000,000	4.6	13,610,958	13,610,958	0		
계										

(3) 기말 현재 ㈜희서전자가 보유 중인 매도가능증권(시장성 있는 주식)은 장기투자목적으로 2024년 9월 8일에 취득한 것으로 관련 자료는 다음과 같다. 전기의 회계처리는 모두 적정하게 이루어졌다. 매도가능증권의 기말평가에 대한 회계처리를 하시오. (2점)

2024년 09월 08일 취득원가	2024년 12월 31일 공정가치	2025년 12월 31일 공정가치
5,000,000원	4,700,000원	5,200,000원

(4) 총무팀에서 사용 중인 차량에 대한 자동차 보험료(2025.10.01.~2026.09.30.) 1,200,000원을 10월 1일 지급하고 전액 비용처리 하였다(단, 보험료의 기간 배분은 월할계산하되, 음수로 입력하지 말 것). (2점)

문제 4 원천징수와 관련된 다음의 물음에 답하시오. (10점)

(1) 다음은 영업팀의 사원 홍길산(사번 : 103)의 부양가족과 관련 자료이다. 본인의 세부담이 최소화되도록 [사원등록] 메뉴의 [부양가족명세] 탭에 부양가족을 입력(공제 대상이 아닌 경우 "부"로 입력)하시오. 단, 부양가족은 전부 생계를 같이 하고 있으며, 제시된 자료 외에는 없는 것으로 한다. (4점)

관계	성명(주민등록번호)	비고
본인	홍길산(771121-1285481)	세대주, 장애인복지법상 장애인이었으나 당해연도 중 완치가 되었다.
배우자	김옥순(800921-2716201)	가정불화로 인해 일시적으로 퇴거하여 별도로 거주 중이다.
부(父)	홍준호(470218-1768342)	부동산임대사업소득금액 800만원이 있다.
모(母)	정영자(490815-2693418)	은행이자소득 500만원과 일용근로소득 1,200만원이 있다.
자(子)	홍영수(080128-3750158)	고등학교 기숙사에 별도로 거주 중이다.
형(兄)	홍대산(750721-1248851)	장애인복지법상 장애인, 공공기관에서 근무하여 총급여 480만원이 있다.
장모(丈母)	마순영(550108-2620533)	올해 복권당첨소득 150만원이 있다.

(2) 비상장주식회사인 ㈜희서전자는 소액주주인 거주자 김영태(주민등록번호 : 880208-1241908) 씨에게 다음과 같이 배당소득을 지급하였다. 원천징수 대상 소득자를 [기타소득자등록] 하고, [이자배당소득자료]를 입력하시오. (2점)

소득자 코드번호	배당소득	소득지급일/영수일	비고
00100	5,000,000원	2025년 3월 31일	2025년 3월 4일 주주총회에서 결의한 2024년 귀속 이익잉여금처분계산서상 배당금을 지급한 것이다.

· 주어진 정보로만 등록 및 자료입력을 하기로 한다. 원천징수세율은 14%이다.

Chapter 4 최신 기출문제 연습

(3) 다음은 5월 귀속, 5월 31일 지급분에 대한 사업소득 및 기타소득 관련 자료이다. 이에 관한 자료입력을 하고, [원천징수이행상황신고서]를 작성하시오(단, 당사는 반기별 사업장이 아니며, 전월미환급세액은 200,000원이다). (4점)

소득종류	소득자	거주구분	소득구분	인원	지급액
사업소득	정성호	거주자	기타모집수당	1	5,000,000원
기타소득	정도원	거주자	일시강연료	1	3,000,000원

문제 5 덕수기업㈜(회사코드:1071)은 자동차부품 제조·도매업 및 도급공사업을 영위하는 중소기업이며, 당해 사업연도(제15기)는 2025.1.1.~2025.12.31.이다. [법인조정] 메뉴를 이용하여 기장되어 있는 재무회계 장부 자료와 제시된 보충자료에 의하여 해당 사업연도의 세무조정을 하시오. (30점) ※ 회사 선택 시 유의하시오.

> **작성대상서식**
> 1. 수입금액조정명세서, 조정 후 수입금액명세서
> 2. 선급비용명세서
> 3. 업무무관부동산 등에 관련한 차입금이자조정명세서
> 4. 퇴직연금부담금 등 조정명세서
> 5. 자본금과 적립금조정명세서(갑),(을)

(1) 아래의 자료를 이용하여 [수입금액조정명세서] 및 [조정후수입금액명세서]를 작성하고, 이와 관련된 세무조정을 [소득금액조정합계표및명세서]에 반영하시오. (6점)

> 1. 손익계산서상 수입금액
>   · 상품매출(업종코드 : 503013) : 2,300,000,000원(수출매출액 300,000,000원 포함)
>   · 제품매출(업종코드 : 343000) : 858,000,000원
> 2. 일부 상품매출액(공급가액 100,000,000원) 및 매출원가(70,000,000원)가 회계 담당 직원의 실수로 인하여 누락된 사실이 뒤늦게 발견되었다. 누락된 상품매출액은 손익계산서에 포함되어 있지 않지만, 법인세 신고 전에 이와 관련된 부가가치세 수정신고는 이미 완료하였다.
> 3. 부가가치세 과세표준에는 법인세법상 손익 귀속시기가 도래하지 않았지만, 부가가치세법상 적법한 세금계산서 발급 시기에 발급한 세금계산서(공급가액 20,000,000원, 세액 2,000,000원)가 포함되어있다.

(2) 다음 자료를 이용하여 [선급비용명세서]를 작성하고, 관련 세무조정을 [소득금액조정합계표및명세서]에 반영하시오(단, 세무조정은 각각 건별로 행하는 것으로 한다). (6점)

1. 전기 자본금과적립금조정명세서(을)

사업연도	2024.01.01. ~ 2024.12.31.	자본금과 적립금조정명세서(을)		법인명	덕수기업㈜
세무조정유보소득계산					
① 과목 또는 사항	② 기초잔액	당기 중 증감		⑤ 기말잔액	비고
		③ 감소	④ 증가		
선급비용	-	-	350,000원	350,000원	-

※ 전기분 선급비용 350,000원이 당기에 보험기간의 만기가 도래하였다.

2. 당기 보험료(선급비용) 내역

구분	보험기간	납부금액	거래처	비고
본사 화재보험	2025.07.01.~2026.06.30.	4,000,000원	㈜흥해보험	전액 보험료(판) 처리
공장 화재보험	2025.02.01.~2026.01.31.	2,400,000원	㈜경상보험	200,000원 선급비용 계상
생명보험	2025.05.01.~2026.04.30.	4,800,000원	㈜살아보험	전액 보험료(판) 처리

※ 생명보험 납입액은 대표이사 배우자의 생명보험을 당사가 대납한 것이다.

(3) 다음 자료를 이용하여 [업무무관부동산등에 관련한 차입금이자 조정명세서]를 작성하고, 관련 세무조정을 하시오. (6점)

(1) 손익계산서상 지급이자의 내역

금융기관	연이자율	지급이자	차입금적수	비고
A은행	10%	15,000,000원	54,750,000,000	
B은행	7%	14,000,000원	73,000,000,000	시설자금에 대한 차입금 전액으로 당기 말 현재 미완성 건물에 사용함
합계		29,000,000원	127,750,000,000	

(2) 2025년 5월 1일 회사는 대표이사에게 업무와 직접적인 관련이 없는 대여금 100,000,000원을 지급하고, 2025년 11월 30일 대여금 100,000,000원을 회수하였다(단, 별도의 이자는 수령하지 않음).

(4) 다음 자료를 이용하여 [퇴직연금부담금 등 조정명세서]를 작성하고, 이와 관련된 세무조정을 [소득금액조정합계표 및 명세서]에 반영하시오. 단, 당사는 확정급여형 퇴직연금에 가입하였으며, <u>장부상 퇴직급여충당부채 및 퇴직연금충당부채</u>를 설정하지 않고 전액 신고조정에 의하여 손금산입하고 있다. (6점)

> 1. 퇴직급여추계액 : 기말 현재 임직원 전원 퇴사 시 퇴직급여추계액 275,000,000원
> 2. 퇴직연금 운용자산내역
>
> | 퇴직연금운용자산 | | | |
> |---|---|---|---|
> | 기초 | 105,000,000원 | 당기감소액 | 37,500,000원 |
> | 불입 | 50,000,000원 | 기말 | 117,500,000원 |
> | | 155,000,000원 | | 155,000,000원 |
>
> 3. 당기 중 퇴직연금운용자산 감소분에 대한 회계처리는 다음과 같다.
>   (차) 퇴직급여(제) 37,500,000원   (대) 퇴직연금운용자산 37,500,000원
> 4. 퇴직연금운용자산 기초잔액과 관련하여 전기분 자본금과적립금조정명세서(을)에 퇴직연금충당부채 105,000,000원(△유보)이 있다.

(5) 다음 자료를 참고하여 당기 [자본금과적립금조정명세표(갑)]과 [자본금과적립금조정명세표(을)]을 작성하시오(단, 기존자료 및 다른 문제의 내용은 무시하고 아래의 자료만을 이용하고, 세무조정은 생략한다). (6점)

> 1. 재무상태표 요약(자본금과 이익잉여금은 당기 중 감소 없이 증가만 있었다.)
>
> | 전기말 요약 재무상태표 | | 당기말 요약 재무상태표 | |
> |---|---|---|---|
> | 자본금 | 100,000,000원 | 자본금 | 300,000,000원 |
> | 이익잉여금 | 320,000,000원 | 이익잉여금 | 420,000,000원 |
> | 계 | 420,000,000원 | 계 | 720,000,000원 |
>
> 2. 기타
>
>> 1. 전기 말 자본금과적립금조정명세서(을) 잔액은 다음과 같다.
>>   (1) 대손충당금 한도초과액 4,000,000원
>>   (2) 단기매매증권평가손실 중 손금부인액 2,000,000원
>>   (3) 재고자산평가감 3,000,000원
>> 2. 당기 중 유보금액 변동내역은 다음과 같다.
>>   (1) 당기 대손충당금 한도초과액은 7,000,000원이다.
>>   (2) 단기매매증권평가손실 중 손금불산입 유보발생액은 1,000,000원이다.
>>   (3) 전기 말에 평가감된 재고자산은 당기 중에 모두 판매되었고, 당기 말에는 재고자산 평가감이 발생하지 아니하였다.

PART 2 실무편

2023년 6월 3일 시행
제108회 전산세무회계자격시험 A형

종목 및 등급 : **전산세무 1급** - 제한시간 : 90분 -

이론 시험

다음 문제를 보고 알맞은 것을 골라 이론문제 답안작성 메뉴에 입력하시오.(객관식 문항당 2점)

> **기본 전제**
> 문제에서 한국채택국제회계기준을 적용하도록 하는 전제조건이 없는 경우, 일반기업회계기준을 적용한다.

01 다음 중 일반기업회계기준의 재무제표의 작성과 표시에 대한 설명으로 틀린 것은?

① 자산, 부채, 자본 중 중요한 항목은 재무상태표 본문에 별도 항목으로 구분하여 표시한다. 다만 중요하지 않은 항목은 성격 또는 기능이 유사한 항목에 통합하여 표시할 수 있으며 통합할 적절한 항목이 없는 경우에는 기타항목으로 통합할 수 있다.
② 자산과 부채는 원칙적으로 상계하여 표시하지 않는다. 다만, 기업이 채권과 채무를 상계할 수 있는 법적 구속력 있는 권리를 가지고 있고, 채권과 채무를 순액기준으로 결제하거나 채권과 채무를 동시에 결제할 의도가 있다면 상계하여 표시한다.
③ 정상적인 영업주기 내에 판매(소멸)되거나 사용되는 재고자산과 회수(지급)되는 매출채권(매입채무) 등은 보고기간 종료일로부터 1년 이내에 실현되지 않으면 유동자산(유동부채)으로 분류하여 표시할 수 없다.
④ 자산과 부채는 현금화 가능성이 높은 순서(유동성이 큰 항목)로 배열하는 것이 원칙이며, 잉여금은 자본거래(자본잉여금)와 손익거래(이익잉여금)로 구분표시 한다.

02 다음 중 일반기업회계기준상 재고자산에 대한 설명으로 가장 틀린 것은?

① 금융기관 등으로부터 자금을 차입하고 그 담보로 제공된 저당상품은 담보제공자의 재고자산이다.
② 위탁매매계약을 체결하고 수탁자가 위탁자에게서 받은 적송품은 수탁자의 재고자산이다.
③ 매입자가 일정기간 사용한 후에 매입 여부를 결정하는 조건으로 판매한 시송품은 매입자가 매입 의사표시를 하기 전까지는 판매자의 재고자산이다.
④ Usance Bill 또는 D/A Bill과 같이 연불조건으로 원자재를 수입하는 경우에 발생하는 이자는 차입원가로 처리한다.

Chapter 4 최신 기출문제 연습

03 다음 중 일반기업회계기준에 따른 수익 인식기준으로 옳은 것은?

① 상품권 수익은 상품권을 판매한 시점에 수익으로 인식한다.
② 수강료는 용역제공 완료시점, 즉 강의종료일에 수익을 인식한다.
③ 장기할부판매의 경우에는 기간에 걸쳐 수익으로 인식한다.
④ 수출업무를 대행만 하는 종합상사는 판매수수료만을 수익으로 인식한다.

04 다음은 기말 자본의 일부분이다. 기말 재무상태표에 표시될 자본항목과 그 금액으로 틀린 것은?

감 자 차 익	500,000원	자기주식처분이익	1,000,000원
보 통 주 자 본 금	10,000,000원	매도가능증권평가이익	300,000원
이 익 준 비 금	1,000,000원	임 의 적 립 금	500,000원
우 선 주 자 본 금	5,000,000원	미교부주식배당금	3,000,000원

① 자본금 15,000,000원
② 자본잉여금 1,000,000원
③ 자본조정 300,000원
④ 이익잉여금 1,500,000원

05 다음 중 부채에 대한 설명으로 가장 옳은 것은?

① 경제적효익이 내재된 자원이 기업에 유입됨으로써 이행될 것으로 기대되는 현재의 의무이다.
② 부채의 정의를 충족하고, 신뢰성 있게 추정된다면 부채로 인식한다.
③ 2년 기준으로 유동부채, 비유동부채로 분류할 수 있다.
④ 당해 의무를 이행하기 위하여 자원이 유출될 가능성이 매우 높은 충당부채는 주석에 기재한다.

06 ㈜데코의 당기 직접노무원가에 관한 내용이 다음과 같을 경우, 직접노무원가 능률차이는 얼마인가?

| • 실제 직접노동시간 50,000시간 | • 표준 직접노동시간 48,000시간 |
| • 직접노무원가 임률차이 200,000원(유리) | • 실제 직접노무원가 발생액 2,800,000원 |

① 120,000원 유리   ② 120,000원 불리   ③ 504,000원 유리   ④ 504,000원 불리

07 ㈜한도제철은 동일한 원재료를 투입하여 단일공정에서 제품 A, B, C 세 가지의 등급품을 생산하고 있다. 세 가지 제품에 공통으로 투입된 결합원가가 128,000원이라고 할 때, 아래의 자료를 바탕으로 순실현가치법에 의하여 제품 A에 배분될 결합원가는 얼마인가?

구분	A	B	C
생산량	200개	400개	300개
분리점에서의 단위당 판매가격	@400원	@300원	@200원
추가가공원가	60,000원		
단위당 최종판매가격	@1,000원		

① 24,000원   ② 48,000원   ③ 56,000원   ④ 80,000원

08 다음 중 개별원가계산에 대한 설명으로 가장 옳은 것을 고르시오.
① 단계배분법을 적용할 경우, 배분이 끝난 보조부문에는 다시 원가를 배분하면 안 된다.
② 제조간접원가를 배부할 때 공장전체배부율을 적용하면 더욱 정확하게 보조부문원가를 배분할 수 있는 장점이 있다.
③ 제조원가 배분기준을 선택할 때는 원가의 상관관계보다 주주의 이익을 먼저 고려해야 한다.
④ 상호배분법은 배분순서를 고려하면 더욱 정확한 결과를 얻을 수 있다.

09 다음 중 표준원가계산에 대한 설명으로 옳지 않은 것은?
① 예산과 실제원가의 차이분석을 통하여 효율적인 원가통제의 정보를 제공한다.
② 기말에 원가차이를 매출원가에서 조정할 경우, 불리한 차이는 매출원가에 가산하고 유리한 차이는 매출원가에서 차감한다.
③ 표준원가계산은 기업이 연초에 수립한 계획을 수치화하여 예산편성을 하는 기초가 된다.
④ 표준원가계산을 선택한 경우에는 실제원가와 상관없이 표준원가로 계산한 재고자산의 금액을 재무상태표상 금액으로 결정하여야 한다.

10 부산상사는 직접노동시간을 기준으로 제조간접원가를 예정배부하고 있다. 당기 제조간접원가 예산액은 5,000,000원이며, 실제 발생액은 5,200,000원이다. 예산조업도는 1,000,000시간이며, 실제조업도는 1,300,000시간이다. 당기의 제조간접원가 배부차액은 얼마인가?

① 1,200,000원 (과대배부)   ② 1,300,000원 (과대배부)
③ 1,200,000원 (과소배부)   ④ 1,300,000원 (과소배부)

11 다음은 세금과공과금을 나열한 것이다. 다음 중 법인세법상 손금불산입 항목은 모두 몇 개인가?

• 업무무관자산의 재산세	• 교통사고벌과금
• 폐수배출부담금	• 법인 사업소분 주민세
• 국민연금 사용자 부담분	• 지급명세서미제출가산세

① 2개　　　　② 3개　　　　③ 4개　　　　④ 5개

12 다음 중 법인세법상 결손금과 이월결손금에 대한 설명으로 가장 옳지 않은 것은?

① 이월결손금을 공제할 때는 먼저 발생한 사업연도의 결손금부터 순차적으로 공제한다.
② 원칙적으로 중소기업은 법정요건을 충족하면 당기의 결손금에 대하여 직전 사업연도의 소득에 과세된 법인세액을 한도로 소급 공제하여 법인세액을 환급받을 수 있다.
③ 천재지변 등의 사유로 인해 장부·기타 자료가 멸실된 경우를 제외하고는 당해연도의 소득금액을 추계결정할 경우 원칙적으로 이월결손금을 공제하지 않는다.
④ 2025년 사업연도에 발생한 결손금은 10년간 이월하여 공제할 수 있다.

13 다음 중 소득세법상 성실신고확인서 제출사업자가 적용받을 수 없는 세액공제는 무엇인가? (단, 공제요건은 모두 충족하는 것으로 가정한다.)

① 보험료 세액공제　② 의료비 세액공제　③ 교육비 세액공제　④ 월세 세액공제

14 다음 중 부가가치세법상 납세의무에 대한 설명으로 가장 잘못된 것은?

① 청산 중에 있는 내국법인은 계속등기 여부에 불구하고 사실상 사업을 계속하는 경우 납세의무가 있다.
② 영리 목적 없이 사업상 독립적으로 용역을 공급하는 자도 납세의무자에 해당한다.
③ 사업자가 아닌 자가 부가가치세가 과세되는 재화를 개인적 용도로 사용하기 위해 수입하는 경우에는 부가가치세 납세의무가 없다.
④ 부가가치세는 납세의무자와 실질적인 담세자가 일치하지 않는 간접세이다.

15 다음 중 부가가치세법상 공제받지 못할 매입세액이 아닌 것은?

① 공급시기가 속하는 과세기간이 끝난 후 20일 이내에 사업자등록을 신청한 경우 그 공급시기의 매입세액
② 업무무관자산 취득과 관련한 매입세액
③ 비영업용 소형승용차의 구입과 임차 및 유지에 관한 매입세액
④ 건축물이 있는 토지를 취득하여 그 건축물을 철거하여 토지만을 사용하는 경우에 철거한 건축물의 철거비용 관련된 매입세액

PART 2 실 무 편

실무 시험

㈜한국전자(회사코드:1080)는 부동산임대업 및 제조·도소매업을 영위하는 중소기업이며, 당기(제11기) 회계기간은 2025.1.1.~2025.12.31.이다. 전산세무회계 수험용 프로그램을 이용하여 다음 물음에 답하시오.

> **기본 전제**
> - 문제에서 한국채택국제회계기준을 적용하도록 하는 전제조건이 없는 경우, 일반기업회계기준을 적용한다.
> - 문제의 풀이와 답안작성은 제시된 문제의 순서대로 진행한다.

> **입력시 유의사항**
> - 일반적인 적요의 입력은 생략하지만, 타계정 대체거래는 적요번호를 선택하여 입력한다.
> - 세금계산서·계산서 수수 거래 및 채권·채무 관련 거래는 별도의 요구가 없는 한 반드시 기등록된 거래처코드를 선택하는 방법으로 거래처명을 입력한다.
> - 제조경비는 500번대 계정코드를, 판매비와관리비는 800번대 계정코드를 사용한다.
> - 회계처리시 계정과목은 별도제시가 없는 한 등록되어 있는 계정과목 중 가장 적절한 과목으로 한다.
> - 매입매출전표를 입력하는 경우 입력화면 하단의 분개까지 처리하고, 세금계산서 및 계산서는 전자 여부를 입력하여 반영한다.

문제 1 다음 거래에 대하여 적절한 회계처리를 하시오. (12점)

(1) 03월 05일 단기매매 목적으로 주권상장법인인 ㈜순양물산의 보통주 2,000주를 주당 5,000원에 취득하고, 대금은 증권거래수수료 50,000원과 함께 현금으로 지급하였다. (3점)

(2) 07월 30일 ㈜아름전자에 제품을 판매하고 다음과 같이 세금계산서를 발급하였다. 대금은 6월 30일에 선수금으로 2,000,000원을 받았으며, 나머지는 외상으로 하였다. (3점)

전자세금계산서					승인번호		20250730 - 15454645 - 58811886		
공급자	등록번호	105-81-23608	종사업장번호		공급받는자	등록번호	126-87-10121	종사업장번호	
	상호(법인명)	㈜한국전자	성 명	김한국		상호(법인명)	㈜아름전자	성 명	한아름
	사업장주소	충청남도 천안시 동남구 가마골 1길 5				사업장주소	경기도 이천시 가좌로 1번길 21-26		
	업태	제조 외	종목	자동차부품		업태	제조	종목	전자제품
	이메일					이메일			
작성일자		공급가액		세액			수정사유		
2025-07-30		20,000,000원		2,000,000원			해당 없음		
비 고									
월	일	품목	규격	수량	단가		공급가액	세액	비고
07	30	부품					20,000,000원	2,000,000원	
합계금액		현금		수표		어음	외상미수금	위 금액을 (**청구**) 함	
22,000,000원		2,000,000원					20,000,000원		

Chapter 4 최신 기출문제 연습

(3) 08월 20일 당사의 제품 제조에 사용 중인 리스자산(기계장치)의 운용리스계약이 만료되어 리스자산(기계장치)을 인수하고 아래의 같이 전자계산서를 발급받았다. 인수대금은 리스보증금 20,000,000원을 차감한 금액을 보통예금 계좌에서 이체하였다. (3점)

전자계산서					승인번호	20250820 - 15454645 - 58811886		
공급자	등록번호	111-81-12348	종사업장 번호		공급받는자	등록번호	105-81-23608	종사업장 번호	
	상호(법인명)	㈜현대파이넨셜	성 명	데이비드 웹		상호(법인명)	㈜한국전자	성 명	김한국
	사업장 주소	서울특별시 중구 도산대로 1212				사업장 주소	충청남도 천안시 동남구 가마골1길 5		
	업 태	금융업	종 목	리스		업 태	제조	종 목	자동차부품
	이메일					이메일			
작성일자	공급가액				수정사유				
2025-08-20	48,500,000원				해당 없음				
비 고									
월	일	품목	규격	수량	단가	공급가액	비고
08	20	기계장치		1	48,500,000	48,500,000원	
합계금액	현금	수표	어음	외상미수금	위 금액을 (영수) 함
48,500,000원	48,500,000원				

(4) 08월 30일 당사가 보유 중인 매도가능증권(보통주 15,000주, 주당 액면가액 5,000원, 주당 장부가액 7,000원)에 대하여 현금배당(1주당 100원)과 주식배당을 아래와 같이 지급받았으며, 현금배당은 보통예금 계좌로 입금되었다. (3점)

구분	수령액	1주당 공정가치	1주당 발행가액
현금배당	1,500,000원		
주식배당	보통주 1,000주	6,000원	5,000원

PART 2 실 무 편

문제 2 다음 주어진 요구사항에 따라 부가가치세신고서 및 부속서류를 작성하시오. (10점)

(1) 당사는 다음과 같은 부동산 임대차계약서를 작성하고 이와 관련된 전자세금계산서를 기한 내에 모두 발급하였다고 가정한다. 이를 바탕으로 2025년 제1기 부가가치세 예정신고기간(2025.1.1.~2025.3.31.)의 [부동산임대공급가액명세서] 및 [부가가치세신고서]를 작성하시오(단, 간주임대료에 대한 정기예금이자율은 3.5%로 가정하며, 불러온 자료는 무시하고, 과표명세의 작성은 생략할 것). (6점)

부동산임대차계약서						■ 임 대 인 용 □ 임 차 인 용 □ 사 무 소 보 관 용	
부동산의 표시	소 재 지	경기도 이천시 가좌로1번길 21-26 1층					
	구 조	철근콘크리트조	용 도	공장	면 적	80 ㎡ 평	
보 증 금	금 60,000,000원정			월세 1,800,000원정(VAT 별도)			

제1조 위 부동산의 임대인과 임차인의 합의 하에 아래와 같이 계약함.
제2조 위 부동산의 임대차에 있어 임차인은 보증금을 아래와 같이 지불키로 함.

계 약 금	6,000,000 원정은 계약 시에 지불하고
중 도 금	원정은 년 월 일 지불하며
잔 금	54,000,000 원정은 2025 년 2월 1 일 중개업자 입회 하에 지불함.

제3조 위 부동산의 명도는 2025 년 2 월 1 일로 함.
제4조 임대차기간은 2025 년 2 월 1 일부터 2027 년 1 월 31 일까지로 함.
제5조 월세액은 매 월 (말)일에 지불키로 하되, 만약 기일 내에 지불하지 못할 시에는 보증금에서 공제키로 함.
제6조 임차인은 임대인의 승인 하에 계약 대상물을 개축 또는 변조할 수 있으나, 명도 시에는 임차인이 비용 일체를 부담하여 원상복구 하여야 함.
제7조 임대인과 중개업자는 별첨 중개물건 확인설명서를 작성하여 서명·날인하고 임차인은 이를 확인·수령함.
다만, 임대인은 중개물건 확인설명에 필요한 자료를 중개업자에게 제공하거나 자료수집에 따른 법령에 규정한 실비를 지급하고 대행케 하여야 함.
제8조 본 계약에 대하여 임대인의 위약 시는 계약금의 배액을 변상하며, 임차인의 위약 시는 계약금은 무효로 하고 반환을 청구할 수 없음.
제9조 부동산중개업법 제20조 규정에 의하여 중개료는 계약 당시 쌍방에서 법정수수료를 중개인에게 각각 지불하여야 함.

위 계약조건을 확실히 하고 후일에 증하기 위하여 본 계약서를 작성하고 각 1통씩 보관한다.
2024 년   12 월   26 일

임 대 인	주 소	충청남도 천안시 동남구 가마골1길 5					
	사업자등록번호	105-81-23608	전화번호	031-826-6034	성 명	㈜한국전자	㊞
임 차 인	주 소	경기도 고양시 성사동 12					
	사업자등록번호	132-25-99050	전화번호	010-4261-6314	성 명	고양기전	㊞
중 개 업 자	주 소	경기도 이천시 부악로 12			허가번호	XX-XXX-XXX	
	상 호	이천 공인중개사무소	전화번호	031-1234-6655	성 명	박이천	㊞

(2) 다음 자료를 이용하여 2025년 제2기 부가가치세 확정신고기간의 [신용카드매출전표등 수령명세서]를 작성하시오. 단, 모든 거래는 대표이사의 개인명의 신용카드(우리카드, 1234-5522-1111-4562)로 결제하였다. (2점)

거래일자	거래처명 (사업자등록번호)	공급대가	거래목적	업종	과세유형
10월 15일	한국문구 (123-11-12348)	22,000원	사무용품 구입	소매/문구	간이과세자 (세금계산서 발급가능)
10월 21일	한국철도공사 (314-82-10024)	33,000원	서울지사출장	여객운송	일반과세자
11월 08일	삼성디지털프라자 (617-81-17517)	1,650,000원	거래처 선물	도소매	일반과세자
12월 24일	밥도시락 (512-12-15237)	275,000원	당사 직원 점심식대	음식점업	일반과세자

(3) 당사는 수출용 원자재를 ㈜삼진에게 공급하고 구매확인서를 받았다. 다음의 구매확인서를 참조하여 2025년 제1기 부가가치세 확정신고기간의 [내국신용장·구매확인서전자발급명세서]와 [영세율매출명세서]를 작성하시오(단, 회계처리는 생략할 것). (2점)

외화획득용 원료·기재구매확인서						
※ 구매확인서번호 : PKT202500621365						
(1) 구매자 (상호)		㈜삼진				
(주소)		인천시 부평구 부평대로 11				
(성명)		문대원				
(사업자등록번호)		201-81-01218				
(2) 공급자 (상호)		㈜한국전자				
(주소)		충청남도 천안시 동남구 가마골1길 5				
(성명)		김한국				
(사업자등록번호)		105-81-23608				
1. 구매원료의 내용						
(3) HS부호	(4) 품명 및 규격	(5) 단위수량	(6) 구매일	(7) 단가	(8) 금액	(9) 비고
6243550000	t	50 DPR	2025-05-31	USD 6,000	USD 300,000	
TOTAL		50 DPR			USD 300,000	
2. 세금계산서(외화획득용 원료·기재를 구매한 자가 신청하는 경우에만 기재)						
(10) 세금계산서번호	(11) 작성일자	(12) 공급가액	(13) 세액	(14) 품목	(15) 규격	(16) 수량
20250531100000084352462	2025.05.31.	393,000,000원	0원			
(17) 구매원료·기재의 용도명세 : 원자재						
위의 사항을 대외무역법 제18조에 따라 확인합니다.						
				확인일자 2025년 06월 07일		
				확인기관 한국무역정보통신		
				전자서명 1301703632		
제출자 : ㈜삼진 (인)						

문제 3   다음의 결산정리사항을 입력하여 결산을 완료하시오. (8점)

(1) 9월 1일에 현금으로 수령한 이자수익 중 차기연도에 속하는 이자수익 3,000,000원이 포함되어 있다(단, 회계처리 시 음수로 입력하지 말 것). (2점)

(2) 다음은 제2기 부가가치세 확정신고기간의 자료이다. 12월 31일 현재 부가세예수금과 부가세대급금의 정리분개를 수행하시오(납부세액인 경우에는 미지급세금, 환급세액인 경우에는 미수금으로 처리할 것). (2점)

·부가세예수금	25,700,000원	·부가세대급금	20,800,000원
·부가가치세 가산세	500,000원	·예정신고 미환급세액	3,000,000원

(3) 2025년 초 소모품 3,000,000원을 구입하고, 전액 소모품 계정으로 회계처리하였다. 기말 현재 소모품 잔액을 확인해보니 200,000원이 남아있었다. 소모품 사용액 중 40%는 영업부에서 사용하고, 나머지 60%는 생산부에서 사용한 것으로 확인되었다(단, 회계처리 시 음수로 입력하지 말 것). (2점)

(4) 7월 1일에 제조공장에서 사용할 기계장치를 200,000,000원(기계장치 취득용 국고보조금 100,000,000원 수령)에 취득하였다. 기계장치의 내용연수는 5년, 잔존가치는 없으며, 정액법으로 상각한다. 해당 기계장치에 대한 감가상각비를 계상하시오(단, 월할상각하고, 음수로 입력하지 말 것). (2점)

문제 4 원천징수와 관련된 다음의 물음에 답하시오. (10점)

(1) 다음은 기타소득에 대한 원천징수 관련 자료이다. 관련 메뉴를 이용하여 아래의 자료를 입력하고, 원천징수이행상황신고서를 작성하시오(단 세부담 최소화를 가정한다). (3점)

> ※ 다음의 기타소득은 모두 5월 3일에 원천징수 후 지급하였다.
> 1. 정진우(코드 : 101, 국적 : 대한민국, 거주자, 주민등록번호 : 850521-1287902, 고용관계 없음)
>   · 일시적으로 지급한 원고료(문예창작소득에 해당)
>   · 수입금액 : 1,000,000원(필요경비는 확인 불가)
> 2. 김여울(코드 : 201, 국적 : 대한민국, 거주자, 주민등록번호 : 690912-1671720, 고용관계 없음)
>   · 산업재산권 대여료(기타소득)
>   · 수입금액 : 1,500,000원(입증되는 필요경비 1,000,000원)

(2) 다음은 영업부 사원 고민수(사번 : 150, 입사연월일 : 2025년 10월 1일)의 연말정산 관련 자료이다. 당사가 지급한 2025년 귀속 총급여액은 9,200,000원이다. 고민수의 세부담이 최소화되는 방향으로 [연말정산추가자료입력] 메뉴를 이용하여 연말정산을 완료하시오. (7점)

1. 고민수의 급여현황

종전근무지	근무기간	총급여액	공제금액
㈜진양물산 (150-87-00121)	2025.01.01. ~2025.08.31	35,000,000원	국민연금보험료 1,500,000원 국민건강보험료 1,280,000원 장기요양보험료 256,000원 고용보험료 350,000원 소득세 300,000원 지방소득세 30,000원

2. 부양가족현황(기본공제대상자가 아닌 경우에도 "부"로 등록할 것)

관계	나이	성명(주민등록번호)	비고
본인	28세	고민수(971021-1287444)	중소기업 근로자, 무주택 세대주
부	62세	고양철(631012-1649891)	부동산양도소득금액 500,000원, 이자소득금액 35,000,000원
모	61세	김순자(640115-2676852)	일용근로소득금액 10,000,000원
형제	31세	고민율(940105-1769192)	「장애인복지법」상 장애인, 총급여액 4,500,000원

3. 연말정산자료(모두 국세청 연말정산간소화서비스에서 조회한 자료이다)

구분	내역
보험료	· 고민수 : 자동차보험료 600,000원 · 고민율 : 장애인전용보장성보험료 700,000원
교육비	· 고민수 : 직업능력개발훈련시설 수강료 1,500,000원(근로자 수강지원금 500,000원) · 김순자 : 대학교 등록금 3,000,000원 · 고민율 : 장애인 특수교육비 1,000,000원
의료비	· 고민수 : 라식(레이저각막절삭술) 수술비 3,000,000원 · 고민율 : 병원 간병비용 300,000원
월세액	· 임대인 : 김아라(701210-2175453) · 계약면적 : 52㎡ · 유형 : 오피스텔 · 기준시가 : 3억원 · 임대기간 : 2025년 1월 1일~2026년 12월 31일 · 연간 월세액 : 8,400,000원 · 주소지 : 충청남도 천안시 동남구 가마골길 10, 102호
주택마련저축 &퇴직연금	· 주택청약저축(㈜국민은행, 계좌번호 1024521421) 납입금액 : 2,400,000원 · 퇴직연금(㈜신한은행, 계좌번호 110121050) 납입금액 : 1,000,000원 ※ 위 주택청약저축과 퇴직연금은 모두 고민수 본인이 계약하고 납부한 것이다.

문제 5   ㈜한양상사(회사코드:1081)는 전자응용기계 등의 제조·도매업 및 도급공사업을 영위하는 중소기업이며, 당해 사업연도(제18기)는 2025.1.1.~2025.12.31.이다. [법인조정] 메뉴를 이용하여 기장되어 있는 재무회계 장부 자료와 제시된 보충자료에 의하여 해당 사업연도의 세무조정을 하시오. (30점) ※ 회사 선택 시 유의하시오.

> **작성대상서식**
> 1. 소득금액조정합계표 및 명세서
> 2. 기부금조정명세서
> 3. 업무용승용차관련비용명세서
> 4. 가지급금 등의 인정이자조정명세서
> 5. 퇴직연금부담금 등 조정명세서

Chapter 4 최신 기출문제 연습

(1) 다음의 자료를 보고 필요한 세무조정을 [소득금액조정합계표및명세서]에 반영하시오. (6점)

<손익계산서 자료>

계정과목	금액	내용
기업업무추진비	58,000,000원	· 모두 적격증명서류를 수취하였음 · 대표이사의 개인적인 지출분 5,000,000원 포함 · 세법상 기업업무추진비 한도액 43,000,000원
감가상각비 (A기계장치)	7,000,000원	· 전기 감가상각부인액 1,000,000원이 있음 · 세법상 당기 감가상각범위액 9,000,000원
법인세비용	23,000,000원	· 본사 사옥에 대한 재산세 납부액 3,000,000원이 포함됨

(2) 다음 자료를 이용하여 [기부금조정명세서]의 [1.기부금입력] 탭과 [2.기부금 조정] 탭을 작성하시오(단, 기부처의 사업자번호 입력은 생략할 것). (6점)

1. 기부금 등 관련 내역

발생일	금액	지출처	내용
03월 02일	100,000,000원	특례기부금단체	사립대학교 장학금
08월 19일	20,000,000원	특례기부금단체	국방부 헌금
12월 24일	15,000,000원	일반기부금단체	종교단체 기부금

※ 특례기부금은 법인세법 제24조 제2항 1호, 일반기부금은 법인세법 제24조 제3항 1호에 해당한다.

2. 법인세과세표준 및 세액조정계산서상 차가감소득금액은 다음과 같이 가정한다.

결산서상 당기순손익		100,000,000원
소득조정 금액	익금산입	120,000,000원
	손금산입	110,000,000원

※ 기부금에 대한 세무조정 전 금액이다.

3. 2023년도에 발생한 세무상 이월결손금 잔액 15,000,000원이 있다.

(3) 다음은 ㈜한양상사의 당해연도(2025.01.01.~2025.12.31.) 업무용승용차 관련 자료이다. 아래의 제시된 자료만 반영하여 [업무용승용차등록]과 [업무용승용차관련비용명세서]를 작성하고 관련 세무조정을 반영하시오. (6점)

차종	아폴로	카이10
코드	101	102
차량번호	382수3838	160우8325
취득일자	2025.03.10.	2023.01.01.
경비구분	800번대	800번대
사용자 직책	대표이사	부장
임차여부	자가	자가
업무전용자동차 보험가입여부	가입(2025.04.10.~2026.04.10.)	가입(2025.01.01.~2025.12.31.)
운행기록부작성	여	여
출퇴근사용여부	여	여
업무사용거리/총 주행거리	22,000km/22,000km	15,000km/15,000km
취득가액	75,000,000원	40,000,000원
업무용 승용차 관련비용 (2025년 귀속분)	감가상각비 11,250,000원 유류비 3,200,000원 자동차세 800,000원 보험료 1,500,000원	감가상각비 8,000,000원 유류비 2,000,000원 자동차세 450,000원 보험료 1,100,000원

※ 2025년 12월 31일에 160우8325 차량(카이10)을 6,000,000원(공급가액)에 처분하였고, 세금계산서는 적법하게 발급하였다. 처분일 현재 감가상각누계액은 24,000,000원이고, 업무용승용차처분손실은 10,000,000원이다.

(4) 다음의 자료를 이용하여 [가지급금등인정이자조정명세서]를 작성하고 관련 세무조정을 [소득금액조정합계표및명세서]에 반영하시오. (6점)

(1) 차입금의 내용

이자율	차입금	연간 지급이자	비 고
연 12%	40,000,000원	4,800,000원	특수관계인으로부터의 차입금
연 9%	30,000,000원	2,700,000원	비특수관계인(순양은행)으로부터의 차입금
연 7%	20,000,000원	1,400,000원	비특수관계인(순양은행)으로부터의 차입금
계	90,000,000원	8,900,000원	

※ 모두 장기차입금으로서 전년도에서 이월된 자료이다.

(2) 2025.12.31. 현재 업무무관 가지급금 및 관련 이자수령 내역은 다음과 같다.

직책	성명	금전대여일	가지급금	약정이자율	이자수령액(이자수익계상)
대표이사	정삼진	2024.06.13.	20,000,000원	무상	0원

(3) 가중평균차입이율로 계산할 것.

(5) 다음 자료를 이용하여 [퇴직연금부담금등조정명세서]를 작성하고, 관련된 세무조정을 [소득금액조정합계표및명세서]에 반영하시오. 당사는 확정급여형 퇴직연금에 가입하였으며, 전액 신고조정에 의하여 손금산입하고 있다. (6점)

퇴직급여충당금 변동내역	· 전기이월 : 40,000,000원(전기말 현재 한도초과부인액 7,000,000원 있음) · 설정 : 0원			
퇴직급여추계액 내역	· 결산일 현재 정관 및 사규에 의한 임직원 퇴직급여추계액 : 100,000,000원 · 결산일 현재 근로자퇴직급여보장법에 의한 임직원 퇴직급여추계액 : 50,000,000원			
퇴직연금운용자산 변동내역	퇴직연금운용자산			
	기초잔액 당기납부액	70,000,000원 20,000,000원	당기감소액 기말잔액	40,000,000원 50,000,000원
		90,000,000원		90,000,000원
퇴직연금부담금 내역	· 전기자본금과적립금조정명세서(을) 기말잔액에는 퇴직연금부담금 70,000,000원(△유보)가 있다. · 이 중 사업연도에 퇴직자에게 지급한 퇴직연금은 40,000,000원이며 퇴직급여(비용)로 회계처리 하였다.			

2023년 8월 5일 시행
제109회 전산세무회계자격시험

종목 및 등급: 전산세무 1급 - 제한시간 : 90분 -

이론 시험

다음 문제를 보고 알맞은 것을 골라 **이론문제 답안작성** 메뉴에 입력하시오.(객관식 문항당 2점)

> **기본 전제**
> 문제에서 한국채택국제회계기준을 적용하도록 하는 전제조건이 없는 경우, 일반기업회계기준을 적용한다.

01 다음 중 일반기업회계기준상 유형자산에 관한 설명으로 틀린 것은?

① 자산에서 발생하는 미래 경제적 효익이 기업에 유입될 가능성이 매우 높은 경우 유형자산으로 인식한다.
② 유형자산을 가동하기 위해 필요한 장소와 상태에 이르게 하는 데 직접 관련된 원가를 포함하여 취득원가를 산출한다.
③ 유형자산인 건물의 구입 즉시 지출한 내부 관리비용, 청소비용도 유형자산의 취득원가이다.
④ 1년 이상 소요되는 유형자산 건설에 사용된 차입원가는 기간비용으로 처리하는 것이 원칙이나, 일반기업회계기준상 자본화 대상 요건을 충족하면 당해 자산의 취득원가에 산입한다.

02 다음 중 일반기업회계기준상 자본에 관한 설명으로 옳지 않은 것은?

① 기업이 현물을 제공받고 주식을 발행하는 경우에는 특별한 경우가 아니면 제공받은 현물의 공정가치를 주식의 발행금액으로 한다.
② 지분상품을 발행하거나 취득하는 과정에서 발생한 등록비 및 기타 규제 관련 수수료, 법률 및 회계자문 수수료, 주권인쇄비 및 인지세와 같은 여러 가지 비용은 당기손익으로 인식한다.
③ 청약기일이 경과된 신주청약증거금은 신주납입액으로 충당될 금액을 자본조정으로 회계처리하며, 주식을 발행하는 시점에서 자본금과 자본잉여금으로 회계처리한다.
④ 자본잉여금 또는 이익잉여금을 자본금에 전입하여 기존의 주주에게 무상으로 신주를 발행하는 경우에는 주식의 액면금액을 주식의 발행금액으로 한다.

03 다음 중 사채에 관한 설명으로 틀린 것은?

① 사채 액면금액의 차감 계정인 사채할인발행차금에 대해 유효이자율법을 적용하여 상각하고, 그 금액을 이자비용에 가산하도록 규정한다.
② 발행자의 입장에서 사채는 비유동부채로 분류한다.
③ 사채발행비란 사채를 발행하는데 직접 소요된 지출을 말하며, 사채발행가액에서 직접 차감한다.
④ 사채의 조기 상환 시 현금상환액보다 장부금액이 큰 경우 사채상환손실(영업외비용)로 처리한다.

04 2025년 12월 31일 결산일 현재 창고에 있는 기말재고자산을 실사한 결과, 창고에 보관 중인 기말재고자산은 20,000,000원으로 확인되었다. 다음의 추가사항을 고려하여 정확한 기말재고자산을 계산하면 얼마인가?

> · FOB 선적지인도기준에 의하여 매입한 상품 중 결산일 현재 운송 중인 상품 : 4,000,000원
> · 결산일 현재 적송품 3,000,000원 중 60%는 수탁자가 판매하지 아니하고 보관 중이다.
> · 시용매출을 위하여 고객에게 인도한 상품 6,000,000원 중 고객이 구입의사를 표시한 상품은 4,000,000원이다.
> · 당해 회사가 수탁판매를 위하여 창고에 보관하고 있는 미판매 수탁상품 : 5,000,000원

① 22,200,000원   ② 22,800,000원   ③ 23,000,000원   ④ 24,000,000원

05 다음 중 일반기업회계기준에 따른 회계변경에 대한 설명으로 가장 틀린 것은?

① 세법 개정으로 회계처리를 변경해야 하는 경우는 정당한 회계변경이 아니다.
② 회계변경 중 회계정책의 변경은 회계방법이 변경되는 것이므로 소급법을 적용한다.
③ 회계정책의 변경에 따른 누적효과를 합리적으로 결정하기 어려우면 소급법으로 적용한다.
④ 회계추정의 변경은 전진적으로 처리하여 당기와 미래기간에 반영시키는 방법이다.

06 다음 중 공손에 대한 설명으로 옳지 않은 것은?

① 비정상공손은 정상적이고 효율적인 상황에서는 발생되지 않는 것으로 작업자의 부주의나 생산계획의 미비 등으로 인하여 발생되는 것이므로 영업외비용으로 처리한다.
② 정상공손은 효율적인 생산과정에서도 발생하는 공손으로 원가성이 있다고 본다.
③ 공손품 수량을 파악하는 것은 원가관리와 통제를 위한 것이다.
④ 공손품은 생산에 사용된 원재료로부터 남아 있는 찌꺼기나 조각을 말하는데 판매가치가 거의 없다.

07 다음 중 표준원가계산과 관련된 설명으로 옳지 않은 것은?

① 표준원가계산은 변동원가계산제도와 종합원가계산제도에 적용할 수 있으나 전부원가계산제도에서는 적용할 수 없다.
② 표준원가계산은 예산과 실제원가를 기초로 차이를 분석하여 예외에 의한 관리를 통해 효율적인 원가통제가 가능하다.
③ 과학적이고 객관적인 표준원가를 설정하는 것이 쉽지 않고, 표준원가를 설정하는데 시간과 비용이 많이 든다.
④ 표준원가계산제도를 채택하더라도 표준원가와 실제원가가 상당한 차이가 있는 경우에는 표준원가를 실제의 상황에 맞게 조정하여야 한다.

08 다음 중 당기총제조원가에 대한 설명으로 옳지 않은 것은?

① 기초제품보다 기말제품이 더 크면 당기총제조원가는 당기제품제조원가보다 크다.
② 간접재료원가도 당기총제조원가에 포함된다.
③ 기초와 기말에 재공품재고와 제품재고가 없다면, 당기총제조원가는 매출원가와 동일하다.
④ 생산직 사원의 인건비는 당기총제조원가에 포함된다.

09 ㈜하나의 매출총이익률은 40%이다. 다음 자료를 이용하여 ㈜하나의 기초재공품가액을 구하면 얼마인가?

기 초 제 품	4,000,000원	기 말 재 공 품	2,000,000원
기 말 제 품	3,000,000원	직 접 재 료 원 가	5,000,000원
제 조 간 접 원 가	2,500,000원	직 접 노 무 원 가	4,500,000원
당 기 매 출 액	20,000,000원	기 초 재 공 품	(?)

① 1,000,000원　② 2,000,000원　③ 3,000,000원　④ 4,000,000원

10 다음 중 개별원가계산과 종합원가계산에 대한 설명으로 가장 옳은 것은?

① 개별원가계산은 소품종대량생산에 적합한 원가계산이다.
② 개별원가계산은 상대적으로 제조원가 계산이 부정확하다.
③ 종합원가계산은 고객의 주문에 따라 제품을 생산하는 건설업, 조선업 등의 업종에 적합하다.
④ 종합원가계산은 완성품환산량 계산이 필요하다.

11 다음은 법인세법상 부당행위계산 부인에 대한 설명이다. 가장 옳지 않은 것은?

① 특수관계인간 자산을 고가양도한 경우에도 양도자가 법인인 경우 양도한 법인은 별도의 세무조정이 필요하지 않다.
② 금전 대여의 경우 그 시가는 가중평균차입이자율을 원칙으로 한다.
③ 특수관계인과의 거래가 아니더라도 부당한 조세의 감소가 있으면 부당행위계산 부인의 대상이 된다.
④ 금전 대여 등 일정한 거래에서 시가와 거래가액의 차액이 3억원 이상이거나 시가의 5% 이상인 경우에 부당행위계산의 부인이 적용된다.

Chapter 4 최신 기출문제 연습

12 다음 중 법인세법상 손익의 귀속시기에 관한 설명으로 틀린 것은?

① 내국법인의 각 사업연도 익금과 손금의 귀속 사업연도는 익금과 손금이 확정되는 날이 속하는 사업연도로 한다.
② 임대료 지급기간이 1년을 초과하는 경우 이미 경과한 기간에 대응하는 임대료 상당액과 비용은 이를 각각 해당 사업연도의 익금과 손금으로 한다.
③ 중소기업이 장기할부조건으로 자산을 판매하는 경우에는 장기할부조건에 따라 회수하였거나 회수할 금액과 이에 대응하는 비용을 각각 해당 사업연도의 익금과 손금에 산입할 수 있다.
④ 법인의 수입이자에 대하여 원천징수가 되는 경우로서 기업회계기준에 의한 기간경과분을 결산서에 수익으로 계상한 경우 이자수익으로 인정한다.

13 다음 중 소득세법상 기타소득에 해당하는 서화·골동품 등의 양도소득에 관한 내용으로 가장 옳지 않은 것은? (단, 거주자에 한함)

① 개당, 점당, 조당 양도가액이 1억원 이상인 경우에 과세한다.
② 양도일 현재 생존해 있는 국내 원작자의 작품은 과세하지 않는다.
③ 박물관·미술관에 양도함으로써 발생하는 소득은 비과세한다.
④ 골동품은 제작 후 100년이 넘은 것을 말한다.

14 거주자 유석재 씨는 2025.1.10. 연예인 자격으로 ㈜거성과 2년간 TV 광고출연에 대한 일신전속계약을 체결함과 동시에 전속계약금 2억원을 일시에 현금으로 수령하였다. TV 광고출연과 관련하여 실제로 소요된 필요경비가 없을 때 소득세법상 해당 전속계약금에 관한 설명으로 옳은 것은?

① 전속계약금은 기타소득으로서 2025년에 귀속되는 총수입금액은 2억원이다.
② 전속계약금은 사업소득으로서 2025년에 귀속되는 총수입금액은 1억원이다.
③ 전속계약금은 사업소득으로서 2025년에 귀속되는 총수입금액은 2억원이다.
④ 전속계약금은 기타소득으로서 수령한 금액의 80%는 필요경비로 인정된다.

15 다음 중 부가가치세법상 수정세금계산서의 발급사유와 작성일자를 잘못 연결한 것은?

① 필요적 기재사항 등이 착오로 잘못 기재된 경우 : 당초 세금계산서의 작성일
② 당초 공급한 재화가 환입된 경우 : 당초 세금계산서의 작성일
③ 계약의 해제로 인하여 재화가 공급되지 아니한 경우 : 계약의 해제일
④ 공급가액이 증가가 되거나 차감이 되는 경우 : 증감 사유가 발생한 날

실무 시험

㈜가람산업(회사코드:1090)은 제조·도소매업을 영위하는 중소기업이며, 당기(제11기) 회계기간은 2025.1.1.~2025.12.31.이다. 전산세무회계 수험용 프로그램을 이용하여 다음 물음에 답하시오.

기본 전제
- 문제에서 한국채택국제회계기준을 적용하도록 하는 전제조건이 없는 경우, 일반기업회계기준을 적용한다.
- 문제의 풀이와 답안작성은 제시된 문제의 순서대로 진행한다.

입력시 유의사항
- 일반적인 적요의 입력은 생략하지만, 타계정 대체거래는 적요번호를 선택하여 입력한다.
- 세금계산서·계산서 수수 거래 및 채권·채무 관련 거래는 별도의 요구가 없는 한 반드시 기등록된 거래처코드를 선택하는 방법으로 거래처명을 입력한다.
- 제조경비는 500번대 계정코드를, 판매비와관리비는 800번대 계정코드를 사용한다.
- 회계처리시 계정과목은 별도제시가 없는 한 등록되어 있는 계정과목 중 가장 적절한 과목으로 한다.
- 매입매출전표를 입력하는 경우 입력화면 하단의 분개까지 처리하고, 세금계산서 및 계산서는 전자 여부를 입력하여 반영한다.

문제 1 다음 거래에 대하여 적절한 회계처리를 하시오. (12점)

(1) 02월 01일 당사는 신주 10,000주(액면가액 @5,000원)를 1주당 5,200원에 발행하고, 전액 보통예금 계좌로 납입받았으며, 신주발행비용 600,000원은 현금으로 지급하였다(단, 회사에는 현재 주식발행초과금 잔액이 없는 것으로 가정한다). (3점)

(2) 06월 30일 전기에 수출한 미국 ABC의 외상매출금(USD $20,000)이 전액 회수되어 보통예금 계좌에 입금하였다. 외상매출금과 관련된 회계처리는 일반기업회계기준을 준수하였으며, 관련 환율정보는 다음과 같다. (3점)

구분	1달러당 환율정보
발생 시	1,200원
2024년 12월 31일	1,380원
회수 입금 시(2025년 6월 30일)	1,290원

(3) 10월 18일 원재료를 수입하면서 부산세관으로부터 수입전자세금계산서를 발급받고, 부가가치세 3,000,000원을 현금으로 지급했다(단, 재고자산 관련 회계처리는 생략할 것). (3점)

수입전자세금계산서				승인번호	20251018-15454645-58811886		
공급자	등록번호	121-83-00561	종사업장 번호		등록번호	609-81-02070	종사업장 번호	
	상호 (법인명)	부산세관	성 명	부산세관장	공급받는자	상호 (법인명)	㈜가람산업	성 명	정수나
	사업장 주소	부산시 중구 충장대로 20			사업장 주소	경상남도 창원시 성산구 창원대로 442
	수입신고 번호	1326345678			업 태	제조	종 목	전자제품
	이메일				이메일	

납부일자	과세표준	세액	수정사유
2025.10.18.	30,000,000	3,000,000	해당 없음
비 고			

월	일	품목	규격	수량	단가	공급가액	세액	비고
10	18	원재료				30,000,000	3,000,000	

※과세표준은 관세의 과세가격과 개별소비세, 주세, 교통세 및 농어촌특별세의 합계액으로 한다.

(4) 11월 10일 ㈜순양백화점에 제품을 판매하고 다음의 전자세금계산서를 발급하였다. 대금은 10월 30일에 수령한 계약금을 제외하고 ㈜순양백화점이 발행한 약속어음(만기 12월 31일)으로 받았다. (3점)

전자세금계산서				승인번호	20251110-15454645-58811886		
공급자	등록번호	609-81-02070	종사업장 번호		등록번호	126-87-10121	종사업장 번호	
	상호 (법인명)	㈜가람산업	성 명	정수나	공급받는자	상호 (법인명)	㈜순양백화점	성 명	진화영
	사업장 주소	경상남도 창원시 성산구 창원대로 442			사업장 주소	서울 강남구 테헤란로 98길 12
	업 태	제조	종 목	전자제품	업 태	소매	종 목	잡화
	이메일				이메일	

작성일자	공급가액	세액	수정사유
2025-11-10	80,000,000	8,000,000	해당 없음
비 고			

월	일	품목	규격	수량	단가	공급가액	세액	비고
11	10	전자제품				80,000,000	8,000,000	

합계금액	현금	수표	어음	외상미수금	
88,000,000	8,000,000		80,000,000		위 금액을 (청구) 함

문제 2 다음 주어진 요구사항에 따라 부가가치세신고서 및 부속서류를 작성하시오. (10점)

(1) 2025년 제1기 부가가치세 예정신고 시 누락된 자료는 다음과 같다. 이를 [매입매출전표]에 입력하고 2025년 제1기 확정 [부가가치세신고서]에 반영하시오(단, 분개는 생략하고, 부가가치세신고서 작성 시 전자신고세액공제를 적용할 것). (5점)

- 01월 30일 : 업무용으로 사용할 컴퓨터를 ㈜우람전자(621-81-99503)에서 구입하고, 770,000원(부가가치세 포함)을 법인카드인 삼전카드로 결제하였다(부가가치세 공제요건은 갖추었다).
- 02월 25일 : 아람물산에 상품을 12,000,000원(부가가치세 별도)에 삼성카드로 매출하였으나, 업무상 착오로 예정신고기간에 누락하였다.
- 일반과소신고가산세를 적용하고, 납부지연일수는 91일로 계산하시오.

(2) 다음은 2025년 제2기 부가가치세 예정신고기간(07.01.~09.30.)의 자료이다. 매입매출전표입력은 생략하고, [신용카드매출전표등발행금액집계표]를 작성하시오. (2점)

1. 신용카드 및 현금영수증 매출자료

구분	공급가액	세액
과세분 신용카드 매출	27,500,000원	2,750,000원
과세분 현금영수증 매출	0원	0원
면세분 신용카드 매출	17,300,000원	0원
면세분 현금영수증 매출	6,500,000원	0원

2. 신용카드 매출전표 및 현금영수증 발행분 중 세금계산서를 발급한 금액

구분	공급가액	세액
과세분 신용카드 매출분	4,000,000원	400,000원
과세분 현금영수증 매출분	0원	0원

(3) 당사는 과세 및 면세사업을 겸영하는 사업자이다. 아래의 자료를 이용하여 2025년 제2기 확정신고기간(2025.10.01.~2025.12.31.)에 대한 [공제받지못할매입세액명세서]를 작성하시오. (3점)

(1) 2025년 제2기 확정신고기간의 거래
- 거래처에 보낼 선물을 구입하고 전자세금계산서 1,100,000원(부가가치세 포함)을 발급받았으며, 대금은 현금으로 결제하였다.
- 공장에서 과세·면세사업에 공통으로 사용할 기계장치를 매입하고 전자세금계산서를 발급받았다. 기계장치의 매입대금 22,000,000원(부가가치세 포함)은 보통예금 계좌에서 이체하였다.
(2) 2025년 제2기 예정신고기간의 공통매입분에 대한 매입세액은 1,200,000원이며, 기불공제매입세액은 0원이다.
(3) 2025년 제2기 예정신고기간의 과세매출액은 210,000,000원이며, 면세매출액은 160,000,000원이다.
(4) 2025년 제2기 확정신고기간의 과세매출액은 300,000,000원이며, 면세매출액은 180,000,000원이다.

Chapter 4 최신 기출문제 연습

문제 3   다음의 결산정리사항을 입력하여 결산을 완료하시오. (8점)

(1) 2025년 5월 1일 일시적으로 건물 중 일부를 임대(기간 : 2025년 5월 1일~2026년 4월 30일)하고 1년분 임대료 12,000,000원을 현금으로 받아 선수수익으로 회계처리하였다. 당기분 임대료를 월할로 계산하여 기말 수정분개를 수행하시오(단, 임대료는 영업외수익으로 처리하고, 음수(-)로 회계처리하지 말 것). (2점)

(2) 다음은 당사가 취득한 단기매매증권 관련 자료이다. 결산일의 필요한 회계처리를 하시오. (2점)

- 취득일 : 2024년 8월 1일
- 주식 수 : 800주
- 주당 취득가액 : 20,000원
- 취득 시 지출한 취득수수료 : 1,000,000원
- 2024년 결산일 현재 주당 공정가액 : 20,000원
- 2025년 결산일 현재 주당 공정가액 : 21,000원
- 전기의 단기매매증권 취득 및 평가에 관련된 회계처리는 일반기업회계기준에 따라 적정하게 처리함.

(3) 당기 법인세 총부담세액은 15,000,000원, 법인세분 지방소득세는 1,500,000원이다. 다음 자료를 이용하여 적절한 결산 분개를 하시오(단, 거래처명은 생략할 것). (2점)

계정과목명	거래처명	금액	비고
예수금	창원세무서	1,000,000원	12월 근로소득 원천징수분
	창원구청	100,000원	
선납세금	창원세무서	5,400,000원	법인세 중간예납액
	관악세무서	1,000,000원	이자소득 원천징수분
	관악구청	100,000원	

(4) 결산일 현재 제품의 실지재고를 파악해본 결과 감소한 수량은 전부 비정상 감모손실로 확인되었다. 비정상 재고자산감모손실에 대한 회계처리를 하고, 기말재고 입력 후 결산을 완료하시오. (2점)

- 장부상 수량 : 2,000개
- 실지재고 수량 : 1,950개
- 단위당 취득원가 : 23,000원
- 단위당 공정가액 : 27,000원

PART 2 실 무 편

문제 4 원천징수와 관련된 다음의 물음에 답하시오. (10점)

(1) 다음은 손대수(사번:109, 입사일:2024.01.01.) 사원의 2025년 귀속 연말정산 관련 자료이다. [연말정산추가자료입력] 메뉴에 입력하시오. (7점)

1. 가족사항(모두 동거하며, 생계를 같이한다. 아래에 제시된 자료 외의 다른 소득은 없다)

관계	성명	주민등록번호	소득	비고
본인	손대수	640302-1696825	총급여 10,500만원	세대주
아버지	손준기	420505-1221601	소득 없음	
어머니	최연주	470325-2746892	소득 없음	
배우자	이시아	670515-2232516	사업소득금액 3,000만원	
딸	손아름	010506-4275011	소득 없음	대학생
아들	손민우	070205-3665651	일용근로소득 200만원	고등학생

※ 기본공제대상자가 아닌 경우도 기본공제 "부"로 입력할 것

2. 연말정산 자료

※ 국세청 홈택스 및 기타 증빙을 통해 확인된 자료이며, 별도의 언급이 없는 한 국세청 홈택스 연말정산간소화서비스에서 조회된 자료이다.

구분	내용
보험료	· 본인(손대수) : 보장성보험료 600,000원 · 딸(손아름) : 보장성보험료 500,000원 · 아들(손민우) : 보장성보험료 450,000원
교육비	· 본인(손대수) : 사이버대학교 학비 2,000,000원 · 딸(손아름) : 대학교 학비 5,000,000원 · 아들(손민우) : 방과후과정 수업비 500,000원, 교복구입비 600,000원 (교복구입비는 손대수 신용카드 결제)

의료비	· 본인(손대수) : 라식수술비 2,000,000원
	· 아버지(손준기) : 보청기 구입비 1,000,000원
	· 어머니(최연주) : 질병 치료비 3,550,000원(손대수 신용카드 결제)
	  - 보험업법에 따른 보험회사에서 실손의료보험금 2,000,000원 수령
	· 아들(손민우) : 시력보정용 안경 구입비용 900,000원(손대수 신용카드 결제)
	  - 구입처 : 경성안경(사업자등록번호 605-29-32588)
	  - 의료증빙코드는 기타영수증으로 하고, 상호와 사업자등록번호 모두 입력할 것

신용카드 등 사용액	· 본인(손대수) : 신용카드 사용액 38,000,000원(전통시장/대중교통/도서 등 사용분 없음) · 본인(손대수) : 현금영수증 사용액 5,200,000원(전통시장/대중교통/도서 등 사용분 없음) · 딸(손아름) : 직불카드 사용액 3,100,000원(전통시장/대중교통/도서 등 사용분 없음) · 아들(손민우) : 직불카드 사용액 620,000원(대중교통분 400,000원 포함) ※ 본인(손대수) 신용카드 사용액에는 의료비 지출의 결제액이 포함되어 있다.
유의사항	· 부양가족의 소득공제 및 세액공제 내용 중 손대수가 공제받을 수 있는 내역은 모두 손대수가 공제받는 것으로 한다.

(2) 다음 자료를 [원천징수이행상황신고서]에 직접 입력하여 마감하고, 국세청 홈택스로 직접 전자신고 하시오(단, 제시된 자료 외에는 없는 것으로 한다). (3점)

> (1) 6월 귀속 기타소득(6월 말 지급)
>   · 일시적 강의료 교수수당(3인) 지급 : 2,300,000원(소득세 : 184,000원)
> (2) 6월 귀속 사업소득(6월 말 지급)
>   · 외부 강사(1인)에게 지급된 강사료 : 1,000,000원(소득세 : 30,000원)
> (3) 전월미환급세액 : 87,000원
> (4) 유의사항
>   · [전자신고] → [국세청 홈택스 전자신고변환(교육용)] 순으로 진행한다.
>   · [전자신고]의 [전자신고제작] 탭에서 신고인구분은 2.납세자 자진신고를 선택하고, 비밀번호는 "12341234"로 입력한다.
>   · [국세청 홈택스 전자신고변환(교육용)] → 전자파일변환(변환대상파일선택) → 찾아보기 에서 전자신고용 전자파일을 선택한다.
>   · 전자신고용 전자파일 저장경로는 로컬디스크(C:)이며, 파일명은 "연월일.01.t사업자등록번호"이다.
>   · 형식검증하기 → 형식검증결과확인 → 내용검증하기 → 내용검증결과확인 → 전자파일제출 을 순서대로 클릭한다.
>   · 최종적으로 전자파일 제출하기 를 완료한다.

문제 5 ㈜부산전자(회사코드:1091)는 금속제품 등의 제조·도매업과 도급공사업을 영위하는 중소기업으로 당해 사업연도(제13기)는 2025.1.1.~2025.12.31.이다. [법인조정] 메뉴를 이용하여 기장되어 있는 재무회계 장부 자료와 제시된 보충자료에 의하여 해당 사업연도의 세무조정을 하시오. (30점) ※ 회사 선택 시 유의하시오.

> **작성대상서식**
> 1. 기업업무추진비조정명세서
> 2. 세금과공과금조정명세서
> 3. 대손충당금 및 대손금 조정명세서
> 4. 법인세과세표준 및 세액조정계산서
> 5. 가산세액계산서

(1) 다음 자료를 이용하여 [기업업무추진비조정명세서]를 작성하고 필요한 세무조정을 하시오(단, 세무조정은 각 건별로 입력할 것). (6점)

· 수입금액조정명세서 내역은 다음과 같다.

항목	계정과목	결산서상수입금액	가산	차감	조정후 수입금액
매출	상품매출	1,000,000,000원	–	–	1,000,000,000원
	제품매출	1,500,000,000원	–	–	1,500,000,000원
계		2,500,000,000원	–	–	2,500,000,000원

※ 특수관계인에 대한 제품매출액 350,000,000원과 특수관계인에 대한 상품매출액 150,000,000원이 포함되어 있다.

・ 장부상 기업업무추진비 내역은 다음과 같다.

계정	건당 금액	법인카드사용액	개인카드사용액	합계
기업업무추진비(판)	3만원 초과분	35,280,000원	872,900원	36,152,900원
	3만원 이하분	15,000원	30,000원	45,000원
	합 계	35,295,000원	902,900원	36,197,900원
기업업무추진비(제)	3만원 초과분	29,780,000원	525,000원	30,305,000원
	3만원 이하분	10,000원	25,000원	35,000원
	합 계	29,790,000원	550,000원	30,340,000원

・ 기업업무추진비(판관비, 3만원 초과분, 법인카드 사용액) 중에는 다음 항목이 포함되어 있다.
　－ 대표이사가 개인적 용도의 지출을 법인카드로 결제한 금액 970,000원(1건)
　－ 문화기업업무추진비로 지출한 금액 5,000,000원(1건)
・ 기업업무추진비(제조원가, 3만원 초과분, 개인카드 사용액)에는 경조사비 525,000원(1건)이 포함되어 있다.

(2) 아래 주어진 자료에 의하여 [세금과공과금조정명세서]를 작성하고, 개별 항목별로 세무조정을 하시오(단, 동일한 소득처분도 반드시 각각 세무조정할 것). (6점)

일자	적요	금액
01/28	화물트럭 자동차세	460,000원
02/26	사업소분주민세	800,000원
03/15	토지에 대한 개발부담금	2,100,000원
04/30	법인세분지방소득세 및 농어촌특별세	4,200,000원
07/20	폐수초과배출부담금	3,700,000원
08/20	대표이사 소유 비상장주식 매각 증권거래세	1,600,000원
08/27	주차위반 과태료(업무 관련 발생분)	220,000원
09/30	산재보험 연체료	480,000원
10/10	지급명세서미제출가산세	1,000,000원
12/15	환경개선부담금	440,000원

(3) 다음 자료를 참조하여 [대손충당금및대손금조정명세서]를 작성하고 필요한 세무조정을 하시오. (6점)

1. 당기 대손 처리 내역은 다음과 같고, 모두 대손충당금과 상계하여 처리하였다.

일자	내역	비고
2025.05.29.	㈜대영의 외상매출금 40,000,000원	채무자의 사망으로 회수할 수 없는 것으로 확정된 채권
2025.10.21.	㈜영구의 외상매출금 3,000,000원	회수기일이 1년이 지나지 않은 채권
2025.02.01.	㈜몰라의 부도어음 19,999,000원 대손 확정	부도일부터 6개월 이상 지난 부도어음 20,000,000원

2. 대손충당금 계정 내역

대손충당금

외 상 매 출 금	43,000,000원	전 기 이 월	102,000,000원
받 을 어 음	19,999,000원	당 기 설 정 액	15,000,000원
차 기 이 월 액	54,001,000원		
계	117,000,000원	계	117,000,000원

3. 당기말 채권 잔액

내역	금액	비고
외 상 매 출 금	1,300,000,000원	
받 을 어 음	100,500,000원	
계	1,400,500,000원	

4. 전기말 자본금과 적립금 조정명세서(을) 일부

①과목 또는 사항	②기초잔액	③감 소	④증 가	⑤기말잔액
대손충당금	25,000,000원	25,000,000원	10,000,000원	10,000,000원

5. 기타내역

· 대손설정률은 1%로 가정한다.

(4) 다음의 자료를 이용하여 [자본금과적립금조정명세서] 중 이월결손금계산서 관련 내용만 작성하고, [법인세과세표준및세액조정계산서]를 작성하시오(단, 불러온 자료는 무시하고 새로 입력할 것). (6점)

1. 세무상 결손금내역

사업연도	세무상결손금발생	비고
2011년	130,000,000원	2024년 귀속 사업연도까지 공제된 이월결손금은 50,000,000원이다.
2023년	90,000,000원	2024년 귀속 사업연도까지 공제된 이월결손금은 0원이다.

2. 기타내역

· 기한 내 이월결손금은 당기에 공제하기로 한다.

· 당사는 장부 등 증빙을 10년 이상 보관하고 있다.

· 2025년 결산서상 당기순이익은 100,850,000원, 익금산입은 32,850,000원, 손금산입은 12,950,000원이다.

· 중소기업특별세액감면액은 520,000원, 연구인력개발세액공제액은 200,000원이다(단, 최저한세는 검토하지 않기로 한다).

· 2025년 원천납부세액은 140,000원이 있다.

· 2025년 법인세는 일시에 전액 납부할 예정이며, 현금으로 납부할 예정이다.

(5) 다음 자료를 이용하여 [가산세액계산서]를 작성하시오. (6점)

> 1. 당사가 지출한 금액 중 아래의 항목을 제외한 모든 금액은 법인세법에서 요구하는 세금계산서 등의 적격 증빙서류를 갖추고 있다. 구체적인 내용은 다음과 같다.
>
> | 구분 | 금액 | 비고 |
> |---|---|---|
> | 복리후생비 | 2,900,000원 | 전부 거래 건당 3만원 이하 금액으로 간이영수증을 수취하였다. |
> | 소모품비 | 4,400,000원 | 전부 거래 건당 3만원 초과 금액으로 간이영수증을 수취하였다. |
> | 임차료 | 4,800,000원 | 일반과세자인 임대인에게 임차료를 금융기관을 통해 지급하고 법인세 신고 시 송금사실을 기재한 '경비 등 송금명세서'를 첨부하였다. |
>
> 2. 2025년 1월 지급분에 대한 일용근로소득지급명세서를 경리담당자의 단순 실수로 2025년 3월 10일에 제출하였다. 일용근로자에 대한 임금 지급총액은 30,000,000원이었다.

Chapter 4 최신 기출문제 연습

제110회 2023년 10월 8일 시행
전산세무회계자격시험

종목 및 등급 : **전산세무 1급** - 제한시간 : 90분 -

이론 시험

다음 문제를 보고 알맞은 것을 골라 **이론문제 답안작성** 메뉴에 입력하시오.(객관식 문항당 2점)

> **기본 전제**
> 문제에서 한국채택국제회계기준을 적용하도록 하는 전제조건이 없는 경우, 일반기업회계기준을 적용한다.

01 다음 중 재무제표 작성과 표시의 일반원칙에 대한 올바른 설명이 아닌 것은?

① 재무제표의 작성과 표시에 대한 책임은 회계감사인에게 있다.
② 기업을 청산하거나 경영활동을 중단할 의도가 있지 않은 한 일반적으로 계속기업을 전제로 재무제표를 작성한다.
③ 중요한 항목은 재무제표의 본문이나 주석에 그 내용이 잘 나타나도록 구분하여 표시한다.
④ 기간별 비교가능성을 제고하기 위하여 전기 재무제표의 모든 계량 정보를 당기와 비교하는 형식으로 표시한다.

02 다음 중 무형자산에 대한 설명으로 틀린 것은?

① 교환으로 무형자산을 취득하는 경우 교환으로 제공한 자산의 공정가치로 무형자산의 원가를 측정한다.
② 무형자산의 상각기간은 관계 법령이나 계약에 정해진 경우를 제외하고는 20년을 초과할 수 없다.
③ 무형자산의 합리적인 상각방법을 정할 수 없다면 정률법을 사용한다.
④ 자산의 원가를 신뢰성 있게 측정할 수 있고 미래경제적효익이 기업에 유입될 가능성이 매우 높다면 무형자산을 인식한다.

03 다음 중 퇴직급여 및 퇴직연금의 회계처리에 대한 설명으로 옳은 것은?

① 확정기여형 퇴직연금제도에서 운용되는 자산은 기업이 직접 보유하고 있는 것으로 보아 회계처리한다.
② 확정급여형 퇴직연금제도는 퇴직연금 납입 외 운용수익이 발생하거나 종업원 퇴직 시에는 회계처리 할 것이 없다.
③ 확정기여형 퇴직연금제도에서는 퇴직급여충당부채와 퇴직연금미지급금은 인식하지 않고 퇴직연금운용자산만 인식한다.
④ 확정기여형 퇴직연금에 납부해야 할 기여금은 이미 납부한 기여금을 차감한 후 부채(미지급비용)로 인식한다.

745

PART 2 실 무 편

04 ㈜캉캉은 아래의 조건으로 사채를 발행하였다. 다음 중 사채의 발행방법 및 장부가액, 상각(환입)액, 이자비용의 변동으로 올바른 것은? (단, 사채이자는 유효이자율법에 따라 상각 및 환입한다.)

· 발행일 : 2025년 1월 1일	· 이자는 매년 말 지급
· 액면가액 : 5,000,000원	· 표시이자율 : 연 8%
· 만기 : 3년	· 유효이자율 : 연 10%

	발행방법	장부가액	상각(환입)액	이자비용
①	할인 발행	매년 증가	매년 감소	매년 감소
②	할인 발행	매년 증가	매년 증가	매년 증가
③	할증 발행	매년 감소	매년 감소	매년 증가
④	할증 발행	매년 감소	매년 증가	매년 감소

05 다음 중 자본조정 항목은 몇 개인가?

· 감자차손	· 해외사업환산이익	· 매도가능증권평가손실
· 미처리결손금	· 감자차익	· 주식할인발행차금
· 자기주식처분손실	· 자기주식	

① 1개 ② 2개 ③ 3개 ④ 4개

06 원가행태에 따른 분류 중 아래의 그래프가 나타내는 원가로 적절한 것은?

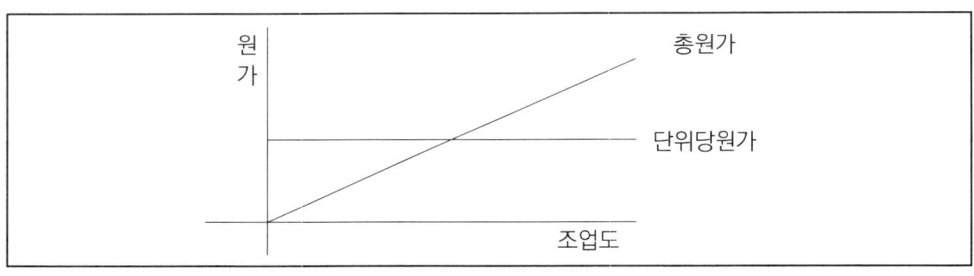

① 직접재료원가 ② 기계장치의 감가상각비
③ 임차료 ④ 공장건물의 보험료

07 ㈜태화의 원가 관련 자료가 아래와 같을 때 직접재료원가는 얼마인가?

· 기초원가	950,000원	· 가공원가	1,200,000원
· 기말재공품	250,000원	· 기초재공품	100,000원
· 매출액은 2,000,000원으로 매출총이익률은 20%			
· 기초제품과 기말제품은 없는 것으로 한다.			

① 400,000원 ② 550,000원 ③ 800,000원 ④ 950,000원

Chapter 4 최신 기출문제 연습

08 다음의 자료에서 '매몰원가'와 최선의 방안 선택에 따른 '기회원가'는 얼마인가?

㈜백골은 10년 전에 취득한 기계장치(취득가액 25,000,000원)의 노후화를 경쟁력 저하의 원인으로 판단하고 아래와 같은 처리방안을 고려하고 있다.

구분	소프트웨어만 변경	장비까지 변경	그대로 사용
기대 현금유입	20,000,000원	80,000,000원	4,000,000원
기대 현금유출	10,000,000원	50,000,000원	1,000,000원

	매몰원가	기회원가		매몰원가	기회원가
①	25,000,000원	50,000,000원	②	25,000,000원	30,000,000원
③	25,000,000원	10,000,000원	④	3,000,000원	10,000,000원

09 다음 중 표준원가계산에 대한 설명으로 틀린 것은?

① 객관적인 표준원가를 설정하는 것이 쉽지 않다.
② 표준원가를 이용하면 제품원가계산과 회계처리가 신속·간편해진다.
③ 표준원가계산은 원가흐름의 가정이 필요 없다.
④ 표준원가계산은 다른 원가 계산방법과는 다르게 성과평가에 이용할 수 없는 단점이 있다.

10 아래의 자료를 이용하여 기말제품재고액을 구하면 얼마인가?

· 기초 대비 기말재공품재고 감소액 : 500,000원   · 당기 발생 총제조원가 : 1,500,000원
· 전기 기말제품재고액 : 400,000원   · 당기 제품 매출원가 : 1,800,000원

① 400,000원   ② 600,000원   ③ 1,500,000원   ④ 2,000,000원

11 다음 중 부가가치세법상 과세 대상에 해당하는 것은?

① 일반적인 용역의 무상공급인 경우
② 사업장별로 그 사업에 관한 모든 권리와 의무를 포괄적으로 승계시키는 경우
③ 자기의 사업과 관련하여 자기생산·취득한 재화를 비영업용 소형승용차로 사용하거나 그 유지를 위하여 사용·소비하는 경우
④ 질권, 저당권 또는 양도 담보의 목적으로 동산, 부동산 및 부동산상의 권리를 제공하는 경우

PART 2 실 무 편

12 다음 중 현행 부가가치세법에 대한 설명으로 틀린 것은?

① 부가가치세는 각 사업장마다 신고 및 납부하는 것이 원칙이다.
② 부가가치세는 세부담을 최종소비자가 하는 것이 원칙이다.
③ 사업상 독립적으로 재화를 공급하는 자는 영리이든 비영리이든 납세의무가 있다.
④ 과세의 대상이 되는 행위 또는 거래의 귀속이 명의일 뿐이고 사실상 귀속되는 자가 따로 있는 경우라 하더라도 명의자에 대하여 부가가치세법을 적용한다.

13 다음 중 부가가치세법상 대손세액공제에 대한 설명으로 틀린 것은?

① 대손세액공제는 그 대손이 확정된 날이 속하는 과세기간의 매출세액에서 공제한다.
② 대손세액공제는 예정신고 시에는 공제되지 아니한다.
③ 대손세액공제를 받은 채권의 전부 또는 일부를 회수한 경우, 회수한 대손금액에 관련된 대손세액을 대손이 확정된 날이 속하는 과세기간의 매출세액에 가산하여 수정신고 하여야 한다.
④ 대손이 확정된 날이 속하는 과세기간의 확정신고 시 공제를 받지 못한 경우 경정청구를 통하여 공제받을 수 있다.

14 다음 중 소득세법상 비과세 근로소득에 해당하지 않는 것은?

① 근로자 또는 그 배우자의 출산이나 6세 이하 자녀의 보육과 관련하여 사용자로부터 받는 급여로서 월 20만원 이내의 금액
② 식사 기타 음식물을 제공받지 않는 근로자가 받는 월 20만원 이하의 식사대
③ 근로자가 천재·지변이나 그 밖의 재해로 인하여 받는 급여
④ 「국민건강보험법」, 「고용보험법」 또는 「노인장기요양보험법」에 따라 국가, 지방자치단체 또는 사용자가 부담하는 보험료

15 다음 중 법인세법상 결산 시 비용으로 계상하지 않았더라도 반드시 손금에 산입하여야 하는 것은?

① 대손충당금
② 업무용승용차의 감가상각비
③ 부도발생일부터 6개월 이상 지난 어음
④ 재고자산평가손실

Chapter 4 최신 기출문제 연습

실무 시험

㈜엣지전자(회사코드:1100)는 제조·도소매업 및 부동산임대업을 영위하는 중소기업이며, 당기(제16기) 회계기간은 2025.1.1.~2025.12.31.이다. 전산세무회계 수험용 프로그램을 이용하여 다음 물음에 답하시오.

> **입력시 유의사항**
> - 일반적인 적요의 입력은 생략하지만, 타계정 대체거래는 적요번호를 선택하여 입력한다.
> - 세금계산서·계산서 수수 거래 및 채권·채무 관련 거래는 별도의 요구가 없는 한 반드시 기등록된 거래처코드를 선택하는 방법으로 거래처명을 입력한다.
> - 제조경비는 500번대 계정코드를, 판매비와관리비는 800번대 계정코드를 사용한다.
> - 회계처리시 계정과목은 별도제시가 없는 한 등록되어 있는 계정과목 중 가장 적절한 과목으로 한다.
> - 매입매출전표를 입력하는 경우 입력화면 하단의 분개까지 처리하고, 세금계산서 및 계산서는 전자 여부를 입력하여 반영한다.

문제 1 다음 거래에 대하여 적절한 회계처리를 하시오. (12점)

(1) 03월 10일 주주총회에서 아래와 같이 배당을 실시하기로 결의하였다(단, 이월이익잉여금(375) 계정을 사용할 것). (3점)

> · 현금배당 20,000,000원   · 주식배당 30,000,000원
> · 이익준비금은 현금배당의 10%를 적립하기로 한다.

(2) 07월 05일 대표이사의 업무용승용차(2,000cc, 5인승)를 장기렌트하기로 하고 아래의 전자세금계산서를 발급받았다. 렌트카비용 정기결제일은 매월 25일이며, 보통예금 계좌에서 자동이체된다. 당사는 렌트카비용에 대하여 임차료 계정을 사용하며, 상대 계정으로는 미지급비용 계정을 사용한다. (3점)

전자세금계산서					승인번호	20250705-15454645-58811886		
공급자	등록번호	178-78-00108	종사업장번호		공급받는자	등록번호	871-87-12345	종사업장번호	
	상호(법인명)	신화캐피탈	성 명	박신화		상호(법인명)	㈜엣지전자	성 명	최엣지
	사업장주소	서울특별시 강남구 서초동 123				사업장주소	부산광역시 해운대구 해운대로 777		
	업 태	임대	종 목	렌트카		업 태	도소매/제조	종 목	전자부품
	이메일					이메일			
작성일자	공급가액	세액	수정사유					
2025/07/05	1,2000,000원	120,000원	해당 없음					
비 고								
월	일	품목	규격	수량	단가	공급가액	세액	비고
07	05	제네실수 G100_23.07				1,200,000원	120,000원	
합계금액	현금	수표	어음	외상미수금	위 금액을 (청구) 함			
1,320,000				1,320,000원				

(3) 08월 13일 미국 PAC사로부터 2024년 11월 1일에 외상으로 매입한 원재료 $10,000에 대한 외상매입금 전액을 보통예금 계좌에서 지급하였다. 단, 일자별 기준환율은 아래와 같고, 2024년의 회계처리는 모두 올바르게 이루어졌다고 가정한다. (3점)

구분	2024년 11월 1일	2024년 12월 31일	2025년 8월 13일
기준환율	1,300원/$	1,200원/$	1,100원/$

(4) 09월 03일 개인소비자 김라인 씨에게 제품을 1,500,000원(부가가치세 별도)에 판매하고 현금을 수령하였다. 다만, 현금영수증 발급 정보를 요구했으나 거부함에 따라 자진발급 처리하였다(단, 거래처는 자진발급(거래처코드 : 00148)으로 할 것). (3점)

Chapter 4 최신 기출문제 연습

문제 2 다음 주어진 요구사항에 따라 부가가치세신고서 및 부속서류를 작성하시오. (10점)

(1) 다음 자료에 의하여 제2기 부가가치세 확정신고기간(10월~12월)에 대한 [부동산임대공급가액명세서]를 작성하시오(단, 정기예금이자율은 프로그램이자율을 적용한다.(4점)

층	호수	상호 (사업자번호)	용도	면적(㎡)	보증금(원)	월세(원)	월관리비(원)
			임대기간				
1층	101	커피숍 (209-05-33613)	점포	60	20,000,000	2,000,000	120,000
			2025.04.01.~2026.03.31.				
1층	102	편의점 (109-07-89510)	점포	60	30,000,000	1,800,000	150,000
			2024.11.01.~2025.12.31.				
2층	201	사무실 (204-23-22037)	점포	120	40,000,000	3,500,000	230,000
			2025.01.01.~2026.12.31.				
합계					90,000,000	7,300,000	500,000

(2) 다음 자료를 이용하여 2025년 제1기 부가가치세 예정신고기간에 대한 [공제받지못할매입세액명세서]의 [공제받지못할매입세액내역] 탭을 작성하시오. 단, 아래의 거래는 모두 예정신고기간에 이루어진 것으로 한다. (4점)

- 면세사업에 사용하기 위하여 소모품(1,100,000원, 부가가치세 포함)을 구입하고 대금은 법인카드(신한카드)로 결제하여 신용카드매출전표를 수령하였다.
- 거래처에 선물하기 위하여 안마의자(3,300,000원, 부가가치세 포함)를 구입하고 전자세금계산서를 수령하였다.
- 거래처에 제공할 골프채 세트(3,300,000원, 부가가치세 포함)를 구입하고 현금영수증을 수령하였다.
- 대표이사가 개인적 용도로 사용하기 위하여 승용차(배기량 990cc)를 20,000,000원(부가가치세 별도)에 구입하고 세금계산서를 발급받았다.
- 공장용 토지의 취득과 관련하여 중개수수료 5,000,000원(부가가치세 별도)을 지출하고 세금계산서를 발급받았다.
- 원재료(공급가액 5,000,000원, 부가가치세 500,000원)를 구입하고 세금계산서를 수취하였다(다만, 세금계산서에 공급받는자의 상호가 누락된 것을 발견하였다).
- 소모품(공급가액 1,000,000원, 부가가치세 100,000원)을 구입하였으나 공급시기에 세금계산서를 수취하지 못하였다. 하지만 2025년 제1기 확정신고기한 이내에 세금계산서를 수취하였다.

(3) 2025년 제1기 부가가치세 확정신고기간의 [부가가치세신고서]를 마감하고 전자신고를 수행하시오(단, 저장된 데이터를 불러와서 사용할 것). (2점)

> 1. 부가가치세신고서와 관련 부속서류는 마감되어 있다.
> 2. [전자신고] → [국세청 홈택스 전자신고변환(교육용)] 순으로 진행한다.
> 3. 전자신고용 전자파일 제작 시 신고인 구분은 2.납세자 자진신고로 선택하고, 비밀번호는 "12345678"로 입력한다.
> 4. 전자신고용 전자파일 저장경로는 로컬디스크(C:)이며, 파일명은 "enc작성연월일.101.v사업자등록번호"이다.
> 5. 최종적으로 전자파일 제출하기 를 완료한다.

문제 3 다음의 결산정리사항을 입력하여 결산을 완료하시오. (8점)

(1) 하나카드에서 2025년 2월 1일에 연 6%의 이자율로 30,000,000원을 차입하였으며 이자는 1년마다 지급하는 것으로 약정하였다(단, 이자 계산은 월할계산하며, 2025년 말 현재 발생이자는 미지급 상태이다). (2점)

(2) 다음은 장기 투자목적으로 보유하고 있는 매도가능증권(시장성 있는 주식)에 관한 자료이다. 결산일 현재 필요한 회계처리를 하시오. (2점)

> · 2024년 04월 25일 보통주 1,000주를 주당 22,000원에 취득했다.
> · 2024년 12월 31일 1주당 시가는 15,000원이었다.
> · 2025년 12월 31일 1주당 시가는 20,000원이다.

(3) 영업부서가 단독으로 사용하는 건물과 토지 관련 지출내역은 아래와 같다. 다음의 자료를 이용하여 당기의 감가상각비를 계상하시오. (2점)

구분	금액	비고
토지 구입액	100,000,000원	· 내용연수 : 20년 · 상각방법 : 정액법(월할상각) · 잔존가치 : 없음 · 영업부서는 해당 건물을 2025년 11월 15일부터 사용하였다.
건물 신축가액	300,000,000원	
취득세	20,000,000원(토지분 취득세 5,000,000원 포함)	
재산세	5,000,000원	
합계	425,000,000원	

(4) 재고자산 실지조사 결과 기말재고자산의 내역은 다음과 같으며, 캉캉상사와 위탁판매계약을 체결하고 당기에 발송한 제품 중 수탁자가 아직 판매하지 않은 제품 2,000,000원은 실지재고조사 결과에 포함되어 있지 않다. (2점)

> ● 원재료 4,000,000원   ● 재공품 6,000,000   ● 제품 5,200,000원

Chapter 4 최신 기출문제 연습

문제 4 원천징수와 관련된 다음의 물음에 답하시오. (10점)

(1) 다음은 영업부서 차정만(사번 : 2, 입사일 : 2025년 4월 1일) 사원의 2025년 연말정산 관련 자료이다. 아래의 자료를 이용하여 [사원등록] 메뉴의 [부양가족명세] 탭을 수정하고, [연말정산추가자료입력] 메뉴를 이용하여 연말정산을 완료하시오. 전(前) 근무지 자료는 [소득명세] 탭에 입력하고, 연말정산 관련 자료는 [부양가족] 탭, [신용카드 등] 탭, [의료비] 탭, [기부금] 탭에 각각 입력하여 [연말정산입력] 탭에 반영하시오. (7점)

1. 부양가족 현황

관계	성명	주민등록번호	소득	비고
본인	차정만	920520-1670561	총급여 6,140만원	세대주
배우자	한정숙	941227-2748852	700만원	모두 일용근로소득에 해당
부	차도진	601110-1698592	부동산임대소득금액 300만원	장애인(장애인복지법)
모	엄혜선	640708-2226325	소득없음	2025년 10월 27일 사망
자녀	차민지	220202-4242823	소득없음	
자녀	차민수	250303-3200391	소득없음	2025년 3월 3일 출생

· 근로자 본인의 세부담 최소화를 가정한다.
· 위 가족들은 모두 내국인으로 근로자 본인과 동거하면서 생계를 같이 하고 있으며, 기본공제 대상자가 아닌 경우에도 부양가족명세에 등록하고 기본공제 '부'로 작성한다.
· 제시된 자료 외의 다른 소득은 없다고 가정한다.

2. 전(前) 근무지 자료는 아래와 같으며, 당사에서 합산하여 연말정산하기로 한다.

· 근무처명 : ㈜우림기획(207-81-08903)
· 총급여액 : 8,400,000원
· 국민연금보험료 : 165,000원
· 장기요양보험료 : 4,020원
· 근무기간 : 2025.1.1.~2025.3.31.
· 건강보험료 : 98,700원
· 고용보험료 : 12,300원

구분		소득세	지방소득세
세액명세	결정세액	128,100원	12,810원
	기납부세액	197,300원	19,730원
	차감징수세액	△69,200원	△6,920원

3. 연말정산 관련 자료

항목	내용
보험료	· 부친 장애인전용 보장성 보험료 : 950,000원 · 모친 보장성 보험료 : 400,000원
교육비	· 자녀 차민지 어린이집 급식비 : 500,000원 · 자녀 차민지 어린이집 방과 후 과정 수업료 : 300,000원 · 본인 차정만 대학원 교육비 : 11,000,000원(학교에서 장학금 8,000,000원 수령)
의료비	· 배우자 출산 병원비용 : 1,400,000원(본인 신용카드 결제) · 배우자 산후조리원 이용비 : 3,800,000원 · 부친 휠체어 구입비용 : 2,700,000원 · 모친 치료목적 병원비 : 3,000,000원(실손의료보험금 2,200,000원 수령)
신용카드 등 사용금액	· 본인 신용카드 사용액 : 12,000,000원(배우자 출산 병원비용 포함) · 배우자 직불카드 사용액 : 2,000,000원(전통시장사용분 300,000원 포함)
기부금	· 본인 대한적십자사 기부금 : 400,000원 · 모친 종교단체 기부금 : 1,000,000원

· 위 모든 자료는 국세청 연말정산간소화서비스 자료이며, 제시된 내용 이외의 사항은 고려하지 않는다.
· 의료기관, 기부처의 상호나 사업자등록번호, 건수는 입력하지 않으며, 기부는 모두 금전으로 한다.

(2) 다음 자료를 이용하여 재무부서 대리 김라인(사번 : 111)의 [퇴직소득자료입력] 및 [원천징수이행상황신고서]를 작성하시오. (3점)

1. 주민등록번호 : 910111-2044109
2. 입사일은 2016년 1월 1일, 퇴사일은 2025년 12월 1일이며, 퇴직사유는 자발적 퇴직으로 처리한다.
3. 퇴사일 현재 퇴직금은 20,000,000원이다.
4. 퇴직금 지급일은 2025년 12월 14일이며, 과세이연계좌로 전액 지급하였다.

연금계좌 취급자	사업자등록번호	계좌번호	입금일
주민은행	201-81-68693	260-014-491234	2025. 12. 14.

문제 5 ㈜영웅물산(회사코드:1101)은 제조·도소매업(통신판매업) 및 건설업을 영위하는 중소기업이며, 당해 사업연도(제14기)는 2025.1.1.~2025.12.31.이다. [법인조정] 메뉴를 이용하여 기장되어 있는 재무회계 장부 자료와 제시된 보충자료에 의하여 해당 사업연도의 세무조정을 하시오. (30점) ※ 회사 선택 시 유의하시오.

Chapter 4 최신 기출문제 연습

작성대상서식
1. 선급비용명세서
2. 업무용승용차관련비용명세서
3. 원천납부세액명세서
4. 퇴직연금부담금조정명세서
5. 기부금조정명세서, 법인세과세표준 및 세액조정계산서

(1) 다음 자료는 당기 보험료 내역이다. [선급비용명세서]를 작성하고, 보험료와 선급비용에 대하여 세무조정하시오(단, 기존에 입력된 데이터는 무시하고 제시된 자료로만 계산하되 세무조정은 각 건별로 할 것). (6점)

1. 보험료 내역(보험료는 모두 전액 일시납입함)

(1) 대표자 사적보험료 : 회사에서 대납

보험사	납입액	보험기간	비고
과거생명	3,600,000원	2025.01.01.~2026.12.31.	보험료(판)로 처리함.

(2) 자동차(판매부서) 보험 내역

보험사	납입액	보험기간	비고
BD화재	1,800,000원	2025.05.01.~2026.04.30.	장부에 선급비용 400,000원 계상

(3) 공장(생산부서) 화재보험 내역

보험사	납입액	보험기간	비고
화나화재	5,000,000원	2025.07.01.~2026.06.30.	장부에 선급비용 2,000,000원 계상

2. 2024년 자본금과적립금조정명세서(을)(전기에 (2), (3)과 관련된 선급비용 내역)

과목	기초잔액	감소	증가	기말
선급비용			1,000,000원	1,000,000원

※ 전기분 선급비용 1,000,000원은 당기에 손금 귀속시기가 도래하였다.

(2) 다음은 ㈜영웅물산의 법인차량 관련 자료이다. 아래 차량은 모두 영업부서에서 출퇴근 및 업무용으로 사용 중이며 임직원전용보험에 가입되어 있다. 다음 자료를 이용하여 [업무용승용차등록] 및 [업무용승용차관련비용명세서]를 작성하고 관련된 세무조정을 하시오(단, 당사는 부동산임대업을 영위하지 않으며, 사용부서 및 사용자직책 입력은 생략할 것). (7점)

구분	내용
코드 : 101 차종 : G80 차량번호 : 462두9636 (운용리스)	· 리스계약기간 : 2023.05.20.~2027.05.19.(보험가입 기간과 동일함) · 월 운용리스 금액 : 1,020,000원(전자계산서 발행됨) · 감가상각비 상당액 : 11,383,200원 · 유류비 : 4,500,000원(부가가치세 포함) · 2025년 운행일지 : 10,000km(업무용 사용거리 8,000km) · 위의 차량 관련 비용 외 다른 항목의 비용은 고려하지 않으며, 전기이월된 감가상각비 한도초과액은 5,027,000원이다.

코드 : 102 차종 : 싼타페 차량번호 : 253러6417 (자가)	· 취득일 : 2022년 12월 10일 · 취득가액 : 38,000,000원(부가가치세 포함) · 감가상각비 계상액 : 7,600,000원 · 유류비 : 800,000원(부가가치세 포함) · 보험료 : 1,200,000원(2025년 귀속분 보험료임) · 자동차세 : 400,000원 · 보험기간 : 2024.12.10.~2025.12.9. 　　　　　　　2025.12.10.~2026.12.9. · 2025년 운행일지 : 미작성
· 주어진 차량 관련 비용 외에 다른 항목은 고려하지 않는다. · 세무조정 유형과 소득처분이 같은 세무조정인 경우, 하나의 세무조정으로 처리한다.	

(3) 다음은 2025년 1월 1일부터 12월 31일까지의 원천징수세액과 관련한 자료이다. 주어진 자료를 이용하여 [원천납부세액명세서(갑)]를 작성하시오(단, 지방세 납세지는 기재하지 말 것). (4점)

적요	원천징수 대상금액	원천징수일	원천징수세율	원천징수의무자	사업자등록번호
정기예금 이자	8,000,000원	04/25	14%	㈜두리은행	130-81-01236
정기적금 이자	2,000,000원	07/18	14%	㈜주민은행	125-81-54217

(4) 당사는 확정급여형 퇴직연금에 가입하였으며, 그 자료는 다음과 같다. [퇴직연금부담금조정명세서]를 작성하고 세무조정사항을 [소득금액조정합계표]에 반영하시오. (6점)

1. 다음의 퇴직연금운용자산 계정의 기초잔액은 전액 전기에 신고조정에 의하여 손금산입된 금액이다.

퇴직연금운용자산

기초잔액	108,000,000원	당기감소액	9,000,000원
당기납부액	12,000,000원	기말잔액	111,000,000원
	120,000,000원		120,000,000원

　※ 당기 감소액 9,000,000원에 대한 회계처리는 다음과 같다.
　　　(차) 퇴직급여 9,000,000원　(대) 퇴직연금운용자산 9,000,000원

2. 당기 말 현재 퇴직연금운용자산의 당기분에 대하여 손금산입을 하지 않은 상태이며, 기초 퇴직연금충당금 등 및 전기말 신고조정에 의한 손금산입액은 108,000,000원이다.
3. 당기 말 현재 퇴직급여추계액은 140,000,000원이다.
4. 당기 말 현재 재무상태표상 퇴직급여충당부채 잔액은 20,000,000원이고, 당기 자본금과적립금조정명세서(을)에 기재되는 퇴직급여충당부채 한도초과액은 6,000,000원이다.

Chapter 4 최신 기출문제 연습

(5) 다음의 자료를 이용하여 [기부금조정명세서]와 [법인세과세표준및세액조정계산서]를 작성하고 필요한 세무조정을 하시오. (7점)

> 1. 당기 결산서상 당기순이익은 57,000,000원이며, 당기 법인세 비용은 5,000,000원이다.
> 2. 손익계산서에 계상된 기부금 내역은 아래와 같다.
>   (1) 2025년 03월 01일 : 1,000,000원(국방부 : 국방헌금)
>   (2) 2025년 05월 05일 : 500,000원(사회복지법인 은혜 : 사회복지시설 기부금)
>   (3) 2025년 10월 11일 : 600,000원(이천시 향우회 : 지역향우회 행사지원금)
>   (4) 2025년 12월 01일 : 1,200,000원(서울시청 : 천재지변 구호금품)
> 3. 당기 법인세비용 및 기부금 지출 외에 소득금액조정합계표상 계상된 내역은 아래와 같다.
>   (1) 익금산입 : 3,000,000원   (2) 손금산입 : 1,000,000원
> 4. 전기에 발생한 법인세법 제24조 제3항 제1호의 기부금(구(舊)지정기부금) 한도초과액은 6,000,000원이다.
> 5. 선납세금 계정에는 법인세 중간예납세액 3,000,000원, 금융소득에 대한 원천징수세액 1,400,000원이 계상되어 있다.

PART 2 실무편

2023년 12월 2일 시행
제111회 전산세무회계자격시험
A형

종목 및 등급: 전산세무 1급 - 제한시간: 90분 -

이론 시험

다음 문제를 보고 알맞은 것을 골라 **이론문제 답안작성** 메뉴에 입력하시오.(객관식 문항당 2점)

> **기본 전제**
> 문제에서 한국채택국제회계기준을 적용하도록 하는 전제조건이 없는 경우, 일반기업회계기준을 적용한다.

01 다음 중 재고자산에 대한 설명으로 옳지 않은 것은?

① 매입한 상품 중 선적지 인도기준에 의해 운송 중인 상품은 구매자의 재고자산에 포함된다.
② 위탁판매를 위해 수탁자가 보관 중인 상품은 수탁자의 재고자산에 포함된다.
③ 저가법으로 평가 시 발생한 재고자산 평가손실은 매출원가에 가산하며 재고자산의 차감계정으로 표시한다.
④ 영업활동을 수행하는 과정에서 발생하는 정상적인 감모손실은 매출원가로 처리한다.

02 다음의 자본내역을 바탕으로 자기주식(취득가액 : 1주당 50,000원) 100주를 1주당 80,000원에 처분한 경우 재무상태표상 자기주식처분이익 잔액은 얼마인가? 단, 다음 자료는 자기주식 처분 전 자본내역이다.

• 보통주 자본금 : 99,000,000원(9,900주, 주당 10,000원)			
• 자기주식처분손실	1,000,000원	• 자기주식	5,000,000원
• 감자차손	1,300,000원	• 미처분이익잉여금	42,000,000원

① 1,000,000원   ② 2,000,000원   ③ 3,000,000원   ④ 4,000,000원

Chapter 4 최신 기출문제 연습

03 다음 중 당기에 취득한 유가증권을 매도가능증권으로 분류하는 경우와 단기매매증권으로 분류하는 경우 각각 당기 재무제표에 미치는 영향으로 알맞게 짝지어진 것은?

- 1주당 취득가액   10,000원
- 1주당 기말 평가액   8,000원
- 취득 주식 수   3,000주
- 취득 시 발생한 거래 수수료   55,000원

	매도가능증권		단기매매증권	
①	(−)6,000,000원	기타포괄손익	(−)6,055,000원	당기손익
②	0원	기타포괄손익	(−)6,055,000원	당기손익
③	0원	당기손익	(−)6,000,000원	당기손익
④	(−)6,055,000원	기타포괄손익	(−)6,055,000원	당기손익

04 다음 중 유형자산의 취득원가를 증가시키는 항목에 포함되지 않는 것은?

① 유형자산과 관련하여 새로운 고객층을 대상으로 영업을 하는데 소요되는 직원 교육훈련비
② 설계와 관련하여 전문가에게 지급하는 수수료
③ 유형자산이 정상적으로 작동되는지 여부를 시험하는 과정에서 발생하는 원가
④ 취득세, 등록면허세 등 유형자산의 취득과 직접 관련된 제세공과금

05 다음 중 아래의 이익잉여금처분계산서에 대한 설명으로 옳지 않은 것은? 단, 제8기의 기말 자본금은 3억원, 이익준비금 잔액은 10,000,000원이며, 상법 규정에 따른 최소한의 이익준비금만 적립하기로 한다.

이익잉여금처분계산서	
제8기 2025.01.01.~2025.12.31.까지	
처분예정일 : 2026.03.12.	(단위 : 원)

과 목	금 액	
I. 미처분이익잉여금		108,000,000
1. 전기이월미처분이익잉여금	40,000,000	
2. 전기오류수정이익	8,000,000	
3. 당기순이익	60,000,000	
II. 임의적립금 등의 이입액		10,000,000
1. 결손금보전적립금	10,000,000	
III. 이익잉여금처분액		(B)
1. 이익준비금	(A)	
2. 현금배당	30,000,000	
3. 주식할인발행차금	5,000,000	
IV. 차기이월 미처분이익잉여금		80,000,000

① 2025년에 전기오류수정사항을 발견했으며 이는 중대한 오류에 해당한다.
② 2025년도 손익계산서상 당기순이익은 108,000,000원이다.
③ (B)의 이익잉여금처분액 총액은 38,000,000원이다.
④ 2025년 재무상태표상 주식발행초과금 잔액은 없다.

06 다음 중 원가 집계과정에 대한 설명으로 틀린 것은?

① 당기총제조원가는 재공품계정의 대변으로 대체된다.
② 당기제품제조원가(당기완성품원가)는 제품계정의 차변으로 대체된다.
③ 당기제품제조원가(당기완성품원가)는 재공품계정의 대변으로 대체된다.
④ 제품매출원가는 매출원가계정의 차변으로 대체된다.

07 ㈜세민의 보조부문에서 발생한 변동제조간접원가는 3,000,000원, 고정제조간접원가는 5,000,000원이며, 제조부문의 기계시간 관련 자료는 다음과 같다. 이중배분율법에 의하여 보조부문의 제조간접원가를 제조부문에 배분할 경우 수선부문에 배분될 제조간접원가는 얼마인가?

구분	실제기계시간	최대기계시간
조립부문	5,400시간	8,800시간
수선부문	4,600시간	7,200시간

① 2,900,000원　　② 3,350,000원　　③ 3,500,000원　　④ 3,630,000원

08 다음의 정상개별원가계산의 배부차이 조정 방법 중 당기순이익에 미치는 영향이 동일한 것끼리 짝지어진 것은? 단, 기말재고가 있는 것으로 가정한다.

가. 총원가비례배분법	나. 원가요소별 비례배분법
다. 매출원가조정법	라. 영업외손익법

① 가, 다　　② 나, 라　　③ 다, 라　　④ 모두 동일

09 다음 중 공손에 대한 설명으로 틀린 것은?

① 정상공손은 정상품을 생산하기 위하여 어쩔 수 없이 발생하는 계획된 공손이다.
② 비정상공손은 통제할 수 없으므로 제품원가로 처리될 수 없다.
③ 기말재공품이 품질검사를 받지 않았다면, 정상공손원가는 모두 완성품에만 배부된다.
④ 정상공손은 단기적으로 통제할 수 없으므로 정상품원가에 가산된다.

Chapter 4 최신 기출문제 연습

10 ㈜성심은 단일 종류의 제품을 대량 생산하고 있다. 다음 자료를 바탕으로 평균법에 의한 기말재공품원가를 구하면 얼마인가? 단, 직접재료원가는 공정 초기에 모두 투입하고, 가공원가는 공정 전반에 걸쳐 균등하게 발생하며 공손품원가를 정상품의 제조원가에 포함하여 처리한다.

> · 기초재공품 : 300개(완성도 60%), 직접재료원가 120,000원, 가공원가 200,000원
> · 당기착수 : 900개, 직접재료원가 314,400원, 가공원가 449,750원
> · 당기완성품 : 1,000개
> · 기말재공품 : 100개(완성도 50%)
> · 정상공손은 완성품 수량의 10%이며, 품질검사는 공정의 완료시점에 실시한다.

① 64,450원　　② 74,600원　　③ 92,700원　　④ 927,000원

11 다음 중 부가가치세법상 영세율에 대한 설명으로 잘못된 것은?

① 영세율은 원칙적으로 거주자 또는 내국법인에 대하여 적용하며, 비거주자 또는 외국법인의 경우는 상호주의에 의한다.
② 선박 또는 항공기에 의한 외국항행용역의 공급은 영세율을 적용한다.
③ 수출을 대행하고 수출대행수수료를 받는 수출대행용역은 영세율에 해당한다.
④ 영세율을 적용받는 경우 조기환급이 가능하다.

12 다음 중 아래의 사례에 적용될 부가가치세법상 환급에 대한 설명으로 옳은 것은? 단, 조기환급에 해당하는 경우 조기환급신고를 하기로 한다.

> ㈜부천은 법정신고기한 내에 2025년 제2기 부가가치세 예정신고를 마쳤으며, 매출세액은 10,000,000원, 매입세액은 25,000,000원(감가상각자산 매입세액 20,000,000원 포함)으로 신고서상 차가감하여 납부(환급)할 세액은 (-)15,000,000원이다.

① 예정신고기한이 지난 후 30일 이내에 15,000,000원이 환급된다.
② 예정신고 시 환급세액은 환급되지 않으므로 2025년 제2기 확정신고 시 예정신고미환급세액으로 납부세액에서 '차감한다.
③ 환급세액에 매입세액 중 고정자산 매입세액의 비율을 곱하여 산출되는 12,000,000원만 환급된다.
④ 예정신고기한이 지난 후 15일 이내에 15,000,000원이 환급된다.

13 다음 중 소득세법상 기타소득에 대한 설명으로 틀린 것은?

① 원천징수된 기타소득금액의 연간 합계액이 300만원 이하인 경우 종합과세를 선택할 수 있다.
② 기타소득금액이 건당 5만원 이하인 경우 납부할 기타소득세는 없다.
③ 복권당첨소득이 3억원을 초과하는 경우 그 당첨소득 전체의 30%를 원천징수한다.
④ 기타소득의 유형과 유사한 소득이라 하더라도 그 소득이 사업의 형태를 갖추고 계속적, 반복적으로 발생되는 경우 사업소득에 해당한다.

14 다음 중 법인세법상 기업업무추진비에 대한 설명으로 틀린 것은?

① 기업업무추진비에 해당하는지 여부는 계정과목의 명칭과 관계없이 그 실질 내용에 따라 판단한다.

② 현물기업업무추진비는 시가와 장부가액 중 큰 금액으로 평가한다.

③ 특수관계가 없는 자와의 거래에서 발생한 채권을 조기에 회수하기 위하여 일부를 불가피하게 포기하는 경우 기업업무추진비에 해당하지 않는다.

④ 접대행위가 발생하였으나 해당 금액을 장기 미지급하였을 경우 그 지급한 날이 속하는 사업연도의 기업업무추진비로 손금 처리한다.

15 다음 중 법인세법상 손익귀속시기에 관한 설명으로 가장 옳지 않은 것은?

① 법인의 수입이자에 대하여 기업회계기준에 의한 기간 경과분을 결산서에 수익으로 계상한 경우에는 원천징수 대상인 경우에도 이를 해당 사업연도의 익금으로 한다.

② 중소기업의 계약기간 1년 미만인 건설의 경우에는 수익과 비용을 각각 그 목적물의 인도일이 속하는 사업연도의 익금과 손금에 산입할 수 있다.

③ 용역제공에 의한 손익 귀속사업연도 판단 시 기업회계기준에 근거하여 인도기준으로 회계처리한 경우에는 이를 인정한다.

④ 자산을 위탁판매하는 경우에는 그 수탁자가 매매한 날이 속하는 사업연도의 익금으로 한다.

Chapter 4 최신 기출문제 연습

실무 시험

㈜기백산업(회사코드:1110)는 제조·도소매업을 영위하는 중소기업으로 당기(제12기) 회계기간은 2025.1.1.~2025.12.31.이다. 전산세무회계 수험용 프로그램을 이용하여 다음 물음에 답하시오.

기본 전제
- 문제에서 한국채택국제회계기준을 적용하도록 하는 전제조건이 없는 경우, 일반기업회계기준을 적용한다.
- 문제의 풀이와 답안작성은 제시된 문제의 순서대로 진행한다.

입력시 유의사항
- 일반적인 적요의 입력은 생략하지만, 타계정 대체거래는 적요번호를 선택하여 입력한다.
- 세금계산서·계산서 수수 거래 및 채권·채무 관련 거래는 별도의 요구가 없는 한 반드시 기등록된 거래처코드를 선택하는 방법으로 거래처명을 입력한다.
- 제조경비는 500번대 계정코드를, 판매비와관리비는 800번대 계정코드를 사용한다.
- 회계처리시 계정과목은 별도제시가 없는 한 등록되어 있는 계정과목 중 가장 적절한 과목으로 한다.
- 매입매출전표를 입력하는 경우 입력화면 하단의 분개까지 처리하고, 세금계산서 및 계산서는 전자 여부를 입력하여 반영한다.

문제 1 다음 거래에 대하여 적절한 회계처리를 하시오. (12점)

(1) 02월 10일 당사의 제품을 ㈜서강에게 5,500,000원(부가가치세 포함)에 판매하고 ㈜서강에게 지급해야 할 미지급금 2,000,000원을 제품 대금과 상계하기로 상호 합의하였으며, 나머지 금액은 10일 뒤 수령하기로 하였다. (3점)

전자세금계산서					승인번호		20250210-15454645-58811886		
공급자	등록번호	105-81-23608	종사업장 번호		공급받는자	등록번호	215-87-00864	종사업장 번호	
	상호 (법인명)	㈜기백산업	성 명	최기백		상호 (법인명)	㈜서강	성 명	서강준
	사업장 주소	서울특별시 동작구 여의대방로 28				사업장 주소	서울특별시 구로구 구로동 123		
	업 태	제조/도소매	종 목	자동차부품		업 태	제조	종 목	금형
	이메일					이메일			
작성일자		공급가액		세액			수정사유		
2025-02-10		5,000,000		500,000			해당 없음		
비 고			당사 미지급금 3,000,000원 대금 일부 상계						
월	일	품목	규격	수량	단가	공급가액	세액		비고
02	10	자동차부품		10	500,000	5,000,000	500,000		
합계금액		현금		수표		어음	외상미수금	위 금액을 (청구) 함	
5,500,000		2,000,000					3,500,000		

(2) 04월 11일 제조부에서 사용하던 기계장치가 화재로 인해 소실되어 동일 날짜에 ㈜조은손해보험으로부터 보험금을 청구하여 보험금 12,000,000원을 보통예금 계좌로 입금받았다. 해당 기계장치 관련 내용은 다음과 같고, 소실 전까지의 관련 회계처리는 적정하게 이루어졌다. (3점)

• 기계장치 : 23,000,000원 • 감가상각누계액 : 8,000,000원 • 국고보조금 : 5,000,000원

(3) 08월 31일 단기매매 목적으로 보유 중인 주식회사 최강의 주식(장부가액 25,000,000원)을 전부 20,000,000원에 매각하였다. 주식 처분 관련 비용 15,000원을 차감한 잔액이 보통예금 계좌로 입금되었다. (3점)

(4) 09월 26일 당사는 수출업자인 ㈜신화무역과 직접 도급계약을 체결하여 수출재화에 대한 임가공용역(공급가액 13,000,000원)을 제공하고, 이에 대한 대금은 다음 달 말일에 받기로 하였다(단, 세금계산서는 부가가치세 부담을 최소화하는 방향으로 전자 발행하였으며, 매출은 용역매출 계정을 사용하고, 서류번호 입력은 생략한다). (3점)

문제 2 다음 주어진 요구사항에 따라 부가가치세신고서 및 부속서류를 작성하시오. (10점)

(1) ㈜기백산업은 2025년 제1기 부가가치세 확정신고를 기한 내에 정상적으로 마쳤으나, 신고기한이 지난 후 다음의 오류를 발견하여 정정하고자 한다. 아래의 자료를 이용하여 [매입매출전표입력]에서 오류사항을 수정 또는 입력하고 제1기 확정신고기간의 [부가가치세신고서(1차 수정신고)]와 [과세표준및세액결정(경정)청구서]를 작성하시오. (7점)

1. 오류사항
   · 06월 15일 : 전자세금계산서를 발급한 외상매출금 2,200,000원(부가가치세 포함)을 신용카드(현대카드)로 결제받고, 이를 매출로 이중신고하였다(음수로 입력하지 말 것).
   · 06월 30일 : 영업부의 소모품비 220,000원(부가가치세 포함)을 킹킹상사에 현금으로 지급하고 종이세금계산서를 발급받았으나 이를 누락하였다.
2. 경정청구 이유는 다음과 같다.
   ① 과세표준 : 신용카드, 현금영수증 매출 과다 신고
   ② 매입세액 : 매입세금계산서합계표 단순누락, 착오기재
3. 국세환급금 계좌신고는 공란으로 두고, 전자신고세액공제는 적용하지 아니한다.

Chapter 4 최신 기출문제 연습

(2) 아래의 자료를 이용하여 제2기 부가가치세 예정신고기간에 대한 [신용카드매출전표등 수령명세서]를 작성하시오. (3점)

	· 2025년 7월~9월 매입내역				
구입일자	상호 사업자등록번호	공급대가	증빙	비고	
2025.07.12.	은지상회 378-12-12149	220,000원	현금영수증 (지출증빙)	공급자는 세금계산서 발급이 가능한 간이과세자이다.	
2025.08.09.	가가스포츠 156-11-34565	385,000원	신용카드 (사업용카드)	직원 복리후생을 위하여 운동기구를 구입하였다.	
2025.08.11.	지구본뮤직 789-05-26113	22,000원	신용카드 (사업용카드)	직원 휴게공간에 틀어놓을 음악CD를 구입하였다.	
2025.09.25.	장수곰탕 158-65-39782	49,500원	현금영수증 (소득공제)	직원 회식대	

※ 은지상회를 제외한 업체는 모두 일반과세자이다.
※ 신용카드(사업용카드) 결제분은 모두 국민법인카드(1234-1000-2000-3004)로 결제하였다.

문제 3 다음의 결산정리사항을 입력하여 결산을 완료하시오. (8점)

(1) 영업부의 업무용 차량 보험료 관련 자료는 다음과 같다. 결산일에 필요한 회계처리를 하되, 전기 선급비용에 대한 보험료와 당기 보험료에 대하여 각각 구분하여 회계처리하시오(단, 보험료의 기간 배분은 월할 계산하되, 음수로 입력하지 말 것). (2점)

차량 정보		
- 차종 : F4(5인승, 2,000cc) - 차량번호 : 195호1993		
구분	금액	비고
선급비용	400,000원	전기 결산 시 2025년 귀속 보험료를 선급비용으로 처리하였다.
보험료	1,200,000원	· 보험기간 : 2025.04.01.~2026.03.31. · 법인카드로 결제 후 전액 비용으로 처리하였다.

(2) 아래와 같이 발행된 사채에 대하여 결산일에 필요한 회계처리를 하시오. (2점)

발행일	사채 액면가액	사채 발행가액	표시이자율	유효이자율
2025.01.01.	50,000,000원	47,000,000원	연 5%	연 6%

· 사채의 발행가액은 적정하고, 사채발행비와 중도에 상환한 내역은 없는 것으로 가정한다.
· 사채이자는 매년 12월 31일에 보통예금 계좌에서 이체하여 지급한다.

(3) 실지재고조사법에 따른 기말재고자산 내역은 다음과 같다. (2점)

구분	금액	비고
제품	12,000,000원	롯데백화점에 판매를 위탁했으나 결산일 현재 판매되지 않은 적송품의 제품원가 1,000,000원은 포함되어 있지 않다.
재공품	5,500,000원	-
원재료	3,000,000원	결산일 현재 운송 중인 도착지 인도조건으로 매입한 원재료 2,000,000원은 포함되어 있지 않다.

(4) 결산일 현재 외상매출금 잔액과 미수금 잔액에 대해서 1%의 대손충당금을 보충법으로 설정하고 있다(외상매출금 및 미수금 이외의 채권에 대해서는 대손충당금을 설정하지 않는다). (2점)

문제 4 원천징수와 관련된 다음의 물음에 답하시오. (10점)

(1) 다음 중 기타소득에 해당하는 경우 [기타소득자등록] 및 [기타소득자료입력]을 작성하시오(단, 필요경비율 적용 대상 소득은 알맞은 필요경비율을 적용한다). (4점)

코드	성명	거주구분	주민등록번호	지급내역	지급액 (소득세 및 지방소득세 공제 후)
001	고민중	거주/내국인	771015-1677078	일시적인 원고료	6,384,000원
002	은구슬	거주/내국인	861111-2291015	오디션 대회 상금	19,120,000원
003	박살라	거주/내국인	920909-2634801	계속반복적 배달수당	967,000원
※ 상기 지급액의 귀속월은 2025년 8월이며, 지급연월일은 2025년 8월 5일이다.					

Chapter 4 최신 기출문제 연습

(2) 다음은 영업부 사원 진시진(사번:1014)의 연말정산 관련 자료이다. [사원등록] 메뉴의 [부양가족] 탭을 작성하고, [연말정산추가자료입력] 메뉴의 [부양가족] 탭, [월세,주택임차] 탭 및 [연말정산입력] 탭을 작성하시오(단, 부양가족은 기본공제대상자 여부와 관계없이 모두 등록할 것). (6점)

1. 부양가족

관계	성명	주민등록번호	비고
본인	진시진	850718-2799780	· 총급여액 38,000,000원(종합소득금액 30,000,000원 이하임) · 무주택세대의 세대주
배우자	편현주	900425-1213041	· 사업소득에서 결손금 8,000,000원 발생함 · 장애인복지법에 의한 장애인
아들	편영록	120506-3779214	· 중학교 재학 중 · 아마추어 바둑대회상금 10,000,000원(80% 필요경비가 인정되는 기타소득에 해당하며, 종합소득세 신고는 하지 않음)
딸	편미주	140330-4277711	· 초등학교 재학 중
아버지	진영모	540808-1658241	· 1월 15일 주택을 양도하여 양도소득세를 신고하였으며, 양도소득금액은 2,940,000원이다.

※ 배우자 편현주는 귀농 준비로 별거 중이며, 다른 가족들은 생계를 같이 하고 있다.

2. 연말정산자료간소화자료

2025년 귀속 소득(세액)공제증명서류 : 기본(지출처별)내역
[보장성 보험, 장애인전용보장성보험]

■ 계약자 인적사항

성명	진 시 진	주민등록번호	850718-2******

■ 보장성보험(장애인전용보장성보험)납입내역 (단위 : 원)

종류	상호 사업자번호 종피보험자1	보험종류 증권번호 종피보험자2	주피보험자 종피보험자3		납입금액 계
보장성	**생명 ***-**-*****		850718-2******	진시진	800,000
보장성	**화재보험 주식회사 ***-**-*****		900425-1******	편현주	500,000
장애인전용 보장성	**생명 ***-**-*****		900425-1******	편현주	1,200,000
인별합계금액					2,500,000

2025년 귀속 소득(세액)공제증명서류 : 기본(지출처별)내역 [교육비]

■ 학생 인적사항

성명	편 영 록	주민등록번호	120506-3******

■ 교육비 지출내역 (단위 : 원)

교육비 종류	학교명	사업자번호	납입금액 계
중학교	**중학교	***-**-*****	1,200,000
인별합계금액			1,200,000

2025년 귀속 소득(세액)공제증명서류 : 기본(지출처별)내역 [기부금]

■ 학생 인적사항

성명	편 현 주	주민등록번호	900425-1******

■ 기부금 지출내역 (단위 : 원)

사업자번호	단체명	기부유형	기부금액 합계	공제대상 기부금액	기부장려금 신청금액
-**-**	***	정치자금기부금	1,100,000	1,100,000	0
인별합계금액					1,100,000

부동산 월세 계약서

본 부동산에 대하여 임대인과 임차인 쌍방은 다음과 같이 합의하여 임대차계약을 체결한다.

1. 부동산의 표시

소 재 지	경기도 부천시 부흥로 237, 2002호				
건 물	구조	철근콘크리트	용도	아파트(주거용)	면적	84 ㎡
임 대 부 분	상동, 소재지 전부				

2. 계약내용

제 1 조 위 부동산의 임대차계약에 있어 임차인은 보증금 및 차임을 아래와 같이 지불하기로 한다.

보 증 금	일금 일억팔천만 원정 (₩ 100,000,000)
차 임	일금 육십만 원정 (₩ 1,200,000)은 매월 말일에 지불한다.

제 2 조 임대인은 위 부동산을 임대차 목적대로 사용·수익할 수 있는 상태로 하여 2024년 02월 01일까지 임차인에게 인도하며, 임대차기간은 인도일로부터 2026년 01월 31일까지 24개월로 한다.

...중략...

(갑) 임대인 : 조물주 (520909-2036204) (인)
(을) 임차인 : 진시진 (850718-299780) (인)

Chapter 4 최신 기출문제 연습

문제 5 ㈜소나무물산(회사코드:1111)은 전자부품의 제조·도소매업 및 건설업을 영위하는 중소기업으로 당해 사업연도(제12기)는 2025.1.1.~2025.12.31.이다. [법인조정] 메뉴를 이용하여 기장되어 있는 재무회계 장부 자료와 제시된 보충자료에 의하여 해당 사업연도의 세무조정을 하시오. (30점) ※ 회사 선택 시 유의하시오.

> **작성대상서식**
> 1. 수입금액조정명세서, 조정후 수입금액명세서
> 2. 세금과공과금명세서
> 3. 대손충당금 및 대손금조정명세서
> 4. 업무무관부동산 등에 관련한 차입금이자조정명세서(갑)(을)
> 5. 주식 등 변동상황명세서

(1) 아래의 자료를 이용하여 [수입금액조정명세서] 및 [조정후수입금액명세서]를 작성하고, 이와 관련된 세무조정을 [소득금액조정합계표및명세서]에 반영하시오. (8점)

1. 손익계산서상 수입금액
   - 상품매출(업종코드 : 503013)   1,520,000,000원(수출매출액 150,000,000원 포함)
   - 제품매출(업종코드 : 381004)   918,000,000원
   - 공사수입금(업종코드 : 452106)   685,000,000원

2. 회사는 ㈜카굿즈에 일부 상품을 위탁하여 판매하고 있다. ㈜카굿즈는 2025.12.25. 위탁상품 판매금액 1,500,000원(원가 500,000원)이 누락된 사실을 2026.01.15.에 알려왔다.

3. 회사는 아래와 같이 2건의 장기도급공사를 진행하고 있다.

구분	A현장	B현장
도급자	㈜삼용	지저스 편
공사기간	2024.07.01.~2026.06.30.	2025.02.01.~2026.08.31.
도급금액	1,000,000,000원	500,000,000원
예정총공사원가	800,000,000원	350,000,000원
전기공사원가	200,000,000원	
당기공사원가	400,000,000원	164,500,000원
전기 수익계상금액	250,000,000원	
당기 수익계상금액	450,000,000원	235,000,000원

※ 예정총공사원가는 실제발생원가와 일치하며, 공사원가는 모두 비용으로 계상하였다.
※ 전기 장기도급공사 관련 세무조정은 없었다.

4. 부가가치세 과세표준에는 위 '2'의 위탁상품 판매금액에 대한 부가가치세 수정신고 내용이 반영되어 있다. 손익계산서상 수익과의 차이 원인은 결산서상 선수금으로 처리한 도매업(업종코드 503013)의 공급시기 전에 발행한 세금계산서 10,000,000원과 건설업(업종코드 381004)의 작업진행률 차이 및 사업용 고정자산 매각대금 100,000,000원이다.

(2) 당사의 판매비와관리비 중 세금과공과금의 내용은 다음과 같다. 이를 바탕으로 [세금과 공과금명세서]를 작성하고, 필요한 세무조정을 [소득금액조정합계표및명세서]에 반영하시오(단, 지급처는 생략하고 아래 항목별로 각각 세무조정 할 것). (6점)

일자	금액	적요
03/15	3,000,000원	제조물책임법 위반으로 지급한 손해배상금
04/04	750,000원	종업원 기숙사용 아파트의 재산세
05/31	640,000원	거래처에 대한 납품을 지연하고 부담한 지체상금
06/16	180,000원	업무관련 교통과속 범칙금
07/31	300,000원	본사의 주민세(재산분) 납부금액
08/25	90,000원	산재보험료 가산금
09/30	4,000,000원	본사 공장신축 토지관련 취득세
10/06	800,000원	본사 공장신축 토지에 관련된 개발부담금
11/15	575,000원	폐수초과배출부담금

(3) 다음 자료를 이용하여 [대손충당금및대손금조정명세서]를 작성하고 필요한 세무조정을 하시오. (6점)

1. 당해연도(2025년) 대손충당금 변동내역

내 역	금액	비 고
전기이월 대손충당금	10,000,000원	전기 대손충당금 한도 초과액 : 4,000,000원
회수불가능 외상매출금	7,000,000원	① 24.02.27. : 2,500,000원(소멸시효 완성) ② 24.08.30. : 4,500,000원(거래상대방 파산확정)
당기 설정 대손충당금	5,000,000원	
기말 대손충당금 잔액	8,000,000원	

2. 당기말(2025년) 채권 잔액

내역	금액
외 상 매 출 금	447,000,000원
미 수 금	10,000,000원
합계	457,000,000원

3. 전기 이전에 대손처리한 외상매출금에 대한 대손 요건 미충족으로 인한 유보금액 잔액이 전기 [자본금과적립금조정명세서(을)]에 3,000,000원이 남아있으며, 이는 아직 대손 요건을 충족하지 않는다.

4. 기타내역 : 대손설정률은 1%로 가정한다.

(4) 아래 자료만을 이용하여 [업무무관부동산등에관련한차입금이자조정명세서(갑)(을)]을 작성하고 관련 세무조정을 하시오(단, 주어진 자료 외의 자료는 무시할 것). (6점)

1. 차입금에 대한 이자지급 내역

이자율	지급이자	차입금	비 고
5%	1,000,000원	20,000,000원	채권자 불분명 사채이자(원천징수세액 없음)
6%	3,000,000원	50,000,000원	장기차입금
7%	14,000,000원	200,000,000원	단기차입금

2. 대표이사(서지누)에 대한 업무무관 가지급금 증감내역

일 자	차 변	대 변	잔 액
전기이월	50,000,000원		50,000,000원
2025.02.10.	25,000,000원		75,000,000원
2025.07.20.		20,000,000원	55,000,000원
2025.09.30.		10,000,000원	45,000,000원

3. 회사는 2025년 7월 1일 업무와 관련 없는 토지를 50,000,000원에 취득하였다.

4. 기타사항
  · 자기자본 적수 계산은 무시하고 가지급금등의인정이자조정명세서 작성은 생략한다.
  · 연일수는 365일이다.

(5) 다음의 자료만을 이용하여 [주식등변동상황명세서]의 [주식 등 변동상황명세서] 탭과 [주식(출자지분)양도명세서]를 작성하시오. 단, ㈜소나무물산은 비상장 중소기업으로 무액면주식은 발행하지 않으며, 발행주식은 모두 보통주이고, 액면가액은 주당 5,000원으로 변동이 없다. 또한 당기 중 주식 수의 변동 원인은 양수도 이외에는 없다. (4점)

1. 2024년 말(제11기) 주주명부

성명	주민등록번호	지배주주관계	보유 주식 수	취득일자
임영웅	960718-1726393	본인	17,000주	2012.07.05.
장민호	781220-1608894	없음(기타)	3,000주	2018.09.12.
합계			20,000주	

2. 2025년 말(제12기) 주주명부

성명	주민등록번호	지배주주관계	보유 주식 수	주식 수 변동일
임영웅	960718-1726393	본인	15,000주	
장민호	781220-1608894	없음(기타)	5,000주	2025.08.12.
합계			20,000주	

3. 참고사항
  · ㈜소나무물산의 주주는 위 2명 외에는 없는 것으로 하고, 각 주주의 주민등록번호는 올바른 것으로 가정하며 2024년 말 주주명부 내역은 전년도불러오기 메뉴를 활용한다.
  · 위의 주어진 자료 외에는 입력하지 않는다.

제112회 전산세무회계자격시험

2024년 2월 4일 시행
A형

종목 및 등급 : **전산세무 1급** - 제한시간 : 90분 -

이론 시험

다음 문제를 보고 알맞은 것을 골라 **이론문제 답안작성** 메뉴에 입력하시오. (객관식 문항당 2점)

> **기본 전제**
> 문제에서 한국채택국제회계기준을 적용하도록 하는 전제조건이 없는 경우, 일반기업회계기준을 적용한다.

01 다음 중 일반기업회계기준에 따른 유동부채에 대한 설명으로 틀린 것은?

① 보고기간종료일로부터 1년 이내에 상환되어야 하는 단기차입금 등의 부채는 유동부채로 분류한다.
② 보고기간 후 1년 이상 결제를 연기할 수 있는 무조건의 권리를 가지고 있지 않은 부채는 유동부채로 분류한다.
③ 기업의 정상적인 영업주기 내에 상환 등을 통하여 소멸할 것이 예상되는 매입채무와 미지급비용 등의 부채는 유동부채로 분류한다.
④ 장기차입약정을 위반하여 채권자가 즉시 상환을 요구할 수 있는 채무는 보고기간종료일과 재무제표가 사실상 확정된 날 사이에 상환을 요구하지 않기로 합의하면 비유동부채로 분류한다.

02 다음 중 일반기업회계기준에 따른 수익의 인식에 대한 설명으로 옳지 않은 것은?

① 수강료는 강의 기간에 걸쳐 수익을 인식한다.
② 상품권을 판매한 경우 상품권 발행 시 수익으로 인식한다.
③ 위탁판매의 경우 위탁자는 수탁자가 제3자에게 해당 재화를 판매한 시점에 수익을 인식한다.
④ 재화의 소유에 따른 위험과 효익을 가지지 않고 타인의 대리인 역할을 수행하여 재화를 판매하는 경우에는 판매대금 총액을 수익으로 계상하지 않고 판매수수료만 수익으로 인식한다.

03 다음의 자료를 이용하여 기말자본금을 계산하면 얼마인가?

> 1. 10,000주를 1주당 12,000원에 증자했다.(주식의 1주당 액면금액은 10,000원이며, 주식발행일 현재 주식할인발행차금 10,000,000원이 있다)
> 2. 자본잉여금 10,000,000원을 재원으로 무상증자를 실시했다.
> 3. 이익잉여금 10,000,000원을 재원으로 30%는 현금배당, 70%는 주식배당을 실시했다. (배당일 현재 이익준비금은 자본금의 2분의 1만큼의 금액이 적립되어 있다)
> 4. 전기말 재무상태표상 자본금은 30,000,000원이다.

① 147,000,000원 ② 150,000,000원 ③ 160,000,000원 ④ 167,000,000원

Chapter 4 최신 기출문제 연습

04 다음 중 금융자산·금융부채에 대한 설명으로 알맞은 것을 모두 고르시오.

> 가. 금융자산은 금융상품의 계약당사자가 되는 때에만 재무상태표에 인식한다.
> 나. 제3자에게 양도한 금융부채의 장부금액과 지급한 대가의 차액은 기타포괄손익으로 인식한다.
> 다. 금융자산이나 금융부채의 후속측정은 상각후원가로 측정하는 것이 일반적이다.
> 라. 채무증권의 발행자가 채무증권의 상각후취득원가보다 현저하게 낮은 금액으로 중도상환권을 행사할 수 있는 경우 만기보유증권으로 분류될 수 없다.

① 가, 다   ② 가, 다, 라   ③ 가, 나, 라   ④ 가, 나, 다, 라

05 다음 중 회계추정의 변경 및 오류수정에 대한 설명으로 틀린 것을 고르시오.

① 중대한 오류는 손익계산서에 손익을 심각하게 왜곡시키는 오류를 말한다.
② 회계추정을 변경한 경우 당기 재무제표에 미치는 영향을 주석으로 기재한다.
③ 회계추정의 변경은 전진적으로 처리하며 그 변경의 효과는 당해 회계연도 개시일부터 적용한다.
④ 비교재무제표를 작성하는 경우 중대한 오류의 영향을 받는 회계기간의 재무제표 항목은 재작성한다.

06 아래의 그래프가 표시하는 원가행태와 그 예를 가장 적절하게 표시한 것은?

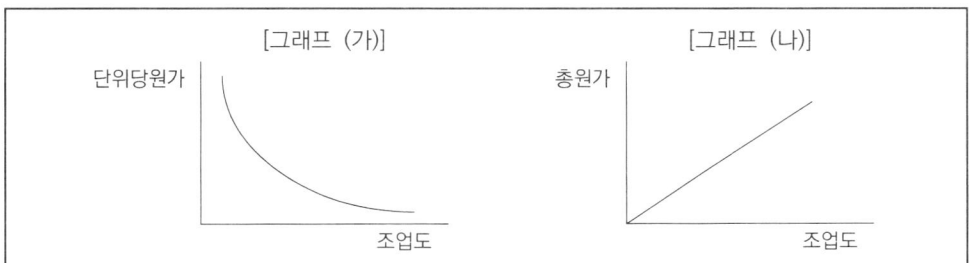

① [그래프 (가)] : 변동원가, 커피 제조의 원두
② [그래프 (나)] : 고정원가, 생산직원의 급여
③ [그래프 (가)] : 고정원가, 기계장치 감가상각비
④ [그래프 (나)] : 변동원가, 공장 임차료

07 ㈜유레카는 동일한 원재료를 투입하여 동일한 제조공정으로 제품 A, B, C를 생산하고 있다. 세 가지 제품에 공통적으로 투입된 결합원가가 850,000원일 때, 순실현가치법으로 배부하는 경우 제품 A의 매출총이익은 얼마인가?

제품	생산량	단위당 판매가격	추가가공원가(총액)
A	1,000개	@2,000원	200,000원
B	800개	@2,500원	500,000원
C	1,700개	@1,000원	없음

① 1,150,000원   ② 1,494,000원   ③ 1,711,000원   ④ 1,800,000원

PART 2 실 무 편

08 당사는 선입선출법에 의한 종합원가계산을 적용하고 있다. 당기 가공원가에 대한 완성품 환산량 단위당 원가가 10원인 경우 다음 자료에 의하여 당기 가공원가 발생액을 계산하면 얼마인가?

| • 기초재공품 : 400단위, 완성도 40% | • 기말재공품 : 700단위, 완성도 20% |
| • 당기착수수량 : 2,200단위 | • 당기완성수량 : 1,900단위 |

① 17,900원   ② 18,300원   ③ 18,500원   ④ 18,800원

09 당사 판매부의 광고선전비를 제조원가로 잘못 회계처리한 경우 재무제표에 미치는 영향으로 옳은 것은? (단, 기말재고자산은 없다고 가정한다.)

① 제품매출원가가 감소된다.   ② 매출총이익이 감소된다.
③ 영업이익이 감소된다.   ④ 당기순이익이 증가된다.

10 회사는 제조간접원가를 직접노무시간을 기준으로 배부하고 있다. 당기 말 현재 실제 제조간접원가 발생액은 100,000원이고, 실제 직접노무시간은 500시간이며, 예정배부율은 시간당 190원일 경우 제조간접원가 배부차이는 얼마인가?

① 10원 과대배부   ② 10원 과소배부   ③ 5,000원 과대배부   ④ 5,000원 과소배부

11 다음 사례에 대한 수정세금계산서 발급 방법으로 적절한 것은 무엇인가?

> 조그만 상가를 임대하고 매월 1,000,000원의 임대료를 받는 김씨는 임대료 세금계산서 발급내역을 검토하다가 7월분 임대료 세금계산서에 "0"이 하나 더 들어가 공급가액이 10,000,000원으로 표시된 것을 발견했다.

① 처음에 발급한 세금계산서의 내용대로 음의 표시를 하여 발급
② 발급 사유가 발생한 날을 작성일로 적고 비고란에 처음 세금계산서 작성일을 덧붙여 적은 후 붉은색 글씨로 쓰거나 음의 표시를 하여 발급
③ 발급 사유가 발생한 날을 작성일로 적고 추가되는 금액은 검은색 글씨로 쓰고, 차감되는 금액은 붉은색 글씨로 쓰거나 음의 표시를 하여 발급
④ 처음에 발급한 세금계산서의 내용대로 세금계산서를 붉은색 글씨로 쓰거나 음의 표시를 하여 발급하고, 수정하여 발급하는 세금계산서는 검은색 글씨로 작성하여 발급

12 다음 중 부가가치세법상 음식점을 운영하는 개인사업자의 의제매입세액 공제율로 옳은 것은? 단, 해당 음식점업의 해당 과세기간의 과세표준은 2억원을 초과한다.

① 2/104   ② 6/106   ③ 8/108   ④ 9/109

Chapter 4 최신 기출문제 연습

13 다음 중 이월결손금 공제의 위치는 어디인가?

이자소득	배당소득	사업소득	근로소득	연금소득	기타소득
(가)					
이자소득금액	배당소득금액	사업소득금액	근로소득금액	연금소득금액	기타소득금액
(나)					
종합소득금액					
(다)					
종합소득과세표준					
산출세액					
(라)					
결정세액					

① (가) ② (나) ③ (다) ④ (라)

14 다음 중 소득세법상 주택임대소득에 대한 설명으로 옳지 않은 것은?

① 주택임대소득에서 발생한 결손금은 부동산 임대소득에서만 공제 가능하다.
② 임대주택의 기준시가가 12억원을 초과하는 경우 1주택자이어도 월 임대소득에 대해 과세한다.
③ 주택임대소득 계산 시 주택 수는 본인과 배우자의 소유 주택을 합산하여 계산한다.
④ 간주임대료는 3주택 이상 소유자에 대해서만 과세하지만 2028년 12월 31일까지 기준시가 2억 이하이면서 40㎡이하인 소형주택에 대해서는 주택 수 산정과 보증금 계산에서 모두 제외한다.

15 다음 중 법인세법상 중간예납에 대한 설명으로 틀린 것은?

① 내국법인으로서 각 사업연도의 기간이 6개월 미만인 법인은 중간예납 의무가 없다.
② 각 사업연도의 기간이 6개월을 초과하는 법인은 해당 사업연도 개시일부터 6개월간을 중간예납 기간으로 한다.
③ 중간예납은 중간예납기간이 지난 날부터 3개월 이내에 납부하여야 한다.
④ 중간예납세액의 계산 방법은 직전 사업연도의 산출세액을 기준으로 계산하거나 해당 중간예납기간의 법인세액을 기준으로 계산하는 방법이 있다.

실무 시험

㈜수아이엔지(회사코드:1120)는 제조·도소매업을 영위하는 중소기업이며, 당기(제19기) 회계기간은 2025.1.1.~2025.12.31.이다. 전산세무회계 수험용 프로그램을 이용하여 다음 물음에 답하시오.

> **기본 전제**
> - 문제에서 한국채택국제회계기준을 적용하도록 하는 전제조건이 없는 경우, 일반기업회계기준을 적용한다.
> - 문제의 풀이와 답안작성은 제시된 문제의 순서대로 진행한다.

> **입력시 유의사항**
> - 일반적인 적요의 입력은 생략하지만, 타계정 대체거래는 적요번호를 선택하여 입력한다.
> - 세금계산서·계산서 수수 거래 및 채권·채무 관련 거래는 별도의 요구가 없는 한 반드시 기등록된 거래처코드를 선택하는 방법으로 거래처명을 입력한다.
> - 제조경비는 500번대 계정코드를, 판매비와관리비는 800번대 계정코드를 사용한다.
> - 회계처리시 계정과목은 별도제시가 없는 한 등록되어 있는 계정과목 중 가장 적절한 과목으로 한다.
> - 매입매출전표를 입력하는 경우 입력화면 하단의 분개까지 처리하고, 세금계산서 및 계산서는 전자 여부를 입력하여 반영한다.

문제 1 다음 거래에 대하여 적절한 회계처리를 하시오. (12점)

(1) 07월 31일 당사가 보유 중인 매도가능증권을 17,000,000원에 처분하고 대금은 보통예금 계좌로 입금되었다. 해당 매도가능증권의 취득가액은 20,000,000원이며, 2024년 말 공정가치는 15,000,000원이다. (3점)

(2) 08월 15일 면세사업에 사용하기 위하여 ㈜정우로부터 비품(공급대가 8,800,000원)을 구입하면서 계약금을 제외한 대금 전액을 설치비용 700,000원(부가가치세 별도)과 함께 보통예금 계좌에서 모두 지급하였다. 당사는 해당 거래 건으로 7월 30일에 계약금으로 1,000,000원을 지급하고 선급금으로 처리하였다. 전자세금계산서는 모두 정상 처리되었다. (3점)

(3) 11월 10일 영업부 사무실을 이전하면서 미래공인중개사사무소(간이과세자, 세금계산서 발급사업자)로부터 부동산 중개용역을 제공받고 중개수수료 1,485,000원(공급대가)을 현대카드로 결제하였다. (3점)

(4) 11월 22일 당사가 ㈜조은은행에 가입한 확정급여형(DB) 퇴직연금에서 퇴직연금운용수익(이자 성격) 5,000,000원이 발생하였다. 회사는 퇴직연금운용수익이 발생할 경우 자산관리수수료를 제외한 나머지 금액을 납입할 퇴직연금과 대체하기로 약정하였다. 퇴직연금에 대한 자산관리수수료율은 납입액의 3%이다(단, 이자소득에 대한 원천징수는 없으며, 해당 수수료는 판매비및일반관리비 항목으로 처리하기로 한다). (3점)

Chapter 4 최신 기출문제 연습

문제 2 다음 주어진 요구사항에 따라 부가가치세신고서 및 부속서류를 작성하시오. (10점)

(1) 다음 자료를 보고 2025년 제2기 예정신고기간의 [수출실적명세서]를 작성하고, [매입매출전표입력]에 반영하시오(단, 영세율구분, 수출신고번호를 입력할 것). (3점)

1. 수출내역

거래처	수출신고번호	선적일자	환가일	통화코드	수출액
산비디아	13528-22-0003162	2025.08.22.	2025.08.25.	USD	$200,000

2. 일자별 기준환율

거래처	수출신고번호	선적일	환가일	수출신고일
산비디아	13528-22-0003162	₩1,360/$	₩1,350/$	₩1,330/$

3. 수출대금은 선적일 이후에 수령하였다.

(2) 다음의 자료를 이용하여 2025년 제2기 부가가치세 확정신고기간(2025.10.01.~2025.12.31.)의 [대손세액공제신고서]를 작성하시오(단, 제시된 금액은 모두 부가가치세가 포함된 금액이며, 기존에 입력된 자료 또는 불러온 자료는 무시할 것). (5점)

	상호 (사업자등록번호)	채권 종류	대손금액	당초 공급일	비고
대손 발생	우주무역 (123-12-45676)	받을어음	24,200,000원	2025.10.27.	부도발생일 2025.11.06.
	세정상사 (345-76-09097)	외상매출금	6,600,000원	2022.11.03.	소멸시효 완성
	한뜻전자 (455-09-39426)	외상매출금	4,950,000원	2022.12.31.	회수기일 2년 이상 경과
	용산전자 (857-23-43082)	외상매출금	11,000,000원	2024.03.02.	파산
	· 세정상사의 외상매출금은 2025년 11월 3일에 법정 소멸시효가 완성되었다. · 한뜻전자의 외상매출금은 회수기일이 2년 이상 경과하여 2025년 12월 1일에 대손금을 비용계상하였다(특수관계인과의 거래는 아님). · 용산전자는 법원으로부터 파산선고를 받아 2025년 10월 1일에 대손 확정되었다.				
대손 채권 회수	상호(사업자등록번호)	채권종류	대손회수액	당초 공급일	비고
	하나무역(987-65-43215)	외상매출금	9,350,000원	2023.10.15.	대손채권 회수
	· 하나무역의 외상매출금은 대손처리하였던 채권의 회수에 해당하며, 대손회수일은 2025년 10월 5일이다.				
유의 사항	· 대손사유 입력 시 조회되지 않는 사유에 대해서는 7.직접입력으로 하고, 비고란의 내용을 그대로 입력한다.				

PART 2 실 무 편

(3) 2025년 제1기 부가가치세 확정신고기간의 [부가가치세신고서]를 마감하여 전자신고를
수행하시오(단, 저장된 데이터를 불러와서 사용할 것). (2점)

> 1. 부가가치세신고서와 관련 부속서류는 마감되어 있다.
> 2. [전자신고] → [국세청 홈택스 전자신고변환(교육용)] 순으로 진행한다.
> 3. 전자신고용 전자파일 제작 시 신고인 구분은 2.납세자 자진신고로 선택하고, 비밀번호는 "12345678"로 입력한다.
> 4. 전자신고용 전자파일 저장경로는 로컬디스크(C:)이며, 파일명은 "enc작성연월일.101.v사업자등록번호"이다.
> 5. 최종적으로 전자파일 제출하기 를 완료한다.

문제 3 다음의 결산정리사항을 입력하여 결산을 완료하시오. (8점)

(1) 결산일 현재 당사가 보유한 외화자산은 다음과 같다. 기말 결산일의 기준환율은 ¥100 = 930원이다. (2점)

> • 계정과목 : 외화예금   • 외화가액 : ¥2,300,000   • 장부가액 : 21,000,000원

(2) 다음 자료를 이용하여 재무제표의 장기성예금에 대하여 결산일의 적절한 회계처리를 하시오. (2점)

> • 은행명 : 큰산은행   • 개설일 : 2023.04.25.   • 예금 종류 : 정기예금
> • 만기일 : 2026.04.25.   • 금액 : 100,000,000원

(3) 연말 재고실사 과정에서 다음의 내용이 누락된 사실을 발견하였다. (2점)

구분	사유	금액
제품	광고 선전 목적으로 불특정다수인에게 전달	8,000,000원
상품	훼손으로 인해 가치를 상실하여 원가성이 없는 상품	2,000,000원

(4) 아래의 전기말 무형자산명세서를 참조하여 당해 결산일의 회계처리를 하시오. (2점)

> · 전기말(2024년 12월 31일) 무형자산명세서
>
> | 취득일자 | 무형자산내역 | 장부가액 | 내용연수 | 비고 |
> |---|---|---|---|---|
> | 2022.01.01. | 개발비 | 20,000,000원 | 5년 | |
>
> · 추가사항 : 2025년 결산일 현재 개발비에 대한 연구는 실패가 확실할 것으로 판단된다.

Chapter 4 최신 기출문제 연습

문제 4 원천징수와 관련된 다음의 물음에 답하시오. (10점)

(1) 다음은 사원 정상수(사번 102)의 부양가족과 관련 자료이다. 본인의 세부담이 최소화되도록 [사원등록] 메뉴의 [부양가족명세] 탭에 부양가족을 입력(기본공제 대상이 아닌 경우 "부"로 입력)하시오. 단, 부양가족은 전부 생계를 같이 하고 있으며, 제시된 자료 외의 내용은 고려하지 않는다. (4점)

1. 부양가족

관계	성명 (주민등록번호)	비고
본인 (세대주)	정상수 (861025-1611198)	총급여액은 100,000,000원이며, 장애인복지법상 장애인이었으나 당해연도 중 완치가 되었다.
배우자	황효림 (870424-2644001)	총급여액은 50,000,000원이며, 부양가족공제를 누구에게 공제하면 유리한지 고민 중이다.
부친	정학수 (590218-1713278)	당해 수령한 노령연금 총액은 5,100,000원이다.
모친	박순자 (630815-2610803)	다주택자로서 보유하였던 주택을 100,000,000원에 양도하였다. (해당 주택의 취득가액은 100,500,000원이다)
딸	정은란 (100410-4723577)	오디션 프로그램에 참가하여 상금 10,000,000원과 2,000,000원 상당의 피아노를 부상으로 받았다.
아들	정은수 (140301-3780665)	EBS 교육방송 어린이 MC로서 프리랜서 소득금액이 5,000,000원 발생하였다.
아들	정은우 (150420-3653989)	어린이 모델로 활동하여 프리랜서 총수입금액이 1,000,000원 발생하였다.

2. 연금소득공제표

총연금액	공제액
350만원 이하	총연금액
350만원 초과 700만원 이하	350만원 + 350만원 초과액의 40%

(2) 다음의 자료를 이용하여 ①소득자별로 각 소득에 따라 [소득자료입력]을 작성하고, ② [원천징수이행상황신고서]를 작성 및 마감하여 ③국세청 홈택스에 전자신고를 수행하시오(단, 당사는 반기별 신고 특례 대상자가 아니며 정기분 신고에 해당한다). (6점)

〈소득자료〉

성명	지급액(세전)	소득내용	비고
박서준	5,000,000원	일시적 강연료 (고용관계 없음)	실제 발생한 필요경비는 없으며, 소득세법상 인정하는 최대 필요경비를 적용한다.
강태주	3,000,000원	학원강사가 지급받은 강의료	인적용역사업소득에 해당한다.

· 위 소득의 귀속연월은 모두 2025년 7월이고, 지급일은 2025년 8월 5일이다.
· 위의 소득자료에 대해서만 작성하고 다른 소득자는 없는 것으로 가정한다.
· 위의 소득자는 모두 내국인 및 거주자에 해당한다.

〈전자신고 관련 유의사항〉
1. [전자신고]→[국세청 홈택스 전자신고변환(교육용)] 순으로 진행한다.
2. [전자신고]에서 전자파일 제작 시 신고인 구분은 2.납세자 자진신고로 선택하고, 비밀번호는 "20260204"로 입력한다.
3. [국세청 홈택스 전자신고변환(교육용)]에서 전자파일변환(변환대상파일선택)> 찾아보기
4. 전자신고용 전자파일 저장경로는 로컬디스크(C:)이며, 파일명은 "작성연월일.01.t4028507977"이다.
5. 형식검증하기 ➡ 형식검증결과확인 ➡ 내용검증하기 ➡ 내용검증결과확인 ➡ 전자파일제출 을 순서대로 클릭한다.
6. 최종적으로 전자파일 제출하기 를 완료한다.

문제 5 ㈜선호물산(회사코드:1121)은 제조·도소매업 및 건설업을 영위하는 중소기업이며, 당해 사업연도(제15기)는 2025.1.1.~2025.12.31.이다. [법인조정] 메뉴를 이용하여 기장되어 있는 재무회계 장부 자료와 제시된 보충자료에 의하여 해당 사업연도의 세무조정을 하시오. (30점) ※ 회사 선택 시 유의하시오.

작성대상서식
1. 기업업무추진비조정명세서(갑)(을)
2. 미상각자산 감가상각조정명세서
3. 가지급금등 인정이자 조정명세서
4. 법인세과표 및 세액조정계산서
5. 자본금과 적립금조정명세서(갑)(을)

Chapter 4 최신 기출문제 연습

(1) 다음은 기업업무추진비와 관련된 자료이다. [기업업무추진비조정명세서]를 작성하고 필요한 세무조정을 하시오. (6점)

> 1. 손익계산서상 기업업무추진비(판)계정의 금액은 20,000,000원이며, 다음의 금액이 포함되어 있다.
>   - 전기 말 법인카드로 기업업무추진비 1,000,000원을 지출하였으나 회계처리를 하지 않아 이를 법인카드 대금 결제일인 2025년 1월 25일에 기업업무추진비로 계상하였다.
> 2. 건설중인자산(당기 말 현재 공사 진행 중)에 배부된 기업업무추진비(도급) 3,000,000원 중에는 대표이사가 개인적으로 사용한 금액으로서 대표이사가 부담해야 할 기업업무추진비 500,000원이 포함되어 있다.
> 3. 당기 수입금액 합계는 2,525,000,000원으로 제품매출 1,385,000,000원, 상품매출 1,140,000,000원이다.
> 4. 전기 이전의 세무조정은 모두 적법하게 이루어진 상황이며, 위 외의 기업업무추진비 지출액은 없다.
> 5. 위 기업업무추진비 중 신용카드 등 미사용금액은 없다.

(2) 다음 자료를 이용하여 [고정자산등록] 메뉴에 고정자산을 등록하고, [미상각자산감가상각조정명세서]를 작성하고 필요한 세무조정을 하시오. (6점)

> [자료1]
>
> | 자산코드 | 구분 | 자산명 | 취득일 | 취득가액 | 전기말 상각누계액 | 제조원가명세서에 반영된 상각비 | 경비구분 |
> |---|---|---|---|---|---|---|---|
> | 1 | 기계장치 (업종코드:13) | 기계장치 | 2022.06.01. | 60,000,000원 | 12,000,000원 | 4,000,000원 | 제조 |
>
> [자료2]
> - 회사는 감가상각방법을 세법에서 정하는 시기에 정액법으로 신고하였다.
> - 회사는 감가상각대상자산의 내용연수를 무신고하였다.
>
> | 구분 | | 기준내용연수 |
> |---|---|---|
> | 기계장치 | | 6년 |
> | 상각률 | 정액법 | 0.166 |
> | | 정률법 | 0.394 |
>
> - 수선비 계정에는 기계장치에 대한 자본적 지출액 10,000,000원이 포함되어 있다.
> - 회사는 2025년 1월 1일 전기 과소상각비 해당액을 아래와 같이 회계처리하였다.
>   (차) 전기오류수정손실(이익잉여금) 3,000,000원 (대) 감가상각누계액(기계장치) 3,000,000원

PART 2 실 무 편

(3) 다음 자료를 이용하여 [가지급금등의인정이자조정명세서]를 작성하고, 필요한 세무조정을 하시오. (6점)

1. 손익계산서상 지급이자 내역

구분	국민은행	하나은행	합계
연 이자율	4.9%	5.7%	
지급이자	6,370,000원	17,100,000원	23,470,000원
차입금	130,000,000원	300,000,000원	
비고	차입금 발생일 : 2024.11.10.	차입금 발생일 : 2024.01.05.	

2. 대표이사 장경석의 가지급금 및 가수금 내역

일자	금액	비고
2025.02.09.	100,000,000원	업무와 무관하게 대표이사에게 대여한 금액
2025.05.25.	20,000,000원	대표이사에게 미지급한 소득에 대한 소득세 대납액
2025.08.27.	60,000,000원	대표이사 대여금 중 일부를 대표이사로부터 회수한 금액

3. 기타 추가사항

① 회사는 대표이사 대여금에 대하여 별도의 이자 지급에 관한 약정을 하지 않았으며, 결산일에 대표이사 대여금에 대한 이자수익을 아래와 같이 회계처리하였다.

(차) 미수수익 2,000,000원 (대) 이자수익 2,000,000원

② 회사는 2024년부터 당좌대출이자율(4.6%)을 시가로 적용한다.
③ 불러온 자료는 무시하고 직접 입력하여 작성한다.

(4) 당사는 소기업으로서 「중소기업에 대한 특별세액감면」을 적용받으려 한다. 불러온 자료는 무시하고, 다음의 자료만을 이용하여 [법인세과세표준및세액조정계산서]를 작성하시오. (6점)

1. 표준손익계산서 일부

Ⅷ.법인세비용차감전손익	217	461,600,000원
Ⅸ.법인세비용	218	61,600,000원
Ⅹ.당기순손익	219	400,000,000원

2. 소득금액조정합계표

익금산입 및 손금불산입			손금산입 및 익금불산입		
과 목	금 액	소득처분	과 목	금 액	소득처분
법인세비용	61,600,000	기타사외유출	재고자산평가증	3,000,000	유보감소
기업업무추진비 한도초과	20,000,000	기타사외유출			
세금과공과	1,400,000	기타사외유출			
합계	83,000,000		합계	3,000,000	

3. 기타자료
- 감면소득금액은 300,000,000원, 감면율은 20%이다.
- 전년 대비 상시근로자 수의 변동은 없으며, 최저한세 적용 감면배제금액도 없다.
- 지급명세서불성실가산세 500,000원이 있다.
- 법인세 중간예납세액은 20,000,000원이고, 분납을 최대한 적용받고자 한다.

(5) 다음 자료만을 이용하여 [자본금과적립금조정명세서(갑)(을)]를 작성하시오(단, 전산상에 입력된 기존 자료는 무시할 것). (6점)

1. 전기(2024년) 자본금과적립금조정명세서(을)표상의 자료는 다음과 같다.

과목	기초잔액	당기중증감		기말잔액
		감소	증가	
업무용승용차	13,200,000원	8,000,000원		5,200,000원
단기매매증권평가손실	15,000,000원	3,000,000원		12,000,000원

2. 당기(2025년)의 소득금액조정합계표내역은 다음과 같다.

손금산입및익금불산입		
과목	금액(원)	조정 이유
업무용승용차	5,200,000	전기 업무용승용차 감가상각 한도 초과액 추인
단기매매증권	5,000,000	단기매매증권평가이익(전기 유보 감소로 세무조정)

3. 당기말 재무상태표의 자본 내역은 다음과 같다.

과목	제15기 당기 2025년 1월 1일~2025년 12월 31일 금액(원)	제14기 전기 2024년 1월 1일~2024년 12월 31일 금액(원)
Ⅰ. 자본금	250,000,000	200,000,000
Ⅱ. 자본잉여금	30,000,000	50,000,000
Ⅲ. 자본조정	20,000,000	20,000,000
Ⅳ. 기타포괄손익누계액	50,000,000	50,000,000
Ⅴ. 이익잉여금	107,000,000	52,000,000
(당기순이익)		
당기 :	55,000,000	25,000,000
전기 :	25,000,000	5,000,000
자본총계	457,000,000	372,000,000

- 법인세과세표준및세액신고서의 법인세 총부담세액이 손익계산서에 계상된 법인세비용보다 1,200,000원, 지방소득세는 150,000원 각각 더 많이 산출되었다(전기분은 고려하지 않음).
- 이월결손금과 당기결손금은 발생하지 않았다.

PART 2 실 무 편

2024년 4월 6일 시행
제113회 전산세무회계자격시험

종목 및 등급 : **전산세무 1급** - 제한시간 : 90분 -

이론 시험

다음 문제를 보고 알맞은 것을 골라 **이론문제 답안작성** 메뉴에 입력하시오.(객관식 문항당 2점)

> **기본 전제**
> 문제에서 한국채택국제회계기준을 적용하도록 하는 전제조건이 없는 경우, 일반기업회계기준을 적용한다.

01 다음 중 일반기업회계기준에 해당하는 재무제표의 특성과 한계로 옳지 않은 것은?

① 재무제표는 추정에 의한 측정치를 허용하지 않는다.
② 재무제표는 화폐단위로 측정된 정보를 주로 제공한다.
③ 재무제표는 대부분 과거에 발생한 거래나 사건에 대한 정보를 나타낸다.
④ 재무제표는 특정 기업실체에 관한 정보를 제공하며, 산업 또는 경제 전반에 관한 정보를 제공하지는 않는다.

02 다음 중 재고자산에 대한 설명으로 옳지 않은 것은?

① 목적지 인도조건인 미착상품은 판매자의 재고자산에 포함되지 않는다.
② 비정상적으로 발생한 재고자산의 감모손실은 영업외비용으로 분류한다.
③ 재고자산의 시가가 취득원가보다 낮은 경우 시가를 장부금액으로 한다.
④ 저가법 적용 이후 새로운 시가가 장부금액보다 상승한 경우에는 최초의 장부금액을 초과하지 않는 범위 내에서 평가손실을 환입한다.

03 다음 중 이익잉여금에 대한 설명으로 옳지 않은 것은?

① 이익잉여금이란 기업의 영업활동 등에 의하여 창출된 이익으로써 사외에 유출되거나 자본에 전입하지 않고 사내에 유보된 금액을 말한다.
② 미처분이익잉여금이란 기업이 벌어들인 이익 중 배당금이나 다른 잉여금으로 처분되지 않고 남아있는 이익잉여금을 말한다.
③ 이익준비금은 상법 규정에 따라 적립하는 법정적립금으로, 금전배당을 하는 경우 이익준비금이 자본총액의 1/2에 달할 때까지 금전배당액의 1/10 이상을 적립하여야 한다.
④ 이익잉여금처분계산서는 미처분이익잉여금, 임의적립금등의이입액, 이익잉여금처분액, 차기이월미처분이익잉여금으로 구분하여 표시한다.

04 2025년 9월 1일 ㈜한국은 ㈜서울상사가 2025년 초에 발행한 사채(액면금액 1,000,000원, 표시이자율 연 12%, 이자지급일은 매년 6월 30일과 12월 31일)를 발생이자를 포함하여 950,000원에 현금으로 취득하고 단기매매증권으로 분류하였다. 다음 중 ㈜한국이 사채 취득일(2025년 9월 1일)에 인식하여야 할 계정과목 및 금액으로 옳은 것은? 단, 이자는 월할 계산한다.

① 단기매매증권 950,000원
② 현금 930,000원
③ 미수이자 20,000원
④ 이자수익 60,000원

05 다음 중 일반기업회계기준상 외화자산과 외화부채 관련 회계처리에 대한 설명으로 잘못된 것은?

① 화폐성 외화자산인 보통예금, 대여금, 선급금은 재무상태표일 현재의 적절한 환율로 환산한 가액을 재무상태표가액으로 한다.
② 비화폐성 외화부채는 원칙적으로 당해 부채를 부담한 당시의 적절한 환율로 환산한 가액을 재무상태표 가액으로 한다.
③ 외화표시 매도가능채무증권의 경우 외화환산손익은 기타포괄손익에 인식한다.
④ 외화채권을 회수하거나 외화채무를 상환하는 경우 외화금액의 원화 환산액과 장부가액과의 차액은 외환차손익(영업외손익)으로 처리한다.

06 다음 중 제조원가명세서상 당기제품제조원가에 영향을 미치지 않는 거래는 무엇인가?

① 당기에 투입된 직접노무원가를 과대계상하였다.
② 기초 제품 원가를 과소계상하였다.
③ 당기에 투입된 원재료를 과소계상하였다.
④ 생산공장에서 사용된 소모품을 과대계상하였다.

07 다음의 자료를 이용하여 정상공손과 비정상공손의 수량을 구하면 각각 몇 개인가?

· 재공품	· 제품
- 기초 재공품 : 17,700개	- 기초 제품 : 13,000개
- 당기 착수량 : 85,000개	- 제품 판매량 : 86,000개
- 기말 재공품 : 10,000개	- 기말 제품 : 17,000개
※ 정상공손은 당기 완성품 수량의 1%이다.	

	정상공손	비정상공손
①	800개	1,840개
②	900개	1,800개
③	1,800개	900개
④	1,500개	1,000개

08 다음 중 결합원가계산 및 부산물 등에 대한 설명으로 옳지 않은 것은?

① 동일한 원재료를 투입하여 동일한 제조공정으로 가공한 후에 일정 시점에서 동시에 서로 다른 종류의 제품으로 생산되는 제품을 결합제품이라 한다.
② 주산물의 제조과정에서 부수적으로 생산되는 제품으로써 상대적으로 판매가치가 적은 제품을 부산물이라고 한다.
③ 상대적 판매가치법은 분리점에서의 개별 제품의 상대적 판매가치를 기준으로 결합원가를 배분하는 방법이다.
④ 순실현가치법은 개별 제품의 추가적인 가공원가를 고려하지 않고 최종 판매가격만을 기준으로 결합원가를 배분하는 방법이다.

09 정상개별원가계산제도를 채택하고 있는 ㈜인천은 기계시간을 배부기준으로 제조간접원가를 배부한다. 다음 자료를 이용하여 제품 A와 제품 B의 제조원가를 계산하면 얼마인가?

구분	제품 A	제품 B	계
직접재료원가	500,000원	700,000원	1,200,000원
직접노무원가	1,000,000원	1,200,000원	2,200,000원
실제기계시간	60시간	50시간	110시간
예상기계시간	50시간	50시간	100시간

· 제조간접원가 예산 1,000,000원
· 제조간접원가 실제 발생액 1,100,000원

	제품 A	제품 B		제품 A	제품 B
①	2,000,000원	2,400,000원	②	2,160,000원	2,450,000원
③	2,100,000원	2,400,000원	④	2,000,000원	2,450,000원

10 다음 중 표준원가계산과 관련된 설명으로 옳지 않은 것은?

① 표준원가를 이용하여 원가계산을 하기 때문에 원가계산을 신속하게 할 수 있다.
② 원가 요소별로 가격표준과 수량표준을 곱해서 제품의 단위당 표준원가를 설정한다.
③ 기말에 원가차이를 매출원가에서 조정할 경우 유리한 차이는 매출원가에서 차감한다.
④ 표준원가계산제도를 채택하면 실제원가와는 관계없이 항상 표준원가로 계산된 재고자산이 재무제표에 보고된다.

11 다음 중 부가가치세법상 세금계산서 등에 대한 설명으로 옳지 않은 것은?

① 거래 건당 공급대가가 5천원 이상인 경우에 매입자발행세금계산서를 발행할 수 있다.
② 전자세금계산서를 발급·전송한 경우 매출·매입처별 세금계산서합계표 제출 의무를 면제한다.
③ 전자세금계산서 발급일의 다음 날까지 전자세금계산서 발급 명세를 국세청장에게 전송하여야 한다.
④ 법인사업자와 직전 연도 사업장별 재화 또는 용역의 공급가액의 합계액이 1억원(2024.7.1. 이후 공급분부터는 8천만원) 이상인 개인사업자는 전자세금계산서를 발급하여야 한다.

12 다음 중 부가가치세법상 아래의 부가가치세신고서와 반드시 함께 제출하여야 하는 서류에 해당하지 않는 것은?

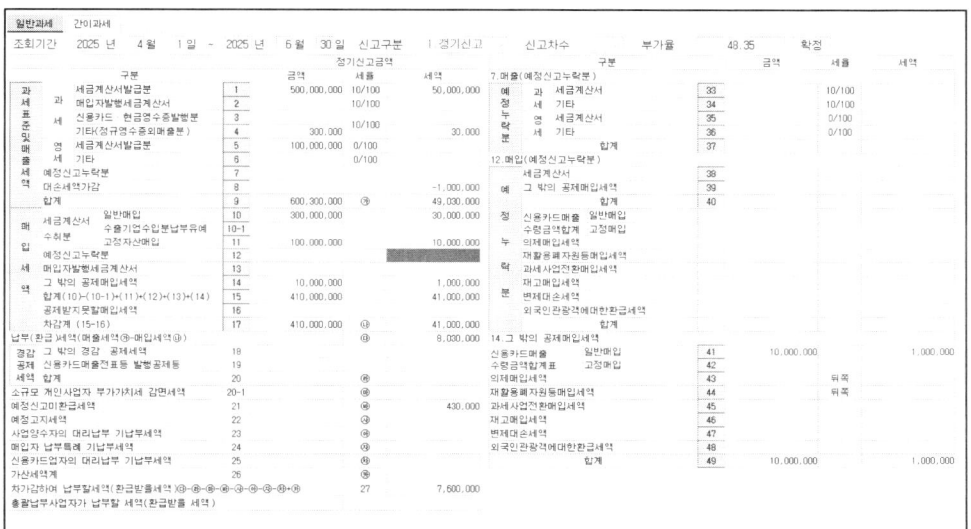

① 대손세액공제신고서
② 건물 등 감가상각취득명세서
③ 수출실적명세서
④ 신용카드매출전표 등 수령명세서

13 소득세법에 따라 아래의 빈칸에 각각 들어갈 말로 알맞은 것은?

거주자가 고용관계나 이와 유사한 계약에 의하여 그 계약에 의한 직무를 수행하고 지급받는 보수는 (㉠)에 해당하는 것이며, 고용관계 없이 독립된 자격으로 계속적으로 경영자문 용역을 제공하고 지급받는 대가는 (㉡)에 해당한다.

	㉠	㉡		㉠	㉡
①	근로소득	기타소득	②	근로소득	사업소득
③	기타소득	사업소득	④	사업소득	기타소득

14 중소기업인 ㈜세종은 2025년도에 연구전담부서를 설립·등록하고, 2025년도에 세액공제 요건을 충족한 일반연구인력개발비 1억원을 지출하였다. 조세특례제한법상 연구인력개발비에 대한 세액공제액은 얼마인가?

① 7,500,000원 ② 15,000,000원 ③ 20,000,000원 ④ 25,000,000원

15 다음 중 소득세법상 사업소득에 해당하지 않는 것은?

① 기준시가가 12억원을 초과하는 고가주택의 임대소득
② 복식부기의무자의 사업용 유형고정자산(부동산 제외) 양도가액
③ 사업과 관련하여 해당 사업용자산의 손실로 취득하는 보험차익
④ 공동사업에서 발생한 소득금액 중 출자공동사업자(경영 미참가)가 받는 손익분배비율에 상당하는 금액

Chapter 4 최신 기출문제 연습

실무 시험

㈜정우전자(회사코드:1130)는 제조업 및 도소매업을 영위하는 중소기업이며, 당기(제20기) 회계기간은 2025.1.1.~2025.12.31.이다. 전산세무회계 수험용 프로그램을 이용하여 다음 물음에 답하시오.

기본 전제
- 문제에서 한국채택국제회계기준을 적용하도록 하는 전제조건이 없는 경우, 일반기업회계기준을 적용한다.
- 문제의 풀이와 답안작성은 제시된 문제의 순서대로 진행한다.

입력시 유의사항
- 일반적인 적요의 입력은 생략하지만, 타계정 대체거래는 적요번호를 선택하여 입력한다.
- 세금계산서·계산서 수수 거래 및 채권·채무 관련 거래는 별도의 요구가 없는 한 반드시 기등록된 거래처코드를 선택하는 방법으로 거래처명을 입력한다.
- 제조경비는 500번대 계정코드를, 판매비와관리비는 800번대 계정코드를 사용한다.
- 회계처리시 계정과목은 별도제시가 없는 한 등록되어 있는 계정과목 중 가장 적절한 과목으로 한다.
- 매입매출전표를 입력하는 경우 입력화면 하단의 분개까지 처리하고, 세금계산서 및 계산서는 전자 여부를 입력하여 반영한다.

문제 1 다음 거래에 대하여 적절한 회계처리를 하시오. (12점)

(1) 10월 04일 제품을 판매하고 아래의 세금계산서를 발급하였다. 대금 중 10,000,000원은 보통예금 계좌로 수령하고, 나머지는 외상으로 하였다. (3점)

전자세금계산서					승인번호	20251004-12345678-18748697		
공급자	등록번호	134-88-12355	종사업장번호		공급받는자	등록번호	120-85-10129	종사업장번호	
	상호(법인명)	㈜정우전자	성 명	박정우		상호(법인명)	㈜상곡전자	성 명	주상곡
	사업장주소	경기도 안산시 단원구 번영1로 62				사업장주소	서울특별시 강남구 삼성1로 120		
	업 태	제조 외	종 목	전자부품 제조외		업 태	도소매	종 목	전자제품
	이메일					이메일	skelectronic@skelectronic.co.kr		
작성일자	공급가액		세액		수정사유			
2025-10-04	30,000,000		3,000,000		해당 없음			
비 고								

월	일	품목	규격	수량	단가	공급가액	세액	비고
10	04	전자부품				30,000,000	3,000,000	

합계금액	현금	수표	어음	외상미수금	위 금액을 **(청구)** 함
33,000,000	10,000,000			23,000,000	

(2) 10월 11일 대박식당(세금계산서 발급 대상 간이과세자)에서 공장 생산부의 직원들이 회식을 하고 대금은 현금으로 지급하면서 아래의 현금영수증을 수취하였다. (3점)

```
가맹점명·가맹점주소가 모두 실제와
KCTNET    다른 경우 신고 안내(포상금 10만원)
케이씨티넷  - 매출전표사본을 첨부하여 우편으로 접수
          - 자세한 안내 : www.hometax.go.kr
            ☎ 126-1-1

현금승인                           (고객용)
단말기 : 7A79636973    전표번호 : 2410113972
거래일시 : 2025/10/11 23:41:52
현금영수증식별번호 : 1348812355
거래유형 : 현금(지출증빙)
공급가액 :                    300,000원
부가세 :                       30,000원
봉사료 :
합계액 :                      330,000원
승인번호 : 4535482542K
가맹점명 : 대박식당
사업자등록번호 : 113-15-53127
주소 : 서울 금천 독산 100
TEL : 02-100-2000
대표자 : 김순미
          * 감사합니다 *
```

(3) 11월 03일 제2공장 건설용 토지를 매입하면서 법령에 따라 액면금액으로 지방채를 매입하고 지방채 대금 2,800,000원을 보통예금 계좌에서 지급하였다. 매입한 지방채는 단기매매증권으로 분류하고, 매입 당시 공정가치는 2,650,000원으로 평가된다. (3점)

(4) 12월 03일 ㈜가나에 대한 외상매출금 22,000,000원의 상법상 소멸시효가 완성되었으며, 2025년 제2기 부가가치세 확정신고 시 부가가치세법에 의한 대손세액공제 신청도 정상적으로 이루어질 예정이다. 대손세액공제액을 포함하여 대손과 관련된 회계처리를 하시오(단, 대손충당금 잔액은 9,000,000원으로 확인된다). (3점)

문제 2 다음 주어진 요구사항에 따라 부가가치세신고서 및 부속서류를 작성하시오. (10점)

(1) 제2기 부가가치세 예정신고기한(2025년 10월 25일)까지 신고하지 못하여 2025년 11월 4일에 기한후신고를 하고자 한다. 입력된 자료는 무시하고 아래 자료에 의하여 부가가치세 기한후신고서를 작성하시오. 단, 회계처리는 생략하고 과세표준명세는 신고 구분만 입력할 것. (5점)

Chapter 4 최신 기출문제 연습

〈매출자료〉
· 전자세금계산서 발급분 과세 매출액 : 공급가액 500,000,000원, 세액 50,000,000원
· 신용카드 발행분 과세 매출액 : 공급가액 10,000,000원, 세액 1,000,000원
· 해외 직수출분 매출액 : 공급가액 250,000,000원, 세액 0원

〈매입자료〉
· 전자세금계산서 매입분 내역

구 분	공급가액	세액	비고
일반 매입	300,000,000원	30,000,000원	고정자산 아님
접대를 위한 매입	5,000,000원	500,000원	고정자산 아님
비품 매입	100,000,000원	10,000,000원	고정자산임
계	405,000,000원	40,500,000원	

· 현금영수증 매입분 내역

구 분	공급가액	세액	비고
일반 매입	7,000,000원	700,000원	고정자산 아님
사업과 관련없는 매입	3,000,000원	300,000원	고정자산 아님
계	10,000,000원	1,000,000원	

※ 기타사항
· 전자세금계산서의 발급 및 전송은 정상적으로 이루어졌다.
· 가산세 적용 시 일반(부당 아님)무신고를 적용하되, 미납일수는 10일을 가정한다.
· 영세율첨부서류는 기한후신고 시 함께 제출할 예정이다.
· 그 밖의 경감·공제세액은 없는 것으로 한다.

(2) 다음 자료를 이용하여 2025년 제1기 부가가치세 확정신고기간의 [신용카드매출전표등 수령명세서]를 작성하시오. (2점)

거래일자	거래처명 (사업자등록번호)	공급대가 (부가세 포함)	거래목적	증명서류	업종	공급자 과세유형
04월 02일	㈜신세계백화점 (201-81-32195)	550,000	기업업무추진비	신용카드 (사업용카드)	소매/일반	일반과세자
05월 03일	손 칼국수 (104-27-86122)	33,000	직원 식대	현금영수증 (지출증빙)	음식점업	세금계산서 발급 대상 간이과세자
06월 18일	㈜삼송전자 (124-81-00998)	2,200,000	업무용 컴퓨터	신용카드 (사업용카드)	도소매	일반과세자
06월 24일	해운대고속버스 (114-28-33556)	110,000	출장교통비	신용카드 (사업용카드)	여객운송	일반과세자

· 신용카드(사업용카드) 결제분은 모두 우리법인카드(4625-5678-1122-7789)로 결제하였다.
· 6월 18일 결제한 2,200,000원에 대해 ㈜삼송전자로부터 전자세금계산서를 발급받았다.
· 해운대고속버스는 일반 시외고속버스를 이용한 것이다.

(3) 다음 자료를 이용하여 부가가치세 제2기 확정신고기간(2025년 10월 1일~2025년 12월 31일)의 [수출실적명세서] 및 [내국신용장·구매확인서전자발급명세서]를 작성하시오 (단, 매입매출전표 입력은 생략한다). (3점)

1. 홈택스에서 조회한 수출실적명세서 관련 거래내역

수출신고번호	선적일자	통화	환율	외화금액	원화환산금액
7123456789001X	2025년 10월 20일	USD	1,300원	$20,000	26,000,000원

· 위 자료는 직접수출에 해당하며, 거래처명 입력은 생략한다.

2. 홈택스에서 조회한 구매확인서 및 전자세금계산서 관련 거래내역

(1) 구매확인서 전자발급명세서 내역

서류구분	서류번호	발급일	공급일	금액
구매확인서	PKT20251211888	2025년 12월 10일	2025년 11월 30일	50,000,000원

(2) 전자세금계산서

전자세금계산서				승인번호	20251130-11000011-55000055		
공급자	등록번호	134-88-12355	종사업장번호		등록번호	155-87-11813	종사업장번호
	상호(법인명)	㈜정우전자	성명	박정우	상호(법인명)	㈜인생테크	성명	인성미
	사업장주소	경기도 안산시 단원구 번영1로 62			사업장주소	서울특별시 금천구 가산로 10		
	업태	제조 외	종목	전자부품 외	업태	도매업	종목	기타 가전
	이메일				이메일	goods@nate.com		

작성일자	공급가액	세액	수정사유
2025/11/30	50,000,000	0	해당 없음

비 고

월	일	품목	규격	수량	단가	공급가액	세액	비고
11	30	가 전				50,000,000	0	

합계금액	현금	수표	어음	외상미수금	
50,000,000				50,000,000	위 금액을 (**청구**) 함

3. 제시된 자료 이외의 영세율 매출은 없다.

문제 3   다음의 결산정리사항을 입력하여 결산을 완료하시오. (8점)

(1) 회사가 보유 중인 특허권의 가치가 5,000,000원(회수가능액)으로 하락하였다. 회사는 보유 중인 특허권을 처분할 예정이며, 무형자산의 손상차손 요건을 충족한다(단, 회사가 보유 중인 특허권은 1건이며, 무형자산상각 회계처리는 무시할 것). (2점)

(2) 회사는 2025년 4월 1일에 하나은행으로부터 연 이자율 6%로 40,000,000원을 차입하였으며, 이자는 매년 3월 말일에 지급하는 것으로 약정하였다(단, 이자 계산은 월할 계산하며, 2025년 말 현재 발생 이자는 미지급 상태이다). (2점)

(3) 당사는 2023년 10월 2일에 만기보유 및 경영권확보 목적 없이 시장성이 없는 주식 10,000주를 1주당 5,000원에 취득하였고, 취득 관련 수수료 1,000,000원을 지급하였다. 2025년 12월 31일 결산일 현재 필요한 회계처리를 하시오(단, 전기까지 매년 평가손익을 계상하였다). (2점)

구분	2023.12.31.	2024.12.31.	2025.12.31.
공정가치	1주당 6,000원	1주당 5,000원	1주당 5,500원

(4) 결산을 위하여 재고자산을 실지 조사한 결과, 재고자산의 기말재고 내역은 아래와 같다. 단, 시용판매하였으나 결산일 현재까지 구매의사를 표시하지 않은 시송품의 제품원가 500,000원은 포함되어 있지 않다. (2점)

- 원재료 5,000,000원   • 재공품 6,100,000원   • 제품 7,300,000원

문제 4 원천징수와 관련된 다음의 물음에 답하시오. (10점)

(1) 다음은 8월 9일 지급한 기타소득 내역이다. 아래의 자료를 이용하여 [기타소득자등록] 및 [기타소득자료입력]을 하고, [원천징수이행상황신고서]를 마감하여 전자신고를 수행하시오. (4점)

코드	성명	거주구분	주민등록번호	지급명목
201	진사우	거주/내국인	830521-1611598	퇴직한 근로자가 받는 직무발명보상금 (비과세 한도까지 비과세 적용할 것)
301	김현정	거주/내국인	930812-2663836	고용관계 없는 일시적 강연료

※ 필요경비율 대상 소득에 대해선 법정 필요경비율을 적용하며, 그 외 기타소득과 관련하여 실제 발생한 경비는 없다.
1. [전자신고] → [국세청 홈택스 전자신고변환(교육용)] 순으로 진행한다.
2. [전자신고] 메뉴의 [전자신고제작] 탭에서 신고인구분은 2.납세자 자진신고를 선택하고, 비밀번호는 자유롭게 입력한다.
3. [국세청 홈택스 전자신고변환(교육용)] → 전자파일변환(변환대상파일선택) → 찾아보기 에서 전자신고용 전자파일을 선택한다.
4. 전자신고용 전자파일 저장경로는 로컬디스크(C :)이며, 파일명은 "작성연월일.01.t사업자등록번호"다.
5. 형식검증하기 ➡ 형식검증결과확인 ➡ 내용검증하기 ➡ 내용검증결과확인 ➡ 전자파일제출 을 순서대로 클릭한다.
6. 최종적으로 전자파일 제출하기 를 완료한다.

(2) 다음은 관리부 과장 오민수(사번 : 100)의 2025년 2월분 급여내역 및 2024년 귀속 연말정산 관련 자료이다. [급여자료입력] 메뉴의 "F11 분납적용" 기능을 이용하여 연말정산소득세 및 연말정산지방소득세가 포함된 2월분 급여자료를 [급여자료입력]에 반영하고, [원천징수이행상황신고서]를 작성하시오. (6점)

1. 2월분 급여내역

이름 : 오민수		지급일 : 2025년 2월 29일	
기 본 급	4,500,000원	국 민 연 금	220,000원
직 책 수 당	300,000원	건 강 보 험	170,000원
야 간 근 로 수 당	500,000원	장 기 요 양 보 험	22,010원
식 대 (비 과 세)	200,000원	고 용 보 험	42,400원
자가운전보조금(비과세)	200,000원	소 득 세	377,540원
		지 방 소 득 세	37,750원
급여 합계	5,700,000원	공 제 합 계	869,700원
		차 인 지 급 액	4,830,300원

2. 추가자료
 · 사회보험료와 소득세 및 지방소득세는 요율표를 적용하지 않고, 주어진 자료를 적용한다.
 · 오민수 과장은 연말정산 소득세 및 지방소득세를 분납신청하였다.
 · "연말정산소득세"와 "연말정산지방소득세"는 [F7 중도퇴사자정산▼]의 [F11 분납적용] 기능을 사용하여 작성한다.
 · 당월 세부담이 최소화되도록 연말정산소득세 및 연말정산지방소득세를 반영한다.

문제 5 덕산기업㈜(회사코드:1131)은 자동차부품을 생산하고 제조 및 도매업을 영위하는 중소기업이며, 당해 사업연도(제16기)는 2025.1.1.~2025.12.31.이다. [법인조정] 메뉴를 이용하여 기장되어 있는 재무회계 장부 자료와 제시된 보충자료에 의하여 해당 사업연도의 세무조정을 하시오. (30점) ※ 회사 선택 시 유의하시오.

> **작성대상서식**
> 1. 가산세액계산서, 법인세과세표준 및 세액조정계산서
> 2. 외화자산 등 평가차손익조정명세서
> 3. 가지급금등 인정이자 조정명세서
> 4. 선급비용명세서서서
> 5. 자본금과 적립금조정명세서(이월결손금계산서)

(1) 다음 자료를 이용하여 [가산세액계산서]를 작성하고, [법인세과세표준및세액조정계산서]에 가산세액을 반영하시오. (6점)

1. 적격증명서류 미수취 관련 내역

   ※ 아래 항목을 제외하고 나머지 모든 금액은 적격증명서류를 갖추고 있다.

구분	금액	내역
소모품비	3,200,000원	모두 거래 건당 3만원 초과한 금액이다.
기업업무추진비	200,000원	한 차례 접대로 지출한 금액이다.
임차료	2,400,000원	간이과세자인 임대인으로부터 공급받는 부동산임대용역에 대한 임차료로서, 경비등송금명세서를 작성하여 제출하였다.

2. 사업연도 중 주식 등 변동상황이 발생하였는데, 법인세 신고 시 담당자의 실수로 주식등변동상황명세서를 미제출하였다. 미제출된 주식의 액면금액은 1억원이며, 미제출기간은 1개월을 초과하였다.

(2) 다음의 외화거래자료를 이용하여 [외화자산등평가차손익조정명세서(을)]을 작성하고, 필요한 세무조정을 하시오. (5점)

계정과목	발생일자	외화금액 (USD)	발생일 적용환율	2024년 말 매매기준율	2025년 말 매매기준율
외상매출금	2025.05.15.	$50,000	$1 = 1,300원		$1 = 1,250원
외상매입금	2024.11.25.	$30,000	$1 = 1,300원	$1 = 1,300원	$1 = 1,250원

· 화폐성외화자산 및 부채는 위에 제시된 자료뿐이다.

· 회사는 2024년 귀속 법인세 신고 시 사업연도 종료(말)일의 매매기준율로 평가하는 방법으로 화폐성외화자산등평가방법신고서를 작성하여 제출하였다.

· 2024년과 2025년 결산 회계처리 시 외화자산과 외화부채에 대한 평가를 하지 않았다.

· 세무조정은 각 자산 및 부채별로 하기로 한다.

(3) 다음 자료를 이용하여 [가지급금등의인정이자조정명세서]를 작성하고, [소득금액조정합계표및명세서]에 필요한 세무조정을 반영하시오. (7점)

1. 손익계산서상 지급이자 내역

금융기관	푸른은행	초록은행	합계
연이자율	4.5%	4.0%	
지급이자	9,000,000원	16,000,000원	25,000,000원
차입금	200,000,000원	400,000,000원	
비고	차입금 발생일 : 2023.05.01.	차입금 발생일 : 2024.10.01.	

2. 가지급금 및 가수금 변동내역

가지급금/가수금	금액	발생일
가지급금	① 전기이월 100,000,000원	전기이월
	② 대여 50,000,000원	2025.02.03
	③ 회수 70,000,000원	2025.12.28
가수금	① 가수 30,000,000원	2025.05.10

· 대표이사 김초월의 가지급금과 가수금 내역이다.
· 동일인에 대한 가지급금, 가수금은 서로 상계하여 인정이자를 계산한다.
· 가지급금에 대하여는 이자지급에 관한 약정에 따라 이자수익으로 2,000,000원을 계상하였다.

3. 회사는 인정이자 계산 시 가중평균차입이자율을 적용하기로 한다.

(4) 다음은 당기말 현재 공장의 창고건물과 관련된 자료이다. 아래의 자료를 이용하여 [선급비용명세서]를 작성하고, 전기분 선급비용을 포함한 관련 세무조정사항을 [소득금액조정합계표및명세서]에 반영하시오(단, 세무조정은 각 건별로 입력할 것). (6점)

구분	지출액	거래처	임차(보험)기간	비고
임차료(제)	12,000,000원	㈜다대여	2025.6.1.~2026.5.31.	장부상 선급비용으로 계상함
보험료(판)	2,400,000원	㈜다보호화재	2025.6.1.~2026.5.31.	장부상 판매비와관리비로 계상함
※ 전기 [자본금과 적립금조정명세서(을)]표에는 보험료(판)에 대한 1,000,000원이 손금불산입 (유보발생)으로 세무조정 되어 있으며, 당기에 보험기간의 만기가 도래하였다.				

(5) 다음 자료를 이용하여 [자본금과적립금조정명세서]의 이월결손금계산서를 작성하시오 (단, 입력된 자료는 무시할 것) (6점)

1. 법인의 과세표준 계산 시 각 사업연도 소득금액에서 차감하고 남은 세무상 이월결손금의 잔액은 다음과 같다.

사업연도	2009년	2021년	2023년
결손금 발생 총액	150,000,000원	70,000,000원	100,000,000원
결손금 소급공제액	50,000,000원	0원	0원
결손금 기공제액	40,000,000원	20,000,000원	0원
결손금 공제 후 잔액	60,000,000원	50,000,000원	100,000,000원

2. 위의 이월결손금 잔액은 당기에 대주주가 결손보전 목적으로 기증한 자산수증이익 40,000,000원을 상계하기 전의 금액이다. 동 자산수증이익은 손익계산서상 영업외수익에 포함되어 있으며, 소득금액조정합계표에는 익금불산입으로 세무조정하였다.

3. 2025년 각 사업연도 소득금액 : 250,000,000원

2024년 6월 1일 시행
제114회 전산세무회계자격시험 A형

종목 및 등급: 전산세무 1급 - 제한시간: 90분 -

이론 시험

다음 문제를 보고 알맞은 것을 골라 **이론문제 답안작성** 메뉴에 입력하시오.(객관식 문항당 2점)

기본 전제
문제에서 한국채택국제회계기준을 적용하도록 하는 전제조건이 없는 경우, 일반기업회계기준을 적용한다.

01 다음 중 유가증권에 대한 설명으로 옳지 않은 것은?

① 유가증권은 증권의 종류에 따라 지분증권과 채무증권으로 분류할 수 있다.
② 지분증권은 단기매매증권과 매도가능증권으로 분류할 수 있으나 만기보유증권으로는 분류할 수 없다.
③ 단기매매증권, 매도가능증권, 만기보유증권은 원칙적으로 공정가치로 평가한다.
④ 만기보유증권으로 분류되지 않은 채무증권은 단기매매증권과 매도가능증권 중의 하나로 분류한다.

02 ㈜한국은 2025년 중에 신규 취득한 차량운반구의 감가상각방법을 정액법으로 채택하였으나 경리부서 담당자의 실수로 감가상각비를 정률법에 따라 회계처리하였다. 해당 오류가 2025년 기말 재무제표에 미치는 영향으로 옳은 것은?

	감가상각비	당기순이익	차량운반구의 장부가액
①	증가	감소	증가
②	증가	감소	감소
③	감소	증가	증가
④	감소	증가	감소

03 다음 중 회계변경의 회계처리방법에 대한 설명으로 옳지 않은 것은?

① 당기일괄처리법은 재무제표의 신뢰성이 높아지는 장점을 가지고 있다.
② 전진법은 변경된 새로운 회계처리방법을 당기와 미래기간에 반영시키는 방법이다.
③ 소급법의 경우 변경효과를 파악하기 어렵고 재무제표의 비교가능성이 저하된다.
④ 당기일괄처리법은 회계변경의 누적효과를 당기손익에 반영하는 방법이다.

Chapter 4 최신 기출문제 연습

04 다음 중 자본에 관한 설명으로 옳지 않은 것은?
① 재무상태표상의 자본조정에는 감자차손, 주식할인발행차금, 자기주식이 포함된다.
② 자기주식을 취득하는 경우 액면금액을 자기주식의 과목으로 하여 자본조정으로 회계처리한다.
③ 자기주식처분이익이 발생한 경우 자본조정의 자기주식처분손실의 범위 내에서 상계처리하고, 미상계된 잔액은 자본잉여금의 자기주식처분이익으로 회계처리한다.
④ 자기주식 소각 시 취득원가가 액면금액보다 작은 경우에는 그 차액을 감자차익으로 하여 자본잉여금으로 회계처리한다.

05 다음 중 사채가 할증발행되고 유효이자율법이 적용되는 경우에 대한 설명으로 옳지 않은 것은?
① 사채할증발행차금 상각액은 매년 감소한다.
② 사채 이자비용은 매년 감소한다.
③ 사채의 장부가액은 초기에는 크고, 기간이 지날수록 작아진다.
④ 사채발행 시점에 발생한 사채발행비는 비용으로 처리하지 않고, 사채의 만기일까지 잔여기간에 걸쳐 상각하여 비용화한다.

06 두 개의 보조부문과 두 개의 제조부문을 운영하고 있는 ㈜서울의 부문간 용역 수수관계는 다음과 같다. 제조부문 X에 배분될 보조부문원가의 총액은 얼마인가? 단, ㈜서울은 단계배분법에 의하여 보조부문원가를 배분하며, 보조부문 중 수선부문의 원가를 먼저 배분한다.

사용부문 제공부문	보조부문		제조부문		배분대상원가
	수선부문	전력부문	X 부문	Y 부문	
수선부문	-	40%	40%	20%	100,000원
전력부문	-	-	30%	70%	80,000원

① 36,000원 ② 40,000원 ③ 60,000원 ④ 76,000원

07 다음 자료를 이용하여 직접재료원가의 완성품환산량을 계산하면 몇 단위인가?

- ㈜중부는 선입선출법에 따른 종합원가제도를 채택하고 있다.
- 직접재료의 1/2은 공정 초기에 투입되고, 나머지 1/2은 공정이 80% 진행된 시점에 투입된다.
- 공손은 발생하지 않았다.
- 당기 물량흐름은 아래와 같다.

기초재공품(완성도 60%)	400단위	당기완성품	5,000단위
당기착수량	5,000단위	기말재공품(완성도 30%)	400단위

① 4,880단위 ② 4,920단위 ③ 4,960단위 ④ 5,000단위

08 다음 중 옳은 것으로만 짝지어진 것은?

> 가. 공손품은 생산에 사용된 원재료로부터 남아 있는 찌꺼기나 조각을 말한다.
> 나. 비정상공손은 발생한 기간에 영업외비용으로 처리한다.
> 다. 정상공손은 효율적인 생산과정에서도 발생하는 공손으로 원가성이 있다고 본다.
> 라. 정상공손은 작업자의 부주의, 생산계획의 미비 등의 이유로 발생한다.

① 가, 나   ② 나, 다   ③ 다, 라   ④ 가, 라

09 다음 중 원가의 분류에 대한 설명으로 가장 옳지 않은 것은?

① 원가행태에 따른 분류로서 직접재료원가, 직접노무원가, 제조간접원가로 구성된다.
② 원가의 추적가능성에 따른 분류로서 직접원가와 간접원가로 구성된다.
③ 원가의 발생행태에 따른 분류로서 재료원가, 노무원가, 제조경비로 구성된다.
④ 의사결정의 관련성에 따른 분류로서 관련원가, 매몰원가, 기회원가 등으로 구성된다.

10 다음 중 종합원가계산의 선입선출법 및 평균법에 대한 설명으로 옳지 않은 것은?

① 종합원가계산의 평균법과 선입선출법 중 실제 물량흐름에 보다 충실한 방법은 선입선출법이다.
② 기초재공품이 없는 경우 종합원가계산에 의한 원가 배분 시 평균법과 선입선출법의 결과는 동일하다.
③ 선입선출법과 평균법 모두 완성품환산량을 계산하는 과정이 있다.
④ 기말재공품의 완성도는 선입선출법에서만 고려 대상이고, 평균법에서는 영향을 미치지 않는다.

11 다음 중 부가가치세법상 영세율과 면세에 관한 설명으로 옳지 않은 것은?

① 면세사업자라도 영세율 적용대상이 되면 면세를 포기하고 영세율을 적용받을 수 있다.
② 영세율은 완전면세제도이고 면세는 불완전면세제도이다.
③ 영세율과 면세 모두 부가가치세법상 신고의무는 면제되나 일정한 협력의무는 이행해야 한다.
④ 국내거래라 하더라도 영세율이 적용되는 경우가 있다.

12 다음 중 법인세법상 소득처분이 나머지와 다른 것은?

① 귀속 불분명한 증빙불비 기업업무추진비
② 임원의 퇴직금한도초과액
③ 주주인 직원의 가지급금 인정이자
④ 채권자 불분명 사채이자의 원천징수세액

13 다음 중 부가가치세법상 과세 대상에 해당하는 경우는 모두 몇 개인가?

> 가. 온라인 게임 서비스용역을 제공하는 사업자가 게임이용자에게 게임머니를 판매하는 경우
> 나. 사업자가 점포를 임차하여 과세사업을 영위하던 중 점포의 임차권리를 판매하는 경우
> 다. 사업자가 공급받는 자의 해약으로 인하여 재화 또는 용역의 공급 없이 손해배상금을 받은 경우
> 라. 사업자가 흙과 돌을 판매하는 경우

① 1개 ② 2개 ③ 3개 ④ 4개

14 다음 중 소득세법상 근로소득 연말정산 시 「신용카드 등 사용금액 소득공제」의 대상에서 제외되는 것은? 단, 모두 국내에서 신용카드를 사용하여 지출한 것으로 가정한다.

① 의료비 ② 아파트관리비 ③ 취학 전 아동의 학원비 ④ 교복구입비

15 다음 중 소득세법상 결손금과 이월결손금에 대한 설명으로 가장 옳지 않은 것은?

① 2020년 1월 1일 이후 최초로 발생하는 결손금은 15년간 이월공제가 가능하다.
② 해당 과세기간의 소득금액에 대하여 추계신고를 하는 경우에는 이월결손금 공제 규정을 적용하지 아니한다(단, 천재지변·장부멸실 등에 의한 경우는 제외함).
③ 중소기업을 영위하는 거주자의 부동산임대업을 제외한 사업소득 결손금은 1년간 소급 공제하여 환급신청이 가능하다.
④ 주거용 건물의 임대업에서 발생한 결손금은 다른 소득금액에서 공제할 수 없고, 추후 발생하는 해당 부동산임대업의 소득금액에서만 공제 가능하다.

PART 2 실 무 편

실무 시험

㈜희수전자(회사코드:1140)는 제조·도소매업을 영위하는 중소기업으로, 당기(제13기) 회계기간은 2025.1.1.~2025.12.31.이다. 전산세무회계 수험용 프로그램을 이용하여 다음 물음에 답하시오.

기본 전제
- 문제에서 한국채택국제회계기준을 적용하도록 하는 전제조건이 없는 경우, 일반기업회계기준을 적용한다.
- 문제의 풀이와 답안작성은 제시된 문제의 순서대로 진행한다.

입력시 유의사항
- 일반적인 적요의 입력은 생략하지만, 타계정 대체거래는 적요번호를 선택하여 입력한다.
- 세금계산서·계산서 수수 거래 및 채권·채무 관련 거래는 별도의 요구가 없는 한 반드시 기등록된 거래처코드를 선택하는 방법으로 거래처명을 입력한다.
- 제조경비는 500번대 계정코드를, 판매비와관리비는 800번대 계정코드를 사용한다.
- 회계처리시 계정과목은 별도제시가 없는 한 등록되어 있는 계정과목 중 가장 적절한 과목으로 한다.
- 매입매출전표를 입력하는 경우 입력화면 하단의 분개까지 처리하고, 세금계산서 및 계산서는 전자 여부를 입력하여 반영한다.

문제 1 다음 거래에 대하여 적절한 회계처리를 하시오. (12점)

(1) 07월 06일 매출거래처에 접대할 목적으로 선물을 구입하고 아래의 전자세금계산서를 발급받았으며, 대금은 보통예금 계좌에서 이체하여 지급하였다. (3점)

전자세금계산서					승인번호	20250706-31000013-44346111		
공급자	등록번호	340-19-09385	종사업장번호		공급받는자	등록번호	132-86-19421	종사업장번호	
	상호(법인명)	만물상사	성 명	김만물		상호(법인명)	㈜희수전자	성 명	최수완
	사업장주소	경기도 수원시 장안구 매화동 123				사업장주소	경기도 의정부시 가금로 53		
	업 태	도소매	종 목	잡화		업 태	제조 외	종 목	자동차부품
	이메일					이메일			
작성일자	공급가액		세액		수정사유			
2025-07-06	1,500,000		150,000		해당 없음			
비 고								
월	일	품목	규격	수량	단가	공급가액	세액	비고
07	06	잡화세트				1,500,000	150,000	
합계금액	현금	수표	어음	외상미수금	위 금액을 (영수) 함
1,650,000	1,650,000				

(2) 07월 20일 매입거래처인 ㈜대성의 외상매입금 중 54,000,000원은 보통예금 계좌에서 이체하여 지급하고, 나머지 금액은 면제 받았다(단, ㈜대성의 외상매입금 관련 데이터를 조회하여 회계처리할 것). (3점)

(3) 08월 20일 유상증자를 통해 신주(보통주, 1주당 액면금액 10,000원) 5,000주를 1주당 8,000원에 발행하고 대금은 보통예금 계좌로 전액 입금되었다(단, 유상증자일 현재 주식발행초과금 잔액은 5,000,000원으로 확인된다). (3점)

(4) 09월 01일 제품 생산에 사용하던 기계장치를 ㈜미누전자에 처분하고 아래의 전자세금계산서를 발급하였으며, 대금 중 10,000,000원은 어음(만기일 2026.06.01)으로 받고, 나머지는 다음 달에 받기로 하였다. 당사는 취득 당시 정부의 지원 정책에 따라 상환의무가 없는 국고보조금을 수령하였으며, 처분 전 기계장치의 내용은 다음과 같다. (3점)

- 기계장치 취득가액 : 75,000,000원
- 감가상각누계액 : 21,000,000원
- 국고보조금(기계장치 차감) : 24,000,000원

전자세금계산서					승인번호		20250901-31000013-44346111	
공급자	등록번호	132-86-19421	종사업장번호		공급받는자	등록번호	126-87-10121	종사업장번호	
	상호(법인명)	㈜희수전자	성 명	최수완		상호(법인명)	㈜미누전자	성 명	하민우
	사업장주소	경기도 의정부시 가금로 53				사업장주소	경기도 이천시 가좌로1번기 21-26		
	업 태	제조 외	종 목	자동차부품		업 태	제조	종 목	전자제품
	이메일					이메일			
작성일자	공급가액		세액			수정사유		
2025-09-01	40,000,000		4,000,000			해당 없음		
비 고								
월	일	품목	규격	수량	단가	공급가액	세액	비고
09	01	기계장치				40,000,000	4,000,000	
합계금액	현금		수표		어음	외상미수금	위 금액을 (청구) 함	
44,000,000					10,000,000	34,000,000		

문제 2 다음 주어진 요구사항에 따라 부가가치세신고서 및 부속서류를 작성하시오. (10점)

(1) 다음 자료를 바탕으로 2025년 제1기 부가가치세 확정신고기간(4월~6월)에 대한 [부동산임대공급가액명세서]를 작성하시오(단, 정기예금이자율은 연 3.5%이다). (3점)

층	호수	상호 (사업자번호)	용도	면적(㎡)	보증금	월세	매월 관리비
			임대기간				
1	101	디자인봄 (101-89-23562)	사무실	120	40,000,000원	2,000,000원	250,000원
			2023.05.01.~2025.04.30.				
2	201	스마일커피 (109-07-89510)	점포	120	100,000,000원	5,000,000원	550,000원
			2025.01.01.~2025.12.31.				
		합계			140,000,000원	7,000,000원	800,000원

· 101호(임차인 : 디자인봄)는 2023.05.01. 최초로 임대를 개시하였으며, 2년 경과 후 계약기간 만료로 2025.05.01. 임대차계약을 갱신(임대기간 : 2025.05.01.~2027.04.30.)하면서 보증금을 40,000,000원에서 60,000,000원으로 인상하였다(월세와 매월 관리비는 동일함).
· 월세와 매월 관리비에 대해서는 정상적으로 세금계산서를 모두 발급하였으며, 간주임대료에 대한 부가가치세는 임대인이 부담하고 있다.

(2) 본 문제에 한하여 ㈜희수전자는 과세사업과 면세사업을 겸영하는 사업자로 가정하고, 다음의 자료만을 이용하여 2025년 제1기 부가가치세 확정신고기간의 [공제받지못할매입세액명세서] 중 [납부세액또는환급세액재계산] 탭을 작성하시오(단, 불러오는 전표데이터는 무시하고, 모든 부가가치세 신고는 부가가치세법에 근거하여 적법하게 신고·납부함). (3점)

1. 감가상각대상자산의 상세 내역

구분	취득일	대금 지급 상세	
		공급가액	부가가치세
창고건물	2024.2.1.	100,000,000원	10,000,000원
기계장치	2024.7.1.	50,000,000원	5,000,000원

2. 과세기간별 공급가액 내역

연도/기수	과세사업	면세사업	합계
2024년/제2기	476,000,000원	224,000,000원	700,000,000원
2025년/제1기	442,500,000원	307,500,000원	750,000,000원

(3) 다음에 제시된 자료를 이용하여 2025년 제1기 확정신고기간의 [대손세액공제신고서]를 작성하시오(단, 당사는 중소기업에 해당함). (4점)

Chapter 4 최신 기출문제 연습

공급일	거래처	계정과목	대손금액	대손사유
2022.05.01.	㈜일월산업	외상매출금	3,300,000원	소멸시효완성일 2025.05.02.
2023.10.08.	㈜이월테크	외상매출금	12,100,000원	부도발생일 2025.01.09.
2024.05.08.	세월무역	받을어음	11,000,000원	부도발생일 2024.11.20.
2024.06.20.	㈜오월상사	외상매출금	6,600,000원	파산종결결정공고일(채권회수불가능) 2025.04.09
2024.11.05.	㈜유월물산	외상매출금	5,500,000원	부도발생일 2024.12.10.
2025.01.09.	㈜구월바이오	받을어음	7,700,000원	부도발생일 2025.03.09.

문제 3 다음의 결산정리사항을 입력하여 결산을 완료하시오. (8점)

(1) 삼일은행으로부터 2023년 2월 1일에 차입한 장기차입금 30,000,000원의 만기가 2026년 1월 31일에 도래하여 당사는 만기일에 예정대로 상환할 예정이다. (2점)

(2) 2024년 8월 20일에 매출로 계상한 화폐성 외화자산인 미국 Z사의 외상매출금 $50,000를 기말 현재 보유하고 있다. 당사는 매년 결산일(12월 31일)에 화폐성 외화자산에 대하여 외화환산손익을 인식하고 있으며, 일자별 기준환율은 다음과 같다. (2점)

항 목	2024.08.20.	2024.12.31.	2025.12.31.
기준환율	1,100원/$	1,280원/$	1,160원/$

(3) 2025년 제2기 부가가치세 확정신고기간의 부가가치세와 관련된 내용이 다음과 같다. 전산데이터상의 입력된 다른 데이터는 무시하고, 아래의 자료만을 이용하여 12월 31일 현재 부가세예수금과 부가세대급금 관련 회계처리를 수행하시오(단, 납부세액일 경우 미지급세금, 환급세액일 경우에는 미수금으로 회계처리 할 것). (2점)

일반과세	간이과세								
조회기간	2025 년 10 월 1 일 ~ 2025 년 12 월 31 일					신고구분	1.정기신고		

		구분		금액	세율	세액
과세표준및매출세액	과세	세금계산서발급분	1	325,000,000	10/100	32,500,000
		매입자발행세금계산서	2		10/100	
		신용카드·현금영수증발행분	3		10/100	
		기타(정규영수증외매출분)	4	175,000,000	10/100	17,500,000
	영세	세금계산서발급분	5		0/100	
		기타	6		0/100	
	예정신고누락분		7			
	대손세액가감		8			
	합계		9	500,000,000	㉮	50,000,000
매입세액	세금계산서수취분	일반매입	10	425,000,000		42,500,000
		수출기업수입분납부유예	10-1			
		고정자산매입	11	195,000,000		19,500,000
	예정신고누락분		12			
	매입자발행세금계산서		13			
	그 밖의 공제매입세액		14			
	합계(10)-(10-1)+(11)+(12)+(13)+(14)		15	620,000,000		62,000,000
	공제받지못할매입세액		16			
	차감계 (15-16)		17	620,000,000	㉯	62,000,000
납부(환급)세액(매출세액㉮-매입세액㉯)					㉰	-12,000,000

(4) 당기 법인세 총부담세액은 24,000,000원이며 법인세분 지방소득세는 3,000,000원이다. 다음의 자료만을 이용하여 적절한 결산 회계처리를 하시오(단, 거래처 입력은 생략하고, 납부할 세액은 미지급세금 계정을 사용할 것). (2점)

계정과목명	거래처명	금액	비고
선납세금	의정부세무서	10,000,000원	법인세 중간예납액
	동작세무서	2,500,000원	이자소득 원천징수분
	동작구청	250,000원	
예수금	의정부세무서	2,000,000원	12월 귀속 근로소득 원천징수분
	의정부시청	200,000원	

문제 4 원천징수와 관련된 다음의 물음에 답하시오. (10점)

(1) 2025년 2월 1일 회계팀에 과장 김서울(사원코드 : 101) 씨가 신규 입사하였다. 다음 자료를 바탕으로 [사원등록] 메뉴를 이용하여 [기본사항] 탭과 [부양가족명세] 탭을 입력하고, 2월분 급여에 대한 [급여자료입력]과 [원천징수이행상황신고서]를 작성하시오. (4점)

※ 기타사항
· 사원등록 시 주소는 입력을 생략한다.
· 아래의 자료에 따라 수당 및 공제 항목을 입력하고, 표시된 수당 외의 항목은 사용여부를 "부"로 한다(단, 불러온 수당 및 공제 항목은 무시할 것).
· 수당등록 시 월정액 및 통상임금 여부는 고려하지 않는다.
· 원천징수이행상황신고서는 매월 작성하며, 김서울 씨의 급여내역만 반영하기로 한다.

1. 부양가족명세

가족관계	성명	주민등록번호	동거여부	비고
본인	김서울	801003-1268988		세대주, 내국인(거주자)
부친	김청주	520812-1254471	동거	사업소득금액 950,000원
모친	최영주	570705-2681471	주거형편상 별거	소득 없음
배우자	이진주	840725-2695130	동거	총급여 5,000,000원
장남	김대전	030708-3663960	주거형편상 별거	대학생, 장애인[주1]
차녀	김대구	080815-4702664	동거	고등학생
형	김부산	760205-1287937	동거	사업소득금액 800,000원, 장애인[주1]

[주1] 「장애인복지법」상 장애인이다.

Chapter 4 최신 기출문제 연습

2. 김서울의 2월분 급여명세서

급여내역	금액	공제내역	금액
기본급	4,800,000원	소득세	605,880원
상여	2,400,000원	지방소득세	60,580원
자가운전보조금	300,000원	국민연금	375,750원
식대	300,000원	건강보험	141,950원
월차수당	150,000원	장기요양보험	18,380원
직책수당	400,000원	고용보험	71,550원
급여합계	8,350,000원	공제합계	1,274,090원
		실지급액	7,075,910원

(1) 급여지급일은 매월 25일이다.
(2) 자가운전보조금은 본인 명의의 차량을 업무 목적으로 사용한 직원에게 규정에 따라 정액 지급하고 있으며, 실제 발생한 교통비는 별도로 지급하지 않는다.
(3) 복리후생 목적으로 식대를 지급하고 있으며, 이와 관련하여 별도의 현물식사는 제공하지 않는다.

(2) 다음 자료를 이용하여 [기타소득자등록] 및 [이자배당소득자료입력]을 하고, 이에 대한 [원천징수이행상황신고서]를 작성하시오. (4점)

1. 소득지급내역

구분	소득자 코드	소득자 성명	소득자 주민등록번호	소득금액	소득구분	소득지급일/영수일
개인	101	정지영	860505-2298625	6,000,000원	배당소득	2025.06.01.
개인	102	김봉산	900102-2221821	12,000,000원	이자소득	2025.07.01.

2. 상기 소득자는 모두 내국인이며, 거주자에 해당한다.
3. 배당소득은 당사의 주주총회에서 의결된 2024년도 이익잉여금 처분에 의한 배당금을 보통예금으로 지급한 것이다.
4. 이자소득은 당사가 발행한 사채에 대한 이자이다.
5. 위 소득 지급액에 대한 원천징수세율은 14%를 적용한다.
6. 위에 주어진 정보 외의 자료 입력은 생략한다.

(3) 다음의 자료를 이용하여 [원천징수이행상황신고서]를 직접 작성 및 마감하고, 전자신고를 완료하시오. (2점)

※ 소득자료(9월 귀속/9월 지급)

소득구분	신고코드	인원	총지급액	소득세
사업소득	A25	1	2,000,000원	60,000원

1. [전자신고] → [국세청 홈택스 전자신고변환(교육용)] 순으로 진행한다.
2. [전자신고] 메뉴의 [원천징수이행상황제작] 탭에서 신고인구분은 2.납세자 자진신고를 선택하고, 비밀번호는 자유롭게 입력한다.
3. [국세청 홈택스 전자신고변환(교육용)] → 전자파일변환(변환대상파일선택) → 찾아보기 에서 전자신고용 전자파일을 선택한다.
4. 전자신고용 전자파일 저장경로는 로컬디스크(C :)이며, 파일명은 "작성연월일.01.t사업자등록번호"다.
5. 형식검증하기 ➡ 형식검증결과확인 ➡ 내용검증하기 ➡ 내용검증결과확인 ➡ 전자파일제출 을 순서대로 클릭한다.
6. 최종적으로 전자파일 제출하기 를 완료한다.

문제 5 서강기업㈜(회사코드:1141)은 전자부품의 제조 및 건설업을 영위하는 중소기업으로, 당해 사업연도(제13기)는 2025.1.1.~2025.12.31.이다. [법인조정] 메뉴를 이용하여 기장되어 있는 재무회계 장부 자료와 제시된 보충자료에 의하여 해당 사업연도의 세무조정을 하시오. (30점) ※ 회사 선택 시 유의하시오.

작성대상서식
1. 수입금액조정명세서, 조정 후 수입금액명세서
2. 퇴직연금부담금 등 조정명세서
3. 미상각자산 감가상각조정명세서
4. 기부금조정명세서
5. 원천납부세액명세서(갑)

(1) 다음 자료를 이용하여 [수입금액조정명세서] 및 [조정후수입금액명세서]를 작성하고, 필요한 세무조정을 하시오. (7점)

1. 손익계산서상 수입금액은 다음과 같다.

구분	계정과목	기준경비율코드	결산서상 수입금액
1	제품매출	321012	1,535,000,000원
2	공사수입금	452127	298,150,000원
	계		1,833,150,000원

Chapter 4 최신 기출문제 연습

2. 아래의 공사에 대하여 손익계산서상 공사수입금액으로 200,000,000원을 계상하였다. 당사는 작업진행률에 의하여 공사수입금액을 인식하여야 하며, 작업진행률 관련 자료는 다음과 같다.

· 공사명 : 우리중학교 증축공사
· 도급자 : 세종특별시 교육청

항목	금액
도급금액	1,000,000,000원
총공사예정비용	700,000,000원
당기말 총공사비 누적액	455,000,000원
전기말 누적 공사수입 계상액	400,000,000원

3. 당사가 수탁자에게 판매를 위탁한 제품을 수탁자가 12월 31일에 판매한 제품매출 15,000,000원(제품매출원가 10,000,000원)이 손익계산서 및 부가가치세 신고서에 반영되지 않았다.

4. 부가가치세법상 과세표준 내역

구분	금액	비고
제품매출	1,535,000,000원	-
공사수입금	298,150,000원	-
고정자산매각대금 (수입금액 제외)	15,000,000원	기계장치 매각으로 세금계산서를 발행함
계	1,848,150,000원	-

(2) 다음 자료를 이용하여 [퇴직연금부담금등조정명세서]를 작성하고, 관련된 세무조정을 [소득금액조정합계표및명세서]에 반영하시오. (6점)

1. 퇴직금추계액
   · 기말 현재 임·직원 전원 퇴직 시 퇴직금추계액 : 280,000,000원
2. 퇴직급여충당금 내역
   · 기말 퇴직급여충당금 : 25,000,000원
   · 기말 현재 퇴직급여충당금부인 누계액 : 25,000,000원
3. 당기 퇴직 현황 및 퇴직연금 현황
   · 퇴직연금운용자산의 기초 금액 : 210,000,000원
   · 당기 퇴직연금불입액 : 40,000,000원
   · 당기 중 퇴직급여 회계처리는 다음과 같다.
         (차)퇴직급여 16,000,000원   (대) 퇴직연금운용자산 3,000,000원
                                            보통예금   13,000,000원
   · 당사는 확정급여(DB)형 퇴직연금과 관련하여 신고조정으로 손금산입하고 있으며, 전기 말까지 신고조정으로 손금산입한 금액은 210,000,000원이다.

(3) 다음의 고정자산에 대하여 [고정자산등록]을 하고, [미상각자산감가상각조정명세서] 및 [감가상각비조정명세서합계표]를 작성한 뒤 자산별로 각각 필요한 세무조정을 하시오. (7점)

1. 감가상각대상자산

구분	코드	자산명	취득일	취득가액	전기말 감가상각누계액	당기 감가상각비 계상액	경비구분 / 업종
기계장치	100	A	2023.08.17.	300,000,000원	160,000,000원	60,000,000원	제조
기계장치	101	B	2024.07.21.	200,000,000원	40,000,000원	80,000,000원	제조

· 당사는 기계장치의 감가상각방법을 신고하지 않았지만, 기계장치의 내용연수는 5년으로 신고하였다.
· 기계장치 A의 전기말 상각부인액은 8,000,000원, 기계장치 B의 전기말 상각부인액은 4,000,000원이다.

2. 당기 수선 내역

자산명	수선비	회계처리	계정과목
A	20,000,000원	비용으로 처리	수선비(제)
B	15,000,000원	자산으로 처리	기계장치

· 위 수선비 지출 내역은 모두 자본적지출에 해당한다.

(4) 다음의 자료만을 이용하여 [기부금조정명세서]를 작성하고 필요한 세무조정을 하시오. (6점)

(1) 당기 기부금 내용은 다음과 같으며 적요 및 기부처 입력은 생략한다.

일자	금액	지급내용
08월 20일	7,000,000원	한라대학교(사립학교)에 연구비로 지출한 기부금
09월 05일	4,000,000원	A사회복지법인 고유목적사업기부금
11월 20일	2,000,000원	정부로부터 인·허가를 받지 않은 B예술단체에 지급한 금액
12월 10일	6,000,000원	C종교단체 어음 기부금(만기일 2026.01.05.)

(2) 기부금 한도 계산과 관련된 자료는 다음과 같다.
· 전기 말까지 발생한 기부금 중 손금산입 한도 초과로 이월된 금액은 2024년 일반기부금 한도초과액 7,000,000원이다.

· 기부금 관련 세무조정을 반영하기 전 [법인세과세표준및세액조정계산서]상 차가감소득금액 내역은 아래와 같고, 세무상 이월결손금 25,000,000원(2021년도 발생분)이 있다(단, 당사는 중소기업이며, 불러온 자료는 무시하고 아래의 자료만을 이용할 것).

구분		금액
결산서상 당기순이익		200,000,000원
소득조정금액	익금산입	40,000,000원
	손금산입	12,000,000원
차가감소득금액		228,000,000원

(5) 다음의 자료는 2025년 1월 1일부터 12월 31일까지의 원천징수와 관련한 자료이다. 주어진 자료를 이용하여 [원천납부세액명세서(갑)]를 작성하시오(단, 지방세 납세지의 입력은 생략할 것). (4점)

적요	원천징수 대상금액	원천징수일	원천징수세율	원천징수의무자	사업자등록번호
정기예금 이자	8,000,000원	2025.06.30.	14%	㈜부전은행	103-81-05259
비영업대금 이자	10,000,000원	2025.10.31.	25%	㈜삼송테크	210-81-23588
정기적금 이자	5,000,000원	2025.12.31.	14%	㈜서울은행	105-81-85337

제115회 전산세무회계자격시험 (2024년 8월 3일 시행)

종목 및 등급 : 전산세무 1급 - 제한시간 : 90분 -

이론 시험

다음 문제를 보고 알맞은 것을 골라 [이론문제 답안작성] 메뉴에 입력하시오.(객관식 문항당 2점)

> **기본 전제**
> 문제에서 한국채택국제회계기준을 적용하도록 하는 전제조건이 없는 경우, 일반기업회계기준을 적용한다.

01 주식을 발행한 회사의 입장에서 주식배당을 하는 경우, 다음 중 그 효과로 적절한 것은?

① 미지급배당금만큼 부채가 증가한다.
② 자본금은 증가하지만 이익잉여금은 감소한다.
③ 자본총액이 주식배당액만큼 감소하며, 회사의 자산도 동일한 금액만큼 감소한다.
④ 자본 항목간의 변동은 없으므로 주식배당은 회계처리를 할 필요가 없다.

02 다음 중 수익과 비용의 인식기준에 대한 설명으로 옳지 않은 것은?

① 로열티수익은 관련된 계약의 경제적 실질을 반영하여 발생기준에 따라 인식한다.
② 수익은 재화의 판매, 용역의 제공이나 자산의 사용에 대하여 받았거나 또는 받을 대가의 공정가치로 측정한다.
③ 용역제공거래에서 이미 발생한 원가와 추가로 발생할 것으로 추정되는 원가의 합계액이 총수익을 초과하는 경우에는 그 초과액과 이미 인식한 이익의 합계액을 전액 당기손실로 인식한다.
④ 용역제공거래의 성과를 신뢰성 있게 추정할 수 없고 발생한 원가의 회수가능성이 낮은 경우에는 수익을 인식하지 않으며 발생한 원가도 비용으로 인식하지 않는다.

03 다음은 기계장치와 관련된 자료이다. 이에 대한 설명 및 회계처리로 옳지 않은 것은?

- 01월 02일 정부보조금(상환의무 없음) 1,000,000원이 보통예금 계좌에 입금되었다.
- 01월 15일 기계장치를 2,000,000원에 취득하고 대금을 보통예금 계좌에서 이체하여 지급하였다.
- 12월 31일 잔존가치는 없으며 5년 동안 정액법으로 월할 상각하였다(1개월 미만은 1개월로 한다).
- 12월 31일 기계장치 취득을 위한 정부보조금은 자산차감법으로 인식하기로 한다.

① 01월 02일 정부보조금 1,000,000원은 보통예금의 차감 계정으로 회계처리한다.

② 01월 15일 (차) 기계장치 2,000,000원 (대) 보통예금 2,000,000원
　　　　　　　　　정부보조금(보통예금차감) 1,000,000원　　　정부보조금(기계장치차감) 1,000,000원

③ 12월 31일 (차) 감가상각비 400,000원 (대) 감가상각누계액 400,000원
　　　　　　　　　감가상각누계액 200,000원　　　정부보조금(기계장치차감) 200,000원

④ 12월 31일 재무상태표상 기계장치의 장부가액은 800,000원

04 다음 중 사채의 발행에 대한 설명으로 옳지 않은 것은?

① 사채를 할인발행하여 정액법으로 상각하는 경우 매년 사채할인발행차금 상각액은 동일하다.
② 사채의 액면이자율이 시장이자율보다 큰 경우에는 할증발행된다.
③ 시장이자율이란 유효이자율로서 사채의 발행시점에서 발행가액을 계산할 때 할인율로 적용될 수 있다.
④ 사채를 할증발행하여 유효이자율법으로 상각하는 경우 매년 사채의 실질이자는 증가한다.

05 다음 중 이연법인세에 대한 설명으로 옳지 않은 것은?

① 이연법인세는 회계상의 이익과 세무상의 이익의 차이인 일시적차이로 인해 발생한다.
② 이연법인세자산은 미래기간의 과세소득을 감소시킨다.
③ 납부해야 할 법인세가 회계상 법인세비용을 초과하는 경우 이연법인세부채를 인식한다.
④ 2025년에 취득한 유형자산의 감가상각방법이 회계상 정률법을 적용하고, 세무상 정액법을 적용할 경우 2025년에는 이연법인세자산으로 인식한다.

06 다음 중 직접노무원가가 포함되는 원가를 올바르게 표시한 것은?

	기본원가	가공원가	제품원가	기간비용
①	○	○	○	×
②	○	○	×	×
③	○	×	×	×
④	×	×	×	×

07 다음 중 옳은 것으로만 짝지어진 것은?

> 가. 표준원가계산에서 불리한 차이란 실제원가가 표준원가보다 큰 것을 의미한다.
> 나. 종합원가계산은 다품종소량생산에 적합한 원가계산방식이다.
> 다. 조업도가 증가할 경우 고정원가의 단위당 원가는 감소한다.
> 라. 기회원가는 이미 발생한 과거의 원가로서 의사결정과정에 영향을 주지 못한다.

① 가, 나　　　　② 가, 다　　　　③ 나, 다　　　　④ 다, 라

08 다음 자료를 이용하여 당기 가공원가 발생액을 계산하면 얼마인가?

> · 당사는 선입선출법에 의한 종합원가계산을 도입하여 원가계산을 하고 있다.
> · 재료원가는 공정의 초기에 전량 투입되고, 가공원가는 공정의 진행에 따라서 균일하게 발생한다.
> · 기초재공품 : 1,000개(가공원가 완성도 60%)
> · 당기착수분 : 9,000개
> · 기말재공품 : 2,000개(가공원가 완성도 50%)
> · 가공원가에 대한 완성품환산량 단위당 원가 : 10원

① 80,000원　　　　② 84,000원　　　　③ 100,000원　　　　④ 110,000원

09 ㈜전산은 원가관리를 위하여 표준원가계산 방식을 채택하고 있다. 고정제조간접원가 표준배부율은 월 10,000개의 예산생산량을 기준조업도로 하여 계산하며 기준조업도 수준에서 월 고정제조간접원가의 예산은 500,000원이다. 제품 단위당 표준원가는 50원이며(표준수량 1시간, 표준가격 50원), 실제 생산량 및 실제 발생한 고정제조간접원가는 각각 9,000개, 600,000원일 경우 고정제조간접원가의 총차이는 얼마인가?

① 150,000원 불리　　② 150,000원 유리　　③ 100,000원 불리　　④ 100,000원 유리

10 다음 중 개별원가계산과 종합원가계산에 대한 설명으로 옳지 않은 것은?

① 종합원가계산은 원가 집계가 공정별로 이루어진다.
② 개별원가계산은 대상기간의 총원가를 총생산량으로 나누어 단위당 제조원가를 계산한다.
③ 개별원가계산은 공통부문원가를 합리적으로 배분하는 것이 필요하다.
④ 개별원가계산의 단점은 상대적으로 과다한 노력과 비용이 발생한다는 것이다.

Chapter 4 최신 기출문제 연습

11 다음 중 법인세법상 납세의무에 대한 설명으로 옳지 않은 것은?

① 영리 내국법인은 국내외 모든 소득에 대하여 각 사업연도 소득에 대한 법인세 납세의무가 있다.
② 영리·비영리 또는 내국·외국법인 여부를 불문하고 토지 등 양도소득에 대한 법인세 납세의무가 있다.
③ 비영리 내국법인이 청산하는 경우 청산소득에 대한 법인세 납세의무가 있다.
④ 우리나라의 정부와 지방자치단체는 법인세를 납부할 의무가 없다.

12 다음 중 소득세법상 원천징수의무자가 간이지급명세서를 제출하지 않아도 되는 소득은?

① 원천징수대상 사업소득
② 인적용역 관련 기타소득
③ 일용직 근로소득
④ 상용직 근로소득

13 다음 중 소득세법상 근로소득으로 볼 수 없는 것은?

① 교 강사로 고용되어 지급 받는 강사료
② 근무기간 중에 부여받은 주식매수선택권을 퇴직 후에 행사함으로써 얻는 이익
③ 근무 중인 종업원 또는 대학의 교직원이 지급 받는 직무발명보상금
④ 퇴직함으로써 받는 소득으로서 퇴직소득에 속하지 아니하는 소득

14 다음 중 부가가치세법상 납부세액의 재계산에 대한 설명으로 옳지 않은 것은?

① 재계산 대상 자산은 과세사업과 면세사업에 공통으로 사용하는 감가상각대상 자산이다.
② 재계산은 해당 과세기간의 면세비율과 해당 자산의 취득일이 속하는 과세기간(그 후의 과세기간에 재계산한 경우는 그 재계산한 과세기간)의 면세비율의 차이가 5% 이상인 경우에만 적용한다.
③ 면세비율이란 총공급가액에 대한 면세공급가액의 비율을 말한다.
④ 체감률은 건물의 경우에는 5%, 구축물 및 기타 감가상각자산의 경우에는 25%로 한다.

15 다음 중 부가가치세법상 면세가 적용되는 재화 또는 용역으로 옳지 않은 것은?

① 자동차운전학원에서 가르치는 교육용역
② 국가·지방자치단체·지방자치단체조합 또는 공익단체에 무상으로 공급하는 재화·용역
③ 겸용주택 임대 시 주택면적이 상가면적보다 큰 경우 상가건물 임대용역
④ 「노인장기요양보험법」에 따른 장기요양기관이 장기요양인정을 받은 자에게 제공하는 신체활동·가사활동의 지원 또는 간병 등의 용역

PART 2 실 무 편

실무 시험

㈜재송테크(회사코드:1150)는 제조·도소매업을 영위하는 중소기업이며, 당기(제12기) 회계기간은 2025.1.1.~2025.12.31.이다. 전산세무회계 수험용 프로그램을 이용하여 다음 물음에 답하시오.

기본 전제
- 문제에서 한국채택국제회계기준을 적용하도록 하는 전제조건이 없는 경우, 일반기업회계기준을 적용한다.
- 문제의 풀이와 답안작성은 제시된 문제의 순서대로 진행한다.

입력시 유의사항
- 일반적인 적요의 입력은 생략하지만, 타계정 대체거래는 적요번호를 선택하여 입력한다.
- 세금계산서·계산서 수수 거래 및 채권·채무 관련 거래는 별도의 요구가 없는 한 반드시 기등록된 거래처코드를 선택하는 방법으로 거래처명을 입력한다.
- 제조경비는 500번대 계정코드를, 판매비와관리비는 800번대 계정코드를 사용한다.
- 회계처리시 계정과목은 별도제시가 없는 한 등록되어 있는 계정과목 중 가장 적절한 과목으로 한다.
- 매입매출전표를 입력하는 경우 입력화면 하단의 분개까지 처리하고, 세금계산서 및 계산서는 전자 여부를 입력하여 반영한다.

문제 1 다음 거래에 대하여 적절한 회계처리를 하시오. (12점)

(1) 03월 20일 ㈜가나로부터 당일 배당금 지급 결정된 배당으로서 현금배당금 5,000,000원을 보통예금 계좌로 입금받고, 주식배당금으로 ㈜가나의 주식 500주(1주당 액면가액 10,000원)를 주식으로 취득하였다. 배당금에 관한 회계처리는 기업회계기준을 준수하였고 배당금에 대한 원천징수는 세법 규정에 따라 처리하였다(단, 해당 회사는 ㈜가나의 주식을 5% 보유하고 있다). (3점)

(2) 07월 09일 ㈜지수산업에 제품을 판매하고 다음의 전자세금계산서를 발급하였다. 대금은 4월 1일에 수령한 계약금을 제외하고 ㈜지수산업이 발행한 약속어음(만기 12월 31일)으로 받았다. (3점)

전자세금계산서					승인번호		20250709-4512452-4524554	
공급자	등록번호	605-81-33533	종사업장번호		공급받는자	등록번호	405-81-86293	종사업장번호	
	상호(법인명)	㈜재송테크	성 명	강남순		상호(법인명)	㈜지수산업	성 명	김지수
	사업장주소	세조시 조치원읍 충현로 193				사업장주소	서울시 서초구 명달로 105		
	업 태	제조	종 목	전자부품		업 태	제조	종 목	전자제품
	이메일					이메일			
작성일자		공급가액		세액			수정사유		
2025-07-09		100,000,000		100,000,000			해당 없음		
비 고									

월	일	품목	규격	수량	단가	공급가액	세액	비고
07	09	제품				100,000,000	10,000,000	

합계금액	현금	수표	어음	외상미수금	위 금액을 (청 구) 함
110,000,000	10,000,000		100,000,000		

(3) 07월 10일 2024년 중 미국의 AAA에 제품 $50,000를 수출한 외상매출금이 2025년 7월 10일에 전액 회수되어 보통예금 계좌로 입금받았다. 전기 외상매출금과 관련된 회계처리는 일반기업회계기준을 준수하였으며, 관련 환율 정보는 다음과 같다. (3점)

구분	선적일	2024년 12월 31일	2025년 7월 10일
1달러당 환율 정보	1,400원/$	1,300원/$	1,250원/$

(4) 08월 24일 공장창고를 신축하기 위하여 토지를 취득하면서 국토정보공사에 의뢰하여 토지를 측량하였다. 토지측량비로 2,500,000원(부가가치세 별도)을 보통예금 계좌에서 지급하고 전자세금계산서를 수령하였다. (3점)

전자세금계산서				승인번호	20250824-365248-528489		
공급자	등록번호	307-85-14585	종사업장번호		등록번호	605-81-33533	종사업장번호	
	상호(법인명)	국토정보공사	성명		상호(법인명)	㈜재송테크	성명	강남순
	사업장주소	세종시 보람동 114		공급받는자	사업장주소	세종시 조치원읍 충현로 193		
	업태	서비스	종목	토지측량	업태	제조 등	종목	전자부품
	이메일				이메일			
작성일자	공급가액		세액		수정사유			
2025-08-24	2,500,000		250,000		해당 없음			
비고								
월	일	품목	규격	수량	단가	공급가액	세액	비고
08	24	토지측량비				2,500,000	250,000	
합계금액	현금	수표	어음	외상미수금	위 금액을 (영수) 함			
2,750,000	2,750,000							

문제 2 다음 주어진 요구사항에 따라 부가가치세신고서 및 부속서류를 작성하시오. (10점)

(1) 2025년 제1기 부가가치세 확정신고(신고기한 : 2025년 7월 25일)에 대한 수정신고(1차)를 2025년 8월 15일에 하고자 한다. 수정신고와 관련된 자료는 아래와 같고, 일반과소신고이며, 미납일수는 21일이다. 아래의 자료를 이용하여 [매입매출전표입력]에 누락된 매출내역을 반영하고 과다공제내역을 수정하여 제1기 확정신고기간의 [부가가치세수정신고서]를 작성하시오. (6점)

1. 당초 신고자료(마감된 입력자료)
   · 세금계산서 발급분 : 공급가액 600,000,000원, 세액 60,000,000원
   · 세금계산서 수취분 : 공급가액 300,000,000원, 세액 30,000,000원

2. 수정신고 관련 자료

1) 누락된 매출내역
  · 04월 05일 : ㈜성림에 제품을 매출하고 현대카드로 결제받았다(공급대가 2,200,000원).

2) 과다공제내역
  · 06월 09일 : 5인승 업무용 승용차(2,500cc)를 ㈜한국자동차에서 보통예금으로 구입하여 전자세금계산서를 수취하고, 대금은 보통예금 계좌에서 이체하여 지급하였다. 당초 신고 시에 매입세액을 공제하였다(공급가액 25,000,000원, 세액 2,500,000원).

(2) ㈜재송테크는 과세 및 면세사업을 영위하는 겸영사업자이다. 불러온 데이터는 무시하고 다음의 자료만을 이용하여 2025년 제2기 예정신고기간의 [공제받지못할매입세액명세서] 중 [공통매입세액안분계산내역] 탭과 2025년 제2기 확정신고기간의 [공제받지못할매입세액명세서] 중 [공통매입세액의정산내역] 탭을 입력하시오(단, 공급가액 기준으로 안분계산하고 있다). (4점)

구분		제2기 예정(7월~9월)		제2기 확정(10월~12월)		전체(7월~12월)	
		공급가액	세액	공급가액	세액	공급가액합계	세액합계
매출	과세	400,000,000원	40,000,000원	600,000,000원	60,000,000원	1,000,000,000원	100,000,000원
	면세	400,000,000원		100,000,000원		500,000,000원	
공통매입세액		100,000,000원	10,000,000원	200,000,000원	20,000,000원	300,000,000원	30,000,000원

문제 3 다음의 결산정리사항을 입력하여 결산을 완료하시오. (8점)

(1) 다음은 ㈜한국에 대여한 자금에 대한 자료이다. 결산일에 필요한 회계처리를 하시오. (2점)

대여기간	대여금	이자율
2025.04.01.~2026.03.31.	120,000,000원	5%

· 대여금의 이자계산은 월할계산한다.
· 이자는 대여기간 종료시점에 수령하기로 하였다.

(2) 당사는 생산부서의 부자재를 보관하기 위한 물류창고를 임차하고 임대차계약을 체결하였다. 10월 1일 임대인에게 1년분 임차료 12,000,000원(2025.10.01.~2026.09.30.)을 보통예금 계좌에서 이체하여 지급하고 전액 비용으로 처리하였다(단, 임차료는 월할계산할 것). (2점)

Chapter 4 최신 기출문제 연습

(3) 다음의 유형자산만 있다고 가정하고, 유형자산명세서에 의한 감가상각비를 결산에 반영하시오(단, 개별자산별로 각각 회계처리할 것). (2점)

유형자산명세서

담당	대리	과장	부장

2025년 12월 31일

계정과목	자산명	취득일	내용연수	감가상각누계액 전기이월	감가상각누계액 차기이월	원가구분
건물	공장건물	2015.10.01	40년	250,000,000원	275,000,000원	제조원가
차량운반구	승용차	2022.07.01	5년	25,000,000원	35,000,000원	판관비

(4) 다음은 회사의 실제 당기 [법인세과세표준및세액조정계산서] 작성서식의 일부 내용이다. 아래에 주어진 자료만을 이용하여 법인세비용에 대한 회계처리를 하시오. (2점)

법인세과세표준 및 세액조정계산서 일부내용	②과세표준계산	⑩각사업연도소득금액(⑩=⑩)		350,000,000원
		⑩이월결손금	07	70,000,000원
		⑪비과세소득	08	
		⑪소득공제	09	
		⑫과세표준(⑩-⑩-⑪-⑪)	10	280,000,000원
세율정보	· 법인세율 : 법인세과세표준 2억원 이하 : 9% 　　　　　　법인세과세표준 2억원 초과 200억원 이하 : 19% · 지방소득세율 : 법인세과세표준 2억원 이하 : 0.9% 　　　　　　　법인세과세표준 2억원 초과 200억원 이하 : 1.9%			
기타	위의 모든 자료는 법인세법상 적절하게 산출된 금액이고, 법인세중간예납세액 10,000,000원은 기한 내에 납부하여 선납세금으로 회계처리 하였다.			

문제 4 원천징수와 관련된 다음의 물음에 답하시오. (10점)

(1) 다음은 ㈜재송테크의 퇴직소득에 대한 원천징수 관련 자료이다. 아래의 자료를 바탕으로 [사원등록] 및 [퇴직소득자료입력] 메뉴를 작성하여 퇴직소득세를 산출하고, [퇴직소득원천징수영수증]을 작성하시오(단, 일반전표입력은 생략할 것). (4점)

- 이름 : 김태자(사원코드 : 102)
- 주민등록번호 : 820503-1728285
- 입사년월일 : 2017.06.13.
- 퇴사년월일 : 2025.06.12.(퇴사사유 : 개인 사정으로 인한 자진퇴사)
- 퇴직금 : 24,000,000원(지급일 : 2025.06.30.)
- 퇴직공로금 : 1,000,000원(현실적인 퇴직을 원인으로 받는 소득, 지급일 : 2025.06.30.)
- 퇴직금 중 확정급여형 퇴직연금 가입자로서 불입한 1,000만원은 과세이연을 적용하기로 한다.

연금계좌취급자	사업자등록번호	계좌번호	입금일	계좌입금액
대한은행	130-81-58516	123-45-6789	2025.06.30.	10,000,000원

(2) 2025년 5월 1일 입사한 사무직 정선달(거주자이며 세대주, 사원번호 : 300)의 가족관계증명서이다. [사원등록] 메뉴의 [기본사항] 탭과 [부양가족명세] 탭, [연말정산추가자료입력] 메뉴의 [소득명세] 탭을 작성하시오(기본공제대상자 여부와 관계없이 부양가족은 모두 입력할 것). (4점)

〈자료 1〉 사원등록 참고자료
① 사회보험을 모두 적용하고 있으며, 사회보험과 관련한 보수월액은 2,800,000원이다.
② 모친 김여사는 부동산양도소득금액 20,000,000원이 있다.
③ 배우자 이부인은 장애인(항시 치료를 요하는 중증환자)으로서 현재 타지역의 요양시설에서 생활하고 있으며 소득은 없다.
④ 자녀 정장남은 지방 소재 고등학교에 재학 중이고, 일용근로소득 4,000,000원이 있다.
⑤ 자녀 정차남은 초등학교에 다니고 있다.

〈자료 2〉 정선달의 가족관계증명서

[별지 제1호서식] 〈개정 2010.6.3〉

가 족 관 계 증 명 서

등록기준지	서울시 송파구 도곡로 460(잠실동)				

구분	성명	출생연월일	주민등록번호	성별	본
본인	정선달(鄭先達)	1971년 11월 05일	711105-1682751	남	東萊

가족사항

구분	성명	출생연월일	주민등록번호	성별	본
모	김여사(金女史)	1944년 04월 02일	440402-2792381	여	慶州
배우자	이부인(李婦人)	1971년 09월 02일	710902-2272775	여	全州
자녀	정장남(鄭長男)	2006년 10월 01일	061001-3632338	남	東萊
자녀	정차남(鄭次男)	2013년 07월 01일	130701-3657963	남	東萊

〈자료 3〉 전근무지 근로소득원천징수영수증
① 근무처명(종교관련종사자 아님)

근무처명	사업자등록번호	근무기간
㈜스마트	120-81-34671	2025.01.01.~2025.03.31.

② 소득명세 등

급여총액	상여총액	비과세식대	국민연금	건강보험	장기요양보험	고용보험
10,500,000원	10,000,000원	600,000원	796,500원	723,180원	92,610원	184,000원

③ 세액명세 등

항목	소득세	지방소득세
결정세액	1,000,000원	100,000원
기납부세액	1,500,000원	150,000원
차감징수세액	△500,000원	△50,000원

(3) 다음의 자료를 이용하여 [원천징수이행상황신고서]를 작성 및 마감하고 국세청 홈택스에 전자신고를 하시오. (2점)

〈소득자료〉

귀속월	지급월	소득구분	신고코드	인원	총지급액	소득세	비고
6월	7월	사업소득	A25	2명	4,500,000원	135,000원	매월(정기)신고

· 전월로부터 이월된 미환급세액 55,000원을 충당하기로 한다.

〈유의사항〉
1. [전자신고] → [국세청 홈택스 전자신고변환(교육용)] 순으로 진행한다.
2. [전자신고] 메뉴의 [원천징수이행상제작] 탭에서 신고인구분은 2.납세자 자진신고를 선택하고, 비밀번호는 자유롭게 입력한다.
3. [국세청 홈택스 전자신고변환(교육용)] → 전자파일변환(변환대상파일선택) → 찾아보기 에서 전자신고용 전자파일을 선택한다.
4. 전자신고용 전자파일 저장경로는 로컬디스크(C :)이며, 파일명은 "작성연월일.01.t사업자등록번호"다.
5. 형식검증하기 ➡ 형식검증결과확인 ➡ 내용검증하기 ➡ 내용검증결과확인 ➡ 전자파일제출 을 순서대로 클릭한다.
6. 최종적으로 전자파일 제출하기 를 완료한다.

문제 5 ㈜사선전자(회사코드 : 1151)는 금속제품을 생산하고 제조·도매업 및 도급공사업을 영위하는 중소기업이며, 당해 사업연도는 제14기(2025.1.1.~2025.12.31.)이다. [법인조정] 메뉴를 이용하여 기장되어 있는 재무회계 장부 자료와 제시된 보충자료에 의하여 해당 사업연도의 세무조정을 하시오. (30점) ※ 회사 선택 시 유의하시오.

> **작성대상서식**
> 1. 업무용승용차관련비용명세서
> 2. 기업업무추진비조정명세서
> 3. 법인세과표 및 세액조정계산서, 최저한세조정명세서
> 4. 대손충당금 및 대손금조정명세서
> 5. 소득금액조정합계표 및 명세서

(1) 다음 자료는 영업부서에서 업무용으로 사용중인 법인차량(코드 : 101) 관련 자료이다. 5인승 승용차 제네시스(55하4033)를 ㈜브라보캐피탈과 운용리스계약을 체결하여 사용 중이다. [업무용승용차등록] 메뉴 및 [업무용승용차관련비용명세서]를 작성하고, 관련 세무조정을 하시오(단, 당사는 부동산임대업을 영위하지 않으며, 사용자 부서 및 사용자 직책, 사용자 성명, 전용번호판 부착여부 입력은 생략할 것). (6점)

구분	금액	비고
운용리스료	14,400,000원	· 매월 1,200,000원, 전자계산서를 수령하였다. · 주어진 차량 관련 비용 외 다른 항목은 고려하지 않으며, 감가상각비상당액은 12,895,000원이다.
유류비	4,100,000원	-
리스계약기간		2023.05.03.~2026.05.03.
보험기간		리스계약기간과 동일하다.
거리		1. 전기이월누적거리 : 21,000km 2. 출퇴근거리 : 6,400km 3. 업무와 관련 없는 사용거리 : 1,600km 4. 당기 총 주행거리 : 8,000km
기타사항		· 취득일자는 2023.05.03.을 입력하기로 한다. · 임직원전용보험에 가입하고, 운행기록부는 작성하였다고 가정한다. · 전기 업무용승용차 감가상각비 한도초과 이월액 8,000,000원이 있다.

(2) 다음의 자료만을 이용하여 [기업업무추진비조정명세서(갑),(을)] 메뉴를 작성하고 필요한 세무조정을 하시오. (6점)

1. 매출내역(상품매출 및 제품매출)			
구분	특수관계인 매출액	그 외 매출액	합계
법인세법상 매출액	200,000,000원	1,810,000,000원	2,010,000,000원
기업회계기준상 매출액	200,000,000원	1,800,000,000원	2,000,000,000원

2. 기업업무추진비 계정 내역

구분	관련 내역	제조경비	판매비와관리비
건당 3만원 초과	법인카드 사용분	1,000,000원[주1]	25,900,000원
	직원카드 사용분	2,000,000원	5,000,000원
	거래처 현금 경조사비[주2]	3,000,000원	3,500,000원
건당 3만원 이하	간이영수증 수령	200,000원	100,000원
합 계		26,200,000원	34,500,000원

[주1] 기업업무추진비(제조경비, 법인카드 사용분)에는 문화비로 지출한 금액 2,000,000원이 포함되어 있다.

[주2] 거래처 현금 경조사비는 전액 건당 20만원 이하이다.

3. 기타 계정 내역

계정과목	금액	관련사항
소모품비(판)	1,500,000원	현금영수증을 발급받고 구입한 물품(1건, 면세 대상 물품)을 거래처에게 선물하였다.
광고선전비(판)	1,400,000원	법인카드로 구입한 달력을 불특정 다수인에게 제공하였다.

4. 기업업무추진비는 모두 회사 업무와 관련하여 사용하였다.

(3) 다음의 자료만을 이용하여 [법인세과세표준및세액조정계산서]와 [최저한세조정계산서]를 작성하시오. (6점)

1. 손익계산서상 당기순이익 : 535,000,000원
2. 익금산입 총액 : 34,500,000원
3. 손금산입 총액 : 2,900,000원
4. 기부금한도초과액 : 1,800,000원
5. 공제가능한 이월결손금 : 3,522,000원
6. 세액공제 및 세액감면
   ① 중소기업특별세액감면 : 13,000,000원
   ② 고용증대세액공제 : 35,000,000원
   ③ 사회보험료세액공제 : 1,200,000원
7. 지출증명서류 미수취 가산세 : 190,000원
8. 법인세 중간예납세액 : 5,000,000원
9. 원천납부세액 : 7,000,000원
10. 당사는 중소기업이며 분납 가능한 금액까지 분납 신청하고자 한다.

PART 2 실 무 편

(4) 다음의 자료를 참조하여 [대손충당금및대손금조정명세서] 메뉴를 작성하고, [소득금액조정합계표및명세서]에 세무조정을 반영하시오(단, [소득금액조정합계표및명세서]의 소득명세는 생략함). (6점)

1. 당기 대손충당금 내역

차 변		대 변	
과 목	금 액	과 목	금 액
외상매출금	15,000,000원	전기이월	80,000,000원
받을어음	35,000,000원	당기설정	6,000,000원
미수금	15,000,000원		
차기이월	21,000,000원		

· 전기말 자본금과적립금조정명세서(을)에 전기대손충당금한도초과액 8,795,000원이 계상되어 있다.
· 당사는 중소기업에 해당하며, 대손설정율은 1%로 설정한다.

2. 당기에 대손충당금과 상계한 내용
  (1) ㈜김가의 외상매출금 10,000,000원을 소멸시효완성으로 인하여 3월 31일에 대손확정함.
  (2) ㈜유가의 파산으로 인하여 회수할 수 없는 외상매출금 5,000,000원을 6월 30일에 대손확정함.
  (3) ㈜최가의 받을어음 20,000,000원을 부도발생일 9월 1일에 대손확정함.
  (4) ㈜이가의 받을어음 15,000,000원을 11월 2일에 대손확정함(부도발생일은 당해연도 5월 1일임).
  (5) ㈜우가의 강제집행으로 인하여 회수할 수 없는 기계장치 미수금 15,000,000원을 6월 25일에 대손확정함.

3. 당기말 설정대상채권으로는 외상매출금 1,570,000,000원과 받을어음 100,000,000원이 계상되어 있다.

(5) 다음의 자료를 이용하여 [소득금액조정합계표]를 완성하시오. 재무상태표 및 손익계산서에는 다음과 같은 계정과목이 포함되어 있으며 기업회계기준에 따라 정확하게 회계처리 되었다. (6점)

계정과목	금액	비고
법인세등	18,000,000원	법인지방소득세 2,000,000원이 포함되어 있다.
퇴직급여	35,000,000원	대표이사의 퇴직급여로, 주주총회에서 대표이사를 연임하기로 결정하여 과거 임기에 대한 퇴직급여를 지급하고 계상한 것으로 확인되었다. (대표이사 퇴직급여 초과지급액이 발생하면 퇴직 시까지 가지급금으로 간주한다.)
세금과공과	10,000,000원	토지에 대한 개발부담금 3,000,000원이 포함되어 있다.
감가상각비	4,000,000원	업무용승용차(3,000cc, 2023.01.01. 취득)의 감가상각비로서 상각범위액은 6,000,000원이다.
건물관리비	5,000,000원	법인의 출자자(소액주주가 아님)인 임원이 사용하고 있는 사택유지비를 전액 건물관리비로 계상하였다.
잡이익	700,000원	업무용 화물트럭에 대한 자동차세 과오납금에 대한 환급금 600,000원과 환급금이자 100,000원을 모두 잡이익으로 회계처리 하였다.

Chapter 4 최신 기출문제 연습

2024년 10월 6일 시행
제116회 전산세무회계자격시험

종목 및 등급 : **전산세무 1급** - 제한시간 : 90분 -

이론 시험

다음 문제를 보고 알맞은 것을 골라 **이론문제 답안작성** 메뉴에 입력하시오.(객관식 문항당 2점)

> **기본 전제**
> 문제에서 한국채택국제회계기준을 적용하도록 하는 전제조건이 없는 경우, 일반기업회계기준을 적용한다.

01 회계정보의 질적특성인 목적적합성과 신뢰성은 서로 상충될 수 있고, 상충되는 질적특성간의 선택은 재무보고의 목적을 최대한 달성할 수 있는 방향으로 이루어져야 한다. 다음 중 상충되는 질적특성간의 선택의 성격이 나머지와 다른 것은 무엇인가?

① 자산의 평가방법을 원가법이 아닌 시가법으로 선택하는 경우
② 수익인식방법을 진행기준이 아닌 완성기준으로 선택하는 경우
③ 순이익의 인식방법을 현금주의가 아닌 발생주의로 선택하는 경우
④ 정보의 보고시점을 결산기가 아닌 분기나 반기로 하여 재무제표를 작성하는 경우

02 2025년 12월 31일 현재 회사 창고에는 재고가 없으며 다음의 금액이 포함되어 있지 않다. 재무제표상 기말상품 재고액을 구하면 얼마인가?

> · 매입한 상품 중 선적지 인도기준에 의해 해상운송 중인 상품 7,000,000원
> · 위탁 판매를 위해 수탁자가 보관 중인 상품 4,000,000원
> · 시용판매를 위하여 소비자에게 인도한 상품 2,000,000원(매입의사 표시일 : 2026년 1월 15일)
> · 할부판매계약에 따라 고객에게 인도된 상품 3,000,000원(이 중 대금 미회수 금액은 2,000,000원이다.)

① 11,000,000원 ② 13,000,000원 ③ 15,000,000원 ④ 16,000,000원

03 다음 중 유형자산에 대한 설명으로 가장 옳지 않은 것은?

① 무상으로 취득한 자산은 당해 자산의 공정가치에 취득 부대비용을 가산하여 취득원가로 계상한다.
② 토지와 건물을 모두 사용할 목적으로 일괄 구입한 경우 토지와 건물 각각의 공정가치를 기준으로 안분하여 취득원가를 계상한다.
③ 서로 다른 용도의 자산과 교환하여 취득한 유형자산의 취득원가는 교환을 위하여 제공한 자산의 장부가액으로 계상한다.
④ 유형자산 취득과 관련하여 국·공채를 불가피하게 강제 매입할 때 당해 채권의 매입금액과 일반기업 회계기준에 따라 평가한 현재가치와의 차액은 유형자산의 취득원가에 포함한다.

04 다음 중 자본에 대한 설명으로 가장 옳지 않은 것은?

① 자본은 기업활동으로부터의 손실 및 소유자에 대한 배당으로 인한 주주지분 감소액을 차감한 내용을 포함하고 있다.
② 이익잉여금(결손금) 처분(처리)으로 상각되지 않은 주식할인발행차금은 향후 발생하는 주식발행초과금과 우선적으로 상계한다.
③ 기업이 현물을 제공받고 주식을 발행한 경우에는 제공받은 현물의 공정가치를 주식의 발행금액으로 하는 것이 원칙이다.
④ 지분상품을 발행하거나 취득하는 과정에서 발생하는 자본거래 비용과 중도에 포기한 자본거래 비용은 주식발행초과금에서 차감하거나 주식할인발행차금에 가산한다.

05 다음 중 회계변경과 오류수정에 대한 설명으로 가장 옳지 않은 것은?

① 회계정책의 변경은 원칙적으로 소급하여 적용하고, 변경에 따른 누적효과를 합리적으로 결정하기 어려운 경우에는 전진적으로 처리한다.
② 회계추정의 변경은 전진적으로 처리하여 그 효과를 당기 이후의 기간에만 반영한다.
③ 회계정책의 변경과 회계추정의 변경이 동시에 이루어지는 경우에는 회계정책의 변경에 의한 누적효과를 먼저 계산하여 소급적용한 후, 회계추정의 변경효과를 전진적으로 적용한다.
④ 당기에 발견한 전기의 오류는 당기 손익계산서에 전기오류수정손익으로 반영하는 것이 원칙이다.

06 다음의 각 내용이 설명하는 원가계산의 용어로 모두 옳은 것은?

> ㉠ 제조원가를 제조공정별로 구분하여 집계하는 원가계산제도로서 정유업, 화학공업 등과 같이 동일한 종류의 제품을 계속적으로 대량생산하는 연속생산형태의 기업에 적용된다.
> ㉡ 제조원가를 개별작업별로 구분하여 집계하는 원가계산제도로서 조선업, 건설업, 항공기산업 등과 같이 고객의 주문에 따라 개별적으로 제품을 생산하는 주문형태의 기업에 적용된다.
> ㉢ 동일한 제조공정으로 가공하면서 발생한 원가를 제품에 어떤 방법으로 배분할 것인가를 결정하고, 그에 따라 결합제품 각각에 대하여 제품원가를 결정하는 원가계산제도로서 낙농업, 정육업, 석유산업 등의 기업에 적용된다.

	㉠	㉡	㉢
①	개별원가계산	종합원가계산	결합원가계산
②	종합원가계산	결합원가계산	개별원가계산
③	개별원가계산	결합원가계산	종합원가계산
④	종합원가계산	개별원가계산	결합원가계산

07 창고에 보관 중이던 오래된 제품 3,000,000원을 현재 상태로 처분하면 800,000원에 처분할 수 있으나 900,000원을 추가로 투입하여 수리한 후 1,900,000원에 처분할 수 있다고 할 때, 수리 후 처분에 따른 기회비용은 얼마인가?

① 800,000원   ② 900,000원   ③ 1,000,000원   ④ 1,900,000원

08 제조부문과 보조부문 간의 용역 비율은 다음과 같다. 제조부문 P2에 배분될 보조부문의 원가총액은 얼마인가? (단, 단계배분법을 사용하며 S1 부문부터 배분함)

구분	제조부문		보조부문		발생원가
	P1	P2	S1	S2	
S1	40%	30%	–	30%	1,000,000원
S2	30%	50%	20%	–	1,500,000원

① 1,125,000원   ② 1,200,000원   ③ 1,425,000원   ④ 2,000,000원

09 ㈜세무는 평균법에 의한 종합원가계산을 채택하고 있다. 가공원가는 공정 전반에 걸쳐 균등하게 발생하고 있다. 다음의 자료를 바탕으로 기말재공품 가공원가를 계산하면 얼마인가?

- 기초재공품 : 4,000단위(가공원가 : 64,000원)
- 당기착수량 : 26,000단위(가공원가 : 260,000원)
- 기말재공품 : 5,000단위(완성도 : 40%)

① 20,000원   ② 24,000원   ③ 54,000원   ④ 60,000원

10 다음 중 결합원가에 대한 설명으로 옳지 않은 것은?

① 결합원가계산에서 분리점이란 연산품을 개별적으로 식별할 수 있는 시점을 말한다.
② 결합원가를 순실현가치법에 따라 배분할 때 순실현가치란 개별 제품의 최종 판매가격에서 분리점 이후의 추가 가공원가와 판매비와 관리비를 차감한 후의 금액을 말한다.
③ 결합원가를 균등이익률법에 따라 배분할 때 조건이 같다면 추가 가공원가가 높은 제품에 더 많은 결합원가가 배분된다.
④ 부산물을 판매기준법에 따라 회계처리 하는 경우 부산물에는 결합원가를 배분하지 않고 부산물이 판매될 때 판매이익을 잡이익으로 계상한다.

11 다음 중 소득세법상 아래의 소득 구분을 모두 옳게 고른 것은?

구분	판단	소득 구분
원고료	일시, 우발적인 경우	㉠
	프리랜서(자유직업, 작가)의 경우	㉡
	근로자가 업무와 관련하여 회사 사보를 게재한 경우	㉢

	㉠	㉡	㉢
①	사업소득	기타소득	근로소득
②	기타소득	근로소득	사업소득
③	근로소득	사업소득	기타소득
④	기타소득	사업소득	근로소득

12 다음 중 부가가치세법상 사업자등록에 대한 설명으로 가장 옳지 않은 것은?

① 신규로 사업을 개시하고자 하는 자는 사업개시일 전이라도 사업자등록이 가능하다.
② 사업자등록을 신청받은 관할 세무서장은 신청일로부터 2일 이내에 사업자등록증을 발급해야 하며, 사업현황을 확인하기 위해 필요하다고 인정되면 발급 기한을 5일 이내에서 연장할 수 있다.
③ 단독 개인사업자의 대표자를 변경하는 경우에는 지체없이 사업자등록정정신고를 해야 한다.
④ 사업자의 상호를 변경하기 위해 정정하는 경우는 신고일 당일 재발급사유이다.

13 다음 중 법인세법상 부당행위계산을 적용함에 있어 조세의 부담을 부당하게 감소시킨 경우가 아닌 것은? (단, 보기의 거래는 시가와 거래가액의 차이가 3억원 이상 또는 시가의 5% 이상 요건에 모두 해당한다고 가정함)

① 법인이 대표이사의 배우자로부터 자산을 시가보다 높은 가액으로 매입한 경우
② 법인이 주주나 출연자가 아닌 직원에게 사택을 무상으로 제공하는 경우
③ 법인이 대표이사의 자녀에게 무상으로 금전을 대여한 경우
④ 대주주인 임원의 출연금을 법인이 대신 부담하는 경우

14 다음 중 부가가치세법상 과세대상인 재화 또는 용역으로 옳은 것은?

① 반려동물에 대한 질병 예방 목적의 예방접종
② 주차장용 토지의 임대
③ 상가 부수토지의 매매
④ 시내버스 여객운송용역

15 다음 중 부가가치세법상 세금계산서에 대한 설명으로 옳지 않은 것은?

① 2023년의 공급가액(면세공급가액을 포함)이 5천만원 이상인 개인사업자는 2024년 7월 1일 이후부터 전자세금계산서 의무발급 대상이다.
② 전체 사업장이 아니라 개별 사업장별 직전연도의 공급가액을 기준으로 전자세금계산서 의무발급 사업자를 판단한다.
③ 전자세금계산서 의무발급대상이 된 경우에는 이후 과세기간에 계속하여 전자세금계산서를 발급하여야 한다.
④ 관할 세무서장은 개인사업자가 전자세금계산서 의무발급자에 해당하는 경우에는 전자세금계산서를 발급해야 하는 날이 시작되기 1개월 전까지 그 사실을 해당 개인사업자에게 통지하여야 한다.

Chapter 4 최신 기출문제 연습

실무 시험

㈜한솔산업(회사코드:1160)은 제조·도매업을 영위하는 중소기업이며, 당기(제12기) 회계기간은 2025.1.1.~2025.12.31.이다. 전산세무회계 수험용 프로그램을 이용하여 다음 물음에 답하시오.

> **입력시 유의사항**
> - 일반적인 적요의 입력은 생략하지만, 타계정 대체거래는 적요번호를 선택하여 입력한다.
> - 세금계산서·계산서 수수 거래 및 채권·채무 관련 거래는 별도의 요구가 없는 한 반드시 기등록된 거래처코드를 선택하는 방법으로 거래처명을 입력한다.
> - 제조경비는 500번대 계정코드를, 판매비와관리비는 800번대 계정코드를 사용한다.
> - 회계처리시 계정과목은 별도제시가 없는 한 등록되어 있는 계정과목 중 가장 적절한 과목으로 한다.
> - 매입매출전표를 입력하는 경우 입력화면 하단의 분개까지 처리하고, 세금계산서 및 계산서는 전자 여부를 입력하여 반영한다.

문제 1 다음 거래에 대하여 적절한 회계처리를 하시오. (12점)

(1) 05월 04일 미국TSL로부터 2024년 12월 5일에 외상으로 매입한 상품 $20,000에 대한 외상매입금 전액을 보통예금 계좌에서 지급하였다. 각각의 기준환율은 다음과 같으며 회사는 전기말 외화자산부채에 대한 평가를 일반기업회계기준에 따라 적절히 수행하였다. (3점)

구분	2024년 12월 5일	2024년 12월 31일	2025년 5월 4일
기준환율	1,400원/$	1,300원/$	1,200원/$

(2) 07월 02일 제품 10,000,000원(부가가치세 별도)을 ㈜유정에 매출하고 아래와 같이 전자세금계산서를 발급한 후 즉시 전액을 삼성카드로 결제받았다(단, 카드사에 대한 수수료는 고려하지 말 것). (3점)

전자세금계산서					승인번호	20250702-15454654-58811886		
공급자	등록번호	120-85-47000	종사업장 번호		공급받는자	등록번호	467-85-17021	종사업장 번호	
	상호(법인명)	㈜한솔산업	성 명	배정우		상호(법인명)	㈜유정	성 명	김유정
	사업장 주소	서울 강남구 밤고개로 337				사업장 주소	경기도 하남시 미사강변중앙로 1223		
	업 태	제조	종 목	자동차부품		업 태	도매	종 목	전자상거래
	이메일					이메일			

작성일자	공급가액	세액	수정사유
2025-07-02	10,000,000	1,000,000	해당 없음
비 고			

월	일	품목	규격	수량	단가	공급가액	세액	비고
07	02	제품				10,000,000	1,000,000	

합계금액	현금	수표	어음	외상미수금	위 금액을 **(청구)** 함
11,000,000				11,000,000	

(3) 07월 14일 받을어음(㈜교보상사) 3,000,000원을 진주은행에 할인 매각하여 2,760,000원을 보통예금 계좌로 즉시 입금받았다(단, 매각거래의 요건은 충족함). (3점)

(4) 08월 26일 영업부에서 사용하던 업무용 승용차(취득가액 : 12,000,000원)를 중고거래 사이트에서 처분하고 아래와 같이 현금영수증을 발급하였으며 현금을 수취하였다. 해당 차량운반구의 처분시점 감가상각누계액은 7,200,000원이고, 하나의 전표로 처리하기로 한다. 현금영수증 발급 정보를 알려주지 않아 자진발급 처리하였다(단, 거래처는 자진발급(거래처코드 : 00149)으로 선택할 것). (3점)

Hom tax. 국세청홈택스 현금영수증	
■거래정보	
거래일시	2025.08.26.
승인번호	G13897246
거래구분	승인거래
거래용도	소득공제
발급수단번호	010-****-1234
■거래금액	
공급가액	5,000,000
부가세	500,000
봉사료	0
총 거래금액	5,500,000
■가맹점 정보	
상호	㈜한솔산업
사업자번호	125-85-47000
대표자명	배정우
주소	서울시 강남구 밤고개로 337

• 익일 홈택스에서 현금영수증 발급 여부를 반드시 확인하시기 바랍니다.
• 홈페이지(http://www.hometax.go.kr)
  -조회/발급>현금영수증 조회>사용내역(소득공제)조회
                                >매입내역(지출증빙)조회
• 관련문의는 국세상담센터(☎126-1-1)

문제 2 다음 주어진 요구사항에 따라 부가가치세신고서 및 부속서류를 작성하시오. (10점)

(1) ㈜한솔산업은 2025년 제2기 부가가치세 확정신고를 기한 내에 마쳤으나, 신고기한이 지난 후에 아래의 오류를 발견하여 정정하고자 한다. 주어진 자료를 이용하여 [매입매출전표입력]에서 오류사항을 수정 또는 입력하고 제2기 확정신고기간의 [부가가치세신고서(1차 수정신고)], [과세표준및세액결정(경정)청구서]를 작성하시오. (6점)

- 매입매출전표입력 오류사항

  (1) 11월 30일 : 현금영수증을 ㈜아림에 발급하였으나 이는 외상매출금(9월 30일 세금계산서 발급분)에 대한 회수로서 중복 매출신고로 확인되었다.

  (2) 9월 30일 : 제조부서의 기계 수리비 500,000원(공급가액)을 하나상사에 보통예금으로 지급하였고, 종이세금계산서를 발급받았으나 이를 누락하였다. 해당 누락분은 확정신고 시에 반영하기로 한다.

  (3) 12월 5일 : 영업부서의 운반비 300,000원(공급가액)의 종이세금계산서를 운송나라에서 발급받았으나 이를 누락하였다. 단, 운반비는 보통예금 계좌에서 지급하였다.

  ※ 단, 오류사항에 대해서 음수로 입력하지 말 것.

- 경정청구사유

  (1) 사유1 : 신용카드, 현금영수증 매출 과다신고(코드 : 4102013)

  (2) 사유2 : 예정신고 누락분(코드 : 4103003)

  ※ 단, 국세환급금 계좌는 공란으로 비워두고, 전자신고세액공제는 적용하지 않는다.

(2) 다음의 자료는 2025년 제1기 부가가치세 확정신고기간(2025.4.1.~2025.6.30.) 중 수취한 전자세금계산서 내역이다. 주어진 자료를 이용하여 [공제받지못할매입세액명세서]를 작성하시오. (4점)

작성일자	품목	공급가액	매입세액
04월 02일	·사업과 관련 없이 구매한 경차 차량	30,000,000원	3,000,000원

04월 10일	·인테리어 공사
	  (1) 공사는 2025년 6월 29일에 완료되었다.
	  (2) 대금은 2025년 7월 20일에 지급하였다.
		17,000,000원	1,700,000원

05월 05일	·전자제품(거래처에 선물할 목적으로 구매)	3,500,000원	350,000원
06월 01일	·기존에 사용 중인 공장용 건물에 대한 철거비용	8,800,000원	880,000원
06월 30일	·본사 사옥 신축공사비	250,000,000원	25,000,000원

문제 3 다음의 결산정리사항을 입력하여 결산을 완료하시오. (8점)

(1) 당사는 4월 1일에 공장의 1년치 화재보험료(보험기간 : 2025.4.1.~2026.3.31.) 6,000,000원을 일시불로 지급하고 선급비용으로 회계처리 하였다(단, 보험료는 월할계산할 것). (2점)

(2) 다음의 자료를 이용하여 결산일의 매도가능증권과 관련된 회계처리를 하시오. (2점)

> · 취득일 : 2024년 10월 17일
> · 주식수 : 1,700주
> · 1주당 취득가액 : 30,000원
> · 매도가능증권의 1주당 공정가치
>   (1) 2024년 12월 31일 : 25,000원
>   (2) 2025년 12월 31일 : 34,000원
> · 매도가능증권(178)과 관련된 회계처리는 일반기업회계기준에 따라 적정하게 처리되었다고 가정한다.

(3) 다음은 2025년 제2기 부가가치세 확정신고와 관련된 자료이다. 주어진 자료를 이용하여 12월 31일 부가가치세 확정신고와 관련된 계정을 정리하는 회계처리를 하시오(단, 입력된 데이터는 무시하고 아래에 주어진 자료만을 이용하여 회계처리할 것). (2점)

> (1) 2025년 12월 31일 계정별 잔액
>   · 부가세예수금 : 40,500,000원
>   · 부가세대급금 : 36,800,000원
> (2) 제2기 부가가치세 예정신고 미환급세액 1,700,000원이 미수금 잔액으로 남아있다.
> (3) 부가가치세 전자신고세액공제 10,000원과 가산세 15,000원이 발생하였다.
> (4) 납부할 세금은 미지급세금, 가산세는 세금과공과, 전자신고세액공제는 잡이익으로 처리하기로 한다.

(4) 마케팅부 직원에 대한 확정급여형(DB) 퇴직연금을 당해 연도 4월 1일에 가입하였으며 60,000,000원을 운영한 결과 4%(연 이자율)의 이자수익이 발생하였다(단, 이자수익의 계산은 월단위로 계산할 것). (2점)

문제 4   원천징수와 관련된 다음의 물음에 답하시오. (10점)

(1) 다음 자료를 이용하여 [사원등록] 메뉴에서 영업팀 최이현(사원코드 : 100, 입사일 : 2025년 7월 1일)씨의 [부양가족명세] 탭을 수정하고, [연말정산추가자료입력] 메뉴를 이용하여 연말정산을 완료하시오. 전 근무지 자료는 [소득명세] 탭에 입력하고, 연말정산 관련 자료는 [부양가족], [신용카드 등], [의료비] 탭에 작성하여 [연말정산추가자료입력]을 완료하시오(단, 교육비와 보험료는 [부양가족] 탭에 반영할 것). (7점)

Chapter 4 최신 기출문제 연습

〈자료 1〉 부양가족 현황

관계	성명	주민등록번호	소득내역	비고
본인	최이현	860331-2671212	총급여 3,900만원	세대주/여성/배우자 없음
모	김희숙	541021-2704577	일용근로소득 500만원	
자녀	임희연	161031-4670736	소득없음	초등학생
자녀	임유한	200531-3665459	소득없음	유치원생

· 근로자 본인의 세부담 최소화를 가정한다.
· 위의 가족들은 모두 내국인으로 근로자 본인과 동거하면서 생계를 같이 하고 있으며, 기본공제 대상자가 아닌 경우에도 부양가족명세에 등록하고 기본공제는 '부'로 작성한다.
· 제시된 자료 외의 다른 소득은 없다고 가정한다.

〈자료 2〉 전(前) 근무지 자료는 아래와 같으며, 당사에서 합산하여 연말정산을 진행하기로 한다.

· 근무처명 : ㈜선재기획(사업자등록번호 : 507-81-55567)
· 총급여액 : 2,400만원(비과세소득 및 감면소득 없음)
· 국민연금보험료 : 1,080,000원
· 장기요양보험료 : 110,160원
· 근무기간 : 2025.01.01.~2025.06.30.
· 건강보험료 : 850,800원
· 고용보험료 : 216,000원

	구분	소득세	지방소득세
세액명세	결정세액	182,390원	18,230원
	기납부세액	1,175,760원	117,540원
	차감징수세액	△993,370원	△99,310원

〈자료 3〉 연말정산 추가자료(국세청 홈택스 연말정산간소화서비스 자료)

항목	내용
보험료	· 최이현(본인) – 자동차손해보험 200,000원 · 김희숙(모) – 일반보장성보험 500,000원 · 임희연(자녀) – 일반보장성보험 150,000원 · 임유한(자녀) – 일반보장성보험 150,000원
의료비	· 최이현(본인) – 질병치료비 1,600,000원, 한약구입비용(건강증진목적) 1,000,000원 · 김희숙(모) – 질병치료비 7,500,000원(실손의료보험 수령액 : 2,300,000원) · 임희연(자녀) – 시력보정용 안경구입비용 800,000원 · 임유한(자녀) – 질병치료비 1,600,000원
교육비	· 김희숙(모) – 방송통신대학교 교육비 2,400,000원 · 임희연(자녀) – 방과후과정 수업료 900,000원, 학원수업료 3,600,000원 · 임유한(자녀) – 「유아교육법」에 의한 유치원 수업료 2,080,000원, 학원수업료 1,200,000원
신용카드 등 사용액	· 최이현(본인) – 신용카드 사용액 35,000,000원(자녀 학원수업료 4,800,000원 포함) - 현금영수증 사용액 5,000,000원(전통시장 사용분 2,000,000원 포함) · 최이현(본인)의 신용카드 사용액은 위의 의료비 지출액이 모두 포함된 금액이다. · 제시된 내용 외의 전통시장, 대중교통, 도서 등 사용분은 없다.

(2) 다음의 자료를 이용하여 [원천징수이행상황신고서]를 작성 및 마감하고 국세청 홈택스에서 전자신고를 수행하시오. (3점)

〈소득자료〉

귀속월	지급월	소득구분	신고코드	인원	총지급액	소득세	비고
9월	9월	사업소득	A25	1	3,000,000원	90,000원	매월(정기)신고

〈유의사항〉

1. [전자신고] → [국세청 홈택스 전자신고변환(교육용)] 순으로 진행한다.
2. [전자신고] 메뉴의 [원천징수이행상황제작] 탭에서 신고인구분은 2.납세자 자진신고를 선택하고, 비밀번호는 자유롭게 입력한다.
3. [국세청 홈택스 전자신고변환(교육용)] → 전자파일변환(변환대상파일선택) → [찾아보기] 에서 전자신고용 전자파일을 선택한다.
4. 전자신고용 전자파일 저장경로는 로컬디스크(C :)이며, 파일명은 "작성연월일.01.t사업자등록번호"다.
5. [형식검증하기] → [형식검증결과확인] → [내용검증하기] → [내용검증결과확인] → [전자파일제출] 을 순서대로 클릭한다.
6. 최종적으로 [전자파일 제출하기] 를 완료한다.

문제 5 상수기업㈜(회사코드 : 1161)은 전자부품 등을 생산하고 제조·도매업 및 도급공사업을 영위하는 중소기업이며, 당해 사업연도(제13기)는 2025.1.1.~2025.12.31.이다. [법인조정] 메뉴를 이용하여 기장되어 있는 재무회계 장부 자료와 제시된 보충자료에 의하여 해당 사업연도의 세무조정을 하시오. (30점) ※ 회사 선택 시 유의하시오.

> **작성대상서식**
> 1. 수입금액조정명세서, 조정 후 수입금액명세서
> 2. 세금과공과금명세서
> 3. 소득금액조정합계표 및 명세서
> 4. 원천납부세액명세서
> 4. 업무용 승용차관련비용명세서

(1) 다음의 자료를 이용하여 [수입금액조정명세서], [조정후수입금액명세서]를 작성하고, 필요한 세무조정을 하시오. (6점)

1. 손익계산서상 수익금액

구분		업종코드	금액	비고
매출액	제품매출	321012	1,357,000,000원	
	공사수입금	451104	787,000,000원	과세와 면세를 합친 금액임

2. 수입금액조정명세서 관련 사항

(1) 공사수입금 조정사항(작업진행률을 적용함)

- 공사명 : 아름건물공사
- 도급자 : 주식회사 아름
- 도급금액 : 300,000,000원
- 총 공사예정비 : 200,000,000원
- 해당연도 말 총공사비 누적액 : 150,000,000원
- 당기 회사 공사수입 계상액 : 70,000,000원(전기말 누적공사수입 계상액 : 150,000,000원)

(2) 기말 결산 시 제품매출 관련 거래(공급가액 5,500,000원, 원가 3,000,000원)가 누락된 것을 발견하고 부가가치세 수정신고는 적절하게 처리하였지만, 손익계산서에는 반영하지 못하였다.

3. 부가가치세법상 과세표준 내역(수정신고 반영되었음)

구분	금액
과세	1,799,500,000원(유형자산 매각금액 30,000,000원이 포함된 금액임)
면세	380,000,000원

(2) 세금과공과금 계정에 입력된 아래의 자료를 조회하여 [세금과공과금명세서]를 작성하고 관련된 세무조정을 하시오(단, 세무조정 유형과 소득처분이 같은 세무조정일지라도 건별로 각각 세무조정을 하고, 계정과목 코드는 모두 800번대로 할 것). (6점)

일자	적요	금액
01월 20일	업무용 승용차 자동차세(2025년도 발생분)	387,000원
01월 21일	본사 토지 취득세	8,910,000원
03월 16일	법인지방소득세	1,054,000원
09월 05일	주민세 사업소분	55,000원
09월 07일	본사 건물 재산세	3,420,000원
10월 09일	국민연금 회사부담액	789,000원
11월 15일	원천징수 등 납부지연가산세	87,000원
12월 22일	폐기물처리부담금	566,000원
12월 26일	업무용 승용차 자동차세(2025년도 발생분)	420,000원

(3) 다음의 자료를 보고 필요한 세무조정을 [소득금액조정합계표및명세서]에 반영하시오. (6점)

구분	내용
재무상태표 내역	· 7월 7일에 구입한 매도가능증권(취득가액 10,000,000원, 시장성 있음)의 기말 공정가액이 12,000,000원이고 이에 대한 회계처리를 기업회계기준에 따라 적절히 수행하였다. · 자기주식처분이익 5,000,000원은 자기주식을 처분함에 따라 발생한 것이다.
손익계산서 내역	· 특수관계법인에게 업무와 관련 없이 지급한 대여금 20,000,000원이 특수관계법인의 파산으로 회수불가능하게 됨에 따라, 대손상각비로 계상하였다. · 건물관리비로 계상한 금액에는 대표이사의 사택관리비 5,600,000원이 포함되어 있다. · 법인세비용은 9,540,600원이다.

(4) 다음의 자료는 2025년 1월 1일부터 2025년 12월 31일까지의 원천징수와 관련된 자료이다. 주어진 자료를 이용하여 [원천납부세액명세서] 메뉴의 [원천납부세액(갑)] 탭을 작성하시오(단, 불러오는 자료는 무시하며, 지방세 납세지까지 입력할 것). (6점)

적요	원천징수 의무자	사업자등록번호	원천징수일	원천징수 대상금액	원천징수 세율	지방세 납세지
정기예금이자	국민은행	113-81-02128	6.30.	3,000,000원	14%	종로구 가회동
정기적금이자	신한은행	210-81-87525	9.30.	12,000,000원	14%	강남구 대치동
비영업대금이익	㈜신흥산업	603-81-02354	11.30.	2,500,000원	25%	해운대구 중동

Chapter 4 최신 기출문제 연습

(5) 다음의 법인차량 관련 자료와 저장된 [업무용승용차등록] 메뉴를 이용하여, [업무용승용차관련비용명세서] 메뉴를 작성하고 관련 세무조정을 하시오(단, 아래의 차량은 모두 영업관리부에서 업무용으로 사용 중이며 임직원 전용보험에 가입함. 당사는 부동산임대업을 영위하지 않음). (6점)

〈차량 1〉

코드	차량번호	차종	차량등록내용	
101	157고1111	산타페 (7인승)	경비구분	판관비
			임차여부	자가
			취득일	2025.07.01.
			취득가액	44,000,000원(부가가치세 포함)
			감가상각비	4,400,000원
			유류비	2,200,000원(부가가치세 포함)
			보험료	500,000원
			자동차세	420,000원
			보험기간	2025.07.01. ~ 2025.12.31.
			2025년 운행일지	총주행거리 : 12,000km
				업무용사용거리 : 12,000km
			출퇴근 사용	여
			전용번호판 부착여부	부

〈차량 2〉

코드	차량번호	차종	차량등록내용	
102	248거3333	K9 (5인승)	경비구분	판관비
			임차여부	운용리스
			리스개시일	2025.01.01.
			리스기간	2025.01.01. ~ 2027.12.31.
			연간 리스료	15,600,000원
			유류비	4,500,000원(부가가치세 포함)
			보험기간	2025.01.01. ~ 2025.12.31.
			감가상각비 상당액	12,741,000원
			2025년 운행일지	총주행거리 : 8,000km
				업무용사용거리 : 6,400km
			출퇴근 사용	부
			전용번호판 부착여부	여
			전기 감가상각비 한도초과액	2,000,000원

PART 2 실무편

2024년 12월 7일 시행
제117회 전산세무회계자격시험

종목 및 등급 : **전산세무 1급** - 제한시간 : 90분 -

이론 시험

다음 문제를 보고 알맞은 것을 골라 **이론문제 답안작성** 메뉴에 입력하시오.(객관식 문항당 2점)

> **기본 전제**
> 문제에서 한국채택국제회계기준을 적용하도록 하는 전제조건이 없는 경우, 일반기업회계기준을 적용한다.

01 다음 중 재무제표 작성과 표시의 일반원칙에 대한 설명으로 옳지 않은 것은?

① 경영진은 재무제표를 작성할 때 계속기업으로서의 존속가능성을 평가해야 한다.
② 재무제표가 일반기업회계기준에 따라 작성된 경우에 그 사실을 주석으로 기재하여야 한다.
③ 재무제표의 항목은 구분하여 표시하여야 하기 때문에 중요하지 않은 항목은 성격이나 기능이 유사한 항목으로 통합하여 표시할 수 없다.
④ 재무제표는 전기 재무제표의 모든 계량정보를 당기와 비교하는 형식으로 표시한다.

02 다음 중 금융자산에 대한 설명으로 옳지 않은 것은?

① 금융자산은 금융상품의 계약당사자가 되는 때에만 재무상태표에 인식하는 것이 원칙이다.
② 양도자가 금융자산에 대한 모든 통제권을 상실하였다면 매각거래로 본다.
③ 단기매매증권은 최초 인식 시 공정가치로 측정하고, 후속 측정 시에는 상각후원가로 측정한다.
④ 금융자산의 이전이 담보거래에 해당하는 경우에는 해당 금융자산을 담보제공자산으로 별도 표시하여야 한다.

03 창고에 보관 중이던 재고자산 중 화재로 인해 1,800,000원을 제외한 금액이 파손되었다. 다음 자료를 이용하여 화재로 인한 재고자산 피해액을 계산하면 얼마인가?

• 기초 재고자산	23,000,000원	• 당기 매출액	78,000,000원
• 당기 매입액	56,000,000원	• 당기 매출총이익률 : 10%	

① 7,000,000원 ② 7,020,000원 ③ 8,000,000원 ④ 8,800,000원

Chapter 4 최신 기출문제 연습

04 다음 중 일반기업회계기준상 외화자산 및 외화부채에 대한 설명으로 옳지 않은 것은?

① 역사적 원가로 측정하는 비화폐성 외화 항목은 거래일의 환율로 환산한다.
② 비화폐성 항목에서 발생한 손익을 기타포괄손익으로 인식하는 경우 그 손익에 포함된 환율변동 효과는 당기손익으로 인식한다.
③ 공정가치로 측정하는 비화폐성 외화 항목은 공정가치가 결정된 날의 환율로 환산한다.
④ 화폐성 항목의 외환차손익은 손익계산서의 영업외손익으로 처리한다.

05 다음 중 퇴직급여에 대한 설명으로 가장 옳지 않은 것은?

① 확정급여형 퇴직급여 제도에서 퇴직연금 운용자산이 퇴직급여 충당부채를 초과하는 경우에는 그 초과액을 투자자산으로 표시한다.
② 확정급여형 퇴직급여 제도에서는 운용수익이 발생하는 경우에 이자수익으로 표시한다.
③ 확정기여형 퇴직급여 제도에서는 회사가 납부하여야 할 부담금을 퇴직급여(비용)로 인식한다.
④ 확정기여형 퇴직급여 제도에서는 운용에 관한 내용은 모두 회사가 결정하고 책임진다.

06 다음 중 원가에 대한 설명으로 옳지 않은 것은?

① 매몰원가 : 자원을 다른 대체적인 용도로 사용할 경우 얻을 수 있는 최대금액
② 회피불가능원가 : 의사결정과 무관하게 발생하여 회피할 수 없는 원가
③ 제품원가 : 판매를 목적으로 제조하는 과정에서 발생한 원가
④ 관련원가 : 여러 대안 사이에 차이가 있는 미래원가로서 의사결정에 직접적으로 관련되는 원가

07 매출원가율이 매출액의 75%일 때, 다음 자료를 이용하여 기초재공품 가액을 계산하면 얼마인가?

당 기 매 출 액	20,000,000원	기 초 재 공 품	?
기 말 재 공 품	2,200,000원	직 접 재 료 원 가	3,200,000원
직 접 노 무 원 가	4,500,000원	제 조 간 접 원 가	4,000,000원
기 초 제 품	3,000,000원	기 말 제 품	2,800,000원

① 5,300,000원　② 11,700,000원　③ 14,800,000원　④ 17,000,000원

08 다음 중 표준원가계산에 대한 설명으로 옳지 않은 것은?

① 표준원가를 기초로 한 예산과 실제원가를 기초로 한 실제 성과와의 차이를 비교하여 성과평가에 이용할 수 있다.
② 원가흐름의 가정이 필요 없어 제품원가계산 및 회계처리가 신속하다.
③ 조업도 차이는 변동제조간접원가 차이분석 시 확인할 수 있다.
④ 외부보고용 재무제표를 작성할 때에는 표준원가를 실제원가로 수정하여야 한다.

PART 2 실 무 편

09 ㈜세무는 직접노무시간을 기준으로 제조간접원가를 배부하고 있다. 해당 연도 초 제조간접원가 예상액은 3,000,000원이고 예상 직접노무시간은 10,000시간이다. 실제 직접노무시간이 11,500시간일 경우 당기의 제조간접원가는 250,000원 과대배부라고 한다. 당기 말 현재 실제 제조간접원가 발생액은 얼마인가?

① 3,000,000원   ② 3,200,000원   ③ 3,250,000원   ④ 3,700,000원

10 다음 중 공손에 대한 설명으로 옳지 않은 것은?

① 정상공손은 제조원가(완성품원가 또는 기말재공품원가)에 포함된다.
② 비정상공손품은 발생 된 기간에 영업외비용으로 처리한다.
③ 공손품수량을 산정할 때는 원가 흐름의 가정과 상관없이 선입선출법에 의해 계산한다.
④ 정상공손은 능률적인 생산조건 하에서는 회피와 통제가 가능하다.

11 다음 중 지급일이 속하는 달의 다음 달 말일까지 간이지급명세서를 제출하여야 하는 소득으로 옳지 않은 것은?

① 고용관계 없이 일시적으로 다수인에게 강연을 한 강연자에게 지급한 강연료
② 원천징수 대상 사업소득
③ 계약의 위약이나 해약으로 인하여 지급한 위약금과 배상금
④ 라디오를 통하여 일시적으로 해설·계몽을 하고 지급한 보수

12 다음 중 법인세법상 소득처분 시 반드시 기타사외유출로 처분해야 하는 경우가 아닌 것은?

① 임대보증금 등의 간주익금
② 기업업무추진비 한도초과액의 손금불산입
③ 업무관련성 있는 벌금 및 과태료
④ 건설자금이자

13 다음 중 소득세법상 주택임대소득에 대한 설명으로 옳지 않은 것은?

① 3주택 이상 소유자로서 보증금 합계액이 1억원 이상인 경우 간주임대료 수입금액이 발생한다.
② 총수입금액이 2천만원 이하인 주택임대소득은 분리과세와 종합과세를 선택할 수 있다.
③ 임대주택이 등록요건을 모두 충족하였다면 분리과세 적용 시 필요경비는 총수입금액의 60%를 적용한다.
④ 주택 수는 본인과 배우자의 주택을 합하여 계산한다.

Chapter 4 최신 기출문제 연습

14 다음 중 부가가치세법상 세금계산서에 대한 설명으로 틀린 것은?

① 매입자가 거래사실을 관할세무서장의 확인을 받아 세금계산서를 발급하고 매입세액공제를 받으려면 재화 또는 용역의 공급시기가 속하는 과세기간의 종료일로부터 1년 이내에 신청해야 한다.

② 예정부과기간(1월 1일~6월 30일)에 세금계산서를 발급한 간이과세자는 7월 25일까지 예정부과기간의 과세표준과 납부세액을 사업장 관할세무서장에게 신고하여야 한다.

③ 대가 수령 전에 세금계산서를 발급하더라도 동일 과세기간 내에 공급시기가 도래한다면 적법한 세금계산서로 인정된다.

④ 모든 간이과세자는 부가가치세의 납세의무 중 일부만 부담하므로 세금계산서 발급도 허용되지 않는다.

15 다음 중 부가가치세법상 매입세액공제가 가능한 거래는 무엇인가?

① 직원들의 교육을 위한 도서 구입대금

② 출퇴근 시 사용하는 법인명의 2,500cc 5인승 승용차에 대한 유류비

③ 기존 건물을 철거하고 토지만을 사용할 목적으로 건물이 있는 토지를 취득한 경우 철거한 건물의 취득 및 철거비용

④ 직원 명의의 신용카드로 구입한 경리부서의 사무용품비

PART 2 실 무 편

실무 시험

㈜한둘상사(회사코드:1170)는 제조·도매업을 영위하는 중소기업이며, 당기(제12기) 회계기간은 2025.1.1.~2025.12.31.이다. 전산세무회계 수험용 프로그램을 이용하여 다음 물음에 답하시오.

> **기본 전제**
> - 문제에서 한국채택국제회계기준을 적용하도록 하는 전제조건이 없는 경우, 일반기업회계기준을 적용한다.
> - 문제의 풀이와 답안작성은 제시된 문제의 순서대로 진행한다.

> **입력시 유의사항**
> - 일반적인 적요의 입력은 생략하지만, 타계정 대체거래는 적요번호를 선택하여 입력한다.
> - 세금계산서·계산서 수수 거래 및 채권·채무 관련 거래는 별도의 요구가 없는 한 반드시 기등록된 거래처코드를 선택하는 방법으로 거래처명을 입력한다.
> - 제조경비는 500번대 계정코드를, 판매비와관리비는 800번대 계정코드를 사용한다.
> - 회계처리시 계정과목은 별도제시가 없는 한 등록되어 있는 계정과목 중 가장 적절한 과목으로 한다.
> - 매입매출전표를 입력하는 경우 입력화면 하단의 분개까지 처리하고, 세금계산서 및 계산서는 전자 여부를 입력하여 반영한다.

문제 1 다음 거래에 대하여 적절한 회계처리를 하시오. (12점)

(1) 03월 10일 ㈜세명전기로부터 전기 원재료 매입 시 발생한 외상매입금 전액을 당좌수표를 발행하여 지급하였다(외상매입금을 조회하여 입력할 것). (3점)

(2) 04월 06일 당사는 면세사업에 사용하기 위하여 ㈜상희로부터 에어컨(비품)을 외상으로 구입하고, 설치비용은 330,000원(부가가치세 포함)을 현금으로 지급하였다. 전자세금계산서는 관련 거래 전부에 대해 아래와 같이 일괄 발급받았다. (3점)

전자세금계산서						승인번호	20250406-25457932-64411851			
공급자	등록번호	123-81-56785	종사업장번호			공급받는자	등록번호	308-81-27431	종사업장번호	
	상호(법인명)	㈜상희	성 명	강연희			상호(법인명)	㈜한둘상사	성 명	정수란
	사업장주소	서울특별시 서초구 방배로 123					사업장주소	경상북도 경주시 내남면 포석로 112		
	업 태	도소매	종 목	에어컨 외			업 태	제조	종 목	전자부품 외
	이메일						이메일			
작성일자		공급가액		세액			수정사유			
2025/04/06		2,300,000		230,000			해당 없음			
비 고										
월	일	품목	규격	수량	단가		공급가액	세액	비고	
04	06	에어컨					2,000,000	200,000		
8	10	설치비용					300,000	30,000		
합계금액		현금		수표		어음	외상미수금	위 금액을 (**청구**) 함		
2,530,000		330,000					2,200,000			

(3) 05월 30일 리스자산(기계장치)의 운용리스계약이 만료되어 리스자산(기계장치)을 인수하고 아래의 전자계산서를 발급받았다. 인수대금은 17,000,000원이고 리스보증금(계정과목 : 기타보증금) 20,000,000원에서 충당하기로 하였으며 잔액은 보통예금 계좌로 입금되었다. (3점)

전자계산서					승인번호	20250530-15454645-58811886		
공급자	등록번호	111-85-98761	종사업장 번호		공급받는자	등록번호	308-81-27431	종사업장 번호	
	상호 (법인명)	㈜라임파이넨셜	성 명	김라임		상호 (법인명)	㈜한둘상사	성 명	정수란
	사업장 주소	서울특별시 관악구 신림동				사업장 주소	경상북도 경주시 내남면 포석로 112		
	업 태	금융업	종 목	리스		업 태	제조	종 목	전자부품 외
	이메일					이메일			
작성일자		공급가액			수정사유				
2025.05.30.		17,000,000			해당 없음				
비 고									

월	일	품목	규격	수량	단가	공급가액	비고
05	30	기계장치		1	17,000,000	17,000,000	

합계금액	현금	수표	어음	외상미수금	위 금액을 () 함

(4) 08월 20일 당사가 지분을 소유한 ㈜세무사랑이 중간배당을 하기로 이사회 결의를 하고, 배당금 12,000,000원을 결의한 날에 보통예금 계좌로 입금받았다(원천세는 고려하지 않음). (3점)

문제 2 다음 주어진 요구사항에 따라 부가가치세신고서 및 부속서류를 작성하시오. (10점)

(1) 다음의 자료만을 이용하여 2025년 제2기 확정신고기간(2025.10.01.~2025.12.31.)에 대한 [재활용폐자원세액공제신고서]를 작성하시오. (4점)

거래일자	공급자	거래 구분	품명	건수	매입가액
2025.10.10.	김정민(840715-1008145)	영수증	폐유	1	20,000,000원
2025.11.10.	이수진(850918-2007384)	영수증	폐유	1	30,000,000원
2025.10.15.	전진유통(156-61-00207)	세금계산서	트럭 (고정자산)	1	80,000,000원 (부가세 별도)
2025.12.15.	꼬꼬치킨(301-33-12348)	세금계산서	폐유	1	60,000,000원 (부가세 별도)

· 위에서 제시된 자료 이외에는 무시하기로 한다.
· 재활용폐자원세액공제를 받기 위한 공급자 요건은 모두 충족한다.
· 2025년 제2기 확정신고기간에 대한 매출공급가액은 135,000,000원이다.(제2기 예정신고기간의 관련 매출액 및 매입액은 없다고 가정한다.)

(2) 다음 자료를 이용하여 2025년 제2기 부가가치세 예정신고기간
(2025.07.01.~2025.09.30.)의 [신용카드매출전표등수령명세서]를 작성하시오. (4점)

거래일자	거래처명 (사업자등록번호)	공급가액	거래목적	과세유형	비고
7월 20일	아트문구 (120-11-12349)	550,000원	사무용품 구입	일반과세자	현금영수증
8월 10일	㈜현대자동차 (621-81-96414)	300,000원	업무용승합차 엔진오일교환(주1)	일반과세자	대표이사 개인신용카드(주2)
8월 31일	㈜하나식당 (321-81-02753)	220,000원	영업부서 직원 회식비용	간이과세자 (세금계산서 발급가능)	법인카드(주3) 결제
9월 10일	㈜아남전자 (123-81-23571)	1,100,000원	영업부서 노트북구입	일반과세자	세금계산서 수취분 법인카드(주3) 결제

(주1) 업무용승합차는 11인승으로 개별소비세 과세대상이 아니다.
(주2) 대표이사 개인신용카드(국민카드 1230-4578-9852-1234)이다.
(주3) 법인카드(국민카드 5678-8989-7878-5654)이다.

(3) 2025년 제1기 부가가치세 예정(2025.01.01.~2025.03.31.) 신고서를 작성, 마감하여 전자신고를 수행하시오(단, 저장된 데이터를 불러와 사용할 것). (2점)

1. 부가가치세 신고서와 관련 부속서류는 작성되어 있다.
2. [전자신고] → 국세청 홈택스 전자신고변환(교육용) 순으로 진행한다.
3. [전자신고] 메뉴의 [전자신고제작] 탭에서 신고인구분은 2.납세자 자진신고를 선택하고, 비밀번호는 "12345678"로 입력한다.
4. [국세청 홈택스 전자신고변환(교육용)] → 전자파일변환(변환대상파일선택) → 찾아보기 에서 전자신고용 전자파일을 선택한다.
5. 전자신고용 전자파일 저장경로는 로컬디스크(C:)이며, 파일명은 "enc작성연월일.101.v3088127431"이다.
6. 형식검증하기 ➡ 형식검증결과확인 ➡ 내용검증하기 ➡ 내용검증결과확인 ➡ 전자파일제출 을 순서대로 클릭한다.
7. 최종적으로 전자파일 제출하기 를 완료한다.

문제 3 다음의 결산정리사항을 입력하여 결산을 완료하시오. (8점)

(1) 다음은 단기 투자 목적으로 보유하고 있는 단기매매증권 관련 자료이다. 결산일 현재 필요한 회계처리를 하시오. (2점)

· 2025년 7월 6일 : 주당 10,000원에 주식 100주를 취득함.
· 2025년 10월 31일 : 주당 공정가치 11,000원에 주식 55주를 처분함.
· 2025년 12월 31일 : 주당 공정가치는 12,000원임.

(2) 당사는 1월 1일 제조공장에서 사용할 기계장치를 20,000,000원에 취득하였는데 취득 시 국고보조금 10,000,000원을 수령하였다. 해당 기계장치는 정액법(내용연수 5년, 잔존가치 없음)으로 월할 상각한다. (2점)

(3) 기말 현재 재고자산내역은 다음과 같다. 아래 자료를 근거로 결산 회계처리를 하시오 (단, 제품에는 판매를 위탁하기 위하여 수탁자에게 보낸 후 판매되지 않은 적송품 12,000,000원이 제외되어 있음). (2점)

제품 : 13,000,000원	재공품 : 10,000,000원	원재료 : 7,000,000원

(4) 다음의 주어진 자료만을 참고하여 법인세비용에 대한 회계처리를 하시오. (2점)

1. 과세표준은 355,400,000원이고 세액감면과 세액공제는 없다.
2. 법인세율
   · 과세표준 2억원 이하 : 9%
   · 과세표준 2억원 초과 200억 이하 : 19%
   · 법인지방소득세는 법인세 산출세액의 10%로 한다.
3. 8월 31일 법인세 중간예납 시 당사는 아래와 같이 회계처리하였다.
   · (차) 선납세금   26,537,000원   (대) 보통예금   26,537,000원

문제 4   원천징수와 관련된 다음의 물음에 답하시오. (10점)

(1) 다음의 자료를 이용하여 '인적용역' 사업소득에 해당하는 경우, [사업소득자등록] 및 [사업소득자료입력] 메뉴를 작성하시오. 단, 귀속월은 2025년 10월이며 지급연월일은 2025년 11월 5일이다. (4점)

코드	성명	거주 구분	주민등록번호 (외국인등록번호)	지급내역	차인지급액(주)
201	김태민	거주/내국인	850219-1022351	영어 강사 강의료 (학원 소속 강사)	3,384,500원
202	소준섭	거주/외국인(일본)	900719-5879869	일본어 강사 강의료 (학원 소속 강사)	4,061,400원
203	박지원	거주/외국인(중국)	910808-6789558	강연료 (일시·우발적 소득임)	2,900,160원

(주)차인지급액은 소득세 및 개인지방소득세 공제 후 금액이며 정상 입금 처리되었다.

(2) 다음은 영업부 상용직 근로자 김해리 과장(사번 : 101, 퇴사일 : 2025.08.31.)의 중도퇴사(개인사정에 따른 자발적 퇴직임)와 관련된 자료이다. 주어진 자료를 이용하여 김해리 과장의 8월 귀속 [급여자료입력], [퇴직소득자료입력]을 작성하시오. (4점)

PART 2 실무편

1. 김해리 과장의 8월 급여 및 공제항목

· 기본급 : 3,400,000원	· 국민연금 : 153,000원
· 상여 : 800,000원	· 건강보험 : 128,930원
· 자가운전보조금 [비과세] : 200,000원	· 장기요양보험 : 16,690원
· 출산.보육수당(육아수당) [비과세] : 200,000원	· 고용보험 : 33,600원

2. 기타사항
· 당사의 급여 지급일은 다음 달 15일이며 퇴직한 달의 소득세 등은 정산 후의 금액을 반영하기로 한다.
· 김해리 과장은 4세의 자녀를 양육하고 있으나, 부양가족공제는 본인만 적용한다. 또한, 부녀자공제 대상이 아니며 주어진 자료만으로 퇴직정산을 한다.
· 수당공제등록 입력 시, 미사용 수당에 대해서는 사용 여부를 '부'로 입력하고 미반영된 수당은 새로 입력한다.
· 자가운전보조금과 출산.보육수당(육아수당)은 비과세 요건에 해당한다.

3. 퇴직금
· 퇴직금 지급액은 13,000,000원이며 퇴직금 지급일은 2025년 9월 15일로, 10,000,000원은 퇴직연금계좌로 지급하였고 나머지는 현금 지급하였다(단, 퇴직소득의 귀속시기는 8월로 한다).

연금계좌 취급자	사업자등록번호	계좌번호	입금일
미래투자증권	208-81-06731	291-132-716377	2025.09.15.

(3) 다음 자료를 이용하여 [원천징수이행상황신고서]를 작성 및 마감하고, 국세청 홈택스에서 전자신고를 수행하시오(단, 제시된 자료 이외에는 없는 것으로 가정한다). (2점)

〈소득자료〉
(1) 6월 귀속 퇴직소득(6월 말 지급) : 퇴직자 2인에게 5,300,000원 지급(소득세 82,000원)
(2) 6월 귀속 사업소득(6월 말 지급) : 학원강사 1인에게 강사료 8,000,000원 지급(소득세 240,000원)
(3) 전월미환급세액 : 10,000원

〈유의사항〉
1. [전자신고] → [국세청 홈택스 전자신고변환(교육용)] 순으로 진행한다.
2. [전자신고] 메뉴의 [전자신고제작] 탭에서 신고인구분은 2.납세자 자진신고를 선택하고, 비밀번호는 자유롭게 입력한다.
3. [국세청 홈택스 전자신고변환(교육용)] → 전자파일변환(변환대상파일선택) → 찾아보기 에서 전자신고용 전자파일을 선택한다.
4. 전자신고용 전자파일 저장경로는 로컬디스크(C :)이며, 파일명은 "작성연월일.01.t사업자등록번호"다.
5. 형식검증하기 ➡ 형식검증결과확인 ➡ 내용검증하기 ➡ 내용검증결과확인 ➡ 전자파일제출 을 순서대로 클릭한다.
6. 최종적으로 전자파일 제출하기 를 완료한다.

Chapter 4 최신 기출문제 연습

문제 5 ㈜사랑상회(회사코드 : 1171)는 전자제품 등을 생산하고 제조·도매업 및 도급공사업을 영위하는 중소기업이며, 당해 사업연도(제14기)는 2025.1.1.~2025.12.31.이다. [법인조정] 메뉴를 이용하여 기장되어 있는 재무회계 장부 자료와 제시된 보충자료에 의하여 해당 사업연도의 세무조정을 하시오. (30점) ※ 회사 선택 시 유의하시오.

> **작성대상서식**
> 1. 재고자산(유가증권)평가조정명세서
> 2. 선급비용명세서
> 3. 미상각자산 감가상각조정명세서, 감가상각비조정명세서합계표서
> 4. 기부금조정명세서
> 5. 법인세과표 및 세액조정계산서, 최저한세조정명세서

(1) 다음 자료에 따라 [재고자산(유가증권)평가조정명세서]를 작성하고 재고자산별로 각각 세무조정을 하시오. (6점)

재고자산	수량	신고방법	평가방법	장부상 평가액 (단가)	총평균법 (단가)	후입선출법 (단가)	선입선출법 (단가)
제품 A	20,000개	선입선출법	총평균법	3,000원/개	3,000원/개	2,500원/개	2,200원/개
재공품 B	20,000개	총평균법	총평균법	1,500원/개	1,500원/개	1,800원/개	1,300원/개
원재료 C	25,000개	총평균법	후입선출법	2,300원/개	1,000원/개	2,300원/개	1,100원/개

① 회사는 사업 개시 후 2017년 1월 5일에 '재고자산 등 평가방법신고(변경신고)서'를 즉시 관할 세무서장에게 제출하였다(제품, 재공품, 원재료 모두 총평균법으로 신고하였다).
② 2025년 9월 15일 제품 A의 평가방법을 선입선출법으로 변경 신고하였다.
③ 2025년 10월 25일 원재료 C의 평가방법을 후입선출법으로 변경 신고하였다.
  ※ 임의변경 시에는 재고자산평가조정명세서상에 당초 신고일을 입력하기로 한다.

(2) 다음 자료는 당기 보험료 내역이다. [선급비용명세서]를 작성하고, 보험료와 선급비용에 대하여 세무조정하시오(단, 기존에 입력된 데이터는 무시하고 제시된 자료만을 이용하여 계산하며, 세무조정은 각 건별로 할 것). (6점)

1. 당기 보험료 지출 내역

거래내용	지급액	거래처	보험기간	비고
공장화재보험	1,374,000원	KC화재	2025.02.16.~2026.02.16.	장부상 선급비용 110,000원을 계상함
자동차보험	798,420원	DG손해보험	2025.05.27.~2026.05.27.	운반 트럭에 대한 것으로 전액 보험료(제) 처리함
보증서보험	78,040원	서울보증보험	2025.10.11.~2028.10.10.	제조업과 관련 있으며 장부상 선급비용 미계상함

2. 자본금과적립금조정명세서(을)의 기초잔액은 324,165원으로 당기 기초금액이다. 해당 금액은 자동차보험과 관련된 것으로, 보험기간은 2024.12.26.~2025.05.26.이다.

PART 2 실무 편

(3) 불러온 데이터는 무시하고 다음의 자료만을 이용하여 기계장치를 [고정자산등록] 메뉴에 등록하여 [미상각자산감가상각조정명세서] 및 [감가상각비조정명세서합계표]를 작성하고 필요한 세무조정을 하시오. (6점)

1. 고정자산
   - 당사는 인건비 절감 및 시스템 자동화 구축을 위하여 기계장치[주1](자산코드 : 201, 자산명 : 과자 분류기)를 2024년 11월 11일에 취득하였으며 2024년 12월 1일부터 해당 기계장치를 사용개시 하였다.
   ※ [주1] 취득가액은 300,000,000원이다.

2. 전기(2024년) 말 현재 자본금과적립금조정명세서

① 과목	② 기초잔액	당기중증감		⑤ 기말잔액
		③ 감소	④ 증가	
기계장치 감가상각비 한도초과액			11,275,000원	11,275,000원

3. 감가상각대상자산

자산코드	계정과목	품목	취득일자	취득가액	전기(2024년) 말 감가상각누계액	당기(2025년) 감가상각비 계상액	경비구분
201	기계장치	과자 분류기	2024.11.11.	300,000,000원	22,550,000원	135,300,000원	제조

· 기계장치에 대한 지출액(자본적 지출의 성격) 14,735,000원(부가가치세 별도)을 당기(2025년) 비용처리 하였다.
· 기계장치의 내용연수는 5년을 적용하고, 감가상각방법은 신고하지 않은 것으로 가정한다.
· 기말 재고자산은 없는 것으로 가정한다.

Chapter 4 최신 기출문제 연습

(4) 다음 자료를 이용하여 [기부금조정명세서]를 작성하고 필요한 세무조정을 하시오. (6점)

1. 당기 기부금 내역은 다음과 같다. 적요 및 기부처 입력은 무시하고, 당기 기부금이 아닌 경우 기부금 명세서에 입력하지 않는다.

일자	금액	지급 내역
01월 12일	8,000,000원	국립대학병원에 연구비로 지출한 기부금
05월 09일	500,000원	향우회 회비(대표이사가 속한 지역 향우회기부금)
09월 20일	1,000,000원	태풍으로 인한 이재민 구호금품
12월 05일	3,000,000원	S 종교단체 어음 기부금(만기일 : 2026.01.10.)

2. 기부금 한도 계산과 관련된 자료는 다음과 같다.
- 2024년도에 발생한 세무상 이월결손금 잔액 20,000,000원이 있다.
- 기부금 관련 세무조정을 반영하기 전의 [법인세과세표준및세액조정계산서]상 차가감소득금액 내역은 아래와 같다(단, 당사는 중소기업이며, 불러온 자료는 무시하고 아래의 자료만을 이용할 것).

구분		금액
결산서상 당기순이익		250,000,000원
소득조정금액	익금산입	30,000,000원
	손금산입	18,000,000원
차가감소득금액		262,000,000원

(5) 불러온 자료는 무시하고 다음의 주어진 자료만을 이용하여 [법인세과세표준및세액조정계산서] 및 [최저한세조정계산서]를 작성하시오(단, 당사는 세법상 중소기업에 해당한다). (6점)

1. 손익계산서의 일부분이다.
   (1) 법인세차감전순이익 : 770,000,000원
   (2) 법인세등 : 170,000,000원
   (3) 당기순이익 : 600,000,000원

2. 소득금액조정합계표는 다음과 같다.

익금산입 및 손금불산입			손금산입 및 익금불산입		
법인세등	170,000,000원	기타사외유출	업무용승용차감가상각비	5,000,000원	△유보
대손충당금 한도초과액	63,000,000원	유보			
벌과금등	3,000,000원	기타사외유출			
업무용승용차업무미사용분	7,000,000원	상여			
합계	243,000,000원		합계	5,000,000원	

3. 기부금과 관련된 내역은 다음과 같이 가정하기로 한다.
   (1) 기부금 한도초과액 : 20,000,000원
   (2) 기부금 한도초과 이월액 손금산입액 : 8,000,000원

4. 납부할 세액 및 차감납부세액 계산 시 고려사항
   (1) 통합고용증대세액공제 : 91,500,000원(최저한세 대상)
   (2) 법인세법상 가산세 : 850,000원
   (3) 법인세 중간예납세액 : 21,000,000원
   (4) 이자소득에 대한 원천납부세액 : 3,800,000원
   (5) 최대한 많은 금액을 분납으로 처리하도록 한다.

제 5 장
최신 기출문제 해답

PART 2 실무편

제106회 전산세무회계자격시험 — 2023년 2월 12일 시행
전산세무1급 A형

이론 시험

1	2	3	4	5	6	7	8	9	10	11	12	13	14	15
②	②	④	③	③	②	③	①	③	①	④	①	①	④	④

번호	답안해설
1	· [일반기업회계기준 재무회계개념체계 문단 45] 재무정보가 정보이용자에게 유용하기 위해서는 그 정보가 의사결정에 반영될 수 있도록 적시에 제공되어야 한다. 적시성 있는 정보라 하여 반드시 목적적합성을 갖는 것은 아니나, 적시에 제공되지 않은 정보는 주어진 의사결정에 이용할 수 없으므로 목적적합성을 상실하게 된다. 그러나 적시성 있는 정보를 제공하기 위해 신뢰성을 희생해야 하는 경우가 있으므로 경영자는 정보의 적시성과 신뢰성간의 균형을 고려해야 한다.
2	· [일반기업회계기준 문단 사례 17] 수강료: 강의기간에 걸쳐 수익으로 인식한다.
3	· 단기매매증권: 2,000주 × (12,000원 - 10,000원) - 30,000원 = 3,970,000원 · 매도가능증권: 0원 · 매도가능증권평가이익은 기타포괄손익으로써 당기손익에 영향을 미치지 않는다.
4	· [일반기업회계기준 문단 10.13] 새 건물을 신축하기 위하여 기존 건물이 있는 토지를 취득하고 그 건물을 철거하는 경우 기존 건물의 철거 관련 비용에서 철거된 건물의 부산물을 판매하여 수취한 금액을 차감한 금액은 토지의 취득원가에 포함한다.
5	1. 정률법 · 1차연도 감가상각비: 취득원가 15,000,000원 × 상각률 0.3 = 4,500,000원 · 2차연도 감가상각비: (취득원가 15,000,000원 - 감가상각누계액 4,500,000원) × 상각률 0.3 = 3,150,000원 2. 연수합계법 · 1차연도 감가상각비: (취득원가 15,000,000원 - 잔존가치 750,000원) × 5/15 = 4,750,000원 · 2차연도 감가상각비: (취득원가 15,000,000원 - 잔존가치 750,000원) × 4/15 = 3,800,000원 3. 정액법: (취득원가 15,000,000원 - 잔존가치 750,000원) × 1/5 = 2,850,000원
6	· 제조원가명세서는 당기총제조원가가 아닌 당기제품제조원가를 구하는 과정을 나타내는 보고서이다.
7	· 정상개별원가계산은 제조간접원가 예산을 예정조업도로 나누어 예정배부율을 계산한다.
8	· 47,000,000원 = 기말원재료재고액 17,000,000원 + 당기재료원가 55,000,000원 - 기초원재료재고액 25,000,000원 · 당기총제조원가: (노무원가 25,000,000원 + 제조간접원가 30,000,000원) × 200% = 110,000,000원 · 당기재료원가: 당기총제조원가 110,000,000원 - 노무원가 25,000,000원 - 제조간접원가 30,000,000원 = 55,000,000원
9	· 평균법은 전기에 이미 착수한 기초재공품의 기완성도를 무시하고 기초재공품이 당기에 착수한 것으로 가정하여 원가계산을 한다.
10	· 표준원가계산에서는 표준원가의 설정에 시간과 비용이 많이 소요된다.
11	· 간이과세자는 공제세액이 납부세액을 초과하는 경우 그 초과액은 없는 것으로 하므로 환급세액이 발생하지 않는다.
12	· 상속으로 사업자의 명의가 변경되는 경우 등록사항 변경 신고를 하여야 한다.
13	· ① 소득세법 제1조의2 제1항 제1호 · ② 소득세법 시행령 제2조 제5항, 외국을 항행하는 선박 또는 항공기의 승무원의 경우 그 승무원과 생계를 같이하는 가족이 거주하는 장소 또는 그 승무원이 근무기간 외의 기간 중 통상 체재하는 장소가 국내에 있는 때에는 당해 승무원의 주소는 국내에 있는 것으로 보고, 그 장소가 국외에 있는 때에는 당해 승무원의 주소가 국외에 있는 것으로 본다. · ③ 소득세법 제1조의2 제1항 제2호, 비거주자란 거주자가 아닌 개인을 말한다. 따라서 외국 영주권 여부와 관계없이 세법상 요건에 따라 거주자 여부를 판단한다. · ④ 소득세법 시행령 제4조 제1항, 국내에 거소를 둔 기간은 입국하는 날의 다음 날부터 출국하는 날까지로 한다.

Chapter 5 최신 기출문제 해답

14	· 법인세법 시행령 제50조의2 제7항, 업무용승용차로써 업무용자동차보험에 가입하였으나 운행기록 등을 작성하지 않은 경우 대당 1천500만원 한도 내에서 업무용승용차 관련비용으로 인정한다.
15	· 법인세법 제2조 제4호 및 제4조 제4항, 외국의 정부는 비영리외국법인에 해당하며, 비영리외국법인은 각 사업연도의 국내원천소득(국내원천소득 중 수익사업소득) 및 토지 등 양도소득에 대하여 법인세 납세의무가 있다.

■ 실무 시험

문제 1 일반전표의 입력

(1) 02월 20일

차변	(거래처)	금액	대변	(거래처)	금액
보 통 예 금		25,500,000원	매도가능증권(178)		28,500,000원
매도가능증권평가이익		500,000원			
매도가능증권처분손실		2,500,000원			

(2) 04월 14일

거래유형	공급가액	부가가치세	공급처명	전자	분개
54.불공	7,000,000원	700,000원	㈜성토	1.여	혼합
영세율 구분			불공제사유	6.토지의 자본적 지출관련	

차변	(거래처)	금액	대변	(거래처)	금액
토 지		7,700,000원	미 지 급 금		7,700,000원

(3) 06월 03일

거래유형	공급가액	부가가치세	공급처명	전자	분개
17.카과	5,000,000원	500,000원	김달자	-	카드 또는 혼합
영세율 구분			불공제사유		

차변	(거래처)	금액	대변	(거래처)	금액
외 상 매 출 금	현대카드	5,500,000원	부 가 세 예 수 금		500,000원
			제 품 매 출		5,000,000원

(4) 07월 10일

차변	(거래처)	금액	대변	(거래처)	금액
보 통 예 금		52,500,000원	자 본 금		75,000,000원
주 식 발 행 초 과 금		15,000,000원			
주 식 할 인 발 행 차 금		7,500,000원			

문제 2 부가가치세 신고 및 부속서류의 작성

(1) [공제받지 못할 매입세액명세서] ⇨ [공제받지 못할 매입세액내역] 탭

PART 2 실무편

※ [공제받지못할매입세액명세서]에는 매입세금계산서를 수취한 거래에 대해서만 작성한다. 따라서 신용카드매출전표 또는 현금영수증 수취분에 대해서는 작성하지 않는다.

(1) [공제받지 못할 매입세액명세서] ⇨ [공제받지 못할 매입세액내역] 탭

산식	구분	과세·면세사업 공통매입		⑮총공급가액등	⑯면세공급가액	면세비율 (⑯÷⑮)	⑰불공제매입세액 [⑭×(⑯÷⑮)]
		⑬공급가액	⑭세액				
1. 당해과세기간의 공급가액기준		50,000,000	5,000,000	120,000,000.00	4,800,000.00	4.000000	200,000
합계		50,000,000	5,000,000	120,000,000	4,800,000		200,000

불공제매입세액 (200,000) = 세액(5,000,000) × 면세공급가액 (4,800,000) / 총공급가액 (120,000,000)

※ 해당 과세기간의 총공급가액 중 면세공급가액이 5% 미만인 경우 공통매입세액안분계산을 생략하고 공통매입세액 전액을 공제하지만, 공통매입세액이 5백만원 이상인 경우에는 안분계산한다.

(2) [부가가치세 신고서 작성]

일반과세 / 간이과세

조회기간: 2025년 10월 1일 ~ 2025년 12월 31일 신고구분: 1.정기신고 신고차수: 부가율: 63.49 확정

		구분		금액	세율	세액
과세표준및매출세액	과세	세금계산서발급분	1	55,000,000	10/100	5,500,000
		매입자발행세금계산서	2		10/100	
		신용카드·현금영수증발행분	3	8,000,000	10/100	800,000
		기타(정규영수증외매출분)	4			
	영세	세금계산서발급분	5		0/100	
		기타	6		0/100	
	예정신고누락분		7			
	대손세액가감		8			
	합계		9	63,000,000	㉮	6,300,000
매입세액	세금계산서수취분	일반매입	10	20,000,000		2,000,000
		수출기업수입분납부유예	10-1			
		고정자산매입	11			
	예정신고누락분		12			
	매입자발행세금계산서		13			
	그 밖의 공제매입세액		14	3,000,000		300,000
	합계(10)-(10-1)+(11)+(12)+(13)+(14)		15	23,000,000		2,300,000
	공제받지못할매입세액		16			
	차감계 (15-16)		17	23,000,000	㉯	2,300,000
납부(환급)세액(매출세액㉮-매입세액㉯)					㉰	4,000,000
경감	그 밖의 경감·공제세액		18			10,000
공제세액	신용카드매출전표등 발행공제등		19			
	합계		20		㉱	10,000
소규모 개인사업자 부가가치세 감면세액			20-1		㉲	
예정신고미환급세액			21		㉳	
예정고지세액			22		㉴	
사업양수자의 대리납부 기납부세액			23		㉵	
매입자 납부특례 기납부세액			24		㉶	
신용카드업자의 대리납부 기납부세액			25		㉷	
가산세액계			26		㉸	
차가감하여 납부할세액(환급받을세액)㉮-㉯-㉰-㉱-㉲-㉳-㉴-㉵-㉶-㉷+㉸			27			3,990,000
총괄납부사업자가 납부할 세액(환급받을 세액)						

	구분		금액	세율	세액
7.매출(예정신고누락분)					
예정누락분	과세	세금계산서	33		10/100
		기타	34		10/100
	영세	세금계산서	35		0/100
		기타	36		0/100
	합계		37		
12.매입(예정신고누락분)					
	세금계산서		38		
예정 누락분	그 밖의 공제매입세액		39		
	합계		40		
14.그 밖의 공제매입세액					
신용카드매출 수령금액합계	일반매입		41	3,000,000		300,000
	고정매입		42			
의제매입세액			43		뒤쪽	
재활용폐자원등매입세액			44		뒤쪽	
과세사업전환매입세액			45			
재고매입세액			46			
변제대손세액			47			
외국인관광객에대한환급세액			48			
합계			49		3,000,000		300,000

(3) [부가가치세 전자신고서 작성]

전자신고 답안 생략

문제 3 기말정리사항의 분개 및 자동결산

(1) 12월 31일

차변	(거래처)	금액	대변	(거래처)	금액
보 험 료 (제)		360,000원	선 급 비 용		360,000원

당기분 보험료: 선급보험료 4,320,000원 × 3/36 = 360,000원

(2) 12월 31일

차변	(거래처)	금액	대변	(거래처)	금액
법 인 세 등		33,000,000원	미 지 급 세 금		26,300,000원
			선 납 세 금		6,700,000원

Chapter 5 최신 기출문제 해답

(3) 12월 31일

[결산자료입력]>2. 매출원가>
- ⑩ 기말 원재료 재고액 결산반영금액 7,000,000원[주1] 입력>F3 전표추가
- ⑩ 기말 재공품 재고액 결산반영금액 4,500,000원 입력
- ⑩ 기말 제품 재고액 결산반영금액 6,500,000원[주2] 입력

　[주1]기말 원재료 재고액 : 실사금액 5,000,000원 + 미착상품 2,000,000원 = 7,000,000원
　[주2]기말 제품 재고액 : 실사금액 6,300,000원 + 구매의사표시 전 시송품 200,000원 = 6,500,000원

(4) 12월 31일

과목		계정과목명	제 11(당)기 2025년01월01일~2025년12월31일 제 11기(당기) 금액		제 10(전)기 2024년01월01일~2024년12월31일 제 10기(전기) 금액
III.이익잉여금처분액				34,000,000	
1.이익준비금		0351 이익준비금	1,000,000		
2.재무구조개선적립금		0354 재무구조개선적립금			
3.주식할인발행차금상각액		0381 주식할인발행차금	3,000,000		
4.배당금			30,000,000		
가. 현금배당		0265 미지급배당금	10,000,000		
주당배당금(률)		보통주			
		우선주			
나. 주식배당		0387 미교부주식배당금	20,000,000		
주당배당금(률)		보통주			
		우선주			
5.사업확장적립금		0356 사업확장적립금			
6.감채적립금		0357 감채적립금			
7.배당평균적립금		0358 배당평균적립금			
IV.차기이월미처분이익잉여금				1,306,540,055	120,000,000

문제 4 원천징수 신고

(1) 연말정산 추가자료 입력 : [사원등록]

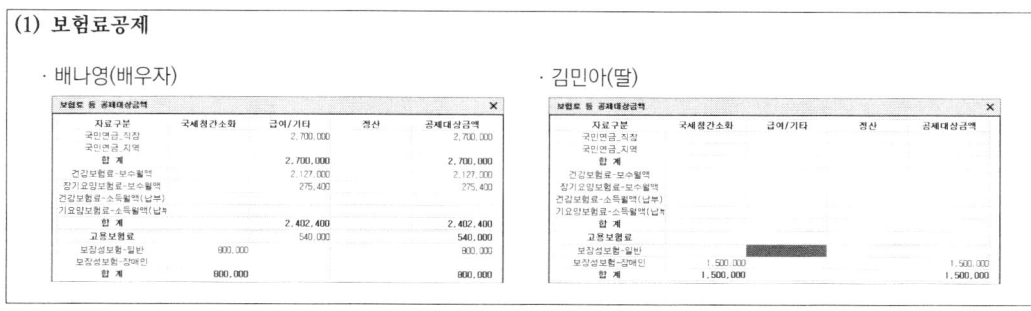

- 김민아(딸) : 기본공제 유형은 20세 이하 또는 장애인
- 김철민(아버지) : 양도소득금액 250만원으로 소득요건을 충족하지 않으므로 기본공제대상자에 해당하지 않는다.

(1) 보험료공제

· 배나영(배우자)

보험료 등 공제대상금액					×
자료구분	국세청간소화	금여/기타	정산	공제대상금액	
국민연금_직장					
국민연금_지역		2,700,000		2,700,000	
합 계		2,700,000		2,700,000	
건강보험료-보수월액		2,127,000		2,127,000	
장기요양보험료-보수월액		275,400		275,400	
건강보험료-소득월액(납부)					
기요양보험료-소득월액_납					
합 계		2,402,400		2,402,400	
고용보험료		540,000		540,000	
보장성보험-일반		800,000		800,000	
보장성보험-장애인					
합 계		800,000		800,000	

· 김민아(딸)

보험료 등 공제대상금액					×
자료구분	국세청간소화	금여/기타	정산	공제대상금액	
국민연금_직장					
국민연금_지역					
합 계					
건강보험료-보수월액					
장기요양보험료-보수월액					
건강보험료-소득월액(납부)					
기요양보험료-소득월액_납					
합 계					
고용보험료					
보장성보험-일반					
보장성보험-장애인	1,500,000			1,500,000	
합 계		1,500,000		1,500,000	

855

(2) 교육비공제

· 김민성(아들)

교육비		
일반		장애인특수
1,300,000	2.초중고	

(3) 월세세액공제

소득명세 | 부양가족 | 신용카드 등 | 의료비 | 기부금 | 연금저축 등I | 연금저축 등II | **월세액** | 출산지원금 | 연말정산입력

1 월세액 세액공제 명세(연말정산입력 탭의 70.월세액) 크게보기

임대인명 (상호)	주민등록번호 (사업자번호)	유형	계약 면적(㎡)	임대차계약서 상 주소지	계약서상 임대차 계약기간 개시일	~	종료일	연간 월세액	공제대상금액	세액공제금액
한미진	581005-2791391	아파트	84.00	서울시 마포구 합정동 472	2024-07-01	~	2026-06-30	7,200,000	7,200,000	1,080,000

(4) 기부금세액공제

· 정치자금 기부금은 근로자 본인이 지출한 정치지금 기부금만 공제대상이므로 배나영(배우자)이 지출한 정치자금 기부금은 공제대상에 해당하지 않는다.

편리한연말정산 엑셀 | 참고:특별소득(세액)공제 적용분

계속 | 중도 | 전체

사번	사원명	감	완
104	김승현	×	×

소득명세 | 부양가족 | 신용카드 등 | 의료비 | 기부금 | 연금저축 등I | 연금저축 등II | 월세액 | 출산지원금 | **연말정산입력**

정산(지급)년월 2026 년 2 월 귀속기간 2025 년 1 월 1 일 ~ 2025 년 12 월 31 일 영수일자 2026 년 2 월 28 일

구분		지출액	공제금액
특별소득공제	건강보험료	2,402,400	2,402,400
	고용보험료	540,000	540,000
	34.주택차입금 원리금상환액 대출기관		
	34.주택차입금 원리금상환액 거주자		
	34.장기주택저당차입금이자상		
	35.특별소득공제 계		2,942,400
36.차감소득금액			33,607,600
그 밖의 소득공제	37.개인연금저축		
	38.소기업,소상공인 공제부금 2015년이전가입		
	38.소기업,소상공인 공제부금 2016년이후가입		
	39.주택마련저축소득공제 청약저축		
	39.주택마련저축소득공제 주택청약		
	39.주택마련저축소득공제 근로자주택마련		
	40.투자조합출자 등 소득공제		
	41.신용카드 등 사용액		
	42.우리사주조합출연금 일반 등		
	42.우리사주조합출연금 벤처 등		
	43.고용유지중소기업근로자		
	44.장기집합투자증권저축		
	45.청년형장기집합투자증권저축		

구분			지출액	공제대상금액	공제금액
좌	60-1.ISA연금계좌전환				
특별세액공제	61.보장성보험	일반 800,000	800,000	800,000	96,000
		장애인 1,500,000	1,500,000	1,000,000	150,000
	62.의료비				
	63.교육비	1,300,000	1,300,000	1,300,000	195,000
	64.기부금				
	1)정치자금 기부금	0만원이하			
		0만원초과			
	2)고향사랑 기부금	0만원이하			
		0만원초과			
	3)특례기부금(전액)				
	4)우리사주조합기부금				
	5)일반기부금(종교단체외)				
	6)일반기부금(종교단체)				
	65.특별세액공제 계				441,000
세액공제	66.표준세액공제				
	67.납세조합공제				
	68.주택차입금				
	69.외국납부				
	70.월세액		7,200,000	7,200,000	1,080,000

총급여액	60,000,000
비과세총액	4,800,000
지급명세작성대상 비과세	2,400,000
결정세액	1,050,140
기납부세액(현)	4,025,640
기납부세액(종전)	
납부세액	-2,975,500
연말(계속근무자)	1
중도(퇴사자)	

구분		소득세	지방소득세	농어촌특별세	계
73.결정세액		1,050,140	105,014		1,155,154
기납부세액	74.종(전)근무지				
	75.주(현)근무지	4,025,640	402,480		4,428,120
76.납부특례세액					
77.차감징수세액		-2,975,500	-297,460		-3,272,960

(2) [퇴직소득자료 입력]

(1) 퇴직소득자 퇴사일자 입력

사번	성명	주민(외국인)번호		나이
104	김승현	1	670717-1602103	57
105	최미영	1	850303-2789681	39

전체인원 2 | 재직자수 1 | 퇴직자수 1

기본사항 | 부양가족명세 | 추가사항

1.입사년월일	2016 년 1 월 1 일 퇴사				
2.내/외국인	1 내국인				
3.외국민국적	KR 대한민국	체류자격			
4.주민구분	1 주민등록번호	주민등록번호	850303-2789681		
5.거주구분	1 거주자	6.거주지국코드	KR 대한민국		
7.국외근로제공	0 부	8.단일세뮬적용	0 부	9.외국법인 파견근로자	0 부
10.생산직등여부	0 부	연장근로비과세	0 부	전년도총급여	
15.산재보험적용	1 여				
16.퇴사년월일	2025 년 10 월 31 일 (이월 여부 0 부) 사유 7 중간정산				

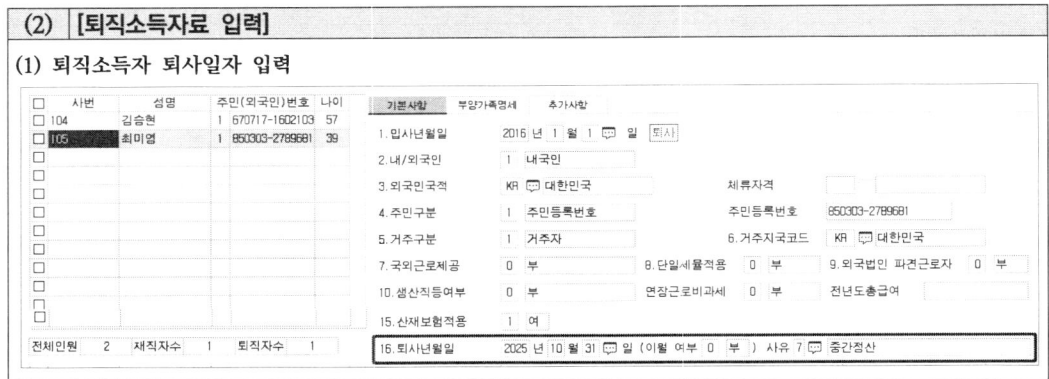

Chapter 5 최신 기출문제 해답

(2) 퇴직소득자료 입력

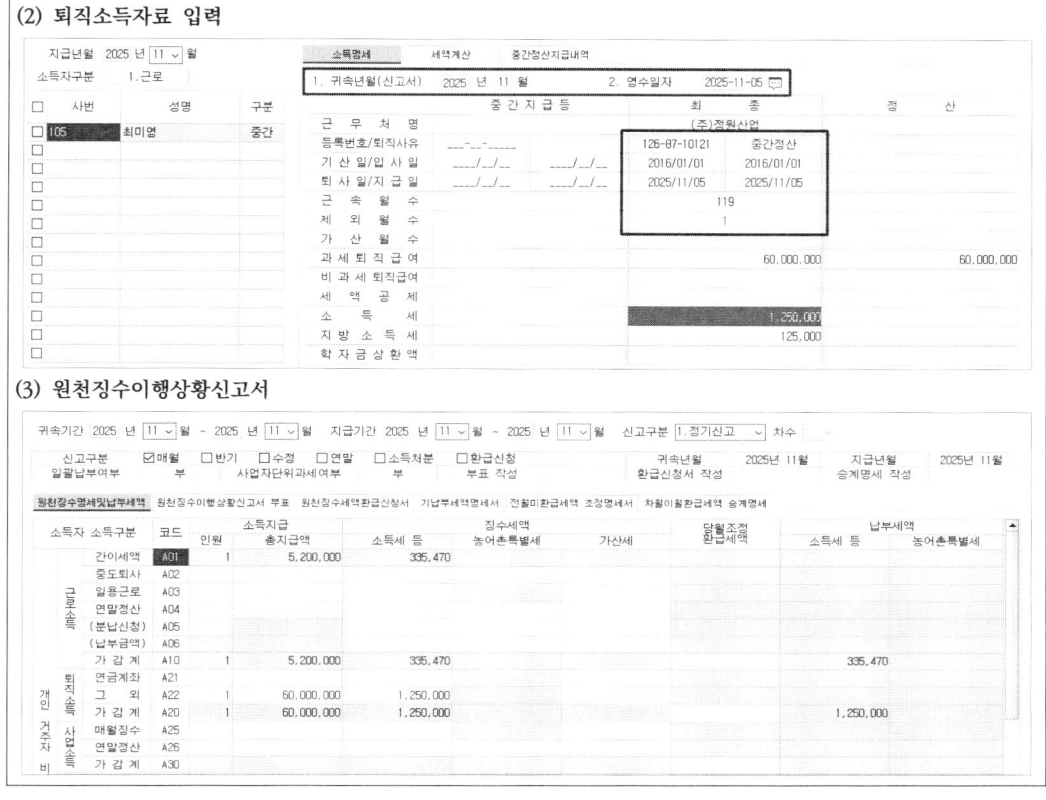

(3) 원천징수이행상황신고서

문제 5 법인세 신고

(1) [세금과공과금 조정명세서]

조정과목	금 액	세무조정	소득처분
법인세분 지방소득세	1,050,000원	손금불산입	기타사외유출
초과폐수배출부담금	700,000원	손금불산입	기타사외유출
건강보험료 가산금	425,000원	손금불산입	기타사외유출

· 06월 09일 전기요금납부지연 연체이자 : 손금인정

· 08월 31일 사업소분주민세 : 손금인정

· 09월 03일 공장건물 취득세 : 세무조정 없음. 즉시상각의제에 해당하므로 [미상각감가상각조정명세서]에 서 시부인계산해야 함.

857

(2) [가지급금등의 인정이자 조정명세서]

① 가지급금. 가수금 입력 탭

1.가지급금.가수금 입력 | 2.차입금 입력 | 3.인정이자계산 : (을)지 | 4.인정이자조정 : (갑)지 | 이자율선택 : [2] 가중평균차입이자율로 계산

ㅇ가지급금.가수금 선택: 1.가지급금 | 회계데이터불러오기

No	직책	성명
1	대표이사	김이삭
2		

No	적요	년월일			차변	대변	잔액	일수	적수
1	2.대여	2025	9	7	80,000,000		80,000,000	27	2,160,000,000
2	2.대여	2025	10	4	45,000,000		125,000,000	89	11,125,000,000
3									
	합 계				125,000,000		125,000,000	116	13,285,000,000

② 차입금 입력 탭

1.가지급금.가수금 입력 | 2.차입금 입력 | 3.인정이자계산 : (을)지 | 4.인정이자조정 : (갑)지 | 이자율선택 : [2] 가중평균차입이자율로 계산

계정과목설정 | 새로불러오기(현재거래처) | 새로불러오기(전체거래처) | 이자율일괄적용

No	거래처명
1	최고은행
2	

No	□	적요	연월일			차변	대변	이자대상금액	이자율 %	이자
1	□	1.전기이월	2025	1	1		240,000,000	240,000,000	2.50000	6,000,000
2	□									
	□									
		합 계					240,000,000	240,000,000		6,000,000

1.가지급금.가수금 입력 | 2.차입금 입력 | 3.인정이자계산 : (을)지 | 4.인정이자조정 : (갑)지 | 이자율선택 : [2] 가중평균차입이자율로 계산

계정과목설정 | 새로불러오기(현재거래처) | 새로불러오기(전체거래처) | 이자율일괄적용

No	거래처명
1	최고은행
2	일류은행
3	

No	□	적요	연월일			차변	대변	이자대상금액	이자율 %	이자
1	□	1.전기이월	2025	1	1		437,500,000	437,500,000	4.00000	17,500,000
2	□									
	□									
	□									
		합 계					437,500,000	437,500,000		17,500,000

③ 가중평균차입이자율 탭

1.가지급금.가수금 입력 | 2.차입금 입력 | 3.인정이자계산 : (을)지 | 4.인정이자조정 : (갑)지 | 이자율선택 : [2] 가중평균차입이자율로 계산

ㅇ이자율 선택: 1.가중평균차입이자율 연일수(365)일

No	직책	성명
1	대표이사	김이삭

No	대여기간				연월일		적요	5.차변	7.잔액(5-6)	일수	가지급금적수(7X8)	11.차감적수	이자율(%)
	발생연월일			회수일									
1	2025	9	7	차기 이월	9	7	2.대여	80,000,000	80,000,000	116	9,280,000,000	9,280,000,000	3.46863
2	2025	10	4	차기 이월	10	4	2.대여	45,000,000	45,000,000	89	4,005,000,000	4,005,000,000	3.46863
	합 계							125,000,000	125,000,000		13,285,000,000	13,285,000,000	

④ 가지급금인정이자조정 탭

1.가지급금.가수금 입력 | 2.차입금 입력 | 3.인정이자계산 : (을)지 | 4.인정이자조정 : (갑)지 | 이자율선택 : [2] 가중평균차입이자율로 계산

2.가중평균차입이자율에 따른 가지급금 등의 인정이자 조정 (연일수 : 365일)

No	1.성명	2.가지급금적수	3.가수금적수	4.차감적수(2-3)	5.인정이자	6.회사계상액	시가인정범위		9.조정액(=7) 7>=3억,8>=5%
							7.차액(5-6)	8.비율(%)	
1	김이삭	13,285,000,000		13,285,000,000	1,262,485		1,262,485	100.00000	1,262,485
	합 계	13,285,000,000		13,285,000,000	1,262,485				1,262,485

조정과목	금 액	세무조정	소득처분
가지급금인정이자(대표이사)	1,262,485원	익금산입	상여

(3) [원천납부세액명세서]

원천납부세액(갑) | 원천납부세액(을)

No	□	1.적요 (이자발생사유)	2.원 천 징 수 의 무 자			3.원천 징수일		4.이자 배당금액	5.세율(%)	6.법인세	지방세 납세지
			구분	사업자(주민)번호	상호(성명)						
1	□	정기예금 이자	내국인	113-81-01231	(주)신한은행	8	31	2,000,000	14.00	280,000	
2	□	정기예금 이자	내국인	125-81-01234	(주)국민은행	12	31	6,000,000	14.00	840,000	
	□										
		합 계						8,000,000		1,120,000	

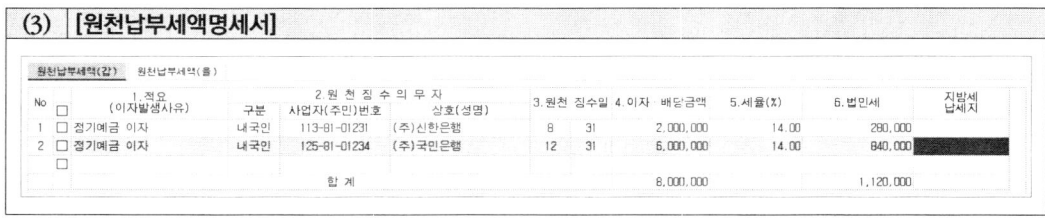

(4) [법인세과세표준 및 세액조정계산서]

① 법인세과세표준 및 세액조정계산서

구분	항목	코드	금액
① 각사업연도소득계산	101. 결 산 서 상 당 기 순 손 익	01	324,785,000
	소득조정금액 102.익 금 산 입	02	20,000,000
	103.손 금 산 입	03	2,500,000
	104. 차 가 감 소 득 금 액 (101+102-103)	04	342,285,000
	105. 기 부 금 한 도 초 과 액	05	1,300,000
	106. 기 부 금 한 도 초 과 이월액 손금산입	54	500,000
	107. 각 사 업 연 도 소 득 금 액(104+105-106)	06	343,085,000
② 과세표준계산	108. 각 사 업 연 도 소 득 금 액 (108=107)		343,085,000
	109. 이 월 결 손 금	07	11,000,000
	110. 비 과 세 소 득	08	
	111. 소 득 공 제	09	
	112. 과 세 표 준 (108-109-110-111)	10	332,085,000
	159. 선 박 표 준 이 익	55	
③ 산출세액계산	113. 과 세 표 준 (113=112+159)	56	332,085,000
	114. 세 율	11	19%
	115. 산 출 세 액	12	43,096,150
	116. 지 점 유 보 소 득 (법 제96조)	13	
	117. 세 율	14	
	118. 산 출 세 액	15	
	119. 합 계 (115+118)	16	43,096,150

구분	항목	코드	금액
④ 납부할세액계산	120. 산 출 세 액 (120=119)		43,096,150
	121. 최저한세 적 용 대 상 공 제 감 면 세 액	17	30,700,000
	122. 차 감 세 액	18	12,396,150
	123. 최저한세 적 용 제 외 공 제 감 면 세 액	19	
	124. 가 산 세 액	20	270,000
	125. 가 감 계 (122-123+124)	21	12,666,150
	기납부세액 기한내납부세액 126. 중 간 예 납 세 액	22	2,000,000
	127. 수 시 부 과 세 액	23	1,120,000
	128. 원 천 납 부 세 액	24	[redacted]
	129. 간접 회사등 외국 납부세액	25	
	130. 소 계(126+127+128+129)	26	3,120,000
	131. 신 고 납 부 전 가 산 세 액	27	
	132. 합 계 (130+131)	28	3,120,000
	133. 감 면 분 추 가 납 부 세 액	29	
	134. 차 가 감 납 부 할 세 액(125-132+133)	30	9,546,150
	⑤토지등 양도소득, ⑥미환류소득 법인세 계산 (TAB로 이동)		
⑦ 세액계	151. 차감 납부할 세액계 (134+150+166)	46	9,546,150
	152. 사 실 과 다 른 회계 처리 경정 세액공제	57	
	153. 분 납 세 액 계 산 범 위 액 (151-124-133-145-152+131)	47	9,276,150
	154. 분 납 할 세 액	48	
	155. 차 감 납 부 세 액 (151-152-154)	49	9,546,150

② 최저한세 조정명세서

①구분		코드	②감면후세액	③최저한세	④조정감	⑤조정후세액
(101) 결 산 서 상 당 기 순 이 익		01	324,785,000			
소득조정금액	(102)익 금 산 입	02	20,000,000			
	(103)손 금 산 입	03	2,500,000			
(104) 조 정 후 소 득 금 액 (101+102-103)		04	342,285,000	342,285,000		342,285,000
최저한세적용대상 특 별 비 용	(105)준 비 금	05		[redacted]		
	(106)특별상각, 특례상각	06				
(107) 특별비용손금산입전소득금액(104+105+106)		07	342,285,000	342,285,000		342,285,000
(108) 기 부 금 한 도 초 과 액		08	1,300,000	1,300,000		1,300,000
(109) 기부금 한도초과 이월액 손 금 산 입		09	500,000	500,000		500,000
(110) 각 사업 년 도 소 득 금 액 (107+108-109)		10	343,085,000	343,085,000		343,085,000
(111) 이 월 결 손 금		11	11,000,000	11,000,000		11,000,000
(112) 비 과 세 소 득		12				
(113) 최저한세적용대상 비 과 세 소 득		13				
(114) 최저한세적용대상 익금불산입 손금산입		14				
(115) 차가감 소 득 금 액(110-111-112+113+114)		15	332,085,000	332,085,000		332,085,000
(116) 소 득 공 제		16				
(117) 최저한세적용대상 소 득 공 제		17				
(118) 과 세 표 준 금 액(115-116+117)		18	332,085,000	332,085,000		332,085,000
(119) 선 박 표 준 이 익		24				
(120) 과 세 표 준 금 액 (118+119)		25	332,085,000	332,085,000		332,085,000
(121) 세 율		19	19 %	7 %		19 %
(122) 산 출 세 액		20	43,096,150	23,245,950		43,096,150
(123) 감 면 세 액		21	8,700,000			8,700,000
(124) 세 액 공 제		22	22,000,000		10,849,800	11,150,200
(125) 차 감 세 액 (122-123-124)		23	12,396,150			23,245,950

③ 법인세과세표준 및 세액조정계산서

구분	항목	코드	금액
① 각사업연도소득계산	101. 결 산 서 상 당 기 순 손 익	01	324,785,000
	소득조정금액 102.익 금 산 입	02	20,000,000
	103.손 금 산 입	03	2,500,000
	104. 차 가 감 소 득 금 액 (101+102-103)	04	342,285,000
	105. 기 부 금 한 도 초 과 액	05	1,300,000
	106. 기 부 금 한 도 초 과 이월액 손금산입	54	500,000
	107. 각 사 업 연 도 소 득 금 액(104+105-106)	06	343,085,000
② 과세표준계산	108. 각 사 업 연 도 소 득 금 액 (108=107)		343,085,000
	109. 이 월 결 손 금	07	11,000,000
	110. 비 과 세 소 득	08	
	111. 소 득 공 제	09	
	112. 과 세 표 준 (108-109-110-111)	10	332,085,000
	159. 선 박 표 준 이 익	55	
③ 산출세액계산	113. 과 세 표 준 (113=112+159)	56	332,085,000
	114. 세 율	11	19%
	115. 산 출 세 액	12	43,096,150
	116. 지 점 유 보 소 득 (법 제96조)	13	
	117. 세 율	14	
	118. 산 출 세 액	15	
	119. 합 계 (115+118)	16	43,096,150

구분	항목	코드	금액
④ 납부할세액계산	120. 산 출 세 액 (120=119)		43,096,150
	121. 최저한세 적 용 대 상 공 제 감 면 세 액	17	19,850,200
	122. 차 감 세 액	18	23,245,950
	123. 최저한세 적 용 제 외 공 제 감 면 세 액	19	
	124. 가 산 세 액	20	270,000
	125. 가 감 계 (122-123+124)	21	23,515,950
	기납부세액 기한내납부세액 126. 중 간 예 납 세 액	22	2,000,000
	127. 수 시 부 과 세 액	23	1,120,000
	128. 원 천 납 부 세 액	24	
	129. 간접 회사등 외국 납부세액	25	
	130. 소 계(126+127+128+129)	26	3,120,000
	131. 신 고 납 부 전 가 산 세 액	27	
	132. 합 계 (130+131)	28	3,120,000
	133. 감 면 분 추 가 납 부 세 액	29	
	134. 차 가 감 납 부 할 세 액(125-132+133)	30	20,395,950
	⑤토지등 양도소득, ⑥미환류소득 법인세 계산 (TAB로 이동)		
⑦ 세액계	151. 차감 납부할 세액계 (134+150+166)	46	20,395,950
	152. 사 실 과 다 른 회계 처리 경정 세액공제	57	
	153. 분 납 세 액 계 산 범 위 액 (151-124-133-145-152+131)	47	20,125,950
	154. 분 납 할 세 액	48	10,062,975
	155. 차 감 납 부 세 액 (151-152-154)	49	10,332,975

(5) [자본금과 적립금 조정명세서]

① 자본금과 적립금조정명세서(을)

Ⅰ. 세무조정유보소득계산

①과목 또는 사항	②기초잔액	당 기 중 증 감		⑤기말잔액 (=②-③+④)	비 고
		③감 소	④증 가		
재고자산평가감	6,000,000	6,000,000			
선급비용	-1,800,000	-1,800,000			
대손충당금한도초과액	4,500,000	4,500,000			
건물감가상각비부인액	7,000,000	2,700,000		4,300,000	
합 계	15,700,000	11,400,000		4,300,000	

② 자본금과 적립금조정명세서(갑)

Ⅰ. 자본금과 적립금 계산서

	①과목 또는 사항	코드	②기초잔액	당 기 중 증 감		⑤기말잔액 (=②-③+④)	비 고
				③감 소	④증 가		
자본금및 잉여금의 계산	1.자 본 금	01	200,000,000		100,000,000	300,000,000	
	2.자 본 잉 여 금	02	25,000,000		25,000,000	50,000,000	
	3.자 본 조 정	15	20,000,000			20,000,000	
	4.기타포괄손익누계액	18	30,000,000			30,000,000	
	5.이 익 잉 여 금	14	32,000,000		68,000,000	100,000,000	
	12.기타	17					
	6.계	20	307,000,000		193,000,000	500,000,000	
7.자본금과 적립금명세서(을)계 + (병)계		21	15,700,000	11,400,000		4,300,000	
손익미계상 법인세 등	8.법 인 세	22			1,578,000	1,578,000	
	9.지 방 소 득 세	23			157,800	157,800	
	10. 계 (8+9)	30			1,735,800	1,735,800	
11.차 가 감 계 (6+7-10)		31	322,700,000	11,400,000	191,264,200	502,564,200	

2023년 4월 9일 시행
제107회 전산세무회계자격시험
전산세무1급 A형

이론 시험

1	2	3	4	5	6	7	8	9	10	11	12	13	14	15
④	①	④	③	①	②	④	②	③	④	①	③	②	③	②

번호	답 안 해 설
1	• 가. 성격이 비슷한 항목에 통합하여 표시할 수 있다. • 다. 회사가 채권과 채무를 상계할 수 있는 법적권리를 가지고 있고, 채권과 채무를 차액으로 결제하거나 동시에 결제할 의도가 있다면 상계하여 표시한다.
2	• [일반기업회계기준 문단 11.26 후단] 무형자산의 상각은 자산이 사용 가능한 때부터 시작한다.
3	• 이익잉여금처분계산서에 표시된 배당은 재무상태표에 인식하지 아니한다.
4	• 120,000원 = 매출액 200,000원 - 매출원가 80,000원 • 매출원가 : 기초상품재고액 30,000원 + 당기매입액 100,000원 - 기말상품재고액 50,000원 = 80,000원 • 정상적 감모손실은 원가성이 있다고 판단하여 매출원가로 처리한다.
5	• 회계정책의 변경에는 재고자산 평가방법의 변경 및 유가증권의 취득단가산정방법 변경 등이 있다. • 수익인식방법을 현금주의에서 발생주의로 변경한 것은 오류 수정에 해당한다(기업회계기준의 잘못된 적용). • 회계추정에는 대손의 추정, 재고자산의 진부화 여부에 대한 판단과 평가, 우발부채의 추정, 감가상각자산의 내용연수 또는 감가상각자산에 내재된 미래경제적효익의 기대소비 형태의 변경(감가상각방법의 변경) 및 잔존가액의 추정 등이 있다.
6	• 종합원가계산에서는 재료원가와 가공원가의 구분이 중요하다.
7	• 부문관리자의 성과평가를 위해서는 이중배분율법이 보다 합리적이라고 할 수 있다.
8	• 1,220,000원 = 기초재공품 100,000원 + 당기총제조원가 1,320,000원 - 기말재공품 200,000원 • 기말원재료 : 기초원재료 50,000원 - 20,000원 = 30,000원 • 직접재료원가 : 기초원재료 50,000원 + 당기매입액 200,000원 - 기말원재료 30,000원 = 220,000원 • 직접노무원가 : 직접재료원가 220,000원 × 200% = 440,000원 • 제조간접원가 : 직접노무원가 440,000원 × 150% = 660,000원 • 당기총제조원가 : 직접재료원가 220,000원 + 직접노무원가 440,000원 + 제조간접원가 660,000원 = 1,320,000원
9	• 변동원가는 조업도가 증가하면 총원가는 비례하여 증가하며, 단위당 원가는 일정하다.
10	실제원가 AQ×AP 5,000시간×400원/DL = 2,000,000원 투입량 기준 예산 AQ×SP 5,000시간×380원/DL = 1,900,000원 산출량 기준 변동 예산 SQ×SP 4,800시간×380원/DL = 1,824,000원 임률차이 100,000원 불리 능률차이 76,000원 불리
11	• 법인세법 제19조의2 제1항 및 시행령 제19조의2 제1항, 회수기일이 6개월 이상 지난 채권 중 채권가액이 30만원 이하(채무자별 채권가액의 합계액을 기준으로 한다)인 채권은 결산조정으로 대손금 처리할 수 있다.
12	• 법인세법 시행령 제50조의2 제3항, 업무용승용차는 정액법을 상각방법으로 하고 내용연수를 5년으로 하여 계산한 금액을 감가상각비로 하여 손금에 산입하여야 한다.
13	• 소득세법 제65조 제1항, 납세지 관할 세무서장은 종합소득이 있는 거주자(대통령령으로 정하는 소득만이 있는 자와 해당 과세기간의 개시일 현재 사업자가 아닌 자로서 그 과세기간 중 신규로 사업을 시작한 자는 제외한다.)에 대하여 1월 1일부터 6월 30일까지의 기간을 중간예납기간으로 하여 직전 과세기간의 종합소득에 대한 소득세로서 납부하였거나 납부하여야 할 세액(이하 "중간예납기준액"이라 한다)의 2분의 1에 해당하는 금액(이하 "중간예납세액"이라 하고, 1천원 미만의 단수가 있을 때에는 그 단수금액은 버린다)을 납부하여야 할 세액으로 결정하여 11월 30일까지 그 세액을 징수하여야 한다. • 퇴직소득, 양도소득에 대해서는 중간예납하지 않는다.

PART 2 실무편

14	· 소득세법 제33조 제1항, 제39조 제3항 및 제4항, 재고자산과 고정자산 등의 평가차손은 사업소득금액을 계산할 때 필요경비에 산입하지 아니한다.
15	· 부가가치세법 시행령 제70조 제1항 제2호, 계약의 해제로 재화 또는 용역이 공급되지 아니한 경우 : 계약이 해제된 때에 그 작성일은 계약해제일로 적고 비고란에 처음 세금계산서 작성일을 덧붙여 적은 후 붉은색 글씨로 쓰거나 음(陰)의 표시를 하여 발급한다.

실무 시험

문제 1 일반전표의 입력

(1) 04월 20일

차변	(거래처)	금액	대변	(거래처)	금액
보 통 예 금 자기주식처분이익 자기주식처분손실		2,700,000원 800,000원 100,000원	자 기 주 식		3,600,000원

(2) 07월 11일

거래유형	공급가액	부가가치세	공급처명	전자	분개
57.카과	320,000원	32,000원	㈜생전주비빔밥	-	카드 또는 혼합
신용카드사	농협카드		불공제사유		

차변	(거래처)	금액	대변	(거래처)	금액
부가세대급금 복리후생비(판)		32,000원 320,000원	미 지 급 금	(농협카드)	352,000원

(3) 07월 26일

거래유형	공급가액	부가가치세	공급처명	전자	분개
11.과세	100,000,000원	10,000,000원	㈜성동기업	1.여	외상 또는 혼합
영세율 구분			불공제사유		

차변	(거래처)	금액	대변	(거래처)	금액
보 통 예 금 외 상 매 출 금		11,000,000원 99,000,000원	부가세예수금 제 품 매 출		10,000,000원 100,000,000원

(4) 08월 21일

거래유형	공급가액	부가가치세	공급처명	전자	분개
52.영세	6,000,000원	0원	㈜대수무역	1.여	혼합
영세율 구분			불공제사유		

차변	(거래처)	금액	대변	(거래처)	금액
상 품		6,000,000원	보 통 예 금		6,000,000원

문제 2 부가가치세 신고 및 부속서류의 작성

(1) [부가가치세 신고서의 작성]

① 과세표준명세

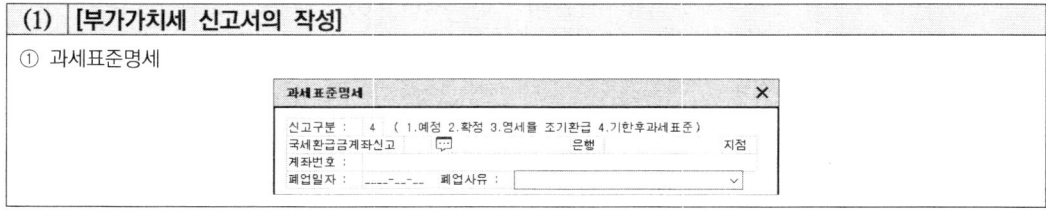

Chapter 5 최신 기출문제 해답

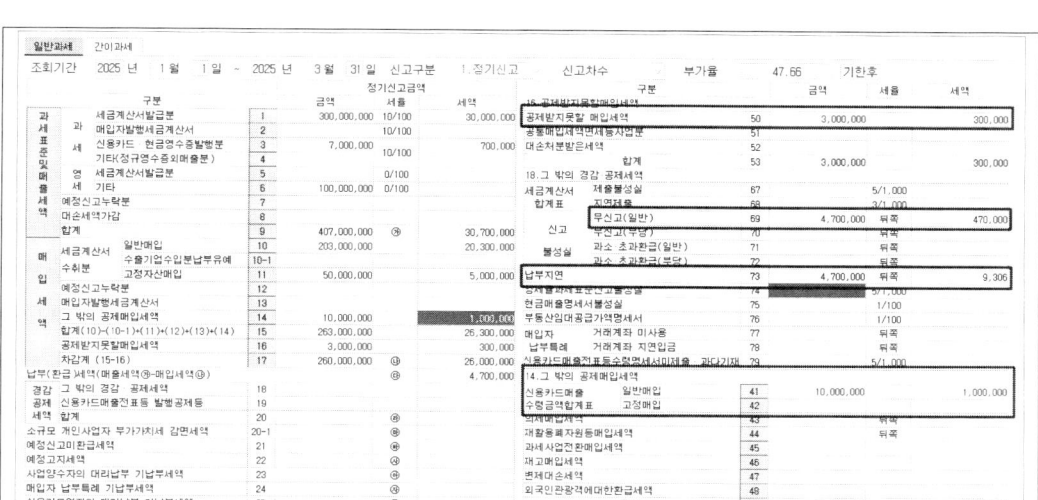

- 신고불성실가산세(일반무신고) : 4,700,000원 × 20% × (1 − 50%[*1]) = 470,000원
- 영세율과세표준신고불성실가산세 : 100,000,000원 × 0.5% × (1 − 50%[*1]) = 250,000원
  [*1] 신고기한 경과 후 1개월 이내에 기한 후 신고 시 50% 감면 적용
- 납부지연가산세 : 4,700,000원 × 9일 × 22/100,000 = 9,306원

(2) [의제매입세액공제신고서]

(1) 인천농원

공급자	사업자/주민등록번호	취득일자	구분	물품명	수량	매입가액	공제율	의제매입세액	건수
인천농원	123-91-41544	2025-04-06	계산서	복숭아	180	16,000,000	4/104	615,384	1
			합계		180	16,000,000		615,384	1

	매입가액 계	의제매입세액 계	건수 계
계산서 합계	16,000,000	615,384	1
신용카드등 합계			
농·어민등 합계			
총계	16,000,000	615,384	1

(2) 푸른과일

공급자	사업자/주민등록번호	취득일자	구분	물품명	수량	매입가액	공제율	의제매입세액	건수
인천농원	123-91-41544								
푸른과일	123-91-10167	2025-05-13	신용카드등	방울토마토	90	7,000,000	4/104	269,230	1
			합계		90	7,000,000		269,230	1

	매입가액 계	의제매입세액 계	건수 계
계산서 합계	16,000,000	615,384	1
신용카드등 합계	7,000,000	269,230	1
농·어민등 합계			
총계	23,000,000	884,614	2

※ 김포쌀상사는 사업자이므로 간이영수증 수령 시 의제매입세액공제 대상이 아니다.

PART 2 실 무 편

(3) 우영우(농민)

(3) [부가가치세 전자신고서 작성]
전자신고 답안 생략

문제 3 기말정리사항의 분개 및 자동결산

(1) 12월 31일

차변	(거래처)	금액	대변	(거래처)	금액
장기차입금	(대구은행)	300,000,000원	유동성장기부채	(대구은행)	300,000,000원

(2) 12월 31일

차변	(거래처)	금액	대변	(거래처)	금액
미수수익		13,610,958원	이자수익		13,610,958원

(3) 12월 31일

차변	(거래처)	금액	대변	(거래처)	금액
매도가능증권(178)		500,000원	매도가능증권평가손실		300,000원
			매도가능증권평가이익		200,000원

(4) 12월 31일

차변	(거래처)	금액	대변	(거래처)	금액
선급비용		900,000원	보험료(판)		900,000원

선급비용 : 보험료 납입액 1,200,000원 × 9/12 = 900,000원

문제 4 원천징수 신고

(1) [사원등록]

(2) [기타소득자등록]

코드	상호(성명)
00101	정도원
00100	김영태

등록사항
1. 거 주 구 분: 1 거 주
2. 소 득 구 분: 251 내국법인 배당·분배금, 건설이자연말정산적용
3. 내 국 인 여 부: 1 내국인 (거주지국코드   등록번호   )
4. 생 년 월 일: 년   월   일
5. 주 민 등 록 번 호: 880208-1241908
6. 소득자구분/실명: 111 주민등록번호   실명 0.실명
7. 개인/법인구분: 1 개 인 필요경비율   %
8. 사업자등록번호: ___-__-_____ 9. 법인(대표자명)
10. 사 업 장 주 소:
11. 소 득 자 주 소:

· 배당소득의 경우 개인 김영태는 원천징수 대상이다.

지급년월일 2025 년 03 월 31 일

No	코드	성명	소득구분
1	00100	김영태	내국법인 배당·분배금, 건설이자
2			

구 분 / 입력내용
1. 소득자 구분/실명: 111 주민등록번호   실명 0.실명
2. 개인/법인구분: 1.개인
3. 지급(영수)일자: 2025 년 03 월 31 일
4. 귀속년월: 2025 년 03 월

지급 및 계산내역

	인원(건수)	1 (1) 명
총	지급금액	5,000,000 원
	소 득 세	700,000 원
	법 인 세	원
계	지방소득세	70,000 원
	농 특 세	원
	세액합계	770,000 원
	차인지급액	4,230,000 원

채권이자구분	이자지급대상기간	이자율	금액	세율(%)	세액	지방소득세	농특세	차인지급액
			5,000,000	14	700,000	70,000		4,230,000

(3) [사업소득자 등록 및 소득자료 입력]

지급년월일 2025 년 05 월 31 일 부서코드

코드	상호(성명)
00101	정성호

소득자정보
1. 소 득 구 분: 940911 기타모집수당 연말정산적용 0 부
2. 내 국 인 여 부: 1 내국인 (외국인 국적)   등록번호
3. 주 민 등 록 번 호: 890506-1618021
4. 거 주 구 분: 1 거 주
5. 사 업 자 등 록 번 호: ___-__-_____
6. 상   호:
7. 은 행 코 드: 계좌번호   예금주
8. 사 업 장 주 소:
9. 소 득 자 주 소:
10. 학자금상환공제 0 부 11. 원천공제통지액
12. 예술인/노무제공자여부 0 부 유형   사업장   참고
고용보험 여부   경감율   % 직종   /   % 합산 0 부

	인원(건수)	1(1) 명
총	지급 총액	5,000,000 원
	소 득 세	150,000 원
	지방소득세	15,000 원
	학자금상환	원
계	고용보험료	원
	산재보험료	원
	차인지급액	4,835,000 원

귀속년월		지급(영수)		지급액	세율(%)	소득세	지방소득세	학자금상환	차인지급액
년	월	년	월	일					
2025	05	2025	05	31	5,000,000	3	150,000	15,000		4,835,000
		합계			5,000,000		150,000	15,000		4,835,000

지급년월일 2025 년 05 월 31 일

코드	상호(성명)
00101	정도원

소득자내역
1. 거 주 구 분: 1 거 주
2. 소 득 구 분: 76 강연료 등   연말정산적용
3. 내 국 인 여 부: 1 내국인 (거주지국코드   등록번호)
4. 주 민 등 록 번 호: 910715-1612334
5. 개인/법인구분: 1 개 인 필요경비율 60 %

지급 및 계산내역
1. 지급(영수)일자: 2025 년 05 월 31 일
2. 귀 속 년 월: 2025 년 05 월
3. 지 급 총 액: 3,000,000
4. 필 요 경 비: 1,800,000
5. 소 득 금 액: 1,200,000
6. 세 율(%): 20 % 7. 세액감면및제한세율근거
8. 기타소득(법인)세액: 240,000
9. 지 방 소 득 세: 24,000

	인원(건수)	1(1) 명
총	지급 총액	3,000,000 원
	소득 금액	1,200,000 원
세	세 액	240,000 원
계	지방소득세	24,000 원
	농 특 세	원

PART 2 실 무 편

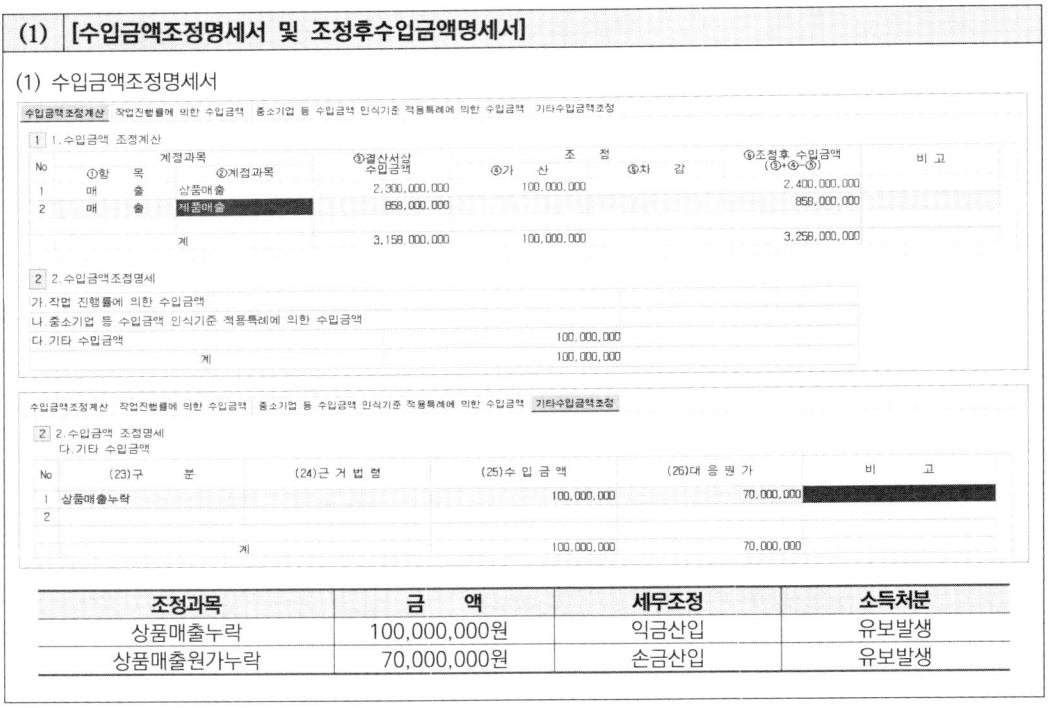

문제 5 법인세 신고

(1) [수입금액조정명세서 및 조정후수입금액명세서]

조정과목	금 액	세무조정	소득처분
상품매출누락	100,000,000원	익금산입	유보발생
상품매출원가누락	70,000,000원	손금산입	유보발생

(2) 조정후 수입금액명세서

업종별 수입금액 명세서 | 과세표준과 수입금액 차액검토

1 1.업종별 수입금액 명세서

①업 태	②종 목	순번	③기준(단순)경비율번호	수입금액계정조회 ④계(⑤+⑥+⑦)	내수판매 ⑤국내생산품	내수판매 ⑥수입상품	⑦수 출(영세율대상)
제조,도매업	자동차부품	01	503013	2,400,000,000	2,100,000,000		300,000,000
자동차 및 트레일러	그 외 자동차용 신품 부품	02	343000	858,000,000	858,000,000		
(111)기 타		11					
(112)합 계		99		3,258,000,000	2,958,000,000		300,000,000

계정 | 전자 | 수입금액 ④계란은 수입금액조정명세서(별지 제16호서식)상의 ⑥조정후수입금액란의 금액과 일치되어야 합니다.

업종별 수입금액 명세서 | 과세표준과 수입금액 차액검토

2 2.부가가치세 과세표준과 수입금액 차액 검토 | 부가가치세 신고 내역보기

(1) 부가가치세 과세표준과 수입금액 차액

⑧과세(일반)	⑨과세(영세율)	⑩면세수입금액	⑪합계(⑧+⑨+⑩)	⑫조정후수입금액	⑬차액(⑪-⑫)
2,978,000,000	300,000,000		3,278,000,000	3,258,000,000	20,000,000

(2) 수입금액과의 차액내역(부가세과표에 포함되어 있으면 +금액, 포함되지 않았으면 -금액 처리)

⑭구 분	코드	(16)금 액	비 고	⑭구 분	코드	(16)금 액	비 고
자가공급(면세전용등)	21			거래(공급)시기차이감액	30		
사업상증여(접대제공)	22			주세 개별소비세	31		
개인적공급(개인적사용)	23			매출누락	32		
간주임대료	24				33		
자산매각 유형자산 및 무형자산 매각액	25				34		
자산매각 그밖의자산매각액(부산물)	26				35		
폐업시 잔존재고재화	27				36		
작업진행률 차이	28				37		
거래(공급)시기차이가산	29	20,000,000		(17)차 액 계	50	20,000,000	
				(13)차액과(17)차액계의차이금액			

(2) [선급비용명세서]

계정구분	거래내용	거래처	대상기간 시작일	대상기간 종료일	지급액	선급비용	회사계상액	조정대상금액
선급 보험료	본사 화재보험	(주)행해보험	2025-07-01	2026-06-30	4,000,000	1,983,561		1,983,561
선급 보험료	공장 화재보험	(주)경상보험	2025-02-01	2026-01-31	2,400,000	203,835	200,000	3,835
		합 계			6,400,000	2,187,396	200,000	1,987,396

조정과목	금 액	세무조정	소득처분
전기 선급비용	350,000원	손금산입	유보감소
본사 당기 선급비용	11,83,561원	손금불산입	유보발생
공장 당기 선급비용	3,835원	손금불산입	유보발생
대표자 보험료 대납분	4,800,000원	상여	유보발생(기타소득)

(3) [업무무관부동산등에 관련한 차입금이자조정명세서]

(1) 업무무관자산등의 적수계산 : 가지급금

1.적수입력(을) | 2.지급이자 손금불산입(갑)

1.업무무관부동산 | 2.업무무관동산 | 3.가지급금 | 4.가수금 | 5.그밖의 | 불러오기 | 적요수정

No	①월일		②적요	③차변	④대변	⑤잔액	⑥일수	⑦적수
1	5	1	지 급	100,000,000		100,000,000	213	21,300,000,000
2	11	30	회 수		100,000,000		32	
3								
			합 계	100,000,000	100,000,000		245	21,300,000,000

PART 2 실 무 편

(2) 업무무관자산등의 지급이자

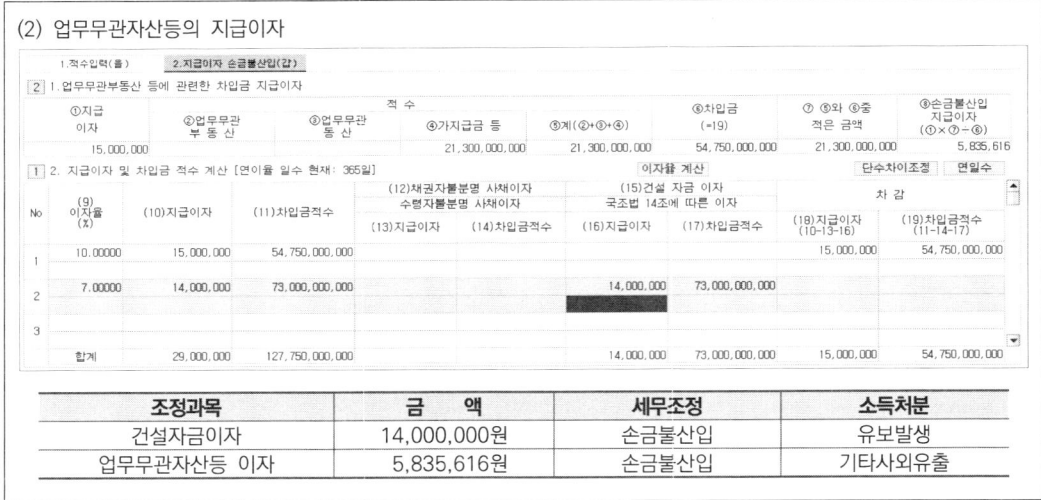

조정과목	금 액	세무조정	소득처분
건설자금이자	14,000,000원	손금불산입	유보발생
업무무관자산등 이자	5,835,616원	손금불산입	기타사외유출

(4) [퇴직연금부담금조정명세서]

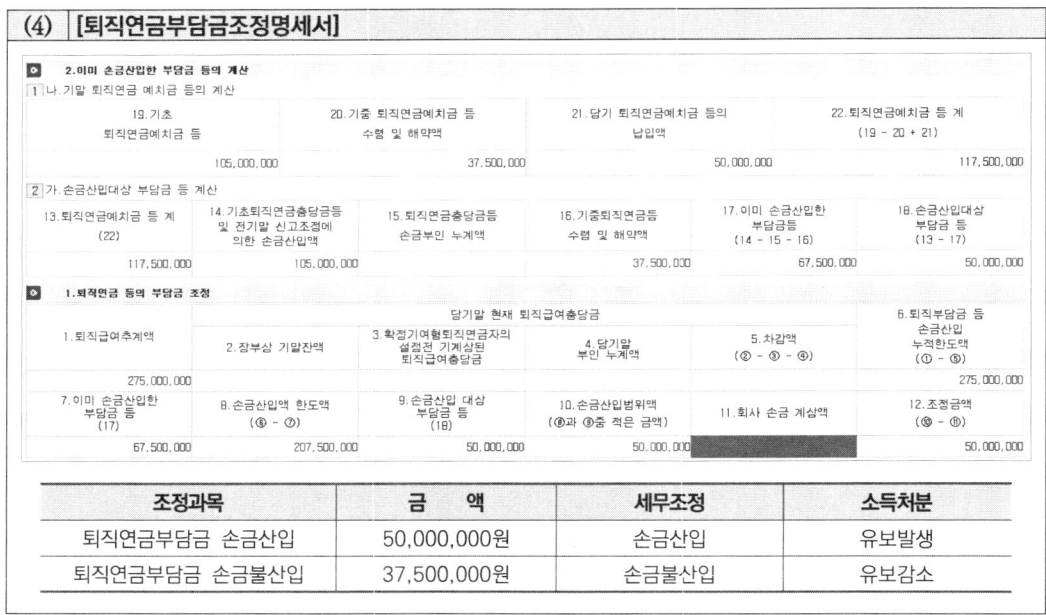

조정과목	금 액	세무조정	소득처분
퇴직연금부담금 손금산입	50,000,000원	손금산입	유보발생
퇴직연금부담금 손금불산입	37,500,000원	손금불산입	유보감소

(5) [자본금과 적립금조정명세서(을)지와 (갑)지의 작성]

(1) 자본금적립금 조정명세서(을)

자본금과적립금조정명세서 정기 | 1071 덕수기업(주) 15기 2025-01-01~2025-12-31 2025 2025

⊗닫기 코드 삭제 인쇄 조회 | 최근 정보

F3 조정등록 CF5 전체삭제 F6 직접입력 SF6 행 아래로 삽입 F8 잔액조회 F11 저장 F12 불러오기

자본금과적립금조정명세서(을) | 자본금과적립금조정명세서(병) | 자본금과적립금조정명세서(갑) | 이월결손금

Ⅰ.세무조정유보소득계산

①과목 또는 사항	②기초잔액	당기중증감 ③감소	당기중증감 ④증가	⑤기말잔액 (=②-③+④)	비고
대손충당금한도초과	4,000,000	4,000,000	7,000,000	7,000,000	
단기매매증권평가손실	2,000,000		1,000,000	3,000,000	
재고자산평가감	3,000,000	3,000,000			
합 계	9,000,000	7,000,000	8,000,000	10,000,000	

전자

Tip ⑥사업년도를(를) 입력하세요.

(2) 자본금적립금 조정명세서(갑)

자본금과적립금조정명세서 정기 | 1071 덕수기업(주) 15기 2025-01-01~2025-12-31 2025 2025

⊗닫기 코드 삭제 인쇄 조회 | 최근 정보

F3 조정등록 CF5 전체삭제 F6 SF6 F8 잔액조회 F11 저장 F12 불러오기

자본금과적립금조정명세서(을) | 자본금과적립금조정명세서(병) | 자본금과적립금조정명세서(갑) | 이월결손금

Ⅰ.자본금과 적립금 계산서

①과목 또는 사항		코드	②기초잔액	당기중증감 ③감소	당기중증감 ④증가	⑤기말잔액 (=②-③+④)	비고
자본금및 잉여금의 계산	1.자본금	01	100,000,000		200,000,000	300,000,000	
	2.자본잉여금	02					
	3.자본조정	15					
	4.기타포괄손익누계액	18					
	5.이익잉여금	14	320,000,000		100,000,000	420,000,000	
	12.기타	17					
	6.계	20	420,000,000		300,000,000	720,000,000	
7.자본금과 적립금명세서(을)계 + (병)계		21	9,000,000	7,000,000	8,000,000	10,000,000	
손익미계상 법인세 등	8.법인세	22					
	9.지방소득세	23					
	10. 계 (8+9)	30					
11.차가감계 (6+7-10)		31	429,000,000	7,000,000	308,000,000	730,000,000	

Ⅲ.회계기준 변경에 따른 자본금과 적립금 기초잔액 수정

기초잔액 수정 | 32.수정후 기초잔액

전자

Tip

2023년 6월 3일 시행 제108회 전산세무회계자격시험 전산세무1급 A형

이론 시험

1	2	3	4	5	6	7	8	9	10	11	12	13	14	15
③	②	④	③	②	②	③	①	④	②	③	④	①	③	①

번호	답안해설
1	· 자산과 부채는 보고기간 종료일 현재 1년 또는 영업주기를 기준으로 유동과 비유동으로 분류하며, 정상적인 영업주기 내에 판매(소멸)되거나 사용되는 재고자산과 회수(지급)되는 매출채권(매입채무) 등은 보고기간 종료일로부터 1년 이내에 실현되지 않더라도 유동자산(유동부채)으로 분류한다.
2	· [일반기업회계기준 문단 실7.5] (3) 적송품은 위탁자가 수탁자에게 판매를 위탁하기 위하여 보낸 상품을 말한다. 적송품은 수탁자가 제3자에게 판매를 할 때까지 비록 수탁자가 점유하고 있으나 단순히 보관하고 있는 것에 불과하므로 소유권이 이전된 것이 아니다 따라서 적송품은 수탁자가 제3자에게 판매하기 전까지는 위탁자의 재고자산에 포함한다.
3	· [일반기업회계기준 사례 10] (2) 수출업무를 대행하는 종합상사는 판매를 위탁하는 회사를 대신하여 재화를 수출하는 것이므로 판매수수료만을 수익으로 계상해야 한다. · [일반기업회계기준 문단 실16.16] (1) 매출수익 인식시기 : 매출수익은 물품 등을 제공 또는 판매하여 상품권을 회수한 때에 인식하며 상품권 판매시는 선수금(상품권선수금계정 등)으로 처리한다. · [일반기업회계기준 사례 17] 수강료 : 강의기간에 걸쳐 수익으로 인식한다. · [일반기업회계기준 사례 8] 대가가 분할되어 수취되는 할부판매 : 이자부분을 제외한 판매가격에 해당하는 수익을 판매시점에 인식한다.
4	· 자본조정(미교부주식배당금) 3,000,000원 = 미교부주식배당금 3,000,000원 · 기타포괄손익누계액 : 매도가능증권평가이익 300,000원 · 자본금 : 보통주자본금 10,000,000원 + 우선주자본금 5,000,000원 = 15,000,000원 · 자본잉여금 : 감자차익 500,000원 + 자기주식처분이익 1,000,000원 = 1,500,000원 · 이익잉여금 : 임의적립금 500,000원 + 이익준비금 1,000,000원 = 1,500,000원
5	· 부채는 과거의 거래나 사건의 결과로 현재 기업실체가 부담하고 있고 미래에 자원의 유출 또는 사용이 예상되는 의무이다. · 부채는 1년을 기준으로 유동부채와 비유동부채로 분류한다. 다만, 정상적인 영업주기 내에 소멸할 것으로 예상되는 매입채무와 미지급비용 등은 보고기간종료일로부터 1년 이내에 결제되지 않더라도 유동부채로 분류한다. · 과거사건이나 거래의 결과에 의한 현재의무로서, 지출의 시기 또는 금액이 불확실하지만 그 의무를 이행하기 위하여 자원이 유출될 가능성이 매우 높고 또한 당해 금액을 신뢰성 있게 추정할 수 있는 의무는 충당부채로 인식한다.
6	· 불리한 차이 120,000원 = (실제 직접노동시간 50,000시간 - 표준 직접노동시간 48,000시간) × 표준임률 60원 · 표준임률 SP : $\dfrac{\text{실제 직접노무원가 발생액 2,800,000원 + 유리한 임률차이 200,000원}}{\text{실제 직접노동시간 50,000시간}}$ = 60원/시간 AQ×AP : 2,800,000원 AQ×SP : 50,000시간 × 60원 = 3,000,000원 SQ×SP : 48,000시간 × 60원 = 2,880,000원 임률차이 200,000원 유리 능률차이 120,000원 불리

Chapter 5 최신 기출문제 해답

7	구분	순실현가치	배분율	결합원가배부액
	A	200개×@1,000원 - 60,000원 = 140,000원	14/32	56,000원
	B	400개×@300원 = 120,000원	12/32	48,000원
	C	300개×@200원 = 60,000원	6/32	24,000원
	합계	320,000원	100%	128,000원

8	·각 부문별로 별도의 배부기준을 적용하여 제조간접원가를 배분할 경우, 더욱 정확하게 보조부문원가를 배분할 수 있다. ·제조원가 배분기준을 선택할 때는 원가의 상관관계를 먼저 고려하여야 한다. ·상호배분법은 보조부문 상호간의 용역수수를 전부 고려하므로 보조부문원가를 정확하게 배분할 수 있으며, 배분순서를 고려할 필요가 없다.
9	·재무상태표상 재고자산의 금액은 실제원가로 보고한다. 표준원가법은 실제원가와 유사한 경우에 편의상 사용할 수 있다.
10	·1,300,000원 (과대배부) = 예정배부액 6,500,000원 - 실제발생액 5,200,000원 ·예정배부율: 제조간접원가 예산 5,000,000원÷예산조업도 1,000,000시간 = 5원/시간 ·제조간접원가 예정배부액: 실제조업도 1,300,000시간×예정배부율 5원 = 6,500,000원
11	·업무무관자산의 재산세, 교통사고벌과금, 폐수배출부담금, 지급명세서미제출가산세
12	·2020.01.01. 이후에 개시하는 사업연도에 발생한 결손금은 15년간 이월공제함을 원칙으로 한다.
13	·보험료 세액공제는 근로소득자만 받을 수 있는 세액공제이다.
14	·부가가치세법 제3조, 재화를 수입하는 자는 사업자 여부에 불문하고 납세의무가 있다.
15	·사업자등록 신청하기 전의 매입세액은 공제되지 않지만, 공급시기가 속하는 과세기간이 끝난 후 20일 이내에 등록을 신청하면 등록 신청일로부터 공급시기가 속하는 과세기간 기산일까지 역산한 기간 내의 매입세액은 매출세액에서 공제할 수 있다.

실무 시험

문제 1 일반전표의 입력

(1) 03월 05일

차변	(거래처)	금액	대변	(거래처)	금액
단기매매증권		10,000,000원	현금		10,050,000원
수수료비용(영)		50,000원			

(2) 07월 30일

거래유형	공급가액	부가가치세	공급처명	전자	분개
11.과세	20,000,000원	2,000,000원	㈜아름전자	1.여	혼합
영세율 구분			불공제사유		

차변	(거래처)	금액	대변	(거래처)	금액
선수금		2,000,000원	부가세예수금		2,000,000원
외상매출금		20,000,000원	제품매출		20,000,000원

(3) 08월 20일

거래유형	공급가액	부가가치세	공급처명	전자	분개
53.면세	48,500,000원	-	㈜현대파이낸셜	1.여	혼합
영세율 구분			불공제사유		

차변	(거래처)	금액	대변	(거래처)	금액
기계장치		48,500,000원	리스보증금		20,000,000원
			보통예금		28,500,000원

(4)	08월 30일				
차변	(거래처)	금액	대변	(거래처)	금액
보 통 예 금		1,500,000원	배 당 금 수 익		1,500,000원

문제 2 부가가치세 신고 및 부속서류의 작성

(1) [부동산 임대공급가액 명세서]

조회기간 2025 년 01 월 ~ 2025 년 03 월 1기 예정 일수확인 적용이자율 3.5%

No	코드	거래처명(임차인)	동	층	호
1	0154	고양기전		1	
2					

등 록 사 항

1.사업자등록번호 132-25-99050 2.주민등록번호 ______-_______

3.면적(㎡) 80.00 ㎡ 4.용도 공장

5.임대기간에 따른 계약 내용

No	계약갱신일	임대기간		
1		2025-02-01	~	2027-01-31
2				

6.계 약 내 용	금 액	당해과세기간계	
보 증 금	60,000,000	60,000,000	
월 세	1,800,000	3,600,000	
관 리 비			
7.간주 임대료	339,452	339,452	59 일
8.과 세 표 준	2,139,452	3,939,452	

소 계			
월 세	3,600,000	관 리 비	
간주임대료	339,452	과 세 표 준	3,939,452

전 체 합 계					
월세등	3,600,000	간주임대료	339,452	과세표준(계)	3,939,452

일반과세 간이과세

조회기간 2025 년 1 월 1 일 ~ 2025 년 3 월 31 일 신고구분 1.정기신고 신고차수 부가율 100 예정

구분				정기신고금액 금액	세율	세액
과세표준및매출세액	과세	세금계산서발급분	1	3,600,000	10/100	360,000
		매입자발행세금계산서	2		10/100	
		신용카드 · 현금영수증발행분	3		10/100	
		기타(정규영수증외매출분)	4	339,452		33,945
	영세	세금계산서발급분	5		0/100	
		기타	6		0/100	
	예정신고누락분		7			
	대손세액가감		8			
	합계		9	3,939,452	㉮	393,945
매입세액	세금계산서 수취분	일반매입	10			
		수출기업수입분납부유예	10-1			
		고정자산매입	11			
	예정신고누락분		12			
	매입자발행세금계산서		13			
	그 밖의 공제매입세액		14			
	합계(10)-(10-1)+(11)+(12)+(13)+(14)		15			
	공제받지못할매입세액		16			
	차감계 (15-16)		17		㉯	
납부(환급)세액(매출세액㉮-매입세액㉯)					㉰	393,945
경감	그 밖의 경감 · 공제세액		18			

구분				금액	세율	세액
7.매출(예정신고누락분)						
예정누락분	과세	세금계산서	33		10/100	
		기타	34		10/100	
	영세	세금계산서	35		0/100	
		기타	36		0/100	
	합계		37			
12.매입(예정신고누락분)						
예정누락분	세금계산서		38			
	그 밖의 공제매입세액		39			
	합계		40			
	신용카드매출 수령금액합계	일반매입				
		고정매입				
	의제매입세액					
	재활용폐자원등매입세액					
	과세사업전환매입세액					
	재고매입세액					
	변제대손세액					
	외국인관광객에대한환급세액					
	합계					
14.그 밖의 공제매입세액						

(2) [신용카드매출전표 등 수령명세서(갑)(을)]

조회기간 : 2025 년 10 월 ~ 2025 년 12 월 구분 2기 확정

2. 신용카드 등 매입내역 합계

구분	거래건수	공급가액	세액
합 계	2	270,000	27,000
현금영수증			
화물운전자복지카드			
사업용신용카드			
그 밖의 신용카드	2	270,000	27,000

3. 거래내역입력

No	□	월/일	구분	공급자	공급자(가맹점) 사업자등록번호	카드회원번호	그 밖의 신용카드 등 거래내역 합계 거래건수	공급가액	세액
1	□	10-15	신용	한국문구	123-11-12348	1234-5522-1111-4562	1	20,000	2,000
2	□	12-24	신용	밥도시락	512-12-15237	1234-5522-1111-4562	1	250,000	25,000
3	□								
	□								
	□								
	□								
				합계			2	270,000	27,000

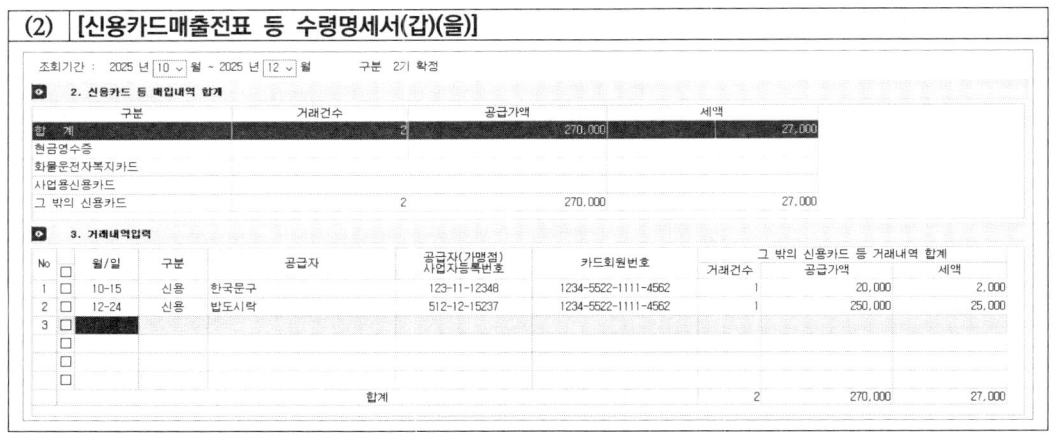

Chapter 5 최신 기출문제 해답

(3) [내국신용장·구매확인서 전자발급명세서]

(내국신용장·구매확인서 전자발급명세서)

구분	건수	금액(원)	비고
(9)합계(10+11)	1	393,000,000	
(10)내국신용장			
(11)구매확인서	1	393,000,000	

3. 내국신용장·구매확인서에 의한 공급실적 명세서

(12)번호	(13)구분	(14)서류번호	(15)발급일	품목	거래처명	(16)공급받는자의 사업자등록번호	(17)금액	전표일자	(18)비고
1	구매확인서	PKT202500621365	2025-06-07		(주)삼진	201-81-01218	393,000,000		

(영세율 매출명세서)

(7)구분	(8)조문	(9)내용	(10)금액(원)
부가가치세법	제21조	직접수출(대행수출 포함)	
		중계무역·위탁판매·외국인도 또는 위탁가공무역 방식의 수출	
		내국신용장·구매확인서에 의하여 공급하는 재화	393,000,000
		한국국제협력단 및 한국국제보건의료재단에 공급하는 해외반출용 재화	
		수탁가공무역 수출용으로 공급하는 재화	
	제22조	국외에서 제공하는 용역	
	제23조	선박·항공기에 의한 외국항행용역	
		국제복합운송계약에 의한 외국항행용역	
(11) 부가가치세법에 따른 영세율 적용 공급실적 합계			393,000,000
(12) 조세특례제한법 및 그 밖의 법률에 따른 영세율 적용 공급실적 합계			
(13) 영세율 적용 공급실적 총 합계(11)+(12)			393,000,000

문제 3 기말정리사항의 분개 및 자동결산

(1) 12월 31일

차변	(거래처)	금액	대변	(거래처)	금액
이 자 수 익		3,000,000원	선 수 수 익		3,000,000원

(2) 12월 31일

차변	(거래처)	금액	대변	(거래처)	금액
부 가 세 예 수 금		25,700,000원	부 가 세 대 급 금		20,800,000원
세 금 과 공 과(판)		500,000원	미 수 금		3,000,000원
			미 지 급 세 금		2,400,000원

(3) 12월 31일

차변	(거래처)	금액	대변	(거래처)	금액
소 모 품 비(판)		1,120,000원	소 모 품		2,800,000원
소 모 품 비(제)		1,680,000원			

(4) 12월 31일

차변	(거래처)	금액	대변	(거래처)	금액
감 가 상 각 비(제)		20,000,000원	기계감가상각누계액		20,000,000원
국고보조금(217)		10,000,000원	감 가 상 각 비(제)		10,000,000원

· 감가상각비 : 200,000,000원÷5년×6/12 = 20,000,000원
· 국고보조금 : 100,000,000원÷5년×6/12 = 10,000,000원

문제 4 원천징수 신고

(1) [기타소득자 등록 및 소득자료의 등록]

[1] 기타소득자 등록

코드	상호(성명)
00101	정진우

등록사항

1.거 주 구 분 1 거 주
2.소 득 구 분 75 원고료 등 연 말 정 산 적 용
3.내 국 인 여부 1 내국인 (거주지국코드 등록번호)
4.생 년 월 일 년 월 일
5.주민 등록 번호 850521-1287902
6.소득자구분/실명 111 주민등록번호 실명 0 실 명
7.개인/ 법인구분 1 개 인 필요경비율 60.000 %
8.사업자등록번호 ___-__-_____ 9.법인(대표자명)

코드	상호(성명)
00101	정진우
00201	김여울

등록사항

1.거 주 구 분 1 거 주
2.소 득 구 분 72 광업권 등 연 말 정 산 적 용
3.내 국 인 여부 1 내국인 (거주지국코드 등록번호)
4.생 년 월 일 년 월 일
5.주민 등록 번호 660912-1532651
6.소득자구분/실명 111 주민등록번호 실명 0 실 명
7.개인/ 법인구분 1 개 인 필요경비율 60.000 %
8.사업자등록번호 ___-__-_____ 9.법인(대표자명)

[2] 기타소득자료 입력

지급년월일 2025 년 05 월 03 일

코드	상호(성명)
00101	정진우

소득자내역

1.거 주 구 분 1 거 주
2.소 득 구 분 75 원고료 등 연 말 정 산 적 용
3.내 국 인 여부 1 내국인 (거주지국코드 등록번호)
4.주민 등록 번호 850521-1287902
5.개인/ 법인구분 1 개 인 필요경비율 60 %

지급 및 계산내역

1.지 급(영 수) 일 자 2025 년 05 월 03 일
2.귀 속 년 월 2025 년 05 월
3.지 급 총 액 1,000,000
4.필 요 경 비 600,000
5.소 득 금 액 400,000
6.세 율(%) 20 % 7.세액감면및제한세율근거
8.기타소득(법인)세액 80,000
9.지 방 소 득 세 8,000

총계		
인원(건수)	1(1)	명
지급 총액	1,000,000	원
소득 금액	400,000	원
세 액	80,000	원
지방소득세	8,000	원
농 특 세		원

지급년월일 2025 년 05 월 03 일

코드	상호(성명)
00101	정진우
00201	김여울

소득자내역

1.거 주 구 분 1 거 주
2.소 득 구 분 72 광업권 등 연 말 정 산 적 용
3.내 국 인 여부 1 내국인 (거주지국코드 등록번호)
4.주민 등록 번호 660912-1532651
5.개인/ 법인구분 1 개 인 필요경비율 60 %

지급 및 계산내역

1.지 급(영 수) 일 자 2025 년 05 월 03 일
2.귀 속 년 월 2025 년 05 월
3.지 급 총 액 1,500,000
4.필 요 경 비 1,000,000
5.소 득 금 액 500,000
6.세 율(%) 20 % 7.세액감면및제한세율근거
8.기타소득(법인)세액 100,000
9.지 방 소 득 세 10,000

총계		
인원(건수)	2(2)	명
지급 총액	2,500,000	원
소득 금액	900,000	원
세 액	180,000	원
지방소득세	18,000	원
농 특 세		원

Chapter 5 최신 기출문제 해답

[3] 원천징수이행상황신고서

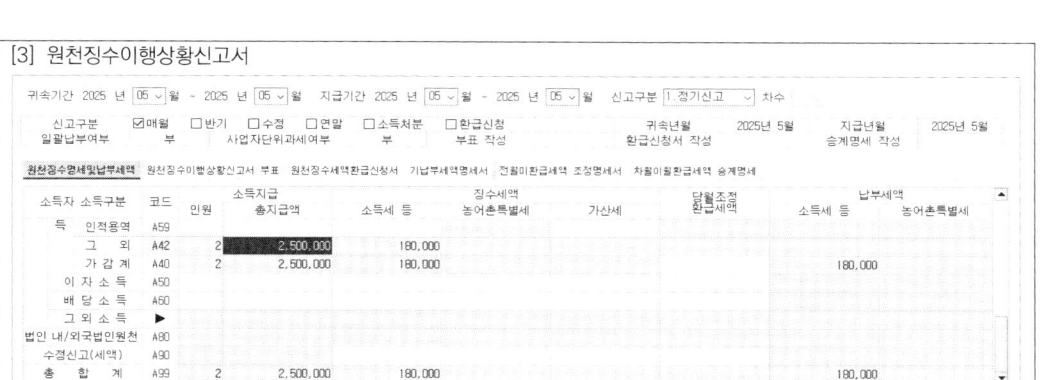

(2) 연말정산 추가자료 입력 : [사원등록]

[1] 부양가족등록 내역

연말관계	성명	내/외국인	주민(외국인)번호	나이	소득기준 초과여부	기본공제	세대주 구분	부녀자	한부모	경로우대	장애인	자녀	출산입양	결혼세액
0	고민수	내	1 971021-1287444	28		본인	세대주							
1	고양철	내	1 631012-1649891	62		부								
1	김순자	내	1 540115-2675852	61		60세이상								
6	고민율	내	1 940105-1769192	31		장애인					1			
			합 계 [명]			3					1			

[2] 종전근무지 등록

	구분	합계	주(현)	납세조합	종(전) [1/2]
소 득 명 세	9.근무처명		(주)한국전자	부	(주)진양물산
	9-1.종교관련 종사자		부		부
	10.사업자등록번호		105-81-23608	----------	150-87-00121
	11.근무기간		2025-10-01 ~ 2025-12-31	---------- ~ ----------	2025-01-01 ~ 2025-09-31
	12.감면기간		---------- ~ ----------	---------- ~ ----------	---------- ~ ----------
	13-1.급여(급여자료입력)	44,180,000	9,180,000		35,000,000
	13-2.비과세한도 초과액				
	13-3.과세대상추가(인정상여추가)				
	14.상여				
	15.인정상여				
	15-1.주식매수선택권 행사이익				
	15-2.우리사주조합 인출금				
	15-3.임원퇴직소득금액한도초과액				
	15-4.직무발명보상금				
	16.계	44,180,000	9,180,000		35,000,000

	구분	합계	주(현)	납세조합	종(전) [1/2]
	19.전공의수련보조수당	Y22			
	20.비과세소득 계				
	20-1.감면소득 계				
공제보험료	직장 건강보험료(직장)(33)	1,605,431	325,431		1,280,000
	장기요양보험료(33)	297,670	41,670		256,000
	고용보험료(33)	432,620	82,620		350,000
	국민연금보험료(31)	1,913,100	413,100		1,500,000
세액명세	기납부세액 소득세	538,440	238,440		300,000
	지방소득세	53,820	23,820		30,000
	농어촌특별세				
	납부특례세액 소득세				
	지방소득세				
	농어촌특별세				

(1) 보험료공제

· 고민수(본인)

자료구분	국세청간소화	급여/기타	정산	공제대상금액
국민연금_직장		1,913,100		1,913,100
국민연금_지역				
합계		1,913,100		1,913,100
건강보험료-보수월액		1,605,431		1,605,431
장기요양보험료-보수월액		297,670		297,670
건강보험료-소득월액(납부)				
기요양보험료-소득월액(납부)				
합계		1,903,101		1,903,101
고용보험료		432,620		432,620
보장성보험-일반	500,000			500,000
보장성보험-장애인	100,000			100,000
합계	600,000			600,000

· 고민율(형제)

자료구분	국세청간소화	급여/기타	정산	공제대상금액
국민연금_직장				
국민연금_지역				
합계				
건강보험료-보수월액				
장기요양보험료-보수월액				
건강보험료-소득월액(납부)				
기요양보험료-소득월액(납부)				
합계				
고용보험료				
보장성보험-일반				
보장성보험-장애인	700,000			700,000
합계	700,000			700,000

(2) 교육비공제

· 고민수(본인) : 본인의 직업능력개발훈련 수강료 중 근로자 수강지원금은 차감하고 입력한다.

| 자료구분 | 보험료 | | | | 의료비 | | | | | 교육비 | |
	건강	고용	일반보장성	장애인전용	일반	실손	선천성이상아	난임	65세,장애인	일반	장애인특수
국세청			600,000							1,000,000	
기타	1,903,101	432,620									4.본인

· 고민률(형제) : 장애인 특수교육비는 교육비 전액공제 대상임.

| 자료구분 | 보험료 | | | | 의료비 | | | | | 교육비 | |
	건강	고용	일반보장성	장애인전용	일반	실손	선천성이상아	난임	65세,장애인	일반	장애인특수
국세청				700,000							1,000,000
기타											

· 김순자(모친) : 부모님의 교육비는 공제대상이 아님에 유의한다.

(3) 의료비 세액공제

| 소득명세 | 부양가족 | 신용카드 등 | **의료비** | 기부금 | 연금저축 등 I | 연금저축 등 II | 월세액 | 출산지원금 | 연말정산입력 |

2025년 의료비 지급명세서

| | 의료비 공제대상자 | | | | 지급처 | | | 지급명세 | | | | | 14.산후조리원 |
	성명	내/외	5.주민등록번호	6.본인등해당여부	9.증빙코드	8.상호	7.사업자등록번호	10.건수	11.금액	11-1.실손보험수령액	12.미숙아선천성이상아	13.난임여부	
☐	고민수	내	971021-1287444	1	0				3,000,000		X	X	X
☐													
☐													
	합계								3,000,000				

일반의료비 (본인)	3,000,000	6세이하,65세이상인 건강보험산정특례자 장애인		일반의료비 (그 외)		난임시술비	
						미숙아·선천성이상아	

※ 간병비용은 의료비세액공제 대상 의료비에 해당하지 않는다.

(4) [연금저축 등 I] 퇴직연금

| 소득명세 | 부양가족 | 신용카드 등 | 의료비 | 기부금 | **연금저축 등 I** | 연금저축 등 II | 월세액 | 출산지원금 | 연말정산입력 |

1 연금계좌 세액공제 - 퇴직연금계좌(연말정산입력 탭의 58.과학기술인공제, 59.근로자퇴직연금)   크게보기

퇴직연금 구분	코드	금융회사 등	계좌번호(증권번호)	납입금액	공제대상금액	세액공제금액
1.퇴직연금	308	(주)신한은행	110121050	1,000,000	1,000,000	150,000

| 퇴직연금 | | | | 1,000,000 | 1,000,000 | 150,000 |
| 과학기술인공제회 | | | | | | |

(5) [연금저축 등 I] 주택청약저축

4 주택마련저축 공제(연말정산탭의 39.주택마련저축소득공제)   크게보기

저축구분	코드	금융회사 등	계좌번호(증권번호)	납입금액	소득공제금액
1.청약저축	306	(주)국민은행	1024521421	2,400,000	960,000

청약저축				2,400,000	960,000
주택청약종합저축					
근로자주택마련저축					

Chapter 5 최신 기출문제 해답

(6) [월세액]

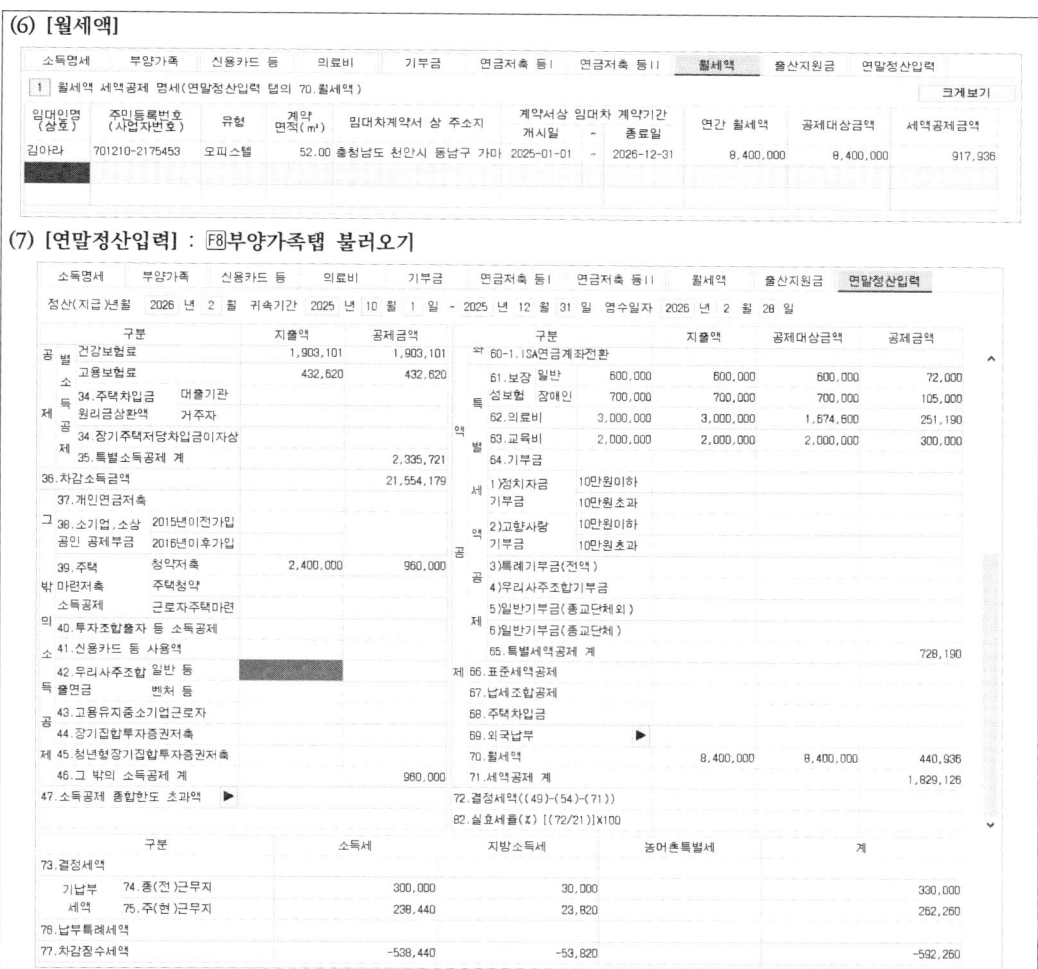

(7) [연말정산입력] : F8 부양가족탭 불러오기

문제 5 법인세 신고

(1) [소득금액조정합계표 및 명세서]

조정과목	금 액	세무조정	소득처분
기업업무추진비 개인사용분	5,000,000원	손금불산입	상여
기업업무추진비 한도초과액	10,000,000원	손금불산입	기타사외유출
법인세비용	20,000,000원	손금불산입	기타사외유출
감가상각비손금추인액(기계)	1,000,000	손금산입	유보감소

877

PART 2 실 무 편

(2) [기부금 세무조정명세서]

(1) [기부금 명세서 및 소득금액 확정]

구분					기부처			
1.유형	2.코드	3.과목	4.월일	5.적요	6.법인명등	7.사업자(주민)번호등	8.금액	비고
「4조제2항제1호에	10	기부금	3	2 사립대학교 장학금			100,000,000	
「4조제2항제1호에	10	기부금	8	19 국방부 헌금			20,000,000	
「4조제3항제1호에	40	기부금	12	24 종교단체 기부금			15,000,000	

9. 소계
 가. 「법인세법」 제24조제2항제1호에 따른 특례기부금   코드 10   120,000,000
 나. 「법인세법」 제24조제3항제1호에 따른 일반기부금   코드 40   15,000,000
 다. 「조세특례제한법」 제88조의4제13항의 우리사주조합 기부금   코드 42
 라. 그 밖의 기부금   코드 50
 계   135,000,000

2.소득금액확정
1.결산서상 당기순이익 100,000,000 2.익금산입 120,000,000 3.손금산입 110,000,000 4.기부금합계 135,000,000 5.소득금액계(1+2-3+4) 245,000,000

(2) [기부금 조정명세서]

1. 1. 「법인세법」 제24조제2항제1호에 따른 특례기부금 손금산입액 한도액 계산
1.소득금액 계 245,000,000   5.이월잔액 중 손금산입액 MIN[4,23]
2.법인세법 제13조제1항제1호에 따른 이월 결손금 합계액(기준소득금액의 80% 한도) 15,000,000   6.해당연도지출액 손금산입액 MIN[(④-⑤)>0, ③] 115,000,000
3.「법인세법」 제24조제2항제1호에 따른 특례기부금 해당 금액 120,000,000   7.한도초과액 [(3-6)>0] 5,000,000
4.한도액 {[(1-2)>0]X50%} 115,000,000   8.소득금액 차감잔액 [(①-②-③-⑥)>0] 115,000,000

2. 2. 「조세특례제한법」 제88조의4에 따라 우리사주조합에 지출하는 기부금 손금산입액 한도액 계산
9.「조세특례제한법」 제88조의4제13항에 따른 우리사주조합 기부금 해당 금액   11. 손금산입액 MIN(9, 10)
10. 한도액 (8×30%)   12. 한도초과액 [(9-10)>0]

3. 3. 「법인세법」 제24조제3항제1호에 따른 일반기부금 손금산입 한도액 계산
13.「법인세법」 제24조제3항제1호에 따른 일반기부금 해당금액 15,000,000   16. 해당연도지출액 손금산입액 MIN[(14-15)>0, 13] 11,500,000
14. 한도액 ((8-11)×10%, 20%) 11,500,000   17. 한도초과액 [(13-16)>0] 3,500,000
15. 이월잔액 중 손금산입액 MIN(14, 23)

4. 4.기부금 한도초과액 총액
18. 기부금 합계액 (3+9+13) 135,000,000   19. 손금산입 합계 (6+11+16) 126,500,000   20. 한도초과액 합계 (18-19)=(7+12+17) 8,500,000

5. 5.기부금 이월액 명세
사업연도	기부금 종류	21.한도초과 손금불산입액	22.기공제액	23.공제가능 잔액(21-22)	24.해당연도 손금추인액	25.차기이월액 (23-24)
합계	「법인세법」 제24조제2항제1호에 따른 특례기부금					
	「법인세법」 제24조제3항제1호에 따른 일반기부금					

(3) [업무용승용차 관련비용명세서]

(1) [업무용승용차의 등록]

코드	차량번호	차종	사용
0101	382수3838	아폴로	사용

차량 상세 등록 내용
1. 고정자산계정과목   0208 차량운반구
2. 고정자산코드/명
3. 취득일자   2025-03-10
4. 경비구분   6.800번대/판관비
5. 사용자 부서
6. 사용자 직책   대표이사
7. 사용자 성명
8. 임차여부   자가
9. 임차기간   ____-__-__ ~ ____-__-__
10. 보험가입여부   가입
11. 보험기간   2025-04-10 ~ 2026-04-10
12. 운행기록부사용여부   여   전기이월누적거리   km
13. 전용번호판 부착여부   부(대상아님)
14. 출퇴근사용여부   여   출퇴근거리   km

878 도서출판 다음 www.daumbook.net

Chapter 5 최신 기출문제 해답

(1) [업무용승용차의 등록]

(2) [업무용승용차 관련비용 명세서]

조정과목	금 액	세무조정	소득처분
승용차처분손실 한도초과액(8325)	2,000,000원	손금불산입	기타사외유출
감가상각비부인액(3838)	4,583,333원	손금불산입	유보발생

또는

조정과목	금 액	세무조정	소득처분
감가상각비부인액(3838)	3,409,091원	손금불산입	기타사외유출
업무전용자동차보험 미가입분	1,748,316원	손금불산입	상여

PART 2 실무편

(4) [가지급금등의 인정이자 조정명세서]

(1) 가지급금. 가수금 입력 탭

(2) 차입금 입력 탭

(3) 가중평균차입이자율 탭

(4) 가지급금인정이자조정 탭

조정과목	금 액	세무조정	소득처분
가지급금인정이자(대표이사)	1,640,000원	익금산입	상여

(5) [퇴직연금부담금조정명세서]

조정과목	금 액	세무조정	소득처분
퇴직연금손금불산입	40,000,000원	손금불산입	유보감소
퇴직연금손금산입	20,000,000원	손금산입	유보발생

Chapter 5 최신 기출문제 해답

2023년 8월 5일 시행
제109회 전산세무회계자격시험 — 전산세무1급 A형

■ 이론 시험

1	2	3	4	5	6	7	8	9	10	11	12	13	14	15
③	②	④	②	③	④	①	①	①	④	③	④	①	②	②

번호	답안해설
1	· 유형자산을 사용·가동하기 위해 필요한 장소와 상태에 이르기까지 직접 관련된 원가는 취득원가에 포함하지만, 구입 후 개설하는데 소요되는 원가 등은 비용으로 인식되어야 한다.
2	· 지분상품을 발행하거나 취득하는 과정에서 등록비 및 기타 규제 관련 수수료, 법률 및 회계자문 수수료, 주권인쇄비 및 인지세와 같은 여러 가지 비용이 발생한다. 이러한 자본거래비용 중 해당 자본거래가 없었다면 회피가능하면서 자본거래에 직접 관련되어 발생한 추가비용은 주식발행초과금에서 차감하거나 주식할인발행차금에 가산한다.
3	· 사채의 조기 상환 시 현금상환액보다 장부금액이 큰 경우 사채상환이익(영업외수익)으로 처리한다.
4	· 22,800,000원 = 창고 보관 기말재고 20,000,000원 + 미착매입재고 4,000,000원 + 미판매 적송품 3,000,000원 × 60% + 구매의사 미표시 시용매출상품 2,000,000원 - 미판매 수탁상품 5,000,000원
5	· 회계정책의 변경에 따른 누적효과를 합리적으로 결정하기 어려우면 전진법으로 적용한다.
6	· 작업폐물에 대한 설명이다.
7	· 표준원가계산은 변동원가계산제도와 종합원가계산제도 뿐만 아니라 전부원가계산제도에서도 적용할 수 있다.
8	· 기초재공품보다 기말재공품이 더 크면 당기총제조원가는 당기제품제조원가보다 크다. 제품재고 여부로는 알 수 없다.
9	· 1,000,000원 = 당기제품제조원가 11,000,000원 + 기말재공품 2,000,000원 - 당기총제조원가 12,000,000원 · 매출원가 : 20,000,000원 × (1 - 40%) = 12,000,000원 · 당기제품제조원가 : 매출원가 12,000,000원 + 기말제품 3,000,000원 - 기초제품 4,000,000원 = 11,000,000원 · 당기총제조원가 : 직접재료원가 5,000,000원 + 직접노무원가 4,500,000원 + 제조간접원가 2,500,000원 = 12,000,000원
10	① 개별원가계산은 다품종소량생산에 적합한 원가계산이다. ② 개별원가계산은 상대적으로 계산이 복잡하나, 정확성이 높다. ③ 개별원가계산은 건설업, 조선업, 고객의 주문에 따라 제품을 생산하는 업종에 적합하다.
11	· 부당행위계산 부인은 특수관계인과의 거래에서만 적용된다.
12	· 법인의 이자수익의 경우 원천징수가 되지 않는 이자는 기간경과분을 미수이자로 계상한 경우 인정하나 원천징수가 되는 이자를 미수이자로 계상한 경우 인정하지 않는다.
13	· 6,000만원 이상인 경우에 과세한다.
14	· 연예인이 사업활동과 관련하여 받는 전속계약금은 사업소득금액으로 계약기간이 1년을 초과하는 일신전속계약에 대한 대가를 일시에 받는 경우에는 계약기간에 따라 해당 대가를 균등하게 안분한 금액을 각 과세기간 종료일에 수입한 것으로 하며, 월수의 계산은 해당 계약기간의 개시일이 속하는 날이 1개월 미만인 경우에는 1개월로 하고, 해당 계약기간의 종료일이 속하는 달이 1개월 미만인 경우에는 이를 산입하지 아니한다.
15	· 당초 공급한 재화가 환입된 경우에는 재화가 환입된 날을 작성일로 적고 비고란에 처음 세금계산서 작성일을 덧붙여 적은 후 붉은색 글씨로 쓰거나 음의 표시를 하여 발급한다.

PART 2 실무편

실무 시험

문제 1 일반전표의 입력

(1) 02월 01일

차변	(거래처)	금액	대변	(거래처)	금액
보 통 예 금		52,000,000원	자 본 금 주 식 발 행 초 과 금 현 금		50,000,000원 1,400,000원 600,000원

(2) 06월 30일

차변	(거래처)	금액	대변	(거래처)	금액
보 통 예 금 외 환 차 손		25,800,000원 1,800,000원	외 상 매 출 금	미국 ABC	27,600,000원

(3) 10월 18일

거래유형	공급가액	부가가치세	공급처명	전자	분개
55.수입	30,000,000원	3,000,000원	부산세관	1.여	현금 또는 혼합
영세율 구분			불공제사유		

차변	(거래처)	금액	대변	(거래처)	금액
부 가 세 대 급 금		3,000,000원	현 금		3,000,000원

(4) 11월 10일

거래유형	공급가액	부가가치세	공급처명	전자	분개
11.과세	80,000,000원	8,000,000원	㈜순양백화점	1.여	혼합
영세율 구분			불공제사유		

차변	(거래처)	금액	대변	(거래처)	금액
선 수 금 받 을 어 음		8,000,000원 80,000,000원	부 가 세 예 수 금 제 품 매 출		8,000,000원 80,000,000원

문제 2 부가가치세 신고 및 부속서류의 작성

(1) [부가가치세 신고서 작성]

1. 매입매출전표입력

(1) 01월 30일 : Shift F5 예정 누락분 → 확정신고 개시년월 : 2025년 4월 > [확인(Tab)]

거래유형	공급가액	부가가치세	공급처명	전자	분개
57.카과	700,000원	70,000원	㈜우람전자		없음
신용카드사	삼전카드		불공제사유		

(2) 02월 25일 : Shift F5 예정 누락분 → 확정신고 개시년월 : 2025년 4월 > [확인(Tab)]

거래유형	공급가액	부가가치세	공급처명	전자	분개
17.카과	12,000,000원	1,200,000원	아람물산	-	없음
신용카드사	삼성카드		불공제사유		

Chapter 5 최신 기출문제 해답

- 과소신고가산세 : 1,130,000원 × 10% × (1 − 75%) = 28,250원
- 납부지연가산세 : 1,130,000원 × 0.022% × 91일 = 22,622원
- 12.매입(예정신고누락분) : 일반매입 또는 고정매입

(2) [신용카드매출전표 발행금액집계표]

(3) [공제받지 못할 매입세액명세서]

① 공제받지 못할 매입세액내역

매입세액 불공제 사유	매수	세금계산서 공급가액	매입세액
①필요적 기재사항 누락 등			
②사업과 직접 관련 없는 지출			
③개별소비세법 제1조제2항제3호에 따른 자동차 구입·유지			
④기업업무추진비 및 이와 유사한 비용 관련	1	1,000,000	100,000
⑤면세사업등 관련			
⑥토지의 자본적 지출 관련			
⑦사업자등록 전 매입세액			
⑧금·구리 스크랩 거래계좌 미사용 관련 매입세액			
합계	1	1,000,000	100,000

② 공통매입세액의 정산내역

산식	구분	(15)총공통 매입세액	(16)면세 사업확정 비율			(17)불공제매입 세액총액 ((15)*(16))	(18)기불공제 매입세액	(19)가산또는 공제되는매입 세액((17)-(18))
			총공급가액	면세공급가액	면세비율			
1.당해과세기간의 공급가액기준		3,200,000	850,000,000.00	340,000,000.00	40.000000	1,280,000		1,280,000
합계		3,200,000	850,000,000	340,000,000		1,280,000		1,280,000

가산또는공제되는매입세액 (1,280,000) = 총공통매입세액(3,200,000) * 면세비율(%)(40.000000) - 기불공제매입세액( )

문제 3 기말정리사항의 분개 및 자동결산

(1) 12월 31일

차변	(거래처)	금액	대변	(거래처)	금액
선 수 수 익		8,000,000원	임 대 료(영)		8,000,000원

· 12,000,000원 × 8/12 = 8,000,000원

(2) 12월 31일

차변	(거래처)	금액	대변	(거래처)	금액
단 기 매 매 증 권		800,000원	단기매매증권평가이익		800,000원

· 단기매매증권평가이익 : (21,000원 - 20,000원) × 800주 = 800,000원
· 단기매매증권 취득 시 발생한 취득수수료는 기간비용으로 처리한다.

(3) 12월 31일

차변	(거래처)	금액	대변	(거래처)	금액
법 인 세 등		16,500,000원	선 납 세 금		6,500,000원
			미 지 급 세 금		10,000,000원

[결산자료입력] > 9. 법인세등 > ·1) 선납세금 6,500,000원 입력 〉 F3전표추가
· 2). 추가계상액 10,000,000원

(4) 12월 31일

차변	(거래처)	금액	대변	(거래처)	금액
재 고 자 산 감 모 손 실		1,150,000원	제 품 (적8.타계정으로 대체)		1,150,000원

· (2,000원 - 1,950원) × 23,000원 = 1,150,000원 : 재고자산은 저가법으로 평가
[결산자료입력]>2. 매출원가>9)당기완성품제조원가>⑩기말 제품 재고액 44,850,000원 입력>F3전표추가

Chapter 5 최신 기출문제 해답

문제 4 원천징수 신고

(1) 연말정산 추가자료 입력 : [사원등록]

[1] 부양가족등록 내역

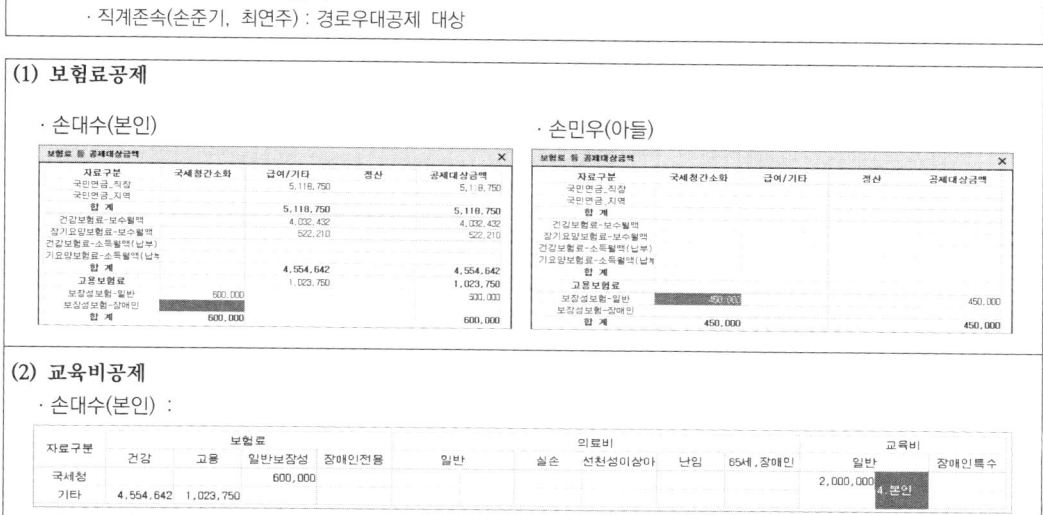

- 배우자(이시아) : 소득요건 미충족
- 딸(손아름) : 나이요건 미충족
- 직계존속(손준기, 최연주) : 경로우대공제 대상

(1) 보험료공제

- 손대수(본인)
- 손민우(아들)

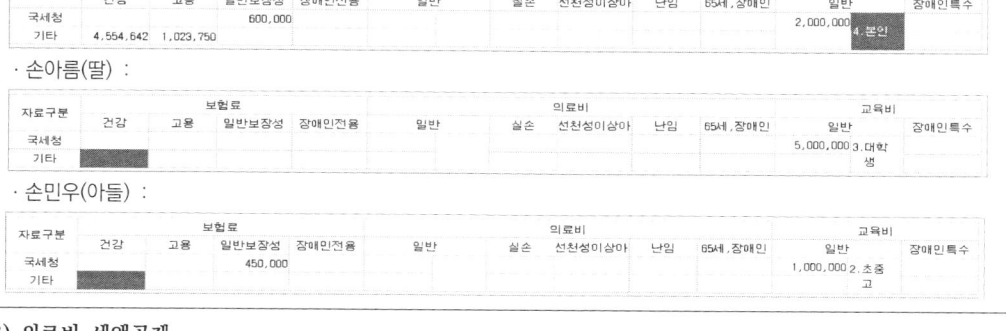

(2) 교육비공제

- 손대수(본인) :
- 손아름(딸) :
- 손민우(아들) :

(3) 의료비 세액공제

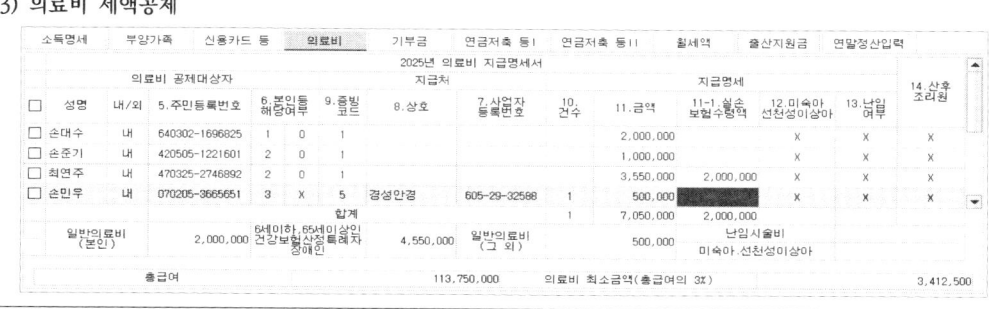

(4) [신용카드사용액공제]

소득명세 | 부양가족 | 신용카드 등 | 의료비 | 기부금 | 연금저축 등 I | 연금저축 등 II | 월세액 | 출산지원금 | 연말정산입력

성명 / 생년월일	자료구분	신용카드	직불,선불	현금영수증	도서등 신용	도서등 직불	도서등 현금	전통시장	대중교통	소비증가분 2024년	소비증가분 2025년
손대수	국세청	38,000,000		5,200,000							
1964-03-02	기타										
손준기	국세청										
1942-05-05	기타										
최면주	국세청										
1947-03-25	기타										
미시마	국세청										
1967-05-15	기타										
손아름	국세청		3,100,000								
2001-05-06	기타										
손민우	국세청		220,000						400,000		
2007-02-05	기타										
합계		38,000,000	3,320,000	5,200,000					400,000		

총급여	113,750,000	신용카드 등 최소금액(총급여의 25%)	28,437,500

(5) [연말정산입력] : F8부양가족탭 불러오기

편리한연말정산 엑셀 | 참고:특별소득(세액)공제 적용분

계속 | 중도 | 전체

사번	사원명	감	완
109	손대수	×	×

총급여액	113,750,000
비과세총액	
지급명세작성대상 비과세	
결정세액	10,492,660
기납부세액(현)	17,245,650
기납부세액(종전)	
납부세액	-6,752,990
연말(계속근무자)	1
중도(퇴사자)	

소득명세 | 부양가족 | 신용카드 등 | 의료비 | 기부금 | 연금저축 등 I | 연금저축 등 II | 월세액 | 출산지원금 | 연말정산입력

정산(지급)년월 2026 년 2 월 귀속기간 2025 년 1 월 1 일 - 2025 년 12 월 31 일 영수일자 2026 년 2 월 28 일

구분		지출액	공제금액
고용보험료		1,023,750	1,023,750
34.주택차입금 원리금상환액	대출기관		
	거주자		
34.장기주택저당차입금이자상			
35.특별소득공제 계			5,579,392
36.차감소득금액			80,027,858
37.개인연금저축			
38.소기업,소상공인 공제부금	2015년이전가입		
	2016년이후가입		
39.주택마련저축소득공제	청약저축		
	주택청약		
	근로자주택마련		
40.투자조합출자 등 소득공제			
41.신용카드 등 사용액		46,920,000	2,660,000
42.우리사주조합 출연금	일반 등		
	벤처 등		

구분			지출액	공제대상금액	공제금액
61.보장성보험	일반	1,050,000	1,050,000	1,000,000	120,000
	장애인				
62.의료비		7,050,000	7,050,000	1,637,500	245,625
63.교육비		8,000,000	8,000,000	8,000,000	1,200,000
64.기부금					
1)정치자금 기부금	10만원이하				
	10만원초과				
2)고향사랑 기부금	10만원이하				
	10만원초과				
3)특례기부금(전액)					
4)우리사주조합기부금					
5)일반기부금(종교단체외)					
6)일반기부금(종교단체)					
65.특별세액공제 계					1,565,625
66.표준세액공제					
67.납세조합공제					

구분		소득세	지방소득세	농어촌특별세	계
73.결정세액		10,492,660	1,049,266		11,541,926
기납부세액	74.종(전)근무지				
	75.주(현)근무지	17,245,650	1,724,530		18,970,180
76.납부특례세액					
77.차감징수세액		-6,752,990	-675,260		-7,428,250

Chapter 5 최신 기출문제 해답

(2) [원천징수 전자신고]

① 원천징수이행상황신고서의 마감

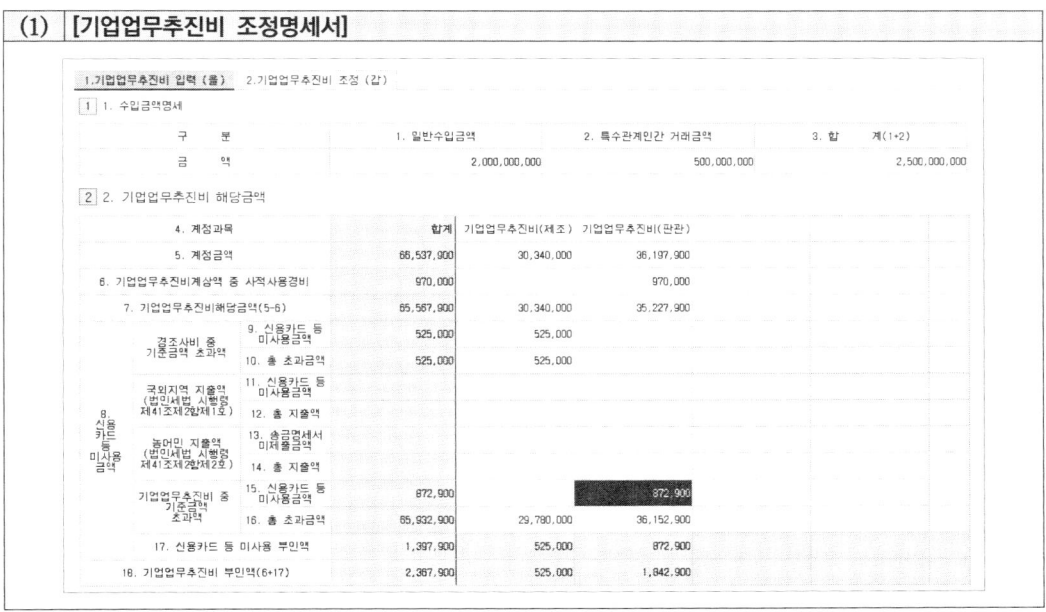

② 부가가치세 전자신고에 준함

문제 5 법인세 신고

(1) [기업업무추진비 조정명세서]

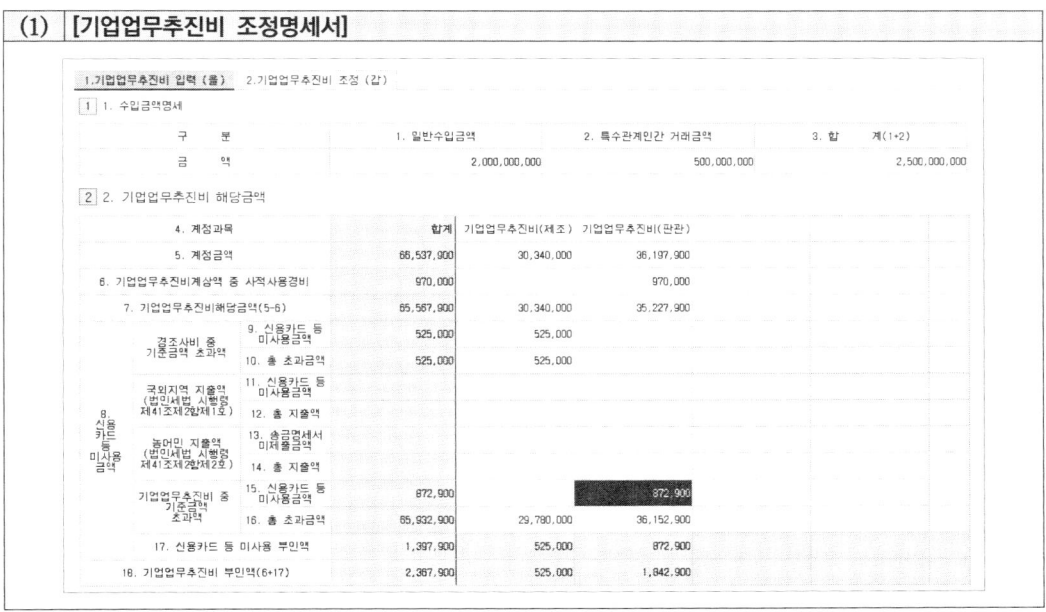

1.기업업무추진비 입력 (을)	2.기업업무추진비 조정 (갑)			
3 기업업무추진비 한도초과액 조정				
중소기업			□ 정부출자법인 □ 부동산임대업등(법.령제42조제2항)	
구분				금액
1. 기업업무추진비 해당 금액				65,567,900
2. 기준금액 초과 기업업무추진비 중 신용카드 등 미사용으로 인한 손금불산입액				1,397,900
3. 차감 기업업무추진비 해당금액(1-2)				64,170,000
일반 기업업무추진비 한도	4. 12,000,000 (중소기업 36,000,000) X 월수(12) / 12			36,000,000
	총수입금액 기준	100억원 이하의 금액 X 30/10,000		7,500,000
		100억원 초과 500억원 미만의 금액 X 20/10,000		
		500억원 초과 금액 X 3/10,000		
		5. 소계		7,500,000
	일반수입금액 기준	100억원 이하의 금액 X 30/10,000		6,000,000
		100억원 초과 500억원 미만의 금액 X 20/10,000		
		500억원 초과 금액 X 3/10,000		
		6. 소계		6,000,000
	7. 수입금액기준	(5-6) X 10/100		150,000
	8. 일반기업업무추진비 한도액 (4+6+7)			42,150,000
문화기업업무추진비 한도(「조특법」 제136조제3항)	9. 문화기업업무추진비 지출액			5,000,000
	10. 문화기업업무추진비 한도액(9와 (8 X 20/100) 중 작은 금액)			5,000,000
전통시장기업업무추진비 한도(「조특법」 제136조제6항)	11. 전통시장기업업무추진비 지출액			
	12. 전통시장기업업무추진비 한도액(11과 (8 X 10/100) 중 작은 금액)			
13. 기업업무추진비 한도액 합계(8+10+12)				47,150,000
14. 한도초과액(3-13)				17,020,000
15. 손금산입한도 내 기업업무추진비 지출액(3과 13중 작은 금액)				47,150,000

조정과목	금 액	세무조정	소득처분
기업업무추진비 개인사용액	970,000원	손금불산입	상여
신용카드미사용 기업업무추진비	1,397,900원	손금불산입	기타사외유출
기업업무추진비 한도초과액	17,020,000원	손금불산입	기타사외유출

(2) [세금과공과금 조정명세서]

□	코드	계정과목	월	일	거래내용	코드	지급처	금 액	손금불산입표시
□	0817	세금과공과금	1	28	화물트럭 자동차세			460,000	
□	0817	세금과공과금	2	26	사업소분 주민세			800,000	
□	0817	세금과공과금	3	15	토지에 대한 개발부담금			2,100,000	손금불산입
□	0817	세금과공과금	4	30	법인세분지방소득세 및 농어촌특별세			4,200,000	손금불산입
□	0817	세금과공과금	7	20	폐수초과배출부담금			3,700,000	손금불산입
□	0817	세금과공과금	8	20	대표이사 소유 비상장주식매각 증권거래세			1,600,000	손금불산입
□	0817	세금과공과금	8	27	주차위반 과태료(업무 관련 발생분)			220,000	손금불산입
□	0817	세금과공과금	9	30	산재보험 연체료			480,000	
□	0817	세금과공과금	10	10	지급명세서미제출가산세			1,000,000	손금불산입
□	0817	세금과공과금	12	15	환경개선부담금			440,000	
					손 금 불 산 입 계			12,820,000	
					합 계			15,000,000	

조정과목	금 액	세무조정	소득처분
개발부담금	2,100,000원	손금불산입	유보발생
법인세분 농어촌특별세	4,200,000원	손금불산입	기타사외유출
폐수배출부담금	3,700,000원	손금불산입	기타사외유출
대표이사 증권거래세	1,600,000원	손금불산입	상여
주차위반 과태료	220,000원	손금불산입	기타사외유출
지급명세서 미제출가산세	1,000,000원	손금불산입	기타사외유출

Chapter 5 최신 기출문제 해답

(3) [대손금 및 대손충당금조정명세서]

조정과목	금액	세무조정	소득처분
대손충당금과다환입	10,000,000원	손금산입	유보감소
대손금부인액	3,000,000원	손금불산입	유보발생
대손충당금 한도초과액	39,966,000원	손금불산입	유보발생

(4) [자본금과 적립금조정명세서 및 법인세과세표준 및 세액조정명세서]

① 이월결손금 계산서

② 법인세과세표준 및 세액조정명세서

889

PART 2 실 무 편

(5) [가산세액 조정계산서]

구분		계산기준	기준금액	가산세율	코드	가산세액
지급	지출증명서류	미(허위)수취금액	9,200,000	2/100	8	184,000
	미(누락)제출	미(누락)제출금액		10/1,000	9	
	불분명	불분명금액		1/100	10	
	상증법 82조 1 6	미(누락)제출금액		2/1,000	51	
		불분명금액		2/1,000	52	
	상증법 82조 3 4	미(누락)제출금액		2/10,000	67	
		불분명금액		2/10,000	68	
명세서	법인세법 제75의7①(일용근로)	미제출금액		25/10,000	96	
		불분명등		25/10,000	97	
	법인세법 제75의7①(간이지급명세서)	미제출금액	30,000,000	12.5/10,000	102	37,500
		불분명등		25/10,000	103	
	소 계				11	37,500
주식등변동	미제출	액면(출자)금액		10/1,000	12	
	누락제출	액면(출자)금액		10/1,000	13	
상황명세서	불분명	액면(출자)금액		1/100	14	
	소 계				15	

① 지출증명서류 미수취 가산세 : 지출 건당 3만원 초과분×2%
= (4,400,000원 + 4,800,000원)×2% = 184,000원
- 건당 3만원 초과분은 법인세법에서 요구하는 세금계산서 등의 적격증빙을 갖추어야 하지만 그러하지 아니한 경우에는 지출증명서류 미수취 가산세 적용대상이다.
- 건당 3만원 이하인 복리후생비는 가산세 대상이 아니다.
- 임대인이 간이과세자인 경우라면 간이과세자로부터 부동산임대용역을 공급받는 경우에 해당되어 경비 등 송금명세서 특례가 인정되나, 임대인이 일반과세자인 경우 지출증명서류 미수취 가산세를 적용한다.

② 지급명세서제출 불성실 가산세 : 30,000,000원×0.125% = 37,500원
- 일용직 근로소득에 대한 지급명세서 제출 불성실 가산세 : 0.25%
(제출기한 경과 후 1개월 이내 제출 시 0.125%)

2023년 10월 8일 시행 제110회 전산세무회계자격시험 전산세무1급 A형

이론 시험

1	2	3	4	5	6	7	8	9	10	11	12	13	14	15
①	③	④	②	④	①	②	③	④	②	③	④	③	①	②

번호	답안해설
1	· [일반기업회계기준 문단 2.6] 재무제표의 작성과 표시에 대한 책임은 경영진에게 있다.
2	· [일반기업회계기준 문단 11.32] 무형자산의 합리적인 상각방법을 정할 수 없다면 정액법을 사용한다.
3	① [일반기업회계기준 문단 21.11] 확정급여형 퇴직연금제도에서 운용되는 자산은 기업이 직접 보유하고 있는 것으로 보아 회계처리한다. ② 확정급여형 퇴직연금제도는 퇴직연금 납입 외 운용수익이 발생하거나 종업원 퇴직 시에는 다음과 같은 회계처리가 필요하다. 　· 운용수익 발생 시 :　(퇴직연금운용자산　　(퇴직연금운용수익 　· 퇴사 시 :　　　　　(퇴직급여충당부채　　(퇴직연금운용자산 ③ [일반기업회계기준 문단 21.6] 확정기여형 퇴직연금제도에서는 퇴직연금운용자산, 퇴직급여충당부채 및 퇴직연금미지급금은 인식하지 아니한다. ④ [일반기업회계기준 문단 21.7(1)] 확정기여형 퇴직연금에 납부해야 할 기여금은 이미 납부한 기여금을 차감한 후 부채(미지급비용)로 인식한다.
4	· 유효이자율이 표시이자율보다 높으므로 할인발행에 해당한다. 사채 할인발행의 경우 장부가액은 매년 증가하고, 상각액과 이자비용은 매년 증가한다.
5	· 감자차손, 자기주식처분손실, 자기주식, 주식할인발행차금은 자본조정에 해당한다. · 자본잉여금 : 감자차익 · 이익잉여금 : 미처리결손금 · 기타포괄손익누계액 : 매도가능증권평가손실, 해외사업환산이익
6	· 변동원가에 대한 그래프로 변동원가는 조업도의 증감에 따라 원가 총액은 증감하나 단위당 원가는 조업도의 변동과 관계없이 일정하다.
7	· 550,000원 = 당기총제조원가 1,750,000원 - 가공원가 1,200,000원 · 매출원가 : 매출액 2,000,000원 × 매출총이익률 80% = 1,600,000원 ※ 기초 및 기말제품이 없으므로 당기제품제조원가와 매출원가는 동일하다. · 당기총제조원가 : 매출원가 1,600,000원 + 기말재공품 250,000원 - 기초재공품 100,000원 = 1,750,000원
8	· 매몰원가는 과거에 발생한 원가로써 현재의 의사결정에 영향을 미치지 못하는 원가를 말하며, 기회원가는 하나의 대안을 선택할 때 선택되지 못한 대안 중 순현금유입액이 가장 큰 것을 말한다. 따라서 매몰원가는 과거의 기계장치 취득가액 25,000,000원이며, 기회원가는 "소프트웨어만 변경"의 순현금유입액 10,000,000원이다.
9	· 표준원가계산은 표준원가를 기초로 한 예산과 실제원가를 기초로 한 실제 성과와의 차이를 분석하여 성과평가에 이용할 수 있다.
10	· 600,000원 = 기초제품재고 400,000원 + 당기제품제조원가 2,000,000원 - 매출원가 1,800,000원 · 당기제품제조원가 : 당기총제조원가 1,500,000원 + 재공품 감소액 500,000원 = 2,000,000원
11	· 자가공급에 해당하며 재화의 간주공급으로 보아 과세 대상에 속한다.
12	· 사실상 귀속 되는 자에게 부가가치세법을 적용한다.
13	· 부가가치세법 제45조 제1항 후단, 사업자가 대손되어 회수할 수 없는 금액(대손금액)의 전부 또는 일부를 회수한 경우에는 회수한 대손금액에 관련된 대손세액을 회수한 날이 속하는 과세기간의 매출세액에 더한다.
14	· 소득세법 제12조 제3호 머목, 근로자 또는 그 배우자의 출산이나 6세 이하 자녀의 보육과 관련하여 사용자로부터 받는 급여로서 월 10만원 이내의 금액은 비과세한다.
15	· 법인세법 제27조의2 제1항, 업무용승용차에 대한 감가상각비는 각 사업연도의 소득금액을 계산할 때 정액법을 상각방법으로 하고 내용연수를 5년으로 하여 계산한 금액을 감가상각비로 하여 손금에 산입해야 한다.

PART 2 실 무 편

실무 시험

문제 1 일반전표의 입력

(1) 03월 10일

차변	(거래처)	금액	대변	(거래처)	금액
이월이익잉여금		52,000,000원	미지급배당금		20,000,000원
			미교부주식배당금		30,000,000원
			이익준비금		2,000,000원

(2) 07월 05일

거래유형	공급가액	부가가치세	공급처명	전자	분개
54.불공	1,200,000원	120,000원	신화캐피탈	1.여	혼합
영세율 구분			불공제사유	3.비영업용 소형승용차 구입 및 유지	

차변	(거래처)	금액	대변	(거래처)	금액
임차료(판)		1,320,000원	미지급비용		1,320,000원

(3) 08월 13일

차변	(거래처)	금액	대변	(거래처)	금액
외상매입금	미국 PAC사	12,000,000원	보통예금		11,000,000원
			외환차익		1,000,000원

(4) 09월 03일

거래유형	공급가액	부가가치세	공급처명	전자	분개
22.현과	1,500,000원	150,000원	자진발급	-	현금 또는 혼합
영세율 구분			불공제사유		

차변	(거래처)	금액	대변	(거래처)	금액
현금		1,650,000원	부가세예수금		150,000원
			제품매출		1,500,000원

문제 2 부가가치세 신고 및 부속서류의 작성

(1) [부동산 임대공급가액 명세서]

① 커피숍

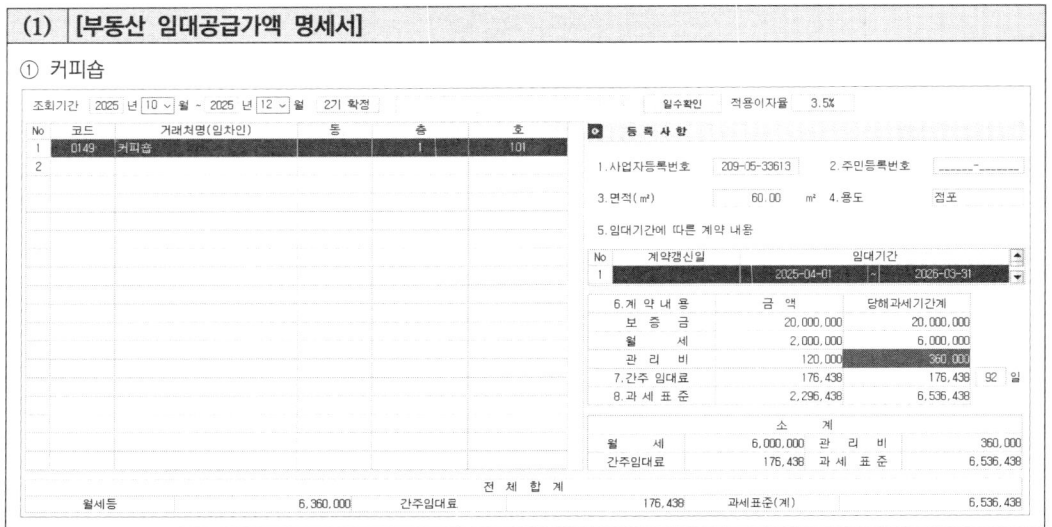

Chapter 5 최신 기출문제 해답

② 편의점

No	코드	거래처명(임차인)	동	층	호
1	0149	커피숍		1	101
2	0150	편의점		1	102
3					

조회기간 2025년 10월 ~ 2025년 12월 2기 확정
입주확인 적용이자율 3.5%

등록사항
1. 사업자등록번호: 109-07-89510 2. 주민등록번호: ___-_____
3. 면적(㎡): 60.00 ㎡ 4. 용도: 점포
5. 임대기간에 따른 계약 내용

No	계약갱신일	임대기간
1		2024-11-01 ~ 2025-12-31

6. 계약내용	금액	당해과세기간계
보증금	30,000,000	30,000,000
월세	1,800,000	5,400,000
관리비	150,000	450,000
7. 간주임대료	264,657	264,657 92일
8. 과세표준	2,214,657	6,114,657

소 계
월세 5,400,000 관리비 450,000
간주임대료 264,657 과세표준 5,114,657

월세등 12,210,000 간주임대료 441,095 과세표준(계) 12,651,095

③ 사무실

No	코드	거래처명(임차인)	동	층	호
1	0149	커피숍		1	101
2	0150	편의점		1	102
3	0151	사무실		2	201
4					

조회기간 2025년 10월 ~ 2025년 12월 2기 확정
입주확인 적용이자율 3.5%

등록사항
1. 사업자등록번호: 204-23-22037 2. 주민등록번호: ___-_____
3. 면적(㎡): 120.00 ㎡ 4. 용도: 점포
5. 임대기간에 따른 계약 내용

No	계약갱신일	임대기간
1		2025-01-01 ~ 2026-12-31

6. 계약내용	금액	당해과세기간계
보증금	40,000,000	40,000,000
월세	3,500,000	10,500,000
관리비	230,000	690,000
7. 간주임대료	352,876	352,876 92일
8. 과세표준	4,082,876	11,542,876

소 계
월세 10,500,000 관리비 690,000
간주임대료 352,876 과세표준 11,542,876

월세등 23,400,000 간주임대료 793,971 과세표준(계) 24,193,971

(2) [공제받지 못할 매입세액명세서]

조회기간 2025년 01월 ~ 2025년 03월 구분 1기 예정

공제받지못할매입세액내역 / 공통매입세액안분계산내역 / 공통매입세액의정산내역 / 납부세액또는환급세액재계산

매입세액 불공제 사유	매수	세금계산서 공급가액	매입세액
①필요적 기재사항 누락 등			
②사업과 직접 관련 없는 지출	1	20,000,000	2,000,000
③개별소비세법 제1조제2항제3호에 따른 자동차 구입·유지			
④기업업무추진비 및 이와 유사한 비용 관련	1	3,000,000	300,000
⑤면세사업등 관련			
⑥토지의 자본적 지출 관련	1	5,000,000	500,000
⑦사업자등록 전 매입세액			
⑧금 구리 스크랩 거래계좌 미사용 관련 매입세액			
합계	3	28,000,000	2,800,000

· 신용카드매출전표 및 현금영수증을 수령한 매입세액은 공제받지못할매입세액명세서 기재 대상에 해당하지 않는다.
· 공급받는자의 상호는 세금계산서의 필요적 기재사항에 해당하지 않는다.

(3) [부가가치세 전자신고서 작성]

부가가치세 전자신고는 생략합니다.

PART 2 실무편

문제 3 기말정리사항의 분개 및 자동결산

(1) 12월 31일

차변	(거래처)	금액	대변	(거래처)	금액
이 자 비 용		1,650,000원	미지급비용		1,650,000원

· 30,000,000원 × 6% × 11/12 = 1,650,000원

(2) 12월 31일

차변	(거래처)	금액	대변	(거래처)	금액
매도가능증권(178)		5,000,000원	매도가능증권평가손실		5,000,000원

· 1,000주 × (20,000원 - 15,000원) = 5,000,000원

(3) 12월 31일

차변	(거래처)	금액	대변	(거래처)	금액
감 가 상 각 비 (판)		2,625,000원	건물감가상각누계액		2,625,000원

· 감가상각비 : (건물 신축가액 300,000,000원 + 취득세 15,000,000원) × $\frac{1}{20}$ × $\frac{2}{12}$ = 2,625,000원

· 토지는 감가상각 대상 자산이 아니며, 재산세는 당기 비용 처리한다.

(4) 12월 31일

차변	(거래처)	금액	대변	(거래처)	금액

[결산자료입력] > 기간 : 2025년 01월~2025년 12월
　　　　　　> 2. 매출원가 >　1) 원재료비 > ⑩ 기말 원재료 재고액 4,000,000원 입력
　　　　　　　　　　　　　　8) 당기 총제조비용 > ⑩ 기말 재공품 재고액 6,000,000원 입력
　　　　　　　　　　　　　　9) 당기완성품제조원가 > ⑩ 기말 제품 재고액 7,200,000원 입력
　　　　　　> F3 전표추가

· 기말 제품 재고액 : 창고 보관 재고액 5,200,000원 + 적송품 2,000,000원 = 7,200,000원

문제 4 원천징수 신고

(1) 연말정산 추가자료 입력 : [사원등록]

① 부양가족명세 탭

연말관계	성명	내/외국인	주민(외국인)번호	나이	소득기준초과여부	기본공제	세대주구분	부녀자	한부모	경로우대	장애인	자녀	출산입양	결혼세액
0	차정만	내	1 920520-1670561	33		본인	세대주							
1	차도진	내	1 601110-1698592	65		부								
1	엄혜선	내	1 640708-2226325	61		60세이상								
3	한정숙	내	1 941227-2748852	31		배우자								
4	차민지	내	1 220202-4242823	3		20세이하								
4	차민수	내	1 250303-3200391	0		20세이하							둘째	
		합　계 [명]				5								

· 부친은 소득금액이 기준금액을 초과하여 기본공제대상자에 해당하지 않는다.

Chapter 5 최신 기출문제 해답

② 소득명세 탭

구분	합계	주(현)	납세조합	종(전) [1/2]
9.근무처명		(주)엣지전자		(주)우림기획
9-1.종교관련 종사자		부		부
10.사업자등록번호		871-87-12345	---.--.-----	207-81-08903
11.근무기간		2025-04-01 ~ 2025-12-31	----.--.--- ~ ----.--.---	2025-01-01 ~ 2025-03-31
12.감면기간		----.--.--- ~ ----.--.---	----.--.--- ~ ----.--.---	----.--.--- ~ ----.--.---
13-1.급여(급여자료입력)	69,800,000	61,400,000		8,400,000
13-2.비과세한도 초과액				
13-3.과세대상추가(인정상여추가)				
14.상여				
15.인정상여				
15-1.주식매수선택권행사이익				
15-2.우리사주조합 인출금				
15-3.임원퇴직소득금액한도초과액				
15-4.직무발명보상금				
16.계	69,800,000	61,400,000		8,400,000

공제보험료명세					
직장	건강보험료(직장)(33)	2,275,323	2,176,623		98,700
	장기요양보험료(33)	283,450	279,430		4,020
	고용보험료(33)	564,840	552,540		12,300
	국민연금보험료(31)	2,928,000	2,763,000		165,000
공적연금	공무원 연금(32)				
	군인연금(32)				
	사립학교교직원연금(32)				
보험료	별정우체국연금(32)				
세액명세	기납부세액 소득세	7,754,230	7,626,130		128,100
	지방소득세	775,360	762,550		12,810
	농어촌특별세				
	납부특례세액 소득세				
	지방소득세				
	농어촌특별세				

③ 보험료공제

· 엄혜선(모친)

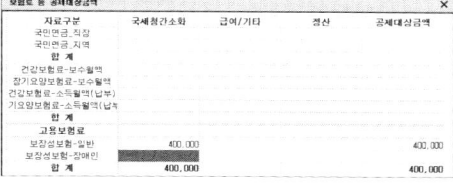

부친은 기본공제 대상자가 아니므로 보험료 공제대상이 아니다.

④ 교육비공제

· 차정만(본인):

자료구분	보험료				의료비					교육비	
	건강	고용	일반보장성	장애인전용	일반	실손	선천성이상아	난임	65세,장애인	일반	장애인특수
국세청										3,000,000	
기타	2,558,773	564,840								4.본인	

· 차민지(딸):

자료구분	보험료				의료비					교육비	
	건강	고용	일반보장성	장애인전용	일반	실손	선천성이상아	난임	65세,장애인	일반	장애인특수
국세청										800,000	
기타										1.취학전	

근로자 본인의 교육비는 전액 공제되며 장학금은 제외한다.

PART 2 실 무 편

⑤ 의료비 세액공제

- 산후조리원 비용은 출산 1회당 200만원을 한도로 한다.
- 의료비는 소득 및 나이요건의 제한을 받지 않는다. 따라서 부친의 의료비는 공제 대상이 된다.

⑥ [신용카드사용액공제]

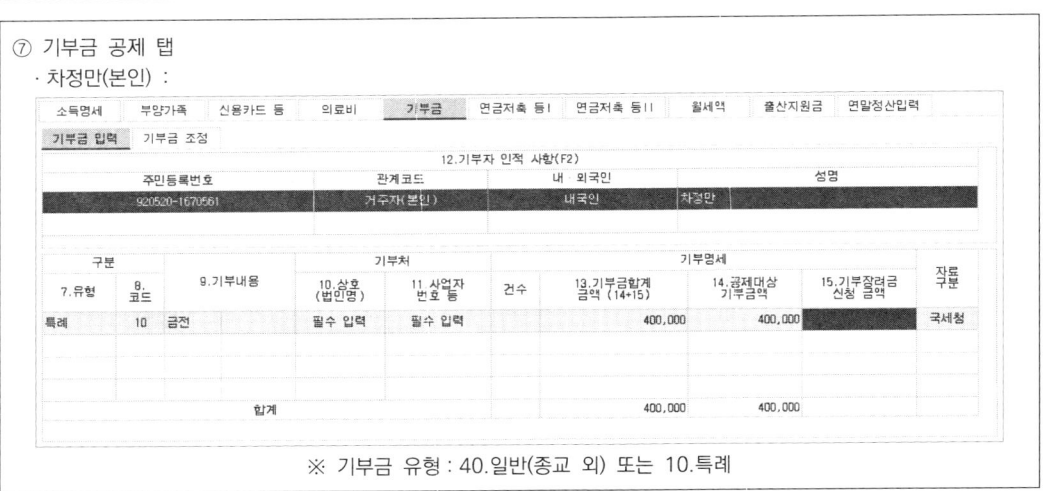

⑦ 기부금 공제 탭
- 차정만(본인):

주민등록번호	관계코드	내·외국인	성명
920520-1670561	거주자(본인)	내국인	차정만

구분		기부처			기부명세			자료구분
7.유형	8.코드	9.기부내용	10.상호(법인명)	11.사업자번호 등	건수	13.기부금합계금액(14+15)	14.공제대상기부금액	15.기부장려금신청금액	
특례	10	금전	필수 입력	필수 입력		400,000	400,000		국세청
				합계		400,000	400,000		

※ 기부금 유형: 40.일반(종교 외) 또는 10.특례

Chapter 5 최신 기출문제 해답

⑦ 기부금 공제 탭
· 엄혜선(모친):

⑧ 연말정산입력 탭(부양가족 탭 불러오기)

(2) [퇴직소득자료 입력] 및 [원천징수이행상황신고서]

① 퇴직소득자료 입력

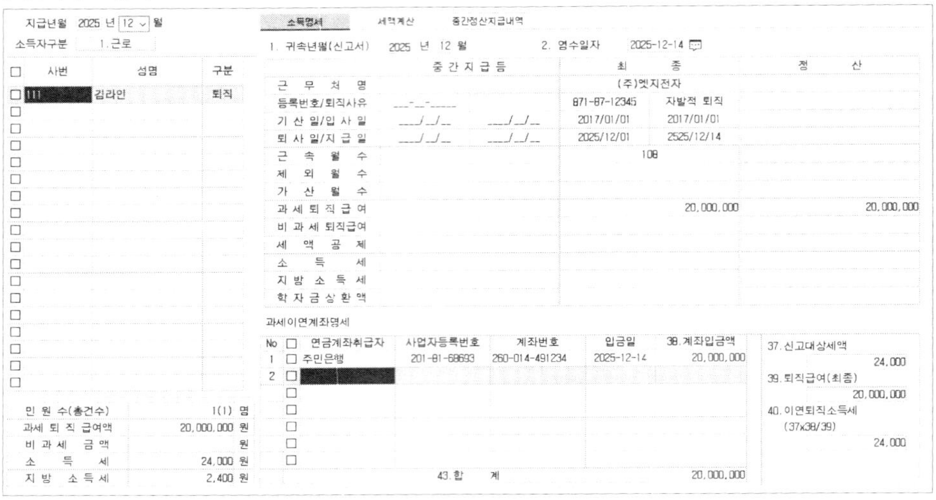
지급년월 2025 년 12 월
소득자구분 1.근로

	사번	성명	구분
□	111	김라인	퇴직

인 원 수(총건수)	1(1) 명
과세 퇴 직 급여액	20,000,000 원
비 과 세 금 액	원
소 득 세	24,000 원
지 방 소 득 세	2,400 원

소득명세 세액계산 중간정산지급내역

1. 귀속년월(신고서) 2025 년 12 월 2. 영수일자 2025-12-14

	중간지급 등		최종		정산
근 무 처 명			(주)엣지전자		
등록번호/퇴직사유	___-__-_____		871-87-12345	자발적 퇴직	
기 산 일/입 사 일	____/__/__	____/__/__	2017/01/01	2017/01/01	
퇴 사 일/지 급 일	____/__/__	____/__/__	2025/12/01	2525/12/14	
근 속 월 수			108		
제 외 월 수					
가 산 월 수					
과 세 퇴 직 급 여				20,000,000	20,000,000
비 과 세 퇴직급여					
세 액 공 제					
소 득 세					
지 방 소 득 세					
학 자 금 상 환 액					

과세이연계좌명세

No	연금계좌취급자	사업자등록번호	계좌번호	입금일	38.계좌입금액
1	주민은행	201-81-68693	260-014-491234	2025-12-14	20,000,000
2					
	43.합 계				20,000,000

37.신고대상세액 24,000
39.퇴직급여(최종) 20,000,000
40.이연퇴직소득세 (37x38/39) 24,000

② 원천징수 이행상황신고서

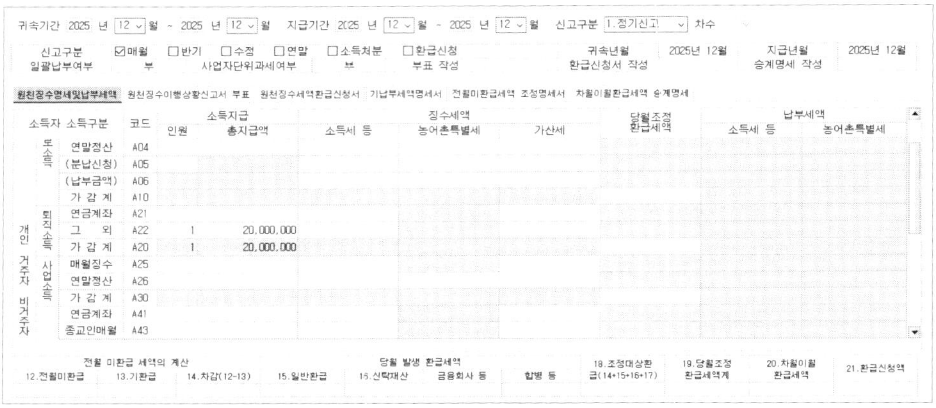
귀속기간 2025 년 12 월 ~ 2025 년 12 월 지급기간 2025 년 12 월 ~ 2025 년 12 월 신고구분 1.정기신고 차수

신고구분 ☑매월 □반기 □수정 □연말 □소득처분 □환급신청 귀속년월 2025년 12월 지급년월 2025년 12월
일괄납부여부 부 사업자단위과세여부 부 부표 작성 환급신청서 작성 승계명세 작성

원천징수명세및납부세액 원천징수이행상황신고서 부표 원천징수세액환급신청서 기납부세액명세서 전월미환급세액 조정명세서 차월이월환급세액 승계명세

소득자 소득구분			코드	인원	총지급액	소득세 등	농어촌특별세	가산세	당월조정 환급세액	소득세 등	농어촌특별세
개인 거주자 비거주자	근로소득	연말정산	A04								
		(분납신청)	A05								
		(납부금액)	A06								
		가 감 계	A10								
	퇴직소득	연금계좌	A21								
		그 외	A22	1	20,000,000						
		가 감 계	A20	1	20,000,000						
	사업소득	매월징수	A25								
		연말정산	A26								
		가 감 계	A30								
		연금계좌	A41								
		종교인매월	A43								

12.전월미환급	13.기환급	14.차감(12-13)	15.일반환급	16.신탁재산	금융회사 등	합병 등	18.조정대상환급(14+15+16+17)	19.당월조정환급세액계	20.차월이월환급세액	21.환급신청액

문제 5 법인세 신고

(1) [선급비용명세서]

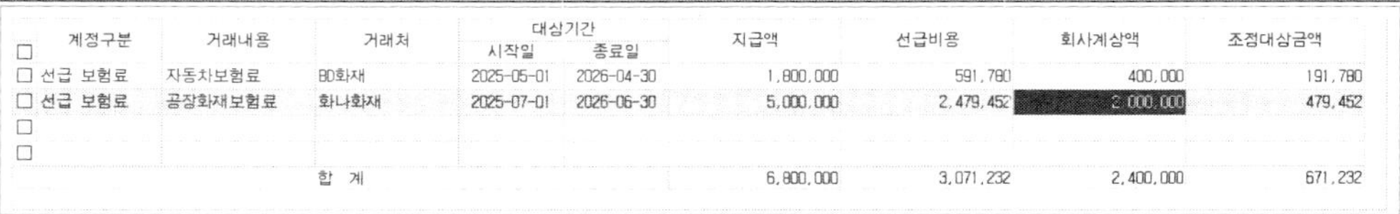

계정구분	거래내용	거래처	대상기간 시작일	종료일	지급액	선급비용	회사계상액	조정대상금액
선급 보험료	자동차보험료	BD화재	2025-05-01	2026-04-30	1,800,000	591,780	400,000	191,780
선급 보험료	공장화재보험료	화나화재	2025-07-01	2026-06-30	5,000,000	2,479,452	2,000,000	479,452
		합 계			6,800,000	3,071,232	2,400,000	671,232

조정과목	금 액	세무조정	소득처분
전기 선급비용	1,000,000원	손금산입	유보감소
사적사용경비	3,600,000원	손금불산입	상여
자동차보험	191,780원	손금불산입	유보발생
공장화재보험료	479,452원	손금불산입	유보발생

Chapter 5 최신 기출문제 해답

(2) [업무용승용차관련비용 명세서]

(1) 업무용승용차등록

⟨1⟩ G80(462두 9636)

- 1.고정자산계정과목
- 2.고정자산코드/명
- 3.취득일자: 2023-05-20
- 4.경비구분: 6.800번대/판관비
- 5.사용자 부서
- 6.사용자 직책
- 7.사용자 성명
- 8.임차여부: 운용리스
- 9.임차기간: 2023-05-20 ~ 2027-05-19
- 10.보험가입여부: 가입
- 11.보험기간: 2023-05-20 ~ 2027-05-19
- 12.운행기록부사용여부: 여 전기이월누적거리   km
- 13.전용번호판 부착여부: 부(대상아님)
- 14.출퇴근사용여부: 여 출퇴근거리   km

⟨2⟩ 싼타페(253러6417)

- 1.고정자산계정과목: 0208 차량운반구
- 2.고정자산코드/명
- 3.취득일자: 2022-12-10
- 4.경비구분: 6.800번대/판관비
- 5.사용자 부서
- 6.사용자 직책
- 7.사용자 성명
- 8.임차여부: 자가
- 9.임차기간: ---- ~ ----
- 10.보험가입여부: 가입
- 11.보험기간: 2024-12-10 ~ 2025-12-09
  2025-12-10 ~ 2026-12-09
- 12.운행기록부사용여부: 부 전기이월누적거리   km
- 13.전용번호판 부착여부: 부(대상아님)
- 14.출퇴근사용여부: 여 출퇴근거리   km

(2) 업무용승용차 관련비용명세서

업무용승용차 관련 비용 명세 (운행기록부: 적용) 임차기간: 2023-05-20 ~ 2027-05-19 부동산임대업등 법령42조②항

No	코드	차량번호	차종	임차	보험(율)	운행기록	번호판	(7)총주행거리(km)	(8)업무사용거리(km)	(9)업무사용비율	(10)취득가액	(11)보유또는 임차월수	(12)업무용 승용차 관련 비용								(21)합계
													(13)감가상각비	(14)임차료(감가상각비포함)	(15)감가상각비상당액	(16)유류비	(17)보험료	(18)수선비	(19)자동차세	(20)기타	
1	0101	462두9636	G80	리스	여(100%)	여	부(대상아님)							12,240,000	11,383,200	4,500,000					16,740,000
2	0102	253러6417	싼타페	자가	여(100%)	부	부(대상아님)	10,000	8,000	80.0000		12									
					합계									12,240,000	11,383,200	4,500,000					16,740,000

2 업무용 승용차 관련 비용 손금불산입 계산

	(24)업무 사용 금액			(25)업무외 사용 금액			(32)감가상각비(상당액)한도초과금액	(33)손금불산입합계	(34)손금산입합계
	(26)감가상각비(상당액)[((13)또는(15))X(9)]	(27)관련 비용[((21)-(13)또는(21)-(15))X(9)]	(28)합계((26)+(27))	(29)감가상각비(상당액)((13)X(1-(9))또는(15)-(26))	(30)관련 비용((21)-(13)-(27)또는(21)-(15)-(27))	(31)합계((29)+(30))			
	9,106,560	4,295,440	13,392,000	2,276,640	1,071,360	3,348,000	1,106,560	4,454,560	12,285,440
	9,106,560	4,295,440	13,392,000	2,276,640	1,071,360	3,348,000	1,106,560	4,454,560	12,285,440

3 감가상각비(상당액) 한도초과금액 이월 명세

	(39)전기이월액	(40)당기 감가상각비(상당액) 한도초과금액	(41)당기 감가상각비(상당액) 한도초과금액 누계	(42)손금추인(산입)액	(43)차기이월액((41)-(42))
		1,106,560	1,106,560		1,106,560
		1,106,560	1,106,560		1,106,560

PART 2 실 무 편

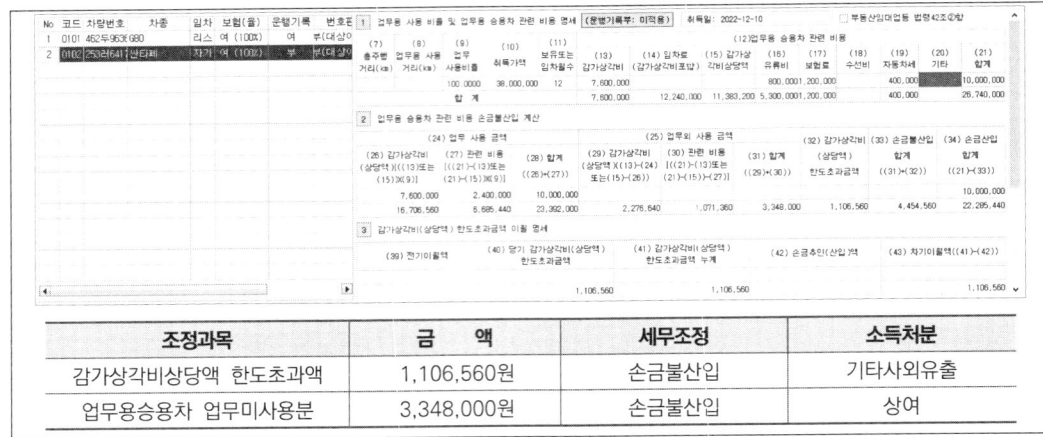

조정과목	금 액	세무조정	소득처분
감가상각비상당액 한도초과액	1,106,560원	손금불산입	기타사외유출
업무용승용차 업무미사용분	3,348,000원	손금불산입	상여

(3) [원천세납부세액명세서]

No	적요 (이자발생사유)	2. 원천징수의무자 구분	사업자(주민)번호	상호(성명)	3. 원천징수일	4. 이자 배당금액	5. 세율(%)	6. 법인세	지방세 납세지
1	정기예금이자	내국인	130-81-01236	(주)두리은행	4/25	8,000,000	14.00	1,120,000	
2	정기예금이자	내국인	125-81-54217	(주)주민은행	7/18	2,000,000	14.00	280,000	
3									
			합 계			10,000,000		1,400,000	

(4) [퇴직연금부담금조정명세서]

2. 이미 손금산입한 부담금 등의 계산

나. 기말 퇴직연금 예치금 등의 계산

19. 기초 퇴직연금예치금 등	20. 기중 퇴직연금예치금 등 수령 및 해약액	21. 당기 퇴직연금예치금 등의 납입액	22. 퇴직연금예치금 등 계 (19 - 20 + 21)
108,000,000	9,000,000	12,000,000	111,000,000

가. 손금산입대상 부담금 등 계산

13. 퇴직연금예치금 등 계 (22)	14. 기초퇴직연금충당금등 및 전기말 신고조정에 의한 손금산입액	15. 퇴직연금충당금등 손금부인 누계액	16. 기중퇴직연금등 수령 및 해약액	17. 이미 손금산입한 부담금등 (14 - 15 - 16)	18. 손금산입대상 부담금 등 (13 - 17)
111,000,000	108,000,000		9,000,000	99,000,000	12,000,000

1. 퇴직연금 등의 부담금 조정

1. 퇴직급여추계액	2. 장부상 기말잔액	3. 확정기여형퇴직연금자의 설정전 기계상된 퇴직급여충당금	4. 당기말 부인 누계액	5. 차감액 (② - ③ - ④)	6. 퇴직부담금 등 손금산입 누적한도액 (① - ⑤)
140,000,000	20,000,000		6,000,000	14,000,000	126,000,000

7. 이미 손금산입한 부담금 등 (17)	8. 손금산입액 한도액 (⑥ - ⑦)	9. 손금산입 대상 부담금 등 (18)	10. 손금산입범위액 (⑧과 ⑨중 적은 금액)	11. 회사 손금 계상액	12. 조정금액
99,000,000	27,000,000	12,000,000	12,000,000		12,000,000

조정과목	금 액	세무조정	소득처분
퇴직연금손금불산입	9,000,000원	손금불산입	유보감소
퇴직연금손금산입	12,000,000원	손금산입	유보발생

(5) [기부금조정명세서 및 법인세과세표준 및 세액조정계산서]

(1) 기부금조정명세서

조정과목	금 액	세무조정	소득처분
법인세비용	5,000,000원	손금불산입	기타사외유출
비지정기부금	600,000원	손금불산입	기타사외유출(상여)

Chapter 5 최신 기출문제 해답

(1) 기부금조정명세서

〈1〉 기부금명세서

구분		3.과목	4.월일	5.적요	6.법인명등	7.사업자(주민)번호등	8.금액	비고
1.유형	2.코드							
24조제2항제1호에ㅣ	10	기부금	3	1	국방헌금	국방부		1,000,000	
24조제3항제1호에ㅣ	40	기부금	5	5	사회복지시설 기부금	사회복지법인 은혜		500,000	
기타	50	기부금	10	11	지역향우회 행사비	이천시 향우회		600,000	
24조제2항제1호에ㅣ	10	기부금	12	1	천재지변 구호금품	서울시청		1,200,000	

9.소계
- 가. 「법인세법」 제24조제2항제1호에 따른 특례기부금   코드 10   2,200,000
- 나. 「법인세법」 제24조제3항제1호에 따른 일반기부금   코드 40   500,000
- 다. 「조세특례제한법」 제88조의4제13항의 우리사주조합 기부금   코드 42
- 라. 그 밖의 기부금   코드 50   600,000
- 계   3,300,000

2.소득금액확정

1.결산서상 당기순이익	2.익금산입	3.손금산입	4.기부금합계	5.소득금액계(1+2-3+4)
57,000,000	8,600,000	1,000,000	2,700,000	67,300,000

〈2〉 기부금 조정명세서

1. 「법인세법」 제24조제2항제1호에 따른 특례기부금 손금산입액 한도액 계산
1. 소득금액 계   67,300,000
5. 이월잔액 중 손금산입액 MIN[4,23]
2. 법인세법 제13조제1항제1호에 따른 이월 결손금 합계액(기준소득금액의 80% 한도)   6. 해당연도지출액 손금산입액 MIN[(④-⑤)>0, ③]   2,200,000
3. 「법인세법」 제24조제2항제1호에 따른 특례기부금 해당 금액   2,200,000
7. 한도초과액 [(3-6)>0]
4. 한도액 [(1-2)>0]×50%   33,650,000
8. 소득금액 차감잔액 [(①-②-⑤-⑥)>0]   65,100,000

2. 「조세특례제한법」 제88조의4에 따라 우리사주조합에 지출하는 기부금 손금산입액 한도액 계산
9. 「조세특례제한법」 제88조의4제13항에 따라 우리사주조합 기부금 해당 금액
11. 손금산입액 MIN(9, 10)
10. 한도액 (8×30%)   19,530,000
12. 한도초과액 [(9-10)>0]

3. 「법인세법」 제24조제3항제1호에 따른 일반기부금 손금산입 한도액 계산
13. 「법인세법」 제24조제3항제1호에 따른 일반기부금 해당금액   500,000
16. 해당연도지출액 손금산입액 MIN[(14-15)>0, 13]   500,000
14. 한도액 ((8-11)×10%, 20%)   6,510,000
15. 이월잔액 중 손금산입액 MIN(14, 23)   6,000,000
17. 한도초과액 [(13-16)>0]

4. 기부금 한도초과액 총액
18. 기부금 합계액 (3+9+13)   2,700,000
19. 손금산입 합계 (6+11+16)   2,700,000
20. 한도초과액 합계 (18-19)=(7+12+17)

5. 기부금 이월액 명세

사업연도	기부금 종류	21. 한도초과 손금불산입액	22. 기공제액	23. 공제가능 잔액(21-22)	24. 해당연도 손금추인액	25. 차기이월액(23-24)
합계	「법인세법」 제24조제2항제1호에 따른 특례기부금					
	「법인세법」 제24조제3항제1호에 따른 일반기부금	6,000,000		6,000,000	6,000,000	
2024	「법인세법」 제24조제3항제1호에 따른 일반	6,000,000		6,000,000	6,000,000	

(2) 법인세과세표준 및 세액조정명세서

① 각사업연도소득계산	101. 결산서상 당기순손익	01	57,000,000
	소득조정 102. 익금산입	02	8,600,000
	금액 103. 손금산입	03	1,000,000
	104. 차가감소득금액 (101+102-103)	04	54,600,000
	105. 기부금한도초과액	05	
	106. 기부금한도초과이월액 손금산입	54	6,000,000
	107. 각사업연도소득금액 (104+105-106)	06	58,600,000
② 과세표준계산	108. 각사업연도소득금액 (108+107)		58,600,000
	109. 이월결손금	07	
	110. 비과세소득	08	
	111. 소득공제	09	
	112. 과세표준 (108-109-110-111)	10	58,600,000
	159. 선박표준이익	55	
③ 산출세액	113. 과세표준 (113=112+159)	56	58,600,000
	114. 세율	11	9%
	115. 산출세액	12	5,274,000
	116. 지점유보소득 (법 제96조)	13	
	117. 세율	14	
	118. 산출세액	15	
	119. 합계 (115+118)	16	5,274,000

	120. 산출세액 (120=119)		5,274,000
④ 납부할세액계산	121. 최저한세 적용대상 공제감면세액	17	
	122. 차감세액	18	5,274,000
	123. 최저한세 적용제외 공제감면세액	19	
	124. 가산세액	20	
	125. 가감계 (122-123+124)	21	5,274,000
기납부세액	126. 중간예납세액	22	3,000,000
	127. 수시부과세액	23	
	128. 원천납부세액	24	1,400,000
	129. 간접회사등 외국 납부세액	25	
	130. 소계 (126+127+128+129)	26	4,400,000
	131. 신고납부전가산세액	27	
	132. 합계 (130+131)	28	4,400,000
	133. 감면분추가납부세액	29	
	134. 차가감납부할세액 (125-132+133)	30	874,000
⑤토지등 양도소득, ⑥미환류소득 법인세 계산 (TAB로 이동)			
⑦	151. 차감납부할세액계 (134+150+166)	45	874,000
	152. 사실과 다른 회계처리 경정세액공제	57	
	153. 분납세액계산범위액 (151-124-133-145-152+131)	47	874,000
	154. 분납할세액	48	
	155. 차감납부세액 (151-152-154)	49	874,000

PART 2 실무편

2023년 12월 2일 시행
제111회 전산세무회계자격시험
전산세무1급 A형

이론 시험

1	2	3	4	5	6	7	8	9	10	11	12	13	14	15
②	②	④	①	②	①	④	③	②	①	③	④	③	④	①

번호	답안해설
1	· 위탁판매를 위해 수탁자가 보관 중인 상품은 위탁자의 재고자산에 포함된다.
2	· 2,000,000원 = 처분가액 8,000,000원 - 장부가액 5,000,000원 - 자기주식처분손실 1,000,000원 · [일반기업회계기준 문단 15.9] 이익잉여금(결손금) 처분(처리)으로 상각되지 않은 자기주식처분손실은 향후 발생하는 자기주식처분이익과 우선적으로 상계한다. · 회계처리: (차) 현금등 8,000,000 원 (대) 자기주식 5,000,000 원 　　　　　　　　　　　　　　　　　　　자기주식처분손실 1,000,000 원 　　　　　　　　　　　　　　　　　　　자기주식처분이익 2,000,000 원
3	· 매도가능증권 : 3,000주×8,000원 - (3,000주×10,000원 + 55,000원) = (-)6,055,000원 · 단기매매증권 : 3,000주×(8,000원 - 10,000원) - 55,000원 = (-)6,055,000원
4	· [일반기업회계기준 문단 10.8] 취득원가는 구입원가 또는 제작원가 및 경영진이 의도하는 방식으로 자산을 가동하는 데 필요한 장소와 상태에 이르게 하는 데 직접 관련되는 원가인 (1) 내지 (9)와 관련된 지출 등으로 구성된다. (4) 설계와 관련하여 전문가에게 지급하는 수수료 (7) 취득세, 등록세 등 유형자산의 취득과 직접 관련된 제세공과금 (9) 유형자산이 정상적으로 작동되는지 여부를 시험하는 과정에서 발생하는 원가
5	② 손익계산서상 당기순이익은 60,000,000원이다. ③ (A)는 현금배당액의 1/10인 최소금액으로 3,000,000원이며, (B)는 38,000,000원이다. ④ 주식할인발행차금은 주식발행초과금과 우선 상계하고, 미상계잔액이 있으면 자본에서 차감하는 형식으로 기재하며 이익잉여금의 처분으로 상각한다.
6	· 당기총제조원가는 재공품계정의 차변으로 대체된다.
7	· 3,630,000원 = 변동제조간접원가 1,380,000원 + 고정제조간접원가 2,250,000원 · 변동제조간접원가 배분액 : 3,000,000원×4,600시간/10,000시간 = 1,380,000원 · 고정제조간접원가 배분액 : 5,000,000원×7,200시간/16,000시간 = 2,250,000원
8	· 매출원가조정법과 영업외손익법은 배부차이 전액을 각각 매출원가와 영업외손익으로 가감하는 방법으로 당기순이익에 미치는 영향이 동일하다.
9	· 비정상공손은 능률적인 생산 조건에서는 발생하지 않을 것으로 예상되는 공손으로서 통제가능한 공손이다.
10	· 64,450원 = 100개×@362원 + 50개×@565원 · 직접재료원가 완성품환산량 : 완성품 1,000개 + 정상공손 100개 + 기말재공품 100개 = 1,200개 · 가공원가 완성품환산량 : 완성품 1,000개 + 정상공손 100개 + 기말재공품 50개 = 1,150개 · 직접재료원가 완성품환산량 단위당 원가 : (120,000원 + 314,400원)÷1,200개 = @362원 · 가공원가 완성품환산량 단위당 원가 : (200,000원 + 449,750원)÷1,150개 = @565원
11	· 수출을 대행하고 수출대행수수료를 받는 수출대행용역은 수출품 생산업자의 수출대행계약에 의하여 수출업자의 명의로 수출하는 경우이다. 따라서 영세율 적용대상 용역에 해당하지 않는다. · 부가가치세법 통칙 21-31-2 제1항, 수출품 생산업자가 수출업자와 다음 각호와 같이 수출대행계약을 체결하여 수출업자의 명의로 수출하는 경우에 수출품 생산업자가 외국으로 반출하는 재화는 영의 세율을 적용한다. (1998. 8. 1. 개정) 1. 수출품 생산업자가 직접 수출신용장을 받아 수출업자에게 양도하고 수출대행계약을 체결한 경우 (1998. 8. 1. 개정) 2. 수출업자가 수출신용장을 받고 수출품 생산업자와 수출대행계약을 체결한 경우 (1998. 8. 1. 개정)

Chapter 5 최신 기출문제 해답

12	· 부가가치세법 제59조 제2항 제2호, 감가상각자산의 취득은 조기환급대상에 해당하며, 예정신고 기한이 지난 후 15일 이내에 예정신고한 사업자에게 환급하여야 한다.
13	· 복권당첨소득이 3억원을 초과하는 경우 3억원까지는 20%, 3억 초과분은 30%를 원천징수한다.
14	· 기업업무추진비의 손금 귀속시기는 접대행위를 한 날이 속하는 사업연도에 손금 처리한다.
15	· 법인의 수입이자에 대하여 기업회계기준에 의한 기간 경과분을 결산서에 수익으로 계상한 경우 원천징수 대상이 아닌 경우에는 이를 해당 사업연도의 익금으로 한다.

실무 시험

문제 1 일반전표의 입력

(1) 02월 10일

거래유형	공급가액	부가가치세	공급처명	전자	분개
11.과세	5,000,000원	500,000원	㈜서강	1.여	혼합
영세율 구분			불공제사유		

차변	(거래처)	금액	대변	(거래처)	금액
미 지 급 금		2,000,000원	부 가 세 예 수 금		500,000원
외 상 매 출 금		3,500,000원	제 품 매 출		5,000,000원

(2) 04월 11일

차변	(거래처)	금액	대변	(거래처)	금액
보 통 예 금		12,000,000원	기 계 장 치		23,000,000원
기계감가상각누계액		8,000,000원	보 험 차 익		2,000,000원
국 고 보 조 금(217)		5,000,000원			

(3) 08월 31일

차변	(거래처)	금액	대변	(거래처)	금액
보 통 예 금		19,985,000원	단 기 매 매 증 권		25,000,000원
단기매매증권처분손실		5,015,000원			

(4) 09월 26일

거래유형	공급가액	부가가치세	공급처명	전자	분개
12.영세	13,000,000원	0	㈜신화무역	1.여	외상 또는 혼합
영세율 구분	10.수출재화임가공용역		불공제사유		

차변	(거래처)	금액	대변	(거래처)	금액
외 상 매 출 금		13,000,000원	용 역 매 출		13,000,000원

문제 2 부가가치세 신고 및 부속서류의 작성

(1) [부가가치세 수정신고]
  (1) 매입매출전표입력
    〈1〉 06월 15일 매입매출전표 삭제
    〈2〉 06월 30일 매입매출전표 수정 전 전표 없음
       06월 30일 매입매출전표 추가 입력

(1)

	06월 30일					
	거래유형	공급가액	부가가치세	공급처명	전자	분개
	51.과세	200,000원	20,000원	킹킹상사	-	현금 또는 혼합
	영세율 구분	10.수출재화임가공용역		불공제사유		
	차변	(거래처)	금액	대변	(거래처)	금액
	부가세대급금		20,000원	현 금		220,000원
	소모품비(판)		200,000원			

(2) 부가가치세 수정신고서

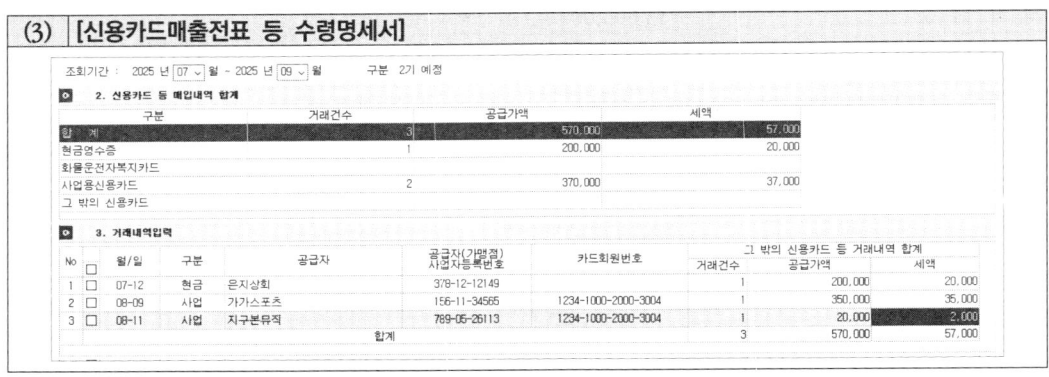

(3) [신용카드매출전표 등 수령명세서]

문제 3 기말정리사항의 분개 및 자동결산

(1) 12월 31일

차변	(거래처)	금액	대변	(거래처)	금액
보 험 료 (판)		400,000원	선 급 비 용		400,000원
선 급 비 용		300,000원	보 험 료 (판)		300,000원
		1,200,000원×3/12 = 300,000원			

(2) 12월 31일

차변	(거래처)	금액	대변	(거래처)	금액
이 자 비 용		2,820,000원	보 통 예 금		2,500,000원
			사 채 할 인 발 행 차 금		320,000원

(3) 12월 31일

차변	(거래처)	금액	대변	(거래처)	금액

[결산자료입력] > 2. 매출원가 > ⑩ 기말 원재료 재고액 결산반영금액 3,000,000원[주1] 입력 > F3 전표추가
 · ⑩ 기말 재공품 재고액 결산반영금액 5,500,000원 입력
 · ⑩ 기말 제품 재고액 결산반영금액 13,000,000원[주2] 입력

[주1] 기말 원재료 재고액 : 실사 금액 3,000,000원(도착지 인도조건은 입고 전까지 인식하지 않는다)
[주2] 기말 제품 재고액 : 실사 금액 12,000,000원 + 판매 전 적송품 1,000,000원 = 13,000,000원

(4) 12월 31일

차변	(거래처)	금액	대변	(거래처)	금액

1. [결산자료입력] > F8 대손상각 > 대손율 : 1%
    > 외상매출금, 미수금을 제외한 계정의 추가설정액 삭제
    > 결산반영 > F3 전표추가
2. 또는 [결산자료입력] > 4.판매비와 일반관리비>5).대손상각>외상매출금 3,631,280원 입력>F3 전표추가
    7.영업외비용>2).기타의 대손상각>미수금 550,000원 입력

문제 4 원천징수 신고

(1) [기타소득자 등록 및 기타소득자료의 입력]

〈1〉 기타소득자 등록
  ① 고민중 등록
  ② 고민중 등록

PART 2 실 무 편

※ 계속·반복적 배달수당은 기타소득에 해당하지 않고, 사업소득(인적용역소득)에 포함되므로 입력 대상이 아니다.

〈1〉 기타소득자료 입력

① 고민중의 소득자료입력

- 지급년월일 : 2025년 08월 05일
- 코드 : 00001, 상호(성명) : 고민중
- 1. 거주구분 : 1 거주
- 2. 소득구분 : 75 원고료 등
- 3. 내국인여부 : 1 내국인 (거주지국코드)
- 4. 주민등록번호 : 771015-1677078
- 5. 개인/법인구분 : 1 개인, 필요경비율 60%
- 1. 지급(영수)일자 : 2025년 08월 05일
- 2. 귀속년월 : 2025년 08월
- 3. 지급총액 : 7,000,000
- 4. 필요경비 : 4,200,000
- 5. 소득금액 : 2,800,000
- 6. 세율(%) : 20%
- 8. 기타소득(법인)세액 : 560,000
- 9. 지방소득세 : 56,000

총계: 인원(건수) 1(1)명, 지급총액 7,000,000원, 소득금액 2,800,000원, 세액 560,000원, 지방소득세 56,000원

※ 지급총액 : 세후 지급액 6,384,000원 ÷ (100% − 8.8%) = 7,000,000원

② 은구슬의 소득자료입력

- 지급년월일 : 2025년 08월 05일
- 코드 00001 고민중
- 코드 00002 은구슬
- 1. 거주구분 : 1 거주
- 2. 소득구분 : 71 상금 및 부상
- 3. 내국인여부 : 1 내국인 (거주지국코드)
- 4. 주민등록번호 : 861111-2291015
- 5. 개인/법인구분 : 1 개인, 필요경비율 80%
- 1. 지급(영수)일자 : 2025년 08월 05일
- 2. 귀속년월 : 2025년 08월
- 3. 지급총액 : 20,000,000
- 4. 필요경비 : 16,000,000
- 5. 소득금액 : 4,000,000
- 6. 세율(%) : 20%
- 8. 기타소득(법인)세액 : 800,000
- 9. 지방소득세 : 80,000

총계: 인원(건수) 2(2)명, 지급총액 27,000,000원, 소득금액 6,800,000원, 세액 1,360,000원, 지방소득세 136,000원

※ 지급총액 : 세후 지급액 19,120,000원 ÷ (100% − 4.4%) = 20,000,000원(세전금액)

(2) 연말정산 추가자료 입력 : [사원등록]

(1) 부양가족명세 탭

연말관계	성명	내/외국인	주민(외국인)번호	나이	소득기준초과여부	기본공제	세대주구분	부녀자	한부모	경로우대	장애인	자녀	출산입양	결혼세액
0	진시진	내	1 850718-2799780	40		본인	세대주							
3	편현주	내	1 900425-1213041	35		장애인					1			
4	편명록	내	1 120506-3779214	13		20세이하						○		
4	편미주	내	1 140330-4277711	11		20세이하						○		
1	진명모	내	1 540808-1658241	71		부								
합계 [명]						4					1	2		

· 부친은 소득금액이 기준금액을 초과하여 기본공제대상자에 해당하지 않는다.

Chapter 5 최신 기출문제 해답

(2) 보험료공제

· 진시진(본인)

· 편현주(배우자)

(3) 교육비공제

· 편영록(아들):

(4) 기부금 공제 탭

· 정치자금기부금은 근로자 본인이 지출한 정치자금기부금만 공제 대상에 해당하므로 편현주(배우자)가 지출한 정치자금기부금은 공제 대상에 해당하지 않는다.

(5) 월세, 주택임차 탭

(6) 연말정산입력 탭(부양가족 탭 불러오기)

문제 5 법인세 신고

(1) [수입금액조정명세서]

(1) 수입금액조정명세서

① 1.수입금액 조정계산

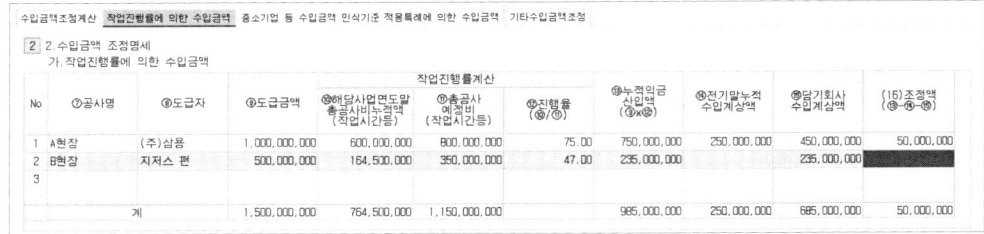

② 작업진행률에 의한 조정계산

③ 기타수입금액조정

조정과목	금액	세무조정	소득처분
위탁품매출누락	1,500,000원	익금산입	유보발생
위탁품매출원가누락	500,000원	손금산입	유보발생
작업진행률차이	50,000,000	익금산입	유보발생

(2) 조정후 수입금액조정명세서

① 업종별 수입금액명세서

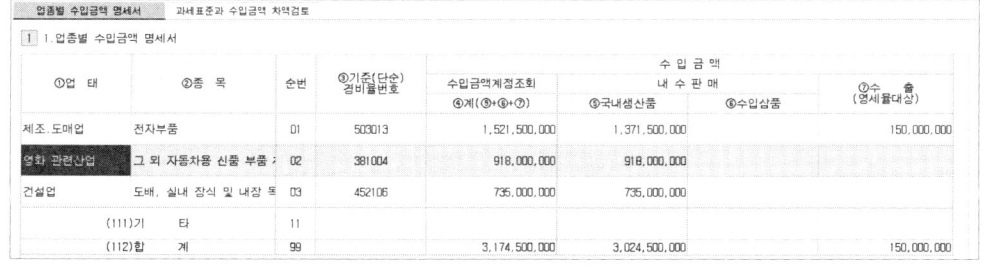

Chapter 5 최신 기출문제 해답

② 부가가치세 과세표준과 수입금액 차액검토

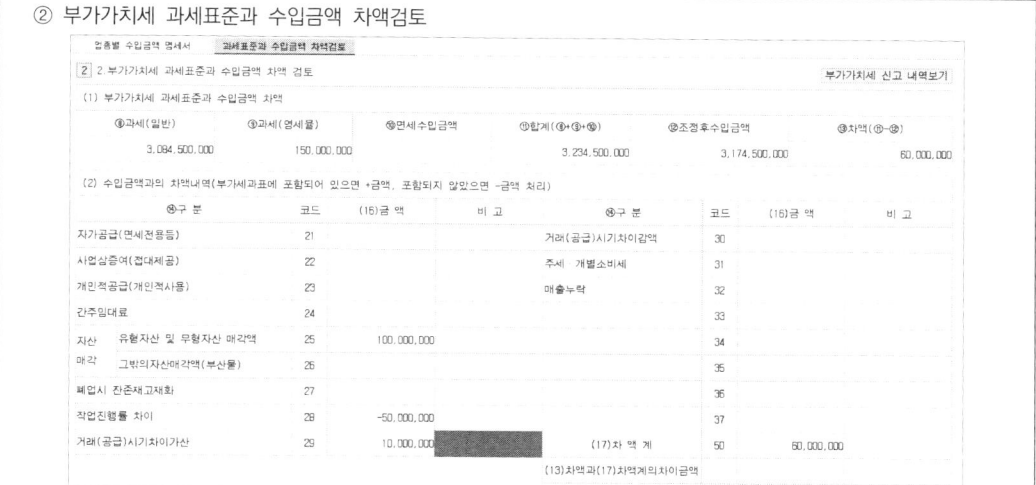

(2) [세금과공과금 조정명세서]

조정과목	금 액	세무조정	소득처분
손해배상금	3,000,000원	손금불산입	기타사외유출
교통과속 범칙금	180,000원	손금불산입	기타사외유출
산재보험료 가산금	90,000원	손금불산입	기타사외유출
토지 취득세	4,000,000원	손금불산입	유보발생
개발부담금	800,000원	손금불산입	유보발생
폐수배출부담금	575,000원	손금불산입	기타사외유출

(3) [대손금 및 대손충당금조정명세서]

① 대손금조정명세서

조정과목	금 액	세무조정	소득처분
대손충당금과다환입	4,000,000원	손금산입	유보감소
대손충당금한도초과액	3,400,000원	손금불산입	유보발생

(4) [업무무관부동산등에 관련한 차입금이자조정명세서]

① 업무무관자산등의 적수계산 : 업무무관부동산

1.적수입력(을) 2.지급이자 손금불산입(갑)

1.업무무관부동산 2.업무무관동산 3.가지급금 4.가수금 5.그밖의 불러오기 적요수정

No	①월	일	②적요	③차변	④대변	⑤잔액	⑥일수	⑦적수
1	7	1	취 득	50,000,000		50,000,000	184	9,200,000,000
2								
			합 계	50,000,000			184	9,200,000,000

② 업무무관자산등의 적수계산 : 가지급금

1.적수입력(을) 2.지급이자 손금불산입(갑)

1.업무무관부동산 2.업무무관동산 3.가지급금 4.가수금 5.그밖의 불러오기 적요수정

No	①월	일	②적요	③차변	④대변	⑤잔액	⑥일수	⑦적수
1	1	1	전기이월	50,000,000		50,000,000	40	2,000,000,000
2	2	10	지 급	25,000,000		75,000,000	160	12,000,000,000
3	7	20	회 수		20,000,000	55,000,000	72	3,960,000,000
4	9	30	회 수		10,000,000	45,000,000	93	4,185,000,000
			합 계	75,000,000	30,000,000		365	22,145,000,000

③ 업무무관자산등의 지급이자

1.적수입력(을) 2.지급이자 손금불산입(갑)

2 1.업무무관부동산 등에 관련한 차입금 지급이자

①지급이자	적 수 ②업무무관 부 동 산	③업무무관 동 산	④가지급금 등	⑤계(②+③+④)	⑥차입금 (=19)	⑦ ⑤와 ⑥중 적은 금액	⑧손금불산입 지급이자 (①×⑦÷⑥)
17,000,000	9,200,000,000		22,145,000,000	31,345,000,000	91,250,000,000	31,345,000,000	5,839,616

1 2. 지급이자 및 차입금 적수 계산 [연이율 일수 현재: 365일] 이자율 계산 단수차이조정 연일수

No	(9) 이자율 (%)	(10)지급이자	(11)차입금적수	(12)채권자불분명 사채이자 수령자불분명 사채이자 (13)지급이자	(14)차입금적수	(15)건설 자금 이자 국조법 14조에 따른 이자 (16)지급이자	(17)차입금적수	차 감 (18)지급이자 (10-13-16)	(19)차입금적수 (11-14-17)
1	5.00000	1,000,000	7,300,000,000	1,000,000	7,300,000,000				
2	6.00000	3,000,000	18,250,000,000					3,000,000	18,250,000,000
3	7.00000	14,000,000	73,000,000,000					14,000,000	73,000,000,000
합계		18,000,000	98,550,000,000	1,000,000	7,300,000,000			17,000,000	91,250,000,000

조정과목	금 액	세무조정	소득처분
채권자불분명사채이자(원천제외)	1,000,000원	손금불산입	상여
업무무관자산등이자	5,839,616원	손금불산입	기타사외유출

(5) [주식등 취득상황명세서]

① 주식 등 변동상황명세서 : Ctrl+F8(전년도 불러오기)

자본금(출자금)변동상황

(단위: 주,원)

⑧일자	주식종류	⑨원인코드	증가(감소)한 주식의 내용 ⑪주식수	⑫주당액면가	주당발행(인수)가액	⑱증가(감소) 자본금(⑪X⑫)
기초	보통주		20,000	5,000		100,000,000
	우선주					
----‾--‾--						
----‾--‾--						
----‾--‾--						
기말	보통주		20,000	5,000		100,000,000
	우선주					

<주식종류> 1:보통주, 2:우선주
<원인코드>
1:유상증자(증), 2:무상증자(증), 3:출자전환(증), 4 주식배당(증),
5:주식수감소 유상감자(감), 15:액면가액감소 유상감자(감), 6:주식수감소 무상감자(감), 16:액면가액감소 무상감자(감),
7:액면분할, 8:주식병합, 9:기타(자사주 소각등)(감), 10:이익소각(자본금변동없음)

재계산 삭제(F5) 종료(Esc)

Chapter 5 최신 기출문제 해답

② 주식 등 변동상황명세서 : 임영웅 : 양도 2,000주 입력

③ 주식 등 변동상황명세서 : 장민호 : 양수 2,000주 입력

④ 2.주식(출자지분)양도명세서

PART 2 실무편

2024년 2월 4일 시행
제112회 전산세무회계자격시험 전산세무1급 A형

이론 시험

1	2	3	4	5	6	7	8	9	10	11	12	13	14	15
④	②	①	②	①	③	②	④	②	④	④	③	②	①	③

번호	답안해설
1	· [일반기업회계기준 문단 2.26] 장기차입약정을 위반하여 채권자가 즉시 상환을 요구할 수 있는 채무는 보고기간종료일과 재무제표가 사실상 확정된 날 사이에 상환을 요구하지 않기로 합의하더라도 유동부채로 분류한다.
2	· 상품권을 회수하고 재화를 인도한 시점에 수익으로 인식하며 상품권 발행 시에는 선수금으로 처리한다.
3	· 147,000,000원 = 30,000,000원 + 기중 자본금 변동 117,000,000원 · 기중 자본금 변동 : 유상증자 100,000,000원 + 무상증자 10,000,000원 + 주식배당 7,000,000원 = 117,000,000원
4	· 나. 제3자에게 양도한 금융부채의 장부금액과 지급한 대가의 차액은 당기손익으로 인식한다.
5	· 중대한 오류는 재무제표의 신뢰성을 심각하게 손상할 수 있는 매우 중요한 오류를 말한다.
6	· 그래프(가)는 고정원가, 그래프(나)는 변동원가를 표현하는 그래프이다. 변동원가의 예로는 커피 제조의 원두가 있으며, 고정원가의 예로 기계장치 감가상각비, 공장 임차료가 있다.
7	· 1,494,000원 = 매출액 2,000,000원 - 추가가공원가 200,000원 - 결합원가 배부액 306,000원<table><tr><td>구분</td><td>순실현가치</td><td>결합원가 배부액</td></tr><tr><td>A</td><td>1,000개×@2,000원 - 추가가공원가 200,000원 = 1,800,000원</td><td>306,000원</td></tr><tr><td>B</td><td>800개×@2,500원 - 추가가공원가 500,000원 = 1,500,000원</td><td>255,000원</td></tr><tr><td>C</td><td>1,700개×@1,000원 = 1,700,000원</td><td>289,000원</td></tr><tr><td>합계</td><td>5,000,000원</td><td>850,000원</td></tr></table>
8	· 18,800원 = (당기완성수량 1,900단위 - 기초재공품 완성품환산량 400단위×40% + 기말재공품 완성품환산량 700단위×20%)×완성품환산량 단위당 가공원가 10원
9	② 판매비및관리비가 제조원가로 회계처리 되었으므로 제품매출원가는 증가하고, 매출총이익은 감소한다. ④ 당기순이익은 변동이 없다. ③ 영업이익은 변동이 없다.
10	· 5,000원 과소배부 = 예정배부액 95,000원 - 실제발생액 100,000원 · 예정배부액 : 실제직접노무시간 500시간×예정배부율 190원 = 95,000원
11	· 부가가치세법 시행령 제70조 제1항 제5호, 필요적 기재사항 등이 착오로 잘못 적힌 경우에는 처음에 발급한 세금계산서의 내용대로 세금계산서를 붉은색 글씨로 쓰거나 음의 표시를 하여 발급하고, 수정하여 발급하는 세금계산서는 검은색 글씨로 작성하여 발급한다.
12	· 부가가치세법 제42조, 음식점업을 경영하는 사업자 중 개인사업자의 경우 과세표준 4억원 이하인 경우 2026년 12월 31일까지 9/109 의제매입세액공제율을 적용한다.
13	· 소득세법 시행규칙 [별지 제40호서식(1)]
14	· 주택 임대소득에서 발생한 결손금은 다른 사업소득에서 공제 가능하다.
15	· 법인세법 제63조 제3항, 내국법인은 중간예납기간이 지난 날부터 2개월 이내에 중간예납세액을 대통령령으로 정하는 바에 따라 납세지 관할 세무서, 한국은행(그 대리점을 포함한다) 또는 체신관서(이하 "납세지 관할 세무서등"이라 한다)에 납부하여야 한다.

Chapter 5 최신 기출문제 해답

실무 시험

문제 1 일반전표의 입력

(1) 07월 31일

차변	(거래처)	금액	대변	(거래처)	금액
보통예금		17,000,000원	매도가능증권		15,000,000원
매도가능증권처분손실		3,000,000원	매도가능증권평가손실		5,000,000원

(2) 08월 15일

거래유형	공급가액	부가가치세	공급처명	전자	분개
54.불공	8,700,000원	870,000원	㈜정우	1.여	혼합
영세율 구분			불공제사유	5.면세사업 관련	

차변	(거래처)	금액	대변	(거래처)	금액
비품		9,570,000원	선급금		1,000,000원
			보통예금		8,570,000원

(3) 11월 10일

거래유형	공급가액	부가가치세	공급처명	전자	분개
57.카과	1,350,000원	135,000원	미래공인중개사	-	카드 또는 혼합
신용카드사	현대카드		불공제사유		

차변	(거래처)	금액	대변	(거래처)	금액
부가세대급금		135,000원	미지급금	현대카드	1,485,000원
수수료비용(판)		1,350,000원			

(4) 11월 22일

차변	(거래처)	금액	대변	(거래처)	금액
퇴직연금운용자산		4,850,000원	이자수익		5,000,000원
수수료비용(판)		150,000원			

문제 2 부가가치세 신고 및 부속서류의 작성

(1) [수출실적명세서]

조회기간 2025년 07월 ~ 2025년 09월, 구분: 2기 예정, 과세기간별입력

구분	건수	외화금액	원화금액	비고
⑨합계	1	200,000.00	272,000,000	
⑩수출재화[=⑫합계]	1	200,000.00	272,000,000	
⑪기타영세율적용				

No		(13)수출신고번호	(14)선(기)적일자	(15)통화코드	(16)환율	(17)외화	(18)원화	거래처코드	거래처명
1		13528-22-0003162	2025-08-22	USD	1,360.0000	200,000.00	272,000,000	00147	산비디아
2									
		합계				200,000	272,000,000		

F4전표처리 > 확인(Tab) > F3일괄분개 > 2.외상 > F4전표처리

(1) 08월 22일

거래유형	공급가액	부가가치세	공급처명	전자	분개
16.수출	272,000,000원	-	산비디아	-	외상 또는 혼합
영세율 구분	1.직접수출(대행수출)		수출신고번호	13528-22-0003162	

차변	(거래처)	금액	대변	(거래처)	금액
외상매출금		272,000,000원	제품매출		272,000,000원

PART 2 실무편

(2) [대손세액공제신고서작성]

당초공급일	대손확정일	대손금액	공제율	대손세액	거래처		대손사유
2022-11-03	2025-11-03	5,600,000	10/110	600,000	세정상사	6	소멸시효완성
2022-12-31	2025-12-01	4,950,000	10/110	450,000	한뜻전자	7	회수기일 2년이상 경과
2024-03-02	2025-10-01	11,000,000	10/110	1,000,000	용산전자	1	파산
2023-10-15	2025-10-05	-9,350,000	10/110	-850,000	하나무역	7	대손금 회수
합계		13,200,000		1,200,000			

· 우주무역의 받을어음은 부도발생일로부터 6개월이 경과하지 아니하여 대손세액공제를 적용받을 수 없다.

(3) [부가가치세 전자신고서 작성]

부가가치세 전자신고는 생략합니다.

문제 3 기말정리사항의 분개 및 자동결산

(1) 12월 31일

차변	(거래처)	금액	대변	(거래처)	금액
외 화 예 금		390,000원	외 화 환 산 이 익		390,000원

(2) 12월 31일

차변	(거래처)	금액	대변	(거래처)	금액
정 기 예 금		100,000,000원	장 기 성 예 금		100,000,000원

(3) 12월 31일

차변	(거래처)	금액	대변	(거래처)	금액
광 고 선 전 비 (판)		8,000,000원	제 품 (8.타계정으로대체)		8,000,000원
재 고 자 산 감 모 손 실		2,000,000원	상 품 (8.타계정으로대체)		2,000,000원

(4) 12월 31일

차변	(거래처)	금액	대변	(거래처)	금액
무 형 자 산 상 각 비		10,000,000원	개 발 비		10,000,000원
무 형 자 산 손 상 차 손		10,000,000원	개 발 비		10,000,000원

· 개발비 취득가액 : 20,000,000원×5년/2년 = 50,000,000원
· 개발비 상각비 : 50,000,000원÷5년 = 10,000,000원

문제 4 원천징수 신고

(1) [사원등록]

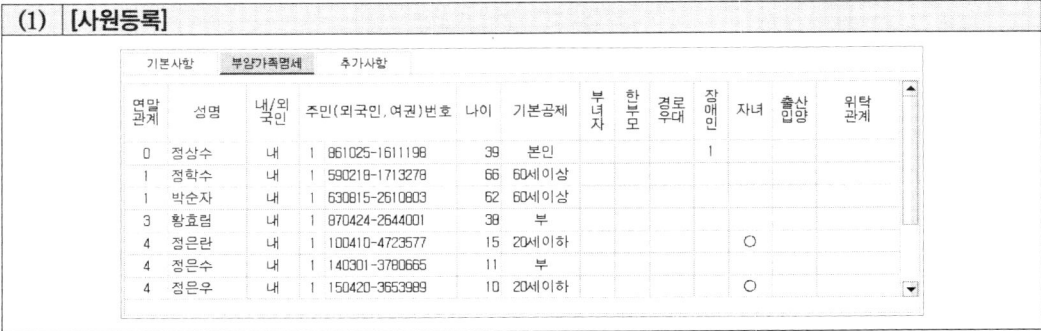

Chapter 5 최신 기출문제 해답

- 정상수의 총급여가 배우자의 총급여보다 많기 때문에 부양가족공제는 정상수 쪽으로 공제하는 것이 세부담 측면에서 유리하다.
- 정상수 : 당해연도에 장애가 치유되었더라도 치유일 전일 기준으로 장애인공제 여부를 판단하므로 장애인 추가공제를 적용받을 수 있다.
- 정학수(부친) : 연금소득금액이 960,000원이므로 기본공제 대상자이다.
  ※ 5,100,000원 − [3,500,000원 + (5,100,000원 − 3,500,000원) × 40%] = 960,000원
- 박순자(모친) : 보유 주택을 양도하였으나 양도차손 500,000원(= 100,000,000원 − 100,500,000원)이 발생하였으므로 기본공제를 적용받을 수 있다.
- 자녀 정은란 : 기타소득금액(12,000,000원 × (1 − 80%) = 2,400,000원)이 선택적 분리과세가 가능하므로 이를 분리과세하고 기본공제대상자로 하는 것이 세부담 최소화 측면에서 유리하다.
- 자녀 정은수 : 소득금액이 1,000,000원을 초과하므로 공제 대상이 아니다.
- 자녀 정은우 : 총수입금액 1,000,000원으로, 소득금액이 1,000,000원 이하이므로 기본공제 대상자이다.

(2) [기타소득 및 사업소득에 대한 전자신고]

① 기타소득자료의 입력

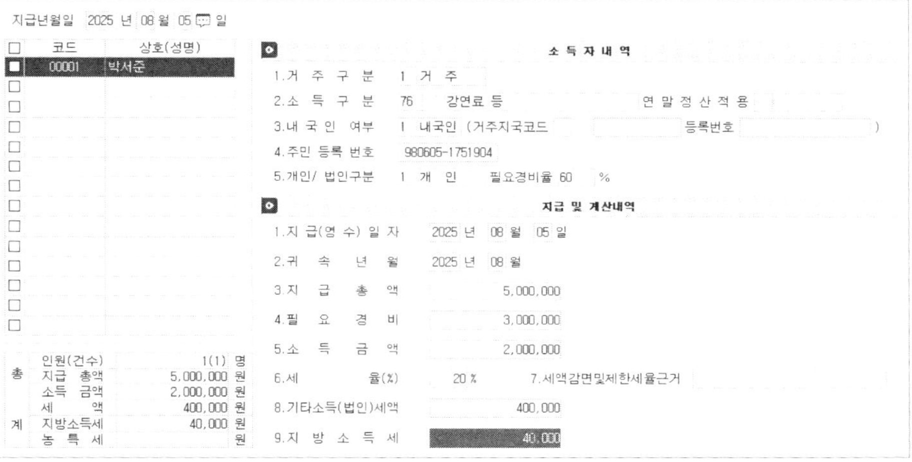

② 사업소득자료의 입력

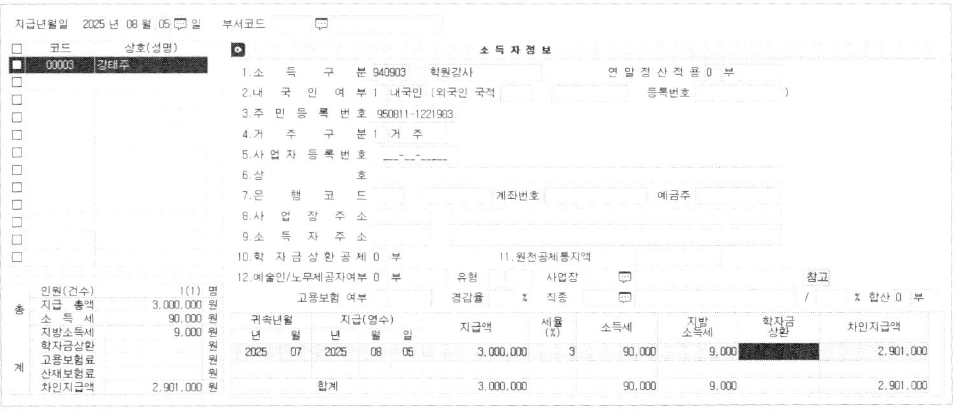

PART 2 실 무 편

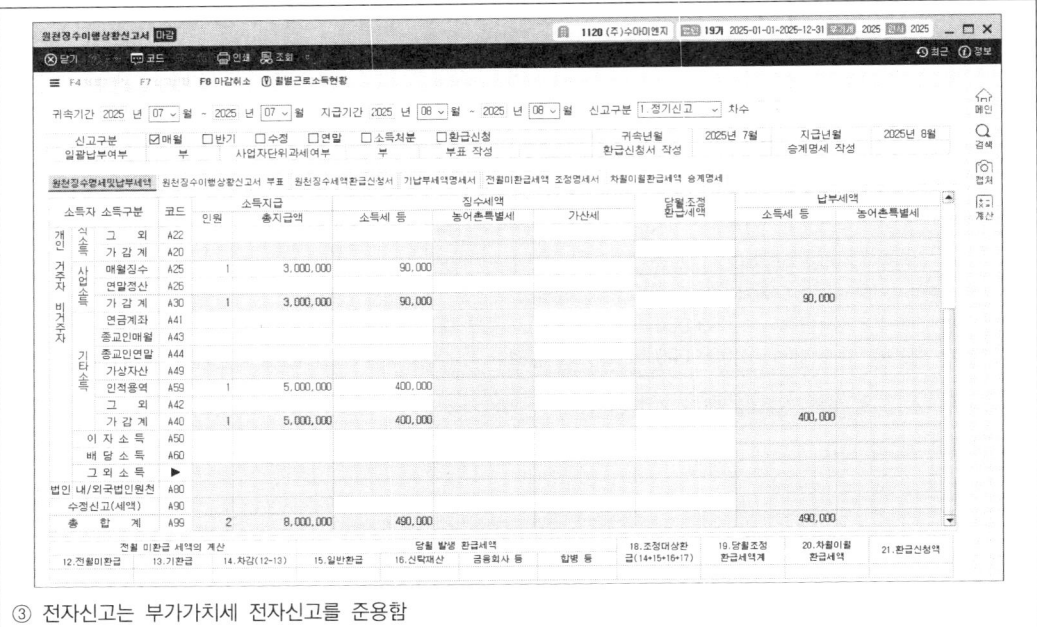

③ 전자신고는 부가가치세 전자신고를 준용함

문제 5 법인세 신고

(1) [기업업무추진비 조정명세서]

① 기업업무추진비 입력(을)

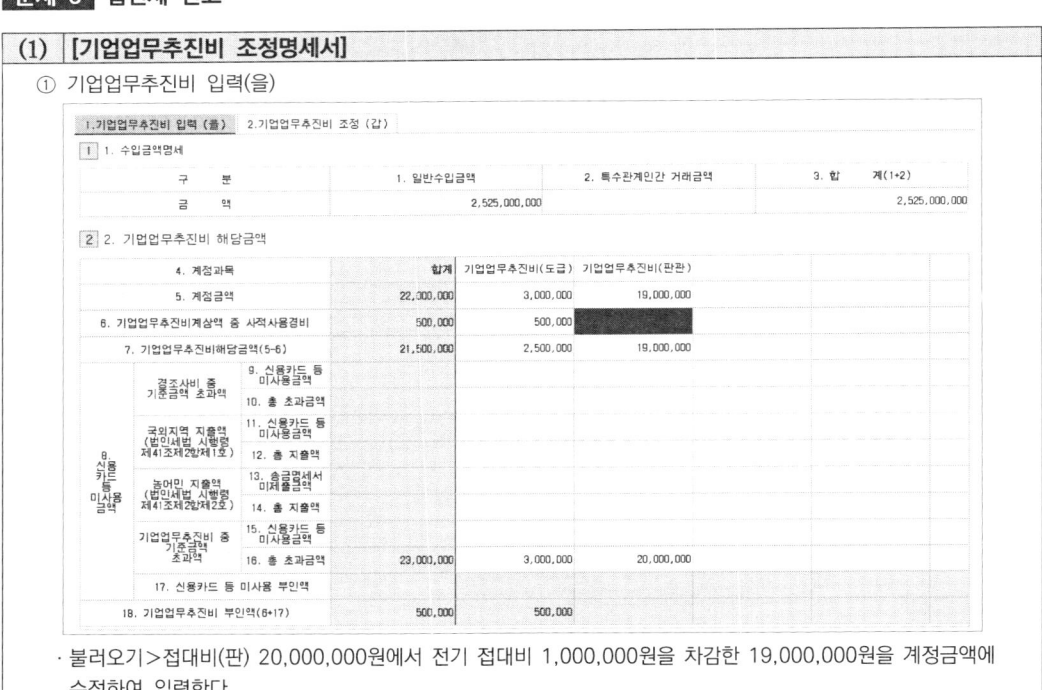

· 불러오기>접대비(판) 20,000,000원에서 전기 접대비 1,000,000원을 차감한 19,000,000원을 계정금액에 수정하여 입력한다.

② 기업업무추진비 입력(갑)

조정과목	금액	세무조정	소득처분
전기 기업업무추진비	1,000,000원	손금불산입	유보감소
건설중인자산	500,000원	손금산입	유보발생
대표이사 개인적 사용분	500,000원	손금불산입	상여

(2) [고정자산등록 및 감가상각비 조정명세서]

① 고정자산등록

- 감가상각방법은 정상적으로 신고하였고, 내용연수는 무신고하였으므로 상각방법은 정액법을 적용하며 내용연수는 기준내용연수 6년을 적용하여 세무조정한다.
- 기계장치 회사 계상 상각비 : 제조원가명세서 반영 상각비 4,000,000원 + 전기오류수정손실 3,000,000원 + 즉시상각의제 10,000,000원(수선비 처리한 자본적 지출액) = 17,000,000원
- 상각범위액 : (취득가액 60,000,000원 + 자본적지출액 10,000,000원) × 0.166 = 11,620,000원
- 상각부인액 : 회계 계상 상각비 17,000,000원 - 상각범위액 11,620,000원 = 5,380,000원

PART 2 실 무 편

② 미상각자산 감가상각조정명세서

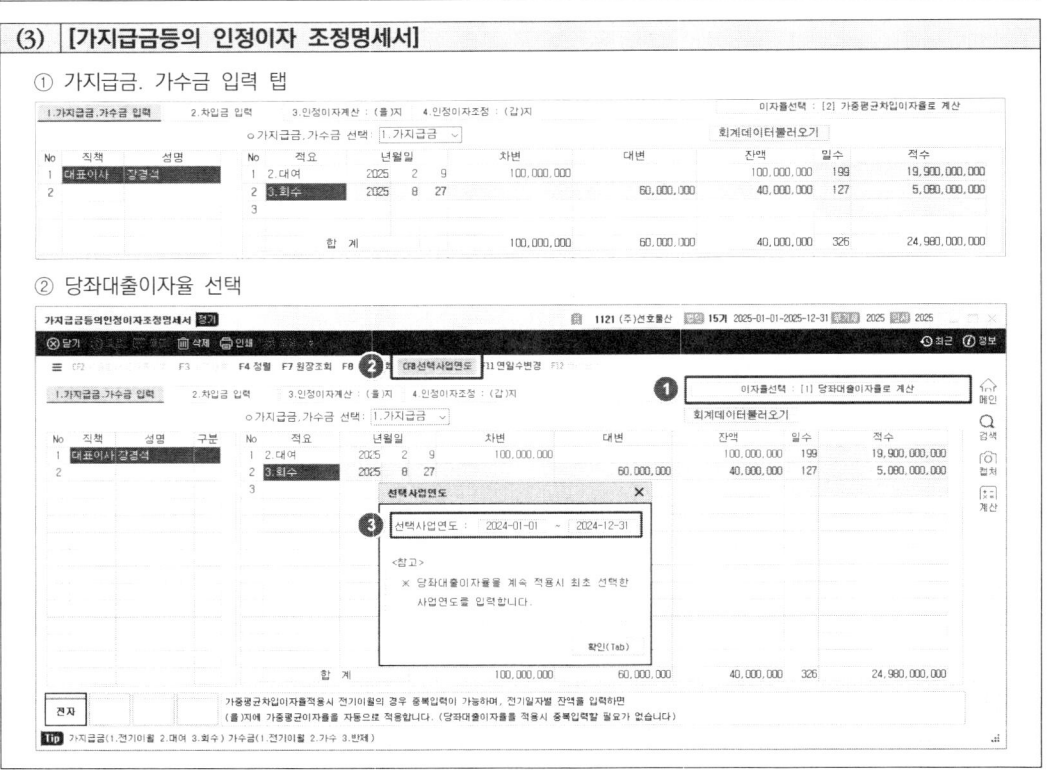

조정과목	금 액	세무조정	소득처분
기계감가상각비부인액	5,380,000원	손금불산입	유보감소
전기오류수정손실	3,000,000원	손금산입	기타

(3) [가지급금등의 인정이자 조정명세서]

① 가지급금. 가수금 입력 탭

② 당좌대출이자율 선택

Chapter 5 최신 기출문제 해답

③ 가지급금인정이자조정 탭

조정과목	금 액	세무조정	소득처분
미수이자	2,000,000원	익금불산입	유보발생
가지급금인정이자	3,148,164원	익금산입	상여

(4) [법인세과세표준 및 세액조정명세서]

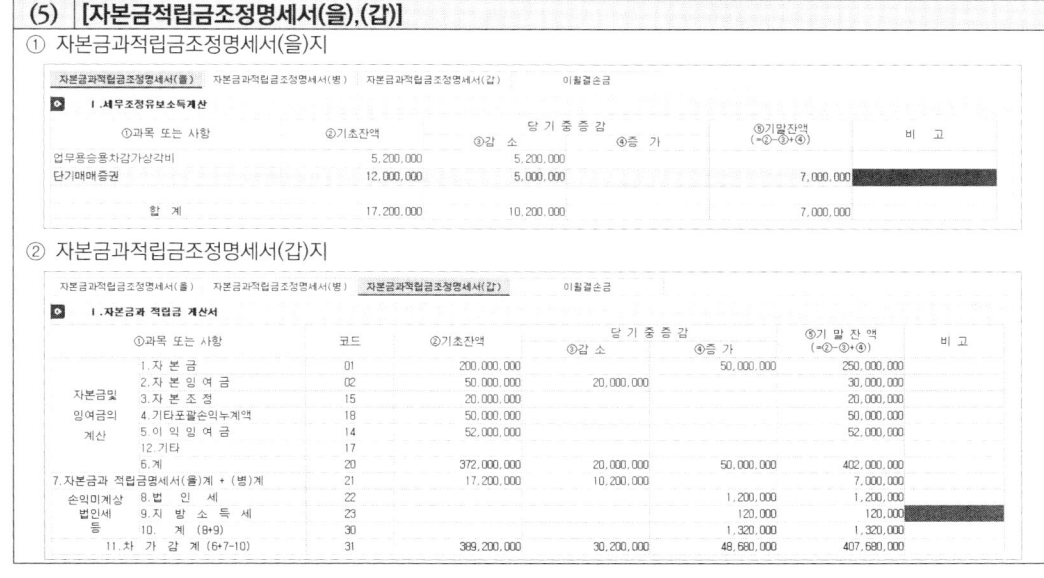

- 최저한세적용대상공제감면세액 : 산출세액 $71,200,000원 \times \dfrac{감면소득금액\ 300,000,000원}{과세표준\ 480,000,000원} \times 0.2 = 8,900,000원$

(5) [자본금적립금조정명세서(을),(갑)]

① 자본금과적립금조정명세서(을)지

② 자본금과적립금조정명세서(갑)지

PART 2 실무편

제113회 전산세무회계자격시험 — 전산세무1급 A형
2024년 4월 6일 시행

이론 시험

1	2	3	4	5	6	7	8	9	10	11	12	13	14	15
①	①	③	③	①	②	②	④	③	④	①	③	②	④	④

번호	답안해설
1	· [일반기업회계기준 재무회계개념체계 문단 87] 재무제표는 추정에 의한 측정치를 포함하고 있다.
2	· 목적지 인도조건인 미착상품은 판매자의 재고자산에 포함하고, 매입자의 재고자산에 포함되지 않는다.
3	· 이익준비금은 자본금의 1/2에 달할 때까지 적립한 금액을 말한다.
4	· 미수이자 20,000원 = 1,000,000원 × 12% × 2/12
5	· 선급금은 비화폐성 자산이다. · 화폐성 자산 : 현금, 예금, 외상매출금, 받을어음, 대여금, 미수금, 유가증권 · 비화폐성 자산 : 선급금, 재고자산, 고정자산, 투자유가증권
6	· 기초 제품 원가의 계상 오류는 손익계산서상 제품 매출원가에 영향을 미치지만, 제조원가명세서상 당기제품제조원가에는 영향을 미치지 않는다.
7	· 당기 완성품 수량 : 당기 판매량 86,000개 + 기말 제품 17,000개 - 기초 제품 13,000개 = 90,000개 · 공손수량 : 기초 재공품 17,700개 + 당기 착수량 85,000개 - 기말 재공품 10,000개 - 당기 완성품 90,000개 = 2,700개 · 정상공손수량 : 당기 완성품 90,000개 × 1% = 900개 · 비정상공손수량 : 당기 공손 2,700개 - 정상공손 900개 = 1,800개
8	· 순실현가치법은 분리점에서의 순실현가치를 기준으로 결합원가를 배분하는 방법이다. 순실현가치는 최종 판매가격에서 추가가공원가와 추가판매비와관리비를 차감한 후의 금액이다.
9	· 제조간접원가 예정배부율 : 제조간접원가 예산 1,000,000원 ÷ 예정조업도 100시간 = 10,000원/기계시간 · 제품 A 제조간접원가 배부액 : 실제 60시간 × 10,000원 = 600,000원 · 제품 B 제조간접원가 배부액 : 실제 50시간 × 10,000원 = 500,000원
10	· 표준원가와 실제원가가 상당한 차이가 있는 경우에는 표준원가를 실제의 상황에 맞게 조정하여야 한다.
11	· 거래 건당 공급대가가 5만원 이상인 경우에 매입자발행세금계산서를 발행할 수 있다.
12	· 수출실적명세서는 세금계산서 발급 대상이 아닌 영세율 적용분(영세-기타란)이 있을 때 제출하는 서류이다.
13	
14	· 25,000,000원 = 100,000,000원 × 25% · 당해 연도에 연구전담부서를 설립·등록한 중소기업이므로 해당 과세연도의 연구인력개발비에 공제율 25%를 적용한다.
15	· 당소득에 해당한다.

실무 시험

문제 1 일반전표의 입력

(1) **10월 04일**

거래유형	공급가액	부가가치세	공급처명	전자	분개
11.과세	30,000,000원	3,000,000원	㈜상곡전자	1.여	혼합
영세율 구분			불공제사유		

차변	(거래처)	금액	대변	(거래처)	금액
외 상 매 출 금		23,000,000원	부 가 세 예 수 금		3,000,000원
보 통 예 금		10,000,000원	제 품 매 출		30,000,000원

Chapter 5 최신 기출문제 해답

(2)	10월 11일					
	거래유형	공급가액	부가가치세	공급처명	전자	분개
	61.현과	300,000원	30,000원	대박식당	-	현금 또는 혼합
	영세율 구분			불공제사유		
	차변	(거래처)	금액	대변	(거래처)	금액
	부 가 세 대 급 금		30,000원	현 금		330,000원
	복 리 후 생 비 (제)		300,000원			

(3)	11월 03일					
	차변	(거래처)	금액	대변	(거래처)	금액
	단 기 매 매 증 권		2,650,000원	보 통 예 금		2,800,000원
	토 지		150,000원			

(4)	12월 03일					
	차변	(거래처)	금액	대변	(거래처)	금액
	부 가 세 예 수 금		2,000,000원	외 상 매 출 금	㈜가나	22,000,000원
	대 손 충 당 금		9,000,000원			
	대 손 상 각 비		11,000,000원			

문제 2 부가가치세 신고 및 부속서류의 작성

(1) [부가가치세 신고서 작성]

① 과세표준명세

과세표준명세

신고구분: 4 (1.예정 2.확정 3.영세율 조기환급 4.기한후과세표준)
국세환급금계좌신고: □ 은행 지점
계좌번호:
폐업일자: ----년 폐업사유:

② 부가가치세 신고서

일반과세 간이과세

조회기간 2025년 7월 1일 ~ 2025년 9월 30일 신고구분 1.정기신고 신고차수 부가율 58.94 기한후

	구분		금액	세율	세액	7.매출(예정신고누락분)		구분	금액	세율	세액
과세표준및매출세액	과세	세금계산서발급분	1	500,000,000	10/100	50,000,000	예정누락분	과	세금계산서	33		10/100	
		매입자발행세금계산서	2		10/100				기타	34		10/100	
		신용카드·현금영수증발행분	3	10,000,000	10/100	1,000,000		영	세금계산서	35		0/100	
		기타(정규영수증외매출분)	4		10/100				기타	36		0/100	
	영세	세금계산서발급분	5		0/100				합계	37			
		기타	6	250,000,000	0/100		12.매입(예정신고누락분)						
	예정신고누락분		7					세금계산서	38			
	대손세액가감		8				예정누락분	그 밖의 공제매입세액	39			
	합계		9	760,000,000	㉮	51,000,000		합계	40			
매입세액	세금계산서수취분	일반매입	10	305,000,000		30,500,000		신용카드매출	일반매입				
		수출기업수입분납부유예	10-1					수령금액합계	고정매입				
		고정자산매입	11	100,000,000		10,000,000		의제매입세액					
	예정신고누락분		12					재활용폐자원등매입세액					
	매입자발행세금계산서		13					과세사업전환매입세액					
	그 밖의 공제매입세액		14	7,000,000		700,000		재고매입세액					
	합계(10)-(10-1)+(11)+(12)+(13)+(14)		15	412,000,000		41,200,000		변제대손세액					
	공제받지못할매입세액		16	5,000,000				외국인관광객에대한환급세액					
	차감계 (15-16)		17	407,000,000	㉯	40,700,000		합계					
납부(환급)세액(매출세액㉮-매입세액㉯)					㉰	10,300,000	14.그 밖의 공제매입세액						
경감공제세액	그 밖의 경감·공제세액		18					신용카드매출	일반매입	41	7,000,000		700,000
	신용카드매출전표등 발행공제등		19					수령금액합계표	고정매입	42			
	합계		20		㉱			의제매입세액		43		뒤쪽	
소규모 개인사업자 부가가치세 감면세액			20-1		㉲			재활용폐자원등매입세액		44		뒤쪽	
예정신고미환급세액			21		㉳			과세사업전환매입세액		45			
예정고지세액			22		㉴			재고매입세액		46			
사업양수자의 대리납부 기납부세액			23		㉵			변제대손세액		47			
매입자 납부특례 기납부세액			24		㉶			외국인관광객에대한환급세액		48			
신용카드업자의 대리납부 기납부세액			25		㉷			합계		49	7,000,000		700,000
가산세액계			26		㉸								
차가감하여 납부할세액(환급받을세액)㉰-㉱-㉲-㉳-㉴-㉵-㉶-㉷+㉸			27			10,300,000							
총괄납부사업자가 납부할 세액(환급받을 세액)													

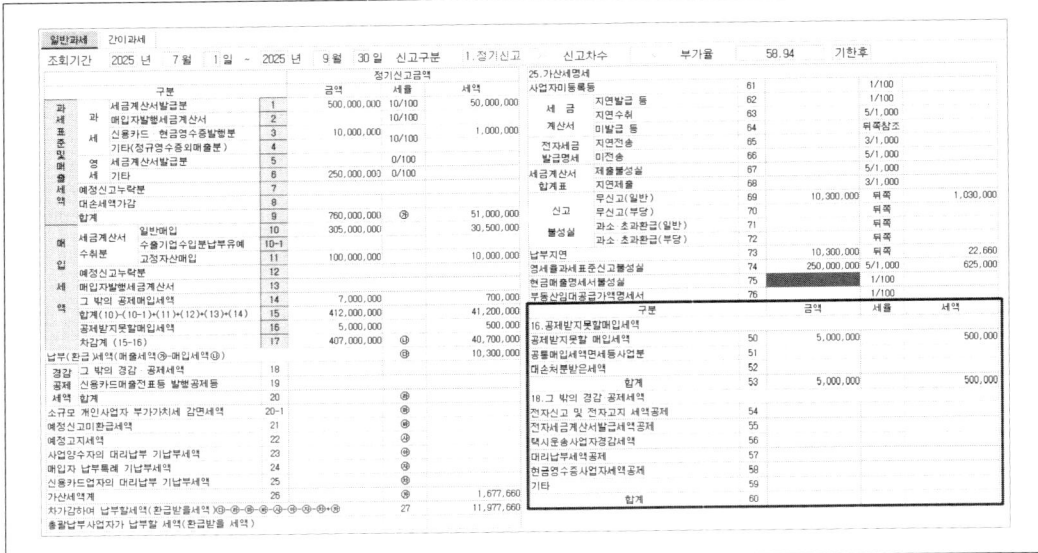

(2) [신용카드매출전표 등 수령명세서]

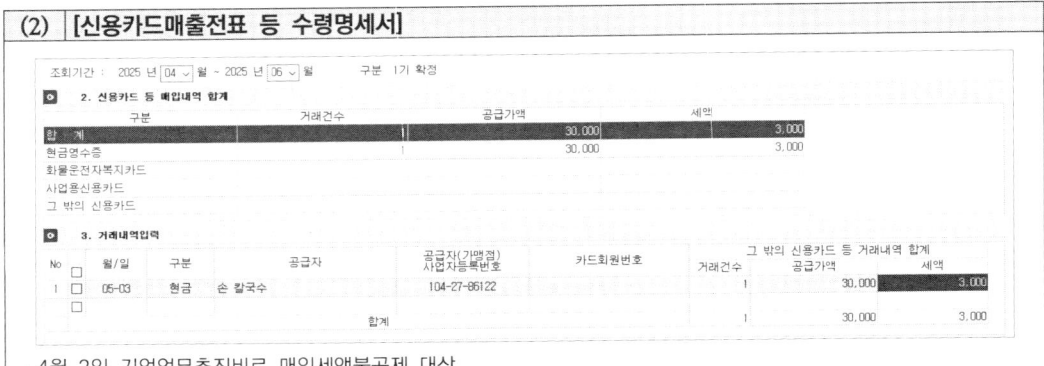

· 4월 2일 기업업무추진비로 매입세액불공제 대상
· 5월 3일 세금계산서 발급 대상 간이과세자로부터 발급받은 현금영수증은 매입세액 공제 대상이다.
· 6월 18일 전자세금계산서를 수취하였으므로 신용카드매출전표등수령명세서에는 작성하지 않는다.
· 6월 24일 여객운송업자로부터 매입한 것은 매입세액공제 대상이 아니다.

(3) [수출실적명세서 및 내국신용장·구매확인서전자발급명세서작성]

① 수출실적명세서

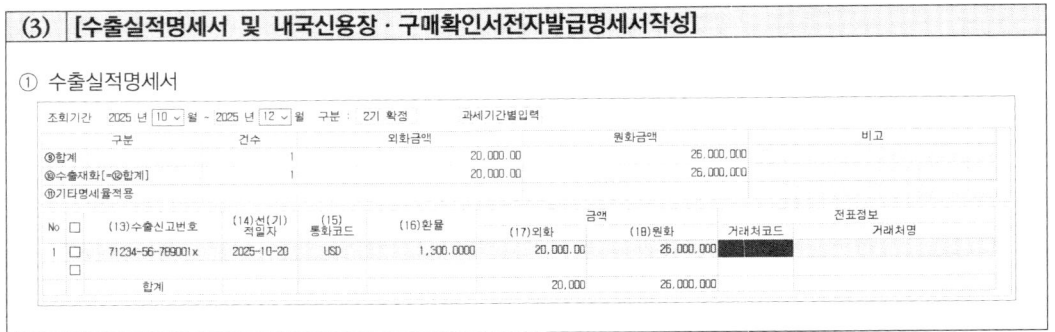

Chapter 5 최신 기출문제 해답

② 내국신용장 구매확인서

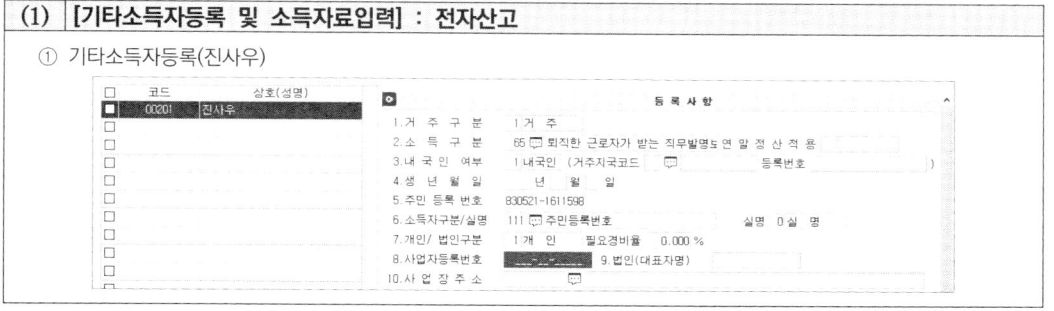

문제 3 기말정리사항의 분개 및 자동결산

(1) 12월 31일

차변	(거래처)	금액	대변	(거래처)	금액
무형자산손상차손		25,000,000원	특　　허　　권		25,000,000원

· 무형자산손상차손 : 특허권 잔액 30,000,000원(합계잔액시산표 조회) - 회수가능액 5,000,000원
 = 25,000,000원

(2) 12월 31일

차변	(거래처)	금액	대변	(거래처)	금액
이　자　비　용		1,800,000원	미 지 급 비 용		1,800,000원

· 이자비용 : 40,000,000원 × 6% × 9/12(4월 1일~12월 31일) = 1,800,000원

(3) 12월 31일

차변	(거래처)	금액	대변	(거래처)	금액
매 도 가 능 증 권		5,000,000원	매도가능증권평가손실 매도가능증권평가이익		1,000,000원 4,000,000원

(4) 12월 31일

차변	(거래처)	금액	대변	(거래처)	금액
[결산자료입력] > 2.매출원가 > 결산반영금액 >		· 기말 원재료 재고액 : 5,000,000원 입력 > F3 전표추가			
		· 기말 재공품 재고액 : 6,100,000원 입력			
		· 기말 제품 재고액 : 7,800,000원 입력			

문제 4 원천징수 신고

(1) [기타소득자등록 및 소득자료입력] : 전자신고

① 기타소득자등록(진사우)

PART 2 실 무 편

② 기타소득자등록(김현정)

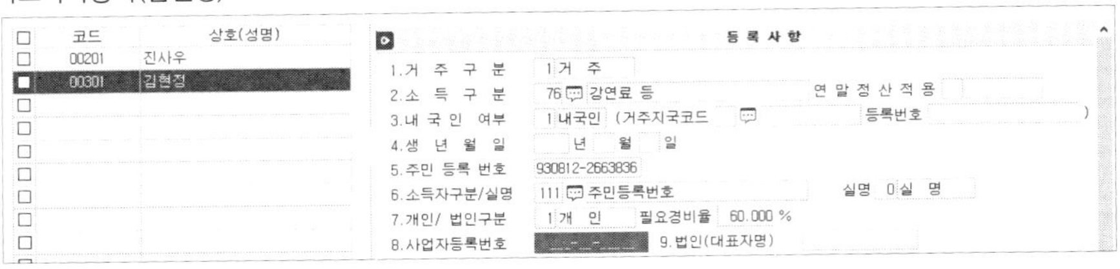

코드	상호(성명)
00201	진사우
00301	김현정

등록사항
1. 거 주 구 분 : 1 거 주
2. 소 득 구 분 : 76 강연료 등   연말정산적용
3. 내국인 여부 : 1 내국인 (거주지국코드   ) 등록번호
4. 생 년 월 일 :   년   월   일
5. 주민 등록 번호 : 930812-2663836
6. 소득자구분/실명 : 111 주민등록번호   실명 0 실 명
7. 개인/법인구분 : 1 개 인   필요경비율 60.000 %
8. 사업자등록번호 :   9. 법인(대표자명)

③ 기타소득자료등록(진사우)

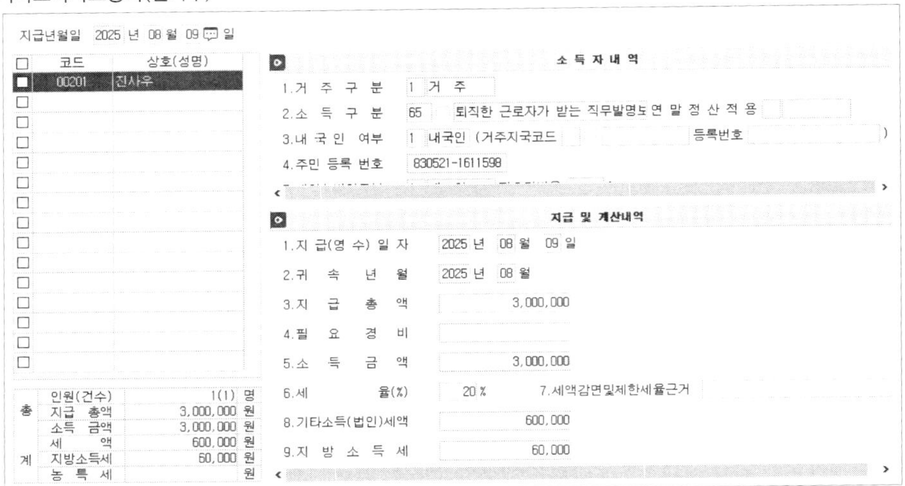

지급년월일 2025 년 08 월 09 일

코드	상호(성명)
00201	진사우

소득자내역
1. 거 주 구 분 : 1 거 주
2. 소 득 구 분 : 65 퇴직한 근로자가 받는 직무발명보상금 연말정산적용
3. 내국인 여부 : 1 내국인 (거주지국코드   ) 등록번호
4. 주민 등록 번호 : 830521-1611598

지급 및 계산내역
1. 지급(영수)일자 : 2025 년 08 월 09 일
2. 귀 속 년 월 : 2025 년 08 월
3. 지 급 총 액 : 3,000,000
4. 필 요 경 비 :
5. 소 득 금 액 : 3,000,000
6. 세   율(%) : 20 %   7. 세액감면및제한세율근거
8. 기타소득(법인)세액 : 600,000
9. 지 방 소 득 세 : 60,000

총계
- 인원(건수): 1(1) 명
- 지급 총액: 3,000,000 원
- 소득 금액: 3,000,000 원
- 세   액: 600,000 원
- 지방소득세: 60,000 원
- 농 특 세: 원

④ 기타소득자료등록(김현정)

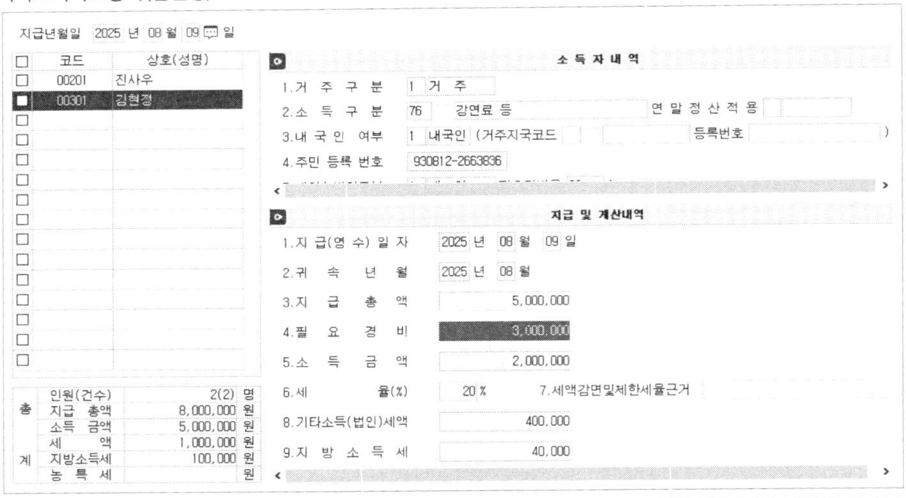

지급년월일 2025 년 08 월 09 일

코드	상호(성명)
00201	진사우
00301	김현정

소득자내역
1. 거 주 구 분 : 1 거 주
2. 소 득 구 분 : 76 강연료 등   연말정산적용
3. 내국인 여부 : 1 내국인 (거주지국코드   ) 등록번호
4. 주민 등록 번호 : 930812-2663836

지급 및 계산내역
1. 지급(영수)일자 : 2025 년 08 월 09 일
2. 귀 속 년 월 : 2025 년 08 월
3. 지 급 총 액 : 5,000,000
4. 필 요 경 비 : 3,000,000
5. 소 득 금 액 : 2,000,000
6. 세   율(%) : 20 %   7. 세액감면및제한세율근거
8. 기타소득(법인)세액 : 400,000
9. 지 방 소 득 세 : 40,000

총계
- 인원(건수): 2(2) 명
- 지급 총액: 8,000,000 원
- 소득 금액: 5,000,000 원
- 세   액: 1,000,000 원
- 지방소득세: 100,000 원
- 농 특 세: 원

Chapter 5 최신 기출문제 해답

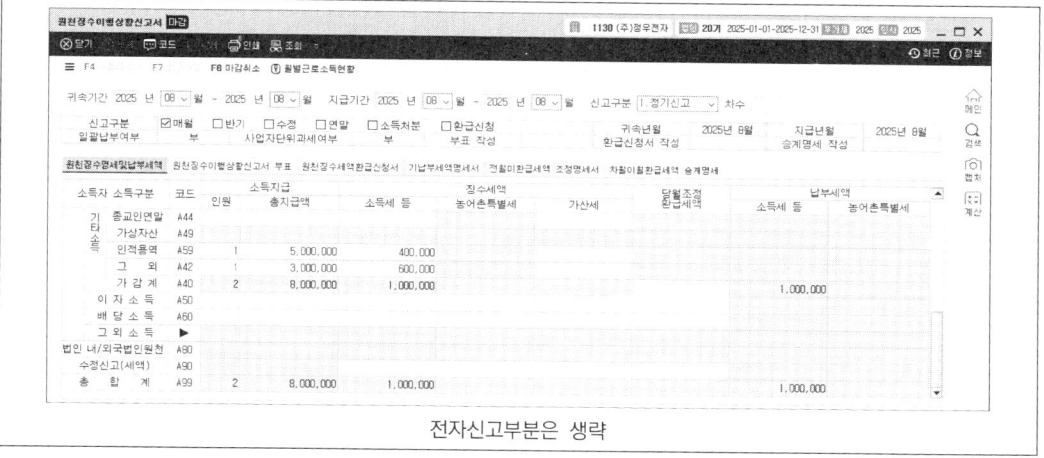

(2) [연말정산자료를 이용한 급여자료 입력]

① 2월분 급여자료 입력

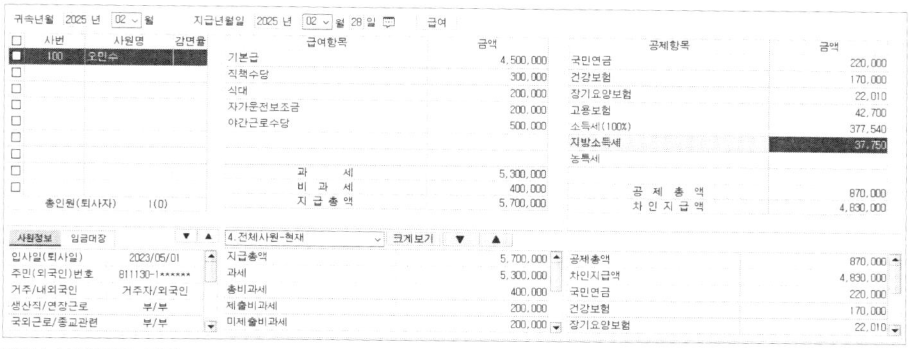

② 2월분 급여자료 입력

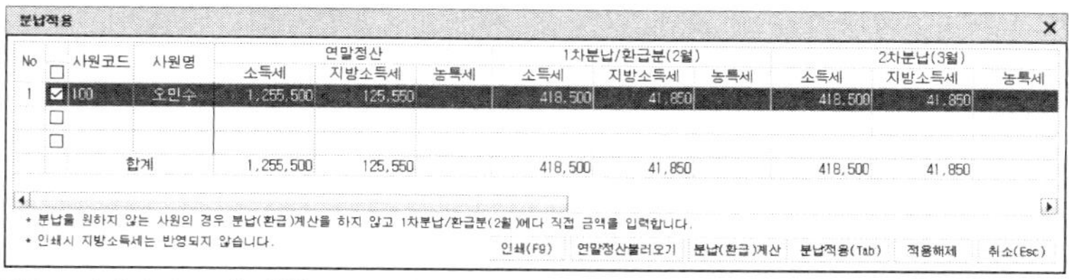

· [F7중도퇴사자정산▼] > [F11분납적용] > [연말정산불러오기] > [분납(환급)계산] > [분납적용(Tab)]

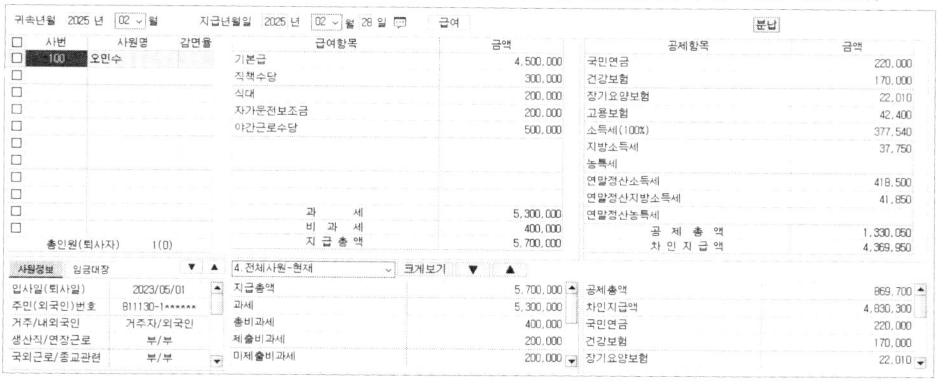

③ 원천징수이행상황신고서

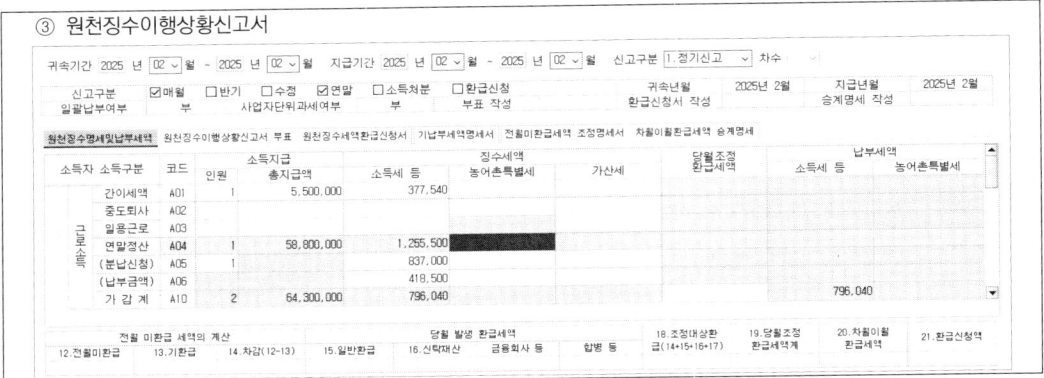

문제 5 법인세 신고

(1) [가산세액계산서]

① 가산세액계산서

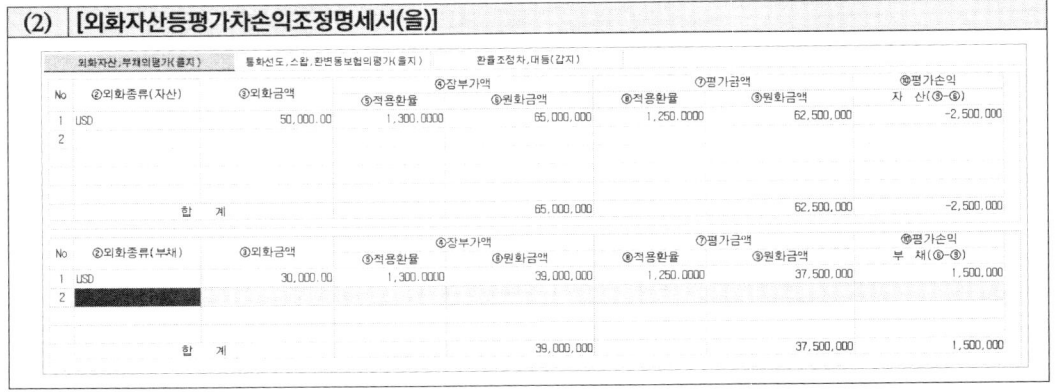

· 건당 3만원 초과인 소모품비는 손금으로 인정되나, 증명서류수취불성실가산세 대상이다.
· 기업업무추진비는 한 차례 3만원을 초과하는 경우, 적격 증명서류 미수령 시 전액 손금불산입되므로 가산세는 발생하지 않는다.
· 간이과세자로부터 제공받는 부동산임대용역의 경우, 적격증명서류가 없더라도 경비등송금명세서를 제출하는 경우 가산세 제외 대상이다.
· 사업연도 중 주식 등의 변동사항이 있는 법인은 각사업연도소득에 대한 법인세 과세표준과 세액의 신고기한까지 주식등변동상황명세서를 제출해야 한다.

(2) [외화자산등평가차손익조정명세서(을)]

조정과목	금 액	세무조정	소득처분
외상매출금	2,500,000원	손금산입	유보발생
외상매입금	1,500,000원	익금산입	유보발생

(3) [가지급금등의 인정이자 조정명세서]

(1) 가지급금, 가수금 입력 탭

(2) 차입금 입력 탭

※ 가지급금과 가수금 발생 시에 이자율, 상환기간에 대한 약정이 각각 체결된 경우가 아니라면, 동일인에 대한 가지급금, 가수금은 서로 상계하여 인정이자를 계산한다.

(3) 가중평균차입이자율 탭

(4) 가지급금인정이자조정 탭

조정과목	금 액	세무조정	소득처분
가지급금인정이자(대표이사)	3,221,452원	익금산입	상여

(4) [선급비용명세서]

계정구분	거래내용	거래처	대상기간 시작일	대상기간 종료일	지급액	선급비용	회사계상액	조정대상금액
선급 임차료	임차료지급	(주)다대여	2025-06-01	2026-05-31	12,000,000	4,964,383	12,000,000	-7,035,617
선급 보험료	보험료지급	(주)다보호화재	2025-06-01	2026-05-31	2,400,000	992,876		992,876
		합 계			14,400,000	5,957,259	12,000,000	-6,042,741

조정과목	금 액	세무조정	소득처분
선급임차료	7,035,617원	손금산입	유보발생
선급보험료	992,876원	손금불산입	유보발생
전기분 선급보험료	1,000,000원	손금산입	유보감소

(5) [자본금과 적립금조정명세서] 이월결손금조정명세서

Ⅱ. 이월결손금 계산서
1. 이월결손금 발생 및 증감내역

(5) 사업연도	이월결손금			감 소 내 역					잔 액		
	발생액										
	(7)계	(8)일반 결손금	(9)배분 한도초과 결손금{(9)=(25)}	(10)소급공제	(11)차감계	(12)기공제액	(13)당기 공제액	(14)보전	(15)계	(16)기한 내	(17)기한 경과	(18)계
2009-12-31	150,000,000	150,000,000		50,000,000	100,000,000	40,000,000		40,000,000	80,000,000		20,000,000	20,000,000
2021-12-31	70,000,000	70,000,000			70,000,000	20,000,000	50,000,000		70,000,000			
2023-12-31	100,000,000	100,000,000			100,000,000		100,000,000		100,000,000			
계	320,000,000	320,000,000		50,000,000	270,000,000	60,000,000	150,000,000	40,000,000	250,000,000		20,000,000	20,000,000

2024년 6월 1일 시행 제114회 전산세무회계자격시험 전산세무1급 A형

이론 시험

1	2	3	4	5	6	7	8	9	10	11	12	13	14	15
③	②	③	②	①	④	④	②	①	④	③	④	③	②	④

번호	답안해설
1	· 원칙적으로 단기매매증권, 매도가능증권은 공정가치로 평가하고, 만기보유증권은 상각후원가로 평가한다.
2	· 유형자산을 신규 취득한 회계연도의 감가상각비는 정액법보다 정률법이 크다. 따라서 감가상각비는 증가하고, 당기순이익과 차량운반구의 장부가액은 감소한다.
3	· 전진법의 단점에 대한 설명이다. 소급법의 경우 재무제표의 비교가능성이 유지되고 회계변경의 영향이 재무제표에 충분히 반영되어 파악하기 쉽다.
4	· [일반기업회계기준 문단 15.8] 기업이 매입 등을 통하여 취득하는 자기주식은 취득원가를 자기주식의 과목으로 하여 자본조정으로 회계처리한다.
5	· 사채할증발행차금 상각액은 매년 증가한다.
6	· 76,000원 = 수선부문 배분액 40,000원 + 전력부문 배분액 36,000원 (1) 수선부문 원가배분 · 전력부문 : 100,000원 × 40% = 40,000원 · 제조부문 X : 100,000원 × 40% = 40,000원 · 제조부문 Y : 100,000원 × 20% = 20,000원 (2) 전력부문 원가배분 · 전력부문 배분대상원가 : 40,000원 + 80,000원 = 120,000원 · 제조부문 X : 120,000원 × 30% = 36,000원 · 제조부문 Y : 120,000원 × 70% = 84,000원
7	· 5,000단위 = (400단위 × 50%) + (4,600단위 × 100%) + (400단위 × 50%) = 5,000단위
8	· 가. 작업폐물에 관한 설명이다. · 라. 비정상공손에 대한 설명이다.
9	· 원가행태에 따른 분류로서 변동원가, 고정원가, 준변동원가, 준고정원가로 구성된다.
10	· 기말재공품의 완성도는 선입선출법, 평균법에서 모두 고려해야 하는 대상이다.
11	· 영세율의 경우 부가가치세법상 사업자로서 제반의무를 이행해야 한다. 면세는 부가가치세법상 의무사항은 없으나 일정한 협력의무는 이행해야 한다.
12	· 채권자가 불분명한 사채의 이자는 상여로 처분하지만 해당 이자에 대한 원천징수세액은 기타사외유출로 처분한다.
13	· 가. 재화의 공급으로 부가가치세 과세 대상이다. · 나. 권리금으로 재산적 가치가 있는 무체물은 부가가치세 과세 대상이다. · 라. 재산적 가치가 있는 유체물은 재화에 포함되는 것으로 사업자가 공급하는 경우 과세 대상이다.
14	· 아파트관리비는 공제 대상 신용카드 등 사용금액에 포함하지 않는다.
15	· 주거용 건물의 임대업에서 발생한 결손금은 근로소득→연금소득→기타소득→이자소득→배당소득 순으로 다른 종합소득금액에서 공제가 가능하다.

PART 2 실 무 편

실무 시험

문제 1 일반전표의 입력

(1) 07월 06일

거래유형	공급가액	부가가치세	공급처명	전자	분개
54.불공	1,500,000원	150,000원	만물상사	1.여	혼합
영세율 구분			불공제사유	4.기업업무추진비 및 유사한 비용	
차변	(거래처)	금액	대변	(거래처)	금액
기업업무추진비(판)		1,650,000원	보통예금		1,650,000원

(2) 07월 20일

차변	(거래처)	금액	대변	(거래처)	금액
외상매입금	㈜대성	55,000,000원	보통예금 채무면제이익		54,000,000원 1,000,000원

(3) 08월 20일

차변	(거래처)	금액	대변	(거래처)	금액
보통예금 주식발행초과금 주식할인발행차금		40,000,000원 5,000,000원 5,000,000원	자본금		50,000,000원

(4) 09월 01일

거래유형	공급가액	부가가치세	공급처명	전자	분개
11.과세	40,000,000원	4,000,000원	㈜미누전자	1.여	혼합
영세율 구분			불공제사유		
차변	(거래처)	금액	대변	(거래처)	금액
기계감가상각누계액 국고보조금(217) 미수금		21,000,000원 24,000,000원 44,000,000원	부가세예수금 기계장치 유형자산처분이익		4,000,000원 75,000,000원 10,000,000원

문제 2 부가가치세 신고 및 부속서류의 작성

(1) [부동산 임대공급가액 명세서]

① 디자인봄

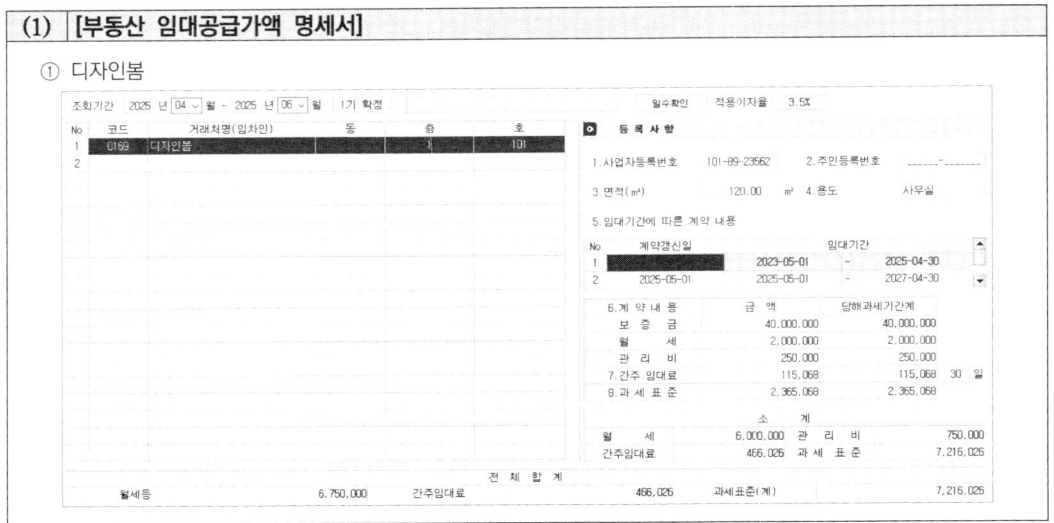

Chapter 5 최신 기출문제 해답

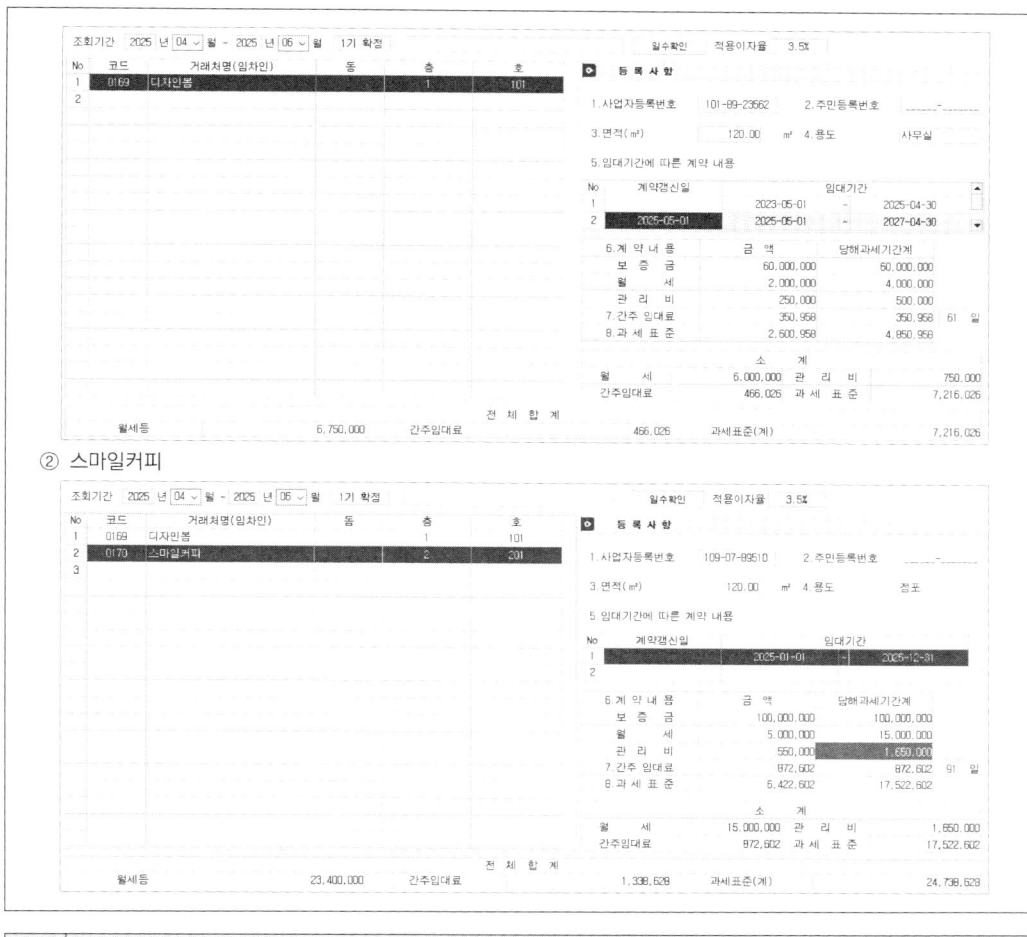

(2) [공제받지 못할 매입세액명세서]

자산	(20)해당재화의 매입세액	(21)경감률[1-(체감률×경과된과세기간의수)]				(22)증가 또는 감소된 면세공급가액(사용면적)비율					(23)가산또는 공제되는 매입세액 (20)×(21)×(22)
		취득년월	체감률	경과과세기간	경감률	총공급 당기	면세공급	총공급 직전	면세공급	증가율	
1.건물,구축물	10,000,000	2024-02	5	2	90	750,000,000.00	307,500,000.00	700,000,000.00	224,000,000.00	9.000000	810,000
2.기타자산	5,000,000	2024-07	25	1	75	750,000,000.00	307,500,000.00	700,000,000.00	224,000,000.00	9.000000	337,500
					합계						1,147,500

(3) [대손세액공제신고서]

조회기간 2025 년 04 월 ~ 2025 년 06 월 1기 확정

당초공급일	대손확정일	대손금액	공제율	대손세액	거래처		대손사유
2022-05-01	2025-05-02	3,300,000	10/110	300,000	(주)일월산업	6	소멸시효완성
2024-05-08	2025-05-21	11,000,000	10/110	1,000,000	세월무역	5	부도(6개월경과)
2024-06-20	2025-04-09	6,600,000	10/110	600,000	(주)오월상사	1	파산
2024-11-05	2025-06-11	5,500,000	10/110	500,000	(주)유월물산	5	부도(6개월경과)
합 계		26,400,000		2,400,000			

문제 3 기말정리사항의 분개 및 자동결산

(1) 12월 31일

차변	(거래처)	금액	대변	(거래처)	금액
장 기 차 입 금	삼일은행	30,000,000원	유동성장기부채	삼일은행	30,000,000원

(2) 12월 31일

차변	(거래처)	금액	대변	(거래처)	금액
외 화 환 산 손 실		6,000,000원	외 상 매 출 금	미국 Z사	6,000,000원

(3) 12월 31일

차변	(거래처)	금액	대변	(거래처)	금액
부 가 세 예 수 금		50,000,000원	부 가 세 대 급 금		62,000,000원
미 수 금		12,000,000원			

(4) 12월 31일

차변	(거래처)	금액	대변	(거래처)	금액
법 인 세 등		27,000,000원	선 납 세 금		12,750,000원
			미 지 급 세 금		14,250,000원

1. 결산자료입력 > 기간 : 2025년 01월~2025년 12월
   >9. 법인세등> 1). 선납세금 결산반영금액 12,750,000원 입력   >F3전표추가
                2). 추가계상액 결산반영금액 14,250,000원 입력

문제 4 원천징수 신고

(1) [사원등록]

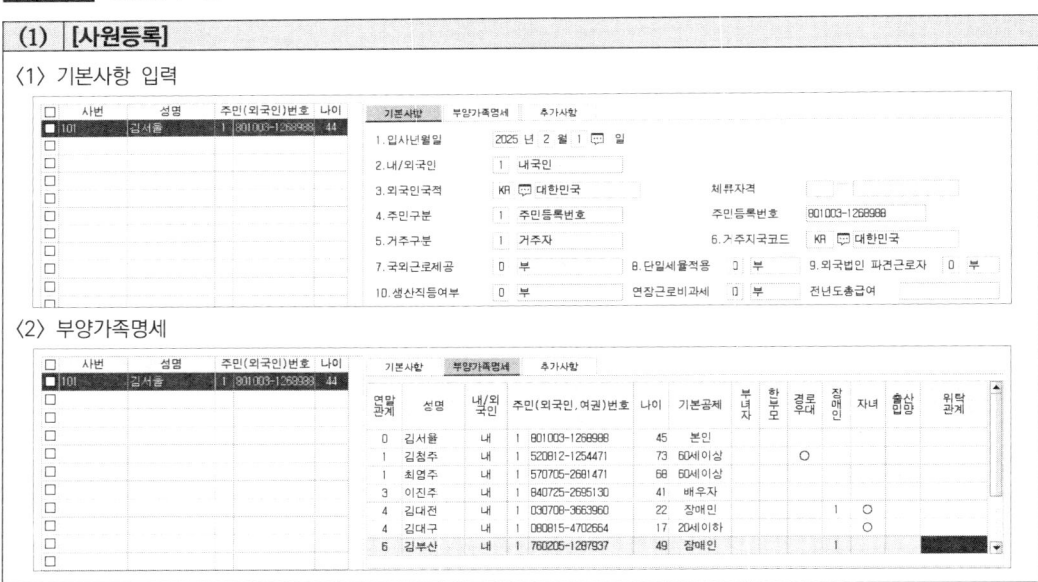

Chapter 5 최신 기출문제 해답

〈급여자료 입력〉
① 수당공제등록

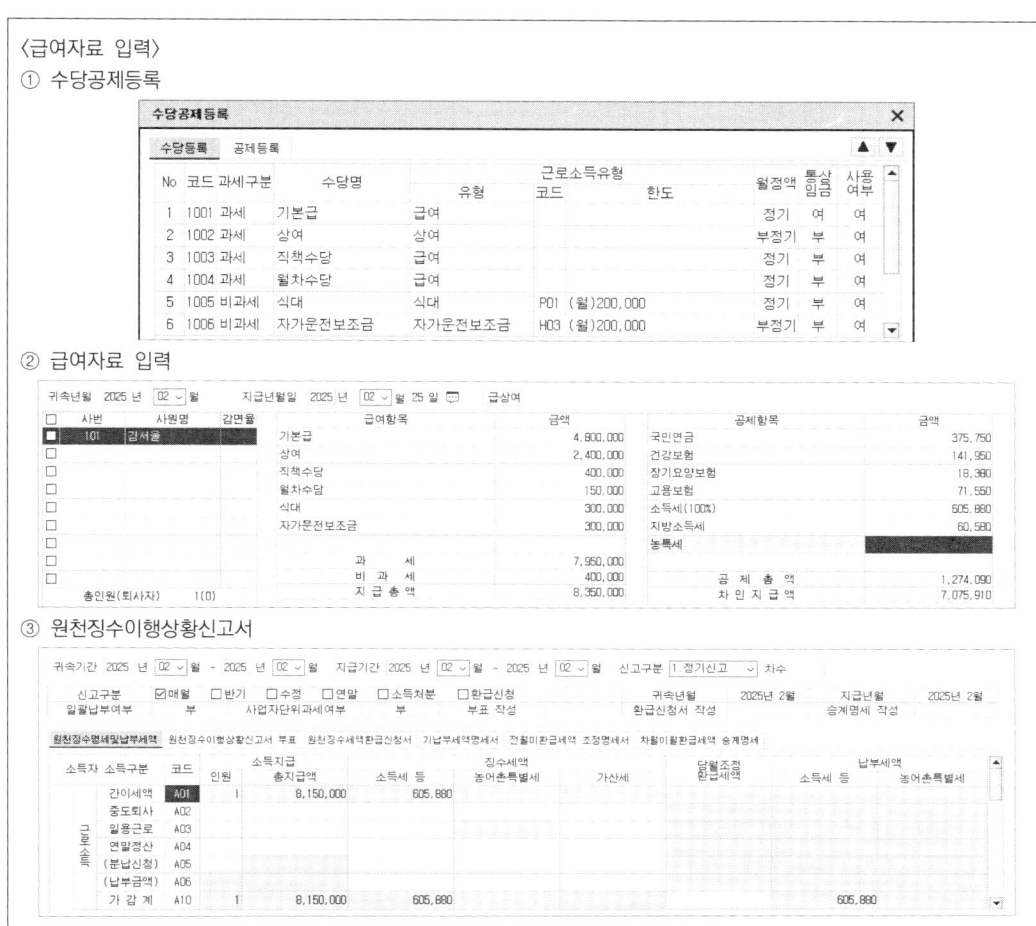

② 급여자료 입력

③ 원천징수이행상황신고서

(2) [기타소득자 등록 및 이자배당소득자료 입력]

〈기타소득자 등록〉
① 정지영

② 김봉산

PART 2 실무편

〈이자배당소득 자료〉

① 정지영

지급년월일 2025년 06월 01일

No	코드	성명	소득구분
1	00101	정지영	내국법인 배당·분배금, 건설이자…

구 분	입력내용
1. 소득자 구분/실명	111 주민등록번호 실명 0.실명
2. 개인/법인구분	1.개인
3. 지급(영수)일자	2025년 06월 01일
4. 귀속년월	2025년 06월

● 지급 및 계산내역

인 원 (건 수)	1 (1) 명
지 급 금 액	6,000,000 원
소 득 세	840,000 원
법 인 세	원
지 방 소 득 세	84,000 원
농 특 세	원

채권이자구분	이자지급대상기간	이자율	금액	세율(%)	세액	지방소득세	농특세	차인지급액
	----~-~----~-~----		6,000,000	14	840,000	84,000		5,076,000

② 김봉산

지급년월일 2025년 07월 01일

No	코드	성명	소득구분
1	00102	김봉산	내국법인 회사채의 이자와 할인액(

구 분	입력내용
1. 소득자 구분/실명	111 주민등록번호 실명 0.실명
2. 개인/법인구분	1.개인
3. 지급(영수)일자	2025년 07월 01일
4. 귀속년월	2025년 07월
5. 은행 및 계좌번호	계좌번호 예금주

● 지급 및 계산내역

인 원 (건 수)	1 (1) 명
지 급 금 액	12,000,000 원
소 득 세	1,680,000 원
법 인 세	원
지 방 소 득 세	168,000 원
농 특 세	원
세 액 합 계	1,848,000 원
차 인 지 급 액	10,152,000 원

채권이자구분	이자지급대상기간	이자율	금액	세율(%)	세액	지방소득세	농특세	차인지급액
	----~-~----~-~----		12,000,000	14	1,680,000	168,000		10,152,000

〈원천징수이행상황신고서〉

① 6월 귀속/6월 지급

귀속기간 2025년 06월 ~ 2025년 06월 지급기간 2025년 06월 ~ 2025년 06월 신고구분 1.정기신고 차수

| 신고구분 | ☑매월 □반기 □수정 □연말 □소득처분 □환급신청 | 귀속년월 | 2025년 6월 | 지급년월 | 2025년 6월 |
| 일괄납부여부 | 부 사업자단위과세여부 부 부표 작성 | 환급신청서 작성 | 승계명세 작성 |

원천징수명세및납부세액 | 원천징수이행상황신고서 부표 | 원천징수세액환급신청서 | 기납부세액명세서 | 전월미환급세액 조정명세서 | 차월이월환급세액 승계명세

소득자 소득구분	코드	소득지급		징수세액			당월조정환급세액	납부세액	
		인원	총지급액	소득세 등	농어촌특별세	가산세		소득세 등	농어촌특별세
가 감 계	A40								
이 자 소 득	A50								
배 당 소 득	A60	1	6,000,000	840,000				840,000	
그 외 소 득	▶								
법인 내/외국법인원천	A80								
수정신고(세액)	A90								
총 합 계	A99	1	6,000,000	840,000				840,000	

전월 미환급 세액의 계산				당월 발생 환급세액				18.조정대상환급(14+15+16+17)	19.당월조정환급세액계	20.차월이월환급세액	21.환급신청액
12.전월미환급	13.기환급	14.차감(12-13)	15.일반환급	16.신탁재산	금융회사 등	합병 등					

② 7월 귀속/7월 지급

귀속기간 2025년 07월 ~ 2025년 07월 지급기간 2025년 07월 ~ 2025년 07월 신고구분 1.정기신고 차수

| 신고구분 | ☑매월 □반기 □수정 □연말 □소득처분 □환급신청 | 귀속년월 | 2025년 7월 | 지급년월 | 2025년 7월 |
| 일괄납부여부 | 부 사업자단위과세여부 부 부표 작성 | 환급신청서 작성 | 승계명세 작성 |

원천징수명세및납부세액 | 원천징수이행상황신고서 부표 | 원천징수세액환급신청서 | 기납부세액명세서 | 전월미환급세액 조정명세서 | 차월이월환급세액 승계명세

소득자 소득구분	코드	소득지급		징수세액			당월조정환급세액	납부세액	
		인원	총지급액	소득세 등	농어촌특별세	가산세		소득세 등	농어촌특별세
가 감 계	A40								
이 자 소 득	A50	1	12,000,000	1,680,000				1,680,000	
배 당 소 득	A60								
그 외 소 득	▶								
법인 내/외국법인원천	A80								
수정신고(세액)	A90								
총 합 계	A99	1	12,000,000	1,680,000				1,680,000	

Chapter 5 최신 기출문제 해답

(3) [원천징수이행상황신고서] 작성 및 마감

〈원천징수이행상황신고서의 마감〉

〈전자신고서의 작성〉

문제 5 법인세 신고

(1) [수입금액조정명세서]

(1) 수입금액조정명세서

① 1.수입금액 조정계산

② 작업진행률에 의한 조정계산

③ 기타수입금액조정

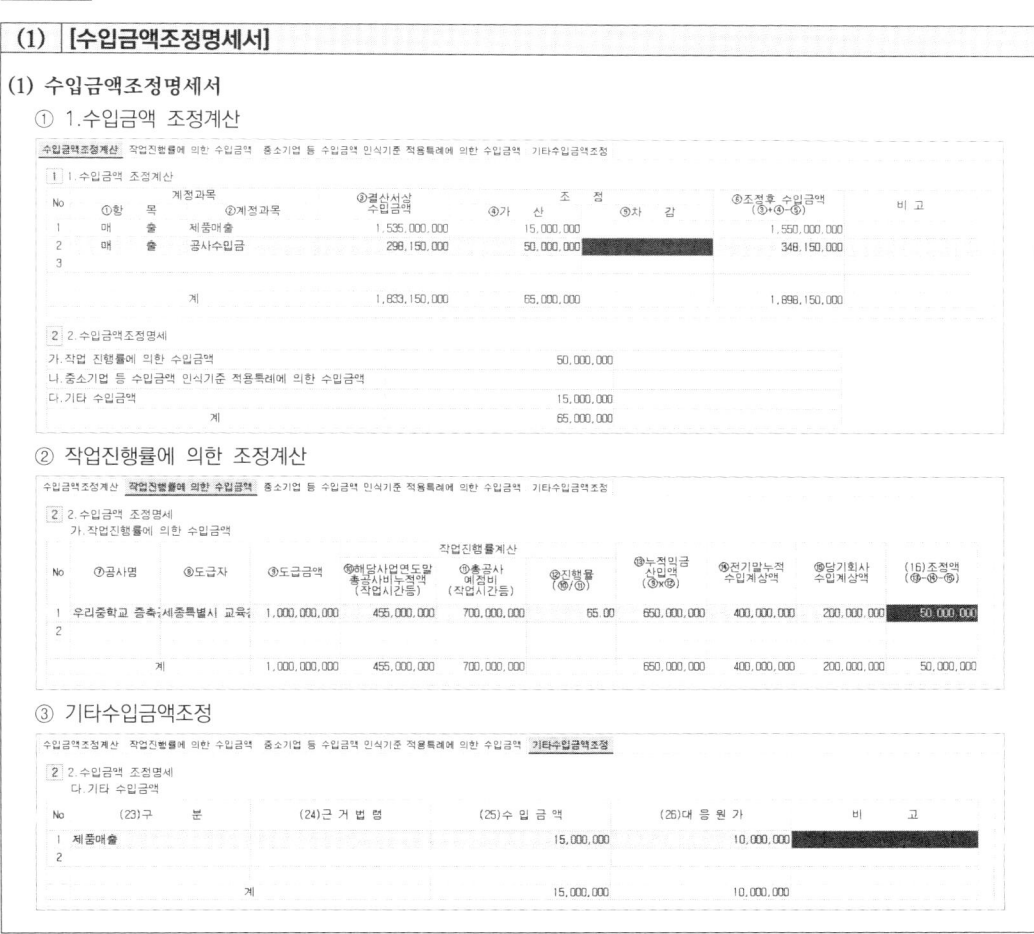

PART 2 실무편

조정과목	금 액	세무조정	소득처분
위탁품매출누락	15,000,000원	익금산입	유보발생
위탁품매출원가누락	10,000,000원	손금산입	유보발생
작업진행률차이	50,000,000원	익금산입	유보발생

(2) 조정후 수입금액조정명세서

① 업종별 수입금액명세서

①업 태	②종 목	순번	③기준(단순)경비율번호	수입금액계정조회 ④계(⑤+⑥+⑦)	내 수 판 매 ⑤국내생산품	⑥수입상품	⑦수 출(명세율대상)
제조.도매업,건설업	전자부품	01	321012	1,550,000,000	1,550,000,000		
건설업	일반 통신 공사업	02	452127	348,150,000	348,150,000		
(111)기	타	11					
(112)합	계	99		1,898,150,000	1,898,150,000		

② 부가가치세 과세표준과 수입금액 차액검토

(1) 부가가치세 과세표준과 수입금액 차액

③과세(일반)	④과세(영세율)	⑤면세수입금액	⑥합계(③+④+⑤)	⑦조정후수입금액	⑧차액(⑥-⑦)
1,848,150,000			1,848,150,000	1,898,150,000	-50,000,000

(2) 수입금액과의 차액내역(부가세과표에 포함되어 있으면 +금액, 포함되지 않았으면 -금액 처리)

⑧구 분	코드	(16)금 액	비 고	⑧구 분	코드	(16)금 액	비 고
자가공급(면세전용등)	21			거래(공급)시기차이감액	30		
사업상증여(접대제공)	22			주세·개별소비세	31		
개인적공급(개인적사용)	23			매출누락	32	-15,000,000	
간주임대료	24				33		
자산매각 유형자산 및 무형자산 매각액	25	15,000,000			34		
그밖의자산매각액(부산물)	26				35		
폐업시 잔존재고재화	27				36		
작업진행률 차이	28	-50,000,000			37		
거래(공급)시기차이가산	29			(17)차 액 계	50	-50,000,000	
				(13)차액과(17)차액계의차이금액			

(2) [퇴직연금부담금 조정명세서]

2.이미 손금산입한 부담금 등의 계산

나. 기말 퇴직연금예치금 등의 계산

19.기초 퇴직연금예치금 등	20.기중 퇴직연금예치금 등 수령 및 해약액	21.당기 퇴직연금예치금 등의 납입액	22.퇴직연금예치금 등 계 (19 - 20 + 21)
210,000,000	3,000,000	40,000,000	247,000,000

가. 손금산입대상 부담금 등 계산

13.퇴직연금예치금 등 계 (22)	14.기초퇴직연금충당금등 및 전기말 신고조정에 의한 손금산입액	15.퇴직연금충당금등 손금부인 누계액	16.기중퇴직연금등 수령 및 해약액	17.이미 손금산입한 부담금등 (14 - 15 - 16)	18.손금산입대상 부담금 등 (13 - 17)
247,000,000	210,000,000		3,000,000	207,000,000	40,000,000

1.퇴직연금 등의 부담금 조정

1.퇴직급여추계액	2.장부상 기말잔액	3.확정기여형퇴직연금자의 설정전 기계상된 퇴직급여충당금	당기말 현재 퇴직급여충당금 4.당기말 부인 누계액	5 차감액 (② - ③ - ④)	6.퇴직부담금 등 손금산입 누적한도액 (① - ⑤)
280,000,000	25,000,000		25,000,000		280,000,000
7.이미 손금산입한 부담금 등 (17)	8.손금산입액 한도액 (⑥ - ⑦)	9.손금산입 대상 부담금 등 (18)	10.손금산입범위액 (⑧과 ⑨중 적은 금액)	11.회사 손금 계상액	12.조정금액 (⑩ - ⑪)
207,000,000	73,000,000	40,000,000	40,000,000		40,000,000

Chapter 5 최신 기출문제 해답

조정과목	금 액	세무조정	소득처분
퇴직연금부담금 손금산입	40,000,000원	손금산입	유보발생
퇴직연금손금불산입	3,000,000원	손금불산입	유보감소

(3) [고정자산등록 및 감가상각비 조정명세서]

(1) 고정자산 등록

① 기계장치 A

② 기계장치 B

(2) 미상각자산 감가상각조정명세서

① 기계장치 A

② 기계장치 B

조정과목	금 액	세무조정	소득처분
기계장치 A 감가상각비 부인액	4,232,000원	손금불산입	유보발생
기계장치 B 감가상각비 손금추인	729,000원	손금산입	유보감소

(4) [기부금 세무조정명세서]

(1) [기부금 명세서 및 소득금액 확정]

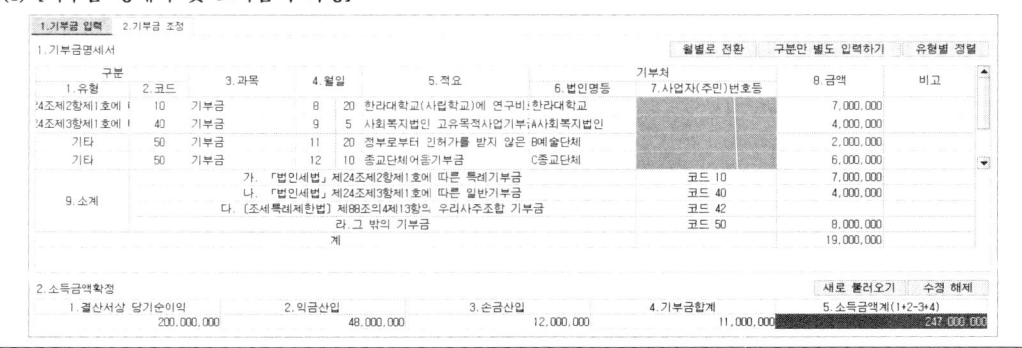

조정과목	금액	세무조정	소득처분
비지정기부금	2,000,000원	손금불산입	기타사외유출
어음기부금	6,000,000원	손금불산입	유보발생

(2) [기부금 조정명세서]

(5) [원천납부세액명세서]

PART 2 실무편

2024년 8월 3일 시행
제115회 전산세무회계자격시험 — 전산세무1급 A형

이론 시험

1	2	3	4	5	6	7	8	9	10	11	12	13	14	15
②	④	③	④	③	①	②	②	①	②	③	③	②	④	①

번호	답안해설
1	· 주식배당 시 자본금은 증가하고 이익잉여금은 감소하며 자본총액은 동일하다.
2	· [일반기업회계기준 문단 16.14] 용역제공거래의 성과를 신뢰성 있게 추정할 수 없고 발생한 원가의 회수 가능성이 낮은 경우에는 수익을 인식하지 않고 발생한 원가를 비용으로 인식한다.
3	· 재무상태표상 기계장치의 장부가액 = 기계장치 2,000,000원 - 감가상각누계액 400,000원 - 정부보조금 800,000원 = 800,000원
4	· 사채의 장부가액이 매년 감소하므로 사채의 실질이자도 매년 감소한다.
5	· 납부해야 할 법인세가 회계상 법인세비용을 초과하는 경우 이연법인세자산을 인식한다.
6	· 기본원가 : 직접재료원가 + 직접노무원가 · 가공원가 : 직접노무원가 + 제조간접원가
7	· 나. 종합원가계산은 소품종대량생산에 적합하다. · 라. 매몰원가에 대한 설명이다.
8	· 기초재공품 완성품환산량 : 1,000개 × (100% - 60%) = 400개 · 당기착수분 완성품환산량 : 7,000개 × 100% = 7,000개 · 기말재공품 완성품환산량 : 2,000개 × 50% = 1,000개 ∴ 완성품환산량은 8,400개이다. · 가공원가 발생액 : 8,400개 × 10원/개 = 84,000원
9	실제 발생원가 600,000원 기준조업도 × 표준배부율 10,000개 × 1시간 × 50원 = 500,000원 표준조업도 × 표준배부율 9,000개 × 1시간 × 50원 = 450,000원 예산차이 100,000원 불리 조업도차이 50,000원 불리 ∴ 고정제조간접원가 총차이 : 150,000원 불리
10	· 개별원가계산방법은 제품별, 작업지시서별로 집계된 원가에 의하여 제조원가를 계산한다.
11	· 법인세법 제4조 제1항, 비영리법인이 청산하는 경우에는 잔여재산을 구성원에게 분배할 수 없고 유사한 목적을 가진 비영리법인이나 국가에 인도하므로 청산소득이 발생하지 않는다. 따라서 청산소득에 대한 법인세 납세의무가 없다.
12	· 소득세법 제164조의3 제1항, 일용근로자에게 지급하는 일용직 근로소득에 대해서는 간이지급명세서를 제출하지 않아도 된다.
13	· 소득세법 제21조 제1항, 근무기간 중에 부여받은 주식매수선택권을 퇴직 후에 행사함으로써 얻는 이익은 기타소득에 해당한다.
14	· 부가가치세법 시행령 제83조 제2항, 건물과 구축물에 적용되는 체감률은 5%이다.
15	· 자동차운전학원에서 가르치는 교육용역은 과세이다.

Chapter 5 최신 기출문제 해답

실무 시험

문제 1 일반전표의 입력

(1) 03월 20일

차변	(거래처)	금액	대변	(거래처)	금액
보 통 예 금		5,000,000원	배 당 금 수 익		5,000,000원

(2) 07월 09일

거래유형	공급가액	부가가치세	공급처명	전자	분개
11.과세	100,000,000원	10,000,000원	㈜지수산업	1.여	혼합
영세율 구분			불공제사유		

차변	(거래처)	금액	대변	(거래처)	금액
선 수 금	㈜지수산업	10,000,000원	제 품 매 출		100,000,000원
받 을 어 음	㈜지수산업	100,000,000원	부 가 세 예 수 금		10,000,000원

(3) 07월 10일

차변	(거래처)	금액	대변	(거래처)	금액
보 통 예 금		62,500,000원	외 상 매 출 금	(AAA)	65,000,000원
외 환 차 손		2,500,000원			

(4) 08월 24일

거래유형	공급가액	부가가치세	공급처명	전자	분개
54.불공	2,500,000원	250,000원	국토정보공사	1.여	혼합
영세율 구분			불공제사유	6.토지의 자본적 지출관련	

차변	(거래처)	금액	대변	(거래처)	금액
토 지		2,750,000원	보 통 예 금		2,750,000원

문제 2 부가가치세 신고 및 부속서류의 작성

(1) [부가가치세 수정신고]

(1) 매입매출전표입력
  〈1〉 04월 05일 매입매출전표 추가 입력
  〈2〉 06월 09일 매입매출전표 수정 전 유형 51.과세를 ⇨ 수정 후 유형 54. 불공으로 수정

(1) 04월 05일

거래유형	공급가액	부가가치세	공급처명	전자	분개
17.카과	2,000,000원	200,000원	㈜성림	-	카드 또는 혼합
신용카드사	현대카드		불공제사유		

차변	(거래처)	금액	대변	(거래처)	금액
외 상 매 출 금	현대카드	2,200,000원	부 가 세 예 수 금		200,000원
			제 품 매 출		2,000,000원

(2) 06월 09일

거래유형	공급가액	부가가치세	공급처명	전자	분개
54.불공	25,000,000원	2,500,000원	㈜한국자동차	여	혼합
영세율 구분			불공제사유	10.비영업용 승용차의 구입유지	

차변	(거래처)	금액	대변	(거래처)	금액
차 량 운 반 구		27,500,000원	보 통 예 금		27,500,000원

(2) 부가가치세 수정신고서

① 추가납부할 부가가치세액 : 200,000원 + 2,500,000원 = 2,700,000원
② 가산세 : 27,000원 + 12,474원 = 39,474원
  · 신고불성실가산세 : 2,700,000원 × 0.1 × 0.1 = 27,000원
  · 납부지연가산세 : 2,700,000원 × 2.2/10,000 × 21 = 12,474원

(2) [공제받지 못할 매입세액명세서]

(1) 공통매입세액의 안분계산

(2) 공통매입세액의 정산

Chapter 5 최신 기출문제 해답

문제 3 기말정리사항의 분개 및 자동결산

(1) 12월 31일

차변	(거래처)	금액	대변	(거래처)	금액
미 수 수 익		4,500,000원	이 자 수 익		4,500,000원

· 이자수익 : 120,000,000원 × 5% × 9/12 = 4,500,000원

(2) 12월 31일

차변	(거래처)	금액	대변	(거래처)	금액
선 급 비 용		9,000,000원	임 차 료 (제)		9,000,000원

· 12,000,000원 × 9/12 = 9,000,000원

(3) 12월 31일

차변	(거래처)	금액	대변	(거래처)	금액
감 가 상 각 비 (제)		25,000,000원	건물감가상각누계액		25,000,000원
감 가 상 각 비 (판)		10,000,000원	차량감가상각누계액		10,000,000원

(4) 12월 31일

차변	(거래처)	금액	대변	(거래처)	금액
법 인 세 등		36,520,000원	선 납 세 금		10,000,000원
			미 지 급 세 금		26,520,000원

· 법인세 : 200,000,000원 × 0.09 + 80,000,000원 × 0.19 = 33,200,000원
· 지방소득세 : (200,000,000원 × 0.09 + 80,000,000원 × 0.19) × 0.1 = 3,320,000원

문제 4 원천징수 신고

(1) [퇴직사원등록 및 퇴직소득자료 입력]

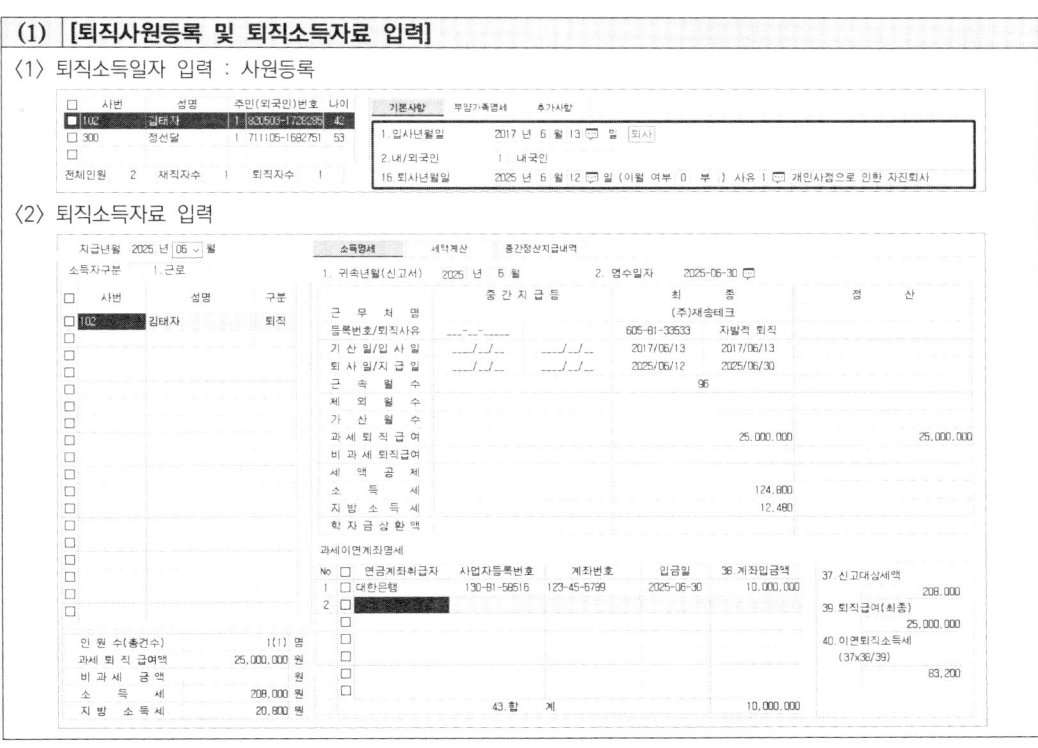

PART 2 실 무 편

〈3〉 퇴직소득 원천징수영수증

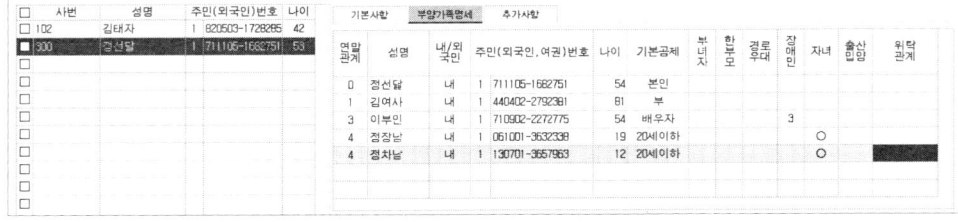

(2) 연말정산 추가자료 입력 : [사원등록]

(1) 사원등록 : 기본사항 및 부양가족명세

① 기본사항

② 부양가족명세

(2) 연말정산추가자료입력
① 소득명세(전근무지 근로소득)

(3) [사업소득의 전자신고]

⟨1⟩ 원천징수이행상황신고서의 마감

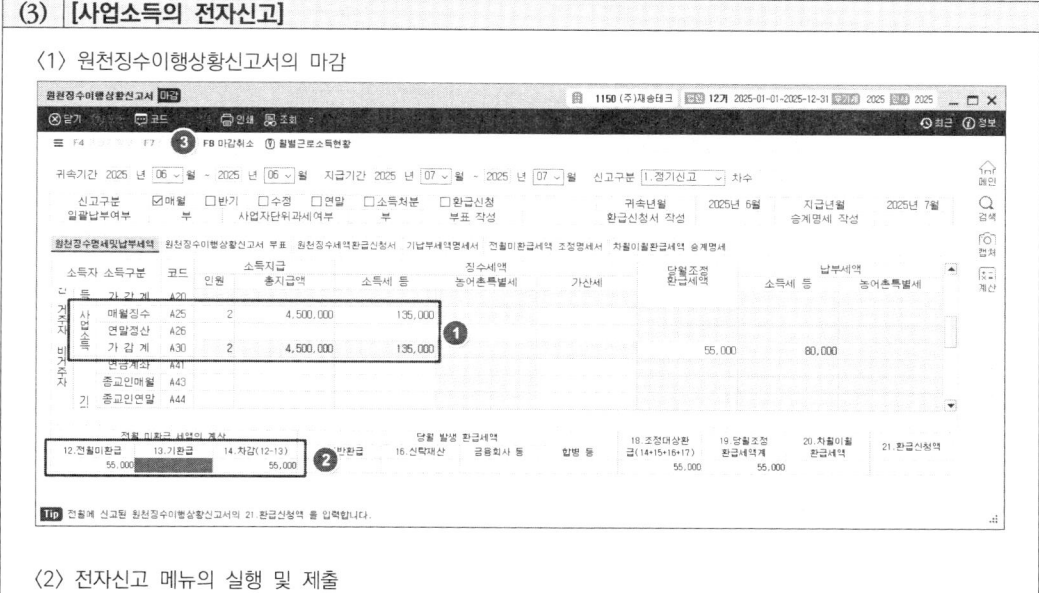

⟨2⟩ 전자신고 메뉴의 실행 및 제출

PART 2 실무편

문제 5 법인세 신고

(1) [업무용승용차관련비용 명세서]

(1) 업무용승용차등록 : 55하 4033(제네시스)

- 4. 경비구분 : 6.800번대/판관비
- 8. 임차여부 : 운용리스
- 9. 임차기간 : 2023-05-03 ~ 2026-05-03
- 10. 보험가입여부 : 가입
- 11. 보험기간 : 2023-05-03 ~ 2026-05-03
- 12. 운행기록부사용여부 : 여, 전기이월누적거리 21,000 km
- 13. 전용번호판 부착여부 : 여
- 14. 출퇴근사용여부 : 여, 출퇴근거리 6,400 km

(2) 업무용승용차 관련비용명세서

조정과목	금 액	세무조정	소득처분
업무용승용차 업무미사용액	3,700,000원	손금불산입	상여
감가상각비상당액 한도초과액	2,316,000원	손금불산입	기타사외유출

(2) [기업업무추진비 조정명세서]

(1) 기업업무추진비조정명세서(을)

		1. 일반수입금액	2. 특수관계인간 거래금액	3. 합 계(1+2)
구 분				
금 액		1,800,000,000	200,000,000	2,000,000,000

2. 기업업무추진비 해당금액

4. 계정과목	합계	기업업무추진비(제조)	기업업무추진비(판관)	소모품비
5. 계정금액	62,200,000	26,200,000	34,500,000	1,500,000
6. 기업업무추진비계상액 중 사적사용경비				
7. 기업업무추진비해당금액(5-6)	62,200,000	26,200,000	34,500,000	1,500,000
경조사비 중 9. 신용카드 등 미사용금액				
기준금액 초과액 10. 총 초과금액				
국외지역 지출액 11. 신용카드 등 미사용금액				
12. 총 지출액				
농어민 지출액 13. 송금명세서 미제출금액				
14. 총 지출액				
기업업무추진비 중 15. 신용카드 등 미사용금액	7,000,000	2,000,000	5,000,000	
기준금액 초과액 16. 총 초과금액	55,400,000	23,000,000	30,900,000	1,500,000
17. 신용카드 등 미사용 부인액	7,000,000	2,000,000	5,000,000	
18. 기업업무추진비 부인액(6+17)	7,000,000	2,000,000	5,000,000	

(2) 기업업무추진비조정명세서(갑)

3 기업업무추진비 한도초과액 조정

중소기업

□ 정부출자법인
□ 부동산임대업 등(법.령제42조제2항)

구분	금액
1. 기업업무추진비 해당 금액	62,200,000
2. 기준금액 초과 기업업무추진비 중 신용카드 등 미사용으로 인한 손금불산입액	7,000,000
3. 차감 기업업무추진비 해당금액(1-2)	55,200,000
4. 12,000,000 (중소기업 36,000,000) X 월수(12) / 12	36,000,000
일반 총수입금액 기준 100억원 이하의 금액 X 30/10,000	6,000,000
100억원 초과 500억원 이하의 금액 X 20/10,000	
500억원 초과 금액 X 3/10,000	
5. 소계	6,000,000
기업업무추진비 일반수입금액 기준 100억원 이하의 금액 X 30/10,000	5,400,000
100억원 초과 500억원 이하의 금액 X 20/10,000	
500억원 초과 금액 X 3/10,000	
한도 6. 소계	5,400,000
7. 수입금액기준 (5-6) X 10/100	60,000
8. 일반기업업무추진비 한도액 (4+6+7)	41,460,000
문화기업업무추진비 한도(「조특법」 제136조제3항) 9. 문화기업업무추진비 지출액	2,000,000
10. 문화기업업무추진비 한도액(9와 (8 X 20/100) 중 작은 금액)	2,000,000
전통시장기업업무추진비 한도(「조특법」 제136조제6항) 11. 전통시장기업업무추진비 지출액	
12. 전통시장기업업무추진비 한도액(11과 (8 X 10/100) 중 작은 금액)	
13. 기업업무추진비 한도액 합계(8+10+12)	43,460,000
14. 한도초과액(3-13)	11,740,000
15. 손금산입한도 내 기업업무추진비 지출액(3과 13중 작은 금액)	43,460,000

조정과목	금 액	세무조정	소득처분
신용카드미사용 기업업무추진비	7,000,000원	손금불산입	기타사외유출
기업업무추진비 한도초과액	11,740,000원	손금불산입	기타사외유출

PART 2 실무편

(3) [법인세과세표준 및 세액조정계산서][최저한세조정명세서]

① 법인세과세표준 및 세액조정계산서

구분	항목	코드	금액
각사업연도소득계산	101. 결산서상 당기순손익	01	535,000,000
	소득조정금액 102. 익금산입	02	34,500,000
	103. 손금산입	03	2,900,000
	104. 차가감소득금액 (101+102-103)	04	566,600,000
	105. 기부금한도초과액	05	1,800,000
	106. 기부금한도초과이월액 손금산입	54	
	107. 각사업연도소득금액 (104+105-106)	06	568,400,000
과세표준계산	108. 각사업연도소득금액 (108=107)		568,400,000
	109. 이월결손금	07	3,522,000
	110. 비과세소득	08	
	111. 소득공제	09	
	112. 과세표준 (108-109-110-111)	10	564,878,000
	159. 선박표준이익	55	
산출세액계산	113. 과세표준 (113=112+159)	56	564,878,000
	114. 세율	11	19%
	115. 산출세액	12	87,326,820
	116. 지점유보소득 (법 제96조)	13	
	117. 세율	14	
	118. 산출세액	15	
	119. 합계 (115+118)	16	87,326,820
납부할세액계산	120. 산출세액 (120=119)		87,326,820
	121. 최저한세적용대상공제감면세액	17	49,200,000
	122. 차감세액	18	39,126,820
	123. 최저한세적용제외공제감면세액	19	
	124. 가산세액	20	
	125. 가감계 (122-123+124)	21	38,126,820
	기한내납부세액 126. 중간예납세액	22	
	127. 수시부과세액	23	
	128. 원천납부세액	24	
	129. 간접회사등외국납부세액	25	
	130. 소계 (126+127+128+129)	26	
	131. 신고납부전가산세액	27	
	132. 합계 (130+131)	28	
	133. 감면분추가납부세액	29	
	134. 차가감납부할세액 (125-132+133)	30	38,126,820
	⑤토지등양도소득, ⑥미환류소득 법인세 계산 (TAB로 이동)		
	151. 차감납부할세액계 (134+150+166)	46	38,126,820
	152. 사실과다른회계처리경정세액공제	57	
	153. 분납세액계산범위액 (151-124-133-145-152+131)	47	38,126,820
	154. 분납할세액	48	
	155. 차감납부세액 (151-152-154)	49	38,126,820

② 최저한세 조정명세서

구분	코드	①감면후세액	②최저한세	④조정감	⑤조정후세액
(101) 결산서상 당기순이익	01	535,000,000			
소득조정금액 (102) 익금산입	02	34,500,000			
(103) 손금산입	03	2,900,000			
(104) 조정후소득금액 (101+102-103)	04	566,600,000	566,600,000		566,600,000
최저한세적용대상 특별비용 (105) 준비금	05				
(106) 특별상각, 특례상각	06				
(107) 특별비용손금산입전소득금액 (104+105+106)	07	566,600,000	566,600,000		566,600,000
(108) 기부금한도초과액	08	1,800,000	1,800,000		1,800,000
(109) 기부금한도초과이월액 손금산입	09				
(110) 각사업년도소득금액 (107+108-109)	10	568,400,000	568,400,000		568,400,000
(111) 이월결손금	11	3,522,000	3,522,000		3,522,000
(112) 비과세소득	12				
(113) 최저한세적용대상 비과세소득	13				
(114) 최저한세적용대상 익금불산입·손금산입	14				
(115) 차가감소득금액 (110-111-112+113+114)	15	564,878,000	564,878,000		564,878,000
(116) 소득공제	16				
(117) 최저한세적용대상 소득공제	17				
(118) 과세표준금액 (115-116+117)	18	564,878,000	564,878,000		564,878,000
(119) 선박표준이익	24				
(120) 과세표준금액 (118+119)	25	564,878,000	564,878,000		564,878,000
(121) 세율	19	19 %	7 %		19 %
(122) 산출세액	20	87,326,820	39,541,460		87,326,820
(123) 감면세액	21	13,000,000			13,000,000
(124) 세액공제	22	36,200,000		1,414,640	34,785,360
(125) 차감세액 (122-123-124)	23	38,126,820			39,541,460

③ 법인세과세표준 및 세액조정계산서

구분	항목	코드	금액
각사업연도소득계산	101. 결산서상 당기순손익	01	535,000,000
	소득조정금액 102. 익금산입	02	34,500,000
	103. 손금산입	03	2,900,000
	104. 차가감소득금액 (101+102-103)	04	566,600,000
	105. 기부금한도초과액	05	1,800,000
	106. 기부금한도초과이월액 손금산입	54	
	107. 각사업연도소득금액 (104+105-106)	06	568,400,000
과세표준계산	108. 각사업연도소득금액 (108=107)		568,400,000
	109. 이월결손금	07	3,522,000
	110. 비과세소득	08	
	111. 소득공제	09	
	112. 과세표준 (108-109-110-111)	10	564,878,000
	159. 선박표준이익	55	
산출세액계산	113. 과세표준 (113=112+159)	56	564,878,000
	114. 세율	11	19%
	115. 산출세액	12	87,326,820
	116. 지점유보소득 (법 제96조)	13	
	117. 세율	14	
	118. 산출세액	15	
	119. 합계 (115+118)	16	87,326,820
납부할세액계산	120. 산출세액 (120=119)		87,326,820
	121. 최저한세적용대상공제감면세액	17	47,785,360
	122. 차감세액	18	39,541,460
	123. 최저한세적용제외공제감면세액	19	
	124. 가산세액	20	190,000
	125. 가감계 (122-123+124)	21	39,731,460
	기한내납부세액 126. 중간예납세액	22	5,000,000
	127. 수시부과세액	23	
	128. 원천납부세액	24	7,000,000
	129. 간접회사등외국납부세액	25	
	130. 소계 (126+127+128+129)	26	12,000,000
	131. 신고납부전가산세액	27	
	132. 합계 (130+131)	28	12,000,000
	133. 감면분추가납부세액	29	
	134. 차가감납부할세액 (125-132+133)	30	27,731,460
	⑤토지등양도소득, ⑥미환류소득 법인세 계산 (TAB로 이동)		
	151. 차감납부할세액계 (134+150+166)	46	27,731,460
	152. 사실과다른회계처리경정세액공제	57	
	153. 분납세액계산범위액 (151-124-133-145-152+131)	47	27,541,460
	154. 분납할세액	48	13,770,730
	155. 차감납부세액 (151-152-154)	49	13,960,730

Chapter 5 최신 기출문제 해답

(4) [대손충당금 및 대손금조정명세서]

대손금조정

No	22.일자	23.계정과목	24.채권내역	25.대손사유	26.금액	대손충당금상계액			당기 손비계상액		
						27.계	28.시인액	29.부인액	30.계	31.시인액	32.부인액
1	03.31	외상매출금	1.매출채권	6.소멸시효완성	10,000,000	10,000,000	10,000,000				
2	06.30	외상매출금	1.매출채권	1.파산	5,000,000	5,000,000	5,000,000				
3	09.01	받을어음	1.매출채권	5.부도(6개월경과)	20,000,000	20,000,000		20,000,000			
4	11.02	받을어음	1.매출채권	5.부도(6개월경과)	15,000,000	15,000,000	14,999,000	1,000			
5	06.25	미수금	2.미수금	2.강제집행	15,000,000	15,000,000	15,000,000				
		계			65,000,000	65,000,000	44,999,000	20,001,000			

채권잔액

채권잔액	No	16.계정과목	17.채권잔액의 장부가액	18.기말현재대손금부인누계		19.합계(17+18)	20.충당금설정제외채권(할인,배서,특수채권)	21.채권잔액(19-20)
				전기	당기			
	1	외상매출금	1,570,000,000			1,570,000,000		1,570,000,000
	2	받을어음	100,000,000		20,001,000	120,001,000		120,001,000
		계	1,670,000,000		20,001,000	1,690,001,000		1,690,001,000

손금산입액조정: 1.채권잔액(21의금액) 1,690,001,000 / 2.설정률(%) ●기본율 / 3.한도액(1×2) 16,900,010 / 4.당기계상액 6,000,000 / 5.보충액 15,000,000 / 6.계 21,000,000 / 7.한도초과액(6-3) 4,099,990

익금산입액조정: 8.장부상충당금기초잔액 80,000,000 / 9.기중충당금환입액 / 10.충당금부인누계액 8,795,000 / 11.당기대손상계액(27의금액) 65,000,000 / 12.충당금보충액 15,000,000 / 13.환입할금액(8-9-10-11-12) -8,795,000 / 14.회사환입액 / 15.과소환입 과다환입(△)(13-14) -8,795,000

조정과목	금 액	세무조정	소득처분
대손금부인액	20,001,000원	손금불산입	유보발생
대손충당금한도초과액	4,099,990원	손금불산입	유보발생
대손충당금과다환입액	8,795,000원	손금산입	유보감소

(5) [소득금액조정합계표]

조정과목	금 액	세무조정	소득처분
법인세 등	18,000,000원	손금불산입	기타사외유출
업무무관가지급금	35,000,000원	손금불산입	유보발생
토지개발부담금	3,000,000원	손금불산입	유보발생
감가상각비 의제액 손금산입	2,000,000원	손금산입	유보발생
임원사택유지비	5,000,000원	손금불산입	상여
자동차세환급금이자	100,000원	손금불산입	기타

PART 2 실 무 편

2024년 10월 6일 시행 제116회 전산세무회계자격시험 전산세무1급 A형

이론 시험

1	2	3	4	5	6	7	8	9	10	11	12	13	14	15
②	②	③	④	②	④	①	③	②	③	④	③	②	②	①

번호	답안해설
1	· 나머지는 모두 목적적합성을 선택한 경우이며, 수익인식방법을 진행기준이 아닌 완성기준으로 선택하는 경우는 신뢰성을 선택한 경우이다.
2	· 시용판매를 위하여 고객에게 인도한 상품은 고객의 매입의사 표시 시점에 소유권이 이전되므로 기말재고에 포함한다. 할부판매계약에 따라 인도한 상품은 인도 시점에 대금을 모두 회수하지 않더라도 재화가 인도되었으므로 기말재고에서 제외한다.
3	· [일반기업회계기준 문단 10.18] 제공한 자산의 장부가액이 아니라 공정가치로 측정한다.
4	· [일반기업회계기준 문단 15.5] 중도에 포기한 자본거래 비용은 당기손익으로 인식한다.
5	· [일반기업회계기준 문단 5.14] 회계추정의 변경은 전진적으로 처리하여 그 효과를 당기와 당기 이후의 기간에 반영한다.
6	·
7	· 수리 후 처분하는 경우, 포기해야 하는 대안은 현재 상태에서 처분하는 것이다. 따라서 기회비용은 현재 상태에서 처분할 수 있는 가액인 800,000원이 된다.
8	(1) S1 → P2 : 1,000,000원 × 30% = 300,000원 (2) S1 → S2 : 1,000,000원 × 30% = 300,000원 (3) S2 → P2 : (300,000원 + 1,500,000원) × (50% ÷ 80%) = 1,125,000원 ∴ P2에 배분될 보조부문의 원가총액 : 300,000원 + 1,125,000원 = 1,425,000원
9	· 단위당 가공원가 : (64,000원 + 260,000원)/(25,000단위 + 5,000단위 × 40%) = 12원/단위 · 기말재공품원가 : 12원/단위 × (5,000단위 × 40%) = 24,000원
10	· 균등이익률법은 조건이 같다면 추가 가공원가가 높은 제품에 결합원가가 적게 배분된다.
11	· 일시, 우발적 원고료는 기타소득, 프리랜서(일정한 소속 없이 자유계약으로 일하는 사람)의 원고료는 사업소득, 업무와 관련하여 회사 사보를 게재한 원고료는 근로소득으로 구분된다.
12	· 개인사업자의 대표자를 변경하는 경우는 사업자등록정정 사유가 아닌 폐업 사유이다.
13	· 주주나 출연자가 아닌 임직원에게 사택을 무상으로 제공하는 것은 부당행위계산 적용대상이 아니다.
14	· 주차장용 토지의 임대는 과세대상이다.
15	· 전자세금계산서 의무발급대상 개인사업자의 공급가액은 8천만원 이상이다.

실무 시험

문제 1 일반전표의 입력

(1) 05월 04일

차변	(거래처)	금액	대변	(거래처)	금액
외 상 매 입 금	미국 TSL	26,000,000원	보 통 예 금 외 환 차 익		24,000,000원 2,000,000원

(2) 07월 02일

	거래유형	공급가액	부가가치세	공급처명	전자	분개
	11.과세	10,000,000원	1,000,000원	㈜유정	1.여	카드 또는 혼합
	영세율 구분			불공제사유		
	차변	(거래처)	금액	대변	(거래처)	금액
	외 상 매 출 금		11,000,000원	제 품 매 출 부 가 세 예 수 금		10,000,000원 1,000,000원

Chapter 5 최신 기출문제 해답

(3)

07월 14일					
차변	(거래처)	금액	대변	(거래처)	금액
보 통 예 금 매출채권처분손실		2,760,000원 240,000원	받 을 어 음	㈜교보상사	3,000,000원

(4)

08월 26일					
거래유형	공급가액	부가가치세	공급처명	전자	분개
22.현과	5,000,000원	500,000원	자진발급	-	혼합
영세율 구분			불공제사유		
차변	(거래처)	금액	대변	(거래처)	금액
현 금 차량감가상각누계액		5,500,000원 7,200,000원	차 량 운 반 구 부 가 세 예 수 금 유형자산처분이익		12,000,000원 500,000원 200,000원

문제 2 부가가치세 신고 및 부속서류의 작성

(1) [부가가치세 수정신고]

(1) 매입매출전표 추가입력 및 수정
〈1〉 11월 30일 매입매출전표 삭제
〈2〉 09월 30일 매입매출전표 추가입력
〈3〉 12월 05일 매입매출전표 추가입력

(1) 11월 30일 〈전표삭제〉

거래유형	공급가액	부가가치세	공급처명	전자	분개
22.현과	3,000,000원	300,000원	㈜아림	-	현금
차변	(거래처)	금액	대변	(거래처)	금액
현 금		3,300,000원	부 가 세 예 수 금 제 품 매 출		300,000원 3,000,000원

(2) 09월 30일 〈예정누락분 추가입력〉

거래유형	공급가액	부가가치세	공급처명	전자	분개
51.과세	500,000원	50,000원	하나상사	-	혼합
영세율 구분			불공제사유		
차변	(거래처)	금액	대변	(거래처)	금액
수 선 비 (제) 부 가 세 대 급 금		500,000원 50,000원	보 통 예 금		550,000원

F11 간편집계.. ▼ → 예정누락분(SF5) → 확정신고 개시년월 : 2024년 10월 입력(※ 또는 11월, 12월 입력)

(2) 12월 05일 〈누락분 추가입력〉

거래유형	공급가액	부가가치세	공급처명	전자	분개
51.과세	300,000원	30,000원	운송나라	-	혼합
영세율 구분			불공제사유		
차변	(거래처)	금액	대변	(거래처)	금액
운 반 비 (판) 부 가 세 대 급 금		300,000원 30,000원	보 통 예 금		330,000원

PART 2 실무편

(2) 부가가치세 수정신고서

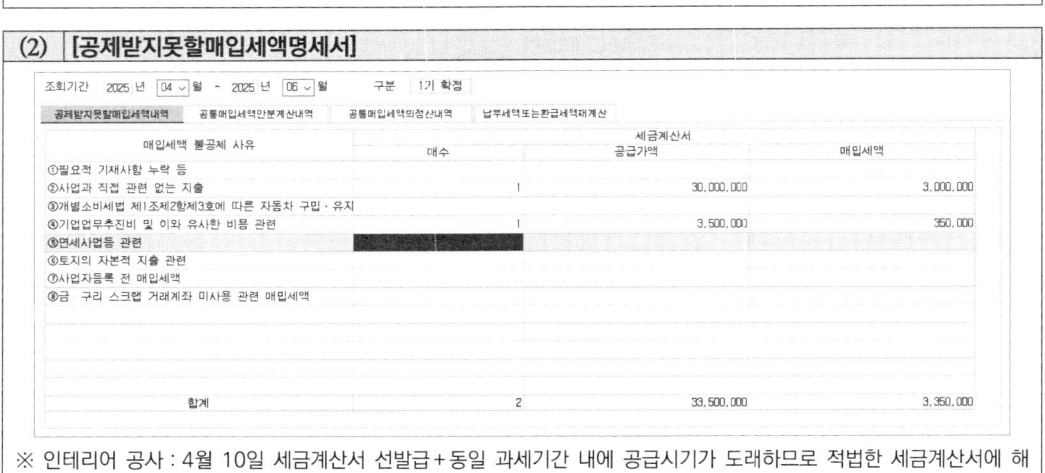

(3) 과세표준 및 세액결정(경정)청구서

(2) [공제받지못할매입세액명세서]

※ 인테리어 공사 : 4월 10일 세금계산서 선발급 + 동일 과세기간 내에 공급시기가 도래하므로 적법한 세금계산서에 해당함 → 매입세액 공제 가능

Chapter 5 최신 기출문제 해답

문제 3 기말정리사항의 분개 및 자동결산

(1) 12월 31일

차변	(거래처)	금액	대변	(거래처)	금액
보 험 료 (제)		4,500,000원	선 급 비 용		4,500,000원

· 6,000,000원 × 9/12 = 4,500,000원

(2) 12월 31일

차변	(거래처)	금액	대변	(거래처)	금액
매 도 가 능 증 권		15,300,000원	매도가능증권평가손실		8,500,000원
			매도가능증권평가이익		6,800,000원

(3) 12월 31일

차변	(거래처)	금액	대변	(거래처)	금액
부 가 세 예 수 금		40,500,000원	부 가 세 대 급 금		36,800,000원
세 금 과 공 과 (판)		15,000원	미 수 금		1,700,000원
			잡 이 익		10,000원
			미 지 급 세 금		2,005,000원

(4) 12월 31일

차변	(거래처)	금액	대변	(거래처)	금액
퇴 직 연 금 운 용 자 산		1,800,000원	퇴직연금운용수익 (이 자 수 익)		1,800,000원

· 60,000,000원 × 4% × 9/12 = 1,800,000원

문제 4 원천징수 신고

(1) 연말정산 추가자료 입력 : [사원등록]

[1] 부양가족등록 내역

연말관계	성명	내/외국인	주민(외국인)번호	나이	소득기준 초과여부	기본공제	세대주 구분	부녀자	한부모	경로우대	장애인	자녀	출산입양	결혼세액
0	최이현	내	1 860331-2671212	39		본인	세대주	○						
1	김희숙	내	1 541021-2704577	71		60세이상				○				
4	임희연	내	1 161031-4670736	9		20세이하						○		
4	임유한	내	1 200531-3665459	5		20세이하								
합 계 [명]						4			1			1		

[2] 소득명세(전근무지 근로소득내역)

	구분	합계	주(현)	납세조합	종(전) [1/2]
소득명세					
	9.근무처명		(주)한솔산업		(주)선재기획
	9-1.종교관련 종사자		부		부
소	10.사업자등록번호		125-85-47000		507-81-55567
	11.근무기간		2025-07-01 ~ 2025-12-31	~	2025-01-01 ~ 2025-06-30
	12.감면기간		~	~	~
득	13-1.급여(급여자료입력)	39,000,000	15,000,000		24,000,000
	13-2.비과세한도초과액				
	13-3.과세대상추가(인정상여추가)				
명	14.상여				
	15.인정상여				
	15-1.주식매수선택권 행사이익				
세	15-2.우리사주조합 인출금				
	15-3.임원퇴직소득금액한도초과액				
	15-4.직무발명보상금				
	16.계	39,000,000	15,000,000		24,000,000

PART 2 실 무 편

공제보험료명세	직장	건강보험료(직장)(33)	1,382,550	531,750	850,800
		장기요양보험료(33)	179,010	68,850	110,160
		고용보험료(33)	351,000	135,000	216,000
		국민연금보험료(31)	1,755,000	675,000	1,080,000
	공적연금보험료	공무원 연금(32)			
		군인연금(32)			
		사립학교교직원연금(32)			
		별정우체국연금(32)			
세액명세	기납부세액	소득세	554,140	371,750	182,390
		지방소득세	55,380	37,150	18,230
		농어촌특별세			
	납부특례세액	소득세			
		지방소득세			
		농어촌특별세			

(1) 보험료공제

· 최이현(본인)

자료구분	국세청간소화	급여/기타	정산	공제대상금액
국민연금_직장		1,755,000		1,755,000
국민연금_지역				
합계		1,755,000		1,755,000
건강보험료-보수월액	1,382,550			1,382,550
장기요양보험료-보수월액	179,010			179,010
건강보험료-소득월액(납부)				
기요양보험료-소득월액(납부)				
합계	1,561,560			1,561,560
고용보험료		351,000		351,000
보장성보험-일반	200,000			200,000
보장성보험-장애인				
합계	200,000			200,000

· 김희숙(모친)

자료구분	국세청간소화	급여/기타	정산	공제대상금액
보장성보험-일반	500,000			500,000
보장성보험-장애인				
합계	500,000			500,000

· 임희연(자녀)

자료구분	국세청간소화	급여/기타	정산	공제대상금액
보장성보험-일반	150,000			150,000
보장성보험-장애인				
합계	150,000			150,000

· 임유한(자녀)

자료구분	국세청간소화	급여/기타	정산	공제대상금액
보장성보험-일반	50,000			150,000
보장성보험-장애인				
합계	150,000			150,000

(2) 교육비공제

· 임희연(자녀) :

자료구분	보험료				의료비					교육비	
	건강	고용	일반보장성	장애인전용	일반	실손	선천성이상아	난임	65세,장애인	일반	장애인특수
국세청			150,000							900,000 2.초중고	
기타											

· 임유한(자녀) :

자료구분	보험료				의료비					교육비	
	건강	고용	일반보장성	장애인전용	일반	실손	선천성이상아	난임	65세,장애인	일반	장애인특수
국세청			150,000							3,280,000 1.취학전	
기타											

① 김희숙 : 직계존속의 교육비는 공제대상이 아니다.
② 임희연 : 초등학생의 학원비는 공제대상이 아니다.

(3) 의료비 세액공제

| 소득명세 | 부양가족 | 신용카드 등 | 의료비 | 기부금 | 연금저축 등 I | 연금저축 등 II | 월세액 | 출산지원금 | 연말정산입력 |

2025년 의료비 지급명세서

		의료비 공제대상자				지급처			지급명세				14.산후조리원
	성명	내/외	5.주민등록번호	6.본인등해당여부	9.증빙코드	8.상호	7.사업자등록번호	10.건수	11.금액	11-1.실손보험수령액	12.미숙아선천성이상아	13.난임여부	
☐	최이현	내	860331-2671212	1	0	1				1,600,000		X	X	X
☐	김희숙	내	541021-2704577	2	0	1				7,500,000	2,300,000	X	X	X
☐	임희연	내	161031-4670736	3	X	1				500,000		X	X	X
☐	임유한	내	200531-3665459	2	0	1				1,600,000		X	X	X
☐														

	합계						11,200,000	2,300,000	
일반의료비(본인)	1,600,000	6세이하,65세이상인 건강보험산정특례자 장애인	9,100,000	일반의료비(그 외)	500,000	난임시술비 미숙아,선천성이상아			

(4) [신용카드사용액공제]

소득명세 | 부양가족 | **신용카드 등** | 의료비 | 기부금 | 연금저축 등I | 연금저축 등II | 월세액 | 출산지원금 | 연말정산입력

성명 / 생년월일	자료구분	신용카드	직불,선불	현금영수증	도서등 신용	도서등 직불	도서등 현금	전통시장	대중교통	소비증가분 2024년	소비증가분 2025년
최이현	국세청	35,000,000		3,000,000				2,000,000			
1986-03-31	기타										
김희숙	국세청										
1954-10-21	기타										
임희연	국세청										
2016-10-31	기타										
임유한	국세청										
2020-05-31	기타										
합계		35,000,000		3,000,000				2,000,000			

총급여	39,000,000	신용카드 등 최소금액(총급여의 25%)	9,750,000

(5) [연말정산입력] : F8부양가족탭 불러오기

소득명세 | 부양가족 | 신용카드 등 | 의료비 | 기부금 | 연금저축 등I | 연금저축 등II | 월세액 | 출산지원금 | **연말정산입력**

정산(지급)년월 2026 년 2 월 귀속기간 2025 년 7 월 1 일 ~ 2025 년 12 월 31 일 영수일자 2026 년 2 월 28 일

구분	지출액	공제금액
33.보험료	1,912,560	1,912,560
건강보험료	1,561,560	1,561,560
고용보험료	351,000	351,000
34.주택차입금 원리금상환액 대출기관		
거주자		
34.장기주택저당차입금이자상		
35.특별소득공제 계		1,912,560
36.차감소득금액		16,232,440
37.개인연금저축		
38.소기업,소상공인 공제부금 2015년이전가입		
2016년이후가입		
39.주택마련저축 소득공제 청약저축		
주택청약		
근로자주택마련		
40.투자조합출자 등 소득공제		
41.신용카드 등 사용액	40,000,000	3,800,000
42.우리사주조합 일반 등		

구분	지출액	공제대상금액	공제금액
60.연금저축			
60-1.ISA연금계좌전환			
61.보장성보험 일반 1,000,000	1,000,000	1,000,000	85,676
장애인			
62.의료비 11,200,000	11,200,000	7,730,000	
63.교육비 4,180,000	4,180,000	3,900,000	
64.기부금			
1)정치자금 기부금 10만원이하			
10만원초과			
2)고향사랑 기부금 10만원이하			
10만원초과			
3)특례기부금(전액)			
4)우리사주조합기부금			
5)일반기부금(종교단체외)			
6)일반기부금(종교단체)			
65.특별세액공제 계			85,676
66.표준세액공제			

구분	소득세	지방소득세	농어촌특별세	계
73.결정세액				
기납부세액 74.종(전)근무지	182,390	18,230		200,620
기납부세액 75.주(현)근무지	371,750	37,150		408,900
76.납부특례세액				
77.차감징수세액	-554,140	-55,380		-609,520

(2) [사업소득에 대한 원천징수 전자신고]

〈1〉원천징수이행상황신고서

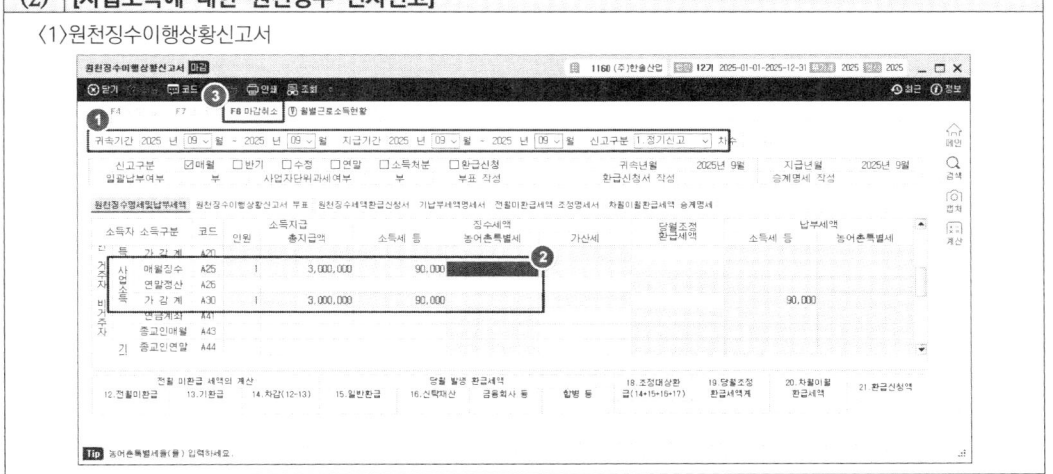

문제 5 법인세 신고

(1) [수입금액조정명세서]

(1) 수입금액조정명세서

① 1.수입금액 조정계산

수입금액조정계산 | 작업진행률에 의한 수입금액 | 중소기업 등 수입금액 인식기준 적용특례에 의한 수입금액 | 기타수입금액조정

1 1.수입금액 조정계산

No	계정과목		③결산서상 수입금액	조정		⑥조정후 수입금액 (③+④-⑤)	비 고
	①항 목	②계정과목		④가 산	⑤차 감		
1	매 출	제품매출	1,357,000,000	5,500,000		1,362,500,000	
2	매 출	공사수입금	787,000,000	5,000,000		792,000,000	
		계	2,144,000,000	10,500,000		2,154,500,000	

2 2.수입금액조정명세

가.작업 진행률에 의한 수입금액	5,000,000
나.중소기업 등 수입금액 인식기준 적용특례에 의한 수입금액	
다.기타 수입금액	5,500,000
계	10,500,000

② 작업진행률에 의한 조정계산

수입금액조정계산 | 작업진행률에 의한 수입금액 | 중소기업 등 수입금액 인식기준 적용특례에 의한 수입금액 | 기타수입금액조정

2 2.수입금액 조정명세
가.작업진행률에 의한 수입금액

No	⑦공사명	⑧도급자	⑨도급금액	작업진행률계산			⑬누적익금 산입액 (⑨×⑫)	⑭전기말누적 수입계상액	⑮당기회사 수입계상액	(16)조정액 (⑬-⑭-⑮)
				⑩해당사업연도말 총공사비누적액 (작업시간등)	⑪총공사 예정비 (작업시간등)	⑫진행률 (⑩/⑪)				
1	아름건설공사	주식회사 아름	300,000,000	150,000,000	200,000,000	75.00	225,000,000	150,000,000	70,000,000	5,000,000
	계		300,000,000	150,000,000	200,000,000		225,000,000	150,000,000	70,000,000	5,000,000

③ 기타수입금액조정

수입금액조정계산 | 작업진행률에 의한 수입금액 | 중소기업 등 수입금액 인식기준 적용특례에 의한 수입금액 | 기타수입금액조정

2 2.수입금액 조정명세
다.기타 수입금액

No	(23)구 분	(24)근 거 법 령	(25)수 입 금 액	(26)대 응 원 가	비 고
1	제품매출		5,500,000	3,000,000	
	계		5,500,000	3,000,000	

조정과목	금 액	세무조정	소득처분
제품매출누락	5,500,000원	익금산입	유보발생
제품매출원가누락	3,000,000원	손금산입	유보발생
작업진행률차이	5,000,000원	익금산입	유보발생

(2) 조정후 수입금액조정명세서

① 업종별 수입금액명세서

업종별 수입금액 명세서 | 과세표준과 수입금액 차액검토

1 1.업종별 수입금액 명세서

①업 태	②종 목	순번	③기준(단순) 경비율번호	수 입 금 액			
				수입금액계정조회	내 수 판 매		⑦수 출 (영세율대상)
				④계(⑤+⑥+⑦)	⑤국내생산품	⑥수입상품	
제조,도매업,건설업	전자부품	01	321012	1,362,500,000	1,362,500,000		
건설업	기타 비주거용 건물 건설업	02	451104	792,000,000	792,000,000		
(111)기 타		11					
(112)합 계		99		2,154,500,000	2,154,500,000		

② 부가가치세 과세표준과 수입금액 차액검토

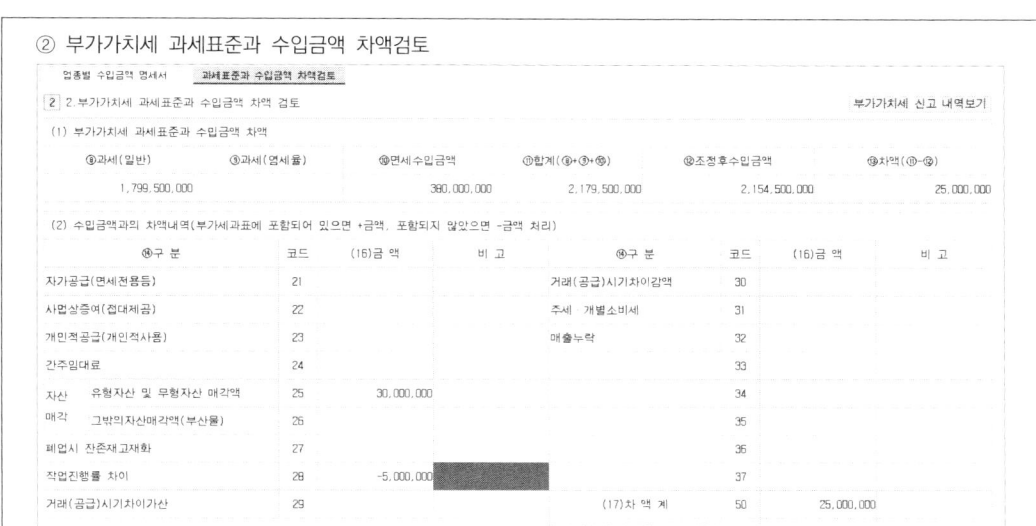

(2) [세금과공과금조정명세서]

조정과목	금 액	세무조정	소득처분
토지 취득세	8,910,000원	손금불산입	유보발생
법인세분 지방소득세	1,054,000원	손금불산입	기타사외유출
원천세 납부지연가산세	87,000원	손금불산입	기타사외유출

(3) [소득금액조정합계표 및 명세서]

조정과목	금 액	세무조정	소득처분
매도가능증권	2,000,000원	손금산입	유보발생
매도가능증권평가이익	2,000,000원	익금산입	기타
자기주식처분이익	5,000,000원	익금산입	기타
대손상각비	20,000,000원	손금불산입	기타사외유출
건물관리비(사택관리비)	5,600,000원	손금불산입	상여
법인세비용	9,540,600원	손금불산입	기타사외유출

※ 단, 주주 등이 아닌 임원의 사택유지비 및 관리비는 업무와 관련 없는 지출에 해당하지 않은 것인데, 문제의 조건에서 대표이사의 주식보유상황에 대하여 명시하지 않고 있으므로 사택관리비를 손금으로 보고 세무조정하지 않은 답안도 정답으로 인정합니다[법인세법 시행령 제50조].

PART 2 실 무 편

(4) [원천납부세액명세서]

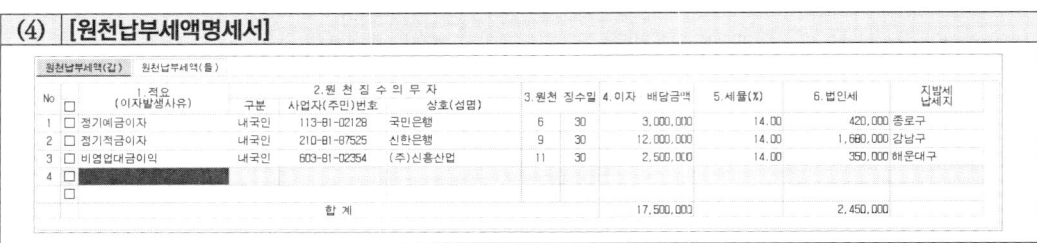

(5) [업무용승용차관련비용 명세서]

(1) 업무용승용차 관련비용명세서

① 산타페

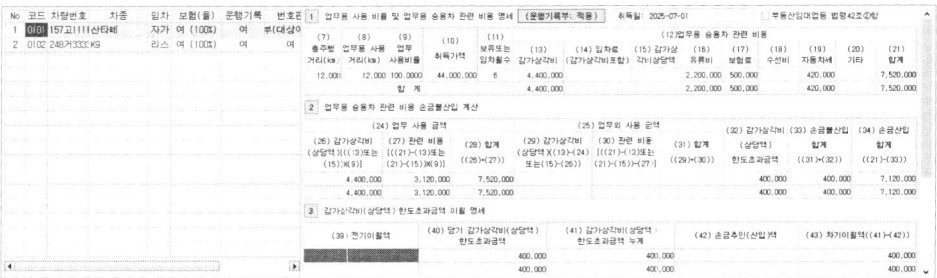

② K9

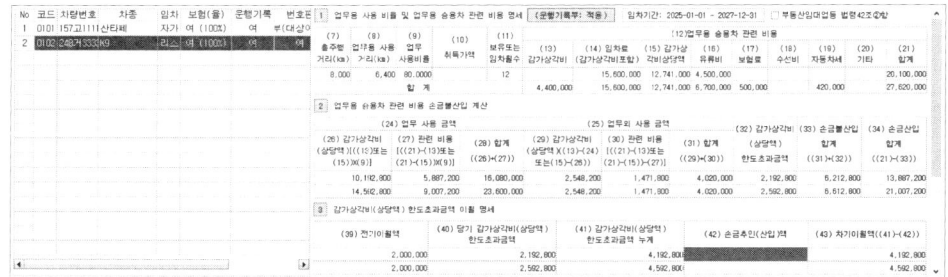

※ 단, K9 차량의 경우, 리스개시일이 2024.01.01.이므로 전기의 감가상각비 한도초과액은 존재하지 않습니다. [업무용승용차관련비용명세서]의 (37)전기이월액에 전기 감가상각비 한도초과액 2,000,000원을 입력하지 않은 답안도 정답으로 인정합니다.

조정과목	금 액	세무조정	소득처분
감가상각비 한도초과액(산타페)	400,000원	손금불산입	유보발생
감가상각비 한도초과액(K9)	2,192,800원	손금불산입	기타사외유출
업무용승용차 업무미사용분	4,020,000원	손금불산입	상여

Chapter 5 최신 기출문제 해답

2024년 12월 7일 시행
제117회 전산세무회계자격시험 — 전산세무1급 A형

이론 시험

1	2	3	4	5	6	7	8	9	10	11	12	13	14	15
③	③	①	②	④	①	①	③	②	④	③	④	①	④	④

번호	답안해설
1	• 재무제표의 중요한 항목은 본문이나 주석에 구분하여 표시하며, 중요하지 않은 항목은 성격이나 기능이 유사한 항목으로 통합하여 표시할 수 있다.
2	• 단기매매증권은 최초 인식 시 공정가치로 측정하고, 후속 측정 시에도 공정가치로 평가한다.
3	• 매출원가 : 매출액×(1 - 매출총이익률) = 78,000,000원×(1 - 10%) = 70,200,000원 • 파손 시점 기말재고 추산액 : 23,000,000원 + 56,000,000원 - 70,200,000원 = 8,800,000원 • 재고자산 피해액 : 8,800,000원 - 1,800,000원 = 7,000,000원
4	• 비화폐성 항목에서 발생한 손익을 기타포괄손익으로 인식하는 경우 그 손익에 포함된 환율변동 효과도 기타포괄손익으로 인식한다.
5	• 확정기여형 퇴직급여 제도에서는 운용에 관한 내용은 모두 종업원이 결정하고 책임진다.
6	• 기회원가(기회비용)에 대한 설명이다.
7	• 매출원가 = 20,000,000원×75% = 15,000,000원 재공품 기초재공품 ? / 당기제품제조원가 14,800,000 직접재료원가 3,200,000 직접노무원가 4,500,000 / 기말재공품 2,200,000 제조간접원가 4,000,000 제품 기초제품 3,000,000 / 매출원가 15,000,000 당기제품제조원가 14,800,000 / 기말제품 2,800,000 ∴ 기초재공품 = 5,300,000원
8	• 조업도차이는 고정제조간접원가에서만 발생한다.
9	• 예정배부율 : 3,000,000원/10,000시간 = 300원/시간 • 예정배부액 : 11,500시간×300원/시간 = 3,450,000원 ∴ 3,450,000원 - 250,000원(과대배부) = 3,200,000원
10	• 정상공손은 능률적인 생산조건 하에서는 회피와 통제가 불가능하다.
11	• 계약의 위약이나 해약으로 인하여 지급하는 위약금과 배상금은 지급일이 속하는 연도의 다음 연도 2월 말일까지 지급명세서를 제출하는 소득이다. • 2024년 1월 이후 '인적용역' 기타소득을 지급하는 자는 소득 지급일이 속하는 달의 다음 달 말일까지 간이지급명세서(거주자의 기타소득)를 제출하여야 한다.
12	• 건설자금이자는 유보로 처분한다.
13	• 3주택 이상 소유자로서 보증금 합계액이 3억원을 초과하는 경우 간주임대료 수입금액이 발생한다.
14	• 연간 공급대가가 4,800만원 이상인 간이과세자는 세금계산서 발급이 가능하다.
15	① 도서는 면세재화이므로 부가가치세액이 없다. ② 개별소비세 과세대상 승용차의 매입세액이므로 매입세액 불공제한다. ③ 신규로 건물이 있는 토지를 취득하고 토지만을 사용하기 위하여 건물을 철거하는 경우 건물의 취득 및 철거 관련 비용의 매입세액은 불공제한다.

PART 2 실무편

실무 시험

문제 1 일반전표의 입력

(1) 03월 10일

차변	(거래처)	금액	대변	(거래처)	금액
외 상 매 입 금	㈜세명전기	50,000,000원	당 좌 예 금		50,000,000원

(2) 04월 06일

거래유형	공급가액	부가가치세	공급처명	전자	분개
54.불공	2,300,000원	230,000원	㈜환희	1.여	혼합
영세율 구분			불공제사유	5.면세사업관련	

차변	(거래처)	금액	대변	(거래처)	금액
비 품		2,530,000원	미 지 급 금 현 금		2,200,000원 330,000원

(3) 05월 30일

거래유형	공급가액	부가가치세	공급처명	전자	분개
53.면세	17,000,000원	0원	㈜라임파이낸셜	1.여	혼합
영세율 구분			불공제사유		

차변	(거래처)	금액	대변	(거래처)	금액
기 계 장 치 보 통 예 금		17,000,000원 3,000,000원	기 타 보 증 금		20,000,000원

(4) 08월 20일

차변	(거래처)	금액	대변	(거래처)	금액
보 통 예 금		12,000,000원	배 당 금 수 익		12,000,000원

문제 2 부가가치세 신고 및 부속서류의 작성

(1) [재활용폐자원세액공제 신고서]

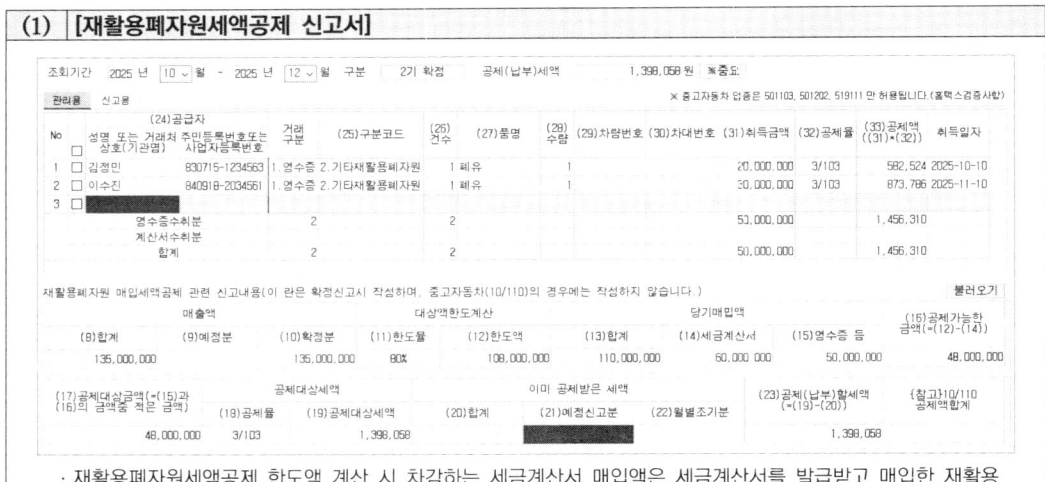

· 재활용폐자원세액공제 한도액 계산 시 차감하는 세금계산서 매입액은 세금계산서를 발급받고 매입한 재활용폐자원 매입가액만을 차감한다.

Chapter 5 최신 기출문제 해답

(2) [신용카드매출전표수령명세서]

구분	거래건수	공급가액	세액
합계	3	1,070,000	107,000
현금영수증	1	550,000	55,000
화물운전자복지카드			
사업용신용카드	1	220,000	22,000
그 밖의 신용카드	1	300,000	30,000

조회기간: 2025년 07월 ~ 2025년 09월, 구분 2기 예정

3. 거래내역입력

No	월/일	구분	공급자	공급자(가맹점)사업자등록번호	카드회원번호	거래건수	공급가액	세액
1	07-20	현금	아트문구	120-11-12349		1	550,000	55,000
2	08-10	신용	(주)현대자동차	621-81-96414	1230-4578-9852-1234	1	300,000	30,000
3	08-31	사업	(주)하나식당	321-81-02753	5678-8989-7878-5654	1	220,000	22,000
					합계	3	1,070,000	107,000

(3) [부가가치세 전자신고서 작성]

부가가치세 전자신고는 답안을 생략합니다.

문제 3 기말정리사항의 분개 및 자동결산

(1) 12월 31일

차변	(거래처)	금액	대변	(거래처)	금액
단기매매증권		90,000원	단기매매증권평가이익		90,000원

(2) 12월 31일

차변	(거래처)	금액	대변	(거래처)	금액
감가상각비 (제)		4,000,000원	감가상각누계액 (207)		4,000,000원
국고보조금 (217)		2,000,000원	감가상각비 (제)		2,000,000원

(3) 12월 31일

차변	(거래처)	금액	대변	(거래처)	금액
[결산자료입력] >기간 : 2025년 1월 ~ 2025년 12월 >2.매출원가 >1).원재료비 >⑩기말원재료 재고액 7,000,000원 입력 >8).당기총제조비용 >⑩기말재공품 재고액 10,000,000원 입력 >9).당기완성품제조원가 >⑩기말제품 재고액 25,000,000원 입력 >F3 전표추가					

(4) 12월 31일

차변	(거래처)	금액	대변	(거래처)	금액
법인세 등		52,278,600원	선납세금		26,537,000원
			미지급세금		25,741,600원

· 법인세 산출세액 : (355,400,000원 − 2억원) × 19% + 2억원 × 9% = 47,526,000원
· 법인지방소득세 : 47,526,000원 × 10% = 4,752,600원

PART 2 실무편

문제 4 원천징수 신고

(1) [사업소득자등록 및 소득자료입력]

⟨1⟩ 사업소득자등록

① 김태민

코드	성명
00201	김태민

등록사항
- 1.소 득 구 분: 940903 학원강사 / 연말정산적용 0 부
- 2.내 국 인 여 부: 1 내국인 (외국인 국적   ) 등록번호
- 3.주민 등록 번호: 850219-1022351
- 4.거 주 구 분: 1 거주 ※ 비거주자는 기타소득에서 입력하십시오.
- 5.사업자등록번호: ---- ※ 소득구분 851101-병의원 필수입력사항

② 소준섭

코드	성명
00201	김태민
00202	소준섭

등록사항
- 1.소 득 구 분: 940903 학원강사 / 연말정산적용 0 부
- 2.내 국 인 여 부: 2 외국인 (외국인 국적 JP 일본) 등록번호 9007195879869
- 3.주민 등록 번호: ----
- 4.거 주 구 분: 1 거주 ※ 비거주자는 기타소득에서 입력하십시오.
- 5.사업자등록번호: ---- ※ 소득구분 851101-병의원 필수입력사항
- 6.상 호:

③ 박지원 : 일시적 우발적 소득이므로 기타소득자에 해당함.

⟨2⟩ 사업소득자료 입력

① 김태민

지급년월일 2025년 11월 05일 부서코드

코드	상호(성명)
00201	김태민

소득자정보
- 1.소 득 구 분 940903 학원강사 / 연말정산적용 0 부
- 2.내 국 인 여 부 1 내국인 (외국인 국적   ) 등록번호
- 3.주민 등록 번호 850219-1022351
- 4.거 주 구 분 1 거주
- 5.사업자 등록 번호 ---
- 6.상 호
- 7.은 행 코 드   계좌번호   예금주
- 8.사 업 장 주 소
- 9.소 득 자 주 소
- 10.학자금상환공제 0 부   11.원천공제통지액
- 12.예술인/노무제공자여부 0 부 유형 사업장   참고
- 고용보험 여부 경감율 % 직종   / % 합산 0 부

	인원(건수)	1(1) 명
총	지급 총액	3,500,000 원
	소 득 세	105,000 원
	지방소득세	10,500 원
	학자금상환	원
계	고용보험료	원
	산재보험료	원
	차인지급액	3,384,500 원

귀속년월		지급(영수)			지급액	세율(%)	소득세	지방소득세	학자금상환	차인지급액
년	월	년	월	일						
2025	10	2025	11	05	3,500,000	3	105,000	10,500		3,384,500
		합계			3,500,000		105,000	10,500		3,384,500

② 소준섭

지급년월일 2025년 11월 05일 부서코드

코드	상호(성명)
00201	김태민
00202	소준섭

소득자정보
- 1.소 득 구 분 940903 학원강사 / 연말정산적용 0 부
- 2.내 국 인 여 부 2 외국인 (외국인 국적 JP 일본) 등록번호 9007195879869
- 3.주민 등록 번호 ----
- 4.거 주 구 분 1 거주
- 5.사업자 등록 번호 ---
- 6.상 호
- 7.은 행 코 드   계좌번호   예금주
- 8.사 업 장 주 소
- 9.소 득 자 주 소
- 10.학자금상환공제 0 부   11.원천공제통지액
- 12.예술인/노무제공자여부 0 부 유형 사업장   참고
- 고용보험 여부 경감율 % 직종   / % 합산 0 부

	인원(건수)	2(2) 명
총	지급 총액	7,700,000 원
	소 득 세	231,000 원
	지방소득세	23,100 원
	학자금상환	원
계	고용보험료	원
	산재보험료	원
	차인지급액	7,445,900 원

귀속년월		지급(영수)			지급액	세율(%)	소득세	지방소득세	학자금상환	차인지급액
년	월	년	월	일						
2025	10	2025	11	05	4,200,000	3	126,000	12,600		4,061,400
		합계			4,200,000		126,000	12,600		4,061,400

Chapter 5 최신 기출문제 해답

(2) [중도퇴사자의 급여자료 입력 및 퇴직소득자료 입력]

① [급여자료 입력]
- 출산.보육수당(육아수당)에 대해서 월 20만원 비과세 수당등록을 한다.
- 중도퇴사자 퇴직정산을 반영한다.

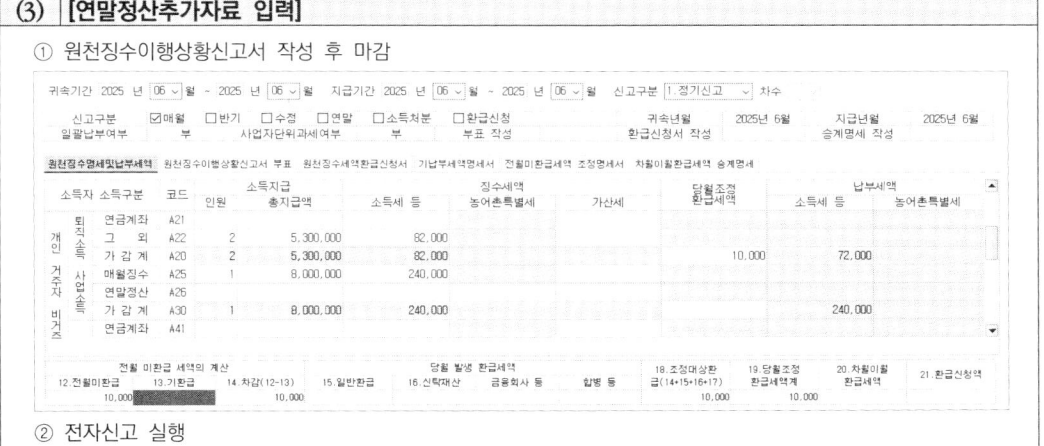

② [퇴직소득자료 입력]

(3) [연말정산추가자료 입력]

① 원천징수이행상황신고서 작성 후 마감

② 전자신고 실행

문제 5 법인세 신고

(1) [재고자산(유가증권)평가조정명세서]

1.자산별	2.신고일	3.신고방법	4.평가방법	5.적부	6.비고
제품 및 상품	2025-09-15	02:선입선출법	04:총평균법	×	
반제품및재공품	2017-01-05	04:총평균법	04:총평균법	○	
원 재 료	2017-01-05	04:총평균법	03:후입선출법	×	
저 장 품					
유가증권(채권)					
유가증권(기타)					

No	7.과목 코드 / 과목명	10.단위	11.수량	회사계산(장부가) 12.단가	13.금액	세법상신고방법 14.단가	15.금액	FIFO(무신고,임의변경시) 16.단가	17.금액	18.조정액
1	0150 제품		20,000.0000	3,000.0000	60,000,000	2,200.0000	44,000,000	2,200.0000	44,000,000	-16,000,000
2	0169 재공품		20,000.0000	1,500.0000	30,000,000	1,500.0000	30,000,000			
3	0153 원재료		25,000.0000	2,300.0000	57,500,000	1,000.0000	25,000,000	1,100.0000	27,500,000	-30,000,000
4										
	계				147,500,000		99,000,000		71,500,000	-46,000,000

조정과목	금 액	세무조정	소득처분
재고자산평가증(제품)	16,000,000원	손금산입	유보발생
재고자산평가증(원재료)	30,000,000원	손금산입	유보발생

(2) [선급비용명세서]

계정구분	거래내용	거래처	대상기간 시작일	종료일	지급액	선급비용	회사계상액	조정대상금액
선급 보험료	공장화재보험	KC화재	2025-02-16	2026-02-15	1,374,000	173,161	110,000	63,161
선급 보험료	자동차보험	DG손해보험	2025-05-27	2026-05-27	798,420	320,676		320,676
선급 보험료	보증서보험	서울보증보험	2025-10-11	2028-10-10	78,040	72,201		72,201
	합 계				2,250,460	566,038	110,000	456,038

조정과목	금 액	세무조정	소득처분
전기선급비용	324,165원	손금산입	유보감소
선급비용(화재보험료)	63,161원	손금불산입	유보발생
선급비용(자동차보험)	320,676원	손금불산입	유보발생
선급비용(보증서보험)	72,201원	손금불산입	유보발생

(3) [고정자산등록 및 감가상각비 조정명세서]

(1) 고정자산 등록

① 기계장치 A

항목	금액
1. 기초가액	300,000,000
2. 전기말상각누계액(-)	160,000,000
3. 전기말장부가액	140,000,000
4. 당기중 취득 및 당기증가(+)	
5. 당기감소(일부양도·매각·폐기)(-)	
전기말상각누계액(당기감소분)(+)	
6. 전기말자본적지출액누계(+)(정액법만)	
7. 당기자본적지출액(즉시상각분)(+)	20,000,000
8. 전기말부인누계액(+) (정률만 상각대상에 가산)	8,000,000
9. 전기말의제상각누계액(-)	
10. 상각대상금액	168,000,000
11. 내용연수/상각률(월수)	5, 0.451 (12) 연수별상각률
12. 상각범위액(한도액)(10X상각률)	75,768,000
13. 회사계상액(12)-(7)	60,000,000 사용자수정
14. 경비구분	1.500번대/제조
15. 당기말감가상각누계액	220,000,000
16. 당기말장부가액	80,000,000
17. 당기의제상각비	
18. 전체양도일자	
19. 전체폐기일자	
20. 업종	

② 기계장치 B

항목	금액
1. 기초가액	200,000,000
2. 전기말상각누계액(-)	40,000,000
3. 전기말장부가액	160,000,000
4. 당기중 취득 및 당기증가(+)	15,000,000
5. 당기감소(일부양도·매각·폐기)(-)	
전기말상각누계액(당기감소분)(+)	
6. 전기말자본적지출액누계(+)(정액법만)	
7. 당기자본적지출액(즉시상각분)(+)	
8. 전기말부인누계액(+) (정률만 상각대상에 가산)	4,000,000
9. 전기말의제상각누계액(-)	
10. 상각대상금액	179,000,000
11. 내용연수/상각률(월수)	5, 0.451 (12) 연수별상각률
12. 상각범위액(한도액)(10X상각률)	80,729,000
13. 회사계상액(12)-(7)	80,000,000 사용자수정
14. 경비구분	1.500번대/제조
15. 당기말감가상각누계액	120,000,000
16. 당기말장부가액	95,000,000
17. 당기의제상각비	
18. 전체양도일자	
19. 전체폐기일자	
20. 업종	13 제조업

(2) 미상각자산 감가상각조정명세서

① 기계장치 (과자분류기)

② 미상각자산감가상각조정명세서

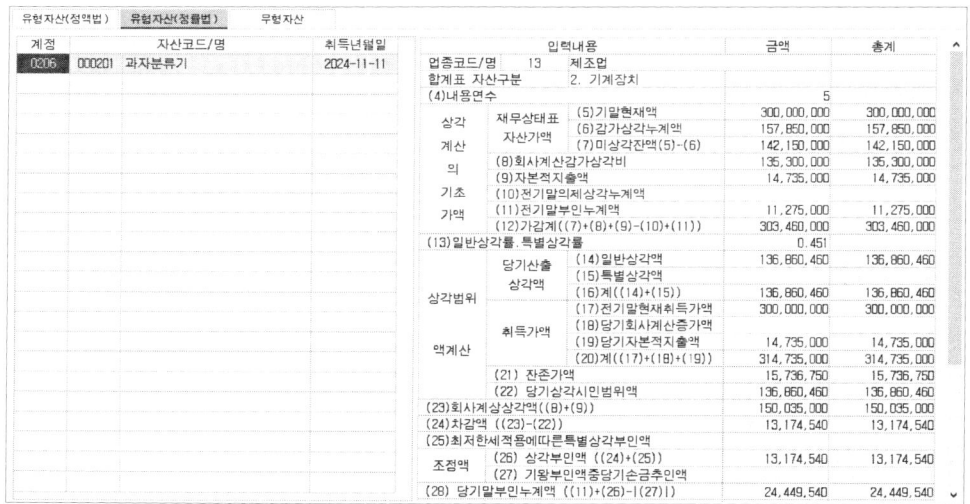

조정과목	금액	세무조정	소득처분
기계장치 감가상각비 부인액	13,174,540원	손금불산입	유보발생

③ 감가상각조정명세서 합계표

1.자산구분		코드	2.합계액	3.건축물	유형자산 4.기계장치	5.기타자산	5.무형자산
재무상태표 상가액	101.기말현재액	01	300,000,000		300,000,000		
	102.감가상각누계액	02	157,850,000		157,850,000		
	103.미상각잔액	03	142,150,000		142,150,000		
	104.상각범위액	04	136,860,460		136,860,460		
	105.회사손금계상액	05	150,035,000		150,035,000		
조정금액	106.상각부인액 (105-104)	06	13,174,540		13,174,540		
	107.시인부족액 (104-105)	07					
	108.기왕부인액 중 당기손금추인액	08					
	109.신고조정손금계상액	09					

Chapter 5 최신 기출문제 해답

(4) [기부금 세무조정명세서]

(1) [기부금 명세서 및 소득금액 확정]

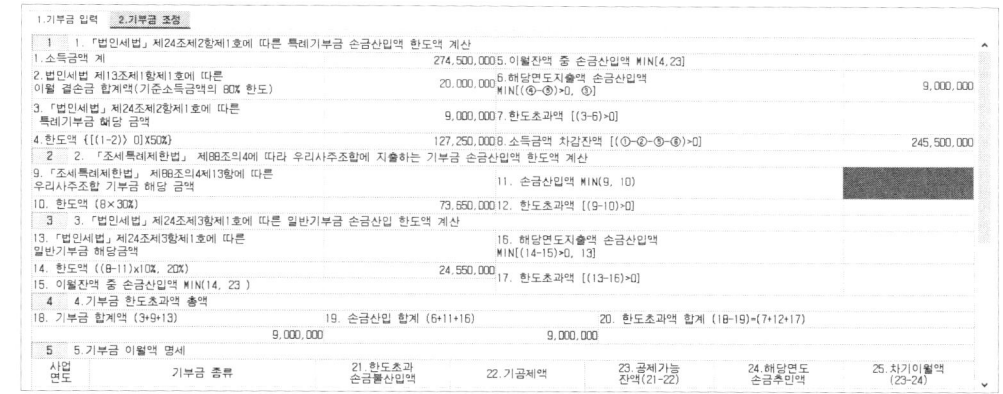

조정과목	금 액	세무조정	소득처분
비지정기부금(향우회비)	500,000원	손금불산입	상여
어음기부금	3,000,000원	손금불산입	유보발생

(2) [기부금 조정명세서]

PART 2 실 무 편

(5) [법인세과세표준 및 세액조정계산서][최저한세조정명세서]

① 법인세과세표준 및 세액조정계산서

① 각사업연도소득계산	101. 결산서상 당기순손익	01	600,000,000		120. 산 출 세 액 (120=119)		141,500,000
	소득조정 102.익금산입	02	243,000,000	④ 납부할세액계산	121. 최저한세 적용대상 공제감면세액	17	82,000,000
	금액 103.손금산입	03	5,000,000		122. 차 감 세 액	18	59,500,000
	104. 차가감소득금액 (101+102-103)	04	838,000,000		123. 최저한세 적용제외 공제감면세액	19	
	105. 기 부 금 한 도 초 과 액	05	20,000,000		124. 가 산 세 액	20	850,000
	106. 기부금한도초과이월액 손금산입	54	8,000,000		125. 가 감 계 (122-123+124)	21	60,350,000
	107. 각사업연도소득금액(104+105-106)	06	850,000,000	기납부세액	기한내납부세액 126. 중 간 예 납 세 액	22	21,000,000
② 과세표준계산	108. 각사업연도소득금액(109+107)		850,000,000		127. 수 시 부 과 세 액	23	
	109. 이 월 결 손 금	07			128. 원 천 납 부 세 액	24	3,800,000
	110. 비 과 세 소 득	08			129. 간접 회사등 외국 납부세액	25	
	111. 소 득 공 제	09			130. 소 계 (126+127+128+129)	26	24,800,000
	112. 과 세 표 준 (108-109-110-111)	10	850,000,000		131. 신 고 납부전 가 산 세 액	27	
	159. 선 박 표 준 이 익	55			132. 합 계 (130+131)	28	24,800,000
③ 산출세액계산	113. 과 세 표 준 (113+112+159)	56	850,000,000		133. 감 면 분 추 가 납 부 세 액	29	
	114. 세 율	11	19%		134. 차가감 납부할 세액(125-132+133)	30	35,550,000
	115. 산 출 세 액	12	141,500,000		⑤토지등 양도소득, ⑥미환류소득 법인세 계산 (TAB로 이동)		
	116. 지 점 유 보 소 득 (법제96조)	13		⑦ 세액계	151. 차감 납부할 세액계(134+150+166)	46	35,550,000
	117. 세 율	14			152. 사 실 과 다 른 회계 처리 경정 세액공제	57	
	118. 산 출 세 액	15			153. 분 납 세 액 계 산 범 위 액 (151-124-133-145-152+131)	47	34,700,000
	119. 합 계 (115+118)	16	141,500,000		154. 분 납 할 세 액	48	17,350,000
					155. 차 감 납 부 세 액 (151-152-154)	49	18,200,000

② 최저한세 조정명세서

①구분	코드	②감면후세액	③최저한세	④조정감	⑤조정후세액
(101) 결 산 서 상 당 기 순 이 익	01	600,000,000			
소득조정금액 (102)익 금 산 입	02	243,000,000			
(103)손 금 산 입	03	5,000,000			
(104) 조 정 후 소 득 금 액 (101+102-103)	04	838,000,000	838,000,000		838,000,000
최저한세적용대상 (105)준 비 금	05				
특별비용 (106)특별상각,특례상각	06				
(107) 특별비용손금산입전소득금액(104+105+106)	07	838,000,000	838,000,000		838,000,000
(108) 기 부 금 한 도 초 과 액	08	20,000,000	20,000,000		20,000,000
(109) 기부금 한도초과액 손 금 산 입	09	8,000,000	8,000,000		8,000,000
(110) 각 사업 연도 소 득 금 액 (107+108-109)	10	850,000,000	850,000,000		850,000,000
(111) 이 월 결 손 금	11				
(112) 비 과 세 소 득	12				
(113) 최저한세적용대상 비 과 세 소 득	13				
(114) 최저한세적용대상 익금불산입 손금산입	14				
(115) 차가감 소 득 금 액 (110-111-112+113+114)	15	850,000,000	850,000,000		850,000,000
(116) 소 득 공 제	16				
(117) 최저한세적용대상 소 득 공 제	17				
(118) 과 세 표 준 금 액 (115-116+117)	18	850,000,000	850,000,000		850,000,000
(119) 선 박 표 준 이 익	24				
(120) 과 세 표 준 금 액 (118+119)	25	850,000,000	850,000,000		850,000,000
(121) 세 율	19	19 %	7 %		19 %
(122) 산 출 세 액	20	141,500,000	59,500,000		141,500,000
(123) 감 면 세 액	21				
(124) 세 액 공 제	22	91,500,000		9,500,000	82,000,000
(125) 차 감 세 액 (122-123-124)	23	50,000,000			59,500,000

이대우

[약력]
- 경일대학교 대학원 경영학박사 (세무회계전공)
- 영남대학교 경영대학원 석사 (회계학전공)
- 2012년 고용노동부 직업훈련 우수교원 국무총리상 수상
- 2013년 고용노동부 스타훈련교사
- 2020년 고용노동부장관 표창
- (전) 대구시 공무원 연수원 전산세무회계 연수강사
  대구지방세무사회 개정회계기준서 연수강사
  육서당 고시학원 7,9급 공무원 회계학, 세법
  영남대 사회교육원 경영학과 외래교수
  경일대 세무회계학과 겸임교수
- (현) 대구미래경영교육원장(회계학,세법,전산세무회계)
  한국기술교육대학교 능력개발원 NCS강사
  한국기술교육대학교 능력개발원 HRD강사
  한국능률협회 경영분석, 재무회계 강사

[저서]
- 마스터 전산세무 1급(도서출판 다음)
- 마스터 전산세무 2급(도사출판 다음)
- 마스터 전산회계 1급(도서출판 다음)
- 마스터 전산회계 2급(도서출판 다음)
- 마스터 전산회계합본(도서출판 다음)

정종구

[약력]
- 가천대학교 대학원 세무학박사
- 숭실대학교 경영대학원 회계세무학과(경영학석사)
- (전) 서울 구로·동대문·서초여성인력개발센터
  한양여자대학교 경영학과 강사
  epasskorea 전산세무 인터넷강사
  조세일보 재경관리사 강사
  웅지세무대학교 세무정보학과 겸임교수
  더존 E&H 평생교육원 법인세 교수
- (현) 인천 명문직업전문학교 교장
  한국능률협회 외부교수(재무 및 경영분석과정)
  가천대학교 경영학과 겸임교수

[저서]
실전재무회계와 원가계산(공저) 경영과회계
정통 전산세무 및 회계시리즈 도서출판다음
All Pass 전산세무회계시리즈 영화조세통람사
패스원 전산세무 & 회계시리즈 에이티패스원
마스터 전산세무회계 시리즈 도서출판다음

전희

[약력]
- (전) ㈜정우 경리과장
  오산대학교 사회교육원 회계학 강사
  경기대학교 사회교육원 회계학 강사
  국세청 회계학 강사
  사단법인 한국능률협회 경영분석, 국제회계기준,
  수출입회계, 원가회계 전문위원
  더존비즈스쿨 평생교육원 강사
  웅지세무대학교 겸임교수
  더조은컴퓨터학원
  이젠컴퓨터아카데미학원
- (현) 서초여성인력개발센터
  다올컴퓨터아카데미평생교육원

[저서]
정통 전산세무 및 회계시리즈 도서출판다음
ALL PASS 전산세무1,2급(영화조세통람)
ALL PASS 전산회계1급(영화조세통람)
마스터 전산세무회계 시리즈 도서출판다음

| 윤경옥 | [약력] | [저서] |

[약력]
- 숭실대학교 대학원 회계학박사
- 숭실대학교 경영대학원 회계세무학과(경영학석사)
- (전) 한양능력개발원
  - 코스코 인재개발원
  - 홀익직업전문학교
  - 이지홍세무회계사무소
  - 송승옥세무회계사무소
- (현) 서일대학교 세무학과 강사
  - 한국공학대학교 강사
  - 연성대학교 경영학과 강사

[저서]
- a-t 전산세무회계시리즈 회계와세무
- 패스원 전산세무 & 회계시리즈 에이티패스원
- 마스터 전산세무회계 시리즈 도서출판다음

2025년 NCS기반 개정판 <KcLep>
올뉴 Master 전산세무 1급

2007년 1월 3일 초판 찍음
2025년 5월 15일 개정6판 2쇄 찍음

저　　자	이대우, 정종구, 전희, 윤경옥 공저
발 행 인	신 은 정
총괄기획	노 승 후/구 교 필
발 행 처	도서출판 다음/(주)더존테크월
주　　소	서울특별시 광진구 자양로 126, 성지하이츠 503호 (교재반품은 아래 물류창고로 보내주세요.) 일산 서구 가좌동 545, 책과일터 031-923-3357
등록번호	제2005-52호
전　　화	02-453-2382(대표) / kukyopil@hanmail.net
홈페이지	www.daumbook.net
I S B N	979-11-5527-017-2

저자와의
협의하에
인지생략

정　　가　　30,000원

* 파본은 구입하신 서점이나 출판사에서 교환해 드립니다.
* 이 책을 무단복사, 복제, 전재하는 것은 저작권법에 저촉됩니다.